智能制造与数字化转型

基于 COSMOPlat 工业互联网平台的大规模定制管理

海尔集团公司

海尔集团公司（以下简称海尔集团）创立于 1984 年 12 月 26 日，是一家美好生活解决方案服务商。物联网时代，海尔集团已从传统的家电制造企业转型成为共创共赢的物联网社群生态，引领全球企业引爆物联网经济。海尔集团历经五个战略发展阶段，在持续创业创新过程中，坚持"人的价值第一"的发展主线，在全球率先探索物联网时代的人单合一模式，以其时代性、普适性和社会性实现跨行业、跨文化的输出和复制。2017 年，海尔集团实现全球营业额 2419 亿元，全球利税总额首次突破 300 亿元。目前，海尔在全球拥有 10 大研发中心、24 个工业园、108 个制造工厂、66 个营销中心。

一、基于 COSMOPlat 工业互联网平台的大规模定制管理背景

（一）顺应全球制造业转型升级的时代趋势

互联网、物联网时代，全球制造业迎来新一轮的变革浪潮，新一代信息通信技术向制造业的深度渗透和融合为全球企业转型升级、提升竞争力提供了机遇，也为制造业模式创新提供了契机，助推制造业探索新模式、新平台、新业态。例如，工业互联网平台作为工业全要素连接的枢纽、资源配置的核心和智能制造的大脑，正重构生产体系，引领组织变革，构建新工业生态，已逐渐成为制造业国际竞争的焦点。与此同时，当前我国制造业正承受产业"双向转移"的压力。一方面，劳动密集型的以出口或代工为主的中小制造企业正在向越南、缅甸、印度和印度尼西亚等劳动力和资源等更低廉的新兴发展中国家转移。另一方面，部分高端制造业在美国、欧洲等发达国家"再工业化"战略的引导下回流。中低端产品的竞争力也将被削弱，我国制造业"产业空心化"的风险将不断增加，全面重振"中国制造"已刻不容缓。基于制造业的国内外发展形势，我国政府提出发展"中国制造 2025"、"互联网＋"协同制造等政策导向，推动互联网与制造业融合，积极推进制造业转型升级。海尔基于 COSMOPlat 工业互联网平台的大规模定制管理是企业适应时代发展趋势，有效响应国家政策导向的探索与实践。

（二）满足互联网时代用户消费需求日益个性化、多样化的客观需要

互联网带来的最大影响是"零距离"，这改变了传统时代的信息不对称，原来信息的主动权掌握在企业手里，现在到了用户手里，企业必须快速响应用户需求，赶上用户点击鼠标的速度。互联网的开放性及其与用户的零距离，决定了最终的决定权在用户手上，用户是最终的裁判员。对制造企业来讲，传统时代是由生产商决定生产何种产品，而互联网时代已转变为用户决定制造何种产品。与此同时，用户越来越重视产品带来的自我认同感，尤其对年轻用户来说，自我认同和个性变得格外重要。因此，为了满足用户不同的个性化需求，产品细分正在不断深化。此外，用户开始逐步追求高品质的高端产品、个性化的产品，更多的用户表示他们因为更可靠的质量和高品质而愿意购买高端产品。企业必须适应这种变化，要转变过去的"卖产品"理念，逐步由卖产品向提供解决方案转变，最终通过智能制造为客户提供个性化定制的最优的解决方案，为用户创造价值，获得用户信任，同企业融合共创。

（三）深化海尔战略转型，创建物联网时代生态品牌的需要

物联网时代，海尔集团持续探索人单合一模式加快企业转型，已从传统的家电制造企业转型成为开放的创业平台、共创共赢的物联网社群生态，海尔集团致力于打造物联网时代的生态品牌，成为物联网时代的引领者，为全球用户定制美好生活。基于 COSMOPlat 工业互联网平台的大规模定制管理是海尔

人单合一模式在制造领域的落地实践,这一管理创新突破传统的大规模制造模式,探索了以创造用户体验的核心的大规模定制模式,是深化企业物联网战略转型,创建物联网时代生态品牌的重要实践。自2005年海尔提出将传统制造变成大规模定制以来,2008年,海尔对整个企业的产品设计和制造体系进行了模块化改造,同时在虚拟设计、实体制造方面进行了系统建设,从模块化到自动化再到黑灯工厂,再到互联工厂、COSMOPlat 工业互联网平台,海尔逐渐探索出一套完整的智能制造体系。其中,体现大规模定制管理的 COSMOPlat,打通交互、研发、营销、采购、智造、物流、服务等全流程,颠覆传统封闭式的工业体系,构建开放、共享的工业新生态,已成为海尔生态系统的基础平台,在助力海尔原有产业转型升级的同时,输出大规模定制全流程解决方案,助力企业有效推进供给侧结构性改革,成为新旧动能转换的播种机,助推高质量发展。

二、基于 COSMOPlat 工业互联网平台的大规模定制管理内涵和主要做法

海尔大规模定制管理创新源于企业近十年来智能制造转型升级的探索和实践,适应网络时代制造业转型升级和用户消费需求日益个性化的趋势,以大规模定制颠覆传统大规模制造,探索打造了物联网时代企业转型升级的新方案、新模式,构建起企业、资源、用户共创共赢的工业新生态。海尔大规模定制管理不是以产品迭代为中心,而是以用户体验为中心,致力于创造终身用户。在实践中,海尔搭建具有自主知识产权的、以大规模定制为核心的 COSMOPlat 工业互联网平台,打通交互、研发、营销、采购、制造、物流、服务全流程七大节点,实现用户全流程参与体验,以用户需求驱动企业生产经营,推动供给侧、需求侧融合创新,精准满足个性化需求,实现传统产品经济转型为体验经济。同时 COSMOPlat 系统输出大规模定制解决方案,助力广大中小企业转型升级。海尔大规模定制管理致力于为全球企业转型贡献一个世界级的全球引领的大规模定制模式和中国自主权的世界级工业互联网平台;助力制造强国和网络强国战略,为中小企业提供大规模定制解决方案,帮助中小企业转型升级,助力新旧动能转换,实现高质量发展。主要做法如下。

(一) 明确以用户体验为中心的大规模定制管理思路

物联网时代,企业竞争最重要的资源是用户资源,即拥有多少终身用户。海尔大规模定制管理的目的不仅是创造企业的价值,更重要的是创造用户价值。大规模定制管理颠覆大规模制造模式,不是以企业、产品为中心,而是以用户体验为中心,创建一个使用户的体验迭代、体验升级的生态组织,围绕用户需求,生态攸关方持续满足用户个性化需求,共创共赢。

基于以用户为中心的理念与原则,海尔自主创新打造用户全流程参与体验的 COSMOPlat 工业互联网平台,COSMOPlat 以大规模定制为核心,颠覆企业传统的业务流程和体系,让用户参与体验到交互、定制、营销、采购、制造、物流、服务等全流程,将传统的消费者转变为"产消者"即生产者与消费者合一,打造企业、资源与用户互联互通的生态系统,实现供给侧与需求侧融合创新。例如,研发方面,传统模式是企业设计产品再推销,产品是企业调研设计出来的,而 COSMOPlat 是让用户全流程参与交互和设计;制造方面,传统模式是顾客—工厂—物流—用户的流程,而 COSMOPlat 实现了每台订单都有用户信息,用户直连工厂,产品直发用户,实现用户与工厂的零距离;营销方面,传统模式是用户通过带有传感器的产品与工厂建立联系,而 COSMOPlat 模式是始终和用户连接,感知用户的情景,持续迭代用户体验。

(二) 打造以大规模定制为核心的工业互联网平台

COSMOPlat 是海尔自主创新打造的具有中国自主知识产权、引入用户全流程参与体验的工业互联网平台。COSMOPlat 颠覆传统的大规模制造转型为大规模定制,不是封闭的,而是一个开放的开源平台,利益攸关各方可以参与共建平台、共享平台,使平台不断迭代、优化、升级,持续创造用户价值。

COSMOPlat 与其他工业互联网平台最大的差异在于它不是简单的机器换人、设备连接、交易撮合，而是以用户体验为中心，创造用户终身价值，实现企业、用户、资源的共创共赢共享，主要体现在两个方面。第一，高精度指引下的高效率。精准抓住用户需求，由为库存生产到每台产品都直发用户，深化供给侧结构性改革。第二，大数据基础上的小数据。在关注工业大数据和数据安全的同时，更关注用户个性化需求的小数据，实现从大规模制造到大规模定制。具体来看，COSMOPlat 具有三大特征。

一是全周期。产品由电器变为网器，从提供工业产品到提供美好生活的服务方案，实现了从产品周期到用户全生命周期的延伸。企业与消费者的关系，由传统一次性交易的客户到持续交互的终身用户，解决了企业边际效应递减的问题。

二是全流程。将低效的串联流程转变为以用户为中心的并联流程，以互联工厂为载体解决了大规模和个性化定制的矛盾，实现了大规模制造到大规模定制的转型。

三是全生态。COSMOPlat 不是一个封闭的体系，而是一个开放的平台，平台上的每个企业、资源方和用户都可以在平台上共创共赢共享，并推进整个平台非线性矩阵发展。

围绕创造用户体验，COSMOPlat 打通交互、研发、采购等七大流程全流程，并系统打造七大开放、专业的子平台，具体如下。

用户交互定制平台（众创汇）。该平台是一个用户社群交互定制体验平台，用户基于平台可以将各种对家电的需求、好玩的创意、精彩的评论等在线交互。这里是产品创意的源泉。

精准营销平台。该平台基于 CRM 管理及用户社群资源，通过大数据研究，将已有用户数据和第三方归集的用户数据进行梳理研究，同时，应用聚类分析，形成用户画像和标签管理的千人千面的精准营销。

开放设计平台。该平台包含三个核心套件，即开放创新平台（HOPE）、HID 迭代研发平台和协同开发平台，累计在线资源超过 300 万，涉及 500 多个方向 1000 多个领域的"30 万＋"家核心资源。

模块化采购平台。该平台基于模块商协同采购平台开发，是针对模块商资源与用户零距离交互的需求而搭建的模块商资源服务和聚合平台，实现模块商按需设计、模块化供货。采购系统采用分布式架构，用户需求面向全球模块商资源公开发布，系统自动精准匹配推送。

智能生产平台。该平台是产品的智慧制造平台，其部署了智能生产的智能软件，实现智能排产、实时监测、精准配送、计划与能源优化等，通过智能套件的部署，可实现百万级产品的个性化定制需求，实现工厂与用户、与资源的零距离，支持工厂大规模定制。

智慧物流平台。该平台由核心的智慧运营和可视化两大类软件套件构成，包含平台预约管理、智慧物流 TMS、配送协同平台、物流轨迹可视及智能管车平台等，可提供全国仓配一体的放心、省心和安心的一站式最佳服务体验。

智慧服务平台。该平台创建了新的家电服务业态，解决用户对家电及时维修的需求，通过社会化外包、信息化等实现订单信息化，仓储智能化，为用户提供维修服务解决方案。用户购买产品后通过该平台一键录入家电信息，建立专属家电档案并上传，完全替代传统纸质保修卡，信息永不丢失。

（三）以用户需求为驱动，实现大规模标准化制造向大规模"私人定制"转型

海尔大规模定制管理坚持以用户为中心，用户可全流程参与交互、研发、营销、采购、制造、物流、服务七大环节，实现企业与用户零距离互联互通，进而以用户需求驱动企业生产经营，精准满足用户个性化需求，实现攸关方的共创共赢。

以交互定制及研发节点为例，海尔通过顺逛等交互平台可实时获取用户需求，实现用户、企业、资源零距离交互。例如，用户在以"顺逛"微店为核心的海尔社群生态圈中反映了对智能冰箱的不同需

求，平台根据用户需求完成馨厨冰箱的虚拟设计、制造及交付等过程，用户全程参与交互，可实时提出改进意见；在定制方面，大规模定制管理让用户由消费者和旁观者成为直接参与产品设计的主导者，用户可在众创汇平台以"众创＋预约预售"模式催生新产品，创造出真正满足用户需求的产品，如在2016年10月上海"孕博展"上，宝妈们分享了很多关于宝宝衣物干衣机的创意，众创汇迅速发起干衣机的话题和创意收集，经过逾10万条的创意交互、180天的全流程交互设计、逾10次产品设计迭代，以及数万宝妈投票，海尔壁挂式迷你干衣机设计定型，首发日预售量破千台。此外，海尔搭建的开放创新平台（HOPE）同样坚持根据用户需求进行产品迭代研发。简而言之，大规模定制管理通过交互、众创定制和迭代研发以及预约预售，完全打破了以往的先有产品后有用户的模式，实现了生产线上的每台产品都已"名花有主"的大规模个性化定制的转型。

（四）建设互联工厂，构建共创共赢工业新生态

海尔大规模定制管理以互联工厂为载体，实现用户定制产品的智能制造和攸关方的共创共赢。互联工厂不单是对传统物理空间的智能改造，而是体现为企业、资源与用户互联互通的网络空间，是持续迭代用户体验、攸关方共创共赢的生态系统。用户只需登录海尔定制平台提出定制需求，订单信息就会马上到达互联工厂，工厂的智能制造系统随即自动排产，将信息传递到各条生产线，以最短的时间定制出用户专属的个性化家电产品，实现高精度下的高效率。通过互联工厂，海尔实现大规模与个性化定制的融合，在解决了企业生产成本和效率问题的同时，有效满足了用户的个性化需求。

与此同时，海尔实现用户需求与全球供应商资源的实时共享，推动供应商等生态攸关方共创共享共赢。例如，海尔海达源平台构建了模块商与用户零距离交互、共同参与设计的共创共赢生态圈。以"滚筒洗衣机门无螺钉"的解决方案产生过程为例，用户普遍反映螺钉生锈后易污染衣物，滚筒洗衣机门的模块供应商德国德仕公司在平台上交互出无螺钉的模块化解决方案，将11个零件整合为1个模块，成功解决了螺钉生锈污染衣物的难题。目前海达源已实现平台服务的社会化，可帮助中小企业降低采购成本，助力企业转型升级。

（五）打造智慧互联服务体系，创造用户全流程最佳体验

大规模定制管理实现用户全流程参与，通过打造智慧互联的服务体系，为用户提供全周期服务，创造用户最佳体验。以物流为例，海尔大规模定制模式依托以日日顺智慧物流平台打通入户、送装"最后一公里"。该平台是实现大件商品进村、入户、送装同步的物流服务平台，平台融合营销网、物流网、服务网、信息网等，打通与供应链上下游资源生态和货源生态资源的连接关系，构建智能多级云仓方案、干线集配方案、区域可视化配送方案和最后一公里送装方案等用户解决方案，实现物流从订单下达到订单闭环的全程可视化、以用户评价驱动全流程自优化，有效支撑产品"直发"到用户。

此外，海尔还搭建COSMOPlat智慧服务平台（CEI），为用户提供全周期智慧互联服务。具体来说，智慧服务平台通过智慧云服务实现服务兵与用户的零距离交互，通过前台的用户交互、中台系统技术支撑和后台大数据汇集分析服务体系，实现服务过程可视化、信息到人、价值到人、人人服务落地、服务兵创客抢单等创新服务。例如产品内置传感器监控产品运行状态，一旦发生故障，预警信号将传输至COSMOPlat平台信息中心，信息中心对故障进行自诊断和预判后，主动向用户发出预警，并自动选派客服人员上门处理。再比如，平台还可对产品使用状态进行大数据分析，为用户提出最优使用方案，传统意义上的"电器"成为连接用户和用户需求提供方的"网器"。以海尔中央空调智慧节能云服务系统为例，通过对联网空调当日负荷及此类设备的平均负荷的大数据搜集对比研究，平台可为客户提出节能建议。

（六）推进"电器—网器—生态"迭代，创造终身用户

海尔大规模定制管理聚焦迭代用户体验，创造终身用户，将传统电器转型为网器，直连用户，并以网器为载体开放连接一流生态资源，从提供产品变为提供解决方案，打造智慧家庭，创建物联网时代的生态品牌，为用户定制美好生活。

以衣联网为例，海尔通过在衣服上添加RFID标签，跨界将洗衣机、服装、洗涤剂等资源连接在一起，"厂、店、家"互联互通，打造衣物全生命周期管理的物联网生态品牌，不只是给用户提供一件干净的衣服，更满足用户对衣物洗涤、护理、存放、搭配、购买全生命周期管理的需求，为用户提供定制化的衣物解决方案。目前，衣联网已吸引服装品牌、洗衣机品牌、洗护用品、RFID物联技术等国内外2420家生态资源方加入，聚合了6500万用户。依托大规模定制管理体系，海尔已探索了衣联网、食联网、血联网等多个生态品牌。

（七）全面创新管理机制，确保企业大规模定制深入推进

作为全球引领的物联网管理模式，人单合一模式为海尔基于COSMOPlat的大规模定制管理创新提供了底层的模式和机制保障。具体来看，围绕大规模定制管理创新中，海尔探索创新了以下管理机制。

1. 战略上，以用户为中心，创建共创共赢生态

传统时代，企业生产以大规模制造为核心，大规模制造则是以企业为主中心，生产的产品经由经销商销售给用户，用户只能被动选择企业的产品，企业与供应商、用户之间是零和博弈。海尔大规模定制管理则是以用户为中心，将企业传统的封闭的供应链体系、单向的价值链颠覆为共创共赢的生态圈、价值矩阵，通过用户与企业的零距离交互，不仅让企业精准获取用户需求，快速满足用户体验，而且实现用户需求驱动企业全流程的变革，打破传统的企业边界，开放连接资源共同满足用户需求，实现利益攸关方共创共赢。

2. 组织上，构建并联生态，颠覆传统串联流程

基于人单合一模式，海尔将传统科层组织颠覆为网状节点组织，小微成为海尔平台上的基本单元，拥有决策权、用人权和分配权，围绕用户需求，实现自创业、自组织、自驱动，持续满足用户需求。

传统模式下，企业研发、制造、销售、物流各业务部门之间是串联流程，以研发为例，企业先进行市场调研、需求分析、之后产品设计、开发验证，再到产品测试、产品交付……完成一级之后转入下一级，像瀑布一样。

而大规模定制管理模式下，海尔将研发与交互、定制、生产、采购、营销、物流、服务等各节点并联，围绕用户需求共同提供定制化解决方案，各节点之间有同一目标、同一薪源，形成满足用户需求的开放的资源生态圈，持续创造和迭代用户体验。

3. 薪酬上，以用户付薪颠覆传统付薪机制

传统模式下，企业的薪酬是按照岗位和职位来划分，员工执行上级的命令，绩效由上级评价，薪酬由企业来支付；同时，企业与攸关各方的利益分配是按事先价格竞标和供货量来划分的，攸关各方执行企业的订单，好坏由企业评价，利润由企业采购数量来赚取。而海尔大规模定制管理探索的薪酬机制和攸关方分享机制则是以用户付薪为核心，员工、攸关方的利益分配同他们创造的用户价值挂钩。

首先，传统的分享是固定利润，通过企业事后评价获得，海尔的分享则是与用户价值对赌，需要事先算赢，为用户创造价值的资源投入不是企业和上级分配，而是对赌跟投，风险先担，如果不能创造用户价值，对赌失败，先赔付利益攸关方自己跟投的钱。其次，攸关各方为用户创造的价值由用户评价，分享来自为用户创造价值的超利分享。最后，用户付薪实现的是共创共赢而不是企业、用户、攸关方的相互博弈，利益攸关方通过共同创造市场资源和用户价值，实现共赢增值。

三、基于COSMOPlat工业互联网平台的大规模定制管理效果

（一）大规模定制管理更好地满足了用户多样化、个性化需求

基于COSMOPlat工业互联网平台的大规模定制管理核心是创造用户体验、用户价值，它打破了传统的企业边界，让用户全流程参与到企业的生产经营中，用户个性化需求可直达企业，进而实现企业生产由用户决策、受用户个性化需求驱动，从而实现了企业与用户的融合，满足用户的个性化需求。在这一管理模式中，用户从传统的消费者转变为"产消者"，既是消费者也是生产者，企业围绕用户需求，开放连接资源共同满足用户个性化需求，持续迭代用户体验。2017年，COSMOPlat工业互联网平台交易额实现3133亿，定制订单量达4116万台，为3.2亿名用户提供了增值服务。例如，贝享空调是2016年大规模交互定制产品。该款产品来源于母婴人群的定制需求，有15万人进行了交互，产品上市后得到用户的广泛认可。之后针对用户的静音需求，COSMOPlat快速吸引设计资源和模块商资源参与进来和用户交互，并在2017年5月迭代出了有静音功能的"静＋"空调，首次预售便突破1.1万台。"静＋"空调上市后，用户又提出了空气净化功能需求，COSMOPlat又迭代出了空净一体的净界空调，该产品一经上市就实现了18万台的预售，实现了产品的上市即引爆。

（二）大规模定制管理有效促进了海尔转型升级

基于大规模定制管理，海尔探索创新建设了互联工厂，以用户需求驱动全流程，提高了生产全要素生产效率和经济效益，助推高质量发展。目前，海尔已在全球构建了十大互联工厂，实现高精度下的高效率，订单交付周期缩短了50%，生产效率提高了60%，现金流的周转海尔是-10天（家电行业里资金占用时间大概是30～40天），产品不入库率达到71%（这71%的产品不用入库直接配送到客户端）。同时，依托COSMOPlat，海尔初步形成了聚合用户和资源的生态系统，构建了一个开放共享的工业生态体系，2017年平台已连接390多万家企业，为3.5万家企业、3.2亿名用户提供了增值服务，成为全球领先的大规模定制工业互联网平台。海尔基于COSMOPlat工业互联网平台的大规模定制管理创新为制造业从大规模制造向大规模定制转型提供了借鉴和示范作用，打造了深入落实供给侧结构性改革的新模式、新平台。2018年，在世界经济论坛公布的全球首批先进"灯塔工厂"名单中，海尔成功入选。

（三）大规模定制管理助推行业转型，为世界贡献中国模式

海尔大规模定制管理不仅在海尔自身得到验证，而且实现了大规模定制模式的社会化输出。目前，海尔已经输出交互、定制、研发、采购、制造、物流、服务七类可社会化复制的服务应用，并复制到了建陶、家居、农业和服装等15个行业及上海、广州、天津等11个区域，围绕模式转型、提质增效、资源配置等服务模式，助力中小企业转型升级。以建陶企业转型升级为例，针对淄博建陶企业面临的生产落后、生产效率低下、供应流程不透明、品牌无法做大做强、能耗大等转型困境，海尔与淄博市淄川区合作建立COSMOPlat建陶产业基地，基于大规模定制管理，通过产业集聚，将135家建陶企业整合为20余家，帮助企业降低成本10%，提升产能20%，同时推动建陶产业园区转型升级，逐步实现从中低端到中高端、从传统制造到用户定制化、从企业单打独斗到产业平台化的三个转型。目前，海尔大规模定制管理创新及平台建设已获得国际权威机构认可，成为世界范围内引领物联网时代企业转型升级的"中国模式"。2017年以来，COSMOPlat先后被IEEE、ISO、IEC确定牵头主导制定大规模定制模式及工业互联网平台的国际标准，成为国际标准制定者，这也标志着中国模式从跟随变为引领，走向世界舞台中心。同时，海尔大规模定制管理实现跨文化复制，推广到美国、日本、新西兰、俄罗斯、南亚等国家和地区。以美国为例，2016年海尔并购了GE家电，并将COSMOPlat大规模定制管理运用于该企业，一年多的实践效果明显。2017年，GE家电实现两位数增长，全年增速创10年最高。2018年上半年，在美国家电市场负增长1%的低迷情况下，GE家电美元收入逆势增长11%，成为市场增长最快品

牌，有效地展示了海尔 COSMOPlat 及大规模定制管理创新的有效性和普适性。2018 年 4 月，海尔 COSMOPlat 参展德国汉诺威工业博览会，德国专家现场体验 COSMOPlat 示范线，高度评价"COSMOPlat 全流程互联互通，是'完整的解决方案'"，并欢迎 COSMOPlat 到德国帮助企业转型升级。此外，道琼斯市场观察、福克斯电视台、美国广播电台等欧美主流媒体多次对海尔 COSMOPlat 及其大规模定制模式进行了报道，全球最大财经资讯平台彭博社刊文《日本制造业进入向"中国模式"学习的时代》，基于海尔 COSMOPlat 的创新实践，提出世界制造经历了"欧美时代""日韩时代"，如今正在进入"中国时代"。

（成果创造人：张瑞敏、周云杰、梁海山、陈录城、张维杰、张玉波、赵建华、孙　明、甘　翔、王　勇、刘玉平、王　强）

传统锻造企业实现工艺全流程整合的智能化生产方式构建

湖北三环锻造有限公司

湖北三环锻造有限公司（以下简称三环锻造）始建于1961年，是采用模锻工艺生产钢质模锻件的专业化企业，产品包括重、中、轻、客、轿汽车转向节及转向节臂、突缘等八大系列2000多个品种，是国内领先的卡、客车转向节生产厂家。具备年产锻件10万吨、汽车转向节300万件的生产能力，与东风有限、德纳车桥、中国中车、三一重工等20多个国内主机厂建立了战略合作伙伴关系，国内市场占有率39%以上；产品出口到美国、德国、荷兰、墨西哥、韩国、印度等国家，为戴姆勒、佩卡、塔塔、大宇、采埃孚等国际知名主机厂配套，是戴姆勒奔驰卡车的"中国第一家安保件供应商"。截至2017年年末，三环锻造总资产12.6亿元，员工1610人，中高级技术人员和中高级技师占员工总数的20%；2017年三环锻造实现销售收入7.72亿元，同比增长46.7%。

一、传统锻造企业实现工艺全流程整合的智能化生产方式构建背景

（一）适应市场新变化、实现企业降本增效提质的需要

2011年后，三环锻造面临三大难题，一是客户订单"多品种、小批量、个性化"趋势越来越明显，一种产品就需要至少一套模具，生产线切换频繁，要求快速响应，这使得生产组织难度加大，传统的离散型制造方式导致规模效益无法释放。二是煤炭、钢铁、有色和石化等原材料成本快速上涨，必须找到降低成本的新方式。三是2012年后，国内重卡市场受宏观经济影响销售量相对低迷，主机厂纷纷将产品降价的压力转移到了下游的零部件厂商，汽车零部件企业产品陷入低价格同质竞争之中，三环锻造的盈利能力开始下降。而长期以来，国内锻造企业的生产线一直采用早年从苏联引进的离散型制造布置方式，钢材下料－加热－锻造－热处理－抛丸－探伤六个工艺各建车间，没有连成一体化的生产线。这种传统的高能耗、低效率、粗放式离散生产方式已经严重滞后于新的市场环境变化和企业降本增效提质的发展要求。三环锻造唯有从产品制造能力进行质的提升，才能适应快速市场变化和客户需求。

（二）深入落实国际化战略、进入国际高端市场的迫切需要

国际化战略是三环锻造确立的"调结构、上水平、国际化"三大战略之一。2012年后，国内汽车零部件企业陷入低价同质竞争，加上我国汽车产品出口规模不断扩大，面临的贸易摩擦形势越来越严峻，导致我国汽车及零部件企业制造成本不断攀升。三环锻造为了在市场领域寻求新的突破，从原来的国际中低端客户瞄向欧美等国际高端客户。通过与戴姆勒、佩卡等世界知名汽车集团进行业务交流，三环锻造发现要满足这些国际高端客户多品种、小批量、高质量的要求，以人工干预为主的离散型生产方式和管理方法已经很难适应；各项技术经济指标和先进生产制造装备利用及自动化控制、信息管理等技术运用方面还存在较大差距，生产效率相对低下、质量不可追溯、依赖人员经验等。因此，要想在激烈竞争中拿到国际高端客户订单，就必须变革传统的离散型生产组织方式和质量管理方式，用最新的数字化、智能化技术和精益管理将自己提升到与国外主机厂同等水平上，实现"平等对话"。

（三）抓住国家政策机遇、推进智能制造的需要

智能制造是传统制造业顺应全球新一轮科技变革和产业变革大势、实现转型升级的核心抓手。《2015智能制造专项实施指南》提出"支持铸、锻、焊等基础智能制造新模式应用，实现基础制造智能制造新模式的工艺模拟优化、制造、物流、质量追溯和供应链管理的全流程智能化。"国家积极推进汽车制造业和基础工艺领域智能化转型升级，为三环锻造提供了难得的政策机遇窗口。三环锻造作为国内

锻造行业的龙头企业，有近30年的锻造生产实践，对锻造行业有深刻理解，掌握了锻造工艺的关键元件知识，积累了丰富的专业化研发制造经验。此外，三环锻造拥有稳定的国内外市场客户群，每条线工作日均生产1000件转向节，能够达到智能化生产后的功能性和规模经济要求。

二、传统锻造企业实现工艺全流程整合的智能化生产方式构建内涵和主要做法

三环锻造为满足国际高端客户需求，率先改变行业长期存在的离散型生产组织方式，通过虚拟仿真形成数字化车间布局，研发攻关打通锻造生产上下游工艺中的四个关键离散点，以定制化采购和产学研合作等方式引入先进的数字化装备、工业机器人、传感器和工业软件系统，实现生产操作装置和相关信息的互联互通，打造柔性生产指挥系统，实现生产作业层、车间层面、生产管理和经营管理四个层面的智能决策管理，应用先进技术建立全流程在线质量管理和能耗管理新模式，形成从上游下料到下游探伤的锻造生产全流程工艺整合的"一个流"生产新方式，取得了显著成效。主要做法如下。

（一）明确构建智能化生产方式总体规划和部署

1. 开展前期调研，形成系统创新思路

2013年3月，公司成立以总经理为首的精密锻造中心项目技改专班，开启"装备升级行动"前期调研。三环锻造大批专业人员赴日本、美国、巴西、印度、土耳其等锻造领先国家，参加各类机床展、设备展和国内锻造协会、热处理协会会议。经过反复的市场调研、政策研究、专家咨询、实地考察、行业研讨等一系列可行性研究活动，于同年10月确立"精益＋信息技术＋先进制造"的转型方向，制定"数字化、绿色化"技改策略，确立了三阶段数字化的系统变革思路，从单机数字化改造到单机间连线数字化，最后形成全流程工艺整合的数字化车间。

2. 强化组织领导，多部门协同攻关推进

2015年8月，三环锻造成立由总经理、总会计师、相关副总，信息中心、规划发展部、工艺技术部、质量部、生产部、销售部、采购部等部室主管组成的实施小组，总经理担任实施小组组长，负责项目实施全面工作。在产线选型、系统搭建工作中，广泛征求各部门及车间需求和建议，做细各项难点、症结点的攻坚突破。建立基于功能和工作职能的任务分工，在各职能部室抽调相关专业人员组成各分项小组，如"车间智能制造执行系统项目实施小组"等，做细各项任务职责，保证各项任务按节点要求完成。

3. 依托工业园区建设，明确智能化生产构建的重点

三环锻造投资15亿元，新建三环（谷城）精密制造中心工业园，分两期建设。工业园一期工程总投资3.34亿元，产能115万件，引入新增全流程工艺整合的智能锻造示范生产线，同时改造搬迁老厂区传统生产线，升级改造部分旧设备。在工艺改造上，按照"设计引领、不犯错误"的原则，确立打通锻造全流程中4个关键工艺环节点的连接。按照数字化、自动化、智能化的建线原则进行设备选型，向供应商提出单机数字化、信息化水平的详细要求，同时根据工艺需求自主开发或二次开发控制软件，布置各类监控传感单元进行信息采集和收集，做到全流程工艺的"双连接"：装备连接和信息连接。在质量管理上，通过产学研方式，研发全流程工艺整合背景下的一系列在线质量监控管理关键技术，克服传统锻造质量以事后和线下监控管理为主的不足。

4. 开展虚拟仿真设计与规划，形成数字化车间布局

三环锻造根据虚拟制造原理，通过提供虚拟产品开发环境，实现三环锻造精密锻造中心项目总图布局及工艺布置规划中的静态工厂规划、工艺规划和物流仿真规划，达到缩短工厂建设周期、降低建设成本、优化工艺布局和优化物流方案的目的。对车间进行生产线总体初步规划、设备分析、生产线物流规划、生产线布局规划、人机工程分析、平衡性和瓶颈分析，优化区域内布局。在工艺拆分过程中搭建3D造型布局，从工位开始搭建，保证工位布局的合理；利用工位搭建的数模，在车间区域内搭建，优

化车间内布局合理,最终在生产线级别下搭建,形成整个车间布局。

(二)研发攻关,实现全流程生产工艺和装备连接

三环锻造通过研发攻关、反复试验,逐步突破传统锻造工艺的连接瓶颈点,并在2014—2017年投资3.2亿元,通过定制化采购方式进行设备的智能化升级,实现全流程生产工艺和装备连接。

1. 通过数字化协同设计软件布局生产线工艺和装备

通过数字化协同研发设计平台进行图纸排布、机器人运动轨迹分析、生产线的三维动态运行模拟演示、产品制造工艺的有限元模拟分析等一系列数字化研发技术的运用,成功仿真验证了"一个流"的自动化锻造生产线。实现锻造到毛坯下线在一条线流转,缩短在制品流转天数为1天。利用六轴关节锻造机器人能够满足自动化锻造生产。对生产线物流进行合理优化,缩短在制品流转时间。

2. 突破"下料加热"环节的工艺和装备连接

一是选取了浙江阿波罗工具有限公司的高速精密圆盘棒料锯切机作下料设备,该设备只需1台锯床,能根据生产情况实时锯切,锯切端面垂直度高、尺寸精度高,单班节约操作人员3人,实现下料自动化。二是通过道轨输送链将圆盘锯床出料口与中频加热炉上料口直接对接,将棒料从圆盘锯送到中频感应加热炉膛中。这样实现了自动运送,省去了传统靠叉车和操作工的搬运装卸,大大减轻劳动强度。三是根据数据传输、分析和决策需要,配备传感器和工业机器人,开发下料和加热两道工艺间的数据传输控制软件,实现在线数据传输和控制。

3. 突破"锻造热处理"工艺和装备连接

一是改进热处理工艺。三环锻造经过上百次的工艺试验调试,通过冷却参数分析,发现先把热态锻件降至表面温度550～600℃后直接进热处理生产线,经过余热热处理后锻件组织和性就能达到图纸要求水平。为此,三环锻造专门联合热处理设备厂家苏州久禾工业炉有限公司开发出行业领先的温控风冷装置,由德国库卡机器人把温度为800～950℃的热锻件夹持放置在温控风冷装置输送带上,可均匀缓冷至500～600℃后再进炉加热到800℃以上。改造后的生产线节约了锻件从室温升温至600℃的电能,不仅节能,还大大缩短了工艺流程。二是为了实现温度的实时监测和决策,设置了在线测温装置,配备了机器人,开发了根据温度指挥机器人抓取动作的软件,实现了在线数据传输和控制,在进热处理炉前要在线检测温度,如果温度在560℃以下,软件会指挥机器人进行抓取并投进热处理炉;如果温度超过560℃,则机器人静止不动、不进行抓取。

4. 突破"热处理抛丸探伤"工艺和装备连接

在改造前,热处理工艺和抛丸工艺分属于两个车间,热处理完的锻件品需要由人工和叉车跨车间进行500—800米的搬运。在通过智能化方式实现在线管理后,两个工艺放在一个车间,中间距离只有10米,通过机器人转运,物理距离大大缩短。原来对锻件的探伤是在抛丸工艺结束后,由人工通过布氏硬度计检测锻件硬度,每件耗时约5分钟,效率低下、精确度差,两个环节呈现离散状态。三环锻造通过配备机器人和数字化设备实现了在线自动化检测,让原来离散的两个工艺间紧密连接起来。三环锻造采购一台德国进口磁粉探伤检测系统,对锻件毛坯探伤、硬度、材料检测进行自动化改造。改造后,在一次检测操作中能检出各个方向的裂纹;同时采用脉冲磁化电流,磁化效果好,磁化、退磁全自动化完成。改造后的锻件硬度通过机器人与IBG无损检测硬度计配合,每件耗时30秒,检测准确率大大提升。

5. 运用工业机器人实现全流程的自动化转运

三环锻造新建的锻造生产线采用"一个流"方式,各工序十分紧凑,在全流程中都配置了工业机器人实现自动化转运:采用德国库卡工业机器人R1完成热棒料出料转运,采用库卡桁架倒挂机器人R2做镦粗工部的转运,采用库卡机器人R3、R4完成主机锻造及冷却润滑喷淋工步,采用库卡桁架倒挂式

机器人 R5 完成锻造毛坯的转运，采用库卡机器人 R6 金相热处理调质线上料。机器人的在各工序的利用大大减轻了工人劳动强度，提高了工作效率和产品质量。

（三）打造柔性生产指挥系统，实现生产作业和决策智能化

在解决上下游工艺流程的物理连接问题后，三环锻造通过横向和纵向集成，实现了计划与销、产、供等多方面的综合管理。首先在生产作业层面打通底层设备，通过安装传感器和工业机器人等硬件，实现全流程数据的采集和传输；其次在车间执行层面运用 MES 系统构建闭环生产管控系统；再次在生产管理层面，转变生产运作方式，应用软件系统将各类数据互联互通，形成"传感器＋机器人＋软件系统"的联动模式，做到数据在线分析和决策，协调整个锻造生产线的动作，实现全流程工艺整合与在线管理；最后在业务经营层面，打通上层信息化系统之间以及信息化和底层自动化之间的集成，使生产指令能够直达自动化系统，实现柔性化的生产指挥和拉动式生产。

1. 打通底层设备的数据采集和传输，实现生产作业智能化

MES 系统获取生产订单后将生产指令下达给生产线的 PLC 总控（可编程逻辑控制器）及 SCADA 系统（数据采集与监测系统），PLC 总控接到指令后，指挥设备调取相应的加工程序，并发送信号给机器人调取动作指令集开始作业，SCADA 系统监测生产过程各个工艺参数，在参数波动时反馈给设备或机器人修正参数。一是对每台设备都进行联网与数据采集，共联网设备 40 多台，运用 SCADA 系统在线监测设备的生产节拍及采集机器人动作，自动优化机器人动作节拍及设备运行速度，均衡生产，提升班产量。二是安装传感器如视觉相机、温度传感器、位置传感器、压力传感器、磨损监测传感器等 200 多个，将监测数据上传至实时数据库进行存储，并通过 SCADA 界面进行展示。系统将实时监测数据与各个知识单元中的规则相匹配继而推理，最终推理得到案例结果。对应不同规则组成的案例系统会决策出不同的解决方案反馈到设备显示界面，或将调整后的参数直接下达给设备，或提示操作人员对设备进行维护等。三是确立在线检测点 9 个，采用机器人在线三维扫描热态锻件，快速判定热锻件尺寸，发现不合格品自动分选并报警。

2. 运用 MES 系统构建闭环生产管控系统

2017 年 2 月，三环锻造与北京机电研究所、北京自动化研究所两家机构合作开发 MES 系统，软件及硬件费用共计投入 420 多万元，2017 年 11 月系统上线。MES 的主要作用是衔接计划层与执行层，生产管理的颗粒度和柔性程度大大提升。毛坯产品的 BOM 只有一个层级，MES 自动接收 APS 系统产生的作业订单，下达到生产线及作业班组并且在时间上具体到分钟。在 MES 中启动工单后，生产指令下达给生产线总控 PLC 系统，总控系统启动机器人和设备协同工作，各个工序之间通过机器人上下料及转运，各个机器人相互配合，使一个个的半成品在不同设备之间逐一流动并加工，形成了一个流的生产。MES 生产完成工后报工给 SAP，最后再反馈至客户管理系统，完成从销售订单到产品交付的闭环管控。

3. 转变生产运作方式，生产决策智能化

三环锻造通过打通锻造全流程中 4 个关键工艺环节点的连接，实现离散型生产向"一个流"精益化生产方式转变，为了适应新的生产方式，三环锻造进行了组织结构及生产运作的调整，运用 APS 系统实现智能化的生产管理。一是组织结构的转变。首先为生产部增设了智能制造总控室，总控室是公司生产经营的指挥调度中心，生产或采购计划由此下达到各个车间。其次把下料、锻造、热处理等分属于三个车间的离散工艺进行纵向合并，合并后的下料、锻造、热处理三个工艺形成一条生产线，作业班组合并成三个班（三班倒），单班作业人员从 12 人减少到 5 人，班组职能从操作设备变成操控软件。

二是生产方式的转变。班组开始作业时运用 MES 系统下达作业指令给 PLC，启动生产线后用 SCADA 系统监控生产过程及加工参数，MES 获取并保存加工参数便于生产追溯。作业完毕后 MES 系

统获取 PLC 的完工数量向 SAP 系统报工，形成从计划到完工的闭环管控。生产方式由人工操作设备变成用数据监控生产设备自动化生产。

三是生产决策的转变。三环锻造在实现"一个流"的生产动作后，运用 APS 系统打造了精益生产排程系统，系统自动获取销售订单，实现企业生产与销售的无缝对接。在排程时同步考虑多种有限能力资源的约束，如机台、模具、物料等，依据各种预设规则，最终给出滚动变化、准确交期的生产订单。然后，系统给出每张订单的详细计划开始时间，计划结束时间，相对原本期望交期的差异天数等。当插单、订单变更、设备故障、生产异常等发生后，可通过一键式排程，立即得知最新的订单交期预估。

4. 通过供应链协同管理实现拉动式生产

三环锻造于 2017 年 3 月正式上线了企业资源计划管理（SAP）、4 月上线客户关系管理（CRM）、6月上线供应链协同管理（SCM）、11 月上线高级生产排程系统（APS），四个系统实施时就进行了相互集成。其中，CRM 系统通过 EDI（数据接口）与客户进行对接，自动接收客户系统发给公司的采购订单，再传给 SAP 系统生成销售订单，销售订单通过 MRP 运算，得出生产计划与采购计划，采购计划再通过 SCM 系统转换成采购订单发给供应商，生产计划通过 APS 生成生产作业订单发送给生产线。四个系统的集成运用，实现了从客户→工厂→供应商的整个供应链的拉动与协同，打造了计划＋业务＋财务的一体化管理体系。

（四）应用先进信息技术，建立全流程在线质量管理和能耗管理新模式

1. 合作开发复杂锻件三维在线检测技术

通过与华中科技大学产学研合作，三环锻造在生产中同步随线采用工业机器人对面结构光三维测量系统进行定位实现自动化在线标定，保证测量系统的精度。在测量过程中，采用现有的工业机器人夹持零件，按照预先设定的姿态，从不同角度的零件进行三维测量，然后对不同方向测量获取的点云数据进行数据拼合和坐标对齐，最后根据获取的完整点云数据进行尺寸分析，得到精度检测报告，从而实现锻件高温状态下的全测全检。整个测量节拍 45 秒完成，实现锻造过程中对热态锻件三维测量分析。

2. 构建锻件大数据质量分析模型，建立机器视觉系统

三环锻造通过产品锻造过程材料成分、力学性能、外形尺寸、内部组织等四个维度，对影响锻件质量原因进行归纳分析，并建立大数据质量分析模型。在锻造过程中，由传感器检测振动、电流、红外、压力、位移等多种信号，通过信息物联技术自动采集到系统，经过分析实现锻造专家系统的自诊断、自决策、自反馈功能。此外，三环锻造采用机器视觉系统，对每个工步锻件进行摄影测量，与标准模型比对打分，合格料继续往下流，不合格件直接有机器人分选自动甩料处理。

3. 建立虚拟编码和激光打标技术融合的产品质量追溯与管理系统

在"一个流"生产追溯模式下，从原料进厂开始，到产品发货结束，每一单件产品在锻造生产全过程（含热处理和机加工）所涉及的物料批次、各工序生产设备、关键工艺参数、每一道次质检结果、生产责任人、存储库位和中间物流过程等均需进行数字化采集和集成。其中，锻造和热处理属于热加工，锻造过程中产品温度高，传统的编码追溯的方式较难实。三环锻造质量追溯系统通过在 SCANDA（数据采集与监视控制系统）系统封装锻件虚拟编码模块，赋予锻件半成品虚拟编码，将锻造过程中采集的数据存储至实时数据库，并与虚拟编码绑定起来，在最终成品下线时，将实时数据库中数据关联至关系数据库二维码信息，并将该码刻蚀在锻件上，实现成品质量追溯。

基于数据采集和集成，三环锻造开展了质量对标管理和质量大数据分析。首先，MES 质量管理通过与三维工程化平台/PLM 的连接，将工艺标准数据化信息作为工作单元检测的质量标准。在每个工作中心，在制品通过智能检测设备扫码上线，扫码下线，严格确保了工艺流程的完整性和有序性。MES 通过与智能检测设备的连接实时获取生产过程的检测数据，并实时跟质量标准进行对比，严格控制生产

过程的质量;对尚未实现智能检测的工序,可以通过手持设备、工位看板等的输入,获取质量信息进行控制。其次,MES系统实施后,由于车间生产检测数据采集的便捷性,全面性的提升,将产生大量的产品检测数据,同时这些数据还存在文档、格式化数据、照片等多种形式,因此质量数据的分析必须在大数据平台中进行数据检索和分析。

4. 采用设备及能效优化技术提升能耗管理

为了解决锻造线上设备关键工艺参数(如加热炉的电极档位、锻压机的击打力等)的设定主要依赖于工艺设计及人工经验导致的能耗及质量指标不理想弊端,三环锻造采用设备级能效优化技术。提取高耗能设备的关键运行指标(能耗水平、锻压质量等),利用锻压过程积累的大量生产历史数据和设备操作经验及知识,将机理、数据与知识相结合,利用特征提取、数据挖掘等手段,在进行工况辨识的基础上,建立关键工艺参数、设备特性参数与上述运行指标之间的关系模型。该模型应随着生产数据的产生而不断更新以提高预测的精确度。该模型主要用于实时预报给定参数条件下的能耗、质量指标的预报。利用生产过程实时数据,以降低能耗、稳定生产质量为目标,通过智能优化算法,给出加热炉及锻压机的上述关键工艺参数设定值。通过合理进行工艺参数设定,确保加热炉及锻压机能自适应地根据坯料状况、设备工况等进行调整,始终处于优良工况下生产。智能制造系统平台中的能耗管理模块已集成多种能耗管理功能,能够完成记录生产系统的能耗水平。自动记录电量数据;按品种统计电量能耗;按机组统计电量能耗;按班组统计电量能耗;峰/谷/平电量与电价计算;自动生成日报、班报、月报的能耗报表;能源结构分析;能源平衡分析;能耗台账报表。

(五)强化机制建设,为工艺全流程整合的智能化生产提供资源保障

为顺利推动工艺全流程整合的智能化生产,三环锻造采用开放创新方式,充分吸纳外部的创新资源为我所用。一是在创新机构建设上,三环锻造搭建了省级企业技术中心、省级精密锻造工程技术中心,院士(专家)工作站、研究生工作站、博士后创新实践基地五个创新平台;从引导创新、实施创新、保护创新、奖励创新、推广创新五个步骤进行创新管理;设置了以公司层面、集团层面、政府层面的三种奖励机制。

二是确立以产学研合作为主的开放式创新机制,根据企业内生发展需求,通过战略发展规划编制、技术咨询等前瞻性服务,以项目为基础,在新技术、新工艺、新产品的开发上联合攻关,进行成果开发。2015—2018年,三环锻造分别与华中科技大学、武汉理工大学、湖北汽车工业学院、湖北文理学院、德国费劳恩霍夫研究所五所大学及研究院所进行了8个项目研究合作,解决了多个关键工艺技术难题。明细如表1所示。

表1 三环锻造产学研合作情况(2015—2018年)

序号	合作高校(科研院所)	合作期限	合作项目
1	华中科技大学	2015.8—2017.12	汽车复杂锻件智能化制造技术方案开发
2	武汉理工大学	2015.1—2016.12	中重型汽车转向节精密锻造成形关键技术研发与产业化
3	德国费劳恩霍夫研究所	2016.7	铝合金工艺、设备研究
4	华中科技大学	2017.1—2018.12	3D打印增材制造与再制造关键技术研究与应用
5	湖北汽车工业学院	2017.4—2018.4	热锻模具激光仿生强化技术研发
6	湖北文理学院	2017.6—2018.2	汽车转向节缺陷管理系统V1.0
7	华中科技大学	2017.1—2017.5	带双臂一体化转向节锻件弯曲模具设计
8	湖北文理学院	2018.5—2019.6	铝合金转向节转向节锻造过程有限元模拟

三是引进行业高端人才，确保行业的技术领先地位。如引进德国费劳恩霍夫机床和成型技术研究所铝合金锻造工艺设计高端人才1人；引进华中科技大学夏巨谌教授对金属材料成型、铝合金锻造进行技术研发指导；利用团省委博士服务团平台，引进、聘用博士7人，开展锻造设备、机电一体化、信息控制、材料成型领域的综合研究。

三、传统锻造企业实现工艺全流程整合的智能化生产方式构建效果

（一）在行业内首先构建了"一个流"智能化生产方式，生产效率和质量大幅提升

通过对传统锻造生产工艺过程的智能化改造，三环锻造构建了工艺全流程整合的新型生产方式，打造了业内首个全流程数字化车间，探索掌握了包括产线设计、工艺优化调整、装备改造、软件部署、生产指挥调度等一整套锻造生产智能化的技术和经验。产品制造周期由原来5天缩短到1天，全流程的物流长度从1000米左右降到150米，锻造全流程单班所需人员数从21人下降到6人，运营成本降低了23%；产品不良品率降低了12.6%；生产效率提升了36.4%；能源利用率提高了46.3%；研发周期缩短52.5%，产品设计数字化率达到100%，制造过程的数控化率达到91.3%。彻底改变了锻造企业工人作业劳动强度大、人工成本高、生产效率低、能耗高、品质低的状况，引领了国内锻造业的发展，这对促进我国精密锻造行业的技术创新和产业发展，提高我国汽车零部件的智能制造水平和国际竞争力有较强的借鉴价值，为我国锻造业的绿色化和智能化转型升级提供了示范样板。

（二）成功进入国际高端市场，推动了企业持续发展

通过生产的数字化、智能化改造，三环锻造产品质量竞争力稳步提升，成功打入美国市场和欧洲市场，国际业务取得较快增长。2017年，三环锻造成功为美国Reyco、荷兰DAF等数家新客户开发并批量供货主导产品。2017年10月16日，三环锻造向戴姆勒奔驰卡车转向节供货累计超过50万件，实现产品零公里不良品率0PPM，荣获"戴姆勒中国区2017年度最佳供应商"。创造了"三个第一"：中国第一家安保件供应商、中国第一家快速批量供货的供应商、中国第一家戴姆勒全球优秀供应商。截至2018年，产品直接出口到利兰、塔塔大宇、采埃孚AG、戴姆勒AG、荷兰DAF、南非CIMEX、美国Reyco等公司。2018年上半年三环锻造国际业务销售收入8247.59万元（不含税），较2017年同期的3407.38万元增长142.05%。订单总量从2013年的460.1万件增加到2017年的708.75万件，增长率54%；2018年第四季度的产品订单已经排满，全年订单量预计将继续增长12%。2017年与2013年相比，公司总资产增长57%，产品销售收入增长41%，利润总额增长28%，资产保值增值率达到110.8%，出口创汇增长6.7倍。

（三）得到社会各界广泛认同

三环锻造推动实现工艺全流程整合的智能化生产方式，得到了国内外同行和社会各界的广泛认同。2015年，三环锻造以"汽车复杂锻件智能化制造新模式"项目成功入选国家首批智能制造专项，2017年年底通过国家工信部验收。2017年被工信部授予"制造业与互联网融合发展工业大数据服务平台"试点示范企业。三环锻造主持起草地方标准2项，主持起草行业标准5项，主持起草国家标准4项。目前参与标准制修订已发布实施的国家标准10项、行业标准2项，公开企业标准11项。截至2017年，三环锻造已拥有专利41项，其中发明专利11项，实用新型专利30项。

（成果创造人：张运军、邵光保、杨诗江、梁文奎、代合平、甘万兵、
左　培、汪　锋、陈天赋、周　明、邓庆文、王国文）

投资企业城市重大基础设施智能化主动安全生产管理

青岛国信发展（集团）有限责任公司

青岛国信发展（集团）有限责任公司于2008年2月29日经青岛市人民政府批准设立，公司注册资本为人民币30亿元，属地方直属综合性国有投资集团公司。集团围绕"城市综合运营商"定位，重点打造金融、城市功能开发、现代服务业和海洋产业等"3+1"业务板块，服务青岛市经济发展，聚焦城市功能开发，进行城乡重大基础设施项目投资、资本运作和资产管理。目前，国信集团形成资产规模超过500亿元。建成投运了青岛体育中心、青岛会展中心、青岛大剧院等文体设施和展会场馆；拥有汇泉湾广场、第一海水浴场和海天大酒店、东方饭店等城市旅游接待资源；开发了1万亩海洋牧场试验区，远景规划30万亩；经营着我国长度第一、世界第三的海底公路隧道青岛胶州湾海底隧道。新一轮布局项目总投资超过800亿元，遍布青岛六区四市，青岛海天中心、红岛国际会展中心、国信金融中心等已开工项目超过200万平方米，储备青黄第二条海底隧道、前海沿线地下道路等项目13个。

一、投资企业城市重大基础设施智能化主动安全生产管理背景

（一）适应安全生产形势的需要

新《安全生产法》的颁布实施后，国家、省、市各级法令、规章陆续出台，对社会各级企业安全生产工作提出了更高的标准和要求，企业的安全生产主体责任地位进一步压实，违法违规行为问责持续加码。各级政府的安全生产监管日趋严格，与公共安全风险相匹配、覆盖应急管理全过程的安全生产综合监管体系全面建成。数据显示，2015—2017年，全国安全生产事故起数和死亡人数连续保持"双降"，年均降幅达12.8%和7.9%，但是事故总量依然处于高位，依然没有迈出问题多、危害重、重特大事故频发的历史阶段。且随着城市规模的日益扩大，新业态大量涌现，各类事故呈现出由传统高危行业领域向其他行业领域蔓延的特点，城市安全管理难度不断增大。

（二）适应集团多样化业态的需要

国信集团作为综合性投资公司，资产规模大、经营业态广、产业链条长，运营城市重大基础设施，面临公共安全、食品安全、交通安全、建筑施工安全、海上作业安全五个方面的安全风险。青岛一浴是东北亚地区人流量最大的海水浴场，胶州湾隧道是东部沿海车流量最大的海底公路隧道，海天中心是青岛最深的临海基坑、第一高楼，体育中心、会展中心是全市最繁忙的会展文体场馆，国信海洋牧场是蓝色硅谷海域面积最广的规模化渔业设施。这些重大设施与民生息息相关，具有广泛的社会影响，是安全生产管理的重点难点。各类风险隐患潜伏在各类生产经营活动中，且都有可能衍生出舆情，产生社会问题。

（三）适应智能化安全管理转型的需要

传统的安全管理手段主要依靠拼机械、拼规模和人海战术的管理来实现，短时成效明显，但难以形成常态保障机制。而一个企业和项目出现事故，全行业面临停业整顿，打断了正常的生产经营，代价高昂。传统的安全生产管理带有明显的被动性特点，已经无法适应新的形势要求，严重滞后于新时代的发展需要。近年来物联网热潮的兴起，传感技术、大数据分析、GIS技术等得到广泛应用，为新型安全生产系统的构建创造了硬件条件，使更加注重安全管理效率和质量的新型安全生产管理模式建设成为可能。

二、投资企业城市重大基础设施智能化主动安全生产管理内涵和主要做法

建立隐患智能预警机制,借助"物联网+"和传感技术在各大下属设施建设运营中捕捉多元异动信号,体现全要素全口径管理;通过无障碍检查、双盲演练,导出安全生产工作盲点;建立启备拉动常态机制,改进传统的预案管理,引进战备管理经验,分类响应启备等级和启备措施;建立智慧联动救灾机制,通过安全生产数据字典、自动调阅和智能关联,实施智能化一键应急调度。以搭建CSP系统为安全信息化平台,辅以队伍专业化、管理标准化来保障前述三大机制有效落地,通过末端评估检验成效和持续改进,全面构筑主动安全管理体系,实现安全生产关口前移、常备无患、智慧应急,保障集团各项生产经营活动安全稳定。主要做法如下。

(一) 确立主动安全生产思想,搭建组织构架

1. 树立主动安全生产管理思维

国信集团基于"99%风险都可以预控"的核心思想,提出主动安全生产管理"常青树"模型,分10大模块构建理论体系。具体以专业化、信息化、标准化为基础,以智能预警、三级启备、一键调度为核心,以末端检验(无障碍检查、末端评估、双盲演练)为反馈,实施"从零开始、向零努力"循环提升,创新"安全创造效益"的安全价值观,实现主动安全让后台的风险预警智能化、让规范的保障启备常态化、让不同的应急处置精准化的目标。

2. 搭建主动安全生产管理组织架构

国信集团主要领导挂帅,分管领导定期调度,安全管理部抽调各子公司骨干人员共同组成主动安全管理课题攻关小组,联合青岛市安监局、青岛市总工会、青岛市科技局等相关部门,组织行业对标和专项咨询,开展《"物联网+安全"在城市功能设施中的构建与实践》《国有大型投资集团主动安全生产管理》《国信集团安全生产综合监管平台建设》等课题研究。2015年以来,先后取得国家重大事故防治关键技术立项1项,山东省安全生产管理创新课题2项,青岛市科技局安全生产科技立项1项。

(二) 通过无障碍检查、双盲演练,导出安全生产管理盲点

1. 推行无障碍检查

无障碍检查为改进安全管理提供决策支持,获取没有任何事前准备和毫无修饰的一手资料。国信集团所属安全管理员和邀请专家持无障碍检查全通卡,可以于任何地点、任何时间,在全集团所有生产经营场所全天24小时一律放行。持证人员权利包括有权对消防报警、电梯报警等设施进行直接操作以检查值守人员反应能力;有权对生产经营人员、物业人员、保安人员应知应会知识进行考问;有权对有关设施设备和生产经营活动进行检查拍照、录像。无障碍检查实行以来,集团内杜绝了"上有政策、下有对策"和"望风而动、表面应付"的现象。

2. 组织多业态双盲演练

主要目的是做到在"和平时期"模拟演习,做到居安思危,时刻检验启备拉练效果。在实施中突出多业态分类设计和情境仿真。结合海底公路隧道交通事故、重大活动应急疏散、海上应急救护、起重塔吊施工等多个推演平台的建设,依托"互联网+"手段组织实施了各工种、各专业、各条线联合应急推演、技术比武、双盲检查等品牌活动,逐步设计形成标准化推演案例,检验应急启备拉练效果。

通过无障碍检查和双盲演练的滚动实施,不断发现日常安全管理中的漏洞、薄弱点和问题,为安全管理体系的优化提升提供第一手资料。

(三) 实施三级启备机制,建立安全责任矩阵

1. 设计多元化的启备触发条件

分类设计触发条件。紧扣国信集团生产经营业态的布局特点,从大类上分,包括敏感时期、节假日、极端天气、大型活动承接、工程施工关键节点、重要设备带缺陷运行等不同情形。

对触发条件细化分级。敏感时期主要是国家、省、市重大会议和活动期间；极端天气分为发生极端异常自然天气灾害，台风、暴雨、大雪、冰冻红色预警期间等；大型活动分为承担政府重要活动或场馆占用面积达到70%以上或用电负荷达到70%以上的活动；工程施工关键节点可进一步细分为工程施工爆破等危险性施工作业，夜间连续施工，重要设备材料吊装、整体连续混凝土浇筑等专项施工，模板、脚手架、塔吊安拆等关键施工节点等；重要设备带缺陷运行指重要经营设施结构安全、供电、排水系统出现重大异常、带缺陷运行，如双回路供电中有一回路出现故障。

触发条件根据需要动态调整。按照下属各大业态建设、运营、大修、改造不同时期，量身定制不同的触发条件。目前，国信集团现行的启备触发条件已涵盖6大类、24小类。

2. 分类实施启备措施

启备机制触发后，涉备人员一律执行禁酒令，停止休假外出，根据需要延长工作时间，全天候保持通信顺畅，公务车辆停止出差任务，随时做好接受调配指令。启备措施包括通用启备措施、专项启备措施、过度反应措施。

通用启备措施适用全集团。包括听班（领导班子按值班计划听班，听班当天不得离青）；值班（严格落实值班制度，特殊情况下，由安全管理部负责人值班）；战位（关键生产/经营区域责任部门进入指定站位）；巡查（安全管理人员组织巡查和查岗）；CSP系统进入相关区域视频轮巡模式，手持终端保持在线接警状态，设备运行信号实时监测，确保平台群发信息一键调度功能正常，风险隐患电子地图展示，疏散路径、应急预案、次生灾害防护一键关联。

专项启备措施选择使用。包括组织启备拉练/桌面演练/双盲演练/实战演练；组织设施设备空载（或有条件满负荷）试运行；组织关键区域最低自保能力时间、空间双维度评估，预备应急（照明、疏散、支护）措施和外部联动；授予第一响应人紧急应变权，联动容失容错机制，确保应急处置效率；视需要采取保密措施；建立内外联动机制。与110、119、120、红十字会、防汛办、应急办、医院等社会应急力量建立外部联动，和律师顾问、保险公司、专家合作机构建立内部联动。

极端情况下采取过度反应措施。对一些特殊情况，如重大政治接待任务、超人气明星的歌迷活动、无法预测人员规模的高奖资抽奖活动，要在人防、技防、物防上提高安全保障系数，再留出额外的安全余量。主要措施包括成立专项指挥部，专职封闭运行；申请上一级单位接管/共管本级安全保障工作；局部或全面停工/停业，局部或全部停电/水/气/暖，采取有条件封闭、封道或交通管制等；视需要制定被保障活动的备用方案、备用场地、备用措施，确保意外情况下及时切换替代方案。

3. 理顺清晰明了的责任链条

在主动安全生产管理体系搭建成型走向轨道后，国信集团为应对"日常"与"启备"两种状态下安全生产管理的不同需要，注重"平战结合"，固定机构和弹性机构双向切换，无缝衔接。

日常工作中，以集团总部、产业平台公司、基层生产经营单位"三级主体"为架构，各级安委会履行安全生产决策、制度建设、监督考核。各级安委办作为办事机构负责承接和部署安全生产工作措施。

启备状态下，各级安委办按照开放、机动、协同原则，分层级成立专门领导小组，赋予紧急应变权，对接上级、统筹本级、督导下级。按照不同事件场景，针对性地调动生产技术人员、应急救援队伍以及舆情管理人员等相关力量，配置相应层级应急资源，靠前指挥、明确战位、统一管理，力避人海战术。

启备状态下具体以启备审批、宣贯承诺和战位制度来实现。

启备审批就是当达到触发启备条件，相应层级的负责人签批实施启备，一般由安全总监签署启备指令。

宣贯承诺是对启备指令的回应，即启备生效后将启备措施全面传达到涉备人员，每次宣贯都有培训交底、签字确认,让以往笼统模糊的承诺变得具体明了。

战位制度就是逐条落实启备措施,安排专人进入指定战位,分兵把守,做到定岗、定人、定责。

启备责任链条的理顺,实现了从领导到基层各个岗位的职责写实,使压力传导清晰有力,出现问题追责倒查,精准到位。目前,国信集团针对自身经营生产需要,分别完成各业态的启备制建设。其中,大型文体活动启备战位制推出以来,已经在青岛体育中心"张杰'我想'演唱会""林忆莲造乐者世界巡回演唱会""五月天演唱会"中得到多次检验。

(四)搭建 CSP 平台,构建智能化安全生产综合监管"第三只眼"

1. 建立物联网实时监测

基于监控调度大厅、PC 机、手机 APP,借助"物联网+"手段和传感、遥感、大数据挖掘与分析等前沿技术,CSP 平台建立智能预警体系,接入视频监控系统、消防报警系统、变配电系统、排水系统、车流量监测系统等各类物联网传感信号 37000 路,365 天 7×24 小时不间断监测,使其成为有眼睛、有耳朵、有鼻子、有嘴巴的有机体,为智慧安全提供了强大的硬件支持,打造安全生产智能监管"第三只眼"。

监测设备运行状态。在锅炉房,对其运行压力、温度、开启状态进行监测。在消防区域,对烟感、温感、手动报警,以及消防水箱、水池的液位和管道压力进行监测。在配电室,对电压、电流、功率因数、电容柜温度、变压器温度和风冷状态进行监测。在泵房,对水池液位、水泵开闭状态进行监测。在隧道,主要是监测车速、车流密度、各时段交通量走势、行人闯入、中途非法停车等。

监测环境进行参数。根据不同监测对象,监测内容包括温度、湿度、风力、空气质量、光照强度、位移、量程、变形、扬尘、噪声等。

监测安全相关方的关联系统。接入大型起重器械、群塔作业的旋转半径限位、限重、防碰撞、抗倾覆参数,以及对项目监理和安全管理人员实施安全巡检路线定位跟踪等。根据实时监测信息沉淀数据,建立数据库,通过数据挖掘、数据清洗、数据比对,找到各类设备安全运行阈值和波峰、波谷等参照系。

2. 实施异常运行预警和报警

按防火墙原则设置预警值。区别预警、报警,确保在灾害形成前,提前捕捉苗头性异常指标波动,对经营场所、在建工程、设备机房、防汛部位等生产经营重点区域的监测设备,基于合理运行区间的长期掌握分别设置预警值,相对报警留有 5%—10% 的安全余量,作为将突发意外解决在萌芽状态而特意安排的周旋空间。

明确报警复诊机制。很多设备由于敏感度高,在季节切换等环境变化时会发生误报警,还有一些是误动作触发报警的情况,使值守人员思想麻痹、不堪其扰。如直接屏蔽报警系统,将错过疏散、救援时机而直接酿成惨痛事故。复诊机制是提高报警质量的关键一环,主要手段就是对报警点部位进行监控信息提取和辅助指标复核,如未发现现场明显异常则取消警情,前端设备直接复位。

设置分级报警规则。最基层的三级报警信号推送至基层生产经营单位,其值班人员、安全管理员、职能部门负责人都能同时收到信息。如果 5 分钟没有进行接警处置,则作为二级报警推送到上一级的产业平台公司。如果 5 分钟内还没有接警处置,则作为一级报警在集团层面显示。三级报警的规则设计主要是落实属地管理、上级监管、量化考核的要求,避免大量报警直接在集团监督部门出现,干扰管理秩序。有一种例外情况,就是配电室、库房、电梯等关键部位的报警信息会向三个层面同时推送,为避免重大事故和损失建立三重保险。

3. 升级风险隐患管控

绘制风险隐患分布地图。基于预警和报警数据沉淀,摸索各类风险隐患分布特点,绘制风险隐患电子地图，对深基坑、变电所、电梯、泵房、消防水箱、消防水池、塔吊、禁行区、防汛易涝点、堆放易燃物的仓库等进行一张图立体展示。

实现风险隐患"单元化"预控。针对多业态生产经营活动分类划分基层管理单元，对各类风险隐患、重要点位建立"三个一"预控标准，即"一个责任分区、一个操作规程、一个检查标准"，以明确的责任人明晰责任界面，以固化的操作规程规范作业，同时检查表也要做到标准化。

安全管理工具线上运行。全集团实现了安全生产目标、指标实现线上分解；特种作业人员、安全管理人员、关键岗位人员的持证上岗和复审到时提醒；安全教育线上培训、线上考核、线上评比；安全检查在移动端APP实现隐患风险随手拍、责任人领单、整改反馈全过程跟踪管理；风险源、操作流程和检查标准的实时调取及结果分析评估等功能。

（五）突发事件统一调度、快速响应、分级处置

1. 应急救援多维度智能关联与响应

先是对集团各项预案如消防、防汛、疏散等，按照相关性进行梳理、提炼、归类，做到根据事故类别自动关联应急预案、操作流程，应急队伍及时收到工作指令，按照最适合现场特点的预设好的细化分类预案，规范响应程序，提高救灾专业化和精准度。在全面掌握事故区域的出入口、紧急通道前提下，自动关联最优疏散路径、避难场所，保证现场人员在最佳窗口期安全疏散。还有次生灾害自动关联提醒，告知决策者和施救人员可能引发的次生事故，根据不同的情况提前采取警戒、封闭、支护、降水、降温、断电、防坠落、防塌陷、防中毒等措施。全过程报告程序自动关联，确保做到按规定时间、规定内容向上级和相关方汇报现场情况。

2. 最大自保能力评估和紧急应变机制

根据事态大小和演变发展情况，按照现有的应急力量，及时做出最大自保能力评估。如在双回路供电同时断电情况下，根据自备发电机的功率和油料储备情况，在空间上估计出最大的保电范围，在时间上估计能够坚持的最长时间。在此基础上及时联动外部救援，请求集团上级单位支援救灾，在上一级层面进行资源调度。同时视需要与公安、消防、交警、医院等社会机构联动，在社会层面响应救灾机制。在紧急状况下，无预设方案，现场情况演变快，做不到逐级请示汇报，一旦错过机会窗口就会酿成巨大损失的，现场人员拥有紧急应变权，第一时间采取非常措施。紧急应变权一般由各专业组长掌握，并在制度上有容错机制做保障。

（六）建立末端评估反馈机制，持续优化改进主动安全生产管理体系

1. 建立末端评估机制

通过组织集团安全管理人员下基层蹲点办公，实施末端评估，检查评估基层人员应知应会知识掌握情况、设施设备安全运行情况、相关方安全措施到位情况，出具诊断报告，由责任单位填写问题倒查反演表，基于最终效果，从末端向前端倒逼，反推在前端如组织、培训、投入、措施等各个条线上的问题漏洞。它改变了传统评估检查中自前向后的顺序检查做法，从而摒弃了自上而下的查资料、查过程等重形式、轻内容的弊端，突出从末端发力，为效果服务。近年来，国信集团连续部署下基层蹲点办公，做到对下属公司末端评估每年覆盖一遍。基层单位注意力逐步向前端管理系统查不足、补漏洞、纠偏差聚焦，形成发现问题表象—反演问题本质—追溯上端根源的闭环。

末端评估与智能化主动安全的三大机制建立反馈机制，实现持续改进。同时与考核挂钩联动，反映到通用指标、特色指标、控制指标。通用指标覆盖全集团，考核共性要素，如培训、会议、组织建设等。特色指标针对不同行业属性，按建设类、经营类、投资类实施差别化定制，分为大型活动保障、建设施工管理、食品安全管理等。控制指标多为一票否决，无调整余地，主要是伤亡指标类，以及同类事故在考核年度内连续发生的情况。

2. 打造专家型安全生产队伍

落实专业化分工，练就"绝活儿"，培养首席技师。各条线作业人员分工立足本专业，在确保掌握基本知识广度的基础上聚焦在专业上知识纵深，针对关键设备，做到懂结构、懂原理、会维护、会小修。目前，集团在配电、空调、消防、冰场、水处理等专业已拥有自己培养的首席技师。近三年，国信集团累计选拔推荐 30 名基层员工进入青岛市总工会"千人计划"。

注重专业化培训学习，培养金牌教练。围绕课程设计，分业态、分门类、分专业开发"知识频道"，建立了建筑施工、海上救护、活动筹备、物业服务、设备管理、反恐防恐等 12 门特色精品课程。采取送安全到基层、集中授课、远程视频、对外交流、案例讲学、拓展训练、垂直指导（其中子公司各级安全管理员均接受集团安全管理部垂直指导）等不同形式培训。培训对象向一线人员倾斜，压实终端，以学后感、写心得等形式保证学习效果。

组织定期启备拉练，培养示范班组。通知下发后，全天候 24 小时待命状态，其间待执行任务可能随时派发。一旦明确任务，涉备人员迅速于指定时间向指定地点集合，执行指定任务。通过军事化管理实施岗位练兵，检验班组应急反应和操作水平。目前，胶州湾隧道的启备拉练制已形成青岛应急管理中的品牌，受到市交通委、市城管局等有关部门的赞誉。

3. 固化安全生产管理成果

通过标准化改造，精简流程、优化清单、打造模板。管理成果以明白纸、口袋书、上墙看板、操作规程、清单、手册、表格、流程、样本、案例等形式体现，全集团累计形成《建设施工现场安全检查标准》《安全管理人员"九久手册"》《大型文体活动启备战位表》等标准化文件 217 份。

开展"标准化接力行动"，打造行业标杆。经过几年的努力，会展中心、体育中心、大剧院均达到行业内最高安全生产标准等级，胶州湾隧道实现全国创标立标，成为从青岛走向全国的首个公路隧道运营安全标准。

标准化促进了横向交流和资源共享。对各子公司之间一致、相关、类似的重复性安全管理规范进行归并，按照"合并同类项"原则左右打通，建立交流共享。结合安全培训与考核，组织经常性的标准炼化，发挥催化效应，做到凝练模式、培养习惯、长效管理。

三、投资企业城市重大基础设施智能化主动安全生产管理效果

（一）实现了经济效益和社会效益双丰收

经换算，国信集团每年因主动安全投入所带来的经济效益至少达到年度利润的 5%，测算 2016 年安全经济效益为 3765 万元。与此同时，国信集团注重发挥安全生产管理的保障、倒逼、辐射作用，促进向全集团建设、生产、运营多个条线工作的压力和动力传递，促进和激发各个业务板块的创新和业绩提升，创造了可观的经济社会效益。集团辖属所有建筑工地达到安全文明工地标准。胶州湾隧道建设全程落实安全、质量责任管理，推动建设管理创新，荣获行业最高荣誉"詹天佑"大奖，青岛会展中心荣获中国会展产业金手指奖、最具影响力会展场馆经营奖，青岛大剧院、钻石体育馆等大型公建项目获评"鲁班奖""国家优质工程"称号。国信集团各类建设运营活动健康持续向好，经营水平处于国有投资类企业前列，集团经营效益得到不断提升，资产规模向 500 亿元迈进，经营利润连续实现 30% 以上复合增长。

（二）促进了安全生产管理水平大幅提升

"物联网＋"手段的导入，使得安全生产监管的手段更加丰富，几乎所有关键设备设施的运行状态，均可以在 PC 端、手机端可视化展现，监管手段更加全面，全面匹配了综合性投资集团多业态、长链条、大规模的生产运营安全管理特点。促进了安全生产流程再造，颠覆了传统管理中自上而下的指挥体系和管理链条，形成各级机构服务一线的"倒三角"管理架构。管理层为一线需求提供资源支持，精通

专业化安全知识的一线人员通过赋予紧急应变权等一系列机制保障而成为安全生产管理中的主角,提升了现场处置和救灾效率。信息技术的应用同时促进安全生产管理效率大幅提升。移动共享、在线培训、在线测试得到广泛运用,各级安全管理人员、一线员工安全生产教育培训普及率达100%。风险隐患在线检查与现场检查和监测保障形成合力,实现安全生产风险评估和隐患排查治理"移动巡查",线上下达隐患整改通知单、设备维修整改单按期整改率95%以上。

(三) 发挥了良好的示范带动效应

智能预警、三级启备、一键调度机制的建立,极大地扭转了以往安全生产中主要依靠人海战术、拉网检查、粗放投入的被动局面,使国信集团持续健康、安全运营有了坚强保障,收获了良好的社会效益。近三年,国信集团荣获安全生产各级荣誉近百项,连年荣获"山东省安全生产工作先进企业""青岛市安全生产先进单位"称号,涌现出一大批先进个人和优秀班组、优胜企业。《"物联网+安全"在城市功能设施中的构建与实践》经专家鉴定"在城市功能设施安全管理领域达到国内领先水平",获得计算机软件著作权3项。《城市功能设施建设运营安全生产主动监控系统及方法》等3项创新受理申报发明专利。《青岛市"十三五"安全生产发展规划》推广应用国信集团经验做法,管理团队取得第三十届山东省企业管理现代化创新成果一等奖、第三届青岛市企业管理创新成果奖。国信集团CSP系统成功入选2017年"'智慧青岛'智慧行业管理类十佳典型案例",在2016年山东省"大众创新、万众创业"展和青岛市"创新、创业、创客"展上推介。

(成果创造人:王建辉、杨瑞建、张哲军、杨 雪、张东海、
吴 昊、丁 阔、张 勇、苗 盛、李爱东、郭保华)

大型军工集团基于电子商务平台的采购管理

中国兵器工业集团有限公司

中国兵器工业集团有限公司（以下简称兵器工业集团）是我国陆军装备研制生产的主体。目前集团经调整重组后，拥有51家子集团和直管单位，人员将近24万人，大部分单位以科研生产制造为主。军品以常规地面装备为主，涉及装甲车辆、弹箭引信、特种化工、光电信息等多个领域，民品涉及重型机械、石油化工、精细化工、光电信息、新兴能源、战略性新兴产业（北斗产业）等多个行业。2017年实现主营业务收入4326亿元，实现利润151.1亿元，连续13年获得国资委中央企业业绩考核A级企业。2017年《财富》世界500强排行第135位。

一、大型军工集团基于电子商务平台的采购管理背景

（一）助推兵器工业建设世界一流防务集团的要求

推进采购管理是兵器工业集团党组出于落实战略规划、实现高质量发展、打造世界一流防务集团的长远考量而实施的战略布局，是适应内外部环境要求、呼应自身高质量发展需要的主动作为。为了做强做优做大兵器事业，必须先要夯实采购这项基础性管理工作，改善采购质量、降低采购成本、提高采购效率，对集团公司经营管理、科研生产起到强有力的支撑作用。为了合理布局、有力推进，集团主要领导高度重视，以精益管理为有力抓手，亲自推动集中采购布局，兵器工业集团趁势而为，主动出击，大力度推动全集团集中采购、精益采购，为兵器工业集团建设世界一流防务集团打下坚实的基础。

（二）解决采购管理存在的问题、实现管理提升的必然选择

兵器工业集团在传统采购管理模式中，集团各层次组织均设置物资管理部门，承担采购供应任务，这种物资采购管理模式在实际运作中产生诸多问题。一是原材料采购周期长。无论是在集团各层次的物资部门间，还是在物资部门与非物资部门之间，都存在着插手物资采购的现象，审批环节多，沟通成本高，同时订货周期也被大大拉长。二是供应商管理薄弱。各方面人员均想直接参与采购，使采购权不断分散，造成采购批量小，价格高，在面对供应商延期交货等现象时往往无法有效督促，也无法及时清理不合格供应商，供应商面对延期交货有恃无恐。三是部分器件售后服务无法得到保障。进口器件一旦出现质量问题需先找供应商，供应商再到原生产厂的维修点去维修，到了服务点又要排队等候维修，如果供应商不是第一代理商，往往要经过多次周转才能得到维修。四是采购管理监管缺位。采购工作的整个过程涉及的部门多、人员多、环节多。这种采购模式导致部门之间权责分配不清，容易滋生腐败，给集团带来极大的安全隐患。兵器工业集团承担着军品研制生产的核心使命，旧有的采购模式无法高效稳健地保障军品科研生产任务。因此，从克服采购业务旧有痼疾、遵循采购业务科学发展规律角度出发，根据现代物流理论，设计推进科学、合理、经济的兵器工业特色采购管理模式，使兵器工业能够在激烈的市场竞争中获得优势，是采购管理业务转型升级的必然选择。为有效解决兵器工业集团面临的采购管理问题，从2015年开始，兵器工业集团决定实施基于电子商务平台的采购管理。

二、大型军工集团基于电子商务平台的采购管理内涵和主要做法

兵器工业集团为有效应对大型军工集团采购"多品种、小批量、周期短"的特点，降低采购成本、提高采购效率，控制采购风险、强化采购内控能力，打造世界一流防务集团，从明确需求、夯实基础、理顺供应链、集中采购、建设信息平台五大方面入手，全面实施采购管理。以发展战略为指导，夯实采购管理基础，实施双赢模式的供应商管理；以采购电子商务平台为运转核心，通过"统计汇总，上网比

较，分析选优，评价集聚"的系统化推进路径，有力支撑兵器工业集团战略推进，促进子集团和直管单位采购水平提升，探索出具有兵器工业特色的大型军工集团采购管理模式。主要做法如下。

（一）调查研究弄清集团公司物资需求情况，明确采购管理的指导思想

兵器工业集团通过对国家电网、中国建筑、国投公司、中国石化等单位的调研，了解了这些单位在采购管理架构、组织方式、推进流程等方面的优秀做法。兵器工业集团认为，一方面，军工行业在军品涉密采购与管理方面有许多特殊性；另一方面，从集团化管控角度看，在管理体制等方面又有许多共性可供借鉴。

在充分调研、分析的基础上，兵器工业集团于2013年召开了全系统视频会议，明确了推进采购管理工作的基本目标和方向，决定系统化地推进兵器工业集中采购。从长远来看，兵器工业集团的采购管理要覆盖企业全部的采购事项，实现全面的集中管理，是总的发展趋势和总体要求。从近期来看，结合兵器工业集团母子公司的管理体制，坚持采购业务主体不变，坚持采购管理的服务与监管职能不变，进一步突出采购环节的价值创造能力，逐步推进集中采购管理工作，首先在子集团层面实现采购的统一集中管理，成熟一个产品集中一个产品，成熟一个企业集中一个企业，从而为兵器工业集团层面的统一集中管理奠定基础。

兵器工业集团从基础做起，提出统计汇总的推进措施，统计汇总实质就是要调查清楚兵器工业集团的物资需求整体情况，集团总部要准确掌握整个集团基本的采购需求信息与供应信息，做到心中有"数"。

（二）加强组织领导，夯实管理基础

兵器工业集团为从组织层面保障采购管理变革，由集团党组领导牵头行动，在全集团建立统一的采购管理制度体系，搭建统一的采购管理平台，形成适应军工行业特点的"集团级与子集团级两级集中采购互动、线下集中采购与线上集中采购互补、'直接、组织、授权等多种集中采购模式并存'"的两级集中采购管理体制。随后，兵器工业集团进一步明确兵器工业集团总部与下属子集团之间的管理界面，集团公司主要负责采购管理工作，将采购的主体权限与责任授予各个子集团。集团总部的职能定位主要是"三管"：一是管大事。组织体系、制度体系、标准体系、电商平台建设、过程监控、考核评价等是保证采购管理体系正常、高效、合规运行的大事，需要兵器工业集团总部抓总牵头，统筹协调，统一组织。二是管大块。在实施两级集中采购方面要有所区别，大宗、通用的物资要实行集团级集中采购，由兵器工业集团总部牵头组织，由具体的集中采购平台实施，其他小、散，以及个性化采购需求应由各子集团组织实施。三是管大数据。通过管理信息平台的信息化手段，准确、及时掌握兵器工业集团的总体采购数据。各子集团作为本单位采购的主体，在兵器工业集团总部统一管理下，依照本单位情况，实施个性化集中采购。

统一流程、统一规则，建立全集团统一的采购管理话语体系，是采购管理工作规范运行的基础保障。从2013年开始，兵器工业集团相继出台《中国兵器工业集团公司采购管理办法》《中国兵器工业集团公司集团级供应商管理规定》《中国兵器工业集团公司比质比价采购管理办法》等一系列采购管理制度。同时，兵器工业集团总部组织发挥监督审核作用，对各子集团和直管单位的二级管理制度进行梳理、评审，完成270多项二级采购管理制度的审核备案工作。

（三）实施双赢模式的供应商管理，构建战略联盟性质的供应链

兵器工业集团的供应商管理要实现由竞争关系向双赢关系模式的转变，指导供应商提高管理水平和产品质量，引导供应商共同建立起稳健可靠的供应链体系，确保物资或服务供应质量与进度要求，持续降低采购成本，构建战略联盟性质的供应链。

兵器工业集团自2014年以来加强供应商管理，建立健全两级供应商管理机制，成立集团级供应商

评定委员会，规范供应商管理标准和流程，从集团层面建立统一、标准化的供应商管理制度。一是建立集团级供应商名录。兵器工业集团总部负责对集团级集中采购的供应商进行准入、选择、监管、评价与考核等集中管理工作，特别是从科研阶段开始，把供应商的评价结果作为供应商选择与准入的重要标准，没有进入集团公司优选供应商目录的，要想在研制阶段进入，必须经过严格的审批程序。目前，兵器工业集团级合格及优选供应商已达到 158 家。兵器工业集团各下属企业负责对其他供应商进行准入、选择、监管、评价与考核等集中管理工作。二是开展供应商动态考核评价。通过信息管理系统实现对供应商的在线管理。首先通过兵器工业集团采购电子商务平台实现供应商登记注册。其次通过兵器工业集团采购管理信息平台实现供应商的在线考核评价。形成对供应商"外网平台注册→内网平台考核→外网平台公示"的闭环动态管理，以此促进供应商不断提升质量、进度、成本、服务等方面的管理水平。

与此同时，兵器工业集团持续完善集采购管理信息系统、采购电子商务平台及采购物资编码系统的相关功能，完善供应商动态管理的机制、流程和标准，全面推行供应网上动态管理。截至 2017 年年末，在兵器工业集团采购电子商务平台注册的供应商达到 3.17 万家，集团级优选及合格供应商达到 184 家。

（四）精心规划，实施集中采购管理

兵器工业集团为推进集中采购管理，进行系统化的整体规划，有力保障集中采购在整个兵器工业集团落地。

一是坚持"整体规划、分步实施、先易后难、先大后全"的工作原则。"整体规划"是指做好集中采购管理的顶层设计，从管理的体制和机制上做好策划；"分步实施"是指结合实际情况，制定好实施方案，分别明确近期、中期、远期的推进工作重点和目标，细化实施步骤，落实目标责任；"先易后难、先大后全"是指具体工作方法，从容易实现的做起，从见效快的物资做起，从大宗物资做起，从基础好的单位开展试点，子集团能够实现集中采购的要开展集中采购，不具备集中采购条件的要先集中管起来，最终要实现全面的集中管理。

二是坚持"统计汇总，上网比较，分析选优，评价集聚"的工作方针。"统计汇总"是实施集中管理的一个重要抓手，更是推进集中采购的前提基础。采购的种类、数量、价格、来源等基本的需求信息与供应信息，集团公司总部都要准确掌握，这是实施采购管理的基本内容，集团公司、子集团在推行集中采购时，要做到心中有"数"；"上网比较"是实现采购公开化、阳光化的重要举措，要把采购行为从线下搬到线上，促使采购行为、过程、结果的公平、合理、规范，通过上网比较发现问题、改进工作、提升工作；"分析选优"是以"统计汇总、上网比较"为基础，针对物资采购的大数据进行系统分析，根据分析结果，选出具有优势的物资、优秀的供应商实施集中采购；"评价集聚"的核心在"集聚"，关键在"评价"，只有对"集中采购"的事前、事中、事后进行科学评价管理，才能保证集中采购取得预期效果。

（五）建设企业内外沟通的信息平台，实现采购网络化、信息化

兵器工业集团着力打造"一张网、一个平台"，从 2013 年下半年开始着手推进兵器工业集团的采购管理信息化建设，通过推动子集团采购上网的方式，激发子集团采购阳光化的内生动力。考虑到军工行业的涉密因素，兵器工业集团的采购管理信息化建设方案主要分两个部分。一是以管理平台为基础，基于兵器工业集团保密内网建立"兵器工业集团采购管理信息系统"，实现对采购合同、供应商、采购组织体系、规章制度、采购管理专家、工作进展动态的实时管理。二是以交易平台为抓手，基于互联网建立"兵器工业集团采购电子商务平台"，在采购电子商务平台上建立适合多种采购需求的网上超市、询价交易、网上寻源、电子招标等多种采购功能模块，实现各集团与供应商的网上交易互动。2017 年，兵器工业集团非涉密物资及服务采购总金额达到了 3104.94 亿元，公开采购总金额达到 2911.81 亿元，

公开采购率达到 93.78%，超过年度目标 13.78 个百分点。非涉密物资或服务上网采购总金额达到 2783.39 亿元，上网采购率达到 89.64%，超过年度目标 9.64 个百分点。2017 年兵器工业集团采购电子商务平台网上累计交易金额 476.24 亿元（含废旧物资处置），为前三年合计交易金额的 45 倍。其中网上超市成交 23.79 亿元；询价交易成交 35095 场次，成交金额 421.96 亿元；固定资产招投标在线实施 1158 个项目，共计 517 个标段包，已定标成交 846 个标段包，成交金额 26.04 亿元。51 家子集团和直管单位均实现在兵器工业集团公司采购电子商务平台上的网上交易。

三、大型军工集团基于电子商务平台的采购管理效果

（一）有效确保了物资供应

兵器工业集团通过大力实施物资集中采购，尤其是大宗原材料、通用基础元器件等物资的集中采购，实现了与供应商统一洽谈集中采购框架协议，采取"统谈统签、统谈分签"等模式，增加了市场话语权，促进了供应商在产品质量、供货进度等方面为兵器工业集团提供优先的保障条件，尤其在市场资源紧张的情况下，保证了物资供应，从而保证了科研生产计划的顺利进行。2015-2017 年，兵器工业集团集中采购率不断提升，2017 年达到 93.62%，大宗的钢装甲板炮弹钢、铝装甲军用铝材、军用优钢、军用电解铜、民用电解铜、军用柴油、原油、甲苯硝酸、七类办公自动化设备等实现了 100% 集中采购。在此基础上，集中采购向服务类采购延伸，商旅机票、法律事务、财务审计等服务类采购也实现了 100% 集中。

（二）有效实现了采购成本降低

兵器工业集团通过实施采购集中管理和物资集中采购，最直接明显的成效就是降低了采购成本。过去由于各单位自行采购，品类众多，成本高昂。自 2015 年以来，兵器工业集团通过集中采购扩大市场议价能力，直接降低采购成本累计达 18.98 亿元。同时通过加强采购管理，加强供应链体系建设，提高了物资供应质量，提高了采购效率，促进了采购物资质量损失成本、采购管理成本等隐形成本的降低，从而提高了兵器工业集团产品的市场竞争实力。凌云集团、华锦集团、北化集团三家子集团降低采购成本过亿元。

（三）有效实现了采购效率的提升

集中采购推动了集团采购管理工作模式、工作方式和工作流程的变革，克服了过去因为分散采购带来的效率低下的问题。一方面，各子集团结合采购实际和个性化需求，实现办公用品、劳保用品、耗材、配件及内部奖品采购等均通过网上超市线上采购。全新的采购商业模式已经可以全面覆盖货物、服务、工程建设等各级集团的全部采购行为，实现了采购活动的"全线上"和全流程可监控、可追溯。另一方面，实现了产品全生命周期管控。集中采购管理平台具备需求测算管理、需求计划管理、合同管理、供应商管理、在线委托物流等功能模块，能够支持集团实现从采购计划申报到采购过程实现，再到废旧物资处置循环利用的产品全生命周期全过程的在线管控，为集团精益采购落地提供有效管理工具。

（四）有效提升了采购内控水平

兵器工业集团始终坚持采购的"公开、公正、公平"与"质量最优、价格最优、服务最优"原则，利用采购管理信息平台和采购电子商务平台，充分发挥监督体系作用，严格采购全过程的监督管理，积极推行阳光采购，逐步推进非涉密物资或服务全部上网采购，涉密物资或服务采购合同信息备案，确保采购流程公开、结果公开、实施透明。通过这种方式，建立起采购管理内控体系，实现了采购的阳光化、透明化，同时也健全完善了"惩防体系"，加强防范，把采购中可能发生腐败的预防关口前移，有效降低了采购腐败风险。

（五）得到了上级有关部门的认可

兵器工业集团按照国资委采购管理专项提升总体要求，有序推进两级集中采购管理体系建设、采购

管理信息平台建设，加快推进两级集中采购，建立健全采购信息网上公开机制，全面推行竞争性采购，扩大集中采购规模和范围，在物资供应、成本管控、效率提升、内控管理、经验探索等方面取得了明显成效，成功破解了困扰大型军工集团的采购业务管理难题。同时，兵器工业集团在集中采购管理上的一系列探索与经验积累，为探索大型军工集团集中采购管理创新提供了经验支撑，为国资委推广集中采购提供了经验借鉴。在国资委开展的 2017 年中央集团采购管理对标评估工作中，兵器工业集团以总分 128.6 分的成绩荣获军工组第一名，为兵器工业集团赢得了荣誉，同时也为军工集团开展采购管理工作，提供了较好的范本模式。

(成果创造人：马保勇、李照智、杨翔、朱宝祥、张红利、南林、赵敏、常健、刘雨辰、蔡博、傅楚寒、温燕朝)

大型航空工业企业基于复杂需求的业务管理系统构建与运营

西安飞机工业（集团）有限责任公司

西安飞机工业（集团）有限责任公司（以下简称西飞）创建于1958年5月8日，是我国大中型军民用飞机研制生产的重要基地。西飞拥有20多家控股和参股企业，科研生产占地面积近400万平方米，拥有各种设备12000余台（套），员工近20000人，资产总额约380亿元。近年来，西飞发展驶入快车道，各项经营指标持续高速增长，2017年营业总收入达到217亿元，利润6.28亿元，在航空工业制造类企业中名列前茅。西飞坚持"生产一代、研制一代、预研一代、探索一代"的发展方略，先后研制生产了轰六系列、运七系列、大型运输机等30多个型号军民用飞机，累计交付飞机数百架，为我国空、海军提供了大批高质量、高性能的武器装备，同时为中国民机产业的发展做出了卓越的贡献。

一、大型航空工业企业基于复杂需求的业务管理系统构建与运营背景

（一）应对产业链复杂特点，满足企业运营管理的现实需要

航空工业被誉为科技之花，需要长期的高精尖科技积累，是典型的资金密集、技术密集型国际化产业。飞机产品研制周期一般在10—15年，一个型号的背后，是动辄高达数十亿元乃至上百亿元的研发投资，还伴随着长周期、高技术和高熟练曲线依赖等特点，并伴随市场和用户对产品认知的逐步提升，还需要不断地改进、维护和支持。这导致飞机制造企业常常需要在20年间持续不断地进行高技术投入和管理服务投入，持续积累才能形成原创技术产品。近年来，世界主要航空国家纷纷制定产业发展战略，不断提升航空产业国际竞争力，我国在科技发展战略、各类中长期规划中，也明确提出加快发展航空高新技术、促进航空产业发展的战略任务。

航空制造企业的产业链极其复杂，对国民经济的拉动作用极强，覆盖研究设计、研制生产、试飞试验、维护使用、培训教育、产品支持、销售服务等方方面面，涉及原材料、零部件、机载设备、专用工艺装备、专用加工制造设备、机场设施设备、测试实验设备、软硬件等领域，具备高精尖的特点。因此，需要运用系统工程的方法建立一套以流程为核心的业务管理系统，支持企业价值创造行为。

（二）全面满足内外部要求，解决复杂问题的必然选择

作为国有军工企业，西飞在运营过程中需要同时满足内外环境多个复杂的要求，技术、行业、组织、环境、方法、人的管理相互交织，加剧了企业管理的复杂度。统一利用一套流程承接各种要求，实现内外部要求的动态化、结构化、规范化的融合，纳入业务管理系统进行管理和迭代，是西飞面对复杂管理需求的必然选择。

（三）提升价值创造能力，建设智慧企业的迫切需求

西飞作为一个全产业链的航空制造企业，在中航集团130多个成员单位中，是资产最多、员工最多的单位，管理层级多、业务链条长。各业务系统缺少统一管理语言，没有形成与价值创造能力相匹配的管理能力。从组织架构和管理模式上看，整体上是"职能导向"而不是"流程导向"，管理流程被职能割裂、扭曲，实际工作中管理者首先关注的是"职能"背后的权、责和局部利益，直接导致工作中例外事项多，协调事项多，"以权代法"现象多，整个系统缺乏协同，运营效率低，浪费大。特别是管理过程粗放，管理成本、人工成本、质量成本等不能有效的归集和控制，没有将价值创造镶嵌到业务管理系统中，导致业务流程价值创造能力不高。

为了提升管理能力，西飞近年来加强了创新管理方法、工具的推广和应用，但缺乏管理创新体系的

支持，各负责推广部门缺乏整体、系统的观念，仅站在本方法、工具的角度推行，难以产生明显效果，亟待体系化集成、整合，以适应信息化基础下的智慧运营需求。

二、大型航空工业企业基于复杂需求的业务管理系统构建与运营内涵和主要做法

西飞运用采用系统工程的方法集成、整合各项管理要素，以流程为核心建立各项管理标准功能可复用、通用业务功能模块可配置、面向需求能够实现快速业务开发、各业务之间可以实现无缝集成的工作平台，即业务管理系统，夯实公司运营管理基础，以项目为主线，将价值管理贯通项目运营全生命周期；同时，开展经营结果的优化，构建PDCA的螺旋上升持续改进机制，实现业务自我完善。主要做法如下。

（一）基于内外部需求，开发业务流程架构

1. 结构化设计业务管理系统全生命周期架构

遵循"围绕价值链、部署创新链、架构信息链、嵌入责任链"理念，设计基于复杂需求的业务管理系统架构，由体系架构、体系运营、体系完善三部分构成。

体系架构：依据系统结构方法，将西飞业务管理系统要素进行关联，形成多视图运营系统逻辑蓝图，各要素的构建、发展既相对独立，又满足统一规范、系统关联的要求。承接客户要求、股东要求、内外部要求形成内外需求，以业务流程为核心承接，由组织架构授权将角色与流程关联。

体系运行：业务管理系统通过内外需求承接集团战略、规划要求，并逐级分解；业务管理系统通过业务流程将要素目标通过角色及业务流程承接，同时通过组织架构对岗位的授权，将岗位与流程角色关联，共同承接公司年度目标。

体系完善：基于绩效管理系统，在过程中对质量、成本、进度进行调控，将PDCA的螺旋上升持续改进机制贯穿到运营体系全过程，通过不断优化完善运营体系实现高效高质量精益自主管理。

2. 业务流程梳理和显性化

制定《AOS流程梳理表填写说明书》《流程模型建模规范》，对流程各个层级框架进行详细规定，分解定义流程框架各项要素，包括顶层框架、业务域层、逻辑关系层、活动层、输入、输入来源、输出、输出去向、组织机构、角色、岗位、文件名称、文件编号、适用范围、数据。组织各业务部门，按照职责条例梳理部门分工，形成《各单位主要业务清单》，实现对各部门1548项业务的结构化、显性化；同时组织各单位在业务清单基础上，与514项制度文件进行对应，形成《业务制度对照表》。对照理论框架及APQC等先进经验，结合航空工业集团发布的制造型企业流程体系框架，建立顶层业务架构理论模型。按照价值创造的过程，分战略、运营、管理与支持三大类，根据业务特点，将顶层业务架构进行逐层分解，钩稽逻辑关系，形成由18个业务模块、112个业务域、2897条最小业务单元流程构成的公司业务流程框架。

3. 梳理内外部需求形成内外需求

内外需求包括"卓越、协同、合规"三个层次的系统需求，分别从价值创造、业务协同及合规控制不同角度提出。西飞承接的外部需求（包括外部体系要求、股东要求、客户要求）及内部需求等，统称为要素；要素由主管单位进行解读和分解，形成西飞的内外需求。外部体系包括但不限于质量管理（GJB9001/AS9100）、合规管理（适航管理、器装备科研生产许可实施办法/现场审查规则、装备承制单位资格审查管理规定、试飞安全管理体系要求、环境/职业健康安全管理体系、武器装备科研生产单位一级保密资格标准、两化融合管理体系、航空工业内部控制应用指引、安全生产标准化、绿色航空工业评价标准、法律风险管理、监察审计管理等）。

内外需求按照公司业务划分、归集，从三个维度和三个类别进行构建。三个维度为企业维、产品维和价值链维，三个类别为战略、运营、管理与支持。按照上述原则方法，西飞内外需求顶层框架划分为

18个内外需求一级组件。

4. 分解及贯彻内外需求

主管单位对要素进行分解至各承接业务模块，并按流程进行贯彻、监督及控制，保证体系贯彻完整性、有效性。其中，外部体系要求的构建及更改，按组织架构授权外部体系的主管单位，17个外部体系共计分解2287条要求要素，由各业务模块承接，全部通过评审。西飞战略规划所确定的卓越目标/指标，作为业务管理系统的内部需求，授权各业务模块的主管单位，建立战略规划分解承接落地的机制和流程。

5. 对业务流程进行建模

业务流程顶层框架划分为18个业务模块和31类主要业务，100个业务域（业务组件），流程建模1373条。按照表单编制规范，对各业务模块业务流程相关的2699份表单统一进行编号，并在ARIS中建模；按照文件编制规范，从ARIS推送体系文件1248份。

业务流程具体活动承接者定义为角色，各级组织机构分解至具体岗位按照岗位分工原则与角色进行分配，该岗位人员分配至角色的条件为：该岗位人员经过该项活动技能验证培训并取得资格认定。

6. 建立业务管理系统的优化、迭代机制

针对运营"痛点"，收集运行问题，组织完善、优化，不断更新迭代。建立体系运行和完善的一整套制度，任何业务流程的架构和具体流程的新增、取消、更改、优化，都必须以内外需求的新增、取消、更改、优化为触发，履行内外需求管理及业务管理的迭代流程，纳入体系文件版次管理，实现有效的过程管理和结果维护。

（二）重构与业务流程架构相适应的文件架构

西飞原有的制度文件体系已经运行30余年。通过梳理，现有文件包括企业标准和自编文件两大类2200余份。大量自编文件按照ABC三级规章制度进行管理，属于典型的职能型、功能型文件，现实中文件制度与实际执行的"两张皮"备受客户诟病；仍然存在大量二十世纪七八十年代的企业标准文件，明显已不适应公司发展的现实需求。条块化、孤岛化、可维护性差的旧文件，根本无法支撑业务管理系统运行。

依据运营管理内外需求（BR）、业务流程（BP）及组织架构（BO），构建反映全业务流程的运营管理文件体系，按架构定义运营管理文件体系分类功能，既符合外部体系要求，还要满足公司科研、生产、经营的战略目标和运营要求。新的运营管理文件体系最显著的特征就是与业务架构相匹配、与业务流程相融合，文件之间的关系就是业务管理系统中各管理要素逻辑关系的直接展示。

通过ARIS流程管理平台推送体系文件。按照"凡发制度必有流程、制度不能简单复制现状"的原则，新的业务管理系统文件全部通过ARIS流程管理平台生成、优化、验证，然后向档案文件管理系统推送，确保业务清晰、运行有效。

（三）建立与业务流程架构匹配的IT架构

在以流程为主线的业务架构管理基础上，依据运营管理中所确定的各项业务流程、制度、绩效指标以及已发布的各业务模块相关文件要求，运用系统工程的原理和方法，通过分析、建模、优化过程，建立与运营管理要求相一致的信息系统技术规范体系，一方面承接业务管理系统组织架构和各业务模块业务流程所定义的业务模型；另一方面负责体系运营过程中的具体执行和实现。由业务架构提供明确的业务场景和工作流程，通过使用复杂组织体架构分析方法，以全局最优的视角设计、划分并支持优化后的业务场景的应用组件构成、边界和相互之间的关系。通过对制造系统信息化建设的集成度和成熟度分析，从业务需求、软件开发、系统集成、硬件环境、基础数据、使用推进、操作手册等方面，查找短板和存在问题，有针对性实施治理，打通信息系统集成的最后一公里。

对工艺数据和管理数据进行完善。将未纳入 EBOM 的数据结构化，构建 PBOM 数据，保证 BOM 数据的完整性。按有效性编制装配单元清单，解决 MBOM 多构型多状态管理的问题；编制指令性交付规范，从互换协调角度规定组件的制造交付状态。在工艺设计平台，实现 11 类工艺数据申请、存储及使用，确保工艺数据唯一性、安全性。工艺设计平台（AO 编制模块）与财务系统（标准件定额模块）关联，开展标准件实际用量与申请用量比对校核，以持续优化标准件定额数据。

通过信息系统实现生产计划全流程管理。完善三级作业计划排产流程，统一物料数据源，实现生产计划与采购计划、配送计划的整体协同。实现 SQCDP 流程信息化，各个环节都可追溯。通过信息系统实现生产计划刚性考核。将计划管理的颗粒度不断细化，由考核配套率转换为准时交付率。

通过主制造链信息系统 IT 治理，打通公司内部计划链，实现研制、批产兼顾。按全流程、全要素管理的思路，构建完整、规范、一致的飞机产品数据管理体系，通过信息化系统，实现对产品数据更加清晰、有效的管控；对于结构化不充分或未结构化的数据，实施结构化管理，为生产计划、采购计划提供统一的数据源，确保计划的准确性，有力促进物料周转效率的提升。全面取消纸质料单和产品移交单，制造类 30 项费用实现系统自动归集，为物流、信息流、价值流三流合一奠定基础。

（四）优化组织架构，提高管理效率

西飞把业务管理系统作为各业务系统建立、运行和改进的依据和平台，在合规的前提下追求高效，实现智慧管理、智慧运营。

压缩部门组织管理层级和管理岗位编制。将原有 34 个职能部门整合为 18 个职能部门，压缩 47%；职能部门下设业务室由原来的 113 个减至 93 个，压缩 17.7%；同时按角色授权进行业务分工，将职能部门的业务管理模式从职能型向流程型转变，实现组织机构扁平化与信息沟通快捷化。

按照业务架构实施组织机构和业务一体化整合。第一，整合机电一体化设计业务。将分属不同部门管理的工装设计、设备设计、模线及样板设计业务进行融合，组建技术装备设计所，以机电一体化技术研究为契机，带动智能制造技术快速研究与发展。第二，整合工具管理业务。将工具的设计、生产、采购、供应、配送、保管、定检等业务进行全流程整合，组建工具管理中心，撤销各单位原有的工具管理库，核减相关库房管理岗位及定员编制，集中管理与调配各类工具资源，按照生产计划对各单位生产所需工具实行统一配送。第三，整合物资采购与配送业务。将分散在三个单位物资采购与配送业务整合，组建成立采购管理部，撤销各生产单位的材料二级库，形成物资采购的顶层规划、计划制定、采购实施、下料、仓储、配送的"一条龙"服务。

按照业务架构实施生产实体的扁平化改革。根据业务架构的设计方案，将下属生产单位原有的总厂、分厂、工段三级设置压缩为专业厂、生产单元两级。同时对各专业厂内部机构设置进行规范，统一按照综合室、技术室、生产室进行配置，以压缩管理人员。在此基础上，合并计划员岗位与调度员岗位；整合会计核算业务与统计业务；增设成本管理员（兼会计员）岗位，设置技安员（兼节能降耗员、保卫干事）岗位。撤销劳资员、文书、保密员、技安员、保卫干事、门卫工等岗位，大幅减少非创造价值岗位设置。

三、大型航空工业企业基于复杂需求的业务管理系统构建与运营效果

（一）夯实了企业创新发展、转型升级的基础平台

西飞业务管理系统经验在集团 AOS 流程体系建设实施指南编制及全集团范围培训中，作为典型案例和优秀实践进行推广。依法经营、合规管理得到进一步强化、优化。通过对 17 个外部体系的解读，分解形成 2287 条要素，全部由业务流程承接，面对各种内外部审核、检查，都可以在相应的业务系统中找到执行的依据和标准规范；同时体系要求一旦发生更改变化，可以精准、及时地进行更新维护，确保业务合规性。助推公司战略规划有效落地。西飞"十三五"规划分解为 617 条要素，由具体业务流程

承接,实现业务流程与战略规划目标的精准对接,不仅明确了战略任务、目标的责任主体,还规范了目标实现的路径和方法,能够进行有效的过程管控。以问题为导向的流程优化逐步深入,通过内部上千场的流程路演评审会,先后合并流程 438 条,取消流程 243 条,并通过制度进行固化。

(二)提高了企业运营效率和发展质量

近三年,西飞累计批产交付各型飞机 100 余架。2014 年营业收入 170 亿元,利润总额 -3.5 亿元;2017 年营业收入 217 亿元,利润总额 6.28 亿元,营业收入年平均增长 9%,运营效率和发展质量全面提升。2014—2017 年主要指标变动如表 1 所示。

表 1 2014-2017 年主要经营管理指标

指标名称	2014 年(基期)	2017 年
净资产收益率	-3.16%	4.21%
盈余现金保障倍数	7 倍	10 倍
流动资产周转率	0.68 次	0.84 次
存货周转率	1.15 次	1.62 次
应收账款周转率	4.10 次	5.68 次
营运资本速动比率	51%	63%
营运资本现金比率	26%	46%
股东权益增长率	22%	28%
销售增长率	9.48%	15.72%

(三)树立了一流的公司品牌形象

客户满意度连续三年稳步保持 90 分以上的高分,2017 年达到 92 分。西飞先后获得了空客"A 级供应商"、波音供应商最高荣誉"年度供应商"奖,成为中国商飞、通飞公司等国内客户优秀供应商。2017 年荣获朱日和阅兵指挥部颁发的装备优质服务奖牌。

(成果创造人:何胜强、陈 胜、雷阊正、于 萍、冯 进、邓志均、袁春衡、李振兴、何 磊、王 博、史海江、王 平)

军工院所基于大数据的多维协同管理体系构建与实施

北方电子研究院有限公司

北方电子研究院有限公司（以下简称电子院）隶属于中国兵器工业集团公司，于2010年由中国兵器工业第二〇六研究所和第二一四研究所组建成立，是国家核定的重点保军和统筹建设单位，是国内主要为常规武器装备配套的火控雷达专业技术研制生产单位，是兵器集团唯一的微电子技术专业研发单位。在防空火控雷达总体技术、炮位侦校雷达总体技术、毫米波导引头技术、毫米波器件与集成应用技术、半导体集成电路及特种器件、混合集成电路、电子模块等产品技术领域处于国内领先水平。累计获得省部级及以上成果奖近百项，其中，国家级、国防级科技进步奖56项，现有职工2600余人。电子院以西安为中心，现已形成跨越西安、苏州、蚌埠、北京、上海五省六地的跨区域集团运营体系。

一、军工院所基于大数据的多维协同管理体系构建与实施背景

（一）紧跟国防和军队建设战略发展需要，提高军工院所自主创新能力

党的十九大提出国防和军队建设"三步走"战略，我军装备建设进入跨越发展的关键时期，作为国内火控雷达总体设计单位，电子院积极转型，践行自主创新发展战略，努力提升服务装备提升综合能力。一方面，在当前军品任务大幅增加的情况下，统筹安排全年各项军品、军贸、民品等领域研究、研制、生产任务，合理配置科技资源，克服项目任务来源不同、属性各异、专业跨度大的管理难题，通过对经营数据的深度挖掘和系统管理，实现资源的优化配置，高效组织协调，确保军装任务的顺利完成。另一方面，加强大数据分析，为企业战略发展制定提供参考，实现战略发展方向的进一步聚焦，实现产品型谱的精简优化。上述两方面的工作，关系到企业当前生存和未来持续发展，如何提高企业运营数据综合分析、快速决策应变与项目综合管理能力，成为影响军工院所发展的战略问题。

（二）瞄准新形势下联合作战装备建设需求，整合资源提升雷达研产能力

国强必须要强国防，电子院牢固树立"科技是核心战斗力"的思想，坚持"设计装备就是设计未来战争"的理念，了解作战方式，收集装备需求，不断提升雷达电子信息装备行业顶层设计、论证的能力。如何提升拥有数据的规模、时效和分析、利用数据的能力，进而整合形成快速战场响应、敏捷研发能力，决定了企业的核心竞争力。为适应科研院所转型升级和单位转制发展需要，依托信息化技术手段，建立衔接不同专业、不同项目的科研、生产全周期、全要素多维协同管理体系，是打通项目全要素信息传递壁垒、规范项目科研生产全周期过程管控、实现产研资源合理配置、高效运营的必然选择。

（三）对标全价值体系化链精益管理要求，提升综合管理水平的客观要求

电子院传统的计划管理体系主要管理机关包括规划、科研、生产、民品等职能机关，计划管理中涉及的信息主要包括客户需求、型谱管理、项目策划、动态计划、四师系统、实时进度、技术状态、物料齐套、外协配套、预算执行、绩效考核等。在传统的管理模式下，信息采集主要采用会议沟通、现场协调、电话联络等方式；过程管理主要采用年度、月度和专项计划协调会的方式；计划考核主要采用基层自查、机关审核、综合评定的方式。导致项目信息不全面、不系统、不准确、不及时，影响了决策和应变的准确性和及时性，急需采用信息化手段提高企业管理水平。

二、军工院所基于大数据的多维协同管理体系构建与实施内涵和主要做法

电子院针对研发生产一体型军工院所"产品种类多样、项目属性各异、专业跨度较大"等特点，通过建立并不断完善企业"计划－实施－考核－处理"管理体系，按照"组合管理、资源复用、动态监

控、高效决策"的思路,从数据形式、数据来源、数据挖掘及应用的角度,建立以企业经营目标为"根系",产品系列型谱为"主干",年度计划为"枝干",项目月度运营信息为"子叶"的计划管理树动态管控;按照"可视化、透明化、实时化"的思路,整合科研生产多环节信息资源,通过自主研制开发的多维协同管理平台,实现科研生产计划管理"两全"(全周期全要素)数据"自下而上"的挖掘和"自上而下"的融合,破除了生产、计划、采购、预算、考核等管理环节之间的壁垒。主要做法如下。

(一)强化战略发展愿景,完善计划体系建设

1. 明确目标责任体系,推进战略与计划紧密衔接

电子院经营管理活动按周期分为长期与短期,按层面分为策略层与执行层,相对应地,电子院计划管理包括规划目标、年度计划、和月度计划。立足业务细分,分层次的计划管理结构体系是一个包括企业计划、部门计划、岗位计划相互衔接,中长期发展规划、年度生产经营计划、月度计划相互衔接,建设项目计划、经营计划、成本费用计划、利润计划、人事计划、财务预算计划、日常工作计划相互衔接,总目标与分目标相结合、战略计划与战术计划相结合的严密、完整、系统化的计划管理结构体系。

2. 实施三级计划体系,落实任务与风险管控责任

电子院建立了五年规划为顶层规划,各年度计划为指导计划,各部门计划为落实计划,员工计划为执行计划,上下对应的三级计划管理体系,即一级计划为年度经营目标、各重点科研、生产、民品、能力建设项目等专项的年度工作计划,二级计划为各基层单位和职能部门二级工作计划;三级计划为个人工作计划。通过三级计划管控体系,推动完成重点任务为主线的各项工作有序进行,促进电子院战略目标的分解落实和年度经营目标的实现,通过将顶层计划层层分解,落实到部门、员工,实现了电子院战略经营目标与个人工作的有机统一。

(二)完善考核评价体系,激活企业创新动力

为完善经营计划考核评价体系,健全企业激励机制,充分挖掘经营潜力,提高经营效益,有效支撑管理改革创新,促进企业转型升级和持续发展,电子院成立考核评价工作小组(以下简称考评小组),组长由总经理担任,副组长由主管科研、生产和规划的副总经理/总经理助理担任,成员由各职能管理部门有关负责人组成。

1. 量化绩效考核模型,建立分级评价机制

考评工作坚持定量、定性考核相结合、共性、个性考核相结合,在现有考核的制度基础上,加大绩效考核占比,优化绩效考核模型,通过分级评价,实施量化管理。对各单位年度目标责任书组织实施情况进行考核,考评内容分A类和B类,A类为单位个性指标,包括年度计划、经营指标、重点任务组织实施、技术路线发展、质量状态管控等;B类为共性指标,包括制度建设、全面预算、风险管控、人才培养、质量、安全、保密、党风廉政建设等。A/B分数占比分别为80分/20分,依据考核内容打分。最终按照A、B、C、D进行分级评定,部门评定为C级或D级实施限期整改甚至组织调整。

2. 梳理评价考核维度,营造改革创新氛围

为促进改革的不断深化,考评办法从"两个层次、十个维度"对电子院运营过程和运营效果进行全面跟踪、考核和评价,为电子院改革创新提供评估、借鉴。

各要素以定量考核为主,依据年度一级、二级工作计划、目标责任书,着重考核各单位年度计划任务完成质量。考核维度包括任务执行、立项争取、人才培养、经营指标、保密安全等要素。采取"分散采样、合并统计"的形式,为完善管理改革创新提供数据支撑;各要素以定性考核为主,着重评价管理创新运营机制、制度流程是否有效促进生产力与生产关系协调发展。评价维度包括市场因素引入是否到位、人员积极性调动是否充分、创新活力激发是否有效、资源配置是否合理、制度流程是否高效等。采取"自查自评、问卷调查、调研对比"的形式,发现各单位运行过程中的不足,为完善管理创新提出改

进措施。

(三) 界定管理数据范围，研判信息传递壁垒

电子院计划管理体系所涉及的过程数据主要包括四大类：一是经营数据，包括营业收入、利润、EVA、现金流、存货及成本费用率等；二是财务数据，包括科研生产硬件成本和试验费、加工费和会议差旅等过程费用；三是项目资源数据，主要包括四师配置、固定资产配置、人力成本投入、对外合作投入、能源消耗等；四是项目动态数据，主要包括计划达成率、质量目标达成率、预算执行率、技术状态固化程度、模块化标准化执行率等。上述计划管理数据表现形式各异、生成途径不一，在传递使用过程中需要核实确认、分类评判甚至平滑处理。典型的问题是雷达大系统总师不能及时根据分系统进展情况合理的安排工作；计划执行部门难以统筹协调设备、器件、技术、人员的复用，项目间存在资源竞争；任务承担部门综合管理信息掌握不足，部门工作时常被打断，二级计划执行缺少保障；职能及保障部门难以区分任务动态优先级、不能做出及时响应；决策机关信息掌控时效性不足，导致项目执行风险预判和问题处理不及时。

电子院成立创新管理跟踪团队，团队成员涉及综合计划管理、科研计划管理、生产计划管理、采购计划管理、预算计划管理、档案管理、绩效考核管理、售服计划管理等不同岗位，以典型科研生产项目为样本，对信息数据生成方式和传递路径进行跟踪，主要包含产品数据管理系统 PDM、工艺设计系统 TCM、制造执行系统 MES、企业资源规划系统 MRPII、金算盘财务管理系统、维修服务保障系统等。PDM 系统管理产品设计数据、产品 BOM 数据、产品基本信息数据等；工艺设计系统 TCM 管理工艺设计数据、工艺 BOM 数据等；制造执行系统 MES 管理了车间派工任务、现场问题记录、工人工时、机床运行状态等；企业资源规划系统 MRPII 管理采购订单、生产订单、齐套性等；维修服务保障系统管理了现场维修任务、返工维修任务、备件库等。产品数据分散在各个信息系统中，多系统之间信息传递手段落后，存在"信息孤岛"现象，需要建立计划管理与数据融合共享模型，使得数据有效的为经营决策提供支撑。

(四) 构建综合管理模型，创新计划管理机制

1. 遵循企业精益管理目标，建立计划管理动态模型

从数据形式、数据来源、数据挖掘及应用的角度分析当前计划管理体系存在的不足，按照"组合管理、资源复用、动态监控、高效决策"的思路，以企业经营目标为"根系"，产品系列型谱为"主干"，年度计划为"枝干"、项目月度动态信息为"子叶"的计划管理树动态模型。逐月对计划进展情况进行量化考核，及时对年度计划进行评估及调整。

2. 跟踪数据生成传递路径，建立数据融合共享模型

通过梳理业务、跟踪产品数据传递路径，分析数据与经营计划管控的关联关系。产品数据管理系统 PDM 对项目研发周期提供判断依据，对项目的成本核算提供数据支撑，对人员四师分配提供决策支持；工艺设计系统 TCM 和车间执行制造系统 MES 对设备资源、工时调配、年度坯料采购计划提供信息预测；制造资源计划系统 MRPII 从物资采购方面为财务预算提供数据支撑；维修服务保障系统为产品维护保障和产品储备调拨提供计划安排，产品的维修数据为产品的改进升级提供规划依据。上述数据彼此关联，不同管理层级对其关注度和使用频度不同，在计划管理体系设计时需要考虑数据信息的融合利用和共享级别。

(五) 构建"两全"信息管理平台，实现多源运营数据有效融合应用

电子院结合企业自身特点，自主设计开发衔接不同专业、各分系统、产品研发生产全周期全要素的经营计划管理平台，系统包括"合同管理""型谱管理""年度计划""月度计划考核""四师系统管理""统计分析""系统管理"七大模块。

1. 建立合同管理、型谱管理及年度计划系统，打通型谱计划数据链

梳理科研、生产合同、项目型谱及年度计划，形成合同信息库、型谱信息库和年度计划信息库。使原本单一的项目型谱具有多年的计划数据支撑，形成以企业经营目标为"根系"，产品系列型谱为"主干"，年度计划为"枝干"、项目月度动态信息为"子叶"的计划管理树动态模型。型谱管理包括项目代号、项目名称、总收入，项目起止时间，任务来源，项目经理、项目处长、技术负责人、总体部门、项目分类、项目任务书重要里程碑等属性。立项管理审批、项目代号命名由科研生产业务部门提出申请，经过协同办公OA提交立项申请流程，经部门领导、主管领导、主要领导等审批后，发展规划部维护管理。

制作办公自动化流程：通过办公自动化OA系统可以实现一键登录计划管理平台，OA中"计划调整流程""计划提交流程""项目立项流程"实现流程审批后，平台自动对项目型谱、年度计划进行修改，实现计划管理平台与OA办公、人力资源用户信息、流程申请数据的互联互通。年度计划在每年一月发布后，通过EXCEL导入至计划管理平台，与型谱进行匹配关联。

2. 梳理企业信息化架构，提供多源数据管理决策

通过分析科研生产管理中多个运营要素，包括科研生产平台、PDM、ERP人力资源、MES、物资采购齐套、经营统计、质量信息、售后服务、元器件及整机库存等多个系统业务数据，建立规范的基础数据标准，利用主数据对各个业务系统数据进行统一管理，企业服务总线ESB部署各系统间业务数据传输接口，实现异构系统数据交换与共享。计划管理平台通过企业服务总线关联数据视图，以项目为单元形成覆盖物资齐套、图纸归档、财务收支等多要素定制，提供面向四师系统人员的项目管理查询服务，形成完整的业务架构数据链，支撑业务过程的信息化。

建立从计划管理、产品数据管理、供应链管理、执行管理、自动化测试、试验数据管理等覆盖整个生产过程的信息化体系，实现生产各类信息的透明化，使信息能够按照业务的流转进行流动，采用单一的数据源，消除部门、班组之间信息隔阂，最终实现提高生产效率，提升产品质量，降低生产成本。

计划管理贯穿于MRPII（制造资源计划）、MES（制造执行系统）、M3（试验数据管理）等基础平台，包括基于MRPII和MES上自主开发的下料管理、物流配送系统、安灯系统、生产单元管理系统、综合管理系统等辅助插件。并与研发、基础、质量等部门、TEAM CENTER、TCM/兰台档案、质量管理系统相互贯通，实现生产订单生成与下发、工艺文件编制与管理、生产订单车间级执行、工序检验、齐套物流配送、生产单元级作业执行、车间异常问题反馈与快速解决、车间综合信息管理、调试交验自动化、环试设备监控等功能，大部分系统通过接口集成，实现数据交换。

3. 建立四师系统信息库，为计划考核提供全要素模型

为加强电子院研制责任制，缩短研制周期，电子院设置四师系统，包含行政指挥系统、设计师系统、质量师系统和工艺师系统。

根据项目复杂程度，设计师系统分为总设计师、副总设计师、主任设计师、副主任设计师、主管设计师等；质量师系统一般包括质量师、可靠性师、检验师、标准化师，工艺师系统及其他（如软件师、会计师、计量师等），具体人员数量根据项目工作需要酌情设定。通过梳理近年来230项研制任务、93种产品形成涵盖143种项目共748项设计师分系统，主要分为十大类，包括总体、信处、频综等。四师系统与人力资源系统进行关联匹配，设置项目与四师系统授权关系。四师系统信息库的建立，为月度计划管理提供全要素模型，各总体专业基础等部门每月通过系统上报、审批、自动统计，最终形成"科研生产管理－工艺质量－分系统"自上而下、涵盖各分系统的综合计划，形成"分系统科研－工艺质量－生产管理"自下而上的反馈机制，方便发现问题瓶颈，及时管理查询。

4. 建立月度计划考核系统，实现多维度考核评判

月度计划与考核是支撑年度工作任务顺利开展的必要手段，在逻辑与方法上，月度计划与考核是年度任务目标分解、细化，利用信息化通过一级（所级）、二级（部门级）、三级（组级或人）的纵向结构来实施管理。

通过成立计划考核组织机构，责任明确，利用信息化应用于三级计划结构管理模式，将项目经理、综合计划员、主管部门、主管领导串联起来，形成结构清晰的计划考核组织机构，根据管理角色分配不同层级责任，形成信息逐级提交，分级掌控，每个角色都是对下一级考核，对上一级的汇报，管理职责一目了然。

通过可视化的信息采集界面，极大提高计划过程管控效率，压缩传统计划会耗时耗力的准备周期；通过准确的数据计算，使得考评更加客观，每项任务，设置工作计划的完成率区间，可设置警示区间，当任务未按计划完成，提示项目参与者追赶进度；超出警示区间时，可设置处罚区间及处罚比例；若项目执行顺利，也可设置奖励区间及奖励比例，正向激励。通过项目各分系统任务的考核数据，计算出项目综合考核分数，再加权计算得出完成率区间、滞后周期区间，最后根据项目经理、主管领导结合不可抗拒外部等因素进行区间高低打分评判，使考核评价更加客观。

评判打分多维度，一方面对照年度计划评判二级计划滞后程度；另一方面对照月度计划评判二级计划完成率。项目综合分数以各分系统分值加权计算得出最低最高区间、滞后月数区间，再根据项目经理、综合计划员、处长结合不可抗拒外部因素等进行区间高低打分评判。

5. 建立全面预算项目管控，实现与计划考核相辅相成

以年度经营计划为基础，按项目、费用用途等建立预算关系，实现月度计划执行与财务状况同步融合，保证经营的目标的一致性。每月按照年度经营计划，报送项目、费用的月度资金支出预算，下月在预算范围内列支成本、费用。财务部门每月将预算执行情况，按项目、费用用途等，以固定的格式，从财务软件导入计划管理系统，项目管理人员借助平台，可以查询到项目收支情况，根据项目进度，制订合理的项目支出计划，实现项目进度、预算支出的同步查询、同步管理，提高项目进度与预算支出的匹配性。

6. 建立经营统计分析，实现大数据知识决策

统计分析模块的标准是"一级平台，多方共享"，作为统一的数据收集、管理和存储平台，可以做到节省人力，减少软件环境的重复建设，节约数据管理成本，实现数据的有效保存，避免数据遗失。真正实现数据融合共享，提高数据的使用效率，减少因信息不对称而造成的数据不准确、不及时等问题，改变过去统计软件互不兼容、信息资源难以共享、数据质量缺乏保障的状况。

统计模块可以实现统计数据、统计分析、统计预测、统计决策、分析评价等，将摆脱企业过去以生产统计为主的结构模式。将报表型统计转变成为经营决策服务综合信息型统计，提高统计信息化服务水平。

（六）补充修订相关管理制度标准，提升企业全价值链精益管理水平

一是加强制度建设。为保障计划管理体系持续有效运行，电子院加强制度建设，对相关制度文件进行修订，推进业务流程的梳理的同时，并进行组织机构调整，以促进各项经营活动有序开展、有法可依水平。建立和完善年度经营管理工作会议、半年经济运营分析会议，以及规划、投资计划、科研生产计划、统计工作等业务会议制度和计划编制、投资项目追加、计划调整、定额定价等具体工作报告制度。

二是加强项目管理。特制定《科研项目立项、调整与验收管理办法》《事业部虚拟合同管理办法》《横向项目、预研项目管理办法》《自筹项目管理细则》等，规范军品和民品项目立项管理，确保有效落实科技发展规划、计划落地，合理控制科研风险、规范科研开发活动，实现项目全周期闭环管理。

三是建立优化流程。按照"管理制度化、制度流程化、流程表单化、表单信息化"的思路,电子院先后制定并优化流程建模,涉及 26 个业务板块共计 221 项流程,通过对流程进行有效管理,才能确保各项业务高效开展。

三、军工院所基于大数据的多维协同管理体系构建与实施效果

(一)科研管理效率和综合保障水平大幅改善

全要素经营计划管理平台经过一年半的试用调试,于 2016 年 1 月正式运行,实现了项目研制周期数据统计、各类信息和数据的及时全面分类、查询,信息的实时更新及信息的快速传递、共享,加快了研制周期内瓶颈的发掘、响应处理速度,为制订计划、统筹进度、调度资源、物料调配、技术状态管理和预算控制提供了直观、科学的决策依据,从而有效保障了研制进度、"人、财、物"等组织策划管控,实现了以预防性化解风险为先导的新型研产一体计划管理信息链。2017 年内多家军工兄弟单位前来参观学习,规划、计划方面在研产一体型军工院所行业内达到模范领先地位。

(二)市场适应能力和自我改善机能显著提升

基于大数据的多维协同管理体系构建与实施过程,对企业的业务流程进行了全面梳理和优化,不但实现了人力、时间资源的高效复用管理,同时通过大数据融合分析,推进了科研生产产品模块、功能单元、分系统的复用/共用管理,客观上推动了产品的标准化、体系化、模块化建设;信息化计划管理手段的实施,提高了企业对计划过程管控的快速处理、风险防范,缩短了研制周期,降低了生产成本,增强了产品市场竞争力和企业市场需求响应能力;大数据的多维协同管理使得数据成为经营管理的"软财富",为企业持续优化计划管理方式、提升自学习能力、实现科学管理提供了大数据平台,增加了企业核心竞争力。

(三)经济运行质量和价值创造能力持续优化

在 2016 年、2017 年军装军贸科研生产订单交付中,产品质量、技术状态、交付时效显著提高,圆满、高效完成装备交付任务。2017 年在研科研项目 86 项,军装军贸科研计划达成率 91.3%,同比增长 5.32%,军品科研生产计划达成率 100%;2017 年在订货减少、产值下降的前提下,通过计划管理平台的使用,项目管理人员按照项目进度及时进行收款与付款,经营活动现金净流量得到改善,应收账款、存货同比下降,经营质量得到提升,经营活动现金净流量同比增加 1759 万元,应收账款、存货同比分别减少 220 万元、1716 万元。电子院的经济效益显示了计划管理平台的作用,2016 年、2017 年成本分别降低 2784 万元、2257 万元,直接经济效益年平均 2501 万元。此外,电子院通过自主研发软件系统的途径,节省大量的软件购买费用,节省经费成本约 150 万元。

(成果创造人:梁培康、孙向东、包永洁、刘延峰、李 晶、茹 伟、
邓钰栋、张小民、张东升、郭勇利、田 璐、李 婷)

军工电子企业平台化、集约化、客户化采购管理

中电科技（南京）电子信息发展有限公司

中电科技（南京）电子信息发展有限公司（以下简称中电科技）始建于2003年，主业从事专业化供应链管理运营，现有员工121人。2015年，中电科技获得国家工信部"两化融合示范企业"称号，并成为全国首批通过两化融合管理体系贯标评定企业；2016年，公司被评为"江苏省管理创新优秀企业"；15年来，中电科技已经逐步由业务单一的采购服务公司发展成为行业优秀的供应链集成服务商，是中国电子科技集团公司旗下核心供应链管理平台，供应链管理与服务能力稳居中国电科第一名。2016年，中电科技启动了以先进供应链管理理论为指引的战略转型，依托十几年的供应链管理与运营经验，积极引导中国电科供应链管理升级。

一、军工电子企业平台化、集约化、客户化采购管理背景

（一）应对电子信息行业供应链发展变革，响应国家战略需求

随着技术的不断进步，现代供应链管理理念正在不断发展，呈现集中化、集成化、信息化、市场化、标准化趋势。

建设现代化供应链是党和国家重大战略部署，其核心内容是通过大数据、云计算等新技术的应用，建设供应链服务平台，形成一批具有全球采购、全球配送能力的供应链服务商，从而提高物流供需信息的对接和使用效率，提升供应链集约化、智能化水平和运转效率，降低物流成本，进而提升我国经济发展的质量和效益。

（二）面对军工电子行业客户要求快速提升，采购管理转型迫切需求

随着国家军事装备不断的技术变革，军工生产的自动化、数字化水平不断提升，对高端军用电子元器件的采购及物流效率提升的需求也在持续快速增长。军工电子特别是军用电子元器件领域采购供应链管理区别于其他原辅材料采购，存在多品种、小批量、采购周期长、定制属性高、资金压力大等特点，部分进口元器件采购还面临着停产禁运的风险，这些特性严重制约着各军工集团的采购管理。同时，国资委对央企采购管理提升的标准逐年提高，军工企业采购供应链管理提升需求迫切。

（三）控制防范采购风险，落实降本增效的内在需求

中电科技在为供应链上下游提供采购服务的过程中，面临市场、资金、物资齐套、质量、廉洁等多重风险，对风险的提前预警、事中控制及事后改进提升成为企业稳健运营中的重中之重，也是整体供应链安全的重要需求。同时，随着供应链行业利润率的逐年下降，中电科技需进一步控制成本提升企业利润。

二、军工电子企业平台化、集约化、客户化采购管理内涵和主要做法

中电科技结合军工电子行业采购管理中物资多品种、小批量、采购周期长、定制属性高、资金运作效率不高等实际情况和特点，着力解决军工电子领域采购管理中存在的保障能力提升难、采购管理成本高、客户产品竞争力不足、廉洁风险防控弱等突出问题，以"成为军工电子行业采购供应链服务第一品牌"为目标，制定了"平台化采购运营，集约化资源整合，客户化供应链服务，打造智慧供应链"的总体采购战略。通过成立供应链采购联盟级运营团队，制定军工电子采购管理标准，构建供应链采购管理体系；聚焦与重构供应链采购流程，建立互联共享的集成化供应链信息平台；通过实施采购需求集约管理，建立客户服务平台；实施采购供方集约管理，严控优选采购源头，实现客户产品增值；建立采购渠

道管理平台，实现供方客户资源、角色双向转换；实施多维度人才培养与激励政策，营造军工电子特色采购管理文化，进而落实降本增效，提升装备研发制造效率以及全产业链资金运作效率，实现供应链上下游协同共赢，同时取得了良好的社会效益和可观的经济效益。

（一）顶层策划采购管理战略，打造供应链采购管理体系

1. 确定采购管理战略，多维保障战略落地

中电科技制定采购供应链战略，明确了采购供应链管理工作中长期发展规划，在全面提升客户采购管理水平的同时，优化业务流程，充分发挥整体规模优势，降本增效，资源共享，打造供应链新动能，以促进整体战略目标的实现。为有效推进采购供应链战略的落地，中电科技从完善组织架构、健全制度体系、夯实基础能力等多个维度同步推进；围绕采购管理的全流程，并强化目标管理与全过程监视测量工作，制定月度绩效基线，通过对采购供应链数据分析，发现管理及业务过程中存在的问题，持续改进提升。

2. 成立供应链采购联盟级运营团队，打造供应链生态圈

中电科技为确保采购供应链战略落地，围绕战略目标，打造了军工电子行业供应链生态圈，组建成立供应链战略联盟，建立供应链服务平台。

围绕供应链战略联盟运作，中电科技打造成立联盟级采购供应链运营团队，由中电科技总经理负责、副总经理分管，组织成立由资深采购经理、供应商管理专家、渠道管理专家组成的采购管理专家组，同时建立健全采购管理制度体系，建立包括集约采购风险防范制度、集约采购管理与实施办法、绩效考核等一整套采购管理制度，确保集约采购规范化运作，驱动公司经营管理变革，提升战略联盟运营效率。

3. 制定军工电子采购管理标准，构建供应链采购管理体系

中电科技围绕供应链生态圈建设，制定生态圈行动准则，建立了物资编码管理标准、物资选用标准、供方选用及评价标准、数据接口标准等一系列企业标准。中电科技制定了《物资编码编制标准》，对10万余条物资进行了分类编码，并对接上下游企业，实现统一编码与各企业原编码的一一映射关系，彻底打通了企业间信息堵点。

中电科技依托自身多年供应链管理经验，围绕总体战略及战略目标，牵头组建供应链战略联盟，在联盟运行机制下，以一体化信息平台为支撑，重构商务及管理流程，发布了覆盖采购需求管理、供应商管理、渠道管理、物流管理、财务管理、绩效管理到客户关系管理、基础数据管理的完善的采购管理体系。

（二）建设供应链集成信息平台，提供采购管理决策支持

1. 打造一体化供应链电商平台，推进军工电子供应链数据整合

中电科技在产业升级的过程中紧跟"互联网+"的风口转型创新，改变以往关注"成本、价格"以"低买高卖"传统物流经营方式，向关注供应链采购整体"价值提升"转变。2017年，中电科技基于采购供应链管理体系需求，重整公司内外部信息系统，打造一体化供应链信息平台。通过一体化平台建设，从业务层面优化了业务流程，适应不断变化与复杂的业务需求。从管理层面，统一了业务与系统间的逻辑与钩稽关系，大量减少人工处理环节，业务全过程的监视测量得到实现。技术层面上支持云计算、大数据处理及移动应用等。

2. 实施可视化供应商协同管理，提升物资交付及时率

中电科技为提升采购计划完成率，提升产品计划的准确性，与企业采购、计划、质量管理人员进行深入沟通，重点推进建立采购过程与供方信息互动机制，实现采购过程信息可视化。通过系统数据回写及自动匹配需求，系统进行匹配及运算，将供方预计交货时间写入相对应的需求。客户物资采购部门、

计划管理部门及研发部门均能够第一时间掌握其关注物资的供货进展，便于其进行管理决策。

3. 建立采购决策管理系统，提供数字化采购决策支持

中电科技为加强数据管理、提升采购决策能力，运用自主开发采购管理决策系统，内置采购需求、计划分析、供方绩效等采购知识模型，对系统供应链全流程采集的数据进行自动分析，实现采购需求自动整合及分配，对采购过程异常事件如计划变动、成本变化、质量风险、问题供方处置等实现按风险级别自主决策，推送至管理层决策，并将决策结果传递反馈至供方，落实供方改进提高，实现了采购智能化管控，有效提升供应链整体绩效。

（三）实施采购需求集约管理，建立客户服务平台

1. 统筹策划客户需求，制定需求驱动的集约化采购策略

中电科技从采购源头即需求管理进行策划并实施。充分落实事前策划的管理要求，汇总客户年度采购需求，实现需求的集约化管理，并定期进行需求调整。中电科技根据客户年度整体需求进行汇总分析，进行统一策划、统一谈判，对采购周期较长的物资提前启动采购商务工作，大幅减少采购过程中的零星频繁采购，通过年度总体采购策划，提高需求确定过程效率。

中电科技收集各客户历史及未来电子元器件采购记录与需求，统计分析物资种类、质量等级、采购单价等详细信息。按照采购经济量及采购风险等级两大维度评估分析确定各大类物资定位，并制定差异化的采购策略。在采购实施阶段，商务流程严格按照采购策略执行，并对采购过程进行监视测量，确保采购策略的落地。

2. 实施物料结构化采购，提供装备交期成本双保障

中电科技通过建立项目、单元、模块等多层级结构的元器件采购计划管理方法，对成员单位提供的物料清单（以下简称 BOM）表进行项目采购计划管理，整体解决成员单位元器件采购管理问题，提升采购供应链管理平台服务能力。

中电科技在得到客户 BOM 表后，根据客户产品生产计划基线，将各类物资的采购周期及采购状态关联进 BOM 中进行分析与策划。中电科技按照客户反馈的生产计划基线，确定需要提前启动采购储备、按采购周期正常采购，按需用时间签订合同并在采购过程中进行合同跟踪与计划管理。

3. 建立供应链客户服务平台，实现供应链网络化战略协同

中电科技将采购管理延伸至供应链管理，实施供应链式战略协同管理，将采购管理的外延拓展至整个产业链，构建军工电子供应链生态圈，加强对战略合作伙伴的培育，拓展客户服务的广度与深度，打造供应链实现了供应链资源的最优化配置与运作。

中电科技打造了以"三联一合（企业联盟、业务联动、信息联通、产融结合）"为特征的一体化供应链服务平台，为客户提供包含集中采购、技术支持、数据管理、供应链金融、咨询培训等综合性供应链服务。

（四）实施采购供方集约管理，实现客户产品增值

1. 开展供应商动态管控，实现供应链供方扶优劣汰

中电科技为激发集约化采购规模效应，建立《战略联盟采购合格供方管理办法》等供方相关管理文件，并协同联盟企业组织开展供方评选工作。中电科技结合军工装备特点将集采供方分为六大类别，每类状态对应不同的采购属性。同时，对供方进行动态评估，根据供方绩效及目标完成情况，对供方能力进行评级并做出对应奖惩。根据评估标准，建立供应链战略联盟供方名录。对纳入采购目录的物资实施供应商（品牌）选用控制管理，鼓励选用名录内供应商的产品，限制非名录供应商产品的选用，实现需求资源的有效聚焦。

2. 建立采购供方选用标准，实现从设计源头控制采购风险

中电科技主动协同战略合作伙伴，规范各企业物资选型工作，将物资管理延伸到设计选型阶段，有效防范设计师与供应商勾结，进而控制廉政风险，大幅降低采购成本。中电科技按照供方分层分级规则开展了合格、优选供方的标准体系建设工作。

组织由战略联盟技术专家、中电科技采购渠道专家等人员组成的优选供方专家团，将电子元器件的生产厂家按物资分类进行甄选，制定规范的《军用电子元器件优选供方的评判标准》，对物资进行历史采购数据分析及行业内厂家实力调查，并结合实际需求情况组织专家进行评审，最终对每类物资从合格供方中选出两至三家优选供方，作为该类物资的推荐供方。

3. 实施联盟级供方综合评估，持续提升供应链保障能力

中电科技通过供方绩效综合评估及对供应链各环节的梳理与分析，从前端研发协作情况、过程的生产交付协作情况、到售后保障与持续的战略与金融合作情况，利用信息化手段采集供应链全流程中产生的数据；同时将供方所处行业的特点、技术难度、整体经营情况、所拥有资质能力与优势资源、社会责任等显著表现进行量化，建立评估模型。聚焦、细化与深化质量、成本、交货、服务主要绩效指标，加强其技术、资产/资质、流程/人力资源的综合考量，避免供方评价过程中的大量主观和模糊因素，统一评价内容及标准，明确展现供方存在问题及改进方向，并将评估结果有效用于采购管理及供方绩效提升。

（五）建立采购渠道管理平台，实现供方客户资源双向转换

1. 建立供应渠道联盟协同机制，战略性布局全球采购渠道

中电科技联合战略合作伙伴，建立三层协同机制：①战略情报分析与共享机制，实施情报共享，对进口渠道风险实施预警；②采购渠道共享机制，战略合作伙伴间计划性共享采购渠道，在保障渠道安全的基础上，科学配置渠道资源；③库存物资协同调拨机制，针对进口物资库存实施计划性管控，在保障各联盟成员自身供应基础上，合理调拨库存资源，保障供应的同时，盘活库存，提升供应链效率。

中电科技结合供应链战略联盟协同机制，通过全球化寻源与采购，战略性布局进口渠道，着手落地进口元器件风险控制，一是从选型阶段协同国内电子元器件研发生产企业共同推动国产化替代；二是通过战略区位布局，打造了多维采购渠道，确定优质的多方采购渠道；三是中电科技及时启动战略储备采购，对关键元器件进行战略储备。

2. 强化采购进口渠道稽核，控制进口物资采购风险

中电科技成立采购渠道稽核团队，根据物资类别，对供应商进行审核与开发，根据物资的原始生产厂寻找到最佳的供货渠道，并向原厂核实物资基础信息的准确性及采购价格的合理性，进行价格稽核工作。针对进口品牌，尽量与生产厂签合同，不能直接签合同的，结合采购经济量选择适宜的代理商合作，通过供应商渠道管理降低成本，保证采购供货品质。

3. 拓展供应链渠道深度合作，构建协同共赢的渠道网络

中电科技在与供应商协同合作的过程中，针对供应商需求，为其定制集成化合作方案。为解决降价难的问题，中电科技要求按照物资大类与供应商签订关于约定价格年度下浮比例的"打包"协议，同时中电科技向供应商承诺在产品标准化、数据分析及供应链金融等方面予以支持，进而形成互惠互利的双赢，有力促进了采购供应链效率的提升。

为保障供应渠道的稳定性，中电科技将渠道管理的广度进一步向产业链上游拓展，协助供应商构建稳定的供应渠道。中电科技利用供应链金融手段帮助供应商提升资金效率；利用广泛的联盟级供应链渗透能力和议价能力，协助供应商控制采购成本；利用优秀的供应链管理能力及数据分析管理能力，协助供应商提升管理绩效，降低管理成本；利用供应链体系运作能力，协助供应商控制采购供应链风险。

（六）强化供应链管理人才培育与激励，打造清廉企业文化

1. 实施现代供应链管理知识体系培训，建立采购知识体系标准

中电科技为引进全球最新的采购与供应链管理知识体系，建立采购师培训中心，为上下游合作伙伴提供专业实践课程培训。重点培育技术型采购专家，招录研究院所技术人员进入采购团队，强化其在采购策划、采购寻源方面的能力，参加注册采购师的培训与考核，要求持证上岗。通过标准课程体系培训，促进上下游企业的交流，统一供应链上下游专业语言，形成一致的采购供应链管理价值观。

2. 持续优化人才激励考核机制，提升员工整体凝聚力

中电科技建立数字化绩效考评机制及多维度绩效激励机制。采购绩效评估主要遵从"客户满意最大化，供应机会最大化，供应风险最小化，供应成本最小化"四大原则。公司级绩效主要包含采购的经济量及总成本下降经济量；职能级绩效主要从齐套率、交货、质量、客户服务等维度进行考核。最终通过月度目标管理卡为职能部门及管理团队评分，量化考核并反馈至人力资源部门。中电科技专项设立奖励基金，对在业务中表现突出的员工给予股权激励政策倾斜，通过量化考评与多维激励措施。

3. 增强采购廉洁意识，构筑"防贪拒腐"堤坝

中电科技以采购供应链管理体系建设为核心，构建"阳关采购"制度堤坝，将腐败风险关进制度的笼子，在体系流程设计中，重视对权力的相互制约与监督，对采购供应链管理中核心的供应商管控权、采购权、付款权实施"三权分立"；在制度实施过程中建立稽核审计机制；对采购关键岗位从业人员实施轮岗及离岗审计制度。通过供应链数据共享、体系共建和业务联动，增强渠道透明度，防范暗箱操作，逐步在重点科技内部及供应链上下游形成了廉洁自律的供应链文化。

三、军工电子企业平台化、集约化、客户化采购管理效果

（一）实现军工电子采购管理体系化，供应链全流程的降本增效

中电科技通过体系化采购供应链管理，发布了采购供应链管理体系文件，累计制定发布了各类标准、制度、作业指导书及表单100余份；投资建立一体化供应链信息平台，实现了对供应链上下游信息互联共享和采购全过程可视化；对采购进行全程监视测量，有效避免了采购过程中各种因素导致采购腐败现象的产生，有效控制采购过程的廉洁风险，实现了阳光采购。

中电科技通过集约化采购，取得了显著成效。2017年，中电科技通过整体谈判，各类物资年度平均采购价格均同比2016年下降2%－10%，全年，物资平均采购成本下降率2.65%，2018年一季度，同类物资平均采购价格同比2017年持续下降2.85%，其中集成电路采购成本下降率达8.18%，集约化采购规模效应初步显现。

（二）实现供应链服务产业化，形成"三联一合"的供应生态圈

中电科技通过采购供应链管理实践，迅速提升了自身供应链核心竞争力，对军工电子行业供应链一体化服务能力显著增强，进而实现了自身业务的快速增长。2017年，中电科技通过构建"三联一合"供应链生态圈，实施平台化采购服务，为上下游企业提供供应链金融服务总额达1.3亿元，有效提升了供应链资金流动性；通过供应链管理输出，为客户提供数据分析、管理咨询培训，协助上下游企业管理能力提升。集约化的采购供应链服务加速了中电科技自身业务的整合与拓展，大幅度提升采购与供应链管理服务水平，实现了供应链服务的产业化。2017年，中电科技经营规模与质量稳定增长，实现销售收入59.64亿元。

（三）深化"两化融合"，引领军工电子供应链发展变革

中电科技以现代供应链理念为指导，积极推进信息化建设，加速构建信息系统对军工科研生产的支撑能力，先后获得6项软件著作权，并成为全国首批通过两化融合管理体系评定企业，被国家工信部评定为"两化融合示范企业"；通过整合采购渠道资源、采购客户资源，制定军工电子元器件基础数据标准，

建立了军工电子采购供应链管理体系;积极引导民品元器件供应商参与军品市场,推动军工电子领域的军民融合;通过集成化采购服务,形成了互利共享的供应链生态圈,引领军工电子元器件供应链的整体能力提升,为军工电子行业采购管理提供了一整套行之有效的解决方案。

(成果创造人:王　平、邱国华、汪星宇、李春晓、徐　嵘、卓　悦、颜礼松、任　璇、王　涛、杨　刚、仇海星、刁志成)

基于"互联网+能源"的电力生产管理体系构建与实施

河北建投能源投资股份有限公司

河北建投能源投资股份有限公司（以下简称建投能源），成立于1994年1月18日，注册资金17.92亿元，是河北省属资产规模最大的国有资本投资运营公司——河北建设投资集团有限责任公司（以下简称建投集团）旗下唯一境内上市公司，是河北省电力行业龙头企业，主营电力生产中的能源项目的投资建设和经营管理，业务涉及火力发电、热力供应、配售电、综合能源服务等领域。目前，建投能源拥有控股公司14家，参股公司16家。截至2017年年底，公司总资产312亿元、净资产130亿元。2017年度实现营业收入105亿元、利润总额4.3亿元。

一、基于"互联网+能源"的电力生产管理体系构建与实施背景

（一）满足公司实现战略目标与持续发展的需要

当前，发电企业正处于"三期叠加"的特殊阶段，即增长速度的换档期、结构调整攻坚期和经营发展转折期，还受到国家电力产业政策、环保压力、宏观经济下行和电力需求减缓等的影响。建投能源的主营业务为火电业务，业务区域主要集中在河北电网。在当前的宏观形势下，建投能源如何把握和顺应行业发展趋势，清洁高效发展煤电，是公司发展的关键战略问题。建投能源利用"大数据"理念，提出建立"互联网+能源"的电力生产管理体系，通过覆盖所属电厂的电力生产流程的监控及信息处理平台以及方便及时的管理信息系统，实现公司内生产管理的管控一体化，优化经济运行，统一调配和使用公司资源，进一步增强公司综合实力，为实现可持续发展提供可靠的保障。

（二）提升上市公司价值的需要

建投能源作为一家能源类上市公司，其经营的财务目标是股东价值最大化。上市公司的一切经营行为直接影响着市场价值。上市公司价值表现与经营业绩紧密相连，股价只是公司外在价值，核心竞争力、主营业务收入等才是公司的真正价值。建投能源通过建立生产技术信息平台，加强基础生产管理，监控企业经营状况，实现精益化管理，有助于提升企业效益，提高核心竞争力，从而提升建投能源的市场形象，实现资本市场优化资源配置的功能。

（三）提高专业化管理水平的需要

当前，受行业发展和国家环保政策的影响，以单一火电业务为主业的建投能源的发展严重受限。短期内，建投能源面临利润问题，从长远看，是发展问题。因此，建投能源从外在因素看，要立足火电，发展清洁高效能源，拓展业务领域；从内在因素看，要提质增效，向管理要效益。为此，2017年，建投能源立足战略发展规划，借力信息化建设，利用互联网和能源管理相结合，将大数据技术运用到电力企业，进行了电力生产管理体系的创新与实践，提高了企业专业化管理水平，提升上市公司市值，打造公司的核心竞争力，取得了显著的经济效益和社会效益，为公司的稳健发展和战略目标的实现提供了强力支撑。

二、基于"互联网+能源"的电力生产管理体系构建与实施内涵和主要做法

建投能源按照"整体规划、分步实施"的原则，通过"互联网+能源"的方式，利用生产运营监管系统对运营机组和供热企业SIS系统数据进行实时采集，对采集的数据进行加工、提炼、分析，并以此数据源为基础，建立生产实时数据库、生产指标管理、节能减排管理三大应用系统。实现生产实时检测，能够在线监控所有运营机组主要设备的参数及与状态检修相关的关键绩效指标，制定对应的预防检

修措施以避免发生潜在破坏和非计划停机,从而提高机组安全经济运行水平;能够及时掌握各控股企业机组、设备的运行状况和生产指标完成情况,通过对比分析,掌握各控股企业发电、供热、生产等信息,为高效、高质量的管理决策提供依据,最终实现分布在河北各地所有控股电厂生产数据的整合与管理,实现全公司范围内的信息共享及分析优化,充分发挥生产管理体系在业务发展中的支撑引领作用,为推进建投能源持续发展提供坚实保障。主要做法如下。

(一)建立生产实时数据库,打造能源数据中心

建投能源根据能源管理建设的实际需求,制订能效实时数据采集的标准,实现数据信息处理规范、标准、统一,保证测点数据的准确性、可比性、可维护性,同时考虑数据标准覆盖全公司企业和后续诊断等高级功能对实时数据的要求。目前建立的生产实时数据库,实现了火电机组主要性能参数在线计算、分析、统计等功能,为集团提高发电企业的能源利用效率指明方向。

1. 实现生产实时数据采集

将所有控股电厂和供热企业 SIS 系统关键数据和运营画面采集到公司服务器并存储,并将采集到的关键数据加工后,在客户端显示整个系统企业机组运行情况,可以扩展到大屏展示整个系统企业的运营情况。根据集中监视要求,统一画面风格,定制各电厂的关键系统画面,集中展现全部电厂的主要实时生产情况,包括出力曲线、机组状态统计、各单位机组出力情况等。

2. 提供非停提示功能

根据电厂机组运行情况,提供告警和启停提示。其中告警、启停明细分为机组告警、机组状态变化信息展示,并能统计非停时间和非停次数。机组告警展示各电厂机组告警指标名称、告警值、告警时间等信息;机组状态变化展示各电厂机组容量、状态变化、告警时间等信息;短信提醒是对非停和运行异常的机组能发送短信提醒。

3. 统计分析功能

对提取的数据进行指标实时分析,对比显示各厂厂用电率、锅炉效率、汽机效率、煤耗指标、节能指标、环保指标等关键数据,生成各类统计报表。

4. 提供机组在线性能诊断

实现在线监视机组运行实时性能且能追溯。利用采集到的实时数据,结合热力学方法对所属各个相关发电企业进行厂级性能指标的计算、统计和分析,为相关发电企业的经济指标分析提供依据,通过列表、趋势图和棒图等多种形式展现。依托热力学计算模型和工况库,将所有指标的计算过程可视化,且具有智能自诊断功能,自动识别当前运行工况,追溯定位不合理扰动的输入参数,提醒并辅助用户修正有误的测量参数,保障性能计算的精确性。

(二)加强生产指标管理,实现过程控制管理

建投能源在接收系统企业的生产数据时,由原来手工填报的"月报"和"季报",转变为由系统自动采集的以秒级为单位的"时报"和"日报",并且可通过实时的数据曲线监控机组设备的实时运行状况,提前发现状况,进一步保障机组运行的可靠性,避免非计划停机事故的发生。通过信息化的手段,真正实现了生产管理由"结果管理"向"过程管理"的转变。

1. 建立多维度指标体系

指标体系包括经济指标和生产指标。一是对厂级和机组级机组效率、锅炉效率、汽轮机相对内效率、供电煤耗、汽轮机汽耗率、汽轮机热耗率、厂用电率、供热比、各主要辅机单耗等主要经济性指标进行计算分析,实现与本机同工况性能设计值及同类型、同工况机组性能或公司下达的对标、计划值进行比较,明确实际性能值与设计性能值的偏差,具备按厂、机组选择的性能指标比较排序的功能。二是利用制造厂设计数据拟合法或试验结果拟合曲线法获得可控参数目标值,并根据实际值与目标值的差

距，结合热力学方法、等效焓降法、锅炉效率法和机组供电效率法等为主要计算手段，在线计算各台火电机组可控参数的调节目标及节能潜力。三是具备公司级加权平均机组效率、供电煤耗、发电煤耗、厂用电率等主要经济指标计算。四是具备机组可控参数耗差与国内同行业、公司同类型机组最优值及目前公司平均值对标功能，对标值包括实时值与可选时段平均值，对标单位可选公司、电厂、机组、同类型（容量等级）机组，具备同机组同比、环比（日、周、月、季、年）功能；可控参数耗差能够根据高低值进行升、降排序。

2. 加强指标分析

为更好地分析经营状况，加强成本、电量、煤耗等关键指标的分析。首先是成本分析。一是数据采集。从电厂 SIS 系统采集数据，需要采集的监测点种类和数量取决于 SIS 系统和锅炉－汽轮机的类型。SIS 系统必须能提供这些监测点的实时数据。从计划统计管理、预算管理和财务管理中采集全厂进行成本核算所需生产计划和财务管理的数据，进行机组固定成本计算所需数据的动态管理。二是成本核算。根据按发电量分摊、按运行时数分摊、按成本计划分摊和按实际发生分摊等分配标准，确定年实际总成本、年实际单位成本、月实际总成本、月实际单位成本、日实际总成本、日实际单位成本、实时单位成本、厂级综合成本、不同机组组合成本。三是成本分析。根据本电厂各个生产环节实际发生的成本，按年、月、日对总成本和单位成本分别进行分析，通过曲线和报表的形式分析机组实时负荷和供电煤耗率、机组实时负荷和供电单位成本之间的关系，同时完成成本构成分析、固定成本分摊以及投入产出分析，为预测本电厂报价提供可靠依据。其次是电量分析。对一些外部信息台账、检修计划台账等与电量相关的信息的管理和对发电计划、电价、实际发电量、售电收入等数据的统计、分析，并提供竞价电量预测模型，可供电厂在进行竞价前模拟运算。最后是煤耗分析。通过对煤耗成本计算的拟合函数的定义或者手工的加权计算，计算出发电量的煤耗成本。从煤耗成本可以追溯到煤质化验的结果构成。

3. 综合统计报表

为满足经营管理的需要，确保集团和公司两级及时掌握各单位的生产经营情况，建投能源要求公司各下属单位按固定周期和格式上报生产日报表、经营日报表、节能日报、环保日报等报表。在生产运营监管系统中建立公司生产数据统计平台，实现对生产经营日报、节能日报、环保日报等数据的汇总与统计，并根据各单位日报信息，具备自动抽取数据生成建投能源日报、月报的功能，日常工作报表模板编辑与输出表单格式修改的功能，数据自校验和超限提醒的功能，报表的历史查询与指标趋势统计分析的功能，数据超限、计划超标、报表超期等问题自动统计与考核功能。

(三) 加强节能减排管理，实现精细化管理

建投能源以对标和环保治理为抓手，多措并举开展节能减排工作，加大机组改造力度，针对原有机组，有计划、有步骤地完成改造任务；针对新建火电项目严格按超低排放标准与主体工程同时设计、同时施工、同时投入生产使用。

1. 明确建投能源与所属电厂的职责

建投能源主要是利用节能减排报表、排污权报表、碳排放管理报表报告等节能减排文件管理，通过对电厂环保设备进行实时监控和预警，严控大气污染物排放量。电厂主要通过填写节能减排报表、排污权报表、碳排放管理报表报告等并上报，将环保设备实时数据采集到 SIS 数据库，作为数据监测的基础。

2. 建立预警管理体系

根据电厂运营情况，将预警类型分为数据缺失、恒定值、数据超限报警、机组停运、启炉未启机、脱硫设施停运、CEMS 数据失真程度报警和超标报警。系统的报警规则可根据实际情况及运行经验进行配置。在机组排放异常时触发报警，向相关人员手机发送超标提示，及时处理环保相关问题。

3. 建立完善的节能减排报表体系

统计报表主要包括生产与排污数据统计表、工况监控月报、工况监控季报、工况监控年报和超标排放浓度月报等。利用 SIS 系统读取 DCS 历史站数据及 CEMS 系统数据，然后根据提供的报表格式、数据来源及公式，自动定期生成日报、月报、年报及环保电价报表。生产与排污数据统计表主要包括企业机组名称、装机容量、机组平均负荷、机组运行时长、脱硫运行时长、自动监测设备运行时长、发电量、煤耗量、煤炭平均硫份、脱硫效率、脱硫投运率、SO_2 平均折算浓度、SO_2 排放量、氮氧化物平均折算浓度、氮氧化物排放量和烟气流量等内容。

4. 建立基于能效管理的能流图分析

针对火力发电机组的能源利用过程，依据机组性能计算数据，对从入炉煤燃烧发热至电厂上网送电的整个能源利用流程的损耗和效率进行分析，包括锅炉能量输入、锅炉损失、汽机能量输入、汽机能量损失、发电机能量输出、供电能量输出、厂用电量等能效指标的计算，以此完成对发电主要环节的节能潜力的分析。此外，还提供耗差分析，指出影响机组能效的因素及程度。

5. 建立供电煤耗曲线分析和多时段负荷优化分配

基于大量供电煤耗和负荷数据，通过数据挖掘可以得到不同机组的煤耗曲线。同时还可以实现煤耗量随负荷的分布曲线，为找出机组最优能耗的发电工况和节能评估提供有力支持，并为机组多时段负荷优化分配提供基础数据。通过机组多时段负荷优化分配可以提高机组效率约 0.2%，降低煤耗 $0.6g/kW·h \sim 0.7g/kW·h$。

（四）加强对标管理，提高盈利能力水平

对标管理是通过将本机组与标杆机组的主要能效指标等相关参数进行对比分析，从而寻找和学习标杆机组最佳管理经验及其运行方式的过程与方法，便于管理层找出不足和明确改进方向。建投能源将对标管理作为主要抓手，有利于企业发现自身不足，明确发展目标，通过学习先进企业的经验做法，提升企业管理水平，增强企业经营效益，实现持续的改进和提高。通过对标管理可以提高电厂的管理水平，机组效率平均提高约 0.1%，降低煤耗 $0.3g/kW·h \sim 0.35g/kW·h$。

1. 制定对标管理制度

除建投能源对标优秀上市公司外，强化下属电厂的对标管理，各电厂均对照先进标杆企业制定《三年对标规划》，设置包括财务指标、经营指标、生产指标三个方面共 16 个对标指标，明确每个指标的对标目标值，制定具体的措施，力争三年达到同类型机组先进水平。在对标工作引导下，各电厂推行精细化管理，强化发电设备的运行管理，深入开展技术改造，促进节能降耗，各项对标指标取得明显改善，缩小了与先进标杆的差距。

2. 选择对标指标

对标数据来源为采集或处理后的各企业能效指标。对标类型分为连续型指标、累计型指标、统计型指标。其中，连续型指标每时每刻都会有一个值，是一个连续型变量，如锅炉的主汽压力、主汽温度等指标，对于此类指标，采用差值积分计算出月度指标的平均值；累计型指标的月度指标为各个时段完成量的累加值，如发电量、干灰销售量等指标，对于此类指标，只需将各个时段的指标值累加；统计型指标是将各种指标按照一定的公式统计计算得出来的，如发电煤耗率、发电厂用电率等。

3. 热网企业及新投产机组纳入对标管理体系

根据各新投产机组的建设情况，及时纳入对标管理体系，完善安全、生产、经营各项管理制度，办理发电业务许可证，确保机组顺利转商业运营；同时，也将热网企业加入对标管理体系，找出与同行业优秀企业的差距并不断改进，全面提升供热企业管理水平。

（五）建立移动生产门户，提高管理时效性

建投能源通过在移动设备上的应用，由原来的日常管理，转变为对电厂生产的"7×24"小时在线监督与管理，提高工作效率和业务管理的时效性。

1. 建立工作平台

通过先进的移动应用技术实现生产管理业务在手机等移动终端上的处理，为管理工作提供更好的信息终端支撑。将 APP 应用与生产运营监管系统全面集成，实现对审批工作、任务督办工作等信息处理实时性较高的业务处理工作进行集中展现，并根据相应的权限设置进行查询，相关人员登录 APP 后，只能查看到相应权限的待办业务，满足在移动端审批文件的功能。

2. 实时上传数据

通过与实时监控模块进行接口，将实时数据进行完整展现，保证实时数据随时随地可以查看，方便现场人员进行业务处理和管理人员的业务需要。主要实时显示当前负荷、发电量、各机组运行状态等参数；展示昨日发电量、机组利用小时、机组厂用电率、综合发电厂用电率、供电煤耗、发电煤耗等主要生产指标，及今日实时生产指标及指标趋势预测等。

3. 及时推送数据

将日常管理工作所需的生产经营指标、节能环保指标等以表单和图形的方式进行展现，同时通过手机等移动终端实现报表的查看工作，系统与短信接口直接对接，将相关经营指标以短信或彩信的方式发送到管理者指定的接收终端上。对下达的生产任务、督办文件能够实时推送，做到及时提醒并回馈。

（六）加强信息管理体系维护，提升信息技术管理水平

1. 日常运营管理设计

系统运行的日常维护管理不仅是对机房环境和设施的管理，而且还要对系统每天的运行状况、数据输入输出、系统的安全性与可靠性等准确地加以记录、分析处理。主要工作为：一是系统运行的日常维护，包括收集数据、整理数据及处理结果，以及简单的软件安装升级、硬件维护和相应的设施管理。二是临时性的信息服务，包括临时性的查询与检索等。三是完善性维护，为扩充功能和改善性能而进行的修改。主要是对已有的软件系统增加一些在系统分析设计阶段没有考虑进去的功能和性能特征，还包括对程序处理效率的改进。四是系统运行情况记录。整个运行情况记录能够反映系统在大多数情况下的状态和工作效率，对系统的评价和改进具有参考价值，因此，对管理信息系统的运行情况一定要及时、准确、完整地记录下来。系统记录包括工作量记录、工作效率记录、系统服务质量记录、系统维护情况记录、系统故障情况记录。

2. 系统维护管理

系统维护是系统运行阶段的重要工作内容，直接决定信息资源作用的有效发挥。在系统维护的内容方面，一是系统硬件设备的维护，分为定期预防性维护和突发性故障维护。定期预防性维护是定期对计算机设备进行的例行检查和保养，突发性故障维护是当设备出现突发性故障时进行的处理。二是系统软件的维护，主要是对程序的维护，维护内容主要有对系统运行中暴露出来的一些程序错误及时维护，对业务活动变化引起的功能变化进行及时升级，对硬件变化导致的软件进行升级，保证应用程序的效率和质量。三是系统数据的维护，主要是负责数据库的安全性、完整性，以及进行并发性控制。

在系统软件维护的方式方面，一是正确性维护，改正在系统开发阶段已发生而在测试阶段未能发现的错误，如果是不太严重的错误，不影响系统的正常运行，可随时维护；如果是比较严重的错误，影响整个系统的正常运行，必须制订维护计划，并且要进行反复检查和控制。二是适应性维护，是使软件适应新的管理变化需求而进行的修改。三是完善性维护，为扩充功能和改善性能而进行的修改，主要是对已有的软件系统增加一些在系统分析设计阶段没有考虑进去的功能和性能特征。四是预防性维护，是为

改进应用软件的可靠性和可维护性，主动增加一些新功能。

3. 运行管理体制设计

组织机构管理体制对提高管理信息系统的运行效率十分重要。建投能源高度重视信息系统的管理，建立了一套科学、完整、规范的系统运行管理体制，除了建立严格的系统人员岗位责任制和其他相应的规章制度外，还明确规定各类人员的职权范围和责任。建投能源总部有一个部门专门负责信息系统管理，明确部门和专责人的职责，保证系统的日常管理工作和正常维护消缺工作；各发电公司也设置专人负责发电管理信息系统的维护工作。

三、基于"互联网＋能源"的电力生产管理体系构建与实施效果

（一）取得良好的经济效益，经营业绩得到业内肯定

2017年，建投能源公司接受中国上市公司协会、河北省证监局、河北省上市公司协会及上海电视台第一财经频道、《中国证券报》《上海证券报》《证券时报》《证券日报》和金融界等国内资本市场主流媒体联合调研采访，在此过程中，建投能源公司全面展示了专业化管理、规范运作、经营成果、持续发展等方面的良好形象，进一步巩固了与主流财经媒体的合作关系，得到业内的肯定。

（二）履行了社会责任，节能减排工作取得成效

作为国有企业，建投能源公司高度重视并认真贯彻落实节能减排工作任务，统筹考虑超低排放改造与节能改造和机组检修的关系，将超低排放改造同机组节能改造有机结合，不仅在具体工程实施方面得到保障，还最大限度地减少了机组停机和电量损失，既实现了超低排放目标，又兼顾供电煤耗的降低。积极整合供热资源，加大对节能减排的支持力度，降低覆盖地区散烧煤取暖比例，助推全省大气环境治理。在冬季供暖中，实现供热2861吉焦，同比增长11.2%，供热面积7285万平方米，同比增长12.8%。与国标比较，公司旗下电厂烟尘浓度降低69.6%，二氧化硫减排63%，氮氧化物减排33.2%，在业内处于先进水平。通过持续推进节能减排工作，加强对大气污染物排放指标的监控管理，保持环保设施和新增超低排放设备的稳定、高效运行，全面实现了绿色发电，得到省、市政府的肯定，较好地履行了社会责任，取得了良好的社会效益。

（成果创造人：米大斌、徐贵林、刘　红、李永强、姜　文、金　鑫、元　亮、鲁　贞、江　华、王建辉、王若颖、王云龙）

大型水电企业基于信息技术的运营风险防控管理

福建水口发电集团有限公司

福建水口发电集团有限公司（以下简称水口发电）注册资本22亿元，主要从事水电站的投资、开发、建设。现拥有5座水力发电站，装机容量186.6万千瓦，2017年总资产63.37亿元、净资产53.5亿元，为我国特大型水力发电企业。福州亿通集团有限公司（以下简称亿通集团）是水口发电投资主办的集体企业。根据国家有关规定，水口发电对亿通集团实行全覆盖、全专业、同质化管理。

一、大型水电企业基于信息技术的运营风险防控管理背景

（一）解决运营过程管理的矛盾，促进企业依法合规发展的需求

随着亿通集团新的改革改制、公司治理体系的建立，从数据资产的形成与运用看，在项目收支属性、信息共享集成、多类型项目管理、风险防控监测等方面依然存在着一些矛盾。这些矛盾集中在如何细化对经济业务按照项目进行收支精益管理，进而依法合规地管理，促进规范发展。

（二）贯通业财监融合链路，提高运营风险防控水平的需求

2018年，中国"数博会"提出"数化万物·智在融合"，培育大数据核心业态、关联业态、延伸业态，推动数据信息的收集、处理、加工、分析等，提升数据共享开放、大数据社会治理现代化、大数据服务百姓生活等水平和能力。突破传统运营管理模式在信息获取、状态感知及事后反应等方面存在的瓶颈，抓住财务与业务信息系统互联互通这一工作重点，实施流程梳理、流程统一、流程再造，搭建"亿通经营管理平台"为载体的信息频道。融合SG-NC管控系统，促进财务流程、业务流程、运营监测常态化衔接，实现规范运作、运营精益管理，也成为各级管理者共同的课题。

（三）深化营运过程监控，增强忧患意识和防范风险的需求

从近年的各种类型的检查、监督情况看，亿通集团组织的多元性、管理的繁杂性，进度的难控性、成本的动态性，造成在经济业务活动中还有诸如跨期业务实施收支不匹配、成本归集的"窜项、错项"、合同签订与超短工期、实施节点编制不完整等问题，出现了许多"出血点""发热点""风险点"。对于异动问题主动跟踪、督促整改力度不足，对共性频发问题诊断分析不够。因此，强化各项经济业务全程管控和监督检查，加强经营管理、堵塞漏洞、防范和化解风险，需要建立和完善权责明确、精简高效、保障有力的管控体系，形成防范和化解经营决策风险、资产安全风险、廉政建设风险、队伍稳定风险的有效机制，促进企业经营安全健康发展。

二、大型水电企业基于信息技术的运营风险防控管理内涵和主要做法

水口发电基于信息技术的运营风险防控管理，旨在深入推动信息技术应用，系统化建立运营管理大数据，针对现有经营信息管理方式的痛点，提供相应的解决方案。进一步加强集体企业风险管控，挖潜增效，降本增效。通过规范主办与集体企业等关联交易，重点落实在合理性、分包业务的合规性的监管，确保"程序依法合规、价格公允合理"。构建多维实物与价值综合信息反映体系，聚焦承担主办的跨期业务的合规性，构建多维度监管体系，提升收支匹配的严肃性。促进业财规范、标准深度融合，实现施运营风险实时防控。

（一）着力完善营运管理组织保障，构建多维风险管控防线

1. 完善"组织体系"，畅通专业管理与风险防控融合

成立以集团党政负责人为组长，分管领导为副组长，其他公司领导、副总师及相关部门负责人为成员的领导小组，负责统一领导并组织风控工作，审定项目运营重大风险工作任务计划和应对措施，审议重大风控事项等。设立营运风险管理中心，由总支书记、监事会主席负责，落实运营风险管理日常组织和协调工作。形成行政管理与产权管理相结合、归口管理与专业管理相结合、监管体系与内控体系相结合的管控模式。促进亿通集团依法规范经营，提高市场竞争和自我发展的能力。

2. 落实"业财信息融合"，全面加强风险过程管控

历经20多年的信息化建设与应用，各专业信息系统积累了海量的业务、财务价值数据等信息。根据管理需要，运用"大云物移智"技术，于2016年10月，进一步完善"亿通经营管理平台"，从企业和项目两个层次体现经营管理的精益化、集约化管理过程。根据业务管理或监测管控的需要变化，从业务管理风控点视角出发，将现有的不同专业信息转化为满足管理者需要的信息。

3. 筑牢"责任防线"，全面落实风控主体责任

建立以"问题库"和"风险信息库"为核心的风险信息共享和应用平台，实施各类问题统一集中管理，聚焦问题整改成效，加强风险监控。建立年度"重大风险项目清单"和风控工作"重点任务清单"，加强重大风险过程管控。建立风险管理工作评价考核机制，加强对各部门、各单位风险管理有效性考核评价，贯彻落实全面风险管理评价指标体系。建立风险事件调查和问责机制，建立风控办与各业务部门、审计部、国家监察委员会协同联动的风险事件调查、分析、问责、追责机制，提升风险管理监督改进实效。

（二）着力业财监信息"接口"改造，增强运营风险辨识

1. 以合同为依据智在业财信融合，获取多维信息资源池

根据管理需要，以每份收支合同为基础，根据不同的供应商的异同防控点，完善"亿通经营管理平台"。将国网SG－NC的财务、人资、物资、合同、项目等相关信息定期与"亿通经营管理平台"进行数据对接；将项目创建、预算、决算，现场的勘测、验收等信息通过手工或文本转换进入"亿通经营管理平台"；通过ERP号进行项目状况传递、往来核对，从企业和项目两个层次、实物量和价值量两个维度汇集经营管理的信息，形成多维度的信息资源池。

2. 以项目为载体深化运营全过程管理，增强管控契合度

以项目为载体的管理是实现全过程监控的一种方法，它客观、准确、全面地反映合同的履行过程，并通过数据对比，实现必要的统计分析。不管哪类型的经济业务，均可建立以项目承接的合同号为起点，通过项目的业务承接及前期管理、需求提报、任务分解、预算确立、过程管控、竣工验收、项目结算等环节，以项目的单据号贯穿始终，达到以项目为载体促进业财信息的纵向融合。实现用量化指标体系和科学的召测、分析、评估方法，实现运营风险的精细管理。

3. 以问题为导向深抓数据分析，持续推进风险点的排查

针对经营管理中营运收支项目存在的风险点，以及审计、内外部检查发现的100多个问题，进行定量与定性分析、深入排查与沟通协调。进一步规范关联交易，承接业务确保程序依法合规，价格公允合理。财务部、集体资产管理中心等牵头，对责任清单中属于费用清算、业务调整或整合的项目"立行立改"；对清单中完善制度等作为"深入探索"问题，以治标为切入口，以治本为落脚点，按照节点完成整改情况反馈。突出闭环管理、整改到位，确保在下次检查审计中不再出现同样的风险点。

（三）着力价值信息"频道化"搭建，增强运营风险评估

1. 以"三个安全"为目的，构建频道化信息体系

坚持"智能思维"推动信息技术应用，全面提升数据处理效率和分析能力，实施实物与价值信息频道化管理，构建多维信息资源池。设定各类实物量、价值量信息的提取和加工规则，以满足法定资讯、财税资讯、管理资讯、监管资讯披露。在此基础上，根据运营监测的不同维度，设立风险频道。围绕多类型项目与动态变化的特点，以及各经营主体的运行规模、种类和区域的差异设立基准阈值，进行单个项目经济业务大数据评估，筑起公司生产风险"安全网"，加固运营风险"排查网"，编织廉政风险"防护栏"，稳步提升安全水平和运行品质。

2. 以"七个频道"为抓手，甄别运营过程重大风险

建立具有个性化的运营风险提示频道。承载力频道展示管理、班组、机械等承载力风险点；业务承接频道反映承接业务的服务、质量、安全、造价、工期，项目类别等风险点，并通过业务承接报表反映持续性项目、一次性项目，以及项目类型、所属行业、计价方式、合同履行节点与负责人；项目实施频道反映实施过程的设计图概算、施工图预算、进度图核算、竣工图结算等风险点，并通过项目进度报告反映各项目承接完成工作量、项目结算、往来清理，项目的建管单位、现场负责人、施工班组及负责人，合同的签约、开工与竣工、工程项目复勘、验收结算或提交报告；预算执行频道反映项目的量、价、时、效，总包、分包，结算方式等风险点，通过项目预算报表反映项目成本合约确立及履行情况，分包费用、班组费用、物资费用、参与项目人工费、材料费、机械使用费及其他费用的计价方式；营运收益频道展示项目收支情况、毛利水平、验收账款等风险点，通过项目收支报表反映不同会计主体，不同业务类别，各项目合同履约的收支情况、毛利、毛利率及按照完全成本法计算后的毛利、毛利率；变更风险与审核频道展示需求提报与实际确认、实施过程量、价变化，计价与结算方式的变化，通过数据协同、融合，将各类风险相互关联，快速判断混合风险和衍生风险，辅助运控人员进行风险决策。

3. 以"一个突出"实质研判，提升风险预警的黏合度

在面上，根据上级统一要求，对所有具备线上的指标和业务，公司以月为时间节点，对其技改、检修及其他服务项目进行抽取、比对，全面开展常态化运行监测，及时做好异动发布、核实与闭环处置。对超出其安全承载能力的任务计划进行统筹调整。对人员进行作业资质、能力审核，比对其工作职责，满足其在每个作业现场的每项工作需求。

在点上，重点开展跨期业务、往来账款、收支匹配、项目毛利、班组承载力、分包实施等常态化监测、分析、督导。通过设定项目预算与结算、财务付款的偏差，系统计算出项目预算偏差的类型、项目数，再精准定位到每项目超预算的具体情况，达到对项目超预算的实时监控。

（四）着力"业务图"与"经营算"贯通，实施"全过程"风险评价

1. 以管理平台助力大数据分析，抓风险全过程控制

公司通过"四图（单）两报告"的关联性判断，提升风险防控的科学性和准确性，利用关键指标的同类型项目历史数据分析发现项目营运中的薄弱环节，通过搭建"信息频道"立体聚合项目营运的大数据，提升财务多维分析能力，增强财务稽核控制点。将项目管理需要数据与现场数据、具体运营需求紧密结合，搭建大数据运营风险精细化管理雏形，目的是"用数据说话、用数据决策、用数据管理、用数据创新"，全面加强数据资产管理和数据价值挖掘。

2. 以设计图的概算抓业务承接，管好运营风险起始

对于新承接的项目，采用 ERP 号或通过内部项目联系单关联生成项目立项单；对于"应急或特殊"项目，下达任务单，走绿色通道后补签合同。通过一键录入表单号，全程与合同管理、供应商管理、预算管理、报账管理、仓储管理、项目管理和档案管理的数据关联、共享。

3. 以施工图的预算抓现场复勘，构筑实施风险防线

2017年12月，通过对5个结算异常项目进行分析看到，由于"现场施工图"不完整，造成合同条款变更不明确，无变更结算依据，各方争议颇大。为此，公司修订出台《福州亿通集团有限公司工程管理办法》，要求各专业公司在项目正式实施前，组织各参与班组参加做好项目现场复勘，夯实工程量清单与物料清单，落实项目实施的有关要求。公司提出，核实项目实施的重点工作环节，对工程类项目重点做好核对实施方案、确认施工图纸、核实物料数量与工程量清单、设备材料与拆旧清单、项目实施班组（或分包商）等"六项"工作；对服务（科技）类项目重点做好确定服务时限、项目类型与特点、项目的质量要求、落地措施、项目实施班组（或分包商）等"五项"工作。通过现场复勘后提图纸、提材料、提工量、提队伍，控制超价、超量、超范围。

4. 以进度图的核算抓关键节点，把控合同履约风险

各公司管理人员必须深入施工现场、服务场所了解和确认情况，依据施工图和现场实际情况编制施工进度图，加强关键节点管控，保证项目按进度计划完成。

在确保安全的前提下，各专业公司加强工程进度计划管理，严格过程控制、工程量及造价控制，对项目进度、内容、质量及资金使用情况负责。各专业公司每周五前应向经营部报送周项目进度情况，每月23日前应向经营部报送月度进度情况。经营部审核汇总后，每月25日前编制项目月度进度表。

深化项目成本核算，既要按照现行国网会计核算办法做好变动成本核算，又要按照业务、项目类型和监管需要，做好不同类别项目的核算，构成"履约率"。重点关注项目成本的预算，制定了《福州亿通集团有限公司项目收支预算管理办法》，在确定项目成本时执行零星费用基准价、服务费用与外包费用市场化、材料购买超市比价。并将班组成本进一步细化为材料费、辅材、人工费、劳务费、施工费（外包费）、机械租赁费（使用费）、补偿费。即按照项目成本预算的口径+期间费用的分摊，形成以项目为载体的完全成本核算，并计算出项目的毛利水平。

5. 以竣工图的决算抓运营收益，验证风险管控成效

设立"项目审核中心"，对分包项目的量、价、时、质等进行综合审核。加强工程结算资料收集管理，根据竣工图纸和设计变更核对工程量，完善签证制度，落实签证手续，所有设计、施工变更必须手续齐全。对于因施工单位原因造成未能在竣工规定时间内提交施工结算文件的，项目责任单位应按照合同约定进行考核。

签证变更是项目实施过程中所能遇到的最常见也最复杂的状况。按成因可分为个体行为因素、政策法规因素、市场因素、环境因素、合同因素、制度因素、成本因素和质量因素。其中的核心风险主要涉及经营风险和廉政风险。这类风险是项目实施过程中无法避免而必须承担的风险。

（五）着力运营监测与实践总结，增强经济业务预警耦合度

1. 开展项目过程监测，关注企业关联相互关系

由于亿通集团与主办单位之间的关联交易业务涉及面广、政策性强、社会关注度高，将项目成果的财务管理、资金管理、运营状况的数据关联纳入统一管理。通过"信息共享，报表自助"，实施多维精益监测与分析，推动经营与业务一体融合，提升多类型项目收支管控水平，实现管理更简单、使用更方便、监管更直接。

以投标准备管理，监测与分析项目跟踪、标书编制、审核、报价、成交通知书、成交金额录入信息。

以承接合同管理，通过主办单位设立的项目ERP号进行关联与对应分析，既核对项目在各方的实施、结算等情况，又核对项目收入资金支付与项目关闭等情况。

以需求提报管理，以非招标采购方式会商、非招标文件专家会审、非招标第三方实施、集体决策定

标等环节，同步管控、梳理和评价优秀供应商与分包队伍。

以分包合同管理，监测与分析项目分包金额、预收或付款、进度款、结算款、质保金等。

以项目过程管理，监测与分析项目各进度节点、变更修改、执行控制；同时兼顾质量安全，把控施工质量的签证、验评、不合格项整改、质量验收等；以竣工决算管理，监测与分析开票、收付款管理、资料归档案等。

2. 深挖监测数据信息，提炼运营风险管控经验

为进一步核查业务操作情况，规避企业经营管理风险，以"信息资源池"的相关数据，辅以线下数据收集，对其2017年1—12月872份经营合同、575份分包合同的数据开展监测分析，并对分包异常项目进行重点穿透分析。围绕管理难点、业务不协同点，对标短板指标，运用"五位一体"管理诊断分析工具，制定了《财务授权审批管理办法》《进一步加强项目实施与预算执行偏差管理工作》《进一步做好招投标前期与合同审核工作》《经济业务报账原始单据规范》等制度，做好各职能有机融合，实现发现问题——管理改进——分析问题——总结提升的良性循环。实现以业务流程为基础、岗位职责为保证、制度标准为依据、风险防控为重点、考核评价为导向、信息技术为支撑。

3. 实时总结经验教训，修正项目实施过程标准

一是设立项目实施的时间标准。项目计划下达后10个工作日内，各专业公司负责申报工程物资需求并负责审查确认所提交上报需求清单；需要劳务协作的，各专业公司于项目实施前30日提供用于非招标的分包工作量清单等资料；各专业公司每周五前应向经营部报送周项目进度情况，每月23日前应向经营部报送月度进度情况。经营部审核汇总后，每月25日前编制月度进度表。

二是设立实施过程量价变更标准。因设计、施工方案变更导致造价变动，超过合同价款10%且变更金额在1万元及以上的，各专业公司也应提出变更申请报告；合同清单内单项分项工程施工量变更超原工程量10%（含本数）—50%（不含本数）但未超过合同价款10%且变更金额在1万元及以下的，需经发包单位负责人审批；超50%及以上但未超过合同价款10%且变更金额在1万元及以下的，需经发包单位负责人审核、经营部审批。对隐蔽签证单项费用在5000元以上或签证中单价达1000元以上的项目，项目负责人应在现场工作面隐蔽前第一时间通知项目咨询中心，项目咨询中心安排技经人员到现场核对并签字确认；因隐蔽签证费用引起结算价可能超过合同价10%且变更金额在1万元以上的，视同工程变更。

三是设立工程变更审批程序标准。若确需进行设计方案变更（含合同清单外变更）或工程延期、资金调整的，由各公司提交变更申请报告（含设计图纸、变更内容及影响造价的详细分析报告），上报经营部汇总并经会商后，变更方案方可实施。施工中因业主提出的设计、施工方案变更导致工程量、设备、材料等增加，引起的造价变动，超过合同价款10%且变更金额在1万元及以上的，各公司也应提出变更申请报告，并附业主变更通知单，经项目单位负责人同意，上报经营部汇总并经会商后，变更方案方可实施。工程变更超过合同价款10%且变更金额在1万元及以上的，上报经营部汇总并经会商后，各公司方可通知分包商实施。合同清单内单项分项工程施工量变更超原工程量10%（含本数）—50%（不含本数）但未超过合同价款10%且变更金额在1万元及以下的，需经发包单位负责人审批；超50%及以上但未超过合同价款10%且变更金额在1万元及以下的，需经发包单位负责人审核、经营部审批。对隐蔽工程和中间验收，各公司项目负责人必须会同分包商现场管理人员，在隐蔽前进行现场检查验收，并共同在隐蔽验收记录上签字。对隐蔽签证单项费用在5000元以上或签证中单价达1000元以上的项目，项目负责人应在现场工作面隐蔽前第一时间通知项目咨询中心，项目咨询中心安排技经人员到现场核对并签字确认；因隐蔽签证费用引起结算价可能超过合同价10%且变更金额在1万元以上的，视同工程变更。

四是设立合同订立与变更标准。启用《电力建设工程劳务分包合同范本》,统一合同模板。已标价工程量清单或预算书有相同项目的,按照相同项目单价认定;已标价工程量清单或预算书中无相同项目,但有类似项目的,参照类似项目的单价认定;清单外变更项目价格参照定额或当期市场价格认定;以上应分包合同变更价格均应经项目咨询中心审核并经分包商确认后认定。

五是设立业务往来规则标准。根据经济业务发生的频率将交易类型划分为持续性关联交易和一次性关联交易。对持续性关联交易的合作单位,如提供或者接受劳务,购买或者销售产品和商品,租入或者租出资产等交易,根据年度项目实施需要,经过企业资质、安全资质审查入围的服务类供应商先签订框架协议、安全协议、廉政协议;对物资类供应商先签订框架协议、廉政协议;明确通用合同的一般性条款。根据业务性质签订专业合同,签订工程分包协议、劳务分包协议、技术协作协议、技术服务协议、物资采购协议、服务购买协议等,如设计、施工、监理、物业低端服务、车辆驾驶服务等专业分包或劳务分包等。

三、大型水电企业基于信息技术的运营风险防控管理效果

(一)企业业财管理水平得到较大提升

实施3年来,项目审核综合核减23.96%,产生直接收益545万元。近2年,公司接受了上级单位各类"政治巡察"、专项审计、关联交易检查等驻点巡查11批次,均未出现资金管控、个人执业廉政风险以及重大的营运风险。

(二)企业经济效益提升显著

通过"业财一体化管控"提高了项目收入与成本的匹配准确性,简化了财务支付审查流程,提高了项目收支结算的效率。公司近3年来平均年发电量62亿千瓦时,平均年收入20亿元,平均年实现利润9亿元。

(三)企业社会效益持续提升

基于信息技术的运营风险防控管理,提高了公司员工科技水平和实际操作能力,实现了企业持续、健康、科学、和谐发展,各项工作取得了可喜成绩。公司近几年先后获得"全国文明单位""全国五一劳动奖状""全国模范劳动关系和谐企业"等百余项荣誉,2018年还荣获中国"企业信用评价AAA级信用企业",并连续14年蝉联全国安康杯竞赛优胜单位,展示了公司管理软实力,得到了国家、社会和行业的一致认可。

(成果创造人:陈建中、陈锦洪、林明兴、陈崇乐、陈 伟、林炜锦、鄢 蕾、陈文洁、卓雪蓉、侯协舟、陈政同)

钢铁企业基于大数据平台的智能化能源管理

河钢股份有限公司承德分公司

河钢股份有限公司承德分公司(以下简称河钢承钢)是中国钒钛磁铁矿高炉冶炼技术的发祥地,钒钛资源综合开发利用产业化技术处于世界领先水平,具备年产800万吨钢、2万吨钒产品、6万吨钛精矿的生产能力,被誉为中国北方钒都,是世界500强企业河钢集团一级骨干子公司。主要钢铁产品有棒、线、板、带四大类,广泛应用于大型桥梁、隧道、高铁、机场、核电工程、全国著名坝体工程等国家级重点工程项目。钒钛系列产品有高纯粉剂钒、片剂五氧化二钒、三氧化二钒、氮化钒、50钒铁、80钒铁、氮化钒铁、钒铝合金和钛精粉等,产品应用于航空航天、钢铁冶金、军工装备、超导材料和陶瓷印染等领域。截至2017年年底,河钢承钢拥有总资产439.75亿元,在岗员工12637人,2017年产铁792万吨、钢766万吨、钢材753万吨、钒渣13.1万吨、钒产品(折V_2O_5)1.33万吨,实现营业收入302.15亿元,实现利税9.77亿元。

一、钢铁企业基于大数据平台的智能化能源管理背景

(一) 实现节能减排,提质增效的迫切需要

世界已步入低碳运行时代,钢铁企业作为耗能大户,在产能压减、环保严控的大环境下,必须进一步加强节能减排的力度,生产高附加值产品,以提高企业竞争力,降低成本,提高能源利用效率。钢铁企业能源消耗大,种类繁多,要实现降低企业能源消耗,一方面要改进生产工艺,加强管理,严格操作,以降低工序生产能耗;另一方面要实现能源的优化配置,优化能源结构,建立能源管控中心,实时在线统一优化调配,降低消耗,提质增效。

(二) 企业转型升级,实现高质量发展的迫切需要

全球钢铁业发展到今天,除了满足经济发展所需要的钢材之外,都面临着严峻的环保问题。近年来,特别是国家推进供给侧结构性改革,发布《钢铁工业调整升级规划(2016—2020年)》,加大强制淘汰的步伐,取得重大成果。河钢承钢跟随国家发展步伐,积极响应国家号召,在集团统一领导和部署下,淘汰落后产能,为河钢承钢的环保理念"为人类文明制造绿色钢铁"打下坚实基础。推进节能减排、推进绿色生产,实现高质量的发展是建设生态文明的重要任务。作为大型国有企业,河钢承钢有责任、有义务把节能环保工作做得更好,而且也必须做得更好。

(三) 实行清洁生产,促进企业可持续发展的必然要求

中国钢铁工业的绿色发展目标是全面实现清洁生产,气、液、固"三废"全部实现有效治理、达标排放,排污总量达到当地环境容量承载力的要求;节能技术实现全覆盖,持续提升节能、环保设施利用效率和水平,企业能源管控中心基本实现智能化提升;实现全行业能源消耗总量下降。从钢铁企业自身来看,随着国家调整政策尤其是淘汰部分产业落后产能的政策及限制高耗能企业规模的政策的进一步落实,资源、能源价格的持续上涨,高耗能企业将面临激烈的竞争局面,我国钢铁行业节能环保工作的主要创新方向应该围绕先进流程技术、节能环保集成优化技术、资源高效利用绿色产业链技术三个方面展开,钢铁企业基于大数据平台的智能化能源管理是节能环保、促进可持续发展的必然需要。

二、钢铁企业基于大数据平台的智能化能源管理内涵和主要做法

河钢承钢智能化能源管理以新时代中国特色社会主义思想为指引,以节能减排、绿色发展为导向,以优化管理、提质增效为重点,促进企业转型升级及持续发展,成功进行基于大数据的智能化能源管理

平台的实施。围绕加强能源管理体系建设、加快节能减排新技术应用、加强节能工作绩效考核等方面开展工作，致力打造全工序的智能化能源管理模式，使智能化能源管理成为管理决策的依据和重要组成，有力地支撑河钢承钢能源经营战略的实施，为钢铁企业转型升级、建设生态文明和可持续发展提供企业层面的实践基础。主要做法如下。

（一）建立健全能源管理体系

1. 建立能源管理组织架构

第一，河钢承钢成立能源管理委员会，要求各单位成立各自能源管理小组，建立能源管理网络，并明确一名事业部级领导分管能源工作。要求主要用能单位炼铁事业部、棒材事业部、线材事业部、板带事业部、能源事业部、燕山气体公司、钒制事业部、物流公司和钒铁冷轧薄板公司指定一名专职能源管理人员，其他单位设兼职能源管理人员。同时明确能源管理委员会、能源管理办公室和能源管理领导小组各自职责，并有效开展能源管理工作。河钢承钢能源管理委员会办公室设在设备管理部。

第二，建立 GB/T23331—2009 能源管理体系。2010 年 12 月通过第一次外部审核。2011 年 4 月取得能源管理体系认证证书，河钢承钢成为全国取得能源管理体系认证证书第四家的钢铁企业。2014 年 10 月通过换版认证审核，提高河钢承钢能源基础管理水平。

第三，河钢承钢能源管理委员会对 14 个部室、9 个主要生产单位、1 个服务单位进行管理，每月召开能源高效利用例会，进行能耗分析，找出存在问题，制定整改措施并推进实施。

2. 明确能源管理对象

能源管理是对能源购入、转换、输出、计量、检验及用能设备设施的有效控制，实现合理利用能源，加强二级单位炉窑燃烧管理，加强对烧结机、回转窑、高炉、热风炉、转炉、加热炉、LF 炉、RH 炉、钢包、锅炉等的设备管理，降低焦炭、燃气、煤、氧气、水和电等能源的消耗；积极采用新型、高效节能、易施工绝热材料；操作工应保证燃料充分燃烧，防止燃气泄漏，严格控制过剩空气系数、烟道排烟温度等；加强各单位能源输送管网管理，杜绝跑、冒、滴、漏现象；生产与设备管理过程中加强停机/定修/检修时的能源管理，以节约能源、降低消耗为原则，各单位制定停机/定修/检修能源管理办法，明确各生产工序停机/定修/检修时对电、水、煤气、压缩空气、氧气等能源介质停/送步骤的控制管理。生产组织时应统筹组织利用动力和余热资源，减少放散，如合理平衡生产节奏，实现峰谷生产，均衡动力产品使用，做好钢—轧生产衔接，提高钢坯热送、热装率，减少热量损失等。

3. 制定能源管理制度

第一，河钢承钢通过不断修订更新公司级能源管理制度，完善能源管理体系，通过制度的建立，提升河钢承钢的能源管理水平。通过管理办法的下发与执行建立河钢承钢完整的能源管理制度，每年年初通过下发当年的能源管理体系目标值确定当年的能源管理目标，各事业部依据能源管理文件及目标制定各自的节能降耗措施，并通过过程控制力争完成当年的能源管理目标，设立专职或兼职的能源统计岗位 26 人，建立能源原始台账、统计台账及各类统计数据及报表，为进一步夯实能源管理基础工作、优化节能空间，创造更好的节能条件。

第二，按照河钢集团整体部署，组织完成《集团绿色发展行动计划》的编制工作，为实现全面满足环保节能低碳发展要求，使河钢承钢成为效率高、消耗低、排放少、环境美的绿色钢铁典范企业奠定基础。

第三，制定能效对标方案，按能效对标方案定期组织能效对标。坚持以产线为中心的能源对标工作，开展集团内部对标、外部对标，制定能耗对标分析表，通过能源对标促进持续改进。

第四，建立节能激励约束制度，设置节能奖励资金；奖励在节能管理、节能发明创造、节能挖潜降耗等工作中取得优秀成绩的集体和个人，惩罚浪费能源的集体和个人。

(二) 制定能源管理规划

1. 制定"十三五"能源管理规划

明确节能思路与主要任务，坚持节能优先的方针，以大幅度提高能源利用效率为核心，提高已有节能技术的应用效果；以加快节能技术进步为根本，以提高终端用能效率为重点，探索采用先进适用的节能技术，提高二次能源回收利用率和能源加工转换效率；加强管理，强化宣传，加大能效考核力度，以智能化能源管理平台为支撑，挖掘节能潜力，建设绿色节能型企业。

节能目标是能源消耗总量降低 6.25% 以上，吨钢综合能耗降低至 600kgce/t 以下。主要任务有：一是完善能源管理运行体系，以河钢承钢能源运行控制程序等管理文件为基础，提指标，抓落实，提高能源利用效率，降低能源消耗。提高节能措施运行效率，保证节能效果。对存在问题，如烧结余热回收效率低、发电机组运行效率低等问题的节能设备、设施，进行优化改造。二是研究高炉渣、转炉渣余热回收利用技术，提高余热利用水平。三是适时推进能源数据管理中心建设。补充三级计量等现场采集计量器具，形成有效采集点，做好一线数据采集的基础工作，推进能源数据管理中心建设，集中管控，有效发挥能源管控作用。

2. 制定能源消耗计划

依据河钢承钢能源管理规划，每年制定能源消耗年度计划，并分解到各工序，将各生产工序再进一步分解到班组和机台，并层层落实。

每月按时召开能源例会，通报上月各项能源指标完成情况，各事业部汇报上月能源工作开展情况及本月能源工作安排，河钢承钢管理层会根据各事业部工作开展情况，做出总结及安排下一步工作，各事业部可通过每月的能源例会开展内部对标，互相交流与学习，使下一步的工作开展更有目标性，保证能源管理的一贯性和连续性。

(三) 构建智能化能源管理平台

1. 明确能源管理平台整体架构及目标

河钢承钢先期投入资金，建设遍及整个厂区的能源专用网络，设计实施能源实时数据库服务器（实时库为 WonderWare 产品）、基础能源 WEB 服务器、能源采集 I/O 服务器、电力集控服务器，建设企业级的能源指挥中心。河钢承钢基于大数据的能源智能化管理中心系统建设，是实现河钢承钢能源管理技术发展的重大措施，对提高能源管理水平进而提高企业的总体竞争力具有重要意义。

基于大数据的智能化能源管理平台的主要目标如下：一是通过对能源系统集中监控，大幅度提高企业能源系统劳动生产率。二是运用系统强大的功能和手段对各能源介质实现有效在线调控，充分利用企业现有能源，确保系统经济合理运行，节能和环保效益贡献突出。三是在能源系统异常和事故时，系统通过集中监控做出及时、快速和准确的处置，把能源系统故障所造成的影响控制在最低限度，确保能源系统稳定运行。四是实现基础能源管理。从管理的角度，实现对能源的质量、工序能耗和运行管理的前端控制和评估，从而为河钢承钢能源管理的持续改进提供方向。五是实现通信异常的智能化自诊断，为提高系统运维效率发挥作用。六是实现能源智能化数据统计与结算，提高数据统计分析效率和效果，解放能源统计业务岗位的人力资源。七是实现细化到设备的能源消耗预算，加强能源消耗计划管理。八是实现固体能源的综合管理，包括库存管理、消耗管理、质量评价等主要功能，实现固体能源质量指标的评价优化。

智能化的能源管理平台系统架构如图 1 所示。

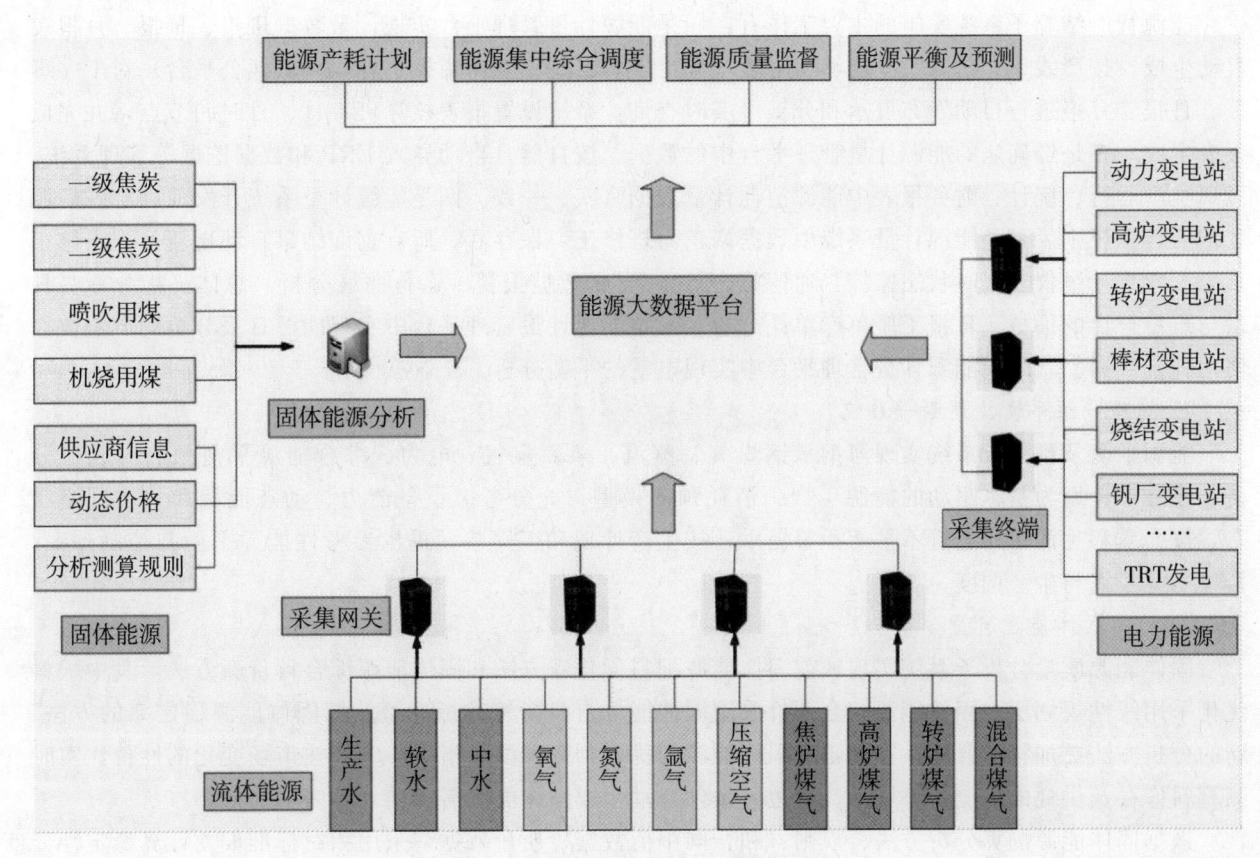

图1 智能化的能源管理平台系统架构

能源系统专用网络设施搭建完成后，河钢承钢大数据的智能化能源管理平台的项目组又持续开发多个能源子系统软件。主要包括基于系统运维的智能诊断子系统、能源智能结算子系统、能源基础信息管理子系统、能源消耗预测子系统、固体能源质量分析子系统等。这些系统对实现能源智能化管控发挥着重要作用。

2. 构建基于系统运维的智能诊断子系统

基于大数据的智能化管理平台的智能化还体现在采用智能诊断实现系统异常的自诊断。系统通过所建立的知识专家库、系统对各种故障的自诊断、对部分计量异常数据的自排除及对故障诊断结果的日志记录，实现对能源系统的智能诊断过程，实现系统稳定运行的目标。能源信息系统智能诊断功能，使河钢承钢能源综合能耗降低，实现企业节能减排的目标要求。该系统建设的初衷是确保现场各检测点能够得到高可靠性的上传。该子系统建设主要包括以下内容：一是建立能源检测点的知识专家库；二是通信异常数据的自诊断自排除；三是系统通信网络异常的自诊断；四是系统自诊断结果的信息存储及运维指导。

3. 构建能源智能结算子系统

目前，河钢承钢实施事业部管理。事业部管理模式是以利润责任为中心、各事业部实行独立核算、自负盈亏。河钢承钢集中决策，事业部独立经营，市场和销售倒逼各事业部进行精细化成本管理，班组日成本核算管理提上日程。

为提高计量数据对产线的服务和支撑能力，使产线能够及时、准确地查询到动力介质的消耗数据，便捷实现产线的单班组日核算，在提升能源计量服务能力的工作中需要对现有能源计量管理信息系统进行功能完善和开发成为必要措施。

能源智能结算子系统实施的主要工作有：一是能源计量管理平台实现计量数据班报、日报、月报表自动生成，按产线、介质和工序能够实时查询和更新。二是在生产集控平台（或其他公平台）对工序班报、日报、月报进行自动发布展示和分工序实时查询，系统设置报表核算班、日、月时间节点，并完成报表生成。三是经确认的能源计量管理平台中的数据，按自然月自动导入ERP和数据挖掘等管理系统，做到生产运行、统计、财务报表中能源消耗计量数据真实、一致。四是能源计量系统开发前确定好能源数据的计算规则。五是能源计量系统中数据修正为班修正，保存后，所有查询结果自动更新，记录修正日志。六是计量仪表实时状态监控（通信状态等）、异常数据报警、运行曲线分析、总体平衡分析、日量与班量合计的稽核、日报工序单产单耗分析。七是能源计量管理平台中实现能源日报分析的产量数据使用计量数据。八是在能源计量管理平台中实现电量的平衡分析。

4. 构建能源平衡及预测子系统

能源平衡及预测子系统实现河钢承钢煤气、蒸汽、氧氮氩气、电力、综合能源平衡预测与趋势分析；建立以计划为基本驱动的能源生产、消耗预测模型；充分考虑设备能力、动态能耗和整体网络状态，按介质和生产单元进行不平衡预警提示；按生产计划和工序单元提出参考性能源平衡与控制预案，指导能源平衡与生产调度。

5. 构建固体能源质量分析子系统

固体能源质量分析子系统实现铁前固体能源配料优化新方法和固体能源综合评价新方法，其中配料优化采用线性规划法，固体能源综合评价采用固体能源自身指标的标准差计算固体能源稳定率的方法。新的分析方法更加科学合理，有利于对固体能源的优劣判断和配料指导。实现按市场变化的性价比实时测算料库存及供耗的历史趋势展示、按边界条件自动生成固体能源需求计划等多项功能。

根据固体能源测算分析方法、规则、和合同中值数据、质量数据，采用相对标准偏差计算稳定性分值，得到某时间段铁矿粉固体能源不同供应商的综合评价结果，实现对固体能源质量和供应商的评价，对固体能源质量情况和供应商的合同执行情况起到监督作用。

（四）利用信息化平台实现对能源消耗的分析、控制、核算与结算

1. 能源消耗的分析

基于大数据的智能化能源管理平台系统实现能源供需计划分析，实现某一时期内的计划自身比较、计划与实绩比较，以及计划跟踪曲线等功能。提供能源供需实绩分析，实现不同时期内的能源供需实绩的对比分析，以及对每个工序各种能源介质的单耗量进行一段时间的实绩跟踪。实现吨钢综合能耗分析，对吨钢综合能耗进行一定时期内的实绩跟踪，并以曲线或者表格形式显示跟踪结果；同时从产量结构和工序能耗等不同角度进行影响分析。实现能源技术经济指标分析，包括能源指标维护、能源指标查询、能源指标对比分析、能源指标与国内外其他企业对比分析等功能。

2. 能源消耗的控制

基于大数据的智能化能源管理平台及深入开发的子系统功能，可综合反映各生产工序能源成本、能源综合成本情况，反映能源实物量和能源价值量的相互关系，为降低河钢承钢能源成本提供基础数据，主要包含能源单价管理、能源成本计算、能源成本报表编制等功能。这些分析功能对控制各工序的能源消耗、降低消耗成本、提高能源回收利用率，发挥系统管控作用。

3. 能源消耗的核算与结算

基于大数据的智能化能源管理平台为能源原燃动力结算和成本核算提供数据支撑。通过自定义公式设置，适应复杂多变的管理要求，根据各层级单位要求不同，以分钟、小时、日、月进行汇总，最终换算成月度消耗指标。平台实现结算数据的自动统计与共享，本单位产线班组专管人员可以查看本单位各考核周期报表，公司级管理人员可以查看整体核算情况。

固体能源数据处理应用线性规划法和标准差法的数据分析手段，能快速寻找固体能源最优配比、快速实现固体能源综合评价，根据固体能源市场情况，进行各固体能源性价比测算。

第一，根据固体能源合同指标，对各家固体能源供应质量进行综合测评。其中固体能源指标稳定率采用标准差法，使测评结果更科学。第二，根据烧结、高炉的产品标准，寻找最优固体能源配比，其中高炉分别计算成本和渣量的指标最优。第三，对固体能源供应状况、库存情况、消耗情况及趋势进行综合分析。第四，根据设备检修计划、各设备生产配方、计划月产、当前库存等边界条件，由系统自动生成下一期的固体能源需求计划。第五，实现对不同厂家同种固体能源各指标的对比分析。

（五）加强节能降耗及能耗超标的考核与激励

第一，各事业部及时分析掌握各产线的日、班能源消耗回收，调整生产节奏，降本增收。第二，实现河钢承钢能源数据管理不落地，按日自动实现工序能源消耗班核算。第三，总体提高河钢承钢能源管理的工作效率，减少工作量，降低考核管理成本。第四，固体能源质量指标离散度评价，使对供应商的考核更加科学合理，考核结果自动生成，及时应对市场变化。第五，提高班组考核管理工作的透明度，有利于提升班组管控本班能耗成本的积极性，最大限度发挥员工的创造价值。

（六）对能源管理进行评估和持续改进

优化能源分析过程，推动各主体单位以能源信息平台为依托建立能源指标分析流程：用能班组单耗分析并明确措施→各工段单耗分析并明确措施→各工序能耗分析并明确措施→综合能源分析并明确措施→推进各级措施实施，保证工序能耗的持续降低。重点推进能源评审和能源绩效参数的实施，完善工艺节能、工序衔接、介质评价、系统优化等内容，形成系统全面的能源评审报告。保证岗位工艺设备节能控制，以岗位能源绩效参数节能助推河钢承钢系统节能。以能源日报数据为基础，推进能源系统精细管理，实施能源使用运行情况日监督制度，监督每日重点用能设备介质的使用情况，包括炉窑用煤气、设备用电、煤气放散、机组发电等，对计划值差距较大指标每日进行原因分析，制定措施、及时整改，实现每日实时监督运行，每周重点通报的管理机制。

但仍存在许多不足之处，如避峰就谷、就峰避谷用电指标、余热回收利用效率等尚未达成目标，基于本岗工艺控制和操作的节能要求极少，需要进一步优化和完善。

一是结合企业改革，优化能源基础管理，实现管理重心下移，河钢承钢重点监督、服务、跟踪主要生产用能单位的能源基础管理，实现能源指标的持续提升。

二是优化动力介质使用，保障动力介质质量（压力、热值、含水等）稳定；实施检修期间动力介质计划使用，杜绝检修期动力介质的浪费。

三是继续加强能源对标工作，以工序为中心，选定标杆单位，现场进行深度对比，寻找差距，挖掘自身节能点，制定措施抓落实。通过与集团先进、行业先进和标杆单位的对标，实现河钢承钢能耗指标的持续降低。

四是强化外部能源信息交流，与节能公司、设备厂家、节能咨询机构进行广泛交流，引入先进成熟的新设备、新技术、新工艺、新方法，提高科技节能水平，为河钢承钢进一步完善能源梯级利用、合理用能保驾护航。

五是结合"十三五"和公司近期规划，优化各产线用能设备开动模式，有序推进河钢承钢节能设备和余热回收设备的升级换代，提高能源设备运行效率；继续以吨钢自发电量的提高，带动工序降耗和能源介质利用水平的提高，使用能更合理、更高效，实现能源效益最大化。

六是提高工序衔接能力，实现系统节能，特别是烧结余热回收生产高品质蒸汽，提高余热发电量，提高炼钢连铸到轧钢系统的热送温度和热送率。构建能源流网络，建立健全能源预测、优化和调度模型，通过优化、缓冲和调控等动态手段，实现对煤气、蒸汽、氧气等能源介质产、供、用一体化管理，减少放散和最大限度地提高能源效率。

三、钢铁企业基于大数据平台的智能化能源管理效果

(一) 降低了吨钢能源消耗,提高了生产效益

大数据平台为河钢承钢各工序主要能源介质消耗提供了数据分析支撑,稳定了高炉生产,高炉热风炉实施煤气双预热技术和自动燃烧控制技术,通过高富氧、提风温、大煤比、降焦比降低了炼铁系统工序能耗;转炉烤包实施蓄热式烘烤技术、增加转炉煤气回收量等措施降低了炼钢工序能耗;钢轧系统协调统一炼钢连铸到热轧的工艺衔接,提高了热送比例和热装温度,三棒生产线实施连铸到轧钢的直轧工艺,轧钢加热炉实施黑体辐射节能技术,有效降低了轧钢工序能耗。通过优化能源结构,合理调配各能源介质的使用,杜绝浪费,不断降低铁钢比,实现河钢承钢综合能耗的大幅度降低,由2012年吨钢能耗664.6 kgce/t降至2017年的609.9kgce/t,下降8.2%,累计实现节能量53.16万吨标煤。能源加工与转换工序可有效利用主生产工序节省出的煤气,先后建设260吨锅炉、60MW高压发电机组,150吨锅炉、40MW高压发电机组,260吨锅炉、70MW超高压发电机组,年自发电由2012年的11.41亿kW·h,提高到2017年的20.96亿kW·h;年自发电比例由2012年的34.45%,提高到2017年的53.10%。

(二) 实现了能源核算智能化,提高了管理效率

提炼河钢承钢内部多年积累的核算规则,建立信息化核算规则专家库,梳理关键能源介质和技术点,系统自动对各种能源介质的生产量、消耗量、放散量等数据进行采集、抽取和整理,取得能源生产运行的实绩数据,反映各种能源介质生产、分配和使用情况,以及能源质量监测数据。依照能耗统计原则和方法,对各个生产单元的能耗情况按设定的统计周期,由系统自动完成人工无法及时完成的能源班报、日报及各种能源消耗分析报表,并自动导入ERP系统,实现能源智能化核算。基于大数据平台的信息系统减少统计业务人员80%的工作量,代替了过去由一个统计业务团队所完成的工作内容。

(三) 促进了企业的转型升级,实现了企业的可持续发展

基于大数据平台的智能化能源管理的实施,借助于完善的数据采集网络获取生产过程的重要参数和相关能源数据,经过处理、分析并结合对生产过程的评估,实时提供在线能源系统平衡信息和调整决策方案,确保能源系统平衡调整的科学性、及时性和合理性,从而提高能源利用水平,实现生产工序用能的优化分配及供应,保证生产及动力系统的稳定性和经济性,并最终实现提高整体能源利用效率的目的,为实现企业的持续化发展,推动企业转型升级做出重要贡献。

(成果创造人:耿立唐、张振全、高 影、张耀东、国富兴、邱洪涛、李月英、邹 颖、李银河、王家军、徐田君、石小艳)

大型建筑企业基于互联网的差旅管理

中铁一局集团有限公司

中铁一局集团有限公司(以下简称中铁一局)是世界500强企业——中国中铁股份有限公司的全资子公司。中铁一局具有铁路、公路、市政公用工程施工总承包特级资质,房屋建筑工程施工总承包壹级资质,铁路铺轨架梁、桥梁、隧道、公路路面工程专业承包壹级资质和城市轨道交通工程专业资质等。截至2017年年底,中铁一局员工总量25970人,其中各类专业技术人员14409人,高级职称1297人,教授级高工92人,享受国家级政府津贴5人;拥有各类机械设备7834台(套);资产总额达505.57亿元,净资产86.85亿元。2017年,实现新签合同额1266.18亿元,企业营业额706.01亿元,上缴利税18.28亿元。作为中华人民共和国铁路建设的排头兵,中铁一局始终致力于国家基础设施建设。60多年来,参建干、支线铁路120多条,完成铺轨2.9万余公里,约占新中国铁路铺轨总量的1/7;累计修建公路7500余公里,完成房屋建筑1800余万平方米、市政工程300余项。业务范围覆盖除中国澳门、中国台湾以外的全国各省、市、自治区,并在新加坡、巴基斯坦、斐济、马来西亚等10多个国家开展海外工程承包业务。

一、大型建筑企业基于互联网的差旅管理背景

(一)提高差旅服务水平,更好适应海外业务发展的需要

"一带一路"倡议提出后,推进带动了国内企业海外订单的高速增长,根据有关部门测算,到2030年,中国"一带一路"地区合同总投资额将达1.5万亿美元,中国企业在这些地区的市场占有率将从目前的5.2%上升至25.1%。为了抢抓难得的发展机遇,在"一带一路"倡议提出后,中铁一局积极跟进,先后在南太、非洲、东南亚、南美、中东等地区设立了10多个境外分公司,参与"一带一路"建设。但由于海外项目相隔距离遥远,管理跨度大等问题,海外项目管理始终处于薄弱地带。特别是海外差旅管理,由于信息不对称,掌握资源不充分,以及境外国家和地区在政策、法规等方面存在差异,造成海外差旅行为中出现线路规划不科学,行程周期长;管理不到位,费用控制不好;报销不及时,工作效率低下;差旅服务不到位,员工出行感受差等诸多问题,一定程度上制约了海外业务的经营拓展。为解决上述问题,加强对海外项目差旅行为有效管理和支撑服务,中铁一局迫切需要筹划建设便捷、高效的差旅管理体系。

(二)提高差旅管理水平,降低企业管理成本的需要

作为建筑施工企业,中铁一局涉及的点多面广,全公司下设500多个在建项目和2万多名员工,一年产生差旅费用达1.8亿元。如此大的差旅费用支出,直接影响着企业的经营效益和发展质量。一直以来,中铁一局在员工差旅管理过程中采用员工自行采购,事后报销冲账的方式,通过多年来的经验总结分析,这种做法存在四个亟待解决的问题。

一是报销不及时,造成备用金居高不下。由于大多数员工差旅时需要提前借支,差旅结束后再行报销,因此员工可自行选择报销时间,致使企业备用金居高不下,严重影响了企业的资金周转。二是信息不及时,错失优惠价格。原有差旅管理方式下,员工有权选择自己偏好的酒店和出行时间,忽视或错失了相邻时段、相近时间商旅产品优惠价格,造成不必要的浪费。三是缺乏有效监控,增加企业管理费用。原有差旅管理方式,采用员工自行张贴票据报销的方式,只能依靠票据人员经验判断票据的合规性,既增加了票据人员工作量,又难以甄别差旅活动票据是否合规,从某种程度上来说增加了企业管理

费用。四是数据无法归集，不能享受应有的大客户优惠。原有管理手段无法将员工差旅过程各项数据进行归集形成规模优势，致使酒店和航司大客户优惠政策无法享受，一定程度上增加了企业的差旅成本。

（三）运用信息管理技术、突破差旅管理瓶颈的需要

随着近些年互联网技术和共享经济的蓬勃发展，为企业差旅管理提供了全新的解决思路，像中铁一局这样业务范围广、差旅行为多的建筑施工企业，迫切需要将信息化技术引入企业差旅管理体系。

二、大型建筑企业基于互联网的差旅管理内涵和主要做法

中铁一局依据企业差旅管理制度，依托信息技术，开发"量身定做"的互联网差旅集中采购平台，在后台提前置入公司差旅管理制度、审批流程、员工分级划分等基础信息，实现差旅产品预定、审批、支付一体化管理，有力管控员工出差前、出差中和出差后全流程，显著提升差旅服务水平，大幅降低差旅费用。主要做法如下。

（一）明确差旅管理设计思路、目标和总体部署

1. 树立明确的总体思路

中铁一局坚持把服务作为提升整体差旅管理水平的核心，从传统单一的"管理"向"服务＋管理"转变，通过分析企业差旅管理现状，结合信息化发展趋势，提出以依托平台，标准前置、简化流程、垫付月结、精细管理为原则，实现企业员工无须预支、即时出行、感受升级的全新差旅管理服务。

从员工出行考虑，将企业关于差旅管理的所有规定和标准，前置于差旅系统后台，实现刚性约束"一键启动"。所有员工在不了解其差旅标准的情况下，即可由管理系统自动核定；因特殊情况所造成的例外事件，也可通过完整的数据记录，实时在线审批。通过集中支付，使员工差旅前无须预支差旅费用，差旅后无须报销费用。

信息化建设方面，选择运行成熟、社会评价良好的大型商旅平台企业，将企业差旅管理链条中的部分业务外包，在线申请审批、集中委托管理，实施费用预算控制；同时对接先进管理工具，建立差旅大数据库，为不断升级差旅管理手段提供通道，为差旅管理精细化打下基础。

财务管理方面，利用各独立财务核算单元信用担保，由差旅采购平台先行垫付差旅实时成本，再由企业进行月度结算，以此降低财务成本，减少票据流转丢失的风险，加快凭证传递的速度，实现税务抵扣完全归集。通过各种标准前置，将财务审核要点从近10项缩减为3项，做到流程精简，效率提高。

在成本管控方面，通过准确分析企业不同区域的差旅特点，提前同各航司沟通取得大客户专项优惠；准确掌握差旅状况，建立有利各方的合理机制，引导差旅行为规划，降低差旅成本；通过数据分析，及时发现各单位和员工存在的不合理行为，实时进行意见反馈和纠偏。

2. 确立建设目标，制定实施方案

明确差旅管理目标，即实现"两提一降"。"两提"即通过差旅集采制度的不断推进实施，力争实现管理效率和差旅服务水平的持续提升；"一降"即大幅度降低企业差旅成本。

明确"逐步推进，分步实施"的实施方案，建立短期、中期、长期规划。第一阶段以机票为主，力争降低差旅费用支出10%以上；第二阶段启动酒店采购，再降低差旅费用支出10%以上；第三阶段启动汽车交通采购，最终降低差旅成本30%以上；换算综合成本年降低2000万元以上。每年度根据实施情况调整相关短期、中期规划方案，使之符合企业业务实际。

（二）统筹规划，构建科学的差旅服务与组织体系

1. 加强组织领导，确保顺利推进

中铁一局专门组建由公司总经理担任负责人，以办公室、信息中心、财务部、人力部等部门为成员的差旅管理建设小组，吸收各部门骨干共同参与。团队下设四个项目小组，即制度建设小组、财务结算小组、系统开发小组、稽核管理小组。

2. 完善工作机制，理顺内部关系

修改完善原有 5 项差旅管理制度，更好地与现有发展方向和现实需要相适应，形成靠制度管人，按制度办事的良好工作氛围。

建立月度工作会推进制度，每月召开专题会议对推进情况进行总结部署。建立通报制度，对各单位推进情况发布《工作简报》，有效指导和督促各单位将各项部署落到实处，切实提升工作成效。同时，挖掘先进经验，选树先进典范，积极开展先进单位创建和评比活动，发挥好引领示范作用。

3. 加强监督，强化上线率

中铁一局将各子（分）公司集中采购率、平台上线率、采购资源覆盖率及系统报表上报情况等考核指标引入对各单位的评定，按照综合考核指标细化管理，加强监督检查和考核，定期公布综合考核排名情况，对指标完成不佳的单位进行曝光和约谈，有效提升了推进速度。

4. 明确职责分工，强化层级职责

根据企业运营现状，中铁一局基于互联网的差旅管理共设置集团公司、子分公司、项目部三级运营机构。集团公司负责制度建立、平台运行、战略协议签订、供应商最终选择，以及总体的统筹推进。各子分公司负责所属项目部财务统一核算，以及各类差旅产品的合格准入和对项目部的监管。项目部借助自身地域优势和数量优势负责协议酒店的引进，以及运用情况的信息反馈。

5. 开展专题培训，缩短适应周期

进行业务培训，分层级利用视频课件对全体员工开展培训，提升业务操作能力。进行骨干培训，组织对各单位办公室主任及财务主管 50 余人进行专项培训，提升差旅管理能力。编制《信息系统平台操作手册》《差旅网络集中采购管理办法》《差旅集中采购管理系统平台实施细则》等指导性文件，提高集采方面的操作应用实战能力。编制《供应商注册基本准则》，规范供应商管理标准，大幅度提高新供应商注册审核通过率，扩大对供应商的筛选余地。

6. 建立服务中心，提升运用效率

为了更快更好地解决员工在商旅管理系统使用中遇到的各类问题，在集团公司层面专门抽调 6 位熟悉系统和企业差旅管理制度的人员成立运营服务中心，实时为企业员工提供技术支持和问题解答。

（三）整合差旅资源，搭建互联网管理平台

1. 整合资源，建立充足的供应体系

积极同各航司进行业务洽谈，达成合作协议，各航司根据公司机票订购规模，对公司员工订票采取大客户政策优惠。

一是与各大航空公司签订大客户协议。为了享受到大客户优惠，中铁一局先后与海航、国航、东航、南航四家航空公司签署机票采购协议。根据协议约定，双方实行直接票价优惠等合作模式，四家航空公司对从中铁一局差旅系统订票的员工，在同时段全网最低价基础上再给予 9.5 折的优惠。与此同时，企业员工因私出行时，只要在系统内进行订票，也能够享受到航司给予的大客户优惠（因私出行采用现购现付制度）。

二是自行选择优惠套餐产品。为最大限度降低机票订购费用，航空公司根据员工差旅行程的差异共设置 5 个机票产品，分别是商务推荐、旅行套餐、航司直连、飞行达人、大客户协议价。员工可以根据订票时显示的最大幅度优惠及各产品特点，在系统提供的 5 个产品中自行选择采购。

吸纳协议酒店进入。近年来，中铁一局在建项目始终保持在 500 个左右的水平，地域分布全国所有省市自治区，以及海外 10 余个国家和地区。中铁一局发挥项目优势，要求各项目在所属区域内，积极引进协议酒店入驻集中采购系统，并要求其按协议价格实时公布房价信息。目前，共设置有会员酒店、企业客户专享尊享酒店、专属协议酒店 3 款酒店产品供员工住宿选择。

2. 总结经验，设计合理的信息系统

稳步推进，保障信息平台与管理工作无缝对接。采购信息平台由总部统一建设、统一管理基础数据、统一采购流程、统一运维管控，各下属单位统一使用集采平台，全集团共享平台数据。为确保集中采购平台顺利落地，中铁一局差旅网络集中采购平台在应用上采用"先试点、再推广"的方法，先期选取有代表性的6家单位进行试点，逐步扩展到全集团推广应用。

中铁一局充分发挥大数据优势，在系统中设置数据自动生成和分析模块，通过数据层层挖掘和钻取，实现对数据的实时查询和掌握，从而全方位打通两个层面传统管理模式下的沟通壁垒，使企业纵向和横向间信息流动顺畅，沟通无阻。为了充分利用云技术的优势，在平台的设计上采用当前最为先进的云储存技术，由第三方机构提供可靠的数据存储和计算解决方案。企业无须自行购买服务器、数据库等设备，大幅度节约了企业的一次性投入。

在系统设计过程中，中铁一局高度重视系统的便捷性和易用性，坚持把具有良好的人机操作界面及详细的帮助和提示信息作为设计的重点，通过操作界面完成系统参数的维护与管理。

3. 依托差旅管理制度，分类设置账户权限

根据企业差旅制度，中铁一局差旅采购系统实行分层级、分权限的管理模式，按照企业组织架构，共设置有5级账户，以便于差旅行为的清晰规范管理。

根据不同职级的员工和领导，设置不同差旅标准以及预订、审批、结算流程。对不同子分公司员工，设置不同差旅标准及产品预订、审批、结算流程。在预定差旅产品时，若企业员工每次出差的费用归属不同，每次记录员工选择出差目的类别，或者具体费用项目名称，选择不同的结算主体。

4. 集成化费用结算

在费用结算上采用垫付月结形式，即员工出差前通过平台预定差旅产品，部门授权后形成正式订单，员工不需支付任何费用。次月初，系统将上月订单以报表形式交集团公司和各子（分）公司两级财务分别进行对账。待财务人员核对无误后，将行程单据及服务费单据交各部门审核确认，最后财务统一列账结算。

在结算周期上，根据企业的实际情况设置30天为一个结算周期，上月消费，次月30日前付款。服务商结算专员每月5日发送对账明细给到对账负责人，对账负责人核对无误后，在期限内将上月机票款支付给服务商。在对账凭证设置上，采用大发票+交易明细报的方式。在实际运用过程中按照企业各部门要求拆分发票，并提供Excel汇总的出票信息并盖章，以方便内部各部门分清成本归属。

（四）细致分析，优化差旅管理业务流程

1. 细化梳理，全流程嵌入管理标准

中铁一局根据企业组织架构进行多级预订账户的设置，提前将员工个人信息、差旅标准等录入系统，预订时系统自行进行控制。在员工完成相应行程航班搜索后，系统会自动提示员工相关差旅政策，并自动推荐符合员工差旅标准的差旅产品。如因特殊情况需要超越既定的差旅标准，员工须填写申请理由方可进入下一步预订，选择原因后所有信息推送至其差旅审批人。在这一流程设置后，管理者审批差旅申请时从原来的主要关注价格、座次等转变为更多地关注于差旅行为的必要性和合理性审查。

2. 畅通链条，自助选择差旅服务供应商

为了激活供应商的竞争活力，在流程设置上满足员工自助选择差旅业务供应商的功能。在员工提出差旅申请或分派差旅任务后，员工借助商旅网络集中采购系统，即可自行完成差旅业务所需要的交通工具、酒店等查询和订购。

3. 设置关键节点，有效进行账户管控

根据中铁一局差旅管理制度规定，设置子分公司、部门等多级成本中心，员工完成相应出差事由填

写后方能提交审批授权，订单所有信息以短信、邮件或 APP 推送至员工对应授权人并完成审批，在后期形成报表。

4. 放管结合，简化财务审核流程

全过程对差旅行为进行强制规范和数字化信息的有效归集，财务部门在财务管理审核过程中不需依赖于传统的纸质原始单据，而是以信息系统提供的电子数据进行集中结算，有效规避财务管理漏洞，极大地简化财务审核流程。

5. 便捷渠道，实现信息自动收集和反馈

借助系统内部数据处理能力，员工在差旅行程中产生各种消费后由差旅管理系统实时反馈至后台管理机构，待员工完成出差业务后，按任务归集的差旅信息将会自动地反馈给员工所在的部门负责人，成为审批费用的依据。

（五）全过程管控，持续提升完善服务管理水平

1. 建立"网络订购"式评价机制，提升服务水平

中铁一局将"网络订购"式的点评机制引入企业内部，建立全员参与的信息沟通反馈机制

内部服务评价。员工可在差旅全过程中对内部业务人员服务满意度进行评价反馈。每季度末由专人对内部服务满意度评价结果进行汇总，并将其引入业务人员 KPI 考核指标直接与业务人员的薪酬相挂钩，有效提升业务人员的服务意识和工作积极性。

外部供应商评价。在对外部供应商的评价中，中铁一局加入价格、质量、服务三项指标。一是引入末位淘汰机制，即每季度末根据差旅人员对供应商的评价结果，按照5%的比例将排名靠后的供应商予以淘汰；二是引入优先推送机制，即根据季度评价结果对优秀供应商实行优先推送，让员工能够优先看到优秀供应商提供的差旅产品。这一配套制度的实施有效激活供应商的竞争活力，不但使其服务水平得到大幅提升，也通过充分的竞争使差旅产品的价格得到下降。

2. 建立利益共享机制，降低差旅成本

为鼓励员工节约差旅成本，中铁一局坚持谁节约谁受益的原则，出台相应的奖励政策。根据历年差旅产品平均价格制定节约基准，将节约效益按照一定比例与企业进行分成，一部分上交公司，剩余部分直接对员工进行奖励，鼓励出行人员提前安排差旅计划，通过时间优势换取价格优势，充分调动全体员工节约差旅费用的积极性，实现良性循环。

3. 总结经验，持续完善

为了不断提高差旅体系的工作效果和建设标准，中铁一局建立意见反馈机制，由各子（分）公司每月向集团公司反馈差旅体系创新后存在的漏洞和不足，确保能够及时发现相关问题，持续完善。

三、大型建筑企业基于互联网的差旅管理效果

（一）提升服务水平，促进业务发展

首先，员工的差旅业务计划性得到增强，工作效率持续提高。由于系统要求有明确的出差行程计划，并通过商旅管理系统进行记录，部门人均出差天数就成为部门考核员工的一项指标，有数据可依，促进了员工工作效率的提高。其次，转变了财务人员的工作重心，财务人员从数据的收集整理者转变为流程的监测者和参与制定者。尤其是稽核管理小组的成员和系统服务中心的成员，都成为流程问题的检查者和解决者，并转向到认证协议酒店、评价外部商旅服务公司的工作上。再次，员工差旅报销手续简化，员工满意度提升。员工不再参与后续的报销业务，节约员工时间，在符合内部控制的前提下，大幅度提高了员工的出行满意度。最后，提供了更丰富的管理决策数据，促进管理者管理水平的不断提高。差旅费用可控化、差旅行程透明化、差旅数据的丰富化，都为企业决策者提供了多样的管理决策数据。通过差旅集中采购平台实现预定、差旅政策执行、出差审批、财务、差旅费用管理报告一体化，帮助企

业严格管控员工出差前、出差中、出差后的全过程差旅行为,科学开展差旅费用数据统计分析。

(二)创造了显著的经济效益

中铁一局基于互联网的差旅管理实施后,极大节约了企业差旅费用开支,提高了资金利用效率。自2016年3月开始试点,截至2018年5月底,共计产生差旅费用1.9710亿元,较实施前相比下降7个百分点,尤其是在机票产品方面,下降幅度近17个百分点(其中全价票比例较实施前期下降33个点),差旅成本降幅明显。

(三)为建筑行业差旅管理提供可资借鉴的经验

由于建筑业的特殊性质,其从业人员众多,仅中铁一局所在中国中铁就有将近30万名职工,加之随着国有建筑企业的持续发展,各类大型建筑企业几乎在全国乃至全球都有承建项目,因此员工出差机会多、频率高,管理成本支出大。成果的实施在降低企业管理成本、提升员工出行感受、提高企业差旅效率等方面所产生的良好效果得到中国中铁的高度认可,目前已逐步在中国中铁系统范围内进行推广。

(成果创造人:马海民、李晓峰、贾国利、张海龙、刘永庆、许 刚、苏 星、孙海柠、谭洪波、陈青原、许 仁、杨 光)

基于大数据的配电网智能化调度管理

国网河南省电力公司郑州供电公司

国网郑州供电公司是国网河南省电力公司所属分公司，国有大型供电企业，担负着服务省会经济社会发展和保障近千万人口可靠供电的重要任务。截至2017年年底，供电营业总户数320.4万户，资产总额156.9亿元，当年完成售电量358亿千瓦时，电网最大负荷862.5万千瓦。截至2017年年底，运行35千伏至220千伏变电站262座，主变压器527台，变电总容量3211万千伏安。35千伏及以上线路875条，长度5452.5千米。10千伏及以下线路2103条，长度19048千米；配变25246台，总容量870.3万千伏安。近年来，郑州电力电网连续12年获全国"安康杯"竞赛优胜企业，先后荣获全国五一劳动奖状、中央企业先进集体、河南省文明单位、国家电网公司"文明单位"等荣誉称号。

一、基于大数据的配电网智能化调度管理背景

（一）构建与国家中心城市发展相适应的现代化配电网的需要

郑州在引领中原城市群一体化发展、支撑中部崛起和服务全国发展大局中肩负重要使命，在建设国家中心城市、打造内陆开放型经济高地的进程中，电网企业在确保城市安全可靠供电、促进城市绿色发展、丰富城市服务内涵等方面发挥重要的推动作用，为打造智慧城市、发展智慧生活提供重要驱动力。根据国家中心城市对电网可靠性要求，未来城市核心区供电可靠率将达到99.999%，用户年均停电时间小于5分钟，将超过东京、巴黎核心区电网水平。要实现这一目标，着力构建与国家中心城市发展定位相适应的高水平坚强智能电网，特别是加快构建可靠性高、互动友好、经济高效的一流现代化配电网，全面提升驾驭现代复杂配电网能力，具有很强的紧迫性。

（二）提升配电网供电效率与安全可靠性的需要

由于历史原因，配电网建设欠账较多，总体基础薄弱，发展不均衡不充分问题依然突出，存在明显短板。同时，随着电网不断发展以及智能化进程的加快推进，以及电动汽车、分布式能源、微电网、储能装置等设施大量接入和各种新型用电需求的出现，电网的物理形态和运行特性发生显著变化，对配电网的安全性、经济性、适应性和灵活性提出更高要求。面对电力需求持续快速增长，供电可靠性要求越来越高，现有配网调度控制水平已成为制约郑州供电公司配网发展的因素之一，迫切需要对配电网调度管理的决策、组织、实施模式进行变革和提升，构建与现代智能电网发展定位相匹配的高水平智能电网调度控制机构和运行管理体系，进一步强化统一调度，不断提升配电网供电效率，保障安全可靠的电力供应。

（三）运用大数据技术提高配电网调度管理水平的需要

近年来，随着郑州供电公司配电网调度技术支持系统等多个技术支持系统的投运，郑州电网调度技术支撑功能更加强大，系统运行可靠性进一步提高，运行信息化、可视化手段不断完善，调度自动化技术的发展为利用大数据技术构建智能化调度管理体系奠定了坚实基础。以大数据为基础，通过多业务系统数据的集成融合形成有效的数据流，实现配电网全业务数据的归纳整合，深入应用大数据分析技术，让数据在高可靠性配电网中发挥更多的价值，全面提升配电网调度控制和精益化管理水平，为电力用户提供更加优质高效的服务，具有十分重要的意义。

二、基于大数据的配电网智能化调度管理内涵和主要做法

郑州供电公司综合利用"大云物移"等新兴技术工具，以促进调控智能化、提高供电服务效率、满

足经济社会用电需求为着眼点,以"跨专业融会贯通、智能化在线监测、精准化主动抢修、多维度数据价值挖掘"为整体思路,通过建立配电网智能化调度管理组织体系,深入开展营配调基础数据的集成共享和质量治理,构建调控一体化的大数据综合管控平台,强化配电网智能化调度控制,建立实施基于数据融合共享的配电网故障抢修模式,深入挖掘客户用电数据提升供电服务能力,有针对性地提升了配电网监测、分析与决策支撑能力,实现了"大数据＋配电网调控"的深度融合,促进配电网调度控制各环节组织管理的"集成最优"。主要做法如下。

(一) 建立配电网智能化调度管理组织体系

郑州供电公司从建立组织机构、明确工作职责等方面入手,协调多方资源,不断加强组织体系和工作机制建设,为实现调度控制运行与配网抢修指挥业务有效融合、持续提高调度控制一体化水平,实现配网调度控制运行规范化、专业化、精益化管理提供坚强组织保障。

搭建跨部门高效运转的组织架构。郑州供电公司成立由公司分管领导直接负责的配电网二次专业管理领导小组,并组建配电网二次专业管理小组。配电网二次专业管理小组是整个管理体系的核心,涵盖电力调度控制中心、运维检修部、配电运检室、信息通信分公司、安全监察质量部等多个部门,对公司配电网智能化调度管理体系构建和实施工作做出总体部署,对决策工作推进过程中的重大问题,统筹安排相关资源,推动跨部门协同工作,相互监督、相互支撑。

建立核心业务协同推进工作机制。在调度控制核心业务方面,通过数据融合与共享,推动方式、保护、运行及停电计划等业务的加速提升。一是建立地县调业务一体化工作机制。以省地县一体化OMS系统为依托,开展业务流程一体化管控,推进地县两级调度在核心业务上的同质化管理,整体提升标准化、规范化水平。二是建立营配调信息集成业务应用工作机制。统一系统基础图模,实现网络图、单线图、GIS图的三图联动。拓展配电自动化主站系统在感知配网运行信息、预控运行风险、故障精准研判、科学安排运方、整体指标评价方面的功能应用,为配电网安全、可靠、经济运行发挥核心控制作用,并为网络动态完善提供规划依据。三是建立运行方式安排优化机制。对配电网络结构、现场设备配置、分布式能源接入、用电客户分布、季节气候特点、自动化控制方式、抢修点设置等进行系统分析研究,建立不同供电区域正常、检修、故障三种运方安排最优模型,促进配网运行可靠性和经济性的统一提升。四是完善调度抢修指挥联动机制。强化配网抢修研判指挥业务调度控制中心建设,促进调度控制与抢修指挥、现场故障处置之间的高度协同。采取"统一平台、联合值守"模式,实现垂直指挥、层级压缩、快速联动,提高配网故障处置效率。

(二) 开展配电网调度控制基础数据质量管理

建立基础数据维护及应用工作机制。郑州供电公司重点从四个方面入手。一是全面筹划,精准推进。按国调中心加强推进调度管理应用(OMS)基础数据建设要求,明确了建设目标、系统架构、组织保障、工作内容及实施计划等,对各专业、各地调提出了明确的工作要求。二是强化领导,明确职责。构建统一领导、分层把控的调度基础数据完善及应用组织机构,成立基础数据领导小组,协调决策基础数据完善及应用的重大事项;成立基础数据工作小组,调度控制中心各专业全面参与,明确基础数据维护职责,制定基础数据整改方案,明确基础数据整改目标与工作开展计划,对工作进度定期检查,督促工作落实。三是优化分工,严格把关。在《调度管理应用基础数据采集及应用规范(2014版)》等国调文件的基础上,筛选和确定了调度控制核心数据作为"星级数据",明确数据维护专业与维护环节,并且按照专业职责对数据逐个审核,做到分工明确,责任到人。四是落实机制,过程管控。每双周定期召开基础数据和设备台账应用提升工作双周例会,对上次会议的决议的事项进行检查,及时掌握各专业工作推进进度,统计分析各类问题,及时制定解决措施和优化方案。

推动配电网运行数据和管理数据融会贯通。一是按照"过去、现在、未来"时间纬度,设计电网安全指标。从实时监控、预警、后评估各方面出发，实现对电网调度运行历史安全水平的评价、对电网实时运行状态的监控和对未来电网安全危险点的预防。二是过程与结果并重，设计电网运行质量主题。频率和电压是电网运行质量的集中有效体现，在频率、电压指标类的设计中，既抓住反映频率、电压质量的典型指标，又挖掘保障电网运行质量所采取措施的相关重要指标。三是内部外部形势结合，设计效益指标。从经济、节能、环保效益三个方面全面评估电网运行的效益水平。在指标设计中综合考虑购电成本等内部经济性，又综合节能、环保指标情况，体现电网调度运行在促进电力环境友好中的社会责任。四是关注运行安全和监管风险，设计公平指标。围绕"三公调度"，设计公平性指标，保证各项对电力监管部门、社会公众披露信息的正确有效。在业务应用层面，一方面，建立规范、准确、唯一的设备库，描述电网的物理属性，包括设备参数信息和设备之间的连接信息。另一方面，通过统一的电网模型库实现设备命名的关联化和标准化。规范调度日志、监控日志、停电及检修计划等应用，通过选取的方式直接使用电网模型库信息。

扎实高效推进基础数据治理。制定标准化数据清理方法步骤和清理模板，开发应用标准化数据清理工具，规范各环节作业模板和协同步骤，以线路为单位推进营配数据清理。

（三）构建调控一体化的大数据综合管控平台

1. 建立配电网基础数据平台

一是确定星级数据，确保核心数据准确完整。基于"112号文"对各专业应用需求进行调研，分析数据具体应用专业领域，补充完善设备分季节的允许载流量等数据字段，根据数据应用的重要程度，将应用到电网计算等的核心数据标记为星级数据并在系统中进行固化，在数据维护时做到星级数据无缺失、审核到岗到人，保证核心数据的完整性与正确性。当星级核心数据发生变化时，在OMS数据审核流程中主动提醒对应责任人，对数据进行审核确认。

二是强化数据融合，实现跨专业数据采集和审核。在完成设备数据构架的基础上，对分散存储的基础数据采用不同的方式导入数据平台，实现数据整合。对于变电站一次设备，通过PMS系统向OMS系统导入的方式；对于继电保护、自动化等二次设备，由OMS系统的设备台账模块导入数据平台；对于发电厂、用户站等的数据，组织专业进行手工录入；对于电网计算参数、设备实测参数等由原参数管理模块导入数据平台。基于市地一体的OMS平台完成基础数据采集和汇总，实现35千伏至500千伏设备全覆盖。完成数据采集后，按专业逐条审核，做到数据"审一条对一条"，对新投设备建立参数收集与变更流程，做到参数变更有痕迹，同时保证参数维护的及时性与准确性。

三是挖掘关联信息，实现流程、过程数据与设备台账关联。在实现OMS系统主设备台账覆盖的基础上，将设备运行过程数据和业务流程管控数据与主设备台账进行关联，为调度控制对象的运行管控和专业管理提供支撑。一方面，通过关系数据库实现设备运行过程数据关联。规范系统命名规则，通过专业逐一审核确认的方式，将D5000和OMS系统中设备全路径名称进行一一对应，实现D5000实时系统中设备电压、电流、有功、无功等设备运行过程数据在OMS系统中存储；通过关系数据库，实现上述过程数据与基础设备台账的关联。另一方面，通过业务模块优化实现设备业务管控数据关联。将调度日志、自动化日志、继电保护缺陷记录、集中监控缺陷处理流程、新设备投入管理流程、停电计划管理流程、二次设备检修管理流程等业务模块功能进行优化完善，以"设备点选"的方式进行一两次设备填写，实现设备运行信息的收集，实现设备业务管控数据与基础设备台账的关联。

2. 建立配电网核心业务应用平台

一是以集成共享为导向进行平台设计。建成GIS平台、主数据平台、实时数据平台，完整表达全网供电逻辑，实现主数据源头唯一，全局共享，生产控制信息在管理信息大区有效整合；遵照统一模型构建基础数据，各业务应用之间遵循标准接口规范集成；以单线图为源头，实现配网"三张图"（单线图、GIS 图、网络图）联动，为配电网精益运维提供有效手段。

二是推动以业务为驱动的应用融合。以配电网规划、建设、运维、客服、调度控制的管理深化和业务融合为驱动，开展配电网核心业务逻辑梳理，全面覆盖国网公司数据共享和业务融合要求的"生产大区与管理大区数据共享与流程贯通""设备台账信息共享""营配集成" 3 条配网相关主线、48 个共享融合需求。深化拓展 12 个具有一流配电网特色的共享融合需求；以 GIS、主数据和实时数据平台为基础，深化用电信息采集和移动作业技术应用，建设完善故障抢修指挥、业扩方案编制、停电排程优化、线损综合分析等配网 19 个功能应用，全方位提升配电网核心业务的运营管理能力；建设"全程、全景、实时"的运营监测系统，综合评价分析和有效管控配电网的运营质态。

3. 建立配电网大数据分析可视化平台

实现配网运行数据全景全息大数据展示。融合应用移动互联网、硬件三维加速、大数据多维分析和新型人机交互等技术，研发了调度信息可视化技术和应用业务平台，初步建立了一体化实时数据中心的数据挖掘和可视化展示系统。创新"积木式组态"可视化等技术，适应"三屏合一"多应用场景，支撑地县个性业务需求。一是创新可视化展示系统架构，实现可视化展示的可扩充性和可定制化。根据不同的业务需求和外观要求，采用类似搭积木方式进行应用构建，实现不同功能的叠加和定制化设计。二是采用跨平台设计，适应不同操作系统。充分利用 Qt 开发包的跨平台特性，最大程度上实现性能优化，满足生产场景的高性能要求。三是采用一体化设计，全面融合视频、声音、图表、文字，实现动态过度、可触摸交互等功能，满足移动终端屏幕、PC 终端屏幕、大屏幕投影三种应用场景展示效果需求。

（四）强化配电网智能化调度控制

开展线路、台区和用户频繁停电在线监测分析。应用大数据技术，汇总分析配网停电信息，找出分析期内两次以上停运或报修的线路、台区和用电客户，并分析故障类型，主要缺陷分类，为下一步将预警明细提供给专业部门及基层运维单位，开展故障趋势预判，采取针对性预控措施，减少停电次数，从而降低投诉和报修奠定坚实基础。梳理汇总系统线路掉闸次数，统计出高掉闸线路的条数和明细。对公司配网主线和支线掉闸超过 5 次以上的线路进行全面统计，对高掉闸线路进一步解剖，分别按照干线/支线掉闸情况进行分析，缩小故障范围，定位线路薄弱的"出血点"，为高掉闸针对性治理及项目储备提供依据。开展高掉闸线路整治成效评估，针对 2017 年进行高掉闸整治的线路进行跟踪，统计 2018 年高掉闸线路的运行情况。开展故障统计分析，按照整治后报修次数减少的线路和整治效果不明显的线路分类进行统计，将统计明细提供给有关单位开展专项分析，认真总结原因，制定相应措施，形成项目列入整治计划中。

深化配网智能化调度控制。在规范调度控制管理职责，强化配调与配电供电值班在故障处理中的协作意识，严格执行故障处理进展汇报制度的基础上，利用大数据综合管控平台及时梳理更新双电源用户和重要用户信息，确保调度控制信息及时下达。同时制定配网线路限值管理标准，优化修订流程，实现更新及时、准确的目标。同时，大力推动配自平台实用化，在配自系统增加重要用户、敏感用户、合环点、保护定值执行情况等台账信息，采取可视化手段进行合理展示，为调度控制运行提供极大便利，实现高效、安全调度控制。创新标准化配调记录模式，建立计划工作类、异常类等记录标准化记录模板，为方式、计划管理提供标准数据。充分考虑公司上下游专业需求，服务于可靠性管理的停电信息数据库。

持续优化配电网运行方式。一是开展网架梳理工作，优化网架图形绘制原则，制定并实施《配电网调度控制系统图形规范》。二是利用大数据综合管控平台，在配电自动化主站系统增加网架管理模块，按照双环网、双射网、单环网、架空多分段多联络等网架结构进行分类管理。随设备投运、变更同步更新，为运行管理、规划建设等工作提供基础网架数据。三是重点对过度联络线路进行运行方式拆分，从调度控制运行角度简化接线。将规划网架在网架管理平台进行展示，便于各专业对规划网架了解和管理，确保规划科学性。四是引入配电自动化和用电信息采集数据，利用大数据技术及智能算法进行开展方式优化工作。

科学制定配网停电计划。一是全面梳理配网停电计划，落实需求管理部门职责。二是及时获取停电需求信息，提高需求准确度。三是建立综合停电计划管理平台，根据工程性质分别设置不同的填报权限及流程，统一管理停电需求。四是创新停电计划编制算法，实现计划的自动编制。通过配网综合停电计划管理平台的建立及相关工作的开展可有实现配网停电计划的科学管理，大幅减少配网计划人员的工作强度，提高计划编制的科学性和准确性。

强化配网二次系统保护。郑州供电公司首创推广了配电网定值单、台账与送电过程的"三流程、三确认"工作法，确保二次系统设备异动信息的及时统计。台账信息采取与继电保护定值单流程关联的方式管理。为确保新入网的继电保护等二次设备信息的及时更新，需要将设备台账的录入工作与新设备送电流程结合。在送电前审核台账信息的录入情况，只有当台账录入信息完备无误后才能允许设备入网。在实践中，运行维护人员负责建立管辖范围内开关保护装置台账，并跟随设备异动情况进行维护。需要统计台账信息时向将信息表发至施工单位，设备入网前施工单位组织有资质的单位对二次设备进行入网检测，将统计信息表与二次设备试验报告一同完成后提交给保护班人员。保护班人员审核统计信息表和试验报告无误后，在 OMS 系统中录入设备台账。相关资料移同时也备份移交设备运维班组存档。设备台账录入后，调度控制中心的继电保护人员负责对台账进行审核。

（五）建立基于数据融合共享的配电网故障抢修模式

一是建立客户投诉信息标准化数据库。使用可视化地图的 API 接口，对客户投诉的地理位置特征进行二维高斯分布分析，精准识别客户投诉的典型地理分布特征。充分利用信息系统和 GPS、4G 视频等新技术，将运营监测范围拓展到配网抢修现场及相关明细信息，有力支撑供电抢修服务管理变革。

二是实现自动智能故障研判。故障研判环节的精准度和有效性直接影响派单的准确性和抢修效率，以往由指挥人员凭经验预判，而在 3 分钟时限要求的考核限制下，预判结果准确性较差。现在通过自动调取、比对关联业务系统信息，能够在短时间内判断出用户报修是欠费停电、客户设备故障引起，还是片区停电、线路停电引起，进一步精准、有针对性地采取不同抢修方案，显著提高故障抢修效率和速度。

三是促进工单派发智能优化。以往报修工单是按区域固定派发，没有考虑到实时路况、抢修资源、抢修点工作量对抢修效率的影响。通过实时定位抢修车辆、抢修人员的手机 APP，展示其工作状态，关联报修地址、实时交通状况和各抢修点任务量对派单进行优化，自动为抢修指挥人员给出派单的最优选择，指挥人员可以选择离报修地址最近的空闲抢修人员派发工单，同时也提前从机制上保证了抢修点之间的相互协同，实现了柔性派单，显著提高了抢修效率。

（六）深入挖掘客户用电数据提升供电服务能力

深入挖掘客户多元化用电需求。通过面向低压客户的"掌上电力"，后台记录客户查询用电量、电费等功能情况，结合营销业务应用系统和用电信息采集系统分析不同类型客户对用电量和电费等信息的查询频次，按照客户查询频次针对性的推送相关节能降耗信息。通过面向高压客户的"业扩直通车"，后台记录客户使用业扩流程查询、业扩办理进度查询、业务咨询、归档信息查询功能情况，基于客户功能使用情况数据，优化业扩流程，改进业扩服务质量，提升业扩报装工作效率。通过"有序用电易查询""能效分析""用电诊断"，后台记录客户负荷情况、错峰信息、节能信息及高压客户用电情况等功能情况，通过客户使用频率数据针对性的推送相关用电信息，进一步促进营销专业一口对外，提升优质服务水平，提升客户满意度。

深入开展客户行为预测分析。依托一体化手机 APP 客户终端，记录分析客户对各项 APP 功能使用情况数据，业务上，主要进行各服务渠道运营情况监控。从服务渠道、业务内容、时间、空间等维度，对运营销情况进行监控，并基于各服务渠道运营数据进行客户行为预测分析，用于指导公司内部完善客户服务流程。同时，依托平台监控，对平台和各服务渠道应用系统的稳定性、可靠性进行监控，及时发现问题并进行预警。

促进线上线下服务资源有机整合。通过线上工单流、线下作业流、空中监督流的同步交互设计，将传统的风险"内控型"工作流转变为以客户为导向的"服务型"工作流，创新公共服务新模式，大幅度减少实体营业厅柜台服务，提高服务便捷性与透明度，提升业务处理效率，并在线上提供主动增值服务（用电综合分析及预警、能效分析、节能建议等），提高客户满意度。

三、基于大数据的配电网智能化调度管理效果

（一）推动了与国家中心城市相适应的配电网建设

通过实施基于大数据的配电网智能化调度管理，集成运用大数据等新技术，大力提升配电网信息化、自动化、互动化水平，郑州供电公司试点区域内网络结构不断优化、配网运行方式更加灵活，有效规范了配网状态检修、标准化抢修等工作，有利增强了配电网抵御和防范风险能力，促进了精细化、集约化配网管理。以配电自动化建设为技术支撑，实现配网调度、运行监视、检修操作、故障抢修等业务信息的一体化管理，更直接、更快捷处理电网事故、调整电网运行方式，减少了事故汇报与指令流转环节，缩短了故障处理时间，整体抢修效率、抢修质量得到了有效提升，推动了与国家中心城市相适应的配电网建设，有效解决了城市配电网网架结构不强、转供能力不足、可靠性不高等问题。

（二）有力保障了配电网安全高效运行

通过深入应用故障处理辅助决策功能，配电自动化可在故障发生或异常运行方式下对系统运行或故障处理方案提出优化建议，反馈操作效果。利用安全预警辅助决策，直观"可视化"地反映配网存在的异常情况，提出预警信息，控制运行风险。以郑东新区 CBD 示范区为例，中心城区 99.999%、一般城区 99.99%、农村地区 99.93% 的供电可靠性目标得到实现，全区供电可靠性由 99.9642% 上升到 99.981%，进一步提升了供电能力，增加供电量 107 万千瓦时，可多创 GDP1840 万元，为经济社会健康发展提供了有力保障；"故障报修平均抵达现场时间"为 7 分钟，比 2017 年同期下降 56%，现在平均抢修总时间为 51 分钟，比 2017 年同期下降 23.8%，抢修效率有了较大幅度提升，低压供电故障同比下降 24.98%；线损由 7.25% 下降为 6.27%，比 2017 年同期下降 0.98%，全年节约电量约 6000 万千瓦时。

（三）显著提升了配电网智能化调度管理水平

通过实施基于大数据的配电网智能化调度管理，充分发挥大数据优势，挖掘数据价值，配网调度控制在精益化管理、标准化建设等方面取得了显著成效。基于多源系统数据的整合以及大数据新技术的深度应用，打破了传统模式下生产时间和空间的限制，构建了以用户预警、风险实时预判、精益过程管控为代表的实时化、跨平台监测分析模式，并通过对现场设备运行状态进行多维度分析，优化运维策略、故障缺陷分析，全面推动运检管理模式由"事后应对"向"事前防范"转变，"分散现场管控"向"集约远程指挥"转变，"传统经验判断"向"数据智能驱动"转变。

（成果创造人：刘长义、胡玉生、燕跃豪、林　慧、王　柳、郑　琰、
鲍　薇、郑　阳、李朝晖、辛　军、艾学勇、张梦瑶）

基于大数据驱动的电力工程项目 3A 监理管理

内蒙古康远工程建设监理有限责任公司

内蒙古康远工程建设监理有限责任公司（以下简称康远监理公司）成立于1995年，隶属内蒙古电力（集团）有限责任公司，具备国家电力工程、房屋建筑工程甲级监理和市政工程乙级监理资质及电力工程质量评价甲级资质。2006年通过了质量、环境和职业健康安全综合管理体系认证。康远监理公司的业务遍及全国七个省区和内蒙古自治区各个盟市，监理项目涉及特高压、输变电、火电、风力发电、光伏发电、房屋建筑、市政公用工程等诸多建设领域。多次获得全国电力优秀监理企业、国家AAA级信用单位，监理工程项目多次荣获国家质量奖、内蒙古自治区优质样板工程、内蒙古自治区"安全生产标准化工地"等荣誉。

一、基于大数据驱动的电力工程项目 3A 监理管理背景

（一）适应监理行业发展新形势新要求，推动企业转型升级的需要

近年来，工程监理服务的主体日益多元、服务内容不断拓展，工程监理行业迎来新的发展契机和挑战，进入转型升级的关键阶段。面对新形势新要求，监理行业与建筑工程持续快速规模化发展不相适应的矛盾日渐突出，制约了监理效果的发挥，不能充分满足业主对监理服务的各项需求。因此，积极主动适应国家促进工程监理行业转型升级的政策要求，利用新兴技术工具，不断提高建设项目现场全过程管控实效，持续提升基建本质安全管理水平，提供高水平全过程技术性和管理性咨询服务，进一步增强监理企业核心竞争力，具有十分重要的意义。

（二）坚持问题导向，推动解决监理企业存在突出问题的需要

康远监理公司在经营管理中还存在亟须完善之处，主要体现在：一是安全生产形势依然严峻，本质安全基础还不牢固；二是对全过程工程监理认识有待加深，部分管理人员对新技术、新工艺、新方法应用抱有抵触心理；三是自身内部管控穿透力不够，尚未形成一整套完善的管理体系；四是人力资源配置不能很好适应企业改革发展要求，队伍建设亟待加强。为解决上述问题，实施基于大数据驱动的电力工程项目3A监理管理，加快推动企业管理手段由落后粗放向先进精益转变，不断拓展数据驱动的精益监理管理的广度、深度和精度，具有十分迫切的需求。

（三）利用新兴技术提升管理水平，推动企业发展战略落地实施的需要

监理行业主要业务分布在施工现场，康远监理公司地处内蒙古自治区，主营业务区域分布广阔，电力工程项目数量多、地点分散，对现场监理人员到岗到位、履职履责等情况的监督管控难度大，亟须利用新技术、新方法破解制约企业发展难题，提升管理能力与工作效率。康远监理公司作为一家集团化运作的大型监理企业，加快向信息化、数字化、智能化集成发展已是大势所趋，也是在行业变革优胜劣汰进程中生存并不断发展壮大的必然选择。为此，在2016年的发展战略重点中，康远监理公司提出大力实施信息化管理，在工程上实现全过程、全方位、全天候的3A管理，2017年进一步明确要在所有工程上全面实施应用。

二、基于大数据驱动的电力工程项目 3A 监理管理内涵和主要做法

康远监理公司针对传统监理行业中存在的现场建设监理力量薄弱、管控不到位、协同性有待加强等突出问题，紧紧围绕构建基于大数据驱动的电力工程项目3A监理管理这一目标，以提升监理质量、提高监理效率为导向，以加强"三控两管一协调一履行"为工作主线，以"超前预防、源头查堵、全程监

控、实时指导、循环改进"等全过程闭环管理为着眼点,通过加强组织体系建设,优化3A监理管理流程,完善建设方、施工方、监理方在内的三方协调与制衡机制,进一步利用"大云物移"等技术,构建大数据驱动的"云享"管控平台,实施项目施工全过程监控。同时,深入开展动态评估,促进循环改进持续提升,初步探索形成了具有特色的项目3A监理全过程(Anyprocess)、全方位(Anywhere)、全天候(Anytime)监管模式,有效降低了监理成本,显著提升了建设项目现场全过程管控实效,实现监理管理无死角,保证了项目工程优质高效完成。主要做法如下。

(一)确立3A监理管理目标方向与实施思路

第一,明确3A监理管理目标方向与工作思路。3A监理管理的目标方向:一是实施全过程(Anyprocess)监理,全面涵盖工程项目建设工程设计、工程施工和保修等各阶段在内的监理;二是实施全方位(Anywhere)监理,对质量、投资、进度进行系统管控,强化合同、信息管理,对工程建设相关方的关系进行统筹协调,并履行建设工程安全生产管理法定职责;三是实施全天候(Anytime)监理,通过"互联网+"将视频监控、手机移动终端和公司"云享"信息化管控平台互联互通,对项目情况进行实时监督管理。在此基础上,着力推动安全管理从制度约束、现场监督向风险预控、在线监督、精细管控转变;工程质量从施工质量控制向全过程管理转变;项目管理手段由传统分散的管理方式向信息化技术管理转变。在具体实践中,以加强"三控两管一协调一履行"(三控——质量控制、投资控制、进度控制;两管——合同管理、信息管理;一协调——组织协调;一履行——履行安全生产管理法定职责)为工作主线,以"超前预防、源头查堵、全程监控、实时指导"等全过程闭环管理为着眼点,深化"大云物移"技术,充分发挥系统软硬件平台、移动终端及手机APP的作用与优势,统一管理模式、统一工作标准,以最快捷的方式规范各项目组管理,通过"云享"管控平台APP移动终端第一时间完成数据交互、回传,提供过程控制所需的书面签证、照片、视频、语音等佐证材料和施工数据,提升项目建设、管理、监理水平;确保公司及建设单位管理人员实时掌握项目现场管理情况、施工进度、安全生产和建设动态,现场工作人员和监理人员可通过信息平台进行各项管理工作,及时、准确地反馈现场施工信息及存在的问题,并加以解决,从而实现项目施工全过程、全方位、全天候监理管理。

第二,加强组织领导,为3A监理管理落地提供坚强组织保障。康远监理公司高度重视"大云物移"信息技术,积极推进"云享"信息化平台的建设运营。成立工作领导小组和建设项目组,组织配备技术与人力资源,深入开展前期调研与可行性研究,策划制定总体实施战略,聘请内外部相关专家和人员审定实施方案,统一协调各单位之间的业务对接和工作衔接,督导各项目组按计划推进落实,及时协调、研究解决工作中遇到的困难和问题,落实项目资金,积极向内蒙古电力公司报备,争取相关政策、业务指导和支持。

第三,建立协同机制,为工作效率优化提升提供有力支撑。康远监理公司从横向协同、纵向管控两方面着手,不断健全完善协同机制。一方面,在纵向集团公司、各盟市局(建设单位)、设计院、施工单位信息网络基础上,发挥分部协同和基层联络点属地优势,加强重点、热点、难点问题以及带有区域特点的信息收集。另一方面,强化跨部门横向协作,发挥各业务部门专业优势,开展集中商讨、协同动作,针对协同性较强的业务,由相关部门共同审核,重点从方向性、专业性、安全性等方面提出建设性意见。同时,不断深化交流合作,定期举办跨区域、跨单位、跨层级项目培训、帮扶、交流等工作,提升工作协同和整体业务水平。

(二)优化3A监理管理流程

一是进行顶层设计,系统梳理管理流程。康远监理公司全面梳理各部门业务流程,通过分析发现流程冗余复杂、重复交叉、管理空白等现实缺陷。组织开展建设方、施工方、监理方三方会谈,征集改进意见建议,针对存在的问题开展专题分析,由专门工作组统筹优化、横向兼顾各专业、纵向兼顾各层级，设计选择最优操作组合和最佳业务流程，运用精益管理理念对业务链环节进行分析、重组、优化、整合，为推动建立符合信息化管理的监理管理规范和业务流程奠定坚实基础。

二是完善标准体系，根据岗位角色固化工作流程。康远监理公司以全过程业务流程数据为驱动，组织各相关部门从安全、质量、管理、市场、服务、廉洁、经济、法律等方面查找各部门、各岗位和监理工作的关键风险点，评估分析风险程度等级，制定相应等级清单，一岗一清单一标准、一人一清单一标准，建立项目、阶段/活动、职能/角色、工作内容/标准要求的矩阵流程图，明确防控标准和措施，形成同一项目流程的上下衔接，不同项目同类业务流程环节工作成效对比。同时，针对不同监理环节需要，从技术、管理两个方面梳理明确相应技术标准规范，制定作业指导书，将标准化工作流程及相关标准固化于信息管理平台，嵌入系统，使建设、监理、施工等单位用户直接在系统上完成相关工作，实现3A办公，确保凡事有章可循、有据可查。根据岗位角色确定工作分工和使用权限，并将角色覆盖扩展到集团公司、各盟市局（建设单位）、设计院、施工单位等所有使用信息化系统的单位和人员。

三是细化分解目标，推进工作从上至下层层落实。康远监理公司将项目目标细化分解，具体到岗到人，由具体责任人进一步分析查找负责业务内容的关键步骤和潜在风险，对实施过程中与标准存在偏差的事项及时优化纠偏，对不同区域同类项目相同环节存在的共性问题，统一汇总分析，明确导致偏差的具体原因，针对问题实施流程再次优化或管理改进，系统性解决共性问题。对单一环节、单个岗位发生的个性问题查明原因，对问题责任环节、责任人进行问责，并督导其纠偏改进，及时快速解决监理业务各个流程中存在的技术问题、管理问题。目前确立功能点266项，完成梳理和固化流程162条，建立各级岗位/角色249个。

（三）构建基于大数据驱动的"云享"管控平台

一是利用大数据、移动互联与开源技术，科学设计数据采集、存储架构。着眼解决"海量数据共享、数据实时抓取、多级应用管理"等技术难题，自主设计分布式、高可用、易扩展的系统架构，保障信息管理体系更加顺畅、高效运行。将分布式存储与计算、虚拟化、搜索引擎、移动互联等新技术与信息业务整合对接，实现在线监督、视频会商、热点分析、信息资源融合共享等，全面提升沟通效率和资料共享精准度。建立有效的数据存储和数据共享机制，以及数据存储同步体系，提高数据存储性能，为公司各个处室和各工程项目部提供数据层集中服务的数据环境，系统中所有数据均可根据个人权限进行查询、调取并自动生成图表，无须人工汇总。

二是搭建数据融合共享的信息化平台，实施一体化在线实时管控。建立集办公自动化（OA）、人事管理、视频监控、项目管理、考核考级、电子书库、车辆管理、站址及杆塔位置导航、后勤管理、党务管理、云之道、工程管理等模块于一体，功能完善、界面友好、操作便利的"云享"信息化管理平台。在工程管理模块中开发应用WBS模板，将监理人员的日常工作与WBS关联，建立以工序为管理对象的工程管理子系统，并将标准化的检查验收体系嵌入、固化在系统中，在系统中根据风电、光伏、火电、房建、输变电主网、配网、技改等对应工程类别编制相应的WBS模板，项目负责人再根据工程类别自动判定的WBS模板在其上进行修改，并设置工序负责人、进度计划、安全质量风险点等详细信息，通过APP同步功能实现"3A"管理，可以在任何时间、任何地点处理与业务相关的任何事情。

三是改变传统点对点信息交流方式，促进数据信息高效传递。按照"打破壁垒、快速高效"理念，对核心业务流程实施信息全流程痕迹化管理和线上管控，彻底改变项目信息获取的方式和线下流转方式，将信息交流从传统的点对点方式，变为依据岗位职责、角色分工和操作安全权限，随时、随地、多点对多点的网状交流方式，大幅提升信息工作效率。打通信息管理平台与协同办公系统数据壁垒，各类任务均通过协同办公统一派发、接收及短信催办，同步在协同办公系统主界面和信息平台生成待办任务，实现信息工作全流程闭环管控，提高信息交流的速度和准确性，减少信息的延迟和失误。

四是以可视化推动标准工艺，实现整体流程可视展现、标准实时可见。应用手持终端，实现施工图、施工方案、作业指导书（卡）、标准验收卡的在线查阅，督促形成"懂标准、守标准、用标准"的良好局面，保证工程施工工艺及建设标准。以可视化优化施工组织，将项目施工全过程分解为七个工序的施工过程，将各工序在空间上划分为若干个施工区段，实施阶段性可视化，督促施工单位根据现场情况组织施工顺序，实施流水作业，保证各施工单位可以同时在不同的施工区段上先后平行施工，提高劳动生产率。

五是持续强化新技术应用，及时获取掌握第一手数据信息资料。利用"云享"信息化系统生成二维码，通过现场扫描二维码迅速获取人、机、物、料和工程的相关信息，快速进行分析管理，有效解决信息获取烦琐滞后的问题。运用无人机技术，拍摄输变电工程线路和变电站原始地形地貌，采集整理后把数据传输至"云享"信息化系统提供设计监理第一手资料，推动解决线路工程检查验收登高、走线检查成本高、工作时间长、验收难度大等问题，第一时间把检查验收情况上传系统供参建各方完善工程缺陷。

（四）完善三方协调与制衡机制

1. 加强统筹协调，凝聚建设方、施工方、监理方等各方合力

项目建设涉及建设单位、施工单位、勘察设计单位、监理单位、材料与设备供应单位、政府主管部门及其他业务关联单位，彼此之间相互影响制衡。为高效实现项目建设目标，康远监理公司积极联结协调参与项目建设的各方力量，围绕实现项目各个阶段目标，以合同管理为基础，统筹项目信息，对监理过程中存在人与人之间、机构与机构之间、监理组织内部与外部环境组织间进行全过程沟通协调，理顺各种关系，促使各方协同一致，排除各类干扰和障碍，确保项目监理全过程处于良好、顺畅的运行状态。

2. 强化"两个管理"，确保合同与信息管理严谨规范

一是强化合同管理。康远监理公司通过建立完整的合同数据档案和合同网络，确保项目进度严格按照合同约定履行；在合同会签前对合同的各项内容进行审核，确保合同内容没有不利于建设方利益的不合理条款，在具体实施时监理项目根据项目情况合理调整，确保制度完整、不存在漏洞。监理项目开始后，拟定信息系统设计、施工或设备供应等各类合同具体条款，参与双方合同订立和谈判工作，充分发挥监理业务专家优势，维护建设单位利益。在信息系统合同执行过程中，不断将项目实施情况与施工合同约定进行核实，观察实施情况是否偏离合同要求，及时纠正履约偏差，确保合同执行的正确性和实时性。对双方未按合同履约的情况，以"独立第三方"协调合同双方的纠纷、争议，对合同的履行、变更和解除等进行监督检查，处理变更、索赔、分包、违约责任等履行合同条款的事宜。加强合同的归档管理，建立康远工程档案标准化体系，解决档案归档标准不一问题。

二是强化信息管理。康远监理公司依托信息平台，全面收集项目建设前期计划任务书、设计文件及招标投标合同文件，施工中利用信息平台对各种信息进行加工、分类、整理和储存，及时将信息在项目监理部各监理人员之间及与工程建设有关的方面之间进行传递。

（五）实施项目施工全过程监控

第一，实施"三个控制，一个履行"，确保项目施工全程可控、能控、在控。一是将质量控制贯穿于工程施工管理的全过程，对工程质量实施全过程、全方位、全天候的监理，使工程始终处于良好的受控状态，保证质量目标实现。二是以业主与施工单位签订的施工合同总工期为施工进度目标，严格控制进度，确保工程按期完成。三是合理有效控制工程造价，维护建设方合法经济利益。四是强化"一岗双责"，对工程安全实施全方位，全过程监理，实现安全伤亡事故零指标。

第二，利用移动终端、远程监控等技术方式，强化现场作业实时在线监管。康远监理公司采取传统监测与移动监测相结合的手段,将移动互联网技术应用到人员管理中,尤其是网络无法覆盖的偏远地区。采用"平台+终端"的管理部署,在网络可覆盖地区采取传统定点监测,在网络欠缺地区采取移动终端监测。通过移动网络、有线网络等多种实时在线传输网络组合方式,将布置在各施工现场、施工项目部、材料站点的监控点、移动终端,全部连接、汇聚到指挥部,管理人员可以在电子地图上查看管辖范围之内的人员到场情况,对实时影像和现场监控视频进行分析、远程巡查、危险点监测,监督现场安全、文明施工,排查隐患等,有效克服地形、交通带来的不便,增进管理层对现场情况的掌握,增强现场管理层的监控主动性和积极性,让现场监控更贴近基层的管理需求,缩短监控信息采集、反馈、解决的流程。

第三,利用大数据分析建立风险预警机制,建立健全应急预案体系。利用大数据分析挖掘项目风险点,构建风险预警网络,一旦施工现场某一设定环节发生异动,将立即对业务部门进行及时预警。在此基础上,进一步建立应急预案体系,夯实应急管理基础。有针对性地制定应急预案,提前开展应急演练,注重现场处置顺序,应用可视化场景,模拟人员事故撤离、风险规避等信息,并以此为依据修编应急预案手册。通过数据平台的展示与快速对接功能,及时衔接公司对应部门、当地政府应急部门,第一时间协调应急车辆、应急物资、应急救援路线等既定对象。

第四,构建立体进度模型,确保施工进度有序推进。康远监理公司改变传统的一维时间轴进度计划形式,构建以进度计划为主线,综合考虑物资、气候、人员等因素,有效融合位置定义技术、视频监控技术、移动互联网技术的立体进度模型,直观反映出项目当前施工阶段和进展情况,对项目进度进行全方位实时管控,为施工管理提供决策依据。

(六)开展动态评估,促进循环改进

康远监理公司充分借鉴 PDCA 理念,定期检查评估现有监理质量绩效,从质量指标、实施措施、考核和总结提高四个方面不断循环提升。同时,制订下一阶段工作改进计划,不断总结提升工作经验,形成管理闭环。

一是组织开展企业内部与第三方全面评估。在企业内部,每季度各业务部门根据考核方案开展自评与互评,并将考核结果汇总至考核办。考核办对各业务部门的初审结果进行核实,并结合协同工作完成情况的评价,计算各部门季度考核结果得分。提交至领导小组审核通过后,发布考核结果。申请外部第三方进行评估。

二是着眼精益管理,建立持续改进长效机制。制定监理质量管理计划,提出总的质量目标。常态化审视各项监理目标任务进展,评价实现目标的各种资源使用情况;评价监理工作推进是否还存在弹性空间;评价所实现的目标在推动监理效率提升和促进企业可持续发展中作用发挥情况;开展关键环节风险管控,分析各类项目潜在风险对企业目标实现和整体效益的影响,及时梳理发现企业经营过程中存在的风险点和异常点,以异动和问题为导向,加强风险管控,进一步推动流程再造。通过对绩效与目标的差别进行评审,查找绩效差距,对行之有效的措施和做法及时总结、提炼,建立精益管理长效机制,实现创造价值、持续改善、精益求精的工作目标。

三是定期梳理归纳,构建完善项目管理知识体系。康远监理公司构建企业内部监理工程项目管理知识体系。建立现场监理作业规定动作和统一作业表式,实现监理项目现场作业要点和成果的工具化,规范和自动汇总监理现场作业文档和资料。注重强化人员培训,公司员工可以在信息化系统中进行查阅、自学、提问,同时公司设立专家进行在线答疑;通过数据积累形成各岗位能力模型,促进员工成长和优化绩效考核体系,实现企业与员工共同成长进步。

三、基于大数据驱动的电力工程项目 3A 监理管理效果

（一）充分发挥 3A 监理管理作用，保证了项目工程优质高效完成

康远监理公司通过实施 3A 监理管理，在线实时掌握监理工作动态进展，不断提升项目监理精益化水平，提高项目建设单位、监理单位、建设单位的业务协同能力，形成相互支持、共同配合的攻坚合力，确保了项目工程按时按期保质保量完成。一是全过程有力保障安全、优质、高效地完成工程建设任务。二是全方位实现业务内容与工作标准、合同要求相统一，合同履约能力显著增强，业务执行更加规范标准，实现项目安全管理、质量管理、进度管理和投资管理现场管控有据可依、有据可查。三是利用视频监控设备对施工现场进行全天候监督检查，对检查中发现的 15 大类 145 小项共 2765 项问题及时进行了监督整改，整改率达到 100%。康远监理公司 2017 年度负责的 507 项工程，投产完工 273 项，全部验收合格并达标投产。

（二）有效降低了监理成本，监理效率显著提升

康远监理公司在根据工作权限授予单位、员工操作账号，线上及时处理相关的监理管理工作，有力促进了信息技术与监理工作的融合应用，实现安全、质量、进度等方面的管理现代化，企业降本增效成效显著。一方面，有效打通了监理企业与项目施工现场管理压力的传导通道，改变了制度严格、执行松散的管理状况，将人力最大限度地投入工程现场，全员劳动生产率提高了 15 个百分点。另一方面，项目建设信息全部实现在线流转，显著降低了运营成本，工程时间投入大幅缩减。同时，各项目部、监理成本运作更加清晰透明。2017 年，康远监理完成集团公司考核指标的 136.66%，资产总额增长率达到 16.69%，资产保值增值率达到 115.70%，净资产收益率完成 14.56%，资产总额达到 26186.66 万元。

（三）初步形成了具有特色的 3A 监理管理模式

康远监理公司通过建立运行基于大数据驱动的 3A 监理管理，有力推动了不同类型信息数据的整合及"大云物移"新技术的深度应用，打破了传统模式下监理工作时间和空间的限制，实现了以项目为中心、以精益过程管控为特征的实时化、跨空间监理模式，并对项目施工现场设备、人员、进度进行多角度、多维度的监控分析。全面推动项目监理管理模式由"事后应对"向"事前防范"转变，"现场分散管控"向"集约远程指挥"转变，"传统人工监理"向"数据智能驱动监理"转变，有力推动了监理管理从粗放型转向精细化管理，具有良好的示范推广应用价值，为监理企业转型升级奠定了坚实的基础。

（成果创造人：刘和平、孟海涛、顾起宁、高建春、王　磊、
张长河、张连保、韩忠才、付小红、辛学军、董淑怡）

以大数据为支撑的跨平台配电网监测分析管理

大连电力建设集团有限公司、国网辽宁省电力有限公司大连供电公司

大连电力建设集团有限公司（以下简称大连电建）是具有国家电力工程总承包壹级资质企业，注册资本7859万元。资产总额50999万元，在职全民职工519人。公司承揽大连城市配电网的技术咨询、工程设计、在线监测、设备调试、运行维护、建筑安装等配套服务，以及500千伏及以下输、变、配电工程施工。2017年，公司经营收入63772万元，利润总额6892万元。国网辽宁省电力有限公司大连供电公司（以下简称大连供电）是国家电网公司31家大型供电企业之一，资产总额113.75亿元，在职全民职工4387人，2017年公司完成售电量277.1亿千瓦时，销售收入161.2亿元，利润总额121.7亿元。

一、以大数据为支撑的跨平台配电网监测分析管理背景

（一）提高配电网集约监测管控能力的需要

随着大连城市建设迅速发展，电网规模大幅增长，传统的配电网管理瓶颈日益突显，已不能适应城市的发展需要。在配电网规划、建设、营销的各个业务环节上，精细化管理程度较低，各部门的配网数据共享程度不高，故障处置时无法快速协同多个部门及时响应客户需求，严重影响供电服务质量。近年来，大连配电网设备持续增多、范围不断扩大，而设备运维抢修人员配置率偏低，结构性缺员与快速增长的配电网规模间的矛盾日益突出。加快构建跨部门、跨平台高效协同的配电网监测分析机制，打造一体化的数据整合平台，精简业务流程，进而推动跨专业横向协同，实现跨平台的有效互动和信息共享，切实提升集约监测管控能力已成为当务之急。

（二）推动大数据技术环境中配电网管理变革的需要

当前，由于实时数据在管理业务中的应用不足、跨专业的端到端流程难以追踪等诸多问题的存在，造成信息资源难以共享、流程存在断点、跨专业协同效率低下。同时，配电网状态管控及运维抢修等方面还缺乏有效技术手段，如何运用大数据技术创新管理方式，推动信息技术与设备状态监测、运维检修等业务的深度融合，充分发挥大数据技术的优势，对于加快构建智能配电网监测分析机制，实现管理效率提升具有十分重要的意义。

（三）提升经济发展新常态下供电服务水平的需要

大连地处辽东半岛最南端，地域狭窄，一直存在配电网自动化程度低及农村电网线损较大等诸多缺陷，制约了大连电网的可持续发展。近年来，在东北地区经济总体增长乏力的严峻情况下，部分供电企业售电量出现下滑趋势，大连电网2017年售电量仅维持2016年水平，电网生产经营面临巨大压力。打造智能配电网需要网架坚强、设备可靠，更需要深化信息融合，只有打破配电网管理的专业壁垒和信息孤岛，推进跨专业的统筹协调和流程优化，从根本上提高配电网的运行效率、管理水平和服务能力，才能建成高可靠性配电网；同时强化服务意识、提升服务水平对配电网运行和故障信息的海量数据获取、整合、分析及应用提出了迫切需求。

二、以大数据为支撑的跨平台配电网监测分析管理内涵和主要做法

本成果的内涵是以构建大数据支撑的跨平台配电网监测分析框架为目标，以提升配电网监测分析能力和提高供电服务效率为宗旨，以跨平台融会贯通、智能化在线监测、多维度信息挖掘、精准化客户服务为整体思路，通过建立高效运作的跨部门协同机制和分层级的配电网监测组织架构，建设基于大数据的配电网监测分析一体化平台，从整体上提升配电网监测、分析与决策支撑能力，实现"大数据＋配电

网运维"的深度融合,推动配电网管理模式由"经验判断、事后应对"转向"数据驱动、事前防范"。主要做法如下。

(一)明确配电网管理整体思路,构建配电网监测分析框架

强化前期调研,明确需求方向。赴大连市各县区公司开展项目前期调研,以基层单位的实际需求为出发点。在深入了解现阶段配电网管理难点的基础上,充分考虑现有技术支撑条件,科学制定项目实施和管理所要达到的预期目的,坚持"实际、实用、实效"的原则,明确需求方向。结合公司重点工作和现阶段运维管理水平设计监测方案,组织相关专业对配电网监测分析体系方案设计进行讨论,从各自专业角度开展可行性验证,确保监测主体可靠,监测结果真实有效。

明确"跨平台融会贯通、智能化在线监测、多维度信息挖掘、精准化抢修服务"的整体工作思路,建立高效运作的跨部门协同机制和分层级的配电网监测组织架构,建设基于大数据的配电网监测分析一体化平台,实现数据资源融会贯通与可视化展示、配电网故障信息实时掌控与深度挖掘,实现运检管理模式由"事后应对"向"事前防范"转变。

(二)建立跨部门协同机制,明确分层级的配电网监测组织架构

针对配电网监测专业界面不清晰、交叉业务协同效率低的问题,按照"五位一体"端到端协同一致要求,制定《开展跨部门配电网监测管理办法》等一系列文件,规范各部门的职责、业务流程和考核管理。围绕跨专业业务处置、资源协调和紧急事件处置等关键环节,明确配网调控中心与运检部、安监部、营销部等相关部门的职责界面,调整高压抢修、低压抢修、欠费停复电业务、投诉等业务流程主要环节,梳理优化营配调专业的业务流程19个,实现前台客户服务与后台支持业务的深度融合。

建立涵盖市、县两级的实体化配电网监测组织架构。针对专业管理各自为政、监督评价考核乏力的问题,建立市、县两级配电网监测责任单位和个人,统一组织体系,实施集约化管控。配网调控中心属于实体化运作的柔性机构,将调度中心的自动化班、运检部的配网专责人、安监部的可靠性专责人及营销部的优质服务专责人虚拟组成配电网监测分析构成组织,作为全天候配电网监测的集约化机构,主要承担配电网数据管理及运行监测,数据的承接、研判及核查整改,停电信息收集及发布,处理过程的跟踪督办及处理质量的评价考核四个方面职能。

配网监测组织架构采取集约化管理方式,重点负责组织协同处理多专业交叉供电服务业务,统一汇集多方服务信息、全面分析研判,对发布结果响应过程统一管控,监督评价考核,实现业务全部在线管控、服务处置快速响应的高效协同运作机制,从而有效解决协同指挥能力弱,服务集约程度低等问题。

(三)建设基于大数据的配电网监测分析一体化平台

1. 建立多业务系统融会贯通的工作策略

针对数据资源分散在各专业系统、数据信息流不够顺畅等问题,通过建设涵盖配电网监测、分析、辅助决策等各项功能的一体化工作平台,开发营销系统、OMS(调度管理)、PMS生产管理系统、EMS(调度自动化)、配电自动化、用电信息采集等九大系统17个接口,从而形成多业务系统融会贯通的工作策略。应用大数据分析技术,充分融合"以需求为中心"数据信息,强化监测分析一体化信息支撑。平台涵盖工单处置(工单派发及督办)、设备故障研判、主动抢修(4类主动抢修工单及6类预警工单)、客户双向互动、停用电信息发布、对接社会公用平台等功能,信息系统与供电服务各项业务紧密融合,支撑精准主动服务,有效满足政府、用户、市场等各方对电网企业的服务需求。

2. 采用多种大数据算法,建立配电网业务分析模型

在配电网监测分析一体化平台中,采用深度学习、模糊聚类等大数据算法,对配电、营销专业的4TB数据和覆盖大连全境的GIS地理信息进行多维分析和深度挖掘,建立多种配电业务分析模型,对配电网规划、设备故障预警、差异化客户服务及用电行为等进行预测分析,为配电网监测业务融合及优

化提升提供了辅助决策支持。

利用大数据深度学习算法，以配电网基础数据和运行数据为输入量，建立满足系统约束边界优化模型，有效指导10千伏配电网的网架结构优化，科学合理划分供电所运维范围，总体上提高大连配电网规划运维能力。

采用粗糙集模糊聚类等算法，依据配电网故障、运维及抢修历史数据，构建机器学习模型，及时捕捉到配电网薄弱环节并给出故障预警，故障预测准确率达到93.2%，事前防范故障次数112次，有效提升配电网安全运行水平。

采用多维分析算法、相关性分析等算法，根据供电客户的用电负荷海量数据，构建ARMA自回归滑动平均模型，对客户用电负荷异常情况进行预警，指导配电人员上门检查用电情况，发现配电设备故障106起，表计故障22起，窃电行为3起。

3. 全景实时展示配电网运行大数据

配电网监测分析一体化平台以调度SCADA系统、PMS生产管理系统、电能质量在线监测系统、95598客户服务系统为基础，大规模、全方位、多手段采集现场设备实时数据，将运行数据信息进行多维统计分析、精准定位，完整展示配电网运行信息、设备状态信息、运行环境信息、基础地理信息和状态监测信息等，提供从配电线路到变压器到用电客户的全过程监控和数据分析，及时掌握客户用电情况，实时监控配电线路和变压器运行信息及地区负荷变化情况，共展示主题32类，数据项836个，数据刷新频率最高达到60秒。

（四）深化营配调数据贯通，提高基础数据保障

1. 开展末端数据采集与治理，提高源头数据质量

配电网监测平台分析一体化平台的基础是末端业务数据的贯通，由于传统供电所内营销和配电（含配电调度）专业长期分割，导致营销专业基础数据与配调基础数据不匹配，没有完整的对应关系。营配调末端数据的采集与综合治理是一项涉及海量数据的复杂工程，针对营配调专业现状，制定《营配贯通总体实施工作方案》《营配调集成应用管理规定》《营配调集成数据质量管理规定》等6项规定，明确以电网GIS地理信息系统为核心，以营销系统为基础的营配末端数据融合方式，集中组织开展末端数据采集与治理工作，对末端数据质量进行深度管控。

高压数据采集以10千伏馈线为单位，依托PMS生产管理系统和电网GIS地理信息系统的馈线沿布图和地理背景，采集高压用户与电网设备的挂接关系，同时进行高压用户定位及用户台账核查。规定电网GIS地理信息系统中的高压专变用户、公用配电房的营配对应关系在营销系统内操作。

地理资源信息是电网GIS地理信息系统的基础，通过业扩流程对客户资源地理信息进行维护。分期分批组织人员到现场采集配电网设备的经纬度坐标和照片，及时录入电网GIS地理信息系统。在辽宁省内率先采用移动作业终端、GPS定位仪等电子设备，大幅提升采集效率和数据精度。

2. 搭建大数据处理中心，提高数据集成效率

针对多源采集的海量异构数据，在配电网监测分析一体化平台中，搭建大数据处理中心，实现营配末端数据的精准分析和高效处理。制定统一数据标准，根据外部采集终端来定义数据采集标准，依据内部管理业务制定数据展示模板。深度定制移动采集终端，实现设备信息、经纬度坐标、拓扑关系一次性采集完成。与PMS生产管理系统、GIS地理信息系统、营销系统建立数据接口，自定义数据传输协议，提供实时传输、定时批处理、数据文件等多种传输方式，实现外部采集的现场增量数据与内部管理信息系统数据实时同步。平台采用卫星实景地图，设备采集信息实时展示，彻底解决外部环境复杂、GPS定位漂移等问题，采集准确率大幅提升。平台内设置数据上传、提交、审批、制图、归档等多个管控节点，有效控制异常数据，实现数据业务全流程可追溯。

3. 建立数据同源维护机制,保障数据一致性

营配业务数据融合的基础是数据同源,每一项数据都必须有且只有一个维护源,传统的供电所内营配业务独立运行,基础数据出现了多源维护现象,从而导致数据的一致性无法得到保证。从基础数据维护界面和数据访问标准两个方面建立数据同源维护机制。

明确营销配电专业在基础数据维护界面的分工。在营销系统以电网资产设备作为集成分界点,实现高压用户的用电户号、用户专变与电网 GIS 地理信息系统的电网资产设备建立对应。营销系统中以电网 GIS 地理信息系统中公变为准,以公变设备为集成分界点,集成分界点及以上的电网设备信息以电网资源库和电网 GIS 地理信息系统为准,由配电专业运维检修人员负责维护;集成分界点以下的高压用户档案信息以营销系统为准,由营销专业负责维护。

建立统一的数据访问接口,所有对基础数据的访问都必须通过逻辑数据库服务进行,通过调用统一安全接口进行查询和修改,实现数据的同源维护。各业务系统需开发标准的接口适配器,通过身份认证后,才能通过统一安全接口访问基础数据,有效防止基础数据被恶意篡改。建立接入系统、操作类型、逻辑数据库、物理数据库、访问时间、状态等统一数据访问的审计日志,实时监视数据库性能状态,确保海量数据的高速处理。2017 年完成营销、配电等 12 个业务系统的 0.8TB 基础数据更新和 3.2TB 动态数据的存储和发布,过滤出 14400 条逻辑错误数据,解决数据冲突 4500 次,确保基础数据的一致性和权威性。

(五) 建立分层级的配电网监测分析机制

1. 优先开展配电用户频繁停电的监测分析

频繁停电是引发客户投诉的主要原因,同一用户两个月内停电三次及以上的报修,系统自动归类为投诉工单,因此优先开展频繁停电监测,将获取的配电网停电信息进行汇总分析,找出分析期内两次以上停运或报修的线路、台区和用电客户,并分析故障类型和主要缺陷分类,2017 年监测到频繁停电线路 133 条,台区 22 个,配电调控中心将预警明细提供给各专业部门及基层运维单位,为后期开展故障趋势预判,减少停电次数,降低投诉率奠定坚实的数据基础。

2. 重点跟踪高掉闸配电线路的监测分析

对分析期内系统中的线路掉闸次数进行梳理汇总,统计出高掉闸线路的条数和明细。重点跟踪配电网主线和支线掉闸超过 5 次以上的线路,在对 2017 年的 14 条高掉闸线路分析中,分别按照干线/支线掉闸情况进行分析,缩小故障范围,定位线路薄弱的"出血点"7 处,为高掉闸故障治理及大修项目储备提供依据。开展高掉闸线路整治成效评估,根据上一年高掉闸整治的 12 条线路跟踪结果,对比统计本年度高掉闸线路的运行情况。开展故障统计分析,按照整治后报修次数减少的线路和整治效果不明显的线路分类,将统计明细提供给专业部门或单位开展专项分析,2017 年累计形成 11 个大修项目列入年度整治计划中。

3. 持续监测问题配电变压器的总体运行状况

配电变压器过载、低电压、三相不平衡将严重影响客户的供电质量和可靠性,增加电能损耗。采用配电网监测分析一体化平台中的配变监测模块对存在问题的配电变压器开展持续性监测,同时对调整后的配变运行状况进行跟踪,形成闭环管理,监测结果作为配变轮换、低电压治理及三相不平衡整改的依据。

突出配变监测重点,按照过负荷 90% 及发生次数 3 次以上、低电压发生次数 10 次以上、三相不平衡率 60% 发生次数 10 次以上进行条件筛查,区分季节偶发性,2017 年共筛查出 82 台问题配变。按照超过限制幅度、持续时间、发生频次等进行多维度统计分析,监督各单位对严重问题配变及时处理。实施动态跟踪,将每期重载、低电压、三相不平衡配变数据与前期数据进行纵向比对分析,及时发现新增

的问题配变,再对增量部分重点分析,查明原因,形成闭环管理,2017年累计更换68台严重问题设备,配变运行可靠率提升12个百分点。

(六)构建基于监测分析的运维检修管理新模式

1. 制定针对性的运行维护措施,提高配电网运维效率

依托配电网监测分析一体化平台,可以直观量化地展现配电网运行维护的薄弱环节,从而制定针对性的运维措施。一是针对计划停电引发的报修工单,将计划停电线路数据及时发送给各专业部门,有效避免由于通知不到位导致的重复报修。二是针对掉闸线路巡视未见异常的状况,经过平台大数据分析,发现部分重合成功或试送成功的掉闸线路,其真实情况却是未巡线或巡线不到位,因此在每期的报修工单分析报告中,将巡视未见异常的掉闸线路下发给县公司,督促其加强巡视力度,查找真正故障原因。三是针对季节性故障规律预判,通过大数据的对比分析,转变工作思路,将"习惯分析已发生事件"转变为"发现历史规律",从而大幅提升趋势预判准确率。

2. 开展跨平台停电事件监测,提高可靠性系统完整率

配电网运维检修管理工作中,可靠性系统完整率偏低一直是困扰多年的专业瓶颈。依托配电网监测分析一体化平台,通过开展停电事件跨平台监测,将每月发生报修的停电台区与电能质量在线监测系统中采集到的停电事件口进行大数据模型分析,发现电能质量在线监测系统未捕捉到停电事件原因,除集中器采集异常外,主要为以下三方面:一是系统基础台账存在误差数据;二是与营销系统、PMS生产系统基础数据一致性不高;三是系统中台区与所属线路对应关系错误。

3. 采用标签库管理方式,提高配电客户精准服务能力

在配电网监测分析一体化平台中,通过集成各业务系统的客户负荷性质、用电地址、供电设备台账、设备健康状况等静态数据,以及相关的用电量、电压质量、负载、供电设备故障、缺陷等动态数据,以标签库的形式搭建数据模型,建立客户的基本属性、用电行为、重要程度、服务敏感度等系列标签,形成客户画像。在服务过程中,配电网监测分析一体化平台自动向工作人员推送客户标签,提高客户分级精准服务能力。

按客户标签并结合95598电话拨打频次、报修投诉次数分类,建立敏感客户群,由客户经理主动与其沟通,了解服务需求,提供主动服务。建立重要客户及楼盘、住宅小区用电健康档案,对电能质量、停电事件集中监测,主动做好供用电咨询、业扩报装等服务。拓展新能源客户监测模块,实现325家新能源发电客户上网电量、用电量及节能减排指标的实时监测,为新能源接纳提供及时、便捷、高效服务。

4. 实施工单三级督办制,流程全过程闭环管控

配电网监测分析一体化平台派发运行监测业务工单,依据工单处理时限自动进行三级督办管理,根据不同类型工单闭环时间的不同,划分三个时间节点,分别督办至班长和专责、部门负责人及分管领导三个层面,重点对欠费停复电、故障报修等投诉高风险工单加强过程管控,及时掌握工单流转状态,确保工单按时闭环完结,2017年工单完结率达到100%。

三、以大数据为支撑的跨平台配电网监测分析管理效果

(一)大数据分析技术推动配电网监测能力显著提高

配电网监测分析一体化平台在不断提高配电网监测能力的同时,也大幅增强大连电网整体调控能力,2017年城市供电可靠率达到99.985%,英特尔、恒力石化、造船厂等核心重要用户供电可靠率超过99.999%。年度停电时间减少67.5%,故障隔离时间由平均45分钟降低至1分钟,城市电网平均停电时间小于1小时,10千伏及以下配电网线损率降至4.79%,累计减少损失电量2200万千瓦时,增加售电量4000万千瓦时。先后圆满完成"达沃斯""中国国际软件和信息服务交易会""中国大连国际服

装纺织品博览会"等大型保电任务，为大连地区经济社会发展做出重要贡献。

（二）智能配电网管理模式彰显电网管理示范作用

通过对配电网运行状态的监测分析，促进了智能配电网运检管理模式的建立与实施，实现了人才队伍专业化、工程建设精细化、业务管理标准化、管理手段信息化。多源系统数据的整合及大数据技术的深度应用，打破了传统模式下生产时间与空间的限制，构建了以用户预警、风险实时预判、精益过程管控为代表的实时化、跨平台监测分析模式；通过对现场设备运行状态进行多维度分析，优化运维策略、故障缺陷分析，全面推动运检管理模式由"事后应对"向"事前防范"转变，"分散现场管控"向"集约远程指挥"转变，"传统经验判断"向"数据智能驱动"转变。

（三）管理效能集约化明显提升供电服务质效

以大数据监测分析为技术支撑的管理效能集约化，有效解决了结构性缺员与快速增长的配电网之间的矛盾，实现了配电网规划、建设、运维、营销、调控、通信各专业和各部门管理的无缝衔接，全面提升快速服务用电市场能力，从用电需求接收到配套电力项目落地的全过程业务时限同比降低15.5天。2017年大连地区10千伏高掉闸线路逐月减少，42条高掉闸线路中有27条线路报修工单数量相比2016年同期明显减少，占比64.29%；用户重复拨打95598报修电话（3次及以上）的号码数量下降31.28%；全年报修工单数量同比下降20%，大连电网供电服务质效得到显著提升。

（成果创造人：鲁海威、刘　波、王振南、李剑华、顾宝祥、杨万清、
王跃东、刘家振、吴国辉、阎　涛、牛明珠、王新宁）

创新引领的煤化工智能工厂建设管理

内蒙古中煤蒙大新能源化工有限公司

内蒙古中煤蒙大新能源化工有限公司（以下简称蒙大公司）是中煤能源股份公司所属二级全资子公司，位于内蒙古自治区鄂尔多斯市，成立于2012年5月，从业人员677人，注册资本31.99亿元，为中煤集团蒙陕基地煤化工板块核心企业。蒙大公司60万吨工程塑料项目，概算投资106亿元，于2013年3月开工建设，2016年4月投料开车，2017年8月转入生产经营，产品通过了国家食品级卫生检验标准和美国食品级（FDA）质量认证。蒙大公司曾荣获2017年内蒙古自治区"高新技术企业"荣誉称号，入选国家工信部、财政部"2018年智能制造综合标准化与新模式应用项目"和"智能工厂试点示范项目"。

一、创新引领的煤化工智能工厂建设管理背景

（一）落实中煤集团转型升级战略要求的需要

中煤集团是以煤炭为主业的中央企业，为贯彻落实国家产业结构发展要求，努力实施企业转型升级发展，重点推进山西、蒙陕、江苏、黑龙江、新疆五大基地建设，实现企业、产业、产品结构互补，提高产业竞争力，努力建设具有国际竞争力的世界一流能源企业。作为中煤集团蒙陕基地煤化工板块核心企业，蒙大公司按照中煤集团提出的"推动质量变革、效率变革、动力变革"要求，以两化融合为契机，扎实推进智能工厂建设，逐步实现产品智能制造，不断提高产品价值创造能力，有效应对产业周期波动风险，全面推动企业安全发展、绿色发展、科学发展、健康发展，这对于促进中煤集团实现转型升级发展意义重大。

（二）优质高效实现煤炭资源深加工、实现当地经济社会绿色发展的需要

内蒙古鄂尔多斯地区煤炭资源丰富，煤炭生产外运容易造成资源浪费和环境污染，实施煤炭深加工就地转化是推进煤炭资源综合利用、提升煤炭价值的有效途径。基于此，内蒙古鄂尔多斯地区煤炭制甲醇企业得到蓬勃发展，蒙大公司瞄准行业发展趋势，采用甲醇制烯烃（MTO）技术生产聚乙烯、聚丙烯产品，从而拉伸煤炭产业链发展，拉动内蒙古鄂尔多斯地区甲醇产品需求，这对实现地区煤炭资源就地转化、循环利用和绿色发展，发挥着十分重要的促进作用。

（三）顺应新工业革命发展趋势，落实国家战略部署的需要

当前，世界新工业革命已进入到信息化时代，新技术、新业态、新产业层出不穷，带来社会生产力的大解放和生活水平的大跃升。为抢占新工业革命发展的制高点，国家大力倡导创发展智能制造。智能制造可使产品性能产生质的飞跃，有效提高产品设计、质量与效率，使产品制造模式、生产组织模式，以及企业商业模式等众多方面发生根本性变化，实现制造业的革命与重造，推动企业转型升级、创新发展。因此，建设智能工厂，推进管理创新，是顺应新工业革命发展趋势的客观要求，是落实党的十九大精神的现实需要，也是加快制造强国建设步伐，加速推动经济发展由数量和规模扩张向质量和效益提升转变的重要途径。

二、创新引领的煤化工智能工厂建设管理内涵和主要做法

蒙大公司以"产品智能制造"为目标，以实现设备智能、管理智能、决策智能为手段，组建由系统集成商、软件开发商、智能装备制造商、高等院校为成员的联合体，共同推进智能装备、自动化控制、制造执行、资源计划管理、智能物流装备等关键技术在生产制造过程中的应用，提高生产运行管控能

力，保障生产装置"安稳长满优"运行，减轻作业人员劳动强度，提高产品质量，降低生产运营成本，提升企业经济效益，实现生产全流程的信息化、智能化管理。主要做法如下。

（一）明确组织领导和基本原则及智能工厂总体框架

1. 构建智能工厂建设的组织体系

蒙大公司成立信息化建设领导小组，统筹研究规划，协调推进智能工厂建设，形成公司领导顶层设计，信息中心牵头组织，联合研发团队技术保障，各部门、中心具体落实的智能工厂建设工作机制。按照智能工厂建设总体布局，保证建设资金投入，加强与工艺专利商、科研院所和各大院校的技术交流和技术合作，引入先进的管理理念、前沿的智能化技术设备，并在生产实践中创新与应用，推进煤化工企业智能工厂建设。

2. 确立智能工厂建设的原则和工作思路

蒙大公司在积极借鉴国内外一流煤化工企业先进管理经验的基础上，形成"全面感知、优化协同、绿色环保、智能蒙大"的智能工厂建设基本原则，确定"顶层规划、分期实施、关键先行、有序推进"的智能工厂建设工作思路，编制《蒙大公司智能工厂建设规划》，结合行业特点和企业实际，广泛采用现代信息处理和通信技术、智能测量和控制技术，推进自动化、信息化与产品制造的深度融合，努力实现设备智能、管理智能、决策智能，最终达成智能工厂的建设目标。

3. 顶层设计智能工厂建设总体框架

蒙大公司智能工厂建设由基础工艺层、智能装备层、智能生产系统、智能管理系统四层体系结构组成，充分运用工业互联网、人工智能技术，实现两化深度融合，推动产品的智能制造。

（二）创新应用智能装备，推进智能生产

蒙大公司引进智能技术装备，强化智能装备的创新应用，不断提升公司智能管控水平，推进智能工厂建设迈上新台阶，通过智能装备在煤化工企业的开发、推广与应用，有效保证装置安全、稳定、经济、满负荷运行。

1. 应用先进的监测设备和技术，提高安全管控水平

一是应用高性能光纤传感技术。针对甲醇制烯烃工艺和安全要求的特殊性，采用高性能光纤传感技术，将光纤传感器应用在高危区域入侵防护、管道振动监测等方面，做到安全防护和预测感知设备运行状况。二是应用热成像在线监测系统。蒙大公司装置及设备、管线等分布面广而分散，安全防控困难。通过采用热成像在线监测系统，可对设备、管线局部是否过热、管壁是否减薄、管束是否内漏等故障现象进行在线分析判断，同时对温度过热等信息进行报警，实现对设备、管线等进行全方位管控。三是应用大机组远程监控与故障诊断系统，实现资源共享和故障精准诊断。利用生产厂家同类机组的诊断模型和典型案例，并采用全息监测技术，依托大机组状态监测分析大数据库，建立故障特征数学模型，将专业的诊断技能与计算机技术不断融合，实现大机组预警、智能诊断分析、预知性维修、性能分析等功能。系统能实时远程监控大机组运行状态，准确判断故障类型，保障大机组全天候稳定可靠运行，减少维修次数，缩短维修时间，为预知性检维修提供支持，实现对设备全生命周期的管理。四是应用地下管网泄漏监测技术，实现无泄漏工厂。由于甲醇及循环水等装置有部分地埋管线，容易出现热胀冷缩及管道沙眼等问题，易发生管道渗漏，污染周围土壤，甚至引起火灾爆炸，通过应用光纤测温技术，解决管道渗漏监测技术难题，当发生介质渗漏时，管道周围的温度会升降，光缆测温技术可感知温差变化和渗漏位置，可有效避免管线介质泄露损失和事故的发生。先进的监测设备和技术的推广与应用，有效提高了公司智能安全管控水平。

2. 应用先进仪表，提高数据采集分析和诊断功能

一是应用电液转换仪表。通过电液转换器将电动仪表与液动执行器相结合，利用信息化、智能化网

络平台，实现汽轮机运行的自动优化控制。二是应用在线色谱仪和核磁共振仪表。甲醇纯度和含水量是影响产品质量的主要因素，应用快速色谱分析仪，现场分析出甲醇浓度和含水量，根据结果及时决定甲醇是否卸车，避免不合格甲醇进入罐区。三是应用温度、压力、流量、物位、振动仪表。测量和控制各种工艺及设备参数，实现自动采集与系统连锁，生产装置自动化水平得到提升；仪表参数集中采集，进入信息网MES层，作为生产经营与决策分析的重要依据。四是应用无线仪表。使用无线振动和温度传感器及图谱分析技术，通过频谱、波形等科学的分析，诊断机械设备的故障类型及原因，从而缩短检修时间、提高检修质量。

3. 应用智能化设备和系统，提高工作效率，降低安全风险

一是应用全自动包装系统。实现双聚产品自动装袋、自动称重和袋口热封、智能分拣和自动码垛等功能，改变了传统的生产方式和管理模式，减轻了人员的劳动强度，极大提高了工作效率。二是应用智能衡器装备。甲醇卸车自动称重系统与汽车衡器配套使用，实现车辆自动识别、车辆定位、车辆称重、视频监控、语音提示及现场显示、自动打印等功能，减少了操作人员，避免了人员误操作和人为作弊，规避了安全风险和从业风险。三是研发工业机器人及成套装备，应用在甲醇卸车、药剂加装等作业中，创新性体现在对工业机器人防爆要求的功能开发中，通过视觉、光电等传感器元件，实现槽车开盖关盖及取样、加药剂等智能化识别执行功能。四是应用可靠的控制系统，实现数据集成和装置集中控制。结合甲醇制烯烃工艺特点，合理布局工艺装置，采用先进、自动化程度高的分布式控制系统（DCS），实现全流程自动化控制。利用DCS数据采集与监控系统的功能，实现与成套设备PLC、SIS和CCS系统之间的实时信息交互，做到全厂控制系统集中管理。基于纵深防御安全体系的工业控制网，实现各系统单元信息的互联互通。

4. 应用三维可视化智能巡检系统，实现时间和空间无盲区巡检

集成应用人脸和图像识别、光纤传感器、智能摄像头、无线仪表等智能装备和技术，实时掌握装置现场画面、有毒有害气体浓度、设备振动、温度和声音传感数据。一方面，通过多种传感途径进行自动化、智能化风险识别和情景化展示；另一方面，工作人员在三维可视化空间中进行虚拟巡检，实现虚拟巡检代替人工巡检。发现设备异常自动报警，提醒员工及早发现生产和设备问题，消除安全隐患，减少现场巡检人员，有效降低巡检现场的安全风险。

5. 建设4G无线网络基站，实现厂区网络全覆盖

实现生产区4G无线网络信号全覆盖、无盲点。通过使用防爆智能终端，开发现场作业审批流程管理APP，实现作业票现场确认和审批（电子签名）；作业人员携带智能防爆终端、四合一可燃和有毒气体检测仪、防爆智能手环进入现场施工，管理人员通过监控平台了解作业现场的实时信息，并与现场作业人员视频对讲、集群可视化对讲，真实反映作业进度、环境信息等，对作业过程全程录像并实时监控，对现场人员违章违纪现象及时纠正。同时视频录像可作为标准作业的教材和现场分析材料。现场4G无线移动视频，在厂区任何区域随意部署使用，及时掌握现场或密闭空间作业情况，实现可视化生产指挥。

（三）优化工艺设计，实施数字化建模与仿真

按照智能工厂建设项目规划，蒙大公司扎实推进工厂数字化建模与仿真，在管理创新方面，通过数字工厂优化工艺设计，实现生产系统的科学化、规范化管理。三维可视化数字工厂是基于全热点、知识视图、智能适配引擎等技术作为业务支撑的装置数字模型，集成工程设计、DCS数据、巡检信息、设备档案、视频监控等平台，逐步建成与实际装置接近的孪生工厂，用于模拟吊车吊装、土方挖掘和设备检修、工程施工、工程结算、工艺流程培训等多个业务环节，实现科学决策、规范管理，从而提升企业的生产经营管理水平。

三维可视化数字化工厂建设主要包括原料及储运罐区数字化建模与仿真、DMTO、烯烃分离装置区数字化建模与仿真、聚乙烯和聚丙烯装置数字化建模与仿真三部分。整个数字化工厂的建造过程涉及工厂的建设和技术改造过程，通过对数字化工厂建造过程的控制，确保实现数字化工厂建设质量、建设周期和建设成本等预定目标，包括数据采集、流程、信息载体、系统平台的建造实施，满足系统集成性、创新性，实现数字化工厂建设管理科学化、规范化的目标。

1. 采集建造过程数据

通过建造过程的 PDMS、PDS、三维可视化 Max、CAD、现场图片等模型数据构建数字化工厂的三维模型，形成直观形象的展示。在三维模型的基础上，构建各类装置设备、管线等属性可视化展现，实现对生产动态数据的展示以及为其他需要数据服务的子系统提供数据共享。因此，在整个系统里，可视化工厂模块需要与设备管理、实时数据库、安健环管理、智能巡检、视频监控等多个子系统进行无缝集成。

2. 明确建造内容

根据各专业的需要，逐步建成与实际装置相似的孪生工厂，通过对动态生产数据、设备运行及制造数据、安全环保信息、巡检维护及检维修信息、各类报警信息等的应用，实现视频监控、智能安防以及核心技术装备的集成管理。

3. 实施建造过程的项目管理

数字工厂建造的目标是建设两个工厂，一个是真实的物理工厂，另一个是三维数字化工厂。物理工厂和三维数字工厂紧密结合实际应用，为数字化工厂的建设奠定基础。

4. 交付数字化工厂

三维虚拟数字化工厂设计者根据用户需求审核数字化交付内容，将竣工后的业务模型及相关数据进行系统集成，提高数字化工厂三维平台的运行能力。

（四）推进智能化管理与决策

蒙大公司结合企业实际，积极探索信息化、智能化技术装备在煤化工企业应用的新途径、新理念，并在智能工厂建设过程中大胆创新与实践，走出一条具有煤化工企业特色的智能工厂建设的新路子。

1. 应用先进控制技术，实现精益化管理

利用在线闭环自学习、自校正建模方法及多变量智能协调控制技术，实现在线辨识闭环系统中的连续过程模型和多变量智能控制，解决装置运行中多变量、非线性等多约束控制难题，提高自控率和操作平稳率，实现卡边控制，提高产品收率和产品质量。例如，对锅炉进风及排风风门的控制，应用大数据统计分析方法，对执行机构耦合特性进行研究，采用基于模型的智能预估控制方法和先验知识的安全运行区间控制技术，解决液力耦合机构纯滞后控制难题，保证锅炉炉膛氧含量和炉膛负压处于最优数值，改变旧的控制方法和管理理念，提高锅炉热效率和运行安全性。

2. 应用作业智能安全管控技术，实现安全智能化管理

应用 4G 无线网络和移动视频及有毒有害气体检测、智能手环、图像识别等技术，将作业现场、有限空间内的作业画面和有毒有害气体浓度、人员健康状况等信息实时上传监控室，建立预警模型，当有异常现象或作业人员身体不正常时，系统通过视频通信系统自动报警，作业现场采取防范措施或警示人员撤离现场；建立施工及现场管理人员数据库，应用电子地图和图像识别等技术对作业人员进行管控，对无资质进入作业现场人员，现场扩音系统自动告警提示或者管理人员强行阻拦进入作业现场，从而提高安全管控水平。

3. 应用设备智能监测技术，实现预知性管理

实施机泵群监测与故障诊断分析。对于旋转设备运行状态进行预测分析和远程故障诊断是目前行业

研究与应用的难点。公司对重要机泵增加无线测量仪表，采集振动、温度、声音等信息，利用4G无线网络平台，实时上传数据，消除监测时间和监测位置盲点，应用大数据分析技术和旋转设备运行特性及专家智慧、历史数据，建立故障诊断与分析数学模型，实现对机泵运行故障的诊断分析、预测及远程运维服务，避免发生设备安全事故和装置停车。

4. 应用生产执行系统（MES），实现生产经营信息化管理

MES与DCS、ERP高度集成，实现生产工艺与工业控制系统、信息系统的深度融合，消除信息孤岛，突破企业传统控制体系的层次概念，统一数据管理、统一通信、统一平台，将分散的控制系统、生产调度系统和管理决策系统等有机的集成起来，实现信息化与工艺过程管理、质量管控、经营决策的深度融合，使业务工作实时化、公开化、透明化。集成IT设备、OA办公、移动办公、ERP等多个应用系统，实现智能工厂信息流的全面贯通和管理制度化、制度流程化、流程表单化、表单信息化。通过生产执行系统与各管理系统的数据融合，共享信息，实现生产经营管理快速决策、科学管控。

5. 应用大数据分析系统，实现产品质量科学化管控

应用大数据建模、软测量技术和化验室分析设备及在线仪表测量数据，建立产品质量和半成品质量及工艺过程分析大数据平台，挖掘数据之间的内在关联。当工艺过程分析数据发生变化时，应用大数据质量管控系统，判断质量出现变化的根本原因，及时在工艺控制过程中做出调整，实现产品质量管控前移，及时调整工艺操作，用智能化技术保证产品质量，实现产品质量科学化管控。

三、创新引领的煤化工智能工厂建设管理效果

（一）取得了突出的建设效果

一是推进了企业组织变革、管理创新和流程优化，形成了高效运转、可持续发展的管控模式，实现生产、控制、管理一体化，提高了管理效率，降低了运营成本，促进了企业转型升级。二是推动了自动化设备和监测预警系统的广泛应用，保障了各生产装置安全稳定、长周期运行，未发生非计划停车和人身伤亡等事故。三是推动了先进工艺技术和智能控制技术的应用，不断优化生产工艺指标，降低了甲醇单耗，提高了双烯收率，各项生产指标行业领先，实现了装置安稳长满优运行。四是推进了三维可视化智能巡检的应用，很好地解决了传统巡检方式的弊端和不足，减少了现场巡检人员数量，消除了巡检人员意外伤害的风险，提升了煤化工生产装置的安全性和稳定性，增加了企业经济效益。五是推进了智能工厂示范基地和行业标杆的建设，推动了煤化工企业智能工厂平台建设，推进了煤化工行业向数字化、智能化、绿色化方向发展。

（二）取得了显著的运营效果

蒙大公司智能工厂建设，创新了企业管理，推进了智能制造，实现了效益提升。一是降低了生产成本。实施全流程智能化控制，采用新型催化剂及碳四、碳五预积碳技术，双烯甲醇单耗显著降低，在同类装置中处于领先水平，降低了企业运营成本。二是提高了生产能力。积极推进两化融合，在不断优化工艺和提高控制质量的条件下，装置设备实现了"安稳长满优"运行，开工以来装置负荷保持在100%以上。三是提升了企业效益。利用先进控制和信息化技术，实现了产品差异化生产，产品研制周期提高，产品不良品率降低。目前，聚乙烯产品共开发出9个产品牌号；聚丙烯产品共开发出4个产品牌号，取得了较好的经济效益。四是提高了工作效率。通过智能工厂建设，实现了各装置的自控率均达到96%以上，提高了装置的自动化水平和稳定性，降低了员工劳动强度。五是降低了能源消耗。采用APC先进控制和智能控制，提高了经营效益，单位产值能耗降低15%以上，较大幅度减少了企业碳排放量和生产水用量。

（三）取得了良好的社会效果

蒙大公司智能工厂建设得到了国家工信部和财政部、中煤集团公司、内蒙古自治区、鄂尔多斯市及

国内同行业专家的充分肯定和高度赞誉。一是树立了智能工厂建设新标杆。采用三维数字化建模，实施先进工艺技术和 MES 制造执行、物流条码跟踪、热成像数据监测、生产过程控制与优化、工业机器人作业等智能系统，实现了从单元到生产线、从生产线到装置、从装置到工厂的全面数字化控制与管理，为煤化工行业发展树立了新标杆。二是提高了产品的社会美誉度。全产业链数字化的控制与管理，使产品质量实现了全面可追溯，不仅提高了消费者对产品和品牌的信任度，更是企业对消费者负责、主动承担社会责任的体现；产品质量得到同行及下游企业的好评，社会美誉度得到极大提升。三是促进了区域经济健康发展。促进了当地聚烯烃工业产业链的蓬勃发展，已有聚烯烃加工企业落户鄂尔多斯市乌审旗，解决了当地农牧民子女及社会就业问题，促进了地企合作和民族团结，为当地经济的发展和社会的稳定做出了积极贡献。

（成果创造人：李俊杰、王　六、冯细明、谢立波、李志荣、智斌海、陈美军、冯志宝、宋学强）

供热企业实现节能减排的智慧热网建设与管理

乌鲁木齐华源热力股份有限公司

乌鲁木齐华源热力股份有限公司（以下简称华源热力）是新疆华源投资集团有限公司的控股子公司，现有员工516人，资产总额12.67亿元。目前，华源热力下设五个热源厂，拥有燃煤、燃气、电锅炉等多套先进设备，燃煤锅炉设计总装机容量662兆瓦，燃气锅炉总装机容量914.5兆瓦，电锅炉装机容量112兆瓦，已实现1400万平方米供热面积，服务用户9.3万余户，经营产值近4亿元。华源热力建设了西北五省第一个"国家重点环境保护实用技术示范工程"，是新疆首家通过"安全生产标准化二级企业"的供热企业，新疆唯一被评为环保行为优良的供热企业。

一、供热企业实现节能减排的智慧热网建设与管理背景

（一）落实国家节能减排政策，促进行业绿色发展的需要

城市供热作为高耗能基础性产业，是落实国家节能减排政策、促进生态文明建设的关键行业之一，供热企业须积极响应国家和政府号召，落实节能减排任务。当前，大数据、云计算、网络信息技术等新兴技术深度推广应用为企业带来新的发展机遇，城市供热行业迫切需要进行能源革命、管理创新和技术创新，华源热力将以节能减排为目标的管理思路与新技术、新工艺相结合，探索适应企业自身特点的管理和技术双创新模式，采取综合手段提升供热管理水平，以科技创新降低排放，向信息化、数字化、精细化、智能化管理要效益，积极探索供热模式和管理机制的创新，提高生产效率、能源利用效率、清洁化水平，打造安全、节能、高效、环保、智能的城市集中供热系统，以点带面促进供热行业创新、绿色、协调发展。

（二）提升城市供热服务水平，增强民生保障力的需要

随着供热面积规模化扩张、节能减排的深入与供热模式的革新，华源热力急需通过科技、信息、网络手段高效集中、整合经验和数据，建设集多热源供热联网运营、供热能耗监测与管理服务为一体的智慧热网管控体系，结合不同建筑类别、不同建筑特性、实时天气温度等实现差异化、均衡供热，改善供热薄弱环节和区域，通过精准高效的运营管理为广大用户提供高质量高水平的供热服务和产品，打造华源热力"家家热"品牌建设，逐步实现社会民生保障和企业"双赢"。

（三）突破管理瓶颈，实现企业高质量发展的需要

华源热力供热规模不断扩大，供热模式也由单一能源转变为燃气、风电等多种能源并行，迫切需要突破供热成本高、热效率低及用户服务不够精准的管理瓶颈，更多运用互联网、大数据等信息技术手段来建立完整健全的智慧热网管控体系，将智慧热网与企业技术创新、内部管理深度融合来实现从热源到用户的精准高效智能化管控，由"热源供多少热，用户用多少热"模式转变为"根据用户的需求精准调控换热站、根据换热站的控制来调节管网及热源的热量供给"模式，使生产运营过程中各项资源综合、合理、集约、高效地利用，实现供热企业各部门精准协同管理和管理效益最大化。

基于上述原因，华源热力自2012年起开始实施实现节能减排的智慧热网建设与管理。

二、供热企业实现节能减排的智慧热网建设与管理内涵和主要做法

华源热力通过技术革新和创新管理提高供热设施效能，建设并创新应用集热网监控、能耗监控分析、设备管理和用户服务调控为一体的管理平台，深入挖掘技术管理潜力，促进供热生产运营全过程精益化，实现供热过程中节能降耗；以"热到心头，暖到家"的供热服务宗旨为指导，以安全、节能、高

效、智能和用户满意为导向,实施大客户管理模式和供热服务闭环管理,实施"643"安全风险管控,规范安全标准化管理,以班组建设为核心激发工匠团队活力并打造精益求精的管理文化,建设从供热源头到客户的全系统智能热网生态管理体系,实现供热智能化、信息化精准管控。主要做法如下。

(一)制定智慧热网管控体系建设规划,科学设计实施路径

1. 明确设计思路,制定五年发展规划

2012年,华源热力确立以节能减排、降本增效和高效服务为导向,以安全经济运行为基础,依靠"互联网+"及先进的科学技术、自控设备,使供热生产运行管理、节能监控、设备管理、客户服务、收费管理等各环节数据共享、统一调配、实时监控,实现多热源、多种供热模式联网智能化运行的设计思路,切实提高供热服务质量及设备管理水平,推动华源热力提质增效和转型升级,实现企业创新、绿色、协调发展的目标。

2. 确立实施路径,构建产业生态体系

华源热力以持续性技术、管理创新和降本增效为实施路径,其特点为以供热、用热全过程为管理主体,通过企业劳模(职工)创新工作室、技能大师工作室为载体,引领技术、设备、工艺等全方位创新,不断提升热网智能化程度和节能减排效率,以智能管控与集成管理与供热、用热全过程有机融合,逐步形成完善的网络化、智能化、服务化、协同化产业生态体系,从根本上解决供热企业精细化管理难度大、劳动力成本高等问题,持续提升企业管理能力,确保供热系统安全、舒适、节能。

3. 建立四级管理小组,确保执行落地

华源热力成立以经理为组长、领导班子为成员的智慧热网建设管理领导小组;以总工程师担任组长、生产计划科、运营管理部组成的智慧热网建设推进小组;由总工办、安全部、自控部、保全厂、热源厂班组成员组成的智慧热网建设实施小组;由党支部书记领导、党群行政部门成员为主的宣传保障小组,为智慧热网管控体系建设提供精简高效的组织保障,营造全员积极参与的良好氛围。同时,根据年度工作目标和任务,科学分析预判市场拓展与服务管理的重心和关键点,持续调整优化机构设置与管理分工,不断改进工作模式,构筑符合实际需求的机构模式,确保组织机体活力。

(二)引进先进管理工具,搭建智慧热网管控平台

1. 引入 IDH 智慧热网管理平台,生产运营智能管控

2014年,华源热力引入 IDH 智慧热网管理平台,利用互联网建立以全面节能为目标,集热网监控、热用户服务调控和能耗监控为一体的集成化的供热指挥调度平台,对供热系统内的热源厂、管网、换热站和辖区终端热用户的整个供热生产过程实施联网集成管理,达到从燃气用量到热能生产、输配、到用户消耗的参数检测、统计分析、精准计量、智能调控的目的,稳步推进全网智能化监控与高效管理。

一是实施供热生产智能监控。在热源、管网、换热站及楼栋和用户等位置安装传感器,实时监控温度、压力、流量、热量等供热参数,利用信息技术采集大量数据,通过互联网将热源、换热站、用户室温、用量等数据上传至智能热网平台监控中心,借助数字大屏准确显示用户楼栋、房号、面积、供回水温度等实时流量数据,从热源、管网、换热站到末端热用户进行全局监测,涵盖运行参数、能耗数据、氮氧化物排放指标变化及设备运行情况,全面掌控供热系统全过程运行情况,实施预警管理,从热源生产到换热站、到用户终端供热量和用热量的"可调、可控、可计量、可远传"的管理目标,实现用户室内精准控温。

二是实施能源数字化管控。通过 IDH 智能管理平台对供暖运行全过程中能源消耗数据进行实时动态监控,对数据进行高效集成的整理、存储、计算和分析,定期汇总全网耗能并进行同比与环比,形成耗能定额库,进行水力平衡、供热质量等专业分析与量化管理,保证供热系统安全可靠、节能高效的运

行效果，提供能耗测评和节能评估分析数据依据，实现能源数字化管控。

2. 链接地理信息系统，设备智能化管控

华源热力通过应用智能化、信息化手段，推进设备硬件设施的技术革新与管理创新，进一步降低供热设备运行能耗，提高供热设备性能与使用效率。一是完善设备电子档案。通过全面开展管网、设备"大普查"，明确各种设备（包括锅炉、循环泵、阀门、管网等）的生产厂家、设备型号、使用年限等信息，近10万件供热设施拥有电子"身份证"，同步录入设备地理信息系统，并将地理信息系统和智能热网管理平台相互链接。二是利用GIS分析、模拟等强大功能，存储、管理、检索、维护和更新各类设备的图形数据和属性数据，实现设备电子化管理。三是通过电子地图可视化管理，利用供热设备调拨、管网设计及故障处理等功能，为供热管网日常维护、设备分布、巡检、设计施工、分析统计、规划提供决策参考和科学依据。

（三）深入挖掘技术和管理潜力，促进生产运营精益化

1. 树立绿色发展理念，实施节能技术改造

一是利用烟气余热，实现"高"回收。燃气锅炉排出的烟气中含有大量热量，以往通常被直接排放到大气中，导致大量烟气余热被浪费。企业通过实施烟气余热回收利用改造，锅炉排烟水蒸气冷凝率提升至80%，锅炉综合热效率由93%提升至108.39%，回收的烟气余热直接覆盖100万平方米面积供暖。二是应用超低氮燃烧新技术，实现氮氧化物"低"排放。华源热力率先应用先进的超低氮燃烧新技术，对12台70MW燃气锅炉实施超低氮燃烧新技术试验性改造，使氮氧化物排放浓度达到$60mg/m^3$以下。三是实施"气电互补"模式，引领"新"潮流。华源热力在全国率先实施"气电互补"新型绿色清洁供热模式，采取错峰供热方式，每天在谷电时段运行电锅炉，在峰电与平电时段采用燃气锅炉供热运行，节能减排成效明显。

2. 完善技术管理，助力降本提质增效

一是成立专家智库。通过内培、外聘等方式，组建专家智库，定期深入一线指导工作、关心培养人才，集中力量解决技术问题。同步设立多个专项小组，分组负责项目实施。二是优化技术管理体系。不定期组织专家召开技术指标论证会，通过专题研讨和集中论证等方式，集中编制完成技术管理制度，涉及实施、考核等环节全过程，进一步明确技术管理、创新方向和目标，确定技术创新实施可行性。三是加强产学研合作。深入推进产学研合作，与清华大学、河北工大、新疆大学、天津宝成、北京硕人公司等院校、企业建立战略合作联盟，重点在节能减排技术、供热设施设备、人才培养、科技攻关等方面加强合作。四是加强国家产业政策与地方行业政策协同，增加企业社会适应性与抗竞争能力，持续推进华源热力内外跨系统、跨领域的协力合作，不断提升产学研合作能力、水平和效率，发现和引进新技术。五是增强技术改造力度。围绕拓展企业利润空间、降本增效，每年滚动修订《华源热力技术改造方案和计划》，不断提升技改科学管理水平。同时，深度实施检修技改工程，有效应对和解决各类技术难题。

3. 开展"四化"过程管理，精准管控生产成本

第一，运行指令清晰化。根据智慧热网管控体系对大数据分析与管理要求，在采暖期开始前通过汇总、分析近年历史能耗数据，编制完成当年采暖期各生产单位主要能耗计划指标。按照日清日结、令行禁止的原则，每天由调度部门下达各项生产运行指令，各生产单位根据指令分解岗位工作任务，严格执行定额计划指标。

第二，运行操作可视化。通过智慧热网管控系统，所有设备运行指标及状态均显示在计算机大屏上，随时监控和调取各项数据。按日、月汇总各单位能耗数据、运行参数，监控燃气用量、用水、用电、供热量、温度、压力、流量等关键数据指标，分析能耗及运行工况，保障供热质量，降低运行成本。

第三,校准调整动态化。一是建立参数差异化管理机制。量化换热站不同温度、区域、建筑类型的运行参数指标,运行期间适时根据区域测温结果分析,动态调整换热站运行参数。二是生产运行人员依据运行指令,结合走动管理及用户实时反馈提出指令调整要求,对全网流量进行平衡调整,促进流量分配更加均衡合理。三是自控部门通过对各热源厂、保全厂温度、压力、流量等指标和参数定期进行校准、修正,确保动态调整达到最佳指令要求。

第四,考评奖惩严格化。制定并执行《华源热力公司燃气锅炉房及保全厂冬季安全运行考核办法》,加大对生产指令执行、监督以及能耗数据管控与考评力度。一是生产计划科每日根据室外温度下达运行参数指令,实时监控换热站数据,对流量、温度超出标准范围的生产单位实行日通报、月考核。二是每月会同客服中心与经营管理部门集中考核评比,把能耗管控、设备管理、安全生产、用户服务等指标纳入主要考核内容,每周开展安全检查、考核打分,并将其作为年终考评、绩效奖励与评优选先的重要依据。三是针对存在的问题,通过经济奖罚、通报批评、预警及约谈等方式,同步提出明确整改措施,实施全程跟踪整改。

（四）依托网络信息系统,提供统一高效的客户服务

1. 开发应用客户服务网络信息系统

第一,管理系统平台处理自动化。应用客户服务管理系统,实施统一的用户咨询、报修、投诉等各种业务自动化处理,细化网络派单流程。一是客服中心集中收集、记录、整理、分类用户投诉问题,转到相应的责任部门,责任部门需在规定的投诉处理时间内解决实际问题,并将处理结果报客服中心,客服中心全程跟踪整个处理过程,并按照处理时间节点,及时电话回访用户反馈意见。二是客户服务管理系统与企业24小时服务热线互通互联,用户呼入电话后,客户服务管理系统自动识别电话号码,并快速显示与之对应的用户姓名、家庭地址、是否交费、历史报修记录等详细信息,通过系统派单功能将用户信息及报修内容自动派发维修人员。

第二,推广微信公众号线上"微服务"。开通"华源热力"企业微信公众号,在服务模式上提档升级,丰富服务方式,通过平台分享用户关心的各类供热问题及生活常识,打造"网上＋网下"相互促进、有机融合的工作新格局,架起双方沟通交流的纽带与桥梁。

第三,开通银行网上缴费系统和微信公众号缴费功能。为用户足不出户运用网络、微信等平台和载体缴纳采暖费提供方便,改变了一直以来依靠收费窗口单一、陈旧的收费方式,进一步拓宽服务渠道和丰富用户缴费方式。

2. 建立统一高效的服务管理机制

第一,坚持"五零"工作原则。明确服务人员"零距离"、服务环节"零推诿"、服务事项"零积压"、服务质量"零差错"、服务对象"零投诉"五项服务原则,为高效服务提供遵循和指引。

第二,推行"321"工作机制。一是快速响应,突破专业壁垒。针对供热环节发现的运行问题或用户投诉,明确由保全部门牵头,保持与热源供应部门、经营客服中心信息互通,形成3个部室相互协同配合的快速反应联动机制。二是实行抢修2级判断处理机制,一般抢修由保全厂迅速组织力量进行抢修,针对重大抢修事件立即启动联动机制,并第一时间上报领导小组,同时报行业主管部门备案。三是"牢牢把住用户用暖需求,做好用户服务"1个中心任务,与客服中心密切配合,及时掌握、收集、整理、分析终端用户的数据信息,为上游热源厂生产运行提供翔实依据。

第三,确保"三到位"。一是认识到位。加强管理、服务、调度的统一协调,通过优质服务"让政府满意、让社会满意、让百姓满意"。二是组织到位。建立片区所、保全厂、企业层面三级用户服务体系,有效解决用户服务中的各类疑难杂症,同时关注对特定人群特殊困难的精准帮扶,形成用户服务工作闭环管理。三是监督到位。充分利用信息化手段,借助电子服务流程系统强化服务监管,对内提高客

服工作人员劳动生产率，对外提高用户服务工作效率与服务处理的通透性。

（五）实施本质安全管理，夯实智慧热网运营基础

1. 严格落实安全生产责任制

一是明确安全生产责任和目标。按层级签订"安全生产责任状"，将安全责任状层层分解至热源、保全厂、班组、个人，定期开展年度考核。针对各管理岗位均制订安全管理职责，在各生产岗位设置专、兼职安全员，确保安全责任到位到岗到人。

二是开展安全文化建设，常态化推进安全生产管理，牢固树立"保人身、保系统、保设备、保供热"的理念，通过在醒目位置和重点区域设置安全风险公告栏，制作岗位安全警示标志等方式，从制度与流程、教育与培训、执行与监督等方面，持续强化安全基础管理工作。

三是严格安全责任追究。严格执行安全规章制度，充分发挥安全监察人员的作用，按照"四不放过"原则，确保责任追究落实到每一层级，每一职级，每一岗位。

2. 实施"643"安全风险防控管理

以"六会"（晨会、周会、经理办公例会、生产调度会、经营分析会、安全生产会）、"四检"（日检、周检、月检、点检）、"三验"（班组验、部门验、公司验）工作制度为依托，夯实安全运行管理基础。

第一，坚持日常巡查与定期巡检相结合。坚持落实以日、周为单位的安全生产检查制度，定期对关键设备、要害部位、关键环节进行重点全面排查，认真实行督办，做到整改"措施、责任、质量、时限、预案"五到位。形成检查问题库，以会议通报与OA办公网络下发督办的方式限时整改。部门自检实施运行"三规定"的走动管理，即各单位工程技术及管理人员在规定的时间到达规定的地点进行规定设备巡检，检查结果记录上传，保证设备持续稳定安全运行。

第二，强化安全生产基础管理。一是落实各项安全措施，提升安全管理水平，牢牢树立对违章违规"零容忍"意识，加强整改过程控制和整改成果验收。二是针对作业现场定期或不定期开展检（巡）查督导，发现问题及时指正，切实解决安全生产薄弱环节和突出问题。三是成立应急抢修队伍，编制《处置突发事件应急管理预案》，组织开展安全应急演练和培训，强化专业器具操作使用，提高企业应急处突能力。四是开展风险评估，深化隐患排查治理。结合安全标准化运行情况，建立完善安全风险分级管控和隐患排查治理工作制度和规范16项，依据安全风险类别和等级建立安全风险数据库，确保安全风险可控能控在控。

3. 实施设备智能管控，提升安全系数

华源热力为全面提升供热安全保障能力，夯实设备管理基础。一是实施换热站无人值守管理。在140余座换热站安装先进的自控、计算机、通信、视频监控、电磁调节阀等设备，借助智慧热网对换热站设备运行工况实施科学规范的远程监控管理，由手动调节转变为自动调节监控的自动化管控模式。二是换热站标准化、规范化的科学管理与智能热网相结合，周期性开展供热设备设施和供热管网的维修保养、更新改造、修旧利废，稳步提高供热设备性能，逐渐降低供热设备运行能耗，确保供热设备设施完好率达到100%。

（六）以班组建设为核心，保障热网高效运行

1. 激发工匠团队活力

第一，培育创新孵化基地。一是加强智能化管控核心管理人才、技术人才和一线工匠人才的培养。通过开展司炉、维修、电工专业岗位大练兵等专题活动，采取"理论考试＋实践考核"方式，评定企业工匠2人，高级工22人，中级工121人。二是推行技术工种持证上岗制度。通过外请专业教师在企业内部集中组织钳工、焊工、电工等工种专项取证培训，59人取得职业资格证书，持证率达62%，64人

取得特种作业操作证，专业岗位持证率达100%。三是吸纳爱岗敬业、技术精湛、锐意进取的工程管理和工程技术人员、一线工人到创新工作室参与各类创新工作，打造行业领先、技术过硬的优秀产业技术工人团队。

第二，完善绩效考核管理体系。制定完善鼓励管理和技术双创新的激励分配制度。同时，围绕智慧热网管控全过程，制定绩效目标上下认同、绩效指标清晰明了、考核操作简便的绩效考核体系，充分发挥薪酬的价值和绩效导向作用，重点关注智慧热网管控体系中的管理和技术类关键岗位和人员，将员工实际薪酬与个人工作绩效相挂钩。

第三，完善人才选拔任用机制。结合智慧热网管控体系管理全面提升各岗位理论与业务技能，实施管理干部及技术骨干轮岗管理制，强化职称考评与继续教育，通过理论学习、现场实操、岗位交流、参观学习等方式，以及"师带徒"等带培活动推动技术进步与传承，畅通人才成长晋升渠道，拓宽人才成长发展路径，逐步建立一支适应新时代发展的优秀产业工人队伍。

2. 培育精益求精的管理文化

第一，树立精益文化价值理念。一是培养广大员工精益管理意识和行为习惯，通过开展"智慧热网·你我他"征文、演讲等系列主题活动，逐渐改变员工从依靠经验管理向智能化、精细化管理转变。二是开展全员创新意识与业务技能提升培训。实施"全员创新提质创效计划"，培养员工创新创效能力。通过强化业务考核，不断提升员工技能实操水平，精益文化价值理念快速形成。

第二，打造精益求精的领导文化。在智慧热网管控体系的长效作用下，各级管理人员通过不断学习和历练增强自身专业能力，深入一线指导工作，充分发挥表率作用。

第三，构建精益文化长效机制。建立技术革新改造奖励制度，发动一线员工深入参与，发挥员工聪明才智，推进"生产现场精细化"向"管理全过程精益化"转变，最大限度地调动并激活员工的主动性和创造性。

三、供热企业实现节能减排的智慧热网建设与管理效果

（一）节能减排成效显著，提高供热经济性

华源热力通过实施节能减排的智慧热网建设与管理以来，节能改造供热量单位能耗由改造前的 0.48GJ/㎡ 大幅下降至 0.36GJ/㎡，节能率达 25%。近年来累计节水量 1129429 方，减少热量损失 189744GJ，节电量 5616080 度。实施燃气锅炉烟气余热回收技术后累计减少燃气消耗量 4577 万立方米，减少二氧化碳排放量 146074.67 吨，减少二氧化硫排放量 1316.98 吨，减少粉尘排放量 1920.59 吨，减少氮氧化物排放量 25.2 吨，有效减轻和解决供暖区域内冬季雾霾天气的形成和不利影响。实施超低氮燃烧技术改造后，从大型燃气热水锅炉烟气超低氮氧化物排放的社会效益方面讲，烟气 NO_x 排放值 ≤60mg/Nm³，单个采暖期 12 台 70MW 锅炉共减少 NO_x 排放量 50 吨。

（二）供热服务水平有效提升，促进行业创新发展

智慧热网精准高效的管控对供热管理质量、服务水平的提升起到极为关键的作用。智慧热网服务平台辅以公司严格的"321"用户服务工作标准和"五零"工作原则的闭环管理，辖区用户满意率达到100%，且在供热行办的冬季供暖考核工作中以"零投诉"的好成绩排名第一；2017年全年收费率99% 较 2016 年收费率提高 2 个百分点。同时通过智慧热网管控体系的应用，在生产运行实践中积累大量丰富实用的运行数据和管理经验，为政府推进能源结构调整及制定相关具体政策提供科学依据，更为供热行业创新发展起到积极推动作用。华源热力连续 12 年被乌鲁木齐市政府授予"城市供热保障工作先进单位"称号，被环保局确定为"中央财政环保专项资金支持乌鲁木齐市大气污染治理示范项目"，先后荣获"全国职工职业道德建设标兵单位""全国五一巾帼标兵岗""开发建设新疆奖状""城市保障工作先进单位"等多项荣誉。

（三）企业管理水平显著提升，经济效益显著

通过以实现节能减排的智慧热网建设与管理，各项资源利用率大大提高，人工劳动强度大幅降低，供热安全可靠性全面提升。经对比分析，实现单位面积能源消耗及运行成本最小化，燃气、水、电消耗量逐年递减，生产运行成本大幅降低，实施燃气锅炉烟气余热回收技术以来，累计节约燃气成本费用 5652.44 万元、减少生产成本 1641 万元，减少人力成本 3482 万元，共计 5123.41 万元。

（成果创造人：李　俊、彭　军、张建良、吴建中、金东海、付　进、朱　琳、陈国富、陈　伟、朱海涛、郑　赢、刘宏霞）

基于"一体化"数据中心的大数据业务构建

北京供销大数据集团股份有限公司

北京供销大数据集团股份有限公司（以下简称供销大数据集团）是北京市供销合作总社所属企业，于 2015 年注册成立，下设北京供销科技有限公司、贵阳供销大数据科技有限公司、承德世欣蓝汛科技有限公司及北美子公司，总资产为 14 亿元，在职人员 418 人，其中本科以上学历员工占 75%。供销大数据集团致力于打造一流的大数据技术、建立一站式的高品质服务体系，建设覆盖全国一体化的国家级大数据中心集群，努力成为全国最大的第三方公立大数据基础平台。主要提供包括 IDC、CDN、传输、云及安全等一体化一站式平台体系，进而通过引入产业孵化基地、研发中心等打造完整的数据中心产业生态链。目前已获得 IDC、ISP、CDN、云、ICP、CMMI 等多项证书，并取得了多项国家专利、商标和计算机软件著作权等知识产权证书等。

一、基于"一体化"数据中心的大数据业务构建背景

（一）信息化、数据化发展促使传统产业转型升级的需要

数据作为国家基础性战略资源，已随着信息技术的日新月异渗透到各行各业，不断拉动着技术进步与产业发展。但与此同时，大数据在各行各业的应用也出现了越来越多尴尬的局面，常见的问题恰恰是"大"与"小"的不对等。对于大多企业，大数据及其分析的设想和概念并不适用于企业信息化系统中存储的小体量数据，通过分析有限的资源、产品类型、交易信息，企业依旧难以获得他们预期的决策力。基于这种大势，北京市供销合作社做出了一个战略决策，要抓住互联网时代的发展机遇，搭建大数据业务平台，建设大数据产业的"国家队"，打造一流的大数据技术，推动大数据技术在种植业、畜牧业、渔业、农产品加工业等领域的生产、销售和管理中的深度应用。

（二）一体化数据中心成为数据中心发展的必然趋势

目前已建设的数据中心、应用系统的方式，产生了大量分散、孤立的数据存储与应用。当前，扩大数据资源、提升大数据价值、实现数据共享、维护大数据安全，正成为中国大数据产业的发展共识。一体化的国家大数据中心建设首先要形成基础设施一体化，即通过便捷、可靠、安全的数据中心，从设施到硬件，从硬件到软件，从部署到运维，形成一个有机的整体。全国数据中心建设各自为政、互不协调，缺乏一体化的战略规划，不符合基于云计算的大数据中心发展趋势，对大数据产业的发展也造成了不利的影响。因此，建设全国一体化的国家大数据中心必须满足安全可控、规模化布局且具备大数据领域全产业能力这三大条件，才能引领企业转型升级。

（三）以"一体化"模式力量重塑大数据生态

单一的数据中心基础服务模式已不能满足各类企业的需求。数据中心作为网络基础设施，单一的 IDC 业务已无法满足各种服务需求，必须围绕着大数据产业链，延伸各类服务，通过数据中心"一体化"的服务模式、订制化的商业模式，以及跨全产业链的数据存储、分发、技术运维响应能力，成为国内新一代高规格数据中心建设的重点方向。集团通过在数据中心、分发、云计算及大数据方面进一步开拓，形成了一条完整的数字信息产业链，在自身经营和产品研发层面打造"一体化"，从而以"一体化"的力量致力于成为大数据基础平台的引领者。

二、基于"一体化"数据中心的大数据业务构建内涵和主要做法

供销大数据集基于自身资源、技术、人才等核心竞争力，按照"3+10+X"的战略布局，立足北、

上、广、深等互联网核心区域，发展全国重点省会城市及运营商网络骨干节点等重点地区，并根据客户需求兼顾其他区域，建设覆盖全国、规模最大的全国一体化的国家级大数据中心集群，为客户提供功能完备的互联网基础设施服务。通过自下而上的大数据中心一体化生态布局，不断优化以"产品＋服务＋解决方案"为核心的产品体系，提升市场竞争力，以上层应用带动底层发展；整合云、CDN和大数据平台，打造一体化一站式服务体系，满足客户数据存储、数据交换、数据分发、加速和数据分析等需求，服务于政府、金融、教育、医疗等垂直行业。主要做法如下。

（一）制定科学战略规划和布局，引领企业大数据业务发展

北京供销大数据集团秉承"数据中心＋"的理念，坚持以"需求导向，高效服务、快速响应"的原则，按照"统一领导，统一规划，统一标准，统一建设"的指导方针，利用现代信息技术中的成熟技术，通过自主研发和技术创新，打造一站式的网络服务平台。

1. 数据中心规划和布局

供销大数据集团国内数据中心应采用"3＋10＋X"的战略布局，其中，"3"是指北、上、广三个核心市场。针对这三个核心市场，数据中心以自建直投方式为主，规划建设8万～10万机柜规模的数据中心，集中布局迅速形成规模优势，以规模领先形成品牌优势，吸引优质客户资源。

"10"是指互联网骨干节点和基地城市，包括成都、武汉、西安、济南、重庆、郑州、南京、沈阳、贵阳、呼和浩特10个重点城市。在优先发展北、上、广数据中心的前提下，在适当时机，以收购方式为主，规划收购不少于4万机柜规模用于混合IT/云数据中心，扩大规模优势。

"X"是指其他二、三线城市及电力富集地区。在这些城市或地区需要坚持客户和市场先行的原则，以客户刚性需求为前提，根据客户需求按需布点，注重步骤、控制节奏，形成对政企客户的就近覆盖。换句话说，在客户需求不明确的情况下，暂不考虑在这些地方部署数据中心。

2. CDN网络及技术发展规划

供销大数据集团凭借自有专业的技术团队和丰富的运营经验积累，前期采用"融合CDN＋自有CDN"并行的发展模式，通过技术创新，逐步完善自有CDN的网络覆盖和产品线。CDN建设是一个复杂的工程，产品的完善和功能的齐全也需要一定时间的积累。北京供销大数据集团提出开放融的CDN战略，结合集团"3＋10＋X"战略，集团现已在承德及贵阳建立大型数据产业园区，未来集团将在北上广三地及二、三线城市建立更多的数据中心，将融合CDN和自建CDN有效结合，形成全球范围内的CDN节点布局。并以专业的服务实现网络和业务质量的可视化，并提供基于多级策略的智能调度响应功能，一体化CDN服务，在开放式CDN平台上实现了可控、可管的目标。

3. 云服务发展规划

在自建数据中心主动开展云化。目的是打造云计算服务模式，构建服务能力，整合云计算网络资源；在北上广深等合作者机房开展云化能力输出。目的是互联互通、输出服务模式、服务能力，低成本、快速整合和汇集更多的数据资源；将对时延不敏感数据向低成本边远地区数据中心导流。目的是抓住未来边远地区数据中心整合机遇，大幅降低数据中心整合和运营成本；IDC智能化、标准化与云化IDC协同推进，构建IDC运营服务竞争能力，用服务能力整合改造IDC产业。

（二）积极开展市场和需求分析

1. 数据中心资源环境分析

项目建设之初，北京供销大数据集团组织专家团队一起在国内多地调研选址，综合数据中心建设的区域、政策优势和业务情况，经过长期的考察论证发现与其他地区相比，选择贵阳和承德比较合适建数据中心。

2. 大数据产业需求分析

为进一步了解市场行情,做到业务开展的针对性,北京供销大数据集团组织市场、研发、营销等相关人员,通过文案调研、实地考察,以及与政府相关部门及专家座谈等方式,收集相关资料,开展分析,逐步了解市场行情及需求情况。

自贵阳市提出发展大数据以来,作为全省唯一的国家级高新区以及人才特区,贵阳国家高新区乘"云"而上,牢牢抓住"大数据"这一核心,坚持大数据引领,不仅积极夯实数据中心这个大数据产业基础,还围绕大数据核心业态、关联业态、衍生业态,推进大数据产业发展。围绕"引领大数据技术创新、加快大数据产业集聚,奋力打造创新型中心城市示范区"的总定位和总目标,高新区坚定不移地把大数据摆在全局最核心位置,全力推动大数据"1 N"产业体系发展,率先在数据中心整合、数据资源应用、数据示范引领上先行先试,开展系统性试验和区域创新。贵阳高新区聚集大数据及关联企业1720家,成为全市大数据产业密度最高的区域。

随着京津冀协同发展、环渤海地区合作、设立雄安新区等重大国家战略的深入实施,京津冀地区已成为国内经济最活跃、潜力最突出的区域,特别是京津冀地区拥有大量党政机关、企业总部、高等院校、科研院所,对大数据应用服务有强烈的发展需求,为在承德创建国家新型工业化(大数据)产业示范基地、发展大数据产业提供了更加广阔的市场空间。

(三)建设大数据业务基础硬件设施,提供"一体化"的互联网基础服务

在数据中心建设方面,在全国"一体化"大数据中心的战略下,供销大数据集团围绕"3+10+X"的发展战略,针对北上广展开大数据产业园的重点布局,在全国范围内打造10个互联网核心节点城市。目前,布局贵阳、承德等大数据产业园项目进展迅速。

承德德鸣大数据产业园项目。项目坐落于承德市承德县下板城镇,为"T3+"标准的大数据产业园,总建筑面积157280平方米,数据中心采用模块化设计,符合业内主流数据中心机房的模块规模要求,具有各模块可独立实施,互相不影响,可分期建设,延缓投资进度,避免资源浪费,不同业务发展时期可根据实际需求订制化改造等优势。2016年3月22日一期A区3万平方米开工建设,截至2016年12月已经完成两栋机房楼(2#楼3#楼)主体结构封顶、外装修,3#楼机房工程一期工程。项目为企业用户打造专属高等级数据中心,同时配有联体办公楼。园区内规划有相应的培训中心、会议中心、休闲区及餐饮区,既符合高端客户对私密性、安全性的要求,又确保可针对客户需求进行订制化的设计与建造,服务于各大传统行业、互联网行业及金融、游戏、医疗、电商、旅游等各垂直领域的众多企业。在日常运维中为客户提供高品质的订制化服务,可以满足各类企业的数据存储、灾备中心、云计算、云存储、云加速及安全防护等需求。

贵阳乾鸣国际信息产业园。项目为"T3+"标准的大数据产业园,坐落于贵阳市国家高新技术产业开发区产业园"沙文生态科技产业园",占地74亩,总建筑面积105630平方米。乾鸣国际信息产业园基于ITIL标准的运营服务策略和ITIL标准的全平台运营服务架构为企业数据安全和灾备提供完善的基础。同时,集团还采用最前沿的技术、产品及流程打造企业级数据中心(EDC)。通过模块化设计、企业级数据中心管家服务、企业云盘、DR建制咨询服务、灾备解决方案等,满足金融、政务、电商、医疗、旅游、游戏等多领域企业数据存储、数据清洗、数据交易、数据加速及数据应用等需求,为企业信息化建设与发展打下更加坚实的基础。

BGP+DCI+SDN的网络运营。以承德德鸣大数据产业园和贵阳乾鸣国际信息产业园为核心,构建以北京、上海、广州、承德、贵阳等地为骨干核心的DCI网络。通过实践打造BGP+DCI+SDN的三大网络工程,进一步加大网络产品对合作伙伴的各项业务支持,除传统的网络服务外,供销大数据集团提供基于SDN/NFV的DCI和增值网络服务。同时,积极推动与阿里云等云服务商的网络直连,实现

（四）开展产品研发，打造"一体化"的网络服务平台，创新大数据服务模式

重点发力 IDC（互联网数据中心）、CDN（内容分发网络）、云计算以及大数据领域，打造"IDC＋CDN＋云＋大数据管理平台"一体化服务平台。

1. 打造智能化的 IDC 运营管理服务平台

供销大数据集团基于 ITIL 标准流程，建立了覆盖 IT 全生命周期运维服务的专业化运维团队，能够通过移动化、流程化、模块化、透明化和智能化运营管理服务平台，为用户提供基于国际化 ITIL 标准的全平台运营服务架构，可 7×24 小时对用户业务提供前瞻性预警和应急响应。同时运维管理将会大量引入机器学习技术，通过对数据中心运维海量数据的分析，利用大数据建模，自动化地、智能化地挖掘出更多高价值的故障模式与系统优化模式，从而进一步提升系统运维的效率。

2. 建立融合 CDN 服务平台

建立专业化的全球 CDN 融合平台，帮助客户从多个维度可视化、更便利的管理多家 CDN。调度本身比较简单，监控才是 CDN 服务的关键，CDN 平台以多个专业角度对多家 CDN 厂商进行监控，包括全国区域/ISP 下载速度、可用性、任务执行成功率、慢速比/失败率、命中分析、回源状态、日志校对等，同时统计对服务响应和处理时间的记录，构成专业的 SLA，输出策略到自动化调度系统。在运营的过程中将持续关注细节并优化，在未来也将就以上体系提供免费版本。研发 CDN 业务智能调度系统，它能够全面覆盖各种带宽线路，实现对 CDN 有控制能力的整合，以及全面的监控和分析。客户只需通过一次接入，就可以实现智能 CDN 线路切换，无缝流量过渡，从而享受到优质、稳定、安全的加速服务。通过自动智能调度对加速节点进行动态优化布局，在解决网络瓶颈的同时，以更低的运营费用达到更好的客户体验。

3. 打造供销云

供销云平台不是一个封闭、独立的系统，是在原机房网络的基础上，需要连接到各部门的平台和业务系统。因此，针对数据中心上线后，在原有网络安全设施的基础上，增加服务器、存储、网络安全设备等硬件设施，运用虚拟化技术，支撑大数据云平台的安全可靠运行，增加各种安全技术措施，加强网络层至应用层安全防护，并通过各种安全措施的联动形成全面的安全防护体系。供销云主要由云平台、运营平台、运维平台三个平台组成，建设完成后提供的云服务主要包括云主机服务、裸机服务、容器服务、云存储服务、对象存储服务、大数据服务、安全服务等资源性的服务。同时云数据中心提供应用迁移服务、数据迁移服务、应用云化咨询服务、安全运维服务等增值服务。

4. 建立大数据管理平台

能够支撑核心行业用户的大数据管理平台，是落地其大数据能力的关键要素。针对很多用户在大数据应用落地中的技术难题，我国的大数据政策从全面、总体规划逐渐向各大行业、各细分领域延伸，逐步进入实际应用之路。在深入行业应用场景、集成大数据中心运营经验的同时，北京供销大数据集团在全面融合政务、公安、环保等行业用户大数据目录、大数据建模、大数据资产系统、大数据交换和共享以及大数据管控等方面的需求，进而推出能够承载大数据产业能力的大数据管理平台。其安全可控、自主创新的产品特色，可协助政企用户加速大数据系统国产化落地进程。

供销大数据集团利用物联网、移动互联网等新技术，围绕着大数据采集、提供、交换、处理、整合、获取、使用和反馈等环节梳理信息资源管理全生命周期流程，开展信息资源规划，将建立完整、统一的信息资源管理体系，搭建大数据管理平台，包括大数据建模平台、大数据交换和共享平台、大数据服务平台和大数据管控平台，拥有核心技术安全可控的大数据管理平台，将成为面向客户打开大数据能力的"金钥匙"，在为政府和企业大数据管理提供统一门户的同时，确保用户大数据系统安全。

（五）创新服务模式，提升服务能力

北京供销大数据集团以互联网、金融、政企等大中型行业客户为主要目标，抢滩环京区域，在客户拓展、运营管理水平、成本效益，尤其是中立灵活性方面优势凸显，不断适应客户变化的业务需求，积极为客户提供优质服务。

从业务结构上，产业园数据中心具有稳定的机房环境，高速可靠的网络，充足的资源及专业周到的技术服务。在增值服务方面，北京供销大数据集团还提供 CDN 网络加速、混合云和大数据管理平台等一体化的产品服务，为客户提供一揽子的服务，这也让北京供销大数据集团拥有更大的业务空间。

从客户口碑上，北京供销大数据集团已与中国中央电视台、南方传媒、腾讯、泰康人寿、贵州移动金融等知名互联网巨头、国家部委级单位、金融单位建立了长期深厚的客户关系，具有良好用户口碑。

从商业模式上，北京供销大数据集团为客户提供灵活的商业模式选择，包括托管、股权合作、独栋购买、分层销售、单机柜租赁等合作模式。数据中心集群完全实现了单栋楼体产权的切割交易，可产权转让、售后返租，为有意投资数据中心产业、有望在数据中心存量市场借助资本横向并购扩大市场规模的投资客提供了不二选择。此外，还提供数据中心定制化服务，大大缩短高标准企业对于数据中心的建设和匹配，无论是设备型号、安全级别还是机柜规格，都可以进行精准的二次定制，从成本出发也是一种相对"省钱""加速"的建设模式。

从技术认证上，在建或者在运营机房获得权威机构认证。德鸣数据中心机房获中国质量认证中心（CQC）颁发的国家最高等级机房认证，满足《商业银行数据中心监管指引》等行业规范的要求，安全可靠性高，确保业务连续性。

（六）拓展国际大数据业务，提升全球化服务能力

集团依托北美子公司，北美子公司将充分利用硅谷的优势，立足于海外业务拓展及服务支持、国际前沿技术的拓展引进、国际名企间的交流合作、海外采并购信息的收集对接、国际人才交流平台的搭建这五大职能，建立海外研发中心，开展海外 CDN 节点建设，引进海外高端人才，全面助力全球化产业布局。在大数据、云计算、人工智能等前沿领域，寻求合作伙伴，开展专业化服务，以支持中国互联网企业国际业务发展为目标，服务对中国本土市场感兴趣的海外企业，提供数据中心托管、内容分发网络、云计算、云存储、业务落地咨询、资源合作对接等服务，并为国内外用户架设沟通互联、产业协同、开放共享、合作共赢的桥梁。

经过努力，大数据集团在美国积累从网络、数据中心到基础设施服务的各类资源，与多个国际运营商和数据中心达成合作意愿，在数据中心技术、网络分发、数据安全、大数据管理、数据分析及 BI 等领域，把美国最前沿的科学技术引进到中国，服务于广大的互联网用户；同时利用北京供销大数据集团的资源，服务和协助中国企业走出国门，更高效地开拓美国市场。目前已与 RackSpace、Zenlaye、Levyx 等多家具有世界先进水平的公司形成初步共识，完成海外国际专线的技术方案，规划"北上广+香港"的 MPLS 国际 MPLS VPN 网络方案；用优质资源及合理成本为国内客户提供海外 CDN 分发服务；签订中移动国际、COLT 及 Zenlayer 等多家海外运营商框架协议，搭建完成海外资源销售平台及产品列表。

北美子公司同时为国际客户参与中国市场提供一条快捷便利的通道，利用大数据集团在中国国内的业务网络和丰富经验，可以为国际客户在采购、实施、牌照、经营等方面提供一站式服务。

三、基于"一体化"数据中心的大数据业务构建效果

（一）数据中心获得客户和行业认可

贵阳乾鸣国际信息产业园。数据中心机房楼投入使用，吸引大批意向客户参观调研；数博会期间接待人民网、新华社、《贵阳日报》、赛迪网、IT168、51CTO 等 10 余家媒体探营，提升了乾鸣国际信息

产业园的行业知名度。承德德鸣大数据产业园获得目前国内最有公信力、含金量最高的数据中心场地基础设施认证证书CQC等级机房认证。德云大数据小镇列入河北省第一批30个创建类特色小镇之一。

（二）大数据业务模式创新提升服务能力

北京供销大数据集团控股子公司北京供销科技有限公司获得由中国工信部颁发的"内容分发网络（CDN）业务经营许可证"。在疏解北京非首都功能的大背景下，北京热力集团与供销大数据集团将利用优势资源形成合力，旨在服务监管、能源监管及政企协同三个方面实现突破，共建智慧供热云平台。供销大数据集团将充分发挥在数据中心、CDN、云及大数据管理平台等方面的运营管理经验，助力搭建河北省首个基于大数据的供热行业智能监管云平台，引领全省公用事业行业监管数字化变革，推出基础云、数据云、专有云和DevOps产品四朵云，打造农村电商、智慧政务、金融、大健康等行业解决方案，进而形成一个公共资源共享、产业循环完整、服务相辅相成、行业互为补充的立体化的产业格局，推进农村供给侧改革和乡村振兴，与业界伙伴携手前行、合作共赢。与"供销e家"建立业务合作伙伴关系。针对"供销e家"的业务需求，提供全套云平台基础设施与服务解决方案，包括数据中心、灾备中心、云计算、云存储、云加速及安全防护等。面向全系统，建设覆盖全国的"数据中心＋网络传输＋供销云"服务体系，服务供销合作社系统的"供销云"品牌，为全系统电商数据信息的技术支撑工作。

完成海外国际专线的技术方案，规划了"北上广＋香港"的MPLS国际MPLS VPN网络方案；用优质资源及合理成本为国内客户提供海外CDN分发服务；签订中移动国际、COLT及Zenlayer等多家海外运营商框架协议，搭建完成海外资源销售平台及产品列表。

（三）提升了企业经济效益

目前已为中国中央电视台、南方传媒、腾讯、龙湖地产、货车帮、贵州移动金融、泰康人寿、北京热力等多家企业提供服务，其中贵阳乾鸣项目引入货车帮，该公司是中国最大的公路物流互联网信息平台，客户的入驻证明了集团数据中心的专业水平，也为未来贵阳园区的业务推进工作起到了积极作用，成功签约贵州移动金融，按照金融客户要求，落实项目相关资质，为后期推进金融行业主数据中心及灾备数据中心服务做好前期准备。2017年实现销售收入6600多万元，缴税700多万元。

（成果创造人：肖立国、穆成源、王孝东、王锦锋、
曹　杰、穆朝阳、陈轶农、白仲国、赵　冬）

装备制造企业基于整合视角的智能化制造执行系统自主开发与建设

大连冷冻机股份有限公司

大连冷冻机股份有限公司（以下简称大冷股份）是中国制冷空调行业第一家上市公司，是中国制冷空调行业领军企业——大连冰山集团有限公司的核心支柱企业。大冷股份有下属25家控股和联营公司，主要开发研制、生产销售冰山牌活塞系列压缩机组、螺杆系列压缩机组、大型撬块机组、压力容器等形成"冰山"牌全系列制冷设备，是我国制冷工业企业制冷量覆盖最全的企业。自主研发的新产品近200项，完成的国家科技项目3项，近5年共获得国家及省级科技成果奖8项。研发大容量浓盐水保鲜冷藏系统以及大容量冷海水预冷、快速冻结、智能鱼品加工处理系统等国家863计划项目，以及高精尖农产品减压贮藏设备研制、多功能结冰风洞结冰回路制冷系统、物流库制冷系统（采用CO_2低温复叠制冷系统）、采用NH_3/CO_2复叠式制冷系统替代R22螺杆制冷机组和压缩冷凝机组的应用项目，公司近十年主持和参与制定的国家、行业标准共计32项，现有员工700余人，2017年实现营业收入207900万元，资产总额561962万元，利税总额33385万元，是国家级服务型制造示范企业，在辽宁省省长质量奖的评比中获得金奖，是中国制冷工业的龙头企业，是中国机械工业企业AAA级信用等级企业。

一、装备制造企业基于整合视角的智能化制造执行系统自主开发与建设背景

（一）公司信息化整合和数字化提升的需要

2016年以前，大冷股份在实施信息化道路上一直在探索尝试，先后购买并实施ERP、PDM等多个标准化系统，旨在提升信息化对业务系统的覆盖与支持。随着公司业务发展，非标定制化越来越多，生产制造系统流程也要随之进行优化提升，这就对原有标准化系统的适配性提出更多更高的柔性要求，也意味着简单的信息化已不能适应市场对产品制造系统的要求，必须要对原有系统进行信息化整合和数字化的提升，因有多年信息化应用基础，所以数字化和智能化提升是趋势使然。

（二）降本增效提升企业竞争力的需要

在不断抓产品力提升前提下，势必要通过系统管理手段来更快提升企业的竞争力，由于要提升产品质量，提升产品加工的生产效率，新公司对制造加工设备进行全方位的更新升级管理，为使如此多的系统能够有效地协同工作，必须要有个系统来起到连接ERP系统与设备的作用。自行开发系统不仅是降低系统成本，同时也是要通过新系统对原有信息的整合，对数字化提升的综合应用，期待能缩短市场与计划部门的沟通周期，缩短部品的采购周期，缩短配送周期和提升准确度，使管理过程变得透明。物料短缺或是生产异常能够降低到最小或是消灭，达到全程可视化，可缩短或避免无效的沟通周期，通过随时获取设备的加工稼动率来合理控制设备的计划与负荷；同时期望减少纸面图纸的使用频率，希望以数字化动画形式的作业指导书替代纸质作业指导书，通过能够达到如此措施的系统的实施，以期达到缩短交货期，提升加工品质，改善过程品质，提升效率降低成本的需要。期待实现公司集营销、技术、生产、供应链管理等全方位的工业互联网架构下的新应用，实施智能制造，智能服务，新事业赋能，使企业实现个性化精准营销、柔性化按需生产，打通市场、供应、设计、生产、物流、服务的产业链。而要完成以上目标必须利用信息化手段优化流程，数字化方式简化流程，保证数据一体化，以达到降本增效，提升企业运行竞争力的目的。

(三) 提升智能制造力与企业产业升级的需要

大冷股份以提升制造能力为契机，以《中国制造 2025》为指引，以加快工业互联网建设为战略目标需要，打造大数据驱动的生态系统，提升智能制造能力，一直在探索先进技术与传统制造的结合，拟从供给侧升级现有制造模式、管理模式、服务模式、商业模式，用以适应客户的个性化、多样化的需求。所以从设备联网、数据采集、数据发掘、用户体验应用的维度去构建大冷股份数字化工厂，实现产业和功能升级。也是大冷股份肩负起冰山集团装备制造工厂的样板工厂试点职责，积极践行如何成为数字制造工厂，为下个十年的再次腾飞奠定数字化基础的长远需要。

基于以上背景，大冷股份于 2016 年下半年开始筹划实施基于整合视角的智能制造执行系统。

二、装备制造企业基于整合视角的智能化制造执行系统自主开发与建设内涵和主要做法

大冷股份秉承引领创，新创造价值的经营理念，在"以自主定制开发为主，外协专业支援为辅"的系统化实施思想指导下，通过构建定制三大平台系统即"集成平台、实务平台、大数据分析平台"，横向整合部门间数据，纵向集成业务流程数据，重点突出自主定制研发的制造执行系统，整合业务链、产业链的数据资源，统一数据输入流转处理输出的标准，实施数据一元化管理，从管理上实现降低运营成本，提高生产效率和产品质量，缩短交货周期，达到提升企业竞争力的目的，为企业未来新事业新发展增势储能打好基础。主要做法如下。

(一) 制定总体规划，完善组织制度

1. 制定总体规划

大冷股份集中构建出集成平台、实务平台、大数据平台三个平台来解决企业信息沟通通畅、业务系统全流程支持、大数据应用分析三个方面的问题，用以支撑制造型企业的信息化、数字化、智能化的混合应用模式。过去公司一直以购买管理软件为主，但是非标个性化的市场需求使一些重要应用无法即时有效地得以实施，且无整合集成功能，考虑到现场情况既复杂而又柔性，经过认真调研探讨确定新系统实施本着以"自我开发为主，外协为辅"的实施思想，遵循整体规划、分步实施、先通后扩原则。建立数据标准，明确统一接口设备接口规范、通过快速迭代、螺旋式应用等方式进行推进，智能制造系统的核心系统是 B—MES（BINGO—MES，即 Bingshan Information Network Generalization Outlook—Manufacturing Execution System），所以本文如下将进行重点说明 B—MES。大冷股份想专注结合企业实际与实践，定制化开发属于冰山集团自己的 B—MES 系统，既可以称之为制造执行系统（Manufacturing Execution System），未来也可作为集团内部制造装备型企业解决方案（Manufacturing Enterprise Solution），它的特点是成本低、迭代快、定制化高、部署快。

2. 组建高效且有力运行组织

为保证项目顺利建设和有效运行，大冷股份组建以公司高层任组长，设立系统推进常务事务局，以公司双创平台为载体，关键部门如制造部、革新部、物流部、品保部、资材部、信息部、研发部等多部门参与的专题项目组，实行每周例会制，每月报告制，严格按照系统规划和软件工程的方法论进行推进。用户积极主动参与持续不断提出改进、改善的意见和建议，系统开发团队快速对应，使原型得到快速验证迭代，业务流程专家和信息系统开发工程师密切合作，完成整个信息一体化集成和每个问题点、每条业务流的流程优化。实施项目开发奖励制度，每个模块指定项目负责人，即每个业务部门的负责人是项目的业务流程精进负责人，参与工作的人员都有相应的奖励和激励。

(二) 借助高效、稳定可集成系统开发技术平台，实现系统开发和建设

基于同源异构的开发技术指导思路，在 B—DATA 数据平台统一管理下 B—MES 的开发工具采用 .NET framework 框架，主体采用 C/S 和 B/S 架构，主语言采用 C#，全部采用面向对象方式编程，采用 MVC 模式分层，技术特点层次简单高效，应对企业内网环境部署，底层用户、权限、模块部署等

功能采用自行开发的 Kommon Framework 提供，既使开发人员专注于业务实现，又保障外购模块的集成；采用 Kommon Framework 提供的程序更新发布新的版本。开发过程调用厂家提供的 C++接口或透屏软件等，使客户端轻量化，终端集中管理。设备互联的技术协议分两层，设备至互联网关主要采用 Modbus、TCP/IP，网关至服务器及客户端 3 者之间主要采用 TCP/IP 及 Remoting 通道，系统间接口使用 WCF 和 WEB SERVICE 方式实现。

（三）整合生产制造流程，构建智能化制造执行系统

1. 优化生产制造流程

B-MES 集成 ERP 数据，实施主计划、日执行计划、班组工序计划三级计划系统化联动管理，使计划信息及时传递到生产现场，生产现场系统根据物料的齐套情况，动态调整或执行日上线计划或是班组上线计划，物流配送部门接到系统指令，根据物料的在库状态和数量，自动分拣出齐套物料清单，根据配送位置，完成精准配送；柔性生产 FMS（柔性制造系统）在统一控制和管理下，动态地平衡资源，具有生产调度和对加工过程的实时监控能力，机床自动按任务切换调取 NC 程序进行加工；对生产加工进度信息通过条目扫码及时收集与发布，在整个生产过程中集成应用 MES 和 ERP 和 PDM 的数据，强调数据一体化，简化流转路径。推进 B-APP 移动智能应用的便利化普及，使智能终端系统在内网得到有效应用。例如，库存查询、进度录入、进度跟踪、计划查询、短缺预警、呼叫管理、BOM 查询、设备管理等解决移动办公，充分利用现场资源，实现数据即时可查，问题即时反馈，节约大量时间。生产过程的梳理难点是在诸如缺料信息、生产异常等情况下如何保证生产过程衔接顺畅，该项目通过系统工具的应用如现场电子看板系统、物流呼叫系统和手机 APP 系统，实现快速实现预警和报警联动对应，将信息以最小路径、在最短时间内报告到呼叫中心和各个部门，并且显示出那个部门对应和未对应的状态，以生产统括异常监控中心管理人员再集中协调超出系统范畴的沟通。

2. 加强数据的整合集成，实现全业务链数据联动

数据对于系统至关重要，通过 B-MES 系统集成的数据主要有以下几种做法。

其一是设备互联，精密加工车间实现设备间互联，DNC 与 B-MES 系统集成对接，不仅实现 NC 程序的远程调用，还可实现数据即时采集和设备稼动率即时分析，设备加工物料的工时和件数统计评估，解决设备与系统的数据互通。加强生产加工设备的基础信息管理，使设备点检系统化，对设备运行状态监测预警与故障诊断，对设备维修运行情况统计与查询。通过每台设备上都印有设备固定资产的二维码，使用移动终端随时可扫码查询以上信息，无论是远程管理还是预警都达到主动管理节约综合成本的目的。

其二是系统互联，构建供应商自助中心实现 B-MES 与 B-SCM 互联，供应商自行制作送料单并且自行进行报检，同时第一时间将特殊短缺部品的送料时间即时反馈到系统上，资材与物流、生产等部门通过 B-MES 或 B-APP（手机端的 B-MES）即时获取数据信息，借此打通供应商与工厂之间的数据通道。

其三是与客户信息互联，通过 B-MES 与 B-CRM 的数据互联实现客户信息的早期获知与分析，可大大缩短生产交付周期，同时合同在公司内部的执行进展情况对销售公司在全国各地的销售人员进行实时开放共享，使得大家都对同一数据源展开相关的进度跟踪与事项推进，提高沟通效率。

其四是 B-MES 与内部 OA 系统互联可获知评审沟通信息，与售后报修系统互联可知市场品质信息，与 ERP 互联进行加工进度的反馈，与 PDM 互联可校验 BOM 精准等。

3. 以订单为主线，进行执行进度全程跟踪管理

从订单的录入、审核、计划、采购、生产、入库、发货、开票、回款、报修等全流程系统内跟踪，随时可通过系统查看计划预计与实际执行的对比分析，可对市场上报备的订单做生产计划预投管理，订单的执行进度也随时反馈到CRM系统上，市场一线人员随时获悉订单的执行情况，如对合同下达日、设计计划完成日期、预计完成日期、产品入库时间、合同发货时间等各个节点的状态跟踪和预警。此外，资材、品保、制造、物流按照系统计划为纲进行执行，所有的变更都在此平台上进行发布和详细信息的钻取查看，各个节点的变更都在此平台上可查看日志；跟踪系统主要以数据显示为主，同时辅以可视化的图形显示，解决对合同全流程的状态跟踪问题。

（四）规范技术与数据标准管理

1. 统一数据标准，活用采集方式

技术标准和数据标准统一规范，如物料号、工艺路径、二维码编码规则、配送地址等信息均统一规则，数据接口都是采用统一规范。从研发设计源头进行标准化，系统开发和实施也采用相同标准。根据装备制造的特点，加工进度的数据采集和完工进度的数据采集允许多种途径实施采集，可通过条码枪扫码采集，可通过智能移动终端B-APP进行扫码采集，特殊情况下通过PC终端人工录入，多渠道的数据采集保证数据采集的完整性。

2. 过程质量管理标准化

对生产制造过程中的质量进行监管、追踪的标准化管理，包括过程检查、过程追踪、统计分析。所用载体是检查确认单，确认单上有二维码，编码规则为物料号＋台数流水＋任务号，便于定位到每台设备进行跟踪。B-MES中对产品的品质实行全周期跟踪，以自制品检查确认单在系统中流转为基准，建立涵盖部件、成品、外购品的从检查确认单到出厂文件的全流程品质跟踪体系，同时兼容服务公司的市场故障架构，形成大冷股份全面的市场品质、采购品质、制造品质和研发品质等品质故障率及原因分析多维度分析系统平台，通过此系统对采购品质的执行标准，过程品质控制标准和市场品质统计分析都进行标准化管理。

（五）实施可视化与便捷化的有效控制管理

1. 设备可视化管理

构建设备地图管理系统，管理人员可以通过本系统远程对设备的在线运行状态可视化监控；对各个产线和设备的产能可视化监控，及时发现机床的异常状态或操作者进行的异常操作，在状态异常时及时通知操作人员停机检查，具有设备故障可视化提示和详细故障原因分析，实现设备加工的稼动率可视化统计；B-MES实现对试验台数据的集成管理，将下线压缩机的实验数据即时采集集成到B-MES系统中，实现对实验数据的即时可看可打印可取用，解决数据集成问题和对出厂文件报告的即时打印工作。

2. 作业指导可视化管理

各个加工工序的作业指导书可通过B-MES系统上传到系统服务器，工序应用者根据权限可在现场智能终端上查看加工物料号的电子图纸，此种做法解决由于PDM图纸查看权限过少带来的查看不便，实现电子图纸的加工现场可视化；此外工厂还结合公司的三维设计软件，自主定制多种类型产品的三维仿真装备动画，按照工艺的要求拆分制作不同的三维仿真可视化的作业指导动画视频，极大方便用户的学习和装配培训，有利于效率提升。

3. 现场异常呼叫可视化管理

系统为现场人员提供物料短缺预警呼叫、品质不良呼叫、转运呼叫、异常呼叫等应用，物流总控中心LED看板会及时显示。操作人员可通过智能终端屏幕点选呼叫类别，报告原因，选择部门后，系统

会自动将呼叫信息通过系统传到物流总控中心，品保部终端，以及相关授权人员的智能手机终端上。特殊情况的物料短缺一旦进入系统，物料的采购人员可即时通过移动智能终端APP系统了解到，并进行在线处理，同时缺件信息到达供应商的系统平台上，供应商在线答复预计送货日期后此信息同时反馈在B-MES系统的缺件查询系统中，同时现场的物流和制造人员可通过智能终端APP进行查看缺件预警系统。

4. 生产过程可视化管理

基层加工和组装进度实时上传，通过对设备完工件数的实时采集，可以更快地将实际的生产情况反映至管理部门，让管理者更快更准确地了解车间实际生产情况，跟踪实际生产进度。用户可以通过移动终端手机来扫二维码查看物料的加工进度和组装完成情况，也可通过手机或是二维码扫码采集器对设备的检查确认单上的二维码进行扫码，录入加工进度和组装进度，设备的加工稼动率可随时通过现场的LED看板进行查询，通过此途径解决用户专靠手工录入进度的工作效率问题，对现场的加工反馈起到省时增效的作用。

（六）实施数据分析与预测管理

1. 刀具健康管理

目前大冷股份精加工车间约有1200多把数控刀具。绝大部采购于国外厂家，价值高，采购周期长，主要应用在柔性线、柔性单元、仓敷等精密加工中心上进行压缩机三体的加工，刀具的加工精度管理和备货管理就成为管理重点。通过对刀具属性如采购日期、使用日期、维修状况、报废时间、维修情况、消耗件配置信息等基础信息的实时监控与运算管理，建立起刀具的寿命周期档案，进行刀具的寿命到限预警，通过系统计算预知每个刀具及其配套耗材的到限寿命，达到由被动维修到主动维修的转变，有计划减少停机维修时间；改变由过去的备货型粗放式采购到现在的主动型精准式采购，节约易损刀具的库存占用资金。

2. 成本数据分析

构建即时成本中心系统，即时可知产品的材料费用变化情况，从U9系统中采集价格数据，根据出库的材料费自动形成材料费报表和制造成本的即时核算，实现理论材料费与实际出库材料费直接的对比关系，可分析出设计BOM与制造BOM，制造BOM与实际领用BOM，设计BOM与实际领用BOM之间的对比差异关系，为研发设计、物料领用等部门提供直接数据反馈并达到数据精准校验的目的。

3. 能源安全监控预警管理

主要设备实施能耗监控管理，生产车间中主要设备（功率200千瓦以上的设备）进行能耗监控，即对"电、水、气"等信息采集、统计、监控分析。能源管理的系统目标是可视化、可知化，经过数据的积累最终能够达到持续优化的管理目标，实现可视化和可知化。直观地了解每一时刻大冷股份新厂区的能源使用情况，实现各个能源区域的能耗情况第一时间掌握，减少人力投入，提高能源管理效率；自动生成能源消耗报表，并且与生产统计数据联动，计算相关产品的能源成本，找出生产过程中的能源消耗点，以便及时考核或者管控；时刻掌握能源系统运行的安全状态，以及各个回路节点的通断状态，以便随时发现能源回路的异常，第一时间消除安全隐患。

4. 数据中心应用管理

构建企业的BINGO数据管理中心和企业数据管理驾驶舱，通过对设备的IOT互联和对MES与周边系统数据的集成，数据中心自动输出设备的稼动率统计与分析，输出设备加工清单表、人员的加工效率表、物流短缺的预警统计表、短缺反馈执行表，以及对生产呼叫的反应及时率进行统计等。此外通过对计划执行率、制造费用、生产产值、人均功耗、人均产值功耗等来自生产线的数据进行分类采集整理，然后把数据进行清洗后建立预测模型，如感知预测设备故障点等模型应用。

（七）加强对智能化制造执行系统的外围保障管理

1. 建章立制加强文件体系建设

建立企业系统性的标准化管理文件体系，如数据采集存放标准、软件集成开发标准、软件开发管理规定、安全运维管理规定、项目立项审核管理规定等技术体系和管理体系文件，涵盖对系统开发人员激励、系统接口标准、项目资金保障、系统日常运维管理、未来系统持续拓展规划等方面，做到技术开发有规范可依，系统运行管理有章法可循。

2. 数据集中采用私有云化管理

构建企业私有云中心，通过制造执行系统整合，通过管理规定和系统引流将全业务链环节所产生的输入输出数据都集到冰山私有云中心上管理，实施一套数据，一个中心的管理策略。

3. 持续制定年度预算，为项目提供资金保障

需要让公司经营管理层都意识到信息化、数字化、智能化是企业提升竞争力的有效手段，需要持续的预算来做系统良性运行的后盾保障，首先根据公司总体经营目标拆分细化信息化数字化发展的分子目标，汇总每分个子目标的开发运行实施管理费用后制定未来三年内的费用预算：第一年是精准预算，立足现实，第二、第三年是相对宽松预计，立足规划，紧急需求情况特殊对应；其次实施专款专用制度，采取年初做预算，年中过程做审计，使用过程做说明，事后做总结的流程制度。

三、装备制造企业基于整合视角的智能化制造执行系统自主开发与建设效果

（一）初步实现系统的信息化集成与数字化整合的智能化管理

通过对原有信息系统的整合，初步构建了数字化、可视化的，高效化的车间现场，进一步迈进智能化工厂，现场工人和各级管理人员可通过监控看板、终端电脑、手机等媒介，直观掌握生产进度、在制品分布、设备状态、质量趋势等 KPI 指标，信息化、数字化车间现场已初具成效，直接效果是产值的提升和效率的提升；同时达到了管理过程透明化，通过信息系统集成和整合，系统实时掌握计划完成进度和质量情况，一旦出现质量问题、设备故障等异常状况时，系统通过短信、微信、系统通知等方式自动将问题发生给有关人员和领导，打破管理黑箱，让生产过程变得透明、可知、可控，缩短产品的交付周期；通过集成设备信息提升了能耗管理的可知化，可视化，可优化水平，通过对设备采用 SCADA 系统联网后，对设备加工的稼动率和能耗进行实时的可视化监控，可知化的数据分析，利用大数据和人工智能理论进行优化能源使用方式，达到了智慧节能降耗的目的。

（二）实现降本增效提升竞争力

经过新工厂一年的实施，通过柔性制造、可视化手段、移动办公等多重数据应用管理模式提升生产环节精准管理，联动物流高效运转，贯通市场信息，提升产品交付周期和交付品质，达到了提升市场竞争力的目标；以 B−MES 为核心的实施的 B−CRM 系统，B−SCM 系统提升数据流转效率，打通市场与公司，上游供应商与公司之间的数据壁垒，提升客户满意度；通过对整体实施效果数据的分析显示，交货期整体优化 32%，材料费降低 8%，材料和成品在库降低 30%，人工费降低 18%，能源费降低 10%。

（三）提升制造能力，为企业下步发展奠定良好的数字化基础

在工业互联网时代，大冷股份不断揣摩温度的智慧，产品战略将以"安全、绿色、智能"为发展方向，利用智能装备，智能生产线，新加工工艺，新的质量检测设备与标准，结合自主研发的 B−MES 软件系统，现在企业的智能化制造与管理水平较以往有了显著的提升，带来人均产值提升，品质不良率下降，交货期缩短，用户满意度提升，建立起满足客户市场化个性化需求的新制造驱动力。同时也建立起一个传统制造业向信息化，数字化，智能制造提升转型的参考样例，通过一年多的实施运行，更增加

企业对规划方向的信心，装备型制造企业走智能制造之路是趋势也是必然，大冷股份已肩负起冰山集团装备制造工厂的样板工厂试点职责，现已成为地区智能制造参观示范企业。此外产业生态效果初现，带动引领行业更多企业加入工业互联网的浪潮中去，大冷股份在探索先进技术与传统制造的结合，从供给侧升级现有制造模式、管理模式、服务模式、商业模式，适应客户的个性化、多样化的需求方面已初见成效，鼓励更多企业也积极参与通过建立共享、安全、高效的工业互联网平台，参与到大数据驱动的生态系统，协力推动大连市冷热行业智慧发展。

（成果创造人：范跃坤、隋宝庆、韩建伟、阚翔宇、沈　城、肖　阳、韩家麒、王　晨）

基于提升运营能力为核心的智慧公交"一体化云管理"服务平台建设

乌鲁木齐市公共交通集团有限公司

乌鲁木齐市公共交通集团有限公司（以下简称乌鲁木齐公交集团）始建于1953年，已发展成为拥有各类从业人员1.4万人、119条线路、在册营运车辆共计4937辆、线路运营总长度达1901公里、网长629公里、年客运量突破6亿人次的大型国有全资城市公交企业。2012年，乌鲁木齐成功入选交通部首批"公交都市"示范城市。乌鲁木齐公交集团荣获全国城市公共交通"十佳先进企业"称号。

一、基于提升运营能力为核心的智慧公交"一体化云管理"服务平台建设背景

（一）加快创建"公交都市"，推进公交智能化的需要

2012年以来，交通运输部推出第一批共15个试点城市，创新探索公交都市的创建工作。乌鲁木齐市成为第一批进入国家"公交都市"建设示范工程的创建城市之一。随着乌鲁木齐市创建"公交都市"示范城市的全面推进，公共交通方式被确立为乌市居民出行的主体。伴随互联网、物联网、移动互联网的发展，交通运输行业与互联网跨界融合全面提速。乌鲁木齐公交集团急需通过信息化、智能化的运营调度优化公交资源配置，提升公交运营组织管理，推动以智能交通为重点的城市公共交通行业科技进步，形成信息化、智能化、社会化的新型城市公共交通系统，提高城市公交行业运营组织效率和服务水平，满足各族市民对公共交通的多层次需求。

（二）提升公交智能信息化管理水平的需要

近年来，随着乌鲁木齐城区面积的持续扩张，居住人口规模不断增长，各族市民日益增长的美好生活需要和城市公交发展不平衡不充分的矛盾凸显，乌鲁木齐市委、市政府对城市公交通达率提出更高要求和期望。作为大型国有全资城市公交企业，乌鲁木齐公交集团在投入大量各类公交运营车辆保障各族市民安全出行的基础上，积极探索"畅通公交、智慧公交、平安公交"建设，提升公交运调组织科技管理水平。伴随"互联网＋"信息技术的深入推广，如何加快智能公交建设步伐，优化资源配置、整合运调组织效率、提高车辆利用率，实现公共交通服务便捷化和公交管理精细化以及网络信息共享，成为乌鲁木齐公交集团深入思考的重大课题。为此，乌鲁木齐公交集团借助高新技术改变传统管理方式，大力推进公交智能信息化建设，打造智慧公交"一体化云管理"服务平台，让广大市民在乘车过程中逐步体会到服务方式的科技化和人性化。

（三）提高城市公交企业运营效率和服务水平的需要

在公交都市建设背景下，为使市民能够得到更好的公交出行科技化服务。2015年7月，乌鲁木齐公交集团积极响应并启动"互联网＋公交"的创新理念，提出充分抓住"公交优先"等一系列国家利好政策，加快公交科技管理水平和推广运用公交智能信息系统建设，突破传统运调和经营生产管理手段的束缚，把公交智能信息化建设应用"纵到底，横到边"，不断完善、延伸、拓展公交智能调度系统的深入应用，加快企业信息化和科技管理建设步伐，不断提高大公交的管理水平和服务水平，用优秀的公交服务使政府放心、市民满意。

二、基于提升运营能力为核心的智慧公交"一体化云管理"服务平台建设内涵和主要做法

乌鲁木齐市公交集团立足"高起点、前瞻性、高标准"设计原则，构建技术先进的集公交基础人车线数据、营运、维修、点钞票务一体化的公交"云管理"平台。紧紧围绕科学经济调度、控制人力成

本、降低油材料消耗、打造平安公交四个方面，借助"互联网＋公交"的创新理念，开展多项推动公交智能信息化建设不断外延和创新的工作。通过积极争取政府提供的科技类课题研究项目，联合并借鉴学习青岛海信、阿里云、百度公交、深圳谷米等内地知名科技公司成熟的"公交大数据分析技术"，叠加公交已有良好应用基础的 GPS 智能调度数据，在较好解决因交通路堵、高楼大厦和"田字路"高架遮挡 GPS 而导致站距、时间计算偏差的诸多难题后，在不断学习实践创新中逐步推出 GPS 智能调度系统、绿色智能汽修系统、公交场站安防监控系统、公交线路查询 APP 软件、公交掌上云调度系统"五位一体"的智慧公交一体化云管理平台。主要做法如下。

（一）搭建智慧公交"一体化云管理"平台框架

1. 成立组织机构，统筹推进平台建设

2007 年以来，乌鲁木齐公交集团积极争取世界银行贷款和政府资金支持近 6000 余万元，大力推进公交智能信息化建设工作。针对智慧公交一体化云管理平台建设，成立以党政一把手主抓、各部室主要负责人为成员的信息化科研领导小组，下设智慧公交"一体化云管理"平台建设推进工作组，全面推进平台建设和实施。

2. 明确平台框架设计思路，确立子系统功能模块

乌鲁木齐公交集团智慧公交一体化云管理平台设计思路是以主动推送公交车辆 GPS 到离站信息数据的 WEB 服务为基础，创新整合运用 GPS 定位技术、GPRS 无线通信技术、GIS 地理信息系统技术、Oracle 数据库存储技术、云计算技术、网络数据共享技术，打造便捷高效的智慧公交一体化云管理服务平台，为全面提升公交企业运营服务能力筑牢基础、提供保障。

通过科研小组的技术交流和讨论，确定搭载四个子系统模块，为乘客提供所有线路上下行走向、站点和首末班车时间等基本信息；设定起点和终点，提供多个最省时换乘参考方案、公交车辆营运实时动态信息、多层次出行乘车、候车信息服务，满足市民差异化的出行需求。

3. 确立总体规划，分阶段分步骤实施

乌鲁木齐公交集团通过整合有限资源，从整体上对平台建设进行规划设计。一是平台体系建设分为搭建 GPS 智能调度系统、建立绿色智能汽修系统、架设公交安防视频监控系统、开发公交线路查询 APP 软件、研发设计公交掌上云调度系统五大建设阶段。二是整体平台建设分为前端硬件设备的选型和安装测试、后台系统服务器和数据库的搭建、软件程序的研发调测、系统试点运行和推广应用四个实施阶段，并对系统整体建设思路和实施阶段进行多番论证，以确保系统建设整体规划的可行性和有效性。三是平台建设以"实用、适用、好用"为原则，充分利用行业内较为先进的云存储、云计算、云部署和大数据分析挖掘等信息技术，通过技术革新推动公交科技化服务管理创新。同时，充分考虑长远科技应用需求和未来技术变革，在系统规划设计过程中预留接口，为智慧公交云调度平台体系的拓展延伸应用奠定基础。

（二）构建 GPS 智能调度信息指挥系统

乌鲁木齐公交集团为提升车辆运营组织调度管理水平，自 2007 年开始，全面建设和推广应用"可视化、智能化"的公交运营调度指挥系统。

1. 安装 GPS 和 3G－DVR 先进智能车载设备

采用第 5 代高精度定位芯片，借助 GPS 车辆定位技术和车辆实时运行动态数据，调度人员即时掌握车辆间隔、间距、速度和准点运行等运营动态，适时调控和科学调度指挥，实现对公交车辆运行位置的精确定位、可视化调度指挥、分段安全限速、准点预测和监管、车距车隔自动判别、智能自动预报站、车辆运行信息动态显示和突发事件报警、故障事故救援等主要功能，确保公共交通安全和高质量运营服务。

2. 全面推行 GPS 电脑发车和电子路单管理

乌鲁木齐公交集团通过安装调试公交车 GPS 智能车载设备，经过部署应用，整体公交线路有序高效运行，形成调度指挥高效化，为企业节省 50% 的调度人员配备。目前，119 条线路中，国有公交所属的 2244 辆运营车辆安装了 GPS 和 3G—DVR 智能车载设备，实现公交运营全过程的可视化监控管理和调度新模式。

3. 应用 GPS 智能调度信息指挥系统，有效遏制行车安全事故的发生。

通过安全车速和经济车速的智能控制，降低燃料消耗运营成本和尾气排放，减少车辆的非正常磨耗，延长车辆使用寿命，确保公交车辆技术状况，进一步提升运营服务效能。

4. 建设公交车辆运营调度管理系统数据处理平台

乌鲁木齐公交车辆运营智能调度平台设计建设至少可满足 7000 辆公交车实时在线的处理能力，硬件设备和软件平台选型上具有较好的前瞻性，服务器选用 IBM64 位高性能专业集群服务器，数据处理基于 Oracle 11g（RAC）大型数据库。通过布设高速 VPN 光纤网络，为 119 条线路的现场调度室安装部署了车辆运营计划排班系统、车辆 GPS 运行监控系统、智能调度发车系统，以及 3G 车内、车站视频监控系统，极大提高了公交线路现场的知情力和调度指挥效率。

（三）建立绿色智能汽修系统

乌鲁木齐公交集团依托智能调度指挥和数据库系统，立足"高起点，前瞻性"设计原则，率先在国内公交同行中尝试探索并成功开发了基于掌上应用的创新车间维修管理科技应用新模式。

一是借助 GPS 智能调度平台，每天实时调取共享公交车辆的运营里程数据，将 GPS 自动生成的、真实的运营数据通过计算机的逻辑运算和程序处理，自动生成准确的公交车辆一、二保计划，通过借助 GPS 里程的导入，生成"二保计划"更为精准，比传统手工制定的方式每月可减少 8—9 辆的误差"早保"。通过数据互联互通，有利于公交车辆及时保修维护，充分延长车辆使用寿命，提高车辆的安全性和舒适性。

二是采用基于 ipad 移动系统平台开发、无线私有云、智能数据库、大数据分析技术、业务电子化流程管理等革新技术和创新手段，通过循序渐进和对新科技的消化吸收，分析总结，推陈出新。实施工作先期阶段选择硬件条件、基础管理良好的 2 个车间和 3 个维修站点试点实践，积累大量经验，优化解决传统和创新之间的诸多矛盾和难题。

三是引入云计算和大数据概念，选用国际最前沿的 Oracle 超大型数据库技术，采用光纤磁盘阵列和动态 RAC 逻辑负载均衡设计，可满足城市 8000 辆公交车远期发展目标，各类数据实时处理交换的集群服务器系统，使得并发数据处理能力和平台系统的网络安全运行级别得到数倍提升。

四是利用公交绿色智能汽修系统软件，对公交车辆维修所涉及的相关联的各类型数据进行精确定义和划类细分，形成基础数据库字典。通过梳理公交车辆维修信息数据，涵盖基础信息（包括发动机、底盘车架、购入运行时间、归属线路车队、排量、燃料类型等数据）和保修级别、维修类型、维修配件、维修人员、站点现场维修等 7 万余条信息，借助计算机辅助编码设计系统对配件类型进行细分定义编码。按照编码谨慎性原则，历时近五个月时间完成数据库搭建工作。绿色智能汽修系统的推广应用为搭建"云管理"平台奠定坚实的基础。

（四）架设公交安防视频监控系统

近年来，乌鲁木齐公交集团以建设"智慧公交、绿色公交、平安公交"为引领，结合首府维稳安保工作大局要求，以企业安防维稳工作为主抓手，提升安防监控水平，运用"互联网+"科技手段打造平安公交。目前，共有 233 处常规公交车站安装了视频监控设施，主要集中在乌鲁木齐市天山区、沙依巴克区、新市区、水磨沟区等客流量大的公交车站。全市常规公交车站的安装率约为 12%。7 条 BRT 线路的 181 处站台的乘客进出通道闸机口、候车区、安全屏蔽门区域均安装了视频监控设备,约 1600 多个监控探头。公交车辆和车站视频监控系统通过专线网络已与市公安局、公交分局和交通厅监控指挥中心互联互通,实现公共交通安全联网联控。

(五) 研发公交线路查询手机 APP 软件

一是设计公交出行智能系统软件界面。为充分体现新疆本土特色,技术人员对公交线路查询 APP 客户端、网站及微信公众平台的首界面和闪界面进行美工设计。针对系统发布平台仍沿用原有平台进行统一发布的情况,通过阿里云技术自动辨别登录 IP,乘客下载公交线路查询 APP 软件后,将自动链接乌鲁木齐公交个性化的 APP 界面。

二是与传统公交管理手段和服务模式相比,公交线路查询 APP 软件不仅能为乘客提供公交车辆各类静态和动态的实时运行查询、到站提醒、换乘查询、周边建筑物查询等功能,还能收集汇总乘客出行时间、需求、路线等个性化数据,极大提升服务实效性。

三是运用大数据分析技术对公交历史调度发车记录及高平峰出行走势、流量流向变化数据进行深度挖掘,建立灵活调度和线路优化模型,为公交线网的优化调整提供科学决策依据;从为首府维稳安保、实现平安公交层面看,公交车站、车辆安防网络体系的建设达到对车辆、站台、人员、事件的全方位、全过程的高效监控目标,强化城市公共交通安防科技手段的基础,促进公交安保工作长效化、科技化水平的提升,对不法分子形成强大威慑力,为社会安全稳定、市民安全乘车提供"科技保障"。

此外,通过"网络定制公交""公交网站""公交电子站牌"等多种形式,全方位多渠道为市民提供车辆运行、站点客流、道路拥堵和出行换乘信息等实时查询服务,展示提升大公交服务品牌,确保智慧公交建设成果更好地服务广大市民。

(六) 建立公交掌上云调度系统

为使智慧公交一体化云管理平台建设具有"乌鲁木齐特色",乌鲁木齐公交集团把城市道路建设实际、公交运营实际、站调人员及驾驶员操作水平实际、现场调度实际等紧密结合起来。在管理模式上逐步建立调度指挥中心、分公司调度指挥中心和线路现场调度的三级调度管理模式。根据合理化需求,不断对平台进行完善升级和创新应用,使之不仅达到实用,力求好用、爱用、方便用,受到一线运调人员的好评和欢迎。

(七) 构建一体化智慧公交云管理服务平台

1. 整合五大系统,打造云管理服务平台

通过五大系统多形式、多方位、多角度的公交运营动态信息和企业安防维稳科技手段,整合"GPS 智能调度、绿色智能汽修、公交安防视频监控、公交线路查询 APP、公交掌上云调度"五大系统为一体的智慧公交云管理平台。

一是采取数据库衔接、资源共享、信息互通、数据关联等方式,优化整合五大智能平台于一体。二是一线运调管理人员借助 ipad 平板电脑,实时监管线路运营情况,灵活调度车辆及查询相关运营指标大数据,为公交运营管理人员提供移动式智能调度管理系统。三是各族乘客通过智能手机等移动终端查询所乘线路公交车辆的实时运行位置、距本站的距离和到达时间等准确信息,并为乘客提供公交集团所属线路的上下行走向、站点和首末班车时间等基本信息。目前公交线路查询 APP 软件单日访问量高峰近 8 万人次,方便乘客合理安排出行方案,减少在公交车站等待时间,极大提高了市民的出行效率。

2. 开展技术攻关,创新思路破解难题

针对系统研发调测过程中,因高架桥桥体形成屋顶式的遮挡,造成公交车在桥下行驶时 GPS 搜星延迟,影响实时数据快速测算的难题,乌鲁木齐公交集团组织技术人员进行攻关,通过在运营车辆上加装"GPS 车载设备增强模块"的方式,增强 GPS 定位信号精度。同时,采用"到离站数据的距离、时间自动判断处理单元"的技术方法,"双管齐下"有效解决高架桥下搜星难的问题,确保现有 GPS 智能调度系统平台数据安全,实现物理和逻辑上的数据隔离。

3. 共享大数据资源,实现高效优质服务

通过一体化的智慧公交云管理平台建设,加强与市民乘客的服务互动,依托公交信息化创新技术,不断优化和完善公交出行智能查询系统的服务功能,建立公交线路静态信息以及公交车辆实时动态运行信息查询服务。系统建设充分运用智能手机和"互联网＋"创新技术快速发展的特点,既整合了基于智能手机和互联网的应用,又融合了大数据分析平台的应用,将公交智能化应用成果通过智能手机以及移动互联网等多种形式进行发布,倡导广大市民乘坐低碳公交,实现绿色出行。乘客可通过多种途径获得车辆运行的实时动态信息、精确站间距和公交换乘等公交出行信息服务。

三、基于提升运营能力为核心的智慧公交"一体化云管理"服务平台建设效果

(一)企业管理成本明显降低

乌鲁木齐公交集团自实施基于提升运营能力为核心的智慧公交"一体化云管理"服务平台建设以来,以计算机化的电子数据形式采集和存储公交车辆运营环节中的实时运行位置、速度、站间距等信息,实现一线基层车队管理人员对所管辖的线路实时运营情况的监管,为一线驾驶员和企业基层管理人员提供了可移动的智能管理平台。通过成本收益性指标衡量公交基层车队经营管理绩效,对司机、车辆、线路进行综合评价,有利于公交企业在不增加管理成本的基础上提高整体管理和服务水平。同时,为企业锻炼培养、储备了信息化建设的技术人才,在实践中逐步形成了一批贴近公交发展需要、专业性强的信息技术支撑力量,为企业信息化建设的不断发展提供了基础条件。

(二)城市客运交通服务体系日趋完善

乌鲁木齐公交集团实施基于提升运营能力为核心的智慧公交"一体化云管理"服务平台建设以来,优化运营能力进一步增强,对缓解乌鲁木齐市的交通拥堵、推进节能减排具有重要意义。通过公交出行智能查询系统可提高公交服务的准时性和预见性,增强换乘方案的可预见性和服务灵活性,进一步提高了交通基础设施的运行效率,降低了交通拥堵,减少了废气排放量,降低了交通事故发生的概率,为缓解城市道路拥堵起到积极作用。

(三)倡导绿色出行,提升了城市总体形象

智能公交使多种公交运输方式间实现了信息互通和综合,信息维护更新的及时性增强。由信息互通建立车队、场站、线路、车辆、司乘人员之间的纵向信息交换服务体系,在安全性上信息互通对事故等紧急信息反馈性能大大提高,从而方便乘客出行。公交肩负着为各族市民提供准时、准点、安全、优质出行服务的社会使命,借助科技管理手段营造的良好公交运营秩序和安全便捷的公交服务,可满足不同乘客的出行需求,公交线路查询 APP 软件、公交网站、微信平台、电子站牌、电子广告、车内行车管理的全自动装置、全自动报站、安全行驶提示、服务用语规范、预告乘客候车时间、天气预报、环境通报等各种人性化出行信息服务,吸引了更多的市民选择公交、乘坐公交,缓解了城市交通拥堵,倡导了绿色低碳的出行方式,打造了乌鲁木齐公交的优良形象。

(成果创造人:张　平、杨希平、金　锐、赵　昌、朱　虹、
王　博、赵　静、李红卫、罗　莎、王玉琪、文　婷)

以智能管控为目标的特大型气田开发与建设

中国石油天然气股份有限公司西南油气田分公司

中国石油天然气股份有限公司西南油气田分公司（以下简称西南油气田分公司）隶属中国石油天然气股份有限公司，主要负责四川盆地的油气勘探开发、天然气输配以及川、渝、滇、黔、桂五省、市、自治区的天然气销售和终端业务，具有天然气上中下游一体化完整业务链的鲜明特色，是西南地区最大的天然气生产供应企业。西南油气田分公司在四川盆地及其周缘拥有矿权面积15.3万平方千米，累计探明天然气地质储量2.49万亿立方米，天然气SEC储量3911亿立方米，储采比21:1，具有良好的资源接替潜力。现有重庆、川中、蜀南等五个生产单位，生产井1400余口，天然气历年累产约4000亿立方米，目前年产能超过230亿立方米。

一、以智能管控为目标的特大型气田开发与建设背景

（一）适应国家"互联网+"智慧能源发展的要求

国家积极推进"互联网+"智慧能源发展，提出着眼能源产业全局和长远发展需求，以改革创新为核心，以"互联网+"为手段，以智能化为基础，构建绿色低碳、安全高效的现代能源体系。"互联网+"智慧能源是互联网与能源生产、传输、存储、消费及能源市场深度融合的能源产业发展新形态。"互联网+"智慧能源对促进能源清洁高效利用，提升能源综合效率具有重要意义。作为国家骨干油气田企业必须按照国家智慧能源发展要求，在大型气田的开发建设中遵循"互联网+"应用发展规律，实现多元化、智能化的天然气勘探开发技术、管理体制机制及模式创新。

（二）应对国家能源供需不平衡和季节性应急调峰的需求

由于国家能源供需不平衡，天然气资源地与消费地分离和天然气对外依存度高决定了需要足够的储备量才能保障供应安全。西部塔里木盆地、中西部四川盆地和鄂尔多斯盆地，以及东海海域为主力气区，资源供应量约占全国市场需求的91%；而主力消费市场则分布于东部地区，消费量约占65%。我国天然气调峰能力不足正日益成为制约天然气产业健康持续发展的突出因素。以安全平稳供气为目标，以效益优先为原则，优化储气调峰方式，以地下储气库调峰为主，强化"两化"融合，发挥特大型气田在国家能源突发事件应急调峰与储气库、LNG调峰和管网的协同作用，实现智能反应，迅速调配，统筹满足各种调峰需求，才能实现天然气产业高效发展。

（三）推进现代化气田清洁高效开发的需要

科技是推动现代化气田清洁、高效开发的关键性力量。依靠技术实现气田勘探开发，保障关键作业环节节能减排和环境保护水平提升，能大幅度促进绿色效益发展。同时，通过以智能管控为目标的气田建设可进一步实现更大范围资源的调控和整合能力，大大提高设备安全，数据安全，应用安全，从而实现气田开发的可控性。加快以智能管控为目标的气田建设，特别是信息化与油气勘探开发、生产经营管理在更大范围、更深层次、更广应用、更多智能方面实现彼此交融，充分发挥现代信息技术、数据技术在生产要素配置中的优化、集成作用，革命性地转变生产组织方式，形成新的核心竞争优势和内生增长动力，不断提效率、降成本、增效益，才能实现天然气开采可持续发展。

基于上述情况，从2012年开始，西南油气田公司开始实施以智能管控为目标的特大型气田的开发与建设。

二、以智能管控为目标的特大型气田开发与建设内涵和主要做法

西南油气田公司在数字化气田基础上,通过"互联网＋油气勘探业务"的紧密结合,从业务、技术、组织三个维度构建自动化、数字化、信息化、智能化的气田开发建设;应用"云、网、端"技术集成群,构建气田自动化控制与信息化管理架构;应用数字化气田生产管理平台,对特大型气田进行数字化管控;应用油气生产物联网管理系统,对特大气田进行智能化管控。以数据整合、应用集成为手段,推动信息化与勘探开发、工程技术、生产运行、经营决策等重点业务的深度融合,在"云、网、端"基础设施配套、数据资源共享服务、专业系统集成应用、业务管理转型升级等方面取得了长足进展,打造信息化环境下的智能管控气田。主要做法如下。

(一)加强组织领导,科学制定气田建设目标

1. 坚持高质量发展理念,科学制定智能管控目标和基本方针

西南油气田制定总体目标:以智能管控为目标构建全面集成的数字化企业,实现生产运行实时优化、项目研究协同化、决策分析智能量化、生产经营业务一体化高效运作,有力支撑打造集团公司西南增长极和"三步走"战略建设。具体目标是全面建成物联网系统和智能业务应用集成平台,建立覆盖勘探、开发、工程技术、生产运行、安全环保及协同研究全业务的信息支撑平台,实现数字化生产经营管理,达到国内一流油气田水平。同时,西南油气田确定"战略主导、创新驱动、智能高效、协同共享、持续改进"的基本方针。

2. 构建以智能管控为目标的特大型气田开发与建设基本架构

基本架构包括以智能管控为目标的气田生产专业应用系统(战略决策、勘探、气藏管理、生产管理、气井管理、井场、生产保障、储运)。以智能管控为目标的管理中心(面向战略管理的一体化运行中心,面向"互联网＋"、基于云计算的数据中心)。以智能管控为目标的基础设施(全面的传感网络、自动采集与控制设备、先进的IT基础设施)。以智能管控为目标的协同环境(自动操控环境、主动优化环境、虚拟专家辅助研究环境)。

3. 加强以智能管控为目标的特大型气田开发与建设领导

西南油气田分公司高度重视以智能管控为目标的气田开发建设,成立由最高管理者、管理者代表、信息管理部、规划计划处、财务处、劳动工资处、企管法规处(内控与风险管理处)、生产运行处、科技处的业务管理处室及通信与信息技术中心、勘探与生产数据中心、勘探开发研究院、川中油气矿、重庆气矿等所属二级单位相关部门组成的组织体系和领导委员会。

西南油气田分公司成立以总经理为主任的指导委员会、以分管领导为项目经理的项目经理部,以及主要生产单位分管领导为组长的管理体系贯标工作组,确保项目实施指挥有序、执行有力。

(二)不断深化认识,分阶段推进特大型气田建设

1. 第一阶段:探索起步阶段

20世纪90年代前,西南油气田分公司的数字化建设,以数字报表使用为主,主要特点:一是数据信息数量少,数据来源单一。二是数据信息存放主要在独立的计算机系统内,存储容量不够大,存储不方便。

2. 第二阶段:单项应用阶段

从2000年到2005年,西南油气田分公司开展专项业务系统建设,建立单项数据库,主要特点:一是初步形成专项业务信息系统。二是构建了局部计算机信息网络。

3. 第三阶段:集中建设阶段

从2006年到2015年,集团公司集中建设,统一部署,完成油气公司级数据库。主要特点:一是专业数据和业务信息开始出现数字化。二是生产管理和业务流程出现数据化。三是初步出现数据信息集成

和信息整合。

4. 第四阶段：集成应用、全面实施、协同共享

从 2016 年以来，西南油气田分公司气田数字化建设向集成应用、全面实施、协同共享跨域，逐步实现气田建设的智能管控。主要特点：一是计算机应用覆盖全部业务领域。二是生产经营管理流程、业务流程、业务风险与计算机网络紧密融合，形成网业务流程管理网络化。三是大量数据集成和应用集成，出现大数据趋势。

（三）强化标准化和制度建设，增强特大型气田示范性

1. 构建覆盖特大型气田建设和运行管理的标准化管理体系

从标准化建设管理机构、标准化技术委员会、标准化技术机构、制度建设等方面加强标准化体系建设，同时，编制公司"十三五"标准化发展目标及规划部署。2016 年发布的标准体系表调整部分专业设置，增加天然气与管道专业，涉及 9 个专业、3299 项标准，基本满足公司业务发展的需要，修订 SY/T6106—2014《气田开发方案编制技术要求》、SY/T6110—2016《气藏描述方法》、SY/T6171—2016《气藏试采地质技术规范》3 项行业标准；在页岩气方面制定 2 项国标、8 项行业标准、4 项集团企业标准、5 项公司企业标准。提升标准信息化管理水平，建设完成公司标准化信息管理系统。推进国际标准化工作，制定完成 2 项国际标准，2014 年完成 1 项国际标准 ISO16960《天然气硫化合物测定用氧化微库仑法测定总硫含量》，同期发布 1 项国际技术报告；2017 年完成 ISO20729：2017《天然气－含硫化合物的测定－紫外荧光光度法测定总硫含量》国际标准。

2. 构建覆盖特大型气田建设和运行管理的规章制度体系

一是持续创新，让制度建设更规范，围绕气田开发生产建设的科学管理，制定发布公司《酸性气井日常生产管理办法》和《气藏（气井）井口产能核实管理办法》等制度，确保生产操作过程始终受控。并按照《天然气开发管理纲要》要求，与推进 HSE 管理体系相结合，开展开发系统工艺安全分析，在此基础上规范、完善开发系统的 HSE 管理操作文件，修订、完善"两书一卡一表"（即 HSE 作业指导书、HSE 作业计划书、岗位操作卡和 HSE 检查表）。二是流程再造，让制度控制效率化，先后完成涵盖油田公司上中下游一体化全产业链的 1000 余项业务流程（全部延伸至二级单位）与现有的 492 项制度的对接工作。三是建立集成共享的制度管理信息平台，以"数字化气田"建设为契机，积极推动"数字化"条件下的制度管理集成和业务流程再造，搭建制度管理的数字化信息平台。四是狠抓落实，通过强意识、重监督、细评价、构闭环，让制度执行更坚决。

（四）强化三个"一体化"，推动特大型气田建设

1. 一体化部署，预探评价与开发评价部署一体化

一是在资料录取、研究评价、部署安排的一些关键环节突破传统管理模式局限，实现勘探与开发、地质与工程的数字化信息化无缝衔接，夯实勘探开发一体化质量保障基础。二是构建总体部署、分步实施、逐步细化、动态调整的气田开发质量控制体系，提升预探评价与开发评价质量保障基础。三是开发评价积极早期介入，助推勘探认识深入，打下开发指标扎实基础。通过勘探与生产技术数据管理系统（A1）、油气勘探生产信息系统、录井实时专业数据库系统等系统实现油气勘探一体化协同发展。

2. 一体化研究，储量探明与开发设计研究一体化

从项目立项开始，就突出顶层设计，明确制定项目研究的关键问题、具体研究内容、承担单位和组织方式，由西南油气田分公司组织协调，多单位联合攻关，面向生产、服务生产，突出科研生产一体化，聚焦开发对策优化、工程技术和 HSE 保障的配套与升级方面的核心技术问题，开展大规模攻关研究，通过技术创新突破制约高效开发的瓶颈。

3. 一体化实施，勘探钻井与产能建设实施一体化

勘探开发一体化实施则要求勘探目标向后延，产能建设作用向前延。一方面，在勘探发现井之后，评价井钻井及资料录取要兼顾开发需求，充分利用已完成的探井转为开发井及时组织试采，适当调整评价井井位，取全取准开发评价所需的各类资料，加快产能评价；另一方面，将开发工作向前延伸，及早介入，开发专业要提前介入勘探评价，了解油田情况，尽早评价和规划工程设施，为后期滚动开发奠定基础，同时，还要注重区域一盘棋，勘探、开发、钻井、工程、环保、经济等各专业密切配合，形成一个有机的系统的整体。通过油气水井生产数据管理系统（A2）、采油气与地面工程运行管理系统（A5）及油气生产物联网系统（A11）统建系统等实现油气生产过程一体化智能管控。

（五）开发配套管理系统，优化生产组织方式

1. 建成"云、网、端"基础设施系统，形成信息化条件下的生产组织新模式

构建集团公司西南区域网络中心和2个公司级中心机房，建成干线环网汇接中心、支线光网连接井站、光缆总长近6800公里的完整光传输系统，完成自控生产网和综合办公网两套核心网络建设，实现重点生产单元网络全覆盖。全面建成场站数字化系统。充分依托油气生产物联网和SCADA等系统的建设应用，实现了数据的自动采集、实时传输和集中存储，实现了重要井站关键阀门的自动连锁与远程控制、站场视频采集与闯入报警等功能。

2. 建成大数据管理平台，为勘探开发、经营管理提供定制化数据服务

建立基于总部EPDM数据模型和具有天然气业务特色的数据标准，大力推进覆盖勘探、开发、生产、管道、销售全业务链的专业数据资源建设。积极开展大数据分析技术应用模式研究，不断推动SOA平台上的系统开发和集成，完成作业区数字化、开发生产、生产运行等管理系统的顶层架构设计，积极探索地震属性在线分析、随钻地质跟踪、井筒完整性管理、全气区产能实时预测等方面的智能分析应用，实现从生成报表向驱动业务、从简单应用向深度挖掘的转变。

3. 以智能管控为目标的特大型气田的开发与建设支撑系统

一是勘探生产管理。勘探生产管理相关信息系统主要包括勘探与生产技术数据管理系统（A1）、油气勘探生产信息系统、录井实时专业数据库系统、勘探开发成果数据采集系统等系统。

二是开发生产管理。开发生产管理主要依托油气水井生产数据管理系统（A2）、采油气与地面工程运行管理系统（A5）及油气生产物联网系统（A11）统建系统，并结合安岳气田磨溪区块龙王庙组气藏数字化气田、天然气管道及场站数据管理系统、场站数字化系统等自建系统，实现开发生产的信息化管理。数据采集与管理：场站数字化和SCADA系统融合建设实现场站生产实时数据的自动采集、传输（目前覆盖了82%的场站），基于生产信息化数据平台实现场站数据（自动采集和手工录入）的集中存储与管理。

三是生产运行管理。生产运行管理相关的统建系统主要包括勘探与生产调度指挥系统（A8）、应急管理系统（E2）等系统，自建系统主要包括生产运行管理信息系统、土地管理系统、生产受控管理系统、应急物资储备系统、SCADA系统、生产信息化数据平台等系统。生产运行管理信息系统以数据采集、业务报表管理、实时数据接入为主体，数据覆盖钻井、试油、石油液体生产、天然气产、运、销、储、贸以及油气运销等，采集最小单位到达各单井场站。

四是经营管理。在经营管理领域完成以勘探与生产ERP系统为核心的10余套主要统建系统的试点建设和推广实施；作为ERP系统的支持，完成人力资源管理系统、物资采购管理、营销管理系统、财务管理信息系统等多套自建信息系统建设，形成对统建信息系统的有益补充和扩展。

五是科学研究。科学研究相关的统建系统主要包括勘探与生产技术数据管理系统（A1）、油气水井生产数据管理系统（A2）、采油气与地面工程运行管理系统（A5）；科学研究相关的自建系统主要包括

分析实验数据管理系统、天然气研究院实验室管理系统、天然气管道及场站数据管理系统等。

六是办公管理。目前西南油气田分公司完成15余套主要办公管理系统推广试用。其中信访管理、法律管理、监察管理、审计管理、股权管理等系统的应用水平在集团信息化考核中位居前列。

（六）加强调峰与储气建设，提高应急保障能力

1. 全方位加强勘探，发展非常规天然气，增强供应和储备能力

一是持续加强天然气生产供应体系建设。加快与社会资本、民营资本的合资合作，把非常规天然气业务作为成长性、战略性和价值性工程，统筹产业链上中下游各个环节，保持合理储采比，实现产量持续稳定增长。二是优化天然气资源市场结构。优化配置天然气资源市场，统筹基地内外资源，保障安全平稳供应，为天然气利用产业集群发展打下坚实的资源基础；建立产运销调储贸一体化考核机制，促进产运销调储贸各环节协同平衡发展。创新生产组织模式，坚持勘探开发一体化。三是建设形成能级清晰、信息化水平高和安全高效供应系统。天然气管道系统建设以市场为导向，优化支线管网布局，强化区域内外互联，加快打造中国西南天然气战略储备中心。在蛛网式管网系统基础上布局分布式管网系统，推动天然气储备建设，形成能级清晰、信息化水平高和安全高效供应系统。

2. 加强天然气输配网络和储备设施建设，促进基础设施持续完善

一是优化管输市场结构。根据天然气资源和市场情况，配套完善天然气骨干管网、储气库和LNG接收站，抓好区域管网、支线管网的建设，确保天然气利用与基础设施建设协调发展；加快战略储备库与调峰储气库建设，重视和加强天然气应急储备设施建设；逐步建立管输市场第三方准入，建立储气设施独立运营机制。川渝地区紧密衔接天然气资源与市场，持续完善区域内基础设施建设，建成了环形骨干管网系统和蛛网式的支线管网系统。二是实现供给渠道多元化。近年来，我国国内形成国产气、进口管道气和LNG、买断煤制气等多元供应体系，天然气资源结构持续优化，资源布局更加合理，实现了资源组合成本最低、供气稳定的态势。

3. 持续抓好产运储销统筹协调，实现扩销量、增效益、保供应

一是大力开发高效市场、高端客户，进一步巩固区域天然气市场主导地位，实现扩销量、增效益、保供应。二是强化产运储销联动，确保安全平稳供气。统筹调配六大气源，科学安排检维修，优化储气库注采计划，努力争取中贵线多下载，加强与外部管道互联互通，多措并举平衡季节峰谷差，为区域保供赢得主动。三是不断提升管网输配能力，努力破除供气瓶颈。立足区域保供与市场拓展，加强区域管网适应性分析，科学制定方案、预案，不断调整优化管网运行，充分发挥现有系统潜力；着力抓好磨溪—铜梁等重点管道建设和投产工作，进一步满足上产区域外输需求；抓好天府新区管道、楚攀支线和巴中、泸州、南充、绵阳等重点区域管道建设，不断提升保供输配能力和市场控制力。四是深入研究化肥、化工及其他可参与冬春调峰的非居工业用户的限减、限停营销策略，按需实施停压减方案，保障民生用气。

4. 抓好储气库建设，打造"中国石油标杆储气库"

一是精益生产，注气采气量效齐升。首次实现年注采气量双破15亿，位居全国地下储气库注、采气量第一；科学分析，挖掘潜力，精细注采方案；标本兼治，内外防控，确保平稳输供；优化组织，保障有力，实现降本增效。二是有序组织，建库达容初步实现。2017年第五注气期末库存量40.21亿立方米，达到设计库容94.38%，工作气量达到设计要求，初步实现达容达产。高限考核检验能力，首次在注气期开展高限考核工作，验证了注气系统各项参数满足设计要求；项目建设有序推进；新库建设进展顺利。三是着眼瓶颈，科研攻关助力发展。科技创新成效显著。《相国寺地下储气库建设与运行关键技术研究》荣获2017年度西南油气田分公司科技进步特等奖；出色完成《相国寺储气库建设与运行管理实践》专著编制。

(七) 加强人才培养，提高运维管控水平

1. 强化专业人才队伍建设，为特大型气田建设提供人力资源保障

一是组织机构设置与控制处于集团公司先进水平，两级机关管理人员占全部员工比重11.6%；专业技术人员占全部员工的比例13.1%；核心骨干人才占全部员工的比例4.5%。二是有效控制员工队伍规模控，分公司用工总量37842人，其中合同化员工32484人，市场化用工4180人，劳务用工1178人。三是改善员工三支队伍结构，在岗合同化员工及市场化用工合计36295人，其中管理人员、专业技术人员、操作服务人员比例为25.9%、13.7%、60.4%。深入推进科技体制机制改革，科技人才队伍梯队建设和总体实力显著增强。在直属院所、生产单位科研所全面推行专业技术岗位序列改革，建立了首席专家、企业二级专家、一级工程师的专家队伍，完成科研单位双序列转换。

2. 创新工程质量与安全管控，实现管控目标

以龙王庙气田建设为例，一是积极推行QHSE管理制度标准化，编制以工程质量、安全及施工规范化管理为重点的《质量管理手册》《HSE管理手册》等；二是强化培训提升承包商QHSE履职能力，项目部制定QHSE培训计划，委托分公司HSE培训中心，对承包商开展入场前培训3001人；三是全方位立体监管，确保工程QHSE管理全面受控，建立由建设单位、监理单位和施工单位、检测单位等四个层面的全方位多角度立体监管体系；四是强化工程质量全过程监管，确保本质安全，加强设备材料驻厂监造。五是严抓措施落实，保障施工作业安全，严格落实HSE防护措施，在施工区、生产区、办公区加设门禁控制系统，并全部设置围挡隔离；在关键区域设置9套视频监控系统，实现全时段、全过程、全覆盖受控管理。规范风险作业安全管理，制定《风险作业方案及应急预案管理目录》。

3. 构建中心井站模式，实现远程无人管控

结合气井生产实际情况，将项目部所属进站划分为四个片区，分设龙王庙集气总站、龙王庙西区集气站、龙王庙西北区集气站及龙王庙东区集气站四个中心井站，四个中心井站对下属无人值守井进行直接生产管理，对有人值守井进行监督管理，基本形成"单井无人值守＋区域集中调控＋远程支持（协作）"的数字化气藏、信息化系统的总体格局，系统层面实现单井—集气站—调控中心三个层次管控。积极探索优化数字化条件下中心井站与无人值守单井运行模式，依托调控中心、中心站两级集中监控与预警平台，形成"电子巡井＋定期巡检＋周期维护＋检维修作业"为主要内容的数字化气田生产组织方式。始终遵循"安全第一、统筹规划、试点先行、分步实施、持续改进"的总体原则，凡是工艺、信息化及配套建设等全部完工，且具备无人值守条件的井，具备一口实施一口。通过构建"调控中心、中心井站、维修队"为骨架的井站一体化管理基本单元，形成龙王庙组气藏无人值守井的管理方案，固化无人值守管理模式，提升井站管理水平。

三、以智能管控为目标的特大型气田开发与建设效果

（一）特大型气田与储气库协同应急调峰功能完善，成功应了对我国2017年冬季气荒

在夏季指令性限产、冬季天然气供需形势急剧逆转的情况下，充分发挥储气库应急调峰作用，确保了区域安全平稳供气，为全国冬季保供作出了积极贡献。以龙王庙特大型气田为例，可有效转化为天然气储备资源。2015年底建成产能$110×10^8m^3/a$，冬季高峰日产量约$3000×10^4m^3$。相国寺储气库库容40.5亿立方米，工作气量22.8亿立方米，调峰能力1400万立方米/日，最大储备动用能力2850万立方米/日。相国寺储气库在调峰保供中讲政治、顾大局、保民生、促和谐，作用发挥得到了国家发改委、国资委、集团公司、重庆市能源局各级领导的关注和好评；中央电视台、人民网、《工人日报》、华龙网、搜狐网等国家主流媒体高度关注、竞相采访报道，知名度大幅提升。

（二）特大型气田实现安全清洁高效开发，主要指标达到国际水平

气田环保排放指标达到国内领先水平或国际先进水平。硫黄回收总收率、尾气二氧化硫（SO_2）排

放浓度、锅炉烟囱氮氧化物（NO_x）排放浓度等大气污染指标达到国内领先水平或国际先进水平。尾气处理装置投运后，排放浓度仅为177毫克/立方米，为设计值的35.4%，为投用前的5.7%；生产废水回用率提升至99%，污水实现"零排放"；厂界噪声由原来的72分贝以上降为60分贝以下，达到国标Ⅱ级昼间要求。

实现了"高质量、高效益、可持续发展"标准和"四个一流"标准。一是实现"设计一流"：试采净化装置工厂化预制率达85%；集输站场工厂化预制率达90%；二是实现"建设一流"，标准化设计成果应用率达到80%以上；三是实现"管理一流"，龙王庙组气藏勘探开发建设和重点工程建设安全优质高效推进，生产组织和管理方式的转变；四是实现"效果一流"，仅用34个月完成三期共计110亿立方米产能建设，税后内部收益率达到46.71%，创国内同规模气田开发建设新纪录。

（三）以智能管控为目标的特大型气田开发与建设示范效应凸显

龙王庙气田已成为中国大型气田高效开发的新典范。聚焦高质量、高效率、高效益建设智能管控气田，在技术和管理模式方面大胆创新和实践，是实现该气田高效开发的关键。成熟的技术和管理模式不但在大型含硫气藏勘探、开发评价、产能建设和生产运行阶段发挥了至关重要的作用，而且还将继续对后续跟踪研究及优化调整产生良性影响，具有广泛的推广和应用价值。以智能管控为目标的特大型气田开发与建设能力达到国内领先水平。作为国家级两化融合管理体系贯标试点企业，顺利通过国家工信部的两化融合管理体系审核，得到CESI评定证书。

（成果创造人：马新华、陈景富、谭敬明、戴晓峰、王　宁、谢敬华、钟　毅、赵　萌、李秀松、方　健、黄韬澄、刘夏兰）

大型软件企业基于"易比得"云平台的采购管理

中国软件与技术服务股份有限公司

中国软件与技术服务股份有限公司（以下简称中国软件），是中国电子信息产业集团有限公司（以下简称中国电子）控股的大型高科技上市企业，中国软件拥有系统集成、软件开发等众多国内一级行业资质，通过了国际质量管理、服务管理、信息安全管理等体系认证。中国软件现有资产52.71亿元，员工6598人，2017年总收入达49亿元，拥有完整的从操作系统、数据库、中间件、安全产品到应用系统的业务链条，覆盖税务、党政、交通、知识产权、金融、能源、医卫、安监、信访、应急、工商、公用事业等国民经济重要领域，业务主要包括自主可控业务、税务行业业务、软硬一体化业务和行业信息化业务等。

一、大型软件企业基于"易比得"云平台的采购管理背景

（一）规范采购行为，提高采购效率的要求

中国软件是国内软件行业的排头兵，采购金额高，年采购额超过20亿元；采购范围宽，覆盖设备、服务和工程；采购品类多，从设备、物资到人力外包，品种多达20多个大类、近万余种。由于信息产业的高度专业性特征，中国软件的采购人员大多由IT技术人员转型，虽然通过了专业的采购培训，但剧烈变化的市场环境和瞬息万变的市场行情，仍然对采购人员提出了严峻的挑战，既要按照中央和上级有关部门的要求，遵纪守法，规范采购行为，又要尽可能提高工作效率，满足项目和工程的时间要求。

（二）降低采购成本，提升经营效益的要求

随着市场的开放和新技术的快速迭代，中国软件所处的信息服务领域竞争日趋激烈，客户不仅要求中国软件提供优质的软件和服务，还要求价格具有竞争力。优质低价已经成为从市场竞争中脱颖而出的最关键因素之一。因此，控制成本已经成为企业盈利与否的决定性因素。在保证品质的前提下，通过适度开放竞争，有效降低采购成本，提升企业的经营效益，是中国软件采购部门必选面对的挑战。由于历史的沿革，中国软件长期以来实行的是部门负责的分散采购模式，管控难度大，在企业面临跨越发展时，实施电子化采购是极为必要的管理措施。通过电子化采购的实施，能够促进供应商的有序竞争，充分发挥企业的议价能力；减少各层级企业采购管理部门的重复设置，降低分散采购的选择风险和时间成本，提高采购效率；优化供应商队伍，将采购批量集中到最优秀的供应商手中，使企业最大限度地获得采购价格优势，最终实现企业追求的降本增效，提高经营效益。

（三）资源共享，优化资源配置的要求

作为以信息系统集成和技术服务为主要业务的中国软件，经营采购具有"批次多、品类杂，需求异"的特性，且由于公司规模大、分支多，事业部和各地分、子公司多达数十个，长期以来一直采取部门负责的采购管理模式，导致采购部门多，议价手段单一，审批流程长，制约了采购效率的提升。有的品类，公司采购量很大，但分散到多个部门，每个部门分别各自寻找不同的供应商，最终均无法形成批量，损失了获得合理价格优惠的机会；有的部门采购频次低，但仍旧要与众多的供应商维持关系，采购人员不堪重负；有的供应商发生了履约问题，但仍能从其他部门获得订单，最终导致问题扩大，给中国软件造成本该避免的损失。随着市场竞争的不断加剧，传统的采购思想、采购模式和采购手段已经严重影响企业的经营，制约了企业利润的提升，也给企业带来了难以预料的风险。因此，中国软件必须顺应潮流，改变采购管理模式。

二、大型软件企业基于"易比得"云平台的采购管理内涵和主要做法

中国软件按照企业采购特性和供应链管理规律，落实"管理规范化、采购便捷化、服务最优化、效益具体化"理念，以"理念成熟，技术领先，提升管理、控制风险"为目标，以先进云平台和AI人工智能技术为手段，通过健全采购管理框架，完善采购管理制度，规范采购流程，遵循采购流程标准化、采购流程规范化、采购过程数据化、采购审计可视化的标准，实现采购降本增效，保证企业综合竞争力进一步提升和高质量持续发展。主要做法如下。

（一）统一思想，建立开放型采购管理体系

中国软件以"思路开放，步伐稳健"为理念，确立建设电子化、公开化、合规化的开放型采购管理体系的原则，将"管理规范化、采购便捷化、服务最优化、效益具体化"作为目标，以"易比得"采购云平台为基础，打造"提升管理、控制风险，理念成熟，技术领先"的采购管理体系。

为实现这一目标，中国软件设立专门的电子化采购推进领导小组，由总经理亲自挂帅，确保各级领导的思想统一和步调一致，全面引领开放型采购管理体系的建设方向。同时，中国软件成立由公司运营部、采购部、财务部和业务部门及分支机构采购主管参加的电子化采购管理办公室，全面贯彻落实公司的采购政策。电子化采购管理办公室下设流程管理、供应商管理、专家评审和合规审计四个工作组，负责梳理和规范采购流程，监督采购项目的执行。具体采购的实施仍交由各部门和业务单元执行，以最大限度减少对于生产运营的影响。

中国软件力图构建开放型采购管理，即对外（信息公开发布、供应商动态管理）和对内（使用部门和合规审计部门）均开放的管理体系，重点做好三个方面的制度改革和规范创新。

信息发布方面，采购公告和供应商招募均通过网络向全社会公开发布信息，改变以往采购信息只进行线下定向发布的传统做法，所有的采购信息（涉密项目除外）和供应商招募要求均在通过信息安全审查后，利用中国电子集团采购门户和中国软件采购平台对外进行发布，以吸引更多的供应商参与。

供应商管理方面，改变供应商队伍基本固定的传统方式，定期向社会公开供应商标准，根据项目需要随时受理符合标准的新供应商加入申请，积极扩大供应商队伍。供应商管理由采购部年度审核一次的传统方式，改为利用互联网技术和大数据工具，建立动态的供应商信用档案，随时掌握供应商最新动态，对不再符合标准的供应商自动降级，随时清理。

对内开放方面，采购过程中，采购规则的制定、采购过程的进行及采购结果的行程均对合规、审计部门开放，使监督和审计落到实处。采购形成结果后，接受使用部门评议，对采购项目进行质量、服务、技术和表现四个维度的量化考评，并纳入采购部门的绩效体系中。

（二）完善制度，优化采购流程

中国软件按照中国电子集团的统一领导，遵照发改委、国资委的相关采购规范，通过科学分析原有采购管理制度的不足，认真梳理原有的采购流程，在比质比价、网上采购、供应商遴选等方面编制和修订大量规章制度。用制度来约束采购行为，规范采购过程，使采购工作规范化、标准化和阳光化。同时，将制度流程化、流程表单化、表单信息化，使制度变得简单明了，形成符合"电子化、公开化、合规化"要求，适应互联网环境的新采购制度与采购流程。

1. 周密调研需求，科学分析场景

电子采购平台实施前，中国软件完全依靠人工来执行采购。也有一定的采购规范和采购流程。但是，中国软件子公司、部门众多，业务差异大，各自采购流程不统一。

通过调研、访谈、梳理的方式，对中国软件原有采购文件、采购流程进行了总结、分析，识别中国软件原有采购的特点为：采购差异大，流程难落地；参与角色众多，基本手工操作；信息各自记录，难以统一、整合与共享。以此作为流程优化依据，以数据统一共享为基础，流程优化落地为目标，寻求采

购管理的最优解决方案。

2. 紧密结合实际，解决迫切问题

依据分析调研结果，经过多次领导汇报与多方讨论，中国软件将如下几方面作为采购制度流程优化的突破口。采购过程电子化，规定所有部门和分子公司的采购需求统一对社会公开发布，从根本上解决信息汇总和公开发布的问题；采购标准统一化，建立标准化采购流程，对供应商遴选等重要流程和评审专家管理等制定操作规范，并被广泛认可和接受；采购流程信息化，采购管理办公室将采购中所涉及的流程进行梳理，制定统一的表单，实现采购流程信息化

3. 建立一级管控、二级管理、三级应用的采购模式

经过总经理办公会讨论，中国软件决定建设一级管控、二级管理、三级应用的采购新模式。一级管控，电子化采购领导小组负责进行采购管理的体系建设，进行采购管理的顶层制度设计；二级管理，电子化采购管理办公室根据采购管理体系进行采购制度的制定和采购流程的设计，指导采购部门和分支机构采购人员实现合规采购；三级应用，中国软件采购部门和分支机构的采购人员，根据中国软件统一发布的采购流程，利用统一的电子采购平台进行合规采购。

（三）依靠"易比得"，建设统一采购云平台

根据采购体制和制度建设的要求，中国软件归纳总结对电子采购平台的功能需求。为企业本部和下属分支提供统一的采购平台，执行企业制定的采购流程，实现采购管理制度各项要求的落地；能够对采购业务进行全方位、场景式记录的工具，无论是采购人员的操作，还是供应商的应答，都进行全程记录，并对关键数据突出显示，便于采购人员关注；采购项目结束后，可根据需要生成包括所有过程信息的完整报告，便于应对合规审计；过电子采购平台建设，贯彻执行采购管理制度，落实效能监察机制，提高企业采购管理能力，提升采购领域的合规化，促进企业效益的提升。

进过对比选择，中国软件决定以下属企业北京中软巨人科技有限公司开发的"易比得合规采购云"为基础，搭建电子采购平台。

首先，基于互联网的应用场景进行顶层设计，建设以人工智能为技术核心，以信息安全为基石的电子采购平台，重点开发流程引擎，应用云平台和人工智能，借助社交工具，开拓信息化与企业业务融合发展的新型云服务。其次，围绕产品定位和目标，中国软件组织管理、技术骨干及外部专业人士，认真梳理业务需求、安全要求、发展趋势，明确开发思路，按照数据、服务和应用三个层次展开。在开发工程中，坚持"架构、标准、安防"三统一的原则，立足于需求、着眼于发展，形成电子采购招标平台功能蓝图。再次，确立自主可控的技术路线和切合实际的工作计划，充分借鉴成熟应用经验，确立架构统一、接口标准、主线突出的开发路线，提供高内聚、松耦合，支持混合云部署的云服务。最后，全力以赴，全方位保障平台开发对技术、人员和资源的需求，厘清关键路径，保证平台建设如期完成。

中国软件"易比得"电子采购云平台具备三级管理体系，五类角色权限，七大业务模块。

三级管理体系，第一级指包括中国电子和中国软件采购领导小组在内的采购体系管理机构；第二级指中国软件采购管理办公室，具体负责采购管理及其监督；第三级指采购部门和分子公司的采购人员，负责采购的执行。

五类角色权限，包括采购方（拥有采购权限）、供应商（拥有参与项目的报价权限）、专家方（评审项目）、用户方（对采购项目和供应商进行质量、价格、服务和表现等方面进行评价）和审计方（拥有审计审查）。

七大业务模块，包括机构管理模块，使用方可以对组织机构和人员角色进行自行定义；项目管理模块，进行采购项目的发布和执行；供应商管理模块，对供应商进行等级管理、信用评价等操作；关注模块，使用户可以掌握所关心的对象（企业和产品）最新动态；报告和报表，使企业随时掌握采购项目的

详情进展；消息管理，使采购和供给双方建立便捷的信息通道；审计管理模块，在采购系统中为合规监察、审计和鉴证部门提供工作入口。

中国软件"易比得"采购云平台提供丰富的跨平台交换和信息安全共享能力，支持多种数据采集方式，提供系统推送和手工填报相结合的方式。例如，采购项目中，对于供应商已经上传和通过平台认证的资质数据，采用系统推送的方式直接加载到采购项目对应字段中，避免供应商的重复录入，大大减少操作人员填报项目的响应时间。支持跨平台数据交换，除与企业本部运营管理系统进行数据交换外，还与部分下属机构的OA或者财务系统进行数据交换。对于需要与其他信息系统联动的部门和用户，"易比得"采购云平台提供数据接口。对于使用其他方式进行采购审批的部门，提供PDF格式的项目报告书，使用户能够方便地与其他业务对接。

从设计、部署到运营，中国软件"易比得"采购云平台始终全面贯彻安全思想，认真落实安全措施，强化执行安全流程，具体措施包括架构安全可靠，防范数据损坏风险；数据安全加密，防范信息泄漏风险；访问安全可控，防范数据篡改风险；流程安全合规，防范业务欺诈风险。

（四）积极谨慎，逐步推广采购电子化、合规化

1. 精准定义采购场景，提供特殊场景的定制化支持

"易比得"采购云平台将采购项目的整个过程划分为三个主要场景，即采购经办发布采购信息；供应商获取信息后响应需求和提供报价；采购经办综合评比各方报价，完成供应商的遴选。在这三个主要场景的基础上，增加延期、撤回、重新提交等辅助场景，在采购流程上实现全方位覆盖。

对于每一个具体的采购项目，预先设定多个典型场景供选择，不同的场景对应不同的流程与配置。如根据采购标的物，分为"物资采购""工程采购""服务采购"三类；根据采购方式，分为"询价""招标""竞价"三种方式；根据采购范围，分为"全网公开""仅限已在册供应商""邀请参加"三种。采购方在发布采购信息的时候，通过选择以上组合来将采购需求转化为一个个场景，由系统来协助采购员对这些场景进行处理。

将各个场景中的共同需求集中归纳出来，形成统一、标准的规则模板以供选择。规则模板分为"资质要求""财务要求""服务要求"三大类，共有144条采购规则可供选择。通过对这些规则组件的选择，精准定义采购场景。对于有非常特殊需求的采购项目，无法完全用以上的预设场景来满足，则通过非结构化数据来进一步表述采购场景，包括文字描述、图纸、表格等任意格式的文件，从而满足复杂的采购需求。

2. 分阶段逐步推广

首先，落实电子采购推进计划，将确定纳入电子采购试点的采购范围全部落实。2017年采购额度近18亿元，与1000多家供应商发生供需往来，短期内全部电子化难度较大。为此，给进行试点的采购部门接入平台，将涉及办公采购、基建工程的采购环节部署到平台中，规定"易比得"采购云平台为采购管理的关键环节，确定电子采购的不可替代地位。其次，将已有的供应商引入"易比得"采购云平台，并利用电子平台的社交功能，宣传采购项目，扩大项目的传播范围，吸引更多的供应商关注和参与，促进供应商之间的良性竞争，鼓励有实力的供应商在保证品质和服务的基础上提供更大幅度的价格优惠。再次，利用"易比得"采购云平台的招募功能，打破传统，向更多的新供应商发出合作邀约。利用平台提供的供应商管理功能，借助"互联网+"，借助大数据，对供应商进行科学筛选和严格评定，将合格的新供应商加入合作列表，保持供应商队伍的活力，掌握供应链的主导权。最后，利用"易比得"采购云平台，实现中国软件体系下全部采购部门的采购资源和渠道的共享和协同，为进一步降低运营成本、实现效益奠定基础。

（五）人工智能＋大数据，辅助采购科学决策

应答智能比对，优劣一目了然。"易比得"采购云平台将供应商的报价、商务应答、技术应答和服务承诺进行智能比对，提供给采购人员进行参考，使采购人员由此更加全面地掌握项目细节，减少人工比较的烦琐。

考评全面共享，优化供应商管理体系。"易比得"采购云平台对供应商的历史记录进行分析，识别出异常报价，从而减少供应商的作弊行为，便于采购人员进行甄别。为供应商建立全方位的信用档案，为中国软件的采购部门、用户部门提供全周期动态考评工具，帮助采购人员与品质好、专业能力强、价格优惠和服务全面的供应商加强合作，实现采购成本合理降低，缩短采购周期的目标，构建可信可靠供应链体系。

客服人工智能化，降低人员投入。"易比得"采购云利用人工智能技术，汇总采购过程中方方面面的问题，积累总结历次采购的经验，自动识别应对采购方的问题，在数据库中智能搜索匹配，将答案主动回复给供应商，极大减轻采购人员工作量，使采购人员将精力聚焦于采购核心环节。

开展大数据分析，提供决策数据信息。利用大数据分析和人工智能技术，将一定周期内的采购项目进行分析和全方位对比，形成包含价格趋势、质量跟踪、服务满意度等方面的数据报告，为精细化采购管理提供了有力支撑。

（六）立体场景，实现鉴证权威化、审计可视化

部门全覆盖，助力全程合规。利用"易比得"采购云平台，合规人员和审计人员加入采购管理环节中，对采购项目的监督从通常的参加评审会议延伸到采购立项、需求编制、公告发布、供应商响应等诸多环节，覆盖整个采购周期。

引入第三方，实现鉴证权威化。借助"易比得"采购云平台，引入了多家拥有专业资质的外部机构，在采购项目结束后，对采购人员和投标供应商的操作进行中立的第三方审查审计，并出具正式的鉴证报告，使采购的合规化得到确立。

场景再现，实现可视化审计。"易比得"采购云平台对采购数据进行快照保存，在采购项目结束后即可进行类似VR影片播放的场景重现。审计人员借此掌握采购项目的原始和完整信息，有效减轻被审计单位和审计部门双方的工作压力。

三、大型软件企业基于"易比得"云平台的采购管理效果

（一）实现了电子采购，明显提高了采购效率

通过建设采购云平台，中国软件规范了采购流程，提高了采购效率，合规部门对采购项目实现了过程监督，审计部门实现了采购过程的场景再现，有效降低了各部门的管理工作量，减轻了企业的负担，促进了生产经营，不仅规范了采购行为，提升了采购效率，更利用技术的创新，建立了常态化的采购数据分析机制，提升了采购管理水平。"易比得"采购云平台的推广使采购部门执行采购项目的耗时减少了40%，加快了企业运营节奏。

（二）降低了采购成本，显著提升了企业经济效益

中国软件将所有通过平台完成的采购项目进行了数据分析（以中国软件并表企业的采购数据为例），达到以下效果。

采购成本降低。中国软件2017年通过"易比得"完成的IT类采购总金额为1779786760元，与2016年相比平均成本下降了2.02%，产品价格平均降低了约1.86%，外包服务的价格平均降低了约2.89%。

资金占用减少。供应商提供的平均账期从30天延长到60天，部分延长到90天。

服务品质提高。供应商售后服务响应时间有所缩短，服务效率有所提升。即便由原厂指定供货渠道

的，其价格也往往有所优惠，价格不变的，服务等级也有提高，账期延长。

（三）形成了资源共享的采购管理新模式，获得认可与推广

中国软件在采购管理中运用"易比得"采购云平台开创的"三方模式"，即以"易比得"采购云为平台，用户规范采购，权威机构提供鉴证的模式，是不同于传统招标代理和网上招标云服务的全面创新，给电子采购应用带来了新思路。中国软件借助"易比得"采购云平台，实现了企业迈向智慧企业、智能管理的重要一步，为全面推进大数据、云计算和人工智能在企业更广泛的应用提供了深入的探索和实践，实现了供应商资源共享。

目前中国软件不仅在本集团使用"易比得"采购云平台，也在为中国电子集团和其他成员企业提供服务，更为中国电子系统外的诸如北京慧点科技有限公司（中国电科集团）、交控科技股份有限公司（京投集团）、瑞泰人寿保险有限公司（国电集团）、联通系统集成有限公司（联通集团）、北京现代摩比斯零部件有限公司（北汽集团）和其他机构提供了电子采购招标和采购信息发布服务。2017年"易比得"采购云平台为集团系统外用户提供了近2亿元的电子采购和招标服务。

（成果创造人：张仲予、刘　炜、白　华、李大冀、
卢　嘉、罗佳华、曾浩涛、刘　静、徐　云）

电信运营商以规范、安全、共享为核心的大数据治理体系构建

中国联合网络通信有限公司北京市分公司

中国联合网络通信有限公司北京市分公司（以下简称北京联通）隶属于中国联合网络通信集团有限公司，主营业务包含固定通信业务和移动通信业务。作为一家在首都地区主导的重要电信运营商，北京联通在为社会各界提供通讯业务同时，也致力于为党、政、军用户提供重要通信保障服务。在党的十九大、一带一路峰会、历届全国两会、抗震救灾等国家级重大事件中，北京联通均提供了稳定、流畅、安全的通信服务，圆满完成了历次重要保障任务。

一、电信运营商以规范、安全、共享为核心的大数据治理体系构建背景

（一）解决企业数据治理难题，支撑企业发展的需要

北京联通大数据的数据范围主要基于用户的通信服务，包括全网1100余万移动电话用户、530余万固定电话用户、360余万宽带用户、180余万TV用户的身份数据，上网数据，位置数据，社交数据，客服数据，支出数据，通信数据，终端数据及时序数据9大类数据。大数据是助力企业发展的重要工具之一，因此大数据治理效果优劣与否，不同程度上制约了企业的发展步伐。在公司发展方向方面，决策数据不精准容易为公司决策带来巨大风险，导致公司利益受损；业务数据方面，为解决口径不统一额外增添了多次数据核对和数据验证工作，从而降低了公司运转效率；在数据处置方面，数据的交叉采集和重复加工导致公司重复投资。因此，做好大数据治理体构建，是解决企业面临的数据问题，支撑企业未来发展的重要途径。

（二）遵守国家法规要求，提升客户服务能力的需要

一方面，用户个人数据的安全和合规使用是国家《网络安全法》等法律法规的硬性要求。另一方面，客户个人信息的防泄漏、防篡改、防丢失是电信运营商为客户服务的基础，是客户使用运营商服务的必要条件。北京联通有6个部门共8套数据系统、20套生产系统都存有客户个人信息，一旦发生泄露情况会对用户个人生命、财产带来巨大影响。各系统中数据分散、整合不足，无法形成客户全方位、全生命周期画像，从而导致无法为客户提供精准个性化服务。伴随着大数据技术的不断发展，客户服务工作重点是追求提前预警客户潜在诉求，精准制订对策并付诸实施。在客户个人信息安全的基础上力争将服务模式从被动转为主动，这无一不依赖于大数据治理。

（三）提高数据分析能力，履行企业社会责任的需要

北京联通顺应政府提速降费要求，对全网360万宽带用户进行提速，但是存在宽带组网复杂，涉及地域广、网络制式多、串行设备多等因素，因此需要采集网络管道及用户资料等各种数据综合挖掘出低速率用户群体，同时进行端到端、多维度综合分析，找出原因，即时整改，将政府宽带提速政策落到实处，切实履行企业社会责任。运营商通信管道中包含着用户位置这一重要数据，由于通信基站多、分布广等因素，未对全量位置数据进行整合，无法实时感知用户位置和行为。通过数据采集盲点补全、全量用户位置数据整合，可以在特定紧急情况下，为用户提供特定紧急情况下的通信救助和医疗救援位置定位服务，更好地履行企业社会责任。

二、电信运营商以规范、安全、共享为核心的大数据治理体系构建内涵和主要做法

北京联通以规范、安全、共享为目标，以完善的顶层设计和组织架构为管理保障，以数据实体三要

素标准化为治理基础,以数据质量管理、数据安全管理、数据资产管理和数据应用管理为核心治理要素进行重点治理。主要做法如下。

(一)做好大数据治理的顶层设计,明确治理具体路径

2015年,北京联通作为运营商大数据的前沿实践者,积极响应国家号召,担负起践行国家大数据战略使命,进一步推进企业数据资源整合和安全的开放共享,建立健全北京联通企业级大数据治理体系,开展关键业务领域数据跨域整合,充分挖掘和发挥公司数据价值。本着重点突破、以点带面的原则,实现全企业数据的规范、安全、共享。同时,明确以规范、安全、共享为核心的大数据治理体系具体路径。一是推进数据管理制度变革。通过进一步深化企业改革,构建适合迭代、灵活的组织架构和运行机制,提供组织保障,充分发挥各专业领域员工的专业技能,保证专业人做专业事。二是全面梳理大数据治理各要素,制定唯一数据标准,统一企业内部数据语言规范;完善企业数据质量管理规程,细化核查层次,为企业提供高质量的可用数据;加强企业数据的安全管理,杜绝数据在灰色地带使用泛滥的情况,明确企业拥有的数据资产,合理规划资产生命周期;规范企业数据的使用制度和流程,为企业的数据共享确定高效、合理的使用途径。

(二)优化大数据治理组织架构,提供治理组织保障

数据治理组织架构层面,打破了传统的分域治理、各自为战的局面,完成了"全企全域"治理组织构建;由信息化部承担一级管理职责,由人、财、物、市场、运维、服务等10个专业职能管理部门承担二级管理职责,参与各方各司其职,协同作战。采用迭代式的大数据治理组织架构,解决责权配置不清、协作效率低下、缺乏专业化运营等问题,适应日益增长的内外部需求与挑战。基于此,打造了专业团队与应用团队的"双管双责"模式,实现有效的无缝化部门协作,提升治理效率。同时采用RACI模型,以"小步快跑"的迭代演进模式进行职责切分与调整,以适应需求和业务的变更。

1. 利用"双管双责",建立扁平化管理机制

2016年3月,北京联通构建了企业级大数据治理委员会、工作组、数据主管的三层扁平化治理组织架构,采用虚拟治理组与专职数据治理人员相结合的"双管双责"方式(如图1所示),有效解决业务语言与技术语言的转换及部门协同的问题。

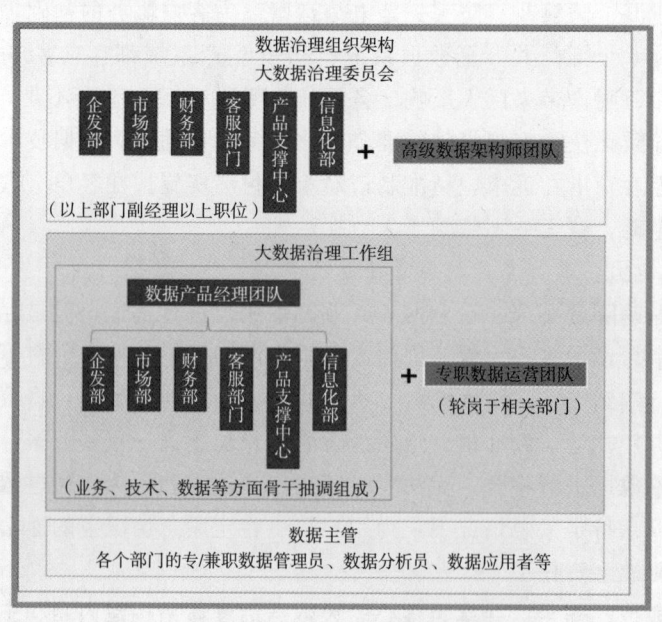

图1 双管双责企业级大数据治理组织架构

数据治理委员会由各部门的高层领导及专职高级数据架构师组成,主要职责是从战略角度进行统筹规划,确保数据治理工作的推进。例如,对数据资产和系统进行清理,确定数据治理的范围,明确数据治理的组织、功能、角色和职责等。数据治理工作组是架构中的骨干力量,由各部门的业务、技术、数据等方面的专家组成数据产品经理团队,并与专职的数据运营团队配合。数据运营团队定期轮岗各相关部门,以便解决数据、业务、技术之间的转换鸿沟问题。其主要工作职责是牵头组织、指导和协调本单位的数据治理工作;负责数据治理管控办法、数据治理考核机制等有关规章制度的牵头制定、修改;建立数据冲突的处理流程和数据变更控制流程。数据主管由各单位数据与业务接口人组成,主要负责日常的数据支撑工作,具体的职责包括访问及交付相应数据给业务用户、为开发人员定义数据规格及标准、为机构有效的追踪数据质量问题、确认数据的正确、完整、一致、审计及安全性等。

经过近2年的迭代调整及优化,以业务为驱动力,依托专业专职人员,联动各层级抽调人员,提升了协作效能;完成了多种类型大数据需求支撑的标准流程构建,加强部门协作;深挖应用专题,共同建设了防欺诈、舆情分析、位置服务等数据应用;加速争议处理速度,规范签报、上会周期管控;培养了专业人才,形成了对业务、技术、数据、系统具备掌控力的支撑团队。

2. 利用"RACI"模型,明确各部门职责矩阵

由于大数据业务的变动受政策、市场影响较大,很难一次性切分清晰,使用RACI模型梳理关键流程并建立职责分配矩阵,构建了"北京联通数据责任人体系",明确主体工作中企发部、市场部、财务部、客服部、产品支撑中心和信息化部等各部门职责信息,如图2所示。对边界工作切分以及应急处理事项需协作的部分,定义了调整式协作、计划式协作、标准化协作等模式,确立协作原则。通过周期性迭代,不断完善和明晰各部门的分工。

职责 \ 岗位	企发部 数据管理人	企发部 数据接口人	市场部 数据管理人	市场部 数据接口人	财务部 数据管理人	财务部 数据接口人	产品支撑中心 数据管理人	产品支撑中心 数据接口人	客服部 数据管理人	客服部 数据接口人	信息化部 技术人员	信息化部 数据管理人	信息化部 数据接口人
数据质量	A/C	I		I		I		I		I		R	I
数据生命周期		I	A/C	I		I	A/C	I		I		R	I
数据生成及传输		I	A/C	I		I	A/C	I		I	R		I
数据存储		I	A/C	I		I	A/C	I		I	R		I
数据处理和应用		I	A/C	I		I	A/C	I		I	R		I
数据销毁		I	A/C	I		I	A/C	I		I		R	I
数据安全	A/C	I		I		I		I		I		R	I
数据标准		I	A/C	I		I	A/C	I		I		R	I
数据分类与编码		I	A/C	I		I	A/C	I		I		R	I
数据字典		I	A/C	I		I	A/C	I		I		R	I
数据交换标准		I	A/C	I		I	A/C	I		I	R		I
数据质量标准		I	A/C	I		I	A/C	I		I		R	I
主数据	A/C	I		I		I		I		I		R	I
数据服务		I		I		I		I	A/C	I		R	I

图2 根据RACI模型划分部分部门职责

运用 RACI 模型管理数据，迭代式的帮助企业更加细致地规划和构建全员数据管理责任制度，不断明确数据变革过程中的各个岗位及其相关责任的相对直观的模型。明确大数据治理组织架构、大数据治理工作的各部门职责，推动企业数据管理体系功能实现。

（三）落实数据实体三要素标准化，统一企业数据交互语言

数据实体包括数据地图、数据字典和数据视图三个方面（简称数据实体三要素）。落实数据实体三要素标准化工作，是有效回答数据在哪里、数据如何解读以及数据如何更好地为企业服务问题的重要手段，是统一企业数据交互语言的重要抓手，在大数据治理体系中位于基础保障地位，是大数据治理体系的重要基石。

1. 数据地图标准化

数据分布和数据模型是数据地图需要解决的核心内容，结合企业业务模型和数据分类分布现状，按主题域进行相应的业务实体划分，以反映关键的业务实体。将整个企业级的数据划分为从粗到细的三个粒度，依次为数据域、数据子域、实体。明确了每一业务实体的定义、内涵与外延；所确定的业务实体能清晰地表达业务之间的关系，并充分体现出行业特点。体系实施之后，数据地图明确了每个 IT 系统的系统名称、数据内容、服务对象和核心功能。以项目管理系统为例，系统名称：项目管理系统；数据内容：项目信息、项目进展等；服务对象：财务部、投资管理部；核心功能：项目的全流程管理。

2. 数据字典标准化

数据字典是对实体属性的取值，是从范围及内容上规范数据，而实体的属性分为两类：一种是无固定取值范围，个体差异明显的属性，如姓名，这类属性不存在统一编码；另一类是有明确取值范围的属性，具有统一的业务管理规定支撑，如性别、证件类型等，该类属性具有统一的编码。数据字典实现"使用方、系统侧、业务规范三方统一"。体系实施之前，各系统有各自的数据字典，相同含义的字段有不同的字段名称和格式规范，如作为系统中用户唯一符号的"用户ID"，系统中的字段名包括 user_id (varchar15), userid (varchar15), cust_id (string15)。体系实施之后，将相同含义的字段统一了命名字段名称和格式规范，user_id (varchar15)，定义为用户系统唯一标示。

3. 数据视图标准化

企业数据视图是整个企业需要的数据的完整模型，包含了整个企业所有 IT 系统的业务实体、业务实体属性和业务实体间的关系，综合展现数据的定义及数据之间的关系，并对新的数据要求具有良好的扩展性和包容性。为更好地满足企业信息处理的需要，为企业管理者、业务用户和开发人员提供了一个一致的业务模型。大数据治理体系将各系统的数据进行了有机整合、集中存储。制定了统一的数据口径，确保数据的准确性、完整性、唯一性、一致性，提升公司数据管理水平。"统一前后台语言"，从而指导规范信息系统建设、提升支撑能力。科学、完善的指标体系也是实施数据管理及分析系统建设的依据。以下表为例，本成果实时后，在指标名称、上级指标名称及指标口径定义上均进行了标准统一和优化。2017 年 11 月，建立北京联通全量经营分析和监控指标体系，使之成为公司领导和各层级管理人员、销售人员主要的分析工具和决策依据，明确相关指标及维度定义，规范了指标体系的维护管理原则并对指标体系支撑提出具体要求。

（四）依托"3+1"数据质量管理规程，保障数据质量落地

北京联通狠抓大数据的数据质量保障落实工作，稽核数据质量保障实际痛点和难点，创立了"3+1"数据质量管理规程，其中"3"代表数据文件级稽核、数据记录级稽核及业务逻辑稽核三个重要稽核生产规程，通过科学严谨的稽核工作，为数据质量保障工作保驾护航；"1"代表问题处理规程，从闭环管理方面入手，建标准、立规矩，确保数据质量问题处理工作"有规可依"。

1. 数据文件级稽核规程

北京联通大数据平台需要从外围系统进行数据采集时，系统间调用接口首先应符合数据文件级稽核。数据文件级稽核主要包括以下重要内容：一是文件传送及时性。按照系统建设接口规范的要求，对数据文件级别传递的频度，传递的及时性进行检查。二是文件传送完整性。系统建设的接口规范中应当规定相应的传送文件的规格，可以从打包记录数、关键数值总和或文件大小的角度进行约束；服务端按照这样的约束条件去检查文件传送的完整性。三是文件记录合法性。对文件中各记录进行格式和关键项校验。四是文件加载正确性。数据文件传送到目的系统以后，要进行文件的组合和加载，监控文件组合和加载的正确性。

2. 数据记录级稽核规程

针对数据库中记录，数据记录级稽核主要包括以下一些重要内容：一是数据记录关系正确性。数据的实体检查从系统的模型约束、实体属性、实体关系和实体业务特征等角度触发，根据预定义规则检查数据合理性并及早发现异常，从而保证系统所提供数据的可用性与正确性。二是数据记录格式合法性。数据记录取值通常有一定的要求，如时间格式，货币格式等，需要对记录级别的数据进行这方面合法性的跟踪。三是数据记录外键准确性。通过对代码的数据区间检查，查看记录是否违反了引用完整性的规则。四是数据记录值域正确性。检查某些特定记录的取值是否在预定取值范围之内。五是数据记录编码规范正确性。经营分析系统中，对于一些字段值往往有特定的编码规则，编码规范检查就是按照检查规则配置中的编码规则进行检查。六是数据实体关键属性的完整性。检查相关数据关键属性是否需要填充信息，不可为空的要进行监控。七是数据记录属性合法性。实体属性的取值在语法和语义上均应符合业务逻辑。

3. 业务逻辑层稽核规程

在记录级稽核完成后，进入到数据的汇总、分析过程；在这一过程中，需要从业务逻辑关系来检查数据质量，包括但不限于如下内容：一是关键指标数值逻辑准确性。关键指标检查，有利于在数据流的加工层面发现数据质量问题。分析型系统关键指标种类很多，如财务类指标，用户类指标、业务量类指标等，这些指标分布在分析型系统的KPI、OLAP、报表，甚至部分中间表汇总等中，因此需要根据指标检查规则，在指标数据生成后自动对指标进行检查。指标数据检查可以采用简单的或复杂的统计与计算方法。二是关联指标一致性。为了检查某业务发展的一致性，业务上常常会用两个或以上的相关指标（如收入、用户数），按照一定的维度（如地域）展开，分析两个指标是否有相近的变化趋势。

4. 聚焦问题处理规程

北京联通数据质量问题处理规程核心内容聚焦三个方面：一是问题处置要追责，二是问题背后的问题要追究，三是问题过程信息要追寻。

发生数据质量问题后，将问题分发至相关数据责任人，责任人对数据质量问题分析后，将数据质量问题定义为规则进行追踪，待数据质量问题确认后，由数据责任人负责详细分析问题的产生原因，描述问题的解决方案，并分派任务到具体执行者修正问题。在此基础上由具体执行者继续进行问题背后的问题原因分析，从深层次上探寻导致问题的本质，通过系统分析法、关联分析法、鱼骨图分析法等质量控制手段，找到问题的最终症结，制订对策并有效实施，确保数据质量问题的最终根治。由数据责任人将问题处理的全过程进行信息整理，形成问题处理案例并记录，供各方分享。

北京联通大数据平台对数据采集的4128个接口部署了监控点，实施数据文件级和数据记录级质量监控。对数据加工的3274个处理流程部署监控程序，实施业务逻辑质量监控。共同支撑着北京联通10个数据应用场景。以人流监控应用场景为例，针对该场景涉及的实时信令数据部署了数据级监控，限制用户号码字段为11位有效数字，限制基站编码字段不为空值。对于客户资料数据和基站位置信息数

2个数据采集点部署了文件级监控点，监控策略要求客户资料数据必须于每日2点前接收到前一日的全量客户资料数据，否则进行自动预警；监控策略要求基站位置信息数据必须于每月1号2点前接收到前一月的全量基站位置信息数据，否则进行自动预警。对于人流监控应用场景涉及的两个数据加工流程部署了监控程序，监控信令数据、客户资料数据和基站位置信息数据三表数据关联逻辑是否准确。同时监控按日汇总流程中按北京市总体人流汇总与上一日的人流汇总的环比值不超过10%。人流监控应用场景在2017年6月至2018年2月期间，共计9个月的数据质量监控中，文件级数据质量问题由11次/月降低至2次/月，数据记录级数据质量问题由5882条/天降低至144条/天。

（五）利用管技结合两维治理手段，有效保障用户数据安全

1. 严格落实国家法律法规

北京联通制定了以用户个人信息安全为核心的数据安全管理办法，落实国家法律法规。该办法在保护个人用户信息之外，将集团用户信息也加入到了保护范畴，按照"谁生成谁负责，谁使用谁负责，谁存储谁负责，谁运营谁负责，谁受益谁负责，谁审批谁监管"的五重负责、一重监管原则制定数据安全管理办法。

该办法规定在收集、转移和使用用户个人信息时须征得用户同意，在信息的存储及收集和转移的传输过程中使用了高强度的加密措施，对信息访问采取了严格的控制措施，对可能产生的风险点进行了实时监控及预警。在使用用户个人信息时数据安全管理办法将用户个人信息分为敏感数据和非敏感数据。敏感数据在数据域内系统加密独立存储，数据服务提供不含敏感数据的数据产品。敏感数据包含能够识别用户个人身份和涉及用户隐私的信息：用户识别信息；用户识别信息与业务信息关联后的信息；公司的商业秘密；非敏感数据是指不包含用户识别信息、公司商业秘密的数据。

2. 利用安全技术手段

面对数据维度、类型、体量不断增长的趋势，一方面，大数据平台采用分布式部署，运营规模较大、设备数量较多、数据流量庞大，原有的数据安全审计技术已经无法管理数据安全边界；另一方面，随着运营商数据价值挖掘的探索，越来越多的外部合作伙伴接入大数据平台，针对可以接触到用户信息的系统使用人员，北京联通使用了动态化感知和精细化保护两种技术手段避免了用户信息在收集、转移和使用过程中可能发生的泄露问题，在成果实施期间，建设了大数据安全管控平台，作为治理体系安全管理的重要手段。

一是动态化感知安全等级。大数据安全管控平台在安全策略的管理方面实现动态管理。随着系统用户的不断增多，前后台用户角色和权限的不断扩充，针对角色和权限的安全策略需要不断地增加配置，甚至需要进行功能改造。通过对每一个系统用户进行标签化、脸谱化处理，掌握每一个系统用户的操作和使用习惯，智能定义用户异常行为的安全等级，分别为正常行为、预警行为和阻断行为。大数据安全管控平台未上线之前，2017年2月人工稽核发现存在用户账号互用的次数为13次，上线之后，对大数据系统运维账号和应用账号统一进行智能分析。对2月同期用户账号互用情况进行回溯对比，发现存在用户账号互用的次数105次。通过智能分析对发现的账号互用情况进行治理后，对5、6、7三个月用户账号互用情况进行对比，发现账号互用情况减少。

二是精细化保护安全隐私。本成果的安全管控除了在系统用户数据出口做安全防护之外，在系统对接数据出口也利用云化架构搭建了数据输出安全网关，在利用权限配置策略做预审计，日志记录做后审计的基础上，同时也加入了实时阻断能力，为了避免内外勾结出现超出约定范围的数据外泄，一旦感知到数据输出存在风险和异常，立刻中断数据传输，专业化的保障关键数据的安全。

（六）通过全周期的数据资产管理，有效控制数据储算成本

北京联通运营覆盖千万级用户的结构化、非结构化数据，对带宽和存储也造成很大压力，必须利用

数据生命周期的特性对数据资产进行管控，满足业务要求和数据价值的最大化的同时降低IT成本。数据生命周期分为产生、成长、成熟、衰退和销毁五个阶段。从数据特性、数据归类、数据有效性、数据成本等多个方面规划数据资产的管理办法，在数据生命周期全过程中实现数据资产的合理存储。

1. 数据产生阶段

首先，对数据的创建进行评估，按照联通现有的数据分类方法对数据进行归类。其次，对数据成本进行评估，包括产生数据的成本、未来的增长速度、带来的成本压力、维护支出。最后，分析业务数据需求，形成业务需求规范，进行指标口径和业务数据的核对，保证数据产生的合理性。

2. 数据成长阶段

数据成长通常是对数据的精加工过程，这个过程通常伴随着数据衍生增加，需要加大数据的有效性的判断过程，避免无效数据的产生。

3. 数据成熟阶段

数据成熟指数据的深层次加工分析阶段，数据结果提供专题应用、专题挖掘，应用面丰富。伴随着数据精加工过程，甚至包括数据的应用开发过程，这个过程强调使用业务规则检查数据正确性。

4. 数据衰退阶段

根据业务要求的变化引起的数据使用率下降、数据规模下降，按照数据存储备份要求对数据进行归档。采用层次化的管理，需要相关的运维成本的支出。运维成本通常在数据的衰退期比较显著。

5. 数据销毁阶段

由于市场原因导致业务不再使用，从而进行数据的销毁，出于成本方面考虑，对不再使用的数据进行销毁处理。

北京联通关注数据产生时期的自动生命周期推算和数据衰退阶段的下线管理。使用基于机器学习的技术，分析数据的流向，结合业务需求，自动推算出产生时期建议的生命周期，辅助配置。相关的判定规则包括重复性验证、关联验证、产品周期、法定留证周期、生产周期、开发周期等因素。对衰退阶段的数据进行管控，清理系统中的无效数据，以降低IT系统的成本。相关的判定规则包括访问频度、产品周期、关联情况、价值评估等。从管理价值、业务价值、刚性价值角度来判断"离线归档数据"是否进行销毁，数据资产管理系统定时提供数据检测报告，从访问频率、数据量来分析系统归档存储数据是否具备下线条件。例如，"客户问题单"记录了问题回复工单信息、问题答复单信息、问题工单信息，在线存储6个月后进入离线归档存储。数据资产管理系统定期提供检测报告，根据访问频率分析出"客户问题单"的使用情况，建议出下线销毁具体时间。

客户问题单的历史数据可以在第18个月启动销毁流程，将18个月以上的客户问题单历史数据进行销毁处理。

（七）规范数据应用的制度和流程，提升企业经营管理水平

数据应用是以北京联通业务发展和业务问题为导向，利用数据发掘隐含在数据中的信息、规律和知识，服务于业务分析、市场营销、客户服务、管理决策和发展预测等多方面工作，是大数据治理体系重要的组成部分。为了保障数据应用全过程的合法合规、工作有序需要一套数据应用管理的制度和操作流程。

1. 数据应用管理制度

数据应用管理制度体系划分为数据应用审核部门、数据支撑部门、数据对外运营部门、数据对内使用部门。数据应用审核部门职责——负责数据对外合作和数据输出的安全合规性审核，各专业职能部门负责对内数据应用各专业线数据的审核工作。数据支撑部门职责——负责数据采集、存储、加工、提供全过程安全管理，并支撑数据应用的开发工作。参与数据对外合作和数据输出的安全合规性审核。数据

对内使用部门职责——各部门数据使用人员应遵守公司信息安全和保密相关规定及数据应用管理办法的要求。数据对内使用需明确数据需求涉及的数据内容和用途,并应符合本办法的规定。数据对外运营部门职责——对外数据合作需要在本办法规定的范围内,与合作伙伴签订协议,并在协议中明确数据安全的责任义务,明确数据需求涉及的数据内容和用途,敦促合作伙伴履行协议中涉及的数据安全的义务,追究合作伙伴违反数据安全义务应承担的损害赔偿责任。

2. 数据应用操作流程

数据应用从数据的颗粒度情况划分为个体明细、个体汇总、个体标签、群体汇总。其中个体明细、个体汇总、个体标签统称为个体记录。个体明细——含用户识别信息、基本信息及用户行为流水记录,如用户每次访问网站的访问记录、用户每次短信记录。个体汇总——以用户标识为单位对明细记录进行汇总后的结果,不含用户识别信息,如用户访问网站次、短信条数。个体标签——以用户标识为单位,从明细及汇总记录中判断出的个体特征,不含用户识别信息,如从用户上网记录中判断出用户上网时段集中度,从用户短信行为中判断出短信偏好等级。群体汇总——将个体记录按指标等汇总后的记录,不含用户识别信息,如流量合计、短信条数合计。

与外部合作伙伴开展数据合作时,合作的数据内容中不可含有用户个体明细数据。合作的数据内容中若只含有个体汇总数据和群体汇总数据,则由数据支撑部门完成数据需求的支撑。若含有个体标签数据,则数据对外运营部门必须明确数据使用时间、用途和使用范围,必须以签报形式获得数据应用审核部门、数据支撑部门审批,并要求外部合作伙伴签署《对外项目合作保密协议》,数据对外运营部门承担数据安全责任。对内的数据需求,各部门由于内部发展、维系、服务、管理等需要必须使用个体明细数据的需求,需要在 IT 需求管理系统提出需求的同时上载签署后的《内部数据服务保密责任书》扫描文件,且须经需求部门审批并须经个体明细数据涉及的业务部门二级正职领导审批同意,如个人用户明细由市场部审批,集团用户明细由政企客户部审批等。

三、电信运营商以规范、安全、共享为核心的大数据治理体系构建效果

(一) 构建了规范、安全、共享的大数据治理体系,助力企业经营发展

北京联通在大数据治理体系构建工作完成了涵盖大数据治理顶层设计和组织架构的优化,落实了数据实体三要素的标准化,并且从数据质量管理、数据安全管理、数据资产管理及数据应用管理 4 个方面锐意创新,完成了规范、安全、共享的治理体系构建,有效助力了企业经营发展。在助力决策方面,按时按质为公司决策层提供企业 360 度数据运营报告,从市场发展、网络建设、成本控制、客户服务、人力资源方面进行全方位、多视角数字化解读。在保障业务数据准确方面效果显著,成果实时前后月度业务数据不统一事项发生频次压缩了 23%。在数据处置优化方面,2017 年累计完成数据的交叉采集专项治理 8 项,重复加工作业整合 125 项,为公司节约系统投资成本 230 万元。在助力公司划小改革方面完成了"注智划小"大数据分模块建立,为公司百余个网格营销团队提供了宽带离网预警、专线产品营销以及用户投诉突发预判等 4 大类 12 小类业务拓展场景的进准数据支撑服务。在渠道效能分析方面为全公司近 200 个自有营业厅提供了业务发展、业务办理、销售成本三维综合分析画像,为营业厅的关停并转提供的全方位数据支撑服务。在存量用户价值拉升方面实现目标用户精准挖掘,10 分钟快速自助筛选,10 秒钟营销策略自动配置和下发。在电信欺诈防范方面,通过大数据建模,月均预测并关停潜在诈骗号码 1500 余个。

(二) 用户数据安全防护和服务感知提升效果显著,助力企业口碑提升

通过本体系实践,厘清了用户信息的来源和分布,对用户敏感信息进行加密存储和访问权限控制,保证了用户信息安全,为系统开发人员、应用人员建筑了保护墙,防止其犯错,让其不想、不会、不能泄露敏感信息,为北京联通公司和其合作伙伴更好的使用数据。同时,在符合用户信息使用安全合规的

前提下北京联通积累了数据集中、平台建设、产品打磨、对外开放、商业化探索和服务运营等多方面经验，沉淀形成了在数据、平台、应用三个层面六大能力，并内化为联通大数据的能力基础。有效助力了网络用户业务感知提升，保证无线网络稳定运行。在数据业务量从2017年年初的日均400TB增长到年底的1400TB的大背景下，各项关键KPI指标高位保持，接通率保持在99%以上，掉话掉线率保持在0.5%以下，重点场景覆盖指标及用户感知均取得显著提升。此外通过呼叫话单语音人工智能挖掘提升了坐席人员投诉处置效率，呼叫中心投诉集中解决及时率由2016年7月的月均53%提高至2017年3月的月均70%，满意度由88%提高至100%。

（三）在政策落实、通信和突发保障方面有效履行了企业社会责任

2017年5月开始，在积极响应宽带提速惠民政策过程中，北京联通完成了全网宽带用户KQI（用户感知）大数据360度智能画像模型建立，实时感知提速前后用户接入宽带网络体验，并且从包括接入速度、掉线率、低速原因感知分析3大类18小类指标方面提供决策数据支持，助力运维管理人员、机线维护人员及外线施工人员针对宽带用户提速后质量未达到预期场景下的问题排查及时解决率提升20%。

为北京市委办局提供人口动态统计与监测、市民流动规律、流动轨迹、起点、终点及时间等数据，通过汇总和加工，帮助政府与相关公共交通服务部门决定修建公路与地铁等公共交通站点，完善制定公共交通运营频次。同时与医疗卫生机构合作进行流行疾病传播趋势分析等，助力企业社会责任实现。2017年8月8日，四川省九寨沟风景区发生7.0级地震，北京联通及时分析漫游地位置信息，将受灾区域的北京联通号码做免停机处理，让受灾群众能及时与家人保持联系，减少可能带来的恐慌，助力国家救灾救援，发挥企业社会责任。在全国两会、一带一路峰会、党的十九大等国家级重大事件中，利用大数据技术实现实时人流监控、舆情监测，圆满完成重大保障任务，获得了有关部门的高度评价。

（成果创造人：霍海峰、杨力凡、姜培华、金　叶、毛明丹、黄继涛、李旻容、郭涵川、唐　萌、孙　妍、田英杰、于启霖）

施工企业基于高铁项目数据驱动的智慧工地建设

中铁六局集团太原铁路建设有限公司

中铁六局集团太原铁路建设有限公司（以下简称太原铁建公司）是国有大型建筑施工企业，隶属于中铁六局集团有限公司，业务主要涵盖铁路工程、公路工程、市政工程、房建工程、桥梁工程、隧道工程、混凝土构件预制、建筑钢结构、水利水电等众多施工领域。拥有建筑工程施工总承包壹级、铁路工程施工总承包壹级、市政工程施工总承包壹级等8项资质。企业注册资本金28000万元，现有在册员工2044人，拥有大型施工机械设备600余台（套），具有100亿元以上工程施工能力。工程先后获得鲁班奖、詹天佑奖等国家优质工程奖，企业获得全国优秀施工企业、企业社会信用评价AAA企业、山西省骨干建筑企业等荣誉称号。

一、施工企业基于高铁项目数据驱动的智慧工地建设背景

（一）提高项目管理效率的需要

近年来，建筑施工行业尤其是高铁建设行业不断发展，单个工程项目体量越来越大，建设标准越来越高，太原铁建公司在传统项目管理上尤其是工地管理上凸显出一系列问题。现场管理在规范化和标准化管理方面有欠缺；人、机、料等各类生产要素信息还不能互联互通，资源调度和配置效率不高；施工组织计划的制订、分解和实施完全由人工分步完成，存在因人而异的情况，总体计划统筹性和分解计划的关联性不强；施工生产依靠人员逐级汇报、现场查看督导不定期，缺乏全面实时系统的监管体系；各项资料的实时性、完整性和准确性不足，无法与生产同步。面对种种问题，亟须从管理体系和管理方式上进行升级，运用基于数据驱动为核心的智慧工地系统。

（二）促进企业转型升级的需要

前些年太原铁建公司对项目管理结构进行了专业化变革，初步达到了项目部管理项目、专业化公司管生产要素、作业队管施工生产的分工格局。但在发挥专业化优势的同时出现了新的矛盾。项目管理主体由项目部一个变成三个，协同管理缺乏畅通性，项目管理指挥命令体系同步增多，信息及命令快速流通受阻，整体控制难度变得更大；传统的管理方式在专业化分工下也带来更多管理环节，增加了更多管理人员，管理成本不降反增；项目管理各项数据资料由不同主体产生，给项目乃至太原铁建公司资料收集的及时性和完整性造成了影响。因此，运用基于数据驱动为核心的智慧工地推进太原铁建公司对项目管理的整体掌控，推进各管理主体的高效联通，已成为太原铁建公司转型升级和持续发展的必然选择。

（三）满足"精品工程、智能京张"高铁建设的需要

近年来"中国高铁"逐步成为"国家名片"。太原铁建公司在高铁建设项目上不断尝试以信息化手段为主要管控方式的管理，企业管理效率和施工能力不断增强。2016年，太原铁建公司参与施工的京张高铁项目是国家2022年冬奥工程，备受国家和社会各界的关注，铁路总公司旨在将其打造成"精品工程、智能京张"，中国中铁和中铁六局按照铁路总公司的整体要求和部署，提出了速度取胜、品质制胜、智能管理、智慧工地的要求。太原铁建公司推进基于数据驱动为核心的智慧工地建设，既是满足京张高铁项目建设要求的需要，也是建好京张高铁、服务奥运工程的有效举措。

基于以上背景，太原铁建公司于2016年开始实施以数据驱动的高铁项目智慧工地建设。

二、施工企业基于高铁项目数据驱动的智慧工地建设内涵和主要做法

太原铁建公司在传承既往工程项目信息化建设经验的基础上，应用移动互联、物联网、云计算、大

数据等技术，集成项目计划管理、人员管理、原料管理、机械设备管理、形象进度及安全质量环保管控等功能，以生产调度指挥中心大屏、PC、手机为界面，以生产调度指挥管理系统为核心，以工地各重点区域布控的摄像头、PC、移动终端、二维码识别、过磅系统等为触角，构建起以数据驱动为典型特点的智慧工地系统。通过建立分区分级的业务模块、分类采集和自动应用业务数据，实现业务数据全流程管理。通过智慧工地系统，对工地人、机、料、施工生产、安质环保等进行自动管控，赋能业务管理，辅助项目决策，全面升级传统项目现场管理的交互方式、工作方法和管理模式，促进工地管理的规范化、标准化、精细化、智慧化，如图1所示。

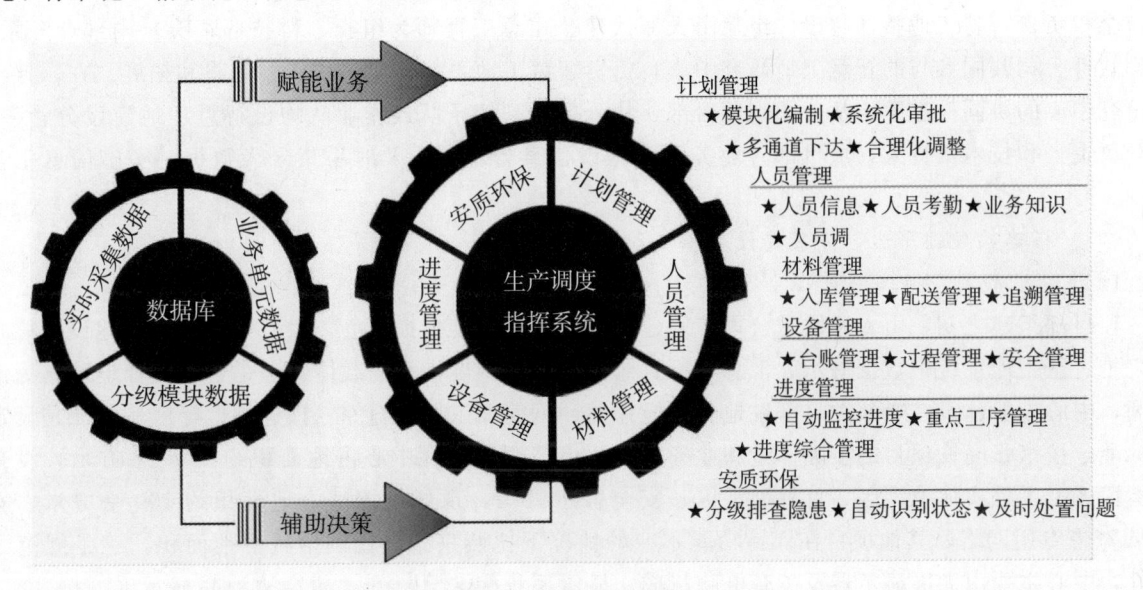

图1 智慧工地系统

主要做法如下。

（一）传承建设经验，制定实施方案

1. 制定建设目标

太原铁建公司智慧工地建设最早萌芽于参与的京沪高铁项目建设时期，主要致力于物资采购信息化，形成物资管理信息系统。之后在参建的蒙华铁路项目中推进物资、机械设备等业务的信息化管理，构建智慧工地建设的雏形。2016年，面对京张高铁"精品工程、智能京张"建设要求，太原铁建公司整体策划、统筹推进，充分吸收各阶段信息化建设的经验教训，明确在京张高铁项目打造智慧工地的整体目标。在系统软件方面明确开发包含人、机、料、进度、安质环保等各项业务的一套集成软件系统，在运行方面明确解决数据应用和互联互通问题，在系统方面明确通过三个界面（PC、手机、生产调度指挥中心大屏）运行，在终端采录方面推进人工输入与仪器设备自动输入相辅相成。在时间上，以京张高铁项目为起点，利用两年时间完善智慧工地系统，通过三年时间将智慧工地系统延伸开发应用到太原铁建公司业务覆盖的其他领域。

2. 把握三项建设原则

一是先易后难，分步推进。在智慧工地建设上，太原铁建公司第一步是开发单业务信息系统尝试实践，取得初步成果。第二步是利用单业务系统运行的成熟经验，尝试同时运行多个业务信息系统。第三步是利用数据互联互通技术，设置一个数据库，将多个单业务系统功能融合开发为集多个管理模块为一体的智慧工地管理系统。

二是重点突破，形成标准。智慧工地系统以京张高铁项目为依托，将劳务、物资、机械设备、形象进度、安全质量环保等业务管理模块进行集成开发,重点突破模块数据之间的互联互通问题。通过在京张高铁项目的运行形成智慧工地建设标准。

三是重点扶持,持续推进。为使智慧工地建设顺利推进,太原铁建公司近年来将智慧工地建设作为重点科研管理项目进行扶持,单独列入企业预算管理,连续四年年均投入资金接近产值总额的2‰,保障研发、应用、改进工作的持续性。

3. 明确组织分工

太原铁建公司成立涵盖公司、项目部、分公司三个层级,由总经理任组长的智慧工地建设领导小组,全权负责智慧工地整体建设。组建由太原铁建公司总工程师为组长、科技部牵头,内部业务系统、外部软件公司共同参与的智慧工地研究中心,负责智慧工地系统建设、试验、完善和拓展。在领导小组和研究中心的协同推进下,从公司到项目部、从分公司到架子队或作业队均设智慧工地建设分管领导、主管负责人和技术负责人,项目部各业务系统均设信息管理员,及时采集录入数据、实施信息化业务管理。

(二)搭建软硬件平台,夯实建设基础

1. 建设生产调度指挥中心

项目部组建之初,由太原铁建公司统筹建设项目生产调度指挥中心,中心是智慧工地建设的核心设施,是智慧工地系统中数据展示、汇总分析、监控预警、调度指挥的载体。一是合理选择地址,为便于管理,中心一般建设在毗邻项目部驻地、砼搅拌站、钢筋加工场、料库、预构件厂等区域。二是设定建设标准,按京张高铁项目的实际体量和业务内容,生产调度指挥中心占地面积约1300平方米,设有现场指挥区、工程实体模型区、首件展示区、安全警示区等,现场指挥区占地面积约100平方米,安装50M宽带专用网络,其他项目在保持功能不变的情况下比照京张等比例增减占地面积。三是规范配备硬件,中心主要由大屏显示器及配套电脑组成,显示系统为24块46寸超窄边液晶显示屏,按8×3矩形布局拼接,由显示墙、多拼接控制器、控制管理计算机等组成。配套电脑由3台控制计算机、1套专用线缆、3个指挥工作台、3台主控电脑、1台不间断应急电源组成。四是大屏显示软件,大屏显示器与控制管理计算机由大屏控制软件驱动,在大屏上控制所有参数,实时显示信息、随时切换信号。

2. 配置多种类型终端设备

一是安装高清摄像探头,在工地关键工序、重点部位、生产要素管理区安装可实现360度旋转的高清视频探头,实时收集工地影像数据,对形象进度、材料进出库、机械设备状态、劳务人员分布、安全质量及现场防护等进行监控。二是安装基站及辅助GPS设备,在项目部安装基站,融入运营商系统,与辅助GPS设备建立闭环。在机械设备及员工安全帽中安装GPS定位装置,按规则编号,配合移动设备卫星GPS定位功能,实时记录运行轨迹、定位具体位置。三是安装人脸、指纹识别、二维码读取和过磅设备,在项目驻地、作业队驻地、劳务人员驻地及辅助生产区域安装人脸及指纹识别仪,落实员工实名制管理。在料库、钢筋加工场、砼搅拌站、预构件厂等区域安装二维码扫描设备,获取原料进出场信息。在工地重点工序部位张贴二维码,利用移动设备预装系统扫描,获取技术要点、安全质量卡控点等。在料库、砼搅拌站等区域安装过磅设备,实时记录进出场原料数据。四是安装环境识别设备,在隧道、大体积现浇混凝土、制梁厂等区域安装环境识别仪,实时采集粉尘、气体、温度、湿度、PM2.5值等环境数据。

3. 集成开发智慧工地系统

为实现工地各管理环节有序融合和高度集成,太原铁建公司在原有相关单项系统基础上集成开发智慧工地系统,即生产调度指挥管理系统,构建共享一个数据库在三个界面上运行六项业务模块的架构。将六大模块集成开发,统一建立一个数据库,将所有模块形成的信息全部转化进入统一的数据库进行存储管理，所有需要的数据都通过一个数据库进行提取。三个界面是工程调度指挥中心大屏显示器、工地PC端和移动终端。六项业务模块是计划、人员、原料、机械设备、形象进度、安全质量环保，每个模块下又设置若干子目录。

（三）划分业务模块，实现数据全流程管理

1. 横向分区纵向分级划分业务模块

为升级数据管理奠定业务分类基础，太原铁建公司按照"横向专业分区、纵向三级分块"的原则，全面梳理项目工作内容。一是横向分区，共划分为项目驻地区、辅助生产区、工程实体区等三个区域，其中工程实体区为重点管理区域。二是纵向分级，根据每个区域实际工作内容，划分一级模块，并按工序和技术工艺对一级模块进行分解，形成二级和三级模块。在京张高铁项目中，一级模块共计16个，二级模块共计62个，三级模块共计280个。一级模块中工程实体区有8个模块，辅助生产区有5个模块，项目驻地有3个模块。

2. 推进数据分类采集和自动应用

一是多种类划分数据，将数据划分为基础数据和实时采集数据两类。基础数据在工程开工前，由太原铁建公司工程部牵头，组织项目业务部门、作业队、专业化分公司，在全面梳理项目的工作量和工程量清单基础上，将工程设计、施工内容、生产要素等数据，按照模块划分，通过规范化表格、图文、数字等方式进行原始录入；实时采集数据是在工程施工阶段，通过人工或相关采集设备实时采集录入的施工现场各类数据。

二是多渠道采集数据，根据数据特点，采用人工实时录入、现场视频采集、GPS自动定位采集、人脸识别系统采集、过磅记录、二维码扫描、环境识别仪采集等方式，将采集的数据实时传输到系统，这些数据主要包括施工进度、材料运输及消耗、机械设备运行状态及区域、施工人员情况、安全质量状况、外部环境数据等。

三是多组合导出数据，在需要导出和存档相关数据时，在系统上以选择打钩的方式自由选择各项数据数值、显示方式、来源等内容，从数据库中直接导出所需数据进行打印留存。

四是智能化显示数据，共有动态和静态显示，动态能够实时显示施工设计与实际工程的动态指标，静态显示有表格显示、饼图显示、柱状图显示等方式，直观显示各类计划数据和实际数据的对比。

（四）基于数据驱动，赋能业务管理

1. 赋能计划管理

一是以模块组合方式编制计划。根据月度生产计划要求，智慧工地系统将计划自动分解到三级模块，由项目工程部将其重新组合为日计划和周计划，结合各作业队划分区段实际，充分考虑资源配备，制定模块化的日工作量计划，系统将每个三级模块对应的原料消耗量、机械设备需求、劳力配备建议一并汇总，形成一套完整、实用的综合计划。

二是系统审批计划。综合计划由项目工程部发起，在系统中以文书流转的方式到物资、设备、试验、砼搅拌站、钢筋加工厂等要素管理人员，分别进行核实，如需修改及时与工程部沟通修改，最后经项目总工程师审核、项目经理审批。

三是多通道下达计划。项目生产综合计划通过系统自动分解，包括总计划和专业计划，总计划包括工作量及形象进度、原料消耗量、机械设备需求量、劳力需求等，专业计划如钢筋需求总量及分布需求量等，系统通过PC端和移动终端自动将计划下达到各管理业务部门管理者，同时也传输给作业队和要素管理部门负责人员。

四是合理调整计划。项目管理者按权限通过系统三个界面查看自动生成的多维施工报告和进度图，发现异常及时提出。项目部在生产调度指挥中心召开日生产交班会，利用大屏展示各类施工状态，对未落实或异常问题进行分析，依据结果进行决策，并调整修改计划。

2. 赋能人员管理

一是全面覆盖人员各类信息。按劳务人员实名制管理要求，将所有进场人员的基本信息、资格信息、工作信息等全部录入系统，按照所属劳务队伍或作业队进行规则化编序。为确保覆盖全面，利用人脸识别和指纹识别仪不断补录新入场人员信息。

二是精准记录人员考勤。利用人脸识别和指纹识别仪，系统自动记录人员出勤记录，严格执行刷脸考勤制度。太原铁建公司或项目部通过系统调阅劳务人员出勤记录，系统自动导出考勤，分解到劳务队伍和施工区域，作为劳务费计算及实名制发放工资的依据。

三是共享业务知识。预先将各三级模块工序流程、技术要点、安全管控点等录入系统，劳务人员通过移动终端进入系统，扫描工地二维码即可获取知识点或进入人员管理模块，在培训教育子目录下自动选择内容学习，每一名劳务人员均需利用个人移动终端或PC进入系统学习，系统自动记录。

四是及时调配人员。工地生产过程监测中，因劳务人员异常数据，或通过终端设备发出人员需求请求，系统即刻根据其他施工区域劳力资源状况，自动形成调配方案。项目管理者利用系统实现人员在作业区域间相互调配，并在系统提供的多种方案中科学选择，确保合理性。

3. 赋能原料管理

一是推进信息化入库管理。系统预先对合格供应商、物资类别及规格型号录入基础数据库，项目部采购物资时，系统通过原料库或生产辅助区过磅设备、二维码扫描识别或人工录入识别物资是否合格，留存记录。各类别及型号原料设下限预警，当库存原料不足设定低限时，自动发出预警引起项目关注，及时调整采购计划。

二是自动配送原料。按照周计划或日计划中各类原料需求量，料库和生产辅助区主体组织配料加工。砼搅拌站、钢筋加工厂、预构件厂等辅助生产主体，通过系统实时视频信号、电话沟通了解现场进度，主动安排配送，与作业队主体交接后在系统中进行确认，配送记录自动录入系统。

三是智慧追溯原料使用全流程。引入二维码信息技术，对入库材料进行身份识别，通过系统记录其配送或移动信息及轨迹，一方面实现原料的快速定位，另一方面实现质量终身追溯。

4. 赋能设备管理

一是实施信息化台账管理。工地内所有机械设备实行备案制，每一台机械设备的资料信息在进场前录入系统。太原铁建公司自有或外租机械设备全部纳入系统统一管理，每台设备绑定操作人员，与设备信息同时录入系统。机械设备全部安装GPS定位设备，与智慧工地系统对码联网。

二是动态监控使用全过程。预先安装GPS定位的设备，在运行状态下系统中定位显示为绿色，非运行状态下显示为红色。系统利用互联网接入高德地图，为设备划定卡控区域，设备超出区域或异常状态发生系统自动预警。通过GPS定位系统及高清摄像探头，系统自动识别每一台机械设备的分布状况、运行时间和运动轨迹，为设备调配奠定基础，以此实现动态化管理。

三是规范安全管理。机械设备安全包括机械硬件安全、驾驶人员安全等。系统基于每台设备及操作人员的详细信息，通过指纹识别启动设备，确保设备及时保养及人员休息时间，防止超期限工作损毁机械发生事故。系统针对设备种类及型号，自动推送安全操作规程。工地内特种机械设备，如装载机、挖掘机、架桥机等，系统自动全程可视化跟踪作业并留存活动影像，确保追溯性。

5. 赋能进度管理

一是自动监控进度。通过高清摄像探头观测工程外在形象进度，经施工日志数据与计划数据及设计数据的比照，形成实时的进度对比信息，并利用BIM技术，获取实体对比模型，以直观的方式和精准的数据掌握进度进程。

二是对重点工序进行信息管理。在工地重点部位设置二维码，用移动终端进入系统，扫描二维码实时了解掌握该模块工序的控制要点及主要施工工艺，全面掌控现场施工情况，特别是关键工序的质量控制要点。在京张项目部，太原铁建公司对280个三级模块分类，设置118个二维码，如墩身、现浇梁等部位的二维码信息就包括浇筑日期、养护时间、检验试验情况、沉降观测等事关质量的重要信息，工程实体一旦验交完毕，施工过程全部录入数据库，添加二维码信息，实现施工质量可追溯性。

三是推进进度综合管理。系统通过实时采集数据，经统计分析和图表化显示，通过后台监控系统，项目管理人员对施工现场每一个计划模块实际完成量、完成比例，相应重点工序和质量卡控点，安全风险点，作业队负责人、现场人员、机具设备等准确掌握，依据对比情况综合评判施工进度，并对应做出继续执行、修改优化等判断，按照预先的责任划分，自动推送到责任人手机上，辅助现场管理。

6. 赋能安全质量环保管控

一是分级排查隐患。太原铁建公司借鉴多年施工经验，按模块分类在系统中录入安全质量环保隐患要点，并分解至三级模块。日计划下达后，施工作业主体（作业队）对当日组织施工模块对应的隐患点一一排查，通过系统上传。太原铁建公司根据上传资料随机抽查隐患要点，处置虚假行为。

二是自动识别状态。系统通过GPS、360度高清摄像头等方式，及时掌控人员和机械设备状态，自动监控异常状况，提前预警隐患情况，并根据推送的预警详细内容自动匹配处置建议。

三是及时处置问题。针对预警问题由对应系统负责人立即启动应急处置程序，通过系统快速传达至现场每一个环节。针对安全隐患，作业队当天完成整改，并通过系统回复；针对质量隐患，立即停工，由项目部会同太原铁建公司相关部门解决后再恢复；针对安全事故或环保数据异常，项目部立即启动应急预案，通过系统传至各级相关人员，并自动发送至太原铁建公司主要管理者，处理事故经核实确认后闭环。

（五）构建保障体系，扩大应用效果

1. 应用成熟技术，确保高效安全

针对系统安全问题，应用局域网、管理员、外网3层认证，形成安全加密、端口管控、文件权限管理和网络监控审计等保障手段。针对系统数据安全问题，在生产调度指挥中心安装UPS不间断电源，配置备份服务器，确保系统工作连续性和数据安全性。针对系统信息高效传输问题，选用较为先进且成熟终端定位技术、云计算技术、移动图形应用技术、多媒体协同技术、IP分布式路由技术、可切换P2P通话技术、可视化采集等技术，确保高效快捷。

2. 完善制度体系，规范系统运行

在工程开工建设初期，针对高铁项目标准高、要求严、点多线长等特点，太原铁建公司制定《高铁项目智慧工地建设进度计划节点考核实施细则》，按照时间节点，定期组织对智慧工地推进情况进行考核，以此作为相关人员绩效考核的重要依据，考核达标人员给予重点专项奖励。制定《高铁项目智慧工地建设实施细则》，对指挥中心及现场监控设备硬件建设、软件使用、人员配置、岗位权限、安全保障等进行详细规定。

3. 开展层级培训，助力系统落地

为让系统真正落地，太原铁建公司针对智慧工地建设与传统项目管理在方式、手段和习惯上的巨大差异，在应用系统之前都会开展立体化全方位的培训。培训范围全面覆盖公司领导、公司业务部门、项目部负责人、业务部门负责人员、业务管理人员、分公司人员、作业队人员七个层级，培训涉及管理思想、价值导向、系统内容、功能模块、操作说明等内容，按照不同层级有所侧重，对直接应用系统的各级管理人员还要进行量化考核，确保熟练应用系统功能。同时，还以半年为期限召开阶段性研讨会，交流应用经验、暴露存在问题、研讨解决方法，为深化应用和持续优化提供依据。

三、施工企业基于高铁项目数据驱动的智慧工地建设效果

(一) 提升了项目管理效率

推进智慧工地建设以来，充分释放了项目生产潜力，快速提升了各业务系统和整体施工生产效率。京张高铁项目年完成产值达到7.2亿元，创造了企业单个项目完成年度产值的历史新高，人均劳产率比企业平均劳产率高35%，劳务纠纷及安全质量事故为零的历史突破。有效提升了系统管理的效率和水平，各类管理主体之间升级到太原铁建公司的纠纷调解事项下降了70%以上，各类信息资料实现共享，并与施工生产进行了同步记录、同步整理。提升了人员考勤准确率，避免了劳务人员薪酬结算纠纷。有效卡控了管理成本，工程计价纠纷大幅减低。强化了安全质量保障，项目安全质量环保没有出现任何事故、全部达标。

(二) 促进了企业转型发展

推进智慧工地建设以来，太原铁建公司逐步改变了原有项目管理方式，专业化的项目管理组织架构得到了智慧工地系统的充分支撑，开启了转型升级的新阶段。生产要素实现了规模化、信息化、工厂化管理，企业经营规模、生产能力、创效水平及现场整体把控能力均得到较大幅度提升，工地安全和工程质量得到有效保障，年度产值指标、利润指标、员工收入水平、资产负债率及期末资金存量等核心指标均实现了历史最好水平。助力太原铁建公司通过三年奋斗实现了解困振兴。2017年度完成企业营业额近50亿元，实现利润总额超亿元，年度绩效考核在集团公司排名第一，成功闯入中国中铁股份有限公司三级综合施工企业20强。

(三) 探索了高铁项目智慧工地建设路径

针对京张高铁项目实施的智慧工地建设，有效集成和融合了涉及施工生产各要素的信息化体系，具有安全性、高效性、开放性、容错性等特点。创新了新形势下的项目管理理念，积累了项目管理新模式的实施经验，顺应了当前信息化、"互联网+"的发展趋势，培养了一批具备先进管理理念和意识并且能熟练运用信息化管理工具的人才，初步形成了一套建设经验。京张高铁智慧工地建设，得到了中国铁路总公司的高度评价，成功接入中国铁路总公司工程项目管理平台。由此衍生开发出来的高速公路智慧工地系统也投入到了承揽的静兴高速公路的实际应用，并得到山西高速公路管理局和业主的高度评价。

(成果创造人：高荣峰、王德志、李　勇、渠小伟、邵小江、李林杰、王正波、高忠义、刘月明、修方敏、李彦君、王瑞珍)

基于大数据信息平台的极寒地区建设项目的全面协同管理

海洋石油工程股份有限公司

海洋石油工程股份有限公司（以下简称海油工程）是中国海洋石油集团有限公司（以下简称中国海油）控股的上市公司，是集海洋石油、天然气开发工程设计、陆地制造和海上安装、调试、维修及液化天然气、炼化工程为一体的大型工程总承包公司，是远东及东南亚地区的海洋油气工程EPCI（设计、采办、建造、安装）总承包公司。海油工程总部位于天津滨海新区，2002年2月在上海证券交易所上市，注册资本44亿元，总资产288亿元，现有员工近8000人，在天津塘沽、山东青岛、广东珠海等地拥有大型海洋工程制造基地，拥有22艘船舶组成的系列化海上施工船队，海上安装与铺管能力在亚洲处于领先地位。在海外拥有19家境外机构，业务涉足20多个国家和地区。

一、基于大数据信息平台的极寒地区建设项目的全面协同管理背景

（一）Yamal项目对亚欧地区LNG能源结构具有重要战略意义

Yamal LNG项目位于俄罗斯北极圈内，属于极寒地区工程项目，是全球重要的天然气液化工厂建设项目之一。项目由YAMGAZ（TECHNIP、JGC和CHIYODA组成的合资公司）总包工厂建设工作。2014年，海油工程经过近三年的市场跟踪，承揽了项目3列共36个核心工艺模块的建造，占全部模块吨位的50%。Yamal项目由诺瓦泰克、道达尔、中石油和中国丝路基金联合投资控股，是中俄双方能源领域的一次深度合作。项目成功建成投产后，将进一步提升中国天然气进口多元化水平，缓解国内供需紧张的局面，对中国能源安全、能源结构建设具有十分重要的战略意义。从中国能源工程领域看，Yamal项目是海油工程公司中标金额最大的一笔海外订单，项目合同额约100亿元，是中国首次承揽LNG核心工艺模块建造项目，对"中国制造"在海洋工程高端制造领域成功"走出去"具有重要的示范引领意义。

（二）Yamal项目具有极寒环境等一系列超高建设难度

受极寒环境等综合因素影响，Yamal项目在管理、协同、施工标准、工作量、成本管控等方面面临异常严峻挑战。一是管理协调异常复杂，整体协调组织难度非常大。二是因项目位于俄罗斯北纬72度的亚马尔半岛，处于永久冻土带，施工标准极其严苛。三是项目工作量巨大，总建造量达18万吨，相当于4.2个国家体育场"鸟巢"的重量，各项工作量均创中国海油承建项目新高。四是受极寒环境标准和全球低油价形势影响，成本管控压力巨大，建设初期预计利润率偏低，甚至可能出现利润持平或欠损，项目面临巨大成本管控压力。

（三）实施全面协同管理是保障Yamal项目顺利开展的重要手段

Yamal项目是海油工程历年来作业项数量最多的项目。若按照传统的粗犷式管理模式组织实施，项目施工状态的跟踪回馈困难，施工进度、成本压缩很难得到有效管控。因此，要从整体上建立可统筹全流程、全环节的项目管理架构和管控方式，要在总体目标下构建项目运行的组织机构、人财物等资源基础。项目信息需要集中汇总和共享，计划进度需要实时监控推进，中外方和各承包商需要深入协同合作，极寒环境带来的高标准需要科技创新和材料研发。这一系列需求要通过基于大数据信息平台的全面协同管理，实现项目全环节、全流程的协同运行。全面协同管理可充分整合优化项目各子系统，实现环节的无缝衔接、业务板块的互通互补，最大化释放项目整体协同效能，保障项目质量、安全、进度、费用等目标的实现。

二、基于大数据信息平台的极寒地区建设项目的全面协同管理内涵和主要做法

海油工程以打造"一带一路"精品工程，创造"中国制造""走出去"良好品牌为总体目标，在Yamal项目建设中，以大数据信息化平台为基础，通过搭建协同机构、配备人力资源和设备设施，构建全面协同综合保障基础；通过计划控制、建设模式创新、国产化替代、质量安全管控等专项协同做法，实现项目建设的全面协同管理。主要做法如下。

（一）确立Yamal项目建设的总体目标和基本思路

总体目标是通过构建大数据信息平台，打破人、财、物、信息、流程等资源之间的壁垒和边界，对各子环节、子系统进行时间、空间和功能结构的系统重组，实现项目科学有序衔接，提升一体化运行质量、效率，创造"中国制造"优质产品和良好品牌。

基本思路是以项目大数据信息化平台为全面协同基础和中枢，通过建立健全全面协同综合保障机制，建立项目整体协同的计划管控体系，依托生产模式创新促进各工种"一体化"协同，加强技术创新和材料国产化，构建国际化安全文化理念等一系列新的协同管理机制、方式方法，打造"一带一路"精品工程，保障项目按期高效完成，创建中国企业国际化品牌。

（二）搭建大数据信息平台，构建全面协同中枢系统

面对数十家甲乙方单位、近20万吨钢材加工量和数万个作业项，海油工程决定引进Easyplant（EP）系统作为Yamal项目整体管控的基础工具，并将海油工程SAP等软件系统进行优化接入，搭建基于大数据的、融合中外优秀软件资源的信息平台。

整合后的EP系统，作为整个项目的中枢管控系统，分别搭建了项目信息共享平台、组织协同平台、计划协同平台和"一体化"协同平台等四大协同管控平台，用于项目信息按权限查询和计划、工序等领域的管控，确保项目整体的全面协同管理。

一是搭建信息共享平台，实现大数据集中共享。基于EP系统的大数据信息平台包含9个模块和46个信息录入点，各模块根据生产动态，统一数据样式格式，通过手持终端、人工输入、文件导入等方式实时上传数据，形成项目大数据共享信息库。在大数据信息平台上，按照不同权限可实现相关数据的查询跟踪，提炼出对当前及后续项目管理提供指导性的数据，实现不同部门间、不同链条间的信息共享。项目运行期，大数据信息平台统计数据467万条，生成相关报表5万份，为项目决策提供了全面有效的数据保障。

二是搭建组织协同平台，实现命令流及时顺畅。Yamal项目建设涉及项目管理部等11个部门，项目建设之初，就将基于EP系统的大数据信息平台定位为集管理运行平台、管理业务信息集成平台、管理业务流程集成平台为一体的综合信息平台，将组织管理融入信息系统之中，实现项目组织机构、操作命令、执行反馈的系统协同。平台明确了各部门职责，梳理并建立了基于信息平台的工作流程和沟通机制，各业务部门可根据信息平台的指令，实现协同管理和沟通交流。

三是搭建计划协同平台，实现全流程计划可控。信息平台各模块和现场施工工序可实现严格对应，可以清晰呈现项目各单元建造进度和材料使用等情况。生产计划管理方面，信息平台根据项目计划和预设自定义公式计算编制可视化排程，设立计划关键点、建立跟踪提醒机制，实现生产任务全程跟踪，及时管控生产等各环节进度；库存计划管控方面，信息平台可记录各种出入库数据，并根据项目建设情况，分析物料需求数量和需求时间，最大限度地降低库存。

四是搭建工序协同平台，实现各板块无缝衔接。依托基于EP系统的信息平台，项目通过构建面向项目全生命周期管理业务需要的单一数据源，集中存储、管理和控制项目设计、生产过程中产生的各种基础数据，可实现对各工序的实时跟踪，使处于异地、异构环境下的项目执行人，能够依托平台共享各自需要的产品信息，科学推进优化项目四大控制（成本控制、进度控制、质量控制、安全控制）管理，

实现设计、工艺、制造等业务环节中工作流程的有效衔接和协同管理，有序地协调优化整个产品生命周期过程中的各项业务活动。

（三）建立综合组织保障基础，确保协同执行落地

1. 设置项目组织机构

为确保项目全面协同的高效性、执行性，项目成立以公司高管为总经理的项目组，分设11个专项部门，构成项目全周期全工种的全面协同管理运行组织机构，建立以成本管控为核心的项目管理机制。通过构建以成本管控为核心的项目管理机制，有效降低了项目运营成本，为项目的全面协同管理提供坚实的组织机构保障。

2. 制定各层级协调沟通机制

为提升项目管理顶层协同性，统筹项目整体运行，海油工程制定了基于EP信息平台的项目各层级协调沟通机制，海油工程、业主方和其他协作单位依托信息平台，通过不同层级协调会形式，整体统筹规划项目运行进度、质量、安全等全面工作。各方高层协调会议每月举行一次，项目协作单位沟通会和项目重大事项沟通会不定期召开，数十家协作单位在各层级协调沟通会充分表达诉求，最终由项目高管层决策实施。

3. 配备人力资源保障

Yamal项目投入总人工时6740万个，其中直接工时6018万，间接工时722万，生产高峰期投入人力12900人，是海油工程有史以来参与人数最多、人力投入最高的工程项目。为充分满足项目协同管理需求，海油工程将人力资源数据录入EP系统，将协同机制理念融入项目人力资源管理，建立协同考核激励机制，实现人力资源在组织中的最优配置，为项目提供充足的人力资源保障。

4. 加强场地设施保障

按照产业布局规划和项目特点，海油工程总体协调塘沽基地、青岛基地、珠海基地，构建以青岛场地为核心的场地布置，将青岛场地作为Yamal项目主建造基地。场地位于青岛西海岸国家级新区，场地面积120万平方米，码头长度1645米，港池水深10～12.4米，设计年加工能力27万吨，是亚洲最大的专业海洋工程制造场地之一。

（四）创建计划协同体系，促进Yamal项目各环节有效衔接

Yamal项目作为国际超高难度极端环境项目，工作量大，涉及生产部门多，数据量繁杂。为有效解决传统管理模式下，项目各部门进度不清晰、数据更新不统一，严重影响项目整体进度的问题，海油工程基于大数据信息平台，建立了项目全流程计划协同体系。该体系以大数据信息平台为控制中枢，以实现全流程高效计划管控为目标，通过平台汇总计划信息数据，共享计划进度，发布计划指令，重点关注计划数据的统一性和计划执行的协同性。

在管理计划协同方面，Yamal项目业主法国TECHNIP公司在计划控制方面具有相对苛刻的标准和要求。项目运行初期，甲乙方在管理对接和合作方面存在一定差距和不协调因素。TECHNIP公司使用专有的进度计算系统，需要海油工程提供不同于以往项目的数据跟踪体系，在计划编制的精细度和月度更新要求方面存在较大差异。外方业主的三周滚动计划跟踪工作与海油工程的计划跟踪方法无法匹配。为此，项目组织专业人员就计划管理协同集中开展分析、调研、对标，建立基于EP大数据信息平台的计划管控体系，经过与业主的多轮沟通成功说服业主取消三周滚动计划跟踪方式，有效促进甲乙双方计划控制思路和方法达成深度协同，项目进度得到持续改善，后续里程碑目标得以顺利完成。

在生产计划协同方面，各环节依托信息平台的共享信息，建立全流程计划控制体系。管理人员结合EP数据完成情况，按照工序编制周计划、日计划，加强关键工序控制，深入推动各环节横向和纵向协同，避免部分工序出现"空档期""待工期"，提升计划控制水平。在项目建设过程中，项目三列模块工

效呈现显著的阶梯式提升。第二列较第一列缩减总装人工时7%,少投入112万人工时;第三列较第二列缩减总装人工时22%,少投入301万人工时。

(五)推行主业务链"一体化"协同的项目建设新模式

在传统国内项目建设中,公司设计、采办、建造板块"单兵作战"、各负其责,只负责本专业业务内容,导致项目主体统筹能力不足,板块间各自为战,责任不明,造成严重的内部消耗和资源浪费。

为有效降低项目运营成本,提升建设效率,海油工程积极创新项目建设模式,在全环节推行各关键工序的"一体化"协同,即"设计采办建造一体化"协同;在各环节之间分别推行"设计建造一体化""设计采办一体化""采办建造一体化"三个子协同控制点。整体和单环节间的"一体化"协同,以提高效率和质量、降低成本、提升产能为目标,可实现设计、采办、建造三个主要业务板块的前后响应、资源共享、统一协同实现协同管理效益最大化。大数据信息平台可实现主业务链的信息共享和集中反馈,做到全业务链信息的全景呈现和单业务链的细节分析,能够保证各业务链的系统分析和无缝衔接,保证相关业务链的"一体化"实施进度和"一体化"比例。

1. 推进设计建造一体化

建造施工环节依据建造施工能力、场地设备能力等情况,向设计环节提出更切合生产一线的诉求和建议,对设计各环节进行局部协调,使设计更加符合生产实际要求,最大化减少因设计造成的结构物碰撞、生产返工等资源浪费情况。设计环节在综合分析建造单位具体诉求的前提下,合理规划技术文件编制流程,优化技术方案,向建造单位提供高质技术文件、高效技术支持,形成技术与施工前后互动、上下协调的高效协同管理运行机制。

在项目首列工程试运行后,后续的第二、三列工程全面推行一体化建造,24个模块274个甲板片全部实施预舾装一体化、低位预安装一体化,36个甲板片重点进行高位预安装一体化,各类散件一体化预装数量约58000个。其中,机管电仪专业的一体化安装率达到45%。一体化共节约人工约6万工日,节约250吨履带吊1938台班,降低补漆面积约9000平方米。一体化程度最高的甲板片,其预制重量270吨,高位预安装一体化实施后吊重420吨,一体化附件达150吨。

2. 推进设计采办一体化

设计环节依据行业规范和采办环节提供的相关数据材料编制采办规格书,用于规范和指导开展相关采办工作。采办、市场部门根据厂家数据和市场经验总结提炼材料价格库和经验BOM(工程材料表),供采办环节选择和制定相关技术文件和方案,形成设计采办双向互动、协调推进的设计采办流程。

3. 推进采办建造一体化

一方面,建造施工环节将产品采办到货日期等需求向采办部门提出详细计划,要求采办单位进一步优化采办计划,按照计划时间点,更早启动紧急产品、供货期较长产品的采办流程,确保不因产品到货滞后影响施工进度。另一方面,依据设计环节提出的采办规格书,采办单位第一时间将采办产品具体参数信息反馈至建造施工单位,确定产品到货日期,为建造施工单位编制施工计划、协调场地设备资源提供准确及时的参考信息,形成采办建造计划的相对统一和有机联动。

(六)推动国产化替代,推进国产品牌的协同共赢

1. 以技术创新为突破口,推动公司内部技术国产化

项目初期,针对极寒地区模块化建造关键施工技术,海油工程进行了系统梳理,结合自身实际,组织涂装工艺、深冷保温材料切割和超低温焊接3个技术攻关小组,全力攻克极寒地区施工关键技术。一是创新自主研发涂装工艺。防低温飞溅涂层(简称CSP)是极寒地区LNG核心工艺模块特有的涂层系统,主要功能是防止-196℃的液化天然气飞溅到钢结构区,引发钢结构脆性断裂。该涂层施工工艺复杂,施工难度极高。项目涂装技术团队通过对每道施工工序的反复试验,先后攻克CSP涂层超低温施

工、CSP机械化喷涂等多项关键技术。磁力固定装置等一系列实用革新技术大幅提高了油漆涂装施工工效。二是创新自主研发深冷保温材料切割技术。Yamal项目地处极寒地带，所有关键装备和管线都要穿上特制的"保温服"——泡沫玻璃。这一特殊材料切割技术被一家国外公司长期垄断，厂家不允许参观，只提供高价有偿服务。在国外切割不但费用高昂，而且泡沫玻璃易碎，运输过程损耗极大。经过5个月的研究和试验，技术攻关小组自主研发出泡沫玻璃半自动切割设备，形成一整套泡沫玻璃排版技术。相比手动切割，效率提升了3倍，材料切割损耗由50%降到28%，节约成本4000余万元。三是创新自主研发超低温焊接技术。Yamal项目主结构和管线大量采用冲击温度-50℃超低温碳钢材料，焊接工艺开发难度极大。通过技术攻关，项目在-196℃超低温大管径不锈钢焊接、625/825镍基合金复合管焊接、异种钢焊接等方面实现重大突破。全自动药芯气保焊及全自动氩弧焊等高效焊接工艺，在完全满足施工质量的前提下，使焊接效率提升了3倍。

2. 以协同共赢为目标，带动中国品牌"走出去"

Yamal项目业主对于材料供应商的选定，有着严格的品牌要求和产地要求，海油工程必须从合同规定的供应商名单中确定中标厂家。经过分析，业主指定的绝大部分厂家均在欧美国家，材料价格昂贵，供货周期普遍长达6个月以上，且存在长途运输遗失损坏风险，严重制约项目进度推进和费用控制。为进一步降低成本、提升效率，同时带动中国企业共同"走出去"，海油工程对国内90余家企业进行实地调研，开展技术水平分析测评，制定材料国产化的策略。对于技术、质量成熟的国产材料，项目完成内部遴选后，主动组织国际业主到相关厂家进行实地考察，并邀请国际第三方机构进行权威认证，最大化推进材料国产化。对于国内无应用先例的材料，项目积极协助国内厂家开展材料研发，进行专项材料技术攻关，集合国内最前沿技术团队，尽最大可能打破国际垄断。最终，项目主结构钢材国产化率达到90%以上，风管、百叶窗、钢质门、托架、电缆、紧固件、泡沫玻璃等材料大部分实现国产化，材料供货期由6个月以上缩短至2个月以内，创造直接经济价值超过1亿元。通过国内企业的高效联动协同，Yamal项目使45家中国厂商自主品牌材料成功走出国门进军"北极"，拥有了各自的"北极名片"。

（七）聚焦质量安全，加强项目风险管控

1. 统筹产品质量全流程协同管控

面对18万吨级钢材加工量的质量保障压力，项目依托大数据信息共享平台，对项目全环节质量标准进行事前录入，通过信息平台质量检验的数据与标准数据对比，实现在原材料、施工过程、质量检验等全流程强化质量"硬性指标"管控，同时根据大数据分析人员、装备、工艺等的质量保障度水平，进而通过操作培训、质量意识培养、质量达标考评等方式全面强化质量"软性保障"管控。通过信息平台大数据比对分析建立的"硬性""软性"双重保障，实现项目质量的全面达标。

2. 系统强化项目安全协同管理

Yamal项目作为中外合资项目，建设初期的安全管理理念、企业文化呈现多元化、多样化特点。外方业主并不认同海油工程HSE（健康安全环保）管理模式和方法，双方存在较大差异，初期安全指标审核差异项达190项；参与施工的各分包商管理人员和施工人员的HSE行为、意识、能力参差不齐；项目分模块建造方式是新型特殊行业，施工标准和HSE管理程序、标准没有系统成型，项目HSE风险还没有被全面认识和掌握。为此，海油工程一是建立安全协同保障机制。针对复杂的安全管理环境，在制度体系上，项目全面整改与业主HSE管理存在的差异项，整合并完善出一整套项目HSE管理体系，新增8个重点高危作业的安全管理程序，下发各类现场安全管理补充规定、安全要求和标准40余个。在安全管控上，成立由甲乙双方联合组成的项目HSE联合管理团队，通过HSE安全文化理念宣贯，现场排查和风险评估会等形式，全面加强项目安全管控。二是构建风险管控协同体系。安全风险管控是"预防"与"处置"的完整管理体系，项目通过统计分析极寒项目作业风险易发率，创新极寒项目作业安全风险管理分级管控模式；推行 CFC（海油工程隐患反馈卡）观察卡、项目管理人员 BBS（基于行为安全管理方法）观察卡，通过对作业前的工程设计审查、施工风险辨识等进行分阶段风险管控，形成极寒项目重大作业安全风险管理技术路线图，形成极寒项目重大作业安全风险管理体系。

三、基于大数据信息平台的极寒地区建设项目的全面协同管理效果

（一）保障了项目按期完工，成功打造了国际品牌

通过在项目全面实施基于大数据信息平台的全面协同管理，海油工程成为 Yamal LNG 项目全球唯一按期交付的承包商，开创了中国企业独立完成国际 LNG 核心工艺模块建造的先河，中国 LNG 模块化建造行业实现由低端制造到高端制造的跨越式发展，使我国成功跻身国际 LNG 模块建造"第一梯队"。2017 年年底，中俄 Yamal LNG 项目正式投产。项目包含的中国元素成为最大亮点之一。Yamal 项目成为"一带一路"精品工程。

（二）形成了一套与极端环境国际项目相匹配的协同管理模式

通过 Yamal 项目中外合资、北极极寒地区等特色的分析、规划、实施，海油工程形成了一整套与极端环境国际项目相匹配的全面协同管理模式。基于中外成熟工程信息软件的大数据信息平台，为项目信息共享、指令执行搭建了系统全面的信息化环境。组织机构、沟通机制、人力场地资源的建立与投入，为项目提供了综合保障基础。以信息平台为基础的计划协同、建设模式协同、国产品牌协同、质量安全管控协同等子协同板块，确保了项目运行质量和效率。同时，基于大数据信息平台的全面协同管理模式具有完善成长性和可推广性。在项目三列模块的相继实施中，分别实现节省人工时 7% 和 22%，说明协同管理模式在实践中具有自我完善能力，在推广应用时可持续释放协同潜能。在推广应用前景上，由于协同管理模式涵盖的管理范围既包含了建设项目的全部常规环节，又包含了极端环境等特殊因素。因此，该模式在适应性、推广性上具备极大潜力。

（三）创造了良好的经济效益和社会效益

Yamal 项目的成功实施适时弥补了海油工程国内工作量的严重不足，成为海油工程应对"低油价"寒冬的最重要支撑之一。2015－2017 年，项目在公司收入占比分别达到 11%、44% 和 33%，累计创造营业收入超 100 亿元。基于大数据信息平台的全面协同管理，大幅提升了项目管理运行质量和效率，使 Yamal 项目在经营持平甚至预亏前期预测背景下，实现毛利润率 30% 以上。Yamal 项目实现的营业收入和利润使海油工程取得了远优于国际能源工程公司的经营绩效，使公司在新一轮国际竞争中取得了明显的领先优势。在创造可观经济价值的同时，通过实施全面协同管理，Yamal 项目也创造了突出的社会价值，国内 45 家企业的合格产品依托项目成功走出国门，走进北极，项目主承建地区青岛基地同时带动了周边企业和相关行业的健康快速发展，有力推动了地方经济建设。

（成果创造人：金晓剑、陈宝洁、李小巍、吕　屹、李　涛、王　伟、孙　宇、李晓光）

水务企业基于工业互联网的生产数据全链条管理

上海城投水务（集团）有限公司

上海城投水务（集团）有限公司（以下简称水务集团）于 2014 年 7 月 18 日正式挂牌成立，是上海城投（集团）有限公司旗下专营水务板块的专业子集团，注册资本 317.5 亿元，从业人员近 10000 人。水务集团旗下拥有 8 家核心企业，以及 5 家投资或托管企业，是专业从事原水供应、自来水制水、输配和销售服务，雨水防汛、干线输送、污水输送和处理、污泥处理，供排水工程投资、建设管理，供排水专业技术领域内的技术开发、技术咨询等城市水务产业的国有大型企业集团。

一、水务企业基于工业互联网的生产数据全链条管理背景

（一）贯通生产全链条管理的迫切需要

水务集团核心的产业链分别由原、制、供、排、污五大分子公司管理运营，上下游企业生产运行彼此依赖，生产全链条管理对集团经营管理至关重要。在业务上，上下游水厂、泵站之间的生产调度存在必然的依赖关系和联动关系，业务人员通过值班电话、业务报表等线下业务沟通效率较低，需要在线直观的数据信息支持，提高生产效率。在管理上，集团生产运营计划的执行与考核需要从全局视角考虑，客观需要完整的原、制、供、排、污全生产链条的数据和信息化支撑，才能制订比较符合集团实际生产运营能力的政策与规划。只有从集团层面打通业务数据链，分析管理薄弱环节、监测预测发展趋势，才能辅助领导进行管理决策。

（二）提升生产管理运营效率，降低产销差的迫切需要

水务集团信息化建设持续多年，基于 PLC、传感器的生产工业控制局域网已成体系规模，拥有大量的基础应用平台和生产历史数据，工业互联网的应用有很好的基础。但是，水务集团的基层生产单位地域分布较广、生产线建设时间跨度大，系统平台技术水平和数据质量参差不齐，急需整合现有资源，建设统一的、集约化的信息平台。因此，必须利用生产全链条管理数据，全面打通生产设备之间、信息系统之间、管理运维人员之间的信息流通，打破信息孤岛，分析查找生产经营管理的薄弱环节，降低供水产销差。创立具有水务特色的基于工业互联网的生产数据全链条管理模式。

（三）保障民生，支持"智慧城市"建设的需要

水务生产安全管理是上海市的基本民生保障，各级政府都非常重视。市水务局、市防汛指挥中心、市环保局等单位基于监管、应急联动的要求，需要原水公司、制水公司提供水质、水量等数据；需要排水公司提供雨量、积水、泵站运营数据；需要污水公司提供污水处理信息数据等；不同基层单位提供的数据可能存在不一致等信息偏差。水务集团作为核心的生产主管单位同样对各分子公司的上述数据非常关注，且有义务提供准确的数据保障，支撑上海市政府建设"智慧城市"。

二、水务企业基于工业互联网的生产数据全链条管理内涵和主要做法

水务集团在战略规划方针的指导下整合业务组织和管理流程，集中储备优秀的各类技术资源，在云计算、物联网、互联网＋等新技术、新设备的支持下，通过促进 IT、OT 和 CT 融合，打造水务行业特色的工业互联网。在设备互联、数据互通的基础上，充分利用 PLC、传感器的感知能力和基层生产单位的边缘计算能力，统筹建设水务集团标准化、集约化的生产大数据平台及相关应用分析工具，增强对原、制、供、排、污等全产业链生产管理、运行状况的态势感知能力。通过数据集成与数据治理，实现基于工业互联网的生产数据全链条管理新模式。初步利用生产全链条的数据资产，通过业务建模、算法

优化、模拟仿真，营造集团核心业务的数字化双胞胎，促进了集团业务管理创新和节源增效，响应并支持了市政府的"智慧城市"建设目标。主要做法如下。

（一）制订集团信息化战略规划与生产数据标准化体系

1. 制订集团战略规划

2016年，水务集团基于业务改革和创新的需要，制订了"三级管理、两级平台""四全一支撑"等集团中远期信息化规划战略目标。三级管理中的三级为集团、分子公司及同级单位、水厂泵管所及同级单位。两级平台分别是集团和分子公司两级。"四全一支撑"，即生产管理全链条、客户服务全方位、项目管理全过程、设备管理全生命和人财物支撑。结合长期持续运营管理的需要，同步开展集团信息化建设战略蓝图规划。信息化蓝图规划架构包括业务架构、应用架构、数据架构和技术架构等板块。其中，数据架构规划蓝图将水务生产数据管理及标准化规范定义为优先的、基础的、核心的部分，对后续的集团业务创新和信息化建设具有重要意义。

2. 实施数据治权改革

水务集团各基础生产数据分散在各个不同的管理单位和部门，数据管理权、使用权责权不明，数据资源难以共享。集团明确数据的"所有权、治权"是生产数据全链条管理的基本保障。结合水务集团管理体系和信息化现状，明确生产数据全链条管理的核心是对数据权利的改革。为此，水务集团以集团公司整体（含下属子公司、分公司）的业务设计（规划）为依据，对所有数据的所有权和使用权进行重新界定，并体现在今后信息化项目的规划、设计、建设、升级等过程中。其中，数据所有权分为集团所有及集团和应用单位共有两种；数据使用权指的是按照所有者授权范围，对数据进行运用，以满足业务执行、运管、计划等需要的权利。

在集团"三级管理、两级平台"管理思想的指导下，结合"数据治权"方案，从顶层设计到计划落实，逐步实现以生产数据采集和加工路径为导向的新型数据管理模式。

3. 制订数据标准化体系规范

水务集团数据标准化体系是在集团业务、数据的基础上，结合数据治理历史经验做出的总结。数据标准难以一蹴而就，是一个"制订标准、执行标准、修订标准"的持续优化过程。信息化建设的不同阶段，数据标准关注的对象和目标各不相同。数据标准的管理、维护与优化是生产数据管理与治理不可或缺的工作。

以标准化规范体系之编码标准为例，参考水务行业管理编码命名习惯和水务集团内部通行做法，集团内部水厂、泵站的数据指标项编码采用16位定长数字、字母组合编码。为便于同上海地方标准统一，采用字符型数据类型。组合编码结构，主要由7位生产组织编码、8位数据项编码和分隔符组成。

（二）建立生产过程全链条管理的新型业务管理模式

水务集团以战略规划目标为导向，以业务为主导，以生产数据全链条管理为切入点，优化调整集团的组织架构，成立运营管理中心、客户服务中心、技术管理中心等新业务模式的管理部门。

一是重组生产单位的组织结构，成立原水子公司、制水分公司、供水分公司、排水子公司和污水子公司。各公司只负责水务全产业链条过程中的一个环节，业务管理上更精细化、更专业化。给予各分子公司在生产运营过程中更大的管理自主权。

二是成立运营管理中心，统筹原水、制水、供水、排水和污水全生产链条的生产监控管理与运行调度。统一协调上下游公司和相关生产基层单位的水资源调度和生产管理计划，从而将全产业链的分子公司再作为一个整体进行管理。

三是成立客户服务中心，统一管理客户推广、客户服务、客户热线，实践客户服务全方位。改造升级新装系统、营收系统、中心热线系统、现维系统等与客户相关的业务系统，打造标准化的客户服务系统平台，专门成立客户服务中心，统一管理集团对外服务业务。

四是成立技术管理中心，统管并促进IT（信息技术）、OT（运营技术）、CT（通信技术）融合，集中技术力量辅助集团管理运营和业务流程改造。水务集团下属各分子公司原本拥有不同组织形式的信息室、工控室，IT人员和自动化管理运营相关的技术人员各不隶属，沟通效率有限。集团成立技术管理中心，抽调技术精英，统筹管理信息化项目实施，促进IT、OT和CT的融合，打造水务集团特色的工业互联网。大量的设备实现互联、数据实现互通，工业生产数据的分析与应用得到增强，这对集团优化运营、跟踪和分析设备，提供预测性维护方案，支持集团的高效决策起到关键作用。

（三）搭建基于工业互联网的生产大数据平台，营造集团数字化双胞胎

工业互联网的本质是要有数据的流动和分析。营造集团数字化双胞胎目的是对现实生产体系的准确模型化描述；生产大数据平台解决分析、挖掘、推理、预测，提供集团生产管理的数据可视化，是集团各级管理人员辅助决策管理的信息参考。"数字化双胞胎"将现实世界中复杂的产品研发、生产制造和运营维护转换成在虚拟世界相对低成本的数字化信息进行协同及模型优化，并给予现实世界多种方案和选择。通过双胞胎的虚实连接、数据的不断迭代、模型的不断优化，进而获得最优的解决方案。

为实现生产数据全链条管理的目标，营造数字化双胞胎模型，水务集团从生产工艺、自动化控制、水资源调度及设备运维等角度，打破现实与虚拟之间的藩篱，实现原水、制水、供水、排水和污水全业务流程的生产管理全链条、生产数据全生命的高度数字化及模块化。支持集团数字化战略的生产管理平台包括生产监测监控平台（含水质监测系统、调度系统、GIS管网系统、水力管网模型平台等）、数据集中采集平台、生产大数据平台、主数据管理系统、元数据管理系统、生产运营监测与调度综合信息可视化大屏、产销差平台、企业服务总线等17个生产数据采集、管理、应用与服务子系统。

1. 搭建基于工业互联网的生产监测监控平台和Historian工业实时数据库

水务集团各分子公司及基层生产单位已安装超过70万个监测点，覆盖包括水源水质监测、浑水管网压力流量、原水厂和制水厂生产工艺和计量、供水管网（含水质、水量、水压、水位和二次供水）、排水泵站、防汛泵站、排水管线和污水处理厂相关工艺等生产全链条的监测信息。这些监测数据多数存储在基于Historian的工业实时数据库中，少量通过数据集中采集平台传输到Hadoop大数据平台。

2. 搭建基于云计算解决方案的数据集中采集平台

水务集团所属各基层单位建设时期跨度较大，部分设备购置年代久远，生产设备品牌、技术参数、工艺标准、通信方式、接口协议等存在较大的差异性，数据互联对接难度较大，数据流向管理困难。为此，水务集团先期通过公有云验证各"游离"数据对接的技术可行性和数据中断、数据延迟等数据时效性、可用性问题，再搭建混合云实施统一的数据集中采集与数据预处理，同时充分利用边缘计算能力，减少数据集中过程中的网络通信压力。

3. 搭建基于Hadoop的生产大数据存储与分析平台

水厂、泵站工业自动化生产过程中，各种设备产生的海量实时数据，部分数据频率为秒级甚至毫秒级，其数据存量和新增数据的规模极为庞大；在业务管理过程中，积累了生产计划、调度执行、安全监控、运维日志等种类繁多的数据，这些数据在编码方式、数据格式、应用特征等多个方面存在差异性，多信息源并发形成大量的异构数据。从数据量、数据类型、增长速度、数据价值和数据真实性5个视角来看，明显符合大数据特征。

一是数据量大，包括采集、存储和计算的量都非常大。这些数据涵盖的业务包括生产工控、调度、水位、水量、水压、水质、流量、计量、考核、安监现维、热线、人事、财务、物资、设备、客户服务、物资库存等。

二是种类和来源多样化，包括结构化、半结构化和非结构化数据。结构化数据主要以已经上线的应

用程式关系型数据库为主，还包括一部分工业实时数据；非结构化、半结构化数据具体表现为办公审批文件、运维现场工单文档、生产日志、安监视频、运维图片、GIS管网地理位置信息等大量文档、图片、视频。多类型的数据对数据的处理能力提出了更高的要求。

三是数据价值密度相对较低。随着互联网及物联网的广泛应用，信息感知无处不在，信息量巨大，但价值密度较低，结合业务逻辑并通过强大的机器算法来挖掘数据价值，是大数据时代最需要解决的问题。

四是数据增长速度快，处理速度也快，时效性要求高。比如管网爆管、防汛排涝、应急指挥等都需要最快的信息处理能力。个性化推荐算法尽可能要求实时完成推荐。这是大数据区别于传统数据挖掘的显著特征。

五是数据的准确性和可信赖度，即数据的质量。制订数据标准化管理体系，通过数据治理，确保数据质量可靠、可用、易用。

基于以上考量和未来平台扩展的需要，水务集团基于Hadoop企业版软件搭建了集团生产大数据存储与分析平台。通过大数据平台分析、优化集团生产管理的各类仿真模型，进一步挖掘生产数据的潜在价值。

4. 实施集团主数据管理与元数据管理

主数据是企业最核心的业务数据，也是跨系统互联打通业务流程的关键数据，是建立水务集团数字双胞胎的"纲"。随着数据治理项目的开展与历史遗留系统的改造，集团已建设主数据管理系统，管理维护客户档案、客户服务、生产计划、水质检测、调度监控、新装业务、现维工单、管网设备、生产工艺、表卡计量等19类主题域。

集团元数据管理系统是水务集团信息资产管理的关键。它帮助用户快速找到数据并了解其上下游数据关系及其所处数据环境。通过业务、技术等方面的元数据逐步实现统一描述，可以降低乃至消除业务部门之间、业务与IT部门之间的沟通障碍。系统通过辅助个体能力提升和促进协作沟通两个方面，提升了企业的整体生产效率。从质量管理的角度看，系统细化了数据管控粒度，提升了数据的全局性、规范性、一致性、透明性，为数据质量平台提供数据/分析服务，与其一起加强了对数据质量的管理。元数据管理系统是知识管理的系统，是数据源梳理、数据加工过程等数据治理成果的固化系统。从长期来看会，系统的应用会降低数据发现、使用的成本。

水务集团通过主数据管理、元数据管理系统等相关应用平台建设，提高了生产数据质量和数据流通共享的效率。

5. 生产运营监控与调度综合信息可视化大屏

利用生产数据全链条管理的初步成果，城投水务集团建设了生产运营监控与调度综合信息可视化大屏，作为综合的决策支持系统。基于原、制、供、排、污等业务板块的生产全链条数据，结合Web-GIS、HTML5、D3JS等可视化技术，从业务、管理、时间、空间等不同的维度视角，向集团中高级管理人员提供集团宏观监控和运行分析、模型预测等数据直观展示信息，为集团领导、集团各职能部门提供管理决策的辅助工具。

（四）实施生产工艺局部范围的自动化闭环控制

集团生产管理与运行在局部范围内实现自动化闭环控制。通常根据业务范围、工艺流程等的不同情况，实现大闭环、小闭环控制管理。从业务管理线来说，原水、制水、供水、排水、污水的全业务的生产管理已通过数据共享和数据服务的方式实现上下游信息的联动交互控制。从生产环节工艺来说，具体的生产管理工艺的某个或数个生产管理环节已实现自动化闭环控制（少人化、无人化）。例如，制水水厂的水库泵站、生产加药、电耗、水位、流量等已根据水质工艺要求和生产标准实现自动化闭环控制，现场生产管理逐渐向少人化方向发展。以自动化、无人化泵站的生产闭环控制管理为例，说明如下。

1. 泵站仪表自动化监控系统

泵站仪表自动化闭环控制系统为以 PLC 控制为基础的集散型控制系统，自动化水平为正常运行时现场无人值守，控制中心集中管理。通常，72 小时无须人为干预，控制系统根据工艺设定的指标控制项，自动正常运行，使出水水质、水压、水量符合指标。

泵站现场设备设三级控制，即设备就地、泵站现场 PLC 站、制水分公司泵站集中监控平台（中控室）。上、下控制级之间，下级控制的优先权高于上级。现场 PLC 站设有"手动/自动"两种控制方式，中控室设有"中控/自动"两种控制方式，就地控制级设有"就地/远程"两种方式，各设备均可通过"就地/远程"选择开关切换实现手动操作。当中控室监控设备或通信网络发生故障时，不影响泵站 PLC 控制系统上下位机的正常运行。各现场 PLC 站可按预先设置的运行模式来监控各工艺流程的运行。必要时，操作人员也可通过泵站现场的上位机来调整运行参数及手动控制。当现场 PLC 站发生故障时，可通过就地控制级上的"就地/远程"选择开关切换实现设备的就地手动操作。

泵站运行过程中，自动采集到的数据与生产调度的实时数据通过网络系统上传至制水分公司泵站集中监控平台，通常情况无须人为干预。运行管理人员也可及时按其经验和知识做出符合实际的判断，下达指令，指挥生产。所有设备状态或系统采集的实时数据都按类型、名称、属性分类，按时序依次存档，或写入数据库服务器。根据历史存储数据，可计算主要的生产指标。

2. 机泵健康检测系统

通过对泵站内水泵机组加装在线机泵健康诊断系统可以对泵站的关键设备——泵组的运行状态进行有效的在线健康监测和故障诊断，对设备当前的运行状态做出评估（属于健康、亚健康还是不健康），对机泵设备的不健康状态及时做出报警，并为进一步的故障分析、设备性能评估等提供信息和数据基础。在线机泵健康诊断系统可以通过振动信号、电气信号等其他信号及时发现泵组的早期故障征兆，以便现场维护人员采取相应的措施，避免、减缓和减少重大生产事故的发生；通过对泵组异常运行状态的早期分析，可以揭示故障的原因、程度、部位、发展趋势等，为设备的在线调整、停机检修提供科学依据，可以有效延长泵组运行寿命，显著降低维修费用。

3. 泵站安全防范系统

水安全影响千家万户，泵站配置了必要的安全防范系统。泵站安防系统为独立系统，包括视频监控系统、入侵报警系统、出入口控制系统和离线电子巡更 4 个子系统。设计遵循先进、可靠、安全、实用、管理可控和维护简便的原则，同时系统兼具可扩展和开放性。

泵站的安防系统作为整个集团安全防范系统的一个站点，泵站本地也采用和泵管所同平台的监控系统，就地与监控中心的界面风格、操作方法等保持一致。泵站就地安防系统主机设置在泵站中心控制室（值班室），泵站门卫室设立分控设备用于监视技防监控图像。所有信息在控制室都可以查巡，并通过局域网将视频图像、报警信息及门禁信息通过泵站 3 层网络交换机上传泵站管理所控制平台实现远程集中管理和监视，实现集团和制水分公司泵站监控平台对所属泵站安防系统的整体接入和远程监控。

（五）对接政府信息化平台，共享水务生产运营数据

按照《上海市城市总体规划（2017—2035）》建设卓越的智慧政府和"三全四化"的指导要求，市级有关监管单位的信息化平台要求水务集团提供水务生产（水质、水压、水量、水位、管网、机泵运行等）的相关数据。水务集团利用数据交换平台和企业服务总线等工具，在安全可控的前提下，分别向水务局供水调度监测中心、排水处、防汛办等单位提供实时的、高质量的生产运营数据。水务集团运管中心会根据市气象局、市海洋局提供的雨量信息、长江口咸潮信息，及时调整生产运行计划。根据雨量信息和积水水位调整防汛泵站的机泵开停，支持防汛应急指挥；根据咸潮和藻类信息调整原水水库的取水

生产调度，保障城市生活越来越智能、越来越美好。

三、水务企业基于工业互联网的生产数据全链条管理效果

（一）生产监测信息更全面，用水更安全

水务集团生产大数据平台集成对接的生产数据资源包括原水公司的生产数据、制水公司水厂（长桥）的生产数据、制水泵管所的泵站运行数据、排水公司的生产数据、防汛信息数据和污水公司的生产数据。通过数据多维编目，汇总了组织机构、地理信息、故障报警信息、水厂（车间）生产监控信息、泵站运行信息、管网管线信息、水箱信息、客户信息、表务工单、表务换表、抄表开账、欠费信息、收费信息、营业特账和水质监测等238个数据资源包，共1425张表，超过15亿条记录。这些数据保障了集团和市政府相关部门及时掌握原水水情。当长江口水源地发生藻类、咸潮等情况时，充分发挥全产业链的联动效应，通过水资源调度，确保了全市供水安全。同时，保障了汛期市应急指挥中心的信息获取能力和指挥能力，大大降低了城市内涝的概率和影响范围，保障市民正常生活，缓解了防汛排涝压力，提高了政府应急指挥能力。

（二）降低了产销差，节约了生产成本，增加了企业利润

水务集团通过基于工业互联网的生产数据全链条管理和数字化双胞胎模式，优化调整了经济管压，查找漏损环境，制订了供水管网漏损控制及评定标准，提高了漏损预测能力；开展无计费水量控制，进一步明确消防、绿化等各种公共用水的计量和费用承担主体，从而使供水产销差降低3.5个百分点。同时，利用完整的全产业链生产数据源，利用与高校合作研发的算法模型，开发出先进控制的数学模型，使与经济效益直接相关的水量、水质质量提高和原料、能耗降低，从而可获得的经济效益和社会效益的最大化。使新型泵站的运作向系统化、无人化、信息化、科学化的生产模式发展，提高了经济效益和市场竞争力。

（三）降低了人工劳动强度，提升了工作积极性和责任感

水务集团通过生产数据全链条管理，查找出生产管理和经营过程中的管理弱项，更新了设施设备，新建了信息化系统，通过自动化、数据化、信息化降低了人工巡检、工艺控制、生产排班的劳动强度，提供了劳动积极性，优化了集团人力资源。

（成果创造人：陈明吉、冼　峰、王志荣、翁晓姚、鲍月全、
倪　巍、苏林凤、刘　涛、马英欧、胡燕飞）

热力发电企业基于两化融合的电力工程建设管理

京能十堰热电有限公司

京能十堰热电有限公司（以下简称京能十堰热电）是专注于能源（电力/水利）行业的公司，成立于2013年09月12日，注册资本82900万元，主要从事燃煤热电站的建设、运营、管理，以及电力、蒸汽、热水及其附属产品的生产、销售和综合利用等。京能十堰热电联产项目是十堰市"十一五"重大招商引资项目，湖北省"十二五"重点能源建设项目，2007年10月28日京能集团与十堰市政府签订了《湖北省十堰市热电项目开发投资战略合作框架协议》，2014年9月京能集团和十堰市政府正式签订了投资协议，同年12月京能十堰热电联产项目获得湖北省发改委批准。京能十堰2×350MW热电联产工程一期建设两台超临界热电联产机组，由北京京能热电股份有限公司和北京能源集团有限责任公司按照60%和40%的出资比例共同组建。

一、热力发电企业基于两化融合的电力工程建设管理背景

（一）两化融合是电力工程建设管理发展的必然趋势

电力行业是国民经济发展的基础性、传统工业，它的发展直接关系国民经济发展和人民生活水平的提高。热力发电企业作为国家支柱型大型企业，同时又是技术密集、资产密集型产业，生产经营管理环节复杂，需要大量沟通协调工作，如果没有科学管理，将会产生巨大内耗，使工作效率低下，其独特的生产与经营方式决定了其信息化发展的重要性。电力发展步入新常态，两化要深度融合，热力电力企业迫切需要改变粗放型管理模式，推进制度、管理、科技创新，培育新成长优势，提升管控力度，提高企业管理水平和核心竞争力。国家发改委、工信部、能源局共同印发的《中国制造2025－能源装备实施方案》中对燃煤电厂智能控制系统提出详细的要求。在这种双重压力下，聚焦传统电厂升级改造两化融合电力工程建设的兴起既顺应时代发展，又是传统电力企业自我变革的必经之路。

（二）开展两化融合电力工程建设管理提质增效的需要

基于两化融合的电力工程建设管理建设为企业建设、生产经营指标分析提供真实、及时的依据，在经营管理中有着提纲挈领的指导作用。信息化智能手段使生产运行与经营过程实现信息采集协同管理，有力促进企业管理意识和管理机制的深刻变革，使管理流程更为流畅，管理成本更加集约，工作效率更为明快。于两化融合的电力工程建设管理建设运用的大数据分析所给出的指标参数，对于制定预算目标、成本费用管控，确保企业各项费用得到有效控制，以达到提质增效，为电力工程建设降低成本之目的。

（三）落实京能集团"示范电厂"工程建设标杆的需要

2014年工程建设初期，京能集团将京能十堰热电定为国内同等机组的示范电厂，是设计、建设、运行、管理的试点单位，要求全方位基于两化融合开展电力工程建设管理，将信息化技术应用到电厂全生命周期管理当中。基于以上情况，从2015年开始京能十堰热电因时而动、因势而行，在电厂建设过程中全面进行高、新技术的多方面实践和应用。

随着发电技术进步和信息技术发展，发电企业正在向自动、可靠、智能、高效、集约的方向发展，从2014年开始，京能十堰热电开始实施基于两化融合的电力工程建设管理。

二、热力发电企业基于两化融合的电力工程建设管理内涵和主要做法

京能十堰热电在电力工程建设管理建设过程中坚持信息化建设与工程建设"三同时"（同时设计、

同时施工、同时投入生产和使用）的建设模式，为高质量、快速度、低造价建成新型电力工程建设管理树立良好的榜样。在电力工程建设管理建设期间，京能十堰热电通过搭建工程建设安全管理平台实现施工人员、设备、车辆的统一管理；通过自主开发的企业云文档管理平台实现基建期图纸、资料的发放管理；通过对 AVEVA NET 软件的二次研发实现对现场施工质量的管理。基建期结束之后，京能十堰热电组织技术团队不断挖掘信息化系统优势，积极开展创新活动，进一步提升电力工程建设管理的覆盖面。其主要做法如下。

（一）明确基于两化融合的电力工程建设管理的理念，确定总体规划

1. 明确项目建设指导思想

京能十堰热电以建设"集团首家、行业领先、国内一流"为战略愿景，坚持把信息技术与技术工艺、生产经营管理的深度融合渗透至电力工程建设的多阶段、多方面。针对不同的具体业务，运用不同的技术手段和平台系统，开发实施有针对性的管理方法和管理手段，创集团"示范性电厂"。

2. 指定项目总体建设目标

京能十堰热电结合当前的先进信息化管理理念和管理手段，充分调研、积极论证，最终指定如下项目总体建设目标。一是以虚拟现实、BIM 技术、移动互联网为技术支撑，通过建立专业化的管控体系实现人性化管理思想、一体化管理平台。二是建立完善的 KKS 编码体系，利用 KKS 编码的媒介作用，使二维图纸、三维设计、三维建模工作融会贯通，利用三维开展碰撞检查、设计优化、材料统计。三是自主研发基建期安全管理平台，实现现场施工隐患问题排查治理、承包商人员和工器具统计分析、基础施工安全信息管理、移动平台等功能应用。在管控项目质量的同时，达到精细化管理工程进度的作用。四是利用三维模型实施工程施工现场的多专业碰撞检查、电缆路径及长度统计、现场布置优化工作，以解决传统电厂施工的"大、多、脏、乱、差"现象，使电厂建设向"多、快、好、省、美"的现代化集约电厂方向迈进。五是通过云存储技术，开发并建立企业自有云平台，在企业工程文档管理中发挥效能。

（二）构建信息系统，搭建基于两化融合电力工程建设管理的组织架构

1. 构建基于两化融合电力工程建设的信息系统

在 AVEVA PDMS 中进行定义各专业的元件基础数据库；通过设备模块、管道模块、结构模块、电缆桥架模块、电缆敷设模块、暖通模块，以项目中电厂土建、结构、设备、管道、桥架全专业的施工图纸为基础，进行 1：1 的三维精准建模。通过三维建模，除各专业对象本身实体的几何尺寸之外，还赋予模型对象操作空间，保温厚度等信息，通过碰撞检查软件，在三维空间中发现平面设计中建筑、结构、热机、化学、水工、电气、热控、暖通等全专业的碰撞，为设备，阀门等需要维护的设施预留足够的操作、检修空间。

2. 搭建组织架构

京能十堰热电为确保电厂信息化管理体系的顺利实施和成功落地，企业专门成立电力工程建设管理领导小组和工作小组。领导小组组长由总经理担任，副组长由其他领导担任，工作组组长由实施部门负责人担任，工作组成员均为电厂各专业负责人。通过组织体系建设，使项目真正做到组织到位、措施到位、人员到位，为基于两化融合电力工程建设管理的有效开展提供组织保障。

（三）与项目基础建设同步搭建工程建设安全质量管理平台

1. 按照"三步走"的规划，确定信息化建设内容

京能十堰热电提出了"规划先行、统筹建设、持续改进"的整体建设思路，计划用 1 年左右的时间，分 3 个主要阶段，初步建成集团基建期电力工程建设管理领先的项目。

规划阶段，即 2015 年为项目的设计年和土建施工年。主要任务是完成山体开挖，完成整体工程五

平一通；同步开展工程建设安全质量管理平台的数据采集系统和标识码识别系统规划设计，形成信息化系统架构设计和总体建设方案，并完成安全质量管理平台的建设。

建设阶段，即2015年为项目的施工年，一标段天津电建入厂开始地基的打造，随着施工人员、机械设备的陆续进厂，工程建设安全管理平台同步开展数据采集、监控系统有等基础工作的建设。2015年8月份200余名施工人员、几十台大型机械车辆进入施工现场，同时按照入厂顺序完成入厂人员、设备的基础数据采集、二维码标识牌的下发。完成工程建设安全质量管理平台的基础数据建设。

运营阶段，即随着电建单位人员、机械的全部进厂，数据采集过程基本完成。京能十堰热电首个基于信息化建设的工程建设管理平台正式上线。在此期间通过深入挖掘信息系统的应用潜力，不断的改进提升，为京能十堰持续的业务优化、管理创新提供支撑。

2. 占领技术制高点、明确系统功能

"安全质量平台"走进施工现场，将各类材料进场归类出入库管理，工程队管理、施工项目管理分类，设备分类管理等，以及审核监督，二级实施规范化管理融于一体。平台包含PC端和移动端应用两部分。

PC端，应用使用B/S架构实现。主要用于用户通过浏览器对系统中的信息进行管理如移动端授权、问题分类管理、责任单位管理、责任人管理、施工区域管理、超时处理理由管理、问题跟踪统计、责任单位综合评价、系统设置等。

移动端，使用手机应用，通过开发腾讯微信软件平台的企业号接口。实现现场人员通过访问微信的十堰热电企业号就可以完成现场安全及质量问题的录入和反馈，并给相关人员实时推送现场安全隐患风险信息、质量缺陷信息及各类状态变更信息，主要包含安全质量问题提交、问题接收查看、问题处理结果反馈、问题验收验证、现场人员台账管理、现场工器具台账管理及现场风险评估等。

3. 确定管理流程

京能十堰热电以基于两化融合的电力工程建设为最终目标，将新一代信息技术与基建期施工现场人员、机械管理相结合，开发安全质量平台，以技术先进、内容完整、数据标准、业务协同便捷的施工现场管理系统和功能架构，为公司开展基于两化融合的电力工程建设管理的建设指明方向、确定路线。

按照施工现场安全质量问题手机端处理流程，问题的提交，任何人员都具有提报问题的功能。通过集成微信平台，实现安全质量监管流程及时处理。微信平台目前是国内应用十分广泛的信息发布及交流平台，经过调研确定工程现场的安全及质量管理人员基本都安装微信软件，并具有经常查看微信信息与发布信息的习惯。安全和质量管理系统将以微信消息的发布模式发送各类安全与质量问题，保障问题发布后相关施工单位及监理单位能够及时接收信息。建设基于微信的"互联网＋安全质量"管理微应用，人人易用，可提高全体人员的安全意识，人人都是安全员，调动人员积极性，通过微应用的推广展开，对现场安全质量问题事项进行闭环管理。

4. 把握重要环节，严控现场安全质量

对现场施工人员，进行二维码扫描认证管理。系统包含所有现场施工人员信息，经业主和监理人员线下审核后，由责任单位批量导入系统。施工人员信息包括单位（责任单位）、施工区域、姓名、性别、工作职务、工种、联系方式、特种作业号、身份证号码、入厂日期、离厂日期、考试成绩信息。经本人授权安全专业负责人将施工人员档案上传安全管理平台，由系统匹配作业人员、岗位、证件、健康情况。利用系统对带病上岗、无证上岗、屡次犯错的施工人员可及时清除出厂。对于现场大型工程机械和工器具，同样使用二维码认证管理，对各种工器具的检定信息追根溯源，对超期服务、违法改装、无质检的机械设备和车辆及时整改或清除。

（四）依托信息技术，严格把控建设质量和工程进度

京能十堰热电以项目管理平台为主要依靠，梳理工作进度和流程，建立"项目管理＋信息化＋管理程序"三者结合的现代工程管理体系方法，实现基建项目的高效管理。

一是采用三维建模软件，以图纸资料（包含设备厂家、设计院、施工单位的图纸资料）为基础，以现场实际建筑及设备为准，完成电厂范围内的三维可编辑版的模型的建立。实现以三维信息化模型为核心的数字化电厂信息（三维信息化模型、工程图纸和文件等）的集成化和关联性管理。

二是全专业综合碰撞检查、三维电缆敷设、三维布置优化主要做法。全专业综合碰撞检查：通过三维信息化模型，发现设计中建筑、结构、热机、化学、水工、电气、热控、暖通等全专业的碰撞；为设备，阀门等需要维护的设施预留足够的操作空间；并定期反馈详细的碰撞清单，协助用户解决施工的潜在问题，降低建设成本，缩短工期，提升项目建设水平。依据实际基建进度每周发布一次多专业综合碰撞检查报告，碰撞报告须体现碰撞对象的名称及所在位置。追踪碰撞处理结果，并将处理结果体现在三维信息化模型中，确保模型与现场实际物项一致。

三是在 AVEVA PDMS 中进行定义各专业的元件基础数据库；通过设备模块、管道模块、结构模块、电缆桥架模块、电缆敷设模块、暖通模块，以项目中以电厂土建、结构、设备、管道、桥架全专业的施工图纸为基础，进行 1∶1 的三维精准建模。

四是利用三维成果进行现场施工进度管理。根据项目里程碑计划，严格控制三维建模进度，保证提前于里程碑 1 个月完成每个区域的三维模型。定期召开三维图纸会审会和审查会，提前核实现场施工进度，如发现施工滞后，则强制要求施工单位加快进度。这样可保证现场施工进度与三维建模进度的相对同步。

五是利用 BIM 技术解决现场施工问题的优势和特点优化传统二维施工图纸审核校验工作。通过提前模拟施工的全专业三维建模过程，可实现对图纸的校验和审查，特别能发现传统图纸会审中难以发现的专业间信息不一致问题。将传统单一专业、单方面的图纸审核校验，升级为二维和三维结合、全专业、设计院、施工方、设备厂家多方的图纸交叉检验。有效避免多专业、多方提供的图纸信息、文档数据不一致的情况，保障文档数据的质量。

（五）建立严格的工程建设技术标准和规范

1. 细分工作内容，加强过程管控

将整体项目的实施工作进行细分，分为项目准备、需求调研、KKS 编码、二三维建模、三维数据管理平台、基建安全质量管理平台、企业云文档平台、系统集成、培训 9 大部分。每个部分均制订详细的实施时间节点，并将其制度化，每个节点均有相应的时间安排，在工作过程中，项目管理人员可根据节点实时把控过程进度，加强过程管理。

2. 细化实施方案，确保完整落地

工作组成员对较为分散的信息化技术进行深入整合研究，形成系统性的管控体系，得到电厂建设过程中信息化应用的实施路线，分别为开发使用基建安全管理平台；全厂三维建模；三维碰撞检查、三维电缆敷设、小管道布置设计、三维设计优化；开发使用企业云文档平台。

实施路线确定后，工作组成员针对各项实施路线分别制订全面而详尽的项目实施方案。实施方案提出电厂信息化建设相关的基建期安全质量管理平台、数据管理平台相关软硬件的实施范围、业务调研、功能设计、系统测试、培训考核、运行及验收、技术支持及运维等项目实施内容，并制订项目总体计划、项目组织及职责、项目沟通与汇报机制及项目变更机制等项目管理内容。

3. 建立管理制度，完善考评机制

建立京能十堰热电公司基于两化融合的电厂建设管理制度，在制度层面对基于两化融合电力工程建

设管理的建设和运营管理提供顶层规划。做到工作标准化，管理规范化，成果普众化。并对工作节点进度和质量水平进行用户端的考评，对工作中出现的不足加以改进，促进提升。

（六）精细过程管理，严控项目成本

京能十堰立足现场安全质量移动化管控、现场人员二维码认证精细化管理、现场工器具精细化管控多重手段，有效鼓励全员参与，业务流程设计闭环管理。在基建工程现场的全部电厂人员、电建施工单位人员、监理单位人员及其他参与建设人员均可参与安全管理，有效调动施工单位对工程现场安全与质量问题的自查与整改。二维码认证使工程现场的施工人员及施工工器具得到有效管理。

依托三维的技术支持，十堰热电对施工现场设计优化、碰撞问题处理、电缆材料精细计算和采购上下足功夫。每周定期召开三维工作专题会，在三维虚拟电厂空间中，以满足运维阶段的需要为出发点，重点检测检修通道是否畅通，设备维修空间是否足够，阀门手轮等对象是否便于操作，事故工况人员撤离路径周边无重大危险源，发现问题及时以书面形式提交设计院，进行设计优化，在三维的环境中协调设计院进行优化方案的制订。对三维自动生成的优化内容和碰撞报告充分讨论，形成对策和可行的施工方案，保证施工方案落实到现场施工中。进行三维电缆敷设，使用博超电缆敷设软件完成三维电缆敷设。建立三维电缆桥架节点数据库，实现电缆的三维敷设，电缆具备路径计算功能，选择电缆能够自动计算电缆的长度，指导电缆采购及现场施工。根据放工需求导出电缆材料报表，指导采购，达到电缆材料精细计算，避免浪费，实现电缆零库存。

（七）构建适应基于两化融合电力工程建设管理的复合型人才队伍

京能十堰热电特别注重培养既懂生产技术和管理、又懂信息化的复合型人才队伍。一是派专人到集团科技公司进行实时培训，这些人迅速成为平台搭建、生产运营管理的骨干力量。二是在项目基建期，聘请外部信息化服务人员和管理咨询人员参与项目建设与管理，通过长时间、不同层次、不同领域的深度合作与交流，为公司带来最新的管理理念和技术，有效提升公司管理、技术人员的综合素质。三是公司经常性的组织技术人员和管理干部进行信息化理念、系统架构、系统操作等培训，使其快速熟悉智能工厂的运营特点，掌握各信息系统的使用技能，为两化融合人才队伍的持续稳定和素质提升奠定基础。四是开展信息化与生产经营业务的交叉融合。信息化人员深入日常生产经营的各项具体业务操作过程，为业务的改进创新出谋划策，培养一支懂生产的信息化建设和运维管理团队；同时，业务人员以业务代表和关键用户的身份，深度参与信息化系统建设，提高业务人员的信息化意识和能力，培养了一支懂信息化的业务管理队伍。在工程建设中，公司的专业技术人员同时又是信息化项目的实施人员，在实施过程中充分磨炼信息化思维。用信息化的思想开展专业技术工作，达到事半功倍的效果。

三、热力发电企业基于两化融合的电力工程建设管理效果

（一）确保基于两化融合的工程建设管理按时保质顺利完成

通过基于两化融合的工程建设管理的实践，保障京能十堰热电基于两化融合电力工程建设管理安全质量管理系统上线并应用于施工现场，已在移动端提出重要现场安全及质量问题及隐患569条，解决大量现场可能存在的事故隐患，确保现场零安全事故、零人身伤亡。通过此手段，显著调动施工单位问题自查的积极性，自主安全质量积极性得到很好的提升，人员安全质量意识明显增强。

通过基于两化融合的工程建设管理的实践，推进京能十堰热电基建期三维建模及应用工作的有序开展，完成所有设计院和厂家图纸卷册三维建模；提前检查处理施工碰撞；完成三维电缆敷设；辅助完成设计优化51项；完成锅炉区域、汽机房区域、循环水泵房、磨煤机区域、化学补给水车间等重点区域小管道设计。通过这些工作，有效地辅助基建施工的零返工，助力项目施工按照时间节点高效优质完成。

（二）降低工程建设成本，取得显著经济效益

通过基于两化融合的工程建设管理实践，京能十堰热电基于两化融合的工程建设管理取得明显的经济效益。在三维图纸会检过程中发现图纸检查检验问题876处；三维碰撞检查中发现三维碰撞760处；依据三维模型发现并提交三维设计优化建议51处。节约成本538.5万元。通过三维模型的直观化展现优势，在三维模型中漫游查看通道、检修平台、设备布局等的实际部署情况，合理布局。优化了12处，此项节省返工成本10万元。通过三维电缆敷设，可设计出最优电缆敷设路径，并精确计算电缆长度，有效减少指导电缆采购和监控施工用料，同时可计算桥架的占积率，优化桥架用料。电缆实际采购量比设计院设计用量降低12%，仅此一项，节省电缆采购成本442万元。

（三）践行两化融合的工程建设管理模式，扩大社会影响，起到示范作用

搭建网络端的三维数据管理平台，所有施工相关人员均可在网页上实时查看和共享工程三维模型及其他数据。在基建期结束后，网络端三维数据管理平台数据可无缝衔接至生产期，为生产期的数字化信息建设工作提供支撑。并随着运维期时间的推移，不断补充新的数据，构建电厂全生命周期数据化管理平台。通过基于两化融合的工程建设管理的实践，使京能十堰电厂融入平面化的管理理念，在同类基建项目中可扩展性很强，可广泛应用于各种规模的工程施工和设计管理。

（成果创造人：李　闯、胥成增、卢新川、董广林、许久平、
袁新建、陈景勇、杨洪舟、刘文仓、程　凯、高晓亮）

社会责任与绿色发展

大型有色金属集团基于管理模块和负面清单的社会责任管理

中国铝业集团有限公司

中国铝业集团有限公司（以下简称中铝集团）成立于2001年，是中央管理的国有重要骨干企业，主要从事矿产资源开发、有色金属冶炼加工、相关贸易及工程技术服务等。经过持续快速发展，截至2017年年底，资产总额5313亿元，在岗员工11.53万人，连续11年入选世界500强企业，2018年排名第222位，是全球最大的有色冶金企业。集团下设铝业、铜业、稀有稀土、工程技术等主业板块，以及资产经营、贸易物流、产业金融等相关业务单元。其中，中国铝业为全球第一大氧化铝供应商、第三大电解铝供应商，中国铜业综合实力位居全国第一，中国稀有稀土是产业链最完整的行业整合主导企业，有4家境内外上市公司。

一、大型有色金属集团基于管理模块和负面清单的社会责任管理背景

（一）强化社会责任管理是国企深化改革的重要任务

建设具有全球竞争力的世界一流企业，必须坚持"创新、协调、绿色、开放、共享"的新发展理念，履行好政治责任、经济责任和社会责任。在全面深化改革中，贯彻落实好党的十八届三中全会通过的《中共中央关于全面深化改革若干重大问题的决定》，党的十八届四中全会通过的《中共中央关于全面推进依法治国若干重大问题的决定》，将履行社会责任作为深化国企改革的重要组成部分，按照国务院国资委制定的《关于中央企业履行社会责任的指导意见》，在守法经营诚实守信、资源节约和环境保护等八个方面全面履行社会责任，落实到改革的顶层设计和具体的改革举措中。

（二）遵循社会责任国际标准是提高责任竞争力的有效途径

联合国可持续发展目标明确要求，企业在获取经济收益的同时，必须承担起相应的环境责任和社会责任。已经进入全球化竞争领域的大型央企，必须按照国际标准，切实履行好社会责任，形成国际竞争软实力，不仅要提供优良的产品质量与服务，还要树立良好的社会形象，以责任竞争力赢得市场。企业任何一项决策、生产经营活动，都要充分评估、考量对社会和环境的影响，以及对各利益相关方的影响。

（三）模块化管理是推动中铝集团可持续发展的现实需要

与国内外大型企业相类似，中铝集团在推进社会责任工作起步阶段，对社会责任的内涵理解不深、管理边界不清，存在认识上的误区。有的职工认为，做好公益事业、做好环境保护就是履行了社会责任；有的管理人员认为，企业发展壮大之后才需要履行社会责任；有的领导干部认为，企业是经济实体，履行了经济责任就是履行了社会责任。上述模糊认识，导致企业社会责任管理体系建设滞后，社会责任实践范围有限，缺乏集团战略层面的组织实施。迫切要求坚持问题导向，遵循社会责任国际标准ISO26000，重新审视社会责任的理念、体系和主要举措，形成履行好经济、政治、社会责任不可缺一，经营发展中履行社会责任不可偏废，全面履行社会责任不可以偏概全的新理念和新体系，建立履责实践的管理模块，守好防范风险的生存底线，推动和保障可持续发展。

二、大型有色金属集团基于管理模块和负面清单的社会责任管理内涵和主要做法

中铝集团社会责任管理以ISO26000国际标准为指导，从2014年起，以构建"社会责任管理模块和负面清单"为核心，从五大履责领域入手，建立了理念体系、组织体系、制度体系、指标体系、考评体系为支撑的管理模块，同步推进负面清单管理，有效防范各类责任风险，创新实践"五步法"操作流

程,将国际标准融入运营管理,形成了具有中铝特色的社会责任管理体系,在责任竞争力、市场竞争力、品牌影响力方面取得了显著成效。主要做法如下。

(一)明确模块化管理的工作思路

1. 用好国际标准,加速融入转化

中铝集团充分利用社会责任工作起步早、引入国际标准领先、管理实践扎实的有利条件,研究社会责任管理融入企业运营的方法和路径。2011年4月社会责任国际标准ISO26000正式发布后,中铝集团率先使用国际标准指导社会责任工作,开展了《ISO26000在中国企业的应用》课题研究,从中国国情出发,用国际标准指导企业社会责任实践,成为国内最早使用ISO26000框架编制社会责任报告、指导社会责任管理的大型企业。

在运用国际标准推进社会责任管理实践过程中,集团管理层认为,社会责任国际标准ISO26000涵盖面广、指标具体细化、要求严格明确,但是标准的框架结构、语言表述、指标设定等方面,更多地使用西方企业和商业伦理的规范,运用到国内企业,特别是大型央企集团,需要将标准转化为具体的管理过程,使标准的倡导性转化成为企业的自觉行动,实现国际标准与企业运营管理的深度融合。2012年,国务院国资委提出了将社会责任管理要素融入企业运营管理,建立管理模块的工作要求,推动了中铝集团加快运用国际标准,建立符合中国企业实际的社会责任管理体系的进程,为运用国际标准指导社会责任管理和实践找到了契合点。

2. 坚持问题导向,明确总体目标

增强标准转化的针对性。解决部分干部员工对企业履行社会责任认识不到位的问题,明确社会责任工作"做什么"。解决社会责任工作跨部门、跨职能的问题,界定社会责任分工"谁来做"。解决企业开展社会责任管理无从下手的问题,清晰指出"怎么做、做到什么程度"。为提高解决问题的针对性,以模块化的形式,构建社会责任管理体系,使管理导向更加明确,操作简便易行。

确定标准转化的总体要求。根据企业可持续发展的战略目标,从管理体系入手,采用模块化加负面清单的方式,加快制度建设,推广责任实践,强化危机处理,完善保障措施,构建长效机制,把社会责任管理作为一项常态化工作,使履行社会责任成为制度性、规范性的企业行为,不断提高社会责任管理水平,努力实现集团与社会、与环境的和谐发展。

3. 突出工作重点,确定基本原则

一是融入管理。从战略目标、运营领域、支撑体系三个层面,分类梳理和明确总部部门、板块事业部及实体企业相应责任范围,使社会责任与日常运营有机融合。

二是简单实用。向谁履行社会责任、履行哪些社会责任、如何履行社会责任、履行到什么程度等问题作出明确规定,引导企业高标准履行社会责任。

三是防范风险。以"亮红灯""说不"的方式,提示部门和企业树立底线思维,自检自纠,防范社会责任危机与风险的发生,起到预警社会责任风险的作用。

四是持续改进。社会责任管理体系,不但要在运行过程中体现责任管理要素,还要形成评估和改进机制,实现闭环管理、持续改进。

(二)强化顶层设计和组织保障

1. 做好顶层设计,纳入规划目标

始终把社会责任管理纳入重要议事日程。在2012年制定的三年专项规划中,把"和谐发展战略"列为集团的五大发展战略之一。2015年年底,制定了社会责任"十三五"发展专项规划,明确了2018年全级次企业社会责任管理模块和负面清单覆盖率超过50%,2020年达到100%。集团每年度组织制定社会责任工作要点,细化落实规划制定的目标、任务及时间节点,指导所属企业开展社会责任实践,提升责任管理绩效。

2. 强化组织领导，实行分级管理

坚持把社会责任管理作为"一把手工程"。在集团层面设社会责任工作委员会，由党组书记、董事长担任委员会主任，党组副书记、副总经理担任委员会副主任。委员会下设办公室，作为社会责任工作的归口管理部门，负责日常管理职能。各业务板块和试点企业设立了社会责任工作领导小组，由主要领导担任组长，指定职能部门负责社会责任工作的实践与管理。目前，中铝集团已建立起1200多人的社会责任专兼职队伍。

强化履责实践的运行管理。集团每年召开1—3次委员会会议，审议社会责任战略规划和年度工作要点，建立健全社会责任制度，审议集团年度社会责任管理模块运行评估报告，修订集团年度社会责任管理模块，每3年召开一次社会责任大会，组织开展社会责任十大优秀案例评选，总结部署工作，表彰为社会责任管理和实践做出突出贡献的先进企业和个人。累计表彰先进单位18家，先进个人44人次。

3. 开展建章立制，强化制度保障

按照集团发展战略和社会责任专项规划，制定了《中铝集团社会责任管理模块和负面清单》《中铝集团社会责任融入管理"五步法"工作指南》等重要管理制度，不断修订完善《中铝集团社会责任管理办法》《中铝集团社会责任管理与实践指引》《中铝集团社会责任报告编制指南》等制度。将涉及社会责任管理内容的制度梳理分类，编制《中铝集团社会责任制度汇编》，收录103个社会责任相关制度和管理办法。

（三）建立社会责任管理模块

1. 聚集各方智慧，构建模块框架

从学习社会责任管理先进经验起步，先后赴国家电网、中国移动、中远集团、中国黄金、中国五矿等中央企业调研学习。深入研究集团现行管理流程和体系的运行规律，与集团领导班子及重点部门开展了座谈研讨，形成了从战略层面、运营层面、基础层面和操作层面，使社会责任管理体系与集团运营体系对接融入的模块框架。

在模块创建过程中，广泛征求集团内部各部门、板块和实体企业的意见建议。邀请社科院企业社会责任中心、中国兵器工业集团公司、中国电子信息产业集团有限责任公司、中国建筑工程总公司、中国华电集团公司、广州供电局、中国三星等中外企业的专家，调研评估社会责任管理模块相关内容，根据内外部利益相关方的意见建议，修改完善社会责任管理模块。

管理模块由规划目标、管理体系、利益相关方、管理关联方、理念体系、组织体系、制度体系、考评体系八个部分构成。在战略层面，明确集团社会责任工作总目标和未来3—5年的阶段性目标。在运营层面，管理体系是整个管理模块的核心部分，基本涵盖了集团各单位、各部门作为运营管理方，在生产运营发展过程中涉及社会责任工作的具体内容。在基础层面，理念体系、组织体系、制度体系和考评体系作为保障社会责任管理工作的重要支撑。在操作层面，准确识别了内外部利益相关方，明确政府、股东、员工、供应商与客户、环境、社区、行业、社团等都是参与和沟通中铝集团社会责任管理的利益相关方。构建和完善了总部管理决策、板块公司分解落实、实体企业执行反馈的管理运转流程。

2. 明确五大领域，压实责任主体

以社会责任国际标准ISO26000规定的公司治理、人权、劳工实践、环境保护、公平运营、消费者权益保护、社区支持和发展七大核心议题为框架，明确了履责领域和履责主体。

梳理整合国际标准，确定了社会责任管理模块的五大领域。鉴于人权核心议题的内容涉及的员工权益和社区居民权益保护分属不同职能部门的工作内容，按照职能分工，将人权议题的内容分解成为员工基本权益保护和社区居民基本权益保护两部分，其中员工的基本权益保护与劳工实践议题内容结合成为

"员工权益"，社区居民权益保护与社区支持和发展议题内容结合成为"社区支持"。把消费者权益保护议题合并至公平运营议题中，更加突出作为大宗原材料生产企业的履责重点。最终整合成为公司治理、员工权益、环境保护、公平运营、社区支持五大领域。

根据各部门职责和工作重点，明确了社会责任管理模块的五大领域的主责部门。根据年度绩效考核合同，以可量化指标为重点，筛选出与社会责任管理和实践关系紧密的运营管理指标，用社会责任视角转变描述方式，将指标逐条分解落实到各责任主体，明确了各责任主体的责任指标。

3. 开展运行评估，促进优化提升

2014年7月社会责任管理模块启动运行后，为实现社会责任管理与集团其他管理体系有机互动、持续改进，集团构建了社会责任管理模块自评机制，要求各单位每年初对履责指标进行确认，年中进行进度跟踪，年底对照社会责任管理模块进行自检评估、部门互评，根据评估结果发布年度评估报告，纳入集团绩效考核，在下一年管理模块更新时对责任指标进行补充完善。自评工作以来，集团层面社会责任管理模块的指标总数从2014年的198个增加到2018年的329个（不含板块）。

（四）制定社会责任负面清单

在确定管理模块的基础上，借鉴运用负面清单管理办法，深入研究社会责任国际标准ISO26000七大核心议题下的217个细化指标，按照"画红线、找重点、可操作"的原则，筛选、整合出符合集团运营实际的底线指标，转化语言风格，将通用指标内容转化为具有行业特色、便于执行考核的管理语言，研究制定了社会责任管理80项负面清单。

1. 围绕关键环节，明确管理禁区

在公司治理领域，围绕社会责任工作决策、规范管理、利益相关方识别与沟通、避免同谋4个环节，确定16条不允许出现的现象。在员工权益领域，围绕尽职调查、风险防范、处理投诉、弱势群体和歧视、工作中的基本原则和权力、就业和雇佣、工作条件、对话沟通、工作中的健康与安全、培训与人的发展10个环节，明确20条不允许出现的现象。在环境保护领域，围绕防止污染、资源可持续、减缓并适应气候变化、环境保护和生物多样性保护4个环节，确定11条不允许出现的现象。在公平运营领域，围绕反腐败、公平竞争、尊重产权、公平公正公开、保护消费者健康与安全、消费者服务与争议处理、消费者隐私保护、教育和意识8个环节，明确了20条不允许出现的现象。在社区支持领域，围绕社区参与、就业创造和技能开发、技术开发与获取、财富与收入创造、社区健康、社会投资6个环节，确定了13条不允许出现的现象。

2. 按照清单内容，落实主体责任

在操作过程中，根据具体内容，将80条负面清单逐条分解到社会责任管理模块五大领域的各责任主体，在考核体系中，实行"一票否决"。

（五）创新实施模块应用"五步法"

为加大穿透力度，扩大模块的覆盖面，解决基层企业对社会责任管理体系建设理解不深、应用社会责任管理模块指导实践的路径不清等问题，制定标准化、可复制的"五步法"操作指南，指导企业加快构建和应用社会责任管理模块。

第一步，结合业务特色，形成社会责任核心理念。梳理现有理念，总结核心价值观和关键词，嵌入体现责任内涵、富有行业特色的社会责任基础要素，融合企业文化，形成员工认可度高，公众辨识度高，凝聚感召力强的社会责任核心理念。

第二步，围绕履责实践领域，建立社会责任指标体系。对照社会责任管理模块运行层面五大领域，调整责任内容和履责主体部门，剔除不符合本单位情况的指标，增补特色指标类别，优化提炼确定本单位最需要重点加强管理和防范的指标，形成社会责任指标体系。

第三步，确定履责主体，梳理责任管理流程。将社会责任管理模块五大领域的具体指标分解到相应的责任主体，确定社会责任工作的牵头协调部门，配备专兼职人员，修订内部管理职责，把责任指标嵌入管理流程的各个环节，消除交叉重叠项，填补管理盲区。

第四步，完善制度体系，建立长效机制。重新审视本单位的管理制度，按照社会责任管理模块五大领域进行分类，对不符合社会责任要求的内容和规定进行调整完善，查补缺失制度，及时修订。

第五步，实施模块化和负面清单管理。围绕实践主题，按照责任内容、责任指标、责任主体和负面清单的框架结构，在完善主题实践的基础上，把社会责任理念体系、制度体系和指标体系覆盖到五大领域，按照模块化管理体系运行。

通过"五步法"，使社会责任模块化管理真正实现了与运营管理的"三融合、三同时"。一是融入管理职责，做到同落实。根据企业功能定位和职责权限划分，重新梳理、界定各层级专业部门的职能职责，对照职能职责明确履责范围和要求，理顺管理关系，整体融入企业运营管理体系。二是融入流程指标，做到同检查。把流程运转和指标完成情况，作为各专业部门和社会责任试点企业总结检查的内容。三是融入绩效管理，做到同考评。各单位每年初对履责内容进行确认，年中进行进度跟踪，年底对照社会责任管理模块和负面清单进行自检评估。

（六）推广管理模块做到"三个紧扣"

坚持试点先行、典型引路。按照社会责任管理模块要求，选择符合条件的业务板块和企业开展履责实践试点，覆盖了铝、铜、稀有稀土、工程技术四大核心板块和17家重点实体企业及在建项目，做到了"三个紧扣"，确保落地见效。

1. 紧扣企业的关键问题

在公司治理和公平运营领域，选取业务特点和实践主题紧密结合的所属企业进行试点。如中铝国际作为港交所上市公司，提炼形成"技术引领，筑梦家园"的责任理念，围绕董事会、股东会、监事会运作，以及内部管理、问责管理、海外风险控制等确定18项责任指标，明确8个责任部门。以持续的盈利能力、规范的公司治理、高效的运营管理，荣获香港联交所2015年"最佳公司治理上市公司"金紫荆奖。

2. 紧扣企业管理的薄弱环节

在员工权益和社区支持领域，聚焦疑难问题和责任风险点。如六冶农民工与正式员工比例为10：1，为解决农民工施工安全和薪酬不能及时发放等难题，六冶确定"把农民工当兄弟，与分包方共发展"的责任理念，将农民工工资及时发放列入各单位绩效考核指标，建立分包商准入和退出考核机制，对分包方进行公开评分，督促分包方承担社会责任，为解决劳动用工的普遍性问题提供了示范，被荣获联合国全球契约中国网络劳工权益保护最佳实践案例。

3. 紧扣企业的可持续发展

环境保护是可持续发展的重要履责领域，深入贯彻绿色发展理念，持续开展节能减排，在集团层面结合行业特点，创新开展"中铝联合降碳行动"，举办首届中铝降碳节，与供应链合作伙伴共同发起联合降碳倡议，在理念降碳、管理降碳、生产降碳、科技降碳、生活降碳五个方面，倡导绿色发展和绿色生活方式，发布年度《中铝降碳报告》，评选"中铝降碳十大优秀案例"和"中铝降碳好新闻"奖，连续三年节能减排量超过100万吨标准煤，成为铝行业节能降碳的排头兵。

在实体企业层面，选择矿业和新能源企业作为试点，推动企业的可持续发展。如中铝宁夏能源公司作为国有大型能源企业，将建设节约环保型企业作为可持续发展的生命线，按照管理模块要求，把节能减排和碳资产开发作为社会责任实践的两条主线，修订科技创新、风险控制体系、环境保护、节能减排等管理制度，实现社会责任工作与企业生产经营的有机对接，"开发碳资产，助力新能源"案例荣获联合国全球契约中国网络可持续能源供应最佳实践案例奖。

(七) 拓展模块应用强化海外履责

中铝集团积极实施"走出去"战略，响应"一带一路"倡议，先后在东南亚、南美、非洲等地开发8个矿产资源项目，国际化经营布局初见端倪。中铝集团及时将社会责任管理模块拓展到海外矿业开发中，始终做到三个"善待"，即善待资源、善待资源所在国、善待资源地民众，要求海外项目遵守当地法律，保护矿区环境，切实保护原住民权益，把社会责任管理模块要求落实到建设和运营的全过程。其中，中铝秘鲁铜矿一期工程建成投产只用了29个月，创造了秘鲁大型铜矿建成投产新纪录，实现了二期扩建工程如期开工，形成了负责任的海外开发模式。

1. 依法合规，沟通利益相关方

秘鲁铜矿严格落实公司治理的履责要求，遵循担责、透明、道德的原则，秉承共同发展的理念，与秘鲁政府、国会、社会各界及各个利益相关方建立良好的互动和沟通，广听民意，依法履责。

从项目收购前，就开始以参与性研讨会的形式，向当地居民解释勘探工作、露天开采项目的特征以及重新安置工作的进程，邀请社区居民参与决策。2005—2009年，就城市和住房规划、矿业项目可能带来的机遇、就业培训和重新安置地点等居民关注的重要主题，在社区周边的四个城市中举行了22场研讨会，共邀请了591户家庭的650位代表。

环评报告提交后，根据法定程序，先后在项目所在地的大区、省市和社区举办了3场专题说明会和一次公众听证会，详细说明项目对环境和社会的影响，现场解答利益相关方的疑问，完成了秘鲁政府相关部门对环评报告提出的书面质询，环评报告逐一送达社区居民征求意见，针对收集到的意见逐一进行了解释和改进。

2. 保护环境，树立良好的企业形象

严格遵守秘鲁政府环境管治。秘鲁铜矿项目涉及从开发到投产的460个许可证。其中最为关键、耗时最长的是环评许可。项目"环境与社会影响评价"历时13个月，最终完成的环评报告正文和附录总计超过了1万页。

先行治理污水，改善矿区环境。在项目正式动工之前，投资5100万美元，修建了金斯米尔污水处理厂，使得因早期采矿污染了近80年的亚乌利河得到根治，不仅解决了投产后的生产用水，而且改善了矿区环境，使当地百万名民众受益。

使用先进技术，保护生态环境。建立环境实验室，评估矿区水和土地的实时参数，通过无线电圈，实时监测安置在圣安东尼奥保护区的羊驼等野生动物活动情况，搭建温室大棚，恢复受影响的植被，使用燃料残余物挥发和生物恢复处理受影响的土壤。在项目建设和投产过程中，把生产活动对矿区周边生态环境的影响降到最小。

3. 尊重人权，赢得社区支持

将保护社区居民权益作为秘鲁铜矿项目社会责任管理和实践的核心，按照社会责任管理模块中积极支持和参与社区发展的要求，负责任的履责实践赢得当地政府和社区的信任。

欲获采矿许可，先获社会认可。项目建设启动后，投资2.1亿美元，在山下的莫洛科查镇修建了一个新镇，从海拔4500米、条件恶劣的矿区，把1050户矿区居民整体搬迁到了新镇，解决了矿区原住民重大民生问题，得到了矿区居民的充分理解和支持。

本土化用工，扩大民众就业。项目建成投产后，集团派出数十名管理和技术骨干负责铜矿的运营，录用2000多名当地人作为正式员工。在项目建设高峰期，秘鲁铜矿吸纳劳工就业1万人以上。项目建设投产大幅提高了当地居民的收入，项目所在的摩洛克查镇贫困人口从43%下降到9.3%，家庭平均月收入从310美元增长到710美元，为当地发展和消除贫困做出了重要贡献。

尊重民俗和信仰，建设和谐家园。修建的莫洛科查新城镇，具备现代城市功能，按照当地民众的宗教习惯，配套建设了教堂，在员工管理手册中为信教员工设立相关的条款，提供宗教礼仪活动条件。尊重民俗，在矿山开始剥离前，举行祭祀仪式。和谐的社区关系为项目建设和运营提供良好环境。

三、大型有色金属集团基于管理模块和负面清单的社会责任管理效果

（一）责任竞争力显著提高

构建和运行管理模块和负面清单，增强了中铝集团解决环境、社会和员工问题的能力，充分发挥了行业排头兵作用。

资源综合利用水平提高。"反浮选脱磷脱硅"新技术，将铝硅比利用起点降到3以下，延长了矿山服务年限，该技术世界领先。赤泥用于水泥生产、环保生态建材制造等领域，工业固体废弃物综合利用率达到30.0%。2017年，集团所属44家实体企业实现工业废水"零排放"，再生水使用量达到4738万吨，重复用水率96.28%。

节能降耗成效显著。新型结构电解槽及400千安、500千安、600千安特大电流电解槽，投入产业化应用，吨铝交流电耗从1.5万千瓦时降到了目前的1.3万千瓦时，无论是电解槽技术还是吨铝电耗，都达到了世界领先水平。2017年，精炼铜综合能耗同比下降10.12%，铝加工材综合能耗同比下降20.46%。

员工收入稳步提升。在集团效益和劳动生产率大幅提升的基础上，三年来在岗员工收入分别增长10.6%、8.6%、15.6%，与员工共享了改革发展成果。在调整产业结构、优化员工配置的同时，坚持"产能退，对员工的责任不退"，以人为本，开辟分流渠道，推进跨企业用工配置，3年分流安置4万余人，确保了员工队伍的稳定。

社区关系不断优化。在扶贫帮困、公益慈善、海外经营中，努力做到发展依靠当地，发展回报当地，与所在地政府和社区构建利益共同体。2015－2017年，累计投入援青援藏和扶贫资金5890万元，连续两年被中国企业公益事业发展组委会授予扶贫公益勋章。

（二）市场竞争力大幅提升

社会责任管理模块和负面清单的成功应用，推动了企业全面深化改革，通过减问题、补短板、强弱项，激发了动力和活力，有效防范了运营风险，提高了运营效率，促进了生产经营的持续改善。

经济效益显著改善。2015年以来，氧化铝、电解铝、电解铜完全成本分别下降29.83%、14.33%、23.62%。物流成本同比降低20.88%，生产成本跑赢了市场。氧化铝、电解铝、电解铜劳动生产率分别提高了136%、76%、54%。中铝集团2015年大幅减亏，2016年扭亏为盈，2017年盈利20.5亿元，2018年上半年盈利26亿元，实现了经济效益的"三连增"，世界500强排名由第248位上升到第222位。累计缴纳税金260亿元。

产品质量再上台阶。2017年，选矿回收率、铝加工材成品率、工程施工单位一次验收合格率等9类14项指标实现达标率100%。军品销量同比提高14.6%，成品率提高2.3个百分点。铝、铜加工质量损失率分别同比降低29.75%和26.60%，质量损失同比减少2558万元。成为空客公司所需合金铝材中国唯一供应商，获得通用汽车公司认证。

国际化经营成效显著。秘鲁铜矿2017年以来累计盈利16亿元。几内亚博法铝土矿等海外项目建设加快。中国铝工业装备技术的输出，在"一带一路"建设中发挥了重要作用，与印度、哈萨克斯坦、越南、委内瑞拉等国的项目合作成果丰硕。中铝集团海外营业收入由2014年的149.75亿元上升到2017年的205亿元。

（三）品牌影响力不断增强

通过模块化和负面清单管理，履责意识不断增强，行业引领作用日益强化，责任品牌传播更加

广泛。

履责意识深入人心。干部员工对社会责任的理解，从原来的捐款捐物上升到五大领域的全面理解和贯彻落实，对社会责任工作的认识，从喊口号搞宣传，到目标明确、执行有力、管理规范。社会责任对企业文化的渗透力增强，企业核心价值观、经营理念、管理理念、品牌宣传语、员工行为规范等文化体系均融入了社会责任元素。云铜集团、中铝广西分公司连续两年主动发布社会责任报告，得到了地方政府和合作伙伴的肯定。越来越多的所属企业主动申请成为社会责任实践试点。

行业带动效应增强。倡导轻量化、绿色发展，在全行业带头研发和拓展铝、铜等有色金属应用，加快从原料到材料、从材料到部件、从部件到产品的转变，有力扩大了有色金属产品的消费领域，提升了优质产品供给。2017年以来开展的联合降碳行动，在供应链合作伙伴中引起强烈反响，获得了国务院国资委综合局、国家生态环境部气候司领导的肯定。

责任品牌传播广泛。坚持品质筑基、诚信为本、文化塑魂，打造中铝责任品牌。管理模块和负面清单的创新举措，在中央企业第二次社会责任工作会议上得到了国务院国资委领导的称赞，得到了世界自然基金会、红十字国际委员会、德国国际合作机构等国际组织的支持和认同。第六届中国管理科学大会管理成果评委会认为，中铝集团把ISO26000国际标准中国化，做到了化繁为简，填补了国际标准在应用领域的一项空白。中国社会科学院企业社会责任研究中心把《中铝"负面清单"提前防范社会环境风险》作为社会责任融入日常管理的典型案例，编入中国社科院《企业社会责任蓝皮书（2014）》。2017年，中铝集团"点石成金，造福人类"的社会责任理念品牌位列十佳第三，企业社会责任指数位居全国金属行业第一。

（成果创造人：葛红林、余德辉、敖　宏、张程忠、杨燕青、赵秀富、
张晓军、冯修青、董祈祥、代金林、陈一新、韩　露）

基于技术创新的绿色煤炭港口建设与管理

神华黄骅港务有限责任公司 中交第一航务工程局有限公司

神华黄骅港务有限责任公司（以下简称神华黄骅港公司）成立于1998年，是由国家能源投资集团和河北省建设投资公司共同出资组建的专业化港口企业，主要负责国家能源集团煤炭的下水外运工作，是国家能源集团一体化产业链上的重要一环，是陕西、内蒙古煤炭外运陆运距离最短的港口，也是国家西煤东运、北煤南运主通道。黄骅港是当前煤炭装卸港口典型代表，在技术工艺、信息化、自动化、生产效率、安全环保等方面均走在同行业最前列，为保障国家能源供应，服务地方经济发展做出了积极贡献。目前，神华黄骅港公司总资产160亿元，长期在岗员工867人，拥有煤炭泊位17个，设计年煤炭吞吐能力1.78亿吨，最大煤炭堆存能力约460万吨、最大筒仓堆存能力144万吨。2017年，完成营业收入45.18亿元，利润总额20.45亿元。

中交第一航务工程局有限公司（以下简称中交一航局）创建于1945年，是世界500强企业中国交通建设股份有限公司的全资子公司，是新中国第一支筑港队伍，也是我国规模最大的航务工程施工企业。多年来，凭借一流的技术、装备和人才优势，中交一航局参与了包括黄骅港在内全国所有大型港口建设。目前，中交一航局总资产625亿元，拥有长期在岗员工近12000人，各类工程船舶218艘，施工机械6382台（套），已发展成为以港口工程施工为主，多元经营、跨行业、跨地区的国有特大型骨干施工企业。2017年，完成新签合同额630亿元，营业收入364亿元。

1997年，神华黄骅港煤炭码头一期工程破土开工，中交一航局即作为施工方参与了一期工程的全面建设，后续神华黄骅港煤炭码头陆续进行二期、三期和四期建设工程，全部由中交一航局进行设计施工总承包。经过十几年的合作，双方关系由简单的业主方和承包方，发展为共同推动港口行业发展进步的合作伙伴，双方在自动化、环境保护、港口运行维护等诸多领域合作开展众多技术创新，共同推动绿色港口的建设和管理。

一、基于技术创新的绿色煤炭港口建设与管理背景

我国是世界上最大的煤炭生产国和消费国，从我国的资源构成和产业政策来看，在今后几十年内，国内能源消耗仍将以煤炭为主。但是在普通公众心目中，煤炭港口是脏乱差的典型代表，被所在地当作重大环境污染源。当前，随着生活水平的不断提高，人民对享受美好环境的需求越来越高，煤炭港口行业必须做出变革才能顺应时代的发展。

（一）解决煤炭港口环境污染的必然选择

长期以来，煤炭港口造成环境污染是不争的事实，粉尘污染和含煤污水治理一直是煤炭港口环境治理的重点和难点，黄骅港作为西煤东运、北煤南运的枢纽大港，也一直深受困扰。在煤炭中转贮运的过程中，大量的粉尘被释放，使港区成为粉尘污染的重点区域，附近居民苦不堪言。据调查，中国沿海城市的大气颗粒污染物，最直接的来源之一就是港口粉尘在大气环境中的扩散和迁移，其中煤炭粉尘尤为严重。含煤污水治理一直是煤炭储存和装载过程的难题，传统的污水处理设备仅能满足日常喷淋所产生的含煤污水的净化需求，一旦到了雨季，尤其遇到暴雨等极端恶劣天气，污水处理设备很难在短时间内完成高强度作业，极易导致含煤污水直排入海，污染环境。

近年来，随着中国经济的持续快速发展，城市进程和工业化进程不断加快，环境污染日益严重，国家对环保的重视程度也越来越高。2015年，国务院印发《关于加快推进生态文明建设的意见》，对生态文明建设做出了全面部署,在加强海洋资源科学开发和生态环境保护方面,要严格控制陆源污染物排海总量,加强船舶港口污染控制,增强港口码头污染防治能力;在推动全面推进污染防治方面,要继续落实大气污染防治行动计划、实施水污染防治行动计划;在推进技术创新方面,要加强重大科学技术问题研究,开展能源节约、污染治理等关键技术攻关。

2015年年末,神华黄骅港公司港区堆场无组织粉尘最高排放量为0.971毫克/立方米,废水COD排放量27.6毫克/升,氨氮排放0.276毫克/升,综合能耗3.14吨标准煤/万吨,不采取有效措施治理环境污染,将与国家生态文明建设的政策要求相悖而行。解决困扰煤炭港口发展难题,没有可以仿照的先例,没有可以照搬的成套技术,且量大面广情况复杂,要靠技术创新带动关键技术变革,进而依靠综合性治理才能实现。

(二)实现可持续发展和提升竞争力的重要途径

黄骅港从最初寸草不生的盐碱泽国,经过十几年的奋斗,发展成为以煤炭装卸为主的国家最重要的亿吨级煤炭枢纽港之一,但面临的市场环境非常严峻,竞争非常激烈。

首先,煤炭行业整体产能过剩,根据煤炭工业协会数据,2015年我国煤炭产能规模达57亿吨,而产量为37亿吨,产能过剩20亿吨,产能利用率仅为65%,煤炭行业深度调整势在必行,由此引发的震荡将深度影响下游产业链——煤炭运输行业。

其次,煤炭运输行业竞争激烈,我国煤炭运输主要包括铁路运输和港口运输,2015年,全国铁路煤炭发送量全年累计20亿吨,港口煤炭发运量累计6.4亿吨,仅为铁路发运量的32%,港口面临着与铁路的激烈竞争。

再次,港口行业内部存在激烈的竞争,我国北方有七大运煤港口,分别是黄骅港、秦皇岛港、天津港、日照港、京唐港、青岛港及连云港,港口经营面临的压力逐步升级。

最后,煤炭自身的"污染源"特性限制着煤炭港口的发展,粉尘治理、含煤污水治理、堆场无人化一直是阻碍国内外煤炭港口生产效率、破坏港区生态环境的三大难题。

在上述政策要求、环保要求和市场要求的背景下,必须敢于突破、勇于创新。2016年,神华黄骅港公司和中交一航局决定以技术创新为引领,摸索煤炭港口建设与管理的新模式,致力于将神华黄骅港打造成为绿色煤炭港口。

二、基于技术创新的绿色煤炭港口建设与管理内涵和主要做法

神华黄骅港明确建设绿色港口的目标,建立环保管理体系,坚持技术创新驱动,完善技术创新管理组织,规范相关管理制度,与中交一航局深度合作,依靠技术研发队伍,以现场需求为导向广泛开展技术创新。通过技术创新,开发煤炭本质长效抑尘系统,以此技术为核心,构建五道粉尘治理防线,攻克粉尘治理难题;改造水道管网,加强污水收集和处理,建设湿地和人工湖,治理含煤污水;开发全天候无人智能堆料系统,实现堆料取料无人化操作,进而实现从翻车机房到码头整条业务线的无人作业,改善港区劳动条件和环境;加强与地方政府、周边居民等方的合作,分类处置港区固体废弃物,积极开展岸电项目建设等节能减排活动,共建绿色和谐港区。主要做法如下。

(一)明确绿色港口建设目标,加强领导建立管理体系

1. 明确绿色港口建设目标

面对严峻外部环境,神华黄骅港公司坚持高目标导向,以建成绿色港口为总目标,构建完善的环保防线和系统,解决粉尘污染和含煤污水污染问题,降低或消除废水废气等污染物排放量;提高能源使用效率,实现到港船舶零污染、零排放;积极开展多方合作配合,改善港区劳动条件和周边社区环境,将黄骅港建设成绿色花园式生态港口,达到《绿色港口等级评价标准》的要求。

2. 建立环保管理体系

为了贯彻绿色环保理念，建立完备的环保管理运行体系。一是加强领导，成立环保工作领导小组，由神华黄骅港公司董事长任组长，统一领导、部署环保工作，制定绿色发展规划和年度工作计划。二是成立环境保护中心，全面负责港区环境保护和管理工作。三是组建环境监测实验室，负责港区水质、大气、粉尘监测统计工作。四是完善环保管理制度，出台以《环境保护管理办法》为核心的一系列管理制度。五是倡导绿色环保文化，在全港贯彻绿色环保理念，包括"不环保不生产""产能做加法，污染做减法""安全是底线、环保是生命线"等，形成绿色环保发展的文化氛围。六是加强环保教育培训，将培训范围普及到全港区内作业人员，包括神华黄骅港公司管理人员、中交一航局在港人员、一线作业人员等，提高全员的环保意识。

（二）坚持技术创新驱动，推动绿色港口建设

1. 建立技术创新管理组织

神华黄骅港公司坚持技术创新驱动，加强对技术创新工作的组织领导，建立包括决策层、管理层、研发层、外部研发力量的技术创新管理组织，为绿色港口建设提供有力的支撑和保证。

整个组织的决策层是神华黄骅港公司领导，根据港口发展需要指引科研方向。管理层为技术管理部门，将技术创新决策进行分解、细化、传达。设立技术创新管理部门，技术创新管理工作由原来的1名专职人员管理，转变为部门管理，技术创新管理更为规范和顺畅。研发层是整个组织的执行贯彻部门，由各基层单位、技术创新工作室和各课题研究小组组成，其中既包含神华黄骅港公司的机构，也包含中交一航局的研发机构，如"闫育俊大师工作室""乔朝起创新工作室"和"纪文海创新工作室"等，针对港区实际需求，进行各个领域的技术创新，提供技术支撑。外部研发力量是技术创新力量的有效补充，充分利用社会资源，大力探索产学研相结合的模式，与多家高校及科研院所合作，如挂牌成立技术中心、燕山大学校企共建研究生实践基地，推进项目研发，提升企业创新能力，加速成果转化。

同时，各个层级拥有柔性边界，相互交叉重合。例如，某一位公司领导或者部门员工，均可参与某个课题研究小组，各相关部门设立兼职技术创新管理员，负责参与技术创新培训、本部门专利技术管理、科研项目管理和技术信息收集等技术创新工作，提高技术创新体系的运转效率。

2. 规范技术创新管理制度

为促进技术创新管理规范化和标准化，提高技术创新水平和效率，对技术创新制度进行修订完善，将《科技创新项目管理办法》《专利技术管理办法》及《新技术引进应用推广管理办法》合并，编制形成《科技创新管理办法》，规范技术创新各项业务工作内容和流程，为技术创新管理工作提供支持和依据。在总结多年管理经验的基础上，成立项目组，发动全体技术人员，完成100余项设备维修标准工艺的编制，规范设备维修流程，完善维修工艺和维修方案，进而修订完善《技术标准管理办法》，对企业技术标准的编制、审核、发布、修订等流程进行重新梳理，增强可操作性。

3. 建设强大的技术研发队伍

不断加强创新人才队伍建设，严格规范人才评价机制，畅通人才晋升渠道，充分调动广大职工立足岗位作贡献的积极性和创造性，通过成立技术创新工作室和各个课题研究小组，为广大职工提供施展才华的平台，努力构建人尽其才、才尽其用、人才相宜的良好用人新格局。

积极开展培训教育，分批次与燕山大学、武汉理工大学合作举办硕士研修班，不断提高员工的理论知识水平；实行内训和岗位交流机制，以技术、技能岗位为试点，从优秀技能员工中选拔初、中级内训师，通过以岗位素质教育为主的课程培训，夯实技术、技能岗位员工专业基础和操作技能；在技术培训过程中，将绿色的理念全面融入其中，激发员工围绕绿色环保开展创新的主动性，培育绿色创新型人才。

近年来，全港涌现一大批在行业内具有一定影响力的业务骨干，先后有1人荣获全国"五一劳动奖章"，1人荣获河北省"金牌工人"，4人荣获河北省"能工巧匠"，1人荣获河北省"交通运输行业优秀科技人员"等；创新工作室被全国总工会授予"全国工人先锋号"。

4. 以现场需求为导向开展创新活动

以生产现场需求为导向，明确创新活动方向，神华黄骅港公司和中交一航局合作开展一系列的科研创新工作，在环保节能、清洁生产、信息化和无人化等方面寻求技术突破，逐步形成煤炭港口绿色环保、智能化建设的成套技术。技术创新重点包括三个方面。

一是环保节能、清洁生产领域，以煤炭运输含水率智能控制、洒漏煤防治、露天堆场抑尘、煤污水综合利用循环系统等节能环保技术为重点研究，通过单流体双流体抑尘技术的升级、曲线落煤管技术的开发、皮带机水力风力清扫及回收装置的开发，形成全流程、全覆盖的港口环保节能、清洁生产成套核心技术。

二是智能化领域，开展无人自动化作业翻车机、港口散货堆场单机堆取料无人化的研究，并以此为基础，进一步研发装船机、卸船机无人自动化作业技术，开发港口数字化运维平台，形成煤炭港口全寿命周期智能运营管理系统。

三是开展BIM技术应用研究。利用BIM技术，开发实时动态垛堆模型，辅助生产作业；建立全局BIM环境，以模型为载体，进行数据有效传承，实现生产管理信息化、智慧化。

随着技术创新和技术改造活动不断增多，神华黄骅港公司和中交一航局的科技研发费用不断增多，神华黄骅港2016年和2017年分别达到1.10亿元和1.54亿元，中交一航局2016年和2017年分别达到5.90亿元和7.08亿元。

（三）以抑尘技术为核心，构建五道粉尘治理防线

粉尘治理是多年来一直困扰煤炭港口的难题，粉尘治理如果能够取得突破性进展，环境将得到极大改善，神华黄骅港一直将粉尘治理作为科技攻关重点方向及环境保护工作重中之重。

早在2010年，神华黄骅港公司在隔离污染源方面就做出了尝试，在三期工程中，建设24座直径40米、高43米的大型筒仓，2013年的四期工程，建设24座大型筒仓，筒仓总数上升到48个，最多可储煤144万吨，成为亚洲最大的储煤筒仓群基地，目前筒仓存煤量约占港区全部存煤量的25%。将煤尘封闭在筒仓中，实现对煤尘的有效约束，相对传统露天堆场，筒仓占地面积小、自动化程度高，具有防雨冲防风吹流失、保证煤炭湿度稳定性的特点，解决部分煤炭露天存放过程中的扬尘问题，有效提升神华黄骅港的清洁生产水平。

但筒仓仅能解决部分煤炭在存放过程中的扬尘问题，且对装载转运过程中产生的粉尘无能为力。针对这一难题，神华黄骅港公司对国内外大型煤炭港口进行调研，开展多项研究和试验，力求从根本上解决煤炭粉尘污染问题。

1. 开发煤炭本质长效抑尘系统

澳大利亚的纽卡斯尔港口毗邻居民区，环境要求很高，该港口采取煤炭露天堆存的方法，并没有建立防风抑尘网、封闭料场等措施，作业过程也能够保证粉尘的控制，其核心措施是保证煤炭的外含水率。在与纽卡斯尔港口对标、深入研究煤炭起尘机理的过程中，神华黄骅港公司转变工作思路，将"除尘"转移到"抑尘"上来，解决煤炭起尘问题，粉尘治理难题将迎刃而解。

通过专项研究和试验，不断摸索改进，开发煤炭本质长效抑尘系统。翻车机房是煤炭进港后的初始作业地点，翻车机房中的翻车机漏斗给料点，是最初始的环节，也是最优的添加外水地点。将一套喷淋装置加装在翻车机底部、漏斗对皮带机给料的部位，对煤炭进行均匀外水添加（4‰～7‰），在振动给料机的过程中让水与煤均匀混合，能够保证水分均匀覆盖煤炭表层，使细小煤粉牢固吸附在煤块上，彻

底使煤尘固化，在运动过程中和堆存期间不会形成煤尘，实现皮带机、转接机房、堆料机等环节煤尘近零排放。同时该位置处于地下20米深度，冬季也能够保证较高温度，可以实现持续作业。

神华黄骅港公司对全港13台翻车机实施技术改造，配合干雾除尘等设备，保证进入港口后的煤炭全部实现清洁生产。本质长效抑尘系统是神华黄骅港公司煤尘治理的核心技术，获得3项国家专利，并荣获2017年第45届日内瓦国际发明博览会金奖。

2. 构建五道粉尘治理防线

以本质长效抑尘系统为核心和首要措施，针对煤港粉尘污染问题构建五道防线。

第一道防线是翻车机房的长效抑尘，依靠翻车机底层洒水实现对粉尘的抑制。根据在线监测的结果科学调节外含水的添加比例，保证各个不同煤种作业过程都能够得到有效控制。由于神华黄骅港的煤炭周转率很高，平均堆存周期只有3.5天，这一措施也能够同时保证煤炭从卸车到装船各个环节以及堆存期间的粉尘控制。该措施对细小煤粉，特别是针对环境影响较大的PM10以下粉尘控制效果显著。

第二道防线是堆场洒水系统。该系统可根据煤质特点、天气变化、堆存时间等调节洒水量和洒水频次，满足煤炭垛位表层抑尘需求，解决日常蒸发造成的煤炭表面湿度降低的问题。

第三道防线是机械化清扫系统。一是堆场道路清扫，对堆场进行改造，采用吸尘车与水泥硬化道路配套的粉尘收集方式，定时定点地对道路扬尘进行机械化清扫。二是皮带机皮带清扫，通过在皮带机上加装清扫器，对皮带表面含煤污水及皮带上的煤泥、粉尘等进行彻底的清扫，杜绝二次污染的产生。

第四道防线是健全的防风网、防尘罩设施。一是建立防风网。先后建设长达10.18公里的防风网系统，整体面积相当于32.8个标准比赛足球场。防风网采用钢人字架设计，高23米，底部设坎墙，上部设防风网网板，覆盖所有露天储煤堆场，实现对堆场外部风场的有效隔离和阻挡。二是加装防尘罩。对固定式皮带机全部设置皮带罩，保证煤炭运输过程中的全密封。

第五道防线是构建防尘绿化带。在防风网外侧建设总面积达91万平方米的环境绿化工程，形成防尘绿化带，有效降低堆场进场风速、实现对港区粉尘有效吸附，减少粉尘的产生和扩散。

（四）建设湿地和人工湖，治理含煤污水

1. 改造水道管网，加强污水收集和处理

为改变污水随雨水直排的状况，港区按照雨污分流理念设计，对水道管网进行改造，设置单独的污水管线和雨水管线。含煤污水主要来自机房、码头、廊道冲洗水，以及煤堆场降雨径流产生的雨污水。这两部分含煤污水由堆场四周的带盖板排水沟收集，汇集至含煤污水处理站。港区修建三座含煤污水处理站，含煤污水处理能力13500吨/天，四座生活污水处理站，污水处理能力450吨/天，分别满足对含煤污水和生活污水的处理。

2. 建设湿地和人工湖，实现资源回收利用

为更进一步治理含煤污水，并合理处置煤渣和粉尘，神华黄骅港公司以水循环为中心，建设港区生态水域系统。生态水域系统包含景观湖、人工湖、南北湿地等4个项目，面积40多万平方米。两处生态湿地，总面积约26.8万平方米，包含绿地面积11.8万平方米，水域面积15万平方米；两个人工湖，面积20余万平方米，蓄水能力超25万立方米。

生态水域系统开展污水的循环使用。含煤污水通过管路运送到污水处理站进行有效收集和处理，然后运送到生态湿地的沉淀池进行分级沉淀。经过沉淀后的水，满足国家规范标准，输送到人工湖，用于绿化及洒水降尘，为港区道路降尘、洒水除尘等提供充足水源，实现水资源循环利用。此外，人工湖能实现压舱淡水回收和雨水收集，每年回收压舱水约100万立方米，可节约成本近500万元。

生态水域系统开展煤渣和粉尘的回收利用。经过生态湿地沉淀池分级沉淀后，回收水中的煤渣和粉尘形成沉淀层，沉淀池经过粉尘处理车间处理，通过渣浆泵压制成煤块实现再次销售，每吨收益30元

左右。

（五）开发堆场智能堆料系统，改善港区劳动条件和环境

神华黄骅港公司和中交一航局进行大量的实际调研和考察后发现，当前的自动取料技术在三维建模、堆料机智能移动模型、与管控系统的结合、数据交互等方面都有一些弊端，信息化、自动化、智能化程度都有提高的空间。为解决这些弊端，在研发过程中设置建立动态模型、动作控制算法、各系统对接三个专题，通过大量的探索和实验，成功开发全天候无人智能堆料系统。该系统包含通过激光扫描与雷达测距建立的三维建模系统、PLC 智能控制系统及远程人机界面监控系统。PLC 智能控制系统中自动作业程序控制堆料机的启停、行走、俯仰、回转等动作，实现堆料机的自动堆料作业。

全天候无人智能堆料系统的应用，在神华黄骅港 80 万平方米的煤炭堆场，实现堆料作业和取料作业的无人化操作，煤炭堆取作业实现高度智能化。从翻车机房到码头的整条业务线，基本实现无人作业，在集控室就可操控翻车、堆料、取料等流程。项目的成功实施，使得现场用工量相比过去减少 50％；通过计算机堆料，形成标准垛型，港区的堆存能力提升 10％；装船效率提升 10％；配煤作业的精度大大提高，客户满意度从最初的 79％提升到 92.5％。这种作业模式的变革，大幅降低劳动强度，大幅改善港区劳动条件和环境。

（六）多方合作配合，建设和谐花园港口

神华黄骅港地处沧州市渤海新区，为打造生态良港，主动联系当地政府有关部门和周边居民，联合有关施工单位、运输单位，多方通力合作、共同努力建设和谐花园港口。

1. 分类处置港区固体废弃物

对固体废弃物的处置进行积极探索。在此方面，国家暂无统一标准，神华黄骅港公司不等不靠，积极与政府相关部门对接，履行央企的社会责任，对固体废弃物分类管理，分类处置，做到变废为宝。

将固体废弃物分为四类：可回收固体废弃物、无害固体废弃物、危险废弃物和生活废弃物。金属类、橡胶类、木质类等有价值、可回收物交由物资废旧仓库储存，定期处置；石质类等无害固体废物由粉碎站粉碎填埋至填埋场；危险废物由各产生单位运输至危险废物暂存间储存，交由河北省固废处理中心处置；其他生活废物存放至生活垃圾箱，进行统一收集，交由市政部门处理。

2. 积极开展节能减排工作

一是推广岸电项目建设。为减少船舶二氧化硫、氮氧化物等废气物排放和噪声污染，促进节能减排，自 2016 年起，黄骅港积极推进码头岸电工程建设。靠港作业的船舶可分为两类，一类是装载煤炭的 1 万吨级以上的船舶，主要用高压岸电；另一类是小型工作船舶，主要用低压岸电。针对两类船舶分别建设高压岸电系统和低压岸电系统，已建设完成高压岸电系统 7 套，覆盖 11 个煤炭泊位，覆盖率达到 64.7％，总投资达 3400 余万元，已建设完成低压岸电箱 11 套，其中拖轮用 7 套、海警用 2 套、海事局用 2 套。

二是推广变频驱动技术。工程皮带机系统采用变频驱动技术，该技术能够根据作业工艺要求，实现带速分级控制和满足频繁重载启动。超大规模变频皮带机运用于生产系统，在国内同行业为首创。该技术能有效提高用电效率，较传统的设备使用每吨节约近 8％的电力成本。

3. 开展绿化建设绿色和谐港区

为响应政府号召，改善周边居民生活环境，进行港区原土改良试验项目、筒仓垂直绿化实验项目及人工湖芦苇种植等多课题研究，累计投入绿化建设资金 1.76 亿元，共建设绿地 120.87 万平方米，累计引进槐树、石榴、沙枣等 30 多种适合港口的植被品种。积极融入地方文化建设，开展生活小区亮化、楼顶平改坡等工程，与新区融为一体共建和谐家园，绿色港口悄然绽放于渤海之滨，在渤海湾畔筑起一条绿色海岸线。

三、基于技术创新的绿色煤炭港口建设与管理效果

（一）攻克了困扰港口的三大难题，达到了绿色港口等级评价标准的要求

神华黄骅港公司通过开展技术创新和技术攻关，成功攻克了长期困扰煤炭港口的三大难题——粉尘治理、含煤污水治理、堆场无人化管理，改善了港区环境。综观整个港区，生活区和办公区实现生态绿化全覆盖，港口设施占地绿地率达到31.51%，整个港区湖光山色、绿树成荫，到处是茵茵绿草与淡淡花香，形成"港在海中、人在绿中"的环境特色。

根据现场勘测数据，神华黄骅港区2018年初堆场无组织粉尘最高排放量为0.5毫克/立方米，较2015年末的0.971毫克/立方米降低了48.51%，远低于《绿色港口等级评价标准》0.85毫克/立方米的要求，更低于《大气污染物综合排放标准》（GB 16297）1.0毫克/立方米的要求。废水COD和氨氮排放均达到零排放，较2015年末的废水COD排放量27.6毫克/升、氨氮排放0.276毫克/升有彻底改观。港区达到了工业旅游环保要求，沧州市政府已经将神华黄骅港列为3A级工业景区建设项目。

（二）带来了可观的经济效益和社会效益

成果实施带来的经济效益包含多个方面，第一是抑尘减少的煤炭损失，经测算，抑尘每年可减少1000吨左右的煤炭损失，按煤炭均价约650元/吨计算，每年减少损失约65万元；第二是压舱水回收节约的成本，每年实现年压舱水回收100万立方米，可节约成本近500万元；第三是出售粉尘煤饼带来的收入，每年可回收利用煤尘约18000吨，每吨收益30元左右，每年增加销售收入约54万元；第四是技术创新实现煤炭堆取作业高度智能化，节省了大量的人工成本，经测算每年节省人工成本80万元，目前，神华黄骅港公司的人均生产效率达23.1万吨/人·年，人均创利达230万元/人·年，均居全国首位；第五是节能减排降低能耗，目前神华黄骅港综合能耗2.30吨标准煤/万吨，较2015年年末3.14吨标准煤/万吨降低26.65%，远低于《绿色港口等级评价标准》3.50吨标准煤/万吨的要求。

社会效益方面，神华黄骅港公司和中交一航局作为大型央企的子公司，在实现企业发展的同时，履行了企业社会责任，通过一系列实践和努力，使原来污染严重的能源港口焕然一新，形成了"港在海中，人在绿中，煤港不见煤"的特色环境，港区及周边的生产、生活条件得到了极大改善，改变了在周边公民心中"黑灰色"的印象，有效带动了行业企业和地区环保工作的开展，受到了利益相关方的一致好评，客户满意度也从最初的79%提升到了92.5%。

（三）绿色港口建设与管理的做法得到了有关部门的肯定

2018年6月，交通运输部领导到黄骅港调研，肯定了神华黄骅港在粉尘处理上取得的成效和推广价值。7月，港口环境保护及污染防治技术研讨会在神华黄骅港召开，国家生态环境部、交通运输部水运局、交通部天津水运工程科学研究院等单位参会，研讨了神华黄骅港公司在散货港口企业环境保护及污染防治和生态港口建设方面工作，肯定了其推广应用的价值及意义。

（成果创造人：刘　林、王洪涛、黄健仓、周合亭、宋桂江、赵利军、
　　　　　　　王明乐、刘　鑫、刘　强、怀　全、王春新、汪大春）

城市公交企业实现全面电动化的规模化运营管理

深圳巴士集团股份有限公司

深圳巴士集团股份有限公司（以下简称深圳巴士集团）创建于 1975 年，是全国唯一的深港合资混合所有制公交企业，唯一的全牌照地面公交产业集团，全球首家规模化纯电动公交运营企业，最大的新能源公交运营企业，国际公共交通联盟（UITP）巴士分会唯一的中国委员单位。深圳巴士集团是以交通运输为主业，集城市公交、定制巴士、巡游出租、网约出租、城际客运、旅游包车、微循环巴士、校园巴士、汽车租赁、深港跨境客货运输、公交广告、公交场站、物业管理为一体的专业化城市公交集团，先后获得"全国五一劳动奖状""中国服务业 500 强企业""全国城市公共交通十佳先进企业"等。截至 2017 年年底，深圳巴士集团总资产 85.83 亿元，员工 27709 人，已建电站 101 座 1667 个桩，营运车数合计 12071 台。

一、城市公交企业实现全面电动化的规模化运营管理背景

（一）顺应新能源汽车产业发展战略的需要

发展和推广新能源汽车，是国家能源安全、环保减排、汽车工业转型发展的重要战略举措，党中央国务院高度重视新能源汽车的发展。2010 年 10 月，国务院公布《关于加快培育和发展战略性新兴产业的决定》，明确将新能源汽车列入国家战略性新兴产业范围，新能源汽车被列为我国七大战略性新兴产业之一。"十二五"以来，我国新能源汽车在规模、技术、配套设施等方面实现了快速发展。"十三五"时期，国家对新能源汽车发展提出了更多要求，主要体现在产业化发展上。深圳市作为新能源汽车"十城千辆"工程示范城市之一，自 2009 年先后出台《深圳新能源产业振兴发展规划（2009－2015 年）》《深圳新能源产业振兴发展政策》等一系列政策，对新能源产业发展做出全面部署。2015 年 11 月，提出深圳市三年内实现"公交全面电动化"，打造新能源汽车全国龙头的产业发展目标。

（二）破解城市纯电动公交规模化运营难题的需要

国内外纯电动公交的研发和试用已有较长时间，规模推广始终举步维艰，主要原因有以下四点。

一是政府补贴退坡，成本压力剧增。新能源公交车购置成本高，推广初期规模小，可依靠财政补贴和政府的扶持政策暂时解决难题，但国家新能源汽车补贴迟早会逐步退坡，进而倒逼整个产业链思考可持续的商业运作模式。从长远发展考虑，只有发挥产业链各个环节的资源优势，探索出一种全新、成熟的市场运作模式才是纯电动公交规模化运营根本出路。

二是土地资源稀缺，配套建设困难。城市公交场站资源与充电桩配套建设是制约新能源公交车规模化运营的瓶颈问题。充电站建设主要依托公交首末站，需要挤占公交的停车面积，而受公交场地狭小、土地性质等各种客观因素限制，很大一部分公交首末站无法建设充电桩，无法满足车辆的基本停放和充电需求，这在寸土寸金的深圳尤为显著，据测算，实现全面电动化后，为满足车辆的基本停放和充电需求，巴士集团公交场站资源缺口将高达 50 万平方米。

三是运营效率偏低，技术壁垒仍存。纯电动公交车与传统燃油车相比，主要体现在纯电动公交的续航里程不到传统燃油车的 1/2，充电时长为传统燃油车的 18 倍，其续航里程和能源补给方式决定了运营效率偏低。同时核心三电（电池、电机、电控）技术受制于车厂，公交企业作为使用方不掌握新能源汽车的核心技术，存在着技术壁垒，车辆技术安全得不到保障。

四是大批车辆置换，资产处置缓慢。在推动纯电动公交车规模化运营进程中，如何解决常规燃油公

交车退出营运后的资产处置是一个难点，传统的招拍挂方式流程较为烦琐，时间消耗较长，并且存在没买家的可能性。同时，如果新车交付时旧车无法及时退出，在场站资源紧缺的状况下，公交企业还需要另租赁场地放置旧车，将产生额外的成本，以及安全隐患、国有资产流失等风险。

（三）公交企业转型发展的需要

推广公交全面电动化不仅是响应国家新能源发展战略、履行节能减排责任的客观要求，也是深圳巴士集团结构转型持续发展的革新需求。随着纯电动汽车的不断投放，会带动关联产业产生巨大的市场，包括技术维保、整车检测、电池充维服务等。以纯电动公交车辆规模化作为拓展关联产业的基础，通过发挥资源整体优势和规模效应，从单纯的产业链终端应用者升级转变为产业链的积极参与者，以此对企业经济结构进行战略性调整，实现企业多元化关联产业拓展的发展需求。

二、城市公交企业实现全面电动化的规模化运营管理内涵和主要做法

深圳巴士集团以推广新能源公交为契机，通过技术创新、合作共赢、管理创新突破公交规模化运营瓶颈。以精细化管理为抓手，通过营运调度与充电调度双结合等手段，降低充电成本，提高车辆使用效率。以智能化为依托，建设营运调度、安全监控、动力电池监管等信息平台，实现运营管理实时化。以产业合作为路径，建立良好的上下游合作关系，在车辆技术、充电站配套建设等方面取得长足进展，为公交全面电动化顺利推进提供坚实保障。通过这些举措，深圳巴士集团提前实现公交全面电动化，是全球第一家纯电动公交运营企业，实现了规模化运营，在成本管控、效率提升方面行业领先。主要做法如下。

（一）针对规模化运营瓶颈，明确精细化管理重点

纯电动公交规模化运营是一项复杂的系统工程，面临的不是单一、独立的难题，是多方面、相互影响的矛盾集合体，仅靠作为终端用户的公交企业无法彻底解决。只有打通纯电动汽车产业链各个环节，发挥行业相关方的专业优势，协同合作推动产业规模的增长和技术水平发展才是唯一的出路。深圳巴士集团总结新能源公交示范推广经验，深刻分析规模化运营必须解决的瓶颈问题。以产业政策为着眼点，以创新为手段，确定突破方向和解决办法，主要在以下几方面。

一是补贴政策退坡。通过规模化降低采购成本，通过全生命周期成本核算评估运营成本。2015年、2016年深圳巴士集团分两次对非纯电动车辆进行规模置换，大规模招标采购有效降低采购成本，企业负担部分下降约30%。比对传统燃油车辆，进行全生命周期成本测算，纯电动车辆在能源成本和维保成本方面的节约完全可以覆盖较高的购置成本，纯电动车辆全生命周期成本低于传统燃油车辆。在油价持续上涨的趋势下，这种优势更加明显。

二是充电配套服务。充电补电便利性是制约纯电动公交规模化运营的基础要素。早期推广试验阶段充维结合的建桩模式已无法满足规模化运营的需求。为降低建桩成本、提高建桩效率，转变充电服务方式，构建全新的能源供给系统是规模化运营的关键。

三是纯电动公交运营效率。落实新能源汽车发展战略，关键要提高新能源车辆运营效率，发挥新能源车辆资产效益。第一，开展车辆技术匹配性研究和优化性设计，在提高充电倍率基础上配备合适车型合适电量；第二，开展充电站布局优化和充电桩柔性设计，改变传统桩车比低使用效率不高的局面，通过优化布局和技术创新，将传统的"移车不移枪"转变为"移枪不移车"和柔性充电模式，提高充电补电效率；第三，以智能化、信息化为手段实现营运调度、充电调度双匹配，避免因充电、补电不合理导致营运效率降低，建立全新的运调理念和智能化调度平台。

四是置换资产处置。快速实现纯电动公交规模化运营，必须提前规划大批量旧车的资产处置问题，既确保国资资产不流失，又要确保处置效率不对新车置换投放进度造成影响。利用车辆制造厂商的技术专业性和销售经验，提出折旧资产反购模式，由中标单位按净值反向购置非纯电动公交，既有效发挥旧

车的再次利用效能，又确保国有资产不流失。

五是纯电动公交技术维保。纯电动公交规模化运营后，车辆维保逐渐成为十分突出的问题。面对动力电池、电机、电控等核心技术专业性较强，传统公交企业技术转型较慢的情况，联合车辆制造商发挥其专业技术力量是关键。因此，可以优化车辆核心三电的维保模式，倒逼车辆制造商提升技术性能；与厂家合作加速推动公交企业内部的技术转型，降低不可控维保成本。

（二）结合公交运营需求，与制造商共同定义主流车型

为降低新能源补贴退坡影响，集团与车辆制造商合作，深入解读国家和地方的新能源汽车补贴政策，从纯电动公交规模化运营可持续发展角度研究对策，在技术选择上找突破口，寻找经济性、节能性、实用性的平衡点，重新定义纯电动公交规模化运营的主流车型。

一是选择合理的车身长度。结合城市交通多元化发展和轨道交通成网运行的趋势，地面公交客流重心和分布发生变化。减少传统12米大巴及更大车型数量，选择10.5米的车身长度取代传统车长，既有效降低车辆的生产制造成本和全生命周期的维保材料成本，又提高车辆操作便利性，适应城市公交场站空间狭小的特性。

二是选择合理的电池配电量。基于车身长度的变化及日运行里程，适当地把配电量从324度调整为292度，有效地减少车辆自重，对比早期试点车型，有效降低能耗水平的同时，也降低车辆制造成本，大幅提升车辆续航里程。

三是选择可持续发展技术路线。遵循技术发展规律，充分考虑公交运营需求，选择直流快充技术路线，充电倍率从原有的0.3C提高至0.5C，充电时间缩短一半，满充时间从4小时缩短为2小时，充电效率大幅提升。

四是设计合理的动力电池布局。根据早期的试点经验和乘客体验反馈，对车辆体积庞大的电池布局重新设计，使其载客量基本不逊于传统的12米车型，实现成本和效益的双赢。

这款全新的10.5米推广车型，充分挖掘车辆使用效率，在续航里程、操作性、通过性、场站使用、节能降耗等方面具有更大优势，如今已成为纯电动公交产品中的明星车型，广州、北京等多个城市均采用此车型作为纯电动公交主流推广车型。

（三）优化合作建桩模式，研发网式快捷充电

为保障纯电动公交规模化运营的充电配套资源，结合当前充电市场发展程度，优化原有的单一充电服务商合作方式，以发展战略合作关系、广泛吸收社会零散资源为原则，构建全面电动化能源供给系统，包含以下三方面内容。

一是明确购买服务的合作原则。坚持专业化分工，资源集约化利用是项目实施的最优解。充电配套设施的投资、建设、运营全部由充电服务商负责，公交企业仅作为终端用户支付充电服务费和基本电费。这种合作模式，有利于车辆制造企业、充电服务运营企业、公交运营单位分工合作，各自发挥专业特长。充电运营企业利用其充电站建设技术、安全、运营等方面的专业性，有效降低充电站建设成本，保证充电站运营安全，公交企业能源补给成本可控可预测。

二是开放合作引入良性竞争。通过招标明确数家充电服务商建立战略合作关系，以委托建桩的模式，推进在用公交场站的充电配套建设。同时，广泛吸收社会资源，接纳现成的充电站资源，或由充电服务商自带土地资源建设充电桩，极大地缩短项目流程。

三是合作研发网式快捷充电模式。与充电服务商深入合作，充电桩设计服从车辆运营规律，基于车辆运营调度特点和场站布局规律，共同探索充电桩与充电枪分离技术，攻克"多接口"充电桩重大技术难题，打破传统"一桩一充"技术瓶颈，最终研发出一种新型充电模式——网式快捷充电模式，即通过对充电桩进行物理改造为一桩多充，同时统筹规划新型场站布局，颠覆传统充电桩单独分区建设场站的

结构布局,将充电区域分别与车辆停车场和营运区域紧密结合,实现夜间(谷期)集中充电、白天平期补电、峰期不用电的充电模式。

该模式有效地实现充电不挪车,谷期用电利用率从原来的40%提升至85%,大幅降低用电成本,充电桩服务能力从桩车比1:2提升至1:6,特殊时期甚至能提升至1:10,大幅降低建站用地需求。网式快捷充电模式已获得国家专利,成为国内乃至国际同行取经的样板。

(四)完善技术维保体系,增强纯电动技术保障

随着纯电动公交的技术发展,早期试验推广阶段的充维结合维保模式已无法满足规模化运营的技术保障需求。原模式中公交企业向充电服务商租用车辆动力电池并支付租金和维护费,有效地降低了动力电池的维保难度和成本,然而随着纯电动公交的规模不断扩大,充电服务商对于动力电池的维保效率受制于零部件厂家,已逐渐影响车辆正常运营。基于技术壁垒长期存在,公交企业无法掌握纯电动公交核心技术,深圳巴士集团与厂家深入合作构建全新的维保体系,突破维保困境。

一是专业分工合作,建立全新维保模式。以专业化分工为原则,建立纯电动公交核心三电零部件由车辆制造商全生命周期质保的维保模式,并以质保金方式确保车辆的技术安全,以此保证车辆运营技术稳定和安全性。充分发挥公交企业作为终端用户对产业上游的拉动作用,通过运营实践提出车辆技术优化举措,倒逼车辆制造商技术创新提高车辆质量。

二是充分利用车辆制造商专业技术,结合自身公交运营经验优势,通过双方合作互补完成全面转型。在维保模式上,以草埔大修厂为中心,各分公司选取1个车间,按照4S店标准运作的"1+5"纯电动车辆维保模式,与车辆制造商签订技术合作框架协议,协商筹建授权维修服务站,通过合作逐步提升新能源技术自主维修能力,在完成内部车辆技术保障任务基础上,力争面向全市拓展维修业务输出。

三是以使用促改进,从源头控制质量。与车辆生产厂家、动力电池生产等关键零部件厂商、充维服务商等成立项目工作组,对车辆营运、充维服务等进行跟踪、掌握、分析运行数据,及时发现新能源公交车辆在技术方面的缺陷和不足,累计向厂家提出技术整改建议超800项。

四是成立联合监造小组。安排专业技术骨干驻厂监造,在技术配置与材料选用、生产工艺实施、部件布局组装等方面进行现场监督,提出改进意见或建议并力求付诸实施,新车生产工艺进一步优化,车辆技术可靠性、使用舒适性与维护便利性大幅提升,为公交全面电动化建立良好的基础。

五是完善技术规范,维保作业有据可依。为满足全面电动化的技术保障需求,根据纯电动公交新工艺、新技术的特点,在行业内率先构建维保技术规范与标准体系,根据纯电动公交技术配置和维保作业需要,完善现行维保作业流程与制度,确保科学、专业、务实。

六是组织全面培训,有效推动人员转型。人员转型是维保模式转型成功的关键,以"请进来,走出去"的方式组织完成新车技术培训、低压电工证培训、维修实操培训、驻厂专修培训等,对于车间内部难以消化、且培训转型难度大的员工,通过转岗的形式分流到其他岗位。自推行全面电动化以来,累计培训超过26000人次,打造批机电一体化的专业人才和技术骨干精英队伍。

七是建立应急机制,提高员工应变能力。纯电动公交车型陆续投放市场营运,需应对营运过程出现的各种突发问题,如车辆技术故障停运待检(待修)、充电设施瘫痪、车辆自燃、因台风暴雨恶劣天气等导致纯电动车辆短路停运等。为此,制定专门针对纯电动车辆运营管理的《纯电动公交营运应急预案》和《纯电动公交安全事故应急处理规范》,明确各种异常情况下的应急措施,提升各级管理人员现场指挥、善后处理能力,确保发生营运应急事件时应急运力、应急援救能够迅速、及时开展,防止事故影响扩大,使其对社会的影响降到最低。

(五)多措并举转变理念,开展精益运营提高效率

为弥补纯电动公交的效率短板,转变传统公交运营理念,采用精细化运营管理,提高纯电动公交车

的运营水平,主要做法如下:

一是因地制宜,实施一线一方案。根据每条线路的不同情况,制定相应的营运生产方案,实现充电调度和营运调度双结合。以"用足谷电、用好平电、避开高峰"为基本原则,实现纯电动车辆使用效率最大化、能源成本最低化。方案制定综合考虑充电站地域分布,结合场站面积、运调管理、车辆维护、充电成本及投放线路走向、路况、客流量等因素,细化到每日的充电安排,包括工作日和假期的充电时段、充电车辆号、充电时间、充电位置等,尽量消除纯电动车辆能源补给影响运营的现象,确保客流高峰期运能效率不降低。

二是加强智能化建设,为规模化应用保驾护航。以全面电动化为契机,积极协调车辆厂家和设备供应商,通过对各类车型实地调研勘测,研究设计全覆盖的车载智能化设备,并将该方案列入新车标配,提高纯电动公交的运营效率和技术、安全性能。应用智能调度系统,提高车辆周转率。以智能调度平台为依托,实时获取纯电动车辆的运行位置、行车间隔等信息,掌握车辆运行状况,为运营调度、经营生产提供决策依据,减少低效运营的车辆班次。实施灵活运调,减少车辆调配盲目性,车辆运行间隔更加均匀,有效提高车辆周转效率。

三是实施科技强安,保障纯电动公交运营安全。安装全覆盖视频监控系统、安全报警辅助系统和云总线后台系统,实现纯电动公交车运营轨迹回放、车速监控、电子围栏查控、视频实时查控等功能,全面升级优化智能化查违章方式,最大程度减少违章与事故,保障安全生产。

四是建立配套激励机制,引导全员参与。为深入落实精益管理理念,挖掘内部降本增效潜力,建立生产运营激励机制,鼓励员工发挥积极性,进一步优化生产方案创造价值。开展"保安全、增服务,保客流、增营收"和"控成本、控费用、减人数、减电费"专项活动,树立规模效益的思想,抓好生产投入,降低资源浪费,通过进一步加强管理人员的激励和约束,促使工作提质提效。制定节电奖励方案,加强内部管控,充分调动内部员工的降低纯电动公交电费的积极性,深挖生产各环节的节电潜能,以精益管理提升效率。

(六)首创旧车回购,确保国有资产不减值

面对大批量旧车资产处置,与车辆制造商共同研讨探索,以车辆制造商的成熟营销网络和市场资源优势为基础,首创旧车回购的资产处置模式,替代传统的招拍挂方式。一是有效解决燃油公交车退出营运的资产处置问题,以及传统燃油汽车遗留的废旧材料处理问题。二是保证国有资产不流失。三是提升车辆更新投放效率,实现投放一辆,回购一辆,确保置换工作有序开展,既有利于车辆更新,又有利于运营服务正常开展。

三、城市公交企业实现全面电动化的规模化运营管理效果

(一)实现了全面电动化,规模化运营良好

深圳巴士集团于2017年6月顺利实现公交全面电动化,纯电动巴士6053辆,占集团市内运营巴士的100%,比深圳市政府要求提前一年半实现公交车辆全面电动化,成为全球首家规模化纯电动公交运营企业,最大的新能源公交运营企业。通过精细化管理,因地制宜实施科学的充、补电策略和运营调度模式,克服了纯电动公交续航短、充电慢等一系列难题,形成了一套行之有效、灵活高效的纯电动公交规模化运营模式,车辆运营效率指标显著提高,机械可靠性与安全性得到了有力保障。纯电动车日均趟次从原来的4.21趟次提升至8.37趟次,日均里程从原来的128.04公里提升至196.88公里,年行驶里程突破7万公里,高于国家考核标准一倍以上,充电站服务能力桩车比从原来的1:2提升至1:6,车辆完好率达到99%,使用效率是常规大巴的93%,实现了全国纯电动公交运营效率最高,领先行业至少3年。

（二）公交全面电动化，经济效益较好，环保效益显著

深圳巴士集团实现公交全面电动化后，每年减少 44.66 万吨的二氧化碳排放，减少其他城市空气污染物排放 2453 吨，改变了传统公交企业能耗大户、污染大户的形象；纯电动公交"无气无味无音"，乘客候车时不再被迫吸入公交车尾气污染物，乘坐时车厢内不再弥漫着柴油味，公交场站不再噪声扰民。近年来，深圳巴士集团乘客满意度呈逐年提高趋势，2016 年、2017 年连续两年政府服务质量考核结果行业第一，投诉量也大幅减少，2017 年投诉率为 0.11 例/10 万人次，同比下降 35%。凭借科技强安，深圳巴士集团的万车死亡率优于国家道路交通管理评价一级指标 25 倍，稳居全国公交行业前列，保障了企业的良好发展。

同时也创造了一定的经济效益。一方面是大幅降低能源成本，对比柴油公交车，纯电动公交每年的能源成本可节约 5.81 万元，以深圳巴士集团车辆规模计算，一年可节约 3.32 亿元的能源成本。另一方面是凭借网式快捷充电的成功应用，大幅降低纯电动公交充电配套建设成本，降低充电站建设用地；提高了充电补电效率，减少了人工成本，更好地实现谷电利用，降低了电价成本。按照深圳巴士集团现有规模计算，具体为充电站场站租赁成本节约 1 亿元、充电站建设成本节约 4.3 亿元，人工成本减少 6732 万元/年，充分利用谷电降低电费成本 8400 万元/年。

（三）积累了电动汽车规模化运营的成功经验，有利于行业输出

深圳巴士集团在新能源汽车行业中作为第一批"吃螃蟹"的终端用户，从最初的"摸着石头过河"，到探索出成熟的发展模式，最终于 2017 年 6 月 8 日实现公交车全面电动化，成为全球首家全电动化运营公交企业，推广规模和应用水平都达到全球先进水准，引起国内外广泛关注，近年来被海内外媒体累计报道 300 余篇次，全球超过 100 家公交企业来访调研学习公交全面电动化的实践经验，多次接待多地政府机关调研纯电动公交推广实绩，并被给予高度肯定。同时，深圳巴士集团也成为国际公共交通联盟（UITP）巴士分会唯一的中国委员单位，先后受邀到加拿大、新加坡、日本、比利时、法国、德国、西班牙、俄罗斯等多个国家做全面电动化实践主题演讲，向世界介绍深圳纯电动公交推广与运营管理经验。

（成果创造人：余　钢、王慧农、周志成、陈光悦、高　波、祖太明、王宏元、张龙文、李倩倩、孔维琰）

邮政企业基于"互联网+邮政网"的爱心健康服务体系建设

中国邮政集团公司辽宁省分公司

中国邮政集团公司辽宁省分公司(以下简称辽宁邮政)下辖14个市分公司、44个县(市、区)分公司和4个直属单位,共有从业人员1.8万人,全省共设置邮政网点1890处,基本实现了乡镇全覆盖。其中,县及县以下邮政网点1082处,占比为57.4%。2017年,辽宁邮政实现业务收入45.8亿元,增幅9.9%;完成利润1.51亿元,收入利润率3.3%,优于全国邮政平均水平。邮政代理金融业务收入为企业主要收入来源,2017年辽宁邮政实现代理金融业务收入32亿元,占总收入比重为69.9%;辽宁邮政代理金融网点储蓄规模超过了1700亿元。

一、邮政企业基于"互联网+邮政网"的爱心健康服务体系建设背景

(一)适应邮政转型发展要求,提升网点经营效益的需要

邮政是国家重要的公共基础设施,覆盖千乡万村、联系千家万户的普遍服务网络是邮政最大的资源优势,是推动公共服务均等化的重要力量。由于政策要求,邮政普遍服务网点不能轻易撤销。近年来,受新技术、新媒体、新业态冲击,邮政传统业务显著下降,受政策、成本等相关因素影响,邮政网点客户到访量持续下降,作为主要收入来源的辽宁邮政代理金融网点窗口交易笔数三年下降22.4%,造成了网点资源浪费,影响了企业经营效益,这是辽宁邮政转型发展面临的难题。随着人口老龄化,中国健康医疗消费需求潜力旺盛。面对竞争,从客户需求出发,辽宁邮政探索打造爱心健康服务体系,将健康医疗服务打造成为邮政客户的增值服务,是吸引客户到访、增强客户黏性、带动业务发展、提高网点效能的有效抓手。

(二)普及基本健康医疗服务,助力健康扶贫的需要

健康扶贫是扶贫攻坚战的重要内容。正确的健康观念和健康知识、健康的生活方式和心理状态,能有效预防疾病,提高健康水平。由于健康医疗知识普及不到位,国人健康素养普遍较低,一方面,过于依赖治疗,大病小病跑医院,增加了国家和个人的医疗成本。另一方面,我国医疗资源分布不均衡,农村医疗服务保障水平普遍落后,农民缺乏基本医疗健康常识。辽宁邮政探索打造爱心健康服务体系,与医疗机构合作,通过覆盖城乡的邮政网络,为医疗机构和基层百姓搭建桥梁,落实预防为主的"健康中国"建设理念,提高国民健康素养,助力健康扶贫。

(三)互联网技术为发挥邮政网络优势提供了有力手段

近些年,互联网、云计算、大数据等信息技术飞速发展,带来了各行各业经营理念、商业模式的巨大变革。邮政作为传统行业,也在积极探索互联网时代下的转型升级,尤其是推动线下的邮政网与线上的互联网有机融合,升级服务功能,拓展服务内容。而在医疗健康领域,互联网技术尤其是远程诊疗技术的应用越来越广。2018年国务院出台《关于促进"互联网+医疗健康"发展的意见》,旨在依托互联网技术,突破地域限制和行业壁垒,拓展医疗服务空间和内容,优化资源配置,创新服务模式,提高服务效率,降低服务成本,满足人民日益增长的医疗健康需求。

在此背景下,邮政网与互联网的融合、邮政与医疗机构的跨界合作在技术上、市场需求上、政策环境上都具备了条件。因此,辽宁邮政自2015年年末起开始试点,探索建设"互联网+邮政网"爱心健康服务体系,并于2017年向全省推广。

二、邮政企业基于"互联网＋邮政网"的爱心健康服务体系建设内涵和主要做法

辽宁邮政从邮政客户的健康医疗需求入手，依托遍布城乡的邮政普遍服务网点，坚持"不收费、不卖药、不和医院分成"的原则，与专业医疗机构合作，自主研发"云健康"信息技术平台，共同打造服务基层的爱心健康服务平台，为邮政客户和普通百姓提供远程健康咨询、义诊、健康大讲堂、签约挂号、病历和药品寄递、急诊急救知识普及等基本健康医疗服务，推动医疗卫生服务资源下沉，普及健康医疗知识，助力"健康中国"建设和健康扶贫，缓解百姓"看病难、看病贵"问题，提高邮政网点使用效益，增强邮政差异化的竞争优势，实现社会效益与经济效益双提升。主要做法如下。

（一）完善顶层设计，确定爱心健康服务基本思路

1. 坚持"不收费、不卖药、不和医院分成"的原则

辽宁邮政明确自身在爱心健康服务体系中的定位，即发挥网络优势，充当合作医疗机构和百姓之间的桥梁纽带，从本质上与现行诸多互联网企业开展的"互联网＋医疗健康"模式、医疗机构开展的"互联网医院"模式等区别开来。因此，辽宁邮政在提供爱心健康服务中，坚持"不收费、不卖药、不和医院分成"的原则，充分体现邮政爱心健康服务体系具有社会公益服务的性质。"不收费"是指邮政在提供爱心健康服务的过程中，除客户或合作医疗机构使用邮政业务外，不向客户或合作医疗机构收取任何费用。"不卖药"是指在提供爱心健康服务的过程中，邮政企业不销售药品，也不允许医生在远程健康咨询、义诊、健康大讲堂、急诊急救知识普及服务中，向客户开具药方或销售药品。"不和医院分成"是指客户自愿向爱心健康服务体系中的合作医疗机构接受诊疗，对于期间发生的任何医疗服务费用，邮政不参与分成，不从中获取任何经济利益。

2. 运用互联网思维，构建可持续的运营模式

辽宁邮政爱心健康服务体系，灵活运用互联网时代的平台经济、分享经济等新理念、新模式，将自身邮政普遍服务网络作为一个平台运营，通过与互联网信息技术相融合，运用政府及行业相关政策，与医疗机构跨界合作，为邮政客户提供免费的健康医疗服务，吸引客户到访，增加平台流量，通过客户使用邮政业务实现获利，充分体现"以客户为中心"的经营思想，实现邮政企业"献爱心、树品牌、获客户"的工作目标，最终带动企业发展，产生可持续的经济效益。在爱心健康服务体系中，政府、邮政、医疗机构、邮政客户各取所需、多方共赢，实现社会公益与企业经营之间的统一，保证该服务模式的吸引力、生命力和创效力。

辽宁邮政以大数据思维，自主开发"云健康"平台，既是为医院、邮政客户或百姓建立一个远程健康医疗服务的信息技术环境，又与邮政金融客户管理系统对接。邮政以网点为主体将健康医疗服务作为邮政客户增值服务，组织爱心健康服务活动，吸引客户到访，拓展非邮政客户，并通过"云健康"平台客户信息采集，在邮政金融客户综合管理系统中建立"爱心健康"特色客群，利用大数据分析手段，实现客户精准分析、开发与维护。

（二）建立"各负其责、协同推进"的内部工作机制

1. 组建领导小组及办公室

组建辽宁省各级邮政分公司党委（党组）负责的省市县三级专项工作领导小组。各单位党组（党委）书记、总经理任组长，副总经理任副组长。省、市分公司专门成立爱心健康服务项目工作办公室（以下简称爱心办）作为临时性机构，设主任1人，成员若干人，人员采取交流借用的形式，人事关系在原单位（部门）保持不变，交流借用期间专门从事爱心健康服务项目的组织推进工作。"爱心办"由领导小组直接领导，负责统筹推进辽宁邮政爱心健康服务的各项工作。

2. 明确"爱心办"的工作职责

一是对国家、省委省政府及相关部门出台的关于医疗改革、"互联网＋医疗健康"、健康扶贫、行业

监管等政策的研究；开展医疗行业、"互联网+"医疗健康行业现状分析；完善爱心健康服务体系建设，细化服务内容，建立服务标准，规范服务流程。二是制定辽宁邮政爱心健康服务项目的发展规划、阶段性工作计划、实施方案及考核办法；制定并推进全省建档立卡贫困户爱心健康扶贫的工作计划。三是完善各市邮政分公司"爱心办"工作职责，督促各级"爱心办"履职尽责，按计划落实工作任务；细化爱心健康服务项目各相关部门（单位）、各市邮政分公司的工作任务，协调、督导、监督、通报各相关部门（单位）、各市邮政分公司爱心健康服务项目推进落实情况；定期向项目领导小组汇报工作。四是负责组织相关部门（单位）对项目进行宣传推广、客户档案管理、平台管理、数据分析运用评估、客户满意调查等工作。五是负责爱心健康服务项目的品牌经营管理；制定邮政网点爱心健康服务的标准化建设要求。六是持续优化合作医疗机构，加强对爱心健康服务项目的规范化管理和风险防控工作；组织相关部门（单位）对项目运营法律风险、医疗风险、数据风险、客户投诉等加强监管和防范；七是按照领导小组要求，完成其他临时性工作任务。

3. 确定相关单位（部门）的工作职责

党建工作部主要负责爱心健康服务项目外部沟通协调，负责与地方党委、政府及相关部门进行工作对接，负责配合"爱心办"开展合作医疗机构洽谈。

市场营销部主要负责邮政内部爱心健康服务项目相关的专业联动服务、联动营销方案的总体策划、方案制定、组织协调、推进落实工作。负责爱心健康服务项目的宣传支撑与效果评估等工作；配合做好"爱心健康"特色客群数据分析。

金融业务部负责制定辽宁邮政金融网点爱心健康服务活动实施方案、操作手册，加强对网点爱心健康服务活动的全流程规范化的管理与监督。定期通报各市邮政分公司爱心健康服务活动开展情况、"爱心健康"客群建设情况、邮政网点产能提升情况；负责与市场营销部协作，开展对"爱心健康"特色客群数据进行深度分析，剖析客户资产结构、金融和非金融服务需求，为精准营销提供依据；负责对爱心健康服务活动开展中涌现出的优秀案例进行全省复制、推介和推广。

渠道平台部负责配合"爱心办"加强对邮政服务网点的管理；在网点LED显示屏、营业厅电视、邮乐购店、"邮农丰"微商城等渠道平台开展爱心健康服务的宣传推广工作。负责制定邮政分销、电子商务等业务的联动营销方案。

包裹快递部负责制定邮政寄递业务的联动营销方案；负责开发合作医疗机构药品、病历等寄递业务，对爱心健康服务项目寄递服务给予支撑保障和售后服务。

集邮与文化传媒部负责制定邮政集邮与文化传媒业务的联动营销方案；负责开发合作医院集邮与文化传媒类营销项目；设计发行"爱心健康"题材邮品。

信息技术局负责根据"爱心办"提出的技术需求，完成"云健康"平台的需求分析、系统搭建、技术维护、功能完善等工作；负责技术方案的论证与技术交流的组织实施工作；负责完成"云健康"平台与合作医疗机构系统、与邮政金融客户管理系统的对接工作；负责组织采取相关技术、方案与平台，保证"云健康"平台运行安全及数据安全；负责"云健康"软件著作权、知识产权的申请与保护。

（三）加强政邮、医邮合作，确保爱心健康服务持续健康开展

1. 积极争取党委、政府及相关部门的政策支持

一是试点突破，总结经验。铁岭是农业大市，全地区一市五县，农业人口占比超过67%，农民健康医疗需求相对比较旺盛。铁岭市邮政分公司（简称铁岭邮政）多年来服务地方经济民生，并且在省邮政分公司组织推动下，先后开展"爱心邮路""爱心驿站"等公益服务项目，与当地党委、政府建立良好的关系。基于以上因素，辽宁邮政于2015年年末，首先选择在铁岭试点开展爱心健康服务项目。铁岭邮政主动向地方党委、政府主要领导、分管领导汇报思路措施，获得认可后，党委、政府交由地方卫

生计生委员会组织开展专题调研，对邮政开展爱心健康服务提供政策指导，保证合法合规，规避项目风险。爱心健康服务项目经过在铁岭地区的实践，服务模式、服务内容和服务流程初步建立。

二是自上而下，争取政策。在铁岭地区试点成功的基础上，辽宁邮政进一步完善顶层设计，积极主动向辽宁省委、省政府主要领导和分管领导汇报项目推进情况，自上而下争取政策支持。通过内外部新闻宣传媒介，加强爱心健康服务项目的对外宣传，营造良好的舆论氛围。在辽宁省委、省政府支持推动下，辽宁邮政与辽宁省卫生计生委、辽宁省扶贫办联合印发《关于开展爱心健康扶贫工作的通知》，将爱心健康项目作为各级卫生计生部门、扶贫办和邮政公司发挥各自优势、推动健康扶贫的公益服务项目，建立三方合作机制。

三是全省推广，提升影响。在辽宁省级层面打通政策关卡后，辽宁邮政于2017年年初起，在全省推广爱心健康服务项目。各市邮政分公司参照铁岭模式，以辽宁省级层面三方联合发文通知精神为指导，结合本地区党委、政府重点工作，找准工作切入点和结合点，积极主动汇报邮政爱心健康服务工作成效，争取政策支持，推动本地区邮政、卫计委、扶贫办等部门联合发文，在本地区进行复制推广爱心健康服务项目。经过推广，爱心健康服务项目的覆盖面和影响力全面提升。

2. 不断完善与医疗机构的合作机制

一是优选医院，保证专业服务能力。辽宁邮政组织对全省医疗机构进行全面摸查，综合考虑医院等级、特色科系、群众口碑和对公益活动的认可度等因素，原则上选择具备新农合报销条件的综合三级甲等、专科二级医院开展合作。为保证服务范围，县级邮政分公司可根据实际情况，适当降低标准。二是多种方式结合发展合作医院。包括由卫计委推荐，将所属医疗机构纳入爱心健康服务范畴；省邮政分公司统谈连锁型医疗机构，各市邮政分公司分签；在省邮政分公司的统一指导下，各市邮政分公司自行洽谈合作医院等方式。三是辽宁邮政与合作医疗机构签订正式书面合同，明确双方权利义务。合同文本由省邮政分公司法律事务严格把关，各单位均按统一文本签订合同，确保合作的规范统一，规避法律风险。四是辽宁邮政积极争取合作医疗机构针对自愿转诊的邮政客户，制定诊疗费用优免政策、提供绿色就医通道等便利服务，增强爱心健康服务项目的吸引力。五是辽宁邮政对合作医疗机构服务能力、服务品质等进行定期评估，对不符合条件的及时终止合作，不断优化合作医疗机构结构，提高服务水平。六是与有意愿、有条件的医科院校合作，鼓励有资质的大学生到邮政网点参与爱心健康实习服务。七是辽宁邮政加强与医疗机构的全方位战略合作，在做好爱心健康服务基础上，推进更多业务合作，实现互惠互利。

3. 积极融入国家医联体的建设和发展

辽宁邮政积极探索以国家医联体建设为契机，通过与现有合作医疗机构对接，采取"一点突破、以点带面"的方式，努力融入医联体内部分工协作机制，利用邮政爱心健康服务体系，为医联体的职能落地实施提供帮助，提高医联体在基层的医疗服务能力和效率。

(四) 依托邮政普遍服务网络，提供多种爱心健康服务

1. 按照"五有条件"开办"远程服务点"

辽宁邮政采取"先农村后城市、循序渐进、逐步推开"的方式，依托邮政网点，开展爱心健康服务网络建设，农村铺面力求全覆盖，城市设点打好精品牌，按照"五有条件"搭建爱心健康"远程服务点"。一是有需求。优先选择周边医疗资源相对匮乏，百姓对医疗健康有刚性需求的网点开办"远程服务点"。二是有场地。优先选择面积较大、有VIP室或理财经理室等独立空间的网点开办，方便利用上述场地组织客户活动。具备二楼活动室的网点为首选。三是有人员。选择人员充足，且分工明确、各司其职、密切配合，能够确保活动有序开展的网点。四是有设备。在网点配备远程健康咨询所需的桌椅、电脑、摄像头、音响或耳麦等设备。同时，确保合作医疗机构为远程健康咨询设置独立房间，配备桌

椅、电脑、摄像头、音响或耳麦等设备。五是有标识。统一设计爱心健康服务、"远程服务点"牌匾、标识，统一规范悬挂摆放位置，利用网点LED、电视、政讯通、条幅、海报等载体，以及合作医疗机构结算窗口、咨询服务台等区域布置相关服务标识，进行爱心健康服务宣传。

2. 提供六项爱心健康服务

一是远程健康咨询。远程健康咨询的服务对象主要是邮政客户。由邮政与合作医疗机构预约排班，邮政网点员工提前邀约邮政客户到网点，合作医疗机构选派医生，通过邮政网点"云健康"平台，以远程视频的方式，为邮政客户提供一对一、面对面的健康咨询服务。二是现场义诊。现场义诊的服务对象包括邮政客户和广大基层百姓。由合作医疗机构与邮政联合，由邮政组织协调、提供场地、邀约百姓、提供服务，进村屯、进社区、进学校、进军营等，由医疗机构选派医生，携带便携式血压仪、心电图、超声波等各类医疗设备，组成医疗服务队，现场为基层百姓提供免费的体检、诊疗等服务。三是健康大讲堂。健康大讲堂的服务对象包括邮政客户和广大基层百姓。由邮政邀约"三高"人群、妇女、儿童等特定人群，由合作医疗机构选派对口专家医生，在邮政网点举办血栓病防治、膝关节保护、孕期保健、冠心病防治等健康知识讲座，提供安全、优质、有针对性的健康知识教育服务。四是签约挂号。签约挂号的服务对象主要是邮政客户。邮政与爱心健康服务合作医疗机构签订协议，争取合作医疗机构优质科系、优质医生挂号资源，方便邮政客户通过邮政网点向合作医疗机构预约挂号。五是病历和药品寄递。病历和药品寄递一方面是受合作医疗机构委托，在不违反国家药品寄递相关规定的前提下，为其提供药品、健康体检报告、病历等物品的寄递服务。另一方面是针对到合作医疗机构进行诊疗的邮政客户，在邮政客户自愿和政策允许的前提下，由合作医疗机构通过"云健康"平台下单，委托邮政为患者提供药品、电子病历等物品寄递服务，减少邮政客户来回奔波的麻烦。六是急诊急救知识普及。通过邮政网点，由合作医疗机构面向邮政客户和广大百姓，普及急诊急救相关知识，举办急诊急救演练活动，提高广大人民群众应急避险、自救急救互救的能力。

3. 持续深入开展爱心健康扶贫工作

辽宁邮政与各级扶贫办、卫生计生委联合开展的爱心健康扶贫工作也是爱心健康服务的重要内容。三方以推动健康扶贫为共同目标，发挥各自优势，加强统筹协调，全面深化医疗机构与邮政公司合作，利用邮政良好的行业信誉，覆盖城乡的网点网络和"云健康"信息系统，共同搭建公益健康扶贫平台。

爱心健康扶贫目前形成以下服务项目及目标。一是参与农村地区分级诊疗体系机制建设。利用邮政网点在农村地区建设爱心健康"远程服务点"1000处。加强医疗机构与邮政公司合作，省属医疗机构要积极参与，推进市、县、乡三级医疗机构参与"爱心健康"，建立三级分级诊疗机制，进一步方便老百姓逐级就医。二是开展全省"献爱心、送健康"大型现场义诊活动。邮政联合政府和医疗机构，借助全省驻村扶贫书记资源，组织以驻村、扶贫、公益为主线的大型现场义诊活动。针对建档立卡贫困人口组织健康体检，建立健康档案，进行跟踪服务。三是针对因病致贫、因病返贫人口，制定专项健康扶贫计划，提供优质合作医院签约"家庭医生"服务，给予专项优免政策。四是开展为期三年的"爱心医疗扶贫光明行"公益活动。邮政与何氏眼科医院合作，以2018－2020年3年为期限，通过邮政爱心健康服务平台，提供3万人次的免费医疗咨询，开展6000场现场义诊，为4000名贫困的白内障和糖尿病眼病患者提供免费的复明手术等。

（五）推动爱心健康服务活动流程化、规范化

1. 做足活动前的准备工作

第一，制定排班表。市、县（区、营业）邮政分公司金融业务部的爱心健康服务项目负责人与合作医疗机构进行对接，结合网点需求，制定远程健康咨询预约排班表。预约排班表包含医院名称、出诊医生姓名、主治科目、出诊时间等内容，通过微信群、QQ群定期向网点发布。第二，广泛公告信息。邮

政金融网点根据排班表,一方面通过网点 LED、电视、海报、展板等方式,面向厅堂到访客户进行宣传;另一方面通过电话、短信、微信、走访宣传等方式,通过邮乐购店、合作社等邮政加盟渠道,和农村村委会、城市居委会或社区物业等渠道,广泛宣传网点远程健康咨询活动安排。第三,提前预约客户。邮政金融网点人员负责接受邮政客户或百姓报名信息,登记在册,并在活动前一天,与客户进行电话确认,对于有变更的及时调整和补充,确保参加活动的人数适中。第四,系统调试、模拟演练与物料准备工作。在活动开始前,网点要提前进行"云健康"平台系统调试、活动流程和话术演练。如参加人数较多,需要额外支撑保障的,提前与县(区、营业)邮政分公司沟通,由县(区、营业)邮政分公司调派人员给予支撑。

2. 加强活动中的过程管控

第一,厅堂服务。网点人员对参加健康咨询的客户和办理邮政业务的客户要安排在不同等候区域,确保厅堂井然有序。在客户等待期间,要安排专门服务人员,并适时组织健康知识普及、邮政产品宣介、业务知识宣传等活动。第二,客户服务。远程健康咨询每场活动整体时间控制在 4 小时以内。在客户进行远程健康咨询的过程中,至少安排一名网点人员,全程陪同客户,协助客户进行系统操作,在获得客户允许的情况下,协助客户与医生进行沟通,记录咨询情况。每名客户平均咨询时间控制在 30 分钟以内。第三,信息采集。活动中要至少安排一名网点人员,负责采集到访客户的姓名、身份证号码、健康需求等基本信息。

3. 强化活动后的客户维护

邮政网点要在活动结束后当天,将收集到的客户信息及活动信息录入辽宁邮政金融客户综合管理系统,完善"爱心健康"特色客群,方便客户信息维护、客户回访、跟进营销、产能提升统计及监督检查等后续工作的开展。

4. 加强活动全过程的风险防控

第一,明确法律权责。邀请专业法律顾问,在咨询行业主管部门意见后,审定邮政与医疗机构合作协议,明确邮政在爱心健康服务中的法律责任与医疗责任,界定邮政、医疗机构和客户各方的权利与义务,从源头上杜绝医患纠纷隐患,规范双方的服务行为。第二,履行对客户的告知义务。通过在网点张贴服务告示、在"云健康"平台增加《服务告知书》、在活动现场对客户宣讲等方式,告知邮政、医疗机构和客户三方在爱心健康服务中的权利义务,让客户知悉爱心健康服务内容及其可能存在的风险,实现风险转嫁和客户风险自担。第三,避免邮政直接提供医疗服务。活动期间邮政均不直接提供医疗服务,细化服务流程和操作规范,降低可能产生的风险。制定紧急情况应急预案,实现风险可控。第四,加强对医生的监管约束。通过与合作医疗机构协议,明确医生在服务期间应遵守的行为规范,引入医师评价机制,由网点人员和参与活动的客户共同监督。第五,加强对网点员工的专业培训。对员工进行健康理念和服务理念培训,定期组织医疗知识培训,提高员工风险防范意识。

(六)充分运用互联网技术,自主研发"云健康"平台

辽宁邮政学习"互联网+医疗健康"理念,从爱心健康服务需要出发,自主研发"云健康"平台(以下简称平台)。

1. 平台的主要功能

一是实现医院端和邮政端,真人大小、眼对眼、面对面的远程视频。二是对接医院 HIS 系统,拓展签约挂号、病历和药品寄递业务下单等服务功能。三是实现预约排班管理、邮政客户诊疗信息查询、客户评价等功能。四是对接邮政金融客户管理系统,实现客户数据上传、匹配、分析、下载等功能。

2. 平台的设计原则

平台按照"操作性、便捷性、可靠性、前瞻性、可扩展性、易维护性"的原则设计，一是采用成熟设计。平台采用主流先进的系统框架和分层架构，应用模块化设计，方便功能组合和扩展。二是确保数据安全。平台对重要数据加密保存，数据交换采用最小授权原则，严格保证数据存储和操作的安全可靠。三是保证性能优异。平台集成华为公司的视频系统，支持并行多路的高清在线视频通信。四是有效控制成本。平台在网点端充分复用保险理财双录系统的计算机、摄像头等资源，在医院端利用医院现有互联网和计算机等资源，仅需增加摄像头等设备，在不增加过多投入的情况下即可实现平台功能。

3. 平台的网络架构

辽宁邮政与通信运营商合作，共同完成平台建设和后期维护。省分公司作为项目发起方，负责平台的整体规划和建设安排，完成平台的研发调试；负责平台数据的基础维护；提供网点前端的接入设备。通信运营商负责互联网的接入，负责平台服务端软硬件的投入、必要的基础设施保障及网络安全连接保障。平台界面预留相关广告位，为项目合作伙伴提供相关增值服务。平台的软硬件部署在通信运营商端，邮政内网通过数据专线连接到运营商IDC机房，实现邮政网点与医疗机构通过网络进行互联互通。医疗机构使用VPN接入平台网络，保障数据安全。

4. 平台运行的安全管理

辽宁邮政采取三项措施保证平台运行安全：一是将平台定位为第三方接入系统，严格执行中国邮政集团公司接入标准和规范，对网点和医院两个平台使用端，对金融网和互联网两个网络，均从设备和技术上严格管控，保证网络安全。二是利用双机热备技术，改造现有应用服务器和数据库服务器，使其互为热备份服务器，保证系统安全。三是坚持有效保护与合理利用并重的原则，采取加密手段加强对使用者与平台客户两类重要数据的防护，保护使用者的数据安全。

三、邮政企业基于"互联网＋邮政网"的爱心健康服务体系建设效果

（一）满足了广大人民群众的健康服务需求，社会效益显著

首先，辽宁邮政爱心健康服务体系，依托新兴的互联网技术和强大的邮政实体网络线上线下相结合，实现了邮政与医疗机构跨界合作，为加快优质医疗资源下沉、开展医疗扶贫架起了一座"绿色桥梁"。目前，辽宁邮政爱心健康服务体系已拥有辽宁省内合作医疗机构142家，其中三级医院45家。全省依托邮政网点建成爱心健康"远程服务点"891处，88%的农村邮政网点具备了开办远程健康咨询的功能。其次，辽宁邮政爱心健康服务项目，有效融入了党委、政府精准脱贫工作，成为当地健康扶贫工作的一项重要内容。例如，铁岭春天医院、本溪金山医院为患者自费部分减免10%；大连华正眼科医院优惠幅度达7.5—8.5折；营口、铁岭、盘锦、锦州等地推出了绿色通道、免费接送、减免交通费和餐饮费等政策。2018年6月，辽宁省扶贫办、省卫计委、辽宁邮政与何氏眼科医院共同启动"爱心医疗 扶贫光明行"项目，2个月时间深入1860个村屯，为4.6万人进行了免费的眼病筛查，为596名符合条件的建档立卡贫困户实施了免费眼病手术。

（二）推动了企业经营转型，运营效益提高

辽宁邮政爱心健康服务项目，是依托现有邮政网络进行功能叠加，零成本、易实施、推广快、风险小。2017年爱心健康服务推广以来，辽宁邮政金融网点营销活动实现常态化，开办爱心健康服务的网点客户到访量平均提升16.8%，辽宁邮政建立"爱心健康"特色客户28.4万户，参加爱心健康服务活动的百姓的邮政绿卡持卡率达到47.2%，沉淀金融总资产148.4亿元。2018年新增爱心健康咨询特色客户11.8万户，新开绿卡1.13万张，新增金融总资产6.52亿元。另外，通过爱心健康服务联动营销，带动销售邮政函件产品5.37万元，集邮产品11.91万元，报刊产品12.95万元，分销产品31.89万元，销售车险650户、老人险3289户、账户险1699户，办理小包1570件。

（三）实现了多方共赢，企业社会形象提升

在辽宁邮政爱心健康服务中，邮政为医疗机构召集群众、提供场地和服务，医疗机构开展送医下乡、健康知识宣讲等工作任务和活动有了抓手。同时活动的开展过程也是品牌的宣传过程，扩大了医疗机构的知名度，带动了医院转诊率的提高，实现了邮政和医院资源整合、互惠互利。辽宁各地党委、政府广泛支持爱心健康服务项目。全省 14 个市邮政分公司全部与当地党委政府完成对接，12 个地市与卫计委联合发文，其中 6 个地市实现三方联合发文。新闻媒体对辽宁邮政爱心健康服务项目十分关注。

（成果创造人：谷德凯、时德胜、陆洪志、郭 杰、肇虹岩、张 研、田 野、陈 龙、胡燕斌、王 辉）

以绿色发展为目标的新能源电池全生命周期管理

天能电池集团有限公司

天能电池集团有限公司（简称天能集团）是中国新能源动力电池行业的龙头企业，创始于1986年。经过30多年的发展，现已成为以电动车环保动力电池制造为主，集锂离子电池、风能太阳能储能电池的研发、生产、销售，以及电池回收、循环利用等为一体的大型实业集团。2007年，天能动力以"中国动力电池第一股"在中国香港主板成功上市。集团现拥有30多家国内子公司，3家境外公司，拥有浙、苏、皖、豫四省九大生产基地，总资产超150亿元。2017年集团销售收入逾279亿元，利税32亿元，综合实力位居全球新能源企业500强（第26位）、中国企业500强（第143位）、中国民营企业500强（第29位）、世界环保与新能源产业中国影响力企业100强、中国电池行业百强企业第一，主导产品电动车动力电池的产销量连续18年位居全国同行业首位。

一、以绿色发展为目标的新能源电池全生命周期管理背景

（一）深化能源改革，建设绿色发展的需要

目前，我国新能源电池领域绿色设计平台空缺，绿色设计评价关键标准缺失，全生命周期数据库信息有待完善，评价方法及工具不统一，绿色设计能力薄弱，绿色设计水平低下，评价机制不健全，整个新能源电池行业的绿色设计理念的发展尚处于初级阶段，与国外发达国家相比，资源利用率低、电池制造能源消耗高、电池结构参数品种单一、产品设计周期长效率低、新能源电池设计队伍不专业、新能源电池产品绿色化和制造过程绿色化理念不清晰等一系列不利局面，直接导致总体上主要新能源电池产品性能不及美国、德国、日本三个发达国家水平的一半，或部分产品达到60%－70%水平，一批新能源电池绿色设计工具、方法、系统尚急需建立。

（二）适应国际国内对新能源电池形势要求

目前，国际国内对于新能源动力电池这新兴产业板块，重点研究新能源电池高性能电极材料与制备方法，研究电池新结构与制造工艺，降低铅耗，提高能量密度和功率密度，同时为进一步提高新能源电池绿色制造体系，约束整个电池生命周期的各个相关主体，从目前国际总体发展情况来看，世界各国都十分重视废旧电池的回收管理工作。国家先后制定了《节能与新能源汽车产业发展规划（2012—2020）》《国务院办公厅关于加快新能源汽车推广应用的指导意见》《电动汽车动力蓄电池回收利用技术政策（2015年版）》《新能源汽车废旧动力蓄电池综合利用行业规范条件》和《新能源汽车废旧动力蓄电池综合利用行业规范公告管理暂行办法》等各种文件，制定了动力电池回收利用管理办法，建立动力电池梯级利用和回收管理体系，明确各相关方的责任、权利和义务，加强行业管理与回收监管。

（三）推动管理变革创新，提升创新发展的内生动力

目前，天能集团在新能源电池全生命周期绿色发展上还需存在的距离有：一是还需加大环保资金投入，用于环保设备更新和技术革新，开展机器换人，使自动化装备水平领先国内同行，做好浙商转型升级的典型样本、浙江省转型升级引领示范企业带头作用。二是还需加大节能减排力度。注重环保，节能减排，一直都是行业转型发展的重中之重。天能集团必须持续加强提高清洁生产技术贯穿于生产全过程的力度，将"三废"消灭在工艺流程之中，实现节约、高效、无废、无害、无污染的绿色生产。三是更加注重资源回收利用，以绿色环保为目标，积极走绿色增长道路。严控清洁生产，所有基地都要达到国家一级清洁化生产标准。四是提升绿色制造。目前，天能集团有3家子公司入选国家首批绿色制造示范

企业，4家子公司入选工信部绿色制造体系示范－绿色工厂，3家子公司入选工信部绿色制造体系示范－绿色供应链管理示范企业；8项产品入选工信部绿色制造体系示范－绿色设计产品；"高性能铅蓄电池绿色设计平台建设与产业化应用项目"被评为工信部首批绿色制造系统集成项目。目前，天能技术团队正在积极开展对锂电池回收利用规划研究，积极探索废弃锂电池回收利用的最佳方案，这必将对新能源电动车产业产生重大而深远的影响。

二、以绿色发展为目标的新能源电池全生命周期管理内涵和主要做法

天能集团按照 ISO9001、ISO14001、GB/T 28001 的规范建立绿色生态设计的质量管理体系、环境管理体系及职业健康安全管理体系，积极完善各项管理制度，以创新组织管理、软硬件平台建设为突破，围绕新能源电池产品绿色设计、绿色工艺、绿色装备、绿色销售、绿色回收处置的闭路循环，率先在行业内探索出了一条蓄电池绿色循环的可持续发展之路。以绿色发展为目标的新能源电池全生命周期管理瞄准新能源电池产品绿色化升级，紧扣产品绿色闭路循环主题，通过实施有效计划，突破了一批蓄电池绿色设计与制造一体化关键技术，推动了绿色设计和绿色工艺技术一体化提升，从源头上消减铅等重金属用量、杜绝重金属污染；切实响应并实施国家"工业产品制造业绿色发展"战略；同时，引入蓄电池产品全生命周期（LCA）理念，取得资源、能源、环保协同发展；并通过人才工程、创新机制、保障体系、能力建设，推进基于新能源电池绿色化升级的绿色循环发展创新工程建设项目的实施，取得践行生产者责任延伸制度的重要实践经验，带动新能源电池产业技术革新和装备提升，提高产品性能和全产业链的绿色化发展水平。

（一）新能源电池全生命周期研发体系建设

天能集团以产品全生命周期绿色发展为目标，成立领导小组及推进小组，强化组织机构建设，由集团公司高层统一牵头，各职能协同和各子公司的全力配合。集团领导层和各子公司管理层为了推动这项工作的顺利开展，分别组建领导小组和推进小组，实行二级管理，组长负责制。领导小组是以董事长担任组长，各分子公司总经理担任副组长，负责集团公司绿色制造整体推进及新能源动力电池全生命周期管理的日常工作和内外部的组织协调工作；推进小组是各基地子公司成立的各自项目小组，由子公司总经理担任组长，分管副总任副组长，下属技术、设备、安环、采购、销售等各职能部门，具体负责子公司新能源动力电池全生命周期管理的各项工作。

1. 逐步完善绿色管理体系建设

天能集团按照 ISO9001、ISO14001、GB/T 28001 的规范建立生态设计的质量管理体系、环境管理体系及职业健康安全管理体系，积极完善各项管理制度，进一步明确研发、生产、采购、物流、销售部门之间协调配合等机制，将绿色设计纳入质量管理全过程，制定了绿色设计管理基本制度，明确了任务分工、工作流程和考核办法，保障绿色设计的各项工作得到落实。天能制定的绿色设计相关管理制度。同时，建立了信息定期发布制度，在天能集团公司官网，不定期发布集团绿色环保、幸福企业、慈善公益、村企共建及社会责任报告信息，年度社会责任报告包含了绿色设计成果等。

2. 建立"一核两驱四化"的新能源电池全生命周期绿色管理模式

"一核"：是以产品全生命周期管理为核心，通过 PLM 进行产品全生命周期管理，运用 LCA 进行全生命周期绿色评价，以价值实现的过程打通内部各环节，实现全过程的整体优化与升级；其中过程包括概念、设计、验证、试制、发布、使用及回收的全生命周期管理。

"两驱"：是客户（需求）驱动与技术（创新）驱动，以外拉内推的驱动力推进组织的管理适应时代的变化，产品的生态设计创新符合市场对更高的绿色要求。

"四化"是全生命周期管理四个维度的进化模式，分别是创新系统化、生产智能化、管理信息化及产品生态化，通过先进的管理方法、智能设备、互联网信息化技术及产品创新理念来引领内部管理模式的建设成型。

3. 绿色材料研发应用

"稀土合金电池"是天能国家级博士后工作站研发的新产品，属于铅蓄电池的升级产品，这种全密封、免维护的稀土合金电池，具备绿色环保、高容量、智能等多项国家专利技术，是目前我国动力电池最先进的低碳产品。

4. 管理信息化提升绿色设计能力

天能集团的整个制造生产过程实际上是信息采集、传递、加工处理的过程。在产品绿色生产过程管理过程中，所有的数据从一个数据源头进行输入，从根本上保证了数据的一致性。同时在网络环境下，各个部门可方便地实现数据的共享，从而消除了信息孤岛。

天能集团坚持以流程为导向，以管理信息化提升绿色设计能力，不断通过建设具备集团自身特色的信息化系统，既能确保模块的通用性，又能满足公司自身的个性化需求，在数据集成综合平台上，确保各子系统间的数据集成与共享，建立相互集成、稳定可靠的核心业务信息化运作平台。

5. 过程程序化提高绿色设计效益

天能集团新产品设计开发过程主要包括5个阶段：计划和确定项目；产品设计和开发；过程设计和开发；产品和过程确认；反馈、评定和纠正措施。为提高绿色设计工作效率，公司制定《绿色设计开发控制程序》对公司绿色产品的设计和开发过程进行有效控制，以确保产品环保性、适用性和经济性，保证设计结果满足客户要求。

（二）建立绿色供应链数据库，全生命周期集中采购

天能集团将绿色制造理论与供应链管理技术相结合，打造绿色供应链，建立以资源节约、环境友好为导向的采购、生产、营销、回收及物流体系，推动铅酸蓄电池上下游企业共同提升资源利用效率，改善环境绩效，达到资源利用高效化、环境影响最小化的目标。

绿色供应链管理战略规划：制定公司总体发展战略规划时就将绿色供应链管理规划纳入其中，将绿色供应链管理提高至战略高度。从绿色供应商管理、绿色生产管理、绿色回收体系、搭建绿色信息收集监测披露平台等关键环节制定绿色供应链管理战略规划和实施目标，并且设立绿色供应链管理部门。

绿色供应商管理：树立绿色采购理念，采购过程中充分考虑环境效益，优先采购环境友好、节能低耗和易于资源综合利用的原材料、产品、服务，不断改进和完善绿色采购标准和制度，制定一系列的制定和措施对供应商进行绿色认证、选择、管理、审核、培训、风险评估，推动供应商持续提高环境管理水平，共同构建绿色供应链。

为持续推进绿色供应链工作，集团专门成立独立的一级部门供应链管理中心，从事产业结构上下游的互联互通信息系统构建，构建起新能源动力电池绿色供应链服务的整体流程，未来三年内建立供应商数据库，实现集团集中采购系统服务，构建经销商网络协同实现智能销售配送服务体系。

（三）精益化生产管理 实现资源优化配置

树立基于产品全生命周期的绿色设计理念，着重考虑电池的环境属性（可拆卸性、可回收性、可维护性、可重复利用性等），在满足使用功能的同时，还考虑所选用的电池对环境的影响程度，在满足环境目标和节能目标要求的同时，保证产品应有的功能、使用寿命、质量等要求。天能集团计划投入2.95亿元，采用连铸连轧等先进工艺技术，集成多项天然气直燃加热等行业节能减排新技术，极板闷蒸、固化干燥、储存过程实现AGV自动化作业，电池组装全部实现自动化生产，并引入智能化生产管理系统，包括制造执行系统（MES）和工业大数据分析平台，实现资源分配和状态管理、数据采集、质量管理、产品跟踪与追溯、性能分析等核心功能，实现绿色化、智能化系统集成示范线建设。

(四) 构建营销网络及精准高效的智慧物流, 实现集成产品全生命周期数据服务体系

集中销售是经营控制型集团对集团销售商品的控制方式, 是集团销售管理的必然趋势。采取集中定价、分开销售, 区域配送中心调拨销售, 销售公司调拨销售, 销售公司订单、生产公司直接发货。集团汇总下属企业销售订单, 进行可销商品的分配、平衡, 下达统一的集团的发货指令或者内部调拨指令。发货机构按要求进行销售发货业务, 或者内部调拨业务。集团根据发货数据汇总进行统一的结算及收款, 下属企业根据各自的发货数据与集团进行内部结算。

集中销售高度体现集团对销售物流、资金流的控制, 体现集团内部的业务协同。在集团层面建立统一的客户档案, 制定统一的价格政策、资源分配政策, 进行统一的信用管理, 集团范围内评估、控制客户的信用状况, 实现统一控制和体现快速反应。对于大客户, 公司还额外提供服务外包工作, 大客户提出产品规格型号性能的需求, 由天能进行产品的定向研发和设计工作, 生产符合客户需求的动力电池及配套服务, 每年为客户节约设计研发费用 2000 万元以上。

集团根据下属企业的销售订单智能预测及进行货源分配。集团根据可销商品库存状况、生产进度、需求紧急情况进行统一分配、平衡, 以达到集团销售控制一盘棋的管理目的。分配的结果将作为销售发货或内部调拨的指令来源, 体现了集团控制与业务协同的管理理念。

集团归集销售发货数据进行外部销售结算, 也可由销售方独立进行外部销售结算。若进行了内部调拨, 则须进行内部调拨结算, 调拨结算支持两方或者三方的内部结算。

建立全集团销售信息分析平台, 从多个角度分析全集团的销售业绩, 价格变动状况, 订单发货、缺货状况, 为集团销售决策提供支持。

通过软件切实解决业务员销售线路的行进情况, 无法实时掌握; 车辆运用情况, 有无做私活; 业务员的实际单价及产品总价, 有无虚报; 网点订单应付实付预存款押金等财务明细, 管理混乱; 每天交账盘点实物及现金, 极其烦琐和劳累; 业务员业绩情况, 产品销售情况统计缓慢; 网点库存无法知晓, 网点忠诚度缺少判断依据, 如何维护客情关系非常重要; 如何及时分析了解市场的变化, 及时有效的调整策略, 做促销、降价、联合推广等营销策略, 是个头痛的事; 库存实物和账面盘点不清等痛点。

生意管家云平台不仅可以看见业务员干了什么, 还可以看透终端卖了什么, 能够获取有效的市场反馈和分析, 提升自身管理能力, 降低管理成本, 提高运营效率, 拉动销售数量。同事, 将生意云管家与集团系统联通, 能够让企业实施掌握市场销售信息, 细分型号、区域的市场需求, 能够迅速地在不同的区块布局适应市场需求的产品型号生产。

全生命周期绿色管理团队遵循 "把握趋势, 塑造品牌, 渠道保障, 合作共赢的指导思想, 坚持以满足消费者需求为前提, 以绿色概念产品质量为基础, 以品牌建设为起点, 以产品的市场适应性为基本原则" 的营销理念, 不断倾听顾客对绿色产品质量的声音, 挖掘顾客的真正需求, 并将之转化为管理和技术要求, 实现产品和服务的持续改进, 从而赢得和保持顾客的满意和忠诚, 最终实现全生命周期绿色质量管理理念。

通过多种渠道和方式及时获得顾客需求, 特别是重要顾客的要求和期望, 并积极通过这些信息的收集及运用, 使顾客的需求和期望得到满足的同时, 促进公司市场的拓展和服务的提升。

全生命周期绿色质量管理团队坚持 "以市场和客户需求为导向" 的原则, 高度关注市场发展趋势和产品应用领域的拓展, 将 "生产符合市场和客户需求的产品" 始终作为市场经营方针。目前的业务已覆盖至国内绝大部分城市及乡镇, 出口全球远销海外, 地区包含亚洲、欧洲、非洲、北美洲、南美洲、大洋洲 6 大洲, 目前累计出口国家多达 44 个, 并与销量排名前 20 名品牌影响力大的电动车生产企业建立全面的战略合作关系。

(五) 建立新能源电池绿色回收体系, 实现电池生产闭路循环

天能集团对废蓄电池回收处理的研究开始于 2004 年, 并由天能集团全资子公司浙江天能电源材料

有限公司于2009年开始建设规模化、无害化废铅蓄电池回收处理产业化项目，是天能集团发展循环经济的重要举措。目前天能集团在回收领域已达到行业技术创新引领作用，一是率先在国内解决了废蓄电池回收处理清洁生产技术，并建立了国内最大的废旧电池回收处理基地，以先进的全自动化控制工艺技术，通过两化融合模式，引领了国内建设废蓄电池回收处理的技术示范；二是率先在行业内改变了传统的经营模式，建立了以铅蓄电池生产—销售—铅资源再生的循环经济模式，创建了行业运作示范新模式；三是率先突破废蓄电池高效分离技术，解决了如何将多种规格型号的废铅蓄电池进行高效拆解、破碎，并将破碎后混合料中的铅板栅、铅汇流排、铅膏泥、塑料、AGM 纤维、环氧树脂、碎橡胶等物料得到彻底分选的行业难题。同时，充分发挥行业示范带动作用，积极参与全国有色金属协会，合力推动产业快速发展。公司发挥再生技术优势，融合上下游产业链，全力推动省内循环产业的发展。废铅蓄电池回收处理项目与集团公司产业链关系紧密，精铅、合金铅、聚丙烯塑料，包括副产品，有80%以上是在集团公司内部消耗，有完善的上下游产业链，为发展循环经济提供了十分有利的产业链平台，通过了国家废铅蓄电池回收处理循环经济标准化试点。

三、以绿色发展为目标的新能源电池全生命周期管理效果

（一）成效显著，提升企业核心竞争力

通过新能源电池全生命周期管理，天能集团已经形成了从原材料选用、产品设计研发、生产制造、到合理回收利用的涵盖产品全生命周期过程的生态管理模式，从产品设计和生产过程中根本性的减少铅、硫酸等原材料的使用，大大降低新产品研发周期以减少研发成本，降低产品生产所需的电力、天然气、水资源等能源成本和人工成本等，每千伏安时生产成本由原来的6.6元下降至5.2元，综合成本下降21.25%。2017年，天能集团实现利润率在10%左右，远高于铅酸蓄电池6%的平均水平。通过推行产品绿色设计，单位产品铅消耗量降低16.85%，综合能耗降低12.43%，取水量降低10.35%，废水产生量削减11.21%，废水总铅产生量削减15.21%，废气总铅产生量削减18.32%。

（二）示范效益凸显，引领行业可持续发展

在天能全生命周期绿色管理模式下，完成了集团产品线的规划；在动力电池领域完成了38款差异化的新产品的开发，在储能、备用领域完成了相关技术储备和75款新产品的开发；完成了13个工艺项目的研究攻关；在技术支持方面指导或配合基地完成技术对标、技术交付等工作，协同采购中心和上游厂家开展了三项供应链协同降本的项目，依据市场技术支持和市场需求调研的工作开发了H6/云电池系列主推新产品，组织创新能力与效率显著提升。截至目前，天能集团已完成2家绿色工厂、2家绿色供应链和3项绿色设计产品创建（或申报）成功，2016年年底，全国生态文明建设工作推进会把天能循环经济产业园确定为唯一的工业企业生态文明考察点，受到了与会领导的赞赏。同时，在2016年公司还与北京生态设计与绿色制造促进会颁布了《中国动力电池生态设计与绿色增长蓝皮书》，在2016年和2017年中国工业产品生态（绿色）设计与绿色制造年会上分别荣获绿色增长型企业，2017年获得中华环保联合会－循环经济协会的"首届中国节能环保创新应用大赛三等奖"、中国绿色设计与制造产业创新联盟组织的"绿色设计国际大奖""绿色环保产品领跑榜"、光华设计基金会的第十三届光滑龙腾奖"绿色设计先锋团队"等各种绿色发展奖项。2018年，天能集团联合浙江大学、浙江工业大学、浙江长兴中俄新能源材料技术研究院有限公司、浙江省蓄电池行业协会等其他25家单位合作形成联盟，共同创建了浙江省绿色电池创新中心。通过绿色制造体系建设，天能在新能源电池行业进一步确立了绿色制造标杆地位。

（成果创造人：张天任、杨建芬、赵海敏、韩　峰、陈建丰、
宋　锐、宋文龙、袁关锐、施　璐、唐海萍、钱胜杰）

电网企业以保障城市可持续发展为目标的能源变革示范区管理

国网江苏省电力有限公司苏州供电分公司

国网江苏省电力有限公司苏州供电分公司（以下简称苏州公司）是国家电网有限公司（以下简称国网公司）的大型供电企业之一，担负着全市10个区、县（市）的供电任务，服务电力客户532.08万户。苏州公司设有职能部室14个，业务支撑和实施机构7个，下辖6个县级公司，固定资产原值522.99亿元。苏州电网基本形成了特高压交直流混联接入作为支撑、500千伏作为骨干网架、7个220千伏分区电网互济运行、110千伏及以下智能配电网协调发展的网架结构。苏州境内建成特高压线路4条、特高压落点站2座，35千伏及以上变电站540座；35千伏及以上输电线路总长度12370.23公里，10（20）千伏配电线路总长度48780公里。2017年，苏州实现售电量1348亿千瓦时，同比增长10.12%。苏州公司顺利通过了ISO9001质量管理体系认证，连续8年荣获国网公司大型供电企业业绩标杆称号，先后荣获全国实施卓越绩效模式先进企业、全国文明单位、全国五一劳动奖状、国家电网公司先进集体、国家电网公司文明单位先进标兵等荣誉称号。

一、电网企业以保障城市可持续发展为目标的能源变革示范区管理背景

（一）推动能源变革转型，落实国家能源战略的需要

传统化石能源大规模开发利用，带来了大气污染、气候变化、资源枯竭等现实问题。统筹解决能源和环境问题，破解经济社会发展瓶颈，已上升为国家战略。党中央、国务院高度重视能源清洁绿色发展，大力推进能源消费、供给、技术和体制革命。能源变革已经成为未来能源发展、产业经济变革、生态文明建设，乃至城市发展的主旋律。由大型电网企业引领，进行城市能源变革示范区建设和管理，为中国和世界的能源变革提供新思想、开辟新道路、示范新模式，推动能源供给和消费革命，是贯彻落实国家能源战略的重要举措。

（二）破解能源资源瓶颈，保障城市可持续发展的需要

苏州能源消耗增长较快，用能大市、能源小市的矛盾日益突出，资源环境压力日益显现，能源的消费总量、消费结构和消费效率都存在着巨大的调整空间和优化需求。由大型电网企业引领，进行城市能源变革示范区建设和管理，推动清洁能源大力发展，大力实施电能替代，优化能源消费结构，有利于推动苏州能源发展由输煤为主向输电为主、由高碳排放向清洁低碳、由局部平衡向大范围优化配置转变，推动能耗强度大大降低，破解能源资源瓶颈，保障城市可持续发展。

（三）落实上级决策部署，实现公司跨越发展的需要

2015年和2016年，国家能源局和江苏省政府、国际可再生能源署连续两次在苏州成功主办了"国际能源变革论坛"。该论坛旨在凝聚全球能源变革共识，探讨能源发展战略方向，搭建能源高端交流平台，已成为能源领域高规格的全球盛会，并先后发布了《苏州宣言》《苏州共识》，在国内外产生了广泛影响。2016年，国家电网公司、苏州市政府在央企恳谈会签订了典范城市智能电网合作协议，建设"四大示范区"，推动城市能源整体变革。实现新能源优化配置、新业务多元发展、新技术广泛应用、新模式高效运转、新成果普惠共享，打造国际能源变革发展典范城市，为全球能源互联网建设提供可复制、可推广的成功经验，打造电网发展的精品，是苏州公司发展重要机遇，是落实国网公司决策部署，实现公司跨越发展的必然要求。

二、电网企业以保障城市可持续发展为目标的能源变革示范区管理内涵和主要做法

苏州公司为贯彻落实"四个革命、一个合作"能源战略思想，保障城市可持续发展，通过实施一系列世界首台首套的能源创新示范工程，以电网发展为主导，各级政府、相关企业和研究机构广泛参与，在苏州建设大受端坚强电网示范区、源网荷友好互动示范区、绿色低碳用能示范区、智能配用电示范区等"四大示范区"，构建形成以能源供应清洁化、能源配置智能化、能源消费电气化和能源服务共享化为特征，涵盖能源消费全过程、各专业的城市能源变革示范区管理体系，推动苏州成为具有全球影响力的国际能源变革的先锋典范，有效提升公司管理水平和电网品质，改善城市能源消耗结构，降低城市能耗强度，实现了显著的生态和社会效益。主要做法如下。

（一）统筹制定思路和原则，引领城市能源变革示范区建设

1. 主要思路

按照示范区建设与日常业务相结合、短板补全与创新示范相结合、实体工程与管理提升相结合、重点突出与全面覆盖相结合的工作思路，坚持"创新、协调、绿色、开放、共享"的发展理念，深入贯彻落实国家能源发展战略，以苏州建设国际能源变革发展典范城市为契机，以电网发展为主导，相关企业和研究机构广泛参与，围绕大受端坚强电网构建、源网荷运行控制、能源消费、智能配用电四个技术领域，建设以能源供应清洁化、能源配置智能化、能源消费电气化、能源服务共享化为目标的"四大示范区"。

一是坚持示范区建设与日常业务相结合。将示范区智能电网建设的目标思路深入贯彻到各专业工作中，与高端电网和世界一流城市电网建设主线相结合，从电网网架规划、装备提升、智能运行管理等角度开展各项专业工作，全面提升专业管理和电网基础水平。

二是要坚持短板补全与创新示范相结合。坚持问题导向，以解决电网形态、企业管理的薄弱环节为重点，用新举措解决老问题，补齐短板。

三要坚持实体工程与管理提升相结合。建设项目既要有实体工程，也要有工作机制和效率效益提升方面的管理类工程，坚持技术突破和经营管理并重，围绕科技创新和管理创新，实现硬件和软件双提升。

四要坚持重点突出与全面覆盖相结合。坚持点面双轮驱动，既强调工作的整体全面，纵向市县联动，横向全员参与，实现建设工作的全面覆盖，又突出建设示范和窗口效应，通过建设工业园区智能电网示范区和同里新能源小镇，打造区域典范窗口。

2. 基本原则

一是系统性。结合苏州"十三五"规划纲要和低碳发展规划要求，统筹考虑现代城市发展对能源变革的综合需求，系统制定能源供应、配置、消费、服务各环节的电网规划。

二是领先性。在电网规划中优先示范应用特高压、柔性输电、源网荷协调控制、清洁替代等领域具有国际领先水平的创新成果，打造苏州公司推动能源变革发展的"世界名片"。

三是典型性。紧密围绕技术发展趋势制定电网规划，体现清洁化、智能化、电气化、互动化等大受端电网典型技术要素，为后续电网建设提供可复制、可推广的成功经验。

四是安全性。面向能源变革实际需求，以保障电网安全稳定运行为前提，积极采用先进适用、安全可靠、经济合理的新技术、新装备，推动国家能源发展战略有效落地。

五是开放性。积极配合各级政府，加强交流合作，充分利用各种合作平台，结合示范区发展需要，不断引入新技术和新工程，协同推进能源变革发展。

3. 规划引领

一是顶层设计指明建设方向。苏州公司协同国网公司、江苏省电力公司开展顶层设计，编制并发布《苏州国际能源变革发展典范城市智能电网创新示范区总体方案》。协同苏州市政府，依托国网（苏州）城市能源研究院，制定《典范城市创建方案》，提出城市总体愿景和建设路径。

二是行动计划明确建设任务。苏州公司组织制定《2017年典范城市智能电网建设实施方案》《苏州"十三五"配电网滚动规划》《世界一流城市电网建设方案》等一系列电网建设专项规划和方案，指导各项建设工作的有效落实。

（二）建立多方协同工作机制，确保工作顺利开展

1. 建立城市能源变革示范区管理组织机构

一是苏州公司层面。构建省市县三级组织体系，切实推动城市能源变革示范区建设。苏州公司成立以党政主要负责人为组长的领导小组，下设由生产领导牵头、涵盖各部门主要负责人的领导小组办公室。领导小组主要负责领导苏州公司能源变革示范区建设的整体工作，贯彻执行苏州市委、市政府和上级公司要求，推进示范区建设工作，研究和决定有关重大事项。领导小组办公室常态开展示范区建设工作。具体负责牵头制定建设规划和计划，明确建设方向和阶段目标。加强项目过程管控和结果考评，定期召开工作例会，指导、协调、督促公司各部门、各单位开展好"典范城市建设年"各项活动，组织检查和考核。指导各市（县）公司开展相关工作。

2017年，在领导小组的基础上，苏州公司成立典范城市建设办公室（以下简称典建办），确立"领导小组指挥指导，建设办公室统筹协调，工作组及项目组扎实推进"的能源变革示范区建设工作体系。典建办负责制定实施方案，健全工作机制，全面组织协调、监督推进能源变革示范区建设。

二是政府层面。推动苏州市政府成立能源变革示范区建设工作领导小组，加强对示范区重点任务的研究审议和协调督办。由苏州市政府、国网能源研究院和江苏省电力公司三方共建的世界首个城市能源研究院——国网（苏州）城市能源研究院成立，成为典范城市建设的高端智库。

2. 形成内部协调工作机制和外部合作共建机制

一是苏州公司内部。建立能源变革示范区建设工作网络和管理机制，形成由典建办各副主任分工负责，各专业、各单位扎实推进的良好局面。工作协调上，典建办对上对接省公司发展部、科信部等牵头部门，传达贯彻上级公司部署，定期汇报工作情况，争取人力资源、项目立项及资金支持。对内对接各专门部门和各县市公司，定期协调解决建设中存在的困难与问题，提出意见建议，保障项目按期落地。项目管控机制上，研究确定典范城市建设年度目标，提出苏州特色的城市电网发展系统性解决方案，制定发布重点任务，滚动编制行动计划，并进行"项目化"管理。严格月报报送机制和月度例会制度，及时指出并督促整改建设过程中存在的问题。建立健全建设考核机制，将典范城市建设作为重要的工作内容纳入绩效评价体系，强化各专业领导干部责任落实。开展典范城市建设立功竞赛等活动，激发全员建设热情。

二是苏州公司外部。强化政企合作，凝聚共识。苏州市能源变革示范区建设工作领导小组定期召开会议，统筹推进典范城市建设工作。推动、配合苏州政府出台包括推进电能替代工作实施方案、岸电服务价格、"无煤区"建设、需求侧项目、储能、微电网等方面的政策文件，服务示范区建设，强化内外合作，凝聚智力。苏州公司与城市能源研究院建立协同工作机制，发挥双方在项目实施和规划研究上的各自优势，深入开展城市能源体系建设理论、战略研究，以及重大基础性、前瞻性技术和装备研发，形成合力，为推动新技术、新成果在示范区落地应用打下坚实基础。举办专家咨询会，国内外研究机构和高校的能源专家共同为典范城市建设出谋划策。

（三）建设大受端坚强电网示范区，保障能源供应清洁化

建设大受端坚强电网示范区，围绕"电从远方来、电从身边来"的清洁电力发展格局，长远谋划、科学规划，贯彻"规划即运行"理念，实现负荷精准预测，站所精准布点，结构精准设计。通过科学配置UPFC、SVG等潮流柔性控制装备，建成与交直流特高压大电源相匹配的大受端坚强电网示范区，形成特高压"强交强直"相互支撑、各级电网协调发展的坚强网架，电网承接区外清洁来电能力翻一番，适应高渗透率的分布式电源接入需求，实现能源供给侧清洁替代，有效降低能源供给侧二氧化碳等

温室气体和可吸入颗粒物排放。

围绕"电从远方来",规划建设坚强可控的城市主干输电网,将远方的清洁电力大规模引入苏州,并实现有效承载和消纳,彻底改变苏州电能以区内平衡为主的供应格局。主要工作包括:一是保障现有±800千伏锦苏直流特高压线安全运行,增加1000千伏淮上交流特高压线东吴变电站变电容量,争取西南水电白鹤滩落点苏州。二是建设世界上电压等级最高、输送容量最大、技术水平最高的苏通GIL综合管廊工程,攻克交流特高压过长江的世界级难题,为未来全球能源互联网跨国、跨海、跨洲互联奠定工程基础。三是建设世界电压等级最高、换流容量最大的500千伏UPFC示范工程,智能调节控制电流的流向和流量,提升电网供电能力,节约土地资源和投资。四是推进各级电网协调发展,建设"三横一环"500千伏骨干网、"分区互济"220千伏电网和"简约可靠"110千伏电网。

围绕"电从身边来",规划建设简单可靠的城市智能配电网,主动服务并支撑保障境内分布式清洁能源的迅猛发展。苏州光伏装机容量全省第一,近期刚刚突破50万千瓦。苏州公司开展配电网"单元制"规划建设。每个供电单元采用2个及以上电源点支撑、环网布置、开环运行的标准化网架接线,单元内全面满足N-1安全标准。通过"单元制"规划建设,最终形成可靠、灵活的一流配电网,保障风、光发电全额消纳。

(四)建设源网荷友好互动示范区,实现能源配置智能化

建设源网荷友好互动示范区,应用先进的通信、控制技术,创新大受端电网调控手段,建立健全需求侧市场管理机制,推动能量平衡由"源随荷调"向"荷随源动"转变,推广智能运行的源网荷友好互动系统应用,建成源网荷友好互动示范区,提升电网应对严重故障能力,构建友好互动的源网荷运行控制。

"智能运行"是应对清洁能源随机性、间歇性带来的挑战,保障大受端电网安全稳定运行。苏州公司通过大规模源网荷友好互动、电网智能调控、泛在通信等技术,在高比例清洁能源及多元负荷接入条件下,提高电网的运行安全性、控制灵活性、调控精准性和供电稳定性。

其中,大规模源网荷友好互动系统,是将大量的可中断负荷,如工厂的非连续性生产负荷、居民家庭的热水器、空调、冰箱等集中起来,进行精准实时控制。电网从调控电源拓展到调控负荷,通过网、源、荷三者的协调互动,实现供需平衡。该系统可在外部大电源突然失去的情况下,实施毫秒级的主动响应,在负荷侧形成一个虚拟电厂,减少供电缺口,确保重要负荷不受影响。

"智慧管理"是采用物联网、大数据、机器人、移动互联网等先进技术,融合"互联网+"智能运检理念,建设"一体化智能运检管控平台",实现设备信息数字化、状态感知实时化、诊断评估智能化、设备巡检高效化、故障恢复快速化、电网管理信息化。

设备信息数字化,通过应用设备电子身份标签,建设设备身份识别信息系统,完善GIS地理信息平台设备信息,实现设备基础信息数字化。

状态感知实时化,通过应用设备状态感知装置、控制装置等在线监测装备,全面实现对设备运行状态的实时感知。

诊断评估智能化,通过建立完善设备信息数据库,深入挖掘海量数据的业务价值,构建故障预警和预测模型,实现设备状态智能诊断评估和预警。

设备巡检高效化,通过推广应用智能巡检机器人、无人机、可穿戴式装备等先进智能运检装备,大力提升巡检质量和效率。

故障恢复快速化,通过建立"标靶式"抢修模式,建立抢修基站、抢修分站和移动抢修点的"三站式"立体抢修网络,实现"未报修先响应"的主动抢修模式。

电网管理信息化,通过充分应用大数据、云计算等现代信息通信技术,构建一体化信息集成平台,提升互动化业务和多类型终端接入的支撑能力。

(五) 建设绿色低碳用能示范区，推动能源消费电气化

1. "无燃煤区"工程

联合有关政府部门，充分利用支撑电能替代发展的环保、补贴、价格政策。广泛发动社会资源，与设备制造、系统集成企业紧密合作，建设以电代煤规模化示范工程，在服装纺织、木材加工等行业推进蓄热式工业电锅炉、电加热应用，在金属加工、铸造等行业积极推广电窑炉技术，在农业生产、农副产品加工、蔬菜大棚养殖存储等领域推广电供暖、热泵、光热供暖、电蓄冷等技术。2017年累计实现电能替代电量30亿千瓦时。

2. 基于智慧车联网的绿色交通网络工程

拓展城区、城际快充网络，加快居民区停车位充电桩配套电网建设改造，建成核心城区"2公里"充电圈。构建智能互动、开放共享、安全高效的智慧车联网平台，累计实现充电桩入4301个，并向社会各界开放，整合线上、线下资源，加强车联网与电动汽车互动的增值服务，开发定制车载充电导航系统，提供车、桩、网、保险等一站式服务，推动电动汽车制造业、充电设施运营商、智能电网融合发展，全面提升用户用车体验。

3. 港口岸电互联互通工程

联合有关政府部门，争取出台岸电设施建设、用户船舶改造的补贴政策。大力实施"互联网＋港口岸电"，示范应用岸基通用、移动电缆车等先进技术，建设"一江一河"（长江、京杭运河）标准岸电互联互通示范工程，提供线上预约、充值交费等服务，实现全网岸电服务一体化，船舶岸电使用率提升40%，提高船舶靠港岸电使用体验。

4. 家庭电气化工程

持续开展"电网连万家、共享电气化"主题活动，与家电生产商、电商平台、传统商场融合协同、共享发展，推广新型家电、智能家居、随器计量技术和全电智能家居模式，构建智能用电互动服务体系，推动建设全电化小区，提高电能在家庭能源消费中的比重，构建智能高效的居住环境。

5. 多能互补示范工程

建设完成以电为主的冷热电多能源互补、深冷储能等技术，建设多能互补示范工程，综合利用区域负荷的差异性、互补性优势，挖掘光伏、光热、热泵等可再生资源禀赋，实现不同时间、空间尺度上的区域能源高效、经济、清洁利用。

(六) 建设智能配用电示范区，加快能源服务共享化

1. 配电网硬件建设方面

通过建设自愈互动优质的配电网、新一代智能电网调度控制系统和泛在智能的电力通信网络，优化配电网功能形态，实现各类负荷与分布式电源的主动控制、各级调度的协同一体化运作，以及电网的智能化运行控制。

建成苏州工业园区2.5产业园主动配电网综合示范工程，投资2.3亿元，实现2.5产业园内的分布式电源、电动汽车、储能、柔性负荷等多元主体综合协调互动，能效水平与供电质量显著提升，形成分布式电源、多样性负荷、储能等设备广泛接入条件下的配网交直流发展的典型模式，打造配网侧友好互动、优质供电、柔性控制的典范。

2. 供电服务提升方面

一是建设"互联网＋"电力营销服务体系。全面推广微信公众号、电力一点通APP等基于互联网的服务方式，提供个性化、差异化、实时化服务渠道。建设用电互动服务平台，为电力客户提供云端电力营业厅、微信、手机APP等服务，打造基于O2O的用电服务新模式，拓展新型互动方式。

二是开展综合能源服务。率先在高新区、常熟开发区及苏州工业园区等区域建设综合能源服务中

心，实现区域内居民及工商业用户"多表合一"信息采集，打造安全可靠、灵活高效、智能协同的综合能源网络。示范区域内综合能耗降低5%，综合能源业务平均办理时间下降50%。

三是自动需求响应建设。示范应用能源消费行为分析、需求响应资源辨识与量化、负荷聚类与柔性调控技术，提升电力供需平衡调节能力和新能源消纳能力。对100户大用户非生产性负荷、6000户居民用户进行互动改造，通过价格激励等方式引导用户主动参与需求响应，可调负荷能力3万千瓦。

（七）强化人才队伍保障，发挥人力资源最大价值

组织开展城市能源变革示范区管理体系宣贯培训，促进各级生产、管理人员明晰发展目标，转变管理观念，提升管理穿透力和管控成效。

采用公开招聘加内部择优相结合的方式，组建完成典建办人员构成。依托江苏省电力公司、外部培训机构，加大对专职管理人员的业务技能培训和技术交流，推进管理人员适应能源变革，拓宽专业知识面，增强岗位适应能力。

为进一步激发苏州公司全体干部职工的劳动热情和创造活力，确保城市能源变革示范区建设有序推进，开展示范区建设立功竞赛、我为示范区建设当先锋等专项活动，以建设管理、造价控制、科技创新、组织协调、团结协作等关键环节为主要内容，开展竞赛争先，极大地发挥了全体干部职工的工作激情和活力。

三、电网企业以保障城市可持续发展为目标的能源变革示范区管理效果

（一）生产经营成绩斐然

苏州公司通过开展城市能源变革示范区管理，有力地提升了管理水平，推动了经营业绩的改善。在当前产业结构调整、电力市场变化急剧的复杂外部形势下，苏州公司经济指标呈现良好增长趋势，实现了经济效益的提升。2017年，苏州公司完成售电量1348亿千瓦时，增长10.12%，公司售电量跃居全国城市电网企业首位；调度最高负荷先后11次刷新纪录，最大值达2580万千瓦，增长11.13%；营业收入首次突破800亿元，达826亿元，增长8.94%；全员劳动生产率达1087万元/人·年。

（二）生态效益提升明显

引领和带动城市能源发展转型，提升能源消费清洁化水平，构建和推广节约高效、清洁低碳的城市用能模式。2017年，苏州电网接纳特高压区外清洁来电的能力超过1100万千瓦，相当于苏州少建11座百万千瓦级燃煤电厂，占比提升至苏州最高用电负荷的约40%；通过建设"单元制、网格化"的智能配电网和主动配电网，保障75万千瓦本地风力、光伏等清洁能源的全额消纳。在苏州全市建成32个电动汽车充电站、500个智能小区充电桩、港口岸电设施40套。实现年度标煤燃烧减少2424万吨，二氧化碳排放减少5982万吨，碳粉尘减少1632万吨，为苏州能源清洁化供应做出巨大贡献。

（三）电网安全水平显著提升，社会效益持续向好

2017年年底，苏州地区全年累计实施电能替代项目791项，完成替代电量28亿千瓦时；工业园区、姑苏区、同里镇率先基本建成"无燃煤区"；全市累计投运电动汽车充电站86座，其中高速公路充电站12座，城市快充站41座，公交汽车充电站32座，实现城市核心区"三公里"充电圈；港口岸电实现沿湖、沿江、沿河全覆盖。累计推广家庭耐用电器23万台；在苏州中心、苏州财富广场、苏州体育公园、常熟滨江新城等大型城市综合体应用实施冰蓄冷等集中供冷供热系统，成为江苏省"双蓄"技术的引领项目和全国行业领先项目。通过示范区建设和管理，助力实现网架结构和智能化水平提升，"源网荷"协调控制和互动，受端电网安全稳定问题，电网与多能源主体互利共赢问题基本解决，供电可靠性显著提升。

（成果创造人：陈宏钟、张志昌、丁丹军、马晓东、朱朝阳、张军民、管笠、吴锋、惠锦、姚晓君、范永宇、兴胜利）

以价值最大化为导向的油气资源配置管理

中国海洋石油集团有限公司

中国海洋石油集团有限公司（以下简称中国海油）是国务院国有资产监督管理委员会直属的特大型国有企业。中国海油成立于1982年，现已发展成为油气主业突出、业务遍及40多个国家和地区、业务范围涵盖勘探开发、工程技术与服务、炼化销售、天然气及发电、金融服务等五大板块的国际综合型能源公司，初步形成油气上下游一体化产业链，综合实力和可持续发展能力显著提升。2017年实现营业收入5507.1亿元，利润总额481.6亿元，上缴利税881亿元。2017年年底公司总资产11260亿元，净资产6707亿元，辖全资子公司24家、控股子公司6家（其中上市公司4家）、分公司2家。

一、以价值最大化为导向的油气资源配置管理背景

（一）化解油气供需矛盾的迫切需要

随着对外合作的深化和自营勘探开发工作的有效推动，中国海油油气产量持续提升。但是，一方面，随着近年国内大多数海洋原油开发进入生产中后期，产量持续自然递减，相应的中下游业务为配合和响应国家区域发展的规划布局及成品油质量升级政策的要求，一系列新建高端炼化项目逐步投产，国内海洋原油特别是重质原油的供应不足已成为中下游产业链发展的瓶颈。此外，公司贸易储运业务快速发展，需要依托更多的海洋原油来撬动贸易业务量进一步做大，持续提供价值增值。面对海洋原油供需矛盾突出的现实问题，迫切需要中国海油通过优化原油资源配置方案，实现原油资源配置效率的提升。另一方面，中国海油的天然气供应以海上天然气为基础，主要通过长期合约和国际通行的照付不议方式执行。但随着大量主干管网的建设、各省管网公司的建设，沿海地区的天然气客户有了多气源选择的机会，市场竞争更加激烈。这迫切需要中国海油细分和培育市场开发有效需求，并根据区域差异、季节差异加强多气源配置，实现天然气资源的综合利用。

（二）建设中国特色国际一流能源公司的现实需要

当前，中国海油已经初步构建了相对完整的油气产业链，但可提供的油气规模总量还相对较小，尤其是天然气等清洁低碳能源产量占比较低，在炼油化工、终端销售、新能源等业务领域的布局还不够，在提供高品质综合性能源产品和服务方面与国际一流公司相比还有差距，新的能源技术、业态和商业模式还没有得到有效培育。为此，在建设中国特色国际一流能源公司的实践中，中国海油必须不断壮大规模，将产业链逐渐向上下游延伸，探索建立不同业务板块之间有效的协同管理机制，推动产业协同发展，实现集团价值最大化。同时，要以市场为导向强化核心能力建设，认真处理好协调发展与市场化经营之间的关系，强化产业链价值创造体系，使其与集团利益最大化理念下的价值分配体系相协同，逐步提升公司核心油气资产配置的效率和效果。

（三）提高油气资源市场化水平的客观要求

在新的改革形势下，中国海油一方面积极落实国家市场化改革的重大决策部署，支持油气市场建设、支持油气市场化定价机制建设、积极参与市场交易，执行国家市场化配置资源的各项决策部署，需要进一步强化市场化配置资源能力，以适应竞争日趋激烈的行业环境，真正树立"市场引领、客户至上、服务为先、价值创造"的市场经营理念。另一方面随着油气市场化改革不断推进，油气管网基础设施对外开放，市场经营主体逐渐增多，区域市场供需格局不断受到冲击，公司油气产业链面临一定程度上的主动调整和应对，部分产业链需要重新优化，油气资源在产业链之间的配置模式和手段也需要更新

和调整，从中通过产业链质量变革、效率变革和动力变革，切实推进管理模式转型和产业结构转型，以改革和转型为主线谋划集团公司的规划发展，以价值最大化为导向推动实现中国海油在新时代的高质量发展。

二、以价值最大化为导向的油气资源配置管理内涵和主要做法

中国海油为提高油气资源配置效率，实现公司核心油气资产高质量的价值增值，紧紧围绕石油和天然气两大资源配置管理，坚持市场化方向，发挥集团一体化管控和协同管理优势，发挥国内国外两个市场的互相补充和调剂作用，提升资源配置效率，增加油气资源供应量；以价值最大化为导向强化产业链核心能力建设，从产业链价值增值角度优化产业链的各个环节；总体统筹油气产业链，推动资源有效配置；持续优化组织结构和组织流程，匹配油气资源配置的内在需要，持续推动上中下游业务的共同发展和产业链价值优化，实现价值共赢，推动集团价值最大化。主要做法如下。

（一）资源配置管理的总体思路和目标

油气能源产业链紧紧围绕油气资源的勘探、开采、生产、贸易、储运、精细炼制、深加工、再利用、产成品销售终端等环节展开，逐步实现油气资源的经济价值和增值。集团公司努力追求既定油气资源要素在中下游各需求单位间的最优配置组合，持续提升油气产业链各环节的价值增值，促进产业链的健康可持续发展。油气资源生产要素的配置优化思路，是以多元线性优化模型为基础，在既定资源总量约束下，通过调整和优化不同的资源配置组合，实现集团公司产业链经济价值最大化的过程。

集团公司的资源配置优化过程，充分遵循市场交易规则，以各法人单位间已有商务合同为要素配置基础，以市场为导向，充分尊重各市场主体已达成的商务协议。集团公司对资源的统筹、协同和优化，最终体现为不同法人间的商务购销合同或合作协议，用市场规则保障资源配置结果。各法人单位依法合规执行商务合同，受法律保护。集团公司通过油气核心资源的配置和优化，推动集团产业链各环节、各单位的健康可持续发展，最终实现油气产业链价值最大化。

（二）提升油气核心资源配置效率

1. 构建集团油气两大资源池，实现集团资源统筹

中国海油基于国内海洋原油的供需状况，在集团层面致力于构建海洋原油和进口原油的有效组合。随着国家放开原油进口资质，集团层面总体调配海洋原油自用和供应外部用户的比例，通过为外部客户供应海洋原油的资源优势撬动外部客户的进口原油代理业务，总体上做大原油资源池和原油交易规模。其中，在海洋原油资源管理方面，注重加强原油供应统筹，使有限的海洋原油资源在内外部客户间有效分配；在进口原油资源管理方面，集团公司从申办资质入手，积极申请旗下更多的炼油单位拥有进口原油使用权，同时为旗下的贸易公司努力争取国有贸易原油进口和非国有贸易原油进口资源资质，努力打造顺畅的原油进口通道，作为原油资源池的有效补充。

中国海油基于海上天然气、煤层气、煤制气、LNG等气源不同的供应特点，采取不同的方式开展相关业务。例如，海气供应周期相对较长、短期供应峰值较大但高峰产量持续时间较短，于是在上游开发多采用滚动开发模式，延长高峰产量周期；煤层气达产周期较短，需要持续高强度的开发投资，煤制气项目投资规模大，环境保护和用水要求较大，集团层面通过并购和合作方式，全面开展煤层气和煤制气业务，缓解天然气资源总量不足瓶颈；LNG资源供应周期较长，供应稳定，需要上中下游一体化延伸并签订照付不议供应合同，但合同执行灵活性相对较差，中国海油发挥LNG资源调配容易的特点，为海气、煤层气、煤制气等气源的市场区域稳定供应提供应急和储备保障，组合多维的天然气资源池，保障天然气的供应安全。在LNG资源本身的资源组合中，采用长短期资源结合、对长期资源进行定期回顾或通过续签合同、延长合同周期等方式，积极争取短期供应量和供应价格的优化，有效匹配市场客户的不同需求。

2. 建立油气资源"总买总卖"的运营模式

在集团公司的统一筹划下，经过深入细致的分析，中国海油建立了油气资源统一销售贸易平台，对可获取的油气资源统一采购、统筹储运、统一调度、集中销售，逐步树立中国海油油气贸易的品牌价值。这样做的好处，一是充分利用中国海油自产油气的优势，以及海外拥有越来越多的合作份额原油销售权、大量的 LNG 采购长期协议，发挥上游油气资源的主导采销优势，在市场中实现好的采购成本和销售价格；二是增加在市场的话语权和参与度，发挥贸易的撬动作用，向客户提供基于油气资源的一揽子综合服务；三是以油气交易量为基础，增加与船东和物流方议价的能力，降低物流和仓储成本，并逐步自建部分油气储运设施、LNG 接收站，发展自己的储运体系；四是与金融机构合作，实现了贸易与金融的高度融合与统一，降低资金成本和运营风险。通过油气贸易环节的规模经济优势，实现销贸储运融一体化发展。

3. 统筹安排年度资源供需计划，定期跟踪执行效果，实时调整

集团层面对年度油气资源供需计划进行统筹，遵循价值最大化原则，按优先级制定年度总体资源配置方案。其中，原油资源主要利用优化模型持续测算，对比不同油种在系统内部炼化单位加工环节和对外销售贸易环节的边际增值，确保原油配置方案在理想条件下实现的原油价值最优解，原油吨油附加值贡献最大。天然气资源供应主要通过长期协议实现，年度供需计划管理主要推动相关产能替代、总体资源平衡和地区平衡，以上游海气生产计划为基础，提前通过调整井、气田滚动调整项目等安排和实现产能替代，不足部分通过 LNG 资源调度，补充供应市场用户。

年度资源供需计划确定后，公司定期跟踪计划的实际执行情况，综合分析后，实时调整和优化计划。在内部原油需求用户之间，逐步建立基于 RPMS（炼化生产计划优化系统软件）模型的原油油种流向调整机制，按照不同油品油种的原油评价报告和加工建议方案，以及不同炼油单位的工艺路线、产成品的市场实现价值，充分挖掘原油加工环节尤其是二次加工的经济附加值，提升炼油企业的整体经济效益。在内部天然气需求用户间，充分尊重各单位已有的天然气采购合同，随时灵活调度 LNG 气源，动态优化 LNG 长协合同的进口和船期安排、船舶走向，保障各区域天然气的总体供需平衡。

4. 多层面建立市场化价格的动态调整和回顾机制

一是在上游开发企业与专业技术服务企业间建立服务价格自动调整机制。集团层面建立工程建造和海上施工安装工程定额，有效确定上游油气开发成本，定额挂靠国际市场价格水平，并实现动态调整，保持与国际市场的成本竞争力。

二是上下游原油供应与采购基本参照市场价格执行，并建立定期调整和回顾机制，在国际油价波动到一定幅度时相应调整上下游原油供应价格升贴水价格，实现低油价时下游企业对上游企业补贴、高油价时上游企业对下游企业补贴的升贴水机制，自动平衡上下游企业的价值实现水平，推动低油价时上游资源的有效开发，保障高油价时下游炼化企业的资源加工利润。

三是海气供应按照市场净回值法确定销售价格并反推上游开发价格，下游产品价值实现后动态调整上游供应价格，实现市场价值的内部分享机制，鼓励上游增产和市场销售的积极性。由于海气开发的"高技术、高风险、高成本"特点，造成部分区域的天然气销售价格高于竞争对手，迫使终端客户转而寻求替代气源，进而影响上游企业的生产，造成上中下游产业链全盘皆输的局面。集团层面以价值最大化为导向，引导上游企业在气田的开发论证中探索市场净回值法定价模式，即从市场终端确立的交易价格，扣除中间环节成本，回推得到上游基准价格作为项目开发决策的基础，建立上游生产企业与中下游企业"利益共享风险共担"的激励约束机制。

(三) 实施贯穿产业价值链的资源配置

1. 持续跟踪和完善产业价值链

中国海油在已初步形成的上中下游一体化产业价值链基础上，以问题为导向，跟踪和完善产业价值链，助力油气资源最佳的配置效率。

在上游领域，不断推动上游勘探开发技术革新，持续降低油气桶油成本，加大油气资源供应规模。面对国际低油价、LNG 长协采购价格高企的困境，中国海油连续开展"质量效益年"提质增效活动，持续降低油气开发桶油成本。同时，加大深水油气勘探开发力度，加快国际化油气资产并购步伐，加大国际市场采购油气规模，综合提高上游油气资源供应规模和能力。

在中游领域，完善流通最薄弱环节，通过建立必要的管线路由、LNG 储罐设施、原油储运设施、LNG 槽车资源等，不断提高油气资源的调配效率，降低中游运营成本，并依托关键设施提高区域油气供应的核心竞争力，增强市场话语权。

在下游领域，关注国家最新环保政策和产业政策的要求，不断升级产品层次，增强市场敏感性，随时微调产品工艺路线和性能参数，生产适销对路的合格产品。

2. 增强终端市场意识，确保产业链价值的最终实现

首先，中国海油多措并举，打通成品油的价值实现渠道。中国海油最终成品油的价值实现依托国内批发、零售终端和国际市场等三种渠道。但是，国内成品油批发市场供大于求，批发价格持续低迷；受限于中国海油开发和运营零售终端数量较少，成品油零售占比一直不高；而国家政策要求成品油生产以保障国内供应为主，成品油出口坚持总量控制的原则。三种销售渠道均影响和制约成品油的价值实现。为此，中国海油一是指导炼油单位主动作为，成立大区销售分公司，通过新建、并购、合营等多种渠道和方式，加快开发成品油零售终端；二是主动向政府相关部门汇报情况，积极寻求成品油出口新政的有效解释，提前制定成品油出口的最佳实施策略；三是在国家批复中国海油成品油出口额度后，加大系统内部的统筹协调力度，指导相关单位制定详细的月度成品油出口计划和国际市场实施方案，充分发挥成品油出口的经济价值；四是利用中国海油与国际能源巨头在海外长期业务合作的优势，提前研究部署与 SHELL 和 BP 等公司在海外成品油销售领域的战略合作，持续提升成品油在海外市场的附加值。

其次，中国海油提高天然气产业链的协同性，实现天然气产供储销一体化发展，上游持续优化开发方案、LNG 持续优化资源池采购成本，并按照"照付不议"模式推动产业链的良性发展；中下游提振和开发市场客户需求，实现以市场需求带动天然气产业链经济价值的目标；重点破解区域管网未互联互通的瓶颈，有效拓展市场空间。目前，我国管道供应天然气还做不到"全国一张网"模式，液态 LNG 槽车或罐箱运输模式又受制于运输半径和目的地的气化条件，因此，通过横向联盟、"串换"货源等多种方式，破解区域管网互联瓶颈，有效拓展市场空间，成为中国海油开拓市场空间的必然选择。

(四) 总体统筹油气产业链，推动油气资源有效配置

1. 建立油气资源内部优先供应机制

集团公司的油气资源整体上优先保证内部单位使用，交易价格参照市场体系，建立价格确立和定期回顾机制，部分项目根据项目特点建立上下游价值分享机制，优先强化集团内部的协同效应，推动内部油气资源供应的稳定高效。

集团公司年度统筹内部各单位的油气需求，以油气资源为集团公司所属产业创造的价值增值排序，科学制定年度资源配置计划。内部油气需求单位同样遵循市场化原则，优先满足资源盈利能力强、资源加工需求量大、产成品与民生高度相关的企业需求资源计划。在年度配置计划的执行过程中，定期召集资源配置协调会，了解最新市场价格走势及油气供需动态，集思广益、深挖潜力，持续优化资源配置方案，最大限度地发挥油气资源价值。

2. 推动系统内部相邻炼油和化工单位隔墙供应

集团公司在全国多个石化产业园区布局有内部炼油厂和下游化工项目，当彼此生产要素和产品互有需求时，协调双方参照市场化价格建立隔墙供应机制，降低物流成本，节省销售和采购费用，实现产业链共同增值目标。

3. 天然气发电企业电力直供内部企业

随着国家电力体制改革的不断深入，广东省大力推行电力市场化改革，首次将燃气发电纳入市场交易范围，发电企业和大用户企业电力直供的交易量不断扩大。按此政策，发电企业的总发电量分为国家计划内发电量、与大用户直供电量、月度竞价确定电量等三部分，并将逐步降低国家计划内发电量比例。由于大家习惯性认同天然气发电企业的调峰属性，实施新政后，该类企业的国家计划内发电量大幅减少，在没有大用户长期直供电量的支持下，月度竞价电量也屡屡败北，致使企业的发电小时数和天然气消耗量大幅下降，经济效益下滑严重。

在此背景下，集团公司层面积极探索电力直供系统内部用电需求大的炼油单位和化工单位，推动油气产业链全面的价值整合，实现资源共享、合作共赢。以国家深化电力体制改革为契机，一方面保障了用电企业的电力需求，降低了生产成本；另一方面提高了天然气发电企业的大用户直供电量的稳定性，改善了发电企业的经济性；最主要的是，这些天然气发电企业均以海上天然气或 LNG 为燃料，带动了海上天然气和 LNG 的市场消耗量，促进了天然气上游业务的发展，实现了集团公司油气产业链的价值全面整合的效果。

4. 炼化企业的产成品供应上游资源企业和专业服务企业

集团公司层面统筹将炼化企业生产的柴油、润滑油等产品直接供应系统内部有需求的上游油气生产企业和专业服务企业，实现生产要素的内部流动和价值整合。同时，根据国家政策，实现内部供应消费税减免，同时建立消费税减免上下游分享机制，实现上游协同发展，共享收益。

5. 炼化企业加大适炼性研究，促进特殊油气资源的有效开发

中国海油炼化企业积极研究上游各类原油资源的适炼性，助力上游原油资源尤其是特殊油气资源的开发和利用。公司炼厂根据上游国际化并购产业情况，特别是公司收购加拿大 Nexen 公司以后，上游生产油砂资源比较多但价值难以有效实现，积极开展油砂资源的适炼性研究，开展油砂资源价值提升专项研究，为加拿大 Nexen 公司解决原调合方案中组分不互溶的问题；积极探索资源回运国内加工的实现路径，共同提升整体产业链价值。

（五）持续开展组织优化和管理流程优化，匹配资源配置需要

资源配置工作根据公司组织体系不断优化而调整，满足不同架构下的资源配置要求。2002 年，集团公司成立气电公司，负责 LNG 相关业务及发电、天然气管道、城市管网、车船加注等业务，2008 年进一步整合为气电集团。2010 年，集团整合进出口公司和原油天然气销售部，统一归口原油销售和贸易管理。2015 年，中国海油进一步推动炼化板块改革工作，对炼化业务进行整合，设立炼化集团，统一组织炼油化工生产。集团总部油气配置管理流程也相应调整优化，原油配置流程强化一、二次配置的协同管理；持续探索天然气业务转型升级改革方案，构建多气源供应保障体系；海外资产进一步重组整合，实现国际国内资源一体化管理、信息一体化共享、风险一体化管控、人员一体化管理。如今，集团公司已形成集上游原油勘探开发、中游贸易储运销售、下游炼化加工和天然气利用企业于一体，由专业的工程技术服务和金融服务提供支持的组织架构。在此基础上，发挥集团管控优势，已逐步建立起一套跨法人、跨业务板块的业务协调发展及协同管控机制，通过市场化导向，以效益最大化为目标，推动油气产业链价值的持续提升。

三、以价值最大化为导向的油气资源配置管理效果

（一）产业链整体价值得到大幅提升

中国海油坚持市场化导向下科学的原油资源配置原则及定期跟踪的动态回顾机制，基本实现了集团公司下游炼油化工业务和中游销售贸易储运业务的健康可持续发展，有力保障了上游勘探开发生产业务的连续运行。2017年，利用国内国外两种资源的统筹优势，供应系统内部炼油单位原油近4000万吨，充分保障了各炼油单位的加工原油需求，基本实现了工艺装置的"安稳长满优"目标；油品贸易规模已近亿吨，贸易板块的业务收入已占集团公司营收近1/3，成为公司集约化发展的重要一环；成功实现成品油出口1/3以上，较2016年增幅50%以上，实现国内国外两个市场渠道的统筹管理。全年炼化板块获利超100亿元，促进了炼化业务的持续健康发展。同时，LNG进口量持续攀升，天然气产业链价值得到实现。在保证天然气供应的同时，及时补充上游生产维修停产和供应不足等空档，实现长期稳定供应，提升用户满意度。带头落实"煤改气"政策，想方设法打破天然气管输瓶颈，实质性拓展了天然气市场空间。2017年，累计新增海上天然气销售约10亿方，新增LNG销售约400万吨。

（二）资产运营效率稳步提高

中国海油所属炼油单位、化工单位长期满负荷生产，既实现了社会固定资产的保值增值，也推动了油气潜在储量资产的滚动勘探和开发。下游所属单位持续稳定的油气需求，为海上油气田提供了有效动力，也是上游持续稳产增产的重要保障；而上游持续增长的开发需求，也为油田开发工程和技术服务的成长提供了动力和保障。同时，中国海油基于市场净回值定价模式，将海上天然气的上游开发、中游储运、下游天然气的综合利用等各环节统筹研究，统一决策。一些边际气田已据此实现了有效开发，保障了民生用气需求，个别缺乏气源支持的下游天然气用户单位得以继续生产经营。

（三）管理水平迈上新台阶，社会效益和生态效益持续显现

中国海油以原油配置管理为基础，中游原油贸易业务实现了成本精细化管理，下游炼化企业生产物料管理的计划性显著改善，中下游业务的获利空间明显增加。以天然气配置管理为纽带，提振了天然气市场需求，实现了海上天然气、LNG、煤层气等多气源的协同和保供，天然气利用产业链在不断延伸、发展和壮大。同时，通过富有效率的配置油气能源，充分实现了不可再生资源的最大价值贡献，有效延长了一次能源的开采年限。已投产的油气装置利用率普遍提升，经济回报可观，避免了社会固定资产的闲置和低效浪费。成品油、天然气、精细化工品的充足供应保障了人民日益增长的美好生活的物质需求，缓减了发展不平衡不充分的矛盾，提升了社会福祉。目前，中国海油主动推动我国在天然气清洁能源方面的广泛利用，在国家蓝天保卫战工作中勇于担当作为，积极营造低碳节能的清洁能源消费理念，努力构建绿色健康的环保生态系统，建设美丽中国。

（成果创造人：温冬芬、孙大陆、栾湘东、陈会民、刘　伟、张仰胜、邵丽华、张红星、任　磊、董元昌、李海波、尚春梅）

高端装备制造企业海上风电绿色产业高质量发展管理

中车株洲电机有限公司

中车株洲电机有限公司（以下简称株洲电机）是中国中车股份有限公司全资子公司，主要业务为轨道交通牵引电机和变压器、风力发电电机、高效节能工业电机、新能源汽车驱动、特种变压器、高速永磁电机等。截至2018年8月，公司有从业人员5600多人，注册资本10.43亿元，净资产23.36亿元，总资产74.21亿元，复合增长率达到27.5%，近三年利税总额超过14亿元。株洲电机2010年10月注册成立了全资子公司——江苏中车电机有限公司，注册资本1.37亿元，全面负责株洲电机风电产业板块的经营和发展。

一、高端装备制造企业海上风电绿色产业高质量发展管理背景

（一）贯彻国家新能源战略规划的需要

海上风电有着巨大的发展潜力，对我国能源结构朝着"安全、清洁、高效"的方向转型具有重要的意义。近年来，国家出台一系列能源战略规划及宏观政策，大力推动向海上风电的发展。《可再生能源"十三五"规划》《风电发展"十三五"规划》明确提出要积极稳妥推进海上风电建设；《中国制造2025—能源装备实施方案》《能源发展战略行动计划（2014－2020年）的通知》《全国海洋经济发展"十三五"规划（公开版）》明确提出要因地制宜、合理布局海上风电产业；《2018年能源工作指导意见》称，将积极稳妥推动海上风电建设，探索推进深远海域海上风电示范工程建设。

（二）落实集团新产业发展纲要的需要

中国中车《"十三五"新兴产业发展纲要》提出，应高端装备制造、新能源、节能环保、新能源汽车等国家战略性新兴产业为方向，以打造高端动力装备先锋、中车通用机电装备专业领域旗舰企业为主线，重点依托电机、变压器核心技术，以提升产业核心竞争力、扩大产业规模和提高投入产出效益为根本，运用内涵式、外延式相结合的发展模式，调整和优化产业结构，转变经济增长方式和企业盈利模式，促进新产业快速、健康发展。

（三）实现企业转型升级和高质量发展的需要

株洲电机在发展风电产业过程中，面临来自内部和外部的压力与挑战。一是由于行业政策导向及产能过剩，轨道交通、国内陆上风电均遭遇产业发展瓶颈，迫切需要新的发展增量作为支撑；二是风力发电机属于大型高端装备，资金投入较大，且运输成本较高，实现全过程自动化生产存在困难，传统的生产作业方式效率较低；三是近年受原材料上涨和客户压价的影响，株洲电机在风电产业经营方面面临较大压力；四是随着业务的增长，出现业务结构的分散化、多元化和异地高速扩张等问题，急需完善以战略为导向和以提高经营品质为核心的管控体系，进一步优化内部资源配置。我国海上风电虽然起步较晚，但已经进入规模化发展阶段，市场前景广阔。发展海上风电将进一步提升公司风电产业核心竞争力。因此，发展海上风电是株洲电机快速突破业务瓶颈、弥补规模缺口的最佳途径，也是驱动风电产业转型升级的必然要求。

二、高端装备制造企业海上风电绿色产业高质量发展管理内涵及主要做法

株洲电机以国家能源发展规划为导向，以绿色发展理念为指导，以高质量发展为主线，以信息化和智能化技术为支撑，通过"抢占市场先机、转变经营思路、提高管理效能、推进智能制造和创新营销机制"五个主要做法，达到"优化产业结构、促进转型升级、培育新的增长点和实现企业持续健康发展"

的目的。主要做法如下。

（一）战略谋划，精准推进，抢占市场先机

1. 落实指导思想，明确发展目标，合理构建战略布局

株洲电机积极贯彻"创新、协调、绿色、开放、共享"五大发展理念，明确提出"明德成器、利物益世"的企业核心价值观，并以"三创三化"（创百亿企业、精益企业、学习型企业，构筑专业化、集约化、国际化的百年基业）作为公司发展愿景，致力于成为高端动力装备先锋企业，实现国际化经营。

为科学统筹和促进风电产业的快速稳健发展，株洲电机制定了风电产业"十三五"战略发展规划，提出"聚焦客户需求，以市场为导向，提供绿色能源产品，实现全价值链增值"的发展愿景和"成为行业领先、世界一流的大型风力发电机及风电综合服务提供商"的使命。株洲电机明确了风电产业板块"立足风电、延伸风电、超越风电"的发展定位，以"两海"战略和研发驱动作为两大手段，积极推动"持续巩固永磁直驱风力发电机业务和全力发展双馈及半直驱风力发电机业务、大力发展海上海外风力发电机业务和做大做强风电维保业务、加大培育风电场运营业务、重点关注新能源领域业务"四个业务布局，以提升"战略管理、生产制造管理、营销管理、人力资源管理、项目管理、企业文化管理、生产制造管理"七大能力为支撑，通过"由单一业务向综合业务转变、由生产制造向'生产＋服务'转变、由国内市场向'国内市场＋海外市场'转变"三个转变，实现株洲电机"2020年风电产业年销售收入超过50亿元"和"打造行业世界级的标杆企业"两大核心目标。

2. 开发前沿技术，适时完善储备，支撑海上风电发展

在风力发电机基础领域，株洲电机开展电能质量对轴电压影响的研究、无刷双馈风力发电机研究、磁钢防腐结构研究等技术的研究。在风力发电机前沿领域，开展分瓣式风力发电机、海流发电机、水钠电池的研究等科研项目。同时，有针对性地开展基于6MW－β的海上直驱永磁风力发电机可靠性及关键技术研究、海上风力发电机技术路线分析及对策研究等。2016年，株洲电机成立海上风电技术研发部，专业从事海上风电技术的研发。2017年，株洲电机在江苏盐城成立专项进行风电技术研究的省级博士后创新实践基地，与国内知名高校开展技术交流及项目合作，提升公司海上风电产品的整体技术水平。

3. 依托中车品牌，推进政企合作，获取有限风场资源

2015年，株洲电机在新疆哈密成立子公司，建立风电制造基地。株洲电机充分借助中国中车品牌影响力，持续深入和加大与地方政府对话力度，建立了良好的政企沟通渠道和合作关系，2016年株洲电机成功获得哈密十三间房5万千瓦风场资源并通过核准，实现投资、资源、市场三位一体的突破。

株洲电机凭借在江苏盐城基地投资的区域优势、海上风电技术基础、中车品牌力量和当地扶持政策，通过与当地区政府沟通，成为率先获得近海风电场资源的零部件企业。

4. 推行多边互利，共建产业园区，共同开发海上风电

政府在海上风电市场开发中均采用集中式大规模连片开发模式，以资源引进产业，引进供应商共建风电产业园。株洲电机抢抓机遇，加大与地方政府、合作伙伴的商务洽谈，抢先进入并成为共建产业园的发电机配套厂家。按照风电产业园内部配套原则，与风电产业链上下游企业达成良好合作关系，形成利益共同体。例如，株洲电机于2010年与盐城市大丰区政府签订投资协议，入驻盐城大丰海上风电产业园。2017年，海上风电呈井喷式发展，株洲电机洞悉福建福清和广东阳江风电产业园发展潜力，积极与地方政府和有关企业进行交流和洽谈，成功签订投资协议，完成福建福清和广东阳江两大海上风电基地的布局。

(二) 转变经营思路，创新投资模式，实现降本增效

1. 因地制宜，探索多重组合的基地建设投资模式

株洲电机在海上风电基地建设中，不断创新投资模式，努力实现以小资本撬动产业规模。除"自投自建"模式外，提出并运用多种基地建设新模式，减少固定资产投入，实现轻资产运作和降低投资风险。

一是"自投自建"模式。江苏盐城基地采用"自投自建"模式。自2010年签订投资协议以来，快速开展基地建设工作，2012年正式建成投产，完成陆上和海上风电基地的布局工作。

二是"改造租赁"模式。该模式利用当地现有厂房，进行专属改造后获得租赁权，进行基地生产。此模式下，厂房可多次租赁，摊销折旧费用较低，总租金较低。新疆哈密基地采取该模式建设，进行现有厂房改造及异地设备搬迁，快速建成生产能力。

三是"第三方定制租赁"模式。该模式引进第三方资本（如租赁公司）进行厂房专属定制和设备租赁进行费用转嫁，按年摊销生产成本。此模式下，初始投资金额较少，可快速开展基地建设工作，快速完成竣工投产，抢占市场。广东阳江基地通过采取该模式建设。

四是"订单资源＋定制租赁"模式。该模式是风电产业园以订单资源和厂房定制租赁换取入园企业较高的租金，或以订单资源换取供应商承担厂房建设的租赁模式。福建福清基地采用此模式进行建设。

五是"业务承包"模式。江西南昌基地采用该模式建设，通过接收和盘活金风科技南昌基地资源和提升管理，学习和借鉴金风科技的管理和生产经验，利用原有生产和管理人员，并与原厂房出租方签订厂房租赁协议，快速实现运营投产。

2. 组建战略联盟，努力寻求风场合作开发新模式

株洲电机通过风场资源与风电整机及风电场运营企业开展业务合作，共同开发陆上和海上风场项目，形成对发电机、机舱罩、叶轮和维保等业务的需求。通过指定供应商的形式获取发电机等业务订单，并以此为契机获取周边风场更大的业务订单，拓展公司既有业务规模。同时，通过风场开发推动株洲电机向风电产业链下游延伸，助力孵化和培育新的海上风电产业板块，形成新的业务增长点。

哈密十三间房5万千瓦风场项目作为株洲电机商业模式创新的有益尝试，是株洲电机初次涉足风场建设、运营领域。株洲电机与金风天润新能和魏祥钢构三方以成立合资公司的模式进行合作，借助两家公司的属地化资源、先进装备制造水平、风场投资建设经验规避项目潜在运作风险。

株洲电机对大丰20万千瓦海上风场项目开发的合作模式进行探索和尝试。通过与风场勘测设计院、风场运营商、电力工程设计等多方进行交流，形成"中车集团内部资源整合开发风场资源""依托资源互换培育和突破新客户"和"联合金风科技开发风场资源"三种可选合作开发思路。为落实盐城市政府相关意见要求，联合盐城国能和江苏金风科技共同开发大丰H5海上风电场资源。经三方协商洽谈达成合作协议。

3. 力行降本增效，全方位挖掘全价值链增值空间

株洲电机通过制定《关键物料产品质量等级评价标准》和《物料可靠性提升计划》，持续开展全优产业链建设工作。通过标准化、规范化、具体化的前瞻性全面质量管理，带动供应商共同以最终客户需求为导向，发挥自身优势，大幅度提升产品优等品率和降低产品成本。

株洲电机通过开展持续的全寿命周期降成本活动提高在海上风电市场的竞争力。在保留一定利润空间的基础上，制定降成本总体目标，围绕产品按流程进行分解，全面协调设计、工艺、采购、供应链、制造过程、管理等各环节，开展全要素、全员参与的专项降成本活动。

株洲电机在风电产业板块积极开展精益管理工作，紧密围绕"6621"精益管理平台建设，以工位制节拍化生产建设为基础，以消除浪费为核心，鼓励员工从日常工作的细微处入手，参与到改善活动当中。开展"工装通用性"项目以节约工装制造成本，开展优秀改善提案活动以完善生产细节，以精益生产示范线、精益车间、精益管理改善项目为抓手，统筹推进精益管理工作。

株洲电机每年持续从营业增收、降本增效、"两金"压降和创利、效能提升四个方面专项开展提质增效工作，为实现年度经营指标提供保障。

（三）优化组织设计，强化异地管控，提高管理效能

1. 规范内部治理结构，实行差异化的组织模式，优化企业体制

自株洲电机发展风电产业以来，先后设立了江苏盐城、湖南株洲、内蒙古包头、新疆哈密、江西南昌五大基地，福建福清和广东阳江基地正在筹建中。为提高风电产业抗风险能力，合理调配资源，保证各基地运转有序，根据各基地产品特点和当地政府要求，株洲电机运用多种载体，分别运用子公司、分公司和事业部的组织模式进行经营，灵活发挥不同体制的优势和特色，实现差异化发展。例如，为争取享受江苏盐城等地方政府给予的税收优惠政策，江苏盐城基地、内蒙古包头基地和新疆哈密基地采用了子公司的经营模式。为在实际工作中压缩法人层级、减少法人户数，株洲电机于2017年在福建福清风电制造基地注册成立了福清分公司，负责福建及周边海上风电的市场开拓和生产制造。2014年，在株洲本部成立株洲风电事业部。2018年，在江西南昌设立机舱罩和叶轮制造基地。

2. 科学划分管理权限，构建差异化的管理模式，强化异地管控

随着株洲电机风电产业的发展，基地和产品逐渐增多，业务的多元化和跨区域化要求建立差异化的管控模式。株洲电机引入广州中大咨询项目组制定组织管控优化设计方案，通过对公司各平台及下属机构的职能职责进行梳理，构建不同业务差异化的授权体系，从战略、业务、客户、资源、管理效益、风险管控六个维度辨析和重建差异化的管控模式。例如，株洲电机风电直驱业务发展较为成熟，对此板块采用"垂直管控、专业划线"的管控模式，江苏盐城基地、新疆哈密基地、福建福清基地和湖南株洲基地直驱业务采用此种模式。在株洲电机缺乏半直驱、双馈及异步业务技术人才的情况下，对风电双馈半直驱业务采用"专业划线，区域做实"型管控模式，湖南株洲双馈及半直驱业务和广东阳江基地采用此种模式。对江西南昌基地则采用"板块划线，垂直管控"型管控模式，推动其从成本中心向利润中心转变。

3. 优化人力资源结构，有效盘活人力资源存量，激发员工潜能

针对人才缺乏的窘境，株洲电机在提高风电产业管理效率大方向的基础上，不断对组织结构进行优化调整，通过业务和职能的合并，实现对同类业务的集中管控，有效应对因业务扩张引发的人才紧缺状况。2017年，将半直驱风力发电机、异步风力发电机和双馈风力发电机定、转子等风电产品的生产制造职能从高效事业部剥离，由风电产业版块统一管理，相关人员一并划转、集中调配。2018年，将江苏盐城海上风电基地定子车间和总装车间及部分制造职能合并、统一管理，将空置出的管理人员用以满足福建福清和广东阳江海上风电基地等投产用人需求。通过内部及外部招聘的方式，补充10名员工至海上风电技术研发部，5名员工至工艺技术部。安排进行海上风电专场培训近10场。

（四）强化技术开发，深化两化融合，推进智能制造

1. 加大前沿技术研究和攻关，做好技术储备和支撑

株洲电机紧跟海上风电和海外风电市场发展方向，全力打造核心技术研发优势，围绕适应海上风电发展的大功率、低风速发电机展开研究，并积极开展海外技术合作，取得了一批研究成果。

2. 建立一体化信息管理平台，提升信息化管理水平

株洲电机借助新旧ERP生产系统替换升级的契机，在新上线的生产制造SAP系统中，建立TC-SAP系统接口，及时传递设计变更信息；明确由工艺部负责编制MBOM，保证MBOM与实际制造工艺的一致性；参照相似产品设计平台，及时确定计划工时定额，实现产品作业计划成本自动估算；严格

把控流程管理，设计人员对设计 BOM 及时归档。通过这些措施，对生产相关的流程及相关的信息系统进行整合，建立一个统一的工程数据集成平台，实现风电产业生产制造信息管理局部一体化。

在生产制造一体化信息平台运行稳定后，以 SAP 系统作为数据采集的核心来源，通过整合人力资源管理系统、财务管理系统等，实现生产制造一体化信息管理平台与各类职能信息系统的高度集成，打造建立综合运营平台，从而将生产与职能管理通过信息化有效结合。进一步创新风电产业沟通协作方式，提高风电产业知识共享水平，建立跨越整个风电产业的一体化信息管理平台。

3. 运用智能制造设备和技术，推进智能化水平提升

为提高风电制造智能化水平，株洲电机在充分调研的基础上，围绕海上风电发展制定智能化项目实施方案。采用在关键工艺引入自动化及智能设备和技术的方式提升智能制造水平，重点攻克需严格标准化作业、人工效率低和劳动强度大的关键工序，开展一批智能化项目，以点带面逐步提升风力发电机制造工序的整体自动化水平。

（五）创新营销机制，实行差异营销，全面拓展市场

1. 创新大客户营销策略，实施战略合作营销

金风科技在风力发电机直驱市场份额接近 80%。株洲电机通过定子销售与金风科技建立合作基础，金风科技已经成为株洲电机风电产业最大、最重要的客户，株洲电机与其合作已逾 15 年，株洲电机产品在金风科技年度市场占有率约为 40%。针对金风科技，株洲电机的营销策略归纳为：深入大客户管理模式下的市场份额攫取、"两海"市场开拓及新业务开发，实现业务拓展及延伸。

2. 实施差异化营销策略，开发多元客户市场

株洲电机在风电新市场转变工作思路，在双馈及半直驱市场夯实现有客户的基础上努力开发多元化客户。

一是收集市场信息，分析现有市场格局，主动接洽有关企业，并积极走访，开展交流和对接，推介公司产品，搭建起联络沟通渠道。二是通过对重点整机厂开展的长期持续跟踪，采取多种形式、从多方面维护客情关系，建立起与整机企业更加紧密的合作关系。三是积极借助外部力量谋求商业模式的突破。株洲电机通过政府搭建信息平台，与远景能源开展交流，推动双方的合作。在集团内部，为落实中车集团"加强集团内部供应链体系的建设"要求，与山东中车风电对接并获取山东中车风电 50 台发电机订单。

3. 开展客户分层级管理，匹配资源能力投入

株洲电机对整机企业的规模、成长性、盈利能力、规模经济、风险高低等进行评估，根据目标客户的发展前景、市场占有率及其他方面进行分析，建立客户重要性排名，并进行分类管理。从客户重要性角度进行合理化分配资源投入。通过对客户的分析，按照开发期市场开拓及稳定期开拓策略实施销售工作，侧重考虑资源投入的力度和优先级，制定有效的销售策略。

通过建立流程完备、严格高效、全面覆盖的客户信用管理体系，系统把控客户授信总额，保证客户回款及时性的同时，以更高的赊销额度争取重要客户订单。采用三级评定流程制定客户年度信用额度，对于 A、B、C 级客户授信比例分别为 60%、45%、30%，严格控制新客户申请授信额度。每年年末根据授信比例执行情况，及时调整客户信用等级，区分优劣客户。

三、高端装备制造企业海上风电绿色产业高质量发展管理效果

（一）优化了产业布局，实现了绿色产业高速稳健发展

株洲电机自 2012 年布局江苏盐城（风电总部）海上风电制造基地以来，先后完成湖南株洲、内蒙古包头、新疆哈密三个内陆制造基地的布局，顺利在福建福清和广东阳江完成海上风电基地布局，形成了辐射全国内陆、沿海及海外一带的全区域风电产业布局，为实现海陆双向的快速增长奠定坚实基础。

江西南昌机舱罩、叶轮基地的建立和风电场运营业务的开拓，实现了风电产业链上下游的延伸。借助覆盖全面的七大风电制造基地布局，进一步加深了同现有客户的战略合作关系，坚定了目标客户合作的信心，为未来市场订单的获取建立了重要保障。在这一过程中，株洲电机风电产业也得到跨越式发展，风电产业营业收入由不足10亿元快速突破37亿元，年平均增长率达29.3%，近三年风电产业累计销售收入达99.6亿元，风力发电机市场占有率超过15%，风电产业直驱发电机市场占有率始终位居前列。另外，株洲电机还在海上风电技术创新方面取得显著成果。累计申请专利166件，其中发明51件、实用新型101件、外观设计14件；授权专利124件，其中发明16件、实用新型99件、外观设计9件。株洲电机已经成为中国重要的风力发电电机生产企业。

（二）实现了降本增效，全面提升了产品制造效率和效能

株洲电机风电产业全寿命周期降成本效果显著。在生产制造成本管控方面，近三年实现采购板块降成本累计7600万元，同时通过设计、工艺、质量、委外、制造过程、管理改善等板块累计实现降成本3500万元。在人工成本管控方面，2017年百元收入工资含量为2.04%，比目标值低了27.2%。风电产业降成本的效果直接反映在了净利润增长中，风电产业净利润年平均增长率高达79%，近三年累计净利润超过7亿元。同时，株洲电机在海上风电产业领域积极推进智能化和信息化与先进制造技术的深度整合，生产效率提高明显。主生产机型生产周期由21天缩短至19天，提升9.5%；关键设备故障率由0.83%降至0.49%；2017年因物料原因导致的停工或等待时间较2016年同比下降76%；2017年库房空间利用率较之前提高35%以上，2017年风电产品库存量较2016年度同期下降46.34%；在制品资金占用额度较2016年度同期同比下降31.25%。

（三）促进了低碳经济发展与社会和谐，助推企业品牌和影响力大提升

株洲电机自首个海上风电基地成立以来，生产各类发电机总量超过12000台，装机总容量超过15500兆瓦，保守估计年发电量可达310亿千瓦时，每年约可减少煤碳使用约843万吨，减少二氧化碳排放约2192万吨。在满足了会发展对能源需求的同时，促进了经济和社会向绿色经济和可持续发展模式转转变。同时，株洲电机大力发展海上风电产业，有力促进了当地就业，实现了与地方共赢。结合公司海上风电产业发展实际需要，公司除应届大学生招聘外，在各基地社会招聘本地化率超过90%，公司现有员工本地化率超过了70%，各风电基地本地化员工约共计780人。株洲电机风电产业每年纳税总额呈持续高速增长趋势，2016年和2017年纳税额均超过1.1亿元，大力推动了地方经济的发展。另外，在海外市场方面，株洲电机海外影响力不断攀升，为公司带较多海外订单。在国内市场方面，株洲电机产品获得客户广泛认可。在行业层面，获评"2016十大风电机组配套设备及部件企业""2017中国风电电气装备优秀企业""2018年中国风电行业10佳优秀企业"。

（成果创造人：聂自强、曹翰清、孙成刚、李丹兵、仲　威、郑　涛、
向振国、成　龙、田星星、王德仁、邓奇慧、方　策）

省级电网企业提升新能源消纳比例的绿色调度管理

国网宁夏电力有限公司

国网宁夏电力有限公司（以下简称宁夏电力）成立于1990年，是国家电网有限公司全资子公司，是关系宁夏能源安全和经济社会发展的国有重要骨干企业。截至2017年年底，拥有分公司13家，全资子公司5家，集体企业29家，资产总额341.23亿元，统调总装机容量39120.51兆瓦，其中风电场容量9416.18兆瓦，光伏电站5878.83兆瓦，风电和光伏容量已占总装机容量的40%。宁夏电力荣获首届"自治区政府质量奖"和"宁夏质量百强企业"称号，所属市、县公司在当地公共服务行业评议中全部名列第一。

一、省级电网企业提升新能源消纳比例的绿色调度管理背景

（一）全面适应国家能源转型和能源革命的需要

2017年4月，国家发布《能源生产和消费革命战略（2016—2030）》，明确到2020年、2030年，我国能源消费总量控制在50亿吨、60亿吨标煤以内，非化石能源占能源消费总量比重分别达到15%、20%。要实现上述目标，必须加快发展新能源，全面推动能源结构优化升级。宁夏作为风电、光电等新能源富集地区，2010年起便实行绿色电力调度制度，并于2014年出台《宁夏回族自治区绿色电力调度管理暂行办法》，成为国内较早开展绿色电力调度尝试的省份。宁夏电力为全面配合自治区新能源发展，贯彻国网公司清洁能源发展战略，全面开展绿色调度管理实践，从管理模式、体系建设、技术支撑和发展环境等多环节入手，推动绿色调度管理逐渐走向成熟，有效提升新能源消纳能力，以实际行动服务国家和自治区新能源发展。

（二）有效提升宁夏新能源消纳能力的需要

截至2017年年底，宁夏地区新能源统调总装机容量1530万千瓦，接入全网41座变电站（包含8座新能源汇集站）宁夏电网形成了9个新能源汇集区，这些汇集区新能源总装机容量1278万千瓦，占全网总装机的83.5%。随着宁夏新能源装机容量的快速发展，制约新能源消纳潜能的调度模式、调度技术等问题日益凸显。为全面提升宁夏新能源消纳比例，宁夏电力成为较早实施开展绿色调度技术研究与绿色调度管理的电网企业，通过积极推进风光一体、纵向一体的绿色调度机制建设与实践，建成风光一体的技术支撑体系和纵向一体化运作的绿色调度管理体系，保障了宁夏地区新能源优先消纳。

（三）持续推动公司可持续发展的需要

多年来，宁夏不断加大新能源产业开发规模，并将其作为调整能源结构、转变发展方式、促进节能减排的重要抓手。如今已形成8个大规模风电光伏产业集群，成为我国大规模推广应用绿色能源的重要基地。由于新能源规划建设周期与电网不同步，新能源出力的随机性使传统调峰能力应对困难，宁夏电力要满足经历社会长远发展对能源和电力的需求，改变不可持续的电力发展方式，就必须要实施绿色调度管理，提升新能源消纳比例，必须不断提升公司资源能源优化配置效率、调节能力，推动公司的可持续发展，提升企业发展动力，实现地区经济的可持续发展。

二、省级电网企业提升新能源消纳比例的绿色调度管理内涵和主要做法

宁夏电力积极适应坚强智能电网发展，以新能源高比例消纳为核心目标，以提升新能源并网能力、跨区输送能力、电网综合调配能力、消纳能力、服务自治区发展能力的五种能力为工作导向，全面实施和推行绿色调度管理；以发、输、配、用多层次多环节互动为策略，提升绿色调度调节能力；以基于生

产时序的技术体系为技术支撑，实现新能源调度实时监测；以安全分析、调度评价为手段，提升绿色调度安全控制能力；以构建与政府、场站等多方协同机制为基石，构建良好的绿色调度环境，最终实现新能源调度的数据化、指标化、可视化和智能化管理，在保证电网安全可靠运行的前提下，实现新能源最大限度地消纳，不断提升资源能源配置能力，促进公司和地方经济的可持续发展。主要做法如下。

（一）构建区地一体化调度模式，健全绿色调度制度与机制

宁夏电力研究并实施开展区地两级调度纵向一体新能源调度管理模式，区调、地调两级调度分工合作，严密协同，实施新能源场站管理工作，电网技术中心作为技术支持，在管理环节中技术把关，实施技术指导和监督工作。区调负责50兆瓦以上新能源场站直接管理，地调负责50兆瓦及以下新能源场站直接管理。区调统一负责新能源场站功率预测和发电计划的编制，地调统一负责所辖新能源场站的现场验收。电网技术中心负责新能源场站反措监督执行、涉网试验和并网检测管理，并为区地两级调度提供专业技术支持。

建立新能源场站排序调电机制。宁夏电力配合自治区经信委和西北能监局编制完成"宁夏电网绿色调度实施细则"，将绿色调度上升为地方规范，确定发电机组的调度序位、机组年度发电计划、机组日前和实时调度原则、新能源调度原则、信息公开和监管等内容，使新能源优先发电及发电排序有法可依，确保相关方按照共同规则作业。目前该细则已由自治区经信委和西北能监局正式下发，成为宁夏电网新能源场站排序调电机制的建立提供强有力政策支持。

建立新能源运行后评价机制。宁夏电力完成新能源优先消纳后评价流程，并通过系统线上运行，建立新能源运行后评价机制，指导各地调开展计划编制、调度运行工作，确保了绿色能源的优先消纳。

建立新能源"三公"信息实时发布机制。宁夏电力完善"三公"信息发布机制，每月通过定期发布新能源运行指标分析数据，扩充弃风、弃光、预测准确率、样板风机/测风信息接入及上送率、反措完成率、AGC/AVC可用率等信息，使调度工作更透明，并初步通过网内场站间的对标机制，推动各场站持续提升管理水平。

（二）实施多层次多环节互动，提升绿色调度调节能力

1. 构建"发、输、配、用"分层互动的技术系统

宁夏电力为实现能量流（新能源）、信息流在电源侧、电网侧、负荷侧之间的互联互通，以电网多环节分层互动为导向，基于D5000平台搭建"发、输、配、用一体化调度系统"。通过此系统各项运行数据能够实现信息集成和全息展示，通过连接发输互动、配用互动、互动评估等系统模块数据，实现发、输、配、用各环节数据信息集成和全息展示，为解决"发、输、配、用"分层互动问题，最大程度挖掘电网调峰能力和用户新能源消纳意愿提供了技术支撑。

2. 实施电价和激励的发输环节互动

一是基于电价的发输环节互动运行。建立基于"有效装机容量"和"有效容量成本"的发输环节电价机制，改变传统电价机制的不对称性，以实现对发电资产有效性的动态校核，形成发电投资回报与用户实际需求的耦合互动，形成对需求侧响应的深度激励，全面提高发电侧的投资效率。二是基于激励的发输环节互动运行。在广泛调研需求响应潜力、互动负荷类型与方式的基础上设计以不同模式下的用电曲线以及模式调整成本为核心申报机制的发用电一体化用户侧互动模式。

3. 实施电价和激励的配用环节互动

一是基于电价模式的配用电环节互动运行。建立峰谷分时电价的用户响应模型，基于最小二乘法建立负荷转移率曲线参数的辨识模型，提出基于加权最小二乘法的负荷转移率曲线的校正方法，解决用户响应死区阈值与饱和区阈值的判断及求取，提出电价响应模型的参数拟合方法。并根据银川地区实际历史负荷数据，制定峰谷平分时电价，通过电价信号引导用户合理安排用电计划，并模拟用户响应行为，

验证电价机制在移峰填谷中的作用。二是基于激励模式的配用电环节互动运行。基于激励的互动模式将互动用户作为一种调峰资源，赋予其申报移峰成本的权利，通过互动用户间的报价竞争，发现用户侧的真实补偿价格，从而充分调动用户参与电网运行互动。参与互动的用户综合考虑自己的生产需求和成本，每日向调度中心提交次日的用电意愿曲线（申报曲线）和互动补贴，作为可调度资源由调度中心统一优化调度。

（三）建立新能源消纳监测体系，强化绿色调度数据支撑

1. 构建以生产时序为主线的技术支持体系

宁夏电力基于生产时序以时间为尺度，从年、月、日、日内共四个层级对技术支持需求进行分析，构建新能源消纳测算和监测技术体系，将结果数据应用于"发输配用一体化调度"系统，为最优配置新能源电能，确保电网互动质量提供了数据支撑。

2. 加强新能源年度消纳测算分析

针对新能源发展速度与区域负荷增长不匹配将会引起新能源消纳矛盾，宁夏电力开发"基于生产时序模拟的新能源消纳分析软件"，实现风光一体化的月度、年度、多年的新能源消纳测算功能。一方面用于指导编制新能源发展规划，推动新能源有序发展；另一方面强化新能源消纳分析，确定年度电量交易计划。

3. 完善新能源月度考核和信息发布

一是全面提升调度管理指挥系统（OMS）功能，完善新能源"三公"信息发布功能，实现新能源运行指标统计分析考核功能，每月定期发布新能源运行指标分析数据，扩充弃风、弃光、预测准确率、样板风机/测风信息接入及上送率、反措完成率、AGC/AVC可用率等指标信息，推动绿色调度工作更透明。二是为积极适应西北能监局新版《区域发电厂并网运行管理实施细则》《区域并网发电厂辅助服务管理实施细则》"（简称"两个细则"），宁夏电力升级改造"两个细则"考核系统，对应考核内容，实现新能源场站运行指标自动考核，为新能源场站管理提供了有效支持。

4. 强化新能源日间预测和优先调度评价

一是风光一体功率预测。宁夏电力根据风电、光伏发电特性，结合数值天气预报技术，建立了风光一体功率预测系统，通过研究实现了数值天气预报四维实时同化技术在宁夏电网风电功率预测方面的应用，提高了风电功率预测精度2个百分点左右，为调度实时控制和调度计划提供了强有力的技术支撑。二是调度计划。宁夏电力调度计划处和自动化处建立模型维护联动机制，始终保证自动化模型和调度计划模型同步更新，确保调度计划编制模块始终以新能源优先消纳、最大化消纳为原则编制日前发电调度计划。三是并网管理。优化宁夏电网区地一体新能源并网管理流程，将原有三个阶段并网流程整合为一个阶段，使新能源并网资料审核平均时间由原有的2.5天缩短为1天，得到了区内各新能源发电企业的好评。四是缺陷管理。依托调度管理指挥系统（OMS），建立区地一体的新能源场站缺陷管理流程，强化属地化安全管理责任，推动了新能源场站缺陷整改流程化、闭环化。

5. 强化新能源日内运行监视和智能控制

一是宁夏电力针对绿色调度需求，开发新能源出力"一键式"控制模式，将电网新能源按断面进行区域划分，按断面需求进行区域控制，同时当电网调峰控制时，具备全网新能源控制方式，实现了新能源断面控制和调峰控制并存的需求。在进行新能源出力控制时，提出"谁引起，谁负责"的原则，按场站弃电时刻的实时出力，按比例进行出力控制，加强了新能源"三公调度"的实时性。二是通过电流、电压变化监视，实时分析场站运行工况，作为调控运行人员运行控制的重要参考，加强新能源运行指标监视与预警功能建设，提升电场运行安全管控水平。

(四) 加强新能源运行安全分析，提升绿色调度安全控制能力

1. 完善新能源电源与电网的仿真模型

一是在电网网架方面。以新能源场站并网点为分界点扩展网架建模范围，由220千伏及以上电网扩展至110千伏及以下电网，建立了新能源场站并网的详细路径，场站内部拓扑结构采用聚合等值方法，兼顾了模型的精确性和计算的效率，确保电网仿真数据能够准确反映短路电流、电压特性等方面的问题。二是在电源模型方面。充分利用科研项目研究成果，针对不同的风机类型建立风电和光伏不同类型的典型模型和参数。在宁夏电科院风电场、光伏电站并网特性研究的基础上，分双馈、直驱和通用三类模型，每种模型根据不同风机厂家又分为3-5种典型参数，确保风机模型能够准确反映对系统频率特性的影响，以及直流故障期间暂态压升的响应情况。

2. 提炼多类型的新能源典型运行方式

新能源大规模并网电网的潮流分布随风电、光伏出力的变化而发生大幅度的变化，给电网安全分析和控制措施的制定带来巨大挑战。宁夏电力针对风电、光伏的不同发电状况，考虑不同地区风、光资源禀赋，制定了8种典型运行方式，分为负荷高峰、负荷低谷两种，每种包括无风无光、风电大发、光伏大发、风光同时大发4种情况。在此基础上开展电网稳定分析，在不同工况下考虑火电机组不同开机方式和出力水平，全面分析电网运行的薄弱点，统筹考虑不同工况下的运行风险、潮流特点和控制策略，制定适应所有运行方式的控制方案。

3. 建立运行安全分析计算标准模板

随着电网的快速发展，电网运行的复杂性也与日俱增，安全分析需要考虑的因素大幅增加。宁夏电力将电网运行分析中需要考虑到的不同新能源发电工况、安控策略、接线方式、线路同杆并架情况、运行方式安排对发电出力和用电负荷的影响等因素形成列表，建立了仿真计算的标准模板并对其不断完善，全面分析运行风险，确保安全稳定计算能够考虑到各种因素的影响，计算结果无遗漏、无死角，破解给电网运行带来的安全隐患。

(五) 设计绿色调度评价体系，实施绿色调度提升与改善

1. 构建绿色调度评价指标体系

从日前评价、日内评价和运行结果评价等多个方面构建多级评价指标体系，用量化的指标对新能源优先调度工作进行评价。

2. 构建区地一体化的绿色调度评价流程

地调对本地区的新能源优先调度情况进行自评价，并将自评价结果逐级上报至省调，省调除对各地市公司的新能源优先调度情况进行考核外，还需对全省的新能源优先调度情况进行自评价。

3. 风光优先调度评价平台的应用

宁夏电力与国调中心联合开发并示范应用基于D5000的风电、光伏发电优先调度评价系统，形成风电/光伏优先调度工作的分析、评价、评估和整改动态闭环管理，实现了风电/光伏发电优先调度工作标准化、制度化、科学化提高全网风电/光伏消纳水平。

4. 规范弃风（弃光）电量计算

宁夏电力利用风光优化调度评价平台，实时收集场站风、光资源信息，准确地计算理论功率，科学评估弃风（弃光）电量，一是规范测风塔、测光设备的标准设备，优化算法，应用信息平台固化算法提高理论发电电量计算精度。二是通过《宁夏电网绿色调度实施细则》这一法规规定，《国家电网公司光伏电站弃光电量计算管理办法》《风电场弃风电量计算办法（试行）》为风电场、光伏电站弃风（弃光）电量计算、统计的标准，统一共识。

5. 开展绿色调度提升与改善

以落实分析、评价、评估和整改动态闭环管理为原则，根据区调、省调对相关评价指标的分析与评价结果，明确新能源运行的管理漏洞、技术障碍和风险因素，开展绿色调度改善提升工作，化解新能源大规模接入对电网运行的压力，持续提升新能源安全运行水平和绿色调度管理水平。

（六）强化多方协调机制，打造良好绿色调度环境

1. 营造绿色调度制度环境

宁夏电力配合自治区经信委和西北能监局编制完成"宁夏电网绿色调度实施细则"，将绿色调度上升为地方规范，使新能源优先发电及发电排序有法可依，明确政府、电网企业和新能源发电企业的责任，明确工作规划，确保相关方按照协同作业。目前该细则已由自治区经信委和西北能监局正式下发，成为宁夏电网新能源场站排序调电机制的建立提供强有力政策支持。

2. 强化网厂（场）定期协调机制

区调、地调每季度按期召开新能源场站季度工作会，每期确定专项管理或技术主题，构建良好的网厂（场）协调机制，创建了和谐的网厂（场）关系，推动场站技术水平和管理水平的持续提升。

3. 加强"三公调度"信息发布

为提高调度信息透明度，构建良好调度的环境，宁夏电力依据风光优先调度评价平台，使新能源企业能够实时通过评介平台了解排序情况、限电时段累计发电情况、发电计划执行情况等信息，确保排序调度的执行透明，强化了网站的信息交互，提升"三公调度"的管理水平。

4. 加强场站技术人员培训取证

宁夏电力定期组织全省光伏电站和风电场运行值班人员培训，讲解新能源发电原理、并网特性、调度运行、发展政策，以此来提高新能源场站运行人员的专业技术水平。一是培训人员熟悉调度相关规程、规定和业务流程，使其了解新能源发电设备的运行特性、无功电压调整原则。二是提高了培训人员的安全意识。三是推动值班人员取证工作，杜绝无证上岗位，为保证电网安全稳定运行提供技术保障。

三、省级电网企业提升新能源消纳比例的绿色调度管理效果

（一）提升宁夏新能源消纳能力，优化资源能源配置

通过实施绿色调度管理，构建区地一体化调度模式，促进新能源电能在发、输、配、用多环节的互动，完善新能源运行的监测分析、安全分析等，全力保障了新能源最大比例消纳。以2017年为例，宁夏新能源日最大发电量达到13762万千瓦时，占当日全网发电量的36.41%；2017年全年风电最大出力达725万千瓦，占当日全网用电负荷的最大比例为71.95%；光伏最大出力达422万千瓦，占当日全网用电负荷的最大比例为41.18%；新能源最大出力达840万千瓦，占当日全网用电负荷的最大比例为84.68%。随着新能源消纳能力的不断提升，推动了宁夏能源结构更加合理，提高了能源配置能力。

（二）加快公司能源转型，提高企业经济效益

通过实施绿色调度管理，宁夏地区风电、光伏为代表的新能源发电调度成效明显，发电量占比、利用小时数均有大幅度上升，弃风、弃光问题得到有效缓解，提升了公司新能源利用率，推动了公司能源结构转型，提高了新能源利用效率，节能减排所带来的经济边际利润明显。2015年以来，宁夏新能源弃电量和弃电率大幅下降，风电、光伏发电利用小时数同比增加。其中，2017年风电发电量153.05亿千瓦时，占全网发电量的11.80%，同比增长18.93%；光伏发电量70.35亿千瓦时，占全网发电量的5.43%，同比增长34.30%。全年风电利用小时数为1651小时，同比增加57小时，光伏利用小时数为1368小时，同比增加30小时。全年新能源弃电量12.5亿千瓦时，弃电率5.3%。宁夏电网新能源发电量增长47.63%，在同等电源结构和负荷条件下应用生产时序仿真法建模计算，理论弃风电量应达到5.9亿千瓦时，而实际仅发生限风电量2.07亿千瓦时，少限电3.83亿千瓦时。

2018年,在新能源并网规模持续增加的情况下,宁夏电网新能源发电量继续大幅增加,弃电率在2017年5.3%的水平上继续大幅下降。2018年1—8月,宁夏电网新能源弃电量3.74亿千瓦时,弃电率1.94%,同比(3.66%)下降1.72个百分点。其中,风电弃电量1.83亿千瓦时,弃风率1.40%,同比(3.38%)下降1.98个百分点;光伏弃电量1.91亿千瓦时,弃光率3.08%,同比(4.25%)下降1.17个百分点。在新能源装机容量继续增长的情况下,宁夏电网超额完成新能源消纳任务。

(成果创造人:季宏亮、摆世彬、钟海亮、项 丽、蒙金有、宁 波、耿 多、丁茂生、苏明昕、田志浩、耿天翔、马 军)

对外合作气田企业以助力生态文明建设为目标的清洁生产管理

中国石油天然气股份有限公司长庆油田苏里格南作业分公司

中国石油天然气股份有限公司长庆油田苏里格南作业分公司（以下简称苏南公司）作为中国石油陆上首个担任作业者的国际合作项目，是中国石油天然气集团公司和道达尔勘探与生产（中国）有限责任公司合作开发的项目，中外双方投资比例为51%和49%，全面负责苏里格南天然气合作开发项目生产、经营及管理工作，行政隶属于中国石油最大的分公司长庆油田。苏南公司探明储量+基本探明储量3000多亿方，可采储量近2000亿方，目前动用储量28.3%；员工220人，中方人员占83.36%。苏南公司多次获得长庆油田"水土保持管理优秀单位"、中国石油先进单位、全国青年文明号等荣誉称号。

一、对外合作气田企业以助力生态文明建设为目标的清洁生产管理背景

（一）践行"绿水青山就是金山银山"科学论断的客观要求

党的十八大提出建设生态文明，是关系人民福祉、关乎民族未来的长远大计。苏南公司作为一个油气田开发企业，围绕中国特色社会主义"五位一体"总布局的生态文明建设，以正确处理人与自然关系为核心，以解决生态环境领域突出问题为导向，改善环境质量，提高资源利用效率，坚持节约优先、保护优先、自然恢复为主的方针，像对待生命一样对待生态环境，实行最严格的生态环境保护制度，形成绿色发展方式和生活方式，循环利用资源，气田开发中使用环保材料，生产中采取清洁手段，在产能建设、生产经营中践行"绿水青山就是金山银山"的科学论断。

（二）贯彻落实中国石油与道达尔公司双重环保理念的必然需要

苏南公司的外方是法国道达尔公司，作为一家在本土无生产基地的世界第四大石油及天然气公司，其环保理念为致力实施当地安全、健康、保障与环境方面的最高标准。因此，苏南公司作为国有控股的对外合作标杆项目，在生产文明建设进程中，严格执行中国石油和道达尔的双重标准。在签订的合作协议和总体开发方案中对环保都有相关章节，主要对苏南公司所在区域环境、清洁生产与循环经济、环境保护措施等方面进行详细描述和规定。在实践中，苏南公司坚持把推行清洁生产作为一项长期的技术政策，强化生产全过程环境保护管理，全面持续提高生产现场清洁生产水平。严格执行建设项目环境影响评价，保持环境影响评价执行率和环境保护验收执行率两个100%，从源头上控制污染、保护生态，积极试验探索钻井的清洁施工工艺，严格落实泥浆不落地政策。同时，积极从大苏里格地区实际情况出发寻求最优方案，不断优化改进技术方案，形成一套钻井工艺、工厂化作业、油气密闭输送等清洁生产模式，在实践中取得良好效果。

（三）对外合作项目可持续发展的现实需要

苏南公司生产区位于内蒙古自治区，跨鄂尔多斯市乌审旗和鄂托克前旗两个县级行政区域，总面积近2400平方公里。该区在中国四大沙漠之一的毛乌素沙漠中，地形平坦，地表为草地、沙丘、盐碱滩地貌，由于强风化作用，草原、风沙草滩与固定、半固定沙丘交错其间。毛乌素地理环境特殊而脆弱，这里的一草一木都来之不易，地下水水位浅，植物种植期短，成活率低。但它贫瘠的外表下却蕴含着宝藏，近20年的石油、天然气开采，给当地造成"千疮百孔"的环境"伤疤"。所以，苏南公司致力于生态文明建设，做到中外双方相互尊重，求同存异，实现双赢，以提高气藏开发率为目的，实现多元化交流，在决策上达成共识，在执行中体现作业者价值，持续开展清洁生产，实

现企业永续发展。

二、对外合作气田企业以助力生态文明建设为目标的清洁生产管理内涵和主要做法

苏南公司全面落实"建一个气田，留一片绿色"的环保目标与建设项目环保"三同时"制度要求，通过确立生态文明新理念，构建清洁生产联动机制；以顶层设计为基础，实现清洁生产管理程序标准化；坚持可持续发展原则，充分发掘节能环保开发技术；筑牢清洁生产防线，不断优化地面工艺管控流程；实行数字化管理，对生产过程进行全程监控；分区域进行植被恢复，大力开展生态保护工程，实现企业发展与生态环境保护的双赢，有力地增强苏南公司可持续发展能力。主要做法如下。

（一）确立生态文明新理念，构建清洁生产联动机制

一是成立安全环保委员会，由苏南公司中外双方管理人员、技术人员、员工代表组成，每季度召开会议，审核专项费用，交流信息，分析阶段工作中发现的环保问题，研究制定具体方法措施；安全环保工作作为"一把手"工程，列入全年工作规划，每年按油气销售额提取安全环保经费1000多万元，用于预防、治理、培训、奖励等安全环保项目列支。安全环保与生产经营工作同落实、同检查、同考核，做到目标、人员、责任和时间"四落实"，且实行一票否决制，没安全环保就没任何业绩。二是成立安全环保部门，统一规划、部署苏南公司安全环保工作，严格执行环评报告书中规定的环境保护措施和清洁生产工艺。三是作业区确定专职安全环保监督员。每个作业区指定2—3名责任心强、业务熟悉的员工，监督日常生产建设环保，收集并反馈本单位环保信息动态。四是积极鼓励员工参与安全环保工作。为激发员工参与生态文明建设的热情，苏南公司要求员工每月填写ACT（事故控制卡）卡片，所有人员在现场作业、生产建设、经营管理、生活中发现有污染环境、破坏生态的行为都可填写到卡片上，亦可填写员工在环境维护、保护小措施等积极向上的环保行为。对好的行为在安全环保信息系统中进行广而告之。每月进行通报，对采纳的好建议按份发放奖金。同时，每季度在环保会议中评比ACT卡并进行重奖；每年开展干部职工绘制安全环保漫画、书写环保警句等活动，印制成职工安全环保集。通过建立常态化、大众化机制，形成领导层、监管层和执行层三级组织的良性互动，在日常工作中、细节上践行生态文明，依靠制度推动循环经济，使地处毛乌素沙漠的苏南公司变成"绿色之家"。

（二）以顶层设计为基础，实现清洁生产管理程序标准化

1. 构建健康、安全与环境管理体系

苏南公司自成立以来，始终牢固树立"发展是第一要务，生态是第一责任，清洁是第一使命"的理念，制度体系由联合管理委员会设计，专业机构制定作业程序，执行层面按照规程进行全程监控，反馈意见，再对体系修订，如此循环，促使管理文件全面受控，确保体系的先进性、适用性和科学性。联合管理委员会先后制定并下发了健康、安全与环保管理体系中的《HSE管理手册》《HSE管理规定》《HSE管理程序》等文件，从体系要素标准要求、法律法规、组织机构和职责、实施和运行等方面进行规定，为苏南公司清洁生产管理指明了方向。

2. 派驻监督人员全程监控

再好的顶层设计，专业规范，没有落实都是"纸上谈兵"。为保障清洁生产落地生根，取得实效，苏南公司高价聘请了有经验且严谨的外国监督人员，施工工序甲方全程监控到位，试压、泵注、投球、开井放喷、排液制度、收球、复杂情况处理等由现场工程师指挥和控制，确保现场标准化井场布局和流程连接、标准化施工工序、标准化批量作业、关键数据平行效验等按作业标准严格执行，清洁生产管理得到有效保障。

（三）坚持可持续发展原则，充分发掘节能环保开发技术

1. 采用丛式布井，建设清洁生产的新平台

针对苏南合作区储层非均质性强、有效砂体规模小、储量丰度低、单井产量低等一系列问题，采取

"大井丛丛式井组布井，多井低产、井间接替、分区开发，低压生产"的气田开发模式，坚持多学科联合攻关，深化地质研究，优化开发方案，优选井位部署，确定"棋盘"井网，规模应用9井丛丛式井组＋水平井混合井网进行开发，并持续推行"工厂化作业"。

2. 开展钻井液运用试验，优选清洁生产的"催化剂"

为达到现场清洁环保，苏南公司开展调研，选取不同的钻井液开展试验，2015年确定了强抑制性的高效水基泥浆钻井液体系，有效抑制泥页岩的水化、膨胀和分散，产生惰性的废弃物而有利于后期的处理与排放，为环保作业做出积极贡献。

3. 进行泥浆不落地处理，实现现场清洁生产

2015年，苏南公司钻井作业实现"泥浆不落地"要求，通过技术攻关和现场的"排兵布阵"，实现了钻井过程中对废弃物采取实时处理。处理分为场内及场外处理两部分，场内处理主要是泥浆不落地收集、处理，滤液水回用配浆处理；场外处理主要是泥饼外运及资源化利用。经过处理设备处理后的产物为滤液及泥饼。其中，滤液二次处理大部分回用，完井后少部分滤液拉运至污水处理厂，泥饼外运烧制成砖，产生新的经济增长点。

4. 推广小井眼钻井工艺，大大降低岩屑量

钻、完井成本占苏南公司每年直接支出的85%，为降本增效，建设绿色气田，苏南公司将小井眼钻井作为清洁生产攻关重点，通过钻头优选、钻具组合优化、轨迹优化、钻井液体系优选等对小井眼完井管串安全下入、固井质量、事故预防等方面进行研究，形成一套小井眼钻井技术施工方案，缩短钻井周期，提升钻井绩效。

5. 安装风光互补装置，将自然能转化为电能

苏南公司的井丛基本都在沙漠深处，采气用电能。为节能减排，苏南公司的井丛安装风光互补装置，利用风能和太阳能来互补发电，供井丛正常运转，无须外界供电。风光互补发电的优点很多，如免除架设高低压线路和高低压配电系统等破坏植被；具有昼夜互补、季节性互补特点，系统稳定可靠、性价比高的特点；电力设施维护工作量及相应的费用开销大幅度下降；独立供电，在遇到自然灾害时不会影响全部井丛的用电。具有低压供电，运行安全、维护简单等生态环保优势。

（四）筑牢清洁生产防线，不断优化地面工艺管控流程

1. 使用多种新工艺，建设集约化井站

为减少占地面积和减少后期的改扩建，经过中外双方多次磋商，苏南公司决定采用"超大"规模集气站工艺，设计生产能力400万方/天，占地面积20多亩，节约土地近30亩，是长庆油田最大规模的集气站。为实现这一创举，苏南公司中外双方多次商讨，确定建设方案，不断对地面工艺进行改进，保证大集气站的平稳运行。

一是实施大井组串接工艺。苏南公司形成"两定一集中"大井组串接技术，即2－3座基本井丛接入区域井丛，区域井丛直接进站；区域井丛向所辖的基本井丛注醇。此技术具有简化采气管网、方便井丛接入、订货和施工方便、管理点少、污染环境少等诸多优势。

二是实施中压集气工艺。苏南公司形成"井下节流＋井丛集中注醇"为核心的全新的中压集气工艺技术。通过在井下放置节流器实验，成功利用井底温度和地层能量；降低井筒水合物堵塞概率，提高携液能力；降低管线运行压力，保护储层。井口注醇，确保在天然气输送中不形成水合物，使气田在中压下稳定运行，避免集气站提前设置压缩机，减少能耗；注醇压力由高压降为中压，降低甲醇注入压力，减小甲醇泵的功率；降低注醇管线的设计压力和壁厚；与高压集气相比，甲醇注入量大幅度降低；根据生产工况调整注入醇量，提高气田平稳生产的能力；管线中压运行，相同管径输气能力增加2倍～3倍，避免高压输送气体泄漏的风险，为环境防护加上一道安全锁。

三是实施井口双截断保护工艺。苏南率先在大苏里格地区的采气树上设置液压控制阀,具有超压、失压自动截断的功能,还可远程关闭,避免因井口超压而破坏下游管线和管线泄漏造成的事故。

2. 铺设管用管道,密闭输送采出水

苏南公司采用"泵－处理厂"一次增压输水工艺技术,通过与集气支线、干线同沟敷设的采出水输送管道,将集气站分离出的采出水全密闭输送。无须罐车拉运,近年来,仅拉运费一项就节约近9700万元;与气液混输相比,减少管道的摩阻损失,减少处理厂的压缩机装机功率,降低能耗;井丛和集气站设有清管器发送、接收装置,对集气管道定期清理,降低管道的沿程摩阻,减少原料气输送的能量损耗,提高管道输送效率;清管作业时采用不停气密闭清管工艺,减少天然气放空量,实现节能和减少大气污染物排放的双重效用。

(五)实行数字化管理,对生产过程进行全程监控

苏南公司数字化管理是将数字化与劳动组织架构和生产工艺流程优化结合,按生产流程设置劳动组织架构,实现生产组织方式和劳动组织架构的深刻变革;苏南公司数字化管理的重点由后端的决策支持向生产前端的过程控制延伸,最大限度地减轻岗位员工的劳动强度,优化系统架构,控制用工总量,降低运行成本,配套管理制度建成"集气站—作业区—苏南公司"三级数字化生产管理平台,实现"强化安全、过程控制、优化人力资源,提高劳动生产效率、提高安防水平"的目标。

苏南公司采用现代成熟的信息、通信、自控技术,实现数据源头自动采集,借助油田现有网络资源自动加载到指挥中心数据库,为各级管理部门应用提供开放的数据平台,使生产和管理人员及时掌握生产动态;利用"互联网＋"和"大数据",通过覆盖整个苏里格气田的计算机网络,采用数据集中、应用分散的模式实现不同信息系统间数据资料的共享;利用井下节流技术和远程可控开关截断装置,实现开、关井远程控制;建立电子巡井系统,对井场进行实时视频和工况分析,实现对气井运行的安全监控,实现了苏南公司生产过程的自动化管理,促进其向自动化、智能化和现代化发展。

苏南公司以数据采集与监视控制系统为大脑,"超大"规模无人值守集气站为核心,井丛数字化系统为管理单元,光缆通信和专用电网＋风光互补为保障,数字化生产指挥平台和井丛无线通信网络为依托的气田数字化建设管理新模式,一是在建设中同主体工艺同步设计、同步施工、同时投运,实现苏南公司数字化设施全覆盖。二是实现井口自动截断阀、BB9'井丛支线、干线两级电动球阀、集气站进站气动截断阀四级控制和四处截断;干管、集气站、全公司三级静电释放紧急停车防护。三是无人值守设计,工艺流程逻辑控制,运行参数自动报警,实现了苏里格最大规模无人值守集气站,集气站智能排液,关键设备自动启停,异常情况自动报警,远程应急处置等功能。四是光缆通信、专用电网＋风光互补全覆盖。采用EPON无源光通信技术,区块光缆通信全覆盖,全流程生产数据和视频监控信号实时采集,专用电网＋风光互补相结合供电技术,保障气田全天候"带电"运行。五是安装了数字化指挥平台及井丛无线通信网络,确保生产管理"线上"运行。

(六)分区域进行植被恢复,大力开展生态保护工程

1. 开展井场施工生态保护

井场不同工期对植被的影响程度和特点也各不相同,苏南公司依据气田建设不同工期的特点,在植被恢复措施中建立"实时性"和"阶段性"的恢复理念。对钻井期、生产期、封井期造成的植被破坏,分阶段进行立即恢复、分区防治措施布局。根据生产区气候特征及不同施工区的条件,结合区域种植较成功的植物种类,选择种植物以灌、草为主。

2. 开展输气管线上生态保护

苏南公司的输气管线地表土壤主要为风沙土,对输气管线的保护,一是管沟分层开挖、按原层序回填。施工中执行分层开挖的操作规范,在管沟开挖时,表土(A层)、底层土(B层)和母土层(C层)

分别堆放，回填时按原层序分层回填，尽可能保持原有土壤层位。回填时，填土高出地面30厘米左右，防止因降水、径流造成地表下陷。

二是植被恢复。苏南公司管道占用的绝大多数土地（约98%）为自然植被分布区，施工后植被恢复的基本原则是恢复原有植被类型。在沙漠区你若发现长长的蜿蜒的绿化带，那下面肯定有苏南公司的输气管线。

3. 开展集气站生态保护

集气站围墙外设2米宽的临时用地，设计施工结束后种草一行旱柳防护林。在每个集气站内绿化区及预留区进行种草防护，草种包括沙生冰草和草木樨，1∶1比例机械条播。

4. 开展道路施工生态保护

新建道路用地范围内，将拟砍伐的小乔木和灌木移栽至道路两侧，如沙枣、沙柳、旱柳、花棒、柠条锦鸡儿等，增加原有的植被覆盖度，使其形成灌木生态隔离带和小型生态廊道，既保护植被又可以防风遮尘。

三、对外合作气田企业以助力生态文明建设为目标的清洁生产管理效果

（一）清洁生产管理水平大幅度提升

为保护生产地的生态环境，苏南公司不断创新思路，积极开展技术更新，工艺研究，激发员工创新创效热情，率先开展了大井丛布井、工厂化钻完井技术、泥浆不落地、节约化建井站、井间+区块接替方式、放压生产、生产数字化监控管理等新技术新工艺，形成了"井下节流、井丛集中注醇，管道不保温，中压集气，井口带液连续计量，车载橇装移动计量分离器测试，常温分离，两次增压，气液分输，集中处理"的全新集输工艺；通过集成创新、优化简化，形成了"中压集气、井口双截断保护、气井移动计量测试"等12项关键技术，成为国内首个集气工艺技术获得发明专利授权的企业，其中发明专利2项，实用新型专利5项，助推了清洁生产管理水平大幅度提升；形成具有苏南特色的"高严精细"（高标准、严要求、精细化、重落实）的清洁生产管理要求和以"标准化、精细化"生产现场为核心的清洁生产管理体系，双语版的36项HSE制度确保项目中外员工全面覆盖，连续7年天然气生产安全环保平稳运行的良好业绩，推动了苏南公司技术研发整体达到国际先进水平，对类似气田和合作项目的开发建设具有重要的借鉴意义。

（二）保证了项目顺利开展

苏南公司从2011年开始产能建设，减少了工程临时用地约12964亩，减少永久性征地约2668亩，有效压缩气田开发用地规模，提高了土地利用率；计划建成的2000余口气井只需建集气站4座，而其他同规模区块需建集气站20座以上，有效压缩了气田开发用地规模和投资；创新使用小井眼钻完井工艺，促使物料消耗降低，钻井液用量平均减少35%，设备负荷下降，钻机平均单日用电量下降40%，岩屑产出量平均减少40%以上，综合米费下降达40%，2017年的52口井较上年节省费用3760余万元；开展密闭输送采出水工艺、风电互补供电等清洁生产，生态环境产生的效益已达10亿元以上，大力缓解了项目成本压力，促使项目越走越稳健。

（三）有力促进了企业健康可持续发展

评价初期，苏南公司同步开展了为期3年的环境影响评价，通过环境质量检测和生态现状调查，形成了翔实的环境影响评价报告，并通过一系列具体措施使生产发展与环境保护实现双赢。在开发过程中，苏南公司始终将安全环保放在第一位，充分发挥中外双方特长，联合管理委员会制定战略目标，专业部门制定环保措施，严谨的外国监督人员全程监控，多年来无一例环保事故发生。苏南公司采取滚动开发原则，各建产区用时2—3年完成快速评价，于2012年8月实现首气，年产量节节攀升，2017年天然气产量突破20亿立方米，以人均产气量1000万立方米的优异成绩刷新了长庆纪录，中方投资回收

率已达 88%。近年来，因苏南公司清洁生产管理表现优异，受到当地政府和上级部门的大力赞赏，近 3 个月就接待地方政府、中国石油对外合作单位及长庆油田兄弟单位经验交流、参观学习 350 余人 19 场次，各个参观访问团对苏南公司开发模式和天然气生产与集输工艺、工厂化钻完井和生产工艺等清洁生产管理给予了高度评价。管理无止境，苏南公司清洁生产管理起点高、投入足、效益好、声名远播，将更加推动苏南公司可持续稳健高质量发展。

（成果创造人：刘社明、赵钰麟、王 东、王 栋、冯宁军、张 丽、陈志勇、马晓蓉、邱永利、苗 震、李 翔、董易凡）

以生态优先、环境友好、资源节约为核心的复杂高铁工程施工管理

中铁五局集团有限公司

中铁五局集团有限公司（以下简称中铁五局）是具有铁路、公路、市政、房建四项特级资质的总承包施工企业，下辖11个子公司，现有员工2.2万人。2017年，全局完成新签合同额1010亿元，营业额465亿元。中铁五局先后参与全国100余条干线铁路、550余条高速公路、40余个市政，以及一大批房屋建筑、水利水电项目的施工，近年先后参建武广、京沪、哈大、兰新、成绵乐、贵广、沪昆、京沈、西成、成贵、京张等高速铁路项目，承建线路总长700余公里，且多为长大或复杂地质隧道、高墩大跨桥梁等重难点工程。

一、以生态优先、环境友好、资源节约为核心的复杂高铁工程施工管理背景

（一）满足京张高铁工程项目建设的需要

新建北京至张家口铁路（以下简称京张高铁）是促进京津冀协调发展的经济服务线，也是2022年北京冬奥会的交通保障线，工程意义重大。其中中铁五局承建的JZSG-3标全长12.03公里，主要工程为"一隧一站"。"一隧"即全长12.01公里的新八达岭隧道，是全线最长隧道，穿越世界文化遗产核心区，沿线地表分布有居庸关长城、水关长城及八达岭长城等多个国家级旅游景点，及老京张铁路青龙桥车站等国宝级文物；"一站"即八达岭长城站，是我国目前埋深最大、站内洞室群最复杂、旅客提升高度最大和单拱跨度最大的地下暗挖高铁隧道车站。在长城脚下和国家级风景名胜区这一特殊的地理环境下进行如此复杂的高铁工程建设，实施绿色施工，保护好国家文物，维护好生态环境成为必然。

（二）建筑施工企业产业转型升级的需要

当前我国建筑业仍是一个劳动密集型、生产方式相对落后的传统产业，高能耗、高污染、低效率、粗放的传统建造模式还较普遍，与我国新型城镇化、工业化、信息化的发展要求不相适应。建筑施工企业通过坚持绿色发展的理念，以管理创新、技术进步为支撑，改变传统粗放型生产方式，深化企业体制机制建设，推行建设工程绿色施工，是促进企业转型升级和适应建筑业产业发展趋势的重要途径，是建筑施工企业打造绿色品牌、提升核心竞争力、增强可持续发展能力的内在要求。

（三）落实国家生态文明建设理念和高铁建设新要求的需要

随着近年来中国高铁建设的迅猛发展，高铁已成为一张向世界展示中国形象的新名片，而代表中国高铁当前最高建设水平的京张高铁，更受到世界的关注。为打造和维护好中国高铁品牌，国家对高铁建设提出了更新、更高的环保要求，政府环保监管力度逐步加大。中铁五局作为国民经济重要支柱的大型央企成员企业，参与了国内多条高铁项目建设，具备绿色施工的基础和能力，更应承担起可持续发展的社会责任，在高铁施工过程中正确处理好经济发展与生态环境保护的关系，把贯彻落实国家生态文明建设理念和高铁建设新要求转化为企业的自觉行动。

基于以上背景，中铁五局自2015年以来，以京张高铁为载体，实施以生态优先、环境友好、资源节约为核心的全方位绿色施工管理。

二、以生态优先、环境友好、资源节约为核心的复杂高铁工程施工管理内涵和主要做法

中铁五局以生态优先、环境友好、资源节约为核心，将绿色发展理念融入项目建设全过程，创新开展京张高铁全方位绿色施工管理。通过系统规划部署、健全组织机构、完善管理制度、强化培训教育、

加强检查考核等方式，构建京张高铁绿色施工管理体系并确保工作落地。同时，以施工组织、科技攻关和信息化管理为支撑，保障工程顺利推进；以文物保护、现场绿化和绿色驻地建设为抓手，维护生态原貌；以扬尘、污水和土壤治理为重心，严控施工过程污染；以节约材料、淡水、能源和土地资源为核心，有效降低各类资源消耗。构建了复杂高铁工程全方位绿色施工新体系，实现了良好的综合效益，树立了企业绿色施工品牌。主要做法如下。

（一）统筹规划部署，构建京张高铁绿色施工管理体系

1. 系统规划部署

京张高铁正式开工建设后，中铁五局积极响应"绿色、共享、开放、廉洁"的办奥理念，对项目绿色施工进行全面规划部署。通过编制《京张高铁全方位绿色施工实施规划》，明确以"天蓝、地绿、水净、人和"为目标，以生态优先、环境友好、资源节约为核心，细化全方位绿色施工管理的具体内容、相关要求及控制指标，同时落实人员、资金、设备等资源保障，构建全方位绿色施工管理体系。

2. 健全组织机构

中铁五局成立京张项目绿色施工领导小组，由局分管副总经理任组长，项目总工程师和副经理任副组长，项目安全环保部、质量部、工程部、物资部、财务部、综合部及各现场作业队负责人任组员。领导小组下设材料消耗控制、水电消耗控制、噪声治理、扬尘治理、污水治理、垃圾治理及资料管理共七个工作组。

中铁五局京张项目绿色施工领导小组在北京市安全质量监督站、京张城际铁路有限公司的指导下，全面负责京张项目绿色施工的组织领导工作。其中，局副总经理兼项目经理是绿色施工管理第一责任人，全面负责项目绿色施工的目标管理及组织实施；项目总工程师负责绿色施工的技术攻关及课题研究，协调解决绿色施工过程中出现的技术问题；项目副经理负责绿色施工实施过程的指挥、监督和控制；下设的七个工作组具体负责绿色施工的日常业务工作；各作业队队长负责管辖工程范围内绿色施工措施的组织执行。

为确保绿色施工管理有效推进，中铁五局注重京张项目日常业务工作与绿色施工管理的充分融合，并做到各司其职、各负其责。一是在制定项目部各岗位工作职责时，将绿色施工相应管理职责同步纳入其中。二是通过编制京张项目绿色施工管理职能分工表，明确各层级、各岗位对各项绿色施工管理工作任务的职能分工，确保每项工作都有相应部门或人员分别负责筹划、决策、执行和检查。

3. 完善管理制度

中铁五局通过制定完善一系列配套管理办法，为绿色施工提供制度保障。一是以"天蓝"为目标，制定《扬尘治理实施办法》及《施工现场防尘降尘专项方案》。明确扬尘治理专项工作小组各成员在扬尘治理方面的职责分工，保证施工现场扬尘污染控制效果。二是以"地绿""水净"为目标，制定完善《环境保护与水土保持管理办法》《环境保护与水土保持应急预案》《文物保护管理办法》及《文明施工管理办法》等制度。三是以"人和"为目标，制定完善《现场作业人员职业健康实施办法》《绿色施工专项培训工作方案》《绿色驻地建设实施方案》及《节能减排实施办法》等制度。

4. 强化培训教育

一是在培训的组织上，明确由项目绿色施工管理总监主抓，项目安全与环保部门负责人牵头，相关部门负责人参与，各作业队队长配合，各司其职抓好培训教育的组织实施。二是在培训的对象上，要求从项目领导班子成员到现场作业人员，自上至下都必须分层级、分专业接受绿色施工相应知识的培训教育。三是在培训的形式上，采取集中讲课与现场传授、项目组织与个人自学、传统教育与微信专题等多种形式相结合，保证培训教育的质量和效率。四是在培训的措施上，对现场技术交底增加绿色施工作业标准和作业要求等内容，所有作业人员必须接受岗前培训和技术交底，并经考核合格后才能上岗作业。

自项目开工以来，中铁五局在京张项目共组织绿色施工知识集中培训教育58场次，培训1600余人次。

5. 加强检查考核

中铁五局通过建立绿色施工检查考核制度，每月定期对绿色施工各项工作执行落实情况组织过程检查和总结分析，并将检查考核结果与相关人员的工作绩效挂钩，切实增强现场管理及作业人员的绿色施工责任意识，为京张项目绿色施工管理体系有序运行提供保证。

（二）以施工组织、科技攻关和信息化管理为支撑，保障工程顺利推进

1. 加强施工组织管理

一是加强项目前期策划。项目中标后，由参建子公司成立以副总经理任组长的施工准备阶段筹备工作组并迅速进驻现场，通过全面调查研究，结合实际确定项目安全质量、工期进度和成本效益目标；进行项目总体施工部署，确定施工顺序及主要施工方案；确定项目组织管理模式、人料机等重大资源配置方案；指导项目部建立覆盖各个业务板块重点管理内容的项目管理制度体系。二是实施项目精细化管理。在项目建设过程中，中铁五局以"工厂化、机械化、专业化、信息化"为支撑，以专业化分公司、专业作业队、蓝领工人队伍和劳务队伍组织化建设管理及项目资金集中管控、物资设备集采分供为重点，全面实施项目施工全过程精细化管理。

2. 加强施工技术科技攻关

一是成立京张项目科技攻关小组。科技攻关小组作为中铁五局在京张项目设立的常设机构，成员由中铁五局在全局工程技术人员中择优选派。科技攻关小组主要负责项目科技攻关目标、计划的编制及组织实施。二是加强科技攻关过程的组织实施。京张项目科技攻关小组结合项目实际，组织编制《京张项目科技攻关实施方案》，明确科技攻关的目标计划、组织领导、方法步骤及工作要求，保证科技攻关工作高效实施。

3. 推行项目信息化管理

一是运用BIM技术建立项目三维模型，形象直观地表达项目建筑、结构和特点，进行项目图纸复核、工程结构核查和项目场景漫游，加深技术人员及管理人员对项目信息的了解与认识。同时通过建立项目BIM技术应用平台，进行工程结构碰撞检查、关键工艺模拟、预制构件预拼装和3D技术交底，利用BIM技术所见即所得的可视化效果，为项目施工提供质量保证。二是通过混凝土强度控制系统、混凝土拌和站信息管理系统、隧道三维激光扫描技术和隐蔽工程内外业管理系统的综合运用，实现工程实体质量的全过程有效管控。三是通过作业人员信息管理系统、人机定位系统、火工品信息管理系统、掌子面数码成像技术及现场监控量测技术等一系列信息管理技术的运用，建立健全覆盖工程施工全过程的信息化安全管理体系，实现工程安全生产的动态管控。

（三）以文物保护、现场绿化和绿色驻地建设为抓手，维护生态原貌

1. 加强文物保护

全长12.01公里的新八达岭隧道一次并行水关长城，两次下穿八达岭长城，一处浅埋下穿老京张铁路青龙桥车站。隧道最小埋深4米，最大埋深432米。在世界文化遗产核心区建好京张高铁的同时，必须确保国家文物万无一失。

一是编制专项技术方案。中铁五局在京张项目委托专业爆破单位组织编制《新八达岭隧道/长城站爆破工程施工组织设计》，重点明确工程爆破作业对国家级旅游景点及文物可能造成影响地段的爆破技术方案、爆破施工组织及保障措施。《爆破工程施工组织设计》编制完成后，组织专家通过资料审核、现场踏勘、专家评审等方式进行设计方案安全评估，确保设计方案的安全性和可靠性。

二是严格施工过程管理。中铁五局组织京张项目所有爆破作业人员进行专项培训，全员取得国家认可的爆破作业操作证，并在岗前严格组织技术交底，施工过程强化全程监督控制，确保精准爆破作业。

在新八达岭隧道并行水关长城、下穿八达岭长城地段，采用电子雷管微振控制爆破技术，将电子雷管精细化分段，实施逐孔起爆，使爆破振速严格控制在0.2厘米/秒以内，最大限度地降低爆破振动。

三是实时监测爆破作业。中铁五局京张项目委托第三方监测机构，在青龙桥车站及八达岭长城下穿段等重点保护区段，配置专业监测设备24小时实时进行爆破振动数据联网监测，并配备专人负责日常维护管理，及时根据监测数据调整爆破参数。

2. 加强现场绿化

一是编制《绿化和临建工程规划专项方案》，在工程破土动工前，对施工现场绿化及周边植被保护进行系统规划。二是坚持三同步原则，严格做到绿化工程和临建工程同步规划、同步施工、同步完成。三是加强重点区域生态保护。在隧道进出口边坡拱架护坡范围内进行植草防护，防止水土流失破坏周边植被；在道路两侧及驻地周围规划花坛，进行植树种花、喷洒草籽。此外，在驻地周边植被的醒目地点设置标识标牌，严禁人为破坏；在施工期间通过洒水车洒水、雾炮机喷水雾、车辆车轮冲洗等措施加强扬尘治理，避免污染周边植被。四是高标准规划建设施工便道。对施工进场道路坚持生态优先的原则，参照周边既有道路进行高标准、高质量规划建设。

3. 加强绿色驻地建设

一是加强卫生设施配置。统一规划和设置员工浴室、卫生间、洗衣间、公共晾衣区及垃圾处理设施，统一配置员工高低床、床上用品等生活用品。二是对员工办公区、住宿区、公共生活区及食堂的卫生标准及要求作出明确规定。三是实行考核评比。项目部成立绿色驻地建设考核评比领导小组，制定评比考核标准，定期对各单位绿色驻地建设情况进行检查考核，提高员工环保意识，维护施工现场环境卫生。

（四）以扬尘、污水和土壤治理为重心，严控施工过程污染

1. 强化扬尘控制

在加强隧道洞渣运输扬尘控制方面，一是合理安排洞渣外运时间，利用夜间低温时段进行洞渣外运。二是在施工现场出口设置自动感应洗车槽，车辆进入洗车槽感应区后自动开启冲洗装置，保持车辆清洁，防止泥土污染路面。三是严格控制渣土装运数量，运输过程采用苫盖密闭，防止渣土撒漏，渣土外运至弃渣场后，由专人负责随弃随盖，防止产生扬尘。四是完成夜间运渣后，由专人对运渣道路进行清扫，避免扬尘对景区环境造成影响。

在加强混凝土拌和站扬尘控制方面，一是在建站时对料仓进行封闭，在皮带输送机上增设防尘罩或将皮带机整体封闭，使骨料在密闭通道中运行，防止骨料粉尘飘扬。二是向筒仓中加入水泥、粉煤灰时，由专人负责监控，防止粉料溢出造成污染。三是对料仓砂石料进行洒水处理，通过提高骨料含水率的方式减少拌和过程产生的扬尘。四是每天用洒水车对拌合站现场进行洒水湿润，并及时清扫除尘。

在加强施工道路扬尘控制方面，一是对车流量大的施工主干道进行硬化处理，减少道路自身扬尘。二是根据现场工点设置及运输道路分布和使用情况，明确划分每个施工工点道路除尘责任管段，落实专人负责日常清洁维护。三是根据责任管段划分合理配备洒水车辆，严格做到施工道路每天洒水不少于8次。

在加强PM2.5实时监测方面，中铁五局京张项目在新八达岭隧道1#斜井、2#斜井及隧道出口等扬尘重点区域设置3台空气质量专业监测设备，通过控制中心实时掌握现场PM2.5情况，对数据超标区域及时采取处理措施，确保施工现场空气质量指数符合标准要求。

2. 严格污水治理

一是合理规划施工排水系统。根据项目隧道施工现场特点，按顺坡和反坡两种不同地形对施工排水进行系统规划。当施工现场为顺坡时，隧道涌水、渗水直接通过中心水沟或侧沟排出隧道；当施工现场

为反坡时，则根据开挖进度沿隧道拱脚每隔100~150米设置一处泵站，利用洞内多级泵站将污水沉淀，并用抽水设备将泵站积水自隧道掌子面逐级抽出隧道。隧道涌水、渗水排至洞口后，再统一汇集到洞外排水净化系统进行净化处理。

二是加强施工污水净化处理。一方面从源头上减少洞内污水排放量，在隧道地下水发育地段，根据围岩四周地下水渗漏情况，采取局部注浆、径向注浆、补注浆等措施，对出水点进行封堵。另一方面进行多级净化处理，项目投入资金560万元，引进新型生物膜法污水处理技术，将洞内污水汇集到洞口后，首先经过多级沉淀池沉淀，再引入曝气生物滤池（G-BAF）进行生物氧化和悬浮固体物截留处理。在净化处理过程中，通过加入混凝剂使水体中的微小颗粒产生絮凝沉淀到池底，并加入化学药剂进行脱氮和除磷处理。同时，通过曝气生物滤池中的滤料层截留水体中的污染物，并利用滤料上附着的生物降解转化溶解状态的有机物和特定物质，最终排出净水。

三是严格进行水质监测。一方面在清水池中设置联网检测仪器，当pH值大于9时，加酸设备自动向水中加入盐酸，直至pH值符合标准要求，保证水质酸碱度达标；另一方面，安装化学需氧量（COD）复合检测仪器，按照北京市二类水质排放标准对水中悬浮物进行监测，当指标接近排放标准边界时，及时更换曝气生物池中的滤网和过滤介质。此外，每月定期对净化处理后的水进行取样，委托具备相应资质的第三方机构进行水质检测，保证排放水质合规。

3. 加强土壤保护

一是水土保持综合防治。一方面对施工便道两侧、隧道洞顶、边坡坡脚及工程周边汇水面积较大的山沟谷底，系统规划、合理设置排水系统；另一方面对工程高边坡土体采用锚喷混凝土、密目网覆盖及种植草木等措施加固和绿化，在坡顶上方设置截水沟，并设专人定期清理维护，防止土壤流失。

二是合理消纳隧道弃渣。中铁五局针对京张项目个性特点，制定新八达岭隧道和八达岭长城站工程弃渣消纳方案。弃渣场严格按照设计要求选址，并以设计弃渣量为主要因素确定弃渣场面积，同时通过合理设置弃渣围护结构及截排水系统，分层夯实弃渣，及时植草绿化，强化弃渣场防护及防排水措施，防止水土流失，维护周边生态环境。

三是加强建筑垃圾处理。中铁五局在京张项目以减量化、资源化和无害化为原则，加强建筑垃圾治理。在减量化措施上，一方面采用工厂化方式生产建筑构件，减少废料产生；另一方面实行工完场清制度，每项工序结束时，在工序交接前必须完成垃圾清除工作。在资源化措施上，重点加强建筑废旧材料的再利用，实现变废为宝。在无害化措施上，重点加强固体废弃物的统一分类处理。对日常生活垃圾，由专人定期清理收集并运至当地垃圾处理站集中统一处理；对废弃油漆、墨盒、电池及塑料等有毒有害物质，由项目部统一回收后交由指定机构处理，避免污染土壤和地下水。

（五）以节约材料、淡水、能源和土地资源为核心，降低资源消耗

1. 节约材料资源

中铁五局在京张项目施工中，以结构材料、周转材料和装饰装修材料为重点，多举措加强材料的高效利用。一是推行工厂化加工生产。对钢结构、混凝土等与工程实体质量关系密切、数量占比极大的半成品及成品，由企业下设的专业化分公司负责现场工厂化加工生产，促进精细管理，降低生产损耗。二是建立健全材料使用管理制度体系，规范材料入库、保管、出库、领用流程管理，加强材料定期消耗核算与考核，堵塞管理漏洞，防止材料流失。三是实行限额领料。根据生产计划和消耗定额计算原材料应耗数量，并按照应耗数量限额领料。四是提高周转材料使用率。对模板、挡板、脚手架等使用量较大的周转材料的材质、规格、数量进行统筹规划设计，并加强过程使用管理，提高周转使用率；对现场生产、办公、生活临时用房优先采用组装式可拆卸材料，实现多个项目循环使用。五是实行"首件工程"制。每道工序首次施作完成并经监理验收合格后，对"首件工程"实施情况进行全面分析、总结得失，

为后续相同工序施工树立样板、建立标准，从而减少工程返工、避免材料浪费。

2. 节约水资源

一是进行施工用水规划。项目部进场后，结合工程实际编制施工组织设计，制定各工点用水定额，实行计量管理，并根据现场各阶段施工用水需求及水源分布情况，合理布设供排水管网，同时管材统一采用优质、环保材料，防止水源渗漏和污染。二是建立中水收集系统。通过建立施工污水治理系统，对曝气生物滤池净化后的水源进行再利用；通过建立雨水收集系统，利用设置的循环水池存储经排水系统引流的雨水。三是加强中水充分利用。项目部对收集的中水广泛使用于植被养护、道路洒水、车辆冲洗及混凝土结构养护等环节，使水资源得到充分循环利用。

3. 节约能源

一是引进先进工程设备。通过引进能源消耗低、工作效率高的工程设备和节能环保的照明、取暖设备，及时淘汰高能低效的老旧设备，提高能源使用效率。二是加强设备维护保养。项目部制定《工程设备保养与维修管理办法》，明确工程设备例行保养、定期保养、停放保养、走合期保养、换季保养及工地转移前保养的工作要点，规范工程设备故障修理、大项修及评估整修的流程及要求，减少机械故障，提高运转效率。三是严格能源消耗过程管控。以单台设备或独立使用单位（个人）为核算单元，明确燃油、电力消耗使用定额标准，建立燃油、电力消耗台账，定期进行成本费用分析，增强作业人员节能意识，杜绝能源浪费。

4. 节约土地资源

一是充分利用荒地、废地及闲置土地。如对混凝土拌和站和碎石加工场，利用当地原有闲置碎石加工场场地规划建设。二是实行集中加工生产节约用地。项目部通过委托企业钢结构专业化分公司在现场设立钢筋集中加工厂，对全标段钢结构半成品、成品进行集中加工生产和供应，彻底解决分散加工占用大量土地资源的问题。三是利用既有道路设施节约用地。在施工道路的规划上，通过充分利用G110国道、G6京藏高速公路、S216省道、八达岭景区道路及多条乡村道路，为工程施工提供交通保障的同时，最大限度地节约和保护土地资源。四是整合功能区间节约用地。如统筹规划临时材料堆放场，作为混凝土拌和站和碎石加工场共用的材料供应点。五是采取工程防护措施节约用地。如新八达岭隧道进口工区驻地，项目部结合现场地形特征，通过修筑大型路肩挡土墙、采取锚杆喷射混凝土护坡防护等措施，有效节约土地资源。

三、以生态优先、环境友好、资源节约为核心的复杂高铁工程施工管理效果

（一）构建了高铁绿色施工新体系

首先，构建了完善的高铁绿色施工新体系。中铁五局转变以往工程项目施工零散、单一、相对粗放的环保管理模式，在京张项目建立并实施以生态优先、环境友好、资源节约为核心的全方位绿色施工管理新体系，取得了良好成效。其次，实现了生态环境的有效保护。一是保护了文物安全，二是维护了周边生态环境，三是施工过程污染得到有效治理，较好地实现了"天蓝、地绿、水净、人和"的目标。

（二）实现了良好的综合效益

首先，促进了高铁建设顺利推进。通过推行绿色施工，工程施工产生的扬尘、噪声、污水等污染源得到有效治理，维护了当地居民良好的生活环境，构建了和谐的路地关系；通过加强环境保护，保持生态平衡，保证了工程施工良好的自然环境；通过加强培训教育、劳动保护和检查考核，保障了高铁建设者职业健康。自开工以来，项目安全质量稳定可控，未发生任何安全生产责任事故，工程进度满足总体工期要求。开工以来，中铁五局京张项目开累完成投资7.58亿元，完成合同总额12.48亿元的61%，项目施工进展满足施组计划要求。其次，提高了企业经济效益。自京张项目开工以来，通过推行工厂化加工、强化周转材料统筹规划等多项举措，较以往节约材料资源近5000万元；通过系统规划施工用水、

加强中水充分利用，节约用水费用近 800 万元；通过引进先进工程设备、加强设备维护保养、严格能源消耗过程管控，节约能源资源近 2000 万元；通过闲置土地充分利用、实行集中加工生产等多种途径，节约土地资源近 1000 万元。

（三）树立了企业绿色施工品牌

项目开工以来，多位国家领导人和各级政府领导莅临中铁五局京张高铁工地视察，对京张高铁新八达岭隧道和八达岭长城站的"花园式"绿色施工高度认可，认为是中国高铁施工"响亮的新名片"。中央电视台先后 28 次对京张高铁八达岭长城站建设情况进行报道，美国美联社、《华尔街日报》、英国路透社、意大利广播电视公司等众多世界知名媒体先后前往项目现场采访。项目先后获得"全国建筑业创新技术应用示范工程""全国青年安全生产示范岗""全国青年文明号""火车头奖杯"及京张公司"质量安全标准化达标升级一级单位"等多项荣誉。

（成果创造人：陈　彬、蒋　思、方　锐、彭小平、秦世祥、龚小标、
张习亭、彭宇峰、熊锦阳、陈　明、贾友文、罗都颢）

以打造绿色矿山管理样板为目标的露天铜矿建设

江西铜业股份有限公司城门山铜矿

江西铜业股份有限公司城门山铜矿（以下简称城门山铜矿）位于江西省九江市西南18公里，是一座以铜硫为主、矿石储量达2.2亿吨的大型铜矿，是江西铜业自给矿石主要产地之一。城门山铜矿是在新世纪按照新理念高起点建成投产的一座现代化集约型采选联合企业，属《全国矿产资源规划（2016—2020年）》国家规范矿区，目前日处理矿石7000吨，2017年产值7.46亿元，矿山主业员工800多人。

一、以打造绿色矿山管理样板为目标的露天铜矿建设背景

（一）适应国家生态文明建设大势的必然选择

城门山铜矿一直坚持修复和保护环境的原则，开发和利用矿产资源。2014年国家颁布修订后的《中华人民共和国环境保护法》，对生态保护红线和企业污染防治提出了更加严格的要求。为深入贯彻落实党的十八届五中全会提出的"创新、协调、绿色、开放、共享"五大发展理念，担当起企业绿色发展主体责任，为江西铜业跻身世界一流企业提供有力支撑，城门山铜矿在创建绿色矿山基础上提出了"打造绿色矿山样板"的奋斗目标。

（二）适应绿色发展、实现资源高效利用的必然要求

城门山铜矿是一个已受到不同程度氧化的含铜、锌、黄铁矿等多金属复杂矿床，各种铜矿物及含铜矿物种类达226种，开发和利用难度极大。矿山生产与建设要协调可持续发展走得更远，就必须将资源开发与保护放到整个经济社会发展的战略高度中去比量，按照国家转变经济发展方式的战略要求，通过开源节流、高效利用、创新体制机制，改变矿业发展方式，推动矿业经济发展向依靠提高资源利用效率转变。建设绿色矿山，发展绿色矿业，既是提高企业资源保障能力的现实选择，也是转变发展方式、建设"两型"社会的必然要求。

（三）适应江西"绿色崛起"发展战略的必然作为

城门山铜矿地处长江经济带九江市城市边缘位置，矿区三面环湖，水文地质条件复杂，绝大部分矿体在侵蚀基准面以下，甚至延伸至季节性湖泊中。特殊的地理位置使保护生态环境成为矿山生产和建设不可推卸的责任，环保压力随着矿山生产和发展呈积累式增强，矿山的可持续发展面临着巨大的考验和挑战。在生态安全方面国家对矿山资源开发的要求和管控越来越严格，环境保护和节能减排的检查考核更加严格，执法监督问责追责更加严格。同时，为落实江西"绿色崛起"战略，江西铜业提出要以实际行动当好发展升级、小康提速、绿色崛起的"排头兵"，积极转变增长方式，加快跨越赶超步伐，通过有质量的增长，保大做强，全方位赶超世界矿业前五强的要求。作为江西铜业旗下的城门山铜矿，必须全面履行矿山企业责任，坚持矿山开采利用与环境保护发展并重，打造矿山企业可复制、可推广的绿色矿山建设与管理新模式，走绿色发展的道路。

二、以打造绿色矿山管理样板为目标的露天铜矿建设内涵和主要做法

城门山铜矿在科学发展观的指导下，适应资源开发与经济社会全面协调可持续发展要求，秉承"致力于持续发掘资源价值，追求人与自然和谐共生"使命，以保持和提升矿山生态环境质量、最大限度地综合利用资源为核心，以强化保障措施为基础，以智能化管控为提升手段，实施"绿色采矿"和"绿色选矿"，开展"三严三无"清洁生产，循环利用工业水实现"无水（新水）选矿"，高效综合开发尾砂资源，变"尾矿库"为"资源库"，建设花园式湖景矿山，形成"绿色采选、清洁高效、管理卓越、环境

友好"、具有国内外影响力的绿色矿山管理模式样板。主要做法如下。

（一）总结绿色矿山创建经验，构建绿色矿山管理样板体系

1. 制定绿色矿山管理样板战略

城门山铜矿本着"环保优先、绿色发展"的观念，从2014年开始借鉴江西铜业首批国家级绿色矿山德兴铜矿的创建经验，开展绿色矿山创建工作，至2015年年底，各项工作达到了国家级绿色矿山标准。根据党的十八届五中全会对绿色发展的新要求，城门山铜矿决定在绿色矿山基础上打造绿色矿山管理样板。同时，明确绿色矿山样板的建设定位，超越绿色矿山标准，做到"人无我有，人有我优，人优我强"。在创建过程中，坚持并创新绿色矿山建设理念，包括"生态优先，绿色发展"绿色矿山核心理念；"致力于持续发掘资源价值，追求人与自然和谐共生"企业使命；"创造永远的绿色"企业环境观；"采掘扬尘一粒不出矿区，工业废水一滴不入湖区"环保行为理念；"开一座矿山，还一座花园"矿山建设理念。

2. 建立绿色矿山管理样板组织体系

为保证绿色矿山管理样板建设顺利实施，城门山铜矿成立由矿长、书记任组长，其他班子成员任副组长的领导小组，全面负责绿色矿山管理样板组织协调工作。领导小组下设绿色矿山管理样板建设工作组，具体负责建设工作期间的督促与协调，制定建设规划和实施方案，明确工作目标、进度安排、各部门分工和责任范围，全面落实和加快推进绿色矿山管理样板建设。

3. 优化绿色矿山管理样板制度标准

按照国家有关法律法规的要求，完善和修订《尾矿库负责人责任制》《尾矿工岗位职责》《职业卫生管理制度》《环境保护管理制度》《环境因素识别与评价管理制度》《环境监测管理制度》《环保设施管理制度》《环保奖惩制度》《环保在线监测系统管理制度》《危险废物管理制度》《尾矿库管理制度》等68项矿级安全环保管理规章制度；二级单位完善和修订各类安全环保操作规程、技术及维护规程237项，改进提升运行现场管理标准化体系、一体化管理体系、安全生产标准化体系、生态环境保护及监督管理体系等。形成健全的矿产资源开发利用、安全生产、环境保护、土地复垦、生态重建、企业文化等规章制度。同时，组织修订92个企业技术标准。

（二）实施智能化绿色采选，实现采选过程对环境影响最小化和资源开发效益最大化

1. 建设智能化采矿子系统，实施绿色采矿

一是建立数字化资源储量模型和经济模型。采用DIMINE建立矿山地质模型和经济模型，通过利用DIMINE完成矿山生产计划排产等工作，大大减轻技术人员的工作强度，有效提高数字化矿山建设水平及矿山经济效益。加强低品位回收利用，通过合理配矿，低品位铜矿石同工业铜矿石、硫矿石混合后一起进入选矿厂进行综合回收利用。

二是优化精准爆破工艺。将三维扫描仪爆堆快速测量系统与露天金属矿大区微差爆破技术和露天开采裂隙岩体环形不耦合分段装药爆破技术相结合，实现精准爆破，从而减少生产过程中爆破的次数、爆破震动及炸药消耗量，有利于发挥穿孔、装药、铲装、运输等设备的生产效率，提高露天矿总体生产能力。

三是升级GPS/北斗智能卡车调度管理系统。建立生产监控、智能调度、生产指挥管理系统，对生产采装设备、移动运输设备、卸载点及生产现场进行实时监控和优化管理。通过升级露天矿GPS/北斗智能卡车调度管理系统，减少矿山穿孔、装药、铲装、运输等设备的空隙时间，提高矿山设备的生产效率；建立GPS测量系统，实现采区测量和道路优化效率最大化，提高采矿工艺优化水平以及段室协同和数据管控效率。

四是建立边坡在线监测系统。通过对边坡岩土体内部沉降、倾斜、错动、土壤湿度、孔隙水压力变

化等进行连续监测，及时捕捉边坡性状变化的特征信息，结合地表监测的雨量、位移等信息，对边坡的整体稳定性做出快速判断，实现无人值守的边坡监测自动化。同时，将三维激光扫描仪运用到"缓帮采矿、组合台阶陡帮剥岩"工艺，进一步平衡剥采比，推迟剥离高峰期，增加备采储量，提高矿山生产能力，缩短最终边帮的暴露时间，实现地形测量和边坡安全监测的实时监控。

五是优先选用环保低能耗先进设备。城门山铜矿优先选择国家鼓励、支持和推广的机械化、自动化、信息化和智能化的采矿技术和设备。矿山在国内率先引进沃尔沃 EC700B 挖掘机、沃尔沃 A40D 铰接式卡车，在中南地区率先引进小松 HM400 铰接式卡车，引进设备排放均达到欧洲排放标准。同时，为增强进口设备的适应性，开展各类技术攻关、改造超过 200 项。

2. 建设智能化选矿子系统，开创标杆示范的绿色选矿工艺

一是将"机械化、自动化、可视化"融入浮选新工艺流程改造。为适应原矿高氧化、高硫铜比、矿性变化大的情况，针对浮选工艺开展选矿科研项目，并将科研成果转化为生产力，分别于 2016 年 1 月、2016 年 11 月完成对 1 号系统、2 号系统的浮选工艺流程改造。在改造和优化的过程中，城门山铜矿极力将"三化"内容融入选矿工艺改造项目，破碎、皮带运输、磨矿、浮选及药剂添加等全部采用机械化设备，全面提升选矿生产的机械化水平；采用 DCS 工业自动化中心控制系统，将测量、显示、记录、控制、报警等多种功能植入磨矿和浮选生产作业管控中，实现浮选工艺参数的实时在线检测、智能分析、集中管控，提高选矿生产操作的自动化水平；建立可视化监控系统，针对颚破下矿口、中间矿堆、皮带下矿、生产作业现场、尾矿库坝等选矿生产关键环节进行实时监控和管理，确保生产的安全、连续、可靠运行。同时通过采取自主优化一段选铜返回量走向、优化浮选柱工艺参数、优化选硫作业工艺管路、增设选硫的预先脱泥等措施，快速打通生产流程，提前实现超产达标。

二是建立和应用 EMS 能源管理体系。城门山铜矿引入先进的 EMS 能源管理体系，用于生产用电的实时监控和精细管理，电能在线监测系统共布置 199 个点位。城门山铜矿建设监测子系统，电能监测数据由子系统直接发送至江西省电力需求侧管理平台。通过能源管理系统应用，确保城门山铜矿直购电工作及有序用电调控负荷工作顺利开展，降低选矿综合能耗，提高能源利用效率，提升管理水平。

（三）变治理为开发，实现资源高效利用

1. 循环利用工业水

城门山铜矿建立工业水收集、处理、循环利用系统，将采区工业水、选厂工业水和生活废水进行集中收集，深度处理，实现"再生水"的循环利用，新水补给主要用于设备冷却用水，工业水复用率得到极大提高。按照"少产出、资源化、统筹用"的要求，在采区实施先进的注浆帷幕技术、疏干排水技术和清污分流技术治水，最大限度地减少采区工业水产出，增加"再生水"的使用；在选矿厂实施冷却水集中回收、"分质供水"、工业水深度处理，最大限度地利用"再生水"，实现"无水（新水）选矿"；在矿区生活区域开展生活废水处理。矿区生活废水根据矿区地形，利用现有废水管道，集中收集处理。

2. 吃干榨净尾矿

城门山铜矿与江西铜业研究院共同合作，开展尾矿二次选硫研究，并将该研究成果进行生产运用，在厂前建立二次选硫生产系统，将尾矿中的硫含量由 3% 降低至 0.45% 以下，硫回收率达到 80%，年产合格的标硫精矿 10.86 万吨。

3. 将尾砂变废为宝

城门山铜矿与江西省建材集团公司合作，成立江西万铜环保新材料有限公司，对城门山铜矿的尾砂进行综合开发与利用，将铜尾砂用于水泥优质混合材生产水泥、用于预拌混凝土和预拌砂浆、UHPC 基材、蒸压制品以及生产微晶玻璃等产品。

（四）推行现场"三严三无"标准化管理，实现高质量清洁生产

1. 严格无泄漏高标准管理，确保现场无风险

建立完善所有设备密封点示意图，强化预防管控；建立集中润滑站，使用智能注油枪直接注油，大幅提高设备保养的注油效率，有效避免润滑油加注过程中的"跑冒滴漏"现象；摸索工艺管路磨损周期，提前进行预防性维护；开展设备针对性优化改造，治理结构性缺陷，杜绝泄漏风险。

将矿区内危险废物的产生、收集、储存、运送、转移、处置等流程进行规范监管，配置规范的废物储存场所，登记好废物储存台账，并且委托江西国孚润滑油工业有限公司进行定期处理，有效地减少危险废物对环境的污染。定期制定完善危险废物突发事故应急预案，并定期组织应急演练，提升员工对突发事故的应急处置能力。

2. 严谨高标准能耗管控，确保资源无浪费

一是改进电气设施，推进清洁用电。梳理高耗能电气设备，有计划地进行淘汰更新，同时严格控制新增电气设备的采购标准，必须以环保节能为前提。通过以上措施，选矿电单耗在装机容量增加约1500kW的前提下，仍然保持在24kW·h/t，较改造前无明显增加。

二是完善生产用水管理，实现清洁用水。城门山铜矿生产用水重复利用率由2006年的75.3%提高到97%，提高约22%，基本做到除矿区生活用水，生产用水使用回水，大大减少了工业水的排放。处理单位原矿石取新水量由2012年的0.679（m^3/t原矿）降低到2017年的0.12（m^3/t原矿），降低约82.3%。单位铜精矿取新水量由2012年的98.01m^3/t降低到2017年的21.9m^3/t，按2017年铜产量计算，年节约新水量达到122.2万吨。

三是建立中心气站，实现清洁用气。原设备供气点多面广，小型空压机的使用较为普遍，既不利于设备的集中管控，也造成供气压力不稳定、泄漏点较多等问题。2012年建立中心气站后，采用大型空压机和大容量的储气罐，并保持备用空压机的自动补压，确保了供气压力，减少了泄漏点，实现了设备供气的集中管控，设备运行更加平稳，生产更加顺畅。

四是降低柴油消耗，确保清洁用油。优化运矿车辆装置和运输道路，降低柴油单耗，铜金属柴油消耗由2012年的295.8kg/t降到2017年的260.09kg/t，以2017年铜产量计算，年节省柴油573吨。

五是更新优化选矿药剂，实现清洁用药。目前已经淘汰原始的丁胺黑药、2#油等药剂，确定了最适宜城门山铜矿矿石性质的mos-2与MA-1组合药剂。虽然药剂成本有所增加，但有效降低了尾矿库的多项环保指标，实现了清洁用药。

3. 严肃安评纪律，确保安环无盲区

城门山铜矿自2011年3月开始，全面开展金属非金属矿山安全标准化创建活动，于2011年12月27日获得由江西省安全生产监督管理局颁发的安全标准化二级证书和露天开采安全标准化二级证书。城门山铜矿坚持每年按期开展自评工作，并每三年聘请有相关资质的评价机构进行选矿厂、露天开采、尾矿库标准化复评及验收工作。

城门山铜矿通过风险分级管控和隐患排查治理体系的建设，全面辨识和排查设备设施，特别是环保设备设施在运行、生产活动过程中存在的风险点和隐患点，进行风险评估和分级管控，确保所有过程处于受控状态和安全状态。目前已完成危险源和环境因素的辨识并持续更新，确定了城门山铜矿重大危险源和环境因素，并制定了预防措施；对其他的一般性危险源和环境因素也进行了关注和处置。全矿安全生产态势平稳，自建矿以来未发生工亡事故，截至2017年12月31日，已实现连续安全生产6009天。

（五）建设花园式湖景矿山，育优绿色生态环境

城门山铜矿按照"开采方式科学化、资源利用高效化、企业管理规范化、生产工艺环保化、矿山环境生态化"的基本要求建设花园式绿色矿山。

一是坚持边开采、边保护、边复垦。先后投入大量资金,与高校、科研院所开展合作,攻克边坡、排土场等贫瘠土壤的植被种植技术,推进尾矿库复垦、排土场和边坡生态恢复治理工程,绿化面积达71.17万平方米,成为公司第一个成功实施挂网喷播植被的单位,实施采场与废石场边坡植被恢复,成功建成了乔、灌、草相结合的立体生态系统,实现在"花园里"生产的目标。

二是统一规划设计,建设矿区绿色家园。对矿行政区域和生活区进行统一规划设计,实现了草木错落有致,绿树成荫,鸟语花香,打造了"舟行碧波上、人在画中游"的湖景矿区。

三是推进无土就地改良,实现尾矿库生态闭库。在凤爪沟、熊家凹尾矿库实施无土就地改良工艺,恢复库区生态环境,顺利通过生态闭库验收。复垦区的绿化覆盖率已超过85%。经统计,库区内的植物群落已经发展到了草本群落的较高水平,生态系统实现了良性循环发展。

(六)强化齐抓共管保障机制,不断完善绿色矿山管理样板

1. 开展党委稽核,保证提升打造质量

为确保绿色矿山建设规范化、科学化推进,城门山铜矿党委围绕"打造绿色矿山管理样板"项目实施专项稽核。稽核小组对照《城门山铜矿建设绿色矿山工作的实施方案》,以"重点工作任务"和"完成时间"为稽核控制点,按季度定期开展稽核工作。稽核发现工作亮点11个,存在问题19个,提出稽核整改建议27条,有力地提升了绿色矿山管理样板的打造质量。

2. 深入动员,全员参与

在全矿范围深入开展打造绿色矿山管理样板宣教活动,充分利用争创标杆党支部、党员干部大会、民主生活会、全员创新、班组学习会、员工班前会等向广大员工宣传打造绿色矿山管理样板的深刻内涵及深远意义,增强员工的认同感、归属感和荣誉感,使广大职工了解打造绿色矿山管理样板对企业可持续发展的重要作用,形成推进的合力。积极适应打造绿色矿山管理样板需要,按照新矿新办一专多能的要求,引进和培育打造绿色矿山管理样板所需人才。

3. 积极多方筹划,保障资金投入

打造绿色矿山管理样板工作是一项系统强化提升工程,工程量大,各项目所需资金较大。在资金筹措上,一是充分利用有关政策,积极争取上级主管部门和国家财政专项资金支持,拓展资金筹措渠道,加大投入。二是利用矿山自筹资金,调整费用支出结构,提高自筹资金的使用效率;引进社会资本保障江西万铜环保材料股份有限公司开发二期产品。三是加强资金监管,制定完善的资金使用管理流程,严格遵守资金使用管理制度,绿色矿山建设经费纳入年度预算,资金专用账户,资金使用实行审批制度。加强项目资金使用管理,强调用款单位要严格执行中央八项规定和财经纪律,严格按照合同条款管理工程款支付,有效控制项目建设资金,保证资金专款专用、核算规范、使用合规。截至2017年年底,矿山投入安全环保项目建设费用2.6亿元。

4. 交流研讨整合,强化技术支持

整合强化矿山企业内部技术力量,加强科研能力,提升科技创新成果和经济效益。积极依托技术研究院的力量,开展技术研究,并创造条件,将各项科研成果推广运用到创建实践中。近年来矿山研发及技改投入每年占年度主营业务收入的1.5%以上。建立并完善与相关高校、科研机构、环保团体的交流合作机制,搭建对话交流平台,促进技术交流合作。聘请专业领域的资深专家进行技术支持,现场指导绿色矿山建设,确保绿色矿山建设能够顺利实施。

5. 完善监督机制,构建考评体系

按照国家最新标准编制《铜矿生产安全事故应急预案》,并在省安监局备案登记。环境监测建有环境监测站。建立深度水处理站、自动监测系统,矿山外排水安装污染源自动监控设备及视频监控系统。完善绿色矿山建设监管体系和考评机制。建立安全环保管理和绿色指标最优考核体系,明确各单位层级

责任和考核指标，落实绿色矿山建设责任。

三、以打造绿色矿山管理样板为目标的露天铜矿建设效果

（一）建成绿色矿山管理样本，实现矿山生产发展与生态环境友好和谐共生

城门山铜矿通过持续不断的绿色矿山建设，保持了矿山生产建设与生态环境优美良性循环。不仅提升了企业管理水平，而且彻底消除了由于历史原因乱采滥挖深度漫延造成的资源破坏和流失。实施了尾矿综合利用，开创了"无废料矿山生产"先河；实施了工业水回收深度处理循环利用，开创了"无水（新水）选矿生产"先河；实施了尾矿库闭库生态无土就地改良，开创了"尾矿库无土复垦"先河；实施了数字化、智能化、绿色化、现代化"四化"建设，开创了"花园式矿山建设"先河。建设绿色矿山样板契合了长江经济带生态环境保护规划要求，为长江经济带环境大保护战略树立了一个企业典范。

（二）矿山绿色发展指标领先国内同类企业，增强了可持续发展的动力

城门山铜矿通过实施绿色采选举措，针对复杂矿性持续改造优化工艺，多项指标突破设计目标，超越同类矿山水平，矿产资源综合利用领先行业水平。截至2017年，绿色采矿综合利用表外低品位铜矿石量138.5万吨和硫矿石量8.9万吨，产生经济效益达到1900万元以上。2017年铜硫精矿品位和铜硫金银回收率指标在氧化率大于15%以上的复杂难选矿石选别中处于顶尖水平。磨机运转率达到95%，达到国内领先水平；选矿电单耗为同类矿山一流水平。采选工业水的处理率达到100%，综合利用复用率97%以上；水质监测数据自动上传江西省环境质量信息发布平台，上传率100%；水质COD含量和氨氮含量达标率均为100%。同时，深入开展节能减排活动，优化节能管理制度，组建节能管理网络，建立"错峰填谷"长效机制，全面淘汰和改造落后机电装备，保障节能措施经济效益最大化。主体生产工序设备全部实现节能设备，提高了设备的能源利用效率和供电系统功率因数。实施采选能量系统项目的整体优化，进一步提高了能源利用效率。另外，坚持集约型办矿模式，辅助生产专业化协作和后勤服务社会化协作"两协作"的作用，激发了地方和社会协作资源的活力，紧缩企业"大而全""小而全"占有和消耗资源。劳动定员精简高效，每年节约人力成本至少1850万元，并尽可能减少了人的因素对环境的影响。

（三）塑造天蓝地绿水清的生态矿山新形象，产生重要的社会效益

城门山铜矿在《江西省省属国有企业高质量发展行动方案（2018－2020年）》中已被江西省确立为绿色矿山建设的代表。同时，在积极推进绿色矿山样板管理过程中，创造性的构建采选智能管控平台，产生了巨大反响，被国家工信部选为有色系统试点的"互联网＋"智能化矿山创建企业。城门山铜矿改变了社会对矿山企业的传统认知。已成为宣传绿色发展的样板企业，已累计接待前来参观学习考察的企事业单位200余批次。城门山铜矿花园式矿山得到了周边群众广泛支持，有500余人在矿山不同岗位积极融入参与矿山生产经营和建设发展；吸引了60余家地方企业共同发展矿山事业。生产出的高品质硫精矿，为下游加工企业提质增效、节能降耗等带来巨大的效应，受到商家的"追捧"，产品供不应求。

（成果创造人：但新民、胡金华、廖先渺、熊衍良、黄钢平、杨　文、
　　　　　　　卢　晓、赵桂洪、黄良金、韩建华、安文庆、郭胜祥）

服务乡村振兴的农村电网组群式集约化工程建设管理

国网河南省电力公司

国网河南省电力公司（以下简称河南电力）是国家电网公司的全资子公司。截至 2017 年年底，固定资产规模 2409 亿元，公司直属单位 30 家，县级供电企业 107 家；全口径用工总量 14.9 万人，服务全省 3800 余万户电力客户。2017 年完成发展总投入 320 亿元，继续保持 300 亿元的高位态势，全省全社会用电量 3166.2 亿千瓦时，售电量 2501 亿千瓦时，实现营业收入 1297.9 亿元，利润 17.1 亿元，利税约 7 亿元。截至 2017 年年底，全省拥有 35 千伏及以上变电站 2869 座、变电容量 2.8 亿千伏安、线路长度 6.9 万公里。

一、服务乡村振兴的农村电网组群式集约化工程建设管理背景

（一）积极服务国家乡村振兴战略的迫切需要

"三农"问题是关系国计民生的国家大事，党中央、国务院历来高度重视农村工作。河南是农业大省和全国粮食生产核心区，河南农村电网承担着全省 90% 面积、80% 人口和 70% 经济总量的供电任务。2013 年国家发改委对河南农村电网发展建设情况开展了专项调研，河南农村电网存在五个方面主要问题：一是供电能力不足，全省 10 千伏户均配变容量为 0.92，仅为全国平均水平的 69%，10 千伏线路重过载比例达到 35%。二是网架薄弱，10 千伏线路 N-1 通过率仅 15%，74 个乡镇 10 千伏单回路供电，故障转移能力严重不足。三是装备水平亟待提升，运行超过 20 年的 10 千伏老旧线路占比 24.5%，10 千伏架空绝缘化率仅为 25.7%。四是运行水平偏低，全省户均停电时间 17.5 小时，172 万户居民生产生活受"低电压"困扰。五是投资能力受限，电价未得到及时疏导，负债率位居国网系统首位，到户平均输配电价 0.1314 元/千瓦时，国网系统倒数第二。上述问题导致河南农村电网无法满足乡村发展的电力需求，无法满足国家乡村振兴战略要求。

（二）提高农网工程建设效率和质量的迫切需要

河南作为农业大省，农村电网建设任务占国家电网公司的 1/10。2013－2017 年累计完成投资 644 亿元，是上个 5 年投资的 4 倍，特别是 2016 年、2017 年投资 394 亿元，达到历史最高水平。其中，2016 年农村电网投资占发展总投入的 58%，相当于农村电网存量资产的 36%，是国网河南电力从未有过的巨量任务。量变引起质变，长时期、大规模的建设形势对河南电力的组织能力、管理能力、建设能力带来巨大的挑战和考验，对国网河南电力农村电网发展建设的效率提出更高的要求，农网建设项目的传统管理做法愈发无法适应大规模建设任务管理的需要，提高农网工程建设效率和建设质量迫在眉睫，亟须引进新理念，构建新机制，探索新方式，应用与之相适应的农村电网工程管理方法，不断提高农网工程建设效率和质量。

（三）提高农村电网集约化管理水平的迫切需要

在 2015 年底大规模农村电网建设任务的背景下，国网河南电力的农村电网工程建设管理职能分散、管理效率偏低的问题愈加凸显。传统管理方式的问题集中体现在四个方面：一是职能分散、多头管理。农村电网规划建设职能分散在基建、运检、营销等多部门，缺乏统筹协调。二是急需通用制度指导。现有管理制度、技术标准、建设工艺十分分散，贯彻落实难度较大。三是业务缺乏集约管控。农村电网项目建设业务链中存在大量短小单一、重复度高的工作，缺乏集中管理和协同控制，造成管理效率低下。四是后评价缺失，闭环管理不完善。缺乏农村电网项目整体后评价和闭环提升机制，无法明确项目建设

效果，无法有效查摆存在问题，不利于管理水平螺旋式提升。

2016年开始，河南电力以服务乡村振兴为目标，以项目管理作为突破口，扎实开展了农村电网工程建设的管理创新工作。

二、服务乡村振兴的农村电网组群式集约化工程建设管理内涵和主要做法

河南电力打破传统农村电网工程建设管理的单一实施方式，突出项目组群和管理集约基础上的资源集成和工作协同特征，对河南省内所有农网项目按照"工程类型、供电区域、专项任务"三个方面进行差异化组群，将有共同特点，相同属性的项目整合起来，通过统一组织，组群管理，获得比单个项目之和更大的效益。同时以集约化理论为基础，按照"集约、统筹"的原则，通过差异化科学分类、建设流程的创新再造以及建设全过程的管控加强，实施"指导思想高度统一，组织机构集约高效、制度标准科学规范、资源配置集聚发力、工程建设集群管控、保障平台集中支撑"的省级农村电网工程建设管理。主要做法如下。

（一）统一指导思想，科学编制规划

1. 确立总体工作纲领，明确农村电网组群式集约化工程建设管理思路和内容

组织编制《新一轮农网改造升级工程建设工作方案》作为农网工程建设的纲领性文件，引领整体工作开展。方案明确三大发展目标、四大建设任务、二十项具体措施，紧紧围绕"规划精准，前期高效，过程优质，两算合规，转资及时"五个重点，突出管理集约、项目集群和资源集聚，各专业、各层级、各部室的协同管理界面有机衔接，实现项目的全过程管理、全方位协同、全环节监督。同时按照工作思路，明确包含六大方面的农网组群式集约化工程建设管理的主要内容并进一步明确：指导思想是纲领，组织机构是关键，制度标准是保障、资源配置是和集群管控是抓手，保障平台是支撑。

2. 科学编制农网规划

一是开展项目分类规划。针对农网各类发展建设需求，专项开展项目分类规划，先后开展电网脱贫攻坚规划、小康电建设改造规划，城乡电网建设一体化规划、煤改电专项农网规划，同时针对不同电压等级电网、不同分类的行政村、不同的发展区域和发展阶段，差异化制定电网改造策略和改造目标，精益投资。二是坚持问题导向，实现精准识别。以县为单位，以行政村为基础单元，对全省4.3万个行政村梳理排查、建档立卡、编制方案，提出"一个领先、六个全覆盖①"的规划目标，形成"一县一报告、一乡一清册、一村一方案"规划成果体系。三是提高发展建设标准。导线截面一次选定，截面选择基本达到导则上限；土建基础一次建成，为后期主变（或配变）扩建增容预留适应性，配变容量按需增加，满足五年负荷发展需要，切实避免重复改造；结合河南实际，进一步简化设备种类，提升装备水平，推广标准化设计，实现农网标准化发展。四是开展农村差异化规划。结合城镇化和新农村发展趋势，顺应农村空间格局变化，科学分类、差异化发展，坚持"提低控高"原则（大力提高落后地区的电网容载比、适当控制超过导则上限的地区电网容载比）。对行政村进行合理分类，将全省4.3万个行政村分为四类，对不同类型村庄采取差异化建设思路。

3. 推动规划落地实施

一是深度参与政府电网规划编制。河南电力农网发展指导思想、重点任务、建设规模、发展建议全部纳入《河南省"十三五"电网发展规划》和《河南省"十三五"城乡农网发展规划》；与省政府行政主管部门联动，强化农网规划与各专项规划有机衔接，将规划成果纳入中原城市群、百城提质、重点民

---

① 整体达到中部地区领先，10千伏户均配变电容量达到2.5千伏安，比2015年翻一番，停电小时缩短到9小时以内，全面消除"卡脖子"、低电压等问题，实现所有县级产业集聚区110千伏变电站、所有乡镇35千伏及以上变电站、所有乡村10千伏配变、所有中压线路配变自动化、所有用户智能电表和所有平原地区农田机井"六个全覆盖"。

生实事、社区整改、煤改电等相关规划。促成电网脱贫专项方案纳入河南省脱贫攻坚总体方案，提高项目的可实施性。二是积极落实框架协议，营造良好外部环境。国网河南电力充分利用省委省政府的政策支持，把握优化农网发展建设难得的良好机遇，积极落实电网发展框架协议主要内容，完成河南电力与18个市政府、市公司与108家县政府签订电网发展框架协议，建立省市县三级政企协同机制，将农网改造升级工程纳入省重点工程管理，简化管理程序，建立绿色通道为保障农网投资和项目落地奠定基础。

（二）建立集约组织，集中管理职能

1. 设立省公司规划委员会

国网河南电力成立省级电网规划委员会，明确规划委员会的人员构成、职责分工和相关议事规则，主要成员包括河南电力分管领导，发展、生产、营销、财务等各专业部门和部分基层单位主要负责人，负责讨论审议电网规划、建设方案和综合计划工作，为河南电力决策会议提供建议参考。规划委员会坚持"以电网规划指导建设方案、以建设方案确定综合计划"，确保农网发展方向，明确建设重点，提升项目储备质量，实现精准投资。

2. 打造三级建设管理团队

国网河南电力在国网公司系统内成立首家省、市农网工程建设管理办公室（以下简称配网办），将原有分散在运检部、营销部（农电部）、建设部、安质部的农网建设管理职能集中。管理工作涵盖农网工程前期、工程建设、物资管理、工程评价全过程，形成各专业集中、协同、高效的办公模式。省公司配网办负责落实农网发展规划目标，统筹农网工程建设管理；市公司配网办落实省公司管理要求，对县公司进行日常管理；县公司充实发展建设部和电网建设班力量，具体开展农网项目建设，落实现场管理责任，形成省、市、县三级建设管理团队。

3. 集中多元业务支撑力量

整合省市科研力量，各设计、施工、监理等项目队伍，省公司统一制定参建队伍管理标准，市、县公司切实履行管理考核职能，促进设计、施工、监理各方各尽其责，不断提高农网建设支撑能力。农网建设总体工作纲领和管理组织机构的确立，为大规模农网建设提供思想指引和组织保障。

（三）统筹制度标准，确保规范建设

1. 建立矩阵式管理制度

国网河南电力统一管理制度，保障项目流程，确保规范建设。为确保农网建设制度成体系、层级全贯穿、业务全覆盖，覆盖各管理维度和各管理层级。国网河南电力吸纳国家、国网公司通则性制度64个，修订省级农网工程建设的制度规范29个，新增制度规范18个，采用矩阵式制度设计方式，形成《农网工程管理制度集》。纵向包括国家、国网公司通用制度，省公司二级管理规定，市公司三级管理办法和县公司四级管理细则；横向覆盖项目管理、安全管理、质量管理和技经管理四个方面，为农网工程管理提供制度支撑，填补国网公司通用制度的空白。

2. 系统性整合技术标准

国网河南电力整合技术标准，推广典型设计、统一装备制式，保障建设标准。按照装备类型和装备制式系统性开展技术标准梳理整合工作，其中设备类型分为配变、线路、绝缘子、金具等12项，装备制式则根据设备种类和设计需要分为95种。形成按照通用类，专用类两级技术标准体系。整合后的技术标准的指导作用大大加强。

3. 编制标准化工作规范

国网河南电力编制统一的农网工程建设工作规范，优化施工工艺，协调内部关系和外部环境。工作规范贯穿全部工作链条，根据工程建设流程进行工作链条式分割，包括项目前期、工程前期、施工阶段、项目结决算与后评价全过程。并分为两层工作规范体系,第一层为全链条工作通用制度,第二层为各链条工作的专用规范。

(四) 优化资源配置,提高效益效率

1. 集聚政企资源

一是凝聚共识促进农网发展。不断加强与政府汇报沟通。国网河南电力主要领导持续向省委省政府、省发改委、省工信委等相关单位汇报沟通河南电网发展理念,加快弥补农网短板得到一致认可,在河南省第十次党代会决议中提出"建设中部领先的城乡电网"支撑经济强省建设的目标。河南省政府承诺结合输配电价改革,在"十三五"期间调增输配电价3分/千瓦时左右,逐步将输配电价提至合理水平,同时加大新一轮农网改造政策支持力度,每年给予河南电力10亿元财政补贴。积极加强重要智库交流。与省政府发展研究中心联合开展河南农网建设投资成效调研,通过《发展研究动态》呈报省委省政府四大班子副省级以上领导、18个地市党政主要领导。

二是提高输配电价水平,增强配网发展能力。把握国家取消城市公用事业附加、降低部分政府性基金、取消电铁还贷电价等电价调整契机,积极沟通争取,累计疏导输配电价2.19分/千瓦时,全省输配电价平均水平2017—2019年明确为每千瓦时20.14分,为农网跨越发展提供了有力保障。

2. 精简工程前期

一是压缩招标频次。针对108个县的所有项目开展年度框架招标采购模式,按区域一次性确定中标单位,取消二次竞谈,全年仅开展一次招标,相较之前108个县每年分别开展10批次招标,大幅提高管理效率。二是优化项目流程。发挥集约化管理特点,将农网工程前期主要业务流程由串行优化为并行结构,投资计划下达后迅速开展物资分配,工程前期时间可缩短为2—4个月。

3. 优化设计程序

一是可研初设一体化。提高项目设计深度,编制统一模板,将项目可研和初步设计合并进行,使可行性研究报告达到初步设计深度,同时河南电力发展部和配网办一体化评审,确保评审质量。二是下放评审权限。在明确评审标准和职责权限的基础上,将除变电站送出、开闭所、电缆线路以外所有工程的评审权限下放至地市公司进行,进一步提高评审效率。

4. 强化两算管控

加强工程结算及决算,完成之前1000余个未完结的基建项目清理,转资金额60余亿元。突出抓好转资管理,缩短结算决算频次,单项工程竣工后立即开展结算,所有工程每季度决算一次,确保项目早日转资,新开工农网工程在国网公司率先实现工程竣工后三个月内转资。

(五) 创新组群模式,提升管理效能

1. 强化农网工程建设管理

一是安全管理方面,统一风险预控措施。全面梳理分析各类农网工程建设作业程序和存在的安全风险,划定安全风险等级,分别制定针对性的风险预控措施,编制《农网工程施工固有风险汇总清册》(安全红宝书),全面规范现场安全风险预控措施。二是质量管理方面,推广标准施工工艺。充分挖掘省内外优秀施工工艺,按工程类型融合工程设计、施工要点、关键工序、质量管控、工程验收等重要环节的要求,制作标准化施工教学视频光盘,组织召开现场培训会,以现场演示结合教学视频的方式,提高参建人员对工艺规范的理解和执行,教学视频光盘被国网公司在系统内推广。三是进度管理方面,开展项目"整村建设"。按区域将村农网工程集聚在一起,以村为单位集中人员、物资、力量打好歼灭战。整村整乡整县扎实平稳推进,确保项目建设区域更加集中,物资人员调配更加便利,降低安全、进度管理难度,提高建设效率,减少重复停电。四是规范管理方面,加强项目审计管控。充分利用"两算"审计平台,开展纪检、监察、审计、财务集中办公,加强对工程计划、资金、招投标、物资、结决算等关键环节管控,推行农网工程事前、事中、事后监督流程。

2. 实施农网项目集约组群

专项任务集中管理方面。国网河南电力应用对"中心村电网改造升级、村村通动力电、机井通电、扶贫攻坚"等专项任务实施集中管控。一是完善项目储备模式。考虑专项任务全部是农网工程的特点,国网河南电力以自然村作为基础管理对象。对村内项目,将村村通、机井通及扶贫攻坚等专项任务实行整村储备,便于明确任务落实情况和建设改造效果,确保项目不重不漏。对涉及两个村及以上的线路工程,按照整线改造模式进行储备,一次性选定导线截面,配变随负荷发展情况适时配置,提高项目适应性。二是统一机井通建设标准。河南机井通电工程已开展多年,国土、水利、农业、县乡政府等单位均有参与,国网河南电力牵头编制《机井通电工程典型设计》统一建设标准,纳入国家电网公司农网工程典型设计体系。三是建立扶贫攻坚沟通机制。利用电网脱贫专项方案纳入河南省脱贫攻坚工作体系的良好契机,将4012个扶贫专项工程纳入全省扶贫第一书记工作考核范畴,通过政府、内部两条线对扶贫攻坚工程建设情况进行管理,协调解决出现的共性问题,汇集分享优秀经验成果。

工程类型统一管理方面。国网河南电力应用对不同类型(开关站、配变、架空线路、电缆工程、户表)工程实施统一管控。一是精简物料选用范围。依据国网典型设计,编写出版《省级农网工程标准化设计研究》,针对工程量大的配变、线路、电缆三种工程类型开展研究,选择适合国网河南电力选用的设计组成模块。同时压缩标准物料种类和设备序列,将河南省标准物料选用范围精简至40%,提高设计的适用性和物资通用性,更加便于设计开展和物资集中调配。二是打造专业施工团队。以县为单位,将施工队按工程类型分为"开关站、配变、架空线路、电缆工程、户表"五类,开展针对性培训,使各施工队的专业能力和各类工程相匹配,在实现专业化施工的同时,不断提高工程建设队伍的专业化水平。

行政区域统筹管理方面。国网河南电力对不同行政区域类型(分县、村两级)实施统筹管控。一是深化物资调配运作模式。按照"全省统筹、两级调配、三级协调"原则,统筹管理全部物资资源,在满足省、市公司之间物资调配的基础上,为充分保障省、市公司对县公司工程物资的及时配送。在河南漯河、新乡分别建设物资省级储备库,各市建立物资配送基地,实现物资的集中储运和集中配送。二是推行成套化采购,工厂化预装。针对各行政区域,结合不同项目类型,在国网公司系统内首家开展设备成套化采购。采用现代化工厂管理模式,通过整合资源,实施工程组件预装加工和整体产品配送,工程现场仅需简单组装,大幅缩减建设安装时间。

(六) 多维集约保障,优化运行环境

1. 搭建集控信息平台

一是加快农网设计管理信息化建设。完成农网标准化设计管理系统在国网河南电力的部署,实现配网工程典型设计应用的在线管控。省经研院配合标准化设计评价的技术支撑,协助制定评价细则,客观开展设计成果评价。二是强化工程管控系统应用。国网河南电力在国网公司统推应用基础上,根据基层的实际需要,组织研发农网工程管理平台,开发项目管控APP,基础信息由工程管理模块自动同步,实现批次工程、单项工程、月计划、周计划、日计划等信息的集成整合。三是推广工程现场安全管控系统。在省、市、县公司农网工程现场全面应用工程安全管控系统,实现对施工队伍管理、现场勘察、作业现场安全措施等情况的在线掌控、定期分析、评价和考核,所有项目信息按项目设置标签,并提供按群检索功能。

2. 精准诊断项目运行质态

常态化开展度夏、度冬农网诊断分析。一是以市、县、村等行政区域农网项目为单位,以系统采集数据和统计数据为基础,收集整理、加工提升、深层分析、固化应用农网项目运行数据。二是采用层次

分析法对市、县、村配网项目的"整体供电能力、供电可靠性、装备水平、运行水平"等多维度多层级的指标开展量化分析,全方位实现农网状态评估。三是通过诊断分析农网存在问题,确定影响运行指标趋优或趋劣的关键因素,累计定位农网网架、装备、管理及智能化水平四大类279个薄弱环节,有针对性地研究并提出提升农网发展质量、运行效率、可持续发展能力的8条措施建议,为农网项目提供科学依据,推动农网科学发展。

3. 综合评价项目实施效果

农网项目具有工程项目数量大、工程属性分类多、单体工程规模小、建设地点分布散等特点,国网河南电力从农网项目的"实施过程、建设效果、经济效益、社会效益、目标响应、现场调研"6个重点维度出发,开展农网工程建设全环节后评价。以市、县农网项目为单位,开展河南省18个地市、108个县的工程项目后评价,分析发展成效,梳理建设亮点,查找管理短板。通过综合评估,发现问题316项并提出改进措施逐项整改,实现对农网项目规划建设的滚动跟踪和闭环管控。

4. 营造协同文化氛围

各级单位加大农网工程建设工作新闻宣传。对内国网河南电力组织创建"站排头、做标杆"农网建设攻坚专题网站,图文并茂展示河南电力动态、一线速递、经验交流、政策文件、现场直击等内容。同时开展参建人员先进事迹宣传。针对智能表计安装,积极主动向地方政府汇报,开展智能表计主题宣传。

5. 激发工作内生动力

一是省公司定期开展各类竞赛评奖。按季度组织流动红旗竞赛,年度开展优秀设计和优质工程"双百佳"活动,年底评选先进单位、先进个人;对有突出贡献的设计、施工、监理单位,将根据河南电力招投标相关规定在招标中给予相应加分。二是对建设班组实施项目积分制激励。设计"建议、竞赛、创新"等加分途径,激发班组争先活力,促进班组管理水平和服务水平的提高。

三、服务乡村振兴的农村电网组群式集约化工程建设管理效果

（一）农网建设成果丰硕

农网发展建设效率大大提升。高强度大规模建设任务顺利完成。2014—2016年,国网河南电力安全优质高效完成各批次农网建设任务,新增配电变压器容量2300万千伏安,为2013年存量的60%。其中,2016年投运农网单体工程8万余个,同比增长2.3倍。农网工程建设周期大幅缩短。以2016年中央资金农网工程为例,从4月投资计划下达到8月15日全面竣工,较之前缩短了4个月工程前期时间和2个月工程建设时间。河南农网薄弱局面得到扭转。经过配网大规模发展建设,成效开始显现,农网装备水平持续提升,供电能力持续提升,供电可靠性不断改善。农村电网项目管理成果丰硕。到2017年,已经基本完成方案制定的全部目标。农网建设任务完成率指标在国网系统排名第5,同比提升16个名次。

（二）乡村振兴成效显著

全省脱贫攻坚获得精准支撑。截至2017年年底,完成5454个贫困村电网改造升级,并网光伏扶贫项目6853个、容量60万千瓦,兰考、滑县等40个贫困县率先实现电网脱贫。农民生产生活水平不断提升。农网工程经济社会效益显著。农村用电出现快速增长,综合考虑供电能力和供电可靠性的提升,年均可增收电量45亿元。机井通电减轻农民生产负担。河南机井通电受益农田3056万亩,通电后每亩地浇一遍水平均节省燃油消耗4升,节约农民支出约20元,减少劳力3~4人,相比2013年,每年可节省农业生产成本支出24亿元。县域经济和就业持续增长。大批农网项目的竣工对县域GDP增长和就业拉动作用明显。

（三）生态环境持续改善

在清洁替代方面，随着河南农网对清洁能源消纳能力的不断提升，在新能源装机容量相较 2013 年增长 10.4 倍的情况下，保障了 795 万千瓦新能源的全额接入和 103 亿千瓦时清洁电量的全额消纳，未出现弃风弃光现象，全省近四年新增电量约 1/3 由新增新能源发电提供。在电能替代方面，随着农网项目的不断投产运行，大幅推动了电能替代步伐，不断提高全省电气化水平。2016—2017 年，河南省县域实现电能替代电量约 23.34 亿千瓦时，每年可在消费终端减少烧煤 670 万吨，减排二氧化碳 1200 万吨，减排二氧化硫、粉尘等 90 万吨，降低 PM2.5 约 4 微克/立方米，环保效果显著。

（成果创造人：侯清国、刘长义、魏胜民、吴中越、张　翼、刘湘笠、张法荣、胡扬宇、田春筝、王利利、杨　卓、陈鹏浩）

电网企业基于"E+租车"平台的电动汽车服务体系构建

国网重庆市电力公司

国网重庆市电力公司(以下简称国网重庆电力)成立于1997年6月,是国家电网有限公司(以下简称国网公司)的全资子公司。主要从事电网建设、生产、经营等业务,统一调度重庆电网。经营区域覆盖全市38个区县、服务人口约3000万人。下设二级单位47个,管理各类员工约3.3万人。国网重庆市电力公司先后荣获全国"五一劳动奖状"、全国文明单位、全国模范劳动关系和谐企业、全国模范职工之家、全国厂务公开民主管理示范单位等荣誉称号。

一、电网企业基于"E+租车"平台的电动汽车服务体系构建背景

(一)拓展电网企业经营领域的需要

电网企业大力发展电动汽车服务业务,既是贯彻国家发展电动汽车产业政策的需要,也是实施电能替代战略、促进电力增供扩销的需要。在电动汽车推广初期,电网企业主要担任充电设施建设者的角色。随着售电侧放开、新增配电业务对社会资本放开、输配以外的经营性电价放开等改革措施深入推进,电网企业面临市场全方位激烈竞争,自主盈利空间大幅缩小,政府监管更加严格。而电动汽车分时租赁的出现,为电网企业适应新的市场形势提供了良好机遇。电网企业在充电基础设施建设方面拥有显著的网络优势和技术优势,社会私人用户和企业用户建设充电桩均需要由电网企业提供电源接入条件方能通电使用,同时电网企业在充电桩建设、并网接入和设备运维方面存在资金投入优势和人才优势。电网企业依托上述优势,与车辆制造企业、汽车租赁企业、充电桩建设企业等开展密切合作,深度参与电动汽车领域相关业务,既能够实现电力增供扩销,又能积极探索新的服务业务类型,在互联网平台运营、电子商务等领域积累经验,形成新的效益增长点。

(二)破解电动汽车共享出行体系瓶颈的需要

电动汽车分时租赁是"互联网+"与交通出行领域融合的产物,消费者根据个人用车需求和用车时间租用电动汽车,并以分钟或小时为单位计算租车费用。电动汽车分时租赁的本质是汽车共享。在共享经济的热潮下,各地注册运营的电动汽车分时租赁企业超过300多家,除少数几家企业车辆规模超过5000辆,大多数企业的车辆数量低于300辆。企业规模普遍较小,资源分散。不同于传统的汽车租赁行业,电动汽车分时租赁涉及交通、车辆、运营、支付、充电桩等多个方面,几乎所有的分时租赁企业都面临以下"痛点"问题:一是分时租赁用户体验不佳,网点数量少、车辆数量有限,车辆必须归还至指定网点。二是分时租赁企业运营压力大,普遍采用重资产模式,车辆购置和网点建设加大了租赁企业的成本负担。三是充电基础设施支撑不足,难以满足分时租赁车辆及时补电需求。四是分时租赁市场定位不明确,缺乏市场规范和引导,不利于分时租赁行业的可持续发展。为解决以上难题,需要构建基于智能化平台的电动汽车服务体系。

(三)服务电动汽车和充电设施运行监控的需要

作为日常出行工具,电动汽车安全与否直接关系人民群众的生命安全和财产安全。如果电动汽车和充电设施无法做到安全可靠,将会严重挫伤消费者的信心,甚至会给整个电动汽车产业带来毁灭性的打击。此外,2015年年底媒体爆出的电动汽车制造企业"骗补"事件,也给电动汽车的监管敲了警钟。因此,只有通过对电动汽车、充电设施的使用和运行情况进行实时监控,加强安全技术支撑体系和运行监控体系,才能有效防范电动汽车产业发展初期存在的电池、整车、充电等方面的安全隐患以及市场投

机行为。

二、电网企业基于"E+租车"平台的电动汽车服务体系构建内涵和主要做法

国网重庆电力建成"E+租车"平台系统，设立电动汽车运营管理中心，为电动汽车租赁用户提供一站式租车服务。通过建设互通共享分租点，改善电动汽车充电与检测环境，破解分时租赁行业网点资源"孤岛"化、充电不方便等"痛点"问题，服务分时租赁运营企业。以"E+租车"平台为切入点，开发建成重庆市新能源汽车和充电设施政府监测平台，通过监测、统计电动汽车和充电桩数据，挖掘大数据价值，服务电动汽车监管工作，为政府和企业提供分析报告和决策支撑。牵头制定地方标准，发起成立行业联盟，服务电动汽车关联企业，促进电动汽车分时租赁生态圈健康发展，助推电动汽车产业发展。主要做法如下。

（一）开发"E+租车"分时租赁平台系统，服务用户出行

1. 建设智能友好的"E+租车"平台系统

国网重庆电力基于"互联网+"，结合大数据、云计算、移动支付、地图导航等技术措施开发"E+租车"分时租赁平台系统。该平台以网站和手机APP为主要交互途径，面向电动汽车租赁用户提供一站式租车和充电导航服务，为分时租赁企业提供运营支撑服务。平台系统包括服务网站、手机APP和管理平台三部分。服务网站为电动汽车租赁用户提供租车及充电服务。手机APP是为租车和充电业务设计并研发的手机软件。管理平台为充电设施运营商和分时租赁企业提供运营管理入口，并提供电动汽车、充电桩和第三方平台接入服务。网站和手机APP主要提供出行服务，包含账号注册、实名认证、车辆租赁、充换电设施查询与导航服务、联系客服等功能。通过手机可实现验车、租车、寻车、开关车门、支付租金等，全程可实现自主操作。管理平台为运营提供技术支持，能够进行资产档案管理、订单管理、资源调度管理、资源监测管理、押金管理、财务对账管理等业务。管理平台集成了车桩运营实况监测、用户咨询投诉、故障救援等多项功能，为用户与分时租赁企业之间的交易过程提供了完整的保障体系。

2. "E+租车"平台实现车桩共享

"E+租车"平台是国网重庆电力在分析重庆市电动汽车分时租赁市场现状的基础上，以提升用户体验、培育市场为目标而开发的公共服务平台。"E+租车"平台依托国网重庆电力在充电基础设施方面的技术和网络优势，吸引多家分时租赁运营企业入驻，整合各分时租赁品牌的资源，为客户端提供优质服务。平台已入驻重庆主要电动汽车分时租赁运营企业，用户在"E+租车"平台注册，只需提交一次信息，便可同时成为多家运营企业的会员。同时，"E+租车"平台聚合全重庆所有的分时租赁汽车，提供按分钟、小时、日等计价方式的多种消费套餐。用户可以选择多种车型。此外，"E+租车"平台已与全国最大最优的充电设施车联网平台"e充电"实现互联互通，接入重庆所有公共充电桩共计12262个，用户可直接使用"E+租车"加载充电桩地图信息，进行充电导航，有效解决了用户找桩难、充电难的问题，也为重庆本地的分时租赁运营企业在国内其他城市拓展分时租赁业务提供了基础。"E+租车"平台实现了用户一个账号、一个APP便可解决出行问题，为用户提供一站式的全面服务。

3. "E+租车"平台促进互动共赢

传统的电动汽车分时租赁平台主要提供车辆租赁服务，实现了车辆在用户间的共享。而"E+租车"平台的建设基于"大共享"的理念，旨在实现更高层次的"共享"——"用户共享""平台共享""信用体系共享"甚至"押金共享"，最大限度地整合资源，为用户提供最大化的便利，为各个市场主体创造最大可能的合作机会，从而实现整个分时租赁行业生态圈的健康发展。

国网重庆电力作为"E+租车"平台的运营方，并不直接提供车辆租赁业务，主要提供平台接入、充电设施、技术支撑等服务，为入驻平台的商户提供交易合作和信息交互基础。"E+租车"平台扮演

的是平台运营商、基础设施提供商、技术服务商、信息中介的角色。"E+租车"平台收入来源主要包括分时租赁订单收入分成、技术服务收入、充电收入、网点出租收入和中介业务收入。正是因为"E+租车"平台的服务性定位，才吸引了大量的分时租赁运营企业入驻平台，同时也进一步增强了其他关联企业与平台和商户的合作意向。

"E+租车"平台通过设定合作机制和交易规则，向分时租赁行业各主体开放，在改善用户体验的同时，促进分时租赁运营企业、保险企业、充电桩建设企业合作共赢。

（二）组建分时租赁运营管理中心，做好运营保障

依托国网重庆电力客服中心和电动汽车分公司现有的组织架构和系统资源，建成电动汽车分时租赁运营管理中心，下设呼叫中心和试乘试驾体验中心，为平台提供24小时客户服务，面向社会公众提供电动汽车试乘试驾服务。运营管理中心包含运营推广、电话服务、系统运维、客户维系、财务管理、风险管控6个方面的职能，依托"E+租车"平台和"重庆市新能源汽车监测平台"，开展平台运营和数据监测、客户服务等工作。

1. 加强运营推广

上线"E家租车"微信公众号，定期发布活动信息，开展宣传推广工作。陆续在政府、企业、高校、繁华商业街、交通枢纽点等区域开展线上线下推广活动，提高品牌知晓度。邀请新华社、人民网、中新社等中央媒体及重庆日报、重庆卫视、重庆广播电台、重庆晨报等市级媒体现场体验并宣传报道，提高社会公众对电动汽车的接受度，引导公众积极体验分时租赁出行方式。建立分时租赁运营管理制度体系，开展运营监测，收集市场反馈，持续提高平台运营效率。

2. 开展客户服务

开通客户服务电话，为平台用户提供24小时业务咨询、故障报修、投诉建议等服务。通过编制运营规范、开展运营监控、建立协同联动、实施应急调控等措施，确保服务到位。

3. 发展客户关系

依托平台的服务交互特点，通过开展数据化运营、定制个性化服务、提供商业化分享，不断巩固并拓展电动汽车分时租赁市场。

4. 保障系统运维

通过周期性巡检和不定期漏洞扫描，确保平台稳定运行。基于客户感知，不断优化系统设计与功能，增强平台的兼容及扩展性能。

5. 规范财务管理

编制财务预算管理制度，合理合规使用资金。建立第三方运营商保证金制度，保障用户合法权益。建立专款账户管理用户押金，保障平台入驻运营企业的合法权益。

6. 实施风险管控

深入开展分时租赁行业调研，研究平台、商家、用户的法律权责关系，编制完善平台入驻协议。开展用户押金的市场调查，明确押金取费标准和管理措施。开展法律咨询，多方面收集车辆租赁诉讼案例，广泛开展行业交流，全面分析平台与分时租赁业务风险，制定相应应急防范措施。

（三）建设共享分租点，实现网点互联互通

市场上各家分时租赁运营企业为抢占优势网点，纷纷建设网点，建成的网点"各自为政"，"孤岛化"运行，加剧了城市车位资源紧缺的情况，部分重要区域的网点存在重复建设、资源浪费的现象。国网重庆电力率先提出共享分租点的概念并打造了一批共享分租点。一是整合国网重庆电力营业场所和办公场所的车位资源，打造共享分租点，供分时租赁汽车停放。二是开放所有重庆电力投资建设的充电桩和网点信息，运营商可直接利用已建成的充电桩设立分租点，也可以在充电桩附近车位充足区域设立分

租点。三是发动协信地产集团等房地产企业，开放公共停车场，允许各品牌分时租赁车辆共享停车位资源，由各运营商共同承担停车费用。

共享分租点一方面为运营商节约了网点建设成本，同时又实现了不同品牌分时租赁车辆在共享分租点的连通中转，扩大了社会公众的租还车范围和分时租赁运营区域，有效提高了车位利用效率。

（四）改善电动汽车充电与检测条件，破解充电难题

1. 加快建设充电基础设施

国网重庆电力加快充电设施投资建设，累计建成投运各类充电站 92 座、充电桩 1349 个，实现重庆市高速公路"一环八射"主干网络全覆盖。城市公用充电站和高速公路快充站以直流充电桩为主，能够满足电动汽车快速补电的需求。高速公路快充站实现分时租赁车辆跨区域、城际间运营，同时延长车辆运营时间，提高车辆共享效率。分散式交流充电桩分布在主城核心商圈、交通枢纽等人流量大的区域，满足电动汽车就近补电的需要。

此外，国网重庆电力大力促进充电基础设施建设，一是为充电桩投资企业开通绿色通道，快速受理业务申请，快速装表通电。二是延伸投资界面，加大对充电桩安装电源和线路的投资力度，最大化为社会用户节约充电桩建设成本。

2. 建成充电桩自动检测平台

依托国家电网重点实验室，国网重庆电力建成充电设施实验室及现场检测体系，按照最新的国家及行业标准开展交、直流充电桩的电性能检测及充电过程的互操作性测试。检测平台可灵活配置设备参数和检测项目，自动进行数据采集、判断，并生成检测报告，无人为读数误差，检测效率高。充电设施检测实验室面向西南地区的充电桩企业提高充电桩故障快速检测服务，帮助降低充电桩故障率。充电桩自动检测平台为电动汽车发展和分时租赁业务开展提供技术支撑，通过快速判断充电桩故障，提高充电效率。

（五）开展车桩大数据分析，服务政府和企业

1. 建成重庆市新能源汽车与充电设施监测平台

在"E+租车"分时租赁平台系统的基础上，国网重庆电力进一步拓展功能，在政府的支持下，接入重庆所有的电动汽车，建成重庆市新能源汽车与充电设施监测平台。该平台先后被重庆市经信委和发改委确定为地方政府平台，并明确规定重庆所有的电动汽车和充电设施在接入此平台并接受平台监测后，方可具备领取地方补贴的条件。国网重庆电力作为政府平台的建设方和运营方，协助政府开展电动汽车和充电设施监测工作。

重庆市新能源汽车与充电设施监测平台包括门户网站和监测平台两部分，门户网站主要用于政策发布、宣传推广、公众服务；监测平台主要用于车、桩的监管，数据分析。平台具备新能源车辆全生命周期的运行状态实时监控、档案管理、历史数据统计分析等功能。

2. 开展电动汽车特征大数据分析

国网重庆电力通过对车辆类型、行驶时间、位置等进行大数据分析，得出不同类型车辆、不同时间段的分布热力图，并匹配充电桩的分布图，用以指导电动汽车投放、充电桩的建设及规划。对所有电动汽车的行驶数据进行统计分析，得出新能源汽车行驶里程特征图。对车辆的历史单次、单日行驶里程进行统计分析并对比，通过数据变化趋势掌握电动汽车的使用情况，从而了解电动汽车车主的"里程焦虑"和充电难的问题是否得到缓解。

3. 开展电动汽车充电特征大数据分析

国网重庆电力统计各类型车辆每次充电 SOC（State of Charge，剩余电量）变化量、电池标称电量等数据，分析各类型车辆的平均充电电量、充电频次、充电电量占比和快慢充次数比，分析各类车的充电行为。对充电频次和充电电量数据进行分析，用以了解公交车、物流车、租赁车、私家车每天平均充电次数

和每次平均充电电量，掌握车辆充电行为特征。监测不同类型的车辆充电行为，以指导电池企业设置电动汽车的电池容量，也可以帮助充电设施运营单位掌握充电负荷和经营情况，及时调整充电价格策略。

除此之外，通过对电动汽车充电过程与电网互动数据分析、电动汽车动力电池损耗过程分析、电动汽车与充换电设施配比分析等，能够为研究电动汽车大规模充电对电网影响、电池梯次利用和无害化处理等科研工作提供重要的数据支撑，促进电动汽车产业的技术创新和商业创新。

基于"E+租车"平台和重庆市新能源汽车监测平台，综合挖掘两个平台的数据价值，结合市场需求，在分时租赁成套解决方案、分时租赁商业保险、电动汽车故障救援等方面提供增值服务，帮助电动汽车产业链上的关联企业节省投入、提升经营效益。

4. 建成电动汽车分时租赁仿真分析平台

国网重庆电力以"E+租车"平台系统为基础，结合专用数据分析软件，建成分时租赁仿真分析平台，实现车、桩、位入网检测及多场景商业模式仿真分析，进而对平台商业模式及盈利能力进行科学评估。仿真平台包括硬件测试、场景模拟、商业模式预测、员工培训四大主要功能。硬件测试具体实现各类终端的通信协议一致性、平台服务器并发抗压性测试，模拟生产环境运营条件，提升平台稳定性；场景模拟可根据运行数据和设计模型，实现分时租赁运营多场景模拟、电网互动分析，预测大规模电动汽车、充电桩、地锁等终端运营时对配网的影响，辅助充电桩、分租点选址；商业模式仿真分析，基于分时租赁运营平台的计费模型、成本费用、增值收入和热点数据，自动完成商业模式盈亏预测分析；员工培训基于"E+租车"业务流程，提供人员培训演示和多种故障类型预演，提升服务人员应急处理处置能力。

（六）牵头制定地方标准，促进行业规范发展

电动汽车分时租赁是在互联网平台上提供的租赁服务，不同于传统的汽车租赁，因此在安全责任等方面的要求较高。电动汽车分时租赁涉及多个部门或专业，有必要在服务和运营方面制定统一的标准。国网重庆电力联合分时租赁运营企业、充电桩企业制定重庆市分时租赁运营服务地方标准，从平台运营、车载装置统一通信、充电桩互联互通、平台支付结算等方面形成地方统一标准，促进重庆市分时租赁的有序发展。

标准主要包括三个方面的内容：一是电动汽车分时租赁运营服务技术规范，对车载终端、停车位监测控制终端、平台技术规范、网络安全技术、通信规约、分时租赁服务技术标准等进行规范。二是电动汽车安全与保障技术规范，对分时租赁安全交易技术、充电设施数据接口信息安全检测、快换动力电池产品技术，以及电动汽车锂离子动力蓄电池梯级利用相关的包装运输、电池安全性能检测要求及试验方法、电池外观检测要求及试验方法、电池系统拆解技术规范、电性能检测要求及试验方法等进行规定。三是电动汽车接触式充电技术规范，对国标及行标中尚未明确规定的电动汽车便携式交流供电装置技术规范、移动式储能充电装置技术规范、电动汽车充电桩可靠性试验方法、电动汽车充电站现场入网试验与周期性预防试验进行规定。

（七）成立分时租赁联盟，营造行业健康发展氛围

在重庆市经信委的指导下，国网重庆电力联合从事电动汽车分时租赁或相关业务的车辆制造、运营、充电设施建设、装置研发、互联网平台、物业或停车、保险等企业成立重庆市电动汽车分时租赁联盟，并担任首届理事会会长单位。

1. 建立用户征信库，实现用户信用互认

为有效减少用户恶意损坏车辆、拖欠租车费用、冒用他人信息、违规驾驶等恶劣行为，最大限度地降低分时租赁运营企业的损失，在重庆市电动汽车分时租赁联盟运营单位之间建立用户不良信用信息共享机制。

各运营单位定期向联盟秘书处报送用户不良信用信息。对存在恶意用车、多次违章拒不处理、逾期

未缴纳租金、冒用他人信息注册、出借自己的账号给不符合驾车条件人员等行为的用户，纳入重点关注名单，由联盟内各运营单位共同抵制，拒绝其租用车辆。对其他不良消费行为，纳入一般关注名单，各运营单位可根据本单位要求加以关注或采取相应措施。对被多家运营单位纳入不良信用名单的用户，由联盟秘书处在发布信息时标注为特级关注名单。

对特级关注和重点关注的用户不良信用信息进行集中审核。由各单位在定期召开的联盟运营工作小组会议中加以审核，并确定纳入联合抵制名单。通过对失信用户采取拒绝提供服务、限制消费等惩戒措施，促进用户规范用车，降低运营风险。

2. 搭建政企交流桥梁，争取政策支持

定期收集分时租赁联盟成员单位的需求，在重庆市新能源汽车推广办公室的协调下，与政府有关部门会谈，争取政策支持。成功协调有关部门出台电动物流车路权开放、分时租赁车辆违章快速处理等有利政策。

3. 开展宣传推广活动，提高公众认同度

联合"E+租车"平台上各家分时租赁运营企业开展"首单全免，第二单半价""充值200元，送100元""夜间用车，低至40元"等优惠活动，定期开展"会员自驾仙女山""分时租赁高速行""分时租赁进企业""分时租赁进社区"等线下体验活动，引导公众体验分时租赁。

新华社、人民网、中新社等中央媒体及重庆日报、重庆卫视、华龙网等市级媒体集中宣传报道"E+租车"平台和重庆市电动汽车分时租赁联盟，提高了市民对电动汽车分时租赁的知晓度和接受度，持续扩大分时租赁联盟的影响力。

三、电网企业基于"E+租车"平台的电动汽车服务体系构建效果

（一）提升了电网企业经营管理效益

国网重庆电力通过开展分时租赁运营管理实践，积累线上线下运营管理经验，为电网企业发展电动汽车和电子商务业务奠定了基础。此外，建成覆盖电网企业的分时租赁网点体系，能够满足国网重庆电力员工的公务出行需求。据计算，重庆地区投放的6233辆分时租赁电动汽车每年将至少增加电量消费1869万度。随着分时租赁规模的扩大和车辆行驶里程的增加，电力增供扩销的效益将更加明显。此外，国网重庆电力向运营商收取广告费用和租赁订单分成，建设共享分租点并向运营商收取使用租金，提供分时租赁平台大数据增值服务，形成了新的利益增长点，有效降低了分时租赁平台的运营成本。

（二）助力构建绿色低碳交通出行体系

分时租赁车辆规模持续增加，汽车共享被越来越多的公众接受，一定程度上帮助降低了私人购车消费需求，减缓了私有车辆的增长速度。投放的6233辆分时租赁电动汽车，按照年运营里程2万公里计算，每年可替代燃油1245万升，减排二氧化碳4112吨。同时，重庆市新能源汽车和充电设施监测平台，能够为政府、企业等提供车桩综合分析数据报告和决策支撑，帮助指导充电设施规划布局、掌握车辆充电行为特征和电动汽车使用情况以及辅助监测交通状况，对构建绿色低碳交通出行体系起到了积极作用。

（三）扩大了重庆市电动汽车分时租赁规模

国网重庆电力营造了分时租赁发展的良好氛围，破解了分时租赁行业的"痛点"问题，促进各运营商加快投放车辆，实现了分时租赁行业健康有序发展。截至2018年6月，全市累计投放了6000多辆分时租赁电动汽车，建成1300多个分时租赁网点，分时租赁会员数超过70万人，订单量突破500万单，重庆市电动汽车分时租赁规模在国内已处于领先水平。

（成果创造人：陈连凯、吕跃春、王建国、周孔均、侯兴哲、张　婧、孙洪亮、龙方家、段　立、龙　羿、汪会财、吴　宇）

县域电网多类型新能源接入协同管理

国网浙江宁海县供电有限公司

国网浙江宁海县供电有限公司（以下简称宁海供电公司）位于宁波东南，经营区域覆盖县域1880平方公里，是宁波供电范围最大的县公司，风、光、海等新能源资源丰富。2017年，宁海供电公司完成全社会用电量32.39亿千瓦时，同比增长7.74%；售电量31.23亿千瓦时，同比增长7.91%；全社会最高负荷66.98万千瓦，同比增长8.13%。宁海供电公司先后被授予全国模范职工之家、全国"安康杯"竞赛优胜企业、全国工人先锋号、浙江省五一劳动奖状等荣誉称号。

一、县域电网多类型新能源接入协同管理背景

（一）适应本地区多类型新能源发展的迫切需要

近年来，以新能源大规模开发利用为特征的新一轮能源革命正在深入推进。中央提出加快发展新能源，实现2020年、2030年非石化能源消费占一次能源比重15%、20%的战略目标。我国风能、太阳能、水能资源丰富，且发展速度较快，海岸线长达1.8万公里，潮汐能资源蕴藏量约为1.1亿千瓦。宁海县位于大陆海岸线中段，风力资源主要集中在沿海滩涂及局部高山地区，光热资源丰沛，年平均太阳能辐射量4585兆焦每平方米；岳井洋潮汐电站和茶山抽水蓄能电站均已列入规划。随着本地区越来越多的风能、太阳能、潮汐能转化为电力得到使用，给宁海电网安全运行、协调控制和互动服务带来了新挑战，传统常规电源单向适应负荷变化的电网运营模式已不能适应大规模、多类型清洁能源消纳以及安全性和经济性等要求，需要电网企业深入开展多类型新能源接入协同管理，进一步提升电网柔性调节能力。

（二）提高新能源消纳能力，促进能源结构优化的需要

新能源发电调节能力弱，出力具有明显的随机性、间歇性、波动性，给电网运行增加了难度。传统电网管理通常只针对单一电源点辐射式供电网络，随着各种类型新能源的广泛接入，多电源点供电和新能源出力的不确定性都显著增加了电网协同管理的复杂性。一方面，新能源影响电网潮流分布和方向，尤其是电网的负荷需求增长缓慢，随着高渗透率分布式电源的大规模接入，本地负荷难以消纳新能源发电量，增加了系统的运行风险；另一方面，对处于电网末端的县域电网，分布式新能源余量外送存在损耗严重的问题，甚至可能带来大范围弃水弃风弃光。因此，根据不同类型新能源的特性，科学编制适应区域新能源发展的电网规划，通过源—网—荷友好互动管理，不断提高电网对分布式电源的消纳能力，促进地区能源结构优化具有十分重要的意义。

（三）提升企业管理效率，推动企业高质量发展的需要

当前，我国经济已由高速增长阶段转向高质量发展阶段。适应经济发展新特征，坚持质量第一、效益优先，强化多类型新能源接入协同管理，实现更高质量、更有效率的发展成为宁海供电公司面临的突出任务。在实施多类型新能源协同接入管理之前，宁海供电公司对内部涉及新能源接入、消纳等管理现状进行了认真分析和细致研判，有待完善之处主要体现在：管理手段相对落后，管理方式相对粗放；对外与发电企业、对内跨部门之间协调沟通不够，管理整体协同性有待提升；过程精益管控薄弱，对新能源接入管理过程中存在的工作短板、差距和问题，未能做到及时预警和引导。宁海供电公司迫切需要根据不同类型新能源的特性，将先进精益管理理念导入新能源接入业务运营和日常管理，持续深化体系高效运转，从电网规划、准入管理、技术支持和服务机制等多方面着手实行统盘协调、同步提升、有效配

合，以提高面向多类型新能源接入的电网协同管理水平，在管理上实现新突破，在指标上达到新水平，在发展上取得新业绩。

二、县域电网多类型新能源接入协同管理内涵和主要做法

宁海供电公司深入贯彻落实国家"互联网＋智慧能源"发展战略和构建清洁低碳、安全高效的能源体系重大部署，以促进沿海区域风光海多类型新能源规模化发展为目标，以实现企业协同高效运转、提高管理效率效益为导向，以推动源－网－荷友好互动、提升新能源接入和消纳能力为着眼点，大力推进组织、机制、流程全面变革，建立多类型新能源接入协同管理体系，通过搭建新能源资源数据分析管理平台、科学编制适应区域新能源发展的电网规划、加强各类型电源的电网准入管理、完善新能源接入技术支撑、优化新能源接入服务机制等一系列措施，切实提高风光海多类型新能源接入协同管理能力和消纳能力，有力促进本地区多类型新能源快速发展和能源消费结构的不断优化，大幅提升社会、经济、环境价值的创造能力。主要做法如下。

（一）加强组织领导，建立新能源接入协同管理体系

宁海供电公司统筹协调资源，加强组织体系、业务体系和协调机制建设。着眼建设责权清晰的组织架构，成立多类型新能源接入协同管理体系建设领导小组，领导小组下设综合协调组、发展规划组、营销服务组、运维检修组和调度控制组等各专业组，由公司分管领导及各部门主要负责人担任小组组长，各小组实行职能部门牵头负责制。着眼发挥专业高效协同合力，明确各专业组职责，强化跨专业协同配合，有效凝聚专业合力。

明确新能源接入协同管理目标，即实现本地区充裕安全的清洁能源供应、确保经济高效的清洁能源消费、提供互动友好的清洁能源服务。一方面，通过促进传统能源、清洁能源等多能互联，协调优化调度，提升电网清洁能源供应能力和效率；另一方面，优先调度风能、太阳能等清洁能源，建立电源、电网及负荷多方参与、互动共赢的协同体系，共同保障社会环境效益，提升电力绿色环保水平。同时，着力提供互动友好的清洁能源服务，实现电能流、信息流、业务流高度融合，清洁能源生产从集中式到分布式泛在互联，产业链实现资源和信息共享。

建立高效协同业务体系。与传统发电项目相比，新能源项目在规划方案、服务流程、安全稳定、信息采集等方面存在较大差异，更需要统筹发挥各专业协同优势，凝聚专业合力。宁海供电公司多类型新能源接入协同管理体系建设领导小组制定总体目标，统一安排职责分工，协调解决管理工作中出现的问题；各专业部门横向协同，负责本专业范围内的技术指导、审核、评价等工作。发展部负责编制宁海电网新能源接入规划方案、出具新能源项目接入电网意见函等；营销部负责受理新能源项目接入咨询及申请，并将资料报送相关单位，组织发展部、运检部、调控中心进行设计审核和并网验收等；运检部负责接入方案评审、负载情况评估、并网设备调试及验收等；调控中心负责提供年度电网运行分析报告、制定新能源项目并网调度协议等。

构建快速协调响应机制。制订里程碑计划，将实施计划细化到日、责任到人，定期编制工作进展报表，组织编制日报、周报、月报，并及时通报，做到信息共享互通。为全面掌握各部门新能源项目推进情况，及时协调解决有关问题，建立"周汇报、月总结"制度，各部门每周汇报新能源项目业务情况及实施梗阻点，若遇紧急事项则第一时间通报立即处理，每月分析总结问题及对策，建立从发现问题到协调控制再到改进提升的风险闭环管控机制。

建立内外部多方联动的协同互动体系。由于新能源项目涉及地方政府、供电企业、发电企业、装备制造企业、用户等多方协作，为促进新能源项目有序接入，宁海供电公司定期对接地方发改委、财政局等政府职能部门，参与制定新能源项目落地的相关政策，主动向发电企业和用户宣贯解释新能源接入相关的文件精神，积极与装备制造企业开展交流，共同研究并网设备技术攻关，逐渐实现宁海区域新能源

接入由"各自为战"到"多方联动"的转变，充分发挥市场主体的各自优势，在合作共赢的基础上推动各类新能源发展，完善多类型新能源接入与区域电网统一规划、统一审批、分步实施、协调发展的工作体系。

（二）统筹新能源与电网协调发展，合理编制电网发展规划

宁海供电公司围绕"促进电网规划更加科学、促进能源转型稳步推进、促进规划运行紧密衔接、促进规划安排有效落地、促进电网效率效益提升"五个目标，主动研究新形势下新能源发展问题。

明确"三全"电网规划理念，即"全能源""全过程""全区域"电网规划理念。"全能源"是指电网规划要充分认识和分析不同类型能源的特点和差异，为制定与传统电网协同的多种新能源优化组合规划方案奠定基础；"全过程"是指电网规划要与新能源的资源评估、开发、利用的整个过程动态结合，及时为本地区新能源开发与利用提供决策依据；"全区域"是指电网规划要从整体出发，综合考虑土地资源、新能源资源，同时结合区域功能分区，规划新能源应用的重点领域及重点项目。

将新能源规划纳入电网整体规划。宁海供电公司突出电网规划引领作用，根据新能源项目的储备和建设情况，综合考虑负荷、联络线送出及传统能源调节能力后系统能够接纳新能源的最大能力，多角度点线面结合对比各类型新能源接入对系统电能质量、电网安全稳定运行、无功配置要求、系统调度等方面的影响，适时修编电网规划，进一步统筹新能源与电网协调发展，促进新能源项目合理有序开发。建立规划项目库、投资储备库等新能源电源与配电网项目协调资源库，实现全网数据的共享，指导电网规划和运行。

科学测算为提升新能源与电网之间的耦合度。一方面，基于全寿命周期成本效益分析，开展新能源选型与选址，为新能源建设的合理性与经济性提供保障；另一方面，对新能源发电长期出力进行模拟，为新能源的消纳提供指导。在此基础上，充分考虑新能源并网对功率平衡、电网潮流、电能质量和电网安全的影响，为新能源与电网的交互模式提供多种候选策略，提升新能源与电网之间的耦合度。

（三）加强电网各电源准入管理，保障电网安全稳定性

确定各类电源的开放优先度。在政府产业政策的指导下，宁海供电公司以清洁能源发电和具有柔性调节能力的电源为重点，不断优化产业链结构。首先，全面开放可再生能源并网。优先安排风力、光伏等清洁能源发电并网，优先办理客户申请、技术方案审查、并网合同签署等前期工作。其次，加强常规电源接入管理。对新建大型燃煤电源、燃机电源，明确要求具备自动跟踪负荷的 AGC 功能及无功调节等辅助服务功能，为电力系统提供优质的调节资源。

制定新能源接入预判规则。宁海供电公司提前分析电网接入条件，引导电源和电网协调发展。针对分布式光伏项目数量激增及由此对电网运行、电网规划和用电业务管理带来的深层次影响，参考相关技术标准并结合分布式光伏并网管理经验，利用营销系统、调度 SCADA 系统等数据，挖掘对区域电网光伏消纳能力进行整体评估的方法，采用"红、黄、绿"分级评估思路，从变电站、线路两个层面进行光伏消纳能力评估，引导地方政府和清洁能源业主优先接入条件较好变电站，降低后续工作难度。

设计新能源典型并网方式。为保障电网安全稳定性，确保新能源并网工作规范化，同时提高新能源项目利用率，缩短接入方案论证时间，宁海供电公司综合考虑新能源并网可能引起的电压波动、产生非正常孤岛等影响，设计专线并网、T 接并网、分布式光伏接入 380 伏低压母线等典型并网方式，并研究相关的保护措施。在制定具体新能源项目接入系统方案时，根据典型并网方式，结合项目实际情况，按照"远近衔接、统筹兼顾"的原则，统筹考虑多期接入方案，减少不必要的过渡方式，降低业主和电网重复改造投资费用。

（四）以"互联网＋智慧能源"为导向，搭建新能源数据分析平台

宁海供电公司以"互联网＋智慧能源"战略为引领，利用大数据等新兴技术，建设区域新能源数据

分析管理平台。通过开发面向新能源管理分析场景的关键性功能模块，并结合 3D 建模技术、数据可视化技术及动态数据更新技术，实现新能源及负荷预测、源网荷协同管理及基于大数据的电网智能运维等核心功能，为新能源接入和源网荷友好互动提供有力支撑。区域新能源资源数据分析管理平台基于模块化开发技术，通过数据源、数据传输介质、平台及接口对象的物理/信息隔离，保证整个系统的安全性以及普适性。平台核心功能包括负荷预测、电力潮流感知、精益化运维管理、可再生等能源预测等，同时也包含多能数据采集、数据实时存储、在线数据处理以及离线模型训练等基础功能。

首先，整合各类能源资源分布情况，奠定坚实的多领域数据支撑。宁海供电公司依托政府新能源规划，充分调研本地区风能、太阳能和潮汐能资源的分布，综合考虑地理、地形、气候等多方面因素对新能源转换成电能的影响，采用可视化手段绘制宁海县风资源和太阳能辐射分布图谱，为平台构建提供翔实可靠的数据支撑。

其次，建立实时信息采集功能模块，实现在线监测与智能调度。建立分布式光伏电站实时信息采集系统模块，形成全区域集中统一的分布式光伏自动采集平台，实现全县分布式光伏电站并网和运行状态数据的自动采集。应用自动采集数据，对分布式光伏电站进行管理和监督，出具各类监测、统计与管理报表，为加强分布式光伏电站的监督管理提供有效技术手段。同时，在智能电网调度技术支持系统实现对传统能源监测和智能调度的基础上，开发建设清洁能源调度技术支持应用模块，实现清洁能源并网的实时监测、功率预测、调度计划、分析管理四方面功能。

最后，开展新能源资源分析，实现负荷快速响应。宁海供电公司一方面参考利用本地区现有风电场、光伏电站的实测与运行数据，深入研究已建成的江厦潮汐电站运行参数，综合分析本地区新能源利用情况，着力构建以风、光、海等可再生资源分析为基础的管理平台。通过整合、调度与管理本地区新能源资源数据，实现新能源的随机性、波动性分析和日特性、季节特性分析，为新能源的开发与利用提供理论基础和数据支撑。另一方面，着力构建负荷快速响应系统。针对传统负控终端在安全性、通信能力、采集性能、控制精细化等方面无法满足负荷快速响应的问题，研发新型负控终端设备及管理模块，形成高速网络下以快速响应为主要目的实时测控装置。通过与营销用电信息采集系统互联，获取海量居民、分布式电源等负荷资源信息，实时分析本地区用户侧负荷资源情况，构建用户负荷分类管理模型，实施负荷集中、统一调度管理，实现源网荷的协调互济。

（五）强化新能源接入技术支撑，防范安全风险、提升新能源消纳能力

新能源出力与常规机组差异很大，电力系统曾经通用的技术经验与准则可能难以适用，宁海供电公司以防范安全风险、提升新能源消纳能力为导向，分析协调新能源接入电网的关键技术，强化电源、电网和负荷之间协同互动。

规范新能源接入技术要求。新能源发电不仅关系到电网安全，更直接关系到用户和运维人员的生命安全，宁海供电公司根据上级制订的新能源电源技术标准体系框架，细化并网规划设计、工程建设、信息安全、试验计量和运行维护各项技术要求，针对设备安装、检修维护、运行管理等各环节的流程规范，开展系统、深入、细致地隐患排查，堵塞漏洞，消除风险，完善安全保障措施。通过加强电网控制保护、安稳装置等设备的协调配合、运行管理和技术监督，科学合理安排电网运行方式，落实预防措施和应急预案，确保电网安全和生命安全。

确立源网荷友好互动策略。宁海供电公司以各种类型新能源发电作为刚性出力电源，以可调节负荷、可调节电源以及电网作为互动调节资源，在电源、电网和负荷之间建立起智能友好的互动策略，保障各种类型新能源的有效消纳。一是源网互动，即电源与电网互动，通过能够调节电网参数的灵活交直流输电、微网、贮能等技术，采取新能源电源精细化功率控制、电网变压器灵活调节有载调压档位等方式，有效降低新能源出力波动对电网安全稳定运行的影响，提高电网适应新能源接入的能力。二是源荷

互动，即以柔性可调节的负荷适应清洁能源的出力。通过引入电动汽车、工业负荷、户用可中断负荷等柔性可调节的负荷来适应新能源电源的出力变化。

构建柔性随机生产模拟流程。宁海供电公司根据多类型新能源的特点，设计柔性随机生产模拟流程，有效综合考虑负荷预测误差及多类型新能源出力的随机性、波动性和间歇性等因素，制定有针对性的生产成本组合，详细分析其并网后在电网运行可靠性、经济性等方面带来的影响，从而择优选定供电方式。通过利用新能源与配电网之间柔性随机生产模拟流程，在新电源与电网、负荷之间搭建一个共享"网络"，实现新能源开发与电力生产的平衡发展。

完善源网荷两级响应模式。宁海供电公司利用常规模式和应急模式进一步完善源网荷友好互动。其中，常规模式着重解决分布式清洁能源和集中式清洁能源消纳带来的电网安全、经济运行问题，应急模式重在解决清洁能源接入带来的突发电网安全稳定问题，提升电网事故应急处理能力。具体来看，常规模式通过需求侧响应和主动配电系统，针对本地区清洁能源发电，根据所处电网供电区域的可调节电源和可调节负荷资源，通过互动优化协调控制，优化互动方案，实现负荷与电源的动态匹配，在保证分布式和集中式清洁能源出力的同时，减少潮流大幅度波动，降低网损，提高电力系统经济性。故障应急模式应用于可能瞬间造成大功率缺口、危及电力系统安全的特殊故障，需要综合各类调节手段加以应对。通过电网安全运行智能控制系统和大规模供需友好互动系统，对应急故障导致的断面越限、备用不足等问题，快速切除可中断负荷，调用柔性负荷、可调节电源等资源，使系统频率迅速恢复到允许范围，有效防范由于潮流越限导致系统瓦解而引发的大面积停电事件。

（六）"以客户为中心"，优化新能源接入服务

新能源项目并网发电产生的电费收益对增加当地村集体经济收入及农民收入具有重要意义，宁海供电公司高度重视与客户的协同互动，坚持把客户需求贯穿于各项工作，以市场为导向，多策并用开展营销服务，积极推进"以客户为中心"现代营销服务体系落地。

开辟新能源项目接入绿色通道。宁海供电公司坚守传统市场，大力增供扩销，落实公司战略，加快转型发展，切实推进综合能源服务业务。一是及时掌握潜在增量市场需求，主动对接，做到早介入、早服务，对潜在市场信息进行管理，实现各专业部门间的信息共享。二是提供征询窗口、95598服务热线、网上营业厅等多种咨询渠道，向新能源项目业主提供并网办理流程说明、相关政策规定解释、并网工作进度查询等更加便捷的服务。三是通过流程再造，从传统的以专业管理为导向转变为以客户业务办理场景为导向，各专业联动，把流程的各环节"改串联为并联"，即把整个流程一项一项依次推进改为条件允许下中间环节并行推进，有效压缩新能源项目并网时间。四是建立回访机制，定期主动上门走访新能源项目，分析研判发电情况及电能质量，排查安全隐患，确保电网及客户设备稳定运行，延伸服务链条。

为新能源并网提供个性化服务。为顺应时代变革，升级服务理念，宁海供电公司分别针对集中式新能源和分布式新能源制定服务策略。一是为集中式清洁能源提供"一对一"全流程跟踪式服务。建立客户经理制，按"一户一卡明重点、贯穿全程控实施"的原则，创建"项目管理卡""验收档案"和"培训档案"，开展全过程闭环管理。二是为分布式新能源并网提供"线上受理，一站式服务"。充分考虑分布式清洁能源发电建设周期短、装机容量小、分布散、运维能力弱等不利因素，强化分布式电源并网服务，为其接入电网提供便利条件，并编制分布式电源并网管理实施细则，开发应用分布式电源运营管理系统，有力支持分布式电源发展。

三、县域电网多类型新能源接入协同管理效果

（一）促进了本地区多类型新能源快速发展

宁海供电公司通过应用多类型新能源协同接入管理，将新能源项目建设和生态文明建设、节能减排

有机结合,有力促进了风能、太阳能等新能源快速发展。

在风电方面,截至2018年6月底,全县已建成风电装机容量共计10.65万千瓦;2017年度,宁海县风电累计发电量23362万千瓦时;装机容量5万千瓦的宁海县帽峰山-许家山风电场和装机3万千瓦的茶山风电场三期已列入规划。

在光伏发电方面,截至2018年6月底,全县已建成太阳能项目共计17.78万千瓦,2017年度完成发电量9906.42万千瓦时。其中2017年5月并网的蛇蟠涂9.9万千瓦"渔光互补"光伏发电项目是全国最大的海水养殖"渔光互补"光伏发电项目,年均发电约1.07亿千瓦时,在当地渔业、新能源可持续发展中发挥重要作用。

在潮汐电站建设方面,推动岳井洋周边区域建设以风电、光伏和潮汐为主的清洁能源示范基地,总装机容量391兆瓦,包括风电场50兆瓦、光伏电站286兆瓦、潮汐电站55兆瓦。

(二)优化了能源结构,有力推动了地方经济绿色发展

风能、太阳能及潮汐能均属于清洁、安全的可再生能源,较传统火电可节省发电用煤,并减少环境污染与温室气体排放,具有显著的节能减排效应。截至目前,宁海供电公司接入电网的清洁能源每年发电量超过5亿千瓦时,相当于约18万吨标准煤,与同功率的火电相比,相当于每年减少二氧化碳排放量约47万吨,减少氮氧化物排放量约133万吨,减少二氧化硫排放量约150万吨,节约用水约168万吨,在服务地方经济发展的同时,环境效益显著。

(三)初步形成了县域电网新能源接入协同管理的新模式

新能源接入电网是一个多变量、多时间维度、多空间维度、多约束条件的寻优问题,各因素关联关系复杂,在规划设计、协调控制等方面的研究都尚未形成可参照的理论体系。在当前全国各地新能源蓬勃发展的趋势下,宁海供电公司创新探索建立了一条电网接入多类型新能源协同管理的新路子。2017年宁海供电公司新能源项目接入效率同比提高67%,客户满意率显著提升,对沿海其他地区电网促进新能源发展具有较强的示范借鉴意义和推广价值。

(成果创造人:王凯军、王　伟、张韩旦、王永慧、金　婕、俞　军、
陈春喜、王　琛、谢颖怡、许家玉、王伟军、朱　刚)

地市供电企业促进生态产业发展的光伏扶贫项目管理

国网湖南省电力有限公司郴州供电分公司

国网湖南省电力有限公司郴州供电分公司（以下简称郴州公司）是国家电网最南端的供电企业、湖南省电力有限公司直属企业，承担着郴州市7县（市、区）、党政首脑机关、京广电气化铁路、武广高速铁路等重要客户和部分城区的供电任务。郴州公司现设13个本部职能部室、7个业务支撑及实施机构，1个集体企业和7个县公司。现有在职正式职工2255人；拥有35千伏及以上变电站114座，主变169台，变电总容量6241.6兆伏安；35千伏及以上线路270条，线路总长度3772.3千米。2017年售电量70.23亿千瓦时；售电收入43.91亿元（含税）。

一、地市供电企业促进生态产业发展的光伏扶贫项目管理背景

（一）落实国家扶贫政策，实施精准扶贫的需要

党的十八大以来，党中央将扶贫开发工作纳入"四个全面"战略布局，做出到2020年现行标准下农村贫困人口实现脱贫的庄严承诺。脱贫攻坚重在精准，只有找准路子、构建好的体制机制，才能在精准施策上出实招、在精准推进上下实功、在精准落地上见实效。作为精准扶贫、精准脱贫的有效扶贫模式，光伏扶贫一举两得，既扶了贫，又发展了新能源，被国家列为精准扶贫十大工程之一。郴州作为湖南省"南大门"，在跻身开放发展第一方阵的同时，还有着湖南最大的扶贫攻坚区域罗霄山片区，承担着重要脱贫攻坚任务。地市供电企业作为光伏扶贫的实施主体之一和"最后一公里"，深入贯彻落实国家光伏扶贫政策要求，根据郴州地区贫困人口分布及光伏建设条件，立足电网企业实际，精准施策、精准推进，促进精准扶贫落地实施，具有十分重要的意义。

（二）积极履行社会责任，有效解决农村扶贫用电问题的需要

近年来，随着经济社会发展进步，企业的定位已逐渐从追求经营利润扩展到全面履行社会责任的企业。作为关系国计民生的大型国有重点骨干企业，电网企业各项工作与人民群众生产生活息息相关，在实现国有资产保值增值、保障电力安全可靠供应的同时，积极履行社会责任，助力脱贫攻坚，是供电企业新时代的使命担当。如何将履行社会责任与脱贫攻坚有机融合，促进精准扶贫落地实施，对电网企业提出了新的挑战。由于很多农村地区特别是贫困地区处于电网末端，电力供应能力不足，存在断电、限电等问题。实施光伏扶贫，可以有效解决拥有屋顶资源、空闲土地的贫困地区农民的用电问题，对改善农民生产、生活条件，推动贫困地区农民尽快脱贫，能够发挥重要作用。

（三）强化规范精益管理，提升光伏扶贫项目管理水平的需要

郴州地区电源比例不合理、资源分布不均，大量间歇性分布式光伏电源的并网接入，使传统配电网单一辐射状的潮流运行方式逐渐演变为多电源结构的配电运行体系，给配电网优化运行调度增加诸多复杂性和不确定性，给确保电网安全运行带来了严峻挑战。同时，高渗透率分布式光伏扶贫发电接入薄弱电网，如果没有选择适宜的接入方式，将导致电气设备过载、电能质量不达标等突出问题，甚至严重影响用户正常生活和电网安全。此外，大量分布式光伏接入不可避免地带来大规模的电网改造需求，如果电网改造与分布式电源建设发展不协调，可能出现大范围弃光现象，也将直接影响农户和项目业主的投资收益。着眼于推动解决上述难题，迫切需要将规范精益管理的理念和工具运用到精准扶贫中，从电网规划建设、扶贫项目开发、并网接入、保障消纳等方面综合施策，进一步建立完善的光伏扶贫保障体系，持续提升光伏扶贫项目管理水平，达到精准扶贫、拓展产业链、实现企业发展及社会综合效益最大化。

二、地市供电企业促进生态产业发展的光伏扶贫项目管理内涵和主要做法

郴州公司紧紧围绕实施促进生态产业发展的光伏扶贫项目管理这一目标，以精准扶贫、绿色发展为指引，以光伏扶贫项目为依托，牢固树立精准扶贫要"输血"更要"造血"的理念，坚持"精准施策、精准推进、精准落地"，立足电网实际真心实意为贫困群众办实事解难题。通过深入开展光伏扶贫实施调研，统筹电网规划建设；多维融合"光伏＋"应用，打造光伏生态扶贫产业链。在此基础上，进一步建立光伏等清洁能源并网服务机制，加强源网荷柔性调节，保障光伏等清洁能源消纳；健全完善业务培训体系、运维服务体系和技术支撑体系，为生态产业光伏扶贫提供坚强保障。通过实施这一系列举措，实现了精准扶贫、拓展产业生态链、促进企业和社会生态效益提升的目的，初步探索形成了通过产业发展实现有效扶贫的新模式。主要做法如下。

（一）明确光伏扶贫项目管理的指导思想和目标

郴州公司通过深入细致论证，吸收借鉴先进典型经验，开展关键要素分析，明确光伏扶贫实施方向，科学规划目标任务。明确以光伏扶贫促进生态产业发展的目标方向。选择光伏扶贫模式主要考虑以下因素：一是因地制宜。郴州罗霄山等贫困地区基础设施落后、自然条件恶劣、交通不便、资源匮乏，但是普遍光照充足，具备建设光伏发电设施的条件。二是精准度高。光伏扶贫能够"一竿子插到底"，直接到村到户，减少中间环节，发电量收益直接用于帮扶困难群众。三是脱贫质量高。占地少、见效快，扶贫资金帮助贫困户建立户用光伏发电系统后，预期寿命超过 25 年，可以提供长期稳定收入来源，实现"输血"到"造血"的转换。四是群众获得感强。村民可以参与光伏发电系统运行维护，分享发电收益，获得看得见、摸得着的实惠。

郴州公司经过反复论证，明确"四个坚持"的实施原则。一是坚持把中央精准脱贫要求与企业实际紧密结合，发挥专业和技术优势开展扶贫工作，通过"光伏＋"产业扶贫，实现既扶了贫，又发展了新能源。二是坚持真心实意为群众办实事解难题，把群众受益作为检验扶贫成效的重要标准，以求真务实、精益求精的工作作风做好规划建设。三是坚持问题导向力求实效，针对光伏扶贫推进过程中的重点、难点问题诊断分析，统筹优化配置资源，促进提质增效。四是坚持试点先行以点带面，按照"先行先试、全面推行、巩固提升"的总体部署，科学制定推进方案，以点带面，再全面推行光伏扶贫项目。

郴州公司在扶贫办等政府部门的指导下，按照"四个服务"的指导思想，不断加强光伏扶贫项目配套电网建设，坚持"电站同步并网、电量全额消纳、收益及时支付"，为精准扶贫、有效监督、规范管理光伏扶贫项目提供有力支撑，通过促进"光伏＋农业""光伏＋渔业""光伏＋旅游业"等生态产业的发展，把"输血"变"造血"目标，做好光伏精准扶贫最后一公里服务工作。

（二）深入开展光伏扶贫实施调研，统筹电网规划建设

1. 深入实地调研，科学确定扶贫对象与扶贫方式

为摸清光伏扶贫对象的具体情况，郴州地区以县为单位展开调研，郴州公司作为实施主体之一，积极参与各个县政府的调研，了解掌握贫困县区的产业经济、人口、能源、电力发展现状、特困户屋顶、荒山荒坡及土地资源利用情况。通过组织专家调研论证，经过多方案比较，初步确定户用光伏或村级光伏电站场址。在每个县选择 2~3 个具备建设条件的光伏设施农业、光伏农业大棚或荒山荒坡的光伏电站场址，作为光伏扶贫的重点项目。

认真调研筛选，确定光伏扶贫实施对象主要为两类：一是无集体经济收入或集体经济薄弱、资源缺乏的贫困村；二是无劳动力、无资源、无稳定收入来源的贫困户。已建档立卡的贫困村，均可享受光伏扶贫政策。郴州公司积极参与政府扶贫的调研筛选工作，把学政策访民情做好精准识别作为扶贫工作的基础。通过精准识别帮扶对象，包括帮扶对象所处的自然环境和家庭成员构成；精准摸清致贫原因，分析找准致贫的共性和个性因素；在此基础上，筛选确定光伏扶贫贫困群众。通过村民代表大会评议，倒

排出本村最为贫困的建档立卡贫困户作为安装对象,上报乡镇、县扶贫部门审核确认。

深入细致论证,确定光伏扶贫的实施方式。郴州公司协同各级政府部门综合考虑土地占用、见效周期等因素,制定差异化实施方式。一是结合危房改造,异地搬迁等,直接在贫困户屋顶建设时建设光伏电站。二是在贫困户屋顶、房前屋后地面分户建设。三是在贫困村内集中选址建设小规模分布式光伏电站,贫困户参与分成。四是与现代农业设施结合,如观光农业、光伏农业大棚等。五是通过系统论证在贫困地区建设大型地面电站。

2. 提前策划组织开展光伏扶贫前期工作

在初步确定光伏扶贫实施对象和方式后,郴州公司提前策划组织开展前期工作,结合地方电网实际情况,进一步深入光伏扶贫项目现场,制定光伏接入电网整体方案,确定光伏扶贫电网配套建设项目,对需要改造的设备提前立项整改。在政府引导下,重点考虑支持用电量较大、电网接入和消纳条件较好的地区作为优先扶贫对象,提前做好前期工作。

3. 统筹电网规划建设,推动光伏扶贫项目有效落地

光伏、风电、生物质等清洁能源具有间歇性、波动性特点,广泛大量接入,可能超过电网承载能力,带来末端电压越限,损坏居民家用电器等情况,给电网稳定运行和用户安全用电带来隐患。郴州公司综合考虑现有电网基础设施条件,联合地方政府发改委、扶贫办,开展潜在用户调查,编制郴州"十三五"新能源发展规划,为光伏生态扶贫有效落地提供坚强保障。

统筹电网规划建设后,为更好地助力光伏生态扶贫发电项目精准有效落地,郴州公司着重采取两方面措施。一方面,根据国家发布的光伏扶贫文件精神,简化光伏扶贫电站申报、审批手续,开辟绿色通道;另一方面,形成政企联合互动的工作机制,定期召开联络会,凝聚政企合力。在实施推进过程中,联合政府发改委、扶贫办、项目所在地当地政府部门、光伏厂家、扶贫单位以乡镇、村为单位进村入户收集资料、现场勘查、制定接入方案、电表安装、并网验收等多个流程扁平式处理,确保贫困村、贫困户早日发电、早日受益。

(三) 多维融合"光伏+"应用,打造光伏生态扶贫产业链

1. 打造"光伏+农业"生态链

"光伏+农业"生态链是建立在农业的基础上,进一步利用现有土地资源实现光伏发电与农业的农光互补。郴州公司深入调研,了解掌握光伏农业科技大棚项目诸多优点。首先,光伏农业大棚利用农业大棚的棚顶,并不占用地面,也不改变土地使用性质,能够节约土地资源。其次,通过在农业大棚上架设不同透光率的太阳能电池板,能够满足不同作物的采光需求,可种植有机农产品、名贵苗木等各类高附加值作物,还能实现反季种植、精品种植。最后,利用棚顶发电不仅可以满足农业大棚的电力需求,还能够将剩余的电并网出售,增加农户收益。

郴州地处亚热带气候,不少贫困村光伏项目所用土地土质肥沃。郴州公司结合电网规划建设,积极配合地方政府,参与规划开展光伏大棚农业种植,做好供电保障,推动贫困村民白天把强烈的光照转化成电能上送至电网消纳,得到度电补贴,晚上通过电网下送电能,调控大棚内灯光温度,实现一年四季增产增收。

2. 打造"光伏+渔业"生态链

"光伏+渔业"生态链是将光伏发电和生态农业、渔业有机结合,形成优质水产良种养殖区、珍惜资源保护区、科技示范园区、技术配套服务区、湿地公园及渔业休闲区等农光互补主题功能区。郴州公司积极协助贫困村民建设地面滩涂电池板,通过在滩涂下养殖鹅、临武鸭等优良农畜品种,部分空地种植白菊、观光树苗、葡萄等农作物,在河网密集地区架设光伏组件水面下进行鱼、虾、蟹养殖,形成"上可发电、下可养鱼"的模式,有效推动现代渔业、高效农业与光伏太阳能发电融合互补。

3. 打造"光伏＋旅游业"生态链

"光伏＋旅游业"生态链是结合光伏发电规划，串联自然景观及已有的可用资源，进一步设计相关山水养生、采摘体验、垂钓怡情、农家小灶等项目，建设发展蓝莓果园、热带观赏果园、养生度假木屋、鱼塘垂钓、农家小灶等游玩、采摘、体验休闲产业。郴州公司在城镇周边交通便利的贫困地区，助推开发光伏生态扶贫项目，扶持贫困村民组建农业光伏科普采摘试点，建设有机蔬菜研发生产、光伏发电科普参观、采摘、爱国主义教育等实训场地，推动互动娱乐性、科学趣味性与经济效益性互补。

（四）建立光伏等清洁能源并网服务机制

一是建立协同管理组织保障机制。明确与光伏并网相关的公司发展策划部、营销部、调控中心、基建部、运维检修部、经研所（院）等相关部门的职责，做到光伏扶贫项目并网接入全过程各负其责。二是提前开展接入条件系统分析。通过技术经济分析引导地方政府和光伏业主优先接入条件较好变电站，保障发出的清洁能源能够有效消纳，增强电源和电网发展协调性。三是远近结合、统筹兼顾制定最优并网方案。按照"远近结合、统筹兼顾"的原则，统筹考虑多期接入方案，减少不必要的过渡方式，降低业主和电网重复建设。在光伏项目发展的集中地区，启动光伏送出电网项目前期工作，预留消纳空间。四是建立光伏扶贫全过程管控机制。遵循"建档立卡、贯穿全程"的原则，创建光伏扶贫项目"前期档案卡""验收档案卡""运维档案卡"和"培训档案卡"，建立全寿命闭环管理机制，从接收并网申请表开始到签订合同实现管理过程各环节前馈控制因子落地和措施落实后的闭环验收；五是强化分布式光伏并网技术应用。大力推广具备"即插即用、友好并网"特点的分布式光伏并网设备，细化并网规划设计、工程建设、信息安全、试验计量和运行维护各项技术要求，针对设备安装、检修维护、运行管理等各环节的流程规范，开展系统、深入、细致地隐患排查，堵塞漏洞，消除风险，全力支撑分布式光伏广泛接入的需求。推动储能设备混合配置，友好并网，增强分布式光伏并网安全性和可靠性，提升分布式能源并网效率。

（五）加强源网荷柔性调节，保障光伏等清洁能源消纳

郴州公司根据电源、电网、负荷各环节的不同技术特点，结合电力系统的实际情况，为适应光伏、风电等清洁能源发电出力的刚性特性，以可调节负荷、可调节电源以及电网作为互动调节资源，在电源、电网和负荷之间建立起智能互动策略，综合采取技术与管理手段，提高源网荷各个环节柔性调节能力，保障各种类型清洁能源的有效消纳。

1. 提升电源侧调控空间，提高可调节能力

为适应源网荷友好互动，郴州公司依据《国家电网公司网源协调管理规定》，采取一系列有效措施，提高发电侧的响应和可调节能力，保障刚性特性的光伏发电能够全额消纳。一是在电源并网时，严格按照规范要求，对同步发电机励磁系统、电力系统稳定器（PSS）、调速系统、涉网继电保护与安全自动装置、自动发电控制系统（AGC）、自动电压控制系统（AVC）和其他厂用涉网设备的功能、性能、参数等方面做全面系统论证，并明确提出并网接入要求，为电源调控留足空间。二是充分发挥郴州水电资源总量多优势，水电机组启停快速，调节灵活的特点，使其在调峰中发挥更大作用。三是协调风电机组在部分特殊时段参与电网调峰。

2. 提升电网柔性消纳、高效可靠能力

郴州公司统筹规划电网建设，在前期方案论证阶段，采用随机潮流等先进计算手段，全面分析电网的稳定可靠供电能力。充分利用郴州地区水电丰富的特性，改善传统电网非连续性调节的特性，综合调节增强电网柔性控制能力，提高对电源出力和负荷变化的响应和缓冲能力，有效应对大规模清洁能源间歇性、波动性对电网带来的冲击，提高电源的支撑消纳能力，避免出现大面积停电，造成光伏等清洁能源发不出电，用户无法用电，甚至设备损坏、人员伤亡的重大事故。

3. 提升负荷侧柔性友好、快速响应能力

郴州公司面对用电负荷快速增长的新形势，按照源网荷一盘棋的思路，成立前期工作小组，对郴州市重点项目提前介入，预先制定供电方案，不断提高用户接入电网的服务水平，也提升用户的供电可靠性。将能用于调控的负荷从过去的大型工业用户扩展到中小型工业用户、商业用户以至于居民用户，将响应能力从过去的可中断负荷拓展到可柔性连续控制的负荷，从而显著提升用户对光伏等清洁能源发电的响应能力，确保光伏等清洁能源发出的电能瞬时消纳。主要采取三方面举措：一是全面分析与地方电网15个并网点的负荷特性，提高统调负荷预测和调控能力。二是进一步提升大工业、工商业用户负荷柔性控制能力。三是从全局可靠性提升角度，按照网格化规划思路，提升配电网的转供能力，分片分段控制，进一步扩大可中断负荷规模。

(六) 建立完善的生态产业光伏扶贫保障体系

1. 健全完善生态产业光伏扶贫业务培训体系

根据光伏扶贫典型经验，郴州公司为光伏受理人员及户主量身定制一套完整的培训体系。结合其他公司先进经验和公司实际，组织编制《分布式光伏项目并网服务手册》，全面介绍分布式光伏并网项目的相关业务知识和并网服务流程，并对流程中各环节的注意事项和资料存档进行详细要求，提升受理人员为项目业主提供全面的并网服务水平。

郴州公司先后组织多次业务受理人员及管理人员学习宣贯国网《国家电网公司分布式电源项目并网服务管理规范》《国家电网公司关于印发分布式电源并网相关意见和规范的通知》等文件。熟练掌握《分布式光伏项目并网服务手册》中的分布式光伏并网知识，重点学习分布式光伏的定义、分类、受理和并网时的注意事项、结算原则等方面知识，使各级人员在答复客户和业务受理中应对自如。同时，主动进村入户宣讲光伏发电及科学用电常识，提高村民安全用电的意识和技能，推进"光伏生态扶贫"设备的安全运行与有效应用，让光伏生态扶贫工程彻底走进百姓生活中，使光伏生态扶贫工程精准落地。

2. 健全完善生态产业光伏扶贫运维服务体系

郴州公司会同地方政府，探索建立涵盖运维单位、村集体、设备供应商等多方在内的运维服务体系。一是由政府统筹，以县为单位按光伏扶贫项目投资额的5%设立光伏扶贫运维基金，用于因自然灾害和质保期外而保险无法赔付时，更换零部件及材料的成本费。二是为贫困村、贫困户光伏设备购买保险，免除光伏发电后期运维的后顾之忧。三是建立以设备供应商、村集体和供电公司电管站在内的三级运维保障体系，即依托集中式光伏企业，设立光伏扶贫运维机构；县级设立运维中心；乡镇设立运维站，配备一到两名维修人员，每村聘请兼职运营维护人员。四是设立报修电话，受理本乡镇内上述光伏电站的故障报修，实现故障4小时内到场处理，不能处理的及时报运维中心处理，24小时内处理完毕。五是村运维人员每月定期对村内光伏电站进行巡查，并及时向维修站上报光伏电站巡查结果，县运维中心人员每年至少1次对辖区内光伏扶贫电站进行巡检并培训指导乡镇运维站相关人员。六是建立全面完整运维档案，整理和保存好光伏电站建设原始图纸、运行记录、故障记录、修试记录等资料，记录光伏设备健康状况，促进循环改进不断提高运维效率。

3. 健全完善生态产业光伏扶贫技术支撑体系

光伏高渗透、大比例接入配电网带来一系列技术难题，为解决好光伏扶贫带来的技术问题，更好地服务光伏生态扶贫工程，郴州公司建立以郴州经济技术研究所为实施主体，省电科院、经研院为技术指导的技术支撑团队。结合光伏生态扶贫工程各环节不同技术特点，技术支撑团队设立光伏规划布局、接入方案优化、消纳能力计算、线损管理、电能质量、效益分析6个光伏扶贫项目技术支撑小组，每个小组设置专责联络人，以县为单位定期开展技术支撑工作，对问题产生机理进行全面分析，并提出合理的解决方案。

郴州公司针对光伏扶贫点多面广问题，编制《光伏生态扶贫常见问题技术服务手册》，重点对太阳能电池组件、逆变器、空气开关、连接线等设施设备经常出现的技术小问题及解决方法进行系统总结归纳，及时发放给一线运维服务人员，并按期组织学习讨论，深化经验交流，不断提升技术服务效率和水平。

三、地市供电企业促进生态产业发展的光伏扶贫项目管理效果

（一）精准扶贫效果显著

郴州公司构建的促进生态产业发展的光伏扶贫管理模式，有效提升了光伏扶贫"最后一公里"服务水平，推动扶贫攻坚从"造血"向"输血"转变，实现精准扶贫、有效脱贫。2016年全省光伏扶贫试点项目基本建设投资31488万元，郴州投资28560万元，493个贫困村和2000户贫困户受益，投资占全省90.7%。贯彻落实《关于下达湖南省光伏扶贫工程2017年省内预算内基本建设投资计划的通知》，2017年全省光伏扶贫项目建设规模10.725万千瓦，郴州增补5.51万千瓦，440个贫困村受益，受益人口18.63万人，光伏扶贫装机规模占全省51.4%。

（二）促进了地区光伏生态产业发展

郴州公司坚持创新驱动发展战略，围绕扶贫攻坚、智能电网和光伏等清洁能源消纳，协同地方政府、光伏产权单位、公司及公众力量全面助推地区"光伏＋农业""光伏＋渔业""光伏＋旅游业"等农渔游光互补光伏产业生态链的发展。截至2017年年底，郴州桂东县打造"光伏＋茶叶产业＋乡村旅游"模式、安仁县利用闲置山地资源和丹霞地貌光照强优势打造"光伏＋乡村旅游"模式、嘉禾县利用硒含量丰富打造"光伏＋科技大棚"模式、汝城县打造"光伏＋美丽乡村＋农业大棚"模式，这些光伏"光伏＋"模式有力促进贫困户增收，光伏发电补贴使得贫困村年均增收6万元，贫困户年均增收3000元，而生态农业收益甚至超过光伏发电补贴。光伏生态扶贫产业链的发展，有力推动了全市建档立卡的44万名贫困群众早日脱贫。

（三）初步探索形成了通过产业发展实现有效扶贫的模式

郴州公司根据郴州地区贫困人口分布及光伏建设条件，探索适合本地区的促进生态产业发展光伏扶贫管理模式，形成了一整套完善的光伏扶贫并网、消纳、后期保障服务体系，有效促进了"光伏＋农业＋渔业＋旅游业"发展，减少了雾霾的产生，对改善郴州整体生态环境发挥了积极促进作用。截至2017年年底，累计投运分布式光伏项目1795项，其中农户扶贫光伏项目1687项，处于省内领先水平。光伏发电装机容量103.5兆伏安，累计总发电量18121万千瓦时，上网电量17131万千瓦时，按照火电煤耗平均360g标煤/kW·h计算，节约原煤6.5万吨，减排二氧化碳17万吨。"十三五"期间，郴州规划新建光伏发电装机容量1100兆伏安，投资约75亿元，可提供3.2万个农村就业岗位。这一整套成熟完善的光伏扶贫项目管理方式，为地市供电企业实施精准扶贫提供了有力抓手，其普适性、可复制性强，在操作层面能够落地实施，具有良好的示范推广应用价值。

（成果创造人：周顺清、周有飞、周　军、彭佳期、侯雪波、邓建国、
郭建辉、傅纪年、易继荣、曹孝平、叶伏虎、邓彦军）

农村金融机构精准扶贫开发管理

河北深州农村商业银行股份有限公司

河北深州农村商业银行股份有限公司(以下简称深州农商银行)是具有独立法人资格的地方性金融机构,其前身可以追溯到1955年成立的农村信用社(资金互助点)。全辖共有36个分支机构(含营业部),411名员工,服务网络遍布深州市城乡。截至2017年12月底,深州农商银行存款余额101.97亿元、贷款余额73.72亿元,在全市金融机构中的市场占有率分别为44.17%、65.76%,当年利息收入55454万元,中间业务收入2627万元,其他收入10494万元,利润总额21241万元,上缴利税7810万元。连续4年成为深州市纳税第一大户,连续12年荣获市委市政府"支持地方经济建设先进单位"称号。

一、农村金融机构精准扶贫开发管理背景

(一)落实国家精准扶贫战略的需要

深州市是河北省衡水市下辖的县级市,是传统农业大县,是果树种植、蛋禽养殖基地。深州市虽不是国家级和省级贫困县,但地广人多,贫困户数和贫困人口在衡水市各县市区中总数最多,脱贫攻坚任务比较重。深州市委、市政府对打赢脱贫攻坚战进行了多次组织动员、安排部署,在力量、资金、政策上给予倾斜。深州农商银行既是深州人民自己的银行,还是市扶贫开发领导小组成员,全力实施精准扶贫开发机制建设是深州农商银行的责任和义务,是提高政治站位,增强"四个意识",全面理解、深刻领会、准确把握、坚决执行脱贫攻坚战的必然需要。

(二)提高银行资源配置效率的需要

农村金融机构是国民经济的血脉,是地方经济的核心,是资源配置的枢纽。要更好发挥农村金融机构服务地方经济的作用,支持供给侧结构性改革,与区域金融、区域经济发展的能动性进行高度关联,引导区域内资源向主导产业配置,使主导产业与金融要素或其他要素以可接受的成本获得更高的回报率,提升间接扶贫资源配置的效率。通过精准扶贫开发机制建设,金融市场体系将不断完善,金融市场化配置资源的水平和效率将不断提升,农村金融机构体系不断健全,金融服务建档立卡贫困户、小微企业、"三农"等薄弱环节和领域的能力才会不断提升,提升直接扶贫资源配置的效率。同时,农村金融机构坚持共享发展理念,大力发展普惠金融,构建多层次、广覆盖、有差异的精准扶贫开发机制,整合各类扶贫资源,开辟扶贫开发新的资金渠道,实现间接扶贫和直接扶贫共生共赢的发展局面。

(三)实现自身健康持续发展的需要

脱贫攻坚对于拉动内需具有重要作用,贫困村和贫困人口具有一定的后发优势。做好金融扶贫工作,既能为产业结构调整升级赢得时间和空间,又能进一步拓宽农村金融机构的业务领域,还能促进信贷结构调整、巩固农村市场。尽管扶贫小额信用贷款要求执行贷款基准利率,相对其他贷款业务利率偏低,但只要严格落实贷款条件,控制住信用风险,就会产生一定的收益。人民银行专门设立的扶贫再贷款,对金融机构发放的扶贫再贷款具有利率低、实际使用期限长的特点,用足用好用活扶贫再贷款可以降低融资成本。从中央到地方政府对脱贫攻坚工作制定了一系列优惠政策,特别是对贫困户下大力气进行经济调查并建档,为农村金融机构拓宽业务和服务边界奠定了基础,提供了有力保障。为此,2016年3月,深州农商银行开始实施农村金融机构精准扶贫开发机制建设。

二、农村金融机构精准扶贫开发管理内涵和主要做法

深州农商银行坚持创新、协调、绿色、开放、共享的发展理念,紧扣精准扶贫、精准脱贫的总要求,紧紧抓住精准扶贫八大专项行动,以农村信用工程建设为载体,以大力推广小额贷款为手段,以培育发展富民产业为方向,以增加建档立卡贫困户收入为核心,促进农村信用环境改善和金融产品创新,着力消除金融排斥现象,提高贫困村金融服务覆盖率、可得性和满意度,促进金融供给和需求有效匹配,在保证商业可持续的前提下,根据金融服务市场的层次性和金融服务具体对象的特征,拓展农村金融供给渠道,提升农村金融发展水平,撬动金融机构向贫困地区和贫困农户精准下沉金融产品和服务,更好地满足贫困农户脱贫致富和间接扶贫的金融需求。主要做法如下。

(一)落实方针,科学谋划,制定精准扶贫开发方案

1. 仔细研究扶贫工作政策

农村金融机构精准扶贫开发机制建设的初衷是运用金融工具,做好脱贫攻坚的金融服务工作,如期完成脱贫任务。在酝酿过程中,项目组集体学习和研究了党中央、国务院发布的一系列相关文件,做到对政策心领神会、了如指掌。

2. 认真梳理扶贫工作内容

深州农商银行在明晰政策的基础上,一是对金融扶贫理论进行梳理,发现间接渠道比直接渠道的效果更好,金融扶贫的最佳方式是通过金融发展改善宏观经济环境和市场运行,创造更多投资、就业机会。二是对本地贫困户情况进行梳理,全面了解建档立卡贫困户的金融需求。三是对本地间接扶贫情况进行梳理,对各企业间接扶贫的容量和能力进行核实。四是对相关支持政策进行梳理,积极落实相关产业政策和财政政策。

3. 科学制定精准扶贫方案

深州农商银行于2016年3月28日成立金融扶贫工作领导小组,同年5月16日制定并印发农村金融精准扶贫实施方案。

一是确定目标任务。确定了以建档立卡贫困户和项目带动为目标,运用"双基"共建农村信用工程评级授信并公开贷款服务,加大信贷支持力度,严格信贷风险管理,努力构建扶贫普惠金融服务新机制;以承担社会责任为目标,让信贷政策走进千家万户,帮助贫困户脱贫致富,努力构建"阳光信贷"服务新机制;以全市建档立卡贫困户为金融扶贫目标,对符合条件的贫困户评级授信面达50%;每年确保新增贷款高于上年20%,推动贫困农户小额贷款。

二是确定政策边界。扶贫小额贷款是为建档立卡贫困户量身定制的金融精准扶贫产品,按照"5万元以下、3年期以内、免担保免抵押、基准利率放贷、财政贴息、县建风险补偿机制"的"两免一补"政策推行扶贫信贷产品,解决贫困户贷款难、贷款贵的问题,并按照"需求准、放得出、管得好、收得回"的标准进行管理,持续加大贷款投放力度。

三是明确支持方向。对农业新型经营主体,充分发挥其对贫困人口的组织和带动作用,协调政府部门,整合涉农资金,建立健全风险分散和保障机制,探索研究家庭农场、农民专业合作社、扶贫龙头企业等新型经营主体金融服务模式,着力创新和推广多种贷款模式,发挥对建档立卡贫困户的组织和带动作用。

四是明确措施办法。按照落实领导责任,实行阳光化操作,认真开展评级授信,利用特色贷款品种,规范贴息和风险补偿五大措施,对建档立卡贫困户逐户开展资信调查,建立精准扶贫金融服务档案,实行"一户一档",开办"农村金融夜校"和"送金融知识下乡"服务活动,深入农村普及金融知识,有效解决建档立卡贫困户金融知识匮乏问题。

(二) 加强领导，健全制度，完善精准扶贫组织保障

深州市建立了由政府领导、深州农商银行组织实施、乡镇人民政府推进、各支行和农村基层村两委落实的"四位一体"工作联动机制，搭建扁平化的管理平台，包括建立四个层面的领导、实施、推进、落实工作组织机构和立体化矩阵式项目团队，全力推动金融扶贫纵深发展。

在市政府层面，一是强化组织领导，做好宣传动员。市委、市政府成立了扶贫开发工作和脱贫攻坚领导小组，制定了全市脱贫攻坚实施方案，鼓励和调动社会力量广泛参与，形成精准扶贫开发机制建设的合力。二是建立精准扶贫金融服务中心。依托深州市供销合作社联合社设立金融服务中心，发挥财政资金的撬动作用，用扶贫资金首期设立100万元的贷款担保基金、30万元的风险补偿基金，视情况逐年递增，该项基金已经存入深州农商银行。建立市乡村三级金融服务网络＋深州农商银行的服务模式，市设金融服务中心；乡镇和深州农商银行共同推进建立农村金融服务站，为农户和企业贷款提供便捷化服务。三是建立信用贷款风险分散和政策保障机制，推动金融资源向薄弱领域倾斜。

在农商银行层面，一是落实领导推动责任。深州农商银行成立金融产业扶贫工作领导小组，各支行分别成立专项工作小组。二是实行阳光化操作。将金融产业扶贫的评级授信、放款和收回等各个环节全面公开。三是认真开展评级授信。按照"双基"共建农村信用工程的建档、评级、授信的管理办法执行。四是规范贴息和风险补偿。会同市扶贫办，根据扶贫政策和财政政策制定贷款贴息和贷款风险补偿专门办法。

在乡镇层面，全市各乡镇把农村金融机构精准扶贫开发作为乡镇党委、政府开展工作的重中之重来抓，安排专人负责与支行的协调沟通，并成立相关领导小组，适时组织村"两委"班子及有关人员召开动员会、调度会，整合特色种养殖大户、农民专业合作社、农业化产业化龙头企业等多极支撑点，形成优质产业链，实现"三农"利润最大化。

在村两委层面，农村金融机构精准扶贫开发机制建设以村党支部活动为抓手，明确各自职责。一是支行员工兼任共建村副书记或村委会主任助理，村"两委"成员兼任支行信息员，分别落实金融帮扶计划、履行金融信息宣传等职责，共同制定和落实各项工作。二是在村委会设立金融助农服务点（工作室）。三是吸引村民踊跃参与活动，降低村民办贷成本，提高办贷效率。

(三) 细化标准，优化流程，建立精准扶贫工作机制

1. 制定金融扶贫方案和管理制度

制定《金融扶贫实施方案》《支持新型经营主体实施方案》《支持建档立卡贫困户实施方案》等7种方案，建立《金融扶贫领域的作风和腐败问题问责制度》《金融扶贫员工管理制度》等5个管理制度，编制《扶贫小额信贷明白纸》《扶贫政策知识问答》《金融扶贫工作指南》等小册子共计13类。

2. 完善一体化管理标准

实行"五公开"阳光运行，对参与民主评议人员名单公开、评级结果公开、评级户授信额度公开、贷款发放张榜公开、贴息名单公开，保障扶贫资金安全、高效运行，精准使用到贫困户身上。扶贫资金按照额度，采取集中审查、审批，无特殊情况，一般当日上报的贷款资料当日便可以完成审查审批并发放扶贫贷款。明确具体信贷工作流程。扶贫贷款具有"一次核定、总额控制、随用随贷、周转使用"的特点。

3. 创建贫困户建档过程质量控制标准

标准包括基本信息、家庭成员、主要收支等9大项，档案编号、所属乡镇组、身份证号等81小项，建档采集质量依托"掌上通"APP进行控制。

4. 对金融扶贫领域腐败和作风问题"零容忍"

深州农商银行主要围绕"四个意识"不强、责任落实不到位、工作措施不精准、资金管理使用不规

范、工作作风不扎实、考核监督从严要求不够 6 个方面共 52 项具体内容，根据职责范围进行管理。完善扶贫领域作风治理制度设计和政策举措，健全作风建设长效保障机制，切实将各项农业政策性金融扶贫政策落到实处，对出现问题的人员进行顶格处理。

（四）精准实施，稳步推进，培育精准扶贫造血功能

1. 精准识别对象

深州农商银行围绕年收入人均 6000 元的脱贫目标，重点做好精准识别建档立卡贫困户的关键工作，严格按照市扶贫办提供的扶贫清单确定目标人群。只要名单内贫困户有资金需求，可以简化审批流程，限时办结，使扶贫贷款的发放由"大水漫灌"转向"精准滴灌"。

2. 精准创新产品

深州农商银行首先坚持"因地制宜、统筹规划、务实创新、风险可控"的原则，选择 10 个行政村作为试点，由信贷人员深入农村，进行入户调查、信息采集，建立农户经济档案。其次，在确定目标时，考虑其合理性，根据市场上的竞争产品和自身的实际确定预计达到的目标，并以"扫街"式信贷营销行动，了解掌握农户生产生活习惯、信贷需求和未来发展计划等，向客户推销特色信贷产品。再次，落实相应产品，根据当地农村实际，制定信用等级评定标准和相关贷款额度，信用等级评定工作组走村入户了解农户的基本情况，核定每户的信用等级和相关贷款额度，发放农户信用贷款卡，做到一次核定，随用随贷，余额控制，周转使用。最后，编写产品手册，编写完成金融扶贫机制建设手册和 5 套 PPT 宣讲材料。

3. 精准分配任务

深州农商银行量化精准扶贷款投放任务，制定各年度的扶贫目标，保证每个村都有相应的信贷员负责贷款投放。信贷人员根据贫困户的具体情况，确定贷款投放额度，设定合理利率，简化贷款发放流程，减轻农户负担；通过调查走访与村民建立稳固联系，宣传扶贫致策，引导创业就业，采取因村施策和因户制宜的工作方法，针计对不同的贫困群体，采取灵活的信贷扶贫方案。

4. 精准落实政策

立足当地经济发展状况和扶贫政策，有效地跟进政府扶贫部门的任务分解，量化精准扶贫贷款投放任务，做到精准施策。定期召开扶贫调度会，及时处理扶贫过程中遇到的具体问题，保障精准扶贫工作顺利进行。

5. 精准智力搭桥

通过微信公众号、扶贫微信群、支农服务站搭建"融资＋融智"创富平台，2017 年通过平台定期发布"全国农产品批发市场价格信息系统"中农产品价格走势图 24 期，发布农作物种植知识和家畜养殖技术 124 期；大力开展科技培训，积极开展"雨露计划"工程 12 期。在信贷资金的引导下，使农民真正享受金融致富。

6. 精准科技支撑

深州农商银行研发"掌上通"，为建立农户经济信息大数据平台、提高信贷服务效率提供了科技支撑。"掌上通"是依托手机平台开发的信息采集系统，不受时间、地点的约束，可以在全辖所有员工中推广使用，有效地提高了信息采集效率。

（五）差异匹配，精细管理，提高精准扶贫运营效率

深州农商银行梳理拟定了农户信用等级评定流程、金融夜校实施方案、特色信贷产品"致富宝""幸福宝""信用共同体联合增信"办法、结合深州农村区域实际开发"桃乡贷""养殖合作贷""种植合作贷""光伏扶贫贷"个人"消费贷""巾帼信用创业贷"等产品办法，着力满足符合"三农"实际特点的金融服务要求。

金融扶贫资金的流向主要是针对各类贷款项目，其资金的主要运行机制是依靠扶贫优惠贷款发挥资本的"杠杆"作用，对贫困人口产生的直接或间接的带动作用。由于金融扶贫有强大的"造血"功能，将资金"活水"注入产业中，充分实现资本再循环，保障金融扶贫资本的循环运作。通过对贫困人口和贫困地区的资金投入，刺激经济增长，带动人口脱贫，进而实现有效持久的长效发展。深州农商银行金融扶贫资金管理分为三种模式：一是直接扶贫模式。为贫困户发放扶贫小额信贷，用于发展特色种养业或其他生产经营类生产项目，贫困户直接获得收入。为贫困户发放扶贫小额信贷，信贷资金投入新型农业经营主体，通过政府分红或经营分红，以此持续稳定增加收入。二是间接扶贫模式。为扶贫龙头企业或新型农业经营主体发放贷款，贷款企业吸收贫困户就业，贫困户获得劳动收入。最后一种模式主要发挥新型农业经营主体的辐射带动作用，对能带动贫困户发展的相关企业提供优惠贷款支持，增加其吸纳贫困户就业的能力，并使贫困人口可以从中获得工资收入。深州农商银行对于产业支撑金融扶贫的作用，主要通过发展扶贫的相关产业，带动贫困人口增收。

（六）突出考核，重视激励，坚持精准扶贫持续发展

1. 实施分类分级考核管理

深州农商银行对金融扶贫工作实施分级管理，扶贫领导小组由董事长负责，扶贫实施小组由授信审批部经理负责，扶贫工作小组由各支行行长负责，清晰界定分级扶贫任务，落实分级责任追究制度。各支行结合分级分村管理要求，制定扶贫攻坚图、责任区划分表。审计部负责扶贫工作专项检查，推行首查负责制，确保扶贫领域的每一个重要环节都有人管、有人查，并且做到有记录、有分析、有整改、可追溯。

2. 开展业绩排列考核

实施贫困户建档、评级、授信综合排列考核追究。按照优秀、良好、合格拉开档次进行奖励，发生扶贫领域投诉问题的一票否决，评为不合格单位。对不合格支行行长停发当月绩效，对扶贫中发现的投诉问题，实行责任追究。

3. 建立考核内容及标准

一是政策的执行情况。二是贷款管理情况。三是贷款投放情况，原则上对于政府推荐的建档立卡贫困户要做到应贷尽贷。四是宣传推广情况，实现建档立卡贫困户扶贫小额信贷宣传全覆盖。五是扶贫领域专项治理情况，扎实彻底得做好扶贫小额信贷整改工作。

4. 实行建档、评级、授信实名签认和终身责任制

各支行建立建档立卡贫困户建档、评级、授信责任界定、追溯过程，把每户信息、每笔评级、每户授信重要工作的责任分解到人、落实到位。实行信贷员（建档信息采集员）、行长两个层面的现场签认。签认资料留存档案，实行终身责任制。

（七）党建引领，金融普智，打造精准扶贫文化阵地

2017年以来，深州农商银行与市委组织部、市扶贫办、市金融办等部门联合启动脱贫行动，通过派驻扶贫干部、选用金融联络员等方式，将党建优势、金融优势转化为扶贫优势、发展优势，初步打造出一条党建引领、金融发力、贫困群众受益的"党建＋金融"精准扶贫新模式。

1. 打造"顶层统揽、小点切入"的党建引领体系

深州农商银行以基层党建为切口，成立扶贫工作领导小组，着力破解基层金融资源稀缺、推进脱贫乏力等焦点问题，打造脱贫攻坚党建引领体系。一是明确帮扶方向。印发《扶贫小额信贷明白纸》《扶贫政策知识问答》，从开展党支部（党小组）结对共建、创优金融服务方式、增强精准帮扶力度三方面着手，层层落实"领导联县、部（社）联乡、党员联户"责任制。二是强化阵地建设。推进基层党支部与村支部联建、共创、共享，按照党支部阵地建设相关规范，打造共建阵地，共同发挥双方扶贫工作优

势,确保扶贫金融需求与金融资源高效精准对接。三是完善保障体系。建立总行党委、支行党支部与村支部扶贫联席会议制度。结合实际制定《扶贫小额贷款管理办法》《贫困户评级授信办法》《金融扶贫方案》等文件,强化基础制度支撑。

2. 拓展"双线联动、优化服务"的金融发力渠道

深州农商银行以"双基"共建农村信用工程为依托,充分发挥基层党支部的战斗堡垒作用,从信息、业务、产品三个方面,线上线下联动发力,全面优化金融服务能力。一是优化金融信息服务。加强信息渠道建设,在各村建立支农服务站,利用"双基"共建宣传栏对服务信息进行公示。同时,深州农商银行党员干部定期在支农服务站现场办公,加强扶贫政策和信用知识宣传。二是优化金融业务服务。建立金融精准扶贫到村联络员制度,完善线下服务设施,设置助农金融服务代理点365个,打通农村金融服务"最后一公里"。三是优化金融产品服务。推广手机银行、EPOS机等新型移动金融产品,制定"致富宝""创业宝""幸福宝"等金融扶贫创新产品,全面弥补线下服务短板,让群众享受到了7×24小时全时段无障碍金融服务。

3. 构建"产业带动、共建共享"的扶贫普惠模式

一是产业发展助扶贫。发挥农商银行的纽带作用,通过政、银、企、户四方联动,面向新型经营主体、贫困户推出"产业扶贫贷",大力推广"农商银行+扶贫龙头企业+贫困户""农商银行+农民专业合作社+贫困户""农商银行+种养大户+贫困户"等新型经营主体的扶贫贷款。二是金融夜校助扶贫。以"金融知识下乡"为载体,各党组织与村委联办金融夜校,以扶智助脱贫。2017年,共组织金融夜校60余场次、培训贫困群众1700余人次。

4. 拓展"金融夜校、普惠金融"的扶贫文化内涵

深州农商银行首先在每个支行所在行政村至少开展一场"金融夜校",全面普及金融知识,做到"五个一":一张入场(抽奖)券、一本扶贫政策知识问答、一张扶贫小额贷款明白纸、一张意见反馈表、一张金融需求单。在此基础上,通过发放宣传单、张贴宣传海报等途径,进行广泛宣传,并辅以"有奖问答"的方式,带动群众获取金融知识的积极性,真正把农村地区需要的金融知识宣讲下去,实现金融精准扶贫开发的文化保障。

三、农村金融机构精准扶贫开发管理效果

（一）直接扶贫的效果显著

深州农商银行在农户建档和信用等级评定有序进行的同时,启动和应用"桃乡贷"微信群,逐步发放蜜桃产业信贷需求调查问卷,分析汇总数据支持和理论依据。在授信和评级过程中,主要参考依据"双基"建档评级标准,将产品划分为信贷产品和存款、结算、中间业务类产品,为深州市农村地区信用金融扶贫机制建设起到了重要的支撑作用。2017年,实现对全市5225名建档立卡贫困户的评级全覆盖,对符合条件的2102户贫困户授信6325万元,累计发放扶贫小额信用贷款865笔、3122万元,助力565名贫困户实现脱贫"摘帽"。

（二）间接扶贫的效果显著

金融扶贫工作较大程度地激发了村民的生产积极性,种植养殖业规模扩大明显,蜜桃、苹果、梨等果品种植面积达到60万亩,粮食种植50万亩,蛋鸡高峰期存栏1200万只,良种覆盖率达到100%,年产鲜蛋8万多吨,生猪年出栏81万头,奶牛存栏14600头。借助当前正在开展的"双基"共建工作,对助农服务点的EPOS机设备进行更新、金融便民标识进行了更换,所发放的"农贷宝""商贷宝"都可以随时支取或归还贷款本息。同时,农户信息采集"掌上通"业务已经在全省得到推广和应用,实现了扶贫经济的持续提升。2017年发放间接扶贫类贷款21000万元,有效撬动社会资金近38000万元,预计创造产值6200万元,带动贫困户2312户、2786人增收致富。

(三) 实现与地方经济共赢

2017年，深州农商银行通过实施农村金融机构精准扶贫开发机制建设，产生经济效益1056万元。同时，通过金融扶贫机制建设工作，与地方政府深度融合，建立无缝对接的沟通协调机制，有效发挥了村、社区、企业党支部参与农商银行工作的积极性，充分发挥其人熟、地熟、情况熟和在地方有威信、组织能力强的优势，确保营销客户的深度挖掘，有效拓展和占领了市场。通过金融扶贫机制建设工作，金融扶贫的积极帮扶行动获得了贫困群众的一致好评，给予他们脱贫致富的巨大动力，坚定了脱贫攻坚的信心，为广大信用农户发放小额信用贷款，实现农民增收、农业增效、农村富裕，为加快农村基础建设提供强有力的金融支撑。同时，实施普惠金融，提高融资效率和社会效益，提升农村产业结构和农业产业化经营，改善农村经济社会环境，鼎力支持美丽乡村建设，促进县域经济快速发展。

(成果创造人：扈　健、冯月军、杨志勇、王建武、陈红卫、刘泽宇、孟宪如、张建东、周福胜、葛跃杰、孟凡庄、杜润宁)

以优化产品结构为核心的绿色油气田开发与管理

中国石油天然气股份有限公司华北油田分公司

中国石油天然气股份有限公司华北油田分公司(以下简称华北油田公司)是以油气勘探开发为主的大型国有企业,是中国石油天然气集团有限公司旗下的地区分公司、上游油气企业。42年来,创造了一系列辉煌业绩,研究确立了古潜山"新生古储"新概念新理论,建成了中国最大碳酸盐岩高产大油田,在山西建成了数字化、规模化煤层气田,开发管理着55个油田、8个油气田、1个煤层气田,年生产油气当量500万吨,在册员工3.6万人,资产总额600亿元。"十二五"以来,华北油田公司按照集约化、专业化、一体化整体发展思路,经过持续重组和业务整合,逐渐形成了目前勘探开发、多元开发、综合服务三大板块和常规油气、新能源、对外合作、多元开发、矿区服务、生产服务及其他六项业务。

一、以优化产品结构为核心的绿色油气田开发与管理背景

(一)实现绿色发展、建设环境友好型企业的必然要求

2015年,党的十八届五中全会提出了五大发展理念,其中一项便是绿色发展理念,绿色发展理念的提出可以说是发展观的一场深刻革命,是建立在生态环境容量和资源承载力的约束条件下,将环境保护作为实现可持续发展重要支柱的一种新型发展模式。油气行业是环境敏感行业之一,勘探开发、运输、炼化以及基础设施建设等方面均可能带来环境污染,上中下游各环节的环境防护和污染治理工作往往要耗费大量人力、物力、财力。然而作为关系到国民经济命脉、负有重要社会责任的企业,油气田企业在此时更应该迎难而上、响应国家号召,着力做好环境保护工作,实现油气行业整体绿色发展。

(二)实现节能减排、促进企业低碳高效发展的必然要求

石油石化行业作为我国六大高耗能行业中的重点行业,其能源消费和碳排放位居工业部门前列,对节能降碳目标能否实现具有较大影响。华北油田开发42年来,储量品位越来越差,部分老油田进入中后期开采阶段,油田综合含水、产液量、注水量不断上升,存在低产低效井多,生产设施老化、负荷匹配度差,采、注、输、供电等系统效率低等问题。进入"十二五"以来,油田产液量、注水量、油水井数持续增加,油田总能耗不断上升,据2014年耗能数据显示,能源消耗费用已占到经营成本的22%以上,随着节能减排措施的不断实施,潜力越来越小。同时,油田钻井、油水井措施作业等过程中极易造成环境污染,在这种形式下,依靠管理和技术创新,推行绿色和谐发展势在必行。

(三)落实集团公司发展战略、实现可持续发展的必然要求

中国石油天然气集团有限公司历来重视绿色发展,将绿色低碳作为企业重要发展理念,并且明确提出低碳发展目标:力争2020年实现二氧化碳排放总量比2015年下降25%,2030年国内天然气产量占公司国内一次性能源产量的55%,2050年低碳发展达到国际先进水平。为贯彻落实集团公司绿色发展战略,实现绿色低碳发展目标,作为集团公司所属油气田企业责无旁贷,必须积极行动,在公司内部产品结构调整、环保开发、节能减排等方面工作上下大力气,有所突破,才能实现企业的可持续发展,助力集团公司绿色低碳发展。

基于以上背景,华北油田公司于2017年年初开始实施以优化产品结构为核心的绿色油气田开发与管理。

二、以优化产品结构为核心的绿色油气田开发与管理内涵和主要做法

华北油田公司将"建设环境友好型企业、实现绿色和谐发展"的管理理念贯穿到油气生产管理全过

程，以优化产品结构为核心，统筹重点环节治理与全面系统推进，做到油气产业发展和环境保护的有机统一，通过树立绿色发展理念，加强环保制度和考核机制建设，大力发展清洁能源产业，强化环保型产能建设和油气生产关键环节控制，深入开展节能降耗，构建环境应急处置机制，确保油气生产环保达标，提高资源利用效率，实现华北油田公司安全、环保、清洁、可持续发展。主要做法如下。

（一）确立绿色油气田开发与管理的指导思想和目标

华北油田公司推行绿色油气田开发与管理的指导思想是：牢固树立和践行"绿水青山就是金山银山"的发展理念，提高思想认识，培养人与自然平等和谐的生态文明和环境保护意识，把可持续发展和绿色生产的理念，贯穿于油气勘探开发和生产建设的全过程，通过调整企业内部产业和产品结构，大力研发推广先进的生产技术、先进的生产工艺，降低实现绿色发展的生产成本，确保企业实现低碳循环可持续发展。

华北油田公司在绿色油气田企业开发与管理过程中始终做到：坚持安全第一，牢固树立"发展绝不能以牺牲人的生命为代价"的红线意识，不安全的行为不做、不环保的效益不要；坚持以人为本，通过践行绿色油气田开发与管理，一方面对企业生产经营地生态环境实现有效保护，为当地人民群众营造优良的生活环境；另一方面为企业职工创造安全、环保的工作环境，促进企业绿色可持续发展；坚持抓重点环节，抓关键技术创新，抓产业结构调整，坚决保护生态环境，构建环境友好型企业。

华北油田公司明确提出绿色油气田开发与管理的总体目标：到"十三五"末，坚决完成集团公司下达的HSE工作指标，杜绝较大事故发生；实现节能5万吨标煤、总能耗358.6万吨标煤，节水48万立方米；保持废水、废气、固体废物达标排放，努力建成矿区环境优美、环保高效开采、资源节约与综合利用的现代化油气田。

（二）建立绿色油气田开发管理体系

1. 健全组织体系

华北油田公司成立以主要领导为组长、各部门协作的绿色油气田开发管理领导小组，对华北油田公司绿色油气田开发与管理实施全面领导，研究决策重大事项，协调解决工作过程中的重大问题，并定期听取工作进展，督促绿色油气田开发与管理工作加快推进。

设立工作领导小组办公室，由机关专业部门抽调力量，共同组建绿色油气田企业开发与管理建设工作领导小组办公室，负责协调处理工作过程中的具体问题；定期组织开展工作交流，不断完善各项工作机制；定期向工作领导小组汇报工作进展，及时督促跟踪各项具体工作推进情况。

2. 调整产业体系

改变传统的重油轻气的产业结构，实施"稳油增气"战略，大力发展天然气、煤层气产业，提高天然气、煤层气产量，积极发展储气库业务，着力培育地热能源开发、城市燃气等新兴业务，促进华北油田公司产业结构和产品结构的优化调整，力争到"十三五"末，实现华北油田公司常规油气、新能源、多元开发业务结构的显著优化，全面推进企业绿色低碳高效发展。

3. 优化制度体系

按照绿色油气田开发与管理的要求，不定期梳理国家相关法律法规、政策，以及上级部门的管理制度等规范性文件，对照公司现行管理制度，识别不符之处，结合公司管理实际，每年组织两次管理制度的集中制定、修订工作。通过进行制度制定、修订，将绿色开发与管理相关的法律法规、政策要求融入公司管理制度，将不适应新要求的管理制度及时废止，确保华北油田公司制度管理体系的适应性和有效性。

4. 完善工作机制

一是构建全员环保能力与意识提升长效机制。将环境因素辨识与评价等内容纳入培训中，组织开展全员环境危害因素辨识、风险评价和风险控制培训，提高全员环境因素辨识能力，掌握评价方法，并根据评价结果制定有效的控制措施。开展全员 HSE 能力评估，根据员工评估结果，调整改进员工的培训工作，特别加强对新提拔、新上岗和转岗人员的环保能力评估，将考评结果与奖惩、任用、上岗、晋级挂钩，促进全员环保能力与意识的提升。

二是完善 HSE 监督网络。健全 HSE 管理委员会，设立环保监督站，为联合站配备专职 HSE 监督员，构建"厂—工区—联合站"三级 HSE 监督体系，明确直线责任和属地责任，形成横向到边、纵向到底的环保监督管理网络。与地方企事业单位合作，建立水质、排放物定期监测机制。引入第三方，对环境管理体系运行和各级人员环保责任落实等情况进行监督审核。

三是建立节能减排工作长效机制。将能耗成本和节能指标层层分解，与基层单位签订节能目标责任书，并对节能指标完成情况和节能减排项目实施情况，进行定期监督监测和检查，及时研究解决工作过程中出现的问题。

四是建立绿色开发监督和考核机制。将清洁生产、绿色开发要求纳入各专业内审考核细则中，每季度检查评比，并与绩效考核挂钩，每半年开展一次专业管理内审，对发现的问题开具问题纠防通知单，并对整改情况跟踪验证，形成闭环管理，确保问题得到及时有效的整改，持续提高现场管理水平。

（三）调整产业结构，加快发展绿色产业和清洁能源

1. 强化天然气、煤层气勘探开发

为推进清洁能源产业发展，华北油田公司提出稳油增气战略，在保持常规原油稳定勘探开发基础上，大力发展天然气和煤层气业务。在天然气勘探开发方面，突出冀中北部廊固凹陷，加强天然气勘探，优化开发部署，强化生产组织运行，提高资源转化率。在煤层气勘探开发方面，华北油田公司煤层气勘探开发区域包括山西、内蒙古、河北大城等区域。经过 10 余年勘探开发历程，形成煤层气勘探开发技术体系，建成自动化控制集气站 13 座、年处理能力 20 亿方中央处理厂 1 座，具备 14 亿立方米生产能力，实现年产气量 9 亿立方米。天然气和煤层气的大力开发，促使华北油田公司业务从传统的石油勘探开发一支独大向油气并举的清洁能源结构转变。

2. 全力推进燃气业务发展

一是大力推进"气化农村"工程。华北油田公司抓住京津冀大气环境治理和雄安新区建设的有利时机，将"煤改气"作为燃气业务长远发展支撑，依托自身资源、技术、管理等优势，相继与大城、雄安新区、河间、肃宁、饶阳、深州、怀来等市县政府签订气化农村合作协议。截至 2017 年年底，华北油田公司在任丘、保定、廊坊等地区已有 1257 个村施工建设，16 万余户施工完毕，其中任丘地区已于 2017 年底实现"户户通气"的工作目标。华北油田公司在气化农村建设中探索形成的"政企协作、点管联供、多元保障、惠及百姓"的建设经验和"标准化设计、专业化施工、信息化管理、规范化服务"的建设标准，形成一套成熟的可复制的工作体系。

二是积极推进工业气化站项目。华北油田公司在积极开发"煤改气"业务的同时，大力推进气化站项目，加快推广应用优质气化站。在管网覆盖率较低、工业用户分布集中的区域，建设气化站，实现对工业用户的集中供气，助力工业企业节能减排。在项目的内部管理上，优化审批流程，将审批制改为备案制，加速气化站项目实施进度。截至 2017 年年底，华北油田公司建成并投产运行 182 座气化站，正在施工 113 座气化站，在极大推动工业减排同时，形成华北油田公司新的业务和效益增长点。

3. 积极开发地热资源综合利用

华北油田公司勘探开发区域内地热资源较为丰富，但开发利用程度较低。为推进地热能源综合利用，助力京津冀地区节能减排，华北油田公司成立地热开发项目部，大力推进地热资源综合开发利用。根据华北地区地热资源情况，编制《华北油田公司地热产业化发展规划》，明确华北油田公司地热业务发展思路，提出"十三五"期间建成地热供暖面积 1000 万平方米、产值 2 亿元的总体工作目标。目前，

已经完成渤海职院、石油新城、华隆社区 3 个矿区地热供暖项目,并推进与蠡县、安平县地方政府洽谈 2 个地热供暖项目,华北油田公司地热开发利用已进入加速推进阶段。

(四)优化资源配置,强化环保型产能建设

1. 推行集约化钻井方式,节约土地占用

改变传统的直井打井方式,不再打一口井修建一个井场、修建一条生产道路,应用"丛式布井"的集约化打井模式,即在一个井场钻探多口井,节约井场占用土地资源。在华北油田公司范围内开展"一口井节约一亩地"劳动竞赛活动,各油气生产单位地质与工程部门紧密结合,多布置丛式井,以减少钻井占用土地。配套"丛式布井",创新采取"井营分离"运行模式,在钻井施工中利用闲置空白区域,将钻井宿营区与施工区有效分离,可以大大节约钻井临时占用土地,缩短钻井搬迁时间,消除生活区给钻井生产带来的安全隐患。

2. 大力推广清洁钻井技术,减少钻井环境污染

一是优选清洁钻井液。从配制钻井液的原材料和添加剂入手,选用清洁原材料或添加剂,改进钻井液工艺,有效降低钻井生产中岩屑、废弃泥浆和废水的化学、生物毒性。通过对目前常用的聚合物钻井液和聚磺钻井液两种体系进行毒性测试分析和生物降解性能分析,优先采用淡水基钻井液体系,严格控制盐水(特别是无机盐)或油基钻井液的使用,使用无毒并可生物降解的添加剂,如 XD、淀粉等,尽可能不使用深色添加剂、低毒性添加剂,杜绝使用中毒性以上的添加剂,最大限度地减少钻井液对环境的污染。

二是推广钻井泥浆不落地处理。运用固液分离技术,大力推广钻井泥浆不落地处理,有效降低钻井废液对环境的污染。根据钻井生产任务及井位部署特点,多方式组织实施钻井泥浆不落地处理,针对边远零散井,实施单井随钻不落地处理;针对几公里范围内部署 2—3 台钻机,采用撬装设备和缓存灌(池)移动式处理,提高处理设备的利用率和钻井泥浆处理效率;针对井位相对集中的地区以及多井位的丛式井区,按照"单井回收、集中处理、统筹排放"的思路,采取区块或区域集中处理方式,最大限度地避免钻井泥浆对环境污染。

3. 推进油气生产系统功能整合工程

一是调整输油方式。打破传统地域划分概念,将冀中地区作为一个功能单元整体部署,按照"低含水油输送、末端集中处理"的总体思路,冀中南部油区的采油一厂、采油三厂、采油五厂的低含水原油,全部集中在任一联合站进行脱水处理,上游沿线的联合站全部降级为转油放水站。

二是优化加热炉,促进节能减排。结合地面工程改造,推广应用效率高、性价比高的真空加热炉和相变加热炉;在加热炉上推广采用高效燃烧器、换热器余热回收、空气预热器等技术,提高加热炉效率;加强监测和管理,及时调整配风量,提高加热炉运行效果,同时利用地热、管道气、LNG 等清洁能源替代冀中油区现有的 118 台燃油加热炉,提升清洁生产水平。

三是推进集油工艺调整。采取隔热油管、井口电磁加热器、双管掺水等工艺技术,实现 1396 口三管伴热井改单管措施集油,降低系统能耗。

(五)深化技术管理创新,实现油田清洁开发

1. 持续推进管道与站场完整性管理

一是开展集输管道完整性管理研究工作,为管道和站场完整性管理提供制度支撑。按照"技术先行、制度保障、示范引领、整体跟进"的总体思路,在完成集输管道完整性技术研究,基本搭建起技术支撑体系后,进一步研究集输管道完整性管理体系。建立一套适合于华北油田公司管道完整性管理的制度文件和操作文件,形成管道和站场完整性管理制度化、程序化、规范化,提高管道与站场完整性管理水平。

二是持续开展管道和储罐检测,不断消除安全环境隐患。以管道、储罐检测为抓手,定期进行系统的隐患排查和治理,提高隐患治理的科学性和针对性。2015—2017 年,华北油田公司共对 15 具储罐

（罐容 106000m³）和 105km 重要管道进行检测，并根据检测评价结果开展维护、维修工作，消除安全环保隐患。

三是全面建立管道、储罐阴极保护系统。华北油田公司建立管道、储罐阴极保护系统，全面覆盖主要生产管道和油气储罐，实现油气泄露隐患自动检测、自动报警，配套建立管道与储罐阴极保护系统状况监测与评价系统，时时检测、定期评价管道、储罐阴极保护系统功能完好性。管道、储罐阴极保护和监测评价系统的建立，确保能够及时发现油气泄漏，第一时间组织调度抢险维修，避免管道泄漏造成环境污染。

2. 对注水水质进行多节点控制

油气生产过程中，为保持底层压力平衡，在采出油气同时，需要向底层注水，而注水水质的环保达标成为绿色生产的关键环节。华北油田公司不断改变注水水质管理方式，一是由主抓过滤运行、监控出口水质单一模式管理向水处理工艺各关键点管理转变。二是节点水质由定性管理向定量管理转变。三是将水系统与上游的油系统进行挂钩管理，形成注水系统水质节点控制管理模式。按照"把好源头、控制中游、管住下游"的思路，把油系统、水处理系统和注水系统作为一个连续的水质管理链，以单站注水系统站为中心，"注水节点"为单元，通过注水系统全过程监督、分阶段考核、全员参与的管理措施，控制"油区来水、沉降处理、过滤系统、注水站出口、注水井井口"5个关键节点的水质指标合格，确保油田注入水水质满足环保要求。该方法 2006 年在华北油田公司所属采油一厂开始探索，2012 年在采油五厂、二连分公司推广应用，2014 年在 6 个油气生产单位全面实施，取得良好的实施效果。目前，华北油田公司注水站水质达标率达到 97%，井口水质达标率达到 91%，注水系统效率达到 55.2%。

3. 强力开展能效对标工作

一是与集团公司所属其他单位开展能效对标活动。华北油田公司建立能效指标体系，开展指标筛选对比分析与调查论证，通过与兄弟油气田单位进行对标分析，确立四个系统的标杆值，找出差距并提出节能技术措施和管理措施，为节能改造提供项目储备。

二是深入开展各单位能效对标工作。华北油田公司定期在各单位开展能效对标工作，制定能效对标工作明细表，各单位通过定期能效对标分析，找出差距，制定改进措施，持续降低能耗水平。

4. 严格实施成品油消耗定额管理

华北油田公司对各单位成品油消耗严格实行定额控制管理，根据各单位耗能设备和工作量的变化情况，每季度下达成品油指标，季度核定，全年考核。各单位对总体指标层层分解，逐级落实单机定额消耗管理。各采油厂制定《成品油管理实施细则》，对所属用油单位实行月度消耗指标考核管理。通过定额管理，华北油田公司成品油消耗得到有效控制，2017 年成品油用量比 2016 年下降 3.06%。

5. 优化生产系统，降低能源消耗

一是优化机采系统。将老式四连杆抽油机改造为下偏杠铃抽油机。对低效供排不协调的油井，应用油机闭环柔性控制技术；黏度高的油井应用双空心杆技术，解决电加热能耗高和管理难度大的问题；洗井频繁、压产严重的油井应用空心杆洗井技术。

二是优化集输系统。在油气集输处理系统中动力消耗的主要设备是离心泵，包括输油泵、脱水泵、装车泵等。影响泵机组运行效率的主要因素是泵的运行工况。实际运行中，由于输量与扬程等运行参数与设计不符，导致泵和系统效率低。因此，重点对低效的集输油泵制定相应的对策，通过系统改造、参数调整、优化配置、更换高效泵、切削叶轮等措施，提高机泵效率，降低能源消耗。

三是优化供电系统。科学制定线路补偿方案并有计划的实施，优化线路运行参数降低线路损耗，提高线路运行功率。根据单井电机的无功需求选择，变压器带单井运行模式的，利用电机配电箱控制和保护电容器装置；变压器带丛式井运行模式的，配置独立电容器装置配电箱，降低电量消耗。

（六）构建环境应急处置机制，有效预防环境污染事件

1. 加强应急抢险队伍建设，提高实战能力

为有效处置环境污染事件，华北油田公司建立应急抢险队伍7支，共877人；所属企业建立应急抢险队伍10支。这些应急抢险队伍，包括救援队伍、工程队伍、作业队伍、消防队伍、公安队伍、医疗、防疫、环境监测等专业救援队伍。为提高应急处置能力，华北油田公司各单位定期开展应急演练，仅2017年，共组织公司级演练3次、厂处级演练81次、工区级演练575次。同时及时处置各类抢险，2017年共组织厂处级抢险19次，工区级抢险627次，应急处置成功率100%。定期应急演练，提高企业应急处置能力，确保及时处置险情，有效防控环境污染事件。

2. 加强重点防范，确保万无一失

根据防控重点，围绕雄安新区、献县泛区等重点、湿地敏感区域，华北油田公司采取井区围堤加固、集输管线水工保护、拉油撤退道路整修等11类39项防范措施。同时在白洋淀周边等重点区域，设置环境监测点10余个，并组织专职巡查人员，制定生产现场环境巡检工作制度，确保重点环境敏感区域不发生环境污染事件。

3. 建立沟通协调机制，增强环境应急处置能力

华北油田公司通过与省、地水利部门建立沟通协调机制，在气象预警、河道调度等方面取得地方政府支持；并与油田所在相关区域的各地、市（县）防汛值班室建立直接联系渠道；与中石油渤海钻探、中油运输等单位建立协作机制，提前协调汛期区域施工安排；与企业所属单位、施工单位实行双向传报制度，实现信息互通共享，为精准防洪提供坚实基础和科学依据。

三、以优化产品结构为核心的绿色油气田开发与管理效果

（一）实现了资源的绿色开发，促进企业可持续发展

通过近几年建设绿色油田、保护生态环境方面开展的大量工作，绿色环保理念深入人心，节能降耗管理工作实现了由松散粗放型到系统精细化的转变，华北油田公司实现了在产量持续稳定的情况下，各类污染物排放总量大幅降低，促进了资源充分利用，能源高效转化，环境持续改善，推动了企业可持续发展。

（二）优化了企业的产业、产品结构，推动企业转型升级

通过大力发展天然气、煤层气产业、城市燃气、地热等清洁能源产业，自"十三五"以来，华北油田公司天然气和煤层气产能建设步伐不断加快，产量实现连年超产，年商品量超过10亿立方米；城市燃气业务实现城乡居民用户、商业用户突破50万户，年销售管道气突破10亿立方米、LNG突破100万吨，年销售收入突破60亿元；地热等新兴业务快速推进，首批地热供暖项目已落实，并准备发挥地缘优势，积极推进雄安新区地热项目落地。随着天然气、地热等清洁能源业务快速发展，公司产业结构不断优化，为华北油田公司由传统的常规油气生产企业向综合性能源公司的转型发展奠定了坚实的基础。

（三）取得了良好的经济效益，很好地履行了社会责任

通过持续强化环保监督工作，采油过程中存在的环境隐患得到了有效治理，高排放问题得到了有效控制，尤其是在白洋淀湿地、二连草原等环境敏感区域，没有造成一处环境污染，没有发生一起安全环保事故，有效避免了环境污染给企业带来经济损失，规避了环境污染给企业带来的颠覆性风险。同时大力推进的"气化农村"工程，积极推进地热能源综合利用，助力京津冀节能减排，改善空气质量，获得良好的社会效果，并取得了显著的经济效益。

（成果创造人：王万迅、李　林、方　雷、冯运凯、郝存河、李红霞、
王　智、王丽敏、张　影、张　洁、刘建武、黄　铠）

大型冶金企业绿色矿山建设管理

河北钢铁集团矿业有限公司

河北钢铁集团矿业有限公司（以下简称河钢矿业）是河钢集团的全资子公司，总部位于河北省唐山市。2008年9月由原唐钢集团和邯钢集团所属矿山整合组建而成，是以铁矿石采选加工为主业，辅以有色金属、矿建、矿机、火工品制造、现代物流等产业的国有大型冶金矿山企业。2017年，总资产308.4亿元，营业收入52.38亿元，主体矿山利润近亿元。铁矿石资源掌控量达40亿吨，具备年产1000万吨矿产品的生产能力，现有在册职工1.1万人，其中专业技术和管理人员2000余人。直属公司、矿山23个，分布在河北省6个城市。河钢矿业所属矿山先后获得"全国工人先锋号""全国钢铁工业先进集体""河北省明星企业"等荣誉称号，以及"全国五一劳动奖章、河北省五一劳动奖状"。

一、大型冶金企业绿色矿山建设管理背景

（一）执行国家矿产资源综合利用、环保政策的需要

我国正处于工业化、城镇化加快发展的关键时期，资源需求刚性上升，资源和环境压力日益增大，国家将资源综合利用开发与环保放在重要战略高度。2010年8月，原国土资源部颁布《关于贯彻落实全国矿产资源规划发展绿色矿业建设绿色矿山工作的指导意见》。2014年4月，国家出台新的环保法，首次以法律形式确立保护环境是国家的基本国策。河钢矿业作为大型国企，必须坚决执行，落到实处。通过建设绿色矿山，最大程度的开发和综合利用资源，通过节能减排、综合利用，最大限度地节能、节地、节水、节约资源、清洁生产，落实国家政策要求。作为国有大型冶金矿山企业，建设绿色矿山，守护绿水青山、建设美丽中国，实现经济效益、社会效益、生态效益有机统一，是河钢矿业义不容辞的社会责任。

（二）落实绿色矿山试点的需要

伴随着国民经济和社会发展的不断加快，冶金矿山行业在加快自身发展为社会提供资源的过程中，一些矿区生态环境问题比较严重，产生的废水、废气、废渣，对大气、土壤、水质、植被和人民群众生活环境产生一定程度破坏。河钢矿业作为被原国土资源部批准的国家级绿色矿山试点单位，需要全面开展绿色矿山的创建工作，解决上述废弃物对环境的影响，实现企地和谐，发挥行业示范作用。

（三）企业持续发展的需要

国家"十三五"规划中指出，在经济新常态下，必须处理好发展与保护的关系，着力推进生产方式绿色化，深入实施大气、水、土壤污染防治行动计划，推进多污染物综合防治和环境治理，实施工业污染源全面达标排放计划。河钢矿业在采、选、碎、运等工序环节不可避免会消耗资源能源，产生尾矿、污水等多种污染物和排土场、尾矿库等废弃物，不符合绿色矿山要求，不符合国家环保政策，影响企业生存发展。建设绿色矿山，从源头减少资源能源消耗和废弃物排放，实现资源高效利用，带来新的经济增长点，尤为迫切与重要。

为此，从2015年起，河钢矿业按照国家相关政策要求，积极推进绿色矿山建设。

二、大型冶金企业绿色矿山建设管理内涵和主要做法

河钢矿业执行国家矿产资源综合利用、环保政策，落实绿色矿山试点，明确绿色矿山建设指导思想和原则，高标准制定绿色矿山发展规划，严格执行绿色矿山标准，全过程抓好环境保护，组织科技攻关，积极治理"三废"，大力开展矿产资源综合利用，做好生态环境修复治理，推进矿地共建，解决矿

山环保老大难问题，促进社区和谐发展。主要做法如下。

（一）明确绿色矿山建设的指导思想和基本原则

在充分研判行业发展趋势、准确把握国家政策的基础上，河钢矿业明确绿色矿山建设的指导思想和基本原则。

指导思想：全面贯彻落实国家绿色矿山建设的要求，把绿色矿山建设作为重要的战略任务，坚持节约优先、保护优先、生态立企的发展方针，按照"资源开发规划与生态环境保护同步、矿山开采利用与生态修复治理同步"的绿色发展方式，以体制创新和科技进步为动力，以现代采矿技术为支撑，以制度建设为保障，加快建设资源节约型、环境友好型矿山企业，努力将河钢矿业建设成为综合效益好、环境优美的绿色矿山建设先进示范企业。

基本原则：一是坚持党政领导、全员参与的原则。把绿色矿山建设放在企业改革发展的战略高度，切实纳入公司党政的重要议事日程，切实发挥组织领导、规划引领、推动落实的重要作用，不断深化体制机制改革，为绿色矿山建设提供强大领导力、组织力、推动力、保障力，充分调动全员参与积极性，形成绿色矿山建设的强大合力。

二是坚持生态优先、协调发展的原则。正确处理环境保护与经济效益的关系，将绿色矿山建设全面贯穿和深刻融入生产全过程，坚持在保护中开发、在开发中保护，节约集约利用资源，不断提高资源利用效率和效益，积极构建资源节约型、环境友好型企业。

三是坚持统筹规划和一矿一策相结合的原则。在全面系统分析河钢矿业现状及优势的基础上，注重发挥各矿山的主体责任意识，针对各矿山的地域、地理、地貌特点进行绿色矿山建设的具体规划，既统筹兼顾，全面推进各矿山生产、生活、生态协调发展，又突出重点，在环境问题治理、推动经济转型升级、改善企业面貌、构建绿色矿山建设制度体系等重点工作上取得突破。

遵循上述原则，高起点谋划，高标准制定绿色矿山建设规划。成立以河钢矿业主要领导任组长的规划领导小组，规定职责分工及相应管理办法。准确把握绿色矿山建设的实质和内涵，从战略高度提出"资源开发规划与生态环境保护同步，矿山开采利用与生态修复治理同步"的"两个同步"理念，在科学研判钢铁、铁矿石等行业发展趋势，认真分析企业生产经营、改革发展等各方面工作现状的基础上，明确绿色矿山建设的目标和方向，提出包括环境治理、资源节约高效利用、生态修复与生态经济、绿色管理与技术、矿地共建等内容的绿色矿山建设规划。该规划经过中国地质大学、中国地质科学院、中国地质监测院、中国恩菲工程公司等专家评审。

（二）严格执行绿色矿山标准，全过程抓好环境保护

河钢矿业高度重视环境治理工作，从矿山生产的源头环节开始，按照生产流程依次对采矿、选矿、碎矿、运输等环节进行治理。

地测环节：把地质勘查测量工作贯穿于矿山建设期、运行期和关闭期全过程，包括新建矿山、改扩建矿山及在建矿山的采矿工程、选矿工程、尾矿工程、公辅工程及其配套工程开发建设，特别是从地质灾害防治、地质环境保护与土地复垦等工作入手，充分利用内外部地质勘查测量力量参与规划设计、监测治理等环节，将保护人民生命财产安全、保护自然生态环境同全流程的矿山生产工作结合起来，实现矿山生产过程中人与自然的和谐统一。

采矿环节：露天采场凿岩、穿孔等各工序基本实现湿式作业及洒水抑尘，保证场界无组织颗粒物浓度满足环保要求；井下开采方面，在石人沟铁矿率先采取充填工艺，在不设排土场和尾矿库的情况下，将剥离岩土和尾矿与水泥搅拌回填至井下，使矿山废料得以循环利用，既解决尾矿的污染、安全处置、占地等难题，又降低充填成本，提高资源综合利用率。

选矿环节：下属各矿山在选厂各个产尘点均采取抑尘技术措施，安装符合国家及地方环保部门要求

的除尘器，厂区内的燃煤锅炉配有完善的除尘、脱硫、脱销及在线监测系统，并按照环保部门要求对燃煤锅炉更新改造，以符合环保要求；精矿仓存储处进行封闭，为实现矿区蓝天工程提供重要支撑。各矿山矿坑水、选矿废水、尾矿库回水等工业废水均经处理后回用于生产以及绿化等环节，实现工业废水无外排。

碎矿环节：一方面，破碎、筛分作业采用尘源密闭、局部抽风和安装除尘装置等方法进行防尘、抑尘、降尘和收尘；另一方面，积极推进碎矿系统的自动化改造，降低劳动强度，节约人力资源，减少矿石流失，更加环保，成本也更低；抓住移动破碎站等薄弱环节，全时监测、随时整改，着力解决封闭不严等问题；积极采取降噪、隔声、基础减震等措施，控制噪声污染；安装各类除尘器共计83台，满足国家及地方环保部门要求。

运输环节：在矿内生产运输环节，全面提高各类运输道路路面质量及道路两侧可绿化范围内的绿化水平，胶带运输走廊实行封闭运行，此外，通过洒水、喷雾等多种措施全方位减少矿区扬尘；在销售运输环节，在抓好运输汽车苫盖等措施的同时，积极探索其他更加环保的运输方式，如石人沟铁矿精粉实现铁路发运，提高效率、降低成本、减少污染；积极开展铁精矿管道输送技术的前期研究工作。

（三）积极治理"三废"，大力开展矿产资源综合利用

开展剥岩土、尾矿等固体废弃物的治理。司家营铁矿、研山铁矿对剥岩产生的土石进行分类处理，根据岩石、泥土性质不同，按市场价格销售用于生产石砟的原料、工程土石方，变废为宝，年可创效近亿元；石人沟铁矿地下开采采用充填工艺，井下充填料来源于选厂尾矿，减少尾矿库占地，节约回填的原料成本；柏泉铁矿对干选的尾矿进行综合利用，用于采区铺路和尾矿库筑坝。

加强污水处理。生活污水建设污水处理设施，处理后综合利用；生产废水实现100%循环利用，不外排；地下涌水量大时经利用后多余量达标排放；中关铁矿利用帷幕注浆治理铁矿地下水，达到堵排结合、以堵为主，实现合理开采矿产资源，有效保护环境水资源。

开展资源节约与高效利用工程。开展尾矿干堆及回填露天采坑、提高采选回收率、固废建材综合利用、柏泉磷铁资源综合利用、黑山钒钛磁铁矿钒钛综合利用、铁精粉提质增效等。例如，黑山铁矿拥有坚实的钒钛磁铁矿综合利用的历史基础，是我国钒钛资源综合开发利用产业化的源头矿山，通过工艺技术调整，为承钢建设世界一流水平的钒钛磁铁矿生产加工基地提供重要原料。

（四）做好生态环境修复治理，积极发展生态经济

对近700公顷的排土场、尾矿库、采场、工业用地进行分类，运用遥感图像解译，明确薄弱环节，进行生态综合治理，根据土壤性质通过种植草籽、乔木、经济作物等多种形式进行绿化美化，目前植被覆盖率达到95%。

开展土地复垦。河钢矿业多种方式开展土地复垦。石人沟铁矿编制排土场综合治理方案，与第三方签订协议（第三方出资治理，排土场中资源归第三方，河钢矿业零投入）的基础上开展排土场复垦。例如，棒磨山铁矿与当地政府本着利益共享的原则联合对尾矿库、排岩场区域进行复垦，复垦土地面积达3200亩；司家营铁矿用采煤塌陷坑做尾矿库，实现废地造良田。坚持减少土地占用、保护周边环境的原则，充分利用距矿山28千米处的古冶范各庄煤矿南沉陷区作为尾矿库址，有效解决尾矿库占用耕地的难题。1.76平方公里尾矿库的围坝是用200万吨废弃的煤矸石筑成，腾出耕地200余亩。

开展剥岩土造地。研山铁矿充分利用曹妃甸大港建设的有利条件，打破传统矿山建设排土场模式，制定剥离岩土填海造地的方案；投资16765万元建设剥离岩土专运线——司曹铁路，3年时间外运岩土1.2亿吨用来建设曹妃甸大港，填海造地近2.49万亩，实现效益近5亿元。

在做好生态修复的基础上积极发展生态经济。河钢矿业所属矿山拥有大量的新复垦或相对闲置的土地以及大量剩余劳动力等资源。涞源有色公司种养结合，利用闲置厂房改造建设1000头规模养猪场及

附属沼气池、化粪池一座，改造建设 200 头规模养驴场及附属沼气池、化粪池一座。在种植方面合理谋划现有土地，利用适宜种植的土地种植玉米、蔬菜等作物。柏泉铁矿利用已闭库尾矿库——四合园南沟尾矿库，进行电站建设，盘活闲置土地资源，建设 3 个村级光伏扶贫电站项目，每个电站装机容量 260 千瓦。

（五）组织科技攻关，推动绿色矿山建设管理

河钢矿业不断增加科技投入，以技术进步推进绿色矿山建设。一方面，积极开展现代数字化矿山建设，加快推进生产技术工艺装备的现代化，加强技术工艺装备的更新改造，采用高效节能的新技术、新工艺、新设备和新材料，及时淘汰高能耗、高污染、低效率的工艺和设备，满足《国土资源部关于矿产资源节约与综合利用鼓励、限制和淘汰技术目录》规定；对尾矿库、排土场（废石场）、废渣场等堆场、边坡建设安全监测系统平台，在线监测废气、废水污染；推进矿山开采机械化，选矿工艺自动化；推进生产管理信息化，采用信息技术、网络技术、控制技术、智能技术，实现企业经营、生产决策、安全生产管理和设备控制的信息化；在公辅设施中央变电所、水泵房、风机站、空压机房、皮带运输巷等场所，探索实施固定设施无人值守。

另一方面，在绿色领域加强投入，做好技术布局，突破重点领域，突破有关技术瓶颈。综合运用现代数字技术，逐步提高绿色管理水平，建立综合数字化系统平台，集成企业绿色过程控制系统、三维可视化管控系统、绿色制造执行系统、ERP 系统及企业决策支持系统，全面推进矿山采选技术装备、智能采矿和信息化水平，达到绿色矿山要求的数控化率指标。利用过程控制平台实现矿山生产、安全、绿色环保过程自动化监视、监测与监控。利用三维可视化工具对矿区、矿床模型、工程、设备与工艺过程进行三维建模与统一管理，为绿色生产管理提供全方位的支撑。加大产学研用科技创新平台建设力度，积极培育创新团队、大力开展绿色矿山科技攻关，依托技术创新促进资源利用方式转变。

（六）推进矿地共建，共创社区和谐

河钢矿业坚持企地共建、利益共享、共同发展的绿色矿山建设理念，加大对矿区群众的教育、就业、交通、生活、环保等支持力度。寻找矿山建设发展与当地经济社会不断前进的契合点，使地方经济社会发展成为矿山企业不断前进的可靠支撑，矿山的发展壮大成为反哺地方经济社会的强劲动力。

一是积极探索开展"企地共建新农村"试点。完成司家营矿区涉及的 8 个自然村的征地搬迁工作，建成集休闲、娱乐、医疗、经商、教育等多种功能于一体的现代化社区——研山新村，为搬迁村民营造安居乐业的生活环境。

二是支援矿区建设。保定涞源地区 2012 年遭受特大洪灾，河钢矿业结合企业发展规划，对口支援涞源县灾后重建，极大改善被搬迁群众的生产生活条件，促进矿产资源规范化、规模化开发和旅游业上档升级。按照上级要求做好涞源、承德等扶贫村的建设帮扶工作。

三是做好相关重点工程。牢固树立以人为本的发展理念，以改善环境保民生，以矿地共赢促和谐。打造矿地共建共享的友好格局，促进矿区环境与自然生态环境和谐发展，彰显国有大矿担当与社会责任意识，创造矿地共赢、和谐发展的地矿关系。开展生活区生活污水整治、生活垃圾综合整治、燃煤锅炉升级改造、棚户区改造。投入 1.6 亿元开展龙烟矿、黑山矿的棚户区改造工程，改善居民生活条件；结合企业生产建设需要，投入 5 亿元积极推进研山铁矿尾矿库下游村庄搬迁、柏泉铁矿村庄搬迁工程，解决采场扩征土地需求，一方面使矿山生产对矿区群众产生的影响降低到最小，另一方面通过土地复垦等生态修复工程推进美丽矿区建设，既保障矿山安全生产，又实现矿区群众的生态安置。

（七）完善管理机制，不断推进深化绿色矿山建设管理

一是加强组织领导。成立以公司主要领导为组长的绿色矿山建设工作领导小组，统一对公司绿色矿山建设工作进行综合规划、管理和协调。领导小组下设办公室，具体负责绿色矿山建设的组织协调。由

资源环保部承担办公室的具体相关业务。各矿山、各有关部门成立相应组织机构,形成齐抓共管、相互协调、上下良性互动、全员广泛参与的推进机制。

二是统一公司调度指挥和风险应急管理。适应矿山点多、面广、线长的专业特点,积极运用信息网络技术,对选矿、采矿、矿石破碎、尾矿外排、岩土外排等绿色矿山建设环节进行动态管理、实时监控。积极推进环保应急管理,制订应急预案,落实人员、物资、车辆、仪器、设备等应急准备,做到快速响应、有效调处、及时反馈。对涉及的发展规划、项目建设、资源掌控、环保治理、生态修复等环节进行统一管理,绿色矿山建设的协调机制初步形成并发挥作用。把影响风险因素纳入公司风险信息库进行动态管理,按季度评估风险,积极推进整改落实,避免发生环保事故。

三是加大资金投入。建立绿色矿山建设专项资金,专款专用,加大财务支持力度。对影响绿色矿山建设的成本利润元素进行横向和纵向的分解,搭建起科学、规范、具有自身特点的绿色矿山建设管理成本、资金运行指标体系,在企业经营中既算好经济账,又算好生态环境账,为企业实现绿色发展提供基础支撑。

四是加大绿色矿山建设管理考核。将绿色矿山建设管理纳入综合考核体系。各单位和各有关部门明确职责分工,各司其职,密切配合,厘清工作重点和工作程序,严格落实工作职责,确保各环节有序、有效执行。列出"绿色矿山建设责任清单"。启动"绿色矿山建设评价体系",出台《环境保护经济责任制考核》,确立领导干部与各矿山生态环境保护细则,成立环保督查小组,通过开展各类环保专项检查、"专家会诊"及环境综合整治,全面提升公司环保管理水平和现场环境。严格落实环保月度例会制度,积极推进环保保障体系建设,对各单位绿色矿山建设情况进行全面分析,选树正反典型进行经验介绍、问题剖析,持续改进;对各生产单位严格按照规定进行月考核,对完成好的单位进行奖励,对重视程度不够、措施不力的按公司相关规定严格考核,对绿色矿山建设工作中涌现出来的先进个人、先进单位进行表彰,有效促进各项具体措施的落实。

坚持"系统性与独立性相结合、科学性与可操作性相结合、定性指标与定量指标相结合、特色与共性相结合,现实性与前瞻性相结合"的原则,科学构建绿色矿山评价指标体系,准确把握绿色矿山建设的关键要素和环节。在充分借鉴国内外现有的研究成果和各矿企业实践经验、结合现场调研考察结果的基础上,按照行业标准,设计资源节约、节能环保、生态修复、保障体系、和谐发展和生态特色6个一级指标,及露天矿山开采回采率等40个二级指标,构成绿色矿山建设评价指标体系,逐项寻求解决矿区资源节约、环境保护与和谐发展的正确途径与方法。在系统总结现有资源条件和技术水平的基础上,正确判断现行的资源开发行为是否符合资源节约和循环利用的要求,从而进一步调整生产技术手段,提高矿产资源开发利用的综合效益。

五是加强绿色矿山监测管理。推进对资源消耗、环境损害、生态效益等的统计监测核算,提升信息化水平,提高准确性、及时性,实现信息共享。完善公司生态环境监测网络建设,利用卫星遥感等技术手段,健全覆盖所有资源环境要素的监测网络体系。提高环境风险防控和突发环境事件应急能力,健全环境与健康调查、监测和风险评估制度。加大资金对统计监测等基础能力建设的支持力度。

六是加强绿色矿山企业文化建设。积极践行"绿水青山就是金山银山,在开发金山银山中保护绿水青山"的发展思路,把生态、节约、文明、环保、绿色、和谐等理念融入企业文化建设中去,为企业绿色矿山建设提供强有力的精神支撑和内在动力。加强矿山内部绿色矿山建设宣传。将绿色矿业的理念贯穿于矿山日常生产的全过程;完善企业管理制度;定期开展培训教育,增强员工专业技能水平;拓展企业文化。将绿色价值观纳入公司核心价值体系。把"绿色发展,和谐共赢"作为绿色发展理念纳入企业文化整体框架,积极培育全员参与的现代环境公益意识和环境权利意识,通过多层次、全方位开展学习教育,将生态价值观融入企业生产经营、项目建设等各项工作中去。构建绿色矿山文化建设服务体系。

重视职工生活和工作环境改善,加强对企业职工的人文关怀,建立健全职工技术培训体系、完善职业病危害防护设施,组织劳动模范和金牌工人暑期疗养,安排女职工全员体检。积极履行社会责任,树立良好矿山企业形象。充分落实各级政府在特殊敏感时期的安全、环保工作要求,履行国企的责任与担当。

三、大型冶金企业绿色矿山建设管理效果

(一) 完成了绿色矿山试点建设

河钢矿业所属司家营铁矿获得全国冶金矿山"十佳厂矿"、全国冶金矿山绿色矿山观摩基地、河北省首批"工业旅游示范点""国家级绿色矿山"试点单位等荣誉称号。司家营铁矿、庙沟铁矿、黑山铁矿、柏泉铁矿顺利通过国家级绿色矿山试点单位实地核查验收,在行业内成为"绿色矿山"建设的标杆。

(二) 解决了矿山环保老大难问题

在全国首创利用采煤沉陷区建设尾矿库,使面积达 1.76 平方千米的尾矿库闭库后变成 2640 亩良田。利用矿山排土场开展常态化的义务植树活动,2015—2017 年共植树 120 万株,绿化面积 110 万平方米,为恢复矿区及周边的生态环境,开展矿山复绿工程奠定坚实基础。矿山剥离岩土已累计在曹妃甸填海造地 10 万亩。矿山绿化率达到可绿化面积的 100%,露天矿山开采回采率总体达到 94% 以上,地下矿山开采回采率达到 95%,金属回收率达到 90% 以上,关键工序机械数控化率达到 85% 以上,研发资金投入比大于 1.5%,实现污水零排放,固体废弃物安全处置率达到 100%。司家营铁矿实现生产废水零排放,矿山选矿废水重复利用率达到 94.6%,每年可节约新水 555 万立方米,节电 600 万千瓦·时,被评为河北省节约用水先进单位。

(三) 实现了企地和谐共赢发展

改善了矿区周边的生活环境,研山新村为搬迁村民营造了一个安居乐业的生活环境,成为河北省新农村示范区。百年老矿龙烟铁矿、黑山铁矿等矿山进行了棚户区改造工程,依托国家棚户区改造政策,实施了近 5 万平方米的安居工程建设,黑山和龙烟铁矿的 1500 户职工乔迁新居所,实现矿区的和谐发展。黑山矿棚户区改造项目获得河北省保障安居工程示范奖。

(成果创造人:黄笃学、张国胜、李明彦、朱华明、胡志魁、刘志洲、
王宏剑、霍顺生、孙旭宏、时小坤、王　宇、张光磊)

基于成套技术突破及产业化应用的绿色煤矿建设

山东新巨龙能源有限责任公司

山东新巨龙能源有限责任公司（以下简称新巨龙公司）是山东能源新矿集团投资开发建设特大型矿井，设计生产能力600万吨/年，核定能力750万吨/年，配套建有特大型炼焦煤选煤厂。矿井位于巨野煤田中南部，井田面积约142平方公里，地质储量14.8亿吨，煤种以肥煤和1/3焦煤为主，属低灰、低硫、低磷、高发热量、强黏结性的优质稀缺性炼焦煤。

一、基于成套技术突破及产业化应用的绿色煤矿建设背景

（一）落实国家生态文明建设要求，实现煤炭资源绿色清洁开发的需要

经济发展、资源开发与环境保护存在相互依赖、相互制约的关系。经济高速发展离不开煤炭资源的大量开发利用，传统的煤炭资源开发在高强度开采和消耗资源的同时，也在高强度地破坏与其紧密相关的生态环境。党的十七大提出了生态文明理念，党的十八大将生态文明建设纳入中国特色社会主义"五位一体"总体布局，把生态文明建设放在突出地位。在我国步入"新常态"的发展形势下，煤炭行业必须改变传统发展方式，不断探索经济增长与资源绿色清洁开发、环境保护三位一体协调发展，建设美丽矿山，形成自然资源节约、生态环境友好、经济效益良好、企地关系和谐的开发格局，以积极探索绿色煤矿建设新路为实践主体，研究煤矿资源绿色开发、综合利用、环境恢复治理途径，缩短污染治理进程，走出一条绿色、循环、低碳、和谐发展的新型工业化道路，造福于社会、造福于人民。

（二）突破绿色煤矿建设诸多技术难题的需要

《中国矿业联合会绿色矿业公约》提出绿色矿山建设需满足依法办矿、规范管理、综合利用、技术创新、节能减排、环境保护、土地复垦、社区和谐和企业文化等九大基本条件。新巨龙公司2012年被原国土资源部评为"国家级绿色矿山试点单位"，但由于新巨龙公司属于千米深井、设计产量大，面临水、火、热、压、尘等诸多自然灾害，受煤矿绿色发展技术瓶颈限制，综合利用、节能减排、环境保护、土地复垦等诸多方面做得不够全面，存在不足，严重制约绿色可持续发展。井下水仓清淤工作量大、管泵磨损严重，迫切需要开展井下水处理，传统矿井水处理技术较多、应用成熟，近年还出现了絮凝斜板沉淀和高效迷宫斜板沉淀等水处理净化工艺，但还是采用重力沉降，没有从根本上解决占地省、水力停留时间长以及底泥的高含水率的问题，无法应用于井下。采煤导致大面积耕地常年积水无法耕作，如不能及时抢土复垦和重新开发利用，会造成矿区人均耕地锐减，无地农民激增，工农矛盾日益尖锐，形成社会不安定因素。

（三）高质量完成国家高技术产业发展项目任务的需要

2013年7月，国家发展改革委办公厅下发了《关于煤炭、电力、建筑、建材行业低碳技术创新及产业化示范工程项目的复函》（发改办高技〔2013〕1819号）文件，批准新巨龙公司"绿色煤矿建设成套技术创新及产业化示范工程"项目列入国家高技术产业发展项目计划及投资计划，要求形成完整的绿色煤矿建设体系，在现有绿色煤矿建设基础上，依托井下煤矸分离和矸石充填、井下超磁分离净化水和反渗透处理、矿井水水源热泵低位热能综合利用、地面矿井水和生活污水处理、塌陷区综合开发等五项工程，开展"绿色煤矿成套技术创新及产业化示范工程"建设，同时明确了项目内容和目标，确保项目发挥在行业的示范、推广作用。

二、基于成套技术突破及产业化应用的绿色煤矿建设内涵和主要做法

新巨龙公司按照国家"绿色煤矿建设成套技术创新及产业化示范工程"项目要求，编制矿区绿色发展整体规划，纵向以资源开采、资源处理、资源加工、资源利用、资源再生为顺序，横向以煤炭、煤泥、煤矸石、矿井水、余热、沉陷土地为载体，以层级利用、替代利用、组合利用、循环利用为方法，构成了"煤炭开采为起点、煤炭加工为纽带、综合利用为核心、深度利用为方向"的产业网络；同时开展矿区环境建设，提升整体形象；坚持"淘金式"开采、绿色开采，确保煤炭资源采出最大化、回收最大化、利用最大化，实现精采细收；大力推进矿井水、余热、矸石等伴生资源的综合开发利用；实施沉陷地复垦治理、生态开发，探索沉陷土地利用新模式，取得了显著成效。主要做法如下。

（一）树立新理念，开展绿色矿区规划布局

1. 提炼形成绿色煤矿发展理念

伴随"绿色煤矿建设成套技术创新及产业化示范工程"的全过程，新巨龙持续"奉献绿色能源，实现绿色发展"，通过多年创新实践，历经多个阶段的积淀、整合、提炼，形成了极其宝贵的"三高、三同、四化、八不"绿色煤矿发展理念体系。

一是"三高"定位，筑牢绿色发展。坚持高起点定位、高境界谋划、高标准建设，以科技创新为突破、煤炭采选为起点、循环发展为核心、生态建设为方向，集成国内外先进技术，集聚行业前沿装备，筑牢了绿色发展的坚实基础。二是"三同"推进，促进和谐共赢。坚持"绿色开采与生态建设同步、节能环保与资源利用同步、矿区发展与区域发展同步"的原则，推进煤炭资源绿色开采，充分利用矿井水、热伴生资源，打造矿区靓丽家园，加快沉陷区生态治理开发，呈现出协调发展、多方共赢的局面。三是"四化"融合，实现一体推进。链接"新四化"，利用新型工业化、信息化辐射拉动城镇化、农业现代化，将同步式搬迁与开发式治理相结合，把治理开发与区域经济相连接，实现了沉陷区治理与当地城镇化建设、农业现代化建设和企业结构调整的一体推进。四是"八不"驱动，引领行业发展。形成以"资源不浪费、采煤不用煤、产矸不排矸、用水不采水、出煤不见煤、环境不破坏、沉陷不减地、土地不荒废"为特色的"八不"模式，在提升公司形象同时，也为行业发展指明了方向，引领了煤炭行业绿色发展。

2. 开展矿区环境整体规划布局

矿井建设初期，公司即坚持"三同"原则，积极进行总体规划，合理布局，大力实施"亮化、绿化、美化、净化"四大工程，塑造"不是矿山的矿山、不是花园的花园"，促进矿区与周边环境相协调，提升了公司整体形象。利用处理后的矿井水人工造湖，建成集休闲、娱乐、健身于一体的龙晟园。破硬还绿、见缝插绿，绿化覆盖率达到可绿化面积的100%，形成了一条条绿色长廊，建成了花团锦簇、绿草如茵、绿树环抱的花园式矿区。地面生产、储装运"全封闭式"管理，实现了"煤在空中走、原煤不落地、产品全进仓、采煤不见煤"。井口建设封闭式料场，湿煤泥暂存场安装标准防风抑尘网，杜绝扬尘污染；采用新型煤炭运输抑尘技术，火车装载、平车完毕后，在煤炭表面喷洒液体抑尘剂，使运煤列车扬尘减少90%以上；地销车辆入矿冲洗、出矿加盖篷布。

（二）构建绿色煤矿建设成套技术体系

新巨龙公司自2009年投产以来，不断探索研究绿色煤矿建设技术，为绿色煤矿成套技术示范奠定了基础。2013年根据示范目标内容，集成国内外先进技术，集聚行业前沿装备，通过引进应用、合作开发，先后突破多项技术，结合已建成工程技术，形成绿色煤矿建设成套技术体系，推动绿色煤矿全面发展。

1. 突破以矸换煤绿色开采技术

针对矿井开采过程中大量的矸石提升、洗选、地面盘运增加运行成本还造成地面污染，与济南智峰

选煤技术有限公司合作，开展了"深井大煤流煤矸分离与综合机械化矸石充填工艺配套技术研究"，综合利用矸石伴生资源，为绿色开采提供有力的技术保障。一是国内首创了大煤流井下煤矸分离系统集成技术，进行了煤矸分离设备与工艺自主创新，处理能力1400万t/a。二是提出了大断面煤矸分离硐室的支护设计和施工方法，以"深井大断面松散围岩支护技术""异壁一体式锚注锚杆"等自主研发专利技术为依托，保证了支护效果，解决了大断面硐室施工难题。三是对工作面充填设备进行了合理配置，确定了工作面缩面撤架方式，形成了连续高效生产模式，提高了生产效率。四是首创了充填工作面应力监测系统，实现不同距离、时间条件下矸石（承载）受力及顶板下沉位移量变化情况的实时数据收集和分析，可评价充填质量，调整充填工艺，提高充填效果。

2. 突破特殊水质矿井水综合利用技术

在对龙固煤矿面临的水资源综合处理问题进行综合分析，对井下涌水量、矿井水来源、水质进行统计，确定了矿井水综合处理系统方案，研究和优化了超磁净化技术、清水和污水分离技术，满足矿井用水需求，实现了矿井水的资源化利用。一是清水和污水分离技术。清水和污水在井下大巷水沟混合后都变成污水，进入同一水仓，将大大增加井下污水的处理量。自主研究通过巷道开孔、专用水沟布置，将清水和污水进行分离，清水进入清水仓，污水通过井下超磁处理再进入污水仓，减缓了水仓淤积，提高了排水效率，减少了井下清淤工作量。二是超磁净化技术。井下水温高、悬浮物颗粒多，水质较差，通过与煤炭工业石家庄设计研究院合作，调研将超磁净化分离、微磁凝聚、磁种回收等技术应用于井下，形成了流程短、处理能力大的井下水净化处理工艺，解决了污水对水泵的严重磨损问题。通过投加特殊磁种，让非磁性悬浮物在混凝剂和助凝剂作用下与磁种结合，具有药剂投入少、絮凝速度快的特点；使用的稀土永磁强磁性材料的磁盘组，通过聚磁技术，瞬间吸住弱磁性物质，具有分离时间段、占地面积小的优点。三是反渗透处理技术。矿井生产用高端设备冷却、部分设备工艺需求大量纯净水，即软化水。由于矿井水含盐量大，经处理后矿井水无法直接用于部分高端设备，因此研究应用了反渗透处理技术，经过精心筛选滤膜，可以满足高温矿井水净化要求，为高端设备冷却、工艺用水、日常生活饮用提供了充足的水源。

3. 突破矿井余热资源综合利用技术

与济南煤炭设计院进行科研合作，通过集成矿井水提热技术、系统控制技术、热网平衡技术，利用直接换热技术和水源热泵技术提取矿井水的废热，用于井口防冻、制取职工洗浴热水和工厂建筑供暖，夏季通过阀门切换实现工厂建筑制冷。技术应用过程中充分利用矿井排水的废热资源，采用冷热联供的方式，最大限度地节省了能源消耗，变废为宝，替代原有的燃煤锅炉系统，同时对提热后矿井水进行回用，实现水资源的综合利用。主要技术研究和创新特点突出。一是冷热联供模式。由于矿井水温度高，不利于井下使用，工程在满足供暖的同时，利用提热之后的矿井水，进行井下洒水降温，相当于免费冷源；夏季充分利用制取空调冷冻循环水时产生的冷凝废热加热洗浴水，不足部分由矿井水的热量进行补充，节能效果十分显著。二是多功能联合运行。通过系统设计，可实现制冷空调、洗浴供热、井口防冻、矿井降温等各种功能的方便切换，相互利用，便于运行管理。夏季制冷工况，可利用井口冬季防冻系统实现低温送风。三是系统稳定可靠。采用处理后的矿井水，并通过板式换热器隔绝矿井水与热泵机组，防止了机组的堵塞和腐蚀；矿井涌水量稳定，水体温度恒定，保障了热泵机组稳定可靠运行，系统具有高效的经济性和安全性。四是自动化控制。集控室可以直观显示机房每个角落，监控系统运行状态，能够自动控制系统各个环节，方便运行管理。五是节约建设成本。系统在原有制冷机房和锅炉房基础上改造而成，没有新占用土地资源，减少了土建成本，同时缩短了建设周期。

4. 突破沉陷区综合治理开发技术

公司与中国矿业大学、中国农业大学等高等院校合作，开展了"龙固矿井开采沉陷土地动态治理与现代高效农业园区建设技术"项目研究。为提高土地恢复率，在科学预测与精准监测基础上，实施动态复垦。借助土地复垦，挖深填浅，利用水利设施控制水面标高等措施，建设现代化高效农业科技园区，提升农业生产功能，体现工业科技对农业生产的更新改造。通过土地复垦与园区建设，形成具有可操作性的土地沉陷区三农问题（农业、农村和农民问题）科学解决模式，促进区域农业升级转型、农村改造和农民增收，引领区域农业农村的现代化发展。

塌陷区综合开发工程技术分为具有先后逻辑顺序的三个技术，沉陷精准预测技术—土地动态复垦技术—高效综合开发技术。一是沉陷精准预测技术。根据开采沉陷预计理论与方法，结合矿井不同工作面的开采进度，进行科学预测，做出预测图纸。对首采区地面沉陷进行持续定点观察，做出表格和塌陷断面图。对预测和观测结果对土地沉陷规律进行分析研究，根据积水程度不同将其分为无积水区、季节性积水区和常年积水区三个区域，并依次界定为轻、中、重度沉陷区，形成挖深填浅的科学依据。二是土地动态复垦技术。根据预测和观测结果分析得出，1301N 工作面土地沉降相对稳定，其东侧没有紧邻其他工作面的相互影响。在此基础上划定挖深填浅区域，研究土方挖掘与土地平整的技术方案，做出设计图纸，对工程量进行计算。对拆迁村庄土地进行整理，位于轻中度沉陷范围的土地，整理为农业用地。在发生沉陷区域，划定 3.5 米沉陷基准线实施挖深填浅工程。在沉陷超过 3.5 米区域，进行提前抢土，堆积在未完全塌陷区域。对轻微沉陷区域的已经整理过的土地，适当实施土壤熟化措施，快速建设优良农田。三是高效综合开发技术。根据土地条件和区域农业发展方向，在农业主导产业上，进行园林苗木、蔬菜、特色农产品、畜牧水产养殖、湿地旅游观光等产业的详尽分析，做出园区总体规划、园区道路体系规划、基础设施规划、园林苗木种植规划、蔬菜种植规划、畜牧养殖与循环农业规划、水产养殖规划、湿地公园与休闲采摘观光规划，确定切实可行的规划建设内容。

（三）推进煤炭全过程高效绿色开采

坚持"三高"定位，通过源头优化设计，实施绿色开采、优化洗选加工，为资源开采提供开山利器，为高效回收打通绿色通道，确保煤炭可采率、盘活量及洗煤回收率最大化，促进了矿井清洁高效转型发展。

1. 提高资源可采率

坚持优化设计，凝聚先进工艺、高端装备，提高资源可采率，实现资源不浪费。一是创新"多轮循环、均匀连续、大块破碎、见矸关门"综采放顶煤工艺，提升割煤和放顶煤质量，顶煤回收率超过 90%。二是构建装备技术"八化模式（采煤重装化、掘进综掘化、辅运快捷化、提升智能化、监测数字化、调度可视化、洗选精益化、发运高效化）"，精选特厚煤层综放工作面三机装备，形成"大采高、大煤量、快推进、快运输"的最佳采煤组合，工作面回收率超过 91%。

2. 提高资源盘活量

实行充填开采，减少煤柱留煤，盘活受水威胁资源，提高资源盘活量。一是研究"深井大煤流煤矸分离与综合机械化矸石充填工艺配套技术"，采用重介浅槽分选工艺，建设深井大煤流煤矸分离工作站，年分流能力可达 1400 万吨，创出国内之最。同步实施巷道充填和综采工作面充填，回采和掘进矸石全部充填，降低运输及提升费用，减少场地占压及环境污染。2014 年完成技术改造，2016 年年底已充填矸石 104.59 万吨，置换呆滞煤炭资源 69.66 万吨。二是研究小煤柱沿空送巷和支护技术，采区煤柱由 6 米减至 4.5 米，每个煤柱可盘活 6 万吨的煤炭资源。三是采取"物探先行、钻探验证、疏放结合、动态评价"的防治水治理技术，对井下危害煤炭资源的矿井水进行有效疏放，盘活资源量 721.6 万吨。

3. 提升洗煤回收率

坚持生产清洁能源，原煤全部入洗，实现产品增值。一是配套建设了与矿井同等能力的现代化选煤厂，采用有压两产品重介分选工艺，集成德国 KHD 动筛跳汰机、TCS 智能粗煤泥分选机等国内外高精尖设备,确保洗选回收率最大化,实现稀缺资源吃干榨净。二是坚持以市场需求为导向,积极创新工艺、调整产品结构,通过粗煤泥高精度分选技术研究、浮选系统升级技术改造等重大工艺创新项目,打造了"全流程、全粒级、高精度"行业先进生产工艺,确保精煤回收率稳定在72%以上,增加精煤产率3.67%,创效近2亿余元。三是创新煤泥减量化直接回收工艺,通过增设煤泥回收系统将部分尾矿煤泥回收进中煤,实现煤炭产品增量化,煤副产品减量化,优化了产品结构,同时实现了煤炭资源最大程度回收利用。

(四)强化伴生资源循环利用

以"三同"为原则,以"八不"模式为指引,积极推进矿井开采伴生的水、热、矸石资源循环利用,将伴生资源变为新的创效增值点,推动矿井清洁低碳发展。

1. 治用结合,构建矿井水资源利用体系

坚持"源头治理,清污分流,逐级净化,综合利用"的原则,应用"特殊水质矿井水综合利用技术",以"治"为先,以"用"为主,构建了"井下涌水－清污分流、超磁净化－地面处理－回用生产生活－污水回收处理－再利用"的循环利用体系。不仅满足矿井生产、生活用水,还用于沉陷区生态农业灌溉,既防治了矿井水害,又使水资源得到合理利用,矿井水回用率达100%,年节约水、电和排污费4000余万元。

2. 冷暖联供,构建矿井水余热资源利用体系

引进水源热泵和WAT降温技术,构建形成地面制冷供暖、井下制冷降温相结合的利用模式,充分开发利用矿井蕴含的丰富热能资源。一是集成矿井水提热技术、系统控制技术、热网平衡技术,规模化采用水源热泵,装备16套水源热泵机组,提取矿井水热量,在满足冬季井筒防冻、浴室供热、生产、生活及办公场所供暖的同时,提取热量后的副产品可直接用于井下制冷防尘,实现冷暖联供,打造如春四季。二是装备了国内最大规模的矿井制冷系统(29700kW),极大地改善了井下生产作业环境,保障了员工职业健康安全。通过利用清洁的热能资源,彻底取消了燃煤锅炉。

3. 立体布局,构建矸石废弃物资源利用体系

工业废弃物是放错了位置的资源。颠覆传统思维,突破传统矸石山束缚,变困难为机遇,井上、井下立体布局,实现矸石全利用。井下实施以矸换煤工程,建设了深井大煤流矸石分离和矸石充填系统,回采和掘进矸石全部充填;地面洗选细矸外销地方企业制砖年创收700余万元,免费资助地方道路建设促进共同发展。"煤矿产矸不排矸"降低了提升运输成本,也避免了场地占压及环境污染,实现经济、社会、环境效益多赢。

(五)以人为本做好矿区生态环境修复和产业培育

1. 复垦治理,改善区域生态环境

根据矿区开采方案对沉陷区进行超前预测,编制了沉陷区动态治理与开发技术整体规划。实施挖深垫浅工程,客土回填改造旧村,整合荒地、废路、坑塘,恢复耕作用途土地4570亩。2016年以来开始对新增的二采区4393亩土地进行复垦治理。在沉陷治理同时形成大面积湿地资源,区域生态环境得到极大改善,沉陷区物种及数量迅速增加,成为各类鸟禽栖息繁衍的乐园。

2. 生态开发,打造循环经济产业

在对沉陷区复垦治理同时,依托现代工业技术优势改造传统农业生产方式,形成了林业、农业、畜牧、渔业、观光旅游相结合的循环经济链条。目前,已种植经济园林苗圃7130亩,特色油用牡丹916亩;建成了连片智能温室、日光温室和猪、羊、麻鸭等标准畜禽养殖区;形成了集渔业养殖、观光旅游一体湖面3170亩,独具特色的国家级湿地公园、4A级生态农业旅游景区。

3. 和谐共建，助推地企同步发展

打造精准扶贫示范基地，助推地方政府扶贫攻坚。一是坚持依法搬迁、超前搬迁、和谐搬迁的原则，全面规划，精致布局，梯次实施，完成了11个村庄、12000余人和谐搬迁安置，解放煤炭资源4000余万吨。同步推进压煤村庄搬迁与新型城镇化建设，推动两个乡镇发展成为国家级中心镇，实现平房变楼房、乡村变城镇、村民变市民。二是创新公司＋公司＋合作社＋农户运营模式，实施劳动转移促就业。聘用搬迁村民为产业工人，参与现代化农业开发建设，直接创造就业岗位1530个，实现农民增收，脱贫解困。三是引领农民转变农业生产模式，实行科学种植养殖。定期聘请农业专家现场培训农业生产技术，使务工农民成为科学种田的行家里手。通过先进生产技术推广示范，带动了5000户周边村民发展设施农业、种植绿色蔬菜、发展畜牧养殖，提升了地方农业经济的发展水平。

三、基于成套技术突破及产业化应用的绿色煤矿建设效果

（一）高质量完成了国家示范工程验收，形成了一整套绿色矿山建设的技术成果

新巨龙公司绿色煤矿成套技术创新及产业化示范项目自2013年3月实施，2015年12月竣工，项目建设内容和目标得以实现。2018年2月通过了山东省发改委组织的项目竣工验收。完成了井下煤矸分离和矸石充填、井下超磁分离净化水和反渗透处理、矿井水水源热泵低位热能综合利用、地面矿井水和生活污水处理、塌陷区综合开发等五个工程，实现井下煤矸分离处理能力1400万吨/年，超磁分离水处理站处理能力34000m^3/d，水源热泵联合机房制热量为16632kW，地面矿井水处理能力1000m^3/h，生活污水处理能力2600m^3/d，塌陷区综合开发治理面积13693亩。实现年节约37.63万吨煤炭，减少32.04万吨矸石升井，主井少提升1.17万勾；年减排废水146万立方米，年减排COD138.7吨、氨氮3.6吨；年节能折标煤7631.58吨，年减排二氧化碳24845吨、二氧化硫88.56吨；地面矿井水和生活污水处理中心广场节省费用242万元，矿井水使用率达到100％；塌陷区综合开发比传统复垦方式增加土地面积4570亩，截至2015年年底实现销售收入2.58亿元，利润5000余万元，创造就业岗位1530个。获国家授权专利11项、省部级科技奖项12项，发表论文8篇，形成了绿色煤矿建设成套技术体系。

（二）绿色矿山建设取得显著经济和社会效益

项目建成后，多次受到中国煤炭工业协会、中国煤炭加工利用协会邀请进行交流推广，其中2015年10月受邀参加了"2015年中国国际矿业大会绿色矿业论坛"，2017年5月受邀参加了"2017中国矿业循环经济暨绿色矿山论坛"，成为全国唯一一家进行绿色矿山建设经验交流的煤矿企业，受到行业内外的一致好评，绿色矿山形象进一步提升。2018年6月，新巨龙公司参与起草了《山东省煤矿绿色矿山建设规范》，为山东省煤炭行业绿色矿山建设提供了宝贵经验。

（成果创造人：李　伟、庞继禄、王焕忠、尹中凯、李洪国、田　伟、
王　伟、王少庆、宋丽娟、张　燕、高　聪、高　翔）

大型电网企业基于价值共创的社会责任根植项目管理

国网浙江省电力有限公司

国网浙江省电力有限公司(以下简称国网浙江电力)是国家电网公司的全资子公司,以建设和运营电网为核心业务,是具有普遍服务特征的国有企业、浙江省能源领域的核心企业。截至2017年年底,国网浙江电力下辖12家直属单位、11家地市供电公司和64家县供电公司;拥有110千伏及以上输电线路5.1万公里、变电容量4.03亿千伏安;已建成1000千伏变电站3座、变电容量1800万千伏安、±800千伏直流换流站2座、换流容量1600万千瓦;资产总额2108亿元,供电服务人口超过5400万人。国网浙江电力连续六届被评为浙江省最具社会责任感企业,荣获全国文明单位、中国一流电力公司、全国五一劳动奖状等荣誉,企业社会责任工作持续保持"浙江引领"和"国网领先"。

一、大型电网企业基于价值共创的社会责任根植项目管理背景

(一)大型国有企业全面落实社会责任担当的客观要求

作为当今企业发展的时代潮流,企业社会责任日益得到各方关注,成为社会经济发展对企业角色功能定位的基本要求,企业的定位已逐渐从单一的追求经营利润发展到全面履行社会责任的企业公民。国有企业的特殊性质和社会地位决定了积极履行社会责任不仅是国有企业的重要使命,也是全社会对国有企业的广泛期望和要求。作为关系国计民生的大型国有重点骨干企业,电网企业各项工作与人民群众生产生活息息相关。在实现国有资产保值增值、落实国家各项重大部署,保障电力安全可靠供应的同时,积极履行社会责任,是电网企业义不容辞的使命担当。面对新时代人民群众日益增长的美好生活需要,牢牢把握时代发展大趋势,在履行社会责任中当先锋、做表率,不断增强人民群众实实在在的获得感与满足感,对大型电网企业提出了迫切要求。

(二)全面提升企业社会影响力与竞争力的客观要求

在经济全球化的背景下,社会责任已经成为企业核心竞争力的重要组成部分,成为继价格、质量竞争之后衡量企业实力的重要标准之一。积极承担社会责任已经成为争创世界一流企业、提升企业核心竞争力的关键要素。在具体实践中,由于对社会责任的内涵认识有待深化、社会责任管理水平偏低,管理体系有待健全完善,一些国有企业在社会责任管理上还存在被动适应、主题脱嵌、简单移植、传播导向等问题。社会责任管理作为企业管理创新的重要内容,尚未真正融入企业改革发展的全过程,企业自身软实力的竞争力有待提升。因此,如何围绕价值创造,不断深化企业社会责任管理内涵,在企业经营过程中实现企业和社会综合价值最大化,并形成持续推进的长效机制,已成为大型国有企业把握时代发展大趋势,提升企业竞争力、树立企业良好社会形象的重要课题。

(三)促进企业与社会和谐可持续发展的客观要求

从促进企业长远发展的视角看,只有将社会责任理念和要求全面融入企业发展战略、生产经营和企业文化建设等各方面,创新发展理念、转变发展方式,才能进一步激发企业创造活力、增强企业凝聚力,不断做强做优做大。近年来,国家电网公司已从单纯聚焦工作绩效向社会绩效和综合价值转变,将社会责任管理工作融入业务运营、职能管理、企业文化,并持续推进企业发展战略的完善与优化。自2006年起,国网浙江电力探索开展一系列全面社会责任管理实践。在应对挑战深入推进的过程中,国网浙江电力深刻认识到如何将企业社会责任管理的理念、方法、工具同具体业务相结合,提高员工对社会责任内涵的科学认识和履责能力,推动企业可持续发展,始终是企业社会责任管理的难题。社会责任管理要落地实施,关

键要有抓手。借鉴项目化运营理念，大力推进社会责任根植项目制管理，将社会责任的理念和工具运用到具体的业务中，通过项目全过程运营实施，不断积累更多的经验、案例、榜样，持续提升企业社会责任管理的能力与水平，最终实现企业和社会和谐可持续发展，具有十分重要的意义。

二、大型电网企业基于价值共创的社会责任根植项目管理内涵和主要做法

国网浙江电力聚焦社会高度关注的大型国有企业基层履行社会责任能力提升难题，以企业"经济、社会、环境综合价值最大化"为目标，以价值共创为导向，以项目制运作为抓手，大力推进组织、机制、流程管理创新，通过引入先进社会责任管理理念，建立健全高效协同、根植落地的社会责任管理组织体系，构建实施全面涵盖社会责任根植项目选题、立项、实施、总结、评价和提升等各环节在内的一整套全过程闭环管控体系，做好社会责任根植项目论证与立项工作，强化社会责任根植项目的精益管控与落实，开展社会责任项目根植"百千万"行动等孵化培育，促进社会责任管理循环改进、不断提升，强化了大型电网企业的责任担当，企业社会责任得到全面落实、企业核心竞争力与社会影响力显著提升，实现经济社会环境综合价值最大化。探索形成了企业社会责任项目化管理模式，为国内外大型企业提升社会责任综合价值创造能力提供了可复制、可推广的实践样本。主要做法如下。

(一) 确立现代企业社会责任管理的理念与指导思想

一是引入先进社会责任理念，明确社会责任管理目标方向。首先，针对传统的企业行为方式和管理方式更多采用内部视野的问题，引入"外部视野"理念，主动进行换位思考；其次，针对以往解决社会问题缺乏对利益相关方深入分析和沟通联络的情况，提出"利益相关方参与合作"的理念，旨在促进优势互补、合作共赢；最后，基于供电企业外部关联性强、互动程度高，面临较大程度社会影响和环境影响特殊性，提出"社会和环境影响风险管理"的理念，突出强调风险评估和防范。与此同时，在创新解决社会问题过程中，注重以经济价值、环境价值和社会价值多方协调、平衡的综合价值最大化，主动考量"社会责任边界管理"，并高度重视"社会资源整合利用"，倡导责任共担、价值共创、成果共享。

二是提出实施社会责任根植项目的基本原则。国网浙江电力以"形成一批具有示范效应、可借鉴、可推广、可传播的优秀根植项目成果，促进企业和社会问题的解决，带动全员履行社会责任意识和能力的提升"为导向，总结提炼"四个有利于"的四项基本原则。即遵循"有利于企业和社会可持续发展、有利于创造价值增量贡献和明显工作成效、有利于大范围复制推广和创新应用、有利于广泛传播产生显著社会影响"的原则，选择企业运营管理过程中社会关注程度高的问题，积极探索协调发展、合作共赢、提升价值的解决方案。在具体实施过程中，进一步提出坚持"四个必须"，即项目论证立项必须科学严谨、管控督查必须贯穿始终、考核评估必须执行到位、孵化培育必须严肃认真。

三是明确社会责任根植项目的实施路径。社会责任根植项目普遍量大、面广、点小，主题分散在基层各个单位，传统管理方式更注重整体统筹性，强调社会责任一体化管理，而对具体每项工作实施的管控穿透力不足，难以适应透过社会责任工作推进社会责任理念深根厚植的新要求。为提高社会责任管理实施的有效性，在健全完善组织体系的基础上，国网浙江电力以项目制管理运作为核心，将社会责任管理工作项目化、系统化，遵循"PDCA"管理循环原则，开发包括选题、立项、实施、总结、评价和提升六个环节的社会责任根植项目制管理工具，形成社会责任根植项目实施路径和有效模式。

(二) 建立健全高效协同的社会责任根植工作组织体系

国网浙江电力按照"加强统一指挥，打破专业壁垒，强化协同配合，提升工作效率"的要求，着力建立健全"省、市、县"三级联动组织体系和社会责任根植项目"1+N"工作机制；注重吸纳外部力量，搭建多方共赢参与合作机制，推动社会责任根植工作"纵向联动"和"横向协同"，实现社会责任管理体系上下联动、内外延展。

一是建立"省、市、县"三级纵向组织体系，实现上下联动。国网浙江电力建立"省、市、县"三

级供电企业纵向联动推进社会责任根植项目制组织体系。在省、市、县供电企业分别建立社会责任根植工作组织架构。省公司负责根植项目的总体规划、培训、指导、检查、评价、交流和推广工作，全面领导所属单位社会责任根植工作。市级供电企业具体负责编制本单位根植项目实施方案，评价、筛选、报送、推广本单位及所属单位社会责任根植项目，贯彻落实省公司社会责任根植工作部署，负责市级公司社会责任根植工作开展。县级供电企业贯彻落实省公司工作部署和市公司工作安排，全面负责本单位社会责任根植工作的开展。

二是打造"1+N"横向协同工作机制，实现内外延展。团队化运作是实施社会责任根植项目的工作机制。国网浙江电力着力打造"1+N"团队化运作工作机制，具体落地实施特定社会责任根植项目。根据社会责任根植项目制工作要求，每个根植项目都要组建相应的项目团队。以特定根植项目的1个提出部门或承担部门为"主导"，以特定根植项目涉及的N个相关部门和利益相关方为"配合"。其中，特定根植项目的提出部门或承担部门既可以是各级供电公司业务部门，也可以是各级供电公司管理部室，不仅负责提出特定根植项目，而且承担全面"主导"特定根植项目的立项活动、调研工作、规划制定、推进工作、经验总结和传播工作，并统筹协调特定根植项目开展过程中的内外部利益相关方合作。特定根植项目的相关部门和利益相关方既包括企业内部部门，也涉及外部单位。具体在特定根植项目提出部门或承担单位的互动协调下，充分考虑利益相关方核心诉求和关注焦点，同时充分发挥各方的优势和特点，共同推进社会责任根植项目的开展。通过"1+N"横向协同工作机制的建立，实现组织体系的内外延展。

三是加强利益相关方协同合作，建立多方共赢参与合作机制。吸纳外部利益相关方参与合作，是社会责任根植项目制的重要环节，也是通过社会责任根植项目更好地实现社会与环境风险防范、最大限度地创造综合价值的重要途径。国网浙江电力基于利益相关方对社会责任根植项目的参与程度、重要性、投入资源量、资源类型、活动范围、互动水平、战略价值、共创价值等情况，打造形成单边付出型合作、交易型合作、整合型合作和变革型合作四类利益相关方参与合作机制，从而通过社会责任根植项目最大化产生协同效应和耦合效应。

（三）科学进行社会责任根植项目论证与立项

一是从"价值创造—社会关注"视角出发，进行社会责任根植项目选题。从来源上看，根植项目的选题来源主要包括企业内部运营问题、利益相关方相关问题和纯社会问题三大类。在选题第一阶段，国网浙江电力通过采取企业内部职能部门访谈或座谈、利益相关方调研或座谈、社会问题追踪等方式，进行项目选题的初次收集。在选题第二阶段，根据"价值创造——社会关注"二维矩阵，甄别出作为企业社会责任急需关注和解决的议题；着力瞄准社会关注程度高、对企业价值创造意义大的议题，作为企业社会责任重点关注的议题。

二是坚持"四个导向"，开展社会责任根植项目立项。国网浙江电力坚持四个导向（问题导向、变化导向、价值导向和品牌导向）进行社会责任根植项目立项。问题导向，是指全面了解社会对企业的关注与期望，评估根植项目实施的综合价值，及时将外部诉求融入企业运营，通过根植项目推动解决相关问题。变化导向，是指把植入社会责任提升综合价值，作为根植项目成效评估的核心要素，以根植项目管理目标、管理方式、运行机制、工作绩效的不断优化，促进企业发展方式、管理模式、沟通方式和员工工作方式转变。价值导向，是指实施项目注重挖掘根植项目的综合价值，保证根植项目不仅考虑"技术可行、经济合理、企业能力可及"，而且充分考虑"社会认可、环境友好、综合价值更优"。品牌导向，是指注重品牌化运作，加强品牌建设资源整合，创新传播载体和传播方式，充分展现根植项目成果，努力实现"履责实践品牌化"。其中，问题导向、变化导向和价值导向是必选项，品牌导向是可选项。国网浙江电力依据"项目筛选评估标准"，通过打分将社会责任根植项目分为优选项目、良好项目、次优项目、一般项目和落选项目五个类型，对选题所确定的社会责任根植项目做出优先顺序排序，优选项目作为省公司重点项目立项。

(四) 系统强化社会责任根植项目管控与落实

一是开展项目调研分析，制订项目实施方案。国网浙江电力从开展项目调研与分析、制订项目实施方案，以及进行项目实施与监控三个环节推进社会责任根植项目实施。通过问卷调查、走访调研、座谈会等形式，了解利益相关方核心诉求和内部管理的主要矛盾，针对核心问题进行剖析，遴选出符合各方诉求、切实可行的实施措施。明确各方职责，厘清责任边界，从供电企业内部、利益相关方角度和经济、社会、环境效益等方面制订改进计划和实施方案。

二是制定项目时间表与路线图，建立过程精益管控机制。将社会责任根植项目管理纳入国网浙江电力年度计划、"24节气表"和全面预算管理，严格按照里程碑节点执行，并与各专业工作统筹协调、有机融合。定期召开项目推进会、利益相关方沟通会议，跟踪项目实施进程，确保项目按照预计时间点稳步推进。加强信息共享，搭建各个利益相关方之间的互动沟通平台，建立利益相关方全程参与、反馈评价机制，全过程进行项目化精益管控和均衡化实施，确保项目化实施做实、做精、做优。主要工作包括明确每个社会责任根植项目时间表和路线图、建立督导会商等工作机制，以及加强项目全过程精益管控等。

三是深入开展社会责任根植项目总结与成效评价。在根植项目开展之后，国网浙江电力积极推动基层单位用好总结报告、传播视频、汇报PPT、新闻报道、研究论文等多种形式，做好根植项目总结。同时，高度重视项目实施是否切实解决相关问题、形成解决问题模式、创造多方共赢的良好局面、提升公司品牌形象等方面的成效评价，深入开展项目绩效总结和项目经验总结。具体从企业绩效、社会和环境绩效以及利益相关方绩效三个层面做出评估。

(五) 开展社会责任项目根植"百千万"行动，扩大社会影响力

社会责任根植项目制的成功推行，必须建立在一个个扎实开展的社会责任根植项目上。国网浙江电力积极实施"百千万"行动，建立各层级孵化培育机制，要求所属近百家单位围绕社会责任根植业务运营、社会责任根植职能管理、社会责任根植延伸服务、社会责任根植公益实践等领域，每年至少实施1个社会责任根植项目，每一个项目团队吸纳约10名员工参与，通过社会责任根植项目的参与，实现每名参与者对10名公司员工社会责任理念和认知的带动。例如，每年开展100个社会责任根植项目、带动1000名人员直接参与、提高10000名人员的社会责任理念和意识。

通过社会责任根植"百千万"行动，国网浙江电力实现了在省、市、县各级企业中储备一批社会责任根植项目、实施一批社会责任根植项目、提升一批社会责任根植项目的孵化培育机制，切实推进社会责任根植项目的可持续开展。

(六) 建立优化完善机制，促进企业社会责任管理不断提升

一是多措并举，推动社会责任根植工作持续改进。实现社会责任管理持续提升是做好社会责任项目管理的重要环节，也是不断促进社会责任管理在基层根植落地的关键。在推动社会责任根植项目落地实施过程中，需要持续总结提高，推动这项工作不断迈上新台阶。国网浙江电力通过实施三项举措，推动基层单位社会责任根植工作持续改进。第一，结合基层单位社会责任根植项目总结，及时做好规范性工作机制的固化，实现工作方式的优化提升。第二，鼓励基层单位通过召开内部沟通会、收集内部各方意见等方式对项目的开展及时做出改进，并且通过设立利益相关方反馈渠道，收集利益相关方意见和建议，及时做出改进调整。第三，建立综合评估体系，积极开展社会责任根植项目质量评价。每年年末，对立项的社会责任根植项目进行评价评比，并邀请社会责任领域专家对立项项目进行点评，评选出年度优秀项目予以表彰。

二是推广典型经验，促进社会责任根植成果应用。遵循内部推行、行业推广、外部推介的思路，国网浙江电力积极开展社会责任根植项目优秀成果推广应用。同一个项目，可以根据不同实际情况，分别

在企业内部、行业和社会推广应用。其中，在企业内部，召开社会责任根植项目总结交流会、编制社会责任根植项目优秀案例，为基层单位相互学习借鉴提供载体和平台，推动优秀社会责任根植项目在全省供电企业复制推行。在行业中，鼓励相关单位同外省兄弟单位联合开展社会责任根植项目，鼓励基层单位将社会责任根植工作经验复制推广到省外兄弟单位。当前，已有多项社会责任根植成果实现行业内传播。在社会上，鼓励相关单位积极借助有关社会团体等平台，向自来水、天然气、互联网、电信、有线电视等公用事业行业企业，传播社会责任根植项目优秀成果，推介社会责任根植项目管理典型经验。

三、大型电网企业基于价值共创的社会责任根植项目管理效果

（一）形成了项目化体系化管理模式，企业社会责任得到全面落实

通过引入先进理念应用到社会责任根植项目中，国网浙江电力建立了包含理念原则、组织保障、管理工具、管控机制和推广应用等一整套行之有效的项目化、体系化管理模式，较好地回应和解决了企业社会责任根植基层、融入业务所遇到的问题，不仅形成了社会责任根植项目制的"浙江经验"，也为大型国有企业社会责任管理落地提供了可操作的实践路径。截至2018年7月，国网浙江电力共实施了近500个社会责任根植项目，形成了覆盖9个议题类别和17个议题子类别、涉及100余项细分议题的社会责任根植项目成果，孵化了1000余个社会责任根植项目，形成了省、市、县三级企业协同推进社会责任根植工作的新格局。在推进社会责任根植过程中，还形成了大量有利于城市公共服务治理的项目以及有助于农村社会治理的项目，促进了社会化协同管理，从而为更大范围的社会治理提供了有益的借鉴。

（二）推进业务融合和流程优化，提升了企业管理水平和效率效益

国网浙江电力积极推动基层单位开展社会责任根植项目，形成社会责任理念融入业务活动的方式、方法和途径，不断提升基层单位对社会责任工作的理解，社会责任同业务工作深度融合，实现了"外部期望内部化，内部工作外部化"。各专业部门打破壁垒，构建企业内部协同治理、共商共享的工作机制，促进了企业与社会信息共享和资源优化配置。目前，国网浙江电力社会责任项目根植已涵盖电网安全、规划投资、客户服务、环境管理、公益实践、辅助决策等众多领域，一些管理难点问题通过根植项目的实施得以解决，有效地实现了企业与利益相关方的沟通互动，外部诉求与内部管理相互呼应，企业管理流程不断优化，外部响应速度不断提高，管理效率和效益进一步提升。2018年上半年，国网浙江电力累计实施电能替代项目3133个，完成电能替代电量42.4亿千瓦时，完成年度目标的60.6%；累计提供电动汽车充电次数92万次，同比增长81%，充电电量1955万千瓦时，同比增长86%；累计受理业扩报装容量2805万千伏安，同比上升11.4%。实现供电服务兑现率99.99%，第三方满意度进入国家电网公司系统前列。

（三）实现了经济社会环境综合价值最大化，企业社会影响力显著提升

从为利益相关方和社会创造价值的角度审视企业的运营与管理成效，社会责任根植项目坚持优势互补、互利共赢、合理分工、建立可持续合作机制，通过积极引入利益相关方参与、构建合作平台、打造工作联盟等方式，有效整合了内外部资源，形成了利益相关方价值共创"生态圈"，突出了价值增量，充分发挥了各利益相关方的特性和优势，实现了多方共赢的经济、社会、环境综合价值最大化。同时，通过社会责任根植项目制的实施，国网浙江电力树立了良好的企业品牌形象，赢得社会各界充分肯定。中央权威媒体对"最多跑一次""全流域岸电推广联盟""阳光N次方"等根植项目进行了广泛宣传报道。近年来，国网浙江电力已成为浙江省和中国电力行业社会责任管理的标杆。

（成果创造人：肖世杰、赵光静、余兆忠、刘心放、郭云鹏、
董毓华、王 瑛、钟丽军、王楚东、王 磊、任 姚）

战略管理与转型升级

提升航空发动机自主研制能力的聚焦主业战略实施

中国航空发动机集团有限公司

中国航空发动机集团有限公司（以下简称中国航发）于2016年5月31日注册，2016年8月28日挂牌成立，下辖27家直属企事业单位，拥有3家主板上市公司，职工8.4万人，拥有包括6名院士、200余名国家级专家学者在内的一大批高素质、创新型科技人才。建有国际先进、亚洲领先的国防科技重点实验室，具备较强的科研生产制造能力。在我国军民用航空发动机、燃气轮机及衍生产品领域，具有完备的研发制造体系与试验检测能力，已累计生产交付发动机数万台、修理发动机数万台，产品广泛配装于各类飞机、直升机和舰船上，为我国国防和国民经济发展做出了突出贡献。

一、提升航空发动机自主研制能力的聚焦主业战略实施背景

（一）落实中央要求和国家战略，加快我国航空发动机自主研制的迫切需要

我国航空发动机工业经历了维护修理、跟踪仿研、改进改型、自主研发等发展阶段，基本建立起配套齐全的航空发动机工业体系，几十年来已经研制生产了数十种航空发动机产品。但是，由于长期以来对航空发动机发展规律认识不足、技术储备薄弱、工业体系基础不强等主客观因素影响，前期研制的航空发动机大多以跟踪仿研和引进为主，没有抓好关键技术消化吸收，加之引进项目挤占和削弱了自主创新资源，测绘仿制的思维束缚了自主发展，导致自主设计缺乏足够的经验积累，还未建立起完整的具有我国自主知识产权的研发体系。进入新时期，航空发动机的发展被提升到国家战略高度。为了加快我国航空发动机自主研发和制造生产，国家启动实施"航空发动机和燃气轮机"科技重大专项（简称"两机"专项），并列为"十三五"计划实施的100个重点工程和项目之首。

（二）聚焦航空发动机主业发展，推动我国航空工业体制改革的需要

借鉴航空发达国家"飞发分离、动力先行"的模式，国家积极实施航空工业体制改革，将航空发动机和燃气轮机业务从中国航空工业集团公司剥离出来，成立"中国航空发动机集团"，承担"两机"专项主要任务。中国航发面临着战略和组织两大变革的挑战，一方面要如何聚焦主业，建立起目标和愿景清晰、导向明确的战略，将所属单位和广大干部职工思想认识统一到中央和国家所赋予的使命任务上来；另一方面，要构建扁平高效的组织架构，通过大力推动管理机制改革，使企业回到航空发动机主业发展上来。只有妥善应对这两大挑战，完善体制机制，中国航发才能更好地深入推动航空发动机技术、产品和能力体系建设发展，加快研制出独立自主、技术先进、质量可靠的航空发动机和燃气轮机，满足集团战略调整和航空工业体制机制改革的要求。

（三）满足军民用市场需求，破解西方对航空发动机技术封锁的需要

当前，国内外军民用发动机具有巨大的市场空间。根据预测，未来20年世界军用航空发动机年均市场需求为1300亿元人民币，民用航空发动机年均市场需求为5500亿元人民币。我国民用航空发动机年均市场需求约为1000亿元人民币。但是，长期以来世界民用航空发动机市场被国际寡头垄断，我国自主研发的大型干线客机C919仍然依赖国外的动力装置，民用直升机发动机大多采用国外进口，我国仅在航空发动机零件转包生产中占有极少份额。在军用航空发动机研制生产领域，西方更是始终对我国实行全面的技术封锁。

实现航空发动机自主研制、自我保障，是我国破解西方对航空发动机技术封锁、推动航空发动机产业发展的重要任务。随着我国军队改革和转型发展，对航空力量建设不断加强，航空装备升级换代加

快，对自主保障的要求也在不断提升。同时，加快民用发动机自主研制，满足大型客机、民用直升机对国产动力的需求也日益成为国人的殷切期望，为航空发动机的发展创造了机遇。因此，聚焦主业，加快提高我国航空发动机及关键零部件的核心制造能力，尽快满足军民用客户需求，实现先进动力的自主研制生产、自我保障，是我国航空发动机产业发展的战略选择和必由之路。

二、提升航空发动机自主研制能力的聚焦主业战略实施内涵和主要做法

中国航发以"建成世界一流航空发动机集团"为愿景，坚持"业务聚焦、资源聚焦、精力聚焦"的战略原则，坚定"走自主研发的道路不动摇"的创新发展之路，科学谋划聚焦主业战略布局，推进体制机制改革，围绕主业整合资源，开展自主创新体系建设，强化战略执行机制，加强人才队伍建设，塑造特色文化，大力提升航空发动机自主研制能力，实现"从主业要效益、从主业要战略地位、从主业要领军人才"，快速走上了实现航空发动机自主研制的科学发展之路。

（一）科学谋划聚焦主业战略布局

2016年8月至今，习近平总书记多次对航空发动机发展做出重要指示，对中国航发寄予了亲切关怀和殷切期望。尤其在2016年8月28日集团挂牌成立时，习近平总书记指示，中国航发要牢记使命、牢记责任，坚持国家利益至上，坚持军民深度融合发展，坚持实施创新驱动战略，大胆创新，锐意改革，脚踏实地，勇攀高峰，加快实现航空发动机及燃气轮机自主研发和制造生产。

围绕党中央要求和国家战略部署，中国航发牢牢树立核心意识和看齐意识，坚决贯彻执行习近平总书记的重要指示精神，针对"新集团、老企业"的现状，牢牢把握"提升自主研制能力"发展主题，成立战略管理委员会，多次组织召开战略研讨会，认真分析并梳理了我国航空发动机产业发展存在的"自主研制战略不清晰、基础研究和关键技术研究薄弱、自主创新体系不健全、研发资源配置分散、研发人才队伍能力不足"等主要问题，对症下药，以"聚焦主业，强军首责"为指导思想，确立了"国家利益至上"的核心价值观、"动力强军、科技报国"的集团使命、"建成世界一流航空发动机集团"的愿景目标、到2030年基本实现自主创新发展战略转型的"三步走"发展战略以及发展基本原则。中国航发的发展基本原则一是不追求经济规模，坚持"三个聚焦"——业务聚焦、资源聚焦、精力聚焦。二是坚持走自主研发的道路不动摇，努力实现"三个要"——从主业要效益、从主业要战略地位、从主业要领军人才。并在此基础上建立以"一个主业、两大市场"为引领的战略实施体系架构，如图1所示，为聚焦主业战略落地明确了方向、路径和条件保障。

实施方向：一个主业长远发展目标——航空发动机及燃气轮机典型产品达到或接近世界先进水平，跨入世界第一梯队，实现对世界航空发动机强者从跟跑，到并跑，再到领跑的跨越。两大市场长远发展目标——突出强军首责，满足军用动力市场需求，实现军用航空发动机完全自主保障；民用航空发动机、燃气轮机、重点非航空民品满足市场需求，市场竞争力明显增强。

实施路径：通过打造"自主创新载体、自主创新平台、研发投入机制、军民融合创新机制、'互联网+发动机'信息化平台"，建设自主创新体系，催生"自主设计能力、总装集成与试验能力、关键部件制造能力"三大自主研制核心能力，助推主业发展目标实现。

条件保障：以管理变革、瘦身健体、制度建设为抓手，以自主研制人才队伍建设和特色文化建设为关键要素，以战略落地执行机制为支撑，整合和聚集主业发展资源，优化运行机制，为聚焦主业战略实施提供切实保障。

（二）面向主业深入实施资源整合和管理变革

1. 围绕主业发展，变革组织体系

基于产业投资多元、业务管理多头、资源配置分散的"新集团、老企业"的组织管理现状，中国航发按照"保障需求、精简高效，聚焦主业、突出特色"原则，实施资源整合与调配优化。首先，在集团

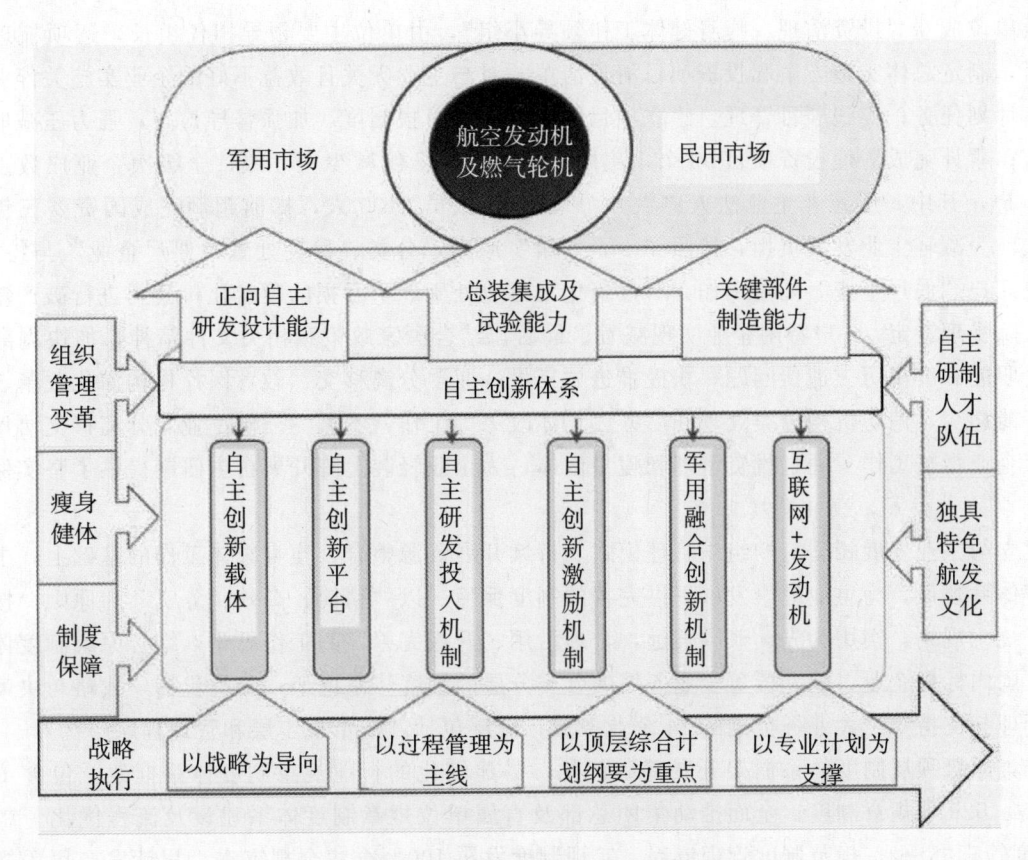

图 1　中国航发聚焦主业的战略实施体系架构

总部层面开展部门设置和定岗、定编、定员工作。一是突出强军首责，设立 10 个专业办公室负责型号管理，按照航空发动机预研、科研、产品加速成熟、批产与维修四个阶段，对产品全生命周期实施协同管理。二是为确保"两机"专项顺利启动、实施，设立重大专项工程部，加强对"两机"专项项目的统一组织、管理与协调。三是整合科研部门，统筹管理集团科研项目。四是以研发体系建设、关键技术与基础技术研究、发动机人才培养为重点，重新定位并组建中国航空发动机研究院。五是设立生产部，强化统一的生产指挥控制能力。六是组建集团科技委，集聚行业内院士和型号带头人，发挥自主研制智囊团、参谋部、学术交流、课题研究与攻关作用，并将科技委职责融入科研生产流程；以大部制模式，将原有部门精简为 12 个部门。

其次，以"组织模式扁平化，减少管理层级"为宗旨，按照"两级管理为主"原则，调整各所属单位管理关系。破除原有按设计、制造、系统分板块管理的模式，消除业务板块，将承担航空发动机总体及系统设计和制造的主业单位调整为由集团直接管理；将部分企业上市后的存续企业与上市后的主体企业，调整为合并管理，进一步精简管理层级；依据研发、生产、配套等职能，将 27 家直属单位划分为研究院所、主机厂、控制系统、专业化企业、民品企业、生产服务企业 6 大类别，由集团直接下达任务、任命和考核。制定《集团二级管理企业法人治理结构方案》，明确党组织书记和董事长（执行董事）"一肩挑"，突出党的领导在主业发展和公司治理中的政治核心作用；本着"成熟一项、推进一项"的原则，根据股权关系的调整，动态完善所属单位的公司治理。

2. 推进主业发展，实施瘦身健体

以"提升主业发展质量，夯实主业发展基础"为宗旨，按照国资委要求，结合"化工、汽车配件、有色金属、房地产"等非主业投资占 40% 以上的"新集团、老企业"产业结构现状，首先在集团总部和各成员单位成立"投资清理、瘦身健体工作领导小组",由单位主要领导担任组长,逐项梳理非主业投资项目,制定总体实施方案和投资项目清理清单,对与主业无关且效益不好的企业实施关停并转,并严格下达计划任务;实施项目管理,建立项目例会、工作简报制度,加强督导检查,强力压减非主业企业总户数;累计完成清理投资项目93个,集团产权层级由7级减少至5级;全级次企业户数由251户减至141户,其中,压减非主业法人户数80户,分流人员8100人,提前超额完成国资委三年压减目标。其次,为减轻主业发展负担,按照"一企一策"原则,分类、稳妥处置"僵尸企业"与特困企业。基本完成3户"僵尸企业"处置工作,对投资化工行业处于严重亏损的黎航化机公司进行破产重整并取得地方法院受理裁定,2户特困企业实现减亏。最后,结合国家政策和相关文件精神,加快剥离国有企业办社会职能和解决历史遗留问题,积极推进"三供一业"分离移交、教育医疗机构深化改革、市政社区管理职能移交、消防机构分类处理和厂办大集体改革等工作,签署"三供一业"分离移交协议29份,推进7家企业帮扶工作。通过投资清理和瘦身健体,为企业轻装上阵开展自主研制提供了坚实保障。

3. 夯实主业发展,强化制度保障

在建立与主业发展相适应的组织管理模式、持续开展资源整合、瘦身健体工作的基础上,中国航发加强制度体系建设,为主业健康发展提供完善的制度保障。以"精简、高效、务实"为原则,按照"顶层设计、统一规划,实用为先、兼顾长远,合理沿用、升级完善"的工作思路,结合原有制度体系,对标国际、国内标杆企业,建立覆盖全业务域的分类分层的制度体系框架;分类包括"战略与决策、运营管理、管理与支持"三大业务类别的14个业务域;分层包括"规章规定层和管理程序层"。

基于集团级顶层制度体系框架开展基础优化,搭建细化的行业规章制度体系框架,包含14大类、77个子类、629项规章制度;全面推动集团总部及直属单位规章制度体系建设及流程优化。制定发布《规章制度管理办法》,规范制度管理流程,实现制度发布100%合法合规审查,累计发布集团规章制度320余项;组织开展全行业制度体系监督检查;为聚焦主业战略实施提供规范的制度保障。

(三)建设向主业聚焦的自主创新体系

中国航发认为,实现航空发动机自主研制是一项大型复杂的系统工程。这项工程包含多项不同性质的子体系,而在这其中,自主创新体系是支撑自主研制能力提升、实现聚焦主业战略目标的核心。集团以"创新驱动"为引领,将人、财、物等内部优势资源向自主创新聚集。

第一,推进自主创新载体建设。高度重视集团下属研究院所等自主创新载体的建设发展,在提高其地位、待遇的同时,建设联合创新团队,分别组建了型号联合攻关团队、基础研究联合创新中心等,加强"两机"共用关键技术攻关。

第二,打造自主创新平台。系统规划集团各类科技创新平台,充分利用国家和社会资源,创造创新环境,建立各级各类科技创新平台41个,包括8个国家级创新平台(3个国防科技工业创新中心、4个国防科技重点实验室和1个国家工程实验室),8个集团级创新平台和25个省市级创新平台。中国航发自主创新平台(部分)如表1所示。

表1 中国航发自主创新平台(部分)

序号	名称
1	材料检测与评价重点实验室
3	航空动力控制技术重点实验室
4	航空发动机动力传输重点实验室
5	航空发动机振动技术重点实验室

续表

序号	名称
6	微小型燃机工程技术研究中心
7	燃气轮机燃烧试验工程技术研究中心
8	航空发动机振动技术湖南省工程实验室
9	北京市石墨烯及应用工程技术研究中心
10	环保型防护技术功能涂料北京市工程实验室

第三，完善研发投入机制。加大研发投入，自筹资金建立集团自主创新专项基金，两年共投入研发费用上百亿元。基金资助项目分为前沿探索类、技术基础类、工艺加强类、应用推进类和研究平台类五类。前沿探索类瞄准未来发展，引导大胆创新；技术基础类瞄准体系建设，引导正向研发，资助标准、数据、规范、模型、方法等技术基础的系统性和完整性建设，以及能够促进集团正向自主研发的设计、仿真、材料制造等基础性技术项目；工艺加强类瞄准薄弱环节，引导全流程贯通；应用推进类瞄准立项前景，引导关键技术突破；研究平台类瞄准能力提升，引导协同创新。

第四，建立自主创新激励机制。将科技创新作为专项考核指标列入对下属单位和主要负责人的经营绩效考核，对重大科技创新成果和专利成果、各类标准制定等创新工作进行奖励加分；根据复杂系统工程开发中创新团队的重要性，完善集团科技创新奖励制度，加大对原创性、基础性、科研成果和创新团队、青年人才奖励力度，提高基础与共性技术、制造工艺类科研成果的获奖比例；建立创新成果利益分配机制，通过从企业销售中安排相应技术协调费，支持研究所自主创新发展，形成良性循环；制定《股权和岗位分红权管理办法》，以重点科技型企业、民品单位为试点，开展股权激励、分红权激励等中长期激励方式，有效激励研发单位和研发人员参与创新工作的积极性和创造性；建立"双创"平台，通过"互联网＋"发布基础研究课题，集内外众智服务于自主创新体系建设。

第五，坚持军民融合创新机制。建设"小核心、大协作、专业化、开放型"科研生产体系，推动军用技术向民用技术转移，推进高精传动、石墨烯产业发展；全面对接高校和科研机构，与清华、北航等9所高校签署了战略合作协议，借力"民参军"协同开展航空发动机基础研究及前沿技术探索。

第六，推动"互联网＋发动机"信息化建设。全面推进信息技术在战略管控、运营执行和基础保障等业务领域应用，以"互联网＋发动机"为重点，以数字化、专业化、个性化、知识化为发展方向，搭建"航发云"平台，建设管控与运营、协同研发与资源共享、客户服务三大体系，扩大网络互联，实施跨组织协同研制；拓展航发网应用，建设工控网，试点涉密网络与工控网互联；构建以三维数字样机为唯一数据源的多厂所并行协同研制模式，推动协同研制平台应用；深入推进重点型号仿真应用、数字孪生技术验证、系统集成和资源共享；推进典型件数字化生产线、精益单元和智能车间建设，打通数字化应用"最后一公里"；持续开展网络基础环境与信息安全体系建设，提升网络覆盖率和整体防护能力。

（四）加速自主研制能力建设与提升

中国航发从国家航空装备现代化和强军需求出发，制定了自主研制能力提升目标，坚持自主研发，依靠自身的技术力量，在研发体系的支撑下，进行航空发动机正向研究发展，经历从基础研究、关键技术研究、核心机技术验证、整机技术验证、工程研制到使用发展改进等研制全过程。到2030年，走完自主研制全过程，基本实现向自主创新发展的战略转变。

以"探索一代、预研一代、研制一代、生产一代、保障一代"的自主研制需求为牵引，按照"两头在内、中间在外、关键在手"的原则，中国航发围绕"设计能力、总装测试能力、部分关键部件制造能力"三个核心能力,建设"正向自主设计、部件/系统/整机试验验证、生产制造"三大平台。

1. 提升正向自主研发设计能力。

经过60多年的发展,航空发动机虽然已经建立起产品研发体系,但在型号研制、生产与产品服役等方面尚有较大差距,还存在着不完整、不规范、验证不足、可操作性不强等薄弱环节。为了提升系统的自主研发设计能力、规范产品研发过程、提升产品研制质量和可靠性、缩短研制周期、降低研制成本,中国航发统筹策划构建总体架构统一、方法科学先进、接口标准一致、有利于跨单位并行协同的产品研发体系。该体系由技术流程、技术基础(方法工具、标准、工程数据库)、技术管理和团队等要素构成,用于规范和指导与航空发动机产品研发相关的所有技术活动和技术管理活动,其应用范围从用户需求识别与分析开始,直至确认产品达到功能、性能等用户需求指标,并满足大批量生产要求为止,是自主研发能力的重要标志。

体系建设的总目标是构建一套科学规范的研发流程,制订清晰的流程运行规则,提供可操作的方法工具、标准、工程数据等支撑,并借助信息化平台提高产品研发体系运行的效率和质量。通过集团总部顶层策划,各成员单位共同参与,在现有产品研发体系的基础上,按照初步设计、系统建设、持续完善三个阶段,到2020年初步完成产品研发技术流程及关联要素的梳理、建设与验证,以及产品研发体系信息化平台上线运行,实现多专业并行协同能力,建立体系持续优化机制,初步建成产品研发体系;2022年,全面完成各要素的验证与迭代优化,基本建成产品研发体系,形成航空发动机自主研发能力。

两年来,中国航发围绕自主研发体系建设,制定总体规划,设计顶层框架,研究确定体系建设任务包,开展流程、工具和规范等研发体系核心要素建设与研发流程规范化和显性化工作;建立产品研发设计/制造协同工作平台,将信息化和数字化贯穿研发体系;完成自主研发体系部分流程、工具和规范的集成运行,并应用于产品研发中,重点产品科研阶段零部件研制周期明显缩短。

2. 提升总装集成及测试能力

中国航发以建立满足新一代产品自主研发的总装集成及试验体系为目标,通过加强调整优化专业定位和组织管理方式,补充完善总装条件建设,提升总装集成及测试能力。主要工作包括优化主机厂专业分工,确立总装专业化的发展模式;调整总装生产组织方式,针对航空发动机产品多品种、小批量的特点,构建以单元型为主、功能型为辅的生产组织体系,构建脉动式装配线或装配单元,推行精益管理工具,建立相配套的运行管理和绩效考核机制,提高生产制造装配能力;建设产品集成验证技术研究平台,加强产品试验测试技术研究,补充建设一批重大试验设备设施,解决试验瓶颈;聚焦100%实现产品一次交检合格、试车一次通过等目标,建立操作者标准作业,优化质量管理规范,发布集团质量管理标准;采取"技术质量问题一本账"管理模式,集中资源推动质量问题快速有效解决;开展重点单位"双五归零"专项指导、质量管理体系诊断审核、工艺纪律大检查和质量"飞行检查";前移管控重心,组织开展"自检自分"活动(操作者将产品提交检验验收前,自己先行检查,区分出不合格品并隔离)、重点型号"双想"活动(回想问题、预想风险);聚焦正确性、符合性和可操作性,持续开展设计、工艺、程序等文件质量提升活动;实施质量责任追究,设立质量"红线""高压线"和"科研生产任务质量专项奖惩"。主要产品总装交付能力大幅提升,产品一次交检合格、试车一次通过等指标明显改善。

3. 提升关键部件制造能力

中国航发通过加强技术攻关、优化流程和转变发展模式,建立核心突出、能力完备的生产制造体系,提升制造技术水平和能力。

一是以精益化转型为目标,构建涵盖生产制造全业务领域、融合精益方法和工具、指导生产现场工作并持续改进的生产制造体系规范,在全集团同步推进体系建设与应用工作;组织产学研联合攻关团队,开展关键制造工艺技术攻关和研究,对涡轮叶片等核心零部件制造能力进行重组整合,加速开展仿真建模和软件开发,加大型号研制仿真技术应用;加强制造工艺研究和新技术应用,构建完善的制造技术标准体系;推进设计制造跨单位的有效协同,健全协同研制流程和制度;聚焦生产制造瓶颈,建设支撑"两机"专项实施的科研生产能力体系,加快推进"两机"专项条件建设项目深化论证和申报,积极推进"十三五"统筹批生产能力建设;打破相对封闭的发展模式,充分利用社会优质资源补充制造体系,加大非核心业务向外转移,严控下属单位对非核心加工能力投入。

二是以建立全新科研生产综合管控模式为抓手,推进科研项目管控系统和生产管控系统信息化平台应用,建立"每周信息更新、每月例会检查协调、每季度考核评价"机制,管控科研生产异常和风险;以实现均衡生产为拉动,在各批产型号推行以三年滚动需求计划和年度计划为指引,以季度、月度、周计划为目标的计划管理模式;建立覆盖供应商寻源、准入、过程控制、评价、培育到退出的供应商管理机制,推进中国航发"网上商城"互联网采购平台建设;实现年度、季度、月度、周计划综合执行率92.4%,主机生产和配套交付协调同步;建成一批航空零部件精益制造中心,核心零部件生产制造合格率明显提高。

(五)强化战略落地执行机制

为确保聚焦主业战略落地实施,中国航发组建战略规划领导小组和编制工作组,构建由集团公司规划和直属单位规划为主体的多层次、系统性的战略规划框架,形成"综合、专项、专题"三类集团规划和各直属单位级战略规划;制定下发《发展战略和规划管理办法》,牵头组织下属各级单位开展战略制定、执行、评价、调整等管理活动;以战略为导向,以过程管理为主线,以顶层综合计划纲要为重点,以专业计划为支撑(部门重点工作计划、督办任务、专项计划、工作要点),统一规范全集团战略管理重点和年度管理重点。

第一,以战略为导向,聚焦主业重点考核科研生产任务,适度考核经济质量,不考核经济规模,关注重点基础管理工作,将科技创新纳入专项考核。明确"三个100分"考核原则(科研生产任务100分、经济指标100分、基础管理100分),按照成员单位战略定位和业务特点,分类设计三项考核权重,根据年度经营业绩"优秀、良好、达标、不达标"四档考核结果,兑现各单位工资总额和主要领导年薪。

第二,以过程管理为主线,围绕战略管理全过程,建立"成员单位月度统计分析—集团月度经济运行简报—集团及直属单位季度经济运行会"系统监控模式,搭建"经营信息管理、生产管控、科研项目管控、总部部门重点工作计划管理"信息化管控系统,全面、准确、及时收集和分析战略制定、执行、评价、调整各环节的过程数据并主动改进,实现以过程保结果。

第三,以顶层综合计划纲要为重点,根据上级机关要求、客户与市场要求以及集团战略规划、年度工作会报告等顶层文件要求,将主要价值要素作为计划制订的输入,对年度主要经济指标、科研生产重点任务、党建与反腐倡廉、改革创新、基础管理等各项工作的总体目标、分解目标、进度要求、责任主体等进行落实分解,形成正向拉动。

第四,以专业计划为支撑,细化分解综合计划纲要,形成各项年度重点工作的具体目标和要求。其中,部门重点工作计划是集团总部各部门为落实集团战略、推进各项经营和管理目标实现而开展的年度重点管理及业务工作计划;督办任务是集团总部各部门年度重点工作中完成难度大、风险高的任务,以及突发和新增的重要工作。专项计划、工作要点是集团对全行业下达的年度各项重点工作具体要求,其中偏重于目标导向的任务作为"专项计划",偏重于管理性质的任务作为"工作要点"。

各成员单位以集团下达的计划要求为总领,逐层分解落实计划目标,结合本单位当年重点工作任务,编制形成本单位综合计划纲要,进一步加强综合计划的整体统筹作用,切实发挥综合计划管理体系在聚焦主业、优化资源配置、提升集团整体调控能力等方面的作用;通过层层传递集团使命、战略和价值主张，统一工作思路，形成一致行动，有力促进集团上下加快对聚焦主业战略的高度认同和落地执行。

（六）强化自主研制人才队伍建设

中国航发将"人才强企"作为聚焦主业战略的重要支撑，以"三个相匹配"为原则，即"人员总量结构调整与研制能力提升相匹配，人员能力提升与产品技术进步相匹配，人才队伍成长与主业发展相匹配"，以高层次人才和急需紧缺专业技术人才为重点，大力推进自主研制人才队伍建设。

一是完善培养机制，打造"安心、专心、迷恋"航空发动机自主研制的高层次技术人才队伍。建立人才专用发展资金，制定院士中长期培养规划、青年科技骨干人才选拔政策，设立人才成长奖；以满足型号研发需求为目标，制定《型号领导人员专职化实施方案》，开展型号领导人员业绩、素质考核和推荐选拔工作，提高40岁以下型号领导人员比例，推行型号总设计师专职化；以集团专家岗位体系建设为牵引，实施高层次人才引进计划，加大知名专家引进力度；压缩机关人员、辅助人员和一般制造加工人员，提高技术人员结构比例；搭建人才线上招聘平台，举办"航空发动机文化节""高校学生企业行""校企俱乐部"活动，实现校园招聘"靶向引才"。两年新增国家级专家18人，新增全国技术能手8人；聘请高校专家47人，技术人员占比较集团组建初期提高5.4%。

二是以培养"航空发动机制造业大国工匠"为目标，打造技能人才成长平台。建立集团级技能大师工作室；推进和开展集团技能鉴定工作；与高校、技能人才培养机构建立订单式选拔工作机制，加大高技能人才培养选拔力度，依托"两机"专项，探索创建国家、行业（省）、集团三级人才选拔输送机制。

三是以突出政治标准、提高综合素质为目标，建设聚焦主业、务实担当的干部队伍。坚持党管干部原则，按照"20字好干部"标准，选优配强各级领导干部，打造务实担当的干部队伍；针对航空发动机研制难度大、周期长的特点，大力实施接班人计划，建立后备干部人才库，规范领导干部岗位设置，推进总助级干部"三定"审批管理；按照"三个相匹配"原则，调整所属单位领导班子17个，提拔直属单位40岁以下副职年轻干部9人，压减直属单位总助级干部60%，试行总会计师、专职纪委书记交流任职制度。

此外，实施人才全职业生涯管理，严格用工管控，深化收入分配改革，引导薪酬向科研生产一线倾斜，激发广大干部职工投身航空发动机自主研制的热情和创造力。

（七）塑造独具特色的航发文化

中国航发围绕实现航空发动机自主研制，始终把"国家利益至上"作为核心价值观，大力弘扬"动力强军，科技报国"的集团使命和"务实创新，担当奉献"的集团精神。结合航空发动机被誉为"工业皇冠上的明珠"，是飞机"心脏"的特点，实施"党建强心、思想凝心、文化同心、群团暖心、廉政守心"的"铸心工程"，打造"铸心文化"；在全集团上下大力倡导"严慎细实、精益求精"的工作作风、"有问题共同研究、有困难共同克服、有余量共同掌握、有风险共同承担"的型号研制精神，营造"鼓励创新、宽容失败"的创新文化氛围；树立"以安全可靠的动力赢得用户满意"的质量方针、"保质量就是保动力、保生命、保发展"的质量价值观、"诚实守信、有错必改"的质量道德观、"一次把事情做对"的质量行为准则；组织开展"铸我中国心"主题作品征集活动，引导基层员工用"航发故事"讲好"航发文化"，为提升航空发动机自主研制能力营造了良好的文化氛围。

三、提升航空发动机自主研制能力的聚焦主业战略实施效果

（一）关键核心资源向主业聚焦取得显著成效

中国航发组建两年多来，通过实施以实现航空发动机自主研制为导向的聚焦主业战略，收缩和退出非相关性业务，将全级次企业户数压减至141户，其中，压减非主业法人户数80户，法人层级压缩至5级，有效实现资源向航空发动机主业集中，核心业务增长迅速。2017年全年实现营业收入468亿元，

其中，主业收入同比增长10.5%；主业收入占比达81.2%，在同类央企集团中名列前茅，得到了领导和有关部门的高度肯定。通过聚焦主业和剥离非相关性、低效业务，集团经济运行质量逐步提升，2017年实现利润总额24亿元，同比增长19.3%，成本费用占营业收入比降幅、全员劳动生产率增速、工资总额利润率增速在同类央企集团中均名列前茅。

（二）自主创新成果不断涌现

中国航发通过系统规划，形成了科学合理、梯次发展的军民产品发展规划，突出加强具有自主知识产权的主要产品研发，初步建立起支持正向自主研发的体系框架，科研生产任务不断取得新突破，一批产品实现设计定型，多型产品实现首飞；在粉末涡轮盘、单晶叶片、压气机机匣研制等方面突破一批新技术；在研整机试制周期缩短，主要产品平均故障间隔时间、空中停车率、外场飞机完好率等关键指标大幅改善，有力保障了国家航空装备建设。2017年获国家技术发明奖1项，国家科技进步奖2项，国防科学技术奖39项，集团评选表彰科学技术奖149项；专利6704件，其中，发明专利3358件；每万人发明专利拥有量达到398.8件；形成了自主研发的良好基础保障。

（三）客户满意度大幅提升

中国航发发动机批产交付和修理量不断创历史新高，重点产品交付量持续大幅增加，较2015年增长50%，首次实现季度均衡交付并提前完成全年配套任务，主要用户单位——航空工业集团2017年整体任务完成情况明显好于往年，重点型号任务按节点完成，得到用户充分肯定。集团高质量保障各军兵种参加140余项重点任务，保障外场发动机工作百余万小时；研制生产、修理保障各型发动机配装飞机，圆满完成了庆祝中国人民解放军建军90周年阅兵、南海阅兵等重要活动，经受了检验并受到表彰。

（成果创造人：曹建国、陈少洋、李　军、徐　新、于建军、

张永新、欧珍艳、杨　超、王　建、赵晓永、张斌强）

大型建材企业集团以技术创新为引领的新材料产业拓展

中国建材集团有限公司

中国建材集团有限公司（以下简称中国建材集团）是经国务院批准，由中国建筑材料集团有限公司与中国中材集团有限公司重组而成，是国务院国资委直接管理的中央企业，是全球最大的建材制造商和世界领先的综合服务商，连续七年荣登《财富》世界五百强企业榜单。资产总额近6000亿元，员工总数25万人，年营业收入超过3000亿元。拥有15家上市公司，其中，海外上市公司2家。水泥熟料产能5.3亿吨、商品混凝土产能4.3亿立方米、石膏板产能20亿平方米、玻璃纤维产能195万吨、风电叶片产能16GW，均位居世界第一；在国际水泥工程市场和余热发电市场领域处于世界第一。

一、大型建材企业集团以技术创新为引领的新材料产业拓展背景

（一）提升新材料产业竞争力、保障国家发展战略的需要

新材料是"强国之基"，是保障中国制造实现由大变强的物质基础，也是其他战略性新兴产业发展的基础和先导。随着国民经济的持续高速增长以及战略性新兴产业的快速发展，新材料产业已经成为经济发展、社会进步以及国防安全的基础和先导。2008年国际金融危机以来，作为战略性新兴产业之一的新材料产业也成为世界主要国家抢占新一轮经济和科技发展制高点的重大战略。在新一轮工业革命中，新材料作为国民经济先导性产业和高端制造产业发展的关键保障，成为各国战略竞争的焦点。美、韩、日、俄、中等全球20多个国家纷纷制定了与新材料相关的产业发展战略，启动了100多项专项计划，大力促进本国新材料产业的发展。虽然我国新材料产业过去几十年取得了长足发展，但总体来看，我国新材料产业发展基础研究相对落后，原创性新材料技术成果比较欠缺，部分核心专利受制于人；创新资源、创新力量非常分散，重复研究、重复投入现象比较突出，以企业为主体、产学研用结合的协同创新体系尚未建立，产业链与创新链有效融合的机制尚未完全建立，产业整体竞争力不强。

（二）抓住有利时机、引领新材料产业发展的需要

2006年，中国建材集团在与中国建材院重组基础上，进一步整合内部科技资源，成立了中国建材总院，并依托建材总院开展集团技术中心的工作。中国建材集团技术中心按照突出主业、院企结合、优势互补、强化推广、服务产业、服务行业的原则，组建了7个专业研发机构，包含集团公司27家骨干企业、院所和5000多名科技人员，科技实力得到较大提升，为集团科研设计与产业密切合作提供了更大的平台，也形成集团层面的研发设计、产品制造和装备制造三大板块的有机结合，形成院所和企业的紧密结合，进一步强化了集团公司的技术创新体系，为集团大力发展新材料产业奠定了技术基础。与此同时，建材股份在香港联交所挂牌上市，资本市场的支持，为集团紧抓国家经济快速发展和建材行业结构调整的战略机遇、实现靠科技创新提升核心竞争力的成长方式提供了资金保证，确保了新材料研发和产业化的资源投入。

（三）落实集团发展战略、培育新的经济增长点的需要

2008年以来，在巩固和强化传统产品优势的同时，中国建材集团提出全面推进新型建材、新型房屋、新能源材料的"三新"发展战略，重点发展高档玻纤与碳纤维、风力发电叶片、太阳能膜电池、TFT基板玻璃和新型房屋等产品，积极培育新的经济增长点。通过实施"科技创新"驱动发展战略，中国建材加快推进结构调整和转型升级，已由一家以水泥业务为主的建材企业，转化发展为水泥、新材料、工程技术服务三足鼎立的综合性建材和新材料产业投资集团，一方面始终坚持推动传统业务领域的

供给侧结构性改革,另一方面培育一批发展潜力和空间巨大的产品和业务。集团精耕细作基础建材、大力发展新型材料、积极培育研发及技术服务等新业态,推动高端化、智能化、绿色化、国际化转型。

二、大型建材企业集团以技术创新为引领的新材料产业拓展内涵和主要做法

中国建材集团紧紧围绕"做强做优、世界一流"的核心目标,以科技创新引领企业转型升级,大力实施创新驱动发展战略,突出企业技术创新主体作用,重视新材料产业协同创新链顶层设计,通过优化整合科技资源,进一步强化科技创新资源聚集效应,着力打造具有前瞻性的重大、共性技术研发平台和科技服务平台,推进原始创新、集成创新,加强前沿技术、关键技术和高端新产品自主创新,开展行业共性、关键性技术攻关,实现科技成果产业化,取得显著成效。

(一)发挥集团整体优势,做好新材料创新链顶层设计

1. 确立整体思路

为实现新材料产业的快速发展,中国建材集团高度重视战略规划,首先强化顶层设计,打通了"技术研发+产业化"产研协同创新全链条,并针对链条中的关键环节,明确发展思路和目标,制定清晰的发展路线图,为新材料产业发展谋篇布局。

集团充分发挥新材料研发和产业资源有效整合的优势,强化产业板块核心牵引作用和研发部自主权,加强产研协同创新和科技成果转化,坚持走新材料产业体系"技术研发+产业化"的纵向协同发展道路,建立了集先进生产技术、核心技术装备、检验认证和标准于一体的技术集群,打通了技术创新和产业化通道,实现新材料从研发到产业化和市场化的有效闭环,促进新材料进入良性循环发展阶段。注重培育新材料产业上下游环节交流合作平台的搭建,做好产业链纵向衔接,以产业化目标为牵引,根据应用需求制定新材料研发方案,围绕应用深化产学研用紧密合作,缩短了市场推广应用期,有效规避了研发创新风险,建立了深度合作机制。按照技术产品化、产品市场化、市场效益化原则,科学定位攻关方向,发挥产学研平台的集成优势,通过产业与市场紧密相连,科学规划研发方向和技术攻关重点,加速科研成果的应用和效益转化。

2. 明确发展重点

新材料产品种类繁多,量大面广,集团依据自身技术优势和产业布局,坚持"有所为有所不为"的原则,明确新材料产业的发展重点和目标,以实现集团在国际建材创新链中从中高端向高端迈进。明确了光电功能无机材料及制品、新型纤维及复合材料、高效长寿命陶瓷及耐火材料、锂电池隔膜材料等无机非金属新材料作为新材料领域的重点发展方向,并制定了发展目标。例如,光电功能无机材料方向,以电子信息、高端装备制造、现代医疗等产业需求为目标,开展高世代TFT-LCD玻璃基板和盖板、大尺寸高均匀光学石英玻璃和红外石英玻璃及制品、大尺寸陶瓷基板、高精度陶瓷结构部件等材料的研发和产业化,实现特种光学玻璃、高纯原料及高品质石英玻璃等产品性能达到国际先进水平;新型纤维及复合材料方向,以发展高端纤维及复合材料产品、引领行业技术发展为目标,开发E8玻璃纤维、T800以上及MJ系列高性能碳纤维、系列风电叶片及海上大型风电叶片,实现产品性能达到国际先进、国内领先水平;在高端复合材料方面,开发适用于低风速地区的加长型风电叶片及海上风电的大型风电叶片,开展碳纤维复合材料在汽车、深海油气田开发等领域的应用研究,开展复合材料轻量化结构、低成本制备技术研发,实现在汽车、轨道交通车辆、航空航天领域的应用。

3. 厘清发展路径

中国建材集团在新材料产业创新体系的构建中,以产业创新为导向,将技术创新融入产业创新之中,实现技术创新与产业的有机结合,争夺经济竞争的制高点、获得加快社会经济发展的现实动力。一是坚持创新驱动,走高端发展的路线。集团明确新材料产业的发展路线要以技术为根本、以创新为驱动,加大对高端新材料的研究开发支持力度,加强对研发成果的产业化应用开发,引进国外高端技术和

产品，加强消化吸收再创新，培育发展有自主创新能力的新材料产业。二是坚持聚焦重点、因材施策的方式。新材料涵盖种类广，产品涉及链条长，产业研发及应用涉及技术领域繁多，同时，不同的新材料产业，产品类型差异较大，具有不同的技术方向和研发、应用模式。集团根据战略部署及产业基础，确定了光电玻璃、纤维及复合材料、高分子膜材料等十大新材料作为重点发展领域，聚焦重点，在专业领域有所突破形成稳固市场。同时采用规划式引导的方式，结合不同新材料产业的应用特点和技术优势，按照类别进行有针对性的产业指导，形成集聚优势。

（二）整合资源，建立产研协同的新材料技术创新体系

1. 统筹内外部资源，打造国家级协同创新平台体系

为满足国家战略需求和实现行业技术引领，针对新材料产业存在的小而分散、各自为战的现状，集团充分发挥建材总院行业"中央研究院"作用，进一步优化配置科技资源，整合新材料产业优势资源，打造了具有前瞻性的重大、共性技术研发平台，同时以企业为技术创新主体，建成了具有国际竞争力、高效开放的协同创新平台体系。

一是按照突出主业、院企结合、优势互补、强化推广、服务产业的原则，充分发挥集团企业技术中心的作用。自2006年集团获批国家级企业技术中心以来，已成为国内规模最大、实力最雄厚的建材与无机非金属领域的科技研发机构技术开发中心，国家级企业技术分中心数量位列央企第一。分中心研究领域涵盖功能玻璃、纤维及复合材料等新材料领域，业务贯穿基础理论研究、技术研发与服务、标准制定与检验认证、实验仪器与生产装备制造、工程设计与总承包等全过程，形成集团层面的研发设计、产品制造和装备制造三大板块的有机结合，进一步完善了国家科技项目、集团自立项目、企业自立项目的三级技术创新体系。

二是推进外部创新体系建设，努力营造开放的创新环境。集团近年来组织打造企业国家级实验室、工程（技术）中心、产学研联盟等国家级新材料创新平台，在应用基础研究和行业共性、关键性的技术研发方面抢占制高点。加强与外部产学研资源的合作，积极开展与大学、科研院所的联合攻关、技术合作、学术交流、人才培养、成果孵化与转化等各个领域的广泛合作，与教育部一道共建科技支撑平台、技术联盟和知识联盟等，形成产学研相结合、企业与科研院所协同发展、新材料产业上下游企业紧密联合的新模式，构建起集团外部的技术创新合作体系。

三是积极构建行业开放式服务平台体系，形成了集全行业的检验认证资源、工业产品质量控制和技术评价实验室、国家中小企业公共服务示范平台于一体的建材行业技术综合服务平台体系，能够为企业提供包括检验检测、管理体系认证服务、标准化、技术产品开发、知识产权和品牌建设等方面的服务，推广先进实用技术，提供创业服务。

2. 整合国际优势资源，构建产业导向的国际研发平台

国外在新材料研发方面具有一定的技术优势，中国建材集团在充分利用国内优势资源的基础上，挖掘海外领先技术，开展多层次多种类型的活动，统筹利用两个市场、两种资源，提升在全球价值链中的地位。

一是采用共建的方式搭建国际研发平台。集团共建了中英先进建筑材料联合实验室、中埃高性能玻璃纤维及复合材料联合国家实验室、中国埃塞材料科学实验室与技术转移孵化中心、亚洲与混凝土研究院哈萨克斯坦分院等国际研发平台，稳步推进"海外产业＋科技＋服务"创新生态圈。充分利用现有双边、多边合作机制，拓宽新材料国际合作渠道，结合"一带一路"建设，促进新材料产业人才团队、技术资本、标准专利、管理经验等交流合作。

二是采用共同研发的方式提升技术水平。集团鼓励新材料相关企业积极与海外优势科研机构合作，联合技术攻关，缩短研发周期。旗下中复连众与德国公司合作开发四个型号低风速风电叶片，其中两个

型号叶片已批量生产；与德国公司合作对近10个叶片新产品进行设计和型式认证。中复神鹰与德国企业合作改进碳纤维预氧化炉结构，并对高温炭化炉进行重新设计，满足对于新产品性能的要求。

三是开展高水平、多层次国际科技合作交流，了解最新研究动态和技术发展方向。集团下属科研院所组织多名国（境）外顶级专家来华开展学术报告、国际会议等活动，邀请国外知名教授和院士受聘为客座教授，开展相关领域国际前沿技术的学术讲座。与建立紧密联系的国外相关协会、企业广泛开展技术交流，如集团旗下山东工陶院与奥地利公司开展异型陶瓷部件的无墨成型（3D打印）研究合作，引进国际最先进的陶瓷光固化3D打印装备，合作攻克了深色陶瓷光固化技术的难题；北京人工晶体院与瑞典、德国、日本等多家境外企业和研究机构开展技术交流，推进氮化物先进陶瓷技术研究与应用国际合作基地建设。

（三）以应用需求为牵引，多方式协同推进新材料产业技术创新引领

1. 发挥科研院所研发优势，开展新材料的基础研究和原始创新

科研院所是国家科技创新体系的重要组成部分，也是推动科技资源和要素进行良性循环和流动的重要力量。中国建材集团完成两材重组后，拥有26家国家级科研设计院所，作为行业和产业共性技术、公益性技术研究的主要承担者，集团充分发挥科研院所的技术研究优势，通过明确发展定位、强化自主研发、引领技术进步和完善标准体系为新材料创新体系奠定了技术基础和保障。

一是强化自主技术研发，引领技术进步。科研院所在多年的发展中，积淀了深厚的技术实力，在国家层面项目、人才、基地、国有资本金等多渠道得到全方位的支持。集团通过搭建产研协同创新平台，采取多种措施促进科研院所的成果转化，解决技术创新与产业发展脱节、成果转化缺乏动力的问题。例如，依托建材总院绿色建材国家重点实验室等创新资源，强化基础研究，突破一批关键技术，成功解决大尺寸防火玻璃制备关键技术难题，制备出世界上首块4200mm×2000mm大尺寸、曲面异型结构超薄型无机复合防火玻璃；采用真空辅助技术将风挡玻璃及车体复合材料抗冲击性能测试系统的弹体发射速度提升到1000km/h以上，为我国更高速列车的安全测试提供了保障。"年产2.4亿平方米锂电池隔膜建设项目"首条生产线日前在山东滕州建成投产，该产品就是通过院所技术成果孵化出的高科技产品，采用全球最先进的湿法双向同步拉伸工艺进行生产，产品厚度规格5～20μm不等，机械性能、耐高低温、电池安全性、循环寿命等关键指标均处行业领先水平，主要用于新能源汽车、消费类电子产品、储能产品等的锂离子动力电池。

二是完善技术标准体系。集团所属科研院所主动参与制定国际标准，成为国际标准的主导者，加快中国材料与试验团体标准建材领域团体标准体系建设。科研院所不断完善技术标准体系，从技术上为集团走出去战略的实施、参与国际竞争和拓展海外市场减少了贸易壁垒，同时也使集团新材料产品在国际竞争中逐步形成了自主品牌，提升了产品价值。集团2017年发布四项国际标准，包括两项ISO国际标准和两项IEC国际标准。其中国际标准ISO 20343：2017精细陶瓷（高性能陶瓷，高技术陶瓷）——《陶瓷厚涂层的高温弹性模量测试方法》建立了陶瓷厚涂层的高温弹性模量测试方法，准确评价了陶瓷涂层高温弹性模量，填补了国内外陶瓷涂层的技术空白，对于保障整个结构的安全性和可靠性，优化生产工艺，尤其对军工产品和国防建设有重要的意义。

2. 开展产研协同创新，加快新技术、新产品的转化应用

针对目前新材料产业创新资源分散，重复研究、重复投入现象比较突出的问题，中国建材集团充分发挥龙头企业作用和技术引领优势，推动上下游企业、科研院所和高校建立起以资本为纽带、产学研用紧密结合的协同创新模式，集中优势资源加快研发、产业化与应用。

一是通过产业技术创新联盟实现成果快速应用。集团牵头和发起成立了"中国碳纤维及复合材料产业发展联盟""中国循环经济工程技术协同创新中心""中国部品化建材产业发展联盟"等多个新材料产

业发展联盟,并积极参与"中国海洋材料产业技术创新联盟"等多个联盟的建设。通过产业联盟建设,集中力量开展系统攻关,加强前瞻性基础研究与应用创新,形成了一批标志性前沿新材料的创新成果与典型应用。如碳纤维联盟,加速了国产碳纤维在下游产业的推广应用,突破了碳纤维在大兆瓦级风电叶片上的应用,开发出系列海上风电叶片;加速推进了国产碳纤维在碳芯电缆的应用,通过产研合作孵化出的高科技产品,具有抗拉强度高、运行载流大、电损低、弧垂小等特点,可用于35千伏至1000千伏等级输电线路。目前碳纤电缆累计挂网8000多千米,2018年先后用于多条国网±800千伏特高压输电线路和500千伏超高压输电线路。

二是通过打造制造业创新中心强化自主创新引领能力。为加强新材料基础研究、应用技术研究和产业化的统筹衔接,完善创新链条的薄弱环节,形成上中下游协同创新的发展环境,集团与北京大学、武汉理工大学、南京工业大学等协同创新高校开展战略合作,依托高校的研发实力和开放共享的公共平台,打造新材料制造业创新中心、新材料测试评价及检测认证中心,降低新材料研发成本,缩短新材料研发应用周期。例如,中材科技与高校签订开放课题近20项,在特种纤维与复合材料应用基础研究和应用研究上开展联合研究;泰山玻纤与济南大学共同开发出高性能电子玻璃纤维及制品,并建成首条年产5万吨高性能电子玻璃纤维生产线,填补了国内空白,打破了国际垄断;中复连众与南京航空航天大学合作开发出具有自主知识产权的大型风力机叶片气动-结构一体化设计方法,实现6MW-10MW级高气动性能、低重量的风力机叶片设计和分析。

3. 利用国际研发平台开展引进消化吸收再创新,培育新材料高端产业

中国建材集团在充分调研的基础上,通过多种方式,引进全球行业领先技术,通过消化、吸收进行集成再创新,形成自主知识产权的核心技术,直接进行产业化。

一是着重加强国际合作,充分利用国际合作基地,大力推进国际项目合作落地,联合开展技术研究、人才培养和学术交流等活动,并积极推进国际标准的制定。二是推动高端引智工作,聘请外籍客座教授,组织国外顶级专家进行学术交流,着力培养国际化人才。三是采用并购的方式,整合国外优势产业资源,完成技术团队的整体引进,并在此基础上消化吸收,建立形成具有自主知识产权的技术体系。例如,集团所属凯盛科技重组全球铜铟镓硒薄膜太阳能技术领先的德国Avancis公司,引进核心技术及专利,通过集成创新,打造具有自主知识产权的核心技术,建成投产了国内规模最大年产1.5GW的铜铟镓硒薄膜太阳能模组生产线,研发生产出光电转换率世界最高的铜铟镓硒薄膜太阳能光电组件,不仅掌握了铜铟镓硒薄膜太阳能核心技术,而且还打通了从研发、设计、产品到装备制造的全产业链。

(四)探索创新驱动的工作机制,构建新材料完整产业链

1. 探索集团内院所与企业间的产研合作新模式

针对集团产研合作中存在的如科研院所与企业对产研协同工作重要性的认识不高,产研合作还不够系统、全面,院所开发出的科研成果与技术出现了"墙内开花墙外香"的现象,院所项目选题与企业技术需求没有形成有机结合,科研针对性不强等问题和不足,集团充分发挥企业技术中心的产研结合纽带作用,加强生产制造企业的创新意识与科研院所对企业的服务意识和能力,进一步强化集团内科研院所与企业间的产研协同创新。一是召开产研专题会议。通过专题会议,进一步统一思想,理顺科研与产业的发展思路,明晰产研结合与协同创新的发展方向、重点任务和具体部署。二是建立产研对接与交流机制。集团定期开展生产企业与科研院所间的专项技术对接与经验交流,同时充分利用集团每年一次的技术革新奖评审活动,积极开展集团内不同企业间的推广交流,既解决了企业在生产技术、产品及核心装备等方面面临的技术问题,又解决了科研院所研究资金匮乏的问题,推动了集团产研合作的深入开展。三是编写产研合作学习材料。为及时总结科研院所开发的新技术成果与产研结合过程中的先进管理经验,专人负责组织编写了《中国建材总院重要科技成果汇编》《商品混凝土科普读物》《特种水泥的生产

及应用》《国家清洁生产、节能环保与新材料相关政策文件汇编》等产研合作系列学习材料，促进了企业与院所间的交流学习。

2. 探索新材料产业培育新机制

为强化产研协同创新，使更多的技术研发成果实现工程化和产业化，中国建材集团探索多种创新模式，构建新材料产业培育新机制。

一是探索多种形式的产研合作模式。一方面大力鼓励和支持生产企业自带课题或联合立题到集团拥有的国家重点实验室、工程技术中心等开放研发平台从事技术开发，充分应用各科研院所的研发资源。另一方面也组织科研院所与企业间共建集团内实验室、技术中心等。如南方水泥和瑞泰科技联合成立了南方水泥耐火材料技术中心，并在湖南区域合作成立耐火材料技术服务中心等，共同进行前沿性、共性和关键性的技术攻关，解决企业生产中的技术难题，并为企业新产品的研制提供技术储备。

二是构建针对新材料产业发展特点的考核指标。集团对下属新材料产业板块的企业考核工作，除完成关键业绩指标（KPI）考核外，增加了对科技激励的考核。制定了科技激励考核办法，建立了激励指标体系，对产研合作、获得国家重大科技奖励、中国专利金奖、制定发布的国际标准、国家级研发平台运行情况等项目进行考核加分，并与企业绩效挂钩，有效促进了新材料企业创新积极性。

3. 探索多种支持模式促进科技成果产业化

在新材料研发成果产业化的支持模式上，中国建材集团在已有的"国家项目＋集团项目＋企业自立项目"三级科研项目支持方式的基础上，进一步创新模式，积极落实国家关于金融资本支持技术创新工作精神，充分利用政府产业创新基金、民间资本，建立起了从研发、工程化到市场化的全链条科技创新基金平台，构建起了"新技术＋新业务＋资本市场"的新模式。

一是设立研发引导基金。集团所属建材总院针对基础研究，设立了前沿探索基金和科技创新基金，其中前沿探索基金定位于资助新领域拓展、跨领域前沿探索等方面的创新性研究，强调思路创新、立意高远、遴选标准严格，已成为青年同志锻炼科研素养、培养创新思维、尝试新兴领域、创造新方向的重要舞台。

二是积极探索孵化模式。集团旗下中材科技引入国内首个"无机非金属矿物功能新材料股权基金"，以授权膨润土相关核心技术发明专利为基础在苏州国家高新区孵化成立苏州国建慧投矿物新材料有限公司，重点发展节能环保、新能源、新材料等新兴产业急需的环境友好型非金属矿物功能材料系列产品。

三是设立成果转化专项基金。集团旗下山东工陶院与淄博国基新材料产业创业投资有限公司设立了规模为1亿元的"工业陶瓷系列项目工程技术成果转化专项基金"，旨在加快工陶院科研成果和军民融合技术的成果转化，推动功能陶瓷新材料产业基金对功能陶瓷产业多层面、多阶段、多应用领域的支持。

4. 探索融资新模式

中国建材集团通过银行、债市、股市、政府及战略投资等多元渠道，充分利用资本市场筹集资金，为产业发展保驾护航。

一是以资本运作的形式，通过资本本身的技巧性运作或资本的科学运动，实现价值增值、效益增长，筹措项目开发资金。通过资本市场融资，发挥上市公司的平台和核心作用，增强上市公司再融资能力，实施战略性并购重组和产业整合，提升整体实力和竞争优势，政府配套扶持资金用于企业利用资本市场融资补贴和奖励。

二是引入战略投资人，在产业化公司实施混合所有制，通过控股合资的形式，筹措产业化资金，降低企业产业化的风险，激发企业活力；在产业化过程中积极争取国家的政策支持，充分利用产业落地当地的用地、资金以及用工方面的优惠政策。

三是围绕产业链重大投资项目,不断推进融资模式的创新,通过银行创新信贷方式,综合运用短期融资券、中期票据、永续债、超短融等债务融资工具,为重大产业项目提供融资保障,提升非银行金融机构的融资比重,在传统的银行融资外,不断探索金融创新产品。

（五）完善配套措施,保障产研协同创新有效开展

1. 创新激励机制

中国建材集团大力加强科技创新考核、评价、分配、中长期激励等制度建设,指导相关企业积极修订相关管理制度,并依托改革试点,推进混合所有制与激励机制改革。采用建立健全科技奖励制度、推进股权和分红权激励机制、完善薪酬激励机制等多种方式,有效促进了新材料产业的技术创新和科研成果转化,支撑了产业发展。

一是建立宽覆盖、分层级的科技奖励机制。集团设立了科学技术奖和技术革新奖,出台了一系列关于科技成果、科技奖励和科技创新评价奖励的制度,设立每年100万元的奖励基金,对获奖项目予以表彰和奖励。同时鼓励下属企业积极申报国家奖,对获得国家奖的项目也给予等比例的配套奖励。

二是积极稳妥深化改革,推进科研院所混合所有制与激励机制改革,按照"个别试点、逐步推进、扩大实施"总体部署和"分类研究、一企一策"实施方案,积极推进相关工作。集团旗下建材总院深化内部收入分配机制改革,推动衢州金格兰公司股权分红激励实施工作,进一步优化和完善中岩科技公司股权结构,开展员工持股计划,实现由中岩科技核心管理、技术和业务骨干共同出资组建员工持股公司认购中岩科技部分股权。

三是以鼓励科技创新和科研成果产业化为出发点,强化科研工作绩效激励,建立与市场机制接轨、与岗位价值和所做贡献相匹配的薪酬激励机制,充分体现科研人员的创新价值,激发科研人员的创新活力和合力。同时不断完善业绩考核体系,按不同单位的科技创新特点进行分类考核,体现了对科技创新的支持和公平合理性,依据创新要素建立市场化的薪酬制度。

2. 打造高素质复合型人才队伍

中国建材集团公司坚持"人才强企"战略,高度重视人才队伍建设,以人才优势打造竞争优势,推动企业可持续发展。

一是推进"走出去"和"引进来"政策。集团旗下建材总院全年171个团组278人次出访55个国家和3个地区；组织来自德国、美国、瑞士等国（境）外顶级专家来院做学术报告14场次,新聘客座教授2位,再度邀请外国访问学者来院开展学术研究和专业人才培养。由总院与英国伦敦大学学院共同建立的中英先进建筑材料联合实验室在伦敦大学学院正式成立,进一步加强中英双方在先进建筑材料领域的交流合作与人才培养,共同引领建筑材料低碳发展。

二是加强人才团队建设和培养。集团积极探索全链条人才培养机制,在"十三五"科技发展规划实施方案中有意识地引导下属企业深入考虑并推进科技创新团队建设,加大高层次人才报奖评优,着力实施国防青年拔尖人才、青年科技骨干、科技创新团队、高技能人才等队伍建设工程。选派业务骨干出国考察培训,定期召开青年科技骨干学术报告,积极开拓新的学科领域,储备和培养后备人才,建设具有持续发展能力的科研团队。

3. 大力实施知识产权战略

中国建材集团大力实施知识产权战略,通过采取鼓励引导、树立标杆、强化考核、完善专利管理体系的"四位一体"管理理念,不断强化知识产权创造、保护与管理运用,重点突出新材料产业领域专利布局和核心技术的国际专利布局,培育高价值专利,成效显著。不断强化新材料产业专利预警分析布局,先后布局开展了碳纤维、石墨烯、玻纤、特种玻璃、石墨、膨润土等集团主导新材料产业的专利预警分析和战略研究,加强核心技术知识产权保护,培育形成了T800级碳纤维、E系列高性能玻纤、信

息显示玻璃以及新能源材料领域的一批高价值专利，并实现了工业化量产。新增专利超过500项，其中国际专利60多项，并在美、日、埃及等关键市场构建了企业玻纤配方专利池，为集团玻纤产业技术装备的输出和全球化布局提供了强有力的技术保障。

三、大型建材企业集团以技术创新为引领的新材料产业拓展效果

（一）多项新材料成果成功满足国家战略需求

中国建材集团新材料产业的快速发展，为国家战略性新兴产业发展和重大工程提供了保障和支撑，多项成果填补国内空白，产品性能达到国际先进水平，并实现大规模工业化生产，一大批新材料成果应用于天舟一号、天宫二号、北斗导航卫星、风云卫星、水陆两栖飞机AG600等国家重大工程和型号装备。集团实现碳纤维国内产能第一，国产碳纤维市场占有率超过60%，中复神鹰掌握了干喷湿纺高性能碳纤维工程化技术，突破了T1000碳纤维关键技术，建成千吨级T800高性能碳纤维生产线，产品性能指标达到国际同类产品先进水平。1.5GW铜铟镓硒薄膜太阳能模组生产线一期300兆瓦正式投产，是国内首条规模最大的具有德国工业4.0水平的铜铟镓硒薄膜太阳能模组生产线，产品广泛应用于光伏电站、太阳能屋顶、智慧农业等领域，形成了从太阳能基板玻璃到光伏电池组件的全产业链。实现全球最薄的0.15毫米超薄柔性电子信息显示玻璃稳定量产，生产出国内首片0.1毫米TFT液晶玻璃基板，国内首条具有自主知识产权的8.5代TFT生产线正在建设。

（二）建立了完备的新材料产业发展体系

以高性能纤维、先进复合材料、高分子膜材料、光电玻璃、高端工业陶瓷等"十大新材料"工业化量产为核心，快速提升新材料产业盈利水平，并取得显著成效。在硅基新材料、高性能玻纤及碳纤维、兆瓦级风电叶片、薄膜太阳能电池等方面建立了世界一流的成套技术与装备集群。目前，集团碳纤维产能达6300吨，到"十三五"末产能将达到1万吨；高性能玻纤产能178万吨，开发出E6、E7、E8系列玻纤，实现玻纤成套技术输出，在"一带一路"沿线建成埃及年产20万吨玻纤工业园，美国年产8万吨玻纤项目开工建设；风电叶片产能16GW，在全球建有15个叶片生产基地，拥有兆瓦级大型风电叶片及碳纤维复合材料叶片关键技术，涵盖1.0MW－6.7MW、17个系列150余款叶片产品；构建了从超薄玻璃基板到终端应用的信息显示产业链，并拥有电子显示玻璃核心技术及成套装备；通过集成创新，攻克了薄膜太阳能电池转化效率的难题，目前集团已经形成了从太阳能基板玻璃到光伏电池组件的全产业链。

（三）形成了具有自主知识产权的核心技术

中国建材集团突破了多项关键技术，取得了一系列成果，形成了具有自主知识产权的核心技术体系，自主创新能力和核心竞争力显著提升，有力支撑了集团的产业转型升级发展，保持和巩固了集团的科技国家队和排头兵地位，并作为行业的龙头和领军企业，参与到国家科技部、工信部、发改委等多个部门的发展规划、产业政策、实施方案制定工作中。截至2017年年底，已制定发布国际标准7项，其中ISO国际标准5项、IEC国际标准2项，累计有效专利突破10000项，其中发明专利2400多项；年申请专利超过2000多项，其中发明专利占比50%，同时培育了高性能碳纤维、E7和E8玻纤、锂电池隔膜、高性能氮化硅陶瓷、信息显示玻璃基板、薄膜电池光伏组件、高压电瓷等一批高价值专利。2017年中国建材实现营业收入3042亿元，利润总额150亿元，其中新材料业务实现利润70亿元，为集团利润总额贡献近半。

（成果创造人：姚　燕、光照宇、郅　晓、彭　寿、颜碧兰、
　　　　　　　王于猛、张　健、魏如山、阎　宏、祝伟丽、王茂生）

民营化工企业依托氟技术优势的新能源业务培育发展

焦作多氟多实业集团有限公司

焦作多氟多实业集团有限公司（以下简称多氟多）是在氟、锂、硅三个元素细分领域进行化学和能源研究、从氟化工向新能源汽车转型发展的国家高新技术企业，产品布局无机氟化物、电子化学品、锂电池及材料、新能源汽车四大产业板块。拥有26家控股子公司和我国无机氟化工行业唯一一家上市企业，员工6000余人，先后荣获"全国先进基层党组织""国家科技进步二等奖"。主导产品冰晶石、氟化铝、氢氟酸、六氟磷酸锂等产销量持续多年全球第一，三元叠片软包电池技术领先。

一、民营化工企业依托氟技术优势的新能源业务培育发展背景

（一）突破氟化盐产业"天花板"的发展需求

多氟多在不断实施科技创新的推动下，氟化盐产品质量和产量同步提升，年产量从5万吨提升到30万吨，而全球氟化盐产品需求总量为50万吨，氟化盐业务提升空间有限。与此同时，2010年在全球金融危机冲击下，氟化盐市场出现波动，市场供过于求，价格急剧下滑，利润空间严重萎缩。提高生存能力、寻求更大的发展空间、探索新的发展领域，成为多氟多的当务之急。在综合分析氟化盐市场布局、供求关系、发展潜力等方面因素之后，多氟多结合自身优势，把科技创新和科学转型作为企业发展的头等大事，决定实施氟化盐产业科学转移和依托优势转型发展"同步走"战略。一方面把位于中原的氟化盐项目转移到我国西部地区，借助西部的原料和市场双重优势，与全国大型氟化盐企业合作，走混合所有制改革之路，实现低成本经营，扩大市场占有率；另一方面借助企业本身的氟技术科研优势，力争在新材料领域尽快突破，研发国内急需的高新技术材料六氟磷酸锂产品，实现弯道超车，适应我国锂电池新材料发展的需要。

（二）利用氟技术优势弥补我国新材料短板的需要

六氟磷酸锂作为典型化工新材料，是锂离子电池核心材料之一，在锂离子电池工作过程中起到传输锂离子的作用，其品质优劣决定了锂离子电池充放电性能、使用寿命和安全性。其技术壁垒很高，2010年之前，六氟磷酸锂生产技术主要掌握在日本森田化学、关东电化、瑞星化工三家企业手中，为确保市场垄断地位和高额利润，这些企业对六氟磷酸锂技术严密封锁。中国是全球锂离子电池最大的生产国，国内锂电池生产所需的六氟磷酸锂依赖进口，严重制约了我国锂电池及相关产业的发展和技术进步。多年来，国内科研院所、高等院校、大型企业做了大量研究和开发工作，但受制于高纯基础原材料研究投入不足、品质等级低、高精尖装备技术水平落后、高纯产品工艺控制水平低等问题，高纯晶体六氟磷酸锂产业化困难重重。

多氟多了解到这一情况后，在民族责任和社会担当的双重激励下，下决心自主研发我国锂电池产业急需的新材料六氟磷酸锂，打破国内六氟磷酸锂受制于国外垄断的被动局面，弥补我国锂电池产业新材料的短板。

（三）顺应国家能源战略转型发展锂电池的需要

发展新能源汽车是国家新能源战略的重要组成部分，是我国从汽车工业大国迈向汽车工业强国的必由之路。我国从2009年开始正式启动新能源汽车发展战略。发展新能源汽车的关键在于掌握新能源动力电池的核心技术。国务院要求政府、企业和科研机构共同加大研发力度，认真研究市场，用好用活政策，开发适应各种社会需求的新能源产品，特别强调以新能源电池推动新能源汽车成为国民经济的一个

强劲的增长点。

基于上述原因，多氟多从2010年起，依托氟技术优势，通过对"氟"和"锂"两个元素的研究，掌握六氟磷酸锂核心技术，实现产业化，进而研发车用锂电池，在车用锂电池的正极材料、负极材料、隔膜和电解质等技术方面，取得关键性突破，并且研发以锂电池为基础的新能源汽车动力总成，开始布局实施新能源转型发展战略。

二、民营化工企业依托氟技术优势的新能源业务培育发展内涵和主要做法

多氟多通过持续技术创新，提升氟化物工艺水平，发挥氟技术整体优势，以并购重组的方式，巩固氟化盐行业龙头地位；利用氟技术优势吸引资本市场，拓宽融资渠道，研发并生产高新技术材料六氟磷酸锂；以新材料为突破口，积极开发锂电池，搭建汽车动力总成平台，重组红星汽车公司，多方合作，布局发展新能源汽车，拓展了企业未来发展空间，开辟新的经济增长点。

（一）持续技术创新，巩固氟化盐行业龙头地位

氟化盐系列产品是多氟多积累的优势业务，产品技术含量高、工艺水平高、市场占有率高。多氟多打破传统的人造粉状冰晶石技术，开发黏土盐卤法工艺生产的砂状冰晶石，填补国内空白。在生产实践中，多氟多不断探索和提升氟化盐新工艺，追求超低排放。通过持续技术创新，淘汰污染严重的湿法氟化盐工艺，开发具有行业领先的无水工艺，氟化盐产品质量稳步提高，达到国际领先水平。分析氟化盐产品的目标成本、实际成本、财务成本和考核成本，在技术进步、装备升级、梯级利用和余热利用多方面加大技术研发投入，大幅度提升设备运行效率、劳动生产效率、能量利用效率和智能控制效率，实现水资源综合利用、热风尾气利用、氟资源平衡、氟化铝热平衡等关键技术在行业内的突破，各项性能指标处于行业领先地位。

在探索氟化盐高端领域中不断突破。多氟多承担"2013年国家产业振兴与技术改造专项""2014年河南省重大科技专项"，研发新产品"超净高纯电子级氢氟酸"。项目突破精馏提纯、环境控制、设备优化等关键技术，产品指标优于国内行业标准（HG/T4059—2013）UP－SS级和国际半导体标准SEMI－C12，成功应用于德州仪器、重庆超硅、上海新昇等国内半导体厂商并批量生产，完全可以替代进口产品，已达到UP－SS/SEMI－C12级水平，在8寸、12寸半导体行业占有一定地位，标志着多氟多在我国半导体行业成为重要供应商。2017年4月，与浙江中宁硅业宁波电子信息集团共同出资1.5亿元对中宁硅业进行破产重组，利用中宁硅业电子级多晶硅、电子级硅烷和四氟化硅产品优势，发挥多氟多总部研发优势，向半导体行业延伸，成为芯片行业重要供应商。

依托积累的氟技术整体核心优势，与氟化盐企业并购重组、优势互补，稳固行业龙头地位。2012年，多氟多与"中核集团"旗下濒临破产的甘肃白银中天公司并购重组。多氟多投资2.34亿元，新建高性能无水氟化铝配套无水氟化氢项目和5万吨/年无水氟化氢项目。2013年12月、2014年8月两条生产线相继建成，一次性达产达标，当年建成当年见效益。白银中天在短短2年内，高纯冰晶石、高性能无水氟化铝、无水氢氟酸实现量产，产能扩大到年产13.5万吨的规模，产值翻5倍，稳定多氟多氟化盐业务在西部的战略布局。2013年，多氟多瞄准氟化盐产能和市场位居国内第二的宁夏金和公司。宁夏金和公司具有年产10万吨干法氟化铝生产规模，是"中色集团"旗下的"国"字号企业，由于多种原因，经营出现困难，举步维艰。多氟多考虑到双方的互补优势，经过5年艰难谈判，2017年6月7日，重组成立宁夏盈氟金和科技有限公司，发挥被并购企业的专业特长，融入多氟多总部管理经验和运营模式，实现当月并购、当月投产、当月扭亏为盈。

（二）发挥氟技术优势，研发并生产锂电池新材料六氟磷酸锂

2006年年初，多氟多组建六氟磷酸锂研发团队，开展"高纯晶体六氟磷酸锂关键制备技术及产业化"项目，先后承担和完成国家"863计划""国家战略性新兴产业专项"和"国家工业强基工程"，从

零起步，在没有原材料、没有生产工艺、没有关键技术的情况下，一步一步攻关，实现从科学到技术、从原料纯化到技术装备、反应工程、工艺开发等关键技术的全面突破，开发出以工业碳酸锂、工业氟化氢为原料的制备生产工艺。首创双釜循环切换、反应气气流搅拌反应技术，发明超声诱导成核、梯度降温结晶工艺。研制出专用氟材料衬里耐腐蚀、高传热制备。

2013年12月，年产2000吨六氟磷酸锂生产线成功投产，年总产量达到3000吨，标志着我国成为全球第二个能够自主生产高纯晶体六氟磷酸锂并达到产业化的国家。2017年，多氟多六氟磷酸锂产能达到年产6000吨，产能规模和质量指标成为全球行业第一。

（三）以新材料为突破口，积极发展新能源业务

六氟磷酸锂是锂电池的电解质，被称为锂电池的"血液"。六氟磷酸锂是全球生产工艺复杂的高科技产品。六氟磷酸锂本身易潮解、热稳定性差、分解温度低，生产过程涉及低温、高纯精制、强腐蚀、无水无尘等复杂工艺和操作难题。六氟磷酸锂的痕量杂质、一致性和稳定性，决定了锂电池的充放电性能、能量密度和使用寿命。

多氟多六氟磷酸锂量产初期，国内外企业一直存有疑虑。为了消除这种疑虑，多氟多销售团队提供企业自己生产的六氟磷酸锂让锂电池企业免费试用。但是，许多企业因为对国外产品过于信赖，仍然迟迟不敢使用国内产品。为了证明自己的产品质量优异，多氟多决定用自己生产的六氟磷酸锂生产锂电池，让电动汽车厂家免费试用。2010年12月，多氟多成立全资控股子公司——多氟多（焦作）新能源科技有限公司，注册资本8.2亿元，开始研发电池、电机、电控等新能源电动汽车动力总成的核心技术。

锂电池在充放电过程中遇到高温天气容易爆炸，一直是影响锂电池安全的难题。最初，锂电池的外包装以钢质材料为主，但遇到爆炸时，爆炸的能量会把外壳击碎，对周围人员造成伤害。为了解决这个难题，多氟多的科研团队在充分论证后认为，用铝塑膜做外包装，电池发热到一定程度，铝塑膜就会自动融化松开，不会引起爆炸，能够解除人们对锂电池爆炸的后顾之忧。为此，多氟多组建专门的研发团队，成立锂电池材料研究所，研发叠片软包电池。从设备、工艺、技术、指标等逐项进行开发，其中，核心部分是用于封装电池的铝塑膜。2012年10月，多氟多年产1亿AH动力型锂离子电池生产线开始批量生产，2014年10月，年产3亿AH能量型动力锂离子电池项目启动，2015年5月，年产3亿AH能量型动力锂离子电池项目二期工程开始扩建，2016年，年产1.5GWH动力锂离子电池项目在河北邢台启动。

多氟多生产的纯三元叠片式软包装电池，拥有独立的研发、实验、生产技术和完全自主知识产权。生产的三款电池在循环、高低温放电、倍率、一致性等方面性能优异，入选国家高新技术和推荐目录，成为锂电池叠片软包细分市场领域的领跑者。目前，国内外有40000辆装载多氟多生产的纯三元叠片式软包装电池的电动汽车，已安全行驶10万多千米，创造零事故记录。多氟多的产品同时销往欧美市场，成功应用于电动汽车、电动自行车、电动工具等领域。

成立新能源锂电池工程技术研究中心，通过引进人才和内部培养相结合，与中科院青海盐湖研究所的院士专家合作，逐步掌握电池、电机、电控组成的动力总成核心技术。2013年8月，多氟多生产的动力总成形成批量供货，已成为东风、新大洋、金龙、众泰、少林、知豆和奇瑞等多种新能源车型的重要供应商和合作伙伴。2016年11月，多氟多年产30万套新能源电动汽车动力总成及其配套项目，在焦作新能源汽车产业园启动，项目总投资51.5亿元，获得国家开发银行4.03亿元资金支持，是中原经济区电动汽车"摇篮"工程，是焦作市转型升级标志性工程。

2015年7月，多氟多投资1.5亿元收购河北红星汽车有限公司，通过并购重组取得新能源汽车生产资质。2018年年初，年产10万辆新能源汽车生产基地也在河北动工建设。

（四）多渠道融资，为转型发展提供支撑

2010年5月18日，多氟多在深圳交易所成功挂牌上市，成为氟化工企业中的第一家上市公司。在技术和资金的双轮驱动下，多氟多走上良性发展的快车道。2010年，多氟多首次在资本市场融资10亿元，顺利渡过2008年全球金融危机的冲击，同时加快氟化盐技术改造和兼并重组的步伐，为巩固企业在氟化盐行业的龙头地位夯实基础，保证新材料六氟磷酸锂在研发和产业化阶段的巨大投入。2015年，多氟多以非公开方式募集资金6亿元，推动锂电池项目实施，使锂电池的产能、规模和技术走上加速发展的快车道。2018年6月，多氟多以非公开发行股票方式募集资金近7亿元，用于年产1万吨动力锂电池高端新型添加剂项目及年产动力锂离子电池组10GW项目和年产电机、电控各30万套项目。多氟多在资本市场的大力支持下，以大项目为支撑的新能源核心产业项目建设有序推进，以氟技术为核心优势，向新材料、新能源转型发展的战略布局基本形成，并稳健发展。

三、民营化工企业依托氟技术优势的新能源业务培育发展效果

（一）氟化盐行业的龙头地位更加稳固

多氟多充分发挥氟技术优势，通过并购重组，巩固氟化盐业务全球行业龙头地位，经济效益明显提升。2009年，营业收入74578.71万元，净利润7478.79万元。2017年，营业收入达到376809.43万元，净利润实现30089.55万元。与2009年相比，2017年营业收入和净利润分别增长405.25%和302.33%，创多氟多发展史上新纪录。多氟多生产的主导产品氟化盐、冰晶石产销量占全国市场份额的50%，出口连续16年保持全国第一。无水氟化铝产量占全国30%，出口连续11年保持全国第一。工业级氢氟酸产销量占全国20%。六氟磷酸锂产销量全国第一，国内市场占有率达35%，国际市场占有率超过25%。

（二）以新材料为支撑的新能源锂电池稳健发展

新材料六氟磷酸锂的研制开发和产业化，实现经济效益和社会效益双丰收。近三年来，六氟磷酸锂累计实现销售收入21亿元，利税10亿元。通过"氟锂结合"，实现氟、锂两种稀缺资源的梯度综合利用，对化工行业走精细化、高端化发展之路起到示范作用。六氟磷酸锂的产业化提高了我国新材料制备技术水平和自给保障能力，推进我国制造业创新发展和质量提升，为锂电池走进千家万户做出突出贡献，为我国新能源汽车工业"弯道超车"实现强国梦提供坚实保障。

（三）拓展企业发展空间，培育新的经济增长点

多氟多依托氟技术优势，坚持创新，研发并实现新材料电子级氢氟酸产业化，形成氟化工、新材料、新能源及新能源汽车多元化转型发展，为高科技企业向服务制造型的现代化企业转型、实现企业高质量可持续发展提供很好的借鉴。

（成果创造人：李世江、李云峰、谷正彦、郝建堂、程立静、
陈相举、尚钟声、张小霞、周小平、高永林、魏现有）

钢铁企业与城市协调发展的非钢业务转型升级

首钢集团有限公司

首钢集团有限公司（以下简称首钢）始建于1919年，迄今已有近百年历史。首钢现已发展成为以钢铁业为主，兼营矿产资源业、环境产业、静态交通产业、装备制造业、建筑及房地产业、生产性服务业、海外产业等跨行业、跨地区、跨所有制、跨国经营的大型企业集团，总资产5000亿元，员工近9万人。进入21世纪，首钢贯彻奥运国家战略和钢铁业结构优化升级要求，率先实施并完成了史无前例的搬迁调整，成为北京、河北两地政府落实京津冀协同发展国家战略的平台和载体。2010年以来，首钢连续6年名列美国《财富》杂志全球企业500强。2017年，首钢营业收入1850亿元，利润20亿元。

一、钢铁企业与城市协调发展的非钢业务转型升级背景

（一）钢铁业搬迁调整后，非钢产业战略转型的需要

2005年，首钢自觉服从国家奥运战略和首都城市发展功能定位，在全国率先实施钢铁业搬迁调整。2010年年底，首钢北京地区各钢铁厂全面停产，向社会兑现了首钢的庄严承诺。首钢非钢产业的发展却面临许多困难和矛盾。一方面，产业层次偏低，无法满足北京城市高端业态要求；另一方面，当时绝大多数非钢业务严重依赖于钢铁业，无法独立面对愈发激烈的市场竞争。首钢非钢业务必须实施战略转型，发展高端及都市产业，从而打造市场竞争新优势。

（二）企业与城市共同发展的需要

首钢搬迁后，北京地区主厂区周边及钢铁配套上下游企业腾退出多块可开发利用的土地。"十三五"期间，北京市明确了"政治中心、文化中心、国际交往中心、科技创新中心"的城市战略定位，提出新首钢高端产业综合服务区要建设成为传统工业绿色转型升级示范区、京西高端产业创新高地、后工业文化体育创意基地。首钢认识到，城市与企业是紧密的"命运共同体"，城市是企业发展的载体，企业是城市发展的基石。首钢只有自觉服从首都"四个中心"战略定位，高质量、高标准建设北京园区，围绕城市运营服务大力发展非钢产业，成功完成非钢业务转型升级，才能促进企业与城市共同发展，为治理首都"大城市病"、打造和谐宜居之城做出应有的贡献。

（三）解决企业搬迁调整遗留问题的需要

首钢钢厂搬迁和老工业区改造是前所未有的复杂系统工程。虽然成功完成新钢厂建设，但首钢经济运行中还面临不少困难和挑战，负债高、利息重、风险大的基本面还没有改变。同时，首钢在北京地区的众多搬迁腾退土地资产有待盘活。截至2017年年底，首钢在北京地区管理使用的土地面积共计1576万平方米，国有用地使用面积在市属国企中位列前茅。由于历史原因，形成了各种形式的违法用地、违法建设、低端产业聚集人群大院及历史遗留自建房屋等问题，对区域环境品质、园区转型发展和人民生命财产安全等造成了不良影响。面临搬迁调整遗留问题，首钢非钢产业迫切需要转型升级，实现企业的长远发展，切实提高人民群众幸福感，履行企业的社会责任。

自从钢铁业搬迁调整以来，经过近10年的探索实践，首钢于2014年确定"钢铁企业与城市协调发展的非钢业务转型升级"的发展思路并加以实施。

二、钢铁企业与城市协调发展的非钢业务转型升级内涵和主要做法

钢铁业搬迁调整后，首钢以搬迁腾退土地开发为契机，将土地开发、基础设施建设、产业布局紧密结合，积极推动非钢产业战略转型升级，确定了非钢产业战略定位及业务组合，大力培育具有战略价值

的新产业，全力提升园区开发与运营管理能力，科学高效利用腾退空间，多措并举打造非钢业务转型升级的保障体系，实现了良好的经济效益、环境效益和社会效益。主要做法如下。

（一）适应钢铁业搬迁调整，确定非钢战略定位及业务组合

1. 聚焦企业发展战略，明确非钢业务战略定位

自2005年在全国率先实施钢铁业搬迁调整以来，首钢审时度势、科学决策，精准地提出不同阶段的首钢发展战略。与之相呼应，首钢非钢业务的转型升级经历两个时期。

"十一五"期间提出并实施"一主四优一提升"发展战略，即"一主"——加快做强做大钢铁主业；"四优"——大力发展具有高新技术含量和竞争能力的电子机械业、建筑业、生产服务业、矿产资源业四大优势产业；"一提升"——提升拓展海外事业。至此，首钢调整产业发展战略，由钢铁一业独大开始向非钢产业布局。"十二五"初期提出并实施"主业做强，多业协同"发展战略，即做优做强钢铁业，协同发展装备和汽车零部件制造业、矿产资源业、生产性服务业、房地产及建筑业、海外产业和文化创意产业。"十二五"中期以后，首钢非钢产业进入转型升级新时期。面对不断变化的严峻市场形势，首钢深入贯彻国家和北京市要求，主动求变，在2014年出台《首钢关于全面深化改革的指导意见》，提出"通过打造全新的资本运营平台，实现钢铁业和城市更新改造服务业两大主导产业并重和协同发展"的战略目标，将非钢业务首次提升到首钢"主业"的战略高度。2016年8月，首钢确定"十三五"时期发展战略，即打造有世界影响力的钢铁产业集团和有行业影响力的城市更新改造服务商。

2. 剖析市场环境，优化非钢业务战略组合

为确保发展目标和战略定位的实现，在城市发展、政府所急、百姓需求、生态环境等方面寻找发展机遇，采用波士顿矩阵与母合优势相结合的方法，分析首钢现有各非钢业务单元的吸引力与竞争力，综合考虑集团能否为该业务创造价值，是否能在业务优势、内部资源与市场、融资平台等方面为该业务带来竞争优势，进行业务聚焦调整。2014年起，首钢非钢业务领域重点实施三大战略举措，一是整合原有钢铁生产服务的设计、建设、材料、信息化等资源，大力培育具有战略价值的新产业，包括城市环境产业、静态交通、房地产业和健康养老等产业。二是打造和提升园区开发与运营管理能力。三是承担企业社会责任，处理好搬迁带来的历史遗留问题，为城市发展作贡献。

（二）服务首都功能定位，大力培育具有战略价值的新产业

1. 发展静态交通产业

首钢致力于打造静态交通领域领先的投资、运营服务商，形成研发制造、投资运营、资本运作为一体的静态交通全产业链。一是成立专业化静态交通全产业链平台公司——北京首钢城运控股有限公司，以投资、建造、运营机械式立体车库为主业，为不同客户提供菜单式定制服务，目前具备6大系列14种智能立体车库设计建造能力。二是发挥基金优势，首钢基金公司与中集集团共同出资10亿元，合作成立了"首中投资管理有限公司"，主要为政府、医院、交通枢纽、开发商等客户提供智能停车设施、智慧停车云平台的投资运营。三是与北京市首都公路发展集团、北京首都开发控股有限公司和北京能源集团三家市属国企共同发起设立"北京静态交通投资运营有限公司"。目前，首钢正在利用这个投资运营平台，发挥国有企业主力军的引导作用，通过不断整合北京市静态交通行业资源，做大做强首钢静态交通产业。

2. 发展城市环境产业

利用搬迁腾退土地，集成国内外先进技术，发挥自身工厂精益管理的优势，大力发展城市环境产业。首钢环境产业重点项目——鲁家山循环经济（静脉产业）基地是国家发改委批复唯一的统筹处理城市固废垃圾的国家级循环经济示范园区。鲁家山静脉产业基地垃圾焚烧一期项目技术达到国内领先水平，排放达欧盟标准，为亚洲单体一次投运规模最大的垃圾焚烧发电厂，具备日处理生活垃圾3000吨

的能力。2017年，该基地被环保部授予全国宣传教育中心教学实践基地。目前，首钢城市环境产业已形成生活垃圾处理、建筑垃圾资源化处理、污染土壤修复三个主营业务，2017年实现处置规模生活垃圾3000吨/日、建筑垃圾180万吨/年、土壤修复28万吨/年、餐厨垃圾100吨/日。

3. 发展房地产业

房地产业正在成为首钢向城市更新改造服务商转型的支柱平台。一是加大市场开发力度，推动市场化项目开发。目前已形成京津冀、环渤海、黔渝成三个片区的布局，已基本形成政策房、商品住宅及配套商业的三类核心产品。2016年至2018年6月，首钢共成功获取成都、重庆、贵阳土地共6宗，总建筑面积约190.37万平方米。二是利用自有用地开发政策房，获取二级开发收益，为首钢住宅产业化做好支撑。目前，首钢已开工建设石景山区限价房、丰台区二通厂定向安置房和昌平区一线材厂定向安置房项目。2017年，首钢政策房开发实现销售收入191亿元、利润总额18亿元。三是以产业园区为平台，导入优势产业，实现收益。以首钢北京园区、曹妃甸园区、二通、贵钢园区为突破口，快速打造形成产业地产核心能力，形成良好的专业基础，建立首钢地产在产业地产领域的影响力和品牌形象。

4. 发展健康养老产业

一是整合首钢内部的医疗、养老产业资源，利用企业存量土地转型发展养老产业。首钢利用位于丰台区的原第一耐火材料厂搬迁腾退土地，建设养老项目。二是通过并购重组发展医疗产业。首钢基金公司与中国人寿、神州数码、江河集团合作设立首颐医疗公司，加快国企社会职能剥离，运营管理北京大学首钢医院、水钢医院等6家医院，年收入20亿元，并在全国范围内拓展优质医疗资产的并购业务。

(三) 打造和提升园区开发与运营管理能力

1. 加快首钢北京园区建设运营，提升对内、对外战略价值

一是协同基金业务，开展入园高新企业识别、培育、投资，使之成为首钢未来的新增长点。2017年，首钢与冬奥客户——腾讯、星巴克签署租赁协议，与中国银行、爱奇体育进入合同签署阶段；与铁狮门、中国舞协签署合作备忘录。首钢还同中数盟、中关村产业联盟促进会、中关村前沿科技与产业服务联盟等社会组织在企业对接、行业活动等多方面开展合作，宣传推介首钢北京园区。二是制定首钢北京园区北区产业规划，借助政府平台资源和政策，促进产业落地。根据产业定位，完成数字智能领域独角兽目标客户库建设。三是加快推进体育产业示范区建设，加强与体育产业潜在咨询方、合作方进行前期项目的沟通洽谈。四是高标准做好冬奥组委的服务保障工作。借鉴国内外先进物业服务标准，建立、完善了200余项制度及表单文件，形成冬奥物业服务手册，初步实现物业服务的标准化、规范化。五是积极争取国家和北京市各类资金支持，形成首钢未来稳定的现金流，缓解企业资金压力。

2. 积极推进曹妃甸园区建设，努力打造非首都功能承接平台

曹妃甸园区开发聚焦"产业、产城融合"两个先行启动区，确定以PPP为主的开发建设模式，加快基础设施及公共服务配套。5.5平方千米的"产业先行启动区"已完成路网建设7.1千米，土地固化整理189.14万平方米，达到九通一平条件，满足落户企业入场建设要求。4.6平方千米的"产城融合先行启动区"，已完成场地平整4.6平方千米、市政道路建设2.3千米、河道治理460米，为产业转移、公共资源疏解人群提供生活配套及公共服务。同时，首钢积极协同地方政府开展曹妃甸园区整体招商，截至2017年年底，产业先行启动区已签约62个项目，总签约投资额约605亿元。

3. 创新"双园区联动"开发模式

首钢按照京冀《共同打造曹妃甸协同发展示范区框架协议》，致力于将河北曹妃甸园区打造为"首都战略功能区和协同发展示范区"。首钢北京园区与曹妃甸园区"双园区"联动开发，联动招商、协同发展、优势互补，前店后厂，总部研发基地放在北京，生产制造基地放在曹妃甸。曹妃甸园区按照先进制造业转移基地的定位，承接北京非首都功能产业疏解，推进产业聚集、产城融合，牵引区域协同

发展。

4. 首秦园区开发聚焦北京汽车后市场产业

首钢下属钢铁企业——秦皇岛首秦金属材料有限公司（以下简称首秦公司）地处河北秦皇岛，是首钢的原宽厚板生产基地。2016年3月，根据企业实际情况，结合秦皇岛国际旅游城市功能定位，首钢主动做出首秦公司转型升级的重大决策。通过对17类产业、48家企业的深入调研及分析，以及对国内北京金港赛道、酷车小镇及国外法国勒芒、英国银石谷的考察及分析，首钢将首秦公司转型方向聚焦在汽车后市场产业。

2017年，河北秦皇岛市政府批准首秦园区整体规划，包括以原首秦公司工业厂房为主的核心区及周边拓展区共6.4平方千米。首秦园区利用工业遗存与资源禀赋，以"汽车文化"为主题，以汽车后市场开发为主线，构建一站式、全覆盖的国内最高端后市场体系，打造"秦皇岛首钢汽车公园"。

2018年3月，首钢引进战略合作者，与金港汽车文化发展（北京）股份有限公司共同投资设立"秦皇岛首钢金港汽车文化发展有限公司"，该公司定位为秦皇岛首钢国际赛车场一级运营商、首秦园区转型发展重要服务商，首钢委托其运营赛车场，并协助首钢进行园区招商，提供渠道搭建、资源整合等工作。

首秦园区定位打造成为东北亚汽车运动文化旅游中心，成为国内传统产业转型升级的标杆、京津冀协同创新驱动的典范、秦皇岛城市发展的新磁极。2018年7月，秦皇岛首钢赛车谷项目在首秦园区正式启动，"新红旗、新长征、一路向北"港京拉力赛在此举办盛大的年度颁奖典礼。目前，首钢正在积极争取一汽集团"新红旗绿色智能小镇"项目落户首秦园区。

（四）定位高端，兼顾民生，科学高效利用腾退空间

1. 改造利用工业遗存，充分展现首钢北京园区特有的文化韵味

一是首钢与国家体育总局合作，将精煤车间等大跨度工业遗存改造为国家速滑、花滑、冰壶、冰球训练馆，并配套公寓，兼具商业化运营。二是首钢在高水平建设奥运赛事场馆的同时，持续深入挖掘园区工业遗存价值。利用废弃冷却塔建设世界首例永久性保留和使用的单板大跳台，赛后将作为体育休闲公园向大众开放。对三高炉进行深入改造，利用炉顶天车梁修建玻璃景观平台。三是原首钢办公大楼经过升级改造，成为全新的"首钢·侨梦苑"，这是首钢与北京市侨办、石景山区政府联手打造的华侨华人创新创业聚集区中心。自2018年1月开业至6月末，已签约21位国际院士及5位国内院士；共举办12场重大活动，其中项目品牌宣传、院士服务类活动5场，产业论坛、人才培训交流类活动6场，展览展示类活动1次，活动总人流量超过数万人次。

2. 践行减量发展理念，增加城市绿色生态空间

首钢先后于2016年和2017年两次对园区控规进行优化调整，核减规模约200万平方米用于"留白增绿"，作为增加城市绿色空间的重要途径。截至2017年年底，首钢北京园区绿地规模增加22.7公顷，其中长安街西延线以北增加绿地规模10.8公顷，长安街西延线以南增加绿地规模11.9公顷，长安街西延线带状绿地宽度增加至两侧各45~130米。打造长安街西延线绿色生态带，实现首钢片区公园绿地500米服务半径覆盖率100%。

3. 补齐民生服务短板，构建社区美丽家园

2015年起，首钢组织力量对家属区内的涉违点位进行摸排、梳理、建档，并组织相关人员、力量对社区内违法建设、拆墙打洞、背街小巷等进行集中清理整治，清退面积1300平方米，清理堆积物5000余车，恢复绿地3000多平方米。努力把老旧家属区打造为居住舒适、生活便利、整洁有序、环境优美、邻里和谐、守望相助的美丽家园。

在积极清理社区乱象的同时，首钢利用存量房屋和违建拆除后的空间，主动配合石景山区开展"美

丽社区"建设，先后兴建"杨庄百姓坊""老山乐嘉天天"等10个、总面积约2000平方米的便民服务菜站，覆盖古城、八角、杨庄等近十个社区，为周边居民提供规范化、品牌化、特色化的生活性服务。通过清理整治社区存量违建，将腾退的公共空间用于修建停车设施，满足周边居民泊车需要，打通社区停车"微循环"，解决老旧小区停车难问题。

（五）多措并举打造转型升级保障体系

1. 坚持产融结合，助推企业转型升级

一是设立产业投资基金。2014年，首钢与北京市政府共同出资设立京冀协同发展产业投资基金，注册资本100亿元，用于支持首钢老工业区产业升级和曹妃甸园区建设。截至2017年年底，管理12只基金，管理规模480亿元。完成北京园区二期基金的设立，实现一期、二期共计36.3亿元提款。侨梦苑、唐曹高速、首奥园区等9个投资项目已落地北京园区。目前，首钢基金公司旗下除京西创业等投资平台外，还拥有京西保理、京西资本、创业公社等业务公司，在河北、吉林、成都设有子公司。其中，创业公社运营面积已达18万平方米，服务企业3500家，成为国家级孵化基地。

二是搭建金融服务体系。2015年，首钢注册成立财务公司，协同首钢基金公司，搭建多业态协同发展的综合金融服务体系，助推首钢转型发展。2017年，财务公司增资至100亿元，信贷投放余额264亿元。全年结算业务总额1.3万亿元，增幅74%。全年累计开立财票154亿元，年末财票余额83.4亿元。2017年，首钢获得惠誉A-和大公A评级，首钢财务公司资产规模在钢铁行业排名第2、全国排名40名，2016－2017年两年内累计为集团成员单位提供信贷资金240亿元。

三是加快资本运作。首钢利用境内外资本市场，为首钢园区开发、产业发展提供融资服务。2017年，首钢成功发行60亿元非公开可交换债，是目前钢铁行业最大规模可交换公司债券。首钢积极运作香港上市公司资产重组，京西重工国际有限公司在香港成功上市。首中投资停车运营业务注入首钢在香港的上市公司首长国际，截至2018年上半年，已实现融资20亿港元。

2. 持续深化改革，系统推进企业转型发展

一是积极推进体制改革。2017年8月，首钢完成公司制改革，从全民所有制企业改为国有独资公司，正式更名为"首钢有限公司"，通过资产评估、账务处理和税收筹划等工作，为企业轻装上阵奠定基础。2017年12月，《首钢深化改革综合试点方案》获北京市政府批准，成为北京市唯一一家国企改革综合试点单位。

二是建立和完善新型管控体系。首钢采取"以战略型管控为主的复合型管控模式"，通过合理授权，推进业务决策重心合理下移，逐步实现板块的专业化、集中化管理，全面调动各业务板块经营的积极性、充分释放板块活力。分离总部事务性及服务性功能，构建总部的战略规划、投资决策、资本运作、风险管控等大型多元化企业集团总部应具备的核心能力。

三是规范健全法人治理结构。依据《公司法》进行章程修改，确立公司章程在企业管理体系中的基础性地位，建立符合现代企业制度要求的规范的法人治理结构。集团公司层面制定统一规范的集团下属单位公司章程，按照首钢所持股权比例分全资、控股、实际控制三类制订章程范本，全面组织二级公司章程修订，2017年年底已全面完成。

四是把战略规划的落实摆在突出位置。2016年起，首钢强化全面预算管理体系，以战略规划为导向，推进"1+1+N"工程（1个"战略规划"+1个"经营计划"+N个"专项预算"）。即将战略规划细化和分解至年度经营计划，结合年度经营任务编制集团年度财务预算，针对有较大影响或需要特别控制的项目编制多个专项预算。

五是推行领导人员职务职级和薪酬制度改革。领导人员淡化行政级别，设置L1－L9九个职级，推行符号化职级体系、职务职级一体化管理，形成能上能下、横向互通的合理流动机制。调整薪酬核定、

任期激励比例及兑现办法，下放副职薪酬核定及考核权力，按照《经营目标责任书》和《任期目标责任书》指标任务完成情况，首钢领导及总部部门领导考核兑现绩效年薪和2015年至2017年任期激励收入。同时，股份公司、京唐公司、矿业公司、曹建投公司、股权公司等二级单位中层领导也实施薪酬制度及中长期激励机制改革。按照《集团成员单位深化薪酬分配制度改革指导意见》，积极稳妥推进二级单位薪酬制度改革。截至2018年6月底，31家单位完成薪酬制度改革。

六是制定颁发《首钢部分单位职业经理人试点管理办法》，为财务公司、房地产公司、首建投公司、首钢体育公司等非钢新产业单位引进直管岗位职业经理人14人，首钢直管岗位人员身份转换为职业经理人5人。按照"一事一授权"原则，集团党委授权首建投公司、房地产公司、京西重工公司开展领导人员管理体制改革，围绕市场化选人用人开展了有益的探索和尝试。

三、钢铁企业与城市协调发展的非钢业务转型升级效果

（一）战略转型组合基本完成，非钢业务绩效显著提升

首钢大力发展城市更新改造服务业，形成新的经济增长点，集团直接管理的北京地区14家城市综合服务板块重点子企业，2015年、2016年和2017年的年营业收入分别为132亿元、154亿元和170亿元，年利润分别为12亿元、13亿元和21亿元。在非钢业务转型升级的有力支撑下，2017年首钢效益创搬迁调整以来的阶段性历史新高，首次实现当期土地成本不再累积，同时解决部分历史遗留问题后盈利20亿元。

（二）为打造新时代首都城市复兴新地标探索了实现路径

首钢将打造城市复兴新地标与冬奥会筹办、老工业区有机更新、绿色高端发展紧密结合，树立城市更新的标杆。2015—2017年，冬奥会组委会、世界侨商创新中心、国家体育产业示范区等相继落户首钢北京园区。2015年11月，新首钢高端产业综合服务区获批"北京市绿色生态示范区"的称号并授牌。2017年10月，新首钢高端产业综合服务区荣获"2017年中国人居环境建设范例奖"，此为住建部设立的全国人居环境建设领域的最高荣誉奖项。

2018年6月5日，北京2022年冬奥会和冬残奥会官方城市更新服务合作伙伴签约仪式在首钢园区北京冬奥组委办公区升旗广场举行，首钢正式成为北京2022年冬奥会和冬残奥会官方合作伙伴，跻身北京冬奥组委最高级别赞助商，这是奥运会赞助史上首次出现"城市更新服务商"类别。

（三）为北京城市发展做出贡献

截至2017年年末，首钢累计签约承揽及运营车位23486个，对缓解首都交通拥堵，解决停车难问题起到了促进作用。首钢累计处理生活垃圾420万吨，累计发电量13亿度，累计处理污染土5.3万吨，年处理建筑垃圾100万吨，为北京城市环境治理做出了较大贡献。

2015—2017年，首钢配合北京市政府开展非首都功能疏解，累计治理拆除各类违法建设面积约17.06万平方米，棚户区、工业厂房改造及厂中村拆迁拆除面积约71.99万平方米，疏解人口5200余人；完成北辛安棚改区域范围内首钢权属土地房屋腾退，共腾退土地面积约21.34万平方米，房屋建筑面积10.22万平方米；完成东南区一级开发范围内地上物的腾退拆除工作，共腾退土地92万平方米，建筑物23.09万平方米。

（成果创造人：靳　伟、张功焰、朱启建、张国春、卢贵军、甘小青、
马力深、王瑞祥、陈　宏、王建新、陈小勇、胡晓阳）

大型军工企业基于对标管理的战略聚焦与升级

中国电子科技集团公司第三十八研究所

中国电子科技集团公司第三十八研究所（以下简称38所）是国家一类研究所，拥有员工8000余人，平均年龄35岁。50多年来，38所取得1600多项科研成果，其中国家级、省部级科技进步奖137项，多项成果填补国内空白、居于国际领先地位。拥有国家级集成电路设计中心、俄罗斯新技术研发中心、中电科技集团公司浮空平台研发中心、安徽省汽车电子工程研究中心、安徽省公共安全信息技术重点实验室、安徽省北斗卫星导航重点实验室、合肥公共安全技术研究院、两个博士后科研工作站等研发平台。拥有安徽四创电子股份有限公司（中国雷达第一股，600990）、安徽博微长安电子有限公司等7家重要的产业化公司。自建所以来，从地面装备，逐步拓展到水面、水下、空中、临近空间和太空等多条产品线，不仅在自主创新方面创下多项"国内第一"，而且在多型产品和技术上保持国际领先水平。

一、大型军工企业基于对标管理的战略聚焦与升级背景

（一）战略聚焦与升级是新时代国有企业深化改革，解决深层次问题的必由之路

38所成立以来，在经济增长的大环境下，通过自身努力，取得了一定的成就，但同时也存在一些深层次的矛盾和问题，如传统观念束缚较深，在思想认识和观念上，"以所为本"的思维定式还在影响高层决策和行动；比较习惯军工事业单位的"等、靠、要"，比较习惯国家计划任务被动争取，而不善于积极主动开拓市场，更不善于主动创造市场。体制机制上，不适应现代企业制度的要求，还没有真正做到"产权清晰，权责明确，政企分开，管理科学"。围绕这些问题，38所在加强战略管控和业务布局、加快组织架构的调整和体系建设、优化运行模式、构建治理体系和能力等方面不断优化和改进，已经取得了初步的成效，但对标"世界一流"企业，还需要进一步提高标准。

（二）战略聚焦与升级是38所保持核心优势、释放创新活力的破局之举

在50多年的发展中，38所在多重体系内承担多种责任，在国家科学体系中承担工程技术研究任务，在事业单位体制内提供公共服务产品，此外还承载着国防武器研发和发展国有企业经济等责任，在这种背景下38所更需要保持核心技术优势、不断提升自主创新能力。为保持创新活力，38所需要不断探索战略转型升级，一方面从大事业体制下的小企业模式，研究如何过渡成为具有创新竞争力的现代企业集团，另一方面思考如何持续提高市场化程度，包括军品市场和公开民品市场相关的技术、营销、管理、文化的机制创新；如何提升产权制度的多样化程度，引入不同体制安排和投入模式来支撑市场化程度的不断提高。在国家国有企业改革、国防科技工业改革、事业单位改革顶层设计尚未完成的情况下，塑造适应市场规律、具有较强适配性的核心能力是38所战略转型面临的巨大挑战。

（三）对标管理是38所理解使命责任，聚焦战略目标的有效抓手

尽管38所的经济发展取得了一定的成绩，但在参与复杂的全球市场竞争的能力上、在应对外部环境挑战和抗风险素质上、在增长的质量和效益上、在经济发展方式的转变上、在自身基础管理水平上，38所与世界一流企业都还存在一定的差距，这些差距综合反映一种整体能力的落后，这种落后需要通过对标管理来识别关键追赶指标并塑造核心竞争力。38所应在面向全体央企的普适性对标要求基础上，构建一类既满足一般企业发展需要，又具备符合38所多重身份特征的对标体系。38所全面认识和理解新时期军工企业的使命责任，担负责任需要解决两类问题，第一类是满足国家需求，代表国家占据电子信息战略高地，有效支撑军队信息化建设，在国际竞争中取得领先，并实现国有资产保值增值。第二类

是满足企业发展需求，一方面需要补短板，即按照企业化、市场化和国际化方向建立企业运行体制和机制，在多项指标上匹配"世界一流"的地位；另一方面需要"塑强板"，需要在行业和世界范围内塑造核心竞争力，以及未来能够通过能力的塑造迈向"世界卓越"。

二、大型军工企业基于对标管理的战略聚焦与升级内涵和主要做法

为建设现代国有企业集团，实现世界一流企业的宏伟目标，38所前瞻布局，通过对标管理设置两个维度的对标体系，在经营对标维度，梳理出经济层面的"元要素"，紧盯关键指标；在能力对标维度，筛选出顶级军工企业的"元要素"，塑造核心能力。在制定对标坐标系和对标要素之后，在国家战略和企业目标的牵引下，38所分别紧盯关键指标，塑造核心能力，通过经营和能力双轮驱动，制定对应的战略途径，实现整体升级，并通过持续改进优化对标管理体系，塑造可持续发展的战略竞争力。主要做法如下。

（一）顶层谋划，确立前瞻布局的整体思路

首先建立"经营"和"能力"二维坐标体系，其次选取相关行业的"世界一流"企业作为标杆企业，以及若干指标作为前置输入指标。通过对这些指标的关联性分析，筛选出具备"元要素"的关键性指标，包括经济层面和能力层面两个维度，制定对应的战略转型策略，通过推动战略目标落地，带动38所的整体转型升级，最后通过组织和推进，塑造核心竞争力，实现战略目标。

（二）瞄准"世界一流"，构建"经营"和"能力"二维对标坐标系

"世界一流"企业有两个显著特征。一是要"优"，即不断创造不俗的业绩并保持所在行业的领袖地位。二是要"强"和"大"，即具有足够规模的体量，对行业乃至全球经济具有显著影响力。基于此，38所对标"世界一流"企业的内在发展，在如何"做优、做强和做大"层面设置两个对标维度。

1. 经营对标维度

主要体现为经营规模和经营质量，以同业最佳企业、主要竞争对手或其他对标企业的企业量化经营指标为对标内容，这些经营指标体现了这些企业发展的表现，即"结果"。

2. 能力对标维度

主要体现为控制力和影响力，"世界一流"企业取得业绩良好的表现，源于驱动业绩的动因。究竟是哪些因素和经验促使这些企业取得了这些成绩，而这些因素和经验才是值得借鉴和学习的。从军工电子的行业特征出发，重点聚焦防务行业的核心能力。

（三）结合行业特点和发展趋势，选取标杆企业

1. 经营维度标杆企业选取

根据经营级"世界一流"企业的范围标准，结合研究报告和数据搜集，确定适合38所对标的行业为安全和防务行业以及电子信息行业，在此行业范围内，选取19家世界500强企业作为标杆企业。

2. 能力维度标杆企业选取

在能力维度标杆企业的选取上，主要是从军工电子行业特点出发，有针对性地聚焦在上述7家防务行业的标杆企业（空客公司未考虑在内）。在对标杆防务公司的年报、世界防务网站新闻和以往的防务情报资料进行大量分析、归纳和研究的基础上，确定构建对标的能力。

（四）运用回归分析法，筛选关键经营指标

1. 明确指标筛选标准

在选择关键经营指标之前，需要明确指标的筛选标准。即适应性、先进性、代表性和可得性。

第一，适应性。对标不是为了另起炉灶，完全重新构建新的指标，应该注重38所的央企背景，因此需要考虑国资委公布的"世界一流企业"的13项要素。第二，先进性。选择的指标应是来自适合38所对标学习的"世界一流"企业，而且是能够反映这些企业的先进性和优秀性的指标。第三，代表性。

尽量用最少的指标反映重大的方面，指标强调是少而精，并非大而全。第四，可得性。指标应为社会大众所熟悉，能够获得，便于评价。

2. 基于筛选标准和资料分析，形成15个初选指标

结合指标筛选标准，通过对国资委发布的"世界一流企业"的13项要素及国资委经营业绩考核体系、世界顶级咨询公司（德勤、麦肯锡）发布的"世界一流"的指标体系和全球排行榜（世界500强排行榜/世界品牌排行榜/全球最受赞赏排行榜）等资料进行分析，初选出15个对应指标作为初始指标。

3. 运用Tobit回归分析法，筛选4个关键指标

在确认最终的关键经济指标上，选取19家标杆企业在2007—2011年的相关数据，采用Tobit回归分析法及"模型的SC值和AIC越小越好"及"舍去权重为负值的指标"这两个判断标准，对15个初始指标进行分析和筛选，最终选定利润总额、研发费用率、品牌排名和国际市场收入占比为关键经营指标。

（五）采用样本分析法，筛选核心能力指标

能力整合是世界军工产业转型的一大趋势。38所通过分析7家标杆企业的大量样本数据和发展历史，寻找其能力形成过程中的规律。通过研究得到系统平台、行业/客户专注、核心技术模块化、军民协同四类核心能力指标。

1. 系统平台能力

顶级系统商都具有明显的系统平台作为支撑，国内军工企业存在进一步组合的可能，未来38所的主要竞争可能来自现有大型系统平台的提供者。

2. 行业/客户专注能力

行业/客户专注是指对行业/行业客户拥有深入的理解力与洞察力，基于此提供针对该行业的解决方案、产品、技术、服务，有利于洞察或响应行业客户需求。

3. 核心技术模块化能力

顶尖军工企业的技术研发，一方面具备核心技术，即拥有基于核心技术专长的自有产品（关键产品/部件/信息技术），在此基础上通过系统设计集成上下游其他产品/设备、技术与服务。另一方面实现专业模块化，系统架构与专业模块化能力能够有效支撑包括设计和制造在内的解决方案。

4. 军民融合能力

以泰雷兹公司的空间业务为例，首先，泰雷兹公司在开拓空间业务产业链时，1968年通过整合获取军用卫星通信技术。其次，在2001年通过收购股份，介入空间安全的民品产业。最后，通过收购空间业务产业链的上下游，开拓新的空间安全业务。泰雷兹公司在一个新的产业形成过程中，用军品累积的超前/核心技术去介入和推动民用市场的拓展。

（六）以经营指标和能力指标为抓手，制定升级战略策略

通过定量和定性的对标指标分析，"世界一流"企业的坐标系可以理解成：外在表现为一组数据，内在蕴含为一种能力。映射到现阶段的38所，需要把握好适应国家战略的方向盘，通过经营和能力双轮驱动，有质量地转型升级，向世界强企迈进。在经营驱动上，聚焦关键经营指标——利润总额、技术投入比率、国际市场收入占比、品牌排名；在能力驱动上，聚焦核心能力指标——系统平台能力、行业/客户专注能力、核心技术模块化能力、军民融合能力。基于此，38所在战略层面制定"经营对标，提质增效促发展"和"能力对标，提升竞争力保发展"的转型升级策略，以促进38所从"研究院所式"管理模式向现代国有企业管理模式转型。

1. 经营对标，提质增效促发展

通过经营对标，在"利润总额"指标的提升上，38所提出"加大市场开拓，实现开源节流"的发

展策略。在"技术投入比率"指标的提升上，38所提出"坚持创新引领，打造五个'一流'"的发展策略，即汇聚一流人才，打造一流平台，创新一流机制，从而助推一流成果和一流装备。在"国际市场收入占比"指标的提升上，38所提出"国际化双30%"的发展策略，即外籍员工占国际化队伍比重30%，国际化经营收入占总收入比重30%。在"品牌排名"指标方面，38所提出"依托中国电科品牌站位，推进品牌建设"的发展策略。

2. 能力对标，提升竞争力保发展

通过能力对标，在"系统平台"能力的提升上，38所提出"系统平台战略"的发展策略。在"行业/客户专注"能力的提升上，38所提出"以'重大项目办公室'为主体，主导领域/市场重大项目的开拓和经营"的发展策略。在"核心技术模块化"能力的提升上，38所提出"边探索、边实践、边固化的共用构建模块（CBB）管理体系建设"的发展策略。在"军民融合"能力的提升上，38所提出"谋划启动军民融合产业基地和创新平台建设"的发展策略。

（七）以战略策略为牵引，推动企业整体转型升级

1. 经营对标的升级行动

第一，加大市场开拓，实现开源节流。38所创新引领市场需求，推动从"被动接受市场"到"主动创造市场"的转变，构建面向客户的大市场营销体系。一方面，调整组织机构。军工部下设业务处，加强市场开拓力度和工作精细度；民品市场部牵头各子公司，以办事处建设为牵引，统筹市场资源，形成合力；整合国际化经营部与博微信息公司市场资源，打造国际化经营的公司化运作平台。另一方面，布局营销网络。2016－2017年，共建成12个国内办事处并投入运营，向商务部报批备案8个海外办事处，白罗斯研发中心和欧洲（奥地利）研发中心正式运营。38所成为目前集团公司布局国际市场最多的研究所和唯一进入中白工业园的企业。

第二，坚持创新引领，打造五个"一流"。汇聚一流人才，是以"人才及科技创新计划"为抓手，提升人物引领能力，夯实"世界一流"人才队伍。不断丰富和发展"111"人才工程的内涵，着力人才培养，实施3个"100"创新人才/创新团队工程。2017年，首批选拔出16名科技领军人才、30名青年拔尖人才、67个科技创新团队。且60%以上的重点项目总师、项目经理由"111"工程引进人员担任。

打造一流平台，是以谋划和争取国家科技进步一等奖为目标，提升科技创新能力，实现"世界一流"科技创新成果和平台。从2017年开始，着手升级省级孔径阵列与空间探测重点实验室，打造实体空间感知领域的科技创新特区；依托国家级电磁波空间应用国际联合研究中心，打造国际化创新平台；融入安徽省全面创新改革，融入合肥"综合性国家科学中心"，打造中国电科的区域创新中心。

创新一流机制，是创新科技投入机制和成果转化激励机制。一是继续推进科技创新人才创新活动，赋予科技创新团队人财物支配权。允许科技创新人才自行组建项目团队及确定项目成员，资源部门确保团队成员的工作时间投入；经费按照"统一管理、专款专用、单独核算"的原则使用；科技创新人才具有项目研制经费使用审批权，外协、外购等选择权。二是每年以净利润30%投入创新活动项目。2017年38所共投入2.7亿元。三是加大成果转化激励强度，允许提取不低于30%的知识产权转让/许可收入比例奖励发明人。在一流的人才、一流的平台和一流的机制保障下，助推38所形成一流的成果和一流的装备。

第三，制定国际化双30%战略。在"十三五"战略规划制定中，38所明确提出"国际化双30%"的战略目标。通过实施国际化经营的区域发展战略、四位一体业务发展战略、商业模式发展战略和人才发展战略，全面推进国际化业务布局和发展，最终实现双30%的战略目标。在区域发展方面上，通过"市场化带动国际化"，主动出击，在集团布局下进行站位，对自有优势市场进行维护和拓展，同时加大对新市场的拓展。

截至2017年，38所新建8个海外办事处，2个海外研发中心。在四位一体业务发展方面，38所改变传统的"一单一单卖产品"的业务发展模式，发展"系统、产品、产能输出和国际服务"的全方面、高附加值的业务发展模式。38所向海外市场推出海防工程、海岸监视、边境监控等系统解决方案，并开始在海外工程方面发力。

在人才发展方面，38所认为拥有一支"国际化、专业化、职业化"的人才队伍是国际化经营业务持续健康发展的首要保证。根据业务发展需求，除了培养专业的市场人员和管理人员以外，38所正在积极培养适配海外工程业务的海外项目经理。

第四，依托中国电科品牌站位，推进品牌建设。一流的品牌成就一流的企业，一流的企业奉献一流的品牌。38所依托中国电科品牌站位，统一品牌形象，以CETC品牌为核心，从国内外市场到系统产品，快速辐射，大力推进自身的品牌建设。从而提高38所国际、国内的品牌知名度和品牌影响力，实现品牌增值。

2. 能力对标的升级行动

第一，实施系统平台战略，形成综合系统解决方案能力。38所积极打造系统平台，从整机所向系统所转型，从原来的单一装备生产向系统集成、体系构建转型。依托预警机、平流程飞艇和无人机平台，目前正在开展新一代防空预警体系、战略预警体系和反隐身预警体系的规划和建设；开展一体化低空感知系统、立体海防系统、城市安保系统和无人机防护系统的规划和建设。从而形成综合系统解决方案的能力。

第二，成立"重大项目办公室"，主导领域/市场重大项目的开拓和经营。为统筹资源、集中优势，聚焦处于市场争取和开拓阶段的新兴市场机会，聚焦跨业务单元、跨部门、跨所本部和子公司的项目，聚焦高价值项目，38所成立重大项目办公室。主要负责相应领域重大项目（市场）的谋划、培育、论证、开拓、组织实施与统筹协调等。重大项目办公室挂靠在对应的领域和子公司，2016年，共成立七个重大项目办公室；2017年，共成立五个重大项目办公室。

第三，建立"边探索、边实践、边固化"的共用构建模块（CBB）管理体系。38所认为CBB不仅是模块级应用，而且可以应用到产品架构层面，帮助企业取得更大的竞争优势和商业价值。2017年，38所重启CBB建设工作，明确从领域到专业技术，自上而下的工作开展模式，按照"需求牵引、整体规划、分步实施、机制保障"的工作思路，构建组织、流程和制度三个层面的CBB管理体系。截至2017年，发布《公用构建模块（CBB）管理组织和技术组织》《公用构建模块（CBB）管理办法》和《公用构建模块（CBB）评价和激励办法》等。5个业务领域开发完成5份产品架构规范并通过所级评审，三大专业技术中心完成3份CBB规划并通过所级评审。

第四，谋划启动军民融合产业基地和创新平台建设，推进军民融合产业快速集聚发展。38所一直在谋划军民融合发展能力，为公共安全和民生服务提供重要保障。一方面，以科学城所区为中心打造军民融合产业园，提供基地保障；另一方面，启动军民融合孵化平台和产业平台建设，围绕新动能培育，打造军民融合产业技术研究院；围绕安全智慧产业方向，打造以上市公司为龙头、以专业公司为骨干的民品产业公司。利用改革创新政策红利，创新体制机制，建立健全基金扶持、项目评价、考核督查等机制，推进军民融合产业快速集聚发展。

三、大型军工企业基于对标管理的战略聚焦与升级效果

（一）助推企业战略转型升级，保障了国防安全和公共安全

在对标体系实施以来的五年间，助力了企业战略目标的实现，完成了众多关键产品和技术研发和攻关。38所已基本形成覆盖从地面到星载，从总体设计到外场联试，从元器件到系统整机的多平台、全流程、各层次的预警探测雷达和浮空平台两大核心能力体系。38所在以数字阵列技术为代表的雷达技

术处于国际领先水平，在浮空平台技术方面，技术同样处于国际领先水平，为国防战斗力的提升贡献了重要力量，为国家重大事件保驾护航。多型装备亮相世界反法西斯战争胜利70周年阅兵，多型装备亮相建军90周年阅兵，保障多次重大军事演习。

军民融合方面，为公共安全和民生服务提供重要保障。平安合肥竣工验收，成为皖江城市群平安城市示范标杆，并形成规模化推广复制，为维护城市安全贡献力量；数百套太赫兹安检仪为新疆60个县反恐维稳保驾护航；浮空平台、电力电子、粮食电子、消防网格化、立体停车库、智慧露营地等技术产品和系统装备，为安监、消防、粮食、交通等多个领域提供重要保障。

（二）实现了既定的战略目标，产生了良好的经济效果

38所作为军事电子的国家队，承担了一大批类似空警500预警机、第四代雷达等重点装备的科研生产任务，通过构建对标管理体系，以经营指标和能力指标为抓手，制定转型升级战略策略，从研发、生产、创新、国际化和品牌等方面大幅促进了科研生产效率的提升，为国防战斗力的提升贡献了力量。此外，通过对38所下属子公司的研讨和交流，促进了子公司管理水平的快速提升，支撑了企业整体的可持续发展。

有效保障了企业业务高度发展，成功完成了企业设定的战略目标，五年累计实现营业收入450亿元、利润总额30亿元，营业收入从2012年的40.56亿元增长到2017年119.11亿元，增幅194%，利润总额从4.42亿元增长到8亿元，增幅81%。营业收入连创新高，经营业绩考核持续保持A级，牢牢占据集团公司第一梯队。本项目在企业的五年应用中的收益中总计贡献了5542万元，年平均效益1108万元。

（三）形成了一套可定期更新的"1+1+1"对标体系，并在集团公司推广交流

构建了一套动态可调整的对标体系，其中经营对标维度由1个经营级指标体系、1个对标数据库和1种评级法组成，其中经营级指标体系和Tobit回归分析评级法是固定的，而前端输入的对标企业指标可根据战略周期的选择，进行每年更新，达到动态对标的效果；如果有新的对标目标，可将此目标纳入对标数据库中，丰富对标数据。在能力对标维度，可以根据全球军工行业研究的进展，定期梳理和分析在一个战略周期内的优秀样本，筛选这些样本新的能力特征。

对标管理中的经营坐标，在原理上适用于各类大型企业，中国电子科技集团有限公司分别于2014年和2017年邀请项目组，在电科集团层面参与《中国电科"世界一流"企业对标研究》和《"世界一流"企业量化对标指标体系》两个课题研究，将两个维度的对标思路应用到集团公司层面，并产生了一定的影响。

（成果创造人：陈信平、王新鸣、梁　潇、王　博、胡友红、朱庆明、
孔　元、苏纪娟、王　茜、单　皓、韦玉芳、程琳惠）

锂电新材料企业以技术创新驱动的产业链延伸战略实施

江西赣锋锂业股份有限公司

江西赣锋锂业股份有限公司（以下简称赣锋锂业）成立于2000年3月，注册资金11.1亿元，在职员工4000多人，属民营股份制有限公司。是国内锂行业龙头企业，是目前中国锂行业唯一一家"A+H"上市公司。总部位于江西新余国家高新技术产业开发区，在全球范围内拥有14个全资子公司和7大生产基地，在澳大利亚、阿根廷、爱尔兰、中国江西赣州等地拥有丰富的锂矿资源储备。是全球最大的金属锂生产商及全球第三大、中国最大的锂化合物生产商，形成了"锂资源开发、锂盐深加工、金属锂冶炼、锂电池制造和废旧锂电池回收"5大业务板块，产品涵盖金属锂、碳酸锂、氢氧化锂、丁基锂、锂离子电池等5大系列40多种产品，是目前国内锂行业产品种类最齐全、产业链最完善的企业。赣锋锂业2017年实现销售收入43.8亿元，同比增长54%，净利润14.7亿元，同比增长226%。其中，金属锂产量全球排名第一，占全球47%的市场份额；氢氧化锂产量在全球及中国分别排名第三及第一，占全球11%的市场份额；碳酸锂产量在全球排名第四，占全球10%的市场份额；氟化锂产量国内第一，占全球45%以上，国内70%以上市场份额。

一、锂电新材料企业以技术创新驱动的产业链延伸战略实施背景

（一）应对全球金融危机冲击的需要

2008年，我国锂电产业刚刚起步，核心业务均受制于国外。在上游，全球锂原料供应被国外寡头高度垄断，美国SQM、德国Chemetall和美国FMC三家国际巨头占了全球约75%的市场，虽然我国在青海、西藏等地拥有丰富的盐湖卤水资源，但这些资源均没有被规模化开发利用，我国锂产业的发展面临上游原料供应瓶颈。在下游，日韩欧美等国凭借技术优势在锂电池制造、锂电新材料、电解液等市场设置贸易壁垒，我国生产的工业级金属锂、碳酸锂等锂产品出口受到诸多限制；而锂电产业急需的电池级碳酸锂、电池级氢氧化锂、高纯金属锂、超薄锂带等高端锂电新材料产品，大部分需要高价从国外进口。2008年金融危机肆虐全球，我国锂电产业更是雪上加霜，上下游企业纷纷面临出口受阻、库存积压、资金链紧张、减产停产等困境。赣锋锂业的主导产品金属锂国内市场疲软，国外订单锐减，产品库存量一度占据全年产量的1/3，应收账款和呆坏账增加，资金回笼困难，流动资金短缺，企业的发展面临较大危机。

（二）主动把握锂电行业发展机遇的需要

2008年，我国锂电行业在面临金融危机的同时，也迎来了难得的历史机遇。这一年，被业内人士称为"新能源汽车元年"，新能源汽车产业在全球悄然兴起，日韩欧美国家纷纷出台支持新能源汽车的产业政策。我国也高度重视新能源汽车产业的发展，把新能源汽车产业列入"国家战略性新兴产业"，在"十一五"（2006—2010）规划中明确提出了发展要求。全球新能源汽车产业的兴起，必将带动锂产业的蓬勃发展，锂电池、锂电材料、锂资源开发等产业链上下游企业均将迎来难得的发展机遇。赣锋锂业高层意识到，锂产业是朝阳新兴产业，正焕发蓬勃生机，全球锂产业的发展中心正在逐步向中国转移，赣锋锂业有望抓住此次发展新机遇，成为行业龙头企业。

（三）构建企业核心竞争优势的需要

2008年对赣锋锂业来说，是生死存亡的关键一年，也是机遇与挑战并存之年。赣锋锂业是在江西新余成立的民营中小企业，当时生产的主要产品为金属锂，因注重技术创新和市场开发，生产规模迅速

扩大，市场占有率快速提升，销售业绩从2000年成立之初的1100万元，提升到2007年的24623万元，年复合增长率达到58%；金属锂产品国内市场占有率37%，全球市场占有率22%，赣锋锂业成为我国锂行业深加工企业中的一颗新星。但赣锋锂业的发展也面临很多挑战，产品单一，生产技术含量不高，市场准入门槛低，市场竞争实力不强；创新能力较低，管理相对粗放，原材料完全依赖进口，抗市场风险能力较差。因此，赣锋锂业强化技术创新和产品研发，不断提升企业的自身技术创新能力，打造可持续发展新型核心竞争力，夯实管理、降低成本、注重创新，走"技术创新驱动"的高质量发展路线，赣锋锂业制定的产业链延伸战略才可能实现。

二、锂电新材料企业以技术创新驱动的产业链延伸战略实施内涵和主要做法

赣锋锂业秉承"利用有限资源、创造无限价值"的经营理念，坚持以市场为导向、以创新为抓手，围绕"中游优势"，通过差异化竞争，不断优化产品结构，拓宽产品链，通过掌控全球优质锂矿资源，攻克卤水和矿石提锂产业化技术难题，彻底解决上游原料瓶颈问题；进军锂电池下游市场，积极研发固态动力电池，为企业发展注入新动力；建立锂产品生态产业链，开发锂电池综合回收利用新技术，实现产业链循环经济绿色发展；通过境内外两地上市，建立健全风险管控体系，打造创新型人才团队，努力打造全球锂行业国际一流企业，实现企业产业链上下游一体化的战略发展目标。主要做法如下。

（一）基于"中游"优势，确立全产业链发展战略

赣锋锂业自2000年成立以来，从锂产业中游开始做起，先做金属锂、锂材及锂系列合金产品，再开发碳酸锂、氟化锂、氢氧化锂等锂盐产品，在中游产业形成了一定优势，在国内外市场占有较高份额，特别是金属锂产品，在2007年时，金属锂产品国内市场占有率37%，全球市场占有率22%。但是生产金属锂及锂盐产品的原材料全部依靠从美国FMC进口。随着公司生产规模的扩大，特别是深加工锂盐产品的不断开发，对锂原料的需求越来越大，上游锂资源的供应保障问题成为严重制约企业发展的瓶颈。从下游市场发展看，2008年后全球新能源汽车产业的兴起，带动了锂电池及上下游产业的蓬勃发展。赣锋锂业作为我国锂产业的龙头企业，在稳定了上游原料供应，做强做大中游的基础上，开始逐步考虑向下游拓展产业链，实施"产业链向上下游延伸"的发展战略，如图1所示。

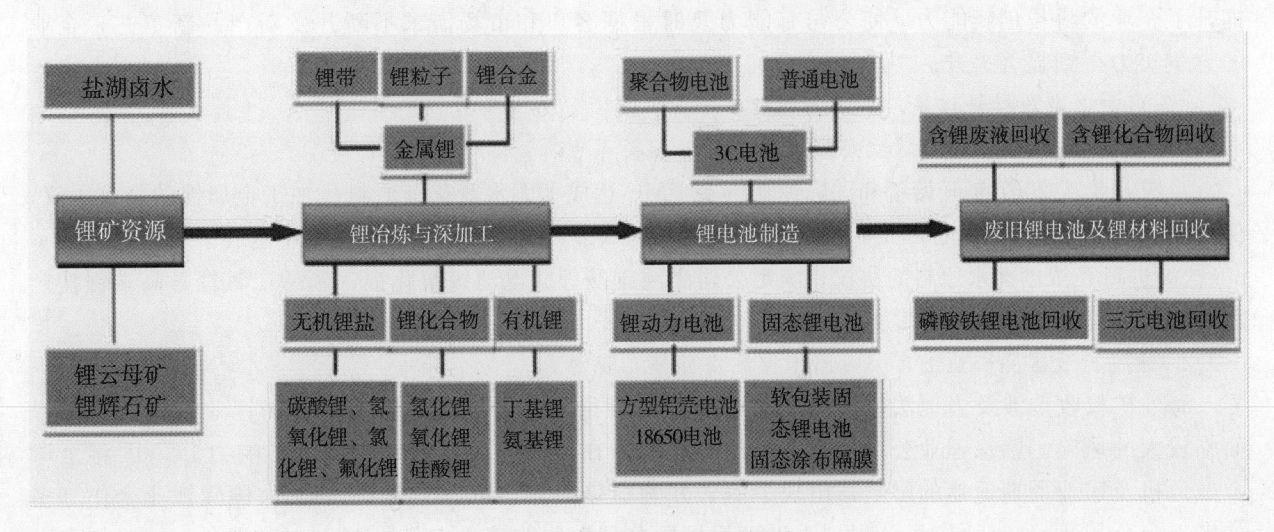

图1　赣锋锂业产业链布局

赣锋锂业确立"从中游向上下游产业延伸"发展的战略路径，而支持这一战略路径的核心便是技术创新。赣锋锂业如果能够围绕既有的"中游"优势，做好锂产品深加工，逐渐开发更多市场急需的高端锂材料新产品，就能优化产品结构，扩宽产品链种类，扩大生产规模，提升企业的抗风险能力，把锂产

业链中游做实做强；如果再进而寻求机会向下游产业链延伸，进军锂电池制造领域，把下游做大做优，企业的竞争实力将得到明显增强。在中游，赣锋锂业围绕现有优势，极力打造创新技术平台；在上游，赣锋锂业通过攻克卤水提锂、矿石提锂技术难题，加快锂矿加工产能扩张，保障锂盐原料供应；在下游，赣锋锂业通过直接兼并收购现有成熟企业和技术团队的方式，研发和储备了一批锂电池新技术；围绕产品全生命周期，赣锋锂业开发锂电池综合回收利用新技术，实现循环经济和绿色发展。

（二）拓宽产品链，奠定行业"中游"领先优势

1. 紧贴市场，针对客户需求变化不断研发新产品、新工艺

赣锋锂业的技术创新始终坚持"以市场为导向"。公司专门设立"产品经理"这个角色，负责产品的整个生命周期的管理，从产品的实验室研发、车间生产线生产、产品质量在线控制，到产品出厂检验、物流发货、客户使用意见收集与反馈，改进措施的提出与实施等，形成一个 PDCA 的全生命周期循环管理。产品经理直接面向市场、面向客户，了解市场动态变化和客户面临的问题，可以从客户的角度对新产品、新工艺的研发提出建议和意见。通过多年的技术攻关和不懈努力，公司开发的锂产品种类不断丰富，从成立之初的金属锂单一产品发展到目前包括金属锂、碳酸锂、氯化锂、氢氧化锂、丁基锂、电池级磷酸二氢锂、锂电池等5大类40多种产品，产品链得到拓宽。

2. 加强企业创新能力建设

赣锋锂业加大研发投入，新建6000平方米的综合研发大楼和分析检测中心，先后购置扫描电镜（SEM）、X射线衍射仪（XRD）、高效液相色谱等先进的研发分析仪器800多台套，引进与培养一批高端技术人才，不断提升企业科技创新能力。同时，积极开展产学研合作，多年来先后与中科院宁波材料所、中科院青海盐湖所、中国地质大学（武汉）、华东理工大学等国内知名高校或科研院所，通过共建实验室、联合技术攻关、联合培养博士后等方式开展形式多样的技术合作，充分发挥高校与科研院所软硬件优势，加快了企业新产品、新技术研发和科技成果的转化。公司重视科研平台建设，先后获批设立省级锂电新材料工程技术研究中心、锂基新材料国家地方联合工程研究中心、国家博士后科研工作站、院士工作站和国家级企业技术中心等科研平台。这些科技创新平台的建设，提升了企业的科技创新能力，使公司有能力及时根据客户和市场需求不断开发新产品新工艺，企业的竞争实力得到显著提升。

（三）向上游原材料拓展，掌控优质锂矿资源

1. 与国外锂原料供应商建立长期战略合作伙伴关系

赣锋锂业从2007年开始就和国际锂业巨头FMC达成了无水氯化锂原料代加工金属锂的合作协议，保障了公司金属锂生产线原料的供应；随后公司和全球最大的锂盐巨头美国SQM达成了从智利Acatama盐湖进口高浓度卤水原料的协议，满足公司高纯碳酸锂、电池级氟化锂、磷酸二氢锂等高端锂盐产品的生产规模得有扩大。

2. 通过持股国际矿业上市公司间接控制海外锂矿资源

海外矿权收购涉及当地法律、民俗和政治环境等很多复杂因素的影响，赣锋锂业直接收购矿权面临较大的风险。赣锋锂业公司拥有全产品链优势，在全球锂行业拥有较大的影响力。2008年全球金融危机及矿业周期低迷的影响，出现了海外并购窗口期。公司2014年和加拿大国际锂业合作（多伦多上市公司），通过全资子公司"香港赣锋国际公司"收购该上市公司17.4%的股份，成为加拿大国际锂业第一大股东。公司通过对加拿大国际锂业提供资金支持，由其运作先后完成了对爱尔兰 Blackstairs 锂辉石矿和阿根廷 Mariana 卤水矿等多处优质锂矿资源的收购；2017年，公司收购了美洲锂业17.5%的股份，成为该公司最大股东，通过该公司的运作，赣锋间接获取了在阿根廷 Cauchari－Olaroz 盐湖和美国内华达州黏土锂矿资源开发产品的包销权。这些年来，赣锋锂业通过和加拿大

国际锂业、美洲锂业及澳大利亚 RIM 等国际矿业公司的紧密合作，以参股、间接持股或合作开发的方式，逐步获取了多处海外优质锂矿资源的开采权和产品包销权，避免了赣锋锂业直接出面收购海外锂矿资源所面临的各种风险。

3. 通过上市融资平台解决海外锂矿资源收购资金短缺问题

2010 年赣锋锂业在深交所中小企业板上市，成为国内锂行业首家上市公司，公司的经济实力得到明显增强；2018 年 10 月 11 日，公司成功在香港联交所主板上市，募集资金主要用于加大对海外锂矿资源的收购兼并和开发利用。借助上市融资平台，公司加快了在全球范围内布局锂矿资源。2014 年公司通过对加拿大国际锂业旗下多处锂矿项目分批增资，取得了爱尔兰 Blackstairs 锂辉石矿 51% 的股权和阿根廷 Mariana 卤水矿 80% 的股权；2015 年 5 月公司收购江西西部资源锂业 100% 的股权，取得了赣州宁都河源锂辉石矿和广昌里坑锂辉石矿的所有权。2016 年公司通过全资子公司"香港赣锋国际"收购了澳大利亚 RIM 公司 43.1% 的股权，成为该公司第一大的股东，取得了 Mt·Marion 锂精矿产品的包销权。澳大利亚 Mt·Marion 锂辉石矿是目前全球在开发的第二大锂辉石矿，资源储量为 7780 万吨（以碳酸锂当量计），年产量 20 万吨锂精矿，于 2016 年年底建成投产，公司包销其全部锂精矿，解决了公司矿石提锂生产线的原料问题；2017 年公司对美洲锂业进行增资，拥有其 17.5% 的股份成为该公司最大股东；2018 年 9 月公司通过全资子公司"荷兰赣锋"收购了全球锂业巨头 SQM 公司持有的阿根廷 Cauchari－Olaroz 盐湖 50% 的股份，加上美洲锂业持有的该盐湖的股份，赣锋获取了对该 Cauchari－Olaroz 盐湖的控制权和产品包销权，将和美洲锂业共同合作加快该盐湖资源的开发。这几年，赣锋锂业借助上市融资平台，完成了对全球多处优质锂资源的并购，目前在全球范围内获得了六大优质资源，分别位于澳大利亚、阿根廷、爱尔兰和中国，彻底解决了上游锂矿原料瓶颈问题，为企业的后续快速发展提供了稳定的原料保障。

4. 攻克卤水提锂、矿石提锂技术难题，加快产能建设

按资源来源分类，锂盐产品深加工技术分为卤水提锂技术、锂矿石提锂技术两大类，卤水提锂和矿石提锂产业化技术，一直是世界性难题。我国青海、西藏地区拥有丰富的盐湖卤水资源，但因卤水提锂技术不成熟，很难实现规模化开发利用，导致我国锂原料依赖国外进口的局面一直持续多年。赣锋锂业 2009 年开始从智利 SQM 公司 Acatama 盐湖进口浓缩卤水，组织一批精干的技术力量对卤水净化除镁提锂工艺进行技术攻关，建立了盐湖卤水提锂实验中心和中试车间，通过不断探索和反复试验，终于在 2010 年获得技术突破，实现了用盐湖卤水直接生产无水氯化锂的技术产业化，在江西新余高新区建立了国内第一条 3000 吨规模的卤水生产无水氯化锂的生产线。公司技术团队再接再厉，又继续研发新工艺，先后取得了用盐湖卤水生产电池级碳酸锂、电池级氟化锂、电池级磷酸二氢锂等多种高纯锂盐产品的产业化技术，并建立规模化生产线。该技术实现以卤水为原料，直接制备高纯超细锂盐产品，较传统工艺，锂回收率提高 10% 以上，生产产能提高 15% 以上，能耗降低 20% 以上。赣锋锂业研发的"盐湖卤水提锂综合联系系列高端锂盐产业化技术"，达到国际先进和国内领先水平，申请了 8 项国家发明专利，荣获了江西省技术发明奖二等奖。在矿石提锂方面，赣锋锂业通过不断技术攻关，先后攻克锂云母提锂世界性难题，革新了锂辉石提锂技术，开发出钠盐压浸法、硫酸焙烧法等提锂技术，与传统工艺相比，渣量减少 2/3，能耗降低 30% 以上，锂回收率提高 10% 以上。企业在全球布局锂矿资源的同时，也在进行锂矿加工产能的扩张。

2012 年，公司高层意识到，锂行业将在未来的几年内爆发，于是在当年立项建设万吨锂盐生产线，该生产线以锂辉石提锂，年产电池级碳酸锂、电池级氢氧化锂、无水氯化锂等高纯锂盐产品 2.5 万吨。经过近两年的建设，生产线于 2014 年年底建成，是当时国内最大的矿石提锂示范基地。生产线建成后，2015 年开始，我国新能源汽车产业开始爆发，全年销售新能源汽车 37.9 万辆，我国也超过了美国成为

全球最大的新能源汽车产销国。锂产品开始供不应求，电池级碳酸锂的价格由年初的不到4万元/吨涨至年底的17万元/吨。万吨锂盐项目正好最大限度地发挥了产能优势，为公司创造了较大的经济效益，在2015年当年，公司销售收入首次突破10亿元，达到13.5亿元，同比增长55%，净利润1.25亿元，同比增长45%。随后，公司又紧锣密鼓地开始对万吨锂盐生产线产能进行二期、三期扩张，建设年产1.5万吨电池级碳酸锂、年产20000吨电池级氢氧化锂、年产50000吨电池级锂盐产品。锂盐产品产能将达10万吨，成为全球最大的锂资源深加工基地，保障企业的原材料供应，成为全球第三大、国内最大的锂化合物供应商，在国内外市场占有举足轻重的地位。同时，打破了国外对新能源汽车关键原材料的垄断局面，为我国民族锂电产业的发展做出突出贡献。

（四）进军锂电池下游市场，为企业发展注入新动力

1. 突破行业"天花板"，积极向下游延伸

赣锋锂业积极向行业下游的锂电池领域进军。首先，公司向下游延伸产业链进入锂电池领域，对公司现有中游产品市场可以起到互补作用，有利于和客户结成更广泛的"利益同盟"，对赣锋的长期发展有利。例如，锂盐产品的下游客户是正极材料和电解液生产商，他们的下游客户是锂电池厂；这些正极材料和电解液生产商，即是赣锋中游锂盐产品的客户，又是赣锋下游锂电池厂的供应商，能够很好地和赣锋在产业链上互补，在商业合作上共赢，形成利益共同体的产业链战略联盟。其次，赣锋向下游锂电池制造领域延伸产业链，也是克服中游"天花板"现象，拓展企业发展空间的必然选择。赣锋在锂产业链中游占据了国内外较大的市场份额，很多产品的市场占有率超过了70%，市场进一步增长的空间有限，达到了"天花板"，必须向更有发展空间的新领域拓展业务，为企业的发展注入新动力。

2. 实施技术并购，确立核心技术能力

2015年9月，赣锋锂业和深圳美拜电子科技有限公司经过多轮磋商最终达成100%股权收购协议。深圳美拜电子公司是专业从事锂聚合物3C数码电池研发、生产与经营，产品应用于数码数机、手机、移动笔记本、平板电脑等数码、移动设备，该公司是当时国内前五大锂聚合物电池生产商。

3. 推动固态锂电池产业化，塑造企业未来发展方向

依托科研团队，分别于2016年和2017年建成全自动化3C锂聚合物动力电池生产线和高容量锂离子动力电池生产线。同时，为了在锂动力电池市场占有一席之地，从2017年开始布局新一代锂电池——固态锂电池，与液态锂电池相比，固态锂电池全部采用固体材料，不需要采用液态有机物，也不用塑料薄膜材料，将彻底解决锂电池安全性问题，固态电池也可采用金属锂做负极，可将现有锂电池的比容量提升一倍以上，将解决新能源汽车的续航里程焦虑问题，因此固态锂电池是锂动力电池的发展方向与希望。赣锋锂业通过与中科院宁波材料所合作，引进许晓雄博士团队，推动固态锂电池产业化。目前公司固态电池项目已完成实验室研发工作，制备出符合动力电池要求的固态锂电池样品，并通过第三方检测，正在进行固态锂电池产业化中试生产线建设，赣锋锂业有望在全球率先建成固态锂电池产业化生产线，成为固态锂电池产品推广应用的先行者。

（五）开发锂电池综合回收利用新技术，实现绿色发展

1. 开发回收利用新技术，实现废旧锂电池综合回收利用

赣锋锂业积极开发废旧锂电池回收利用新工艺新技术，建立了全国最大的废旧锂电池综合回收利用生产线。随着新能源锂电池动力汽车的产销量连年攀升，废旧动力锂电池的回收也逐步引起人们的关注。赣锋锂业公司在锂资源提取和锂化合物工艺技术研究上一直保持全国技术领先地位，其工艺技术和废旧锂电池化学回收处理技术具有相通性，拥有较深厚的技术底蕴。废旧锂动力电池退役后首先通过检测评估后进行"梯次利用"应用于储能锂电池，不合格或者梯次利用后就要进行拆解和化学法处理工艺，以回收电池里的锂、钴、锰、镍、铜、铝等稀贵金属。赣锋锂业专门成立技术攻关小组，致力于废

旧锂电池拆解后化学法处理工艺的研究，先后开发出"火法处理工艺"和"湿法处理工艺"，申请国家专利8项，取得了较大的技术突破。公司在2016年专门成立"赣锋循环科技"公司，进行废旧锂电池回收相关工艺技术的产业化，建成了年处34000吨废旧锂电池回收生产线，实现废旧锂电池及其材料资源综合利用。

通过这几年的技术攻关和不懈努力，赣锋锂业公司已成为国内最大的从废旧锂电池回收锂的企业，湖南邦普、格林美等企业的回收含锂溶液全部由公司加工成锂盐产品。赣锋回收废旧锂电池中的锂资源，直接加工成碳酸锂、氢氧化锂、氟化锂等锂盐产品用于锂电池正极材料或电解液的生产；回收废旧锂电池中的镍钴锰资源直接加工成"镍钴锰三元材料前驱体"，用于生产锂电池三元正极材料，都又重新回到了锂电池生产制造体系，实现了锂电池中有价金属元素生命周期的循环，对推动我国建立锂电池全生命周期循环利用绿色产业链，进行了有益的尝试。

2. 通过技术攻关，建立锂化工废料综合回收利用产业化基地

在锂电池材料加工领域，往往产生较大的含锂边角料，如果能予以回收利用，既回收了宝贵的锂资源，又给客户节约了废水废渣的处理成本赣锋锂业通过技术攻关和商业模式创新，对锂化工边角料和含锂生产废料回收利用技术进行攻关，成为我国首家锂回收利用规模化企业。赣锋锂业从2010年起，就开始锂化合物回收再生利用相关工艺技术的研究，通过多年的努力，自主研发并建成了回收锂化物循环综合利用生产线。例如，针对含锂医药废水的回收技术，公司回收医药中间体企业的含锂废水生产无水氯化锂再通过电解生产出金属锂，金属锂再销售给客户用于医药中间体合成工艺的催化剂。我们跟客户签订含锂废料代加工金属锂的协议，该技术既可帮助客户降低环保处理成本，增加收益，提高竞争力，又能增强客户对公司的忠诚度和依赖度，而且还可拓宽公司的原材料获得渠道，降低生产成本，使锂产品在整个锂产业链中生态循环，实现锂产业循环经济绿色发展。

3. 创新商业模式，与客户共建锂产品回收循环利用产业链

赣锋锂业生产的金属锂是生产医药中间体的关键催化剂，金属锂的采购成本占医药中间体成本的比重较大。2006年以前，国内的医药中间体产品市场长期被印度企业所垄断，而国内少数几家医药中间体企业生产规模小、产品成本高、市场竞争力较弱。赣锋向国内的医药中间体生产企业供应金属锂，然后回收他们含锂的医药废水提取氯化锂，再加工成金属锂销售给客户。于是，公司与客户协商，创立合作共赢的商业模式，签订长期回收含锂废水代加工金属锂的协议，利用客户生产医药中间体排放的含锂废水制备金属锂，只收取客户的加工费用，这样不仅大幅降低了客户的金属锂采购成本，提升了产品市场竞争力，打破了印度企业对医药中间体产品的市场垄断，为我国医药行业发展做出了贡献，而且建立了锂产品回收周期循环利用绿色产业链，为我国锂产品绿色回收利用创立了新模式。

（六）规范企业治理，打造全球锂行业一流企业

公司在稳定生产经营的同时，狠抓规范化管理，通过借助国内IPO上市及香港联交所主板上市的契机，引进和植入先进的上市公司风险管控体系，逐步建立健全内部管理制度和流程，形成了比较完善的现代企业管理体系。

1. 建立完善的现代企业治理结构，规范企业内控管理

2008年，赣锋锂业向深交所提交了上市申请，进入了IPO上市辅导期，在这期间，公司完成了股份制改革，设立了股东大会、董事会、监事会、公司执行管理层、董事会秘书等机构，并制订了各机构相关职责与管理制度，保证公司治理的合规性，保障公司的持续发展。重新设置公司的组织机构，建立以董事会为领导的H型控股集团公司的组织架构，优化赣锋集团公司与赣锋子公司的管理，提高执行力与工作效率。赣锋2010年8月在深圳中小板上市，2018年10月11日又在香港联交所主板上市，上市的过程，就是一个企业管理不断规范的过程，也是一个在管理上不断"革自己命"的过程。公司引进

ERP-NC企业管理信息化平台系统，聘请华夏基石管理咨询公司做公司人力资源及风险管控体系培训，建立起符合内地和香港境外上市公司管理规范的管理制度和流程，定期在上市公司指定的媒体平台披露公司内控管理报告，接受投资者的审阅和监督。通过境内外两次上市，不断植入先进的上市公司风险管控体系，赣锋锂业的内控管理发生了蜕变，产生了质的飞跃。

2. 实施"三化管理"，提升工作效率

赣锋锂业通过多年的经验总结，结合赣锋自己的行业特点，逐渐形成了具有赣锋特殊的企业管理文化，提出了"程序标准化、流程信息化、工作精细化"的三化管理，即对尽量多岗位的工作内容制定科学的、标准的工作流程，以期达到最高的工作效率；在标准的工作流程上，对工作所涉及的内容精益求精，以期工作效率和业绩的不断提升；导入ERP-NC系统、OA系统、MES系统，用系统承载管理流程、工作流程，提高工作效率。

3. 采取"股权激励、事业激励、财富激励"等激励措施，打造创新型人才团队

多年来，赣锋锂业牢固树立"人力资源是第一资源"的人才观，始终坚持"以人为本"的人才发展理念，大力实施人才强企战略。赣锋锂业于2012年成立赣锋商学院，聘任各类人才作为内部讲师，定期组织开展各种培训活动。目前为止，已开展各类培训300多次，培训员工6000多人次，取得了较好的效果，员工素质得到了大幅提升，许多参训员工已成为领导干部或技术骨干，赣锋商学院也被称为赣锋的"黄埔军校"。建立了经营管理人才、技术人才、操作技能人才三种成长通道，使各类人才均有发展的机会。广泛开展员工职业生涯设计工作，引导员工根据自身特长设计自己的成长模式和成才方向；广泛开展青年员工的"师带徒"活动，为新入厂员工选配优秀的导师，促进青年员工尽快成长；广泛开展技术职称评定与人才测评工作，使工程技术人员有上升空间；推行作业长制，成立了作业长研修会，为公司和协力单位的作业长建成相互交流、相互学习、共同提高的"学校"，让会员成为公司的核心骨干，基层管理的行家。通过对核心技术人员与管理人员实施股权激励，激发了人才的积极性与创造力，打造了一支结构合理、创新能力强的省级优势技术创新团队。

三、锂电新材料企业以技术创新驱动的产业链延伸战略实施效果

（一）企业实现了快速增长

虽然在2008年金融危机时期，公司遇到了前所未有的困难，企业经营状况一度陷入困境，但通过产业链延伸战略实施，企业成功度过了金融危机。2008—2010年，企业的销售收入与利润仍保持连续增长，且公司于2010年成功在深圳中小企业板上市，成为中国锂行业首家上市公司。2008—2017年，公司经营业绩快速增长，销售收入和净利润分别以年均35%与68%的速率快速递增，2017年实现销售收入43.8亿元，同比增长54%，净利润14.7亿元，同比增长226%。2017年，金属锂销量约占全球47%、国内70%的市场份额，氟化锂约占全球60%的市场份额，赣锋锂业目前已成为我国锂产业链最长、锂产品种类最多的企业。

（二）成为我国锂行业的技术领跑者

赣锋锂业先后完成了3项国家级重点新产品和30多项省级重点新产品的开发，技术分别达到国内领先或国际先进水平；公司主持（参与）起草了3项产品国家标准和16项产品行业标准，确定了公司在全国锂行业中游的技术领先地位。公司建立了完善的产品链体系，形成了"锂资源开发、锂盐深加工、金属锂冶炼、锂电池制造和废旧锂电池回收"等5大业务板块，开发了五大系列40多种锂产品，是目前国内锂行业产品种类最齐全、产业链最完善的企业。

（三）行业地位显著提升

赣锋锂业分别于2010年和2018年在深圳中小企业板和香港联交所上市，成为中国锂行业唯一一家"A+H"上市公司，先后被授予"国家技术创新示范企业""国家火炬计划重点高新技术企业""国家

级绿色工厂""国家两化融合试点企业""国家知识产权示范企业"等荣誉。金属锂销量占全球47%的市场的市场份额，碳酸锂、氢氧化锂等锂盐产品销量占全球10%以上、国内22%以上的市场份额。目前，赣锋锂业已经发展成为全球最大的金属锂生产商、全球第三大及国内最大的锂化合物供应商，在国内外市场占有举足轻重的地位，同时，打破了国外对新能源汽车关键原材料的垄断局面，为我国民族锂电产业的发展做出突出贡献。

（成果创造人：李良彬、邓招男、刘　明、杨满英、徐建华、王大炳、周　燕、谢晓林、周志辉）

特大型盐湖企业以建设生态镁锂钾园为目标的转型升级

青海盐湖工业股份有限公司

青海盐湖工业股份有限公司（以下简称盐湖股份）坐落于青海省格尔木市。前身为"青海钾肥厂"，成立于1958年，是从盐湖卤水中提取、加工、生产化工产品的企业。截至2017年年底，盐湖股份有6个控股公司，6个分公司，8个全资子公司，3个参股子公司。在册员工17440人。资产总额824亿元，净资产222亿元。实现营业收入116.99亿元，完成工业总产值128亿元。连续多年被评为国际信用企业、中国企业形象AAA级单位、"全国五一劳动奖章"企业。

一、特大型盐湖企业以建设生态镁锂钾园为目标的转型升级背景

（一）提高我国钾肥产品的自给率，满足国家粮食安全战略的需要

钾肥是粮食的粮食，中国是一个钾资源紧缺的国家，且是全球最大的钾盐消费国，消费量占全球20%以上，但钾资源探明储量2亿吨（折氧化钾），仅占全球储量2%。与此同时，一些中小企业采选技术较为落后，生产规模很小，产能有限，1999—2005年，我国钾肥产量占全球总产量的比重从1%上升到4%左右，而1999—2005年，我国每年从国外进口钾肥量逐年在递增，自500万吨上升到800多万吨，消耗外汇15亿~24亿美元。盐湖股份所在的察尔汗盐湖总面积5856平方千米，是我国探明储量最大的钾镁盐矿。从1958年建厂开始，经过几十年艰苦奋斗，2005年已形成年产150万吨钾肥的生产能力，但还无法满足我国钾肥产品的自给率，也不能满足国家粮食安全，有必要进一步改进工艺，提升氯化钾产品质量；进一步扩大规模，形成规模优势，降低成本，提升竞争力；进行升级改造，释放更大产能。

（二）解决品种单一、资源利用率低的问题，生产市场需要的镁、锂、钾等多种化工产品的重大措施

察尔汗盐湖蕴藏着丰富的矿物资源，各类资源储量达600多亿吨。长期以来，盐湖股份从卤水中只是提取钾，其余排放，产品回收率低，"采富弃贫"等资源浪费现象严重，采用"资源—产品—废物排放"的粗放式生产方式，共生/伴生矿、尾矿的综合利用率低，锂、镁、硼、溴等有用元素未能充分利用，资源利用率低，在氯化钾主业方面未实现"量"的规模化，生产成本偏高。此外，国家对镁、锂等产品的需要量日益增长。镁作为绿色工程材料，金属镁及镁合金是航空、航天等独具国家特殊地位的战略性资源和新型结构材料，在运输、化工、火箭等工业部门被广泛应用。锂产业属于新能源、新材料的新兴产业，在铝锂合金、锂电池和核聚变等民用工业、高科技和军工领域的应用也得到迅猛扩大。在锂电池方面的应用，被称为"21世纪能源新贵"。这些情况要求企业尽快转型升级，加强资源的综合利用，尽快生产市场需要的镁、锂、钾等多种化工产品。

（三）实现循环经济、治理污染、改善环境的需要

国务院出台《关于加快发展循环经济的若干意见》（国发〔2015〕22号），强调要树立和落实科学发展观，以提高资源利用率和减少废物排放。盐湖股份卤水提钾后排放就属于"资源—产品—废物排放"的生产方式，共生/伴生矿、尾矿就地废弃，"采富弃贫"加剧钾资源枯竭。如不能得到有效遏制，我国盐湖钾资源开发年限将不足50年，危及国家粮食安全。同时，造成对矿产资源的大量浪费，使得生产厂区堆积、遗留大量粉尘矿渣，截至2005年，矿渣已集聚3000万吨，占地3000平方米，造成天上无飞鸟、地上不长草、脚下无黄土、河里无淡水。环境的恶劣又制约钾肥的生产，使之不得扩大生产规模。

基于上述原因，盐湖股份决定从2005年起实施以建设生态镁锂钾园为目标的转型升级管理。

二、特大型盐湖企业以建设生态镁锂钾园为目标的转型升级内涵和主要做法

盐湖股份通过确定建设生态镁锂钾园的战略目标，明确转型升级的工作思路；技术攻关综合利用盐湖资源，开发镁锂钾系列新产品；保护资源、治理污染，打造循环经济生态园区，实现企业转型升级，盐湖资源综合利用；建成绿色的生态产业园；为企业持续发展打下基础，实现重大的经济效益和社会效益。主要做法如下。

（一）确定建设生态镁锂钾园的战略目标，明确转型升级的工作思路

2005年进入新阶段，盐湖股份提出"深化改革、提升管理、做专做精、持续发展"指导思想，提出"盐湖生态镁锂钾园"的发展战略目标和"走出钾、抓住镁、发展锂、整合碱、优化氯"的战略布局。

明确如下工作思路：要实现战略目标，就是做到转型升级，盐湖股份秉承"百年盐湖，生态镁锂钾园"的发展理念，由最初的单一氯化钾产品向氯化钾、氢氧化钾、碳酸钾、硝酸钾、纯碱、烧碱、金属镁、镁合金、氢氧化镁、碳酸锂、PVC、ACD发泡剂等钾、钠、镁、锂、氯系列产品延伸，由农用钾肥制造向工业、农业、航天航空、建材、医药等多领域迈进。搞综合利用资源，吃干榨净，坚持生态发展，循环经济，达到资源化、减量化、再利用。改善环境首要是资源综合利用，同时加强污染治理。要实现上述目标，必须创新，技术来源必须多管齐下，既要自主创新，也要产学研结合，还要引进技术。由单一钾肥到多种产品，除技术来源外，关键是人，吸引人才，组织人才，激励人才十分关键，对地处大西北的盐湖股份来说，尤其如此，必须采取强力措施。

（二）技术攻关综合利用盐湖资源，开发镁锂钾系列新产品

1. 自主创新钾肥开发模式，实现盐湖再造

通过近10年的引进消化吸收再创新，盐湖股份于1998年9月制造出中国的第一条光卤石矿水采水运技术—光卤石矿水采船，并顺利下水，实现双切割头、远程自控、GPS全球定位、移动加压泵站多重创新。使盐田光卤石矿完全实现水采水运，采矿量达到700 m^3/小时。效率高、能耗低、生产稳定。创造性研发低品位固体钾矿浸泡式溶解转化开发技术，使固体钾盐工业品位由8%降至2%，让2.96亿吨依靠已有技术无法利用的低品位固体钾矿由呆变活。从采输卤开始，盐湖股份利用清洁能源太阳能进行滩晒，利用氯化钠生产纯碱、烧碱，利用光卤石生产钾肥、碳酸钾、硝酸钾、氢氧化钾，利用氯化镁生产金属镁、氢氧化镁、氧化镁，后期老卤进行提锂和锂电池原料，最后将老卤与淡水融合制成溶剂回注盐湖，创立钾资源"固液转化、驱动开采、贫富兼采、循环回收"的独特开发模式。创立以开拓系统、回采系统和采准系统为主要内容的盐湖采矿理论体系，创新"采输分离、分散采卤、集中输送"工程化技术。通过深渠采卤、钻井采卤、浮箱式泵站抽卤、集中输卤技术，实现盐湖资源的大规模高效、连续、安全开采。"大面积深水盐田长串走水生产优质光卤石矿"工艺，变并联为串联，变短串为长串，实现大面积盐田连续稳定生产。光卤石水采船、反浮选冷结晶、固体钾矿溶解转化、尾盐热熔结晶等技术，实现低品位矿和尾矿再利用，氯化钾含量由70%~80%提升到95%~98%。规模由100万吨服务30年发展到500万吨服务50年，实现盐湖再造。由完全依靠进口达到自给率50%以上。

2. 产学研结合，为盐湖资源的开发、应用奠定基础

盐湖股份于2007建立年1个省级企业循环经济研究开发中心，联合科研院所进行应用技术开发及基础试验研究，将具有重要及长远市场价值的重大科研成果进行完整的工程化和集成化研究开发，消化、吸收和集成创新引进的先进技术，推动国际合作与交流；培养高水平的工程技术与管理人才；为行业和相关领域的发展提供信息和咨询服务。

盐湖股份和华东理工大学于2009年联合共建1个国家级盐湖资源综合利用工程技术研究中心。依

托工程技术研究中心建立院士工作站；与中国科学院青海盐湖研究所建立博士工作站、察尔汗盐湖研究生实习实践基地；与重庆大学共建青海盐湖镁产业技术研究院。成立1个省级企业孵化器，1个省级盐湖资源综合利用重点实验室。与清华大学、华东理工大学等为建设好中国最大的盐化工基地提供技术研发、中试、产业化平台，推动科技、经济的密切结合。

3. 引进技术充分利用老卤，镁"害"逐步变镁"宝"

盐湖股份生产1吨钾肥大概要产生约含10吨左右氯化镁的老卤。在综合利用项目一、二期工程的基础上，为使提钾后剩余的老卤得到充分利用，盐湖股份以副产的老卤氯化镁深加工为主线，引进海德鲁的卤水电解金属镁的技术，将其技术吸收后再结合自身实际加以消化再创新。2010年，开工建设年产10万吨金属镁装置。第一次突破无水氯化镁脱水技术，生产金属镁、镁合金产品。这种技术，比世界上传统金属镁技术，要节能减排得多。它的二氧化碳排放量，大体上就是外方的1/3，意义非常重大。对镁合金压铸设备创新改造，把原从加拿大引进的压铸岛设备国产化，完成镁合金压铸件产品批量生产工艺突破，实现转向柱支架产品批量生产，已完成通用汽车平台用转向柱支架产品6万件批量生产。

4. 攻克高镁锂比卤水提锂技术，实现电池级产品的万吨工业化规模生产

盐湖股份历经30余年科学研究、15年成果转化推广，企业的技术团队成功攻克"吸附提锂"技术及成果转化过程中的关键设备和工艺优化、产品液纯化等世界性技术难题，打通"吸附提锂－氯化锂深度纯化－浓缩－碳酸锂"工艺路线，推进多工艺耦合集成创新，不仅实现连续工业化生产，而且产品质量达到电池级，并已形成年产1万吨的规模，2017年生产8002吨。申请国家发明专利7项，已批准2项。

5. 综合利用盐湖资源深度加工，形成循环经济产业链

在开发生产镁锂钾的同时，盐湖股份还配套建成年产80万吨PVC、16万吨聚丙烯、100万吨纯碱、30万吨钾碱、100万吨煤制甲醇、240万吨焦炭、40万吨电石等装置。盐湖镁锂钾资源的开发利用，带动盐湖中钠资源和地区的煤、石灰石等多种资源综合开发，在盐湖地区构筑起循环经济产业链，实现盐化工、煤化工、天然气化工、有色冶金、建材工业等多产业融合发展。

（三）保护资源、治理污染，打造循环经济生态园区

1. 加强地下、地面、空中资源保护，坚持绿色生态发展

一是开展对地下资源的保护，包括镁锂钾等矿产资源，利用废弃老卤返回采区实现固液转化等，注意做到盐湖资源在保护中开发利用和在开发利用中保护。

二是开展地面资源的保护，利用黏土和天然地形地势资源修建渠道，人工修筑钠盐池、调剂池、光卤石池，并成功建成盐湖200多平方公里的盐田，使盐湖卤水规范流动、统筹调用，将卤水中的钠、镁、锂、钾成分逐级进行分离；在淡水区域附近，通过修筑堤坝，加以保护，逐渐生长有水草、鱼、鸟的百里生态水景线，既利用风光资源晒矿，又增加湿地面积。盐湖还坚决禁止捕鱼，禁止打鸟，保护生态。

三是开展对空中资源实现保护，投入巨资推进环保三同时，对废气、废液、废固的达标排放和生态与资源进行有效保护，形成变绿水青山为金山银山的生态大盐湖。

2. 吃干榨净，资源充分利用

2005年起，盐湖股份为综合利用资源，相继投资600多亿元实施盐湖循环经济项目。第一步先提钾，利用太阳的自然蒸发，蒸发出来的是光卤石，也就是钾钠镁的混合物，先过滤掉氯化钠，然后输送到加工车间来生产氯化钾；第二步提镁，利用氯化镁生产金属镁、氢氧化镁、氧化镁；第三步提锂，把氯化锂提取出来，生产出碳酸锂、氢氧化锂，未来生产金属锂。这样的废液到最后，又采用一个叫固液

转化的技术,把提取完的老卤再返回到前系统去,再加点淡水,变成溶剂,把固体氯化钾和其他产品再拿出来,形成一个闭环循环,进行二次利用。

3. 新建生产装置严格环境评价和治理措施,杜绝出现新的污染源

一是依法规,严守无手续不开工、未审批不建设的基本要求,按照《环境保护法》《建设项目环境保护管理条例》《环境影响评价法》等法律法规,切实将环保手续及审批制度落实在项目立项、设计、建设和生产的全过程当中,真正做到依法依规生产和建设,盐湖股份所涉 62 项环保手续全部完成审批,审批率 100%。二是上设施,盐湖股份在环境保护设施建设、提标技改、节能减排等措施上投入巨大,资金高达 21 亿元,年设施运行费用达到 1.5 亿元以上,建成五大环保重点设施(2 套炉外脱硫脱硝装置、2 座污水处理站、1 个综合渣场),建成项目各装置环保基础设施 340 余套,预处理设施 24 套,配套环保处置及应急设施 12 套,水气在线监测 38 套等;对现有治污设施进行升级改造,改造完成的环保治污设施约 40 余项。三是提标准,通过落实环保三同时、提标技改、强化管理等措施,实现"三废"的达标。废气排放达到国家最新标准,较新标准出台以前 SO_2、NO_x、粉尘等重点排放指标下降近 4 倍;生产废水处置后达到农业灌溉 2 级标准;工业用水循环使用率达到 90% 以上,节约生态用水资源 10 倍以上;固废综合利用率也达到 80% 以上,将放错地方的废弃资源变身为产品,大量减少固废堆存所用占地。四是充分利用光能、风能等,打造热电、光热、光伏、风电、火电、天然气发电、水电为一体的盐湖能源微网。

4. 处理多年堆积遗留的粉尘矿和废渣,"呆矿"变活

通过减量化,技术创新提升收率与利用率,减少资源浪费,减少"三废"产生;通过再利用,尾盐钾、尾液钾 100% 总合回收利用,粉煤灰、电石渣、炉渣等综合利用 70% 以上,生产废水实现循环使用 90% 以上,生活废水全部回用;通过再回收,固液转化、驱动开采、盐湖再造,钾尘全面回收为产品;通过固体钾矿浸泡式溶解转化技术,采用达布逊湖水作为溶剂的主要来源,进行溶解转化示范研究,获取溶解转化效率和溶出液组成等参数,盘活低品位固体钾矿,大量"呆矿"变活,由原来设计可采的 1.4 亿多吨储量增加到 4.27 亿吨,相当于再造几个察尔汗盐湖。

(四)吸引人才,留住人才,推进转型升级

1. 采取多种措施,吸引人才

盐湖股份地处大西北,尤其是在青海格尔木海拔 2800 多米的高原,生活条件困难,1996 年之前职工一直生活在察尔汗,没有淡水,吃水需从距离 60 千米的格尔木用汽车拉过来,冬天都成冰了,靠吃冰化雪来渡过日子,且因交通不便,生活物资很匮乏。1997 年后,在格尔木解决职工生活小区问题。为了能吸引人才来盐湖股份,在计划经济下,到格尔木工作的人员的工资待遇是内地的几倍;市场化后,因钾肥产量逐年增加,企业效益好,职工的工资收入也不错;开启综合利用、循环经济后,盐湖股份招聘职工、专业技术员,为其解决住房,提供较高待遇。

盐湖股份成立盐湖党校、盐湖大学,设钾、镁、锂、化工、管理、技术、经济、监察、政工、审计十大学院,不发文凭,仅从业务板块和专业角度着手,旨在培养百名企业家和千名工匠,进而提升全员业务素质,助推"生态镁锂钾园"战略和循环经济建设。

2. 组织人才,激励人才,留住人才

为了能留住来盐湖股份工作的各类人才,盐湖股份想尽一切办法,一是量才而用,位适其人。在盐湖资源综合利用开发中,既使用精于研究、硕果累累的技术专家,也使用熟悉市场、精通经济的理财好手,做到各行各业的能手"各尽其用"。二是扬长避短。用人就用其长而避其短,软件、硬件两者兼顾,讲文凭,但不唯文凭。三是储备专业技术人才、大中专毕业生和专业管理人才,开发好外部市场资源,建立招聘管理制度,规范人力资源管理工作。四是通过"育、选、用、备、管、考、留"七位一体的用

人机制，为后备人才建设和使用建立正确的培养过程，完善关键岗位管理人员竞聘上岗制度，形成优胜劣汰的机制。五是建立管理、技术、技能三支人才通道，打破以往仅有的管理一支晋升渠道，使得技术、技能人才通过自己的不懈努力，也能取得与管理岗位同样的待遇；获准建立职业技能鉴定站，完善职业技能鉴定制度、职业资格证书制度。六是设立首席技术专家、高级技术专家、技术专家，为企业储备专家人才库，在技术的可行性论证方面发挥重要作用，也带动职工的技术创新、产生大量的职工创新工作室。柔性引才，聘任专业工程师，发挥专业人才在项目建设、试车试生产等方面的才能。七是打破工资普涨制，实行与绩效挂钩的薪酬体系，形成了多劳多得、兼顾效益的收入制度，充分发挥考核的激励导向作用。

（五）强化基础管理，适应转型升级

1. 以"三基三维"为行动指南和工作纲领

盐湖股份以目标为导向，以"三基"（基础工作、基层组织、基本能力）为抓手，加强统一领导，各单位组织分工明确，实行垂直管控、首长负责制，构建矩阵式组织结构，采取"八小时＋""互联网＋"、集中和分散相结合、成果激励等方式激活工作团队，通过理顺生产、营销、财务基础工作，强化组织、宣传、统战、法治基层组织，提升决策、执行、监督、创新、法制、沟通基本能力，形成了全员的"三基三维"思维模式、语言模式、行为模式，为"深化改革、提升管理、做专做精、持续发展"保驾护航，对于实现以建设生态镁锂钾园为目标的转型升级提供了管理工具、管理方法、管理思维，是盐湖股份健康持续发展的行动指南和工作纲领。

2. 明确业务管理体系

盐湖股份各职能部室以各自功能定位及职责划分，注重可操作性、理顺业务流程，推行标准化业务管理，更好地指导、服务基层对口职能部门工作。所属各公司结合本单位实际情况，对照职责划分内容，明确和完善盐湖股份管理体系内本级单位的职责内容，加强与盐湖股份职能部室的工作沟通联络，不断规范和畅通上下各业务流程通道，积极扎实开展好各项基础性工作。

3. 借助岗位责任制做实基础工作

所属各公司在明确岗位职能职责基础上，通过完善和落实岗位责任制，强化岗位责任制建设，夯实基础管理工作。融合各项责任制要求，严格工作标准、理顺业务流程，形成实用、简捷、高效的基础工作管理手册，为"制度落地、责任生根"提供保障和夯实基础。

4. 夯实基础管理

严控安全环保及职业卫生指标要求，落实健康安全环保责任制；强化 TPM 管理，责任到人，建立健全设备点检维修保养责任制和巡回检查制；深入推行全面质量管理，完善质量责任制；强化交接班管理，健全交接班制度；建立健全班组成本核算制，分解成本指标到每位员工；实行岗位练兵制，大力倡导岗位练兵；严格落实现场 6S 管理责任制，狠抓"低标准、老毛病、坏习惯"治理，提升现场管理水平。推行协同办公平台、ERP、DCS、自控设施、实时监控、在线监测、在线分析、调度指挥系统、"智能盐湖"工厂等信息化建设，企业自动化管理水平不断提高。

5. 加大产品营销，实现利润最大化

单一的氯化钾产能达到 100 万吨后，盐湖股份推行以包销和代理为主、直供为辅的营销模式，实行量价返利政策，减少异地仓储成本，降低各种风险。随着化工产品的下线，盐湖股份及时成立联营公司，建立西北、西南、华北、华南、华东、中原六大片区分销网络布局，加强产品价格管理，创新价格形成机制，统筹量、价、季节、区域等因素，实现销售利润最大化。

（六）培育企业文化，为完成各项任务提供精神支柱

盐湖股份积极进行文化培育工程，加强企业文化宣贯，形成浓厚的文化氛围。一是每年春节，盐湖

股份组织近1000名职工,参加安塞腰鼓等在州、市进行表演;同时,借助职工生活区周末文化广场为活动平台,所属各单位自编自导自演,创作贴近职工群众生产生活、反映职工群众精神风貌的文艺节目,丰富了职工业余和节日文化生活。二是利用"三八""五一""十一"等国家法定节日,发挥23个文联、体育协会优势,举办职工球类联赛和协会活动,丰富职工的业余文化生活。三是每年组织开展"安康杯""安全生产月"知识竞赛、职工岗位职业技能竞赛和技术比武等活动,通过"学、比、促",激发职工的创造潜能和活力,提高职工的岗位技能、创新能力及安全与健康意识。四是盐湖股份制定出台《企业文化(管理)手册》,各单位加大宣贯,并依托盐湖党校、盐湖大学、《盐湖报》等企业文化平台和载体,宣传企业管理思想和理念,营造良好的企业文化氛围,为企业改革发展提供精神动力和智力支持。

盐湖股份经过几十年的发展,不同时期形成不同内涵的企业文化,特别是近几年,"厚德载物、自强不息"成为盐湖人的文化基石,"天行健,君子以自强不息""地势坤,君子以厚德载物",盐湖股份吸纳各方智慧和力量,凝聚和传承"盐湖人"骨子里的战天斗地精神,共同推进盐湖资源的开发利用。

三、特大型盐湖企业以建设生态镁锂钾园为目标的转型升级效果

(一)企业转型升级,实现盐湖资源综合利用

由单一钾肥生产变成资源综合利用、多产业融合的企业。建成了我国最大的钾肥工业生产基地,使盐湖股份从单一钾肥生产走向了盐湖化工、天然气化工、有色金属、冶金冶炼等多产业融合的发展之路。

成功开发镁锂钾,主要产品规模名列国际、国内前茅。年产500万吨氯化钾(世界第四)、40万吨硝酸钾(亚洲第一)、50万吨氢氧化钾(世界第二)、7.2万吨碳酸钾(世界第一);镁盐建成10万吨金属镁(世界第一)、5.6万吨镁合金(世界第一);碳酸锂已达万吨规模,质量达电池级。

探索出了一条盐湖工业循环经济发展之路。形成了以钾盐产业群为龙头,带动镁盐、气盐、钠盐、锂盐产业群发展,探索出了一套可复制多产业整合循环发展的产业链模式,成为新型循环经济产业经典模式。

(二)建成了绿色的生态产业园

多年的废渣得到处理,天上没有飞鸟,地上不长草,风吹着盐块跑的非常荒凉、没有人烟的地方,已经变成有了水,长了草,来了鱼,来了鸟,而且白天鹅也入驻了盐湖,非常壮美。

盐湖是青海最重要的资源。循环利用是转变经济发展模式的要求,全国都应该走这样的路。青海资源也是全国资源,要有全国一盘棋思想,在保护生态环境的前提下搞好开发利用。

(三)取得较好的经济效益和社会效益

2005年盐湖股份实现销售收入16.7亿元,利润总额11亿元。2016年实现销售收入116.99亿元,利润总额5亿元。盐湖股份钾肥产量的增加,提高了国产钾肥的市场份额,保障了我国钾肥的自给,提升了中国在国际钾肥市场中的地位和进口谈判中的主动权,自建厂以来,累计生产销售钾肥4540万吨,近15年利润约255亿元,税收约160亿元,党的十八大以来为国家至少节约外汇151.1亿美元。熔盐产品首批18000吨硝酸钾和1000吨硝酸钠进入国际市场。钾已成为支农肥的"压舱石"。锂已成为新能源的"护航者"。镁有望成为轻金属的"排头兵"。

(成果创造人:王兴富、谢康民、郑洪华、吴文好、
刘玉兰、王向前、王祥文、王石军、俞秋平)

军工研发企业提升核心竞争力的平台化发展战略的构建与实施

北京五洲中兴机电设备开发有限公司

北京五洲中兴机电设备开发有限公司（以下简称五洲中兴）是中国兵器工业集团有限公司（以下简称兵工集团）所属的国有控股企业，主要从事军工燃烧爆炸品领域非标设备的研发、设计和制造，并在民用爆破器材生产装备、防爆专用设备等多个民用领域具有一定技术优势。五洲中兴组建于 2003 年，由兵工集团一级子公司中国五洲工程设计集团有限公司（以下简称中国五洲）控股，1 家民营企业和五洲中兴 4 名高管持股。中国五洲是兵工集团军工能力建设的主要工程设计和工程服务支撑单位，五洲中兴是中国五洲非标设备研发和装备集成方面的核心力量，在兵工集团的军工能力建设上发挥着不可替代的重要作用。五洲中兴现有专业技术人员百名左右，总资产 2500 万元，年主营业务收入 3000 万元左右，拥有发明专利 20 多项，曾获多项省部级科技奖。

一、军工研发企业提升核心竞争力的平台化发展战略的构建与实施背景

五洲中兴主要从事非标设备的研发、设计和制造。非标设备是指国家定型标准以外，需根据用户特殊要求先进行单体设计，再进行单台或小批量加工制造的设备。根据五洲中兴的业务特点，实施提升核心竞争力的平台化发展战略，主要是基于以下三个方面的考虑。

（一）应对市场供需结构变化的客观要求

当前，对服务产业客户的非标设备研发企业而言，市场供需结构发生了深刻的历史性变化。一方面，产业客户由追求规模扩张向内涵式发展转变，迫切需要研发设计单位发挥新技术集成和工程化应用的引领作用，市场需求由碎片化向整体解决方案发展和深化。另一方面，产业客户传统的平行发包建设模式日益暴露出建设流程割裂、系统谋划不足、成本和周期难以精确控制等弊病，市场供给由分段式向全价值链的工程总承包模式延伸和转变。市场供需结构的深刻变化，对非标设备研发企业的核心竞争力提出了新的要求。从传统上以单台非标设备研发能力为主，到新形势下以生产线设备集成能力为主，是五洲中兴提升核心竞争力的必然选择。

（二）快速提升核心竞争能力的有效举措

五洲中兴传统上主要从事非标设备研发，在实施平台化发展战略之前的核心竞争力主要是设备的研发设计能力。相对于主要竞争对手中科院沈阳自动化所、兵器装备 58 所等单位，五洲中兴的经营规模偏小、人才队伍较弱，设备研发能力处于相对劣势。2014 年、2015 年，五洲中兴连续两年亏损，在军工和民用两个领域的非标设备研发市场中都处于竞争劣势。继续将核心竞争力聚焦在设备研发能力上，走自我积累、线性发展的道路，只会被竞争对手远远甩开，难以获得市场竞争优势。面对新的市场供需结构变化，五洲中兴由非标设备研发向生产线设备集成总承包转型，将设备集成总承包能力作为核心竞争力的发展方向。同时，以自身核心能力为依托，聚焦目标细分市场，全产业链整合社会技术资源，形成强有力的集成创新体系，实现借力发展、优势互补。

（三）发挥军民融合比较优势的必然选择

针对五洲中兴的具体情况，军民融合发展是五洲中兴顺应国家发展大势、充分发挥比较优势的必然选择。从军工业务来看，五洲中兴作为兵工集团下属单位，具有承接军工业务的独特市场渠道。在当前军工业务开放程度相对较低的情况下，社会技术力量参与军工业务亟须市场渠道，这就为五洲中兴整合社会资源提供了可能。从民品业务来看，五洲中兴积累了军工燃烧爆炸品装备研发的丰富经验，在军转

民高新技术应用上具有相对优势。五洲中兴深耕军工燃烧爆炸品装备研发行业多年，在自动化智能化、安全防爆等领域拥有多项军工专有技术，形成了非标设备研发核心能力，可以应用在民用爆破装备、安全防爆装备、烟花爆竹等民用领域，通过军工高新技术的溢出效应来拓展相关民用市场。

2016年以来，五洲中兴面对经营亏损的不利局面，做出由封闭发展向平台化发展转型的战略决策，实施提升核心竞争力的平台化发展战略，军工领域充分发挥作为兵工集团所属企业的市场渠道优势，民品领域充分发挥军工燃烧爆炸品高新技术的军转民优势，广泛整合社会资源打造平台化发展模式，实现由非标设备研发为主向生产线设备集成总承包为主的转型发展。

二、军工研发企业提升核心竞争力的平台化发展战略的构建与实施内涵和主要做法

五洲中兴以打造军民深度融合的先进制造整体解决方案提供商为总体目标，围绕整体解决方案强化需求管理，着眼全价值链体系化服务推进供给侧改革，整合社会技术资源提升核心竞争力，实行平台竞争创新商业模式，最终实现军民深度融合、质量效益改善。军工业务方面，重点整合社会技术力量提高以智能制造为主要特色的军工生产线设备集成总承包服务能力。民用市场方面，重点通过客户联盟打造市场合作平台，形成成套设备提供能力。推进流程再造和组织再造，深化混合所有制改革，建立健全保障平台化发展战略落实的推进机制，实现企业经营效益改善、核心能力提升和推动行业进步的有机统一。主要做法如下。

（一）科学设定平台化发展战略基本框架

1. 着眼长远提出五洲中兴发展总体战略目标

针对新竞争形势的要求、军工企业的特殊要求和企业实际，五洲中兴制定长远战略目标主要考虑五个核心要素。一是以军民深度融合为主要资源整合手段，实现强军与富民的有机统一。二是以智能制造为主要技术特色，顺应"中国制造2025"的发展方向。三是兼顾技术先进和自主可控的要求，符合军工企业对安全性的特殊要求。四是以整体解决方案为主要研发设计方向，实现客户联盟式的需求挖掘和需求管理。五是以生产线设备集成总承包为主要服务提供方式，为客户提供全价值链体系化服务。综合以上因素，将五洲中兴发展的战略目标确定为打造军民深度融合的先进制造整体解决方案提供商。

2. 聚焦核心竞争力明确平台化发展战略导向

在新的市场形势下，五洲中兴着眼于打造军民深度融合的先进制造整体解决方案提供商总体目标，认为只有用系统化的思维、平台化的办法，实现市场、技术、管理交融并进，才能够从根本上提升核心竞争能力。为此，确定实施的平台化发展战略主要强调四个基本导向。一是强调客户联盟式共同发展，从客户内在发展需求入手，变提供单向产品为提供整体解决方案，实现与客户的充分互信互利、长期共同发展。二是强调平台化整合社会资源，主动摆脱自我循环、线性发展的惯性，用系统化思维推进市场、技术、管理相交融，实现由单打独斗向平台化竞争的转变。三是强调挖掘和发挥禀赋优势，军工市场主要发挥市场渠道优势，民用市场主要发挥军转民高新技术优势，提升整合社会资源的能力水平。四是强调以问题导向弥补短板，军工市场主要提升智能制造能力，民用市场主要提升市场营销能力，集众人之长形成市场竞争优势。

3. 统筹兼顾明确平台化发展战略的基本思路

根据市场供需结构性变化和能力建设的需要，以"军民融合、平台经营、专业运作"为基本思路，坚持市场为根本、技术为关键、管理为保障，深化推进供给侧结构性改革，打造军民深度融合的先进制造整体解决方案提供商。军工市场方面，兼顾技术先进和自主可控，重点整合社会技术力量提高以智能制造为主要特色的军工生产线设备集成总承包服务能力，服务支撑中国特色先进兵器工业体系建设。民用市场方面，重点明确企业定位、找准细分市场，通过客户联盟打造市场合作平台，形成成套设备提供能力，走上可持续发展道路。同时，推进流程再造和组织再造，深化混合所有制改革，建立健全保障平台化发展战略落实的推进机制。

（二）军工领域整合资源提升技术能力

1. 搭建智能制造整体解决方案服务能力框架

传统上五洲中兴的核心能力主要集中在军工燃烧爆炸品领域的非标设备研发设计，存在"三多三少"的缺陷。一是做单台非标设备多，搞生产线设备集成总承包少，未形成整体解决方案提供能力。二是考虑机械化自动化多，体现信息化智能化少，核心技术能力在市场竞争中不占优势。三是独立承担项目多，整合社会技术力量少，缺乏强有力的技术合作平台支撑。

随着国防军工建设要求的提高，客户需求已经不再是单台非标设备，而是智能化生产线的整体集成，甚至进一步向上延伸到生产工艺的优化升级，向下延伸到生产线运营过程中的检修维护。为此，五洲中兴从客户需求挖掘出发，着眼于军工生产线的全生命周期管理，用系统化观点统筹核心能力建设问题，着力搭建集工艺优化、生产线布局、非标设备研发、自动控制系统开发、标准化设备采购、整线运行调试、运营检修维护等于一体的综合能力体系框架，为客户提供基于整体解决方案的全价值链体系化服务。

2. 拓展服务链条相关环节能力战略合作平台

实施提升核心竞争力的平台化发展战略以来，五洲中兴为搭建先进制造整体解决方案服务框架，采取与军工产业客户的发展需求对标、与行业主要竞争对手对标、与产业链各环节的先进水平对标，综合分析判断自身在市场竞争中的优劣势。通过对标，发现五洲中兴的主要优势在于军工安全防爆技术的应用能力，主要劣势在于信息化、智能化能力，并在工艺优化、产线布局、采购成本、加工能力等方面查找多方面的能力短板。

针对查找到的能力短板，五洲中兴有针对性地与相关优秀企业开展战略合作，搭建产业链各环节的市场化合作平台，借助他人"长板"形成整体优化的"木桶"。一是发挥作为兵工集团下属单位的市场渠道优势，与自动控制领域的优势企业合作，共同参与军工市场的竞争，既提升自身在自动化、智能化方面的竞争能力，也为合作伙伴进入军工市场提供渠道，结成紧密的战略联盟。二是借助母公司中国五洲作为兵工集团主要工程设计单位的优势，广泛参与工艺创新、产线布局等方面的工作，通过与母公司的紧密合作推动工艺改进与设备创新的相互促进，形成独特的竞争优势。三是在采购和加工能力等方面，建立合格供应商名录，确保为客户提供最优的服务。随着服务链条各环节形成合作共赢的合作平台，五洲中兴由单打独斗转变为平台竞争，在综合能力上得到很大提升。

3. 形成自主可控的体系化整合运作核心能力

一是掌握市场主动权。作为兵工集团所属企业，五洲中兴参与了军工非标设备研发和生产线设备集成的设计任务，在军工市场渠道方面具有天然优势。为此，五洲中兴发挥军工市场优势，吸引社会技术力量实现战略合作。

二是发展关键核心技术。军工生产线与民用相比，在安全防爆等方面具有独特要求。五洲中兴多年来从事军工业务，在安全防爆方面形成了鲜明的技术特点，是其他民用企业不具备的。为此，五洲中兴针对军工生产线的特点，深化安全防爆等技术特长，对社会自动化、智能化先进技术进行消化吸收，并按照军工业务要求进行安全防爆等改造升级，从而掌握技术合作的主动权。

三是强化商业模式创新。五洲中兴长期服务兵工集团所属生产企业，对这些企业的发展历史、现实需求和未来方向都比较了解。针对平行发包向以设计为龙头的工程总承包发展趋势，五洲中兴深入研究分析重点客户当前的发展需求，变被动响应客户需求为与客户共同谋划未来发展。同时，与社会技术力量由项目合作向聚焦智能制造长期共同攻关转变。

通过抓渠道控制、抓关键技术、抓模式创新，五洲中心成功提升自主可控的体系化整合运作能力，牢牢掌握了平台化发展的主动权。

(三) 民品领域客户联盟提升市场能力

1. 明确民品市场定位聚焦目标细分市场

五洲中兴从民品大的行业划分上来说属于机械设计领域。这个领域竞争对手众多，五洲中兴的综合技术能力相对综合性设计大院居于劣势，必须根据自身的核心技术专长确定民品市场定位，实现差异化发展。五洲中兴长期从事火炸药、弹药火工品等军工燃烧爆炸品生产线非标设备研发工作，在安全防爆、机械制造、自动控制等方面形成了自身技术特色，在民用爆破、防爆设备、烟花爆竹等领域拥有广泛的应用空间。这些领域的机械化、信息化水平不高，竞争对手实力相对较弱。

同时，民用燃烧爆炸品生产传统上属于高危险、高污染行业，对安全生产、环境保护构成严峻挑战。特别是党的十八大以来，国家产业发展政策高度重视安全生产、绿色环保，民用燃烧爆炸品对安全、环保的要求更为迫切。五洲中兴顺应国家政策导向，将民品业务定位为民用燃烧爆炸品相关领域生产线总承包服务提供商，立足自动控制、防燃防爆、环境保护、职业健康，重点聚焦烟花爆竹、起爆具、防爆门三个细分市场，逐步形成比较优势。

2. 创新商业模式实行联盟式平台化竞争

作为设备提供商，五洲中兴的客户均为产业客户，同样处于激烈的市场竞争中，自身发展的压力很大，其表达出来的直接需求是具体的设备，而深层次的内在需求是先进的生产水平。实施提升核心竞争力的平台化发展战略以来，五洲中兴从提供单台设备向提供设备领域整体解决方案转型升级，从满足直接需求向挖掘潜在需求深化，与客户结成发展联盟，以客户联盟的形式来参与市场竞争。

一是发展烟花爆竹自动化生产线业务。烟花爆竹行业目前尚处于半自动化甚至手工作业的阶段，生产线作业人数多、占地面积大、防爆技术落后、余料污染严重、粉尘等职业健康影响大。国家应急管理部作为行业主管部门，正在力推行业技术进步和集中度提升。为此，五洲中兴主动争取承担国家应急管理部委托的爆竹自动化生产示范线科研任务，并与烟花爆竹行业领先企业开展共同研发，以此为契机赢得国家应急管理部对示范线的政策支持，全力拓展烟花爆竹自动化生产线业务。该示范线已完成科研验收，实现一线生产人数减少71%，占地面积减少77%，生产效率提升117%，节约成本15%，并解决粉尘导致的燃爆、污染、职业健康等问题。目前，该示范线已进入商业化推广阶段，国家和地方两级都出台烟花爆竹自动化技术应用的政策支持措施和资金补贴，五洲中兴占据烟花爆竹自动化生产市场先机，建立市场竞争优势。

二是发展起爆具自动化生产线业务。起爆具生产线行业已基本实现由半自动化向自动化生产的转变，处于不断提升水平的阶段，但还面临着生产线减人、防燃防爆等难题。起爆具行业竞争非常激烈，行业集中度不断提高，能够在技术上领先是竞争获胜的关键因素。为此，五洲中兴充分发挥军用燃烧爆炸品领域积累的安全防爆技术特色，广泛借鉴民用市场自动控制技术，联合国内最大的起爆具生产商山东银光集团，研制和实施国内最大规模、达到国际一流技术水平的2000吨级起爆具自动化生产线。通过技术不断迭代创新，五洲中兴在助力山东银光集团发展的同时，赢得起爆具自动化生产领域的市场优势地位。

三是发展专用防爆门业务。五洲中兴在从事军工燃烧爆炸品业务的同时，发展防爆门研制业务。实施提升核心竞争力的平台化发展战略以来，五洲中兴系统梳理防爆门领域的客户需求，针对不同客户对防爆技术规格、外观尺寸等的要求推出定制化服务，并通过兵工集团所属军贸公司在军贸军援、驻外使领馆等领域拓展防爆门应用范围。同时，五洲中兴联合母公司所属从事地铁人防工程的企业，积极研制适用于地铁人防工程的专用防爆门，拓展在新业务领域的应用，取得积极成效。

（四）构建落实平台化发展战略推进机制

1. 以工程总包为导向实行流程再造

五洲中兴实施提升核心竞争力的平台化发展战略之前，主要从事单台非标设备的研发设计，业务流程是按照科研导向来组织的，主要特点是以总设计师为核心，强调各专业协调技术攻关。实施新的发展战略后，五洲中兴的业务重点转变为生产线设备集成总承包，业务流程的长度、广度、复杂程度都大大提高。为此，五洲中兴以工程总承包为导向为出发点，坚持管理导向，以项目经理为核心，在项目论证、方案设计、设备采购、研发试制、现场施工、开车测试、运行维护等各环节都以工程总承包的要求来进行流程再造，实现质量、成本、进度、安全四大控制的交融并进。

2. 以矩阵管理为重点进行组织再造

五洲中兴实施提升核心竞争力的平台化发展战略之前，按照科研导向实行直线式的组织结构设置。在经理层之下，按照专业设置机械专业设计室、自动控制设计室等专业科室。随着业务重点转向工程总承包，原有的组织架构已经无法满足流程再造的要求。为此，五洲中兴研究增设市场营销部、项目管理部等部门，对每一个项目均由项目管理部派出项目经理，并从设计室抽调专门设计人员组成项目组，以项目为核心实行矩阵式管理。市场营销部统一对外拓展市场、获取项目，项目管理部统一负责项目的组织执行，原有的设计室负责研发设计工作。项目管理部负责统筹指挥，具有项目考核和分配权。设计室负责调配设计人员，指导设计专业相关工作。

3. 以共赢理念实现平台化利益共享

五洲中兴在实施平台化发展战略的过程中，以长远市场地位为根本着眼点，以结成长期稳定共赢的合作关系为重，以开放的心态与平台合作伙伴共享市场收益，不追求短期利益最大化。对于军工领域的合作伙伴，开展联合技术攻关、市场推广，根据各自贡献、事先约定进行利益分配，确保自主可控基础上合作伙伴取得合理利润。对于民用领域的合作伙伴，既开展项目合作、长期协作，也选择合适的市场开展资本合作，通过混合所有制结成稳定的合作关系。在合作过程中，对标市场规则和竞争需要，给予合作伙伴最优合作条件，调动技术、市场、资本等各类生产要素的积极性，实现核心竞争力的整合提升。

（五）深化机制改革调动生产要素活力

1. 规范法人治理结构激发内生动力

一是规范高管持股。五洲中兴原有持股高管人员4名，其中2名均已退休，公司章程中未规定退休员工的股份退出机制，出现新任高管不持股、退休高管继续持股的局面，个人股份的激励作用严重受限。为此，五洲中兴修订公司章程，确定"股随岗走、上岗持股、离岗退股"的原则，将公司经营与个人利益绑定在一起，调动起高管人员改善经营的积极性。二是规范法人治理结构运行机制。2016年以前，五洲中兴一直实行总经理负责制，母公司副总经理担任"虚位"董事长，实际运营主要是总经理决策，集体领导相对薄弱。2016年后，母公司派出中层干部分别担任五洲中兴董事长、总经理和执行监事，厘清董监高各自的职责，规范"三重一大"决策程序，充分落实民主集中制，注意听取民营企业股东的意见建议，有效厘清发展思路，明确发展战略。

2. 聚焦重点业务发展深化推进混改

五洲中兴在具有战略性、全局性的新兴业务开拓上，探索组建混合所有制的子公司，与战略合作伙伴共同持股，充分推动市场、资本、技术、人才、业务的充分混合与共同发展。国家应急管理部委托推动的爆竹自动化生产示范线通过验收进入商业推广阶段后，五洲中兴董事会研究认为，爆竹生产地域性强，主要产能集中在湖南、江西的几个市，五洲中兴对有关厂商情况不了解，在这些地域缺乏营销渠道，单独组织力量进行推广投入大、见效慢，还面临着仿冒品替代的风险。为此，五洲中兴与爆竹主产地湖南醴陵的天马花炮机械集团共同组建混合所有制的爆竹自动化生产线销售公司，五洲中兴出技术能力，天马集团出销售渠道，共同快速开展商业化推广，一经发布就获得大量认购意向。通过混合所有制改革，五洲中兴与战略合作伙伴结成资本纽带，为平台化发展提供坚强有力的保障。

3. 围绕总体发展战略规范内部管理

一是薪酬考核充分体现战略导向。针对论资排辈、低水平大锅饭等问题，五洲中兴建立严格的责任分解制度，将经营目标逐级分解到每名高管、每个业务部门和每名员工，个人薪酬与实际业绩严格挂钩。同时，对从事科研、平台化经营等战略任务的部门和员工，不考核一时的经济收益，而是综合评估对企业未来发展的潜在作用，树立正确激励导向。二是聚焦降本增效划小核算单位。针对成本长期居高不下的问题，五洲中兴以划小核算单位为主要指导思想，研发设计项目实行项目经理负责制，加工制造项目实行工长负责制，由技术主导制转变为效益主导。针对应收账款超过注册资本金的严重局面，坚决落实应收账款催收责任，两年来收回历史欠款80%以上。三是着眼创新能力建设人才队伍。针对高端技术人才、市场经营人才、项目管理人才的结构化短缺，有针对性地将这三类人才作为人才队伍建设的重点。将人才队伍分为技术人才和管理人才两类，分类建立上升通道。

三、军工研发企业提升核心竞争力的平台化发展战略的构建与实施效果

（一）实现扭亏为盈提升发展质量效益

五洲中兴实施提升核心竞争力的平台化发展战略以来，2016年实现当年扭亏为盈，经营成本大幅下降，员工收入增长18%。截至2017年年底，五洲中兴连续两年实现盈利，扭转了2016年之前持续亏损的状态。实施平台化发展战略以来，新签合同的年度增长率持续保持在40%以上，主营业务收入年度增长率平均20%左右，实现利润数倍增长，收回了外部单位80%以上的历史应收账款。截至2018年6月份，五洲中兴主营业务收入较2017年同期增长15%，签订合同同比增长30%，实现利润同比增长15%，经营状况持续改善。

（二）形成长期持续健康发展核心能力

市场能力上，军工业务整合社会力量提升智能制造整体解决方案提供能力，民品业务通过客户联盟在烟花爆竹、起爆具、防爆门等领域建立品牌竞争优势。技术能力上，军工业务重点提升数字化、智能化能力，民品领域重点发挥安全环保优势，形成技术特色和竞争优势。管理能力方面，实现了业务流程和组织结构的再造，混合所有制改革得到深入推进，员工收入平均增长30%左右，内外部生产要素的活力得到有效释放。

（三）有效履行核心使命推动行业进步

五洲中兴自实施提升核心竞争力的平台化发展战略以来，军工领域，广泛整合社会技术力量，有力提升了服务军工能力建设的能力水平，为兵工集团27家单位"十三五"安全技术改造项目提供设备集成咨询服务，完成中东某国某弹药生产线总承包任务、某型弹药拆解全自动设备研发型号任务等重要项目。民品领域，推动起爆具自动化生产线迈上2000吨级，完成国内首条爆竹全自动生产示范线，并为民用燃烧爆炸品行业的安全生产、绿色环保和职业健康水平提升做出了积极贡献。

（成果创造人：伏　睿、项启浩、王姣星、田长华、
聂建媛、孙　岩、孙宝富、孙宇飞、党小菲）

半导体企业以三项结构调整为主导的战略实施

吉林华微电子股份有限公司

吉林华微电子股份有限公司（以下简称华微电子）是集功率半导体器件自主设计研发、芯片加工、封装测试及产品营销为一体的国家级高新技术企业、国家创新型企业。华微电子总资产近40亿元，员工2100余人，拥有4、5、6英寸等多条功率半导体分立器件及IC芯片生产线，芯片加工能力为每年400余万片，封装资源24亿只/年。华微电子获得多项专利，产品广泛应用于电力电子、工业控制、消费类电子等领域，并且在新能源汽车、光伏、变频等战略性新兴领域快速拓展。2017年，华微电子实现销售收入16.35亿元，同比增长17.1%，净利润9485万元，同比增长133.5%，税金1.08亿元。

一、半导体企业以三项结构调整为主导的战略实施背景

（一）开拓战略性新兴领域，满足企业与行业快速健康发展的需要

2015年起，新型功率半导体IGBT、MOSFET等产品在新能源汽车、光伏、变频、轨道交通等战略性新兴领域的市场需求呈现出爆发性、持续性增长趋势。2015年新能源汽车全国产销量开始快速增长，2017年产量同比增长53.8%，预计到2020年电动汽车乘用车保有量将达到500万辆；2016年我国光伏市场持续增长，全年新增装机将超过30GW，创历史新高，累计装机量超过70GW。随着家电生产企业节能化及智能化的不断升级，变频家电正快速替代工频家电成为市场新宠，近年来正处于全面发展的阶段，在战略性新兴领域实现快速拓展已经成为企业自身发展和行业快速健康发展的迫切需求。

（二）加强创新引领，加快转型升级，实现提升企业国际竞争力的需要

目前，全球功率半导体行业发展迅猛，我国功率半导体行业与国外存在差距，国际功率半导体技术垄断严重，国产化能力不足，因此提升企业的国际竞争力已经成为我国功率半导体企业的迫切发展需要。国内企业一方面只有不断加强技术研发与自主创新，打造具有国际竞争力的领先技术，才能够打破国际功率半导体技术垄断；另一方面，需要加速企业的转型升级，不断适应发展变化的市场需求，实现产品向中高端领域的快速拓展，成为具有国际竞争力的企业。

（三）肩负龙头企业责任，加速推动民族产业发展的需要

功率半导体的发展及推广应用已成为推动信息技术与先进制造技术，实现传统产业转型升级，由自动化升级到智能化乃至智慧化的关键。中国功率半导体发展无论在技术上还是在产业规模上都较国外还存在较大的差距，目前中国功率半导体芯片国产化率不足10%，国产化能力严重不足。随着国际企业对市场资源的争夺以及国际竞争的日趋激烈，华微电子在实现自身发展的同时，必须肩负起推动民族产业发展的重任，加速器件国产化进程，引领高科技行业、高新技术企业的快速发展，打造民族功率半导体企业，振兴民族产业的发展。

基于以上背景，华微电子于2015年开始实施以三项结构调整为主导的企业发展战略。

二、半导体企业以三项结构调整为主导的战略实施内涵和主要做法

华微电子致力于推动民族产业快速发展，持续打造具有国际竞争力、国际一流的功率半导体企业，实施以"产品结构、市场结构、客户结构"的三项结构调整为主导的发展战略，通过调整产品结构，打造企业持续增长优势，通过调整市场结构，释放新兴市场领域增长潜力，通过调整客户结构，放大优质客户效应，加速了产品转型升级，开拓了战略性新兴市场领域，优化了客户资源结构，通过新产品、新领域重点项目指标的达成带动公司整体业绩跨越式增长，推动了企业发展向高端价值链的延伸。主要做

法如下。

（一）明确企业发展方向，重点聚焦产品、市场、客户三项结构调整

深入分析行业。2015年起，功率半导体行业市场、传统的光源等领域正在逐渐萎缩，新能源汽车、光伏、变频等战略性新兴领域市场需求逐渐增长并呈现爆发性的趋势；传统功率半导体器件已经无法满足新兴市场的需求，新型功率半导体已经开始呈现出较高的需求增速；低端客户需求越来越小，企业只有向中高端发展，才能实现可持续发展。

深入分析企业自身情况。华微电子通过企业自身的SWOT分析，评估总结出在规模与成本方面，都比不上通过结构调整加快企业的高质量发展成效显著。华微电子通过对功率半导体行业发展方向、市场及企业自身情况的深入分析，意识到只有把握市场方向与机遇、紧随行业发展方向才能够打造具有国际竞争力的、国际一流的功率半导体企业。华微电子规划通过产品结构调整、市场结构调整、客户结构调整这三项结构调整，来实现企业的跨越式发展，向中高端领域快速迈进。

（二）调整产品结构，打造企业持续增长优势

1. 规划产品方向，明确产品发展定位

第一，以技术发展规划产品方向。华微电子明确以IGBT、低压MOS等产品系列为主线的发展定位，实现产品向中高端领域的发展，促进企业效益的快速提升，将爆发性的市场需求与广阔的市场前景纳入企业发展的未来之中，使企业的发展呈现持续性与未来性。

第二，以新兴市场需求定位新产品系列。随着功率半导体行业向着智能、绿色方向发展，在新能源汽车、光伏、变频、轨道交通、家电、消费电子等战略性新兴领域，功率半导体器件呈现出爆发性、持续性的增长趋势，在市场需求量及增长速度方面远超传统型产品。华微电子以此为定位，统筹规划各分立器件生产线的产品结构及产能，规划产品由传统的功率半导体BJT、FRD等光源传统领域产品向IGBT、低压MOS、超结MOS等新型功率半导体产品进行转变，加大研发力度，将新型功率半导体产品所占的比重大幅提升，推动产品转向战略性新兴领域，释放企业巨大的发展空间。

2. 优化产品销售结构，实现企业效益持续增长

华微电子针对芯片与成管的实际销售结构比例情况，通过对现有客户产品销售结构、成本利润的分析，继续深化以成管销售为主的策略，配合华微电子的调整，市场迅速反应，重点开发潜在的客户资源，通过市场形成有力渗透，使成管销售策略得以有效实施，同时通过成管销售激励，极大调动销售人员的积极性，促进销售收入的大幅提升及市场占有率的提高。

（三）调整市场结构，释放新兴市场领域增长潜力

1. 国内外目标市场新布局

第一，调整市场方向，面向新市场领域。华微电子以华东、华南区域为中心，深度调研，确定领域，快速实现由传统领域向新兴领域的转变，加大新兴市场领域的开拓力度，围绕车载电子、充电桩、智能家居、智能照明、电源管理等领域进行市场开拓和客户开发。华微电子在海外市场开发上不断尝试新方法、新途径，积极布局海外市场。印度市场方面，除了在传统照明领域继续发力外，在新的电源管理、工业电源、控制、继电器等领域也加大了开拓力度，开发印度本土知名企业及国际公司印度分支机构。同时在韩国、日本、巴西等市场，也在不断扩大品牌影响力，提升销售额。

第二，拓宽销售平台，加强供货保障。采用多维复合的销售模式进行产品推广与销售，逐步形成直销为主，贸易商、代理商为重要补充的多渠道营销模式。在线下推广的同时，华微电子也积极通过企业商城、阿里巴巴国际站等电商平台向海外市场推介企业产品，拓宽市场信息收集渠道和客户覆盖面。华微电子不懈追求为客户提供最优质的服务，以"交付、质量、成本、服务"为重点全力保障市场的需求，实现从材料采购、产品研发、市场推广服务等全方位的高效率运转，成为众多国内外知名客户的供

应商。

2. 开拓战略性新兴市场领域

华微电子定位新产品以新的市场需求为依据,将产品面向的市场领域定位在新能源汽车、光伏、变频等战略性新兴领域。华微电子以 IGBT、低压 MOS、超结 MOS、Trench SBD、SCR、IPM 等为主线的新型功率半导体器件将在新能源汽车光伏、变频等战略性新兴市场领域快速拓展,市场需求量旺盛,这将释放出巨大的增长潜力,从而带动企业与行业的发展。

3. 管理体系认证支撑新领域开发

第一,定位汽车市场,通过体系认证。2015年年初华微电子定位汽车市场,启动 TS16949 认证项目,经过业务准备、调研策划、培训、内审、体系策划、文件发布、试运行、管理评审、一阶段审核、二阶段审核十个大阶段,建立 TS16949 体系并有效实施,2015年12月通过认证审核。

第二,体系认证提升企业管理与支撑新领域开发。一是提升企业管理。TS16949 体系的实施推进呈现出全面的辐射带动作用,TS16949 体系推进的过程不是只针对汽车产品进行的改善,而是对所有产品过程管理的全面提升。TS16949 体系的推进有效带动了企业由 ISO9001 管理向 TS16949 的转变,是企业管理体系的升级。随着 TS16949 体系的深入学习与深化应用,不断完善企业的管理过程和规章制度,提升企业管理水平和效率,使华微电子在市场竞争中拥有持续竞争力;策划一实施一检查一处置(PDCA)这一过程管理模式贯穿整个体系从建立到实施到认证的全过程,为企业体系建设搭建良好的体系平台。二是支撑新领域开发。TS16949 体系认证为华微电子在汽车领域长足发展获得入门证,为企业汽车市场的产品规划奠定坚实基础,对企业品牌推广到汽车市场起到举足轻重的作用。TS16949 体系的运行将有力促进华微电子的可持续发展,提升企业品牌形象,对企业跻身国际先进企业行列具有重要意义。

(四)调整客户结构,放大优质客户效应

1. 企业品牌建设

华微电子重视企业品牌的建设,以企业总理念打造出华微电子独特的品牌文化,将现代企业文化理念融入企业发展,打造良好的品牌形象,与投资者、客户、供应商建立共赢的价值体系。华微电子通过自身技术的不断创新发展,与优质大客户开展更为全面与深入的合作,建立与大客户之间的坚固桥梁,打造出企业在业界的良好口碑,树立华微电子独具特色的企业品牌。

2. 聚焦中高端客户

一是调整客户方向,减少传统光源领域客户,根据市场发展情况,增加新能源汽车、光伏、变频、消费类电子等战略性新兴市场领域客户。二是调整客户结构,随着产品及市场需求向着中高端的不断发展,华微电子将原有较多的低端产品需求的客户,调整为具有中高端产品市场需求的客户,华微电子的产品在国内知名企业如格力、美的、苏泊尔以及国际大品牌如松下、日立、DELL、飞利浦等中高端客户的销售额均有不同程度的提升。

3. 加强与终端客户的直接对接

随着华微电子产品、市场的调整与不断升级,在客户结构调整的过程中,华微电子将与原有介于企业与终端客户之间的间接客户的合作调整为直接与终端客户进行对接合作。一方面,减少企业原来与终端客户合作的间接流程与时间成本;另一方面,也拓宽企业的发展领域与空间,实现企业多种类型的产品与终端客户的直接匹配与供应。

(五)加强企业研发平台,推进三项结构调整

1. 加大研发力度,加强自主创新

一是技术积累,持续加大研发力度。华微电子通过自主创新、产学研合作、引进消化吸收等多种形

式使产品技术不断升级换代,以技术创新引领,形成独特的核心竞争力。经过53年的技术积累,现拥有各项专利技术50余项,核心Knowhow技术百余项。华微电子各系列产品采用双极、MOS技术及集成电路等核心制造技术,产品种类覆盖功率器件全部范围,技术能力代表了国内功率器件最高水平。华微电子不断加大新品研发力度,每年投入5%以上的研发资金,同时组织研发团队,进行专门的技术研发与攻关,加速新产品的研发。

二是自主创新与产学研合作。华微电子积极引进英、美、日、韩等国家的先进技术,并与之开展技术合作。在引进技术基础之上,进行消化吸收与自主再创新,使技术水平实现突飞猛进的提升,达到国际先进水平。在国内,华微电子不断加强与科研所、高校的技术合作,与吉林大学、北京工业大学、成都电子科技大学等高校开展合作项目,加强对新产品、新材料的探索。与此同时,还与创维、依思普林、麦格米特等上下游企业开展技术合作,实现企业与上下游企业的共同发展。

2. 搭建工艺平台,配合新产品产能支持

为实现持续创新成果转化,华微电子在新型功率半导体生产线建立IGBT、低压MOS、超结MOS等新工艺平台,加速华微电子产品结构调整的研发进程,从而优化产品结构。

一是识别新产品小批量生产的关键工步及瓶颈工步(在整个生产制程中容易影响产出的关键工步),做好产能的优化布局。华微电子6英寸生产线按照新产品的工艺控制要求识别各工步最大通过量,从而确定最大新品月产能,综合考虑新品的单独程序、干洗、SPC等特殊需求对整个生产流程将会产生较大影响,通过由产品工程师列出新品投入计划、整合关键层SPC,在阱推结之后将IGBT和低压程序进行整合等途径充分识别新产品小批量生产的关键工步及瓶颈工步,保证产能的进一步优化布局。

二是保证瓶颈工步达到产能最大化,设备利用率接近100%。生产线围绕瓶颈工步开展如下工作:识别做片前需要保养的设备,生产安排集中做片,减少设备保养次数,从而减少对产能造成的损失,其他工步进行积极配合。通过人员配备的安排,保证瓶颈工步人员配备充足,以保证设备利用率及产能最大化。对人员较少、生产紧张的工步,尽量做到提前投入,给工步留有尽量多的生产时间。

三是确定新产品与原产品产量分配后,通过精细生产管理要求,做到产能最大化。生产线在现有设备资源基础上,投入少量资金提升产能,从而提高流片速度。为了配合部门满产与上量方案,生产线按照不同产品结构组织各工段进行产能测算,认真核对产能,为上量方案提出采购设备数量的准确数据。本着内部挖掘产能的原则,尽量降低投入成本,生产线又制定内部产能提升项目,每月对项目进度进行跟踪。

四是为了达到产能最大化,制定精细化管理要求。具体途径有控制在线片量,缩短生产周期。在现有6.5万片产能的情况下,要求每月量产周转硅片控制在5万片之内,通过生产周期安排、建立监督反馈机制、激励政策、提升保障设备状态等管控措施最大化实现产能;严格执行周计划管理,建立周计划、订单分人跟踪的模式,职责划分明确,保证周计划的执行效果;针对新品生产周期,生产线进行重点管理,梳理华微电子重点项目的生产周期及产品型号,培训生产关键岗位人员,每日召开生产会调度新品进度情况;重点解决各层同台光刻机做片问题,工段立会攻关;重点新品安排专项跟踪,每天通报进展情况,协调上下道工步及时排产;配合"工业及汽车级IGBT产品开发项目"颗粒度提升工作。

3. 加强创新型研发团队建设。

一是聘请外部专家,推进产学研结合。企业聘请电子科技大学、北京工业大学教授等院校著名行业专家作为华微电子技术顾问。还通过建立企业技术中心增强企业的技术创新能力,促进产学研结合的深入,吸引、聚拢并培养一批企业技术创新带头人,为企业在竞争激烈的市场中发展壮大提供可靠的技术支撑和保障。

二是重视技术带头人，建立引入、培养、激励机制。华微电子以机制创新为动力，以优化人才结构为重点，以充分调动和发挥人才的积极性、创造性为目标，逐步建立一套科学合理的人才引进、培育机制。招聘高学历、高素质、专业对口且具有丰富实践经验的人才，于人才队伍建设入口处做到有重点、有目标。以"公开、平等、竞争、择优"的原则，量才使用，委以重任，使人才在实际工作中通过自我实现，为企业创造价值，并快速成长。除了培养与激励政策外，企业还在精神文化上营造积极向上的创新氛围，建立以技术骨干为技术带头人的创新团队。

（六）强化企业组织管理，支持三项结构调整

1. 创新组织管理，激发组织活力

第一，建立独立核算的事业部运营模式。2015-2016年，华微电子开始全面推行事业部制，加强事业部管理过程中经营意识的培育，建立事业部结果导向与业绩导向的独立核算管理模式，充分下放经营自主权，激发事业部的组织活力与员工动能，增强事业部自主经营意识、规划发展、优化管理、持续提升的主动性，促进事业部经营业绩大幅增长。

第二，职能整合优化实现联动，快速响应市场需求。通过整合职能实现产、供、销快速的联动。一方面，在产品与市场的结合方面，将事业部的生产、工艺、设备与应用深度结合、充分联动，形成更加完善的组织保障体系，将产品与市场更加紧密地衔接在一起，全力保证企业战略规划的落地与生产经营目标的达成。另一方面，将计划、财务、销售与市场等管理职能进行统一归口，推行事业部独立核算模式，促进事业部将市场发展趋势与生产经营管理紧密结合，提升事业部的管理效率与业绩。

第三，优化动力运行模式，提升服务保障水平。一是调整动力管理运行模式，精简人员。动力运行由原操作人员负责制调整为工程师负责制，在技术方面进一步发挥工程师的专业技术优势，提升专业化管理水平，强化管理意识；通过技术保障运行的管理模式，整体服务水平得到了长足的提升。二是实施区域负责制。区域负责制以工程技术人员进行主运行配置，对动力工程师、设备工程师进行责任区域划分，逐机台分别落实到人，使区域内的所有设备维护、管道、工艺指标、消防设施、监控系统等全部由负责人负责，同时工艺、设备不分工，打破工艺与设备界限，实现工艺技术与设备技术的有效融合，技术人员技术能力得到较快提升，区域负责制使员工的主动性极大提高。三是利用先进的信息技术提升运行效率。立足于建立覆盖全面、动态跟踪、联通共享、功能齐全的管理信息平台，以人员为对象，以时间为主线，以数据为基础对各类基础信息进行全方位掌控。对各类事件、各个环节进行全程智能化动态跟踪管理，实现快速反应，高效应对，提高动力运行效率及服务保障质量。

2. 升级智能制造系统，实现管理效率综合提升

华微电子高度重视依托设备、系统等软硬件的先进性不断提升企业生产制造管理水平，建设企业资源管理 ERP 与制造执行系统 MES 等各类数字化、信息化系统管理软件，通过信息技术整合业务链条，实现数据集成与输出。

华微电子积极推进并不断深化"两化"融合体系建设，建立和完善信息化管理体系，加快信息管理系统的开发，大力提高设计、生产、管理等信息集成的信息化水平，全面推行现代化生产模式，实现"设计、生产、管理一体化"，提高数字化生产水平。通过建立基于现代半导体生产模式的产品数据库管理系统，构建事业部层级工业网络，构建制造执行系统（MES），实施与深化企业资源管理系统（ERP），并对 MES、ERP 系统进行深度交互集成与应用，极大地提升了半导体制造自动化、智能化水平，提升了企业的市场竞争力。

第一，构建全覆盖的事业部层级工业网络。升级现有核心网络设施，采用服务器虚拟化技术，完成高效系统平台搭建，满足各种工业生产需求。通过备份管理软件，实现异地备份容灾。优化现有网络线路布局，规划实施新光纤线路铺设，将主机房到模块中心网络升级 100M 光纤，更新主要光纤线路、重

新设计网络结构、优化线路走向和布局，确保线路安全性。架设事业部层级有线、无线网络，根据事业部智能化改造规划，实现事业部内有线、无线网络的无间断全覆盖。

第二，构建企业资源管理系统 ERP，有效整合资源，提高运营效率。一方面，整合业务流程，将各个业务链条进行连接，通过信息技术整合企业管理理念、业务流程、基础数据。利用现代企业先进的事前计划、事中控制、事后核算机制为企业提供计划、控制、决策及经营业绩评估等全方位的、系统化的管理平台，以协同管理、电子仓储管理、供应链等多系统集成平台，从而建立工作流程统一、集成管理的系统，将企业跨部门、跨业务环节进行业务综合与集成，提高"两化"融合的水平与能力。另一方面，将企业资源管理 ERP 与协同工作平台 OA 等管理软件有机结合于一个系统，对企业内部数据进行统一管理。规范化管理提高采购及时性、准确性，采用 MRP（物料需求计划）进行物料需求计算，快速准确地生成采购计划和半成品生产计划，增强对客户供货承诺的实现度。

第三，构建制造执行系统（MES），并持续优化、交互，提高企业生产制造效率。一是引进世界知名厂商的半导体行业 MES 软件，软件通过 Secs/GEM 和 PLC 接口联通生产线生产设备，进行生产数据采集、设备状态采集、设备菜单管理等，严格地管控生产质量、优化排产、提高设备利用率。根据 ERP 系统对生产过程数据的需求，保证 MES 系统产生过程的全记录，直接从内网服务器获取数据，将数据进行完整与安全传输，实现高效的数据交换。二是建立完善的 MES 体系作业指导书并进行全面宣贯，针对智能化执行系统内的所有设备建立标准化操作方法，制作操作指导书并下发，并对相关人员进行深入培训及考核。三是在系统使用过程中，积极跟进用户优化意见，建立有效的反馈机制和渠道，整合用户意见，并及时对系统进行优化完善。

三、半导体企业以三项结构调整为主导的战略实施效果

（一）企业实现三项结构调整，企业国际竞争力提升

一是加速了企业转型升级，实现了企业持续增长的发展态势。2017 年，华微电子实现销售收入 16.35 亿元，同比增长 17.1%，净利润 9485 万元，同比增长 133.5%，税金 1.08 亿元。二是推动"两化"融合，实现企业信息化支撑的可持续发展。实现了智能化设计、流水化作业、准时化生产、无余量制造，2015 年，华微电子入选全国"两化"融合管理体系贯标试点企业名单，成为吉林省内唯一入选的半导体企业。2016 年 4 月，华微电子顺利通过"两化"融合贯标认证，成为全国第一批通过认证的企业。

（二）发挥龙头企业作用，引领行业持续快速发展

一是华微电子的发展在我国功率半导体行业发展中起到了引领作用，荣获中国半导体行业协会评选的"2017 年中国半导体十大功率器件企业"第一名，是行业连续十年排名第一的龙头企业；华微电子二极管、三极管产品在国内市场份额排名第一，荣获国家工信部评选的 2017－2019 年制造业单项冠军培育企业，成为吉林省仅有的两家企业之一。二是引领行业技术发展，提升国际竞争力。华微电子芯片设计能力及制造水平代表了国内最先进功率器件技术水平，在器件国产化进程中引领了国内发展趋势，并形成了一定的国际竞争力。经过不断的研发创新，MOSFET 产品取得长足进步，性能不断完善，产品销售额度居于国内企业前列；IGBT 产品得到新能源汽车领域的青睐，产品性能国内领先，达到国际先进水平。三是辐射带动上下游企业发展。企业销售网络覆盖产品已经在白色家电、太阳能光伏发电、通信保护与工业控制、智能手机等领域取得了相当规模的市场占有率，并在新能源汽车、变频、光伏等具有广阔市场前景的战略性新兴市场领域中快速发展，成为 PHILIPS、松下、DELL、华为、海信等国内外知名企业的配套供应商。

(三)产生广泛的社会效益,助力国家绿色发展

第一,加速了功率半导体器件国产化进程。推动了企业中高端产品、客户以及新市场的开发与开拓,实现了功率半导体的中高端应用领域的广泛覆盖,加速了功率半导体器件的国产化的进程。第二,华微电子产品面向新能源汽车、光伏、变频等领域快速拓展,与我国绿色发展、节能减排的国家战略方向高度契合,2018年华微电子获得中国电子信息行业生态贡献10强企业,为国家生态发展做出了更大的贡献。

(成果创造人:聂嘉宏、李 强、宋洪德、朱晓丽、
鲍秀莲、宋宇宁、李斌晖、杨寿国、韦长伟)

科研院所智库型战略体系的构建与实施

中国船舶工业综合技术经济研究院

中国船舶工业综合技术经济研究院（以下简称综合院）隶属于中国船舶工业集团有限公司，是公益性国防基础科研事业单位，是船舶行业唯一的综合性国防军工技术基础研究单位，主要从事船舶经济与市场研究、国防科技情报与管理支撑、船舶标准化、舰船作战适用性等业务工作。综合院是船舶行业标准化归口单位，是国防科技工业七大中心情报所之一。同时，综合院设有集团公司经济研究中心、质量与可靠性中心、海洋防务装备战略研究中心等12个集团支撑机构，为集团公司发展提供全面的决策支持与管理支撑。综合院现有职工440人，其中专业技术人员占总人数的73%；具有中高级以上技术职务的人员占专业技术人员的40%，享受国务院政府特殊津贴专家、国知局知识产权领军人才、国防科技工业"511"人选等14人次。

一、科研院所智库型战略体系的构建与实施背景

（一）发展软科学研究是承接国家战略的使命所在

中国进入高质量发展的新时代，在加快实现海洋强国、科技强国、制造强国，深入实施军民融合国家战略过程中，软科学研究、软实力建设将发挥更重要的作用，综合院被赋予崭新的使命和神圣的职责，将承担更加重要的责任。强大国防是我国经济改革和建设赖以发展的重要保障。加快形成军民融合发展组织管理体系、工作运行体系、政策制度体系，形成全要素、多领域、高效益的军民融合深度发展格局，构建一体化的国家战略体系和能力，这是国家推进军民融合的战略要求。作为以技术基础研究为主要业务的综合性科研院所，综合院要同时履行好服务国防建设和服务社会经济发展的双重职责，既面临机遇也面临挑战。

（二）推动智库活动上台阶是适应新时代发展的内在要求

2015年1月，中共中央办公厅、国务院办公厅印发了《关于加强中国特色新型智库建设的意见》，这为综合院进行智库建设创造了前所未有的机遇。长期以来，综合院一直承担基础科研和决策支撑的双重职责，但智库活动的开展缺乏规范性，往往处于被动应对的境地。近年来，集团公司对综合院智库建设高度重视，多次对综合院的智库建设提出要求。但在决策支持、管理支撑、综合服务等智库性业务并存且"点多面广"的业务格局下，传统的发展模式已经没有出路。有效发挥智库作用，就必须做到：以增强智库活动的政策引领力为目标，真正按照智库本身的规律打造智库；以探索智库的规范化运作为重点，形成智库活动的分类管理、智库研究的过程控制、智库研究的成果评价以及智库研究的激励机制等方面的制度和机制体系。

（三）智库与科研协同发展是提升竞争力的必然选择

经过多年的发展，综合院在国防科技工业和船舶行业领域的研究和决策支持地位不断提升，但进一步的发展面临严峻挑战：持续健康发展呼唤新的战略定位和新的发展模式；软科学研究难以得到具体而明确的价值体现；智库活动与科研业务的关系需要妥善处置。同时，经过多年的基础研究和行业政策研究，综合院积累了四大优势并孕育着四大潜力：技术和市场数据资源优势可以转化为深化数据服务潜力；情报、标准、知识产权等多专业融合有助于形成构建行业技术体系的潜力；国防与船舶行业科研成果管理优势可以经深入挖掘形成成果转化的平台潜力；长期形成的行业占位也可以扩大政策影响和资源配置的潜力。如果能够将二者的优势结合起来，在科研业务与智库之间构建有机联系，让科研业务的长

期积淀成为发挥智库作用的坚实基础，支撑智库活动的开展，反过来，让智库活动在对政策产生影响力的同时，引领和反哺科研业务，这就实现了发展模式突破。

二、科研院所智库型战略体系的构建与实施内涵和主要做法

综合院坚持智库型科研院所的战略定位，以专业建设为主线，探索和构建适应智库活动和科研业务相互支撑、相互衔接的发展理念、组织模式、运行机制和资源保障体系，实现"科研支撑和推动智库，智库引领和反哺科研"的相互促进、共生共赢效果。主要做法如下。

（一）明确科研院所智库型战略体系的构架

综合院"双螺旋"战略体系的创新点集中体现在用行之有效的管理措施构建智库与科研之间的协同发展机制，让智库进一步彰显政策引领力，让科研努力实现硬效果。其要义主要体现在以下3个方面。一是以"软科学研究助力船舶工业高质量发展和海军战斗力生成"为战略使命，形成智库科研"双螺旋"推动的业务格局和组织核心能力。二是根据智库和科研业务的活动规律，创新运作模式和管理机制，体系化推进智库科研两种业务形态协同发展。三是努力实现智库活动与科研业务良性互动的共赢。智库在履行社会职责、服务社会发展，形成影响力的同时，带动科研业务的能力提升和业务拓展，为科研业务的发展提供更多更有价值的机会；科研进一步聚焦工程应用，延伸科研价值链，提升软科学研究能力和水平，支撑和推动智库建设。

（二）党建引领，凝聚智库科研"双螺旋"战略思想共识

1. 坚持高位统筹，推动重心下移，发挥党建引领作用

第一，院领导班子认真学习和深入贯彻党的十八大以来中央关于加强国企党建的政策精神，用习近平总书记新时代重要思想作为强大的理论武装，准确研判战略机遇、精心谋划战略发展，以谋划"十三五"规划为契机，全面开展综合院发展战略研究。第二，加强党的组织建设，充分和有效发挥基层党组织的战斗堡垒作用，大兴调查研究之风，深入一线找差距，面向竞争找出路，实事求是地探索创新路径。第三，坚持党政联动，分工协作，形成科学决策和高效执行的工作局面。

2. 提升战略认识，理顺智库与科研的互动关系

2015年，综合院展开智库建设专项研究，通过对智库相关理论和国内外各种类型、各种属性智库机构的比较分析，对智库的组织结构、运作模式、资金来源、影响力传播乃至智库机构的内外评价机制等进行较为全面深入的理解，对智库建设的本质要求和关键环节开展充分的认识。明确智库与科研共生、智库与科研并举的"双螺旋"战略方向，同时也凝聚了实施"双螺旋"战略体系的思想基础。

（三）顶层驱动，用"四位一体"价值体系牵引"双螺旋"战略实施

基于新的战略使命和愿景目标，综合院以平衡计分卡理论为指导，构建服务社会发展、推进技术进步、创造经济效益、全面提升人的素质"四位一体"的价值体系，并根据实际情况明确四者之间的价值排序，赋予每个维度以特定内涵。一是社会价值，是指对国家、国防和船舶行业以及集团公司所承担的社会责任和义务，具体包括支撑影响国防科技工业；影响船舶行业发展政策制定；对集团重大决策发挥支撑作用；形成有国际影响力的行业智库品牌四个方面。二是科技发展，是指作为军工科研院所在科技创新和技术进步中的能力与价值体现，具体包括完成科研任务取得科研成果；整合多学科技术基础研究，构建技术体系方法；进行科研成果转化3个方面。三是经济效益，是指在创造社会价值和推动科技进步的同时所得到的经济回报。四是人才队伍，是指以多种方式对院内外、行业内外技术和经营管理人才的培养和输送。"四位一体"的价值目标实现对智库和科研功能的全覆盖，构成一个完整的价值体系。

（四）以专业建设为主线，创新适应"双螺旋"战略体系的运行模式

在组织与机制改革方面，综合院建立"专业建设统领两翼、组织建设搭建平台、创新机制传导价值、计划管理协调行动"的组织运行模式，有效促进智库科研"双螺旋"战略的落地。

1. 以专业建设为统领，强化智库与科研的技术协同

首先是搭建落实专业建设的组织体系。2016年年初，综合院设立由院学术委员会、专业技术委员会和专业技术组三层组织构成的技术线组织体系，赋予技术线推动专业建设、实施技术把关和开展学术交流的职能，同时，按照专业技术谱系细分专业方向，夯实专业基础，探索科研业务经营与专业管理矩阵式组织实践。

其次是开展多种方式的专业建设活动。2016年，在全院范围开展专业建设现状调研，对存在的问题做出全面分析和诊断，重新确定院专业建设的指导思想、原则、重点工作和推进策略，出台《综合院专业建设行动纲要》，明确专业建设在智库与科研业务之间的基础链接和协同作用，针对智库和科研的不同特征，对专业建设的共性内容和个性化要求做出了较为清晰的区分。

最后是将专业建设纳入计划管理的范畴持续推进。主要做法一是院学术委员会提出专业建设的顶层规划和年度计划纲领，各专业委员会根据学术委员会的要求编制本领域的专业建设计划，各专业技术组落实计划内容。二是规范年度专业建设行动重点和要素，实现规定动作和自选动作的统一。三是技术线与行政线分工协作，强化计划落实情况的检查和指导。

2. 以协同创造为导向，打造智库科研"双螺旋"推进的组织平台

一是用虚实结合的组织设计链接智库和科研业务。在优化原有科研业务组织的基础上，成立大柳树防务研究所、海洋装备创新发展研究所、军民融合创新发展研究所三个虚拟研究所，落实三个方向的智库建设职能。三个虚拟研究所由三位分管院领导牵头，组建跨专业、跨学科的智库活动团队，实现智库的问题导向和科研专业导向的结合。

二是创新性地实践委员会协调机制。成立战略委员会和综合管理委员会。战略管理委员会围绕影响院发展的战略性、全局性、前瞻性和基础性重大问题开展工作；综合管理委员会负责院重要规章制度的制定、执行评估，协调院综合管理事宜实现管理提升。两个委员会通过定期和不定期的活动，研究和解决智库与科研协同中的资源协调、职能联动问题，成为战略实施的重要协调机制。

三是全面发挥技术线的技术指导和协调作用。技术线通过专业建设的推进、技术把关的组织和学识交流挥动的开展，再次将智库与科研业务中的基础性、通用性和前沿性的问题扭结在一起。

3. 机制创新与计划管理并重，实现智库与科研的价值传导和业务并行

一是在机制创新方面。2015年，初步形成引导资金牵引与分配总额预留相互协同的智库投入机制，经济价值折算、直接成本补偿、工作总额补贴、人力资源倾斜、办公条件优先满足等多种方式组合的智库评价激励机制，有效地保障智库活动与科研业务的运行；2016年，对初步实践探索进行总结，形成了《综合院智库平台评价与激励暂行办法》；2017年年底再次制定院重大项目的投入与评价机制，用重大项目的实施同时带动科研和智库的发展。

二是在计划管理方面。在严格执行科研项目的计划管理的同时，依次将智库活动、专业建设及后来实施的重大项目等统一纳入计划管理的范畴。

（五）推动智库规范化建设，全面提升智库影响力

为了既保证智库功能真正凸显，又拉动科研业务的快速成长和科研能力的提升，以三个虚拟研究所为组织平台，聚焦军、民、军民融合三个方向，扎实推进智库规范化建设。

1. 出台《综合院智库规范化建设指导意见》，为智库"定模子"

2016年年底，综合院正式下发《综合院智库规范化建设指导意见》，从4个方面制定了智库活动规则。一是智库选题规范。智库选题既要以政策引领为导向，也要结合院里的科研发展实际，具有持续研究的价值。二是活动内容规范。明确规定智库活动必须包含"智库研究、能力建设、影响力传播"的三要素构成。三是活动方法规范。要求智库团队落实行政线与技术线的"双线指挥"，研究方法，要突出鲜明的对策性、实用性和可转化性。四是成果要求规范。智库活动的成果体现"四位一体"的价值目标，并始终突出用专业建设这一纽带，牢牢地将智库和科研连接起来。

2. 以智库活动"三要素"为指导，为智库"闯路子"

在智库研究方面，大柳树防务研究所率先开展军用舰船装备技术体系构建方法研究和颠覆性前沿技术的立项策划，2016年就获得较大的突破，特别是颠覆性前沿技术的研究，快速形成研究报告、专著等研究成果；海洋装备创新发展研究所开展"中国船舶工业景气指数和新造船价格指数"和船舶工业品牌提升工程研究；军民融合创新发展研究所则以"军民技术共享模式与评价研究"为题，整合知识产权、标准化管理等专业力量，开展了相关理论研究，构建分析评价指标体系，并在后续研究中开展实证检验。

在智库能力建设方面，大柳树防务研究所开发超地平线扫描系统，建立国防技术体系演示 Demo；海洋装备创新发展研究所设立了船舶市场数据研究部，建立船舶行业决策支持系统，涵盖时间跨度 20 年的船东、船型、船厂、订单、动态和关键指标等各类数据，建立指数计算模型，优化指数算法、船型市场需求预测算法；军民融合创新发展研究所则是朝着建设集团公司"双创"平台的目标，投入人力、物力开发"中船海创网"信息平台，目前已经投入运营。

3. 扩大国际国内的学术交流与合作，为智库"造影响"

一是整合院文化传播品牌。以知名品牌科普《舰船知识》为依托，创建"舰船知识+海洋文化空间"，成为承接学术会议、学术沙龙和开展智库成果发布活动的重要场所。二是通过指数发布扩大影响。2016年综合院成功发布首个中国船舶行业指数——中国船舶工业景气指数和新造船价格指数，并被财经网、搜狐、腾讯、航运界等网站定期转载或引用，极大地提升我院行业智库的影响力。三是利用院整体优势，积极推动院内外的学术交流。主办、承办和积极参与相关论坛和沙龙活动；策划和开展专题报告会、国际时事政治沙龙等活动，组织开展高端智库论坛，不断拓展国际化视野，提升自己的国际影响力。四是不断丰富信息化传播手段。开设"海事早知道""大柳树防务""70号创新评论""中国船舶标准化"等多个微信公众号及手机 APP、网站、报纸、杂志等多媒体形式。

（六）推动科研模式转变，提升科研实现硬效果的能力

1. 开辟人因工程新的专业领域

一是在人—机结合的"软部位"找到"硬问题"。针对海军战斗力生成的新形势和新要求，通过长期和一线部队、海军机关及有关论证机构的调研和沟通，准确抓住目前官兵反映最迫切的人机不匹配、不协调等制约战斗力提升的要害，以此为切入点探索软科学的价值创造点。二是自行投入开展预先研究。组织力量开展技术研发，自筹资金创立舰船人因工程实验室，整合内外部科研力量，组建人因团队，开展人因工程基础技术研究和关键技术攻关，围绕舰员基础能力特性规律研究、舰船装备人机交互友好性研究、舰船舱室环境优化设计及舰船人因综合测试评估四大发展方向扎实地开展科研工作。三是用硬效果打开科研业务新领域。以大量实测试验数据为基础，用三维模拟技术向海军舰艇官兵展示人因产品的性能，获得用户的高度认可，再依据用户体验的成果向装备管理部门申请科研课题立项，先后承担"舰船人因工程基础问题研究""某型号舰船人因工程研究与应用""海军新一代显控计算设备研制"等重大任务和前沿基础研究工作，把人因工程先进理念和技术成果及时应用到海军装备建设中。舰船人因工程技术方向的开辟，证明了软科学研究在装备研制主战场的价值。

2. 以智库研究为牵引，筹划船舶品牌管理与诊断专业

2016 年以来，综合院以海洋装备创新发展研究所为依托，围绕船舶工业产品的国际竞争力提升问题开展相关智库研究。在反复研究和讨论中，逐步聚焦到"质量品牌工程"这一核心概念。目前，该专业已经筹划涵盖 4 大类 15 个专业领域的品牌管理与诊断的学科体系，策划形成"7+3+1"软硬件设施

条件（7个软硬件实验室、3个公共服务平台、1个数据库）整体方案。

3. 探索以重大项目牵引专业融合的发展模式

经过深入研究，综合院探索出以重大项目"聚焦战略落地—牵引领域发展—推动资源整合"的发展模式，找到重大项目带动专业建设的可行路径：专业建设以业务发展需要为起点，根本目的是构建有效的技术支撑和保障体系，满足业务稳定和健康发展的需求；重大项目以解决客户现实问题为起点，目的是提供有效的技术方案和工具，满足客户具体和切身利益的需求。2017年，综合院确定中国船舶工业质量品牌提升工程、智能人机交互、院地军民融合产业平台建设运营等七个重大项目，其中，三个重大项目就是智库活动成果的转化，重大项目成为智库与科研相互促进的一种重要形式。

4. 开展新机制新模式的试点探索，培育科研发展新动能

一是抓住机遇推动科研产业化布局。紧紧抓住国家"双创"和军民融合的机遇，全力开展科研成果转化和军民融合的落地探索，构建以"军民融合"为主线、科技产业和文化产业为两翼的特色科研产业化布局。二是开展院地结合新模式新机制探索。以综合院全资子公司——北京中船经济技术开发有限公司为平台，成功落地东莞松山湖高新区，设立中船松山湖军民融合创新创业中心，筹建广东中船军民融合研究院有限公司，构建与地方产业紧密结合的军民融合产业技术创新与孵化育成基地，带动综合院及集团公司技术转移转化与科技孵化，探索协同创新与产业培育新模式奠定坚实基础。三是整合政策、市场、人才和内外部科研成果，初步开展科研成果孵化业务。完成国产自主可控网络防火墙研发，取得产品销售许可证和信息安全产品资质证书，全面开展市场营销推广及产品销售。

（七）加强人才队伍建设，为"双螺旋"战略奠定基石

一是高端着眼，政策引领，培养引进专家人才队伍。确立"小核心，大外围"的人才队伍建设思路，落实"旋转门"政策，建立院内高级专家制度及外聘专家制度，制定院《高级专家选拔办法》。坚持"引进来"与"走出去"相结合，不失时机地引进"外脑"，充分发挥高端人才的引领作用，建立院高级专家体系，并形成智库和科研相互促进的高级专家人才库。

二是加大内部人才培养力度，拓展专业技术人才的发展通道。建立新员工导师制度，修订《岗位管理办法》等一系列人才制度，促进青年科技人才和人才团队的建设；以院技术岗位体系为坚实基础，以院技术线组织为稳固平台，开辟专业技术人才职业发展专门通道。

三是强化军工文化教育，激发科研人员的使命感和责任心。多种方式开展军工文化教育。通过科研人员上舰艇、请海军官兵做报告、举办国防专题教育和国家安全形势讲座等方式，提高广大科研人员的使命感和责任心。同时，根据年轻科研人员激增的特点，创新党团活动，激发青年人创新创业热情，将"双螺旋"战略很好地融入各类文化宣传活动之中。

三、科研院所智库型战略体系的构建与实施效果

（一）智库影响力全面拓展，对国防建设和行业发展的引领作用显著提升

在国防智库建设智库方面，多项成果受到高层领导关注，直接影响高层决策。作为主要科研力量参与军委科技委战略规划论证研究，牵头承担了8项综合性课题中的5项研究任务；综合院已列入军委科技委5家国防科技智库建设首批试点单位之一，高端智库建设实现关键占位。"中国造船业景气指数"和"新造船价格指数"发布，入选2016年船舶工业十大新闻。承担《我国海洋工程装备制造业持续健康发展指导意见》《关于推进船舶总装建造智能化转型的指导意见》《关于建立完善国防科技协同创新机制的意见》等政策研究工作。多项重大战略性问题研究成果获中央领导批示；获批成为工信部"产业技术基础公共服务平台""军民融合科技服务机构"、国家知识产权局"知识产权评议服务示范机构"，在推动军民融合中发挥着越来越重要的作用。

(二) 科研模式明显转变，科研业务规模和领域持续扩大

首次将人因工程先进理念和技术成果应用到海军装备建设中，承担重大型号人因工程研制任务，成为某系统人因工程研究与应用总体技术责任单位，为促进海军战斗力生成发挥重要作用。初步形成标准体系推演模型、作战适用性评估参数体系构建方法；初步建立信息装备人因工程测试方法；形成国防技术体系研究理论方法、颠覆性技术持续预测方法；攻克基于任务的舰船装备软件测试模型、舰船装备软件测试数据生成等技术难关；全面启动超地平线扫描系统深化论证，成为行业内首家获得国家经费支持的国防科技情报大数据能力建设重大项目立项的单位；牵头申报高技术船舶科研项目获得立项批复，实现绿色制造专业领域顶层标志性占位。

(三) 智库与科研实现良性互动，双向带动成效显著

一是智库带动科研业务的延伸、融合和模式转变。以国防技术体系构建方法与实践研究为主线的智库活动，在军委科技委、装备发展部和集团公司实现多个项目的立项突破，年度合同经费额度达到2000万元；以船舶质量品牌工程为主线开展的智库活动，得到工信部领导的高度认可，《船舶及典型设备产品质量品牌评价》项目已列入2018年工信部高技术科研项目指南；军民融合智库团队则是围绕军民融合技术转移的评价研究生成了以知识产权服务带动的科研产业化服务能力，为软科学实现硬效果开拓了新的业务领域。二是科研有力支撑智库活动的研究选题和影响力生成。首先，目前的3个智库研究选题全部来自科研业务的长期积淀和数据挖掘，本身就具有坚实的科研基础；其次，科研能力建设、新专业建设以及研究模式的持续创新，不断涌现发挥智库影响力的机会。

(四) 营业收入与利润保持稳步增长

自2015年起，综合院连续三年收入、利润均保持"双十"增长。2017年，完成营业收入2.9亿元，比2016年增长13.8%，完成利润2960万元，比2016年增长13.6%，成为集团公司2017年度保持"双10%"增长的五家单位之一。

(成果创造人：王　岩、李慧才、韩笑妍、罗春燕、雷贺功、左华伟、
刘碧涛、裴大茗、周雪芬、温振宁、郭晓文、杨洪杰)

铁路运营公司基于转型发展的业务优化调整与管理

中国铁路北京局集团有限公司

中国铁路北京局集团有限公司（以下简称北京铁路局集团公司）是以客货运输为主的特大型国有企业，管辖范围东临渤海、南延黄河、西抵太行、北越长城，覆盖京津冀全部区域及山东、河南、山西省部分地区，地处国家经济新增长极—环渤海经济圈的中心。截至2017年年底，北京局集团公司职工总数为176653人，下设138个单位，其中运输站段76个、运输辅助及其他单位19个、直属非运输企业18个，建设项目管理机构12个、控股合资铁公司12个。注册资本24895969万元，管辖范围内共有正线171条，包括高速铁路7条、繁忙干线6条、干线6条；线路总延展长度21849.868千米；营业里程8787.054千米；配属机车1680台、动车组229组、客车2523辆。年货物发送量26847万吨，旅客发送量30729万人，运输收入657.25亿元，换算周转量3291.32亿吨千米。

一、铁路运营公司基于转型发展的业务优化调整与管理背景

（一）落实交通强国、铁路先行的战略要求

贯彻落实党的十九大建设交通强国的战略部署，铁路是交通运输的重要组成部分。随着国家发展进入新时代、经济建设进入新阶段，落实国家建设交通强国、深化供给侧结构性改革、实现京津冀协同发展、建设雄安新区等战略部署，要求北京铁路局集团公司适应时代变化和市场变革，不断优化现有业务，提升运营效率和经营质量。

（二）适应市场竞争，激发新活力的迫切需求

自国务院实施铁路管理体制改革以来，无论是组建中国铁路总公司还是铁路局改制，无疑都向市场传递了铁路运输企业面向市场、参与竞争的决心。近年来，公路、航空等运输行业蓬勃发展，铁路居于市场垄断地位的时代早已过去。在货运方面，2016年全国货物运量4386763万吨，同比增长5.05%，公路、航空同比分别增长6.07%、6.20%，反观铁路货物运量仅为333186万吨，同比下降0.78%。从体量上看，铁路货运也仅占全国货运量的7.6%。在客运方面，虽然得益于高铁网络布局的逐渐完善，2016年铁路客运同比实现了11.02%的增长，但从占比上，公路运输依然占据主导地位，占比81.19%。与此同时，来自新兴物流业态的市场挤占也为传统铁路运营企业带来了前所未有的压力。随着互联网电子商务平台的蓬勃发展，顺丰、京东、中通等高效、便捷的新兴民营物流企业已逐渐将铁路推入物流产业链末端。无论是来自公路、航空等传统运输产业的竞争压力，还是来自新兴物流企业的竞争压力，铁路运营企业都迫切需要转变观念，优化业务发展模式，不断提升竞争力，在激烈的市场环境下生存并焕发新的发展活力。

（三）深化改革，实现企业转型升级的内在需求

截至2017年年底，18个铁路局全部完成公司制改革，标志着铁路局正式从厂长负责制的全民所有制企业改革为由董事会、监事会、经理层分别负责决策、监督、执行的具有现代公司治理结构的企业。新旧机制转换过渡期间，一方面需要尽快完成公司化进程，加快市场化步伐，构建规范的法人治理结构，建立完善的现代公司运行机制；另一方面需要解决原有机制不灵活、效率效益不高、供给不能完全适应市场需求等问题。

二、铁路运营公司基于转型发展的业务优化调整与管理内涵和主要做法

北京铁路局集团公司承接"交通强国，铁路先行"历史使命，以深化公司制改革为契机，转变传统

经营理念，围绕建设中国铁路"首善之局"目标，细化"运输经营引领、资产和资本经营开发"两翼发展方向，开展业务优化与调整，制定客运提质增效、货运转型升级、非运输业质量提升三大业务发展规划，通过产品开发、服务管理、市场营销三大途径，提升三大业务竞争能力；以客户为中心，实现客运经营高质高效发展；以特色服务、专业运输、创新合作为突破，实现货运转型升级；以资源集聚为核心，打造非运输"七大板块"，提升非运输经营管理质量；以健全完善治理机制、调整激励机制支撑业务调整优化，助推管理质量提升，实现国有铁路运营公司转型发展。主要做法如下。

（一）明确发展目标，优化资源配置，调整业务方向

首先，确立主要思路。适应铁路运输的主要矛盾从产品供不应求到人们对美好运输的需求与运力不平衡不充分供给的变化以及路内外职工群众对首都局的美好期盼，将发展目标由完成任务的计划型明确为建设中国铁路"首善之局"的发展型；将铁路运输产品定义由传统的位移拓展为运输整个过程，将运输组织思路由以车流组织为中心变为以客流、货流组织为中心，将运输组织重心由以生产组织为中心变为以营销组织为中心，据此优化资源配置；业务由主要围绕运输产品、围绕着两根钢轨开展向围绕需求以客运提质、货运转型、非运输业向核心板块聚集的方向进行调整。

其次，紧密围绕一个目标。到 2020 年，努力把北京局集团公司建成为路网布局优化，装备水平先进，运输安全稳定，运营管理科学，创新能力不断提高，运输能力和服务品质全面提升，对经济社会发展贡献突出的中国铁路"首善之局"。

再次，细化两个经营发展方向。传统国有铁路运营公司转型面向市场，从计划经济体制下的成本中心逐渐向利润中心过渡，通过贯彻落实"以运输经营为引领、资产和资本经营为两翼"经营发展战略，以企业主营业务和收入为切入点，细化梳理明确客运、货运、非运输业务是企业面向市场参与竞争的三大主要业务，通过不断做强做优做大三大业务，加快转变铁路发展方式，实现企业发展的转型升级，增强铁路持续发展能力。

最后，明确三大业务发展规划。以"强基达标、提质增效"为工作主题，以建设"首善之局"为目标引领，结合企业转型发展要求，深入挖掘企业现有业务优势及问题，分析市场发展环境和发展机遇，科学制定客运、货运和非运输业发展规划。

客运发展。以持续增强客运竞争能力为核心明确客运发展目标是努力成为网络完善、服务优质、安全和谐、管理科学、多元发展、量质齐升的现代化综合性铁路旅客运输服务提供商，打造一批国内领先、国际一流的铁路客运品牌。2020 年，客运量达到 3.7 亿人，客运周转量达到 2220 亿人千米。

货运发展。货运发展目标是整合铁路运输资源，不断优化货运结构，形成市场化配置运力资源的货运产品和形成具有较强市场竞争力的服务品牌，扩大铁路运输市场份额。到 2020 年，逐步完成 39 个物流基地的建设，装卸设备完好率达到 98% 以上，装卸机械化作业比重达到 92% 以上，建成布局合理、分工明确、安全有序、运营高效的现代物流服务体系。

非运输业发展。非运输业资产经营开发方面目标是以客运及商旅传媒、现代物流、地产置业、建筑施工、现代制造及物资供应、运输委管、资本运营"七大板块"为发展核心，努力构建资产资源专业化、规模化发展体系。

（二）以客户为中心，推动客运提质增效

1. 以客户需求为导向，丰富客运产品供给

以"高铁"品牌为引领，精准对接不同层次客户需求，通过打造高铁出行全方位客运服务产品、消费升级注重开发旅游产品、挖掘区位优势创新客运产品，构建面向不同层次需求、长中短途有效组合、高普速优化配置、昼夜间合理匹配、市场竞争优势明显的客运产品体系。

首先，围绕"高铁"品牌，提供全方位客运服务产品。一是打造以复兴号为引领的高铁客运产品，

充分发挥高铁成网优势，扩大产品有效供给，对部分高铁线路组织达标达速，进一步提升高铁运营品质；打造高铁客运品牌，根据客流变化，实行日常、周末、高峰三张图市场化梯次开行方案，主打 800 至 1500 千米的中长途列车，并合理安排中短线列车和跨线列车。二是利用夜间高铁线路能力，优化开行距离 2000～2500 千米的高铁动卧夕发朝至列车。三是加强与民航、公路交通方式等的密切配合，开行铁路与航空、公路相衔接的组合式接续客运产品，在枢纽站开行高铁线路间、普速线路间、高铁普线路间换乘接续的联程联运产品。四是在既有线开行时速 160 千米的动车组列车，推进普速列车动车化，提高列车开行效益效率。五是以"高铁"为核心开展产品服务创新，深度挖掘周边产品和服务，推出高铁网络订餐服务、动车组列车互联网特产预订服务等，不断丰富客运产品供给。

其次，把握消费转型，丰富旅游产品供给。抓住"一带一路"、京津冀协同发展等机遇，并针对各地政府、旅游局出台专项奖励政策，大力推介红色旅游、扶贫旅游，科学规划旅游产品。用好用足旅游列车专用车底，尤其是升级改造车底，设计高品质旅游产品，提升列车的开行品质和市场竞争力。在旅游产品设计方案的前期筹划过程中提前介入，利用专业优势与旅行社策划人员共同制定旅游专列的运行线路、运行周期及停留计划，以便充分利用运行图的有限空间，优化旅游专列开行方案；提高旅游专列车底利用率，加大旅游专列开行力度。

最后，发挥区位优势，创新推进政府购买运输服务机制。为服务京津冀协同发展战略，根据天津市、河北省、山东省德州市等地方政府及客流需求，充分发挥铁路资源优势，对客车开行、线路通过能力、车站到发等情况进行全面分析，全面优化调整列车运行图，搭建京津冀互联互通交通网络，以高铁为基础，以既有线为补充，实现京津冀区域主要城市基本覆盖，并推出了京津城际同城卡、京津城际延伸线票价优惠等新举措。充分发挥石济客专、北京市郊铁路城市副中心线和怀柔—密云线，唐山市七滦线等新线新站资源优势，扩大京津冀市域、市郊列车的开行规模，促进地级市联通。通过提供增开客车、增加中途站办客、增加停车频次等政府购买服务项目，拓宽购买定制服务有效供给，构建"一小时、半小时工作生活交通圈"，助力区域经济发展，有效解决运输供给不均衡的问题。

2. 以出行体验为核心，提升客运服务质量

通过品牌打造、新技术设备应用、健全完善人才培育机制，提高客运服务质量，不断提升旅客出行体验。

首先，打造示范品牌，引领整体服务提质。一是打造复兴号世界运营新标杆，从品牌设计、品牌建设、品牌标准、品牌理念、品牌服务等各方面，打造有特色、有亲和力、有示范效应的"复兴号"品牌服务集群，带动各次高铁列车的品牌建设，推动其他高铁和各次列车服务水平提高。二是以"京沪高铁标准示范线建设"为契机，从强化安全管理、丰富服务内容、提升服务标准、改善设备设施、规范站车经营、完善管理制度等方面入手，全面提升京沪高铁客运服务水平和管理水平，引导客运全系统服务质量升级。

其次，应用新设备技术，提升客户出行体验。基于移动互联、移动支付技术的广泛应用，对接旅客出行新需求，全面推行电子票，普及闸机使用，实现不同渠道购票旅客均能刷闸机进站，简化换票流程，提升旅客乘车感受。推广应用智能化导航服务技术和站区能源智能管控技术，应用车站 Wi-Fi 接入服务技术，满足旅客乘车新需求。

最后，完善培育机制，打造高品质客运服务队伍。第一，制定《高速铁路客运人员准入和人才储备办法》，从文化程度、专业要求、工作经历、身体要求、职业道德五个方面，规范明确高铁站车各岗位工作人员的准入要求。第二，制定《客运系统职工岗位星级管理实施办法》，建立岗位星级动态管理机制，充分调动人员提升服务质量的积极性和主动性。

3. 以细分客户为突破，开展客运市场营销

关注客户需求，以市场为导向，通过推出不同营销策略、拓宽销售渠道、注重重点客户维护，加强客运市场营销。

首先，细分客户制定不同营销策略。树立客户管理理念，改变过去对客户粗放式的管理模式，按照出行目的、出行时段等进行细分，制定不同的价格策略。针对淡旺季、特定时段或特定线路以及不同预售期等情况，采取差异化的票价策略。对团体票旅游包车，根据单程、往返包车推出不同列车优惠幅度。对商务座旅客提供购票、进站、候车、乘车全流程的差异化服务。

其次，开拓多种渠道促进客票销售。一是增加站外自动售票机设置，拓宽售票渠道，方便旅客市内购票、取票。二是全路率先采用微信、支付宝等扫码移动支付手段，便捷旅客售票方式。三是拓宽互联网旅游团体票受理平台，方便旅行社团体购票。四是组织"下乡镇、进村庄"营销宣传。加强与新闻媒体的合作，广泛介绍铁路服务新举措，增强铁路出行吸引力。

最后，常旅客营销增强客户黏性。一是在集团公司客运处设立常旅客服务管理科，主要负责集团公司常旅客服务工作的前期策划、研究设计和整体推进落实等工作。二是推出常旅客优惠政策。推出银通卡一次性充值优惠，参照旅客积分优惠幅度，给予相应幅度的充值优惠。三是推行常旅客会员专享服务措施。建立常旅客积分制，对注册旅客采用窗口、自动设备、互联网累计积分策略，并按积分评定会员等级，根据会员不同等级，提供购票优先、候车服务、VIP通道等会员服务；同时旅客可使用积分享受兑换车票，兑现客运延伸服务等。

（三）挖掘自身优势，推动货运转型发展

1. 突出企业特色及规模优势，优化货运产品结构

基于自身优势，以巩固大宗商品货物运输为基础，大力发展多式联运和高附加值专业物流，不断优化货运产品结构。

首先，巩固大宗商品货物运输。针对煤炭、冶炼物资、粮食等大宗物资，采取不同的市场策略。煤炭运输以中长期合同和互保协议为基础，对电煤之外的钢煤、化肥煤等煤炭中长期合同，健全年度煤炭产运需衔接机制，开发长期稳定的运输产品，将50万吨以上的重点煤炭合同编入大宗直达列车开行方案。制定有色金属营销策略，与中铝等重要企业深度合作，制定电解铝、氧化铝、铝矾土一揽子运输方案。对粮食物资，结合季节性产品运输特点，利用"北粮南运"需求大幅增长时机，集中运力组织粮食运输，加强与国家粮食部门及中储粮、中粮等央企总部的战略合作，在粮食销售区建设散粮接卸基地，推广管内散粮运输。

其次，发展多式联运。"大交通"业态的多式联运将是未来铁路货运的新增长点。一是搭建海铁多式联运体系。深化与天津港、中远海集团等企业战略合作，畅通天津港至内陆及欧洲的海铁联运通道，拓展与黄骅港、曹妃甸港、京唐港业务合作，搭建与河北省辖区港口海铁联运通道。二是打造中欧、中亚和多式联运集装箱班列产品。以环渤海港口为支点，涉及形成天津港至新疆、甘肃等西北地区的集疏港班列运输产品体系。以管内无水港、物流园区为支点，设计开发到达广东、四川、云南、上海等地区的多式联运集装箱班列。完善以区域内无水港和铁路货场为支点的京津冀货物快运班列运输产品体系。

最后，拓展专业物流。拓展与中铁特货公司的战略合作，开展联合营销，深入汽车生产企业，基于企业生产、销售和运输需求，量身定制运输方案，拓展商品汽车专业物流。充分发挥运输设备优势，深化与港口合作，拓展冷冻品等冷链货物运输。持续优化"京津冀"快运服务体系，打造"京铁物流—京津冀铁路货物快运"品牌。

2. 完善货运组织保障体系，提高货运服务效率

首先，完善基础设施建设。一是建设集运输、仓储、装卸、配送、包装、加工、信息于一体的全产

业链现代物流基地。结合北京市、天津市及河北省不同地区城市发展规划及物流产业布局，依托铁路货场及铁路专用线资源优势，加快实施物流基础设施的功能化改造，建设与区域物流产业及城市功能相适应的物流节点和配套设施。二是改善配套装卸作业条件，推进配套装卸机具、门吊、超偏载检测等装置的升级改造。

其次，提升货运组织能力。一是提升货运组织水平。根据不同阶段运输特点和铁路运输能力变化，加强货运、运输与调度系统的衔接，动态安排运力，及时做好编组计划、机车交路和车流径路的调整。全面推行货运票据电子化，提高运输效率。二是实施运到时限管理。对货物实行全程动态追踪，建立运到时限的考核机制，实行货装一体化管理，制定作业地点装卸车作业标准和作业时限，推行货装作业机械化。三是组建路港合作办公室，与天津港共同选派人员，专职负责铁水联运相关项目开发及组织协调工作。

最后，打造物流人才队伍。一是注重业务培训，组织业务处室、货运中心和物流公司领导班子、物流业务骨干等管理人员脱产培训，提升现代物流管理水平。二是在货运中心、车务站段、物流企业中选拔优秀年轻大学生，按照不同业务板块和独立的货运产品，组建专门营销团队，选拔年轻大学生担任营业部经理或副经理，在岗位实践中提升综合能力，做好人才储备。三是组织开展技术比武，选树岗位技能标兵，引导职工主动学技练功，提升货运职工队伍业务素质水平。

3. 创新合作模式，提升货运营销能力

转变观念从"坐商"变"行商"，从"同质化"到"差异化"，建立客户管理机制、创新路企合作模式、完善信息平台建设，提升货运营销能力。

首先，建立客户管理机制。建立客户档案并进行动态维护，对近三年货票数据及3万余家客户信息，深入分析客户品类、运量、去向等指标，为市场预测、物流中心建设、优化配送线路、完善仓储管理等方面提供数据支持。实现客户分层分级管理，按照合同、诚信、一般三个层级对客户进行分级，根据不同的客户等级的需求与运输特点，采取差异化营销策略，制定满足客户需求的运输方案，实现精准化营销。如对局管内30余家煤炭、钢铁、石油、焦炭、非金属矿、电厂等合同类重点客户，在年初组织企业召开运量互保协议签订会，通过铁路对企业的运力、企业对铁路的运量互保，以协议的形式满足双方的需求，实现路企互惠双赢，2017年协议企业35家21020万吨，在市场环境不景气的情况下，与2016年持平，较2015年的33家20565万吨增加2家455万吨。

其次，创新路企合作模式。一是与成品钢生产企业开展战略合作，围绕港口物流园、钢材加工配送基地、邯郸物流园、钢铁电商平台等领域，打造大型生产制造企业服务的物流示范项目。二是与铁路专业运输公司合作扩大小汽车、冷链、大件货物等物流经营项目。三是与专用线企业合作，在全面敞开专用线各项办理限制基础上，支持专用线企业自建或合作建设公铁联运物流基地，共同开发物流节点资源。四是拓展大客户物流总包项目，以大宗生产加工企业及商贸流通企业客户为重点，按照"总对总"方式签订物流总包合同，实施量价互保，巩固大宗货源。

（四）优化板块布局，推动非运输业质量提升

1. 促进运输与非运输业深度融合，聚焦发展七大板块

一是在客运及商旅传媒板块，围绕站车商业、广告媒体、旅游服务，通过做实、做精、创品牌，拓展铁路服务功能，促进铁路客源集聚。二是在现代物流板块，统筹推进物流园区布局和建设，开发满足客户需求的多种增值服务项目，打造社会化的物流产品，促进铁路货源集聚。三是在地产置业板块，盘活铁路存量土地，推进新增土地综合开发，促进土地储备和重点项目落地。四是在建筑施工板块，以推进房屋建筑施工、铁路总承包资质升级为基础，不断拓展路外市场，积极开展工程代建、项目管理业务。五是在现代制造及物资供应板块，在做好内部市场的基础上，拓展外部市场。围绕高铁设备设施，

做强自主修业务，扩大设备设施维保市场，推进与科研机构、生产厂家等单位合作，扩大物资采购内部市场。六是在运输委管服务板块，制定专用线委托管理办法，巩固和拓展朔黄铁路、邯济铁路等非局管铁路的联合运输、机车牵引、大机养护等运输委管和代维修市场。七是在资本运营板块，探索对外投资、重组兼并、股权置换等资本运作模式，改变单纯依赖自身积累的发展模式，放大资本功能，实现低成本快速扩张和资本增值。

2. 以问题为导向，健全管理机制

通过站段不托管非运输企业、重组整合精简法人数量、规范治理机构、防控经营风险等手段，解决非运输业经营现存问题，提升非运输业管理质量。

首先，以精干主业为核心，推进站段不托管非运输业。精干主业，实施站段管理的非运输企业脱钩，盘活闲置资产。将原运输站段管理、经营的非运输企业，通过"行政撤销（工商注销）"和"保留企业（移交直属非运输企业管理）"两种方式，实现所属各运输单位不托管非运输企业，理顺了运输业与非运输业管理关系。

其次，以资源集聚为目标，推动非运输业重组整合。一是以铁路运输产品服务为核心，充分挖掘产业链上下游，发挥铁路市场、技术、设备、土地优势，将33家非运输企业重组整合成18家，推动优势资源向骨干企业集聚。二是对非运输企业实施公司制改革。组织对全民所有制非运输企业进行公司制改革，对既有的公司制非运输企业完善公司法人治理结构、修改公司章程和议事规则。

最后，以商贸业务为突破，防控企业经营风险。集中开展商贸业务风险排查，坚决退出风险大、收益低、存在垫资行为的大宗商贸业务。研究出台《非运输企业经营责任追究办法》，以严肃问责为警醒，促进非运输企业规范经营行为。特别是针对商贸业务风险，制定《商贸业务风险防控管理办法》，完善《商贸业务管理清单》，形成《商贸业务风险防控操作指引》，推进商贸业务规范经营，提升企业风险防控能力。

（五）建设现代公司治理机制，支持企业转型升级

1. 搭建法人治理结构，提供运行机制保障

以公司制改革为契机推动企业运行机制向权责明晰、有效制衡的现代公司治理结构转变。一是出台董事会、监事会、总经理办公会议事规则，细化董事会决策范围，规范法人治理结构主体责任及工作流程，进一步发挥董事会的决策作用、监事会的监督作用、经理层的经营管理作用。二是明确集团公司党委书记、董事长、总经理及各位董事、经理层工作权责，提升决策执行效率。

2. 优化企业组织机构，提升企业运行效率

制定实施所属单位行政机构编制管理办法，实现所属运输站段、运输辅助单位、直属非运输企业、铁路建设项目管理机构和国铁控股合资铁路公司、其他单位的行政机构编制管理全覆盖；精干职能管理机构设置，使组织机构与安全生产、经营管理相匹配。所属单位机构编制通过优化调整后，行管定员减少1635名、减幅11%；领导职数减少37名、减幅4%；职能管理机构及辅助生产机构个数减少64个、减幅6%。

3. 建设三级制度体系，规范企业运营环境

建立以公司章程为核心的管理制度体系，搭建"总公司—铁路局集团公司—基层单位"自上而下的三级制度管理办法体系，建立有效制度清单动态管理机制，定期组织制度清理，建立制度有效清单管理模式，每年年初以文件形式公布年度有效经营管理制度清单，进一步规范企业运营环境。

4. 创新集团管控模式，助力经营发展提质

一是完善全面预算管理为核心的精细化经营管理体系。通过预算编制、执行、控制、考评与激励等系列活动，提升企业对生产经营活动各环节的有效管控能力，实现企业效益最大化。二是建立外部董监

事超半数的非运输企业管控模式。集团公司委派董事、监事，由集团公司领导和相关业务处室负责人担任非运输企业董事会的外部董事且占多数席位，参与非运输企业经营管理重大事项决策；审计、企法、财务等部门负责人兼任非运输企业监事，履行监督职能。通过系列制度安排，进一步强化集团公司对非运输企业的管控能力。

5. 推进智能化信息平台建设，有效支撑业务发展

一是完善智能化信息平台建设。打造完善集团公司货运营销管理信息系统平台，整合95306网上营业厅、运货五系统、电子商务平台、货运票据电子化系统、货运站系统等信息平台数据，实现货运营销信息系统化、网络化。从满足市场营销管理和提升内部生产组织两个层面，依托大数据技术，推进既有不同系统间的信息共享和整合，以信息化推动货运营销的组织水平和服务质量的全面提升。二是完善资产资源招商管理信息系统，构建公平公正、科学高效的资产资源招商管理体系，推进信息化平台建设，在招商领域建立"阳光＋科技"运行模式，优化《招商平台运行维护使用管理办法》，积极推进各单位、部门充分利用招商平台，公开、公平、公正地开展招商活动；通过归集分析和应用招商数据，建立统计分析管理模块，促进资源效益最大化。

（六）调整激励机制，支持企业经营发展

1. 实施工效挂钩考核，调动人员积极性

以工资总额挂钩考核办法为总体框架，搭建"总体考核、专业评价、重点激励"的绩效激励体系。强调利益共享、责任共担，实行工资总额全挂全考、联挂连考，所有单位工资总额实行100%挂钩考核；所有单位工资总额与集团公司安全业绩和盈亏结果联挂考核，运输单位与直属非运输企业联挂考核，充分调动全体人员保安全稳定、创效发展工作的积极性。

2. 关注经营效益考核，助力企业转型

一是在工效挂钩办法中细化生产经营绩效挂钩考核，将生产经营绩效细分为收入、工作量类，效果类，客、货运服务质量，工务、电务、供电系统综合四大类指标，根据各单位在运输生产经营中的工作性质、主要职责分别确定挂钩考核指标及权重。二是完善运输生产挖潜提效考核办法，按照突出能力、达标有奖、超标重奖、结果考核和过程考核相结合原则，对重点项进行考核奖励，充分调动各单位和广大职工运输生产挖潜提效的积极性和主动性。

3. 推行岗位星级管理，提升员工整体素质

实行职工岗位星级管理考评机制，完善"素质与岗位相匹配、绩效与收入相适应"的素质待遇一体化考核分配机制，评价覆盖运输生产一线岗位和主要生产岗位，按5个星级设置职工岗位星级，实行理论和实作兼顾的考核评定机制，并将职工岗位星级评定结果与月度工效挂钩考核、职工职业生涯发展和标准化班组创建相结合，促进职工主动学习提高素质，为企业经营发展持续提供高素质人员保障。

三、铁路运营公司基于转型发展的业务优化调整与管理效果

（一）客运创效能力明显增强

通过实施业务优化调整与管理，2017年动车组列车同比增加23.5对；首创京津城际同城卡、京津城际延长线票价打折，取得政府补贴5亿元。高铁列车上座率达98.6%、客座率达77.3%，高铁列车客票收入达245亿元、同比增长13%。新增ATM－铁路自助售票机114台，自助售取票设备达938台、同比增加71台；互联网售票率达74.5%，窗口售票率降至20%以下；全年完成旅客发送量3.07亿人、同比增长5.3%，客运收入443.9亿元、同比增长9.3%。

（二）货运转型顺利扭转不良发展局面

通过实施业务优化调整与管理，集团公司货运转型实现阶段性突破。2017年，环渤海地区集疏港及冀中南地区运输组织始终保持较高水平；路企、路地、路港合作，超额完成大企业互保协议运量；多

式联运，集装箱发运41.1万标准箱，实现全年目标；商品车发运33.2万台、同比增长66%。建成投产物流基地9个。全年完成货物发送量2.68亿吨、同比增长5.5%，货运收入213.2亿元、同比增长10.7%；铁路运输整体市场竞争力增强，运输收入显著提高，实现运输总收入657.1亿元、同比增长9.7%，运输营业收入565亿元、同比增长10.6%。

（三）非运输业经营质量得到显著提升

通过优化非运输企业资源配置，经营开发系统管理职能得到强化，风险防控能力得到显著提升，经营开发业务体系和保障体系逐渐健全，非运输系统专业化、规模化、集约化经营水平有效提升，直属33家非运输企业重组整合到18家；土地开发、列车冠名、站车商业、高铁餐饮、酒店旅游、建筑施工等板块非运输业务发展良好，全年非运输业务实现利润11.6亿元、同比增长8.4%。

（四）企业整体运营效率得到显著提升

通过实施业务优化调整与管理，提升管理质量，北京局集团公司有效地控制了运营成本，运营效率显著提升，非运输企业创效能力显著增强。2017年，集团公司成本控制较年度预算节支7.6亿元；通过争取直购电、减免税收和社保缴费等政策节支创效3.23亿元。通过优化劳动组织，深度挖潜1303人，职工总量同比减少3603人、下降2%，劳动生产率达39.33万元/人、同比增长10.4%。企业经济效益显著提升，职工收入逐年提高，生产生活条件得到显著改善。

（成果创造人：王　勇、王立中、张　翼、郭贵军、
侯建民、刘　楠、侯立波、冯　超）

丝绸企业实现文化与科技双轮驱动的转型升级管理

万事利集团有限公司

万事利集团有限公司(以下简称万事利)创建于1975年,前身是成立于1975年的乡镇企业"杭州笕桥绸厂"。经过43年的发展,现已成为国内首家专注于丝绸文化创意、提供丝绸个性化定制服务的创新型企业。杭州万事利丝绸文化股份有限公司是万事利集团的下属公司,注册资本10090万元,现拥有员工1450余人。公司致力于挖掘、传承和弘扬中华丝绸文化,将丝绸与文化创意、高科技相结合,在传统丝绸面料、丝绸服饰产业基础上,拓展研发出丝绸文化礼品、丝绸艺术装饰、丝绸艺术品及丝绸美妆产品四大创新领域。公司拥有国内最先进的智能化数码印花生产线,专注于数码印花个性化定制与生产服务,年数码印花生产能力超900万米。2017年,杭州万事利丝绸文化股份有限公司营业收入达到7.24亿元。

一、丝绸企业实现文化与科技双轮驱动的转型升级管理背景

(一)摆脱国内低端竞争格局,走高端丝绸品牌发展道路的需要

丝绸产业是我国的传统优势产业,更是我国的文化产业。中国丝绸源远流长,但却在近现代的发展中由于经济的滞后而逐渐丧失了原本的优势,在国际纺织品市场遭遇"滑铁卢"。20世纪90年代以后,丝绸行业出现了剧烈的动荡。在欧美大国的极力扶持下,巴西、印度、泰国、越南等发展中国家在对外生丝出口规模上迅速壮大,与中国争抢全球生丝出口的市场份额,国际竞争加剧。同时,由于真丝娇贵的属性,丝绸产品市场受到价格便宜的化纤替代品的冲击很大。在这种形势下,靠大批量、价格战的策略来发展丝绸行业之路无疑将越走越窄。中国丝绸要摆脱世界低端产业链的束缚,必须要创造高附加值的高端产业。

(二)满足中国消费升级、适应市场消费变化的需要

中国是个13亿人口的巨大消费市场。桑蚕丝素有"纤维皇后"之称,国人对丝绸有着特别的偏爱,为国内的丝绸消费奠定了良好的基础。2000年起,中国人均GDP进入快速增长阶段。2012年,中国城市家庭的中产阶级占比由2000的4%飙升至68%。中产阶层的群体的扩大,消费能力不断攀升,随之而来的是丝绸的消费人群日益增加。丝绸消费逐渐成为人们日常消费的一种选择,内销市场已变成丝绸及服装行业发展的一个重要的支柱。这一时期,具有高附加值的丝绸文化产品逐渐取代原有的单一服饰性能产品被大众所青睐,新型的数码印花技术也将更多地被应用于产品生产当中,丝绸围巾、旗袍、丝绸书、丝绸邮票册、丝绸艺术画等正越来越被市场接受,纳入中国丝绸文化的一部分,显现出广阔的市场前景。另外,丝绸工艺品、床上用品、丝针织内衣、丝绸家纺、丝绸混纺织物等丝绸新产品层出不穷,丝绸产品逐渐由高收入消费者向中等收入消费者扩张,这给丝绸业的发展带来了新的机遇。2011年,商务部发布茧丝绸业"十二五"规划,特别指出要打造民族品牌,规划指出到2015年期间,要打造10个民族自主品牌,弘扬民族丝绸文化,成就高档丝绸的民族自主品牌;这对中国丝绸品牌的发展具有历史性的意义,直接推动了包括万事利在内的丝绸企业的升级发展。

(三)弘扬丝绸文化,提升丝绸品牌整体形象和行业竞争力的需要

丝绸文化在我国有五千年的历史,是我国传统文化的一部分,丝绸文化见证了中国历史进程,弥足珍贵,更是中华民族共同的精神财富。丝绸之路申遗成功后,作为载体的丝绸,承载着厚重的东方古文明,给了中国丝绸业以更大的压力和责任。但是由于缺乏世界知名品牌,中国丝绸远未实现其经济价

值。中国是世界丝绸大国，但仍以原料的生产和加工为主，产品附加值低。中国丝绸想要走出"有产品无品牌，有品牌无知名度"的行业困境，进行丝绸品牌建设是重中之重。从成立之初的艰苦创业，到20世纪80年代中后期率先引进先进技术，再到确立"树品牌，创名牌"的战略思路，万事利集团始终坚持以丝绸为主业，丝绸文化对其企业文化的影响尤其深刻。万事利集团把丝绸当作一种文化来经营，以弘扬丝绸文化为己任，丝绸文化反哺企业走上了以文化为底蕴的品牌化发展道路，开启了从产品制造到文化创造的战略转型创新探索。

二、丝绸企业实现文化与科技双轮驱动的转型升级管理内涵和主要做法

万事利公司依托多年的文化积淀与科技累积，结合国家"一带一路"发展理念，树立高端化发展转型升级的目标，优化组织架构，强化技术改造与创新，融入丝绸传统的非遗技术；同时构建独特的企业文化体系，挖掘丝绸文化，实现文化保障，双轮驱动，实现消费者差异化需求的品牌延伸，超越客户的期望价值，打造卓越高度忠诚具有行业竞争力的客户关系，走出了一条"丝绸传统产业＋文化创意＋高科技＝丝绸新兴产业"的转型升级道路。主要做法如下。

（一）确定基于"文化创造"的高端化转型升级目标

万事利成功实现从"产品制造"到"文化创造"的转型升级，关键是确定了坚持以丝绸为主业，走高端丝绸品牌发展道路的战略目标。通过品牌整合，进一步培育丝绸文化，回归丝绸高贵形象，再造丝绸奢侈品形象。通过科技研发、产业转型、文化创新等方式拓宽丝绸产品领域，把简单的产品提升为文化产品，提高附加值。近几年，随着全球化的进程和互联网时代的迅速发展，万事利的高端路线战略进一步融合了国际化和互联网基因。2013年年底，万事利收购了法国有120年历史的丝绸公司MARCROZIER，国际化战略迈出第一步。2014年，又聘请欧洲本土的首席执行官——爱马仕丝绸控股集团前CEO巴黎特（Patick Bonnefond）全面负责万事利集团丝绸品牌国际化发展战略的研究与实施。MARCROZIER品牌仍将保持最纯正的"法国制造"特点，坚持做到从原料采购到设计、打样、提花织造、染色过程、制造生产全部都在法国本土完成。此外，万事利还将助推MARCROZIER品牌在中国以及欧美市场的进一步扩张。目前，MARCROZIER的丝巾价格在2500元左右，与爱马仕的比较接近，充分说明了MARCROZIER品牌的竞争力。2014年，万事利将触角伸向手机移动端，在行业内首创"中国好丝绸"丝巾B2C（即"商"对"客"）营销平台。

（二）以文化创意引领产品设计与跨界组合

万事利将丝绸文化作为提升丝绸产品附加值的核心内容。通过研究和深挖丝绸传统文化，从经典悠久的丝绸传统技艺及文化中进行挖掘复兴。在转型初期，万事利通过水平营销创新挖掘丝绸产品的文化功能，使之与原来的产品相比"形似而神不似"，再将中国传统文化加载到传统产品中，使之成为中国独特的文化礼品。为了挖掘和创博丝绸文化，万事利开辟设立了万事利丝绸文化博物馆、万事利丝绸工业博物馆、杭州丝绸织造馆等三大展馆，并免费对外开放，展示包括近千件的近代、当代丝绸藏品，开放4D丝绸演绎厅，由专业的丝绸讲师讲解丝绸的发展历史，同时收录展示多位丝绸非遗技艺传人的缂丝、天鹅绒、刺绣等丝绸工艺美术作品。在展馆也会不定期举办丝绸亲子游、丝绸文化大课堂、丝绸天鹅绒手工课等一系列活动，构建丝绸文化的传播新渠道。同时，万事利在丝绸文化的研究和探索上也不遗余力。万事利丝绸文化董事长李建华两次登上央视《百家讲坛》，传播弘扬丝绸文化。并倾心打造了国内首档丝绸文化电视专栏《字说丝绸》及丝绸文化纪录片《丝行天下》《千丝成锦》，出版了《字说丝绸》《话说丝绸》《千丝成锦》《神州丝路行》等丝绸文化系列丛书。为了让丝绸从艺术走向生活，万事利还单独开辟出一个业务单元，专门做丝绸艺术品，与各艺术院校合作，与宋锦、缂丝、云锦等文化遗产传承人签约，共同挖掘丝绸的艺术价值。万事利丝绸文化博物馆与丝绸工业博览馆。

万事利在丝绸文化产品的设计推广中意识到，单一的丝绸礼品不足以吸引消费者。在一次与中国台湾法蓝瓷的交流过程中，万事利首次将丝绸产品与法蓝瓷进行了跨界融合开发，以旗袍为主题元素，创新设计了"圆襟风华"套装产品，获得了市场的极大反响。开启了万事利丝绸产品文化资源与其他产业的跨界融合之路。2001年以来，万事利集团精心开发了多种丝绸文化礼品，先后亮相上海APEC峰会、北京奥运会、上海世博会和广州亚运会等国际盛会，广受好评，并借助服装、面料、书、画、墙纸、窗帘、桌椅等载体，打造各种高端丝绸艺术品，不断开拓创新，努力挖掘文化元素，积极渗透文化创意产业，成功探索出了新的转型升级路径。丝绸与瓷器相结合的"夫人礼"，与G20元首笔混搭的"元首礼"、与吴酒混搭的"丝语醉江南"……万事利跨界联动所带来的新兴产品成功引发又一轮的丝绸热潮，万事利先后与中国石油、中国邮政、中国黄金等结成战略联盟，联合开发具有地域特色、民族风情、文化品位的旅游商品和纪念品。开启产业融合新模式，研发新产品组合逾1200个。万事利品牌转型升级的联动效应有效地带动旅游、服务、设计等多个行业领域跨界融合。

与此同时，万事利还另辟蹊径，基于集团在科技研发上的坚实基础和对丝绸传统工艺的潜心挖掘，着力打造丝绸领域两个新的升级产业：丝绸装潢和丝绸艺术品。丝绸装潢关注的是丝绸的环保和生活属性，丝绸是天然的可循环的蛋白纤维，装饰房间用丝绸纤维，会大大减少化学污染，环保又奢华，很符合当前高端客户群体的消费理念。万事利开发了一系列家居装潢用的丝织品，并且正与清华大学相关专业合作，共同研发一些概念性丝绸产品，例如汽车和飞机座椅及其他装饰材料。万事利在将利用自身在行业中的强大号召力，召集国内现任做面料、桌旗、丝毯、窗帘、手绘丝绸、丝绸设计等十个类别业绩出色的企业，构建一个平台来共同做这个事业。目前，世界与中国500强企业中有一半都是万事利的企业礼品客户，中国各省市自治区中有一半都使用他们的礼仪用品，所有211工程的知名院校中高达80%与其有长期的合作关系。

（三）开展基于差异化市场定位的多产品/品牌建设

基于对消费者的生活方式和消费文化的准确把握，将丝绸产品的应用面拓展到丝绸家纺、丝绸家装、丝绸美妆、丝绸艺术、丝绸大健康等多个产业领域，研发出了数百种新产品，并通过多种差异化渠道引领顾客对于丝绸产品消费新理念，将丝绸的定位不断拔高。

1. 多品牌差异化

自2012年成立杭州新丝路电子商务有限公司，2013年万事利推出了青年网络品牌"忻兰shine-line"，2014年收购了法国百年品牌"MARC ROZIER"，2015年创立都市女性品牌"万事利凤凰之家"。结合原有万事利中高端品牌，以品牌差异化作为突破口，建立多品牌发展战略。2014年10月，在中国国际丝绸博览会暨中国国际女装展览会的开幕式上，万事利集团纯"法国制造"的浪漫丝巾与极富中国传统文化内涵的华服同台亮相，演绎出万事利借力全球奢侈品品牌打造自主高端品牌的转型之路。

2. 多产品差异化

丝绸产品跨产业的创举使得丝绸这一传统产业打入了新兴高端市场，丝绸墙纸、丝绸仿古画、蚕丝面膜……多个新型产品的研发让丝绸的应用面不断拓展，突破了长久以来传统产业所带来的禁锢。各类新的产品生产技艺、设计工艺、传统技艺不断地进行融合再创造，被万事利应用于不用产业，以此改变万事利固有的销售管理体系，降低企业产品对于市场依赖的风险系数。2017年4月，万事利在蚕丝上"玩"出了新花样。小分子蚕丝蛋白提取技术研制的蚕丝面膜，在市场上投石问路即一炮打响，不到两个月的时间就销售了8万多盒。

3. 多渠道差异化

万事利积极拓展新媒体宣传渠道，在传统媒体宣传的基础上，万事利主要借助于微信这一具有庞大用户群体的APP进行产品的品牌推广与宣传，建立新的公众号和订阅号。2014年2月，借助微信这一受众群体巨大的平台，万事利建立了包括"万事利丝绸世家""万事利国际丝绸汇""万事利的丝绸艺术"等十余个微信公众号、订阅号和企业号。并且针对不同订阅号的特性，发布相应的企业、产品、品牌活动宣传软文。

（四）基于核心技术构建产学研结合的技术与产品创新体系

万事利要具有市场主动权，就要拥有自主知识产权的技术和产品，就要掌握核心技术、关键技术。以数码印花为核心技术，整合上下游产业链，进一步发挥各个业务之间的协同效应和规模效应，研发设计了一系列绿色、生态、高技术含量的丝绸文化创意产品。2014年，万事利搬迁新址，即下沙丝绸产业园。万事利丝绸产业园是集丝绸工业生产、创意设计、技术研发、现代物流、工业旅游于一体的现代化丝绸产业园，延伸至产品线的上游，打破国外企业高端丝绸产品的垄断。下沙累计建设科技孵化器、专业特色园等多种业态创新载体120万平方米，初步形成集孵化、加速、产业化于一体的创新产业支撑体系，形成了从国家级大学科技园到国家科技孵化器、从孵化加速到产业化的全过程平台支撑。它拥有国内丝绸行业唯一的国家级企业技术中心及融入法国、香港等国际化设计力量的万事利设计研发中心。国际化的设计研发视角、领先的高新科技研发与丝绸工业资源的全面整合，为万事利引领民族品牌国际化发展奠定了坚实的基础。依托丝绸产业园，万事利建立了一套完整的技术创新体系和载体。

1. 建立国家级企业技术中心

中心目前共有312人，其中，具有大学以上学历或中高级职称的共有205人，占中心职工总数的66%，其中博士2人，硕士29人，企业中从事科技活动的有285人，研究与试验发展人员272人，占企业职工总数的18.5%。根据近几年万事利转型升级的规划要求，技术中心确定了"四方三机制，一品二转型"的战略规划，如图1所示。

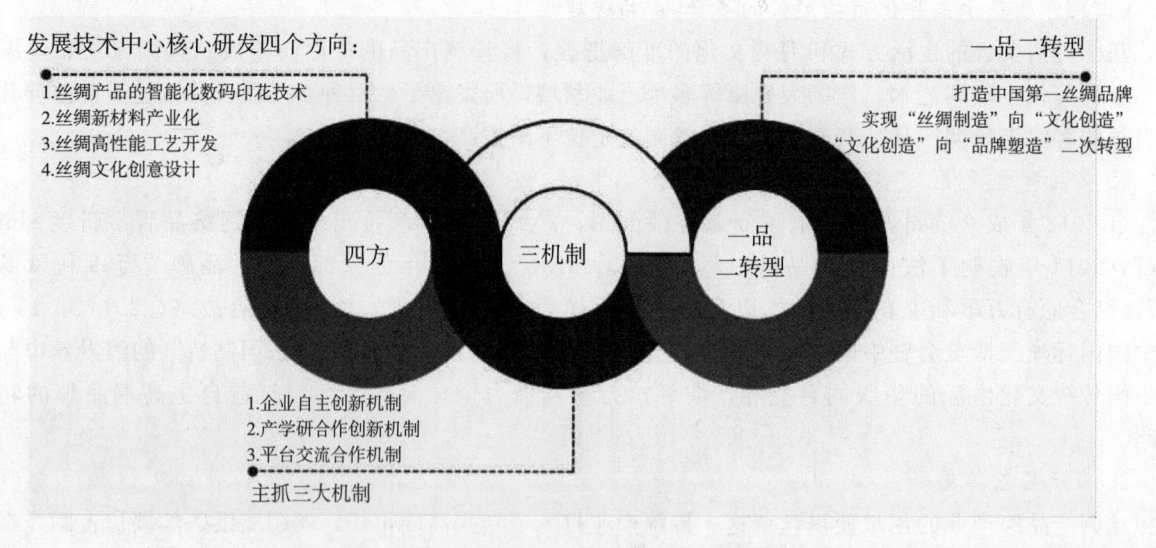

图1 "四方三机制，一品二转型"的战略规划

2. 完善创新机制

围绕集团建设目标，创新机制，优化结构，改善环境，大力培养中青年科技创新人才，努力把培养高素质科技人才队伍作为提升企业核心竞争力的重大举措，建设一支专业覆盖全、技术造诣深、攻关能力强的科技人才队伍，为企业发展提供强劲支撑。根据技术中心研发队伍的建设，提出了"四抓手、三级跳"的技术中心创新机制实践体系。四大抓手分别是技术创新带头人培育、全方位技术人才培育方案、创新激励机制建设、技术创新投入制度规划。三级跳代表着针对不同的技术层级的人员有针对性地开展人才培养的规划，包含基础级、提升级、竞技级三个级别，对促进人才的成长和发展起到助力。

3. 建设产学研合作创新机制

万事利注重借助外部人才和资源,增强企业技术研发的核心竞争力。近几年,技术中心充分发挥了自身科研载体的作用,设立专项产学研研发资金,与清华大学、浙江大学、西南大学、苏州大学、浙江理工大学、杭州电子科技大学、中国计量大学等10余所高等院校保持长远的合作关系,共同开发具有自主知识产权的工艺、装备技术和产品26项,2016年与浙江理工大学合作开发的技术工艺及装备技术申报国家发明专利4项,其中联合浙江理工大学、杭州电子科技大学开展的数码印花的色彩管理及智能打样技术研究已经达到行业领先水平,真正做到了数码印花传递过程中"所见即所得"。

万事利技术中心与高校进行产学研合作围绕三大运行机制。一是成果共享机制。万事利已经与浙江理工大学建立科技资源共享平台,针对重要的核心科技资源,加大共享力度,实现"整合、共享、完善、提高"的无缝对接;及时对短缺的资源进行充实,完善各类资源的有效集成和共享效率,提高共享度。促进技术转移和扩散,加快技术成果转化。二是人才互换机制。该机制旨在于培养创新性人才,通过高校引进未来的技术骨干,鼓励学校与企业科技人员之间的协同合作,提高共享资源的实际利用率。目前,万事利已经与浙江理工大学、中国计量大学等高等院校开展了人才交流机制。企业的技术骨干可以进入学校学习系统的理论知识,学校的人才也可以进入技术中心进行切实的检测实验,并应用于打样生产。三是收益共分机制。万事利一直以来就推行科研人员奖金与其科研开发成果所创造效益挂钩的激励机制,在产学研合作的条件下,所获得的收益也将与学校参与科研项目的人员进行收益共分,对获奖的项目给予精神和物质上的双重奖励,激励产学研团队的成员保持高昂的斗志,主动钻研业务,追求上进,争当技术创新能手,在校企联合团队内形成比、学、赶的创新氛围。

4. 建设创新基础设施

根据技术开发和各个生产流程的需求,技术中心设立了4个技术分中心,拥有齐备的技术开发仪器设备,具有从事纤维合成分析、染色、印花、针织面料开发、服装开发等一系列试验条件,并可进行中试生产。同时,万事利已具有设备较齐全的理化试验室,面积1400平方米,配有国内外先进设备,如意大利进口的超高速导带数码喷墨印花机设备的引进,使得万事利集团喷墨印花的产量和技术都大大地得到提升。试验室配备有耐洗色牢度试验机、汗渍色牢度仪、摩擦色牢度仪、捻度仪、烘箱,Data color 分色仪等仪器设备,对产品外观、各项色牢度、水洗尺寸变化率等纺织品重要考核指标均能自行检测、自行控制。同时,技术中心与浙江省、杭州市质量技术监督检测院签订了协议,建立了长期合作关系,对无法自检的项目、客户要求的项目等实行产品送检,并在每个季度委托检测院进行产品全项检测,全面了解本企业的产品质量。另外,在集团技术中心下设中试基地,也有大量用于研发技术及项目进行中试的设备仪器,在产品投入生产前进行中试,全面按照生产质量标准规范运行。截至2017年年底,企业技术中心开发和检测试验仪器设备原值为4215.35万元,为产品开发提供了良好的创新基础条件。

(五) 建立基于大数据的"互联网+管理"模式

从2010年起,万事利深耕智能技术、移动互联、大数据分析等信息化领域和传统丝绸的结合,把数据思维贯穿于运营管理、生产、设计、营销等方面。

1. 管理"云平台"

万事利与中国电信、金蝶软件结成战略联盟,共同打造一个"云管理"平台。比如一名万事利的普通员工,用编辑一条信息的时间,就能对项目进行及时总结,并上报至公司,即时进行信息交换。这让设计部门既熟悉客户关系管理、生产部门与市场,也让管理者即时获知项目动态,清晰掌握员工工作状态和进度。

2. 大数据集成下的个性化定制

以客户数据获取、分析系统为基础,万事利独创"中国好丝绸""乐享"等移动终端互动平台,在解决客户需求的同时实现了精准化的数据采集、传播,从而转化为实际的销售增长。在"中国好丝绸"的平台上,消费者可以实现私人订制(C2B模式)。从图案、用材的选择,到设计方案的确定,再到生产进度的跟踪乃至产品的交付等一系列的流程,客户都可以在互联网上实现。私人订制的服务,而价格却能够与门店的品牌销售价格一致。让万事利实现了从B2C到C2B的华丽转身。

3. "互联网 + 商学院"

基地依托"中国好丝绸"的移动互联营销平台,带领学员积极探索创新各种商业新模式,开展广泛实践。例如万事利独创运营模式,以微信为主要媒介,充分利用移动互联网传播特性,颠覆传统、单向的营销模式,用层层叠加的路径分享积分,购买积分,鼓励买家积极分享、推广平台上的产品或直接购买等。

(六) 着力打造万事利独特企业文化

万事利集团以打造中国丝绸世界名牌,弘扬丝绸文化为己任,把丝绸当作一种文化来经营,走上了以文化为底蕴的品牌化发展道路,确立了"万事以人为本、事事以和为重、利以社会为责"的企业文化,着力打造中国丝绸第一品牌。

1. 企业文化的目标和方向

万事利将自己定义为文化创新企业,通过发布企业文化宪章、企业员工文化手册等,从上至下,宣贯企业的丝绸文化。历时一年完成的《万事利企业宪章》,全文逾万字,是万事利根据新形势下企业战略规划而制定出的共同纲领和行为准则,提炼了万事利企业文化的内核,提升了企业员工对于丝绸文化的使命感与责任感。

2. "万事以人为本"的理念

万事利始终坚持一切工作以人为出发点和中心,致力于人和企业的共同发展,尊重员工、关心员工、爱护员工,重视激发和调动人的主动性、积极性、创造性。公司提倡和激励员工为企业的发展献计献策,倡导公司员工参与企业的经营管理,通过各种途径来激发员工的积极性、主动性和创造性。万事利集团非常重视员工的全面发展,定期开展对员工业务水平、管理方式、岗位技能等多方面的教育和培训。坚持以人为本,确保了企业转型中的精神团结和凝聚力。万事利集团在企业长期的经营实践中形成了"事利以和为重"的文化特色,"家和万事兴,厂和万事利"的和谐理念已经融入每个万事利人的心中。万事利集团在人与人之间的关系上追求和谐,形成了自己的和谐人际关系理念。万事利集团在企业发展过程中不断地追求人与社会的和谐,突显出和合精神的价值理念,公司把"事利以和为重"作为自己的价值目标,并形成了完整的企业和谐价值体系。万事利集团在追求人与自然和谐过程中,始终贯穿执行可持续发展的理念,在环境保护和节能降耗方面为民营企业树立了榜样。

3. "利以社会为责"的文化特色

万事利集团在成长和发展过程中形成了"利以社会为责"的文化特色,积极承担社会责任成为每个万事利人应尽的义务。一是承担明礼诚信确保产品货真价实的责任。在监督质量管理中,万事利集团层层落实质量责任制,实行生产过程的数据化管理,使每道工序都有据可依。产品质量得到了各方认可,万事利品牌知名度迅速提高。二是承担扶贫济困和发展慈善事业的责任。长期以来,集团公司在发展经济的同时,牢记企业的社会责任,持续不断为灾区和困难群众捐款捐物。三是承担发展科技和创自主知识产权的责任。万事利重视自主知识产权的研发,不仅保障自身品牌和产品的领先,也对我国丝绸行业在国际竞争中获得一足之地做出了重要贡献。四是承担保护职工健康和确保职工待遇的责任。员工的健康源于企业的关怀,企业的发展源于健康的员工,员工是企业宝贵的财富,是企业发展的生力军。

三、丝绸企业实现文化与科技双轮驱动的转型升级管理效果

（一）企业实现了持续稳定发展

2013年企业实现营业收入48.3亿元、利润总额2.4亿元，2014年企业实现营业收入54.0亿元、利润总额2.5亿元，2015年企业实现营业收入60.0亿元、利润总额2.6亿元，2016年企业实现营业收入65.7亿元、利润总额2.3亿元，2017年企业实现营业收入72.4亿元、利润总额2.3亿元，万事利实现了持续稳定发展。

（二）企业品牌影响力逐年提升

北京奥运会、上海世博会、广州亚运会、G20杭州峰会、厦门金砖国家领导人会晤及中国承办的一系列世界级盛会，万事利每一次都有丝绸佳品作为国礼、礼服、纪念品等亮相，给万事利带来了源源不断的品牌效应和盛会红利。2013年，与法国有着120年历史、为全球40多个一线奢侈品牌提供丝巾设计生产服务的顶尖丝绸企业MARC ROZIER达成战略合作，2014年成功聘任爱马仕丝绸原CEO加盟。2017年7月，万事利的品牌升级模式被牛津、哈佛作为企业经典案例编入教材。同年11月，"新丝路、新杭州"城市形象推介会，在匈牙利首都布达佩斯开幕，万事利代表的中国丝绸在会上大放异彩。2018年8月，万事利品牌甚至吸引了最大奢侈品集团LVMH集团，与其在杭州签署合作协议。2017年，万事利品牌价值达到了15.14亿元。

（三）科研实力显著提高

万事利共获得各类专利49项，其中新增授权实用新型专利24项，新增外观设计专利11项，申请发明专利13项，其中新增授权发明专利7项。拥有注册商标160余项，两项浙江省名牌产品。参与制修订国家、行业标准9项，其中已实施标准6项。参与制订了国家标准GB/T 18916.21－2016《取水定额 第21部分：真丝绸产品》。2016年，万事利主导制定的浙江制造标准《数码印花桑蚕丝围巾》正式发布，依据该标准生产的丝绸产品礼品登上了世界级盛会G20杭州峰会的舞台。万事利"纺织（丝绸、毛纺）行业绿色设计平台建设"列入首批国家工信部绿色制造系统集成项目，"丝绸非物质文化遗产传承创新及产业化"被列入原中华人民共和国文化部文化产业发展专项，"万事利丝绸高端品牌建设与'互联网＋'融合营销模式创新"列入国家茧丝绸发展专项，"基于数码印花的环境友好纺织印染关键技术的研发与产业化"列入2015－2016年省级重点研发项目。

（四）有效弘扬了中国丝绸文化

万事利坚持不懈地做好我国丝绸类文化瑰宝的可传承性保护，探究研发国家级珍贵丝绸文物的可替换性材质，更好地传承弘扬中华民族的优秀文化基因。开展完成了千年丝绢古画"回家"计划，让流失海外的敦煌藏经洞千余幅丝绢古画全部"回家"，实实在在地为传承弘扬中华丝绸文化及敦煌艺术文化做点贡献。同时启动的"素纱禅衣"、宋庆龄丝绸文物复制等抢救性工作，也使得传统的丝绸文物能够完好地进行还原，践行了企业社会责任。

（成果创造人：屠红燕、李建华、余志伟、余唯杰、莫　杨、楼玉峰、莫昳丽、唐望娇）

大型航空企业基于创新驱动的军民融合产业生态链构建

江西洪都航空工业集团有限责任公司

江西洪都航空工业集团有限责任公司（以下简称洪都）成立于1951年，是我国航空主机制造企业中唯一一家"厂所合一、机弹一体"的企业。建厂60多年来，洪都始终坚持军民融合的发展道路，迄今已成为集科研、生产和经营为一体的大型军工企业集团，是我国教练机、无人机、强击机和导弹的科研生产基地，拥有1个国家级企业技术中心，建立了博士后科研工作站，累计研制生产了5大系列20多种型号5000多架飞机以及其他大量航空产品和民用机电产品。

一、大型航空企业基于创新驱动的军民融合产业生态链构建背景

（一）适应国家军民融合发展的需要

2016年3月25日，中共中央政治局会议审议通过了《中共中央国务院中央军委关于经济建设和国防建设融合发展的意见》，将军民融合发展上升为国家战略。洪都作为大型航空制造企业，必须深入贯彻落实国家军民融合发展战略，作为后续企业改革、发展和转型的总纲领，以军民融合为抓手促进企业管理水平和技术能力的提升，紧密围绕公司核心能力，持续优化调整产业布局，推进体制机制改革创新，将技术优势转变为产品优势，产品优势转变为市场优势，增强企业核心竞争力。

（二）适应融入"空中丝路"航空产业发展的需要

航空产业是江西省的六大支柱产业之一，在江西"航空强省"的战略背景下，政府出台了多项有利政策，支持、促进以航空产业为核心，相应配套产业为延伸的军民融合协调发展格局的形成。在发展过程中，江西省通过积极扩大军工产业的开放合作，鼓励民企参军，支持军工企业出口力度等方式，加快军地资源互通互补、共建共享，实现整体经济水平的增长。另外，国家正大力推进"一带一路"倡议，航空产业作为其中重要的一环，更要促进资源高效配置和市场深度融合，开展更大范围、更高水平、更深层次的而区域合作，打造开放、包容、均衡的合作架构。洪都作为江西省大型军用航空企业之一，联手地方政府，以军民融合为抓手，提供航空产业生态链江西特色解决方案，并充分发挥主机单位的核心龙头牵引作用，引领江西航空产业大发展。

（三）适应企业创新驱动和深化改革的需要

中航工业党组下发了《关于深入贯彻落实国家军民融合发展战略的决定》，提出了到2020年，航空产业链中一般能力的社会化配套率达到70%以上，军民融合产业收入占总收入的比例达到70%，资产证券化率达到70%的发展目标。加速推进军民融合是企业创新驱动和深化改革的必经之路。洪都一直坚持军民共同发展，利用"厂所一体"优势，构建研发、制造的互通、互补、互动的发展模式，逐步形成产品、服务、产业、技术、资本、人才、设施、市场、体制机制的全要素军民深度融合的发展格局。

二、大型航空企业基于创新驱动的军民融合产业生态链构建内涵和主要做法

在国家军民融合大背景下，洪都贯彻"产业同根、技术同源、价值同向"发展理念，以国家军民融合战略为引领，以创新驱动和深化改革为抓手，军民融合，构建以客户需求为输入、客户价值创造为输出，涵盖设计、采购、配送、工艺、制造、交付、服务等要素的军民融合航空产业生态链，打造军民融合的最佳实践。主要做法如下。

（一）制定军民融合发展战略规划，引领航空产业生态链构建

结合公司"十三五"战略规划，在全产业链能力梳理的基础上，编制公司军民融合"一体两翼"发

展规划,通过"产品、服务、产业、技术、资本、人才、设施、市场、体制机制"九大融合。一是聚焦核心业务,打造航空武器装备核心能力,形成以军用航空武器装备研发、制造、服务为主要支撑,民用航空产品和服务为重要补充的良性产业格局;二是结合体制机制的改革创新,有序推进全产业链一般能力的社会化开放,同步融合业务、人员和资产,牵引地方航空产业良性发展;三是携手地方政府,共建国产大飞机完工交付中心、低空空域管理中心、科技创新产业孵化中心等项目,为航空产业链增添新元素;四是扩大社会化协作范围,洪都提供品牌和设计,引入优质企业合作承担部分型号生产交付任务。

(二)持续推进创新驱动,提升产业链运营效益

1. 加大技术创新,增强企业核心竞争力

洪都始终把"技术创新能力建设"摆放在突出位置,不断加大科技投入和技术创新力度,增强企业核心竞争力。通过自筹资金重点围绕着公司未来型号并结合航空工业智能制造发展要求,在飞机/导弹设计、航空制造的新材料、新设备、新方法以及信息化等方向上开展技术应用研究,同时在智能制造办公室的组织下智能制造信息化专项、智能制造规划有序进行。此外积极拓展科研申报渠道,为重大专项的研究争取国家支持。

加强与国内外知名院校和高端科研机构合作,引进了俞梦孙等两个院士团队进站开展课题研究工作,提升公司科研团队技术水平;成功申报飞行训练与人效工程技术研究中心等6个省市级工程研究中心和重点实验室,为科技创新提供高端平台支撑;加强科技创新成果转化,专利申请及授权获批数量逐年递增,并合理运用至公司科研生产各个环节,降低成本,提高效率;组建技术创新战略联盟,创新公司团队建设和发展,为推动洪都科技创新发展升级提供了强有力的人才保障和智力支持。

2. 推进管理创新,提高企业整体管控水平

围绕"规范制度流程,完善管理体系"主题,公司构建了制度流程、组织绩效、两化融合等管理体系,以精益项目和管理课题为载体推进管理工具和管理方法的应用,以AOS(航空工业运营管理体系)为抓手促进管理体系、管理工具的融合,这些措施夯实了企业管理基础,提升了企业整体管控水平。

一是推进航空工业运营管理体系。按照"构建公司统一的运营管理体系,实现各业务模块流程的规范化、标准化,建立业务流程设计、运行和持续改进的一整套管理规范,促进各领域管理水平和业务能力的提升"总体目标,基于现有业务域和业务流程,在各单位推进可视化、分层例会、形迹化、标准化等管理工具、方法,形成了一整套的管理体系,包括管理制度、业务流程、文件模板等。业务流程的建模和分析方面,运用ARIS房式结构理念,完成了包含战略、规划、营销、研发、工艺、生产制造、交付、售后等29个业务域3146条末级流程显性化ARIS建模,实现了制度、程序文件、表单、组织、岗位、风险点、标准工作时间、成本、IT系统等管理要素与流程的关联和融合。供应商管理方面,在与民营企业合作过程中,要求配套供应商按照洪都的管理体系开展工作,使得洪都与配套供应商在管理上遵循统一的管理体系。

二是开展架构治理。引入复杂组织体架构(EA)思想,将跨企业、跨项目的、常为零散的那些遗留流程(人工/自动)优化进一个集成的环境,及时响应变更并有效的支持业务战略的实现。洪都将业务划分为企业管理、生命周期和价值链三个维度,生命周期维从产品研发到客户服务,向两端延伸,向纵深发展;企业管理维向智能分析与决策提升;价值链维构建新的信息化能力体系,向供应链管理转化,实现"产品+服务"的产业延伸。

洪都架构治理贯彻"架构为魂,流程为基,IT使能"理念,各阶段主要做法有:围绕价值链,设计顶层业务模型,明晰公司定位、评估产业发展、甄别核心竞争力;基于前期规划提出的业务组件进行细化,完善现有业务架构、应用架构的梳理,明晰业务现状并掌握信息化建设状态;建立未来业务架构与应用架构的对应关系,掌握支撑程度;形成基于架构的持续治理方案、制度和流程,有针对性地提出

治理路线图；完成业务架构与原有流程体系的对接，并完成业务架构、流程体系、应用架构、数据架构、技术架构的建模与展示环境建设。

3. 变革生产组织方式，构建强核心大协作的发展新模式

洪都的核心能力主要有营销、研发、试飞、部总装和测试、供应链管理、客户服务等，围绕核心能力发展，洪都在资源上给予了重点支持，快速增强核心能力，通过构建 AOS 生产制造模块，实行精益管理；结合公司产品工艺特性和生产特点，投入高端设备、人员，设计组建飞机脉动式装配生产线、导弹柔性装配生产线，提升了飞机导弹等公司主要航空产品的总装能力；利用智能制造技术及产品，大大提高生产工作效率。通过一系列的能力提升，使得公司实现了核心能力聚焦。

在一般能力方面，洪都逐步提升产业链中一般能力社会化配套程度，放开低附加值零件加工和非关键装配部件等非核心价值物，培育和引进一批有资质、有技术和管理能力的零、部件生产供应商为公司提供服务。通过学习借鉴波音公司先进管理模式，从供应商的遴选到配套，制定了一系列管理机制，并提供相应的人才、技术、资源支持，使得配套供应商在满足洪都的生产节拍的同时，大大提升了自身水平，洪都也实现了内部生产组织方式向供应链管理方式的转变。在一般能力社会化方面，洪都成功实施了吉水县锻造项目和余干县项目，在将业务合理转移的同时，也提升了供应商的生产、管理、技术水平，形成多赢态势。另外，洪都还联合地方政府，以项目为牵引，引导外部供应商参与"南昌航空城军民融合航空产业生态链"的建设，建立战略性合作伙伴，保持长期市场共享，形成洪都产业链配套企业集群。

（三）布局南昌航空城，构建航空产业生态链

航空制造具有较强的辐射带动作用，以航空制造业为牵引，带动航空配套、运输、服务、文化等产业综合集聚发展，形成产业生态集群。

1. 聚焦核心业务，打造航空武器装备核心能力

军民融合的发展战略，归根结底还是要"发展"，以洪都为核心的南昌航空城作为承接地方军民融合示范区的载体，具备空域、土地、军用制造技术等优越的科研生产条件以及广阔的后续发展空间。聚焦核心业务，洪都已在南昌航空城布局建设了航空产品的部总装厂房、瑶湖机场以及试飞相关配套设施以及大部件装配厂，为公司核心业务发展及核心能力提升提供了保障。

在军用航空产品方面，第一，公司主要航空产品教-10 飞机正在逐步列装空、海军飞行院校和部队，在占领空、海军市场方面保持了强劲势头；第二，已立项的新型号教练机及无人机正在加速推进，并快速实现定型和批量生产；第三，争取空军新型攻击机的立项，力争以空军高级教练机为基础改进为新型攻击机，占领强-5 飞机退出现役后的攻击机市场；第四，抓住军队一般能力社会化开放的契机，公司主动拓展延伸训效产业链，利用洪都独特的专业技术优势，把向军方出售飞行训练服务打造成又一新兴产业；第五，开拓飞机、导弹产品的军贸市场，充分发挥"机弹一体"的特殊优势，使军贸订单成为军用航空产品发展的有力支撑。

在民用航空产品方面，C919 大飞机项目作为南昌航空城的民用航空产品核心项目，是军民融合发展的典型代表。2010 年，洪都成为 C919 大型客机前机身、中后机身的供应商，工作量占机身制造总工作量的 25%。洪都 C919 项目于 2013 年 5 月启动生产，并于 2014 年 8 月交付首架前机身，是该项目首个实现部件交付的供应商。

在服务保障方面，结合军队保障社会化体系建设，制定军地一体化维修服务保障模式，打造卓越的航空维修服务保障能力。在南昌航空城布局军民一体化维修服务保障中心、训效服务中心，以市场化配套服务的观念，主动融入，为部队维护保障提供全寿命服务。根据部队"军委抓总＋兵种组建＋战区主战"改革模式，洪都制定了相关服务保障措施及培训方案。2017 年，顺利完成了某型飞机部队首装培

训，其中包括第一阶段地勤、空勤理论改装培训工作；第二阶段地勤深化理论、实践操作培训工作，和空勤深化理论、模拟器飞行培训，以及空勤飞行训练培训工作，为后续军地一体化维修服务保障模式的推进提供了宝贵的经验。

2. 整合一般能力，引入配套产业集群

目前，地方政府鼓励地方直属企业和民营企业，积极承揽航空配套零部件的制造业务，依托南昌航空城，构建以洪都为核心的航空配套零部件和特种工艺供应产业集群。洪都通过对自身能力的分析，将不具备技术优势的一般能力逐步社会化，主动提供土地、设施、设备、人员、技术等资源，携手地方政府，引入民间资本，形成资本融合，实现社会化配套，通过吸引优质企业作为配套供应商入驻南昌航空城，公司以军用航空技术、体系、管理、市场为支持，提升供应商的技术水平和生产效率，形成以洪都为核心配套产业集群。通过引进配套，完善产业链，提高生产效率，降低生产成本，形成"主机厂抓住产业龙头，一般能力社会化配套"的科研生产管理模式，逐步实现航空产业的开放协作。

3. 联手地方政府，牵引地方航空产业生态链整体发展

结合南昌高新区规划，洪都联合地方政府，共同规划国产大飞机完工交付中心、低空空域管理中心、科技创新产业孵化中心、航空技能人才培训基地、农用飞机及无人机制造中心、长江通航公司等项目进入南昌航空城，并引入文化展示、物流配送、园区物管、生活后勤服务等相关配套企业，为航空产业生态链增添新元素。一是国产大飞机完工交付中心，根据江西省政府与中国商飞公司达成的战略合作协议，江西省将与中国商飞在南昌航空城合资建设国产大飞机完工交付中心，承担国产 ARJ21 和 C919 等民机的完工交付任务。后续根据 C919 飞机量产情况，适时承接 C919 总装试飞任务。二是低空空域管理中心，引进空中交通管理系统，帮助江西建立低空空域管理网络。三是科技创新产业孵化中心，依托洪都技术、人才力量，主要承担飞行模拟器、智能工业机器人等军民两用产品的研发和创新。四是航空技能人才培训基地，结合洪都下属江西航空职业技术学院改制，在南昌航空工业城，打造航空技能人才培训基地，为江西航空产业发展提供强有力的人才支撑。五是农用飞机及无人机制造中心，利用洪都现有技术力量，引入优质企业，合作承担生产交付任务。六是长江通航公司，携手地方政府，引入民间资本，对长江通航进行增资扩股，在继续做好原有通航运营业务的基础上，拓展机场运营管理资质，承担瑶湖机场通航运营管理职能。

4. 构建"训效服务"平台，实现航空产业生态链延伸

依托洪都的人才力量、技术储备、优势产品以及研发经验，构建"训效服务体系"平台，融入飞行员培训服务，实现航空产业向服务业的产业链延伸。

以军用航空人才、技术、产品为基础，研发训练产品，搭建训练环境。洪都是国内唯一一家"厂所合一"的航空企业，作为中国的教练机基地，在飞机研制方面已经有拥有较强的核心科研能力，以及丰富的经验。针对训效服务体系，开展专项建设，并抽调设计所飞机总体、航电、飞控、综保等专业的技术人才组建团队，以教练机产品为基础，进行飞行训练产品研制。基于飞行学员培养全体系、全过程的飞行仿真训练环境，已组织完成了多轮次针对国内外客户的飞行员理论及模拟器飞行培训、地勤人员理论及实践操作培训工作，所有培训工作按流程实施，按标准考核，大大缩短了培训周期，有效降低了实装训练费用，在获得好评的同时，对将洪都训效产业推向市场起了积极的促进作用。

构建军民融合的"训效服务体系"平台，扩展训效业务。针对飞行员培训项目，洪都建设了"训效服务体系"平台——飞行训练创新和人效工程技术研究中心（以下简称训效中心），该中心主要是以全面分析需求为开始，以提供具有高效费性能的、量身定制的系统、服务和保障包为结束，可以为客户提供包括军事飞行训练集成系统、空勤和维护训练设备、课堂教学、课件、训练后勤保障、训练管理、综合训练解决方案咨询和组织实施等全面训练服务。以训效中心为基础，洪都联手省内科研机构、航空院

校以及地方优质民营企业,共同开展飞行员及飞行爱好者的飞行培训,以及商务活动为主的出租、包租、职业飞行、私人休闲等活动,实现业务扩展。

(四)通过四大融合,促进军民融合平台共享

洪都具有较强的航空产品研制生产能力和较为完善的质量、安全、服务保障、环境管理体系,其军民融合发展充分利用现有资源,从设计研发、生产制造、销售与市场到保障与服务,通过人才融合、技术融合、资源融合、管理融合,促进军民成果共享。

1. 坚持人才融合,发挥人才推动作用

洪都作为国内唯一的"机弹一体、厂所合一"的主机单位,联合国内外200余家单位开展了产学研合作与协同创新,结合自身军民品研发制造,打造了一批专业分工明确、学科布局合理的科技创新团队;构建人才教育融合体,军品人才融入民品,民品理念灌入军品,塑造了一大批既有民品实践经验,又了解军品特点的管理、技术骨干。另外,结合公司军民融合产业资源分布情况进行人才资源整合:从军品型号线上抽调骨干成员组成团队参与C919大飞机项目;以设计所飞控等专业人才为基础,组建先进智能工程研究中心发展智能制造产业;以训效服务为抓手,联手航空院校、科研机构、部队开展飞行员培训,促进人才培养社会化等。通过一系列运作使得洪都的人才与产业发展连接更紧密,推动军民融合产业纵深发展。

2. 坚持技术融合,促进优势转化

洪都拥有教练机、强击机、通用飞机、无人机及作战单元、导弹、非航空民品等多种专业设计分析能力,以及较为系统完整的航空产品制造能力。通过技术融合,形成科技创新融合体,将技术作用于其他所有体系要素之中,使技术优势得到更深入的转化,从而真正把军民技术相融合,实现用军民兼容的核心技术引导和支撑企业发展和提高战略能力。围绕人工智能产业,利用原有航电、结构、强度等军品科研技术,推动机器人与智能制造、智慧城市服务等产业发展,先后完成以焊接机器人工作站、发动机安装车等为代表的智能制造业务,以智能轮椅、无人割草车等为代表的智能移动业务,以智能视频分析、大数据挖掘等为代表的智能服务业务的技术储备和产品研发。

3. 坚持资源融合,构建互动共促格局

打破军用资源、民用资源界限和相互分割的局面,实现资源的军民共建、共享和共用。洪都因军品生产任务需求,配备了完善的计量检测、试验等。通过资源融合,实施设施设备的开放共享,服务地方,通过军民不同技术需求融合,不断促进能力提升。南昌航空城作为承接地方军民融合示范区的载体,将吸引更多的民营配套企业入驻,并参与建设,最终实现南昌航空城硬件资源的军民共建、共享和共用。

4. 坚持管理融合,提高市场竞争力

构建军民融合管理共同体,打破组织管理的军民边界,解决军品研发热衷于寻求技术上的突破开发出技术领先和恶劣环境下质量性能可靠等富有创造性的产品,且在管理上热衷于通过封锁来满足安全保密要求,民品研发热衷于通过技术上的突破和管理上的创新开发出价廉物美、附加值高的富有市场竞争优势的产品等之间的矛盾,对企业系统内部相互作用、相互关联和相互依赖的军民要素、子系统进行创造性的系统融合、协调优化,优势互补,从而重新整合集成为高效运行的军民融合动态管理机制,实现军民技术产品或业务的相互渗透和交融,产生资源协同效应、管理协同效应、营运协同效应等内部效应,并获得提高外部竞争力、提高企业影响力等外部效应。

(五)提高综合保障能力,服务军民融合深度发展

1. 建立军民融合管理机构,提高军民融合运作效率

为了满足市场化运作需要,提高军民融合产业运作效率,洪都建立了军民融合管理机构,成立了军

民融合发展工作委员会并下设了管理办公室。军民融合发展工作委员会确定公司军民融合发展工作目标、思路和原则，统筹策划公司军民融合发展战略和顶层设计，为公司军民融合发展相关日常工作提供人力、财力等的资源保障；办公室主要负责组织与保障管理工作，统筹协调各项目资源，完善责任体系，指导各单位的军民融合推进工作。

2. 工业化与信息化融合，推动军民融合深度发展

围绕核心价值链，洪都以"两化融合"为手段，通过提升基于模型系统工程的产品研发能力、智能化敏捷高效低成本的生产制造能力、支撑集团化运作的协同运营管控能力等关键能力，重点打造产品协同研制平台和生产运营管控平台，推动军民融合深度发展。

搭建产品协同研制平台，提升军民融合科研能力。洪都搭建了产品协同研制平台，建设了飞机协同设计系统（VPM）、某型号产品协同设计系统（VPM）、飞机综合设计平台、某型号产品综合设计平台、DOORS、企业级PDM系统（Windchill）、CAPP、CAIP等系统。充分发挥了厂所合一的优势，健全数字化协同研制体系，构建了以ePDM系统为核心的产品协同研制平台，建立了支撑型号总体设计、详细设计、工艺仿真和工艺详细设计的快速设计平台、VPM、DELMIA和CAPP等系统，各系统与ePDM系统紧密集成，飞机和某型号产品型号分别实行了按照5级、3级技术成熟度的预发放和正式发放，VPM与ePDM依据成熟度自动发放EBOM和三维数模，实现了精简的构型管理，打通了设计、工艺研发流程，实现了一体化设计制造，有效提升了公司数字化协同军民融合科研能力。

打造生产运营管控平台，增强军民融合生产能力。洪都引入精益制造的生产管控体系，搭建了生产运营管控平台，建设了科研生产管控系统、车间制造执行系统、集成质量管理系统、DELMIA装配仿真软件、采购管控系统、库存管理系统、工装快速生产准备等系统。公司采取基于数字化制造的生产运营体系，集成各类别、各生产管理信息系统，形成生产运营平台，实现了生产资源、物流、资金、计划的全过程可视、可监控、可协调。

三、大型航空企业基于创新驱动的军民融合产业生态链构建效果

（一）提升了企业整体综合实力

随着军民融合产业生态链的不断构建，洪都总体设计、制造、管理能力都有了大幅度提高，增强企业核心竞争力，企业营业收入稳步增长，经济效益大幅度提升。2015－2017年，企业营业收入均突破70亿元。通过对前沿技术探索、关键技术攻关，以及军民技术相互借鉴，加速了科研成果转化，提升了总体设计水平，2015－2017年三年，专利申请总量1000余件，其中包含了发明专利900余件，国防专利近200件；多次获集团及以上科技奖励。发挥"两化融合"助推作用，实现了从研发到制造的全数字化传递，提高设备使用率20%以上，缩短批量生产调整周期30%以上；且洪都多次获得两化融合示范企业称号，公司董事长获得2017年中国两化融合领军人物称号。积极开展军贸产品的研发制造，拓展了国外市场，公司L15飞机、K8飞机、初教六飞机等产品国外订单增加，出口亚非拉多个国家。优化民品发展平台，实现智能制造、智能服务、智能移动、车辆检测、园林服务、GE/米其林国际转包等产业多元。

（二）扩大了企业社会影响力

在国家军民融合战略引领下，携手地方政府，牵引主产业链上各类供应商，布局南昌航空城，以客户需求为输入，客户价值创造为输出，围绕航空产品科研生产、资源共享等环节多元化、多方合作、多端共建。在生产制造方面，以产业龙头的身份牵引地方政府制定相关产业扶持政策，向相关成员企业输出质量体系和标准、规范，带动了航空产业链上的相关企业共同发展。在资源共享方面，南昌瑶湖机场已完成建设，机场跑道按照J用3级标准建设，主跑道尺寸3600m×60m，相关配套设施齐全，即可以满足公司目前机种的科研、生产飞行需要，也非常适合其他各类飞机试飞。通过地方政府、企业、供应

商三方合作，融合发展，提高了参与者的主动创新性，形成三方共赢提升的新格局，扩大了企业社会影响力。

（三）探索了全国军民融合最佳实践

除了在航空主产业链上与地方政府、企业融合发展，构建从端到端的产业链条，还引入了文化展示、物流配送、园区物管、生活后勤服务等相关配套业务，多元素、跨行业地对航空产业进行拓展和延伸，并形成军民融合的文化氛围。通过配套集群，实现了低成本高效益的发展目标，形成完整的军民融合产业生态链，打造航空产业示范区，成为全国军民融合的最佳实践。

（成果创造人：洪　蛟、张　弘、乐　阳、丁晓斌、周　晓、刘　益、章武强、梁　浩、黄亚超、冷　俊、刘爱兵、郭红亮）

环保企业基于全产业链的业务拓展管理

中国葛洲坝集团绿园科技有限公司

中国葛洲坝集团绿园科技有限公司（以下简称葛洲坝绿园公司）成立于2014年11月，是中央企业中国能源建设集团有限公司核心成员企业中国葛洲坝集团股份有限公司的全资子公司，旗下拥有葛洲坝环嘉、葛洲坝中固、葛洲坝兴业、葛洲坝展慈、葛洲坝淮安、葛洲坝赛诺6家子公司。同时设立环保经济技术研究院，下设4个研究所，分别为有色金属回收利用研究所、水土生态研究所、高分子材料回收利用研究所、固废处置利用研究所。公司业务辐射国内外，涵盖再生资源利用、环保新型材料、固废资源化利用、土壤修复与淤泥固化、河湖流域综合治理、生活与工业废水处理、高端环保装备制造等多个领域，已经成为国内知名的环保领军企业。

2017年，葛洲坝绿园公司实现营业收入223.13亿元，利润总额5.82亿元，资产总额为90.72亿元。再生资源材料的年销售量已达1000万吨，固化剂的年销售量已达100万吨，水环境综合治理年处理量已达800万方/年。截至2017年12月，葛洲坝绿园公司拥有员工1237人，拥有大学以上学历616人。其中总部机关99人，硕士以上学历42人。目前，葛洲坝绿园公司的综合实力位列全国环保企业前三强，2016年获评"中国十佳绿色责任企业"称号。葛洲坝绿园公司再生资源业务板块经营种类众多，拥有环保部批准的废塑料、有色金属、废钢铁三大类进口许可证，建立了国家级再生资源集散中心和易货交易中心，分拣、加工技术及相关设备达到世界领先水平，综合处理能力领跑行业。

一、环保企业基于全产业链的业务拓展管理背景

（一）践行绿色发展理念，实现经济可持续发展的现实要求

近年来，随着国家密集出台《环境保护税法》、"大气十条""水十条""土十条"等一系列环保政策，环保行业迎来了投资新机遇，国家正大力推进生态文明建设，全面落实"十三五"环保政策规划，随着新《环保法》颁布，投入资金大幅增长，配套措施加速落实，必将有力拉动环保投资。由此可见，国家从政策、法律、措施等方面对环保行业均提出了更高的要求。而葛洲坝绿园公司作为国家环保企业的主力军更是有责任切实贯彻绿色可持续的观念，为我国经济实现可持续发展做出积极贡献。

（二）适应激烈竞争，提高公司行业竞争力的必然选择

随着一大批国企和上市企业纷纷大举进军环保领域，加上利好政策的不断倾斜，环保市场"蛋糕"不断扩大，环保行业竞争加剧，各大企业大刀阔斧开展跨界整合。通过大型企业的入驻，以及行业众多企业的兼并重组、强强联合，环保企业在资金、技术、人才、管理等要素方面实现优化配置，不断优化调整产业结构，环保行业由小而多的行业发展业态转变为大而精的行业发展业态，生产产品也从粗加工向深加工、精加工转变，产业正进入高速提档升级的发展阶段。葛洲坝绿园公司作为葛洲坝集团新兴环保业务的主力军，肩负着助力集团跨越式发展的重任，公司想要从竞争激烈的环保行业中异军突起、脱颖而出，就必须践行集团的"提质增效"发展之路，由做大做强向做专做优转变。而产业链的双向延伸是保证葛洲坝绿园公司各项业务降本增效，提升产业层次，实现高价值、高品质发展的必由之路。

（三）激发内生动力，实现企业发展战略的重要举措

近年来，葛洲坝绿园公司通过并购重组、投资新建等方式，与环保部分细分领域的龙头民营企业携手，组成了多家混合所有制企业。由于葛洲坝绿园公司成立时间较短，尚处于摸索期，在探索与创新中不断前行的同时，对行业的运作管理经验较为不足，因此，随着公司规模体量不断做大，也暴露出公司

业务发展不平衡、再生资源业务一家独大、利润率不高、自主研发能力不足、回收利用产业链条不完整等问题。上述问题的出现正是由于公司环保业务产业链发展不完整、层次性不强所致，因此，进一步围绕产业链拓展业务是不断提升公司产业价值、实现企业发展的重要举措。基于全产业链的业务拓展有助于促进发展模式创新、推动公司战略落地，有助于加快新旧动能转化速度、提高产品附加值，进而促进经济效益稳定增长、激发企业内生动力，有效助力公司培育高质量、高新化、高端化环保业务。

二、环保企业基于全产业链的业务拓展管理内涵和主要做法

葛洲坝绿园公司积极贯彻国家绿色发展理念，以完整性、层次性、指向性为发展导向，着力建立涵盖资源回收、初加工和深加工的再生资源全产业链条。通过建立与完善再生资源回收利用体系、创立独具特色的环保产业园发展模式、并购下游精炼企业等全价值链协同举措，促成公司集群化发展。借助葛洲坝集团资金、高新科技、高端人才、商业模式等力量，把环保产业推向高端化，积极带动再生资源行业提档升级，使公司始终走在中国再生资源行业转型升级的前沿，推动着中国再生资源行业规模化、规范化、系统化的建设进程。加快建设成为中国最大、最高端、最具影响力的综合性环保企业，做环保行业的领军企业和标杆企业，为葛洲坝集团助力循环经济和美丽中国建设做出积极贡献。

（一）以战略为引领，制定全产业链业务拓展发展规划

自葛洲坝绿园公司围绕环保行业特点，顶层设计公司的发展战略思路，确立了"以再生资源、水土治理、环保新材料等业务为主业，以资源整合、资本运作为手段，优选精选一批具备规模优势、核心技术、发展前景的企业合作，大力推进投资并购、商业模式复制，通过设立环保科学研究院，开展国家政策、前沿技术、经济等综合研究，多种方式引进院士等高端人才，抢占行业技术制高点，打造全产业链环保高科技企业，努力建设成为国内领先、国际知名的环保领军企业"的战略思路及发展目标。近年来，公司紧紧围绕战略思路及发展目标，对公司的各业务板块特点进行了全面分析。经研究分析，再生资源是公司的核心板块，其行业特点是"谁控制了货源，谁就控制了市场"。公司围绕这一核心特点，双向延伸、发散拓展，通过新设公司、复制商业模式、战略合作等方式，与区域性民营龙头企业携手，组成实力更强、品牌更优、规模更大的企业，建立了颇具规模、富有特色的多家混合所有制企业，先后成立葛洲坝中固公司、葛洲坝环嘉公司、葛洲坝兴业公司、葛洲坝展慈公司、葛洲坝淮安公司、葛洲坝赛诺公司。不断提高再生资源各区域回收市场的控制能力和市场占有率，扩大辐射范围，快速扩大产业规模，发挥市场引领作用。

（二）建立葛洲坝环嘉公司、葛洲坝兴业公司，完善再生资源回收利用体系

1. 设立葛洲坝环嘉公司

2015年6月，葛洲坝绿园公司与环嘉集团董事长王金平共同出资设立葛洲坝环嘉公司，其中葛洲坝绿园公司控股55%。葛洲坝环嘉公司主要经营废塑料、废钢、废纸、废有色金属和废玻璃等再生资源的回收、分拣、加工、销售业务，并积极拓展再生资源深加工业务，延伸相关产业链，是北方地区再生资源龙头企业，已跻身全国再生资源利用前三名。通过设立葛洲坝环嘉公司，公司高起点快速切入再生资源产业，实现公司环保业务的重大突破。

根据公司全产业链业务拓展发展规划，葛洲坝环嘉公司主要布局北方区域市场，其所属的10家分公司凭借区位优势和地方政策支持，紧密协作，资源互补，牢牢控制区域市场，市场遍及东北、西北、华北、华南、华中地区，基本覆盖再生资源行业的"主战场"，形成了市场闭环。同时，葛洲坝环嘉公司各下属企业持续推进基地建设，通过完善网络布局进一步整合资源，目前已在全国建成六十余个再生资源回收、加工基地。其中，抚顺分公司6000马力废钢铁破碎生产线、包头分公司4000马力废钢铁破碎生产线、襄阳分公司1200马力废钢铁破碎生产线均已竣工投产。葛洲坝环嘉公司持续推进加工基地的建设工作，使再生资源回收网络不断完善。

2. 设立葛洲坝兴业公司

为进一步丰富回收利用体系，公司不断加快投资并购步伐。公司于2016年6月，与湖北兴业钢铁炉料有限责任公司共同出资设立葛洲坝兴业公司，其中葛洲坝绿园公司控股65%，主要经营废钢、废有色金属、废塑料、废纸、报废汽车等再生资源的回收、分拣、加工、销售业务。通过设立葛洲坝兴业公司，使公司再生资源回收网络进一步完善。

葛洲坝兴业公司主要布局中原地区市场，并已在北方地区、中原地区等区域市场形成强大控制力，构建了稳定的货源渠道和市场供应网络。葛洲坝兴业公司还在华东、华南、华中、华北、东北等区域建立了几十个合作基地，同步开展收购加工业务。葛洲坝兴业公司把收购作为资源集聚的最重要一环，既重视自身的收购，也注重把社会上的废钢铁收购商聚集起来，形成批量收购的规模效应。既注重用价格机制引导收购，又注重用诚信品牌优势建立"朋友圈"，巩固收购规模，为葛洲坝兴业公司做大做强提供资源保障。同时，葛洲坝兴业公司还积极与各地政府沟通，争取获得更多优惠政策，并根据所在地政府税收优惠政策情况分步推进公司区域子分公司建设，使业务辐射半径不断向外延伸，将再生资源网络做密做细。

（三）通过并购下游精炼企业，拓宽再生资源业务领域

为迅速切入再生有色金属行业，深度布局再生有色金属深加工领域，丰富公司业务种类，葛洲坝绿园公司于2017年年初牵手再生有色金属领域的知名企业宁波展慈金属工业有限公司，双方在浙江省慈溪市合资设立葛洲坝展慈（宁波）金属工业有限公司。据再生金属分会数据显示，原宁波展慈公司的再生铜铝合金综合产能规模位居全国前五名。与其合作使葛洲坝绿园公司实现"华丽转身"，顺势快速进入废旧有色金属加工行业，使产业链从"收进来、卖出去"向深加工、精加工和精细加工延伸，并拓展了国际再生资源市场。

（四）牵手葛洲坝京环公司，形成"一体化"产业链

2017年，葛洲坝集团《2017年董事长工作报告》提出要推进"生活垃圾"和"再生资源"两套回收系统的"两网融合"模式，葛洲坝绿园公司作为集团股份公司进军环保行业的主力军，积极践行"两网融合"新模式，促成葛洲坝集团股份公司与北京环境卫生工程集团开展全面合作，成功组建了葛洲坝京环科技有限公司。此次合作伙伴——北京环卫集团，是北京环卫行业的龙头企业，承担着首都环卫服务和固废分类收集、运输、处理的保障任务。同时，其业务拓展到全国41个城市，是国内产业链最为完整、规模与综合实力最强的专业化集团之一。葛洲坝京环公司的成立，是两家集团强强联手，共同践行"两网融合"、控制再生资源前端的重要战略举措。

根据葛洲坝集团"两网融合"、协同发展的基本思路，葛洲坝京环公司与葛洲坝绿园公司两家平台公司进行协调、差异化发展，前者主要控制前端，提升固废资源获取的把控权，后者主要发展产业链后端，强化深加工技术研发，提升固废资源的利用效率。即葛洲坝京环公司发挥其环卫资源及处理生活垃圾方面的优势，重点发展前端回收、分拣业务，后端开展废纺织品、废纸的综合利用业务，而葛洲坝绿园公司则重点发展后端深加工综合利用业务，主要以环保产业园为支撑，集成先进的管理模块，实现固废处理业务的快速推广复制，让业务迅速向全国布局。同时，葛洲坝绿园公司与葛洲坝京环公司实现业务联动，围绕环卫市场从源头掌握一手资源这一核心优势，助推葛洲坝京环公司获取当地垃圾处置资源，构建废纺、废纸再生资源回收网络，统筹规划城市垃圾综合环保产业园的建设布局和重点发展区域，使城市环卫网络与再生资源网络进行有效整合，实现了前端垃圾分类、中端环卫清运、后端资源加工的"一体化"产业链。

（五）以尖端技术为突破口，快速切入环保新材料领域

整体分析公司的业务结构，公司再生资源板块业务约占总比例的88%，从占比情况来看，再生资源业务出现了一家独大的现象，公司业务结构呈现了不均衡发展的情况。为破解发展瓶颈，开创多元化

业务发展新局面，公司提前谋划，围绕再生资源环保主业，发散拓展，积极布局环保新材料板块。

目前，国内经济与环保协调发展的趋势，促使各产业进一步加强对环保产业的投入，环保产业格局调整逐步转化为资源利用合理化、环境污染最低化，环保新材料逐步成为国内生产的支柱产业。

为扩宽环保业务种类，葛洲坝绿园公司在2018年年初投资并购一家专业从事环保新材料的技术企业。此次的合作对象——北京赛诺水务科技有限公司是一家集税务投资、技术研发、设备制造、膜产品生产、工程设计为一体的集团化公司，业务涵盖水处理全产业链，以研发和销售MBR膜产品为主。通过重组日照赛诺，公司已快速抢占膜技术、膜产品市场，尽快做大做强超滤膜产品及相关技术服务业务。公司已拥有年产MBR膜组件200万平方米的能力，成为膜产品领域的一流企业。通过依托于"技术+品牌"为核心，打造公司核心竞争力，北京赛诺水务科技公司与葛洲坝绿园公司合作，借助日照赛诺的领先技术优势和央企品牌优势，公司开拓并抢占MBR膜组件产品及相关技术服务市场，抢占环保新材料领域市场，逐步提升公司在废水处理业务的持续竞争力。

（六）建立环保产业园，布局深加工、精加工业务

1. 创立独具特色的环保产业园发展模式

在"十三五"规划中，我国将环保产业园的投资运营纳入战略性新兴产业首要位置。葛洲坝集团抢抓国家《关于推进资源循环利用基地建设的指导意见》的政策机遇，把投资建设环保产业园作为葛洲坝集团环保板块发展的重中之重。近年来，葛洲坝绿园公司以全产业链业务拓展发展规划为指引，以国家政策为导向，为贯彻循环经济理念，延伸产业链，增加产品附加值。葛洲坝绿园公司创立了固废回收、处理、加工、利用体系，实现循环经济全产业链发展模式，筹建资源化、减量化、无害化的综合性的循环经济环保产业园。公司已将现有的技术、设备和产品，统一聚集到产业园中，形成再生资源综合利用和固废处理相结合的闭环产业链，实现入园固废多元协同处置、完全资源化的功能，为城市提供环境治理综合解决方案。并根据各地区资源特点，灵活设计产业园规划方案，因地制宜，提供一体化、规模化和效果化服务。以打造全国静脉产业高地为目标，通过标准化建设、流程化运作、规范化管理，形成葛洲坝环保产业园独有的建设运营模式，构建具有"葛洲坝特色"的循环经济体系，将"葛洲坝环保产业园"打造成为环保行业驰名品牌。

2. 建设淮安再生资源循环经济示范园

为提升葛洲坝绿园公司自加工能力，实现公司从粗加工业务向深加工业务的转型，公司于2017年6月投资1.5亿元建设葛洲坝淮安循环经济示范项目。该项目引进先进的改性技术，通过资源整合，实现对废旧资源的高值化利用，助推葛洲坝集团环保产业升级。同时，示范园区统一对废渣、废水和废气进行集中防治和无害化处理，大大减少污水、废弃物对环境的影响。随着葛洲坝淮安循环经济示范园区后续项目的不断建设，填补了国内食品级再生塑料、规模化专业生产再生瓶片等多项空白，有力推动行业标准形成及技术进步，成为葛洲坝集团助力美丽中国建设的又一亮丽名片。

葛洲坝绿园公司以淮安环保产业园为示范项目，坚持"以我为主"，开创了集规划、设计、研发、建设、运营五位一体的自主发展模式，致力于将该项目打造成为一个集产品研发、生产加工、综合利用为一体的新型化、规模化、现代化循环经济利用示范基地。同时，结合"固化标准、规模复制"的连锁建设经营理念，为大规模复制推广产业园提供样板和标准，努力形成覆盖全国范围的再生资源产业加工体系，力求在各地达到行业领先地位，成为国内再生资源行业的龙头企业，为构建可持续发展的循环经济做出积极贡献。

随着首个再生资源循环经济示范园投产运营，为进一步加快升级步伐，公司编制完成《2018—2020年环保产业园投资规划》《全国再生资源产业园总体规划》，公司已在全国范围内发展壮大各个环保产业园，实现环保产业园在全国区域内的布局，公司已先后在江苏、湖北、安徽等区域开工建设了环保产业

园。未来,还将在全国范围内大规模推广复制,加速建设同类型园区,着力构建全国性的再生资源回收、加工、销售体系,全力打造百亿级国家资源循环利用示范基地。

三、环保企业基于全产业链的业务拓展管理效果

(一) 初步形成了全产业链环保业务体系

葛洲坝绿园公司通过基于全产业链业务拓展的发展方式,重新整合上下游资源,初步形成了全产业链环保业务体系。一是经过三年多的发展,公司业务规模不断扩大。目前,公司旗下共设立了6家子公司,并在全国设立22家自营回收网点,与公司合作的网点已达近百家。葛洲坝环嘉公司与葛洲坝兴业公司通过业务联动的方式在上下游区域布局布点,延伸各个子分公司的业务辐射半径,形成产业集群,有效控制住了上游资源,提高了市场溢价能力和话语权,充分凸显了前端市场的把控能力,使公司成为环保行业内的"领跑者"。二是通过发散拓展的方式,增添多个新兴业务板块,使公司产业链逐步双向延伸。通过布局再生有色金属、环保新材料等业务,为公司增添了极具竞争力和科技含量、负有市场前景的新兴业务板块,进一步助推公司"一主多元"环保格局的形成。三是通过业务联动与建设环保产业园,增加产业链后端产品附加值。与葛洲坝京环公司的合作,为葛洲坝集团的环保板块增添了"新兵",实现了前端垃圾分类、中端环卫清运、后端资源加工的"一体化"产业链。同时,投资建设的环保产业园促使公司产业链向纵深延伸,高层次产业显著增加,自加工能力大幅度提升。

(二) 经济效益与技术实力显著提升

一是葛洲坝绿园公司2016—2017年的经营业绩成绩显著,营业收入呈稳步上升的趋势,公司2017年营业收入较2016年增加了61%,突破200亿元大关,利润增加了54%,达到5.8亿元;2017年公司的净资产收益率为15.21%,较2016年上升了0.29个百分点,公司盈利能力处于较高水平,且呈现不断上升趋势。二是公司技术实力稳步提升。公司积极推进环保经济技术研究院和研究所的建设,根据业务板块先后设立了4家研究所。各个研究所目前已经开展了具体的研究工作,并且取得了一定成绩。同时引进了院士专家团队的多项核心技术,利用校企合作模式,以科研项目和成果为纽带,组建公司专家库,目前已经签约及储备7位院士,形成了共30多名专职科研骨干组成的科研团队,打造了由业内权威专家领军的高端"智库"。另外,公司2017年取得了一系列的科技成果,均处于国内领先或先进水平。在水土治理、再生资源、固废处理等领域共申请34项专利,其中国际专利1项。目前专利技术已经获得14项授权。

(三) 为实现经济绿色发展做出积极贡献

经过三年多的发展,葛洲坝绿园公司在环保领域快速崛起,先后在水环境治理、再生资源、矿山修复治理、城市环境综合治理等业务上多点开花。齐头并进,建立了庞大的环保产业集群,促进了公司产业链纵向深延伸,使得产业结构不断优化,产业价值链不断向高端迈进,有效降低了生产经营成本,提高了经营效益。葛洲坝绿园公司充分发挥央企担当,肩负着重大的社会责任,对国家的环保事业做出突出贡献。公司2016年被联合国环境规划署授予"中国十佳绿色责任企业"称号,同时获评绿色企业最高评级"深绿AAA",牵头成立全国废钢铁产业联盟,并当选为全国废钢产业联盟"盟主"。截至2017年年底,公司累计实现总产值426.72亿元,累计处理废钢铁、废塑料、废纸等固体废弃物2000万吨,累计完成水环境综合治理200万方,为改善生活环境、提高生态文明作出了应有的贡献,为环保行业树立了可持续发展的标杆和典范,为建设美丽中国贡献一份"葛洲坝环保"力量。

(成果创造人:刘利军、陈 亮、崔红军、王 昕、陈英豪、杨大磊、饶贞强、朱 倩、陈 威、赵本凯)

军工企业精准化战略管理体系构建

中国电子科技集团公司第二十八研究所

中国电子科技集团公司第二十八研究所（以下简称二十八所）又称南京电子工程研究所，始建于1964年，是主要从事军民用信息系统顶层设计及总体论证、军事指挥信息系统及民用信息系统研制生产、共性及应用软件设计开发、系统专用设备设计制造与装备集成、信息系统装备联试与集成验证的大型骨干研究所。二十八所业务全面覆盖军品、民品和外贸三大市场领域，具备与欧美领先厂商同台竞争的实力。建所以来，共获得包括国家科技进步特等奖在内的百余项重要科研成果，多次被授予重大技术装备技术奖、高技术装备发展建设工程重大贡献奖、全国五一劳动奖状等荣誉称号。

一、军工企业精准化战略管理体系构建背景

（一）顺应国家战略，打造"精准化管理"企业，构建有国际竞争力的现代国有骨干企业的需要

近年来，国家大力推进国有企业改革。军工企业作为国有企业的代表，责任重大。亟须一批先行者，在国际国内越来越激烈的竞争条件下，率先通过改革与创新，打造具有卓越运营管理能力、强大自主创新能力和国际竞争力的现代国有骨干企业，更好履行国家使命，带动整个军工企业的改革与发展。打造"精准化管理"企业是改革与发展的突破口，通过打造"精准化管理"企业，精准地进行战略定位、目标制定、业务布局、目标分解和实施，精准地获得效益，逐步从精细化管理走向精准化管理，推动企业高品质发展，真正构筑国际竞争能力，真正成为现代国有骨干企业，更好地服务和支撑国家战略。

（二）抓住军队体制机制改革机遇，引领军工行业发展，更好推进国防信息化建设的需要

面对当前的国际国内安全形势，国家全面加强国防科技和装备发展建设，着力提高基于网络信息体系的联合作战能力，并在"十三五"末基本完成国防和军队改革目标任务，基本实现机械化，信息化取得重大进展。军工企业是国家安全的重要支撑，承担着国防科研生产任务的重任。面对军改和信息技术的发展，必须抓住军改机遇，实现军工企业质的提升，构筑起支撑未来军工发展的核心竞争能力，并持续快速增长。二十八所作为国内军事指挥信息系统的引领者和主导者，也亟须非常精准地研判形势，制定有效的战略和规划，抓住机遇，获得更强的竞争能力，取得更大的发展空间，为国防信息化做出更大贡献。

（三）克服军工规划难题，发挥规划引领作用，解决企业科学决策和管理瓶颈的需要

战略规划是企业发展的引领，战略管理的水平决定着整个企业的发展与管理的水平。而战略规划能否起到引领作用的关键是其精准性。近年来，军队体制机制改革、信息系统向一体化转型、新技术新应用、军民融合等的快速发展变化给军工行业市场带来很大的不确定性和结构性变化，军工企业的保密性特点也使得规划缺少必要的数据支撑，军工企业面临的特殊环境使得很多传统的规划模型和方法在军工市场难以适用，军工企业规划往往靠拍脑袋，摸着石头过河，战略规划难以发挥引领作用，造成企业科学决策的不足，严重制约了军工企业在市场开发、科研生产、科技创新方面管理水平的提升。

二、军工企业精准化战略管理体系构建内涵和主要做法

二十八所为顺应国家战略发展与改革，抓住军改机遇，构筑起支撑未来军工发展的核心竞争能力和持续快速的发展空间，同时有效解决军工企业决策与管理提升的瓶颈，打造现代化的、具有卓越运营能力和国际竞争能力的国有骨干企业，构建了以企业发展战略目标为引领，以精准的战略定位和业务布

局、精准的军工市场预测模型和目标制定方法为核心,以精准的目标分解、计划实施和绩效考核闭环管理机制为抓手,以一体化信息化平台为支撑的全过程精准化战略管理体系,有效提升了企业战略规划制定和实施的精准化水平,大幅提升了战略规划的牵引作用,企业决策能力和科学管理水平得到显著提升,有效抓住了军改的机遇,经济效益实现稳步快速增长,企业核心竞争能力得到大幅增强,为推进国防信息化建设提供了更为坚实的支撑,同时为军工企业打造"精准化企业"提供了示范。主要做法如下。

(一) 明确战略管理体系发展目标,建立精准化战略管理体系框架

1. 明确战略管理"三步走"发展目标,推动战略管理水平不断升级

二十八所制定了战略管理"体系化、精准化、智能化"的"三步走"发展路线。在"十二五"中期达到精细化,实现战略管理要素齐全、功能完备、初步科学;在"十三五"中期达到精准化,实现精准规划、精准决策和精准实施;在"十三五"末初步达到智能化,实现智能辅助战略规划、智能决策、智能跟踪与评估,并在"十四五"中期实现高成熟度的智能化战略规划体系。

2. 建立精准化战略管理体系框架,确保战略规划体系的一体化构建

针对战略管理发展目标,在"十二五"中期已建立的体系化战略管理体系的基础上,进一步突出数据的准确性、模型化、信息化和落地精准化,力求通过常态化的数据和信息的收集和研究、适合军工市场背景的战略规划模型和方法的构建、业务布局、精准化的推进实施策略以及支撑战略管理的信息化平台的打造来达到战略规划的精准化制定和精准化实施,切实提升战略管理的效益,为引领企业战略目标的实现打下坚实的基础。近年来,二十八所通过顶层设计,形成了精准化战略管理体系框架。该框架以军工企业发展战略目标为引领,以精准战略定位、精准目标规划、精准业务布局、精准支撑规划、精准目标分解、精准计划实施、精准绩效考核的全过程精准化管理为核心,同时以体系化的战略规划组织和规章制度为保障,以战略管理支撑平台为支撑。

(二) 优化调整战略管理组织机构,建立精准化战略管理规章制度

1. 建立多层次的战略管理组织体系,提供坚实的组织保障

一是在企业领导层由单位一把手亲自负责战略规划,其他领导负责各分管领域发展规划及实施。二是充分发挥各级领导和各专业专家的作用,成立以所长为委员会主任,其他所领导、首席专家、副总工程师以及职能部门领导和研究部、下属公司领导为成员的战略规划委员会,全面负责规划的制定和推进实施。三是成立战略管理的专职部门,建立战略管理的专业队伍,专职牵头政策研究、改革发展、规划制定、年度目标策划、重大目标推进实施和规划实施评估。四是在所层面、部门层面及下属公司层面成立若干个规划论证工作组,将规划组织落实到每个业务领域,发挥全员的参与性。五是明确规划实施部门责任,将规划实施与部门职责绑定。六是通过聘请高校教授、咨询公司顾问、军队顾问等方式,建立一支专业的外部顾问队伍,提升规划专业水平,为战略规划的制定和推进实施提供强有力的智力支持。

2. 制定体系化、流程化的战略管理制度,提供全面的制度保证

二十八所制定了一系列的规章制度。其中,《战略规划管理办法》是全所战略管理的总纲,明确了战略规划的组织体系、文本体系、流程体系和保障体系。其中的规划文本体系将规划分为所总规划、业态分规划、职能分规划、各业务领域和子公司子规划等,从而形成一套自上而下、分层分类、相互钩稽的规划体系。另外,围绕战略管理的主流程,制订了相关的支撑管理制度,包括《综合管理目标计划管理办法》《全面预算管理办法》《经济运行管理办法》《部门绩效考核评价管理办法》等。

（三）构建精准化的战略定位布局，从源头确保战略规划的精准性

1. 立足国家和军队新形势下战略需求确定战略定位和战略目标

二十八所围绕国家和集团公司赋予的使命、愿景以及"服务于国防和国民经济信息化建设，构筑高效、安全、智能之中枢"的战略定位，立足国家和军队新形势下的战略需求，通过使命、愿景和定位的再思考、核心竞争力分析与论证，确定了二十八所的中长期战略目标：成为"国内卓越、世界一流"的信息系统整体解决方案提供商和服务商，成为指挥控制技术的引领者，并主导军事云建设，向军事云服务商转型，发挥"国家队"作用，履行"大国重器"担当。通过构建和国家与时代相契合的清晰的使命、愿景、战略定位和战略目标，为二十八所中长期的发展提供精准的方向指引。

2. 基于行业和技术发展建立基于"指控＋"产业生态的主营业务战略布局

在战略定位和战略目标的基础上，基于行业研究、军改以及信息系统技术的发展趋势，以及军民融合、创新发展的发展需求，二十八所确定了"三层两翼"的主营业务布局，打造"指控＋"的产业生态战略，通过构建基于大数据和智能化的云服务平台、面向产业的科技创新和公共服务体系，支撑二十八所军事安全、国家安全、智慧交通、智慧城市等主营业务的快速发展，同时支撑其他以指挥为核心的信息系统行业的发展，共同打造产业生态。通过生态化的主营业务战略布局，构建二十八所未来发展的战略空间。

（四）建立精准化战略规划模型方法，形成精准化的目标规划

1. 构建精准化军工信息化市场预测模型，突破市场信息约束

二十八所基于数学建模，形成了一套有效的军工信息化市场预测模型，使得通过国家公布的国防预算及历史有限数据，就可以实现对未来指挥信息系统市场容量、行业平均增长率等方面的有效预测。基于该模型框架，形成国防预算预测模型、国防信息化市场预测模型和指挥信息系统市场预测模型。这些市场预测模型采用自顶向下的预测方法，有效降低了对数据的依赖性，同时也降低了市场局部变化的影响；通过不同国家相似市场的对标，将政策分析和行业研究融入数学模型，进一步提升了数据的准确性，从而有效地克服了不确定市场、数据难获取条件下的市场容量预测和目标制定的难题。

2. 建立量化目标制定方法，确保目标精准可行

二十八所将军工业务分为存量领先性业务、存量发展型业务、创新孵化型业务和大型工程型业务。针对存量领先性业务，以继续保持领先为目标，以高于参考行业增长率和市场占有率持续提升为原则；针对存量发展型业务，以追求领先地位，增长率不低于行业增长率相应倍数为原则；针对创新孵化型业务，以确保项目成功，数倍于行业增长率为目标原则；对以军工大型项目为主的领域，以获得的项目的数量为目标原则。基于以上量化的经济目标制定原则，在市场分析和预测的基础上，根据不同业务领域的特性，确定不同业务的经济目标，相对于以往基于经验的估计方法，在目标的合理性、可行性和说服力方面有着本质的提升。

（五）建立体系化的目标支撑规划，支撑目标的精准实现

1. 建立一体化市场—产品—技术细化布局，支撑目标落地到具体业务

二十八所针对主营业务布局和经营目标规划，对每个主营业务进行市场细分，确定细分领域布局、确定重点细分市场领域、每个细分市场领域的商业模式、市场策略、重点支撑产品和项目以及所需的关键技术等。在"十三五"规划的制定过程中，二十八所针对主营业务布局，面向战略规划目标对每个主营业务进行详细分析，制定了每个主营业务的市场布局、产品布局和技术布局，形成技术支撑产品、产品支撑市场的一体化的细化布局，从而将目标精确分解落地到细化的市场、产品和技术。在此基础上，针对存在的短板和弱项，提出相关并购、合作、购买等措施。

2. 重构建立一体化联合的组织布局，为目标和业务实现提供强大组织保障

针对市场、解决方案、产品和技术布局和发展所需，二十八所对业务组织进行重新梳理和定位。在市场组织方面，针对军改后的各主要业务，在市场部门下分设二级处，专职对口的细分市场领域；在研发组织方面，改变过去以市场领域为单位的业务部门设置架构，构建了八大中心，形成以总体论证中心为引领、以共性产品中心为支撑、以创新研发中心和集成验证中心为两翼、以面向各市场领域的系统工程中心为利润主体的一体化研发组织架构。通过组织的重构和运作机制的建立，形成协同的联合研发和市场开拓的组织体系。

3. 建立管理、人才、能力和服务等配套规划，为目标实现提供全面支撑

对接发展目标和业务布局，二十八所建立了配套的管理体系、人才体系、能力体系和服务体系等规划。一是在管理体系方面建立了联合市场开拓机制、联合产品开发机制、联合创新机制等管理机制和流程规划；二是在人力资源方面建立了支撑各业务发展的人才体系规划；三是在能力建设方面建立了一体化的军民融合核心能力体系和"一中心、四基地"的所区功能布局规划；四是在服务方面建立了信息化体系、相应的培训体系等规划。通过管理、人才、能力和服务的支撑体系规划，为保障业务的发展提供了坚实的支撑。

（六）建立精准化的战略规划实施体系，实现战略规划的精准落地

1. 构建基于平衡记分卡的年度目标体系，实现目标的量化落地

二十八所基于平衡记分卡，结合经济目标的规划，以及目标支撑规划，建立量化的、互相钩稽的年度目标，将规划目标落地到包括财务、客户/市场、内部运营、学习与成长等四个维度量化的重点目标体系。在此基础上，建立每个业务单元和每个职能部门的目标体系。从而不仅实现了战略目标到具体目标的量化落地，也实现了与不同业务单元和部门的对接落地，为后续的落地实施提供了坚实的支撑，摆脱了以往目标难量化、战略难落地的难题。

2. 构建精准化的目标、资源、考核激励一体化机制，确保目标责任落地

二十八所在目标分解过程中，将目标科学、合理地分解到各责任主体，形成覆盖全所各部门和重点岗位的业绩责任书，通过一张表（责任书）全面反映部门和重点岗位的主要工作和关键绩效指标。从"事后考核"到"事前双向承诺"，在部门和重点岗位的一张表（责任书）中，明确指标、目标、权重和衡量方法，通过双向承诺，实现目标任务、资源、绩效考核的一体化，有效实现目标的分解落地，同时引导和激发全所积极奋斗的动力和活力，勇于承担挑战性任务，积极改进自身工作，提升全所经营业绩。

3. 构建从年度目标到考核评价的闭环管理机制，实现全程可控

二十八所根据战略规划的目标体系，结合下年度重点工作，每年年末形成年度工作目标，将规划精准落地到年度工作目标。同时，根据年度工作目标和全所各部门签订年度经营业绩责任书，明确每个部门承担的工作任务、业绩指标和预算，将全所工作目标精确分解到各部门和重点岗位，并基于计划管理系统逐项分解到季度和月度计划、具体实施责任人，进行精确管理。在目标执行过程中，通过管理驾驶舱、计划管理系统等信息化平台，对计划执行情况进行实时、精确地跟踪和监督。按照季度对目标执行情况及经营业绩责任书的实现情况进行量化的考核评价，形成对各部门的考核结果，发现问题及时跟踪处理。并在年末形成全年的评价考核结果。同时，执行的结果反馈至战略规划管理部门，为规划的滚动修订提供基础支撑。

（七）构建战略管理支撑平台，为精准化战略管理体系提供机制和信息化支撑

1. 建立常态化政策和行业研究机制，为精准规划提供支撑依据

二十八所建立常态化的政策与行业研究机制，在明确政策和行业研究的相关责任组织的基础上，全

面开展内外部环境因素识别、监视、分析、研究和应对,及时把握发展机遇,降低发展风险。识别主要渠道包括上级文件、媒体、网络、出版物、行业协会、国际国内会议、展会、客户沟通,以及内部例会、研讨、报告、非正式交流等多种渠道。研究成果的主要表现形式包括以国际国内宏观形势和政策环境为主的政策研究报告、以面向行业市场发展现状和趋势为主的行业研究报告、以技术发展现状和趋势为主的技术发展报告等。发布的载体主要包括所《管理参考》、防务简报以及内部刊物等。通过持续强化的政策研究、行业研究,对军改的持续跟踪,并对美国、俄罗斯等国家的国防信息化发展不断深入的研究,有效获得了对军改、国家和行业发展以及市场的深入认识,为制定战略和规划、市场策略等提供了非常坚实的支撑。

2. 建立一体化的战略管理信息化平台,支撑战略管理全过程的精准可控

一是构建管理驾驶舱,打造精准化战略管理平台。管理驾驶舱与科研生产管理系统、计划管理系统、财务系统、人力资源系统、市场信息库等进行数据对接,并建立了相应的数据体系和数据采集点。管理驾驶舱在自动、实时、广泛收集企业各类系统数据的基础上,通过统计和分析,以图表、文本等形式及时、精准、直观地展示全所运行态势,包括目标推进进展、经济运行态势、市场发展态势、科研生产态势、人员态势等,并及时对可能存在的问题进行早期的预警和实时的监测,对推进战略管理的精准化提供了坚实的平台支撑,这些数据也为后续实现智能化的战略管理提供了坚实的基础。

二是打造规划论证库,为战略规划制定提供坚实的信息支撑。近年来,二十八所基于规划论证的需要,打造了面向论证和规划信息收集与发布的论证资料库、面向国际国内政策和管理动态的企业管理信息共享平台、面向行业市场发展动态、客户情况和项目进展的市场信息库等。结合规划论证库的建设以及相应信息收集、分析、分发和应用管理机制的建立,有效提升了信息的全面性、及时性和有效性,为战略规划的研究、市场的理解、发展动态的掌握等提供了坚实的信息化平台支撑。并通过信息的传播、分发和推送,有效提升了员工对规划的认同感、参与感和思想的一致性,为推进战略的制定和实施提供了支持。

三是建立规划落地实施系统,实现规划落地的全程透明和可视。近年来,二十八所建立了基于量化管理的计划管理系统和科研生产管理系统,并将数据与管理驾驶舱进行数据对接,实现了规划到计划以及细化到项目每个过程的全程实时、透明和可视管理。其中,科研生产管理系统基于项目进行管理,既能反映项目层次的项目运行情况,也能反映全所层面的项目运行情况。计划管理系统则是基于年度工作目标进行管理,包括目标的计划分解、执行和跟踪等,对每个工作目标的进展状况进行跟踪和预警。通过科研生产管理系统以及综合计划管理系统,有效实现了从战略规划到支撑规划的每个项目、每个年度计划的精准化管理,确保了规划的精准落地实施。

三、军工企业精准化战略管理体系构建效果

(一) 推动了企业精准化管理,科学管理水平得到大幅提升

通过实施精准化战略管理,二十八所的战略规划质量和战略管理有了质的飞跃,目前已基本达到精准化规划和精准化实施状态,为后续向智能化的战略管理发展奠定了坚实的基础。通过精准化的规划和管理,为各级领导科学决策和科学管理提供了重要的支撑,从过去基本靠经验决策和管理,提升到精准化决策和管理的水平,将二十八所的科学管理水平提升到一个更高级的发展阶段,从精细化(强调数据说明问题)发展到精准化(强调发展方向、业务布局、市场预测、目标制定和实施落地的精准性)。三年来,通过在定位、主营业务、目标、细分市场、产品、技术以及组织和人才等方面一系列的精准决策、布局和实施,二十八所有效抓住了军改机遇,市场地位显著提升,核心竞争能力显著增强,减少了因决策和实施失误带来的损失。目前,精准化的战略管理也带动了全所在市场开发、科研生产、科技创新以及职能管理等多个方面的全面精准化管理,全年计划完成率保持在95%以上,重点任务完成率达

到100%，全员劳动生产率得到持续提升。在此过程中，也培养了一批懂规划、精数据的复合型人才。通过精准化战略管理体系的构建，推动全所管理水平向基于数据的精准化管理全面迈进，向实现企业战略目标迈出了坚实的一步。

（二）引领了企业的高速发展，经济效益显著提升

通过精准化的规划及战略管理，二十八所规划的牵引作用显著增强，通过市场的精准化预测和目标的精准化安排，有效树立了市场开拓的目标，提升了市场开拓的针对性，并对合理安排科研生产及相关的保障措施起到了重要的统筹和推动作用，同时合理、可行、达成共识的规划目标为激励全所实现目标提供了极大的支持。按照过去根据常规经验进行规划，每年的增长率大致为10%左右。而通过精准化的规划，"十二五"时期每年的增长空间为20%，"十三五"时期每年增长空间超过15%，极大地调动了全所的积极性和目标期望。同时通过目标的责任落地和激励机制，有效激发了各业务单元实现目标的干劲。从实际运行来看，二十八所的经济发展和规划目标基本一致，近三年平均增长率超过17%，2017年收入过百亿，平均利润率接近10%，为实现2020年战略目标奠定了坚实的基础。

（三）提升了军工行业竞争力，为国防建设提供了更为坚实的支撑

通过精准化的规划及战略管理的不断推进，通过二十八所市场开拓能力、科研生产能力、科技创新能力以及管理水平的不断提高，二十八所行业竞争力得到显著提升，在国防信息化建设中的地位持续加强，在军事指挥信息系统的引领地位得到进一步巩固，对国家国防信息化建设的支撑能力不断增强，近年来出色完成多项国家重大军工科研生产任务和重大保障任务，对推进国防信息化建设起到了越来越重要的作用。

（四）发挥了行业示范效应，形成了显著的社会效益

在战略规划质量方面，二十八所"十二五"和"十三五"规划评审均名列集团公司最前列，被誉为集团战略规划的标杆，作为重要经验在集团层面进行交流，并有多家集团内兄弟单位来所调研和交流学习。二十八所在精准化战略管理方面的实践，对推动行业发展起到了积极的引领和示范作用，为军工企业提供了打造"精准化企业"的范例。

（成果创造人：毛永庆、潘建群、张江涛、缪　鑫、王　旭、
陈育谦、李苏宁、庄国献、刘　慧、崔文茂）

纺织企业以产品创新引领的差异化战略实施

上海德福伦化纤有限公司

上海德福伦化纤有限公司（以下简称德福伦公司）创立于2003年3月，是上海纺织（集团）有限公司投资的国有全资子公司，注册资本7000万元，占地面积7.6万平方米，现有员工260余人。年生产常规、细旦、异型、改性、功能、有色等六大类功能性差别化涤纶短纤维产品超3万吨，拥有多个上海市著名商标、上海市名牌产品，2017年实现主营业务收入超4亿元，利润2000多万元。凭借独特的技术研发能力、完善的制造工艺流程、健全的质量控制体系和良好的品牌信誉，已发展成为国内涤纶短纤维新材料领域的龙头企业，在国内涤纶短纤维市场形成了较高的知名度和影响力。

一、纺织企业以产品创新引领的差异化战略实施背景

（一）应对激烈市场竞争、企业获得生存发展的需要

2010年，是企业创立后进入第5个年头，涤纶短纤维市场从萧条期向成长期转变，市场发展空间还比较狭小，高端用户缺少尖端产品、高附加值产品开发步伐缓慢，常规涤纶短纤维生产企业如雨后春笋般崛起，整个短纤维市场处于高不成、低不就的尴尬局面，引起产品的低价恶性竞争和质量的鱼目混珠、良莠不齐，企业创新动力不足，科技投入资金短缺，纺织产品生产市场向东南亚国家转移，出口受阻，国际订单减少，涤纶生产市场明显过剩，仅仅3年时间一批涤纶纤维生产企业被迫关闭。而德福伦，面临着同样的困难和问题，再加上企业搬迁进入郊区后，原有十化纤的一批技能人才、熟练工人逐步离去，新工人技能没有跟上，组织架构落后，人才培养机制缺乏，产品质量不稳定，创新能力不足，企业生存发展举步维艰。

（二）适应企业自身特点、寻求持续发展的需要

从市场发展看，以美国为首的西方经济发达国家垄断了整个国际石油市场，国际油价波动幅度较大，切片原料供应不稳定，市场价格波动大，同时产能同质扩张太快，市场竞争明显加剧，自主产品创新能力不足，市场开拓意识不强，企业发展向数量扩张型增长，后续发展动能明显不足。德福伦虽然在涤纶纤维生产技术上握有先进创新能力，但年产2.25万吨短纤维生产规模，根本无法撼动短纤市场格局，更无法占领短纤市场，容易被市场边缘化，企业需要走出一条适合自己发展道路。

（三）适应上海地区发展要求的需要

从国内涤纶市场看，主要分布在浙江、江苏、福建、广东等地，其中浙江占全国总产能的52.28%，江苏占25.74%，福建占5.74%，广东占3.8%，而上海仅占2.36%，且以上海石化为主要市场，德福伦公司的地理优势、生产规模、竞争优势明显处于弱势。近年来新材料作为战略性新兴产业之一，得到了快速发展，新材料产业迎来新的发展机遇，新材料产业是国家和上海市发展的重大战略需求，正经历着深刻变革，并孕育着巨大的创新机会。

二、纺织企业以产品创新引领的差异化战略实施内涵和主要做法

德福伦公司依靠自身差异化定位和发展规划，树立"人无我有，人有我新，人新我精，人精我转"的创新理念，主动寻求生产、技术、市场及运营模式的再造，通过建立高效的组织结构，实现产品的差异化创新，技术的独特化创新，营销的市场化创新，以差异化产品为纽带、服务为串联，打通产品链环节，推进"生产、销售、服务"的一体化体系建设，围绕"新材料、新面料、新市场"形成从前端产品到终端服务串联的发展模式，由纤维产品的提供商到整体服务商的转变，成为国内涤纶短纤维新材料领

域的龙头企业。主要做法如下。

（一）确立差异化发展战略，走专精特新的发展道路

2011 年，随着涤纶纤维市场竞争的不断加剧，带来的是对生产企业生存和发展的巨大威胁和挑战。德福伦在创业阶段向成长阶段转变的过程中，注意规避劣势，瞄准发展优势，利用自身的比较优势，利用 OEM 机制，在差异化和专精特新方向发展。公司打破国有企业的固有结构，运用崭新的创新管理模式，注重结构调整，专注于创新发展，立足于"人无我有，人有我新，人新我精，人精我转"的创新思路，实现向"专、精、特、新"的专业化发展模式的转变，围绕"环保化、功能化、复合化"产品定位，特别是在纤维的新颖、功能、应用上下功夫，突出对市场的应变能力，以国际化纤市场发展走势作为风向标，打破以常规产品为主打的短纤维生产格局，形成了细旦、有色、改性、功能性、异形等纤维生产能力，实现功能型、环保型纤维在"专"字上突破，以品质和服务的"精"字上求细，在不断创新满足客户的"新"字上要求，形成自己特色的"特"字上求变。

（二）以时尚与功能为导向，持续推进差异化产品创新

德福伦虽然是一家纤维生产企业，但时刻关注终端市场的需求变化，更紧跟市场的时尚发展方向，倡导"通过不断地创新，跟着流行变"以领先于市场半步、最多一步的"快餐模式"。德福伦的领先半步让产品创新上保持轻装上阵，即使在时尚的风向标发生与德福伦不一致的时候，也能低成本地尽快调整方向，顺利实现再超越，正是这样的举动，得以让德福伦在激烈的市场竞争中能够走在行业的前沿。

德福伦注重从色彩到流行向时尚方向发展的研究，在研发过程中充分考虑了功能与时尚的结合。时尚在不断变化，而德福伦不以追求流行为目标，而以引导流行为目的，去实现和引领时尚。德福伦推出的原色着色功能性纤维，原液着色高色牢度纤维，原液着色阻燃纤维等产品，以及抗菌纤维、阻燃纤维、发热纤维、凉感纤维都是当今和将来一段时期短纤维市场上的时尚产品，且这些产品德福伦都具有自主实用新型专利授权。

通过近年来不断创新发展，德福伦德系列纤维形成的常规、细旦、阳离子、涡流纺专用纤维；福系列纤维形成的发热、凉感、抗起球、超仿棉、阻燃、生物质、再生、双组份复合等功能性及组合纤维；伦系列纤维形成的三叶形、十字形、哑铃形、扁平形等异形截面纤维；丰彩系列纤维形成的红、橙、黄、绿、青、蓝、紫等各种颜色及由此演变而来的各种色谱纤维，为德福伦在原液着色涤纶短纤维市场上的开发上占得先机和实现引领。

（三）突破生产工艺技术瓶颈，创建多品种小批量生产模式

在信息技术、纺织技术、材料技术、环保技术深度融合中，小批量、多品种、快速反应的柔性化生产模式为企业发展带来机遇，但频繁的品种翻改，对工艺参数的变化、喷丝板的更换、设备的调试，为疵点和可纺性波动控制带来了更高的要求。两年里，德福伦进行工艺规程与设计的改进和工艺参数调整更新试验 60 余次，设备改进和卷曲机调整 30 余件，喷丝板改进 80 余次，技术攻关 20 多项，为小批量、多品种、快速反应的柔性化生产模式的确立和推进奠定了基础，近 2 年申请和通过授权发明、实用新型专利 12 项，历年申请和通过授权发明、实用新型专利 39 项。

同时，德福伦公司通过走一条先难后易的借力路线，把落脚点放在满足客户对产品的小批量、多品种、功能性、环保型的需求上，集中一切重要资源攻克有影响力的产品，通过提供高效的问题破解能力和攻破工艺瓶颈上，建立个性化和差异化的优势产品，快速实现产品的更新和替代，提升德福伦产品的知名度和含金量。推行以市场为导向、双赢为基础的开放式产、销、研合作体系，选择性地与后道用户建立起合作关系，以形成从前端产品到终端服务串联的快速反应发展模式，解决在产品研发、生产、市场开发过程中存在的反应和速度滞后问题，使德福伦成为小批量、多品种、快速反应柔性化生产的先行者和倡导者，实现了国内、国外市场的全方位覆盖，培育了一批国际知名品牌企业客户，引入了高端品

牌面料的用料，实现了有单一的棉纺用，向无纺、造纸、装饰、车用、高铁、国产飞机和世界高端游艇布原料等非纺织领域的发展。

（四）构建与下游企业合作创新联盟，以市场引导产品开发

德福伦强化新产品开发能力和市场开拓能力，明确了由偏重生产到重视市场营销和技术开发，逐步由生产型企业向科技服务创新型企业转型，德福伦不仅以自己的纤维核心技术和产品开发技术进行差异化纤维的研发，而且对上游聚酯切片企业给予技术支持，对下游企业如纺纱、织造、印染、应用等各个环节提供技术服务，将上下游拥有共同价值观的企业捆绑在一起，形成一种"圈子"联盟，以纤维创新带动圈内企业共同赢利，一方面实行研发产品与多家企业共享；另一方面在研发某些产品时实行个别企业专享的模式，为某个企业特供新品，形成紧密的上下游联盟。

近年来，德福伦不断渗入到体现行业风向标的各种活动中，通过加强与大学、科研院所、业内关联企业等的合作，形成上下游共同开发和产业链结盟，做强圈子联盟，围绕解决制约纤维应用的技术瓶颈，以研发合作为突破口，以分工重构为原则，实现产品与市场、与终端的无缝对接，以组建起产业链内部的技术创新联盟，形成有效的合作新机制，把流通过程转变成效益增长点，做大现有市场；在原液着色纤维的开发和产品提升中，运用专业的色彩技术和服务，引进专业的色彩管理模式，实现色彩体系与软硬件工具对色彩供应链的标准化管理，使颜色从创新设计到生产，具备了快速准确地实现与客户的沟通和对接。

（五）调整组织机构和管理机制，提升企业的市场响应速度

德福伦打破原有国有企业的固有做法，形成了一套国有企业的资本投入、外资企业的管理模式、民营企业的用人机制，对现有组织架构进行了大大调整，通过建立大部制管理架构，部门之间形成交叉任职、交叉管理，实现相互牵制、相互合作、相互协调、相互促进的创新管理模式，形成职责明确、责任到位、风险共担、成果共享的良好运行机制。

德福伦着力抓中层队伍建设。通过提高工作能动性，改变干部队伍中的工作主动性不足，来真正提升管理水平和能力，把矛盾通过内部消化来解决，拿出切实可行的办法；在制度化建设上把涉及内部管理上的制度再细化，改变陋习，逐步完善；对质量问题上做到拿得出控制办法，落实现场的监督执行，有漏洞能预防。从 2010 年开始在中层干部层面开始开展绩效考核制度，2012 年在班组长层面推进，2015 年实现全员绩效考核制度，同时考核结果和薪酬实现由半公开向全公开、全透明迈进。2014 年德福伦通过推出"人岗匹配"岗位管理新机制，按照"岗得其人""人适其岗""岗随薪动"的原则，充分发挥"人尽其才、物尽其用"管理机制作用，通过转岗、轮岗、一岗多能、竞岗等管理制度的推广，带动员工爱岗敬业、自我提升、积极进取的良好工作氛围。

（六）优化调整人才结构，为企业差异化发展提供人才支撑

德福伦远离市区、地处偏远，面临引进人才难、留住人才更难的两难境地。德福伦在充分考虑地理位置特点和在引进人才方面总结出的经验，注重本土化管理紧缺人才和专业技术人才队伍的建设和培育，实现岗位人才未雨绸缪，提前做好人才储备，避免人才断层；通过同专业的企管教育培训机构的长期合作，制订人才职业生涯培育计划，形成人才培育长效机制。

德福伦打破围墙，建立虚拟团队、项目团队的人才共享机制，借用社会、大学、研究院等资源，招能人、专才为德福伦所用，弥补人才短缺的弊端。通过设立博士后工作实践基地、专业学院设立奖学金、合作开研修班等方式，为人才后备资源和进军产业链相关领域提供支持。德福伦同上海工程技术大学、东华大学、纳米技术及应用国家工程研究中心等形成合作伙伴关系，充分利用各自优势，扩大合作项目，开辟学院实习基地；依托与科研院校的院企强强合作，借助外力、外脑，突破重大科技项目和创新项目，通过合作德福伦引进了一些兼职的科研人才为我所用，争取到了一些原创性的成果并成功地实

现市场化运作，同时也为解决项目开发、技术创新中难点的攻破，取得了意想不到的效果。

三、纺织企业以产品创新引领的差异化战略实施效果

（一）企业走出了一条专精特新的差异化发展道路

经过多年的创新转型，德福伦走出了一条"专、精、特、新"的独特道路自主研发的阻燃纤维产品已在京沪高铁、国产飞机、品牌汽车上使用，凉爽型纤维产品成为日本 UNIQLO 的夏季主推产品，颜色最全面的有色 PTT 纤维成为美国杜邦公司在中国唯一的 PTT 产品供应商，集抗菌、凉感、抗紫外、透气、吸湿排汗于一体多功能的纤维产品，成为优质高尔夫球衣原料供应商，集优越的染色牢度、耐晒牢度和抗污性于一体的多功能差别化纤维，成为世界高端的游艇布原料供应商。与罗莱家纺、相宜本草、黄道婆、优衣库、宜家、H.M 等品牌建立了良好的合作关系。

（二）取得众多科技创新成果，形成了企业差异化竞争优势

德福伦公司以主起草人身份参与制定阻燃涤纶短纤维和异形涤纶短纤维等行业标准 12 项，参与制定了竹炭涤纶短纤维 1 项国家标准；拥有一批国家重点新产品、中国纺织工业联合会科学技术一、二等奖、上海市科学技术一、二、三等奖等产品和项目，其中"健康防护功能杂化材料及其高值化聚酯纤维设计开发关键技术"荣获 2015 年上海市科技进步一等奖，"蓄热保暖咖啡纤维的研制及应用"荣获 2015 年上海市科技进步三等奖，"无机纳米凉爽型聚酯纤维的开发"荣获 2014 上海市技术发明二等奖、国家重点新产品，"负载金属离子杂化材料设计制备及其功能纤维与制品开发"荣获 2013 年中国纺织工业联合会科技进步奖一等奖，"阳离子高收缩涤纶短纤维关键技术及中试生产开发"项目荣获 2012 年上海市科学技术进步三等奖"纳米复合功能材料及其纤维制备关键技术"荣获 2011 年中国纺织工业联合会科技进步奖二等奖。2017 年 1 月，经上海市高新技术成果转化认定办公室审定，"异形截面聚酯短纤维"被认定为上海市高新技术成果转化项目；2017 年 6 月，"环保生物质功能化聚酯系列短纤维关键技术开发"项目荣获"第二十九届上海市优秀发明选拔赛"金奖；2017 年 10 月，"皮芯复合抗菌聚酯纤维"入选上海市创新产品推荐目录；2017 年 12 月，经上海市高新技术成果转化认定办公室审定，"皮芯复合阻燃聚酯短纤维"认定为 2017 年第 10 批上海市高新技术成果转化项目；承担了"高品质阻燃纤维及制品关键技术"和"高品质聚乳酸纤维及其纺织规模化制备与应用"2 项 2017 年国家重点研发计划开发项目。

（三）得到了社会各界的高度肯定

德福伦公司先后获得全国纺织工业先进集体，全国纺织劳动关系和谐企业，全国"安康杯"竞赛优胜单位，全国纺织企业思想政治工作先进单位，中国纺织工业联合会"十二五"产品开发突出贡献奖，国家纺织技术创新示范企业，中国纺织品牌文化创新奖，2017 年中国纺织行业人才建设工作示范单位；获得一项上海市著名商标和二项上海市名牌产品；培养和锻炼出上海市纺织学科带头人 3 名，上海市金山区领军人才 3 名，金山区区长质量奖 1 名，上海市领军人才 1 名，享受国务院特殊津贴人才 1 名，1 人荣获百千万人才工程国家奖，3 名工程技术人才被评为教授级高级工程师职称。

（成果创造人：杨卫忠、李　盈、卞春景、冯忠耀、黄秀平、周桂章、陆育明、朱亚宏、李东华、陈辉华）

传统煤炭企业以新旧动能转换为目标的业务优化升级管理

新汶矿业集团有限责任公司

新汶矿业集团有限责任公司（以下简称新矿集团）前身是新汶矿务局，1956年建企，1988年原煤产量1048万吨，成为山东省第一个千万吨矿务局。2011年山东能源集团成立，新矿集团成为其最大权属企业。现有员工6万余人，资产总额772亿元，发展地域遍及省内泰安、莱芜、济南、德州、菏泽、聊城6个地市，省外新疆、内蒙古、山西、陕西、宁夏、安徽、云南7个省区。新矿集团业务涉及煤炭、煤化工、煤电、物流贸易及现代服务业。2017年，实现原煤产量4695万吨，精煤产量1114万吨，焦炭产量87万吨，焦油产量5万吨，烧碱产量10万吨，PVC产量7万吨，发电3亿千瓦时，煤炭运输3212万吨，物资配送租赁收入达到225亿元。

一、传统煤炭企业以新旧动能转换为目标的业务优化升级管理背景

（一）落实新旧动能转换工作的迫切要求

加快新旧动能转换，是山东省在决胜全面建成小康社会、开启全面建设社会主义现代化国家新征程中走在前列的重要战略部署。山东省委、省政府紧紧抓住山东新旧动能转换综合试验区获批建设的重大机遇，加快健全完善促进新旧动能转换的政策体系和体制机制。新矿集团为落实省委省政府以及省国资委、能源集团新旧动能转换有关要求，以新技术、新产业、新业态、新模式为核心，以知识、技术、信息、数据等生产要素为支撑，提质提速提效、创新创优创效，实施提、增、减、合"四条路径"，实现传统产业提质效、新兴产业提规模、跨界融合提潜能、品牌高端提价值，扎扎实实走新矿特色的动能转换之路。

（二）解决企业发展困难的需要

一是改革产业结构的需要。新矿集团依靠煤、依赖煤的产业结构仍未得到根本改变，传统产业比重高，新经济比重偏低，战略新兴产业培育不足，非煤企业多数规模不大、竞争力不强，前沿引领型高新技术企业少。过去由于重组整合初期形成的资源质量差、产业小散弱、富余人员多、遗留包袱重等历史难题，改革发展面临新老矛盾问题交织、内外环境挑战叠加局面，改革企业高质量发展是重中之重。二是去产能矿井转型发展的需要。新矿集团去产能矿井面临资源枯竭，主业盈利能力差；产业结构单一，辅业支撑能力低；负担沉重、社会职能压力大；依赖性强，占集团资金量大等难题，且人员安置压力巨大，为承担起国有企业的社会责任，避免"井闭人散"的局面，去产能矿井急需发展新产业，打破对煤炭资源的过度依赖，实现企业转型跨越。三是企业研发创新提速的需要。企业创新是提高生产力的关键，新矿集团虽然拥有国家级研发中心、国家级充填实验室等载体，但研发创新能力仍显不足，科研成果转化率偏低，自主创新能力仍待提高。四是煤炭清洁高效利用和生态环境治理的要求。随着"大气十条""水十条""土十条"相继出台，高硫煤销售越来越难，环保支出越来越大，且根据《打赢蓝天保卫战三年行动计划》规定，到2020年，全国煤炭占能源消费总量比重下降到58%以下。越来越严的环保政策和能源结构调整的压力，倒逼企业要加快煤炭清洁高效利用，加大生态环境治理。

（三）企业具备新旧动能转换的内外条件

一是行业向好的方向发展。一方面，伴随着宏观经济稳中向好，电力、钢铁等下游产业需求趋稳；另一方面，去产能、安全大检查、中央环保督察等工作密集实施，一定程度上缓释了煤炭产能释放速度。煤炭行业将进入一个理性发展期，落后产能逐步退出，先进产能优势凸显，市场供需关系趋向平

衡，生产成本与产品质量成为主要竞争因素，安全、高效、绿色、智能采煤将是发展方向。以煤为主的能源格局难以改变，煤炭需求总量仍将保持适度的增长。二是拥有组织机构和产业结构优势。按照大型化、规模化、集约化的原则，煤矿企业通过兼并重组加快淘汰落后产能，优化产业结构，加快了企业的转型升级进程。新矿集团在发展煤炭主业和提升非煤产业前提下，不断优化调整产业结构，在产业上积极构建以煤炭产业为基础，电力、化工、现代服务业为支柱，新能源、金融、其他新兴产业为支撑的1＋3＋3产业格局。以煤为基改造传统产业，并跨界融合，培育新兴动能。三是煤炭清洁高效利用前景巨大。煤炭将更多地作为工业原料来使用，污染被控制在煤炭转化的工艺过程中。超临界和超超临界发电、现代煤化工以及煤炭多联产等先进发电技术和煤炭转化利用技术的快速发展，将不断使煤炭变成更加清洁高效的能源。新矿集团不断应用新技术、新工艺、新模式，将智能高效与清洁供给同步提升，以煤炭绿色清洁、高效低碳、集约化利用为主攻方向，增加优质供给，实现由销售原煤向销售清洁煤转变、煤炭产品由燃料向燃料与原料并重转变。

二、传统煤炭企业以新旧动能转换为目标的业务优化升级管理内涵和主要做法

新矿集团以供给侧结构性改革为主线，以技术创新加快矿井再造、以动能转换助推高质发展，坚持存量智能变革与增量一体崛起并重，强化颠覆创新、融合创新、改革创新"三大驱动"，走安全高效、绿色智慧、内涵持续的发展道路，聚力打造区域拉动力强且持续时间长、行业竞争力强且持续时间长、财税贡献力强且持续时间长的"三强三长"企业，争做煤炭行业新旧动能转换标杆。主要做法如下：

（一）以企业战略为指导，开展业务规划布局

1. 加速构建产业协同发展格局

新矿集团秉持规划先行的理念，在征集各单位新旧动能转换重大工程项目的基础上，完成了新旧动能转换实施规划的编制。明确了在区域上以省内单位存量变革为发展母体，以内蒙、新疆增量崛起为动能两翼，通过省内优化升级区、内蒙古集聚协同区、新疆转换提升区的联动发展，加速构建"一体两翼、三区呼应"的发展格局；在产业上积极构建以煤炭产业为基础，电力、化工、现代服务业为支柱，新能源、金融、其他新兴产业为支撑的1＋3＋3产业格局；在做法上慎做加法、多做减法、破解难题，实现协同、健康、长远发展的具体发展思路，提出了中长期工作目标，确定了28项重大工程项目，结合调整规划逐步进行落实。

2. 围绕"煤、化、电"打造行业标杆

煤炭产品以建设山东、宁蒙、新疆、贵州四大能源基地重点，以确立"煤、化、电"产业在经济总量中的主导地位为支撑，以奠定新矿集团在全国煤炭行业前10强的位置为目标，坚持"在调整中集中、在改革中完善、在做大中做强"，加快推进结构调整和发展方式转变，着力发展低碳经济，着力提升产业集中度、集团控制力和发展持续性，着力提升煤炭主业的核心竞争能力，加快推进企业新一轮发展。

（二）加强组织领导，完善制度保障

1. 集团管理层带头加强交流学习

围绕新旧动能转换命题，新矿集团管理层采取走出去、请进来、外学内调的方式，深研政策。赴山东省煤炭局、泰安市发改委等上级部门了解新旧动能转换实施政策、方向；邀请新泰市发改委有关人员来集团公司座谈交流，了解掌握地方发展方向、思路及相关项目情况，融入地方政府建设；赴相关科研院所、机构学习了解新技术、新模式，探讨进入新产业的可行性；赴国内一些"互联网＋""煤炭＋"等跨界融合成功的企业，参加相关协会组织的交流会，借脑借智，拓展新旧动能转换发展新思路；赴兄弟单位交流学习转型发展先进经验，根据煤炭企业的相近性，探索传统动能提升、新增动能发展路径。

2. 创客联盟引领新旧动能转换

根据国家"大众创业、万众创新"的重大部署，新矿集团以"创客中心"创建活动为载体，为企业

改革脱困、转型升级集聚了新动能。按照安全生产、经营管理、非煤企业、基本建设、党群宣传、后勤物业六大专业，组建创客中心，形成跨部门、跨专业、跨领域的创客联盟，采取线上线下的方式进行创客分享，打破专业、单位限制，注重发挥集群优势，引导成员组团攻关。坚持以市场化考核激励为杠杆，物质奖励与精神激励并重，持续撬动基层创客的创造活力，着力破解安全、生产、经营等各方面存在的问题，实现生产经营全过程、全方位的创新创效。

3. 强化新旧动能转换制度保障

一是建立月例会制度。新矿成立了新旧动能转换领导小组办公室，每月中旬，由分管领导组织办公室成员召开月度联席例会，按照分工汇报工作进展情况及问题，安排布置下一步工作。二是建立月调度制度。新矿集团各权属单位、相关部门每月将当月工作情况和重大工程项目进展情况报新旧动能转换办公室，由新旧动能转换领导小组办公室形成工作简报对相关情况予以刊发。同时，新矿集团把新旧动能转换作为宣传的重点，广泛宣传开展新旧动能转换的重大意义，总结提炼出工作开展中涌现出的先进个人、先进案例，积极宣传推介。

4. 强化新旧动能转换工作考核奖惩

新矿集团加强对新旧动能转换工作的考核。新旧动能转换办公室每年初下达新旧动能转换重点工作，列明相关责任单位、责任人、形象进度及完成期限，各权属单位、相关部门按照下达的重点工作认真组织实施，并于次年1月20日前总结上年工作开展情况、取得成绩、存在问题及下一步工作思路打算上报新旧动能转换办公室。对于重点工作中已经有明确考核管理办法的，由相关部门按相应考核管理办法进行考核；对于其他重点工作，本着鼓励为主、正向激励的原则，根据时间节点及相应工作完成情况进行考核给予适当奖励，确保各权属单位新旧动能转换工作顺利实施。

5. 持续建塑低成本文化

新矿集团强化资金预算，按照"先内后外、先急后缓"原则，统筹资金使用，集团财务部每月公布各单位预算，对因预算管理、资金管理不到位，影响企业发展和稳定大局的，严肃追究各单位主要负责人和总会计师责任。用工模式方面，坚持不求所有、但求所用，非核心业务一律通过劳务派遣，实现用人不养人，最大限度降低用工成本。针对各下属单位不同程度存在资产、房屋、设备、材料闲置的现象，加强资产质量清查，摸清家底、深度剖析，优化资产结构，解决历史包袱，实现各类资源更优配置。

6. 加强经营风险防控

新矿集团抢抓社会职能移交机遇，彻底理顺与改制企业产权、业务、人员、债权债务、管理等"五对关系"，稳步解决安全主管责任移交，医疗保险纳入属地统筹等历史遗留问题，降低企业资金、安全、稳定"三个风险"。同时，坚持依法合规按程序，加大风险防控和审计监督力度，保障企业生产经营活动秩序化、规范化、法治化。落实好首签首责制度，第一责任人承担60%以上责任，财务总监和分管领导承担主要责任，其他人员按最重责任进行追责。规范用工管理，杜绝各类隐性事实劳动关系，规避劳动用工风险。严格新上项目手续审批，对新上项目既要积极又要稳妥，确保依法合规。创新融资形式和融资渠道，扩大直接融资规模，加大对资本市场的研究，积极利用境外资本市场，减少对银行的依赖程度，确保资金不断链。

（三）稳步推进瘦身健体，助力企业减负脱困

1. 深化供给侧结构性改革

树立"瘦身就是强身，减量也是发展"的辩证思维，抢抓历史机遇，全力推动供给侧结构性改革。一方面，坚持"求大同存小异"原则，统筹"预算与清算、国补资金与自筹资金"关系，加快"三供一业"移交，确保补助资金、职能移交、后续管理"三个到位"。另一方面，抓住除"僵尸"企业政策最

后的"窗口期"，坚持"政策可允许、当期可承受、未来可消化、依法可操作"的策略，强化上下协同联动，落实责任，量化措施，包保督导，刚性考核，确保完成上级集团下达的除僵治亏任务。对25户拟保留继续经营企业，加快转型升级、改革改制、战略合作，持续强化经营管理，避免成为新的"僵尸"企业。

2. 稳妥推进淘汰落后产能

紧抓存量资源调整，加快淘汰落后产能。2016年新矿集团编制了化解煤炭过剩产能的总体方案，并根据确定的化解过剩产能的煤矿范围，按照属地管理的原则，编报化解煤炭过剩产能实施方案和人员安置方案，稳妥完成矿业关井闭坑工作，确保牌子不倒稳转型、人员不乱稳转移。将亏损企业治理目标任务分解落实到各专业、各主管的二级单位和亏损单位，由专业和亏损企业主管单位、亏损企业负责落实治理方案，区域公司和二级亏损单位党政主要负责人为亏损企业治理工作第一责任人。凡涉及职工切身利益，需充分调查研究，征求各方面意见，实施方案履行决策和公示程序，循序渐进，确保矿区稳定。2016－2017年，共完成化解过剩产能煤矿6处，退出产能180万吨/年。

（四）着力推进煤炭主业绿色化、智能化改造，提升主业发展水平

1. 老区矿井颠覆再造

新矿集团山东省内矿井一度陷入成本高企、资源枯竭的困难境地。对此，在综合分析持续发展与经济效益等因素基础上，积极变做"加法"为做"减法"，彻底舍弃不合理的老旧系统，以剩余储量作为矿权，重新设计产能和系统，并实施最精简的劳动用工、管理模式和生产方式，推进脱胎换骨、涅槃重生、腾笼换鸟。目前山东省内4对矿井通过颠覆设计、重打立井，均可释放1000万吨以上优质呆滞储量，延长服务年限5～10年，不仅经济收益巨大，更为转移转型转产和矿区稳定，换取了更多的时间和空间。

2. 生产方式智能升级

新矿集团把智能升级作为煤炭产业动能转换的"牛鼻子"，加速推动"机械化换人、自动化减人、智能化无人"。重点围绕采掘设备智能化、系统运行自动化、岗位巡守无人化、诊断预警自动化、信息传输集成化、设备监控可视化"六化"模式，全力攻关"智能无人采掘、智能高效运输、井下机器人应用、大数据应用集控"四大核心技术，与国内机器人第一品牌新松公司合作，成立研发中心，借脑借智破解难题，研制掘进、支护、巡检等矿业机器人替代人工作业。新矿集团建成4个"有人巡视、无人值守"智能化采煤工作面和1个千米遥控无人掘进迎头，19对矿井80条原煤运输系统实现自动化集控，所有矿井提风机、压风机、供电系统、排水系统完成智能化集控改造，积极攻关煤矿无人装卸运输模式，实现物资装卸、运输、堆存、收发全过程无人作业。

3. 煤炭供给绿色清洁

新矿集团山东省内矿井基本为优质气煤、肥煤，储量大、煤质优，有着当前市场紧缺性和未来不可替代性。新矿集团坚持以绿色开采、清洁高效、循环利用、生态恢复为方向，发力供给端，建设优质炼焦煤供应商和清洁高效煤炭供应商。深耕充填开采，建成"煤炭充填开采国家工程实验室"，在五种充填工艺基础上，创新连采连充工艺，最大限度减少采动影响，回收呆滞资源，延长服务年限。深耕精煤增收，建成25座炼焦煤选煤厂，全入洗、全回收、零污染，与国内一流科研院校合作，研究煤炭降硫提质、清洁利用技术，实施选煤系统智能化升级改造，打造优质高效精煤生产线。强化专业管理、资源配置、协同联动，根据煤质特性和市场需求，实施跨厂洗煤配煤，加大规模化精煤创效力度，实现优势互补、精准创效。深耕综合治理，创新采煤沉陷地治理模式，同步式搬迁、生态式复垦、产业化开发，打造巨野龙美生态园、翟镇塌陷区生态园等治理样板工程，形成资源不浪费、产煤不用煤、产矸不排矸、用水不采水、出煤不见煤、环境不破坏、沉陷不减地、土地不荒废"八不"理念，成为全国生态文

明煤矿创建标准。

（五）布局煤电、煤焦、煤气化等产业，实施相关多元化发展

1. 跨界融合加速一体发展

新矿集团依托在新疆、内蒙古拥有的丰富煤炭资源，立足建设国家重要的新型能源产业基地，布局煤电、煤焦、煤气化三大一体化产业，建成了一批煤炭深度转化项目，实现跨界融合发展。在新疆，与浙江能源相互持股、资产联营，建成全球最大的单体煤制气工程——新天煤化20亿 Nm^3/a 煤制天然气项目，成功并入"西气东输"管道，成为国家能源安全与清洁能源供应的重要保障。在内蒙古，以精细化定位矿区发展，集群化布局区域产业，打造"七矿四厂两中心"发展格局，建成一期130万吨/年捣固焦项目，配套建设了1.2亿 Nm^3/a 焦炉煤气制液化天然气项目；积极与华电国际、盛鲁能化合作，配套建设"蒙电入鲁"电源点项目。新疆基地和内蒙古基地作为新矿集团适应能源发展新趋势，积极融入国家能源革命战略体系的重要载体，战略支撑作用更加突出。

2. 模式融合培育新兴产业

坚持"互联网＋煤炭"，推动物联网、大数据、人工智能等在煤炭工业的应用，通过建链、补链、强链，培育立足煤、延伸煤的新业态，建立多元化盈利模式。大力发展现代金融物流贸易，实施"国内＋国际""贸易＋金融""互联网＋大数据"三化融合，利用下属香港国际公司前沿区位优势，建立起大宗商品全球化经营网络，覆盖南美、东南亚、非洲等20多个国家，与必和必拓、FMG等巨头开展供应链合作，占据直接获取资源和价格的先发优势。同时，新矿集团打造了集电子采购、电子招投标、大宗物资贸易、企业微信为一体的"新智云"综合交易平台，提高物流仓储工作效率和智能化水平。

3. 整合资源做大做强

新矿集团整合酒店餐饮、生态农业资源，拓展业务范围，以下属乐天公司为平台，建设了餐饮娱乐－观光旅游－保健一条龙服务企业。积极与赵官能源对接水资源开发项目，利用赵官能源水资源富锶弱碱的天然优势，整合赵官能源瑞锶源水业及集团内部其他饮用水资源，打造瑞锶源一个品牌多个品种。充分利用老区铁路专用线优势和现有洗煤厂，推进老区配煤基地建设，大力开展配煤业务。整合集团设备维修、工作面安撤业务，成立维修安撤专业化公司，打造煤炭企业专业化技术咨询、设计、建造、管理等服务为一体的新型煤炭技术服务业中心。

三、传统煤炭企业以新旧动能转换为目标的业务优化升级管理效果

（一）企业主要经营指标大幅改善

自2012年煤炭行业整体下行以来，新矿集团从生存发展步履维艰到改革发展步入良性轨道，发生了一系列根本性变化。2017年实现营业总收入541亿元，同比大幅增长40%；利润总额36.7亿元，较上一年度翻了四番；资产总额稳步下降，资产结构持续性改善；资本结构进一步优化，负债总额下降35%；所有者权益得到较快增长，同比增加21%；国有资产的保值率稳步提升，达到了150.62%；原煤产量4695万吨，同比增加8.8%；煤炭物流大幅增长，达到3212万吨，同比增加175%；物资配送租赁业务创收达到225亿元，同比大幅增加81%。2017年利润、利税、收入、人均产量、人均进尺、人均创收、人均创利、百元工资创利、经营现金净流量、资产总额、净资产、职工工资等12项指标均创建企以来最好水平，实现了各项工作的新突破。

（二）实现了瘦身、控员、提效，企业科技创新成效显著

自2016年以来，新矿集团处级管理人员由560人减至418人，减幅25%；副总师由234人减至148人，减幅37%；科区级管理人员由5336人减至1978人，减幅63%；机关管理人员由3447人减至1318人，减幅62%；科级机构由1027个减至548个，减幅47%。通过劳动用工改革压减的在册和在岗人员，每年节约人工成本约8.65亿元，同时做到了"转岗不下岗、转业不失业"，让改革有温度落

地。积极对接国家"大众创业、万众创新",形成60余个创客中心,建成国家企业技术中心、煤矿充填开采国家工程实验室、博士后科研工作站3个国家级高端创新平台,主持和参与编制的12项行业标准,有9项成果获国家科技进步奖;自主创新注浆锚索、"110"工法,有效解决了深井巷道支护难题,实现大埋深、破碎围岩条件下一次成巷不返修;强化政策创效,收集产权管理、节能环保、社会保障、煤炭清洁生产等9大类、128项优惠政策,两年来累计创效27.6亿元。

(三)保障了矿区和谐稳定

积极弥补旧账,全面释放改革发展红利惠及职工群众。一些长期想解决而没有解决的难题,得到迎刃而解;过去想办而没有办成的大事,实现一一落地。补发补缴工资、保险等33亿元,2017年加发两个月工资,后五个月月度安全奖翻番,每月加发10%效益工资,补缴并恢复自2015年下半年以来的住房公积金。截至目前,全集团公司连续安全生产10周年。其中鄂庄煤矿连续安全生产已达26周年;翟镇煤矿、华泰矿业连续安全生产已达16周年。集团公司7个矿井安全生产周期超过3000天。积极化解矿区社会矛盾,创新信息提醒、惩戒提醒函、黄牌警告通知书、一票否决通知书"四种形态",化解矛盾纠纷312条,消除重点不稳定隐患18项,实现"零发案""零信访"。先后获得省管企业2017年信访稳定工作先进单位、泰安市党的十九大安保维稳工作先进集体等称号。

(成果创造人:葛茂新、谭永新、辛恒奇、徐竹财、刘玉果、王忠刚、
高增功、高颖敏、张佐伟、庞继禄、朱岩坤、张　博)

大型钢铁企业以高端化为目标的产品优化管理

唐山钢铁集团有限责任公司

唐山钢铁集团有限责任公司（以下简称河钢唐钢）始建于1943年，地处我国最具发展潜力的京津冀环渤海经济圈中心地带，具有年产铁、钢、材1800万吨的配套生产能力，产品主要包括高强汽车板、镀锌板、彩涂板、中厚板、棒材、线材、型材等4大类140多个品种，其中精品板材占到产品总量的60%以上，是我国目前重要的精品板材和精品建材生产基地。产品广泛应用于汽车、家电、机械、煤炭、电力和交通等领域，远销欧洲、美洲、非洲、东南亚等150多个国家和地区。

一、大型钢铁企业以高端化为目标的产品优化管理背景

（一）产品高端化是企业转型发展的根本方向

钢铁行业作为我国传统基础产业，正处于转型发展的关键历史时期，在化解产能压力、环保压力实现稳定发展的过程中，从制造大国向制造强国转变，是钢铁产业的新机遇、新需求，更是顺应新时代发展的新挑战。从要素驱动、投资规模驱动发展，向以创新驱动为主的发展转变，是当前顺应时代进步，谋求企业发展的重要路径。钢铁行业竞争的态势日趋精细化，解决产能过剩的根本途径必须以产品高端化为战略目标，以满足客户需求、为客户创造价值为出发点，着力优化产品结构、提升服务能力。

（二）"智能制造"为产品高端化提供了重要支撑

伴随着新一代信息技术的发展，信息化与工业化融合为生产企业改变传统制造和服务模式提供了有利条件。近几年来，河钢唐钢深度推进"两化"融合建设，逐步形成以生产为核心的信息化支撑体系，覆盖企业内部从设备管理、生产管理、质量管理、成本管理到财务、销售、客户管理的多个方面，企业信息化应用达到业内先进水平。河钢唐钢以提升产线装备能力和智能化水平为重点，从优化管理架构和生产组织模式、强化工艺和质量控制、降低能源消耗、提升产品档次、提升市场响应速度和客户服务水平等多维度入手，积极推进信息系统架构的智能升级，为服务客户提供了重要支撑。

（三）产品高端化是不断培育竞争优势的核心动力

在改革政策推动与市场倒逼的双重作用下，越来越多的钢铁企业认识到扩大有效和高端供给、提高企业生产效率，是钢铁业实现由大到强转变的关键所在，并开始着手于从追求数量、规模的粗放发展转向注重创新驱动、品质提升的可持续发展。作为河钢集团的骨干企业，河钢唐钢高标准定位，围绕"市场"和"产品"积极开展管理创新，不断满足高端客户需求、提升有效供给，培育内在竞争优势，强调提升效率或效益必须围绕研发高端产。

二、大型钢铁企业以高端化为目标的产品优化管理内涵和主要做法

河钢唐钢全面贯彻落实河钢集团发展规划，以高端产品为战略目标，系统优化配置组织、技术、设备、人员、安全、环保等各要素，实施以产线为独立市场单元、以事业部制为主要内容的组织结构扁平化变革，从组织体系、技术和产品、生产模式、客户管理和营销、基础管理等多维度进行优化提升，企业发展态势全面向服务高端客户转型。主要做法如下。

（一）加速高端产品研发及品种升级，提高产品竞争能力

河钢唐钢以技术进步推动产品升级，充分发挥事业部产销研用一体化机制作用，坚定不移地走产品高端路线，积极抓好顶级产品研发生产，持续加大品种结构调整力度，着力增加高附加值、高效益品种比例，全力推动装备、技术优势转化为产品优势，全面推进品种结构高端化。

1. 全面加速高端产品研发生产

河钢唐钢以汽车板、家电板为重点，充分借助"河钢东北大学产业技术研究院"等科研力量，持续深化产学研合作，积极攻克制约产品升级的关键共性问题，着力开发打造适应市场需求的红旗产品、特色产品、主打产品，全力推动装备和技术优势向产品优势转化。2017年，河钢唐钢开发新品种50个，其中研发型产品占比达到84%；汽车板、家电板产销量分别完成171万吨和79万吨，较2016年分别增长94%和58%，其中汽车板方面冷轧汽车钢DP1180实现成功试制，QP980、DP980具备小批量生产能力，800MPa级以下双相钢、高强IF钢等具备批量稳定供货能力，特别是电池壳用钢实现稳定生产和批量供货，直接用于国内新能源汽车制造，家电板方面高表面FC及以上产品实现稳定批量供货。

2. 着力提升产品质量稳定性

河钢唐钢质量工作重点把握体系和认证两条主线，强化质量管控思维，着力提升产品质量稳定性。并于2017年11月24日，通过了IATF16949：2016转版认证，管理体系持续满足预期要求。此次通过认证，表明河钢唐钢具备了稳定提供满足汽车板顾客要求、适用法律法规要求的产品和服务的能力，在提高顾客满意度、应对风险和机遇方面的能力有了质的提升，具备了向世界著名汽车厂商供货的能力。河钢唐钢也因此成为国内钢铁行业首批通过IATF16949：2016转版审核的企业之一。河钢唐钢以开展上汽认证为抓手，围绕满足高端客户需求，推广先进质量管理方法，积极优化ODS等信息化系统功能，逐步实现了客户质量要求在产线的全流程精确控制；充分发挥质量代表作用，现场跟踪、协调处理吉利汽车等高端客户质量问题反馈，有效减少了客户丢单等现象发生；组织多部门联合攻关产品质量问题，成功破解高端产品生产中制约产品质量提升的关键问题，为进一步提升产品质量稳定性提供了坚强保障。2017年，河钢唐钢生产的连续热镀锌钢带DX53D+Z、深冲用冷轧钢带DC04、低合金高强冷轧钢带HC340LA等三项产品荣获2017年度冶金产品实物质量"金杯奖"；热镀锌钢带和冷轧钢带被中质协授予"全国用户满意产品称号"。

（二）推进智能制造建设，提高生产技术水平

河钢唐钢重点狠抓技术、人才、信息自动化为支撑的智能化制造体系建设，建立起为品种让路、为质量让路的全新管理体制，为对接市场、对接高端客户提供了体系支撑和基础保障。

1. 以技术创新融合生产智能化

河钢唐钢以用户为中心加强研发体系建设，全面规范产品研发流程管理，完善"信息—研究—生产—销售—服务"的品种开发链条，加速品种钢研发、上量、占有市场进程，通过满足高端客户需求倒逼产品质量和品种结构升级。组织与产品事业部相适应的技术团队，成立汽车板、卷板、中板、型线四个产品研究所，直接配置到各个产品事业部，共同推进品种开发、用户应用技术研究等工作。发挥河钢—东大技术研究院、普锐特、奥钢联等外部技术团队作用，围绕关键产线深化产学研合作，推动公司装备优势不断向产品优势转化。中厚板公司板坯连铸机在国内首次采用重压下技术，最大压下量达35mm，技术水平达到国际领先；超快冷设备重点功能全部实现，60mm厚度以下钢板温度控制精度达到±15℃；即时冷装备成功投用，轧线生产率提高30%。自动炼钢技术在公司得到全面应用，不锈钢、中厚板指标领先，正在向无人干预迈进；积极推进模型化工作，完成主要产线调研与需求上报，模型化攻关全面展开并在局部取得突破，高强汽车板公司成熟产品生产模型实现全覆盖；大胆探索低铁耗、高

废钢比条件下的炼钢生产，着力推动相关工艺进步。

2. 引进高端人才支撑生产智能化

河钢唐钢加大高端人才引进力度。2017年围绕汽车板研发、产品营销、信息自动化、互联网等领域，从国内知名企业和科研院所引进数十名优秀人才。打通内部人才成长渠道，积极拓宽质量代表、客户经理、作业长等关键岗位晋升通道，有效激发了各类人才的潜能。深化专家制度改革，搭建专家研修平台，实行专家年度创新报告制度，较好发挥了专家队伍的引领作用。以集团推进国际化战略和乐亭钢铁项目建设为契机，稳妥有序优化人力资源，全年完成人员优化3000余人。

3. 推进信息自动化建设服务智能化

河钢唐钢强力督导推动全公司提升信息化运用能力，提高对产线生产经营管理的支撑水平。深入推进ODS二期等信息化项目建设，实施冷轧1#镀锌线等自动化系统升级改造，实现了信息自动化体系的深度延伸和广泛覆盖。深挖智能制造潜力，以高强汽车板项目被列为中国制造2025试点为契机，以不锈钢、二冷轧、中厚板三个区域为重点，启动实施10余项典型产线智能制造项目，取得重要进展。2017年，河钢唐钢智能制造试点示范项目被评为中国自动化领域十大最具影响力工程项目；荣膺全省制造业与互联网融合发展示范项目企业；"冶金企业面向智能制造转型的信息系统架构再造"成果达到国际先进水平。

（三）优化客户结构，提升满足客户服务能力

2017年在钢材市场波动剧烈，普材产品利润持续走高的环境下，河钢唐钢进一步解放思想、创新思路，开拓市场、对接客户、提升营销工作的质量和效率，不断优化客户结构、推动产品升级，努力将客户端提升到一个新高度，推动公司进入高端循环。

1. 快速推进高端客户开拓

河钢唐钢聚合多方面营销资源，结合推进产品升级，综合施策，全面发力，持续推动客户开发。明确不同层级人员市场营销分工，打造出公司级领导负责与终端用户谈战略合作、中层干部负责谈具体合作产品和模式、基层业务人员负责具体订单的"三位一体"新型营销模式。从董事长、总经理、事业部经理、厂部长、营销专业人员等多个层面拜访用户、调研市场，强化EVI先期介入、定制化生产等客户全流程服务，取得明显成效。

2. 积极做好客户结构优化

河钢唐钢将优化客户结构、提升客户端高度、增强客户集中度作为重点工作来抓，从客户开发、客户开户、客户分级、客户服务等方面进行了管理创新，有的放矢地研究市场策略、用户策略，突出抓好核心市场渠道和客户关系的建立，重点开拓终端直供户、大客户及战略用户，推动了终端直供用户增量和客户群体高端化。对当前国内钢材客户价值贡献进行明确分类，对客户评级标准进行打分量化，通过培育顶级客户群、稳定重点客户群和淘汰落后客户群等客户开发手段，促进客户结构不断优化，推动公司产品结构的逐步升级，实现公司品牌和效益的双赢。2017年，河钢唐钢清理贸易商和三方直供用户107家，一对一直供比完成37.2%，同比提高13个百分点。

3. 不断加强客户关系维护

河钢唐钢将客户关系维护与客户开发放在同等重要的位置，严格按照客户维护与客户开发并重的原则要求，结合公司客户群实际，紧紧围绕"质量、交期和服务"，积极组织各部门联合开展攻关。坚持从用户立场分析问题，结合用户加工工艺特点，剖析自身产品问题，及时实施整改，力求产品性能完善，满足用户适用需求，从而提高专业化服务水平，以此增加客户黏度和忠诚度。全年处理成型质量异议36起，同比减少40%；订单兑现率完成98.45%，同比提高0.3个百分点。

（四）深化内部改革，推动优质资源配置到产线

河钢唐钢积极实施以产线为独立市场单元、以事业部制为主要内容的组织结构扁平化变革，全面搭建事业部架构并有效运行，实现"各级领导与产线零距离""产线与客户零距离"。

1. 面向客户建立以产线为单元的扁平化组织架构

河钢唐钢分别设立人员非常精干直接管理到产线的汽车板、卷板、中厚板、型线四个产品事业部和炼铁事业部，明确事业部的经营主体责任和销售主体地位，引导各事业部大胆履行推动产销研用一体化的分内职责。全面整合高端技术研发人才资源，配置到产线上，加快推进高端产品结构调整和高质量产品研发。2017年为各事业部抽调选派业务骨干超过500人，专家、专业技术和操作技能岗位聘任指数向产线倾斜约10%。

2. 构建产销研用协同机制和公共支撑平台

以提升市场占有率和用户满意度为目标，及时调整优化市场、技术、质量等部门管控模式，组织销售、研发、工艺、质量技术人员在事业部框架下协同推进各项工作，构建以生产为基础、营销为中心、科研和技术为依托，对市场能做出快速反应和整体联动的产销研用协同机制，使企业的产销研资源配置更加集中、协同配合更加密切。搭建公共支撑平台，统筹设备、检修、物流、自动化等专业资源，紧紧围绕事业部和产线需求开展服务，各单位各部门管理重心进一步向产线下移。

3. 建立与事业部协同机制相适应的绩效评价体系

完善优化与事业部协同机制相适应的绩效评价，重点突出"市场"和"产品"两大主题，充分体现"服务协同＋管理"双重职责；着力完善绩效考核方式，直接将重点客户销量等关键指标下到产品事业部，同时实行部门与事业部关键指标挂钩考核，促进公共平台和产销研资源在事业部框架下的融入与协同；稳健推行以宽带薪酬为主导的岗位绩效薪等工资制，将关键待遇向关键产线倾斜，公司薪等晋升指数向关键岗位倾斜幅度达10%以上；强化作业区绩效管理，制定《作业区全员绩效管理体系改进跟踪表》，为各单位优化完善作业区绩效管理体系，提高作业区绩效管理水平提供了有效的工具与方法。

三、大型钢铁企业以高端化为目标的产品优化管理效果

（一）企业经营业绩实现历史性突破

2017年河钢唐钢铁钢材产量水平明显提升，企业营业收入和利润创造出近几年来的最好水平。全年产铁1385万吨，产钢1507万吨，产材1424万吨，分别比上年增长4%、15.3%、14.8%。全年主营业务收入684亿元，增长59%；实现利润13.2亿元，增长30.9%。

（二）产品结构调整取得明显成效

2015年该成果实施以来，河钢唐钢已累计生产系列高强汽车钢等产品294万吨，实现了先进高强钢、第三代汽车钢以及热成型钢等高级别钢种的批量稳定生产。2017年，河钢唐钢在客户结构与产品结构调整上取得重大突破，很多品种进入中高端序列，质量和档次迈上新台阶，全年重点产品产量完成420万吨，同比提高83%；品种钢比例超过60%。特别是汽车板品种质量不断升级，全年产销量突破170万吨，比上年大体翻了一番；中厚板品种结构突飞猛进，高建钢、桥梁钢、模具钢等重点产品月产销量均达到万吨以上。

（三）高端市场开拓取得显著成效

2017全年累计开发高端直供用户68家，重点用户销量完成310万吨，同比增长180%。其中，汽车板事业部通过吉利、菲亚特、北汽福田、上汽等4家汽车主机厂认证，并已实现对前三家汽车厂批量供货，吉利汽车月汽车板订单最高达5300多吨；另外对吉利某新车型汽车钢供货覆盖率达95%以上，实现历史性跨越。家电板方面在深化海尔供应商基础上，与三星、西门子等国际知名企业建立认证对

接,被宁波奥克斯授予年度"优秀合作伙伴"称号。截至2017年年底,美的订单数量累计达4万余吨。与中集集团建立合作关系,高端马口铁基料实现对国内三大瓶盖生产企业全面供货。卷板事业部全年开发重点客户45家,重点客户销量超全年目标38%。与中车集团建立合作,耐大气腐蚀热轧板带通过中车认证;药芯焊丝用钢直供中船重工等知名企业。中厚板事业部全年开发高端直供用户36家,前十位大客户销量占比达到43%,为珠港澳大桥等120多个国内外重点工程供应钢材53万吨。型线事业部全年开发重点客户10家,大型国企供货占比超过30%。

(成果创造人:王兰玉、田　欣、张洪波、张小帅、田　川、王东林、王　静、张书欣、刘　杰、李云海)

基于价值链重构的环境综合服务商业模式建设

环能科技股份有限公司

环能科技股份有限公司（以下简称环能科技）是水环境治理综合服务提供商，是高成长性、科技型民营上市公司，始创于1990年成都市西城区橡树林能源研究所，从创业伊始便始终专注于磁分离水体净化技术的研发及应用，经过不懈的探索与历练，逐步发展成为国内技术领先、规模最大的磁分离水处理成套设备研发制造及技术服务商。先后获得国家、省、市有影响的奖项30多个，其中"基于磁絮凝磁分离技术的超高速水质净化及规模化应用"获得国家科学技术进步二等奖。截至2018年6月，拥有3个业务集群、5个区域管理中心、22家分支机构、1506名员工，提供的国内在线运行设备水处理量超过2000万立方米/天，年营业收入8.1亿元、净利润达9241万元。

一、基于价值链重构的环境综合服务商业模式建设背景

（一）抓住国家铁腕治污发展机遇的需要

党的十八大以来，以习近平同志为核心的党中央把生态文明建设提到了前所未有的新高度。2015年，国务院颁布实施《水污染防治行动计划》，拉开了我国铁腕治污的序幕《"十三五"生态环境保护规划》《工业绿色发展规划（2016—2020年）》及各项环保法律法规的相继出台，既充分展现出国家"提升生态文明，建设美丽中国"的决心，也给环保企业带来巨大发展机遇，仅《水污染防治行动计划》就包括6450余个水污染治理项目，涉及建设投资约2万亿元人民币。环能科技主动适应国家铁腕治污新常态，致力于环保产业暨水环境综合服务，构建并推进基于价值链重构的环境综合服务商业模式建设。

（二）应对客户需求变化、探索行业发展新模式的必然选择

随着水环境治理需求升级，客户需求正发生变化，要求越来越高，技术越来越精、专，同质化技术路径已经满足不了水生态环境定制化刚需，流域综合治理、环境修复、定制服务等呈多元、多角、多样化，环保产业从纵向供应链层次向需求综合服务集成和产业生态圈转型升级。这要求企业主动适应市场及其客户需求变化，通过延伸产业链拓展市场领域、改善生态环境构建命运共同体、重构价值链创新盈利模式等多措并举，努力推进企业从污水处理设备供应商向环境综合服务提供商转型升级。

（三）实现企业新一轮转型发展的需要

环能科技涉足环保产业20多年，积累了大量宝贵经验，发展基础优势明显。截至2015年，聚集了一批高端人才和不在册的专家队伍，开发并推广使用了一批以"基于磁絮凝磁分离技术的超高速水质净化及规模化应用"为代表的、领先世界的超磁分离水体净化核心技术；在资金上，2015年创业板上市后，拥有了良好融资平台；在产品（服务）市场开发上，正逐步由环保装备制造向环境综合服务升级，应用领域由钢铁、煤炭工业领域废水处理向市政黑臭河湖环境治理扩展；在探索水环境综合服务上成功塑造了部分经典案例、示范工程、行业推荐使用产品（目录）及其品牌等。这是企业实施战略转型、谋划又好又快发展的有利条件。

二、基于价值链重构的环境综合服务商业模式建设内涵和主要做法

为适应和引领环保产业发展新常态，推动企业战略转型，环能科技2015年开始从市场领域、价值创造、生态环境三个维度构建全新商业模式，并通过整合内外资源和构建生态体系夯实环境综合服务基础、提供整体解决方案、树立绩效环保服务典范、创新工程总承包和项目融资服务、创建系统集成商合作机制、开展其他环保业务等措施，不断扩大环境综合服务领域，提升价值创造实效。主要做法如下。

(一) 明确转型方向,策划环境综合服务新商业模式

1. 明确发展战略

2015年,环能科技出一系列重大战略部署,重新确立企业使命愿景及其发展战略,并以"重塑健康环境,营造美好生活"为使命,以"成就客户,回报股东,富裕员工,造福社会"为宗旨,围绕实现"成为世界一流环境综合服务提供商"美好愿景,制定实施了"致力环保,上善治水,产融结合,科技创新,走咨询设计、装备研制、工程建设、项目投资与管理运营等环境综合服务的发展道路"的企业战略。

在战略转型过程中,策划构建基于价值链重构的环境综合服务商业模式,从环保产业纵向供应链层次向环保需求价值链集成转型升级,并对价值链集成联系界面的市场领域(基础)、价值创造(目标)、生态环境(支撑)进行优化或重新打造,从而形成高效且与用户需求相适应的新商业模式(见图1)。

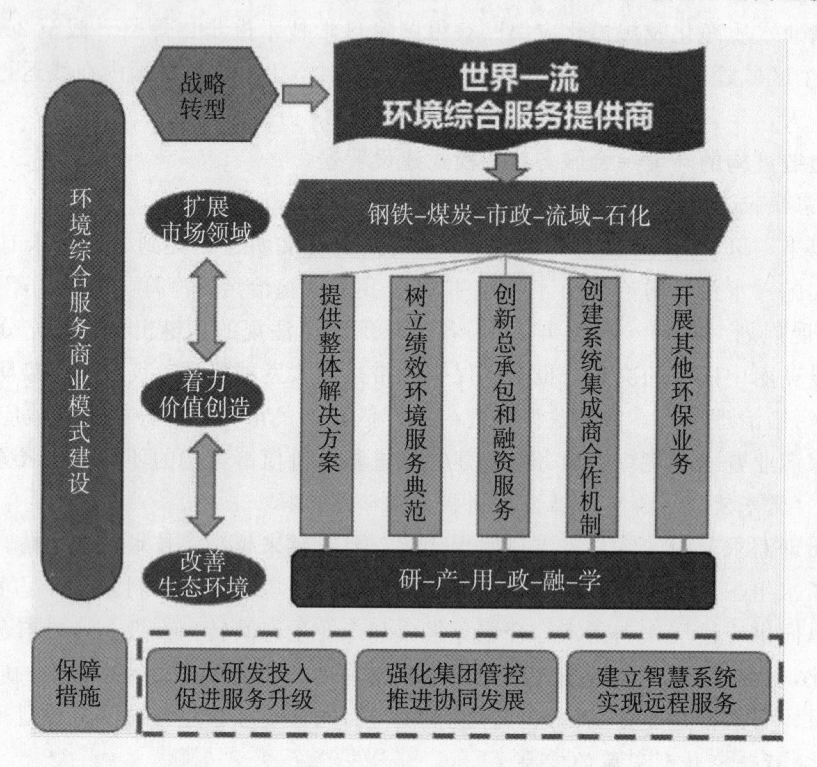

图1 环能科技环境综合服务商业模式示意

2. 确立新商业模式实施路径

环能科技基于新商业模式的思考,制定了具体实施路径。将市场领域由原来的钢铁冶金废水、煤炭矿井废水处理向市政污水、石油化工废水处理和流域水环境治理领域扩展;将价值创造由原来相对单一的装备研制、运营管理向产业链咨询设计、工程建设、项目投融资、系统集成等延伸;将生态环境由原来企业主导的"研、产、用"供应链关系向政府引导的"研、产、用、政、融、学"环保产业生态圈升级,产生了意想不到的效果,即构成了环境综合服务三个维度的空间坐标,形成了环能科技商业模式构建地图(见图2)。

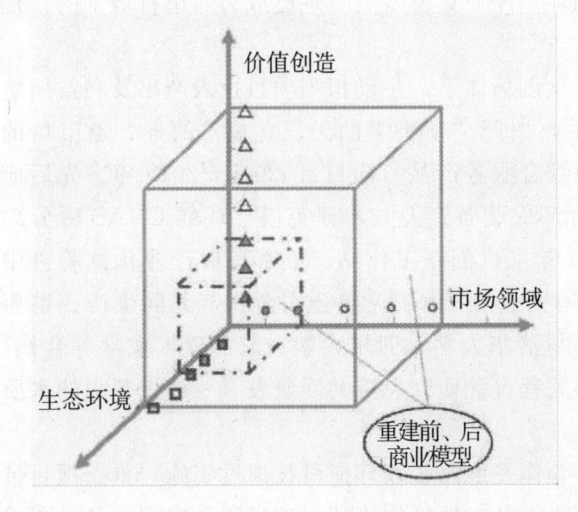

图 2 环能科技商业模式构建地图

(二) 整合内外资源和构建生态体系，夯实环境综合服务基础

1. 并购相关业务，扩展市场领域

2015 年出资 38275 万元，全资并购江苏华大公司，使企业在开展超磁分离装备研制基础上，又新增离心分离装备研制业务。2016 年，出资 900 万元并购道源环境 100% 股权，增加环保工程项目咨询、设计、评估新业务；出资 21450 万元收购四通环境 65% 股权，增加环保工程项目建设总承包资质。2018 年初，又全资并购四川善建和盛工程建设有限公司，使企业工程建设资质和能力进一步提升。以上举措，有效整合外部资源和提升了企业环境综合服务咨询设计与评估能力、项目运营维护和管理水平、流域治理水平、施工资质暨工程建设总承包能力等，不仅充实了环境综合服务有关运营资质及部分硬件设施，整体提升重点业务能力，还扩大了业务范围，拓展了市场领域。

2. 开展特色服务，提升价值创造能力

2017 年在成都总部注册成立环能华瑞、环能建发等子公司，新增市政污水处理投资及运营业务；在北京平谷、深圳前海、江苏无锡、湖北武汉设立子公司，扩大价值创造空间，且使市场布局更加合理。2018 年在青岛新注册项目公司，探索工程项目建设暨融资业务新模式，使工程项目融资及其建设资质和能力进一步提升。在整合内部资源同时，企业还通过开展特色服务，即磨砺"量身定制个性化的整体解决方案"利器，为客户创造"独特价值"；磨砺"拥有自主知识产权的磁分离水体技术"利器，成为行业的"不可替代"；磨砺"构建三维环境综合服务商业模式"利器，做到服务"与众不同"，以科学、高效推进商业模式建设暨着力价值创造。

3. 构建"政产学研融用"联盟，改善生态环境

为适应环保产业由"单一产品→单一企业→产业链→产业集群→产业生态圈"生长新趋势，不断拓展环境综合服务业务范围和市场领域，环能科技采用"政产学研融用"六位一体模式打造环保产业生态圈，重点在共商、共建、共享上做文章。

一是以成都市人民政府为主导，打造环保产业生态圈。积极响应国家和地方政府"生态文明建设"和"四川省大力发展环保产业、建设环保产业生态圈"号召，2015－2018 年，先后在成都金堂淮口节能环保产业基地启动环保装备制造基地一、二期工程建设。一期工程达产后，利用区位优势扩展产业暨市场领域，使之产业链逐步融入成都金堂环保装备制造产业集群、成都龙泉固废收运处理产业集群、成都高新区环保集成服务产业集群，并向环保产业生态圈升级。通过联盟"政产学研融用"共商、共建、

共享，极大地促进了企业融入成都重点环保产业板块和环保产业集群发展，现已成为四川省培育的百亿级重点环保企业之一。

二是以生产（服务）企业为主体，建立产学研一体化创新体系。主动担当项目投入产出及利益风险的主体责任，与科研院所和高等学校联姻、联名、联手，按照"顶科学的天、立技术的地、走市场的路"指导思想，建立产学研一体化创新体系，开发环境综合服务产品（项目）。2015—2018年，先后成立、并启动运作了清华大学水环境研究中心、四川联合环保装备产业技术研究院、环能CNAS磁分离水处理检测中心、四川省企业技术中心、成都市院士（专家）创新工作站、成都环保产业化试验（中式）基地等；与美国Prime Solution Inc、THwater和澳大利亚ORICA等公司合作，共同生产、销售和推广国际先进旋转压滤污泥处理设备及水处理工艺；与清华大学、四川大学、成都理工大学等合作，共同组建研发团队开展水环境课题研究；与原总装备部工程设计研究总院共同研发《一种景观水的水质净化方法》，获得第二十届全国发明展览会金奖。

三是以环境综合服务用户为中心，拓宽"产融用"合作发展路径。环能科技通过实施"重点项目带动，产业集群发展、专项基金支持，融资融合发展"策略，针对性地解决环保项目资金难到位和融资渠道不畅问题。与行业协会和相关集团公司发起成立产业投资联盟，开展"产融用"互动；与环保发展基金主管部门、投资公司和其他金融机构建立联系，开展项目投融资合作；继2016年与北京市平谷区水务局签订《北京市平谷区洵河东店出境断面水质改善应急治理工程政府与社会资本合作（PPP）项目投资协议》（项目总投资额约1.5亿元）后，继续为用户提供ESL、BOT、PPP等项目融资及多种融资方案组合服务。

（三）提供整体解决方案，开拓工业废水处理和市政河湖治理市场

1. 量身定制冶金浊环水处理方案，做强工业废水处理

环能科技自创建以来，一直致力于磁分离水处理技术研发，并成功研发出国际领先的"稀土磁盘分离成套技术设备""超磁分离水体净化成套技术"。在技术创新过程中，率先将磁分离技术用于工业废水处理与资源回收利用领域，目前已研发出五代磁分离水体净化技术。特别是稀土磁盘分离法在钢铁冶金浊环水处理市场具有极高的适用性和优越性，深受用户青睐。企业以此为契机，瞄准钢铁冶金废水处理市场和客户需求，不断开发新技术和新产品，通过完善磁分离水体处理技术链，开发出了系列工业废水处理成套装备技术，形成了以钢铁冶金废水处理为特色的工业领域废水处理技术标准体系，并为客户提供整套的技术产品和服务组合，量身定制了冶金浊环水处理解决方案包。现已为攀钢、柳钢、邯钢、首钢、唐钢、武钢等钢铁企业提供了三百多项钢铁冶金废水处理服务，其污水处理技术装备约占全国大型钢铁冶金废水处理市场20%的份额，年销售合同额上亿元。环能科技还凭借超磁分离水体净化技术大力开发煤炭、石化行业废水处理市场，并取得成效，成为全国工业行业废水处理佼佼者，使"做业界的领先，分担社会责任"正逐步成为现实。

2. 量身定制黑臭水体处理方案，做大河湖污水治理

2016年以前，通过不断技术创新，逐步形成以磁分离水体净化技术为依托，以生化处理技术、生物——生态水体修复技术、膜技术和污水处理领域其他适用技术为支撑的水处理技术体系及其解决方案，业务基本涵盖工业及市政水处理综合服务全过程。其中，新开发的用于市政污水处理及水环境治理领域的超磁分离水体净化技术，在北京东隆别墅景观水处理、北京老凤河治理以及四川安岳岳阳河应急治理等项目成功得以推广应用，并成为国内市政河湖污水治理样板工程。这为环能科技转型升级提供了契机，为其做大市政河湖治理创造了条件。2016年以后，通过技术创新实现产业升级，把磁分离水处理技术当作水处理利器，利用"超磁+"磁分离技术模式，整合多种实用技术和产品，量身定制黑臭水体处理解决方案，并取得实效。其开发的磁分离技术被住建部列入《城市黑臭水体整治——排水口、管

道及检查井治理技术指南（试行）》，车载应急超磁分离水体净化成套设备和超磁膜方车载移动供水设备被工信部列入《中国应急产品实用指南》，并已广泛应用于煤矿、景观、市政、石油、化工、电力及水污染应急处理等多个重点领域；企业提出的以截污治理、生态修复、综合治理、水质保持四大区块和黑臭应急控源截污、村镇分散污水治理、黑臭长效控源截污、黑臭水体综合改善、河湖水质保持五大定制型技术方案受到业界推崇。通过技术创新和转型升级，成功地将工业领域废水处理拓展到市政黑臭河湖及流域水环境治理。目前，环能科技在线运行市政河湖水环境治理的磁分离水处理成套设备水处理量已超过 60 万立方米/天，其磁分离水处理技术和工程业绩均居业界鳌头。

3. 量身定制应用场景处理方案，做优环境综合服务

2017 年，环能科技围绕"创造需求和重塑价值"，专门抽调精兵强将新组建"解决方案部"，创造性提出将水环境综合服务领域及其范围内容场景化，以提高市场响应速度和为客户量身定制水环境综合服务为目标，结合装备技术特点及环保工程项目运营情况进行分，并研究确立了诸如控源截污、湖体水质保持、污水处理厂提标改造等十二类、上百种应用场景；量身定制了一大批水环境综合服务应用场景解决方案包，极大地满足了水环保客户个性化需求。

（四）树立绩效环境服务典范，抢占城镇污水应急处理市场

1. 研发污水应急处理方案包，吸引城镇污水应急处理客户

针对市政污水的"常规"与"应急"处理，环能科技形象地将二者比作"阵地战"和"游击战"。2015 年，在巩固和发展"阵地战"成果同时，努力克服"阵地战"污水处理不灵活、建设周期长，尤其对突发污水处理无能为力的弱点。针对城镇污水应急处理，制定实施了污水应急处理"游击战"方案包：一是在项目建设上，针对未纳入管网污水进行应急处理，其设施规模和投入不必像污水处理厂那么大的特点，力求体现项目投资小、污水处理机动灵活；二是在技术选择上，应用先进超磁透析技术，实施污水一级强化应急处理，使之成本低、效果好、悬浮物和总磷去除率达到 90% 以上。该解决方案最先在治理北京市清河流域水质上得以应用。经实践验证，上述污水处理站基建设备投资按吨水计仅为 500 元左右，是同等规模污水处理厂的 1/6~1/8；其运行费用在 0.1 元~0.5 元/立方米，低于城市污水处理厂。这种简便、实用、易行、低成本的污水应急处理方案，深受用户欢迎，还被水利部科技推广中心评为水利先进适用技术优秀示范工程，现已成了国内当前解决城郊污水直排问题、采取应急一级强化处理技术措施的最佳选择。

2. 开展绩效环境服务，增加城镇污水应急处理市场份额

所谓绩效环境服务方案，就是针对水污染应急处理客户诉求，以效果为导向开展绩效环境服务。在绩效环境服务过程中，做到不增加用户财政负担，采用甲方购买乙方环保服务的方式进行。为此，环能科技主动寻找机会，大胆探索以效果为导向的 1~5 年的应急绩效环境服务，并在承接北京清河流域水处理项目中成功得以实施。这一案例成了地方政府采购环保公共服务和环能科技开展绩效环境服务的典范。此后，环能科技上述经验进行固化，以形成独具特色的绩效环境服务解决方案，为用户提供以效果为导向的绩效环境服务，深受用户欢迎。据统计，目前这种服务方式在环能科技现有污水应急处理销售合同中占有约 1/3 比例，年销售额上亿元。

（五）创新工程总承包和项目融资服务，拓展和引领环境综合服务市场

1. 启用 EPC 工程总承包服务，规范乡村区域污水连片处理

环能科技针对性制定乡村水环境治理整体解决方案，积极探索 EPC（设计－采购－施工）工程总承包服务模式和对外承接 EPC 工程总承包业务。2016 年 3 月，环能科技首次中标四川崇州市 10 个乡村开展污水连片整治项目。该项目在全区域内实施污水连片整治，分散建设了 15 个污水处理站点及配套管网，有效地解决了区域内污水随意排放和治理不规范的问题。近两年来，环能科技自主建立的乡村区

域污水连片处理解决方案及EPC工程总承包服务体系先后在承接金堂县乡村综合治理工程、双流幸福美丽新村一期项目、双流红石小区污水处理站、江西武宁县15个乡镇水环境污染治理、简阳村镇污水治理等乡村区域污水连片治理项目中得以推广应用,效果良好。

2. 拓展ESL(设备租赁运营)融资服务,引领河湖水质保持和流域治理

ESL(设备租赁运营)项目融资服务,是环能科技利用客户赋予的"污水处理场站设计、土建、设备的生产安装、建成后场站的运营"的主动权和自身拥有的水处理整体解决方案(包括设备融资、装备技术、工程建设、运营管理等)优势,通过在项目设计建设及运营期间的优质服务,引领河湖水质保持和流域治理。2015年以来,环能科技成功启动了一批ESL项目,其中武汉黄孝河污水处理暨水质保持极为典型。2018年初,环能科技又与武汉武昌区水务局、武汉海绵公司、武汉水投公司签订了五个类似的污水处理项目合同,其处理水量达到24万立方米/天。

3. 推出融资方案组合服务,做强做大环保产业

为满足用户对水环境综合服务项目投融资需求,2015年以来,环能科技在启用EPC、ESL、BOT、ROT、PPP等项目融资服务的同时,还针对市政领域黑臭河湖治理投融资项目,推出BOT+ROT、ROT+ESL、BT+O、PPP+EPC等融资方案组合服务(见表1),并在市政领域环境综合服务项目中得到广泛应用,2015—2017年,共签订此类服务合同10余份,项目工程总投资达6.55亿元。

表1 多种融资方案组合服务模式

项目融资模式	BOT+ROT	ROT+ESL	BT+O	PPP+EPC
	建设运营移交与设备购买营运组合模式	设备购买与设备租赁运营组合模式	设备购买与运营组合模式	公私合作与项目总承包组合模式
适用范围	新建或改造污水处理厂	黑臭河湖的污水应急处理,污水处理厂溢流应急处理	未进入管网的分散点源污水应急处理	湖泊水质保持城市黑臭水体治理 农村环境综合治理 断面考核流域治理 区域和流域治理
使用设备	污水处理厂相关设备	应急移动式超磁分离成套设备等	一体化小型污水处理设备	根据流域情况选配
适用水量	10000 m^3/d 以上	3000 m^3/d 以上	100~3000 m^3/d	10000 m^3/d 以上

(六)创建环保系统集成商合作机制,开发健康环境服务与大气、固废环保市场

1. 建立系统集成商合作机制,承接大型环保综合项目

2017年,为适客户需求从单一服务需要向系统化、集成化的综合服务需求转变,环能科技与具备环境治理综合服务所需资质和能力、且能为环境治理综合服务领域提供所需产品与服务的同行们(集成商)携手,共同探索建立环境综合服务系统集成商合作机制。在运作过程中,环能科技以总集成商身份,与其他分集成商按照"松散型组织、市场化运作、优势互补、利责对等"原则,共同建立的为环境治理提供一站式综合服务的一种战略合作伙伴关系暨工作机制,承接大型环保综合项目,并初见成效。2017年1月—2018年6月,已联合承接大型环保综合项目3个,合同金额达2.6亿元。

2. 组建项目联合体,参与海绵城市和湿地公园建设暨致力健康环境服务

环能科技在建立系统集成商合作机制基础上,瞄准重塑健康环境市场,实施产业升级,使其服务领域由工业废水处理、市政及流域水环境治理逐步向人类健康水环境服务升级,力求在海绵城市建设、综

合管廊建设、饮用水安全保障、污水厂提标改造等方面大显身手。本着"强强联合，优势互补"原则，组建项目联合体，深化咨询设计、装备研制、工程建设、项目投资与运营"四位一体"的环境综合服务业务。近两年，环能科技与北京市市政四建设工程有限责任公司组成的联合体，已中标青岛市海绵城市试点区（李沧区）建设 PPP 项目标段三的项目，投资估算为 2.5 亿元；其旗下控股子公司四通欧美也作为项目牵头人，与四川中恒工程设计研究院有限公司、中国建筑西南勘察设计研究院有限公司组成的联合体成功中标南充市"舞凤山公园、正兴街、凤鸣路北延线建设项目勘察——设计——施工总承包"项目，合同总金额 1.37 亿元。

3. 建立全面战略合作伙伴关系，创造条件进驻大气污染治理与固废处置市场

目前，已与四川大学和四川省新能源产业促进会合作，共同研发烟气除尘、VOCs 处理系统，并着手工程系统制作工作区（实验基地）和工程系统运行演示区（中试展示中心）建设；与部分固废处置相关业务的科研院所、骨干企业和综合服务供应商建立了全面战略合作伙伴关系，共谋开发大气污染治理与固废处置市场。

（七）制定保障措施，持续推进环境综合服务商业模式建设

1. 加大研发投入，促进服务升级

为促进环境综合服务升级，环能科持续加大研发投入，2017 年投入研发经费已达 2125 万元，约占企业当年营业收入的 2.62%。一是对现有磁分离暨离心分离水体技术及其成套装置（设备）进行升级换代，不断推出性价比高、且适销对路产品；二是围绕磁加载沉淀、黑臭河湖治理复合技术、磁性生物载体、中水深度处理等重大专项实施技术创新，努力推动"国家级磁技术研究中心"建设；三是加大磁介质生物处理设备、管网技术设备、深床滤池工艺设备、SST（高效生化）技术设备、污泥干化处理设备、高效旋流速分设备等产品研制力度，迭代升级环保技术装备，从而加速企业环境综合服务的迭代升级。截至 2018 年 6 月，环能科技已拥有自主知识产权专利 175 项，其中发明专利 55 项、非公开核心专利技术 30 余项；主编水环保产业国家或行业标准 4 项。

2. 强化集团管控，推进协同发展

2017 年，环能科技深化内部改革，新组建总裁管理团队，在 2015 年战略转型基础上，又推出了《环能科技转型升级暨业务流程重组方案》一是构建战略操作型集团管控模式，先将环境综合服务业务单元公司化，并赋予其市场主体、经营主体、责任主体、利润单元体的地位；再按照"业务集群化，集群区域化、区域单元化、单元公司化"指导思想，组建工业、市政、制造业三大产业集群，成立华东、华南、西南、华北、华中 5 个区域管理中心，注册 22 个全资或控股子公司；最终建立"统一布局、区域协同、分散经营、全员参与"的组织指挥系统，形成一个完整的、即静态与动态相结合的集团管控体系。二是强化使命愿景及其发展战略落地。通过调整部分战略部署，加速推进一系列环保企业文化建设和环境综合服务行动计划的实施。三是推行经营目标责任制，先后出台《环能科技子公司、分公司管理办法》《环能科技子公司、分公司经营目标责任书考核暨奖惩办法》《××公司经营目标责任书》，并与具备条件的各子公司或分公司签订目标经营责任书，较好地分解落实了总公司当年的经营目标和环境综合服务商业模式建设任务。

3. 建设智慧系统，实现远程服务

环能科技加快企业信息化建设步伐，通过上线 EKP、ERP 系统，优化内部管理流程，整合和共享企业信息资源，并积极筹划建立智慧型水治理项目运营管理信息系统。一是对项目运营管理中的分散数据进行集中采集，在项目终端和移动应用端实现数据可视化；二是建立智慧化数据驱动模型和进行大数据分析、预报预警、实时控制和项目系统分析建设；三是分片集中，实行远程监控 2016 年 2 月，上述信息系统率先在江西武宁县乡镇水环境污染治理工程中得以尝试。该系统覆盖 15 个乡镇、12 处饮用水

水源、14座污水处理设施，对跨地域分布式生产实行调度，以实现辅助决策支持，有效地分析并解决了污水处理信息化运行管理中各种错综复杂的问题，使污水处理运营管理变"被动应对响应"为"主动预警处置"，让"看不见的风险"成为"可预测、可感知"，较好地达到了远程服务、远程监控的目的。目前，该信息系统正在环能科技得以逐步完善和推广使用。

三、基于价值链重构的环境综合服务商业模式建设效果

（一）赢得了发展机遇，企业经济效益快速增长

环能科技经过3年多的努力，环境综合服务能力大幅提升，顺利实现了由装备制造商向环境综合服务提供商转型，服务领域不断扩大，积极介入工业（钢铁、煤炭、石化）领域废水处理、市政领域黑臭水体处理和流域水环境治理、海绵城市建设等，用户覆盖全国32个省市、辐射东南亚/中东；经营业绩快速增长，其中2017年完成销售收入和实现净利润分别是2014年的345%和171%；企业综合实力显著增强，资产总额由2014年的6.12亿元增至2017年的26.09亿元，注册资本由2014年的0.54亿元增至2018年的6.77亿元，2017年已跻身四川省环保产业50强。

（二）提供了系列整体解决方案，为工业、市政及流域水环境应急处置提供有力支撑

环能科技以产业报国和健康环境服务为己任，为客户定制了环境综合服务解决方案包，而且还专门针对工业、市政及流域水环境处理应急预案，开发的一体化车载式应急污水处理系统及其解决方案包，极大地提高了抢险救灾和环境应急处置响应速度，被工信部列入《中国应急产品实用指南》。2015年8月12日，天津港瑞海公司危险品仓库发生特别重大火灾事故。在国家环境应急处置的紧要关头，环能科技主动施援提供关键装备技术支撑，既发挥了"无可替代"的作用，又创造了"独特价值"，得到了原国家环保部的充分肯定。为此，原国家环保部还专门给环能科技发来感谢信。

（成果创造人：倪明亮、文世平、肖左才、谭铁生、乔成刚）

军工科研院所基于"三融三通"的军民融合技术产业生态链构建

中国飞机强度研究所

中国飞机强度研究所(以下简称强度所),创建于1965年4月,隶属于中国航空工业集团公司,是我国航空工业唯一的飞机强度研究、验证与鉴定中心,主要开展飞机强度技术领域的预先研究,提供解决航空强度问题的理论、方法、工具,承担从材料、元件、部件到整机结构的地面强度验证试验,具有代表国家对新研及改型飞机强度进行验证、并给出鉴定结论的职能。目前已形成"一个总部、两个中心"的运行格局,总部位于西安市高新技术产业开发区,在阎良国家航空产业基地设有军机科研中心、上海浦东新区设有民机科研中心。现有职工1500余人,拥有国家级/省部级专家9人,享受政府特殊津贴专家30余人。建所以来,完成了我国所有研制、改型和引进的军民机全机静力/疲劳/振动试验,以及各类材料级、元件级、部件级试验;主持完成国家重点预研课题300余项,获40余项国家级科技成果,350余项省部级科技成果,为我国航空工业的发展和国防现代化建设做出了突出贡献。

一、军工科研院所基于"三融三通"的军民融合技术产业生态链构建背景

(一)落实国家军民融合战略,实现强军富民的根本要求

党和国家把军民融合发展上升为国家战略,在党中央、国务院和军地双方的共同推进下,全要素、多领域、高效益的军民深度融合发展格局正在加速形成。随着军民融合的持续推进和市场准入的逐步放开,壁垒已经逐步消除,越来越多民营企业将获得武器装备科研生产许可证,传统的武器装备建设结构体系正在被打破,民营企业与军工企业拥有同等的机会和话语权。强度所依托航空结构强度专业基础性特点在军民融合方面拥有的优势,通过开展产业发展模式创新,推动军民领域的技术共享、市场共建、人才共用,实现军用先进技术服务民营企业产品研制,民用高科技补充和支撑国防装备研制,进而为国民经济发展和国防装备进步做出更大的贡献。

(二)实施创新驱动发展,推动转型升级的应然之举

作为中国航空工业唯一的结构强度专业研究机构,强度所具有完备的专业体系,雄厚的技术实力及一大批原创性基础性科研成果。受体制机制的制约,强度所在资本运作、市场开拓等方面存在着先天不足。在这种客观情况下,亟须把握国家创新驱动发展战略契机,以强度技术为核心,聚焦客户需求,发展强度技术服务和产品谱系,形成业务发展与技术进步的良性互动,不断提升业务市场覆盖率和服务质量,是强度所发展产业的必然选择。强度所"十三五"发展规划提出,到2020年,技术产业要达到与型号研制、预先研究规模大体相当,这要求技术产业必须要打破原有发展模式。2015年以来,为了充分发挥强度技术溢出效应,密切对接市场,强度所确立了"技术产业"的理念定位,即基于强度核心技术开发低成本、高附加值的技术服务和高端产品,基本明确了产业发展的思路。

(三)补齐发展短板,深化供给侧改革的迫切需要

长期以来,强度所的产业发展存在市场潜力挖掘不充分,技术转化、对相关工业产业带动作用不明显等问题,主要体现在:第一,技术协同力不强。在技术孵化方面,缺乏军民通用技术孵化平台,相关资源投入不足,技术管理模式落后;在技术转化方面,航空强度技术向大防务领域和一般民用工业的转化机制没有形成,航空型号研制与民用产业发展之间缺乏有效的技术支撑与互动,亟待打通原创性技术成果与广阔市场需求之间的通道;在技术共享方面,统筹行业内外及国内外科技资源的能力不足,难于在不同领域不同维度挖掘航空强度技术的潜在价值。第二,市场体系不完善。由于缺乏清晰的市场定

位,行销短视问题严重,客户市场针对性不强,轻视"合纵连横"的市场策略,"小""散""弱"的问题十分突出。第三,人才结构性短缺矛盾突出。强度所形成了结构强度专业技术人才一元为主的人才结构,相关的人才培养、考核、评价体系也围绕这一类人才构建,管理和市场人才严重缺乏,制约着产业的发展。此外,军工科研单位长期以来封闭发展的传统思维使得强度所的发展主要依赖内部力量,对外部智力资源的有效利用存在较大短板。

二、军工科研院所基于"三融三通"的军民融合技术产业生态链构建内涵和主要做法

强度所为推动军民融合发展和科技创新互动,基于融合大航空、大防务、大工业市场领域,贯通技术、市场、人才核心要素的"三融三通"发展思路,通过明晰技术产业低成本、高附加值的技术服务和高端产品发展定位,优化以产业创新带动基础创新和工程创新的技术协同创新模式,建立独立法人公司为主体的多层次市场管理体系,构建以强度技术为核心,"试验支持、技术服务、产品定制"为主体的开放式闭环共享技术产业生态链,打通了技术与市场、军用与民用、科技创新与产业发展的通道,破解了军工研究院所机制不活、路径不畅、活力不足等难题,形成了高效益发展、全要素融合、多领域跨越、大尺度转型的发展格局。主要做法如下。

(一) 战略引领,设计强度技术产业生态链整体框架

以国家战略为引领,强度所通过战略顶层设计、清晰定义业务边界、精准聚焦重点领域等方式,助推产业全面发展。体现在三个方面。

一是围绕建设"世界一流的航空强度研究与验证中心"的愿景,确立了以强度技术为核心的"大强度、新强度、数字强度"的总体发展思路。"大强度"即研究对象由过去较为单一的结构演进为涵盖材料、结构、设备、系统、全状态飞机的大范畴;"新强度"即研究方向由过去较为单一的安全性演进为安全性、稳定性、可靠性、舒适性、适应性等相互交融;"数字强度"即研究手段从最初的解析法发展到工程法、数值法,再到基于模型的数字化阶段。二是深化对技术产业发展的战略管控。围绕战略目标,提出了以技术创新带动产业发展,通过产业发展反哺技术创新的军民融合发展原则,制定了技术产业发展"十三五"发展规划,明晰了基于"三融三通"的技术产业生态链架构。在开放合作方面,以市场为切入点,推动与政府、高校、企业、科研机构开展多维度合作,加强科研能力共建共享;以资本为切入点,推动与民营资本开展合作。在战略布局方面,加快产业结构调整,围绕核心技术向前沿性、战略性新兴产业拓展,以西北为中心向华东、华南、西南区域辐射。三是将技术产业作为强度所转型升级的战略着力点。按照"技术同源、产业同根、价值同向"的"三同"发展原则,突出主业和优势领域,明晰了基于强度核心技术开发低成本、高附加值的技术服务和高端产品的技术产业发展定位。

(二) 着力"三融",构建强度技术产业生态链主体和商业模式

1. 以强度技术为根,布局优势业务领域

一是围绕主价值链,布局优势业务。通过梳理军用航空强度技术衍生谱系,围绕航空强度主价值链,前伸后延挖掘整合,明确拓展的重点领域及发展模式,形成了由航空强度技术为支撑,以"试验支持、技术服务、产品定制"三大业务为主体的"以强为根、三足鼎立、多点辐射"的技术产业发展体系,如图1所示。近年来,技术产业在三大业务基础上,发展形成了包括"研究性试验、研制性试验、验证性试验、顶层规划、设计优化、仿真分析、非标测控、减振降噪、智能高端产品"等业务板块,辐射数十个业务方向的多元化业务体系,发展局面良好。

二是强调技术驱动,构建协同机制。为了提高技术产业各业务之间的黏性,增强多元化业务体系的内生成长动力,一方面,强度所将技术积累和创新成果作为技术产业发展的支撑和驱动,有组织地推广到其他交叉领域,创造更大价值;另一方面,获取不同行业不同领域的技术和产品提升的需求,开展基础研究和工程实践,提升整体强度研究能力和水平,进一步促进技术产业各业务的发展。

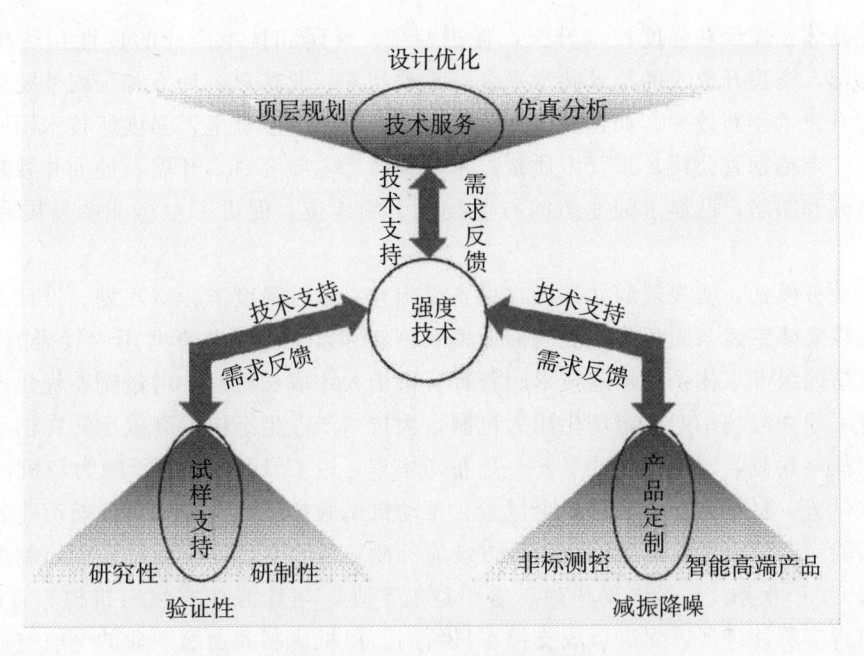

图 1 强度所技术产业生态链业务互动机制

三是着眼未来发展，推进业务云建设。强度所积极推进智慧云建设。以试验支持业务为基础，建设智慧 T（TEST）云，以技术服务业务为基础，建设智慧 E（CAE）云，以产品定制业务为基础，建设智慧 D（DESIGN）云，最终形成覆盖技术产业业务的云平台，实现技术产业生态链的技术和互联网双轮驱动。目前，强度所已经建成强度设计分析云平台（智慧 E 云）。

2. 发挥溢出效应，深挖广拓市场

一是以航融航，服务大航空。一方面充分发挥强度技术品牌的行业影响力，培养客户市场惯性，巩固传统航空产业领域。航空全产业链深入挖掘客户需求。如与机载设备研制和生产企业开展全方位合作，针对机载设备存在的各类强度问题，提供结构设计、强度分析、试验验证等一系列解决方案，促进了机载设备整体水平的提升；基于强度结构修理和健康监测技术，深入到产业链末端，为军方提供飞机维修维护方面的技术服务等。另一方面强度所主动出击，积极进入"大航空"产业圈，着力破解"大航空"产业高速发展之中存在的技术难题。如研发可应用于轻型通用飞机、无人机的摩擦式减摆器，突破了弹性元件预变形阻尼设计技术，填补了国内空白，达到国际先进水平。

二是以军融军，进军大防务。近年来，集聚多方资源，在结构设计与优化、强度分析、强度试验、非标测控系统等多个业务方面与航天、兵器、船舶、电子等防务行业开展战略合作。如针对导弹及高速航天器在飞行过程中的多重复杂载荷情况，集中静强度、动强度、热强度、疲劳强度等多个专业力量，形成了多物理场耦合条件下结构强度分析研究和验证的新方法和新技术，推进了航天型号的研制进程。

三是以军融民，支持大工业。强度所结合制造业转型升级对于结构强度技术的迫切需求，分析大工业细分市场的发展"痛点"，对大型装备制造业和中小型制造业企业在合作上选取了差异化的业务方向。对于大型装备制造业，主要在标准规范、顶层规划、技术体系等方面给予战略性支持，提升大型装备制造业的核心竞争力，如在轨道交通领域，协助进行轨道列车结构强度标准规范的制订，助推中国制造进入欧美市场；对于中小型制造业企业，整合结构强度设计、分析、结构优化、强度试验方面的资源，通过构建共享平台，降低服务成本，提供中小型企业"用得起的军工级技术服务"。

3. 创新商业模式，推动多要素共享

第一，构建创新机制，实现技术共享。构建了同源技术在型号、科研、技术产业之间的相互贯通机制，推进强度创新体系建设和强度技术升级，促进型号、科研和技术产业的良性互动和更有后劲的发展。在强度所外部，搭建开放式的技术共享平台，主动与各行业客户、局方和国内外院校开展多种形式的技术合作，提升技术创新效率。如在复合加载试验设备研制的基础上，强度所技术团队主动联合中石油天津钢管公司、宝鸡钢管公司、东营市质量技术监督局等主要客户，开展石油油井管复合加载试验设备研制标准的研究和编制，凸显了强度所的行业技术引领地位，促进了全行业的发展和国际竞争力的提高。

第二，创新业务模式，实现资源共享。在设备设施方面，以强度实验室规划、设计和实施建设为突破口，实践以提供实验室运营服务为代表的商业模式创新和以实验室共享共用为代表的业务模式创新。在人才方面，打造四级专家体系，构建技术、管理、市场人才成长机制，增量调整优化人员结构，改革人事和分配制度，建立起技术产业市场化用人机制，为技术产业生态链的高效运转提供了人才保障。

第三，构建战略联盟，实现市场共享。一是布局华东，以C919大飞机研制为契机，由单一的整机试验逐步向部件试验、材料试验、客舱安全试验、发动机试验拓展；深度融入民航产业领域，与民航局共建客舱安全实验室；加强军地互动，获得地方政府和商业协会支持，全面提供中小制造业企业结构优化、仿真分析等CAE业务。二是谋局华南，着眼通航产业，与珠海地方政府机构签订战略合作协议，设置分支机构取得实质性进展，促进形成支撑军机研制、民机研制和通航产业的全航空业务域格局。三是夯实西北，巩固传统优势业务，综合环境试验方面通过能力建设，已形成系列化、完整的试验能力，形成西北地区最为专业的第三方试验中心；气候环境模拟、智能化验证、结构健康监测、智能仿生装置开发等新业务能力正加速形成。

（三）强化创新，提供强度技术产业生态链驱动力

1. 构建创新平台，加速产品孵化

强度所打造了强度技术创客空间，构建了完备的技术创新平台，加速了技术产品孵化。在资源投入方面，采取"场地＋资金"相结合的资源支持模式。场地方面，根据项目实际，提供研发测试、技术沙龙、开放展示等功能区域，截至目前，累计提供了超过1000平方米的独立的运行场所和完备的基础设施。资金方面，依托强度所创新基金，根据技术产品孵化进程和预期效益，给予不同额度的基金支持，近三年年均投入超过2000万元。

项目管理方面，项目选题聚焦市场前瞻性、技术领先性、实施可行性等因素，先行先试，在项目实施中，提供全过程专家指导支持，提高创新项目孵化成功率，此外，还定期对项目进行评估，对实施质量不高、逾期未完成的项目及时中止，保证投入产出效率。人员管理方面，采取"项目矩阵式＋部门职能式"的人员管理方式。如根据民航飞机的座椅液压锁产品市场需求，组建了产品研制团队，针对关键结构和液压技术进行攻关，形成了产品样件。目前，该产品已进入最终的分析测试阶段。

2. 建立运行机制，贯通创新链条

为促进产业创新、基础创新和工程创新的无缝对接，提高产品研发、技术研究与工程应用间的黏性，强度所建立了产业创新中心、基础创新中心和工程创新中心，如图2所示。产业创新中心根据市场需求进行产品孵化，形成成熟产品或技术推向市场。基础创新中心主要聚焦于基础研究和应用研究，工程创新中心主要负责将应用于航空型号研制的成熟技术进行迁移研究。三个中心通过外部驱动和内部驱动的双轮运行机制，实现技术创新从需求端到实现端的创新链贯通。外部驱动机制以产业创新中心为主体对接市场需求，通过进行需求管理对市场需求进行识别和分类。内部驱动机制基于强度技术的不断提升而产生的价值实现需求。基础创新中心形成的先进强度技术研究成果及工程创新中心形成的试验技术等研究成果可输入至产业创新中心，通过产业孵化形成新型产品或技术打入市场，在市场推广的过程中，对强度技术和试验技术孵化形成的产品进行提升的创新需求可以通过产业创新中心输入到基础创新

中心和工程创新中心，构成创新活动的两条闭环回路，实现强度技术创新的不断提升。

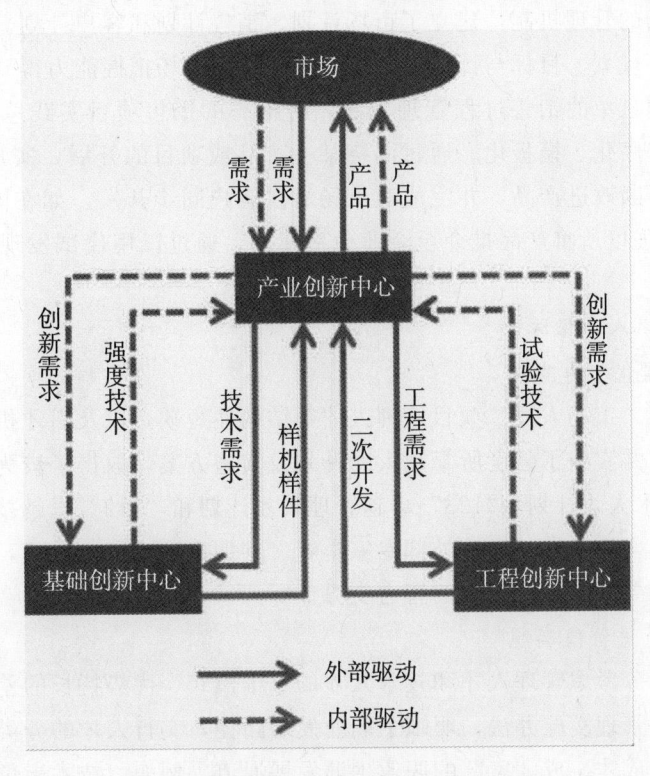

图 2 强度所产业技术创新体系运行机制

3. 聚集内外智慧，推动协同开放

一方面，联合国内资源组建"国家队"，充分挖掘强度技术的潜在用途，实现价值突破。如与上海交通大学联合开展纳米陶瓷铝合金材料研制，与民航二所联合开展航空座椅及关键附件设计分析与验证，与吉利汽车研究院在整车/部件环境适应性验证、车用主动降噪产品研发等方面联合开展技术研究。另一方面，联合国外资源，开展广泛战略合作，共同推进人才培养、技术创新和型号研制的协同发展。先后与英国帝国理工、德国 ZWICK 集团、德国 iABG 公司等国外科研机构签订了一系列战略合作协议，目前已确立与帝国理工联合共建工程力学与强度技术实验室、与德国 ZWICK 集团共建先进材料力学性能实验室等多个合作项目。

（四）市场导向，提升强度技术产业生态链价值

1. 深入分析环境，精准市场定位

由于强度专业的基础性特点，使强度所除先天具有航空和军工领域的客户优势外，其产业服务的客户还可扩展至通用航空、无人机、能源化工、轨道交通、汽车制造等领域。强度所通过对这些行业领域的客户企业类型分析、需求分析、消费能力分析等，筛选出与强度所相关产业具有合作前景的目标客户群体，建立目标客户统计表，并充分挖掘这些目标客户群体衍生的潜在客户。如强度所瞄准轨道交通领域高端制造企业，向其提供周到的全复合材料车体强度技术服务，开拓出了广阔的市场。

2. 制定管理策略，完善市场体系

强度所转变研发思路，以市场为导向，针对客户具体需求，建立技术指标清单制，为客户提供个性化定制服务，实现从"重产品、轻需求"向"重需求、优服务"转变。如子公司安思锐科基于指标清单制，实现了全部货架产品的可定制化生产，目前，减振器产品种类基本满足了国内军用航空减振器

市场。

强度所完善面向市场的管理机制，建立了市场计划、销售计划和客户计划。将战略目标落实到计划中，增强市场人员对市场规划、目标与计划的理解，使企业的市场把握能力得到有效提升。通过工作流程梳理，建立了从需求到订单的销售过程管理方法，将优秀的销售项目实践总结提炼为标准化流程模板，实现关键流程工作程序化、模板化。通过围绕某一产品或项目的开展，实现规模订单拓展。同时，采用以用代试的方式，不断改进产品，并完成对市场潜在客户同步开发。如在国产自主研发的CAE软件HAJIF推广过程中，强度所将产品推介至企业免费使用，通过以用代试发现问题进而再优化、再升级，提高产品竞争力。

（五）育才引智，提供人才保障

1. 培育卓越人才，强化智力支撑

强度所针对技术专家、市场人才、项目管理人才等结构性短缺，以及引才机制不灵活等制约技术产业发展的问题，系统制定并实施了强度所卓越人才计划及实施方案，取得了较为显著的成效。卓越人才计划包括"623"卓越技术人才计划、"123"卓越管理人才计划和"512"卓越技能人才计划。此外，强度所还积极采取引入外部咨询公司、邀请外部专家学者、参加主题论坛等方式，在市场体系建设、客户管理、人才激励等方面，寻求更多更有效的智力支撑。

2. 畅通发展通道，促进价值实现

为引导人才成长，充分考虑管理人才和技术人才的思维模式、优势特长的差异，强度所分别制定了技术系列和管理系列岗位管理实施办法，明晰了职业发展路径，实行人才的分类管理、分类考核，为技术产业人才提供了畅通的成才、成"家"的职业生涯发展通道。例如，技术岗位共分为十一个层级，分别是T1—T11岗位，其中，基础技术岗位为T1—T7七个层级的岗位，高端技术岗位为T8—T11四个层级的岗位。各层级岗位既是对人才能力的认可和创造价值的肯定，又在一定程度上促使他们向更高的层级迈进，在为技术产业生态链创造更大价值的同时，实现了个人的目标和价值。

3. 注重正向激励，提高工作热情

针对技术产业需要敢闯敢试的特点，强度所确立了以正向激励为主的激励举措，优化完善了薪酬绩效考核办法，营造了宽容失败、勇于创新、大胆试错的技术产业氛围，不断提高干事热情。形成以利润和EVA为核心的短期经营业绩和长期经营业绩相结合的考核体系。通过编制经营单位目标责任书和考核细则，强化对科研室、子公司在技术产业发展中的个性化考核，充分发挥绩效考核与薪酬指挥棒的作用，引导全员重视并参与生态链构建。制订股权或分红激励制度，对开展科技创新成果转化并产生应用价值的职工予以奖励，年均奖励总额达到近500万元；制定灵活的市场拓展激励政策，对于在市场开拓和产业形成中做出贡献的职工提供低成本的创新创业机会；给予创新基金扶持引导技术骨干积极培育和孵化主业相关、市场竞争力强的优质业务，促进航空技术产业化、军用技术民用化。

三、军工科研院所基于"三融三通"的军民融合技术产业生态链构建效果

（一）建立了敏捷高效的强度技术产业生态链

通过强度技术产业生态链的构建管理，成功建立起了敏捷高效的强度技术产业生态链，并在产业生态链的辐射带动下，使产业发展取得了可喜成绩，实现了经济效益持续稳健增长。近三年，强度所总产值年增长率持续保持在15%左右，利润年增长率持续保持在20%左右，其中，技术产业的产值年平均增长率超过20%。技术产业对总产值的贡献率由17.7%提升到37.7%，改变了长期以来总产值主要依靠预先研究和装备研制的局面，实现了预先研究、装备研制、技术产业三大业务板块并驾齐驱、协调发展的新格局。

（二）形成了全要素融合的发展局面

通过强度技术产业生态链的构建，强度所技术产业各项业务在军民领域都取得了较大突破，产品、服务、市场、资源等全要素融合发展的局面已经形成。军转民发展态势良好。如衍生于静强度技术，应用于石油油井管研制生产的复合加载试验设备形成了从500吨到3000吨规格的系列产品，在国际公开招标中击败了美国应力工程公司等跨国企业，打破了国外的技术封锁，创造了较大的经济效益和社会效益。实现了从试验设备研制到为客户提供综合解决方案的技术服务突破，先后承担了中车集团长春客车公司噪声实验室的建设项目、吉利汽车车体材料性能试验项目等。全面融入民用航空发动机研制链，与中国航发商发联合研制发动机轴类试验器，实现了轴向力、主扭矩、旋转弯矩和振动扭矩的精确施加，最高加载频率接近20Hz，达到了行业领先水平，推动了我国商用发动机验证机的研制进程。

（三）推动了战略转型和跨越发展

实现了从无序自发的粗放式发展方式向战略牵引的系统化发展方式的转型，从"小、弱、散"无关离散的业务体系向以强度技术为核心的相关多元业务体系转型。从军用航空一元为主到涵盖民用航空、通用航空、无人机等大航空领域多元并举的跨越。强度所与中国商飞联合开展民用飞机C919联合研制；与通飞研究院联合开展水陆两栖AG600通用飞机研制；与航空院校联合，围绕无人机产业化发展和无人机公共安全技术开展了卓有成效的合作。实现了从航空到航天、兵器和船舶等大防务领域的跨越，从军工到轨道交通、汽车、风力发电、能源化工等领域的跨越。成功完成世界首辆全碳纤维复合材料地铁车体静力试验，减振器、非标测控设备及噪声控制等产品与技术打破了国外垄断，达到国内一流、国际领先水平。

（成果创造人：王彬文、蒋军亮、徐　浩、黄　河、徐晓东、周建锋、韩　晖、李　明、郭冬梅、王　靖、汪　腾）

支持重大决策的风险评估机制建设与运行

中国石油化工股份有限公司中原油田分公司

中国石油化工股份有限公司中原油田分公司（以下简称中原油田）是中国石油化工集团公司的下属企业，是集石油天然气勘探开发、工程技术服务、炼油化工、油气销售、矿区管理于一体的国有特大型企业，是我国东部重要的石油天然气勘探开发生产基地。勘探开发区域包括东濮凹陷、川东北普光气田和内蒙古探区，基地位于河南省濮阳市。截至2017年年底，油田所属二级单位43个，用工总量4.79万人，资产总额351.17亿元，负债153.45亿元，累计生产原油1.43亿吨、天然气929.44亿立方米。

一、支持重大决策的风险评估机制建设与运行背景

（一）防范生产经营风险的需要

中原油田近年来在深化改革调整、推进提质增效方面采取了一系列措施，推动了企业全面可持续高质量发展，但普光高含硫气田的开采、集输、净化难度不断增大；内蒙古探区生态脆弱，安全、环保标准更严格、监督更严苛、问责更严厉；油田外闯市场步伐加快，战略风险、法律风险、财务风险、安全风险管理难度随之增大；改革逐步迈入深水区，在市场化、全球化、信息化的冲击下，员工队伍的思想意识日趋多元、多样、多变，价值取向各不相同，职工和谐稳定仍有大量工作要做。为了适应日益复杂和不断变化的生产经营环境，必须建立一套能够及时识别风险并实施防范的风险管理机制，确保改革发展的持续推进与平稳运行。

（二）支持企业科学决策的需要

国务院于2010年颁布的《关于全面加强法治政府建设的意见》中就明确要求要把"风险评估作为重大决策的必经程序"。从运行情况来看存在两种现象：一是将一般程序中的含有风险评估内容就视同为风险评估，导致风险评估程序的徒有其名。二是缩小重大决策范围，引入第三方开展专项风险评估和调研论证，加大了风险评估和决策成本，导致决策效率不高。"不愿评、不想评、不会评、评不好"的现象在国有企业和地方政府都普遍存在，而为了满足指标考核和应付检查以及固化部门权限，有时也会出现"烦琐评"现象。因此，需要规范风险评估报告的标准化文本，真正发挥好风险评估在企业决策过程中的作用，提高科学决策质量和效率。

（三）实现企业持续发展的需要

国务院国资委关于中央企业开展全面风险管理工作的有关通知多次要求，企业"三重一大"、高风险业务、重大改革及重大海外投资并购等重要事项应建立专项风险评估制度，在提交决策机构审议的重要事项议案中必须附有充分揭示风险和应对措施的专项风险评估报告。中国石化提出坚决打好防范风险、扭亏脱困、分离移交三大攻坚战的要求，并把防范风险放在了首位。而传统的风险防范将工作重心放在了对个别或特定法律风险的控制和解决上，未能在事前以整体的、连续的、系统的方式来识别、控制和解决（或降低）各种风险，影响企业整体生产经营管理水平的提升。因此，必须科学识别、评价、应对和控制油田生产经营中的各种风险，为决策层集体研究提供更加准确的参考，达到规避决策风险的目的，为实现企业持续高质量发展目标营造安全、环保、稳定的环境。基于上述情况，从2016年年底开始，中原油田开始实施支持重大决策的风险评估机制建设。

二、支持重大决策的风险评估机制建设与运行内涵和主要做法

中原油田结合企业实际，吸收ISO31000国际风险管理标准的"嵌入性"理念，以提高决策科学

化、民主化水平为目标，坚持整体性、连续性、系统性方式，探索建立支持重大决策的风险评估机制，有机结合调研论证、前置评估、决策前评估三个层次，聚焦重要领域，开展专业风险评估，构建专业风险评估与综合风险评估相结合的多维度分析评价模式，有效识别、控制和消减各种风险。推行评估报告规范化、文本化、痕迹化，实施"议案＋风险评估报告"的决策方案提报方式，提高企业决策质量和效率，有效防范决策风险，避免决策失误，全面提升企业抗风险能力。主要做法如下。

（一）明确思路，制定支持重大决策的风险评估机制建设总体规划

1. 确定整体思路

紧紧围绕油田战略目标和年度工作目标，聚焦重要领域，突出效率和有效性，建立支持重大决策的风险评估机制，按照"整体统筹、全面推进、务求实效、深度融合"的总体思路，有效识别、控制和消减各种风险。支持重大决策的风险评估机制流程如图1所示。

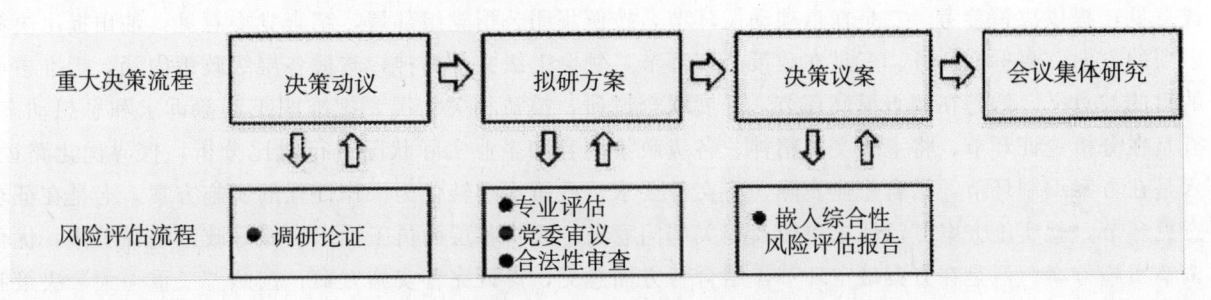

图1 支持重大决策的风险评估机制流程

2. 健全管理组织体系

成立支持重大决策的风险评估领导小组，油田党政主要领导任组长，油田副职领导任副组长，勘探开发、生产运行、法律、HSE、廉洁、维稳等各专业管理部门和重大决策提报部门负责人为成员。按照管理职能分工，充分发挥各部门在风险管理组织体系中的作用，本着"谁的业务谁负责"的原则，对各类专业风险实行分类管理，形成从上到下的风险管理运行机制，建立职能明确、职责清晰、分工负责、执行高效、监督有力的风险管理组织体系，为风险管理工作提供组织保障。

3. 完善运行机制

一是按照"双向进入，交叉任职，一岗双责"的原则，建立和完善有利于发挥党委领导班子集体决策的企业组织领导体制机制。二是建立情况通报机制。领导班子会召开后，及时将提报的风险交由相关部门，并提出相应的防范措施。三是建立过程督导机制。定期对提报的风险整改情况进行跟踪督导，并及时通报进展情况，促进风险管理总体水平的有效提升。

（二）广泛开展决策项目调研论证，识别源头风险

1. 决策事项调研论证程序

决策事项提交会议集体决策前通过认真调查研究，经过必要的研究论证程序，充分吸收各方面意见，其中有关事项经法律部门审核，防控法律风险；重大投资和工程建设项目，事先充分听取有关专家的意见；重要人事任免，对拟提任人选提交会议讨论决定前，征求纪检监察部门的意见；研究决定企业改革以及经营管理方面的重大问题、涉及职工切身利益的重大事项、制定重要的规章制度，先听取工会的意见，并通过职工代表大会或者其他形式听取职工群众的意见和建议；关于党建工作的重大事项，以多种形式广泛征求有关部门、基层党组织和党员的意见；涉及全局发展的重大事项，广泛征求有关单位以及群众代表、离退休老同志等方面的意见。

2. 决策事项调研论证方法

一是调查研究。在重大综合性事项决策前，组织生产、技术、设备、人事、安全、工程、物资采购

等职能部门组成专题调研组，深入开展调查研究，形成调研报告供决策参考。广泛吸纳不同范围、不同对象的意见和建议，对需要进行公示的重大决策事项，利用广播、电视、报刊、互联网等方式向公众及时公开，并将公示中收集的意见、建议等形成报告。二是咨询论证。组织有关专家围绕重大决策事项开展研究，提出科学的专家咨询论证意见。内容包括重大决策的可行性、合法性、经济社会效益、执行条件和重大决策对环境保护、生产安全等方面的影响研究，以及其他必要的相关因素研究。咨询论证的程序包括：确定论证的内容和时间，做好会议记录和材料收集、整理工作，吸纳专家咨询论证意见情况向相关专家反馈。

3. 建立党委源头参与机制

健全党委参与企业重大问题决策的运行机制，做到源头参与、深度介入、调研论证、集体研究。一是在事项讨论环节，开展油田重大决策事项调查研究，运用科学方法加强决策前期论证和综合评估，形成意见，提供决策参考。二是在事项动议环节，按照集团公司党组部署，结合党委意见，油田提出决策事项的方向、目标和任务。三是在政策研究环节，领会上级文件精神，掌握各层级政策内涵，把准事项的目的与意义。四是在调查摸底环节，开展联合调研，摸清相关情况，把准职工利益诉求和思想动态。五是在分析论证环节，将上级文件精神、各级政策内容和企业实际状况进行对比分析，探寻优化路径。六是在方案编制环节，结合企业实际，将文件要求、政策规定转化为操作性强的实施方案。七是在征求意见环节，就实施方案广泛征求单位及相关部门意见，倾听各层面员工诉求，做好政策解释工作，优化调整实施方案。八是在方案确定环节，结合各方面意见，修订完善实施方案，按照"三重一大"决策制度要求，企业领导班子会进行集体决策，对涉及职工切身利益的重要事项，提请职工代表大会审议通过。

（三）区分决策事项的风险类别，强化专业风险评估

1. 开展环境影响与安全风险评估

油气开发及新建、改建和扩建的工程建设项目严格执行"三同时"制度，从源头上消除各类建设项目可能产生的污染，从根本上消除环境问题产生的根源。在开工建设之前认真开展环境影响评价和安全风险评估，运用保护层分析（LOPA）、故障树分析（FTA）、定量风险评价法（QRA）等专业工具定量分析评价，识别分析各种风险，包括建设项目选址的可行性、污染物超标排放、环境风险防治措施有效性、危险废物的处理处置合规性等。

在钻井地质设计、钻井工程设计和投产方案编制过程中开展风险评估，确保地质设计符合HSE有关要求。根据地质设计和作业井史进行单井风险分析，优化施工工序，对井口采油树的拆卸、井控设备安装、洗压井措施等提出明确要求，实施一井一策措施，确保工艺设计和施工符合HSE安全环保有关要求，从源头识别并控制井喷事故风险的发生。

2. 开展境外公共安全风险评估

随着中国石化国际化经营步伐加快，中原油田境外项目逐渐增多，境外公共安全风险防范难度不断加大。中原油田开展以前期调研、社会安全、自然灾害、公共卫生、事故灾难为主要内容的境外综合风险评估。前期调研包括所在地（国家）政治、经济、宗教、民族、社会问题，与周边国家关系、所在国反政府恐怖组织、政府控制力、近三年发生的重大安全事件、自然灾害、交通状况、流行疾病和医疗水平等内容；社会安全风险识别从政局社会现状、武装冲突战争、恐怖袭击、绑架劫持、社区部落干扰、宗教民族矛盾、社会治安刑事犯罪、群体事件等方面，形成社会安全各子类风险绝对风险等级评价表；自然灾害风险识别从气象灾害、地质灾害、地震灾害、海洋灾害、恶劣环境等方面，形成自然灾害各子类风险绝对风险等级评价表；公共卫生风险识别从传染病、地方病、饮食安全等方面，形成公共卫生各子类风险绝对风险等级评价表；事故灾难风险识别从非生产性重特大交通运输事故、非生产性火灾事故

等方面，形成事故灾难各子类风险绝对风险等级评价表。同时，根据公共安全风险识别与分析，以及对方安保情况，制定风险应对措施。主要内容包括安保管理机构、规章制度、安保设施和安保力量配备、人员管理、路途管理、出入管理、倒班线路、与政府机构和当地雇员的沟通协调、自然灾害和事故灾难的风险防范措施、事故灾难应急处置注意事项和应急机制与预案制定等，最终对境外项目提出风险评估结论，为项目决策提供依据。

3. 开展稳定风险评估

根据不同的拟决策事项，由分管领导负责，信访管理部门牵头，协调专业管理部门对专业领域内的稳定风险进行分析论证。决策实施单位采取走访职工群众、发放调查问卷、召开座谈会、开通热线电话等方式，广泛征求职工群众意见，特别是注重征求与决策事项有直接利益关系的群体意见和建议，并对职工群众提出的意见建议及时收集、归纳和整理。组织召开分析论证会，对拟决策事项出台的合法性、合理性、出台条件是否具备等进行科学分析，准确预测、客观公正地做出评估，形成明确的分析论证意见，提出针对性较强的风险评估报告。信访管理部门积极协调有关决策部门及相关单位编制完善稳定风险评估报告和稳定工作预案。稳定工作预案与实施方案分头汇报、同步运作，即两方案同时编制，牵头部门统一会签，作为一个议题上会决策，同时组织实施，提高稳定工作预案的权威性与严肃性，从程序上保证稳定工作质量。

（四）严格履行决策前置程序，开展重大风险评估

为确保企业行为符合国家法律法规和上级政策，中原油田在重大决策过程中通过制度建设保证"前置程序"的落实，重点开展党委常委会宏观风险前置审议、合法性风险审查与合规性风险审查。

1. 开展宏观风险评估

对涉及企业战略规划、体制机制调整、关停并转、薪酬调整等事关改革发展稳定，涉及员工切身利益的重大决策事项，在领导班子会决策前，局党委召开党委常委会进行前置审议，运用科学方法对决策事项调研论证和综合评估，充分吸收各方面意见，保证决策内容和程序符合法律法规、党内规章和有关政策及集团公司规章制度，确保事项实施方案符合油田实际，可操作性强，把好方向关、政治关和政策关。

2. 开展合法风险评估

制定《关于加强"三重一大"决策事项合法性审查工作的通知》，明确提出"三重一大"决策事项不经合法性审查不得提交会议决策，将合法性审查作为必经程序嵌入决策流程，为重大决策合法性审查工作开展奠定坚实基础，为依法决策机制的健全和完善提供制度支撑。在具体流程设计上，将合法性审查工作细分为专业合法性审查和综合法律审查两部分内容，专业合法性审查由主办部门（牵头提报部门）组织相关专业部门进行。综合法律审查由法律部门组织，主办部门在提交综合法律审查时，需同时提交关于决策事项的说明及相关背景资料、关于决策事项的专业合法性审查意见表，使法律部门在进行综合法律审查时可以获得更多有效信息，解决信息不对称问题，便于法律部门做出更加准确的判断。法律部门在进行合法性审查后，对于涉及法律问题或者法律风险的，要出具书面法律意见并进行风险提示。

3. 开展合规风险评估

涉及"三重一大"的制度，必须坚持集体决策的原则，在制定、修订与废止时，严格履行合规性审查程序。油田层面公司治理制度的制定与修订，由领导班子会审议，集团公司审批；油田层面党群类重要规章制度的制定与修订，由局党委常委会决定；油田层面生产经营管理类重要规章制度的制定与修订，由领导班子会审定。严格归口管理、法律、信息、公文处理和制度制订的"4+1"联合审核制度，将问题制度、重大风险消灭在萌芽状态。制度归口管理部门重点审核制度的交叉、矛盾、重复；法律部

门对规章制度内容的不合法性、制定部门的越权行为等问题进行审核；信息系统管理部门对制度的信息化可行性和必要性审核；公文处理部门负责审核、制发油田制度文件及制度档案管理；制度制定部门负责对本部门专业领域内主办制度的关联及法律应用的完整性、准确性把关。

（五）服务会议集体研究决策，实施综合性风险评估

经过专业风险评估以及必要的前置程序，风险不可承受或风险极高的事项就会中止，或者暂缓实施、修改实施方案。若风险评估级别为中级或以下，则可以进入下一步的决策程序。基于对风险多维度及叠加效应的全面认识，中原油田对重大决策事项实施综合性风险评估，要求牵头提报部门主动提交综合性的风险评估报告，作为提案议案的补充报告为会议决策提供参考。

1. 制定发布决策事项风险评估报告编写规范

制定发布《决策事项风险评估报告编写规范》（Q/SH1025 1032—2017），采用表格形式规范风险评估报告模板，内容包括议题名称、风险评估情况简介、风险因素提示、风险防范措施、应急预案等方面。重大决策事项在研究论证阶段，根据相关规定开展专业风险评估（稳定风险评估、安全风险评价、环境影响评价、经济分析评价），并编制专业风险评估报告。对改革发展、项目投资等重大决策事项要进行全面的风险评估，综合考量经济效益、合法合规、安全环保、社会稳定等因素。重大决策议案提交决策时，要附有揭示风险和应对措施的综合性风险评估报告表。其中，"风险评估情况简介"主要阐述风险评估报告征求相关部门意见的情况和专业风险评估报告编制情况。"风险因素提示"要求提报部门准确表述需要提示的风险，认为无须提示风险时，应填"无"。"风险防范措施"主要阐述所提示风险在决策事项实施阶段的应对计划及措施。"应急预案"主要说明针对所提示风险制定的应急预案内容。

2. 会议前编制综合性风险评估报告表

专业风险评估与综合性风险评估两者有着不同的侧重，前者的作用偏向于是否中止决策，后者的作用偏向于完善决策方案。

2017年以来，油田领导班子会决定事项，议案提报部门在完成提报议案时，都必须同时编制风险评估报告表。

一是介绍前置程序履行情况。提报部门主动介绍前期开展专业风险评估的情况和其他前置程序的履行情况（合法性审查情况、党委会前置研究情况）。陈述专业风险评估报告和前置程序的主要结论，为会议决策的参与者对风险的总体认识提供参考，这部分的内容对于决策参与者是否同意决策产生直接影响。

二是提报部门主动提示风险。提报部门在议题（议案）上会前均需向主管领导、主要领导详细汇报。当提报部门认为决策事项存在一定的风险或认为决策方案不够完善时，为提醒决策者谨慎表决或者提出修改意见，要在"风险因素提示"一栏进行陈述。"风险防范措施"和"应急预案"是指决策后为降低风险发生和程度所采取的应对措施，这两个项目的填写可以在一定程度上增强决策者的认同，从而辅助决策者的判断。

三是相关部门发表意见。提报部门在议案上会前征求意见时附加风险评估报告，参与调研论证的部门和决策会议的列席部门在对议案提出准确的修改意见的同时，还可以在风险评估报告方面发表意见。当提报部门无意或有意忽略某些风险时，相关部门有责任发挥专业优势对风险进行细化或量化分析，充分揭示风险，对各种潜在后果及其可能性进行深入具体的研判。

3. 风险评估报告表应用于决策会议

提报部门在议题（议案）上会前，广泛征求相关部门意见，填写风险评估报告表，并与专业风险评估（包括各前置程序）的结果相结合，为决策提供参考，提高会议效率。会议主持人可以根据风险评估报告情况控制会议（议题）进程，如果有风险提示，征求风险评估责任部门意见；如果无风险提示，可

以直接进入决策项目方案表决。决策参与者可根据评估结果，结合本人对风险的认识和偏好行使表决权；如果某种专业风险较高，决策参与者会慎重考虑行使表决权；如果风险较低，决策参与者会更加关注具体操作的风险；无专业风险评估报告，且没有风险提示的项目，通过完善项目方案，或直接决策实施，提高了决策效率。

（六）加强组织制度文化建设，健全风险评估保障体系

1. 完善风险管理制度

根据企业发展要求，中原油田建立完善一套支持重大决策的风险管理制度。一是制定《关于建立稳定风险评估机制的实施意见》，明确责权统一、以人为本、源头治理、统筹兼顾四项原则，确定稳定风险评估范围。二是制定《中原油田生产安全风险管理规定》，把安全风险按重大风险、较大风险、一般风险和低风险进行分级管理，分别用红、橙、黄、蓝颜色标示，细化安全风险识别、风险分析、风险控制、风险监控流程，制定十大风险清单和施工风险安全清单牲。三是制定《关于加强"三重一大"决策事项合法性审查工作的通知》，明确合法性审查范围和审查程序，规范决策事项法律意见书和合法性审查意见表，充分发挥法律审核把关和法律风险防控作用。四是制定《中原油田"三重一大"决策制度实施办法》，确定坚持党的领导、集体决策、依法依规决策、科学决策、民主决策五项原则，明确"三重一大"决策事项范围及职能，规范决策行为，提高决策水平，防范决策风险。五是制定《中原油田制度管理办法》，细分制度层级和类别，明确制度合法性、实用性、民主性、统一性、规范性、操作性审查内容。六是制定《党委源头参与重大改革工作实施办法》，明确10个党委源头参与环节，建立专项工作组、联合调研、工作例会和问题整改四项制度，把党委"源头参与、深度介入、调研论证、集体研究"嵌入油田重大改革决策程序，提高油田重大改革事项决策质量和效果。

2. 开展风险管理培训

采取课堂讲授、团队研讨、案例分享等培训方式，分层、分批组织开展风险管理专题培训，为风险管理提供人员队伍支撑。第一层级包括油田各单位及部分基层单位风险管理人员，重点培训内容包括风险管理基本概念、办法、流程、工作要求等。第二层级包括油田主要业务部门和重大决策提报部门风险管理人员，重点培训内容包括风险管理基本概念、办法、流程、工作要求、风险识别、风险评估报告填报等。

3. 培育风险管理文化

把风险管理和控制作为一种文化、一种灵魂注入日常生产经营每个环节中，通过经常性的风险管理工作调研、开展风险管理教育培训、开展风险管理工作落实情况检查等途径，不断强化全面风险管理理念的灌输和工作落地。搭建内部工作经验交流和学习的平台，把风险意识从上到下贯穿到每位员工的思想中，形成风险理念、自觉行动和准则，从而全面提升风险管理的意识。

三、支持重大决策的风险评估机制建设与运行效果

（一）建立了一套完善的风险评估机制

支持重大决策的风险评估机制建设与运行，构建了一套专业风险评估与综合风险评估相结合的多维度分析评价模式，实现评估报告规范化、文本化、痕迹化，有效处理风险评估简单与复杂、普通与特殊的矛盾，解决了具体操作的程序性问题，使得风险评估可以作为重大决策出台的必经程序和刚性门槛，让风险管理成为企业常态化工作，有助于推进国有企业重大决策风险评估规范化运行。实施以来，中原油田安全环保和质量节能形势保持总体稳定，未出现一起重大安全事故，纠纷诉讼案件数量同比下降33%，重大法律风险得以规避，有效防范了各种风险。

（二）企业科学化决策水平持续提高

支持重大决策的风险评估机制建设与运行，把全员性参与、专业性论证、规范性评估、合法性审

查、集体性决策确定为重大事项决策固定程序,实现了决策的科学化、民主化和法治化,防范了决策风险、避免了决策失误。截至2018年6月,中原油田99.43%的决策议题提报了决策风险报告,27.59%的决策风险报告提示风险点46个,提出防范措施53项,制定应急预案13个,未发生重大项目投资决策失误问题,科学化决策水平持续提高。

(三)为企业经营指标完成提供了保障

通过支持重大决策的风险评估机制的建立,油田理顺了风险管控工作流程,全面提升了油田精细化管理水平,各项工作取得积极进展。2017年实现收入133.22亿元,新增控制石油地质储量1323万吨,生产原油127.27万吨、天然气59.76亿立方米、硫黄158.79万吨,油气当量724.87万吨;加工原油、轻烃22.34万吨,完成了集团公司下达的各项任务。与前一年对比,天然气产量增加19.79亿立方米,收入增加18.92亿元,利润增加66.47亿元。

(成果创造人:王寿平、吴玉玲、贝远根、高海军、陈东升、孙尚敏、
程杨利、游海滨、郑琪宁、王燕丽、彭贺林、孙旭东)

市场营销与服务管理

大型奥运场馆的服务提升管理

北京国家游泳中心有限责任公司

北京国家游泳中心有限责任公司（以下简称国家游泳中心）成立于2007年8月，是北京市国有资产经营有限责任公司（以下简称北京国资公司）的全资子公司，负责奥运场馆水立方的工程建设、奥运会赛时保障、场馆赛后运营管理等各项工作。水立方有建筑面积10万平方米，现有座位数4541个，年均接待游客200万人次，举办各类大型活动百余场次，圆满完成2014APEC晚宴保障等历史任务，成为国家AAAAA级旅游景区和国家体育产业示范基地，不仅是奥运场馆赛后利用的典范，更是现代中国对外的形象窗口和首都北京的城市名片。

一、大型奥运场馆的服务提升管理背景

（一）提高赛后利用水平，实现奥运场馆发展的需要

从世界范围看，大型奥运场馆因为体量大、运营维护成本高，相当一部分在赛后闲置或废弃。我国大型体育场馆大部分建设由政府投资，运营依靠财政事业拨款，市场化运营程度和场馆利用效率也较低。举办奥运会十年来，水立方场馆依托奥运品牌效应和区位优势，继续举办国际赛事和开展全民游泳健身运动，吸引众多游客参观和游泳健身，在市场开发和活动运营方面成效显著，累计接待量超过2000万人次，举办各类活动超过1000场次，已经连续实现场馆盈亏平衡。在当前体育行业市场化程度加深、业态竞争格局加剧的外部环境下，水立方场地资源利用越来越接近饱和，场馆的空间资源和时间档期越来越紧张，亟须拓展场馆发展新空间，培育自主原创内容，摆脱场馆本体运营，实现品牌管理输出和场馆运营转型升级。

（二）满足市场消费新需求的必然选择

人民群众日益增长的对美好生活的向往直接引领消费升级。深化改革创新，推动体育服务供给侧改革是大势所趋。在新的历史时期，利用互联网手段、信息化技术结合场馆体育产业经营实际，丰富品牌内涵，提升服务手段和产品体系，促进管理经营模式转变和服务品质提升，推进场馆体育服务供给侧结构性改革，是适应消费升级的战略选择。水立方要以改革创新和服务提升推动场馆长远发展，增强互联网时代的资源网络化、数据化发展能力，努力打造"体育＋科技文化"跨界融合的全新双奥场馆，实现"一流的场馆运营服务商"的战略目标。

（三）拓展服务内涵，实现可持续发展的需要

水立方立足奥运遗产的有效再利用，确立"政府支持，企业运作，市场导向"的运营新模式，全面构建以市场化为导向的奥运场馆赛后运营管理体系，并以场馆改造为基础，逐步完善和丰富场馆功能，提升对外开放水平和服务接待公众能力，逐步形成旅游参观、大型活动、市场开发、游泳健身、公益事业多业态融合发展的格局。进入冬奥会筹备关键时期后，国家游泳中心需要提高筹办效率和质量，提升针对冬奥会运动员、媒体、观众等不同客户群体的体验。"十三五"期间及未来更长时间，国家游泳中心要继续拓展场馆服务主体，增加服务内涵，将"冰立方"冰上业态融入场馆运营之中，不断打造各类运营品牌，持续改善收入结构，努力实现收支平衡，协同发展社会效益和经济效益，实现场馆长期可持续发展。

二、大型奥运场馆的服务提升管理内涵和主要做法

国家游泳中心确立大型奥运场馆服务提升管理的指导思想和目标定位，建立和完善场馆软硬件设

施,拓展多元市场和服务对象,即服务国家大事、服务首都市民、服务参观游客、服务企业客户、服务线上用户、服务捐资人和弱势群体,丰富深化多元化运营,为大型奥运场馆长期可持续发展提供强大动力。主要做法如下。

(一) 确立大型奥运场馆服务提升的指导思想和目标定位

国家游泳中心以市场化为导向,确定奥运场馆赛后运营管理体系,制定奥运场馆服务提升的指导思想,即按照"十三五"战略规划定位,不断构建和完善"国际体育赛事、大型文艺演出、时尚展览展示、旅游休闲娱乐、社会公益事业"五位一体的经营格局,持续改善收入结构,实现收支平衡,协同发展社会效益和经济效益,努力实现一流的场馆运营服务商的发展愿景。国家游泳中心确定服务提升的目标是品牌突出、功能强大、经营多元、管理现代、服务专业。

品牌突出是以"水立方"的品牌管理和品牌维护作为出发点和落脚点,不断提升服务水平和拓展服务内涵,以优质、高效、全面的服务手段全面提升水立方品牌效应和品牌效益。

功能强大是从"多功能水上中心"向"冰水功能兼收并蓄"转型,推进"冰立方"品牌开发与运营,具备冰上、水上业态功能;努力向产业上下游拓展,实施管理输出和自主IP赛事的运作,拓展服务功能属性,推动服务水平提升。

经营多元是拓展场馆运营服务主体内容,满足"文体产业协同发展"的市场需求和"捐资共建场馆"的公众期待,创造与水立方品牌相匹配,兼顾经济效益与社会效益,市场开发与品牌维护良性互动的发展格局。

管理现代是创新场馆运营机制,依托完善的软硬件基础设施,进一步完善公司治理结构,建立科学完善的服务提升激励措施和检查机制,全面构建标准化管理体系,塑造"标准化场馆、规范化运营"的场馆治理目标。

服务专业是建立和完善客户多元的服务体系,其中包括水立方场地的租赁与维护保障,特许经营的开发与管理,管理输出或技术输出规范,以及品牌打造和大型文化体育活动的组织、策划与实施等多方面,实现场馆服务水平和服务能力的提升。

(二) 完善场馆软硬件,夯实服务基础

1. 改进场地功能条件,完善智慧场馆的硬件设施

实施场馆赛后二期改造,形成多业态功能分区。2008年奥运会和残奥会结束后,国家游泳中心按照北京市委、市政府"奥运场馆、全民共享"的要求,迅速完成场地转换,对社会公众开放。2009年10月至2010年8月,水立方按照既定规划,进行全面改造和功能升级,新建南北综合楼,并在预留区域建设亚洲最大的室内嬉水乐园,实现从单一比赛场馆到多功能运营主体的转变,正式进入全面赛后运营管理阶段。改造后的水立方运营面积显著增大,对游客开放运营面积从奥运会赛时的4.9万平方米增至7.7万平方米,场馆利用率由54%提升到78%。场馆建成南北商业街,东侧奥林匹克比赛大厅保留竞赛功能,西侧公益文化展区为运动与文化主题,南侧嬉水乐园为运动与娱乐主题,场馆功能分区明晰,布局合理,为服务游泳、嬉水、会展、演出等业态客户提供基础场地条件,成为既能举办大型国际体育赛事,又能为公众提供体育健身、文化休闲、旅游参观综合性服务的大型室内多功能水上中心。

建立网络硬件系统和智能应用场景,提升服务效率。国家游泳中心先后升级场馆网络服务设施,提升基础网络流量,为国际体育赛事、群众游泳赛事开辟专有网络带宽,实现全场馆无线网络覆盖,提供安全稳定的上网环境,逐步全面升级场馆智能闸机系统、车辆识别系统、餐卡系统、门禁系统,建立场馆"一卡通"系统。此外,对接票务系统,建立验票系统、身份证识别、指纹识别系统,配备手持验证工具、电子收银设备,为提升场馆服务效率奠定物质基础。国家游泳中心重点打造"智慧场馆·在水立方"应用系统,建立具有使用价值和推广意义的应用场景项目。具体包括"数据湖景"系统、"炫彩·

水立方"夜景互动系统、动感全景摄影、智慧场馆导览、奥运空间、水立方虚拟现实、游客流量统计监测等9大系统，提升面向游客服务水平。

2. 健全运营制度体系，完善服务提升软件环境

采用专业化管理。国家游泳中心实施业主单位主导下的专业维保运营机制，场馆维保和运行维护工作由专业的物业公司、运行公司、保安、保洁公司承担。国家游泳中心作为各专业公司的管理者、服务者、协调者，引导各专业公司正常开展工作。

规范服务制度。为保障场馆运行服务品质，国家游泳中心构建制度规范体系，涵盖公司章程、规章制度、发展规划、岗位职责、工作流程、操作手册，提升场馆运营精细化管理水平。同时，建立水立方志愿总队和党员志愿机制，完善管理组织体系，已服务保障各类比赛50余场，获得较好的社会反响。同时，开展"我爱我家、共谋发展"献计献策活动，建立专项制度、广开荐言渠道、实行奖励机制，鼓励员工结合自身岗位，完善工作流程和细节，提出各种合理化建议，推动持续改进，逐步形成长效机制。

完善细节，优化流程。坚持"立足岗位、臻善细节"的服务理念，从客户需求出发，调动员工与合作伙伴集思广益，以国家AAAAA级旅游景区规范化建设为契机，建立工作方案，设立场馆游客服务中心，为游客提供轮椅、应急药品、直饮水等服务内容，充实提升讲解员队伍，完善场馆旅游标识系统和服务细节，优化服务流程。

加强人员培训。坚持"敬业、协作、进取、自律"的行为准则标准，加强员工培训，通过统一的培训、定期考核、评比等手段，不断提高员工自身各项综合素质，培养和锻炼人才队伍，形成具有专业化服务水平的专业技术力量。

开展满意度调查。国家游泳中心服务对象包括游客、泳客、场馆商户、大型活动客户等，各个业务部门不断做好顾客满意度调查、问题处理工作，促进服务提升。场馆通过设立客户服务团队，开设客户服务热线，以官方微博、微信等新媒体渠道回应公众关切，定期组织游客满意度调查。针对每场大型活动建立客户反馈机制，建立电话投诉台账制度，及时反馈场馆业务部门处理各类投诉问题情况，推动场馆服务水平的提高。

（三）保障各类政府活动，服务国家大事

1. 保障重要赛事

水立方是第29届北京奥林匹克运动会和第13届残疾人奥林匹克运动会的精品场馆，2008年奥运会期间，国家游泳中心为各国运动员和教练员提供完美的硬件设施和万无一失的场馆运行保障服务。

2017年12月15日，2022冬奥会和冬残奥会会徽"冬梦""飞跃"在水立方发布。2022年冬奥会，水立方将变身冰立方，承接冰壶和轮椅冰壶比赛。国家游泳中心综合考虑社会效益和场馆冬奥赛事需求以及未来场馆发展功能定位，确定采取可转换模式，提出"冰水转换、双轮驱动"的冬奥承办总体思路，通过装配式可转换的方式实现奥运冰壶场地，既保留夏季奥运遗产，也保留冬季奥运遗产，并且为水立方新增冰上运动功能。通过场地可转换方式，在比赛大厅实现冬奥会冰壶场地功能，相应升级场馆空调除湿、体育照明、建筑声场、自动控制系统，改善室内环境，提高场地标准，达到冬奥会冰壶场地冰面、温度和湿度控制要求。水立方将成为在冰、水业态间切换的场馆，助力水立方从"多功能水上中心"向"冰水功能兼收并蓄"的冰立方转型，将"冰立方"品牌应用和推广到场馆运营中。

2. 保障重要国事活动

2014年11月10日，第二十二届亚太经合组织（APEC）领导人非正式会议欢迎晚宴在水立方举行。国家游泳中心深入参与晚宴的策划各个环节，整场活动独具匠心，充分体现中国主场外交的大国自信。

（四）推进全民游泳健身，服务首都市民

1. 组织丰富的赛事活动

国家游泳中心坚持场馆利用的姓"体"本质，努力申办、培育国际级品牌赛事，并借助国际赛事的拉动作用，培育水立方自主原创群众赛事。截至目前，水立方已经成功举办国际泳联短池游泳、跳水、花样游泳等具有重大影响的国际体育赛事17次。同时，以青少年游泳为切入点，广泛开展群众性体育赛事，推动建立游泳锻炼等级标准，推广北京市业余游泳分站赛、水立方未来之星游泳比赛等群众赛事，获得"全国游泳锻炼等级标准推广中心"等称号。自2017年以来，由水立方游泳俱乐部组织的群众性自主赛事"北京市游泳俱乐部对抗赛"逐渐培育成熟，成立北京市游泳俱乐部大联盟，赛事影响不断扩大。

2. 打造游泳健身网络平台，提升泳客体验度和服务品质

2008年夏季奥运会后，水立方坚持奥运场馆全民共享的宗旨，致力于全民游泳健身运动的推广和普及。水立方基于微信、网站等网络终端平台，开发游泳健身平台，涵盖信息化的业务全流程，包括产品介绍、线上购课、自动开卡、上课预约、选定教练、进阶考核、课后评分、教练分课、教练排期、课时费结算、教练考核等功能。自主研发游泳培训进阶核心课程，优化培训类产品体系，通过俱乐部网站、手机APP等互联网渠道，集合泳客需求、教练员和场地资源，构建开放共赢的游泳健身培训管理平台。

以游泳培训平台为基础，水立方开发游泳场馆管理系统，涵盖游泳票销售、泳客进场验证、消费、计时等全流程。同时，水立方举办的北京市游泳俱乐部对抗赛等自主群众赛事，也全部采用网站平台报名，有效提升群众赛事办赛效率，充分激发群众游泳健身热情。

（五）开发各类自主原创项目，服务参观游客

作为首都北京重要的旅游目的地，水立方一直以来受到广大海内外游客的喜爱。为丰富场馆旅游体验内容，对国内重要旅游演出项目进行详细调研，形成"投资可控、易于转换、形式灵活"的水立方新旅游文化产品规划。先后举办四期梦幻水立方系列驻场演出，接待超过50万人次观演群众。2012年举办奥运英伦风情街主题展览，2013年举办美丽中国·江山风情主题展览，2014年举办APEC深度游，2016年举办里约奥运主题展览等。2018年7月，举办月光如水中国探月科技与卢克·杰拉姆月球博物馆特展，日均接待游客3000人次，被多家媒体集中报道，社会反响强烈。

（六）融入文化中心建设和文化创意产业发展，服务企业客户

立足于奥运场馆群落，国家游泳中心着力加强中外文化、体育交流，重点承办国际国内重大体育赛事与主题展览、文化演艺、民众参与体验等活动，构建文化体育多功能城市地标。挖掘高端品牌合作机会，举办系列主题展览活动，创新场馆服务内容，将汽车、IT、时尚等知名品牌、企事业单位、传媒企业纳入水立方场馆服务范围，拓展运营发展的市场空间，持续改善收入结构。迄今为止，水立方已经累计举办1200场次各类活动，涵盖国际体育赛事、公益文化活动、文艺演出庆典、群众游泳健身、品牌商业活动、旅游参观娱乐等各个方面，开发出1000余种特许商品。

（七）开展互联网营销新领域，服务线上用户

1. 搭建电子商务体系

打造"在水立方"电子商务平台体系。"在水立方"是水立方为服务广大游客和场馆客户而建立的线上线下商业集合品牌，是场馆内商业业态的品牌集合体，也是集购物、体验、娱乐、健身为一体的网上平台。"在水立方"电子商务体系包括水立方微信商城、天猫水立方官方旗舰店、京东水立方官方旗舰店，销售产品覆盖游泳、嬉水、参观、特许商品、文化衍生品等，并结合"炫彩·水立方""冠军之路·夜宿水立方"青少年营地活动等，较为全面展示场馆资源。以此为基础，研究市场规律，打造更多符合消费者需求的产品和服务，利用内外部宣传渠道，聚合场馆内外资源，加速相关产品的迭代更新和

服务的优化升级。

2. 开辟网络渠道，引导和促进公众消费需求的转化

国家游泳中心借助水立方场馆管理系统，打造水立方微信、微博、直播等自媒体矩阵，开展更为有效的品牌宣传。同时，依托与用户的强互动，搜集和分析粉丝使用习惯、体验感受和问题反馈等，积极优化内容展现形式及活动模式，并努力实现从粉丝到客户的转换。

（八）践行企业社会责任，服务捐资人和弱势群体

1. 打造侨务活动基地

在赛后运营中，国家游泳中心秉持"大爱无疆，全民共享"的核心价值观，积极开展涉侨服务。

专门组建公益事业部，特设公益文化展区；联合市侨办成立侨务工作组，成功举办一系列的涉侨大型活动，如"纪念抗战70周年展""纪念孙中山150周年诞辰展"等。接待"寻根之旅"夏令营等近100个团队，进一步深化海外华侨华人在文化、公益等领域的团结和交流。连续举办八年的"水立方杯海外华人中文歌曲大赛"已经升级为文化中国的国家品牌活动。

2. 持续服务关爱弱势群体

开展涵盖"环保、健康、科技、文化、艺术"等多个领域的公益活动。例如，携手新浪公益联合发起"水立方·中国"全球华人公益平台，不断壮大公益战略合作伙伴，包括驻外使领馆、国际机构的NGO组织等。组织举办"兰草计划"，特殊教育学生参观，公益夏令营，乡村教师、少数民族地区乡村干部参观等多场次的公益活动。自2011年开始，每年在4月1日举办"点亮蓝灯关爱自闭症公益活动"，通过星光艺术和星光游泳项目，探索建立关爱自闭症的持续性机制。此外，水立方作为奥运场馆，在行业内首家发布《社会责任报告》。

三、大型奥运场馆的服务提升管理效果

（一）管理服务水平提升

水立方在保持体育国际赛事和公众健身功能的基础上，突破单一的游泳馆经营模式，积极参与文化创意产业，逐步探索出集参观旅游、休闲娱乐、商业演出、特许经营、大型活动等多业态为一体的市场化运营模式，产业雏形已经具备，为破解奥运场馆赛后运营的世界性难题贡献了中国智慧和中国方法。在冬奥筹备的"北京周期"，完成冬奥筹备改造周期中"冰水转换"科研方案，为场馆启动冬奥会改造工程和提升冬奥会服务保障能力奠定基础。

（二）市场化经营能力提升

通过成果的实施，水立方成为国际体育赛事的钟情地，知名商业盛典的集萃地，北京市全民健身运动蓬勃开展的汇聚地，以及"大爱无疆、全民共享"公益活动与爱心传递的云集地。在2008年夏季奥运会后的十年运营中，水立方场馆本体业态饱满、体育赛事和商业活动精彩纷呈，公益事业卓有成效，场馆运营管理标准不断完善，规范化运营程度不断提升，已经连年实现场馆盈亏平衡。截至目前，水立方已累计接待2168万人次海内外游客，为180万首都市民提供游泳健身服务，迎来168万人次休闲嬉水群众，各业态运行饱满有序。

（三）经营效益和品牌影响扩大

水立方通过服务提升，深挖场馆市场潜力和商业价值，不断丰富品牌内涵，场馆复合经营能力提升，拓展更多有较强影响力的品牌合作伙伴，打造体育＋科技文化跨界融合的全新双奥场馆。经济效益显著提升，整体收入结构更加优化，抵御外部风险能力增强。

（成果创造人：岳　鹏、直　军、武晓南、杨　城、杨奇勇、
李云峰、白旭涛、石海涛、朱　榕、马海瑞）

安装企业机电设备智能化服务转型管理

无锡市工业设备安装有限公司

无锡市工业设备安装有限公司（以下简称无锡安装），前身为1956年创建的无锡市工业设备安装公司，1993年改名为无锡市工业设备安装总公司，2004年8月改制更名为无锡市工业设备安装有限公司。无锡安装的年施工能力在10亿元以上，是中国安装协会常务理事、江苏省安装行业协会副会长单位、高新技术企业，拥有市级企业技术中心。

一、安装企业机电设备智能化服务转型管理背景

（一）适应信息化时代，推进企业信息化发展的迫切要求

无锡安装是拥有60多年历史的安装企业，具有承担机电设备安装工程总承包工程和技术总承包的施工和管理能力以及多年的施工经验，也是信息化需求高而普及程度低的传统施工企业。无锡安装完成的8000多项建设工程中，业务范围涉及国内外交通、冶金、机电、石化、医药、纺织、电子、轻工、农业、旅游、商业、食品、医疗、房地产开发等各行各业，工程完成量大，但是各个工程间的信息互通和信息共享程度也只能达到30%，多项工程的相似工作因为缺乏信息互通共享而做了大量重复的工作，浪费人力和物力，延长工时。信息化的应用对机电设备运维服务管理方面的影响更大，无锡安装业务拓展主攻服务市场，不引入信息化应用，服务业务板块连续多年亏损，因此，信息化的普及应用对无锡安装的快速发展是必要的，作为坐落在国家物联网示范基地的传统企业，无锡安装致力于信息化的深入应用，打造智能化管理，对促进安装行业提质增效具有示范带动作用。

（二）顺应行业发展趋势，加快企业转型升级的客观需求

机电安装是建筑业中比较特殊的一种行业，机电工程是设备制造的继续，是散件装置的组合，更是制作与安装的结合，并具有长期运维管理服务的需求。过去无锡安装承包机电工程，跟多数机电安装企业一样，机电工程完工交付业主就结束相关业务，后期的机电运维管理服务交于维修公司、物业公司等没有前期安装经验的服务公司。随着建筑安装行业大调整、大整合的转型升级，无锡安装需要加快转型升级步伐，拓展市场，将产业链延伸，在承建机电工程结束后，凭借多年丰富的机电安装经验，承包机电设备运维管理服务，以及现有机电工程的机电设备运维管理服务，以加大服务市场，提高市场份额，抢占机电设备管理服务领域。

（三）瞄准存量市场机会，实现企业业务拓展的必然要求

在国内机电安装企业多而发展快的现状下，无锡安装面临的竞争日益激烈。对于机电安装企业来讲，做工程或者卖设备相当于"挖萝卜，挖一个少一个，挖了后面就没有了"；而卖服务则相当于"割韭菜，割了又长出来了"，项目做好了服务需求年年有。无锡安装之前做的都是"挖萝卜"的项目，竞争愈加激烈，所以无锡安装必须进行突破，才能在竞争中生存下来。无锡安装既要"挖萝卜"，更要"割韭菜"，获取是长期服务型收入。这并不是仅凭借安装经验就能做到的，需要运用"互联网＋"、BIM（Building Information Modeling，建筑信息化模型）等技术手段，实现智能化的机电设备服务管理。

二、安装企业机电设备智能化服务转型管理内涵和主要做法

无锡安装转换管理理念，明确企业发展的总体目标和基本思路，优化组织架构，搭建机电设备智能化管理服务平台，为客户提供机电设备设施托管服务、能源托管与节能改造服务、故障预测管理服务、

备品备件管理服务，构建智能化运营服务体系，提供机电设备智能化管理服务，成功实现经营业务由传统施工向运营服务拓展，取得了良好的经济效益和社会效益。主要做法如下。

（一）明确由施工向服务转型的总体目标和基本思路

1. 明确总体目标

无锡安装董事会基于外部市场需求及企业本身发展管理需要，确立无锡安装由施工向服务转型的总体目标。其基本思路是树立全新的智能化管理理念，制定技术、资金、人员等保障措施，搭建机电管家智能化服务管理平台，为客户提供机电设备设施托管服务、机电系统能源托管与节能改造服务、机电设备设施故障预测维修服务、机电设备设施备品备件管理服务，实现无锡安装由施工向服务转型的总体目标。

2. 优化组织架构

首先，稳定现时的经营生产管理活动，设置具有一定时期稳定性的组织架构，将旧的机构平稳过渡到新的机构，人员顺利平稳地过渡到新的部门和岗位。其次，优化组织架构，快速适应企业发展由施工转向服务的管理创新要求。优化后的组织管理架构图如图1所示。

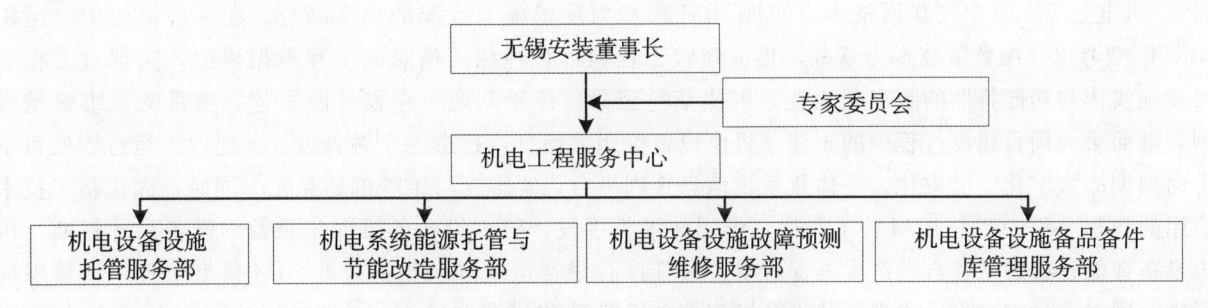

图1 机电设备智能化服务管理组织架构图

（二）搭建"机电管家"机电设备智能化服务管理平台

搭建"机电管家"平台，实现对机电设备的智能化服务管理，为客户提供机电设备设施托管、机电系统能源托管与节能改造、机电设备设施故障预测维修、机电设备备品备件库管理四大服务。

1. 分析"机电管家"平台管理需求

无锡安装首先对智能化管理服务的管理需求开展分析，识别主要管理需求有：实现机电系统运行及维护的安全可靠、快速响应；实现机电系统的协同调度统一管理；实现机电系统运行的智能化管理；实现对机电系统运行维护的高品质、高效率、低成本管理；实现机电系统的节能降耗运行和绿色管理等。其具体功能需求：设备运行管理、设备维护维修、设备巡检巡更、资产管理、模型监控、设备监控、移动监控、监控与智能系统联动、实时监测、用电分析、用能异常报警、节能改造评估、能耗对比、能耗统计、能耗预警、二维码扫描、移动监控、快速定位、故障预测等。同时，根据"机电管家"平台为客户提供的四大服务反馈信息，实时调整管理需求，达到技术上最新、功能上先进、服务上客户满意的目标。

2. 搭建"机电管家"平台

"机电管家"平台是智能化的云平台，采用开放式系统架构，构建实现协同运作的资源池，包含空间服务、实时数据库、报表服务、消息服务、移动服务等。空间服务，即为整个系统平台提供机电系统及其环境的三维空间模型（BIM模型）、三维空间快速定位、虚拟巡检、地图显示；实时数据库，即为资源池中所有功能块的实现提供数据，包含感知的机电设备运行数据信息、固有的属性数据信息等；报表服务，即经过基于互联网的大数据分析提供各类报表，包含能耗分析图表、能耗对比图表、异常分析图表、资产管理报表、备品备件库分析图表、维修工单报表等；消息服务，即异常报警、定时维修、巡检等消息的推送与处理反馈服务；移动服务，即提供移动端APP应用、移动监控、移动端资源共享等服务。

建立运营服务的总控制中心，为平台提供专家诊断服务，可以自动调取任何一个应用程序进行功能查看管理，云平台自动推送实时预警信息到总控制中心。"机电管家"云平台对每个服务项目的机电设备设施进行状态感知、数据采集、分析等措施，进一步优化机电设备设施的运行状态。建立反馈机制，当预测到机电设备运行异常、用能过高或定期维护提醒等状况时，智能化自动调度无锡安装机电工程服务中心的专业运维人员采取相应作业。提供客户共享机制，客户在移动端对其服务项目进行实时查看、需求反馈等操作。

3. 强化"机电管家"平台新技术应用

在机电管家智能化管理平台研发中，无锡安装引入物联网技术、BIM技术，并结合大数据分析技术分别从机电系统的运行维护管理、节能降耗管理、故障预报警管理以及备品备件库管理等方面进行重点开发，获取的成果覆盖机电系统从设计、安装到维护管理的全生命周期综合管理。

"机电管家"基于物联网技术，实现BIM模型与现场施工状况的虚实结合。在平台搭建中，运用BIM模型，以三维数字技术为基础，集成建筑工程项目各种相关信息的工程数据模型，实现对工程项目设施实体与功能特性的数字化表达，解决信息记录、传承问题。在设计阶段建立项目的三维建筑模型，继而录入项目建设过程中的土建、机电设备等相关信息，打造一个融合设计、建设、运行等项目全生命周期的数字化、可视化、一体化系统信息管理平台，实现运行维护的信息化。同时，固化基于技术应用的管理流程，基于BIM技术，以二维码技术为手段，依据设备的维保记录及维修备品待料期，机电设备智能化管理系统自动产生维保清单及最佳库存量；运维现场扫描获取BIM模型信息，指导现场运维，同时通过扫描将运维现场状态及过程信息反馈至BIM信息平台。

（三）智能化线上线下协同运管，实施机电设备设施托管服务

机电设备设施托管服务，指客户将自己的机电设备设施运维管理工作委托于专业的机电设备设施运管服务公司来实施，具有成本耗费低、专业程度高、风险低、机电系统运行有保障等特点。针对市场上服务水平不一、高新技术含量低的机电设备设施托管服务现状，无锡安装作为专业的机电设备设施运管服务公司，加速查找短板，优化机电设备设施托管服务运行机制。

1. 设计智能化线上线下协同运维服务机制

传统的机电设备设施运维服务，采用人海战术，以人为主，雇佣大量的维保人员。无锡安装优化机电设备设施托管服务运行机制，采用智能化线上线下协同运管服务方式，即PC端和移动端协同工作，对机电设备设施进行综合协调管理。

一是由无锡安装机电工程服务中心组建后台运维监控服务小组。二是运用自主研发的"机电管家"对各个机电设备设施运管项目实时监控。三是构建"机电管家"线上机电设备设施运行状态信息采集、智能化分析及指令下达等活动顺利进行的安全运行环境。四是制定线上线下协同运作管理服务要求、方法路径。根据"机电管家"记录归类、分析判断、创建工单、物料准备、任务单准备等后台智能化算法及功能，自动协调任务分配，推送到移动端，由线下专业维修管理人员开展接单、现场检修、运行维护及问题信息反馈。五是固化线上线下协同运作管理服务流程。

2. 开展试点应用，强化服务管理的优势

无锡安装借助机电设备智能化管理平台为客户提供机电设备设施托管服务。2014年，无锡安装成立专项小组借助物联网技术实施开发机电设备智能化管理平台，2015年，完成机电设备智能化管理平台第一版（机电管家V1.0），对无锡青祁隧道通风、照明、消防、监控、供配电等运营管理设施实施智

能化监管。2016年，无锡安装对代维的11个变电所运维项目实施机电设备智能化管理硬件部分的改造，安装智能电表、数据采集器、平台服务器等设备设施。其中，智能化监管的机电设备设施实施覆盖率95%以上。

以此为基础，总结传统机电设备运维管理服务与智能化线上线下运维管理服务优劣点，制表入册，信息共享，策划不同服务方案供客户选择，提高客户对机电设备设施智能化运维托管服务的认知，凸现机电设备设施智能化运维服务优势。

（四）"你出钱、我改造"和"我改造、我运维"，开展机电系统能源托管与节能改造服务

无锡安装对市场上第三方能源托管服务分析调研，提出智能化节能方法，优化服务管理机制，依托"机电管家"智能化管理平台，落地实施。

1. 打造"你出钱、我改造"和"我改造、我运维"的节能服务模式

针对机电系统能源托管与节能改造服务，无锡安装瞄准工厂、公共建筑和社区三大方向，依托机电管家智能化管理平台，根据不同企业需求及节能特点对系统进行模块化组合，以更加灵活的"你出钱、我改造"和"我改造、我运维"商业模式进行扩展。"你出钱、我改造"指无锡安装与用能企业约定节能目标，依托机电管家智能化管理平台，为其提供必要的技术升级优化和设备改造服务，用能企业向无锡安装支付一定的改造费用；"我改造、我运维"指无锡安装与用能企业约定节能目标，依托机电管家智能化管理平台，为其提供必要的技术升级优化和设备改造服务，合作单位将用能设备的运行维护一并交给无锡安装，定期向无锡安装支付一定费用。具体措施如下。

一是由无锡安装机电工程服务中心组建能源管理后台服务小组。二是运用自主研发的机电管家平台智能化服务管理工具，对各个能源管理服务项目实时监控。三是构建用能设备设施运行状态信息采集、智能化用能分析、能耗预测及指令下达等活动顺利进行的安全运行环境。四是制定能源管理服务要求、方法路径，通过机电管家智能化管理平台的能耗分析、用能设备运行状态监测、能耗预测、任务单准备等后台智能化算法及功能，自动优化用能设备各项指标，实施移动端推送，通知到无锡安装能源项目管理人员及用能单位相关负责人，用能设备运维服务采取线上线下协同运管的服务方式。五是强化能源保障措施，如按照能源合同保障能源供应、系统故障及时处理、适时调整各项分级指标和节能策略等。六是固化能源管理服务流程。

2. 开展试点应用，强化能源管理服务的优势

无锡安装对中国电信无锡新区国际数据中心项目实施节能改造措施，对其动力空调设备，实施机电管家智能化管理后，发现由于设计原因和管线布置不合理，导致空调系统长期高负荷运行，能耗居高不下的问题。无锡安装应用 BIM 技术，重新设计系统，将空调冷却塔并联，同时增加 3 台 2500kW 制冷量的节能板式换热器，系统技改完成后，该站点的机房成功节能降耗 20%。

面对当前大量的城市更新、工厂技改工程，无锡安装借助机电设备智能化管理平台向客户提供优质的能源托管与节能改造服务，解决能源管理智能化技术升级和设备更新问题，以智能化能源管理为目标的能源托管和节能改造，为客户提供能源专家型的价值服务。

（五）开展"主动优化式"管理，提供机电设备设施故障预测维修服务

转变传统的被动式机电设备设施故障维修服务管理方式，通过可靠性分析及大数据分析技术，实时直观地获悉机电设备的运行状态，做到情况早发现、问题早解决，主动优化机电设备运行系统。

1. 开展"主动优化式"管理

设备发生故障后才进行保养维修是不切实际的，且易发生安全事故，所以在保持系统稳定运作的前提下，工程师必须常常进行系统的巡检。无锡安装提供"主动优化式"的机电设备故障管理服务，即通过可靠度算法主动计算出设备在运行时数内的故障率，向客户提前主动提供维修保养决策。采取的具体

措施如下。

一是做好各级设备可靠性指标的把控。二是运用自主研发的机电管家平台智能化服务管理工具，对各个故障预测维修服务项目实时监控。三是构建机电设备设施可靠性运行指标监测、智能分析、故障预测以及指令下达等活动顺利进行的安全运行环境。四是制定机电设备设施故障预测维修管理服务要求、方法路径。通过"机电管家"智能化管理平台的可靠性分析、设备运行状态监测、故障预测、任务单准备等后台智能化算法及功能，实现故障的提前预知，下达任务至维修人员对相应的机电设备进行维修或更换，把事后维修转变为事前预警，主动优化机电系统各个设备设施。五是强化机电设备设施故障管理服务保障。将专家知识库纳入智能化管理平台，根据监测异常因素筛选专家提供解决策略，推送至运维人员；若问题无法解决，利用移动端直接连线向专家咨询，保障服务品质。六是固化机电设备设施故障管理服务流程。

2. 开展试点应用，强化机电设备设施故障预测管理服务的优势

无锡安装实施机电设备设施智能化故障预测管理，借助智能化手段，监测设备的运行状态和可靠度信息。设置设备可靠度分析数据的三个重要指标，即设备出厂的 MTBF（Mean Time Between Failure，平均故障间隔时间）、设备的运行时数、设备故障次数，通过这些数据的支持，分析设备失效率，提供保养策略，确保设备更加稳定、可靠与安全地运行。界定设备巡检指标，每上升10%时，由业主厂内维修工程师进行设备外观巡视或检测，检测外观是否有明显裂痕或脏污，并进行简单保养；当设备故障发生率达到40%时，由设备维修厂商调派工程师进行设备部分规模保养及更换零件，在保持系统稳定及安全运行的情况下，减少成本的支出。

机电设备设施故障预测维修服务为客户解决了机电设备运行系统的安全隐患，提供了安心优质的机电设备故障预测管理服务。无锡安装总结经验，反馈并升级服务，精简管理人员业务范围，逐步优化完善机电设备设施故障预测维修服务流程，强化服务优势，扩大推广应用。

（六）推行"智能化"机电设备设施备品备件管理服务

借助物联网技术、BIM技术、机器学习（AI人工智能）技术等，优化备品备件流程管理，实时查看历史出入库情况，并自动生成虚拟备品备件库，提供"智能化"的备品备件库管理服务方法措施。

1. 制定"智能化"管理服务措施

一是建立机电设备设施备品备件集中管理的平台机制。二是运用自主研发的"机电管家"平台，对各个项目实施智能化的备品备件管理。三是构建机电设备设施备品备件库自动生成、自动更新、智能分析、记录归类以及指令下达等活动顺利进行的安全运行环境。四是制定机电设备设施备品备件管理服务要求、方法路径。通过"机电管家"平台的智能化分析、工单生成、任务单准备等后台智能化算法及功能，实现备品备件的安全、可靠、规范管理，推送采购清单，提高备品备件的采购准确率。五是强化移动端APP管理应用，实现远程查询、管理备品备件库，资源共享，提高效率。六是固化机电设备设施备品备件管理服务流程。

2. 开展试点应用，强化机电设备设施备品备件管理服务的优势

无锡安装以智能化平台软件和手机APP对备品备件进行管理，针对维保服务项目建立备品备件数据库，便于备品备件的数据分析管理；设计备品备件领料、销核流程，精细化机电设备备品备件管理。备品备件进出库时扫描录入电子化的备品备件库，实施统一管理，自动核销流程，形成记录，无锡安装全部的运维服务项目共享储备信息。无锡安装开发机电设备设施备品备件管理APP应用，实时推送运维项目中所需的备品备件信息，实时查询使用记录以及存量，减少材料浪费，节约材料成本，提高工作效率。

机电设备设施智能化管理平台提供机电设备设施备品备件智能化管理服务，解决机电设备设施备品

备件人工管理工作量大、错误率高、人工成本高，备品备件管理难、利用率不高、资金浪费大等问题。无锡安装最大限度地优化工作备品备件管理流程，提高工作效率，优化执行机制，强化服务优势。

（七）完善机电设备智能化服务管理保障机制

1. 强化投入保障机制

无锡安装不断加大投资和成本控制力度，大力压缩非生产性开支，建立智能化机电设备服务转型管理投入保障机制。确定资金来源的三个渠道为政府专项资金资助，单位科技项目开发专项资金，二级单位节余资金再投入。确定资金使用的主要方向，一是机电设备智能化服务管理平台技术的研发投入，累计投入智能化服务管理平台技术研发资金600多万元；二是机电设备设施管理的智能化改造，节能减排设施、设备的更新改造投入，共投入资金1760万元；三是机电设备智能化管理服务示范项目投入，共投入资金1520万元。

2. 完善人员保障机制

一是成立专家组。制定专家组划分依据为结合暖通、给排水、电气等不同专业服务内容划分专家组。变革专家指挥系统，首先打造借助"机电管家"平台的间接指挥系统，专家们根据专业知识和经验积累，编制问题库及解决策略，写入机电管家智能化管理平台知识库，同时作为智能化故障分析及决策筛选的重要依据；其次，打造移动端APP直接连线指挥系统，专家组后台讨论，直接对接现场问题，突破难点。

二是组织人员培训。策划培训方案，编制培训课程，根据培训对象组织开展针对性专题学习。对从事四大服务的员工全面开展技术、技能培训，提供训练平台，定时推送培训课件，创建实训基地及劳模工作室，提升员工能力水平；对客户方的相关服务人员，实施专项培训，打造专项指导平台，提供线上模拟服务训练资源，帮助客户培养专业型人才。

三是制定考核机制。优化考核措施，制定各级人员的考核内容，包括工作能力、业绩、素质等方面内容。同时制定激励措施，推进项目模拟股份制改革，把企业的效益和员工的利益，特别是项目班子的利益捆绑起来，做到职责到岗、责任约束、奖罚分明。

3. 创新平台技术及数据安全保护措施

一是对平台软件申请软件著作权。二是对新方法和新设计，申请发明专利、实用新型专利及外观专利。三是对自研新设备进行第三方权威检测。

此外，针对数据安全，从管理安全、网络安全、物理安全、服务器安全、数据库安全六个方面进行全面的保护。管理安全方面，制定一套约束各工作人员和非工作人员的规章制度。网络安全方面，加强网络安全接入、数据管理及应用服务安全等。物理安全方面，制定机房与设施安全要求、设备安全措施等。服务器安全方面，及时安装系统补丁、安装和设置防火墙、安装网络杀毒软件等。数据库安全方面，强化物理安全、数据加密、及时备份、设置使用权限等。

三、安装企业机电设备智能化服务转型管理效果

（一）创新智能化应用，管理水平提升

无锡安装机电设备智能化服务平台的应用作为提升提高设备运维管理效率的手段，植入企业服务运营管理系统，经过应用实践，管理水平明显提升。无锡安装和服务客户的管理人员逐年减少，故障处理响应速度大幅提升，备品备件管理零差错率。

（二）助力降本增效，经济效益显著

无锡安装各类服务人员编制精简20%～50%，能源运行效率提升约30%。无锡安装于2014－2015年初步应用机电设备智能化管理平台，2016－2017年全面展开，强化服务应用，实现经济效益的大幅增长，如表1所示。

表 1 主要经济指标情况

经济指标/万元	2014—2015 年	2016—2017 年	增长率
服务收入总额	4808.25	9464.94	96.84%
服务利润总额	384.66	1419.74	269.09%
服务税收总额	157.11	307.99	196.03%

（三）示范推广价值大，社会效益突出

自成果实施以来，有 40 多家同行企业参观学习，发挥了行业示范作用。"机电关键"应用成果被列入无锡国家传感网创新示范区第三届物联网十大应用案例、智能城市建设中智慧工业领域的示范项目，其技术获得行业专家的一致认可，并荣获"2016 世界物联网博览会新技术新成果"银奖，为安装行业的智能化发展和企业的转型升级提供了范式。该成果形成能源管理网络，采用节能降本措施，促进了机电系统的绿色运行。

（成果创造人：朱　正、王炤文、桂树东、
刘旭东、俞　铮、杨逸萍、唐秀芳）

政务改革背景下的供电企业高效便民服务管理

国网浙江省电力有限公司衢州供电公司

国网浙江省电力有限公司衢州供电公司（以下简称国网衢州供电公司）是国网浙江省电力有限公司所辖的大型供电企业，担负着衢州市4县（市）2区8841平方公里、112万客户的供电任务。截至2017年年底，国网衢州供电公司拥有35千伏及以上变电站148座（其中用户变46座），变电总容量1410.22万千伏安（其中用户变电容量164.28万千伏安）；35千伏及以上输电线路总长度3543.54公里；10千伏配网线路973条，总长度11140.19公里。2017年，国网衢州供电公司实现售电量108.28亿千瓦时，营业收入65.35亿元，资产总额33.12亿元。

国网衢州供电公司先后荣获全国五一劳动奖状、全国实施卓越绩效机制先进企业特别奖，以及"全国实施用户满意企业""国网一流供电企业""全国精神文明建设工作先进单位"等荣誉称号，十七次获衢州市"市长特别贡献奖"。

一、政务改革背景下的供电企业高效便民服务管理背景

（一）贯彻落实"最多跑一次"改革要求，提升客户服务水平的需要

2016年，国务院召开全国推进"放管服"改革电视电话会议，对持续推进简政放权、放管结合、优化服务提出明确要求。浙江省委省政府按照"放管服"改革要求，印发了加快推进"最多跑一次"改革实施方案，要求各级单位充分运用"互联网＋政务服务"和大数据，努力提升服务效能，激发市场活力，使更多事项在网上办理，必须到现场办的也要力争做到"只进一扇门""最多跑一次"。作为关系国计民生的大型公共服务企业，供电公司肩负着重要责任和使命，各项工作与人民群众生产生活密切相关。面对新时代人民群众日益增长的美好生活需要和省委省政府"最多跑一次"改革要求，充分发挥公共服务行业领头雁作用，树立客户需求无小事、优质服务无止境的理念，在群众反映最强烈、最渴望解决、最难办的事情上持续突破，将"最多跑一次"解决客户办电"痛点"的目标落到实处，切实让广大客户享受到便捷高效的办电服务，增强人民群众实实在在的获得感具有十分重要的意义。

（二）适应经济发展新常态和电力改革新形势，提高市场适应能力的需要

当前，我国经济发展进入速度变化、结构优化、动力转换的新常态，宏观经济下行压力增大，对用电需求产生较大影响，给供电企业发展带来严峻挑战。与此同时，全面深化改革正在向纵深推进，以市场化为方向的新一轮电力改革进入攻坚阶段，随着增量配电与售电侧放开，浙江省已成立了190余家售电公司，涉及发电集团、电力工程、电气设备制造、综合能源利用等多元化市场主体。面对改革发展新形势，供电企业客户服务响应速度慢、服务流程不顺畅、精准服务能力不强等短板逐渐显现，改革意识和市场意识有待强化。因此，如何适应市场化改革新形势，强化客户需求导向，提高供电服务能力和市场响应速度，通过实施"最多跑一次"客户服务创新，以更加贴近市场、贴近客户的服务策略，不断增强用户服务需求的适应性、提高客户满意度具有很强的紧迫性。

（三）推动供电服务管理转型升级，提升企业效率效益的需要

随着"大数据、云计算、物联网、移动互联网"等新兴技术的迅猛发展，能源电力技术与信息化技术深度融合，为信息系统与电力系统的高效集成、进一步创新服务方式奠定了坚实基础。然而，在供电服务方面，供电公司服务沟通手段较为单一，客户诉求难以高效衔接沟通；客户信息准确数据难获取，电力服务时效性有待提高；电子渠道使用群体有限，线上办电比重较低；由于缺少迅速将客户需求向后

台传导的通道和配套机制，参与服务协同的部门连接松散，有效协同的工作机制有待提升。同时，行业间信息数据尚未实现协同共享，客户办事"多头跑"，影响供电服务效率。因此，把为客户创造价值、优化提升客户体验作为工作的重要着力点，牢牢把握高质量发展这个根本要求，坚持质量第一、效率优先，大力实施"互联网＋"营销服务体系建设，已成为供电企业新形势下推动供电服务管理转型升级、提升企业效率效益的重要抓手。

二、政务改革背景下的供电企业高效便民服务管理内涵和主要做法

国网衢州供电公司认真贯彻落实以人民为中心的发展思想，紧紧围绕浙江省委省政府"最多跑一次"改革要求，坚持以客户为中心，以提升服务质量、提高服务效率为导向，以业务转型升级、创新服务举措为着眼点，立足供电服务这一与人民群众生产生活关系最密切的领域，大力推进组织、机制、流程全面变革，通过建立快速响应、智能互动的线上线下全方位服务体系，实施业扩全流程信息公开与实时管控，深化政企间的信息共享，强化行业间的业务贯通，多措并举持续优化营商环境，实现客户办电"线上办""联动办""零证办""零跑腿"，将"便民惠民"的理念深度融入群众的日常生活，分批分步实现企业群众办事"最多跑一次"，甚至"一次都不跑"，以增强服务能力、提高用户满意度，打造公共事业单位"服务典范"，提升企业效率效益实现企业发展目标，为广大人民群众带来更多的幸福感和获得感。主要做法如下。

（一）打造快速响应、智能互动的线上线下服务体系

国网衢州供电公司依托"互联网＋"扩大客户服务入口和服务方式，全面拓展线上服务渠道；着力打造多触角、全方位的线下服务网络；首次构建"小前端、大后台"服务模式，打造全新快速响应、智能互动的线上线下全方位服务体系。

1. 构建"互联网＋"线上服务渠道

在传统营业厅作为线下服务渠道的基础上，全面拓展线上服务渠道，使客户可以根据个性习惯自主选择服务渠道和产品获得所需服务，将办电过程打造成为"逛淘宝"体验。客户可以通过掌上电力APP、95598网站等电子渠道在线办理新装（增容）、过户（更名）、暂、减容、峰谷表、交费等各类常用电力业务。推广应用"智能电管家"，为客户提供实时电量查询、积分奖励、优化用电建议、安全用电诊断、信用担保购电等增值服务。创新电费票据管理模式，用户可通过短信、电e宝、掌上电力APP、微信、支付宝等方式获取电子账单，强化双向沟通互动，提升客户服务体验。充分挖掘数据价值，利用"客户画像"，提供个性化有针对性的服务。引导客户线上自主维护信息，丰富"客户画像标签库"，通过标签库定期分类梳理目标客户。依托大数据分析，进一步开展电费风险、客户信用、渠道偏好、用电行为分析预测，进而制定个性化的服务策略，提供相应的精准服务。

2. 打造多触角、全方位的线下服务网络

加快实体供电营业厅智能转型，打造供电服务线下"品牌旗舰厅"。国网衢州供电公司首倡"O2O触动空间"转型新模式——"E动空间全新智能体验厅"，将传统营业厅向"智能引导、高效办电、智慧体验、便民科普"的体验厅转型，实现营业厅从传统的形象展示窗口到面向未来的市场拓展平台的根本转变。在优化自有服务网点布局的同时，积极拓展便民服务中心、村邮站、第三方代办点等替代服务渠道，打造多触角、全方位的线下服务体系。在城市地区，按照"应进尽进"的原则，有序推进电力服务事项向行政服务中心集中进驻，依托系统联通、数据共享，全面推行"无差别受理"，实现群众和企业办事"进一个门、取一个号、跑一个窗、办一件事"。在农村地区，抓住省政府试点建设"四个平台"的有利机遇，将电力办电入口嵌入到便民服务平台，加速涉电业务融入，从试点乡镇向所有乡镇全覆盖迈进，同时借助政府"跑小二"网络进一步扩大办电服务覆盖面，实现每个镇都有"营业厅"，每个村都有"服务点"。

3. 建立"小前端、大后台"服务模式

为了更好地连接线上线下，首次构建"小前端、大后台"服务模式。提出服务调度概念，将流程中原本分散在各节点的班组重新紧密结合，统筹解决以前各部门、各班组各自管理、各自监控的问题，实现前端客户需求快速响应、后端服务资源快速集结、全流程质量闭环管控。将自有渠道线上线下办电申请，外部市长热线、公安、城管等转派工单，国网客户中心95598工单，统一汇集到服务调度中心，由服务调度人员进行研判，并与客户联系确认预约，发起相关系统流程，向属地班组、站所派单。对集中管控的业务，建立承载力日清单，根据客户需求，采用"约时、约日、约期"三种现场服务方式。整合现场服务岗位设置，推行现场服务一岗制作业、移动作业、电子化收费，实现一次办结。

（二）实施"业扩e键通"管控，提升内部协同效率

国网衢州供电公司在国网系统首次实施"业扩e键通"管控，即通过打造业扩全流程信息公开与实时管控平台，将各个协同环节的工作时限进行数据量化，开展时限管控，进行指标评价，真正实现业扩全流程预警管控、负面清单共享管理、各专业指标自动评价，促进内部协同更高效。

1. 通过系统集成实现全流程信息共享

开展流程优化改造和系统集成建设，打通营销、运检、调控、发展等部门的专业信息系统，实时传递和反馈协同工作任务，共享电网资源、业务办理进度、客户需求等信息，实现业扩全流程线上流转、信息共享。开展协同作业线上通知，改变以前以电话、OA联系单等线下通知的方式，系统化实现协同作业任务通知。深化供电方案协同编制，共享电网资源信息，所有过程公开透明，支撑相关专业查询督办。优化营销业务系统中配套工程分支流程，增加客户受电工程信息管理，实现工程建设全过程管理，支持第三方开展质量与时限管控。开展业扩停（送）电计划系统集成和业扩项目资金使用情况的统计分析，实现多方信息对称。

2. 建立负面清单实现电网资源可视化

对于电网难以满足客户用电接入需求的建立负面清单管理，通过打通营配调专业信息系统将电网资源可视化，实现业扩接入负面清单系统自动认定和发布。构建负面清单销号机制，对于已经发布的负面清单设备，优先列入整改计划，由运营监控中心严格按负面清单整改周期规定，评价并督促项目落实。开发完善负面清单销号管理流程，当设备运行单位完成负面清单设备治理以后，按销号算法进行系统核验，完成闭环管控。根据用户业扩需求预测，提出负面清单设备改造需求，形成负面清单改造基建项目需求，提前纳入下一年度综合计划建议，提前完成负面清单改造项目的实施。

3. 通过全程预警实现业扩全节点管控

建立全流程预警机制，将营销系统预警管控功能拓展到运检、调控、建设、物资等各大专业。将高压业扩全过程划分22个子环节，每个子环节设置时限标准，并明确预警阈值和告警阈值。在跨专业信息集成的基础上，开发业扩全流程管控平台的预警功能，实现指标数据自动采集。由供电服务调度中心、各专业管理部门负责根据管控平台的预警信息，实时监控业扩报装各环节工作进度，并支持通过短信推送、工作督办单等方式发起预警督办流程至业务办理人员，被催办人员根据督办信息核实处理并反馈，预警环节完成后系统自动对该异动进行销号。

（三）融合跨界服务资源，实现办电"零证明""零跑腿"

让数据多跑路、群众少跑腿，是"最多跑一次"改革的核心理念，国网衢州供电公司通过构建政企数据通道，共享政务信息，实现居民业务"零证明"办电；通过跨行业的优势互补，推出办电"主动跑"，实现客户办电"零跑腿"。

1. 共享政务信息，实现办电"零证明"

抓住浙江省政府建设政务数据中心的有利机遇，率先打通政企数据共享通道，推行客户办电"零证

办理"。深入挖掘政府"证照库"数据信息，探索更综合、高效、快速的数据共享方式，全面梳理可以通过共享实现"减资"的业务种类，按"零证办电"要求，对现有业务流程进行再优化，推动实现一键自动获取不动产证、农房动工证、营业执照、税务登记证、"两保户"信息等办电合法凭证资料，实现办电"减资"，有效提升办电效率。修订完善业务办理告知书及智能档案系统收资要求，试点开展线上办电收资电子化归档工作，推动形成用电事项在线办理、归档、保存及利用长效机制。优化移动作业终端功能，推动电子合同、电子签章的实用化，让群众最大限度地感受到方便高效。

2. 深化物流合作，实现客户"零跑腿"

考虑到衢州境内山脉、丘陵兼具，存在企业办电集中、跑腿不方便等问题，国网衢州供电公司主动加强与各大物流公司合作，推出"电力e邮通"模式，即"网上申请、在线服务、快递送达"，减少企业客户临柜次数。全面系统梳理业务流程，在业务受理、供电方案答复、业务费收取、竣工报验和合同签订这五个环节增设申请资料、发票等办电资料的"快递送达"服务，供客户选择。进一步制定规范操作标准，细化制定企业办电资料快递寄送办理流程，明确供电、快递公司业务人员岗位职责，统一制定办电资料快递送达确认单据，开展快递业务人员办电业务相关培训，保障快递送达服务规范化开展。

同时，按需提供用电优化建议书、高压客户用电诊断书等延伸服务。优化高压互感器检定流程，开展计量装置校验《检定证书》及《检定结果通知书》共享，实现用户送检实时检、实时取，采用邮递方式将检定证书送达客户，并为有特殊要求的高压用户提供上门服务。

（四）贯通跨行业业务流程，推行房电水气"联动过户"

国网衢州供电公司推动与国土资源管理部门共享不动产权变更信息，积极促成"一窗受理、集成服务"公共行业服务平台建设，在全国首创不动产与电水气联合过户模式。用户在办理房产过户的同时，可同步办理电力、自来水、燃气过户，解决客户多头跑和相同资料重复递送问题，做到"群众跑腿做减法，最多跑一次"。

1. 贯通跨行业业务流程，实现线下联办

结合群众办事"最多跑一次"改革工作，国网衢州供电公司主动对接政府部门，牵头推动市行政审批制度改革领导小组办公室出台《衢州市不动产权属与居民水电气联动过户工作方案》。通过明确部门职责、建立共享机制、优化办事流程，试行不动产管理部门与电、水、气等单位的联合过户模式，实现公共服务业务"一窗受理、集成服务"。

整合窗口，减少群众跑腿距离。以往国土资源局、供电公司、水业集团和燃气公司四个单位的办理窗口分别散落在不同区域，大大增加群众办事的跑腿距离。国网衢州供电公司牵头房电水气四方整合空间资源，设置电水气综合办事窗口，让群众可以在一个综合空间内办理所有过户手续。

整合流程，减少群众跑腿次数。以往群众要在拿到不动产权证之后才能办理电水气过户，通常需要等待2周的审核制证时间。在拿到不动产权证之后，再分别办理电、水、气的过户程序，总共至少需要跑腿五次。通过开展过户流程的并联式整合，在群众办理房产过户程序的同时，通过原国土资源局窗口出具《不动产登记申请受理通知书（电水气过户专用）》，同步并联办理电水气过户业务，让跑腿次数从五次降为一次。各部门后台根据前台传回的信息，按既定的程序进行并联审批。

整合信息，减少资料反复提交。在以往的过户流程中，群众房屋信息、身份信息等资料需要在国土、电、水、气等不同部门间重复提交审核，浪费材料复印成本。通过整合信息资源，建立信息互认、容缺受理机制，四个部门共同把住群众基础信息源头关，共认受理信息。资料仅在办理房屋产权过户窗口提交一次即可，减少了群众复印资料的成本。

2. 打通跨行业数据壁垒，实现线上联办

打通政企间的数据接口，将国土资源部门的不动产过户信息自动推送至电水气服务调度平台，实现联动过户由"线下转至线上",确保跨部门间数据的无缝衔接。各部门审批后台对姓名、地址等关键信息进行自动匹配,确定户号,以在线办理的方式完成过户。同时,加快政府服务网"行政审批"在线办理的功能拓展,让群众足不出户即可办理电、水、气的联动过户,实现"零上门"。

(五)优化电力接入营商环境,推动"最多跑一次"改革向纵深发展

"最多跑一次"是改革目标,更是改革的路径与方法,国网衢州供电公司提出以打造"最多跑一次"改革升级版为核心,通过实施业扩"备单"管理、改革电力接入工程行政审批、创新智慧电务运维模式,推动电力接入营商环境进一步优化。

1. 实施业扩"备单"管理,提高项目服务精准性

与政府部门建立常态对接机制,及时共享省市重点项目信息,建立重大项目用电需求储备库,提前编制项目供电方案,同步启动配套电网建设改造,开启重大项目用电"备单"管理新模式。通过走访、专题会议、客户咨询等渠道,及时获取潜在客户用电需求信息。对于纳入业扩储备库的项目,项目业主无须提供证件,即启动业扩服务工作,在客户提出正式用电申请前,即一次性完成施工用电和正式用电前期方案的编制、审核工作,形成项目方案"备单"。利用业扩储备库信息,指导科学规划电网、优化建设时序,快速开展布点补强,消除电网瓶颈,满足业扩储备项目快速接入。

2. 推动电力接入行政审批改革,缩短接电时间

针对用户接入电网建设工程需向政府相关部门办理规划、掘路、占路及绿化等各类许可的实际,国网衢州供电公司参照"多审合一"等最多跑一次改革经验,会同发改、经信、规划、住建、公安、交通6个政府部门,推动实施"网上受理、资料共享、部门牵头、并联审批、限时办结"的改革模式,重新设计电力接入项目的审批流程,创新开发全国首个电力接入项目行政审批平台,有效固化改革成果。实施新模式后,审批对接部门由9个压缩为1个,申报材料由85项缩减为3项,审批环节数由11个减为2个,审批时间由原来的平均2个月缩减至9个工作日。

3. 创新商业模式,进一步降低小微企业接电成本

对于低压接电的小微企业,主动延伸投资界面,将原由客户出资的接户线、表箱改由电网投资。针对小微企业基建临时用电前期投入大但利用率不高等痛点,推出基建临时用电设备租赁服务,将原来由项目业主一次性投资,改为由电网企业投资建设、项目业主按需租赁、竣工后回收再利用。为降低企业用电运维负担,提升安全、经济用电水平,推出"智慧电务"综合能源服务业务,将智能电表采集延伸到客户内部开展设备级用能监测,为企业客户提供用能状态实时监测、能效诊断、故障抢修、设备租赁、共享电工等定制化的增值服务项目组合,为客户提供"一揽子"的售后服务整体解决方案。

三、政务改革背景下的供电企业高效便民服务管理效果

2016年以来,中央大力推进"放管服"改革,浙江省委省政府从与人民群众生产生活关系最密切的领域抓起,深入开展"最多跑一次"改革。国网衢州供电公司始终坚持以客户为中心,在公共服务领域先行先试,主动融入政府"最多跑一次"改革体系,通过简化办电流程、推进业务转型、创新服务举措,不断提升供电服务质量和效率,将"便民惠民"的理念深度融入群众的日常生活,显著提高了群众的获得感、幸福感。

(一)全面落实"最多跑一次"要求,客户服务水平大幅提升

实现所有居民业务和企业部分常用业务等16类业务"一次都不跑",其他5类复杂业务"最多跑一次"。以联动过户为例,共计减少衢州单户过户代办费支出850万元。过户业务办理单次缩减10个工作日,减少跑腿4次,减少资料7份。通过合并现场工作环节、精简业务审批环节、减少冗余流转环节、加强全流程管控,截至2018年6月,衢州全市高压、低压居民,低压非居民客户平均办电时间分别同比下降21.8%、35.7%和30.4%。基本实现客户现场服务的移动作业终端应用全覆盖,现场服务应用

142万余次，有效减少了客户和员工往返，显著提高了现场服务能力和效率。客户线上办电满意度达到99%以上，国网衢州供电公司95598供电服务评价考核指标位居国家电网公司系统前列，客户服务感知得到大幅提升。

（二）企业发展能力不断增强，公司效率效益显著提高

一是实现电量增供扩销。通过办电效率提高、释放受限容量，截至2018年6月，衢州全市实现增供扩销电量9.3亿千瓦时，以平均电价0.79元计，增加电费收入约7.35亿元。二是管理成本显著压降。业务办理收资简化、线上办电普及大幅降低了纸质资料的归档要求，电子档案和移动终端的推广减少纸质单据流转使用量，节约成本479.2万元。通过客户过户信息的源头共享，降低公司数据资产准确性核查人工运维成本年均2000万元。三是发展环境持续优化。全面落实省政府"大干项目、干大项目"的要求，通过政企联动共享项目信息，变被动等待为主动出击，截至2018年6月，"一站式"全过程主动服务业扩项目620个，赢得了政府和市场认可。同时，通过政企数据共享，有效拓展了信息获取渠道，减少客户信息重复录入，促进公司客户基础信息质量提升，有力推进数字化企业转型战略实施。

（三）充分发挥公共服务职能，电力营商环境进一步优化

开展基于"最多跑一次"改革的供电服务管理以来，国网衢州供电公司充分发挥了供电企业的公共服务职能，取得了良好的社会效益。通过开创电力"最多跑一次"改革模式，国网衢州供电公司成为群众办事跨行业"最多跑一次"实践样板，推动省政府发文在各公共服务领域推广。2018年8月，国家发改委组织了全国首个营商环境试评价，衢州在22个试评价城市中总排名第四，其中在评价体系的重要指标"获得电力"方面，衢州的突破尤为显著。衢州电力服务"最多跑一次"改革的核心举措已经在国网系统全面推广应用。这一模式普适性、可复制性强，在操作层面能够落地实施，为全国供电企业开展供电服务改革探索出一条崭新道路，具有良好的示范推广应用价值。

（成功创造人：肖世杰、何文其、吴国诚、黄宏和、裘华东、郑　斌、周　俊、侯素颖、徐　帅、钟晓波、王　广、袁忠华）

电网企业基于客户"全业务、全流程"体验互动式的服务管理

国网福建省电力有限公司

国网福建省电力有限公司（以下简称国网福建电力）是国家电网有限公司的全资子公司，以投资建设运营福建电网为核心业务，承担着保障福建省安全、经济、清洁、可持续电力供应的使命。经营区域覆盖全省9个设区市及平潭综合实验区，供电服务客户1700余万户。公司下辖9个市供电公司、1个水电企业、14个直属单位、62个县级供电公司，全口径用工5.8万人，资产总额1119亿元，公司连续五届获评全国文明单位。

一、电网企业基于客户"全业务、全流程"体验互动式的服务管理背景

（一）贯彻"以人民为中心"的发展理念，全面提升服务水平的需要

党的十九大报告指出，我国社会主要矛盾已经转化为人民日益增长的美好生活需要和不平衡、不充分的发展之间的矛盾，强调坚持以人民为中心的发展理念，把增进人民福祉作为发展的出发点和落脚点。面对新时代人民群众日益增长的美好生活用电需要，供电企业客户服务水平与质量有待提升，迫切需要树立"客户需求无小事、优质服务无止境"的理念，坚持以客户为中心，深入调研了解客户需求，加快构建现代供电服务体系，规范供电服务行为，提升供电服务能力和响应速度，以便捷、精准、主动、经济的供电服务让电力客户快用电、用好电。

（二）坚持问题导向，有针对性地解决客户服务中存在问题的需要

电网企业作为电力供应方，与用电客户存在能量流、信息流双向互动关系。随着能源服务市场逐渐发展，不同市场主体对办电效能、技术指导、信息获取、产品质量等方面的需求呈现个性化特征，客户对差异服务、精准服务和综合服务的需求日益提高，电网企业客户服务响应速度慢、服务流程不顺畅、精准服务能力不强、用户互动沟通等短板逐渐显现。因此，主动顺应客户关注、社会关切，换位体验电力客户的用电感受和诉求，在供电服务方面引入客户细分、需求分层理念，进一步简化流程、创新方式，持续努力降低客户用电成本、简化用电报装手续、缩短接电周期、提高供电可靠性、透明用电信息、提升服务管理软实力，不断提升客户用电满意度，具有十分重要的意义。

（三）适应经济发展新形势与电力体制改革要求，提升企业竞争力的需要

随着新一轮电力体制改革向纵深推进，企业外部经营环境发生显著变化，供电企业作为市场参与主体，受市场环境、社会环境、政策环境的影响较大，利润空间逐步缩减，如何顺应改革发展新形势，加快推动企业转型发展，以优质服务促进核心竞争力持续提升十分关键。原有管电思维和以本位主义为特征的服务导向已成为制约瓶颈，迫切需要弘扬"以客户为中心，专业专注、持续改善"的企业价值观，转变服务理念，创新服务新方式，站在电力客户的视角重新审视现有供电服务体系，通过建立"走出去"和"请进来"的全业务领域、全流程服务互动体验模式，真正掌握客户的难点、堵点、痛点，自我查找企业内部在健全管理机制、优化管理流程、创新管理方式上存在的真实问题，聚焦寻找改善客户服务问题的解决之策，补强客户服务短板，推动原有被动服务向主动体验服务转变，不断拓展增值服务，增强客户黏性，以优质供电服务赢得市场空间。

二、电网企业基于客户"全业务、全流程"体验互动式的服务管理内涵和主要做法

国网福建电力通过与典型客户共同建立组织保障体系，推动实施电网企业"进客户"与邀请电力客

户"走进来"两种模式,与电力客户创新开展"十阶段、三拓展"体验互动;在此基础上,聚焦客户服务薄弱环节,进一步梳理体验互动中发现的问题,制定整改措施,不断完善管理机制、夯实管理基础、优化管理流程,定期总结评价体验互动成效,促进持续改进优化提升。客户服务水平显著提高,客户满意度大幅提升,企业效率效益与核心竞争力显著增强,树立了良好的品牌形象。主要做法如下。

(一)明确"双全"体验互动式服务管理的指导思想和基本原则

明确"双全"体验互动式服务管理实施目的。针对客户服务响应速度慢、服务流程不顺畅,精准服务能力不强、用户互动沟通欠缺等问题,国网福建电力将"双全"体验互动管理作为改进调查研究、掌握基层实情、密切联系客户的基本方法,旨在站在电力客户的视角重新审视现有供电服务体系,全面真实体验电力客户的用电感受和诉求,在体验中真实互动,增强务实的工作作风,增进电网企业和电力客户的"一体化"感情。将"双全"体验作为改善客户服务水平的重要载体,以"互动体验-管理诊断-责任落实-短板改进-服务提升"的"双全"体验工作方式为主线,通过建立高效组织体系、制订实施方案、完善服务保障体系、搭建工作联动平台、健全管理机制、夯实管理基础、优化管理流程、创新管理方式,聚焦客户急需解决的问题,不断改善电力客户服务水平。

明确电网企业与客户互动体验的整体思路。先后组织多次内外部调研,广泛吸收企业与客户互动的先进理念与实践经验,结合电网企业实际情况,确立"双进"互动体验模式。其中,"一进"是电网企业"进客户",以客户的身份体验电力客户申请办电、费用缴交等"全流程"服务,在全流程的每个环节中通过全程参与、现场观察、实际互动及模拟实践,亲身感受、全面体验客户在电力服务中的感受和诉求,主动查找制约电力客户服务水平提升的关键环节,以全业务、全流程最优为视角,推动电网企业内部管理薄弱环节的改进和提升。"二进"是邀请电力客户"走进来",到电网公司内部体验涉及客户服务的"全业务"领域,近距离感受电网企业在努力改善客户服务工作方面的不懈努力,积极听取客户在各类业务体验中反馈的意见和建议,以各类客户业务办理的流程视角,查找企业内部在管理机制、管理流程和管理方式上存在的实际问题,寻找解决问题之策,找准、找实、找细改进措施或改进建议,强化问题责任落实整改,推动电力客户服务水平持续改善。

(二)与典型客户共同建立组织保障体系

为推动"全业务、全流程"体验互动式管理模式有效落地,国网福建电力与多家电力客户联合成立以一把手为组长的"双全"体验工作领导小组,建立责权清晰、高效协同的组织框架,全面领导各自"双全"体验工作,审定相关工作方案,加强会商协调,为有力推进"双全"体验相关工作奠定坚实组织保障。

"双全"体验领导小组下设电网企业与电力客户双方共同参与的协调小组和7个专业体验组。协调小组负责落实领导小组的各项决定和工作安排,不定期召开协商会议,指导、协调和督促各专业体验组落实体验工作开展或问题闭环整改,承担"双全"体验组织体系和责任体系建设职责,做好体验前期协调,对内协调跨部门、跨专业、跨层级业务,决策工作推进过程中的重大问题事项,完成领导小组交办的其他工作。各专业体验组分别由国网福建电力和电力客户分管领导担任组长,根据统一的体验内容安排做好相关组织工作,合理安排体验行程,做好体验观察情况的记录,及时发现电力服务过程的问题、查找问题根源、制定整改措施、检验整改成效、提炼体验亮点。

(三)开展"双全"体验互动模式的整体设计

1. 建立"十阶段"全流程体验模式

国网福建电力着重针对电网企业体验组"进企业"与电力客户体验组"走进来"各类互动情形,系统梳理供电服务流程环节,进一步细分为10个阶段,明确每个阶段互动体验相关内容。具体来看,一是项目立项阶段"进企业",电网企业主动体验客户在用电办理前对电网企业的期望,了解周边环境、项目发展规划及进度安排、用电需求及用电负荷发展情况。二是供电方案答复阶段邀请客户"走进来",

电力客户通过体验电网企业在用电受理、现场勘察，方案制订、审批和答复方面的做法，积极提出改进提升的措施。三是设计审查阶段"进企业"或邀请客户"走进来"，对不同用电属性的电力客户，根据电力客户的需要，电网企业采取"进企业"方式，给予提供设计图纸审查和技术指导服务；对于重要电力客户，邀请客户"走进来"，到电网企业参与图纸审查，现场体验电网企业的专项审图服务。四是工程施工环节技术服务"进企业"，对自行组织建设的客户，电网企业采取主动"走出去"方式，到客户内部工程的施工现场，提供《验收常见问题汇编》和现场技术指导服务。五是配套工程施工邀请电力客户"走进来"，对于委托集体企业施工的客户，通过邀请客户"走进来"方式，到施工现场参与体验电网企业的规范化施工过程；通过邀请客户"走进来"方式，体验电网企业为电力客户建设的业扩配电网工程和免费接火施工现场，参与体验电网企业的配套服务情况。六是停电安排邀请客户"走进来"，邀请电力客户走进电网企业直观体验停（带）电计划安排，体验停电计划待排库、月度停电计划的过程实施，体验非计划停电审批机制和零停接入的相关服务举措。七是竣工验收阶段"进企业"，电网企业组织专业人员"进企业"方式，提前介入客户竣工验收，并给予缺陷整改指导，提高客户工程的一次性验收通过率，确保电力设备无缺陷投运。八是启动送电阶段"进企业"，电网企业采用"进企业"方式，对客户的电工给予免费技能指导，保证配电设备的实际操作能力，并协助客户送电（非动手操作）。九是过程管控邀请客户"走进来"，邀请电力客户参加电网企业的分中心、公司的协调会，通过"走进来"到现场检验电网企业在客户服务方面的两级协调机制和"红黄蓝"三色预警机制。十是售后服务"进企业"，构建三级走访机制，即"客户经理一周一上门、营销部主任一月一对接、分管领导一季度一走访"，面对面为客户提供用电咨询、电费分析、综合能源、售电市场交易等方面的指导建议。

2. 大力推动"三拓展"全业务体验模式

国网福建电力除将电力客户所有业务纳入"全业务领域"进行互动服务管理外，着眼于为客户创造更大价值，在客户办理报装用电时，为客户提供更加多样化的"三拓展"全业务服务，努力改善提高服务质量和水平。一是拓展客户的综合能源服务，邀请客户"进企业"参与电网企业综合能源服务项目拓展，共同促进绿色能源发展。二是拓展客户的售电市场交易，主动"进企业"帮助电力客户分析参与市场交易的利弊，引导客户规范选择售电市场交易机构。三是拓展客户的综合电费分析，以"进企业"方式建立售后三级走访机制，结合电力客户的用电特性，面对面提供个性化用电咨询、电费分析等，为电力客户价值创造提供指导建议。

（四）与客户建立"一对一"工作机制，深入开展体验互动

1. 接电前期对接

电网企业体验小组"进企业"了解到一些客户对办电流程不熟悉，对办电时效存在疑虑。为了更好地服务省市重点项目，国网福建电力出台《国网福建电力关于印发提升电力营商环境行动方案的通知》，建立政府重点工程及"五个一批"项目对接机制《国网福建省电力有限公司关于建立"五个一批"项目服务工作机制的通知》，在招商阶段与市重点办、市发改委等相关部门对接，获取项目前期信息，提前做好电网规划布点；开展专属客户经理服务，推广片区经理、台区经理、客户经理一站式全程代办服务，提供用电咨询、业务指导、上门收集资料等"一揽子"方案，真正实现"客户一趟不用跑"。以福建钜能电力有限公司HDT高效太阳能项目为例，由于客户为异地投资，不了解办电流程，担心影响投资建设进度。国网福建电力所辖莆田公司主动上门对接体验客户对供电企业的感知，立即成立服务团队，指定专属客户经理，建立"福建钜能电力项目协调组"的专属微信群，群员包括涵江区常务副区长、公司副总经理，HDT副总经理及营销、配电、基建、规划、运检、调控、电费、计量等人员，对规划的110千伏鳌山变电站提前布局，提前建设。

2. 用电方案答复

"进企业"体验小组了解到客户在提出正式用电申请前的主要疑虑为供电方案比较复杂,特别是容量比较大的客户,需要反复沟通、多次往返,耗费时间长。为此,国网福建电力主动邀请客户走进来,在前期提前介入服务的基础上,与客户及委托的设计、施工单位一起,共同实施业扩项目现场联合勘察,让客户切实体验参与办电接入方案、设计、施工方案全过程,最终科学确定客户接入方案;积极推动客户使用标准供电方案模板,精简方案过程审批,对630千伏安及以下项目由客户经理直接答复,对630~2000千伏安业扩项目实行"一岗制"审批,促进办电效率提高。

3. 用电工程推进

站在客户角度,体验小组了解到这一环节客户主要担心由于自行委托第三方进行工程设计,对第三方单位的技术水平与质量不完全放心,希望能够得到电网企业必要的业务指导,避免图审环节出现问题。同时,在工程施工方面,客户担心供电企业取消对普通电力客户的中间检查,自身在电力施工方面专业性不强,且对社会施工单位的技术表示担忧,希望电网企业给予必要指导。

国网福建电力在综合考虑客户需求的基础上,综合施策积极推进用电工程。一是提前向客户提供《电力工程图纸设计常见问题汇编》《10kV电力工程典型设计方案》供客户参考。图纸设计完成后,根据客户需求,组织各专业人员"进企业"免费提供设计图纸审查技术指导服务。二是在客户配电房基础施工、站房内接地预埋件施工、安全工器具配置方案给予技术指导,在电气设备安装环节,根据客户的施工进度,不定期地安排专业人员给予现场指导,协助施工单位加强质量管控,确保质量与工期。三是充分发挥营配融合管理的优点,建立业扩联合服务中心体系,在业扩联合服务中心内配齐营配调专业人员,管理统一指挥,信息共享,专业融合,实现高压客户报装"一站式"办电。建立业扩项目"三色管控"和"三级预警"机制,明确10千伏客户用电报装平均接电时间压缩至70个工作日,特级项目纳入公司专项管控。四是为加快业扩配套电网工程建设进度,预留10%年度配网项目资金作为业扩包,按需申报,并明确专人全流程跟踪项目实施进度,对重点项目的业扩配套工程实行限时完成制度。

4. 竣工验收接电

在这一环节,客户担心验收标准是否统一,可能造成每次验收提及缺陷不一,存在超范围验收层层设卡,带来多次验收情况发生。为做好竣工接电全过程协调,国网福建电力出台《国网福建电力关于印发简化10千伏及以下业扩配套电网项目管理流程加快工程建设速度实施方案的通知》,持续完善验收标准卡,统一竣工验收标准,组织专业人员提前介入、指导竣工验收,为电力客户提供免费培训,提升电工实操能力并协助客户送电。对涉及停电项目提前一个月进入停电待排库;简化非计划停电审批机制,对确实因客户需求紧急且无法按照计划时间申请的,经分管领导审批后,开辟"绿色通道",满足当天竣工、次日送电要求。

5. 售后服务

在这一环节,客户对电网企业能否提供能效分析、设备年检维护及综合能源服务提出更高要求。国网福建电力通过建立"三个一"走访服务机制,即"客户经理一周一上门、营销部主任一月一对接、分管领导一季度一走访",面对面为客户提供用电咨询、电费分析、综合能源、售电市场交易等方面的指导建议。以市场化服务的方式,向客户提供设备年检、代维护等工作,帮助客户开展相关业务培训。通过开发综合能源能效管理平台,为电力客户提供电力用能数据和能效分析,为政府部门提供经济发展分析,推进综合能源增值服务,探索能源消费新模式、产业新业态,助力企业降本增效。

6. 费用收取

客户需求主要体现在费用标准统一性、用电信息透明度等方面,担心收费不透明、接电办理费用高,一些额外费用需要客户承担。国网福建电力采取三方面措施,一是落实客户工程出资界面,对在省级以上园区的企业，可以直接投资到红线，减少客户投资，同时取消电力负荷管理终端设备费用和临时接电费等其他费用，降低客户的办电成本和资金压力。二是对于低压客户，执行《福建省物价局关于规范供用电服务收费有关问题的通知》规定，向低压零散客户收取工料费，并建设到低压客户表箱，低压客户办电成本普降40%~80%。三是通过网站、热线、营业厅、短信、微信公众号、掌上电力、电E宝等渠道公开电价政策宣传和客户自身用电信息，定期更新和推动客户用电信息，实现流程、费用、电价的全透明。

7. 服务管控

对外邀请客户参与"业扩联合服务联动运作""两级项目联动协调会""红黄蓝"本色预警机制等公司内部的管控过程体验，更直观地向客户呈现供电公司"以客户为中心"，优化营商环境的服务举措，让客户真切体会到供电公司践行"人民电业为人民"的服务宗旨。对内完善内部管控流程。引入第三方客户回访机制，重点业扩项目全流程服务进行回访，对业扩管理不到位的责任部门或单位进行通报，通过问责倒逼提升管理。开展业扩全流程评价奖励机制，对按时限优质完成送电任务的单位或员工给予奖励；出台客户经理分级评聘办法，将服务质量作为聘用依据，调动客户经理积极性，努力培养全能型客户经理。

（五）梳理体验互动中发现的问题，制定整改措施

1. 对体验互动问题进行分级分类处理

基于全省大客户双向互动体验实践，将互动体验中发现的49个问题按照"服务人性化""支撑信息化""管理规范化""作业标准化""其他方面"等6类进行再梳理，提炼总结大客户对电力服务改善热点"前期服务不到位、信息获取滞后"等6个方面共性问题。客户普遍认为：一是供电服务环节多、流程长。二是用电报装费用偏高。三是供电企业信息公开不够，对供电方案制订、停电计划安排等流程透明度有待增强。四是社会施工单位认为供电企业技术标准执行不统一，需要供电企业提供图审、验收等技术服务。五是担心停电安排时间长，竣工后不能及时送电。六是新开办企业对用电综合能效、用电安排优化需要供电企业提供指导帮助。

在全面梳理体验互动问题的基础上，进一步提交相关专业部门进行内部管理关联性研究讨论。各相关专业部门根据问题解决的难易程度进行分级分类处理：一是对短期内能整改的共性问题，按照"立行立改、即知即改"原则，制订整改措施、指定整改责任人、落实整改期限，组织整改；二是对短期内暂无法整改到位的共性问题，提出各阶段性改进或提升措施，落实整改责任人和整改期限，指定专人负责全程跟踪落实；三是对仅需要本部门创新突破就能解决的"老大难"管理短板，提出创新突破方案，经公司分管领导同意后，组织实施；四是对需要跨部门协同才能解决的管理难题，明确牵头部门进行专题研究，提出系统性解决方案，并按照规定程序组织实施；五是对一些违反现有国家法律法规、行业及国网公司规定的问题，暂无法解决的，进行专题研究，探讨破解对策。

2. 推动问题整改上下层级协同联动

为促进公司内部纵向工作协同更加高效、快速，依托信息支撑系统和运营数据资产，搭建公司月度工作联动信息平台，将"双全"体验发现且需要内部上下级协同联动解决的问题列入系统进行在线跟踪管控，有的放矢地开展管理问题的诊断分析，建立规范的省、市、县三级月度联动工作评价机制，推动各级单位应用"五位一体"管理工具，从职责、制度、标准、流程、考核等全方位查找问题的根源，透视运营的状况，把握管理规律，实现问题、难点、热点一网看透看清，以高效的内部纵向联动推动体验问题在线管控和解决。

3. 建立问题闭环管理机制

为强化"双全"体验问题的闭环管理，进一步规范问题分级处置要求和业务处置流程，参照电网设

备缺陷闭环管理模式，以明细问题记录为载体，依托月度工作联动信息平台在线闭环管控模块，实现问题从工单发起、审核、派发牵头部门、确认承办部门、问题办理、进展跟踪、双方确认完结、提问单位评价等全流程的在线闭环管控，同时建立问题"无法办理"事项报备制，主办部门认为政策不允许或条件不具备而"无法办理"的问题，须经公司领导同意后并列入专题研究。

（六）定期总结评价体验互动成效，促进持续改进优化提升

1. 强化问题整改效果评估

开展"双全"体验问题整改情况的成效分析和评价，按"已完成（整改）问题要看效果，正在执行（整改）问题要看进度，进度（整改）滞后的要找原因"的管控要求，将整改情况纳入绩效评价和"双随机一公开"检查范畴。对已完成整改的问题，建立"双全"体验"自启动"验证机制，确保问题解决的同时继续挖掘电力服务方面的短板和不足，推动公司内部管理水平螺旋式上升；对未按时限完成整改的问题，建立"双全"体验问题"回头看"机制，实行问题"旧账"倒查制，对遗留问题要追溯分析根源和责任，督促责任单位主动担当理好"旧账"、按要求不留"后账"，确保体验发现的问题得到有效整改。

2. 不断优化改进互动体验方式方法

多措并举持续优化体验方式方法。在注重"听"方面，对一些只能采取回放式的体验，认真听讲、记录；在注重"观"方面，跟随客户业务流程，观察执行者操作是否符合管理要求和顺畅；在注重"谈"方面，采用访谈、座谈、私聊等形式多维度深度了解客户实际和真实想法，增强亲和度和信任度，消除参与对象的戒备心理；在注重"干"方面，跟随业务流程，对不符合规范要求的操作进行宣讲、示范和纠偏；在注重"验"方面，对好的做法进行总结，到现场再进行核查，以验证其推广价值；在注重"推"方面，对验证后的做法要去掉个性、特殊性东西，增加普遍性特点，为推广应用做好准备。同时，坚持集中式体验和分散式体验相结合，按照"问题导向＋经验推广＋管理验证"的模式，重点破解管理底板中的风险隐患和"老大难"问题。

3. 强化"双全"体验成果应用

为充分发挥体验成果的示范性，以点带面推动企业内部管理的全面提升，不断拓展优质服务的内涵，创新服务体制机制，各专业体验组在体验结束后根据本小组的体验主题及重点内容，加强成果的总结、提炼和固化，建立面向企业内外部的创新成果库，引导适应客户和市场需求变化的优秀成果进行实用化推广和应用，并转化为相应的业务标准和管理规范，实现隐性经验显性化、显性经验制度化。

三、电网企业基于客户"全业务、全流程"体验互动式的服务管理效果

（一）服务质量显著提高，客户满意度大幅提升

通过实施"双全"体验互动服务管理，不断提升卓越服务水平，增强客户黏性，以服务赢得市场。在办电手续及环节方面，高、低压客户用电报装手续分别由6个、5个压减至4个、3个。在接电时间方面，2018年上半年10千伏全流程平均时长压缩至71天，同比减少24%；低压业扩全流程平均时长压缩至6.4天，低压居民平均时长压缩至1.1天。在供电可靠性方面，户均配变容量3.29千伏安/户，较2017年年末的3.22千伏安/户提高0.07千伏安/户，其中城市、农村分别为3.9千伏安/户、2.96千伏安/户。城、农网供电可靠性分别由99.953%、99.832%提升至99.963%、99.885%。城区低压接入容量由50千伏安提升至100千伏安，让客户办电手续更简化、用电成本更低、电力供应更可靠，客户满意度持续提升。

（二）企业发展能力不断增强，公司效率效益显著提高

通过推进供电服务向市场化、互动化和精益化转变，有效促进了企业核心竞争力和效率效益全面升级。办电效率提高提质增速、释放受限容量，实现电量增供扩销。截至2018年6月，实现增供扩销电

量 55.6 亿千瓦时，以平均电价 0.56 元计，增加电费收入约 31.14 亿元。业务办理收资简化、线上办电普及大幅降低了纸质资料的归档要求，电子档案和移动终端的推广减少纸质单据流转使用量，管理成本显著压降，非生产费用同比压降 1.5 亿元。按照"自身纵向比为主、跨单位横向比为辅"的原则，取消内部对标所有指标加分项评项，减少人工干预，对标指标评价更细化、更客观、更透明，2017 年度国网福建电力同业对标综合成绩进入国网公司前五，取得历史最好成绩，首次进入国网公司系统综合标杆和管理标杆。

（三）社会影响力显著增强，树立了良好的品牌形象

实施电网企业与客户"双全"体验互动服务管理以来，国网福建电力面向客户的各项指标均显著向好，充分发挥了供电企业的公共服务职能，树立了负责任央企良好形象。一方面，客户的获得感、满足感大幅提升。打通末端服务"最后一公里"，实现便捷、高效、零距离客户沟通。通过互动体验服务，第一时间了解客户诉求，快速响应，实现"客户一次都不跑"，切实做到人民电业为人民。另一方面，树立了责任央企的良好形象。与客户体验互动服务管理这一模式普适性、可复制性、拓展性强，在操作层面能够落地实施，为其他供电企业优化提升服务水平提供了很好的经验借鉴，具有良好的示范推广应用价值。国网福建电力 2017 年优质服务实现"零投诉"，95598 回访客户满意度 100%，行风测评公共服务行业居第一名，为优化电力营商环境做出突出贡献。

（成果创造人：陈修言、蔡咸宜、陈春武、林志和、颜艺峰、
蔡建煌、黄春竹、邹志向、蔡丽华、戴贤哲）

城市商业银行基于"智汇聚莱"平台的中小企业服务管理

莱商银行股份有限公司济南分行

莱商银行股份有限公司济南分行（以下简称莱商银行济南分行）于 2010 年 9 月成立，下辖 12 家综合性支行及 3 家社区支行、章丘明水小微支行，已基本完成对济南地区的全方位覆盖。莱商银行股份有限公司是一家国有投资控股的区域性股份制商业银行，总部位于莱芜，前两大股东分别是山东钢铁集团和齐鲁交通发展集团。2017 年 12 月底，莱商银行济南分行实际运作资产 200 亿元，实现拨备前利润 3.2 亿元。济南分行被授予"济南市金融系统微笑服务窗口""创建文明城市先进单位"等荣誉称号。

一、城市商业银行基于"智汇聚莱"平台的中小企业服务管理背景

（一）提升服务中小企业水平是促进地方经济发展的重要举措

随着经济改革的不断深入，我国中小企业的规模不断扩大，作为经济社会的重要主体，中小企业的重要作用和发展潜力逐渐被越来越多的金融服务类机构所认同，无论是从机构数量、贷款规模还是金融服务种类上看，银行业金融机构在我国金融体系中的主导作用，决定了其在中小企业金融服务体系中的重要地位。深化银行对中小企业金融服务的认识，提升银行对中小企业的服务水平，对促进区域经济的可持续发展意义重大。莱商银行济南分行基于"智汇聚莱"平台的中小企业服务管理是提升服务中小企业水平，促进地方经济发展的重要举措。

（二）为中小企业提供多元化、差异化服务是适应市场竞争的必然之举

当前，中小企业"融资难、融资贵"这一问题普遍存在，制约着中小企业的进一步发展和做大做强。如何加大对中小企业的扶持和服务，是各级政府、学术界、银行界、企业界普遍关注且急需解决的问题。面对济南日趋激烈的竞争环境，城市商业银行同样存在客户流失现象，现有的服务模式满足不了市场经济环境的变化。莱商银行济南分行坚持"服务当地经济、服务中小企业、服务城乡居民"的市场地位，专注中小企业客户群体，以"做客户放心满意的银行"为企业愿景。近年来，莱商银行济南分行开始尝试多种方式积极加深与中小企业的合作交流，基于"智汇聚莱"平台的中小企业服务管理模式逐步成为覆盖更多客户群的一体化、全方位的多元化服务理念。

（三）提升企业竞争力，实现企业发展战略的需要

如何深度挖掘客户需求，突破银行发展瓶颈期，不断满足中小企业的个性化、差异化的服务需求是银行面临的难题。莱商银行在服务客户改革中，引进管理公司帮助银行进行网点转型，服务品质虽然得到了有效提升，但依然满足不了不同类型客户的差异化需求。2015 年，莱商银行济南分行提出搭建"智汇聚莱"企业战略服务平台的计划，总行对平台的计划与构想给予充分肯定，并明确平台服务中小企业的发展战略，提出四点意见，"信贷要做全、小微要做精、同业要做大、平台要做实"。基于"智汇聚莱"平台的中小企业服务管理是莱商银行济南分行实现"企金先行"发展战略的内在推动，也是推动"普惠金融"的有效措施。

二、城市商业银行基于"智汇聚莱"平台的中小企业服务管理内涵和主要做法

莱商银行济南分行坚持以服务实体经济、服务中小企业为指导方针，以"融资、融智、融情"为服务理念，以"成长与共享"为服务的核心价值，以"做客户放心满意的银行"为企业愿景，充分发挥平台服务功能优势，采取线上与线下相结合的服务运作模式和推广方式，使各个企业、产品、项目等成为有机的整体，形成集金融支持、平台商机共享、行业沟通、企业战略咨询等多元化的服务管理模式。通

过组建平台，以聚人、融合产品或项目、融入思想和精神的方式，将"社交＋商业"高度统一在以品牌为引领的"符号生产线"上，为中小企业提供除资金支持之外的一揽子服务，包括资本市场、投资理财、智库支持以及法律、传媒、咨询、财税等全方位的服务体系，从而打造新形势下的有竞争力、美誉度和黏合度的银行服务管理模式。基于"智汇聚莱"平台的中小企业服务管理为促进企业可持续发展，实现莱商银行济南分行"企金先行"战略目标打下坚实基础，为服务实体经济、服务中小企业，推动地方经济发展和普惠金融做出贡献。主要做法如下。

（一）确立为中小企业服务管理的指导思想和战略规划

莱商银行济南分行坚持"服务当地经济、服务中小企业、服务城乡居民"的市场地位，确立专注服务中小企业客户群体为指导思想，以支持实体经济发展为基本原则，以"做客户放心满意的银行"为企业的愿景，不断提升服务实体经济水平，加强中小企业、涉农企业等普惠金融服务力度，努力解决"融资难、融资贵、效率低"等信贷服务方面存在的问题。承担银行主体责任，落实指标再优化，流程再精简，措施再创新，不断优化营商服务环境。

基于对中小企业服务需求的深刻理解，莱商银行济南分行通过"智汇聚莱"平台开展对中小企业的服务管理，以企业需求为导向，有效整合各类资源，切实发挥服务平台的职能作用，为广大中小企业提供一站式、综合性、多元化的优质服务，营造良好的营商环境，创新符合企业实际需要、受企业欢迎的服务功能和产品，优化服务管理，让企业一目了然地知晓服务事项和内容，使企业感受到服务的价值和意义。通过运用绩效管理，提升业务人员服务水平、服务质量和服务效率，以专业的精神和能力为企业提供全方位优质服务。充分发挥平台服务功能作用，找准服务中心的职能定位，把相关职能部门最核心、最优质的服务内容和资源集聚到平台上来，真正把服务平台建好、管好、用好，为广大中小企业提供精准、细致的服务。

（二）建立"智汇聚莱"企业战略服务平台

莱商银行济南分行明确中小企业服务管理的指导思想和战略规划后，以"信息搜集→价值共享→服务提升→价值提升"为导向，从搭建平台组织架构、管理服务模式、发挥六大服务功能、建设中小企业客户服务沙盘、科学运用绩效考核管理等方面实施全方位、全链条管理，创立金融企业新的商业服务模式。

1. 制订"六步走"战略方案，推进中小企业多元化服务管理

莱商银行济南分行从国家政策、营运管理、服务功能、价值转化、绩效管理等角度，制订服务中小企业"六步走"战略方案。第一步，由莱商银行济南分行主创并发起，联合山东大学、山东省再担保集团、中泰证券股份有限公司、鲁证期货股份有限公司共同建立"智汇聚莱"企业战略服务平台。第二步，搭建平台组织架构，科学管理运作模式。"智汇聚莱"企业战略服务平台设立核心管理层，行使内外双向管理，掌握平台发展方向，保证平台科学规范化运作，完成平台的战略规划和决策部署。第三步，采取线上线下两种运作模式，线上形成以微信公众平台、微信群为载体的中小企业服务模式，做好客户品牌价值提升的最大化；线下打造以专家智库、专业咨询机构、中小企业客户为核心的战略服务体系；打造以走进名企、户外文体活动、社会公益为主的多维度服务模式，使中小企业之间的合作交流、资源共享形成常态。第四步，细分中小企业客户，通过建立纵横交叉的信息网格和服务网格，精准定位中小企业客户，采取差异化营销和服务，贯彻落实"企金先行"发展战略，实现全行稳健、高质量的发展。第五步，发挥六大功能优势，助推企业发展，做好精细化服务。"智汇聚莱"平台五家发起单位及中小企业充分发挥自身优势，全力搭建有利于中小企业生长的服务环境，促进企业得到有益发展，并且确保普惠金融政策的落地实施。第六步，科学运用绩效考核管理，提升服务水平，为莱商银行济南分行稳健高质量的发展保驾护航。

2. 运用互联网思维，科学规划服务模式

城市商业银行基于"智汇聚莱"平台的中小企业服务管理是经济新常态下加深企业之间的合作交流，实现企业彼此多方共赢的新路子。莱商银行济南分行以"成长、共享"作为核心价值，将"智汇聚莱"平台打造成为为企业提供除资金支持之外的一揽子服务，包括资本市场、投资理财、智库支持以及法律、传媒、咨询、财税等全方位服务体系。通过构建"线上""线下"相结合的服务管理模式，以微信公众平台"智汇聚莱"与"智汇聚莱"系列微信群为主要载体，构建"线上＋线下"企业战略服务平台，建立金融行业新的商业服务模式。

线上平台方面，微信公众平台设立多种服务版块，包括财经热点、行业资讯、企业家风采、专家风采、走进名企、社会公益等，为平台企业建立线上品牌宣传、政策解读、资源共享的有效模式。根据企业类别与差异化服务需求建立"智汇聚莱""智汇聚莱之齐鲁女仕汇""智汇聚莱之财务管家""智汇聚莱私享会"等系列微信群，自2015年9月上线以来，迅速吸引了大量客户与企业员工的参与，关注率达90%，累计发布平台信息近300条，平台企业由最初的89家扩展到233家，平台成员互动信息超过5000条。

线下平台方面，通过线上与线下相结合的推广方式和发展模式，使各个企业、产品、项目等成为有机的整体。线下平台"走进名企"系列活动促进中小企业家到不同企业学习交流，为企业之间达成合作意向牵线搭桥，促进企业之间交流与合作，助力企业发展；参与组织高端论坛与交流沙龙活动，为企业家们提供经济形势的研判、行业政策解读和多元化融资模式，推动普惠金融政策的有效落地；举办户外文体活动，拉进企业之间距离，使员工之间相互了解、学习，联系不断紧密；平台通过"保护母亲河，公益健康行""资助身患癌症学生""资助困难家庭"等活动，不断履行社会责任；加强传统媒介宣传形式，发行《智汇泉》宣传期刊，打造展现平台企业的高端纸媒品牌，实现平台的本土价值、信任价值、功能价值，使中小企业、银行在"智汇聚莱"平台多元化服务管理中资源共享、互通有无，通过思维激荡和合作，实现多方共赢共荣。

3. 三维度建设客户服务沙盘，保证服务质量

基于为中小企业服务管理的指导思想和战略规划，莱商银行济南分行从"三个层次""五个类别""三个发展方向"三个维度建立客户服务沙盘。其中，三个层级是建设"总、分、支"三级沙盘，明确中小企业分层依据，实行中型、小型、微型分层服务。五个类别是在"总、分、支"三级沙盘范围内划分中小企业为"潜在服务企业""存量服务企业"两个类别，其中"存量服务客户"细分为"资本维持企业""价值提升企业""战略合作企业""逐步退出企业"四个类别，对不同类型客户实施分类服务，建立纵横交叉的服务网格，保证服务效果。三个指引方向是从客户规模、资产水平、行业类别、业务需求等维度，明确服务方向，分为"鼓励类""支持类""限制类"三个指引方向服务。

（三）整合金融服务资源，解决中小企业融资难、融资贵问题

基于"智汇聚莱"平台的中小企业服务管理依托平台5家发起单位以及平台企业的自身优势，共同服务企业、发展平台，使平台具备多元化服务功能，解决中小企业融资难、融资贵问题。

一是实现融资担保功能。莱商银行济南分行与山东省再担保集团开展合作。山东省再担保集团为中小企业提供融资性再担保业务，通过深化与政府有关部门、担保机构的合作力度，围绕国家和地方产业政策导向，不断推出适于中小企业发展的新业务产品，探索新业务合作模式。主要有"比例再担保、代偿补偿业务、连带责任再担保、联合担保"四大类再担保业务模式和"融资担保通、中小企业集合票据、中小企业私募债、中小企业集合信托"等融资类创新产品业务。通过再担保业务为省内担保公司提供增信、分险，提高省内担保公司的担保能力，通过搭建再担保体系切实发挥再担保"增信、分险、规范、引领"的作用。为中小企业融资担保提供便捷服务，缓解中小企业融资担保难问题。

二是实现投融资服务功能。莱商银行济南分行与中泰证券开展合作，发挥券商功能与优势。通过发挥银行和券商在资本市场的各自优势，开展与中小企业的深度合作，以证券交易所为依托为中小企业进行股权融资，吸引天使投资、风险投资、私募股权投资及产业发展基金的投资，降低民间融资成本和市场违约风险，改变企业资产结构，推动产业链整合，激发行业并购的需求，引导社会资金进入新经济、新行业、新技术领域，完成中小微企业最初的资本集聚，对中小企业的资本市场业务进行全程跟踪服务支持。

三是实现期货市场服务功能。莱商银行与鲁证期货股份有限公司多年来持续不断开展业务合作，平台凭借鲁证期货的专业能力，为各类交易商实现资产保值、增值，不断强化功能定位，将服务实体产业作为重点，不断为企业扩展盈利面，为平台客户传递期货公司职能及市场信息、有关研究报告及有关信息；传递期货交易的实时交易行情，并协助客户进行行情分析，解答有关疑问；对客户交易念向提供必要的咨询意见，对非法交易予以制止；认真接受客户的委托交易单，及时将其送达到有关交易所交易系统，并将其成交与否的信息反馈给客户；在一级结算到达时及时进行与客户的二级结算，履行保证金制度，提供基本会计记录，确保客户资金运行正确，不损害客户利益，协助或代理客户实物交割业务，建立多元的投资盈利模式，提供一揽子服务支持，为企业改革转型赢得空间。

同时，莱商银行济南分行基于"智汇聚莱"平台发展多层次的资本市场，提升金融服务中小企业能力。推进同业拆借市场、回购市场、短期融资融券市场、商业票据市场协调发展，拓宽货币市场的广度和深度。依托银行间市场促进债券市场发展，减少行政控制，创新适用于中小企业的债券品种，提高市场流动性。清理中小企业不合理费用，清理不必要的融资渠道，促进融资改善。通过降低中小企业利率水平，解决中小企业融资贵的问题，促进中小企业融资成本下降，引导资金流向实体经济。

（四）拓宽中小企业服务渠道，提高集群发展能力

为保证服务中小企业的可持续性与延展性，莱商银行济南分行赋予"智汇聚莱"平台服务中小企业非金融服务功能，推出企业家学习、交流与社交新模式，提高中小企业集群发展能力。

一是实现智库支持功能。平台引入山东大学智库资源为中小企业提供宏观经济形势分析、行业政策解读、转型改革趋势、企业战略咨询、人力资源提升等服务。培养具有丰富管理经验、较强开拓创新能力和领导能力、良好商业道德、掌握系统的现代管理知识和经济技术发展的动态、具有国际经营战略头脑和总揽全局的决策能力、适应市场竞争需要的商界精英和企业。莱商银行济南分行通过山东大学智库支持，创新私享会的服务模式，确立私享会为定制式分享会，固定参会人数、明确参加人员，定期邀请有需求的中小企业与相关行业权威专家，发挥中小企业集群效应，集合跨行业的企业家群体智慧，融合高管教练、行动学习和深度社交，通过主题演讲、课程展示、资源对接、商务洽谈等多种形式，为企业排忧解难、提供思路、获取信息、整合资源，拓宽服务中小企业路径，以解决中小企业经营管理难题，提升企业家凝聚力。

二是实现专业咨询功能。"智汇聚莱"平台具有法律、传媒、财税等专业机构，专业机构根据企业特点，通过规模化、专业化、规范化运作模式，以团队整体力量及时、准确向中小企业、民营企业提供高质量、全方位的服务。咨询团队在项目中显示出平台不可替代的作用，基于现代的理念、扎实的专业知识和不可或缺的丰富实践经验，可以为企业提供优质、高效及多样化的咨询服务。

三是实现资源共享功能。"智汇聚莱"平台上的优秀企业，经过平台组织与搭桥，在平台上实现成长与共享，每一位企业家彼此深度交流、互通有无，挖掘企业家精神和企业的潜力，同时相互借鉴、学习，从而促进自身发展，为社会创造财富和就业机会。"共享"理念的提出使企业家尤其是中小企业、"双创"企业在平台上有更多的获得感，得到更好体验，从而实现普惠金融政策的有效落地。

莱商银行基于"智汇聚莱"平台的中小企业服务管理把更多的中小企业培育成为知名品牌企业，同

时采取多元化服务手段，注重提高中小企业集群发展能力，打造强势的中小企业成长群体，并优化中小企业服务环境，助力民营经济、实体经济的发展。

（五）满足多元化需求，实现精细化服务

莱商银行济南分行对中小企业的资源储备、贡献维护和服务提升，对全行"企金先行"发展战略的持续推进和金融服务回归本源至关重要。

莱商银行济南分行精准定位中小企业，结合风险收益偏好实施分类分层，采取差异化服务策略达到以下目标：一是挖掘中小企业潜在需求，创新金融服务产品；二是优化营商环境，强化政银企合作；三是拓宽金融服务渠道，扩大合作领域及收益空间；四是培植战略合作企业，开展全方位战略合作；五是逐步退出高风险、信用低的企业，充分盘活沉淀在低效和无效领域的信贷资源，用于政策鼓励类、支持类的中小企业。

对于负债类中小企业，莱商银行济南分行强化领导带动作用，深化团队服务，围绕重点客户、重点项目，组建服务团队，依托"智汇聚莱"平台与企业沟通交流的信息机制，通过多级联动，全方位、多角度地满足客户需求；强化信息搜集运用，通过"智汇聚莱"平台及时分析、反馈服务企业动态，确保服务力度下降知原因、有措施，服务提升重关注、有奖励；发挥现有产品对中小企业的服务作用，以"大额存款单""结构性存款""理财""银企直连"等为主要服务产品，通过扩大宣传力度实现各类产品服务的渗透。

对于资产类中小企业，莱商银行济南分行提供多元化服务产品，在产品品种上实行创新。紧跟市场导向和客户需求，对同一类型客户加快新产品的研发及推广；在产品组合上实行创新。围绕客户和市场，结合现有业务产品的特点，制定产品集合，通过各类融资产品的组合打包，满足企业对金融产品的需求；做好信贷资源配置，使较为有限的信贷资源、信贷资产采取集约式、重点投放的方式。

（六）强化绩效考核管理，提升团队服务能力

一是建立中小企业金融绿色通道，对中小企业金融项目"第一时间受理""第一时间调查""第一时间审批"。莱商银行济南分行将服务效率与绩效考核两者紧密结合。关注服务过程，通过将服务目标的执行、内控和服务质量纳入考核范畴，使服务管理从对事后结果的静态评价，转变为贯穿事前计划、事中控制和事后评价的动态管理过程。企业金融部每月公布中小企业服务简报，调度各营业机构跟进服务情况。

二是实行业务咨询一次告知制度。莱商银行济南分行对业务申请受理，将需补充的资料或条件一次性提出，及时反馈客户受理与否的结果。对达不到受理条件的，耐心说明原因，将业务审批结果及时告知客户，对审查或审批环节需落实的条件或补充的资料，原则上上门服务。为落实服务质量，建立电话回访评价，将评价分数结果与绩效考核结合。

三是优化营商环境，提高业务办理效率。莱商银行济南分行简化业务合同文本和填写内容，增强创新金融产品宣传，提高业务办理效率，加大金融服务支持力度。牢固树立以客户为中心的经营理念，持续丰富和创新小微企业金融服务方式。

四是机构考核与中小企业服务考核相结合，实现条块相结合的多维度绩效考核。莱商银行济南分行按季对各营业机构经营业绩、服务质量进行评估和考核兑现，服务质量全年通算，内控和管理质量类考核年末兑现。按季对客户经理服务质量进行评估和考核兑现，按照分行的服务管理要求，客户经理绩效由平台单独核算。

三、城市商业银行基于"智汇聚莱"平台的中小企业服务管理效果

（一）拓展了中小企业服务能力，推动了普惠金融的发展

莱商银行济南分行基于"智汇聚莱"平台的中小企业服务管理满足了平台中小企业金融增量需求，

建立了绿色金融通道;提高了对中小企业贷款不良容忍度,降低了中小企业融资成本;客户经理加强了对小微企业信贷业务营销力度,提升了业务条线和金融机构服务中小企业的积极性;通过平台多元化服务,创新金融服务产品,加大了对中小企业服务支持力度。牢固树立了以服务中小企业客户为中心的经营理念,丰富和创新了中小企业金融服务方式。

(二)增强了中小企业的竞争力,推动自身业绩持续增长

基于"智汇聚莱"平台中小企业服务管理,企业得到了很好的服务体验。一是为企业嫁接了资源,搭建平台,促成合作,助力中小企业的发展;二是帮助企业引入外脑,为企业问诊把脉,助推企业调整转型,在新旧动能转换过程中发挥了平台作用。很多中小企业主动申请加入"智汇聚莱"平台,逐步向平台靠拢,促使莱商银行济南分行不断发展壮大。"智汇聚莱"企业战略服务平台经过两年的运作,莱商银行济南分行各项业绩指标均实现了稳健高速发展。从主要指标看,2017年6月资产总额916649.49万元,较2015年同期增长373024.49万元,增幅68.62%;2017年6月末负债总额900694.77万元,较2015年同期增长370850.77万元,增幅69.99%。从数据对比来看,通过"智汇聚莱"平台的服务管理,满足了企业多样化金融需求,实现了精准营销。莱商银行济南分行充分发挥了平台特色优势,制定出清晰的发展战略,取得高速发展。

(三)提升了行业和社会影响力

在金融供给侧改革过程中,莱商银行济南分行率先做好金融供给侧。一方面,金融是经济发展的血液,企业在进行供给侧改革时,莱商银行立即匹配资源,支持企业;另一方面,作为金融产品的供给方,莱商银行不断进行改革提升,由金融产品的营销者变成定制化金融解决方案的供应者,不断致力于为客户量身定制一揽子金融服务方案。通过运作平台,莱商银行济南分行深化了机构、企业家对莱商银行的了解,提升了对"智汇聚莱"平台运营发展的关注度。许多社会团体组织主动向平台发出邀请,谋求建立合作,共享资源。广大企业客户在平台上不断建立沟通与合作,得到了平台给予的体验和收获。平台影响力不断扩大,莱商银行美誉度迅速提升,市场竞争力逐渐增强。

(成果创造人:李华珍、王 湛、李志强、王庆振、张俊忠、赵鲁西)

邮政企业依托"警医邮"平台的一站式便民服务体系构建

中国邮政集团公司浙江省分公司

中国邮政集团公司浙江省分公司(以下简称浙江邮政)是中国邮政集团的分公司,主要负责省内邮政通信网的建设、运行、经营与管理,受政府委托承担普遍服务和特殊服务义务。浙江邮政下辖11个地市、62个县(市)邮政分公司、7个二级邮区中心局和6个直属单位。全省拥有邮政营业网点2118处,其中农村网点1507个;邮政农村电商服务站(即"邮乐购"店)2.85万个,便民服务站2.7万个,覆盖城乡社区的智能包裹柜1.1万余套。员工数量达到3.1万人。

一、邮政企业依托"警医邮"平台的一站式便民服务体系构建背景

(一)有效落实浙江省政府"最多跑一次"政务服务改革的需要

针对群众和企业到政府办事"跑断腿""磨破嘴"的现实问题,为更好落实《政府工作报告》中提出的要求,浙江省政府2016年首次倡导以"最多跑一次"的理念和目标倒逼简政放权、优化服务,积极推进要素配置市场化改革。浙江省政府提出用"最多跑一次"来全面推行"互联网+政务服务",形成各项便民服务"在线咨询、网上办理、证照快递送达"的运行机制。2018年,浙江省政府在全省全面深化改革大会上要求"必须紧紧扭住'最多跑一次'改革这个'牛鼻子',进一步深化认识、丰富内涵、拓展外延、提升质量,坚定不移地推动这项改革向纵深发展"。浙江邮政作为国有央企,有责任、有义务从服务城乡居民、便利群众办事出发,主动积极地配合省政府推进"互联网+政务服务"。

(二)满足人民群众对公共服务、政务服务需求日益便捷化、高效化的需要

根据公安部交管局统计数据显示,截至2016年年底,全省民用汽车拥有量为1338万辆,连续7年以每年百万辆递增;同时,浙江省汽车驾驶员近2000万人,居全国第6位。近5年来,交通管理业务量年均增长超过12%。传统的邮政交管业务代办网点在办理驾驶证补换证服务时,虽然客户在网点提交体检证明、照片和相关材料后,可以免去在车管所办理业务的排队时间,且可享受到驾驶证快递到家的便捷,但是客户需要到县级以上医院出具的健康体检证明和近期照片,迫使用户仍需在医院、照相馆、邮政网点三个地方往返跑。而且符合资质的医院多处于闹市区,交通拥挤,停车不便,医院人流众多,挂号排队等需耗费客户更多的时间,有些医院的体检中心节假日休息,一些上班族还要特意请假进行体检,还有一些偏远山区的群众为了换领驾驶证甚至需要一整天,便民服务网点仍然不便民。广大群众对便捷一站式办理的车务服务需求日益增长,迫切需要邮政改造便民服务管理,让客户在邮政网点能快速办理一站式的车务服务。

(三)发挥邮政企业优势,实施基于"互联网+"的转型发展需要

近年来,浙江邮政积极转变发展思路,主动适应经济新常态,加快转型升级步伐,加大改革创新力度,提升综合服务能力。浙江邮政致力于打造强大的综合服务平台,邮政服务网络遍布城乡,集实物流、资金流、信息流于一体,网络、平台优势愈发显著。浙江省内包裹寄递的时限(T+1)水平居全国第一,为城乡居民便捷、快速、高效的一站式办理政务服务奠定了扎实基础。建设"警医邮"便民服务平台是邮政企业主动拥抱变革、实现转型发展的战略选择,是充分发挥邮政企业优势,实现企业转型发展的需要。

二、邮政企业依托"警医邮"平台的一站式便民服务体系构建内涵和主要做法

浙江邮政以政府政务服务改革,实现"最多跑一次"要求为契机,借助邮政网点遍布城乡的资源优

势，通过邮政网点将窗口业务与交管业务有机结合，让2000万驾驶员在邮政网点即可实现一站式办理相关交管业务。同时，在"警医邮"便民服务平台运营的基础上，通过完善的运营机制、专业的管理团队和不断拓展叠加的政务服务，再辅以有效的宣传营销和优质的服务，依托"警医邮"平台的便民服务管理体系初具成效，特别是在此基础上不断丰富的政务服务种类，使邮政成为"让数据多跑路，让群众少跑腿"的"互联网+"服务体系的有机组成部分。其主要做法如下。

（一）开展顶层设计，确立"警医邮"便民服务体系构建思路

1. "警医邮"便民服务平台的功能定位

浙江邮政着眼于时代发展和更好为人民提供服务的要求，通过打造依托"警医邮"的便民服务平台来践行以人民为中心的发展思想，坚守国有企业社会责任的使命担当。"警医邮"作为便民服务平台，其基本功能是在邮政网点利用邮政综合网和公安部信息网"总对总"对接模式的"警邮"合作基础上，引入医院资源，警医邮服务点成为体检、拍照、换证一体化的便民服务平台，让群众办理交管业务从以往多个部门往返跑，变成邮政网点"一站式服务"，让群众从花几小时甚至半天要办的业务，变成在邮政网点不到10分钟就办完。办理业务后的第二天，邮政快递就把办好的驾驶证等材料送给客户，实现邮政网点前台受理、网办中心审核印制、邮政快递的"一条龙"服务。

2. 明确"警医邮"便民服务管理体系建设的"三大"原则

搭建"警医邮"便民服务平台，为群众提供优质服务，首要目标是在全省邮政网点叠加"警医邮"便民服务系统，推进服务网点的升级改造工作。便民服务管理体系建设中遵循"三大"原则。一是坚持多方满意的原则。"警医邮"坚持打造"方便、快捷、舒适"的综合便民服务平台。统筹考虑政务改革、客户需求和邮政企业转型发展三方面的关系和各方面的需要，努力实现政府、群众、企业及社会多方满意。二是坚持因地制宜的原则。根据网点类型、服务人口、地理环境等综合因素，在"警医邮"的网点选择、服务内容、运营方式等方面采用不同的模式，注重选址的质量，有计划、有侧重地推进"警医邮"建设工作，既保证了基本业务的效率，又通过在有条件的网点增添相关配件设备，因地制宜地开展个性化增值服务。三是坚持长远可持续发展的原则。在"警医邮"的建设和运营中，通过不断丰富服务内容，完善管理制度，提升服务水平，真正把"警医邮"建设成为服务人民群众的优质平台和新的载体。

3. "警医邮"便民服务的运营目标和实施阶段

按循序推进、全网覆盖的原则，在试点阶段，按照县市全覆盖和乡镇全覆盖两个阶段快速推进，在2017年年底前完成金华地区200个服务站点的建设；在全省推广前期按照2017年年底前在杭州、宁波、温州市本级开通4个以上网点，其他设区市市本级开通3个以上网点；各县开通2个以上网点，2018年全省累计完成800个网点的建设，覆盖50%以上的乡镇。在网点全面覆盖后，依托警医邮平台，叠加更多便民惠民服务，惠及更多群众，特别是广大中老年人和农村百姓没有能力通过互联网方式办理政务服务的群体。

（二）建立警、医、邮三方合作机制，明确实施主体和各方责任

一站式"警医邮"便民服务管理总体运营目标确定后，运营目标通过分阶段分步骤稳步推进，交警、医院、邮政三方在一站式"警医邮"服务管理中分别承担相应的职责。

交警方面主要职责有三方面，一是负责沟通协调，省公安厅交管局负责与省卫计委对接，当地交警支（大）队负责与当地卫生部门、医院沟通协调，为实现系统对接争取政策支持，2018年上半年，与卫计委联合下发《关于切实做好机动车驾驶人身体条件证明工作的通知》，明确通过与中国邮政合作，运用互联网和视频技术，开展机动车驾驶人驾驶证期满换证远程体检；二是统筹技术对接，一方面统筹公安信息网与邮政综合网对接，另一方面实现交警、医院和邮政三方实现系统对接，实现数据共享；三

是负责交管业务培训和相关业务的审核。

医院方面除配合交警、邮政部门进行系统对接外，主要负责相关体检工作，包括设立专门的"警医邮"项目体检审核中心及配备专人进行体检，出具身体条件证明。

邮政方面在配合交警、医院做好系统对接，政策落地外，主要负责具体业务办理工作。同时，在内部划分了宣传、考核、外联等方面实施责任主体。作为服务管理落实的两个主体部门——市场营销部和渠道平台部，在省、市、县三个层级对主要工作进行分工，使项目推进有序高效。在省级层面，市场营销部主要负责与省公安交通管理局、省卫计委沟通衔接，签署浙江邮政与省公安厅交通管理局签订总部战略合作协议，为全省平台建设获得政策支持，同时负责项目的宣传、运营通报和先进经验推广等。渠道平台部负责把控全省各地建点和运营质量，制定分解目标、策划项目营销方案等。市、县级两个部门参照省级部门分工模式，因地制宜，通力协作。在项目实施过程中，各级各部门有序衔接，确保战略目标与任务高度统一，责任匹配到位。

（三）制定网点建设标准和规范，有序推进"警医邮"便民服务网点建设

1. 明确"警医邮"平台准入机制和网点建设标准

为了在邮政网点原有功能基础上合理叠加警医邮业务办理，警医邮三方积极对网点现状、设备安装、服务客户区域布局、成本投入等方面进行专题沟通，明确了准入机制。在网点选择上，综合考虑网点位置、网点类型和面积等因素。在网点位置方面，秉承城市网点优于农村网点的原则，选择商贸区、住宅区、办公楼、市场等集中区域，一方面方便上班一族抽空就近办理业务，另一方面这些地区是有车一族群体客户群体聚集地，网点可有针对性地进行宣传和营销。在网点类型选择上，坚持综合性网点优先，既可为用户提供多种综合性服务（如ETC、违法确认处理等），又可实现金融客户引流。在网点面积方面，各地按照实际情况因地制宜，但必须确保视力灯箱和驾驶员之间的有效距离为2.5米。

"警医邮"便民服务平台按"示范点、精品点、标准点"三档标准建设，其中"标准点"为警邮便民服务点，提供除体检以外的四大类十一项交管代办业务，主要适用于网点面积较小，服务客户区域较少的网点；"示范点"和"精品点"均叠加了"医"服务，区别在于"精品点"由于邮政网点厅堂面积限制，其体检区与理财室合用，而"示范点"在邮政网点有独立的体检服务区。

2. 明确"警医邮"平台统一标识和设施

出于统一"警医邮"便民项目服务网点的形象，打造"警医邮"模式品牌等方面的综合考虑，邮政省分公司牵头组织项目骨干人员编写了《"警医邮"便民项目服务网点设置标准及制作规范》（以下简称《制作规范》）。在《制作规范》中，对网点内、外部对宣传灯箱、背景墙、体检区、地贴引导等在制作尺寸、制作材质和参考价格等方面做了详尽的说明，特别是对"警医邮"便民服务设备位置定点标准中涉及的摄像头、平面镜、视力箱、证件幕布在体验区中的坐标位置进行了严格统一。

（四）完善服务流程和制度规范，为驾驶员、车主提供一站式便捷服务

1. 梳理业务流程，实现规范服务

省分公司牵头整理并下发了《邮政网点公安交通管理业务工作规范（试行稿）》和《邮政网点代办交管业务操作手册》（以下简称《操作手册》），对警医邮业务从前台系统具体业务流程到账务和业务监督的管理都做了详细的说明，对全省开办"警医邮"业务，为用户提供更专业、更高效的服务奠定了良好的基础。以体检服务中提供的测量视力的方法为例，为避免驾驶员背诵记忆，需进行"左、右、中跳动测量"做到"每行随机抽查2~3个"，而针对视力异常者，《操作手册》提出"让其到各县市驾驶员换证体检定点医院体检"的解决方法。

2. 依托便民体检系统，实现交管服务一站式办理

2016年10月，金华警邮双方整合了金华市人民医院的力量，警医邮三方共同着手研发便民体检系

统，经过两个多月的商讨形成了方案雏形，并多次向浙江省卫生厅、金华市卫计委请示汇报了通过远程采集体检数据、医生后台审核、体检信息存储备查等方式进行驾驶员便民体检的设想。最终，便民体检系统通过合理的体检环境布局、强大的信息技术支撑、有效的风险规避措施等，打破了部门和空间的层层壁垒，取得了省市卫生部门的一致认可，弥补了邮政代办点无法直接办理期满换证的缺憾，群众免去了拍照、体检，来回奔波于医院、照相馆等地，使便民服务进一步升级。省邮政与省车管所趁热打铁，继续与省卫计委沟通协商便民体检在全省的推广事宜，三方达成了一致意向，同意全省各地推广开展"警医邮"服务。

"警医邮"平台落地实施期间，警、医、邮三方项目组在体检区布局、软件开发、硬件选择、安装调试等方面做足了工作。为选择能够达到预期效果的摄像头，项目组测试了市面上能够采购的40余款产品；为能同时采集体检人员视力检测全过程和视力灯箱画面，项目组科学运用了"镜子反射"原理；为保证视频采集全过程的可监督性，同时又要控制视频传输时长，保证用户体验度，又使用了"随机抓拍体检过程"的方法。

此外，2017年6月已经在试点地市平台上叠加了违法缴费业务，原来需要先在交管窗口办理违章处罚后再到银行网点缴费，现在只需要就近选择邮政网点同时办理处罚和缴费，办理时间也不超过10分钟。2018年新叠加的CA制抵押和解抵押业务，免去了金融机构办理备案时带原件的风险，安全高效的在网点办理业务。

3. 利用多方媒体资源，做好平台宣传

在自有渠道方面，省、市、县三级邮政利用微信公众号、客户微信群、营业网点LED屏、易拉宝展架、宣传册等进行宣传，如衢州、湖州、金华等在网点进行体验业务办理抽奖活动和"警医邮LOGO标志征集"活动。特别是新业务上线叠加和节假日前，一方面向群众介绍新业务办理时需要带的证件材料，另一方面加强向用户宣传邮政全年无休节假日照常办理业务的特点，方便用户在有需要时随时来网点办理。

在其他渠道方面，一是利用交管、医院微信公众号，短信平台等对驾驶员进行精准宣传，如金华、温州交管部门通过12123短信平台在对3个月内驾驶证到期提醒时，建议驾驶员可在当地邮政警医邮网点就近办理。二是通过与交管、医院联合召开项目启动会，如温州等邮政分公司，在"警医邮"便民业务服务开办首日，三方联合举办现场揭牌仪式。三是利用大型会议，如2018年6月27日在宁波召开全国深化交通管理"放管服"改革现场推进会，各省、自治区、直辖市公安厅、局和新疆生产建设兵团公安局交警总队总队长、车管处长等100多位公安系统领导参会。会议代表将现场观摩宁波余姚警医邮便民服务点，切实将浙江经验传到了全国。四是利用展会，在第四届乌镇互联网大会中，"警医邮"便民服务平台作为邮政主动拥抱互联网，为民办实事，向媒体和全世界嘉宾做了形象展示。

4. 完善客户服务，提升客户满意度

省级层面通对外公布11185客服热线，对内加强客服人员警医邮相关业务和话术学习。市级层面通过当地微信公众号或其他形式宣传，一方面对办理业务需要的资料等作了翔实的阐述，另一方面公布开办警医邮服务的网点咨询电话，如嘉兴地区开办业务当天通过交警、医院、自有平台宣传发布后，短短5小时信息浏览量达到3.8万多次，之后连续四天平均接听咨询电话300单/天。

（五）强化培训和考核，提升"警医邮"便民服务网点能力

1. 组织人员培训，确保提供专业化服务

确保工作人员快速高效办理业务，注重工作人员素质能力提升是关键，加强人员培训是主要抓手。全省各地采取逐级培训，点面结合的培训机制。通过先培养骨干，后以点带面，由项目骨干团队负责培训和项目推广，使工作人员在短时间内熟悉并掌握"警医邮"业务操作流程和规范。

在项目推进期间,将交管、邮政和医院三方共同审核认可的业务材料作为培训课件,并发放窗口营业人员学习,平均每个地市组织网点人员培训达40场以上。全省推广会议后,省分公司在金华组织召开了全省邮政代办交管业务操作培训班,各地市分公司项目骨干成员参加,为"警医邮"便民服务项目在全省推广和落地提供了有力的保障。

2. 通过信息化手段确保工作人员的业务掌握效果

为全面提升工作人员业务素质,随时检验项目业务操作学习成果,一方面通过自主开发的"警医邮微信考试系统"实时开展测试,如2017年全省通过系统累计考试2400余人次;另一方面,"警医邮"三方通过实时总结业务知识,定期制作问题简报,并以操作培训、三方团队现场督导等形式,克服邮政员工"隔行如隔山"的困惑,快速提升"警医邮"业务办理水平。要求员工必须达到培训和测试要求才能上岗办理业务,未达标的不能上岗。

3. 出台考核政策,督促平台建设全面落地

省、市级警医邮便民服务平台建设分别从年度和季度两个维度进行考核。年度考核指将警医邮平台整体运营质量作为基本评判标准,主要从全年业务量完成情况进行考核;季度考核主要针对每个阶段平台建设情况的重点工作进行考量,考量范围涵盖完成建点情况、新业务叠加、日均业务量达标情况等,如2017年四季度将各地与当地交警签署合作协议为主要考量指标。年度与季度考核结果成为平台建设实施成效和决定当地高层管理者薪酬等的重要依据。

三、邮政企业依托"警医邮"平台的一站式便民服务体系构建效果

(一)为全省驾驶员、车主提供了高效便捷的交管业务相关服务

全省2000多万驾驶员免去了去当地车管所排长队和多部门来回跑几小时甚至半天的时间,可以在全省近1000个服务点就近选择邮政营业厅10几分钟快速高效办理业务,并享受优质的服务。已有近50万群众享受了平台带来的便利。同时,办事群众只能在261个工作日办理业务的现状也因邮政全年无休的特点增加到365天。而在此基础上不断完善的邮政便民服务体系,为广大群众,特别是农村的群众提供内容全面、全年无休的服务,据不完全统计,便民服务种类较上年新增130余项。

(二)进一步拓展了企业综合服务的领域,促进了企业的战略转型

以往在邮政网点仅可以代缴电话费业务,之后水、电、煤、有线电视费代缴,机票、汽车票、火车票代售等便民服务不断扩充邮政便民服务内涵。依托"警医邮"便民服务的平台运行逐渐稳定成熟后,除了叠加体检功能外,浙江邮政不断在这个平台上叠加更多的服务内容。例如,叠加的CA制抵押和解抵押业务,免去了金融机构办理备案时带原件的风险,安全高效地在网点办理业务。同时,通过借鉴"警医邮"便民服务平台成功运作,基于该平台现有合作之外,积极推进与税务、工商、公安、民政等部门政务服务合作,如义乌市分公司在邮政网点设立工商便民服务、公安户籍代办等。不断拓展的综合服务能力,有效促进了企业转型,拉动了寄递收入和"有车一族"优质客户群体数据的收集与积累。2018年上半年全省"警医邮"便民服务实现收入较2017年全年增长近400%,日均办理业务5000笔,峰值达到7000笔;同时,有近20万驾驶员通过警医邮平台享受了寄递业务并留下了翔实的寄递信息,新增车险会员25万,实现了为金融、电商引流和获客。

(三)有效缓解了交管部门业务管理与服务压力,得到了社会各界的肯定

一是"警医邮"便民服务平台得到各级政府领导的重视和支持,如省公安厅交警业务领导、省交管局车管业务负责人调研"警医邮"便民服务,实地体验了邮政平台的便民服务,均充分肯定了浙江邮政主动贴近政府,助推政务改革上所做出的努力。

二是减轻交管部门的服务压力。以试点市金华为例,2017年全市办理交管业务突破9.5万笔,为政府部门代收财政费28.9万余元、违章处罚款497万余元,金华交警借助邮政平台以"零成本"增加

了 200 个"微车管所",直接节省了近 400 名警力用于交通事故防控、交通秩序管理等核心工作。

三是规避了换证体检作弊风险。"警医邮"项目实施前,换证体检从操作到审核均由一名医生负责,缺乏有效监管和约束手段。"警医邮"项目开通后,体检与审核分离,有助于强化岗位廉政管理;体检数据 6 个月内可倒查,有利于卫生主管部门加强体检过程监管;系统同时开设了黑名单功能,有助于防止体检作弊,也有助于交警部门从驾驶人源头上防控交通事故。

(成果创造人:陈　清、杨东辉、林　艳、俞　亮、张　逸、张俊晓、滕伟建、葛　敏、陈武军、傅　健、孙　珏)

大型水利水电施工企业实现转型发展的市场开拓

中国水利水电第九工程局有限公司第一分局

中国水利水电第九工程局有限公司第一分局（以下简称一分局）成立于 2008 年 3 月，是中国水利水电第九工程局有限公司（以下简称水电九局）按照现代企业管理制度重新组建的二级单位。具备大型水利水电、基础设施、民生扶贫、公路、房建、新能源、环保等工程施工能力，是水电九局技术力量最雄厚，施工经验最丰富的隶属单位之一。

一、大型水利水电施工企业实现转型发展的市场开拓背景

（一）贯彻落实水电九局战略转型目标的需要

2012 年，水电九局提出三年战略发展的总目标：到 2016 年营业收入要超过 100 亿元，利润要超过 2.5 亿元，2013—2016 年开拓市场的合同订单要达到 400 亿元，平均每年的增速要达到 35% 以上。一分局是水电九局精心打造的专业分局之一。一分局制定了自己的奋斗目标，即通过 4 年时间，累计营业收入力争达到 40 亿元以上，累计利润达到 6500 万元，年承揽工程 50 亿元以上；劳动生产率指标力争达到 250 万元～300 万元/人年；同时，实现职工收入稳步增长，现场安全文明施工标准化建设全面推行，单元工程一次验收合格率 100%，水电工程单元优良率 85%，党的建设和党风廉政建设考核达到优秀，争创水电九局"四好"领导班子荣誉。为了达成上述目标，必须在经营管理上狠下功夫，大力推动业务的市场开拓，实现企业战略发展目标。

（二）应对建筑施工市场日益激烈竞争的需要

随着建筑施工市场进一步开放，而水电施工建筑市场逐年萎缩。据统计，我国的水能资源理论蕴藏量 6.76 亿千瓦，技术可开发容量 4.93 亿千瓦，经济可开发容量 3.78 亿千瓦。截至 2012 年年底，我国水电装机 2.5 亿千瓦，开发比例达 66%。剩下未开发的相当部分是经济指标不太理想，手续办理存在较大难度的水电项目。对一分局这样新成立不久的水电施工企业必将造成深远影响，需要企业未雨绸缪，妥善应对，变革管理，防范系统性风险。各企业为拿到工程项目，竞争越演越烈。为此，企业必须从自身素质建设上下功夫，以良好过硬的管理硬件和软件来支撑营销能力，获取市场、占领市场。

（三）不断发展，企业做强做大的需要

与不断做强做大一分局的战略部署和要求对照，当前企业还存在许多亟待改进完善的不足，如市场开发瓶颈需要突破，标书制作技术人才短缺，市场开拓外围人员不足，项目管控力度不够，履约能力、变更索赔意识有待进一步提高；降本增效、精细管理水平还有待提升，专业人才队伍需进一步充实完善，文化软实力建设不够，品牌宣传策划有待加强等，都需要在管理上狠下功夫，才能实现做强做大目标。

一分局从 2013 年年初开始顺势而动，适势而变，加强营销能力建设，夯实管理基础，向打造转型发展好、竞争力强的行业优秀施工企业的目标进发。

二、大型水利水电施工企业实现转型发展的市场开拓内涵和主要做法

一分局通过加强组织领导，构建职工个人、各项目部（机关各部门）、分局领导班子成员三级市场开发网络体系，树立市场开拓工作理念，确立市场开拓路径，制定企业多元竞争性战略地图，建立健全制度流程，实施模块化和标准化管理，强化评审检查机制，做好总结分析，积极推动营销资源建设，优化项目和项目群管理，创新多种合作模式，加大技术自主创新和应用力度，培育优秀营销人力资源，构

建高素质的市场开拓团队，市场营销工作逐渐稳步拓展，效果显著。采取多种灵活的经营方式和合作模式，逐步从传统的纯施工发展到施工总承包、EPC、EPC＋投融建、EPC＋运维、FEPC、PPP等模式，突破依靠传统水电工程的单一发展版块，大力拓展水利、房建、市政、路桥、新能源、环保等领域，拓展基础设施、民生工程、扶贫工程市场，业务结构更趋多元化。主要做法如下。

（一）优化组织结构，明确市场开拓主要思路

1. 加强组织领导

针对市场变化和转型发展的要求，一分局把市场开拓提到领导班子日常议事日程，成立由一分局局长任组长，分管副局长任副组长，有关业务人员为成员的一分局市场开拓领导小组。领导小组下设办公室，由市场部主任担任办公室主任。由此进一步优化一分局营销组织结构，明确各自职能任务，形成职工个人、各项目部（机关各部门）、一分局领导班子成员三级市场开发网络体系。

2. 树立市场开拓工作理念

通过学习，全体员工形成"市场决定前途，质量决定生存，品牌决定形象，技术决定发展，管理决定效率、人才决定兴衰"共识。一分局提出新时代水利水电施工企业经营理念，即在质量工作中，要求建设一流工程，倡导文明诚信，创建永恒品牌。在安全上，做到安全第一，预防为主，科学管理，持续改进。在施工项目管理上，要求优质、文明、快速、低耗，营造绿色环境。在技术上，坚持自主创新，坚持工匠精神。在员工素质建设上，要求以人为本，重在培养，任人唯贤，人尽其才。新时代水利水电施工企业经营理念的提出，需要市场开拓工作同步更新观念，树立"全员营销"、区域"大营销"、准化管理市场开拓工作理念，培育百折不挠、勤奋敬业的精神。

3. 确立市场开拓路径，制定企业多元竞争性战略地图

一分局确立营销能力建设的思路：一是要加强领导，要超前谋划，认真布局，制定切实有效的企业多元竞争性战略地图，并按图实施，促进一分局把有关提升营销能力建设的各项工作做优做强；二是要全面提升硬件资质能力，强化标准化管理；三是要积极承揽那些具有专业优势和引领行业技术进步的项目，大力开展自主创新；四是强化项目现场管理，高标准高质量保工期干好在建项目也是最好的营销；五是要加强队伍建设，打造高效率营销团队，实现企业转型发展目标。

一分局对全国建筑施工市场展开周密的调查研究，结合企业自身业务能力特点，制定企业多元竞争性战略地图。战略地图根据项目板块，突破依靠传统水电工程的单一发展模式，大力拓展水利、航电、环保、市政、路桥、新能源、基础设施、民生工程、扶贫工程市场，增强企业发展活力和市场竞争力。战略地图根据地缘市场，将业务（项目）拓展到全国27个省市自治区，划分为7个营销板块，即华东地区、华北地区、华南地区、华中地区、西北地区、西南地区、东北地区，实施区域化营销战略，及时布控和完善营销网点，延伸渗透，全面辐射，占领市场。

（二）以制度流程为重点，推行全员营销标准化管理

一分局认真全面梳理总结一分局成立以来的在企业管理上的经验教训，建立健全《市场开拓管理办法》等12个管理办法和评标方法管理标准等15个工作标准化管理文件，以此规范企业的各项管理，使企业所有生产经营活动有章可循、有据可依，促进企业管理不断迈上新台阶。

1. 理顺流程，完善制度

一是建立市场信息管理制度，拓宽信息采集渠道，及时全面地捕获与营销工作密切相关的经济政策、行业动态、基建发展规划、项目进展情况等信息，做好筛选、分析、判断、综合梳理等各方面的工作，确保信息质量。二是建立投标评估制度，对准备参与投标的项目认真进行投资主体、资金来源、成本和经济效益、业主信誉和履约能力等的分析，合理规避投标风险。三是建立投标管理制度，将每一次投标的成本分析、报价方案、施组方案，商务业绩等进行统一管理，建立投标资料数据库，为提高投标

工作效率和后续项目分析创造条件。四是建立中标项目追踪制度，对中标的在建项目要做到持续追踪，掌握项目动态，及时了解业主需求，强化全过程营销和服务业主的意识。

2. 实施营销全程模块化和标准化管理，实现标书制作的高效率和高水平

一分局通过多年的总结，根据水电九局的相关标准，制定《合作管理标准》《拟投标项目评估立项管理标准》《评标方法分析管理标准》《市场开拓信息管理标准》《投标技术管理标准》等15个适合一分局的市场开拓管理标准。使得市场开拓在信息跟踪、备案、报名、标书制作、投标全过程都有工作标准及模块。

一分局采取以下主要举措，提高投标报价编制水平。一是适当地引入合适的造价软件，如广联达、同望、斯维尔等造价工具。二是订购各地区造价信息，统一主要材料价格的询价方式、预算价编制模块，进行主要材料设备的预算价分析，并与当地询价、厂家询价分析对比，对差异大的材料重点研究，确保不出现较大的错误。三是与企业商务部、各项目部联动，形成内部作业指导价，并在项目实施过程不断反馈调整，保持内部作业指导价的有效价格水平，形成作业成本包。四是建立投标报价流程，从任务分工及时间要求、熟悉招标文件并提出澄清、清单及格式制作、编制主材表、整理清单特征、澄清文件的处理、报价编制、定价调价检查、出稿打印检查、总结等方面制定方式方法，形成标准。

3. 完善投标评审检查机制，做好市场开拓总结分析

一是完善投标评审检查机制，加强投标全过程流程和评审管理。二是加强标书检查。一分局特别注重标书的质量检查，专门制定《项目投标文件审查记录表》（商务、技术、报价）。三是重视标前策划。开展对建设单位基本情况的了解，有针对性地进行现场调查，推进评审决策机制。四是制订市场开发工作指引方案。定期召开各区域、各版块市场开拓工作会，并与在建项目上下联动，宣贯市场开拓理念。积极在市场开拓工作中推广运用大数据，培养善于分析市场开拓大数据的人才。五是做好工作总结。广泛听取建议，通过会议听取各管理岗位的人员对一分局市场开拓的提出建议和意见，将提出的建议和意见进行分类总结，融进下一步的市场开拓工作之中，不断改进市场开拓的工作方法。

（三）积极推动营销资源建设，提高竞争性投标能力

1. 推动资质管理纳入规划，完善营销资源

水电九局明确资质管理的中期规划，即到2017年，要取得1个特级建筑施工总承包资质；水利水电、电力工程、矿山工程、市政公用工程总承包4个一级总承包资质；1个二级公路工程施工总承包资质；8个一级工程专业承包资质；5个二级专业工程承包资质。

一分局在市场开拓过程中，不断总结市场开拓遇到的瓶颈，完善营销资源，先后提出要获得水利部信誉评价AAA证书、全国水利安全标准化评级证书、建设行业的安全标准化一级证书等信誉认证，提出一分局持证上岗率要达到80%以上的要求。在企业资质申报及信誉认证工作中，成立资质申报与信誉认证领导小组，领导小组下分几个工作组，如综合资料管理组、人员管理组、工程业绩管理组、信息化管理组等的组织结构。设置时间节点，各小组按计划进度开展工作，定期碰头汇总，遇到重大问题由领导小组统一协调。在强化持证上岗工作中，一分局采取多种形式，比如应用企业信息化平台、网站进行宣传，动员全员参与，并制订工作方案。

2. 积极申报企业资质、信誉认证

一分局协助或主办水电九局多项资质，为了办理相关资质，一分局成立领导小组及工作组，根据申报要求，分工协作，收集、整理、编写申报材料认真审核，积极申报。水利部推行信誉平台管理，最先是委托全国水利协会主办水利信誉评价，该评价等级分为A、AA、AAA，在多个省（自治区）的投标中都列为打分项，差距最大的可以达到3～5分。在2013年前，水电九局是没有该评价证书的，一分局市场部经水电九局同意，作为主办部门申办全国水利协会的AAA信誉评价证书。后来水利部不再授权

全国水利协会主办信誉评价，而由水利部直接组织申办，一分局市场部作为主办再一次成功申报了信誉评价，并顺利拿到水利部信誉评价AAA证书。另外，一分局成功取得全国水利安全标准化评级证书和建设行业的安全标准化一级证书。

3. 调动员工积极性，推动员工持证上岗

2012年前，一分局满足投标的持证人员不足30%，严重限制了一分局的发展。一分局市场部配合人力资源部制订工作方案，一方面宣传持证对一分局的重要性，另一方面以行文方式规定对持证员工每月均进行持证奖励，未持证员工限定时间内持证，在限定时间内未能做到的折价收入等奖罚措施。一分局市场部与人力资源部通过与相关行政主管部门、行业协会、咨询机构多方沟通联系，积极组织员工培训取证，同时鼓励员工加强学习参与考证。

（四）优化项目和项目群管理，为开拓后续市场奠定良好基础

随着一分局营销能力的提升，项目逐步增加。大力进军水利、风电、光伏清洁能源市场，形成的在建项目群，主要有山西引黄项目群、马马崖电站项目群、贵阳房建项目群、毕节地区项目群（含毕大一标、七星关和百里杜鹃项目等）、四川清洁能源项目群、息烽水利项目群、六盘水房建项目群等。

一是因地制宜"一群一策"抓好项目群管理。所谓"一群一策"，就是根据该区域几个项目（称项目群）的专业性质和技术的难易程度，选择专业对口、具有类似管理经验的项目经理和管理团队，选择合适的经营管控模式等决策方式，比如有房建项目群、兴能源项目群、水利项目群、市政项目群等。

二是选好配好项目群经理，建立高效团队。项目群经理首先要求应该有多个项目管理方面的能力和经验，能胜任单项目的管理和领导，或者是单项目管理方面的专家；其次，还必须掌握必要的项目群管理方面的技能，有较强的组织和协调能力。有较强的时间、成本、质量意识和管理经验。最后，须有较强的凝聚力，能带领团队共同奋斗，创造业绩。项目群团队成员要有具有互补的技能，能够对共同的绩效目标、管理流程、规章制度做出承诺并彼此负责，团队成员要能够通过沟通与交流保持目标、方法、手段的高度一致，从而能够充分发挥各成员的主观能动性。

三是加强项目管控。严格认真执行建设部颁发的《建设工程项目管理规范》的要求，结合各项目的实际情况，健全和完善项目管理制度。实行项目经理责任制，建立科学的施工管理组织体系，推行工程项目强制性标准。严肃开展效能稽查，切实帮助项目部解决实际工作中遇到的难题；有效推行一分局在建项目集中管控，切实提高项目管控效能；充分运用IT办公信息平台，及时掌握项目工作动态，降低项目生产经营风险。

四是为项目和项目群配置好优质资源。一分局将项目资源划分为人力资源、物资资源、机械资源、资金资源以及信息资源。对项目经理赋予一定的资源调配权，人员考核权让项目团队成员对项目真正负有责任感。

（五）创新多种合作模式，快速拓展市场领域

一分局总结适合一分局的合作模式，主要有："传统施工投标"模式、"以融代建"合作模式、"节点支付"模式、"EPC总承包"模式、"EPC总承包管理"模式、"PPP"模式、"建养一体化"模式、"EPC+回购"模式、"EPC+运维"模式、"FEPC"模式、房建项目"品牌+建设"合营模式、"项目管理承包（PMC）"模式、电建集团内部成员企业间合作模式。

1. "以融代建"合作模式

主动与政府洽谈和协商，从而达成框架合作意向，以获取工程项目施工。该模式下多由政府提供平台公司，施工单位引进融资方进行项目融资，资金到位后按进度付款，这种模式目前一分局在多个地区正在开展，实施效果还不错。

2. "EPC+运维"模式

"EPC+运维"模式是EPC工程总承包模式的延伸，具有投融资能力的业主选择具备资质能力的工程承包商负责项目的设计、采购、施工。工程竣工验收合格并交付业主后，业主以出租、授权委托等方式让工程承包商自主负责项目的具体运营和维护工作，业主在运维期内按约定向工程总承包商支付运维期内经营差额补贴、运维费等费用的一种方式。

3. "FEPC"模式

即融资+设计+采购+施工模式。水电九局与荔波县政府、黔南州剑江集团采用FEPC模式合作的荔波大小七孔项目和王蒙旅游公路项目，本项目中，政府作为项目业主，负责项目的审批和相关协调工作，剑江集团作为黔南最大的政府融资平台，负责项目的投（融）资，由于平台资产和信誉优良，融资难度和融资成本大大降低，水电九局作为施工总承包方，充分发挥项目管理的优势，并帮助政府承担部分融资成本。

4. 房建项目"品牌+建设"合营模式

房建项目目前受国家调控影响，因项目对土地储备、融资能力、营销水平依赖度极高，逐渐呈现寡头集中趋势，未来一段时间中小房开将逐步被万科、恒大等行业巨头收购兼并，或者因筹资限制逐步走向倒闭。万科、恒大等行业巨头开始输出自己的品牌和建筑商进行合营开发或者以主体工程总价包干形式消化自己的项目，承包方负责项目的施工。

5. 电建集团内部成员企业间合作模式

电建集团内部成员企业间合作模式是中电建集团内部成员企业充分发挥各自优势进行项目合作的一种模式。广州白云水环境项目即采用该模式合作。

（六）加大技术自主创新和应用力度，提升项目技术先进性

1. 明确技术创新工作思路

一要培养严谨的工作作风，正确处理生产与技术之间的关系，规范生产技术管理；二要认清市场经济发展形势，要做到主动工作、积极作为，提高技术管理人员主观能动性，从技术上多研究、多出主意、多想办法，狠抓落实，在经济发展新常态的形势下，要同心同德，共渡难关；三要在抓技术工作的同时，要团结好每一位奋战在一线的工作人员，增强工作责任心和使命感，发扬忠诚企业，岗位奉献精神，尽职尽责，为项目生产和水电九局发展多作贡献；四要全方位培养技术骨干，使得他们既具备能力才干，又兼具高尚的品德修养，要像钻研技术一样对待工作。

2. 加大技术创新投入力度

一分局领导高瞻远瞩，把技术创新作为企业提升营销能力的关键核心要素，深刻认识到，建筑企业技术创新的首要任务是满足在建项目施工需要。引进或开发具有国际水平或国内领先优势的技术成果，推出新的服务产品，形成超出对手的服务能力、有自主知识产权或独占性的核心技术，依靠技术上的跨越实现服务产品的升级换代，创造高额利润。近5年来，累计投入科技资金7800万元，占销售收入的1.5%；共有33个技术项目的研发并获得知识产权认证登记，获得35项实用新型和发明专利，有效提升了技术创新能力。

3. 完善技术创新激励机制

一分局制定《中国水利水电第九工程局有限公司第一分局科技进步奖励办法》，设立科技进步、论文、专利、工法等奖项，根据获得的奖项类别、级别（如国家级、省部级、公司级等）、名次，赋予一定的金额奖励，以激励员工创作热情。

4. 加强新技术新材料的应用

以开发国家级工法和发明专利为突破口，以创建鲁班奖工程和绿色施工示范工程为载体，促进企业

自主知识产权和核心技术的创新。积极推进各种新技术和新材料、新工艺、新设备的应用，特别是针对不同项目的技术难点和施工亮点，进行工艺革新，提升一分局施工技术的科技含量。设立由一分局总工程师、项目管理部主任、项目总工程师三级组织体系，各级设立办公室，负责开展日常工作。项目在工程开工前，根据工程情况及施工计划，在施组中明确新技术新材料的应用内容及应用时间，制订并上报计划表。在使用前填写评价表，对应用产生的重要经济效益和环境影响进行评估，一分局组织相关部门进行考察评审、经一分局总工程师审批后实施。各项目在实施过程中及时反馈实施与影响情况、一分局跟踪检查。实施完成时进行评估、总结，以一定的权重作为项目班子的年薪考核。各级每年度汇总推广清单，由一分局统一汇编成果文件组织学习。

（七）实施员工素质再造工程，培育优秀营销人力资源

1. 构建高素质的市场开拓团队

一分局成立市场部，设置专总、组，并与各部门及各在建项目部建立联动机制，努力营造上下联动、齐抓共管、全要素参与市场开拓的良好氛围，实行"全员、全过程、全方位营销"，充分整合社会资源，激活市场要素，强化过程管控，全力开启市场开发的全方位营销时代，打造有企业荣誉、自我负责、和谐协作、快乐进取的市场开拓团队。

2. 提高营销人员业务技能和知识

一是加强培训，不断深化对投标工作重要性认识，定期向员工灌输投标工作的重要性和严肃性。二是进行职责教育，要求投标人员在编制投标文件的过程中，不断加强责任心和责任感，为了及时落实营销订单，发扬奋勇拼搏，比学赶超精神，团结协作，心往一处想、劲往一处使，相互帮助，为实现企业生产经营目标贡献力量。三是坚持对外学习、引进吸收的原则。一分局积极组织市场开拓人员参加各类培训，增强业务知识和专业水平。

3. 培养投标人才，做好人才引进

近5年来，市场开发团队引进各类人才20余人。市场开发团队与在建项目区域版块及专业版块相结合，在建项目人员参与现场及市场调查，参与投标工作、参与现场作业成本分析等，以提高标书质量，降低投标成本。在建项目人员通过多次的参与市场开发，加以专家咨询组的指导，专业水平得以提高，也为市场开发团队储备编标人才。

三、大型水利水电施工企业实现转型发展的市场开拓效果

（一）转型发展和市场开拓效果显著

一分局目前的市场开拓模式达10多种，最大程度地满足一分局市场开发的需要。2013年前，一分局的市场基本仅限于贵州市场，通过市场开拓管理思路的创新，目前已经遍及全国27个省（自治区、直辖市），做到从贵州向四川、云南、新疆、山西、湖南、湖北等全国16个省（自治区）实现项目落地。一分局在2013年前，只有水利水电项目，其他项目基本为零。2013年提出"积极转型升级"后，目前一分局的业务板块涉及水利、水电、房建、市政、新能源（风电、光伏）、环保、公路、桥梁、河道治理等领域，项目板块、规模都有了较大提高。在这些领域中，一分局也树立了自己的品牌。2016年与2013年相比，中标金额增长率达到918%。

（二）经济效益显著

一分局突破依靠传统水电工程的单一发展版块，大力拓展水利、房建、市政、路桥、新能源、环保等领域，拓展基础设施、民生工程、扶贫工程市场，市场开发成果丰硕，实现了生产经营规模效益重大新突破，"2013—2016年发展规划"期间，一分局市场开发累计中标50.97亿元，是"2009—2012年发展规划"期间的8.2倍。4年累计完成营业收入40.14亿元，实现利润近1亿元，超额完成水电九局下达指标。

(三) 企业发展活力和市场竞争力持续增强

一分局承建或参建的多个工程荣获"中国电力建设优质工程奖""中国土木工程詹天佑奖""中国建设工程鲁班奖"等省部级、国家级奖项。履行社会责任行为获得贵州省民政厅、贵州省国资委、贵州省工商联和贵州省慈善总会联合授予贵州省首届慈善项目推介会"爱心企业"。通过强化资质管理，不到5年的时间，一分局协助或主办水电九局多项资质，这些资质，是国内建筑行业屈指可数的满足"特1+4"的资质，同时也取得水利部信誉评价AAA证书、全国水利安全标准化评级证书、建设行业的安全标准化一级证书等信誉认证，一分局的持证上岗率达到95%以上，具备较强的竞争实力。

（成果创造人：朱　川、李庭坚、林建振、谢朝宗、李庭忠、
李和刚、谭　鹏、李军华、张　玲、王宗义）

以提升收费运营服务质量为目标的"秋子服务"品牌建设

北京市首都公路发展集团有限公司京沈高速公路分公司

北京市首都公路发展集团有限公司京沈高速公路分公司（以下简称京沈分公司）是北京市首都公路发展集团有限公司（以下简称首发集团）下属分公司之一，成立于1999年9月21日，负责高速公路收费运营工作。京沈分公司成立以来经过多次发展壮大，目前负责京哈高速公路、通燕高速公路、六环高速公路、京承一期高速公路、京承三期高速公路、机场南线高速公路、机场北线高速公路、代管京平高速公路共8条高速公路、101个收费站、近300公里的收费运营管理工作。现有员工3900余人，2017年营业收入267648.66万元。曾先后荣获"全国交通行业巾帼文明岗"、全国总工会"工人先锋号"等荣誉。

一、以提升收费运营服务质量为目标的"秋子服务"品牌建设背景

（一）服务首都政治经济发展的需要

城市的发展带动了公路交通运输需求的不断增加，高速公路车流量也随之增长。高速公路是进出首都的门户，与公众的出行生活息息相关，服务质量的好坏直接影响首都的形象。京沈分公司主要负责首都东北部高速公路的运营管理工作，在缓解交通拥堵、服务首都城市建设等方面肩负着重要使命。如何提高高速公路路网通行效率，更好地服务首都政治经济发展，是京沈分公司必须承担的企业使命。

（二）落实政策要求带动服务质量提升的需要

2010年，交通运输部印发了《全国交通运输行业精神文明建设工作要点》，通知提出要构建交通运输行业核心价值体系，组织实施交通运输文化建设"十百千"工程，即打造十大交通运输文化品牌，创建一百家交通运输文化建设示范单位，培树一千名交通运输行业时代楷模。同年，京沈分公司收费员方秋子凭借其多年来娴熟的业务技能和优质的微笑服务荣获北京市劳动模范。京沈分公司因势利导，大力弘扬劳模精神，充分发挥典型人物的示范引领作用，努力探索以个人优质服务带动整体服务质量提升的新途径。

基于上述原因，京沈分公司从2010年开始积极筹备特色服务品牌创建工作，并于2012年正式推行以提升收费运营服务质量为目标的"秋子服务"品牌建设。

二、以提升收费运营服务质量为目标的"秋子服务"品牌建设内涵和主要做法

京沈分公司以车户满意为中心，服务社会为宗旨，规划品牌发展，完善服务标准，开展品牌延伸拓展，努力提高收费员的业务技能和服务技能，稳步推进"秋子服务"品牌建设，提升企业收费运营服务质量。主要做法如下。

（一）规划发展，明确品牌建设思路

收费运营服务质量是高速公路收费运营企业服务管理的核心，主要包括产出的技术质量和过程的职能质量两方面。产出的技术质量即收费员的业务技能，主要通过收费速度体现，要在最短的时间内完成接钱、找零、递票等程序。过程的职能质量即收费员的服务技能，其评判标准要通过车户的感知来反映，即在快速完成规定工作流程的同时，用甜美微笑和热情话语服务车户，使其获得更加舒适、顺畅的通行体验。

为此，京沈分公司制定《"秋子服务"品牌建设实施纲要》，提出品牌建设"三步走"战略。第一步，设立"劳模岗亭"，引导全体员工崇尚劳模，学赶先进；第二步，完善体制机制，开展岗位学习实

践，培养骨干员工队伍；第三步，在所辖各路段设立"秋子服务示范岗"，打造"秋子服务示范站"，全面提升收费服务质量。

为有效推动"秋子服务"品牌建设，京沈分公司建立党委统一领导、党政工群齐抓共管、有关部门各负其责、公司上下积极参与的领导体制和工作机制，坚持品牌建设和其他工作同规划、同部署、同建设。建立"秋子服务"品牌创建工作领导小组，由领导班子、各部室及收费所负责人组成。领导小组下设宣传推广组、团队建设组、规范运行组、延伸服务组、监督管控组。宣传推广组主要负责品牌服务理念的宣贯及推广工作，团队建设组主要负责员工日常培训及绩效考核工作，规范运行组主要负责品牌标准的建立工作，延伸服务组主要负责丰富品牌服务内容及形式，监督管控组主要负责对员工日常工作进行监督、检查和奖惩。

（二）多措并举，完善服务标准

1. 明确品牌定位，培育服务理念

针对首都高速公路"政治意义重大、社会关注度高"的特点，京沈分公司将"树立首都高速形象，服务五湖四海来宾"作为品牌定位，并将"甜美微笑 快捷高效"确立为品牌文化内涵，践行"微笑是最好的礼仪，快速是最好的服务"。"甜美微笑"注重展示热情、传递温暖，以甜美的微笑迎接车户，以温馨的微笑服务车户，以灿烂的微笑目送车户。"秋子服务"注重与车户的情感交流，尽情发挥微笑与声音的魅力，用真挚的感情、周到的服务换取车户的满意。"快捷高效"体现出行便捷、路畅人和。"秋子服务"注重对员工业务技能的培训，练就"判别车型一眼准""打票收费一手快""唱收唱付一口清""点钞识钞一指明"的娴熟技能，增强站区车辆通行能力。

在此基础上，培育"以笑迎人、以情暖人、以甜动人、以技服人"的品牌特色。以笑迎人，即以甜美的微笑迎接车户，以耐心的微笑服务车户，以不舍的微笑目送车户。以情暖人，即注重与车户的情感交流，用真挚的感情、周到的服务换取车户的满意。以甜动人，即注重声音的甜美，尽情发挥声音的魅力，努力追求声音表达的优美动听。以技服人，即注重对员工业务技能的培训，以精湛的业务为车户提供快捷高效的高速通行体验。

同时，京沈分公司以"爱于交通 臻于至善"作为品牌精神，作为"秋子服务"品牌的价值追求。"爱于交通"倡导爱工作、爱生活、服务交通、奉献社会。"臻于至善"倡导求卓越、提品质、向上向善、精益求精。

京沈分公司通过多种途径广泛宣传"秋子服务"品牌理念，进一步凝聚员工共识，增强员工对企业的认同感和归属感，使广大员工以主人翁的身份投入到工作中，努力在微笑服务中与社会公众、与广大车户建立友好、亲密、互信、和谐的关系，在为车户提供快捷高效通行服务的同时，向社会传递首发京沈人积极向上、真诚友善的正能量。

2. 设计品牌标识，诠释服务理念

京沈分公司发动员工自主设计"秋子服务"品牌LOGO，通过在员工中广泛征集作品，综合全体员工投票和评审组意见，最终确定品牌LOGO。LOGO主体以"秋子服务"中"秋"字的首字母"Q"演变而来，红橙黄色线条和绿色圆环的组合象征着畅通的高速公路。五颗星环成的弧线代表"秋子服务示范岗"人员以五星级收费员精湛的业务水平为过往车户提供优质服务。中间的笑脸体现"秋子服务"以笑迎人、以情暖人、以甜动人、以技服人的品牌特点。右上方的中国印象征着开放的、充满活力的、具有美好前景的品牌形象，寓意着全体员工打造"秋子服务"品牌的坚定信念。

3. 建立品牌标准，规范员工操作

京沈分公司结合行业规范及要求，建立工作标准，编制标准化教材，努力将无形的服务通过有形的要素进行规范，使服务更加具体化、标准化，便于收费运营服务质量的提升。

建立标准，规范员工岗中操作。探索推行"四统一"管理，即统一服务形象、统一服务语言、统一业务流程、统一收费动作。统一服务形象，通过配发工装制服、规范发型妆容、推广八颗牙式微笑服务，树立员工对外良好形象；统一服务语言，规定日常问候、节假日和特殊天气等情况的问候语，并要求收费员做到来有迎声、问有答声、去有送声、常有谢声，文明用语热心、操作过程细心、排忧解难诚心、宣传解释耐心；统一业务流程，将收费员上岗前准备、岗中特殊情况处理、上下班交接岗等工作制成流程图，以简洁明了的方式规范员工操作；统一收费动作，通过持续加强业务学习和礼仪培训，严格落实《北京市高速公路收费窗口规范化服务操作标准》，统一服务动作，并对发卡、收费时间进行规定。京沈分公司先后建立着装标准、发型标准、妆容标准、仪态标准、服务用语标准等近十余项工作标准，制作假币处理、变更车型处理、通行卡丢失处理、特种车队服务保障处理等三十余个工作流程图，为规范员工岗中操作提供依据。

为便于收费员记忆，更好地在实际工作中执行工作规范，京沈分公司在"四统一"管理基础上进行总结归纳，形成"服务过程四部曲"，即一个微笑、两句问候、三种目光、四步动作。一个微笑，给人宾至如归的亲切感；两句问候，适时、适地的迎声送语体现首都的热情与好客；三种目光，即迎接的目光、交流的目光、送行的目光，让司机感受到关注与尊重的无声交流；四步动作，即迎姿、坐式、接卡递票、放行，简洁而礼貌的举止动作体现文明与素养。

编制教材，深化标准推广应用。以"服务过程四部曲"为基础，融合一线员工多年来总结的服务技巧和实操经验，参考全国高速公路行业各项服务和业务指标中的最高标准，编制"秋子服务"标准化教材。编写过程中，为完全契合岗上实际操作情况，有针对性地对目前存在的服务难点进行指导，京沈分公司特别成立"秋子服务"标准化教材编辑小组，深入一线开展广泛调研，根据员工的反馈掌握第一手材料，了解各站特殊的操作规程，如环机场周边高速的验票制度、市界收费站的代发卡和代收费制度、开放式收费站和封闭式收费站的通行差异等。通过外部考察和内部讨论，拟订出教材的总体目标、框架体系和主要内容。编辑小组梳理现有制度，制订编制计划，通过与相关业务管理人员进行专题讨论，进一步对编辑内容进行修改和完善，最终定稿。"秋子服务"标准化教材成为京沈分公司针对收费员工作准则的一套规范，并积极推广到首发集团乃至交通行业，力争成为北京市高速公路服务的一套行业规范。

"秋子服务"标准化教材分别为《"秋子服务"品牌文化手册》《"秋子服务"品牌业务手册》和《"秋子服务"品牌服务手册》，以清晰、简洁、直观、有效的方式讲述系列服务标准。教材下发到各收费所，一线员工人手一套，通过组织学习和实操演练，最终将"秋子服务"系列标准落实到工作中。《"秋子服务"品牌文化手册》从品牌历程、品牌内涵、品牌标识、品牌特色、品牌内容、品牌展望等方面，全方位阐释"秋子服务"品牌的理念和价值观。《"秋子服务"品牌业务手册》从业务基础、业务流程、特情处理、业务技巧、业务提升等方面规范员工岗中操作，成为"秋子服务"品牌中业务高效化、精细化的有力支撑。《"秋子服务"品牌服务手册》从形象标准、服务标准、适需服务、服务技巧、服务提升等方面规范员工服务礼仪，成为"秋子服务"品牌标准化、人性化的有力支撑。

为将"秋子服务"标准化教材全面推广，以更直观、更易接受的方式让员工理解"秋子服务"品牌内涵，京沈分公司成立"秋子服务"宣讲团，赴各收费管理所进行宣讲，宣讲团结合工作实际、列举案例，就教材中提到的理论、业务标准、服务技巧等内容做深刻剖析，并利用多媒体设备声情并茂的讲解。宣讲活动在员工队伍中深化"秋子服务"理念，贯彻"秋子服务"标准，营造良好的学习氛围，使得"秋子服务"品牌建设工作在广大员工队伍中得到理解和认同。

此外，根据教材中提及的业务标准，京沈分公司持续开展多种形式的技术比武和岗位练兵活动，营造出学技能、钻业务、强服务的浓厚氛围，业务竞赛内容覆盖"秋子服务"标准化教材中的每个工作环节，包括收费政策掌握程度、收费程序、特殊事件的处理、点钞速度和服务规范等内容。通过多种形式的竞赛，不断提高收费人员技能水平和综合素质，为服务品牌的创建奠定坚实的基础。

4. 打造人才梯队，提供队伍保障

京沈分公司探索建立以方秋子为标杆，各所"秋子服务"标兵、示范岗、示范站人员为骨干，五星级、四星级收费员为主体的金字塔形人才队伍，发挥骨干员工的示范引领作用，提升员工队伍整体素质。在人员培养过程中，京沈分公司采用"理论学习＋专项培训＋交流实践"的培养方式，通过理论学习熟练掌握收费政策，定期开展培训强化员工业务服务技能，建立"秋子服务示范岗"轮训机制，将好的工作经验和技巧传授给更多员工，不断扩大品牌辐射效应。

为充分发挥骨干员工示范引领作用，京沈分公司组建"秋子服务示范岗"，对人员进行严格的审核和选拔，为品牌建设提供人才保障。

规范示范岗选拔流程。第一，宣传动员。根据示范岗选拔工作安排，做好宣传工作，动员符合条件的员工积极参与。第二，申报。符合申报条件的员工填写申报表，申报资格限定于各收费所中业务水平和服务能力均过硬的收费员，要求选拔前12个月内累计2次及以上达到高水平服务标准。第三，资格审查。根据申报条件对申报人员进行资格审查，符合资格的人员进入下一环节。第四，选拔考核。分为笔试和现场答辩两个环节，笔试成绩占60%、现场答辩成绩占40%。笔试内容涵盖收费运营工作的方方面面，成绩达到60分以上的人员进入现场答辩环节，现场答辩着重对员工的仪容仪表、语言表达、逻辑思维和应变能力等进行考察。第五，成绩公示。根据示范岗设置情况确定选拔及后备人选。在人才储备方面，京沈分公司每两年选拔一次"秋子服务示范岗"人员，综合成绩排名靠前的人员确定为示范岗人员，同时扩充与示范岗数量相等的人员作为储备人才，在"秋子服务示范岗"人员因请假或离职导致人员空缺时，及时补充到示范岗队伍中，为"秋子服务"品牌建设提供人才保障。

实施动态管理。制订完善的考核机制，人员有淘汰有补充，保持其每一名示范岗员工工作积极、态度端正、业务过硬、服务优良，进而确保"秋子服务示范岗"的持续先进性。为此，京沈分公司制订并完善检查机制。第一，多方检查，覆盖面大。京沈分公司对"秋子服务示范岗"工作状况的检查采取从严标准，包括自检自查、稽查检查、车户反馈、业务评定及公开监督。除正常的检查外，还着重检查其收费速度、"服务过程四部曲"的运用、处理突发事件的能力等。同时，加强外部联动，将路风监督员的反馈和车户满意率问卷调查作为"秋子服务示范岗"的辅助检查方式，确保"秋子服务示范岗"高效运转。第二，增强激励，激发热情。京沈分公司根据一线员工收入标准，参照各路段工作量的实际情况，结合相关考核管理办法，最终确定"秋子服务示范岗"人员的津贴标准，显著提升"秋子服务示范岗"人员的待遇，增强"秋子服务示范岗"的吸引力。第三，能上能下，优胜劣汰。"秋子服务示范岗"所属收费管理所每月对员工表现进行考核评估，根据评估结果对"秋子服务示范岗"人员进行动态调整，促使"秋子服务示范岗"员工严格执行品牌行为标准，保持"秋子服务示范岗"人员的整体先进性。

建立轮训机制。轮训地点设在"秋子服务示范站"，轮训每3个月为一期，每期轮训人员共10人，都是各所推荐的业务骨干。轮训以岗中实践为主，轮训人员通过现场观察示范站员工工作过程，对比查找自身不足，在交流讨论中学习好的工作经验和技巧，并通过一段时间的实际操作加以巩固。轮训期间安排专人负责轮训人员的培训与现场指导，轮训结束后对轮训人员的工作表现进行综合评定，填写《培训效果评定表》交分公司备案。通过与示范站员工一起工作，在"传、帮、带"的过程中，不断提升轮训人员的服务意识和业务水平。轮训人员在轮训结束后将自己学到的经验技巧带回原班组，有效提升员工队伍整体素质。

(三) 广泛宣传，形成品牌影响力

引入品牌形象视觉识别系统，设计品牌标识，制作宣传展板、包装收费岗亭、拍摄品牌宣传片等宣传媒介，用简介的图像和文字展现底蕴丰厚的品牌文化，通过视觉的感知和交流，进一步提升品牌的知名度和影响力。

对内宣传方面，编制《"秋子服务"文化手册》《秋子快塑形象宝典》等宣传手册，在员工生活区和上下岗通道内安装宣传橱窗及灯箱画片，制作秋子文化长廊，建立秋子文化园，针对宣传载体的数量和位置，分层次、有重点的规划品牌宣传内容并定期更新，为品牌建设营造良好的舆论氛围。

对外宣传方面，京沈分公司对"秋子服务示范岗"岗亭进行重新设计包装，岗亭主色调为绿色，与首发集团司徽颜色相吻合，亭身贴有"秋子服务"LOGO和示范岗标识，使得"秋子服务示范岗"岗亭在外观上显著区分于普通收费岗亭，给车户耳目一新的感觉。同时，组织拍摄制作品牌宣传片，介绍"秋子服务"品牌文化，梳理总结品牌建设阶段性成果，展示员工良好精神面貌。积极联系外部媒体，通过电视、广播、报纸杂志等媒体，扩大宣传的覆盖面和影响力，树立品牌良好形象。

(四) 拓展延伸，丰富品牌多元服务内容

京沈分公司将多元服务常态化，从设备设施上加大科技投入，从服务内容上拓展延伸，最大程度地满足车户的服务需求。

1. 全程监控，为路网畅通提供信息保障

为及时掌握高速公路路况，实现对外信息服务高效化，京沈分公司将高速公路监控摄像机、微波车检器、可变情报板等设备与原有全程监控系统交通监视软件、数字视频管理平台相结合，实时收集高速公路机电设备采集的交通数据、设备状态数据、事件数据等交通信息，准确、有效地掌握高速公路运营情况，并通过可变情报板对外发布高速公路相关信息，为广大车户提供实时路况信息，减少突发事件、交通事故及恶劣天气对道路交通的影响。

2. 设备升级，为快速通行提供硬件支撑

目前，ETC全国联网已经实现，北京ETC发行总量也已接近400万张，全市机动车一半以上都实现了高速不停车缴费。京沈分公司研究探讨收费站区ETC车道设置比例合理性，建立ETC车道布设标准，并逐步增加ETC车道数量，进一步提升站区的通行能力，方便车户快速通行。同时，京沈分公司持续推进机电设备升级改造，在所辖路段全面推广ETC车道"一拖二"系统与"一拖X"系统，及时解决ETC车道刷卡失败、无入口信息等设备无法自动处理的特殊情况，提高收费效率，避免造成拥堵。

为进一步优化客户通行体验，京沈分公司加大科技投入，引进自助刷卡机和无人发卡机，在减少收费员工作量的同时，缩短车辆通行时间，营造高效的通行环境。截至2017年年底，京沈分公司所辖路段共加装ETC车道自助刷卡机124套，无人发卡机71套，投入使用以来，有效缩短车辆在收费站区的等待时间，提升站区通行效率。

3. 多方联动，提供人性化、针对性服务

京沈分公司与外省市交界站点保持联动，及时发布路况信息，提供绕行路线，助推京津冀交通一体化发展。开展路警联勤工作，与交通队保持密切配合，对大雾或降雪等恶劣天气封路信息提前预警，解封信息及时发布，方便市民出行。开展人性化服务，当路上行驶有运载危重病人的救护车和执行紧急任务的军车、警车、消防车等车辆时，在收费站区预留出绿色通道，使车辆得以顺畅、快速地通过收费站。凸显国有企业担当，以高度的政治责任感，圆满完成奥运保障、APEC峰会保障、"一带一路"国际合作高峰论坛等重大国家任务，充分履行高速公路行业的社会责任。

4. 志愿服务，为公众出行提供便利

每逢节日保障，伴随着车流量的增加，京沈分公司在有条件的站点摆设党团员服务台，为车户提供

交通指南、饮水、修车工具等服务。2012年京沈分公司开始在其下辖的所有主要站点，布设统一的秋子服务台（党团员志愿服务台）与以前的服务台相比，秋子服务台（党团员志愿服务台）常态化开放，除发挥以往服务台职能外，还接有网线并设有Wi-Fi，可查询交通违章、尾号限行、天气预报等服务。在临近机场的路段还提供航班查询服务，最大限度地满足过往车辆的需求。

三、以提升收费运营服务质量为目标的"秋子服务"品牌建设效果

（一）明确收费运营服务标准并广泛推广

从服务理念的提出，到一项又一项具体工作标准的制定，再到编制"秋子服务"标准化教材，逐步形成一套优质高效的工作标准体系。从2010年第一个劳模岗亭成立，到2013年"秋子服务示范岗"的建立，再到2014年"秋子服务示范站"的揭牌，"秋子服务"品牌从一个人的优质服务发展为一个团队的服务标准，有效带动了整体服务品质的提升。

（二）收费运营服务质量稳步提升

实施"秋子服务"品牌创建以来，收费人员业务素质不断增强，站区通行效率不断提升。员工收费速度不断加快，封闭式收费过程中单车收费时间由过去的8秒提高到6秒，开放式收费站区，单车收费时间由4秒提高到3秒，收费速度提高25%，增强收费站区的通行能力。员工的车型判别能力显著提高，以往需要验证行驶本的临界车型，已可以凭借业务知识和经验在短时间内做出判断，大大缩减车辆在车道里等候时间，提升站区通行速度。

车户满意率逐年递增，2008年车户满意率为99.03%，2009年大幅提高到了99.72%，2010年为99.79%，2011年提高到99.81%，2012年以来车户满意率持续保持在99.82%以上。员工的服务能力和服务质量随之大幅度攀升，投诉事件数量逐年减少，构建起了路方与车户较为和谐的通行关系。京沈分公司接到车户表扬电话数量从2011—2017年逐年攀升，发生在高速公路上的好人好事层出不穷。2017年，京沈分公司接到各类表扬电话就有1836起，其中拾金不昧、救助步行迷途者等事迹被媒体专题报道，树立了良好的社会形象。

（三）得到行业和社会认可

2012年中秋、十一两节保障期间，首次实行小客车高速公路免费通行政策，交通运输部领导到京哈路白鹿收费站视察保障工作，详细询问"秋子服务"品牌创建的相关情况，并给予充分肯定。在2015年全国公路大检查中，方秋子代表京沈分公司向检查组汇报了"秋子服务"品牌建设情况，得到了交通运输部检查组领导的肯定。2017年"一带一路"国际合作高峰论坛保障期间，北京市相关领导来到京沈分公司京承收费所对专项保障工作进行检查指导，并对保障工作安排部署情况给予充分肯定。

"秋子服务"品牌创建以来，中央电视台、北京电视台等多家媒体进行宣传报道，得到了社会各界的广泛认可。

（成果创造人：周淑芝、刘存来、薛　森、刘自轩、马景武、王　戈、赵　亮、林雪莲、方秋子、刘建生、邵　然、骈志昕）

顾客满意度多维度监听体系的构建与实施

浙江吉利控股集团有限公司

浙江吉利控股集团有限公司（以下简称吉利控股集团）始建于1986年，从生产电冰箱零件起步，发展到生产电冰箱、电冰柜、建筑装潢材料和摩托车，1997年进入汽车行业，坚定不移地推动企业健康可持续发展。现资产总值超过2700亿元，员工总数超过12万人，连续七年进入世界500强。吉利控股集团总部设在杭州已发展成为一家集汽车整车、动力总成和关键零部件设计、研发、生产、销售和服务于一体，并涵盖出行服务、线上科技创新、金融服务、教育、体育等在内的全球型集团。集团总部旗下拥有吉利汽车、领克汽车、沃尔沃汽车、Polestar、宝腾汽车、路特斯汽车、伦敦电动汽车、远程新能源商用车、太力飞行车、曹操专车、荷马、盛宝银行、铭泰等品牌。吉利控股集团旗下汽车企业在中国上海、杭州、宁波，瑞典哥德堡、英国考文垂、西班牙巴塞罗那、美国加州建有设计、研发中心，研发设计、工程技术人员超过2万人，拥有大量发明创新专利，全部产品拥有完整知识产权。在中国、美国、英国、瑞典、比利时、白罗斯、马来西亚建有世界一流的现代化汽车整车和动力总成制造工厂，拥有各类销售网点超过4000家，产品销售及服务网络遍布世界各地。

一、顾客满意度多维度监听体系的构建与实施背景

（一）汽车行业快速发展、顾客需求不断提升的需求

客户需求是企业产品开发的驱动力，特别是在汽车企业，产品开发中最大程度地满足顾客需求（Voice of Customer，VOC），进行创新设计是汽车企业生存和竞争的基础和关键。因此，VOC的有效获取和分析是汽车企业制定正确汽车开发战略的基础和关键，是汽车企业进行产品开发的依据和源头。卡诺博士（NORITAKI KANO）的质量模型，即KANO模型定义了三种类型的VOC：基本型、期望型和兴奋型。一些客户满意度虽然是正面，但是处于低水平的满意度，其客户需求度依然没有被满足时，通常是由于产品的某些设计和功能没有被用户熟练掌握，或是其某些特性没有超越客户期望。例如，用户不会使用车辆ACC自适应巡航功能，或是不会操作空调进行除雾。再比如，一些车主会感觉刹车力不够大等。这些特性没有满足客户，会带来很低的满意度。但是，当客户需求的满足程度超越客户期望时，客户的满意度就会在兴奋型需求曲线上看到非常快速的提升。吉利汽车要在汽车产业高速发展的时代取得良好的成绩，就必须时刻倾听顾客之声，实现全面对标，提升产品竞争力，快速提高顾客满意度。

（二）满足企业战略发展的需求

2018年，吉利控股集团规划到2020年实现汽车年产销超过300万辆，进入世界汽车企业前十强。随着全新平台CMA（全称为Compact Modular Architecture）的开发，代表吉利造车最新水平的LYNK&CO品牌车型的发布和上市，吉利造车将进入4.0时代。吉利汽车4.0时代的车型除了颜值更时尚、配置更酷炫之外，代表汽车核心性能的驾驶性能、操纵性能、乘坐舒适性、科技配置、人机互联、智能化、更健康等产品属性将成为车型的最大特点。吉利控股集团提出以造"精品车"为使命，正面参与主流合资品牌竞争，汽车产品综合感知质量5年内进入国内汽车行业前5的战略规划。多维度获取顾客之声全面提升顾客满意度，以顾客需求、顾客满意为目标去设计和制造的产品，才能够更加注重消费者的感受和体验，是吉利汽车达到国际先进制造商水准的关键要素。

二、顾客满意度多维度监听体系的构建与实施内涵和主要做法

为了倾听顾客之声全面描述吉利产品的质量竞争力，吉利汽车分别从市场端、客户端、公司端等渠道监听顾客之声，主要的监听手段包含：吉利控股集团 GCPA 整车评价、吉利控股集团顾客满意度调研、吉利控股集团 400 售后服务投诉建议监控、外部市场舆情监控、汽车行业联合调研等共 5 个方面。多渠道发现问题才能全方面掌控顾客需求，更多角度评测产品力，以供研发、制造不断改善。主要做法如下。

（一）建立多维度顾客满意度监听体系

1. 吉利控股集团 GCPA 整车评价

对标 VOLVO，引入 GCPA 系统，基于 IQS（新品质量）的 GCPA 评价以专业的眼光，站在最挑剔客户角度，对整车初期质量进行评估。全面衡量产品初期质量，找出顾客抱怨点对整车评审问题进行精细化管理，并从多维度分析制造偏差，以确保商品车的交付质量。

2. 吉利控股集团顾客满意度调研

通过利用现代通讯和互联网技术，主动发送短信邀约符合要求的用户，通过在特定的网址页面，填写设计好的问卷来反馈和表达拥车体验。随着互联网技术的发展，调研收集的页面兼容 PC 端、Pad 平板电脑和智能手机终端。一是短信发送平台。搭建智能化短信平台，根据销售日期实时、定量发送一对一个性化邀约短信。二是顾客满意度调研平台。搭建顾客满意度调研平台，通过手机号码自动匹配整车配置有效缩短答题时间，获取有效信息。三是顾客满意度结果查询平台。购车顾客在调研平台完成调研问卷后，调研样本直接进入顾客满意度查询平台。调研内容涵盖中国新车质量研究（IQS）、中国汽车性能、运行和设计研究（APEAL）、中国车辆可靠性研究（VDS）及个性化定制调研。四是顾客满意度运行流程。每月短信平台根据售后销售系统的销售数据进行后台样本筛选，每日自动将短信发送至符合调研需要的顾客，顾客通过手机、电脑、Pad 进行网络答题，答题成功后调研系统将问卷传送至顾客满意度查询平台，供吉利汽车内部工程师查看使用。

首创销售 SAP 系统、短信发送系统、问卷答题系统、统计报表系统实时连接传送数据，完全实现自动化，节省人工成本，提高工作效率。设置开放式和固定式的题目，供用户真实、客观的描述自己的用车体验和建议。实时更新调研样本，反映顾客心声。吉利汽车独立的调研，可保证数据的客观性和保密性，实时监控数据异常变化，利于快速响应并实时反映改善的效果。可根据公司内部需求进行如顾客画像研究、功能使用习惯语音清晰度等个性化定制调研，调研灵活性强、节省第三方调研公司合作费用。率先开展新能源 EV 和 PHEV 车型专项调研，新增电池/充电问题、电动机/变速系统问题、插电混动车问题、驾驶经历的专项问题，为新能源新品开发和量产改进提供改进方向。但是，吉利汽车调研平台只涵盖吉利公司上市或即将上市的车型，无法与行业内竞品车型进行横向对比。

3. 400 售后服务投诉建议

吉利控股集团 400 售后服务热线是重要的客户之声来源窗口，主要负责顾客来电咨询、来电投诉、专项呼出回访等业务。400 接收到顾客反馈的产品质量和服务的抱怨问题后进行分类汇总，将其反馈质量等相关部门进行提升。400 售后服务反馈信息量丰富、信息追溯性强、公司内部反馈及时，但是信息量巨大需人工筛选分类。

4. 外部市场舆情监控

随着网络时代的发展，绝大多数的用户习惯在网上发出对产品评价的声音，他们喜欢与网民相互分享用车的体验。及时收集用户之声并加以跟踪和分析，能够使吉利控股集团内部的产品开发人员，以快速、准确的识别客户需求，开发出满足客户需求的汽车。一是微信公众号监测。技术方面，搭建 30 台自有高品质代理服务器，确保抓取成功率，同时 6000 个重点公众账号 24 小时不间断抓取；5 台微信独

立分析服务器，提高每一篇文章的阅读量、点赞量等分析维度，同时实现强力备份。人工方面，加大向搜狗服务器的请求次数，加强搜索，结合当前重要内容提取关键词，随时调整。二是移动端 APP 新闻监测。在全面覆盖电脑端新闻出口的情况下，增加客户端 APP 监测，包括今日头条、网易新闻、新浪新闻、腾讯新闻、搜狐新闻、百度新闻、凤凰新闻、一点资讯等。产品舆情的优点是图文并茂，缺点就是易诱导产生围观效应。

5. 汽车行业联合调研

汽车行业比较有影响力的联合调研包括美国 J. D. POWER 公司的顾客满意度调研、益普索公司的新车购买者研究（NCBS）调研、中国质量协会的中国汽车行业用户满意度 CACSI 调研、汽车之家的口碑质量等。

一是 J. D. POWER 的顾客满意度行业联合调研。J. D. POWER 公司每年基于数百万消费者的反馈信息进行产品或服务方面满意度的评测，调查结果在世界范围内极具权威性。J. D. Power 作为一家独立的调研服务机构，使用标准化的独特的方法对用户满意度进行测评，使得在全球不同市场的测评可以相互比较。这种调研方式是涵盖顾客对汽车从认知、研究、考虑、选购、购买到销售服务、拥车体验、售后服务、耐久性研究整个产品生命周期的全方面调研。月销量大于 2000 的车型即可进入年度调研，调研车型数据众多，行业间各车型的满意度数据可以相互对标。但是，这种调研单车样本少（100 个样本左右）、数据偏差大、封闭式问卷顾客易被引导，顾客反馈问题不可追溯。

二是益普索公司的新车购买者研究（NCBS）。NCBS 是一个持续的、系统的、全球化的新车消费者研究体系，力图通过广泛地研究消费者特征、购买行为和需求特点，为企业的决策、产品研发、定价和销售提供科学依据。NCBS 调研问卷共 14 大系统，81 项问题。包含用户群特征与分类、购买决策行为、购车原始需求、产品关注指标、选择放弃原因、品牌层次认知、产品评价标准等。调研内容贴近用户语言，易于理解，含媒体传播、顾客选车、拥车体验；但是，对产品问题追问不深入，定制问卷无法与竞争车型横向比较。

（二）构建多维度监听体系问题管理系统

1. 多维度监听体系顾客满意度问题分析统计

从用户角度观察对产品使用体验全过程的结果，是产品本身的特性表现出来的。用户满意度实质上是产品真实的表现。将多维度监听到的问题进行分析汇总，形成各车型"顾客满意度问题统计表"，输入给设计开发、生产制造、销售服务、质量管理等，从全业务链保证顾客满意度提升。

2. 顾客满意度项目管理平台

为提升产品感知质量、增强感知质量项目管控力度，提高项目推进、评价、考核准确度，收集、保留各车型感知质量问题及改进经验，建立感知质量项目推进管理跟踪平台，感知项目问题及改进档案库。感知项目管理平台沉淀所有改善档案，为后续新车开发的借用件、沿用件提供技术方案参考，并完善在质量阀审核中，用项目管理平台系统确保无风险项遗漏。

3. 顾客满意度提升组织构架

吉利汽车从产品规划到预研，再到产品的造型设计、工程设计、试制、量产、销售、售后等环节，拥有完整的产业链。顾客满意度提升需要在各个环节开展工作，才能更好地为客户提供高质量的产品，提升客户满意度。

吉利汽车新品研发各项目采用强项目组制、生产基地较多且分散，各项目组和各基地开发和改进经验交流分享不及时、导致问题重复发生，吉利汽车成立感知质量总体管理部门，研究院各项目组、质量公司、动力公司等各子公司设感知质量提升岗，对在研和量产产品感知质量推进进行统一规划和管理。

4. 顾客满意度提升流程

依托 NPDS 流程，基于行业联合调研 J. D. POWER、NCBS 等外部年度调研、吉利顾客满意度调研系统、400 售后反馈、厂内 GCPA 评价，通过对多维度监听的数据进行分析，将顾客满意度问题进行分类推进，故障类问题在现款车型上持续改进，性能类问题在改款车型上进行提升，造型、人机类问题在全新车型上进行全新开发，对产品满意度提升起到了承上启下的作用。

为保证工程设计真正了解客户需求，通过 QFD 建立完整的顾客语言转化系统，使设计参数满足客户对产品的需求，通过感知质量设计完成感知质量提升。根据转化完成的工程语言，对造型、工程设计进行过程管控，将感知质量改进、评价转变为感知质量设计，全面考虑感知质量设计输入，保障感知目标达成，新产品在细分市场处于感知质量领先地位。

新产品感知质量提升：在新项目立项阶段，集团质量根据集团战略、细分市场、产品定义制定顾客满意度总体目标。基于多维度监听数据，统计分析客户抱怨率 TOP 问题及详细抱怨内容，输入项目组。项目组根据输入的顾客满意度总体目标和顾客满意度需求进行分解。总体目标制定并分解之后，主要的工作转向对数据、实车评审，针对可能引起客户抱怨的潜在问题，制定措施并加以改善。

量产品感知质量提升：对于量产车型感知质量的改进，基于顾客满意度调研数据来开展。涉及性能的、操作方便性的、娱乐导航系统的抱怨由于更改周期较长，费用高，所以一般都会放到年款升级时进行更改。对于气味问题、异振异响问题、精致度问题等和制造强相关的问题会进行实时的原因分析和措施制定，并且以最快的速度将措施在产品上进行应用。问题解决措施上线之后，通过内部客户调研系统可以快速地探测整改措施对客户抱怨的解决程度，如果没有达到预期效果，将继续深入研究根本原因并制定对策。

销售售后环节客户满意度提升：随着社会的进步，客户需求的发展，汽车产品上配备的新功能越来越多，娱乐导航系统功能越来越强大。在这些新功能面前，客户的表现经常是手足无措，抱怨不易理解/难以使用抱怨类问题激增。面对这种情况，一方面，对销售和售后人员制定了话术手册，在交车时向客户介绍常用的一些功能的正确使用方法和用车的注意事项，在客户买车前后咨询时可以正确地进行指导。另一方面，每个车型建立客户关爱微信公众号，定期向客户推送用车知识，使用方法和注意事项，帮助客户提高使用技巧，减少客户抱怨。

（三）提升感知质量

1. 不易理解/不易使用类问题改善

通过客户关爱中心微信公众号向用户传播车辆操作方法、用车技巧、注意事项、节日关怀等知识，提升客户满意度；截至到目前微信总关注量超过 25 万人，共发布 2000 余篇文章，单篇文章点击量超过 5 万次。单篇文章发送后对应的不易理解/不易实用类问题抱怨率下降 35%，整车抱怨率下降 12%左右。

2. 异响异震类问题改善

异振异响问题作为行业调研和吉利汽车调研 TOP 问题，占整车抱怨率的 28.9%。主要包含制造类顶棚异响、仪表台异响、门板异响等问题；发动机异振异响问题包括怠速抖动、发动机异响等问题。

2017 年针对异振异响问题，开展专项提升工作，通过高低温四立柱异响测试，基地试车场对标先进企业进行改造，异振异响深度测试和重点工位的工艺优化，基地异响问题专员识别能力、检出能力提升，提高问题的检出率，减少问题的发生频次，经过 2017 年的努力，制造类和发动机类的异振异响抱怨率降低了 20%。

三、顾客满意度多维度监听体系的构建与实施效果

（一）取得良好的经济效益

建立吉利控股集团内部调研系统不仅可以快速响应、有效解决顾客抱怨，提升工作效率、节省人工

之外,对比合资车企每期32万元,一年12期,吉利控股集团调研平台每期预算不到4万元;费用一年节约318余万元。

(二)提高了客户满意度

从2008年以来,吉利顾客满意度持续提升60%,提升幅度较大,和行业标杆的差距在逐年缩小,预计5年内将达到细分市场前五。中国质量协会开展的中国汽车行业用户满意度测评显示吉利各车型逐年均有明显提升,2017年测评结果博瑞、博越、远景SUV、帝豪、新远景、金刚、帝豪GL均排在细分市场前五名,尤其博越、帝豪、新远景、金刚、帝豪GL均排在细分市场前三。吉利新帝豪和吉利博越分别获得中国质量协会CACSI调研7万元级以下中型轿车满意度排名第一和10万元~15万元A级SUV满意度排名第一的荣誉。

(成果创造人:许乃平、李东辉、宋文奎、陈洪、李娓娓、马双阳、吴南南、杜晶晶、许良生、蔡飞、徐琦)

以助推数字家庭生态建设为目标的客户服务管理

中移（杭州）信息技术有限公司

中移（杭州）信息技术有限公司（以下简称中移杭研）是隶属于中国移动通信集团、中国移动通信有限公司的全资子公司，于2014年3月在杭州成立，目前注册资本11.5亿元。当前中移杭研正处于快速发展阶段，发展成效显著，产品和服务已实现全国范围的覆盖，落地中国移动31家省公司、14家专业公司与14家外部公司，累计服务超过300项，服务用户超过8亿人次；申请专利和软件著作权超过200件，具备国家高新技术企业、CMMI-3、ISO14001、信息系统集成资质三级、安全工程类一级、安全开发类一级、增值电信业务经营许可等资质；拥有员工超过1000人，硕士以上学历占72%，数字化人才占比超过90%，党员比例53%。

一、以助推数字家庭生态建设为目标的客户服务管理背景

（一）贯彻落实国家消费升级政策要求，推广应用智能化数字家庭产品的需要

2017年，国务院正式印发《关于进一步扩大和升级信息消费持续释放内需潜力的指导意见》。随后，中共中央、国务院印发《关于完善促进消费体制机制，进一步激发居民消费潜力的若干意见》，再次提出重点发展适应消费升级的中高端移动通信终端、可穿戴设备、超高清视频终端、智慧家庭产品等新型信息产品。深入贯彻落实国家消费升级和推广新型信息产品等有关要求，加大培育智能产品的力度，以移动连接着力推动数字家庭等产品创新突破，具有十分重要的意义。

（二）加快推动战略转型，不断增强企业核心竞争力的需要

《2018-2022年中国智能家居市场分析可行性研究报告》显示，2016年中国智能家居市场规模达到605.7亿元。预计未来几年智能家居行业将迎来爆发期，年增长率将保持在55%左右。智能家居作为朝阳产业与待开发的蓝海，将容纳越来越多的市场竞争者，未来行业竞争将会变得异常激烈。面对持续快速增长的市场前景，中国移动抢抓机遇，大力推动战略转型。中移杭研受中国移动集团委托，负责运营中国移动数字家庭业务。着眼于推动中国移动集团战略落地，中移杭研主动探索转型发展之道，推动发展定位由研发型向研发服务型转变，聚焦"数字化创新能力构建为基础，让网络更智能，让服务更高效"的目标，积极打造数字家庭产业生态，推进数字家庭产业链成熟发展，不断增强数字家庭研发运营能力，以优质的产品、高效的服务、生态的凝聚夯实企业核心竞争力，促进企业持续健康发展，具有十分迫切的需求。

（三）促进产业链协同融合，打造合作共赢数字家庭生态圈的需要

中移杭研经过系统梳理，发现薄弱环节主要体现在开发阶段"标准多、周期长"、整合阶段"服务散、体验差"、推广阶段"渠道弱、安装难"等方面。一是开发阶段"标准多、周期长"。二是整合阶段"服务散、体验差"。智能单品功能及种类日趋丰富，如安防控制、教育娱乐、智能家电和健康医疗产品受到客户重点关注，但客户已不满足于不同品牌智能家居产品使用不同控制APP的零散式体验，而是逐渐升级至以场景化的多设备交互为标志的全屋智能体验。三是推广应用阶段"渠道弱、安装难"。以上制约因素非一家企业独自承揽或诸家企业各自为战能够消除，着眼于推动解决产品开发、整合以及推广应用等各环节的制约因素，迫切需要构建合作共赢的数字家庭生态圈，推进产品、渠道、营销、装维的协同创新，进一步聚合资源，共同为客户提供一站式数字家庭服务。

二、以助推数字家庭生态建设为目标的客户服务管理内涵和主要做法

中移杭研紧紧围绕实施以助推数字家庭生态建设为目标的客户服务管理，坚持"开放共享，合作共赢"的理念，以推动业务转型升级、创新提升服务质量、创造数字化美好生活为导向，以实现资源整合和优势互补为着力点，通过构建以数字家庭产业联盟为纽带的客户服务体系，实施优质产品入库全流程管理，强化终端用户数字化接入管理，打造一站式售后服务管理体系，与产业链各方共同建设数字家庭生态系统。同时，不断完善"以IT支撑系统、三重考核、两项基础"为核心的考核与保障机制，推动客户服务动态优化持续提升。经过一系列探索实践，形成八大生态产品体系，打造了数字家庭生活样板，企业核心竞争力大幅提升，取得了显著经济效益，有力促进产业链协同融合，营造了合作共赢数字家庭生态圈。主要做法如下。

（一）明确数字家庭生态建设的目标方向与整体思路

明确数字家庭生态建设目标方向。中移杭研结合智能家居行业发展趋势，深入调研借鉴典型企业案例，明确数字家庭生态建设目标是以综合利用计算机、网络通信、家电控制等技术，将家庭智能控制、信息交流及消费服务等家居生活场景有效地结合起来，创造高效、舒适、安全、便捷的个性化家居生活。一方面，注重"全连接"，即连接设备、连接应用、连接用户，利用物联网等新兴技术连接家庭的一切；另一方面，注重"可信赖"，即提供品质卓越、安全可靠、优质省心的服务，打造值得信赖的智慧家庭领先品牌。

提出数字家庭生态体系布局整体思路。中移杭研围绕亲情沟通、智能硬件、内容应用三大方面，聚焦"平台＋入口＋业务"，以"更为友好的用户体验、更多沉淀的使用数据、更加实用的产品功能、更趋便捷的联网技术、更为落地的商业模式"为导向，推进数字家庭生态建设。

（二）构建以产业联盟为纽带的客户服务体系

坚持"开放共享，合作共赢"的理念，成立数字家庭产业联盟。中移杭研发挥自身纽带优势，于2016年与产业链各方共同建设成立中国移动数字家庭合作联盟。最初联盟成员数为24家，为更好地吸纳更多的利益相关方积极参与，中国移动数字家庭合作联盟提出"两个优先，两个鼓励"的合作鼓励政策。"两个优先"，即联盟成员可优先进入中国移动亿级宽带市场，优先享受中国移动的渠道、营销、宣传资源；"两个鼓励"，着重鼓励产品创新，鼓励互联互通。

从连接、编码、品牌、渠道入手，构建面向客户"高效协同"的服务体系。一是建立标准统一的And·link连接协议。中移杭研以And·link作为通信语言和重要抓手，把网关、平台、入口及其他各类应用连接起来形成一个连着千家万户的智能家庭网络。二是进行规范化的产品统一编码。为实现联盟产品在全国31省份的销售管理以及营销资源对接发放，中移杭研推动数字家庭联盟创新性地采用CMEI编码方式。CMEI码对每一个产品做唯一标识，并要求印刷在产品外包装、产品外壳上。三是建立"和家亲"联合品牌。中移杭研推动数字家庭联盟产品按统一遵循"和家亲"品牌标识露出要求：包装盒正面彩色印制以联盟成员Logo＋"和家亲"的联合品牌；包装盒侧面/底面印制或粘贴CMEI编码及"和家亲"下载二维码；设备说明书中要求添加"和家亲"APP下载和智能设备绑定操作说明。四是搭建线上线下全方位服务渠道。以提升用户消费体验为着力点，整合"线上＋线下"资源，促进全渠道发展。创新性协同建设线下智慧营业厅，突破以往营业厅单纯的手机销售、业务办理职能，将营业厅定位为数字家庭时尚生活引领者，应用内容体验者，将单一硬件展示、功能展示转变为高端、科技、有趣的生活、活动体验。

（三）实施优质产品入库全流程管理

1. 建立分层分级管理模式，强化产品入库质量管理

一是将入库各环节分解到末端工作点，明确关键目标及输出标准。精细化地将入库涉及的七大环

节：合作洽谈、合作申请、对接评审、自服务对接、对接联调及 APP 开发、软/硬件测试、入库及发布，分解成 50 个工作点，每一项工作点均确定工作内容、输出内容、工作时长、责任部门及责任 A/B 角、相关文档，并形成《数字家庭产品入库管理办法》作为工作指南。同时，建立全流程闭环跟踪机制，每日监控逾期状态。实行"常态化运营"及"通报机制"，入库工作按照标准化模块每周滚动进行。

二是实施"三级四层"管理落实责任到人，确保入库质量无风险。入库风险防控实施三级（工作人员、部门主管、公司管理层）四层（市场口、产品口、法务口、质测口）保障模式。四层职能组均有一名项目经理负责各自领域绩效控制跟踪及跨领域沟通协同工作。入库决策阶梯依次为项目经理入库评审签字确认、部门主管审核、公司领导层批示，风险逐级降低。

2. 构建"3+1"开发赋能体系，提升产品入库效率

一是提供"云引擎+轻应用+多模组"3 项完备的开发工具，助力提升产品入库开发进度。中移杭研利用 Andlink 家庭开放平台通过吸纳行为识别、链式配网等行业新技术，推出"云引擎+轻应用+多模组"全系统工具。自研引擎与云网关对接、发布轻应用平台，支持合作伙伴与杭研同步开展产品 H5 功能页面开发，做到随时开发，随时上线，与 APP 每月发版一次的进度解耦。引入并开发兼容 Andlink 协议的多款模组，降低合作伙伴对接难度系数。通过 APPDemo 测试工具上线，实现产品质量测试与 APP 开发并行，提升测试效率。

二是建立 1 个完善的联创中心，助力提升合作产品入库对接效率。以加速产品商用落地，攻关解决疑难问题，联合开发前沿技术，提升用户体验为目标，中移杭研成立数字家庭联盟联合开发中心，为合作伙伴提供开发测试专用场地及网络环境，以降低自服务环节模拟环境的随机因素影响，提高合作产品对接效率。

3. 创新全流程闭环入库跟踪保障模式，确保产品入库实时在线监控

中移杭研建立项目全流程闭环跟踪机制，实时追踪产品对接状态，每日监控逾期状态，可视化对接进度。发布合作伙伴门户，建立标准化的模块进度管理机制。实行"常态化入库运营"及"定期通报机制"。入库工作滚动进行：每周三进行入库评审及决策、每周四进行对接评审及疑难点讨论、每周五入营销库。同时，每周发布数字家庭智能家居连接周报，有效进行项目成员信息同步及对上汇报。

4. 建立全场景多维度风险预警机制，持续加强入库产品资质评估

在中移杭研未建立预警机制前，一些产品被动直接入库，存在产品良莠不齐的情况。在通过漏斗法严格筛选后，发现约 70% 产品不具备"和家亲"商城上架能力。其中 40% 为 PPT 产品，低价值贴牌产品，无知名度产品，无销量产能产品，严重影响和家亲商城品牌建设、下游移动公司智能硬件连接及销售收入增加。针对以上症结，中移杭研建立全场景多维度预警机制，主动出击制定高知名度目标品牌与产品引入规划，持续加强预引入企业及产品资质、能力评估，严格剔除低价值滥竽产品。

通过预先调研数字家庭全场景各领域 TOP20 品牌，梳理智能硬件应获资质认证清单，制定入库对接评审标准，通过对预对接企业多维度（注册资本、诚信信誉、市场能力、供货能力、服务支撑能力等）衡量，判断是否为目标高价值企业，以保障用户人身财产安全、树立中国移动品质形象为目标进行重重把关，严格剔除品牌价值不高、销量产能不足、资质认证不全、交互体验不佳的产品。

（四）强化终端用户数字化接入管理

1. 上线海量优质产品，为客户选型购买提供丰富选择

中移杭研在合规基础上最大化地精简上架流程，为合作伙伴提供两种高效的合作方式：签署以客户为中心的电商售后服务承诺的"受托代销"模式以及中移杭研代理采购后直接上架所有自有渠道的"包销"模式。同时，上架流程与入库流程并行处理，确保硬件一经入库即可开展销售，提升了商品池更新速率。

2. 多触点引导客户连接绑定智能产品，提升数字化接入便捷性

中移杭研设计多触点方式，客户购买智能硬件后可通过多种途径获取绑定方法：一是设备通电后，和家亲APP可自动识别智能设备，并通过And·link快连协议实现无感知秒级连接；二是客户可在产品外包装、产品机身及产品说明书中提供的二维码进行扫码绑定；三是客户可以通过在和家亲APP内选定品牌设备名称的方式绑定设备。此外，客户如在绑定过程中遇到问题可通过10086或APP内客服方式获取帮助。客服人员也定期通过外呼方式对客户使用情况进行回访，确保客户"零门槛"体验智能家居产品的便捷性。

3. 聚合精品应用，提供软硬件接入一体化增值服务

中移杭研以探索家庭典型市场为突破口，以"一老一小一女人一宠物"业务场景为例，根据用户标签精准提供亲情聊聊、一键组网、绿色上网、高清视频通话、IMS固话、家庭相册、家庭教育及家庭健康等精品应用。同时，用户通过"和家亲"亲密豆积分体系可定向领取商城优惠券、精品听书等权益，畅想智能家庭生活；面向合作伙伴端，中移杭研通过分享用户成长及价值，聚合合作伙伴能力，集中营销资源，打造硬件爆款品牌，协同整合硬件＋服务向用户营销，以增强用户高频使用黏性，创造业务新收入增长点。

4. 在线主动监测已接入设备，无感知修复网络故障

中移杭研自主研发的智能家庭网关，将光猫和智能路由器合二为一，支持设置Wi-Fi模块的定时开启和关闭，可以实现对家庭网络和多种智能家居产品的双重管理。中国移动智能家庭网关的控制平台架构分为两级模式：由中移杭研建设运营的一级家庭开放平台及分省运维的省级数字家庭平台。当用户家中发生网络故障时，平台可主动进行无感知排障处置。

5. 建立四级联动告警机制，智能布防家庭安全监测网

中移杭研通过分析家庭生活中可能出现的安全隐患，建立了四级联动告警机制，全方位不留死角地布防安全监测网。当家中出现溢水、可燃气体泄漏、入室盗窃、老人摔倒等异常情形时，相应的智能传感器会触发四级联动告警：一是启动室内声光报警器，通知家中成员险情；二是和家亲APP同时推送异常报警信息；三是手机端短信接收险情通知，保证客户外出在无网络情况下获悉家庭异常变动；四是当平台系统监测到高安全等级风险时，10086人工座席电话通知客户，防止客户未主动查看手机造成的排障延误。

（五）打造一站式售后服务管理体系

1. 建立三级售后客服体系，对售后疑难实现闭环管理

针对"和家亲"业务，建立三级售后客服体系。一线客服由各省移动公司承担；二线客服由中杭杭研专席承担；三线客服由合作伙伴客服接口人承接。对于需要二线客服协助处理的客户咨询、投诉、售后及办理，一线客服与二线客服通过一级客服系统工单方式流转，紧急情况辅以二线客服热线电话渠道沟通。对于需要三线客服协助处理时，中移杭研通过自主研发的合作伙伴门户客户管理模块联系对应的厂家。中移杭研收集及预判业务/产品FAQ，负责编写和定期更新和家亲业务的客服文档手册，内容包括业务概述、客服职责分工、常见问题解答等，编写和更新后的文档统一下发给各省移动公司客服接口人。为确保客户投诉受理和最终回复界面的统一，三级客户服务体系严格执行首问负责制和闭环处理原则，力争最大化解决客户疑难问题。

2. 独创RACI客户服务模式，保障线上线下客服触点有效运转

中移杭研按照面向客户及内部管理两个维度，将客户服务管理流程分为售前、售中、售后及相关内部管理流程。通过RACI（执行、负责、咨询、知情）模型，将toC和toB侧多渠道触点的投诉处理响应机制拆分成单个的"小零件"流程，方便按不同场景进行灵活组合，充分保障个人客户投诉建议多点

触达且通道畅通。实施从"多渠道客户触点——OSP 系统——数据分析 & 业务通报——评级考核"的全流程闭环管理体系及动态逾期监控机制,可管可控客户服务质量水平。同时,运用资源平衡技术,保障日常或节假日不同咨询量时期的客服资源分配均衡,降本增效支撑服务工作。

3. 创新众包装维模式,解决"最后一公里"难题

中移杭研自建合作伙伴门户客户服务模块,深入挖掘终端客户认知习惯,探索并践行品牌标识创新、视觉展示创新和营销话术创新,有效解决了线上销售客户无法触及产品实物的难题。在装维工单派发方面,进一步通过"和众"众包装维抢单模式,按照"自动接单—智能抢单—上门预约—到户安装—用户评价—支付结算"流程,提升了装维渠道的积极性和工作效率,为客户提供更好的服务。由于以往装维工单是按区域固定派发,没有考虑到实时路况、装维资源、装维点工作量对装维效率的影响。通过搭建装维众包平台,广泛吸纳合作伙伴装维人员,同时实时定位装维车辆、装维人员的手机 APP,展示其工作状态,关联安装报修地址、实时交通状况和各装维点任务量对派单进行优化,自动为装维指挥人员给出派单的最优选择,指挥人员可以选择离装维地址最近的空闲装维人员派发工单,同时也提前从机制上保证了装维点之间的相互协同,实现了柔性派单,显著提高了装维效率。在实践中,这一模式聚集中国移动 20 万装维人员,为家宽业务及智能家居业务提供上门安装维护服务,目前该平台在浙江、江苏、四川、重庆开展试点,累计上门服务 300 万次。

(六)完善考核与保障机制,推动客户服务动态优化持续提升

1. 以 IT 管理创新支撑系统提供技术保障,确保数字家庭生态高效运转

一是不断完善一体化数字家庭业务管理系统。中移杭研通过中国移动数字家庭业务管理系统,构建从合作申请、资质评估、产品入库、合作伙伴考核、合作伙伴退出的全流程闭环管理流程。在实践中,通过合作伙伴与用户正向反馈,进行持续完善、巩固提升。

二是持续打造一体化 Andlink 开发者平台。利用该平台,仅需"创建产品功能——生成 APP 页面——硬件端开发——发布产品应用"四步完成产品智能化,从以往 2 个月对接联调时间压缩至 10 个工作日,极大地提高协议互通的效率。

三是开发应用一体化供应链管理系统。通过中移杭研自行设计研发的"供应链管理系统"和各移动公司部署的"众包管理平台"相结合,实现硬件产品从"厂商出库—物流—仓储—接单—上门安装—回款"的闭环流程的一体化 IT 管控。

2. 实施"三重"考核机制,助推服务质量持续提升

一是进行合作伙伴动态考核。中移杭研注重合作伙伴优胜劣汰,将合作伙伴考核列入专项考核,以季度为考核周期,按照"合作规模、支撑力度、产品退换货率、质量安全"等考核维度进行打分,并将考核结果排名,作为合作伙伴激励和清退的依据。同时,主动出击,科学制定高知名度目标品牌与合作伙伴产品引入规划。按照市场需求及全屋智能全场景(全屋信息、全屋娱乐、全屋健康、全屋安防),描绘整年产品品类引入全景。依托大数据挖掘及统计分析,分季度制定具体引入品牌及产品种类。优先与知名家电厂商海尔、康佳等签署战略合作协议,布局泛智能家电连接图谱。创造性地与海康威视、洛奇、普天鸿雁等十余家行业翘首倡导"数字家庭·绿色生态"合作,迈向从智能单品向全屋智能的跃迁。

二是持续开展入库产品考核。为保障在库产品质量及数字家庭市场健康发展,产品库持续加强产品生产及上市后质量管理,对违规产品及高故障率产品采取三级处理措施,即警告处理、严重警告处理、退库处理,要求违规产品限期整改或者退库。

三是综合开展客户服务考核。中移杭研按照岗位要求将客户服务体系人员结构分为"生产序列岗位""支撑序列岗位""管理序列岗位",不同的序列岗位对应于不同权重的考核指标,充分激励客户管

理各流程人员各司其职。同时，所有岗位均以整体客户服务水平关键绩效指标为着力点，如"一次性问题解决率""首次响应时长"等，以形成上下合力，提升客户服务满意度水平。

三、以助推数字家庭生态建设为目标的客户服务管理效果

（一）形成八大生态产品体系，打造了数字家庭生活样板

通过"五个一"研发布局，逐步形成"网络管理、安防监控、环境改善、节能控制、亲情沟通、教育娱乐、健康生活、智能家电"等八大生态产品体系，同时推出中国移动特有安防短信、语音提醒、咪咕海量视听内容，家庭相册云存储，高清视频通话和家固话、聚合支付、统一认证等特色增值服务。

中移杭研提供标准化的渠道数字家庭SI规范，倾力打造雄安、河南、浙江等多个具有全国示范效应的智慧家庭生活样板。集成智慧灯光、远程控制、和家固话新型通信、智能语音交互、八大场景联动的全屋智能功能模板，重点打造雄安未来城市展厅生活体验馆，以"以人为本，化繁为简；舒适智能，未来已来"为主题，提供智慧办公、智慧楼宇、智慧酒店、智慧社区等前沿智能科技城市体验。目前，杭研基于中小企业酒店解决方案，服务用户累计10.5万户。

（二）打造数字家庭端—网—云协同平台，取得了显著经济效益

中移杭研通过打造数字家庭端—网—云协同平台，定位区域市场特性，在全国各大省份落地开花。重点打造河南智能家庭安防项目，面向客户提供12类家庭安防智能硬件及告警提醒等增值服务套餐。在开封、洛阳、周口等18个地市正式落地，订购数超1200户，累计销售量超2.6套。四川泛智能终端渠道订购会，以"智连新生态，共享新未来"为主题，聚焦安防监控、智能家电、环境健康等三大领域，按照"用户高频使用、和家亲APP高频控制"标准，牵引客户使用和家亲APP控制智能硬件，以和家亲APP为入口实现硬件与应用的一站式接入，开展统一营销活动，订货量超100万台。

截至目前，中移杭研实现引入智能硬件产品350余款，全集团整体智能网关激活量超过6200万。基于销售自研和生态数字家庭智能硬件产品累计销售金额超过10亿元。目前该项目累计申请专利214件，软件著作权192件。和家亲服务全国用户数超4605万，预计年底超过5000万。Andlink开放能力平台累计调用能力1900万次数，通过能力开放以及运营商在码号、NB、语音等方面独特资源，合作伙伴可以打造更优产品、构建闭环服务、触达亿万家庭，与合作伙伴把平台打造成"技术的百宝箱、服务的连接器、销售的催化剂"，实现网关在线下挂智能设备连接总数超过3.4亿台。

（三）有力促进了产业链多方共赢，营造了良好的数字家庭生态系统

优越的入口价值及庞大的用户规模，给中国移动数字家庭联盟带来了合作的应者云集。目前成功引入合作伙伴147家，其包括海尔、海信、小米、荣事达、鸿雁、京东、阿里巴巴、科大讯飞、长虹、海思、高通、康佳、Intel、罗技、美的等国际国内知名公司，也包括ROKID、古北、行至云起、机智云等估值超亿元的独角兽企业，联盟成员覆盖芯片、模组、智能硬件、数字家庭应用服务等各产业环节，已经成为中国数字家庭领域的重要产业协同合作平台。努力拓展渠道战略合作伙伴，目前已经拓展京东、天猫、腾讯、迪信通、中国邮电、天音通信等战略渠道20余家，实现产品的全国覆盖。为合作伙伴带来的间接经济价值超过100亿元。

（成果创造人：张锦卫、浦贵阳、周　晶、马春山、李　峰、孟雨兴、许贝旎、邹梦妮）

电网企业基于大数据的智慧化综合能源服务管理

国网山东省电力公司青岛供电公司

国网山东省电力公司青岛供电公司（以下简称青岛供电公司）是国家电网有限公司下属的大型一类供电企业，以建设和运营青岛电网为核心业务，承担青岛市七区三市约 472 万用电客户的供电服务。青岛电网位于山东电网东部，以 ±660 千伏直流、500 千伏交流输电为主要走廊，以 220 千伏、110 千伏输电为主网架，有公用变电站 348 座，输电线路 720 条。2018 年青岛电网最高用电负荷达到 879 万千瓦，位居山东省各地市公司首位。

一、电网企业基于大数据的智慧化综合能源服务管理背景

（一）适应电力改革新形式，提升企业竞争力的需要

随着电力体制改革的深入推进，未来发电、输配电、售电产业格局将发生根本改变，同时我国对电网企业的监管方式也将转变。青岛供电公司必须以更低的成本、更高的效率和更优的服务质量来提升企业竞争力，这样才能在改革的浪潮中站稳脚步。为主动适应能源供给侧改革和电力体制改革的新形势、新要求，国网公司明确了"将综合能源服务作为主营业务，做强、做优、做大综合能源服务业务，推动公司由电能供应商向综合能源服务商转变"的发展战略。如何实现源网荷友好互动和资源的高效利用，全面适应多种新型能源规模化发展趋势，实现供给侧与需求侧的精准契合与动态匹配，切实提升客户服务效率，是电网企业急需解决的重大问题。

（二）提升服务质量，满足客户多元化用能的需要

综合能源服务作为国网公司新兴的主营业务，既面临良好的发展机遇，也面临很大的发展压力，传统供电服务行业边界逐渐消退，市场主体更为多元、市场竞争也更为激烈。然而，青岛供电公司仍停留在传统的供电模式中，片段式的供电服务、单一式的客户用能体验，难以成为赢得优质客户的竞争手段，这种传统式的供能模式在电力改革加速背景下面临较大挑战。青岛供电公司拥有丰富的电网资产、客户能效数据、用能数据等资源，但未进行价值开发，电力数据、信息运维采集通道等处于独享阶段，客户多样化的服务套餐需求未能全面满足。如何发挥电网企业各方面的优势，增强客户黏性，降低用能成本，提高竞争能力，已成为电网企业提升市场竞争力的重要手段。

（三）变被动服务为主动服务，提升客户满意度的需要

长期以来，电力企业奉行"人民电业为人民"的行业宗旨，立足做好服务，为社会提供安全、优质、高效的电能。但从严格意义来讲，电力服务长期以来还是单一的、被动的，尚未进入全方位、多层次的主动服务阶段，电力企业虽然拥有庞大的客户群体，但海量客户数据沉淀闲置，客户数据信息更新、完善不及时，信息呈现"零散、缺失、失真"状，建设滞后的客户数据库不能全面、真实、动态地展示客户真实的画像，电力企业实施精准化服务缺乏硬动力，难以快速有效地匹配到服务端构筑市场竞争壁垒。组织结构和服务模式方面，管理层级多、链条长，客户服务不能全覆盖、零距离、快响应，迫切需要提升客户服务体验，巩固市场份额。

基于以上背景，青岛供电公司自 2016 年 6 月起开展基于大数据的智慧化综合能源服务管理相关工作。

二、电网企业基于大数据的智慧化综合能源服务管理内涵和主要做法

青岛供电公司推进专业流程融合协同，搭建基于大数据的智慧化综合能源服务管理平台，依托电力

大数据库，整合专业管理平台信息，强化智能分析管理，满足客户智慧用能需求。强化市县一体化管理，破解结构性缺员难题，优化服务末端人员配置方式，开展网格化服务一口对外，建立主动服务快速响应机制；实施智能电表能源端数据分析，开展主动预警抢修，通过业扩流程可视化服务，提高办电效率；创新拓展服务渠道，实现智慧化互动服务，建立智慧化互动营业厅，延伸客户服务边界，实现客户增值互动服务；完善过程督查督办、全流程考核，引入第三方评价机制，保障基于大数据的智慧化综合能源服务管理实施，最终实现供电服务最优，促进区域经济社会发展，赢得社会各界和广大客户满意的目的。主要做法如下。

（一）以客户为中心，明确智慧化综合能源服务管理总体思路

1. 组建专业的管理组织，推进业务流程融合协同

青岛供电公司坚持"始于客户需求、终于客户满意"的理念，为有序推进基于大数据的智慧化综合能源服务管理，成立市场管理与客户服务委员会，下设协调办公室、供电服务指挥中心、发展建设组、营销服务组、运维调控组。委员会主任由公司总经理担任，副主任由发展、建设、运检、营销、调度等各业务分管副总经理担任，明确公司供电服务的主要目标，根据执行结果审定考核和奖惩意见，对服务过程及结果进行最终评价。

协调办公室由公司党组办公室、党委组织部组成，协调智能化综合能源服务管理中的重大事项，协调解决各部门、各单位在供电服务工作中的有关问题。

供电服务指挥中心整合原有调度、营销、运检对外服务资源构建，负责供电服务监测指挥、配网调度、运营管控、流程督办等，从而优化供电服务业务范围、职责界面，畅通营配调专业部门和现场综合性班组的业务流程，提升服务效率。

发展建设组、营销服务组、运维检修组分别由发展部、建设部、营销部、运检部、调控中心等部门组成。发展部着力实现电网规划与地方经济社会发展相匹配。建设部着力提高电网建设速度。运检部着力从降低配网停电时间、提高故障抢修效率两个方面提升供电可靠性。营销部着力提升客户用能体验。

2. 强化大数据分析，奠定智慧化服务基础

依托动态、实时的电力大数据库，针对传统客户、潜力客户、盈利客户、稳定客户、特殊客户等服务群体，强调消费市场、组织市场和价值市场三维评价，利用聚类分析、遗传算法等技术方法对目标客户群体进行不同维度指标因子的数据挖掘和数字建模分析，清晰勾勒出各类客户的精准画像。在此基础上，对客户进行精准定位，为精准化服务奠定数据基础。

3. 拓展业务领域，丰富综合能源服务内涵

青岛供电公司扎实做好客户能源基础服务，形成以电为核心的能源消费新模式推进客户侧电气化与能效提升，推广热泵、电窑炉、专用充电站、余热回收、绿色照明等高效用能技术，降低客户能源成本，改善客户用能体验，助力绿色发展；对用能设备、配电设施等开展专业化智能运维，提供精准故障诊断和状态检修服务，提高客户用能稳定性，保障用电安全。在新城镇、新产业园（商务）区、新建大型公共设施的区域，根据客户的用能需求，以智能电网为基础，建设分布式光伏发电、分布式生物质发电、冷热电三联供，基于电能的冷热供应等系统，满足终端用户对电、热、冷、气等多种能源的需求，构建以电为中心的集成供能示范系统。以源网荷实时数据为纽带，对接电、气、热等多种用能需求，搭建多元信息交互的综合能源服务平台，运用物联网、大数据等新型技术，促进能源流与信息流深度融合，实现能源互联网的实时感知和信息反馈，优化客户能源供给网络运行策略，为客户提供智能调控、需求响应、交易预测、数据价值挖掘的服务。开发以储能、能源大数据、碳资产和金融服务为核心的能源服务新产品。在用户侧试点建设适当规模的储能装置，发挥电网配置能源的作用，促进清洁能源跨区域消纳，提高电网运行的经济性，利用能源大数据研究客户能源消费行为特征，预测宏观经济走势和行

业发展，为客户经营发展、能源交易提供有效的决策支撑服务。基于综合能源服务的减排效果和投资收益，深入探索碳交易、金融服务规则，逐步开发碳资产、项目证券等衍生产品。

（二）开发智慧化综合能源服务管理平台，夯实供电可靠性和优质服务基础

1. 整合专业管理平台信息，实现多源数据融合

融合共享用电信息采集系统、运营监测、财务管控、客户数据信息、质量监督等多源业务系统数据，以及95598互动网站、掌上电力、电E宝、交易结算、绩效评价、人才管理等系统，在专业支撑系统基础上，提供客户业务受理、接派工单、客户设备定位、电工接单、服务反馈等辅助功能，通过智慧化综合能源服务管理平台，加大微信平台、移动客服平台等移动终端开发应用，实现扫码接入、自定义信息接口、电力设备扫描查询状态、电网状态信息在线及时读取，及时捕捉客户各类信息在线处置。同时，积极对接政府信息平台、金融征信系统、工商企业信息平台及公检法信息系统，获取客户价值信息，实现客户侧大数据的快速获取。

2. 完善供电服务指挥，支持主动抢修、主动检修及主动服务

智慧化综合能源服务管理平台的总体功能包括配用电设备状态管控、运营管理管控、运营指标管控、应急管理管控、供电服务指挥五大模块。

围绕电网事件（如开关跳闸、配网停运）、设备异常信息（如重过载、三相不平衡等），建设配用电设备状态管控应用，及时发现设备潜在运行隐患，辅助科学指导配网运维检修工作，降低运检成本，提高配网设备可用性。

围绕高效运检、优质服务，建设运营管理管控应用，实现对运检工时、成本、成效等的挖掘分析，实现对配网业务异常情况的督办与主动预警。

围绕配网经营管理指标以事后分析为主，建设运营指标管控应用，在线分析供电可靠性、电压合格率、设备故障率、优质服务质量等指标，实现指标走势跟踪，业务成效验证，辅助发现弱项指标，并对指标异常情况进行预警和分析。

围绕提升配电网应急抢修能力，建设应急管理管控应用，实现应急指挥、运检作业综合态势图、故障预警及趋势分析和远程会商。

围绕配电运行监测、故障抢修指挥、生产指挥、客户服务等建设服务指挥应用，实现配网故障研判与可视化定位，实现主动抢修、主动检修及主动服务，提升故障抢修、生产作业的工作效率及供电服务质量。

3. 跨专业开展监测分析，服务过程及时纠偏

以问题为导向，选取专业部门反映的协同难点为监测点，加强业务流程分析，发现业务流转过程中的时效性差的环节，有针对性地制定措施，优化管理，提升效率。紧密围绕公司运营管理中的热点、难点和关键点，及时发现问题，针对配网重过载、低电压等"公司领导关注、业务部门需求、基层单位共性"的问题，跨专业开展监测分析，强化问题专项协调、跟踪落实、评价关闭，确保改进效果。

为实现供电侧与客户侧数据实时共享、命令高效传达，突出智能联动、一键穿透，重点打造"统一指挥、实时监测、信息报送、预测预警、综合分析"五大核心功能，实现供电信息宏观全景展示，供电人员、物资、设备微观穿透查询。

一是统一指挥，通过多媒介信息交互渠道，供电服务指挥中心一对一、一对多地即时向一线服务人员下发指令，实现信息的各层级、全覆盖、实时多向通信，确保命令传递高效快捷。二是实时监测，对设备运行、人员分布、车辆工作、气象状况等供电相关信息全部实时汇集监测，从设备、资源、辅助三个维度全面掌握整体供电情况。三是信息传送，突出"自动、主动"，多维度汇集设备、人员信息，为供电服务指挥中心提供决策辅助和现场感知能力。四是预测预警，利用人工智能技术，构建电网健康模

型，根据实时大数据开展运行状态评价，预测电网未来健康趋势，为指挥中心提供故障预判能力。五是综合分析，实现获取数据生成履历、专业报表分类定制、跟踪场景提取信息、总览任务汇总数据等，每日综合分析供电情况，为下一阶段工作安排提供数据支撑，提升服务中心超前部署能力。

（三）主动延伸服务边界，实现综合能源服务业务拓展

1. 广泛合作，积极探索开发综合能源服务业务

积极争取配套支持政策，围绕储能、新能源等热门领域，主动对接政府，制定综合能源服务领域配套政策争取策略，为综合能源服务产业提供保障。广泛整合社会资源，充分发挥电能替代促进会、新能源协会等社会平台的纽带作用，积极与相关科研机构、能源供应商、产品制造商等单位建立战略合作关系。与金融机构合作，丰富项目融资渠道，优化项目投资决策流程，积极适应市场化运作需要。

推进建筑楼宇能源托管、配网综合节能改造等典型项目规模化实施，并研究探索电网侧储能技术应用，围绕政府机构、工商企业、能源供应商在能源领域需求，提供涵盖数据共享、用能优化、运维托管等业务的一站式、多元化综合服务，打造合作共赢的商业生态圈。

2. 遵循互利共赢，为居民用户提供便利的综合能源服务

健全煤、电、油、气领域信息资源共享机制，建设覆盖电网、气网、热网等智能网络的协同控制基础设施，发展能源互联网的智能终端高级量测系统及其配套设备，实现电能、热力、制冷等能源消费的实时计量、信息交互与主动控制。

推进与水、气、热企业战略合作，搭建公共事业综合信息平台，完善账单合并、清分结算等功能，推广多渠道、多方式的"水电气暖"一站式办理、一单式缴费，有效支撑综合能源服务。基于新一代智能电表，实现信息全面感知、实时传输，协调控制源网荷储，提高客户侧深度参与电网调节的能力，有效推进有序充电、分布式储能和清洁能源消纳等能源服务开展，满足客户多样化的用能需求。

3. 强化电力主动，为企业用户提供多样的综合能源服务

坚持"政府主导、电力主动"工作模式，积极与市自来水公司、青岛高科热力有限公司、中德生态园、西海岸公共事业集团能源有限公司等单位或园区签订战略合作协议，确定综合能源服务合作意向，开展广泛调研，向水、热企业介绍电力损耗管理、远程稽查、大数据分析先进管理经验，依托多表抄收系统，向合作企业推送多表数据。积极开展电、水综合联动分析，建立多套损耗模型，精准锁定"跑冒滴漏"，促进合作企业能源降损。与自来水公司建立"建设—采集—运营"高效协同工作机制，并签订代抄、代收协议，与青岛鼎信通讯股份有限公司、十川节能公司建立三方合作模式，以工业用户、建筑节能改造作为切入点，达成合作意向，按照节能收益进行分成。陆续建成"七换十一充"的公交车网络、沈海高速等10座城际乘用车充电站以及天泰体育场等61座城区快充站，共计256台乘用车充电桩，初步形成"城区全覆盖、县域广辐射、高速深融合"整体框架，打造目前国内外功能最全、规模最大、技术最先进的电动公交车充换电服务网络。

（四）依据大数据分析，实现主动服务、快速响应

1. 实施智能电表能源端数据分析，实现主动预警抢修

挖掘电能表和采集终端中的电能计量数据、运行工况和事件记录等各类数据。通过对各类数据的产生条件、关联关系的分析，建立数据模型，每天对所有计量装置8类异常主题、38个异常项进行智能诊断，判断计量设备运行状态，实现辅助决策功能。开展终端停上电与电表停上电事件的综合研判分析，完善客户电源信息，结合终端停电事件分析，建立停电事件判断算法，完成对线路停电、台区停电、分支停电、表箱停电、户表停电的判别，实现低压客户停电故障的快速研判和准确定位，支撑基于智能电能表的智能化"主动抢修"服务。

2. 挖掘电力大数据价值，实现客户用能主动服务

坚持"服务智能化、客户数据化"原则，致力于构建多层次的、以数据为基础的超前的、客户解决方案，通过智能化平台实现客户服务的可视化和精准化，实现数据动态存储、更新和贯通。通过智能化平台加强客户信息甄别，根据客户进入路径、客户侧电力设备数据分析、客户常用查询内容等大数据智能在线分析，预测客户意图，超前服务所需，最快帮助客户提供电力服务方案。通过采集和监控客户用电电压、电流、有功、无功、温度及负荷等远程数据，分析日常电能数据和重点设备的运行信息，通过可视化和设备状态智能报警，直观掌握电力设施运行状态，提前发现和管控好安全风险。对接95598、地方政府热线，接受客户服务诉求与故障报修功能，通过手机APP实现地图索引、人员定位、行踪追溯、抢单、施工信息获取、现场评价反馈以及人员调度功能。

（五）丰富服务渠道，开展智慧化互动提供针对性服务

青岛供电公司充分发挥供电服务指挥平台功能作用，聚焦供电服务热点，加强服务精益管控，规范服务行为，认真落实"一口对外、首问负责、一次性告知、限时办结"，建设线上线下同步、内部协同运作的工作格局，延伸服务范围。

1. 建立智慧化互动营业厅

利用智慧化综合能源服务平台，立足客户体验，进一步优化办电流程，丰富交费渠道，推广电子发票、停电信息主动通知、可视化抢修等特色服务，实现客户"一次都不跑"。在国内首次将人脸识别技术引入供电营业厅服务领域，实施"刷脸办电"服务，客户进入营业厅，摄像头采集头像信息，分析客户业务办理需求，将服务方案和营销策略推送给营业厅客户经理。开通信息端口，共享政务网客户信息，用电业务实现"无证受理"，极大缩短业务办理时长和等待时间，提升客户满意度。在满足传统电力业务和智能用电业务需要的基础上，打造集智能家居、绿色能源、电动汽车充电桩、用电及节能知识综合展示、业务洽谈和办理、自助交费、业务办理、电力信息交流、服务监督评价等的综合服务管理系统，为用电客户提供智能化、多样化、便捷化、互动化的服务。

2. 丰富客户用电互动渠道

整合掌上电力、电e宝、国网商城、彩虹营业厅等线上渠道，通过手机同屏的展示方式，引导客户线上办电。对于已经办理业务的客户，提供业务进度查询功能。客户还可以线上提交设计审查、竣工验收等服务申请，受电工程全部由客户自主选择，为客户营造良好的营商环境。客户可以进行评分，为后续其他客户的选择提供参考，引导商家规范服务、诚信经营。

利用实时数据采集与传输、海量数据存储、资源池化、用能优化模型等技术，实现大用户安全、能耗监测，能效诊断，用户用能分析及优化，需求响应及节能项目管理，数据管理，节能减排指标管理等功能，支撑重要用户优化电能资源配置。

3. 针对性提供增值服务

一是通过智能用电终端和节能管理对客户的用电行为进行实时分析诊断，为客户提供个性化的节能方案和风险管控措施。二是灵活运用分时电价、阶梯电价以及在线服务，整合智能家居产品产业链，为客户提供节能环保服务，从而提高智能化控制水平，改善客户用能习惯。三是以用电查询管理系统为入口拓展业务，包括定制化信息服务、家庭分布式电源安装、新型服务模式展示与推送等。四是通过移动账户管理平台和数据整合能力取得大量家庭能耗数据，建立家庭耗能档案，获取客户用电数据，帮助客户分析能耗用途，提供节能报告及后台数据，巩固客户资源。五是发挥电网品牌优势，全面整合服务渠道，全面融合电网、物联网、移动互联网，实现支付管理、客户关系管理、仓储物流等功能，支撑节能产品销售、能效评估等增值服务业务开展。

(六)优化内部人力资源配置,促进服务提速增效

1. 强化市县一体化管理,破解结构性缺员难题

由于历史与体制原因,青岛供电公司的县公司人员配置率要高于市公司人员配置率,县公司"子改分"后,专业管理职责上划,青岛供电公司市公司层面缺员短板更加凸显。青岛供电公司按照"集约化、扁平化、专业化"的管理目标,简化管理环节,打破县公司-市公司人员交流壁垒,对县公司各个专业垂直管理,实行核心资源的优化配置与核心业务的集约管控,县供电企业实现管理标准统一、流程科学、界面清晰、管控有力。

2. 整合营配调人力资源,实现服务一口对外

通过集约营销、运检、调控三大专业人力资源,将调控中心、营销部、运检部等各专业服务、信息资源整合,集合配网资源,实时调控配网运营,使业务流程更优化、人员更精简、协同作战与末端响应更高效。

供电服务指挥中心依托智慧化综合能源服务管理平台,利用大数据、物联网、移动作业等技术,实现"多种受理工单一个界面展示、多个监控界面同一窗口呈现、多种研判辅助信息一个系统调阅",汇集和督办客户服务诉求,在营销、运检、调控的专业指导下,开展统一指挥、协调督办、过程管控、监控预警、分析评价等工作,实行7×24小时全天候服务管控和服务响应。

3. 优化服务末端人员配置方式,实现网格化服务

青岛供电公司坚持"强前端、大后台",推行台区经理制,打造网格化服务,整合市、县公司城区低压配网运维抢修和低压客户营销服务业务,实行台区经理制和网格化服务全覆盖。改建标准化乡镇供电所89个,完成"全能型"供电所建设试点,打造供电所"一长三员两组"组织模式,开发应用供电所综合业务监控平台和台区经理移动作业APP,推行台区经理制、综合柜员制,推进营配业务末端融合,建立网格化供电服务模式。优化班组设置,培养复合型员工,支撑新型业务推广,构建快速响应的服务前端。

通过市县一体化管理,畅通市县人员流动通道解决结构性缺员的难题,整合营配调人力资源,构建供电服务中心,实现服务一口对外,依托"一专多能"的标准化配网抢修队伍、台区网格化服务等形成"大后台",发挥出"强前端、大后台"的高度协同服务优势,促进智慧化供电服务提速增效。

(七)强化保障机制,促进供电服务水平持续提升

1. 完善过程督查督办机制

开展"日分析、周调度、月通报"督查督办机制,对供电服务管理过程中的流程数据进行日分析,每周对流程难点、协同堵点、反映热点进行调度并制定措施,每月总结通报,将智慧化供电服务相对滞后的重点工作列为重点督查对象,不定时开展专项督查。

2. 完善全流程考核机制

将专业部门划分为经营类和服务保障类,实行"分类"考核,突出不同类别部门的考核重点,引导各单位根据自身的功能定位,做好供电服务流程保障。

3. 引入第三方评价机制

强化信息共享,打破专业壁垒,拓展统一网上服务平台的高级应用,提高服务支撑能力,基于客户视角,完善服务监督评价体系,引入供电服务第三方评价,针对客户关注的服务热点问题开展"满意百分百"评测,追踪客户满意度,对投诉举报等客户诉求工单回访信息进行分析,对服务短板提出建议,不断消除服务缺点。

三、电网企业基于大数据的智慧化综合能源服务管理效果

（一）丰富了服务内涵，满足了用户多元化用能需求

青岛供电公司抓住即墨创智新区及蓝色硅谷核心区建设高峰期，结合区域内以房地产开发及政府科研机构为主的项目特点，重点推广集中电蓄热采暖项目，夜间利用低谷电进行储能，白天进行热能供应。引导客户因地制宜使用电锅炉，目前包括国家海洋实验室、即墨区市民服务大厅等多个项目使用集中式电蓄热采暖。实现多种能源的互补协同利用，提高电网规划管理科学化和精细化程度，避免了配电网的扩容改造，推迟了设备容量升级，新能源利用水平逐年提升，供电可靠性提升了0.017%。

（二）促进了区域能源结构优化，提升了能源利用效率

青岛供电公司积极拓展能效监测与诊断、节能和电能替代改造、电力需求响应、光伏储能新能源服务、水电气冷热等增值服务，定期为客户开展能效诊断、节能改造等增值服务，打造目前国内外功能最全、规模最大、技术最先进的电动公交车充换电服务网络，完成充换电近165万次，充换电电量1.83亿千瓦时，实现"以电代油"7726万升，有效减少碳排放20.3万吨。依托多表抄收系统，成功实现向合作企业推送多表数据，推送户数14万户。积极开展电、水综合联动分析，促进客户能效提升。同时，以工业用户、建筑节能改造作为切入点，达成合作意向，按照节能收益进行分成，开辟"多表合一"新的盈利点，构建新型商业运营模式。

（三）推进智慧化用能，提高了用户满意度

综合考虑地域差异、市场竞争、成本效益等因素，明确服务边界，优化服务标准，全国首先实施"刷脸办电"业务。根据客户和市场需求变化，不断优化服务体系，创新服务体制机制，整合内部资源，设立供电服务指挥中心，将营配调内部协同效率提升了28.68%，对外服务效率提升了35.72%。营业投诉数量下降了10.77%，供电质量投诉数量下降了8.91%，业扩报装效率提高6.85%。综合能源服务管理在上合峰会保电中的实施，完成了"六个零"的保电任务，得到社会各界的广泛赞誉。

（成果创造人：孙旭日、卢　刚、王　凯、吴绍军、张　松、李文升、
孙振海、李元付、姜思卓、安树怀、徐志根、郭英雷）

高铁站与地方政府联动的智行服务升级管理

中国铁路上海局集团有限公司金华车务段

中国铁路上海局集团有限公司金华车务段（以下简称金华车务段）是隶属于中国铁路上海局集团有限公司的基层运营单位，主要担负浙江省绍兴、金华、衢州、丽水等四市及周边地市的旅客运输任务，以及沪昆线、金温货线、金千线等区段的列车解编任务。金华车务段管辖45个车站，分布于沪昆高铁、沪昆线、金温铁路、金千线、衢九线，里程跨度868公里。沪昆高铁为诸暨、义乌、金华、衢州、龙游、江山计6个车站；沪昆线为诸暨东等23个车站；金温铁路为金华南等7个车站；衢九线为开化等4个车站；金千线为新安江南等11个车站。其中，金华站等4个站为一等站，诸暨站等5个站为二等站；诸暨、义乌、金华、龙游、衢州、江山、金华南、武义北、永康南、缙云西、丽水、青田、开化、常山、兰溪15个车站办理客运业务。金华车务段2017年全年发送旅客3580.8万人，客运收入37.48亿元，其中高铁发送旅客2740.5万人，截至2017年年底职工总数2298人，荣获2017年度铁路总公司"安全生产标准化车务段"称号。

一、高铁站与地方政府联动的智行服务升级管理背景

（一）提升高铁服务能力，更好地满足旅客个性化需求的需要

金华车务段2016年以来客运量持续上涨，管内所在地区高铁旅客的出行需求日益增长，个性化、多元化需求愈来愈多。管内金华、义乌站等一等客运站，在现场服务工作，特别是节假日客流高峰期以及遇到大面积停运晚点等情况时，问询旅客、需要重点服务旅客的增多，车站服务台问询、客运人员应急服务的工作量加大，往往会出现服务工作跟不上、不够及时，甚至滞后的情况，影响了旅客出行体验。为此，金华车务段重点关注旅客个性化需求，提出了改进服务工作思路，即在金华站试点，通过打造"互联网＋"模式，积极引导旅客网上查询车站候车信息，网上预约重点旅客及商务座旅客服务，确保车站服务工作的及时、精准、到位。当时，铁路12306在许多旅客心中仍是购票软件，存在用量大、登录难等问题，而且没有具体到一个车站的站台、地标等候车信息的查询，在金华的普及率不高。而金华市本地有一块"金字招牌"8890便民服务中心，有急事打110，有难事打8890，在金华8890"拨拨就灵"家喻户晓。8890公共服务平台自2013年开通以来，已为广大群众解决了316万多件实事，成为名副其实的百姓"生活服务淘宝店、公共服务大超市"。8890平台良好基础，为金华车务段推出高铁"互联网＋"服务，更好地满足旅客个性化需求的创造了有利条件。

（二）立足高标定位、共享共赢，促进金华车务段转型发展和区域经济发展的需要

金华车务段地处长三角经济发达地区，区域优势明显，金华车务段高速铁路占到全上海局1/8，管内各客运站的硬件实力得到迅速改善，客发量持续增长，金华车务段迎来了前所未有的发展机遇。为抓住机遇，金华车务段提出了立足浙中、浙西南区域客运枢纽中心定位，努力打造高铁大段、高铁强段的核心战略目标。要实现这一目标，必须认清金华车务段客运站客运软件与硬件的现实差距，正视服务水平还远不能适应高铁发展需求的现实，主动适应高铁发展，立足自身实际，促进金华车务段转型发展。上海局集团公司提出的以服务旅客、提高效率、提升效益为目标打造"智慧客运"的工作思路，也为金华车务段转型发展、可持续发展提供了科学依据和行动指南。

（三）促进服务管理升级，实现铁路服务线上线下互动的需要

对标民航等交通运输服务，铁路还存在市场竞争意识不强、服务理念欠缺、服务方式单一、服务水

平不高等问题，12306的运行主要解决了网上购票服务问题，许多铁路车站线上线下很少互动甚至基本零互动，服务工作中各个环节不能充分有效衔接。进入高铁时代、"互联网＋"时代，迫切需要铁路创新服务形式，丰富服务内容，搭好线上服务平台，推进线上线下互动，实现服务管理的全面升级。通过搭建好线上平台，旅客可以自主查询具体车站的候车站台地标位置、找到遗失物品、提前进行一对一旅客服务预约，线下就会减少接待旅客临时问询的工作量，便于车站提前安排工作人员，为有个性化需求的旅客提供高效、便捷服务。

基于以上背景，金华车务段于2017年年初开始实施高铁站与地方政府联动的智行服务升级管理。

二、高铁站与地方政府联动的智行服务升级管理内涵和主要做法

金华车务段坚持问题导向，设计总体方案和实施步骤，积极联动地方政府，制定、实施联动工作方案，共享地方政府8890公共服务资源，创建8890高铁智行服务平台，建设由十二大服务板块支撑的高铁智行平台体系，创建信息发布维护流程，建立投诉建议处理流程；推出特色线上服务，升级铁路线下服务管理，全面升级铁路线上线下服务管理；全媒体传播8890高铁智行平台，建立铁路服务线上线下综合服务保障机制满足了旅客个性化需求，推动了区域经济的发展，促进了经营效益的持续提升，金华车务段以高铁大段形象在浙中、浙西南客运枢纽中心地位更加突显。主要做法如下。

（一）确立总体设计和实施步骤

1. 坚持问题导向

2016年年底，金华站在现场营销调研中，发现客运服务工作仍然存在不少问题和需要改进的地方，特别是对个性化需求旅客由于信息不畅通、服务力量不足往往造成现场服务不够细致周到。金华站立足实际提出设立一个金华老百姓需要的、具有本土特色的APP服务软件的设想，即利用金华市8890"金字招牌"，依托8890平台创建一个高铁智行平台，该平台服务软件既能接受旅客预约服务，又能为旅客出行提供更多信息咨询，为地方百姓出行提供更为高效便捷服务。

2. 积极联动地方政府

金华车务段领导看到金华站关于设立属于金华人自己的铁路APP的设想报告后，十分赞成，立即召集段办公室、营销科有关人员认真做好可行性分析，形成书面报告向金华市政府做专题汇报。该建议报告得到金华市政府的积极回应，市政府认为，建立该APP有助于打造浙中铁路中心枢纽品牌，更有利于地方区域性经济的发展。于2016年12月落实由金华市政府牵头，由"市长热线"之称的"8890"便民服务中心落实和金华车务段共同打造高铁智行平台，联合开展铁路线上服务，更好地服务于广大旅客。

3. 制订、实施联动工作方案

第一，确定工作目标。铁路金华站作为未来全国100个大型综合交通枢纽之一，金华8890平台则是金华市民生"信息枢纽"。强强联合，建立"8890高铁智行服务"平台。该平台利用"互联网＋"模式，结合"高铁＋8890平台"扩散资源，成为金华市高铁服务交互枢纽，让金华市民出行更加智能化、智慧化和便捷化，成为金华市民出行必不可少的宝典。

第二，做好工作安排。一是达成合作意向。2017年年初金华车务段与"8890"便民服务中心达成协议，共同组建8890创新团队，共同打造高铁智行APP。二是形成工作机制。双方团队人员的每周举行一次会谈，总结上周工作的情况，安排下周工作任务。三是设置优化平台模块。APP按照实用性、便捷性、超前性的原则，拟设置热点、便捷两大功能区，下设每日温馨提示、列车正晚点、重点旅客预约、商务座旅客预约、遗失物品查询、余票查询、车站全景地图、找站台找地标、吃住行、留言板、旅游攻略、出行须知等12个基本服务版块，逐一做好版块的设置优化。四是大力推广使用。计划APP于2017年5月开始上线试运行，通过多种形式做好宣传推广，并待系统运行成熟后，会同地方政府适时

举办大型推广发布会。

第三，引入资金支持。市政府大力给予资金支持。由"8890"便民平台作为项目提出资金申请，经市政府批准投资80万元，建立高铁智行模块。之后在不断改进中提出引入目前相对先进的360度全景环视地图技术，让使用者可以通过拖拽地图从不同角度浏览真实物体的效果，单单此项费用就需60余万元。"8890"便民平台随即向金华市领导提出申请，市领导做出重要批示"只要能真正方便旅客查找的都支持"。此外该平台每年后期的维护费用也将近百万，这些费用均由市政承担支出。

4. 共享8890公共服务资源

第一，通过APP数据抓取，充分了解旅客服务需求，为旅客提供一对一服务。一是对重点旅客及高端商务座旅客的一对一服务，精准做到有要求有服务，无要求不打扰。二是对遗失物品的旅客，一对一的完成遗失物品查找工作。

第二，充分利用8890志愿者资源，弥补繁忙时段人员不足的现状，既实现减员增效目标，又为旅客提供一对一精准服务。通过APP提交每日所需的志愿者及志愿者医生，有效利用志愿者资源，通过建立长效的志愿者服务机制，增强志愿者服务技能，使用对铁路服务较熟悉的志愿者，提高服务水准。每日志愿者医生的蹲点，也为旅客出行增加有效的医护保障。

第三，紧密围绕购物、订餐、旅游、住宿等旅客出行全过程环节，利用对外客服平台和信息网络技术，全面创新服务方式手段，推出服务新举措，充分考虑旅客喜好促进传统服务方式升级提质。

（二）创建8890高铁智行服务平台

1. 确定基本思路

依托8890便民中心这一政府平台重点关注民生问题，市政出资打造"8890高铁智行"子平台。以重点旅客预约难问题为突破口慢慢扩大，推出多项便民服务措施，从而推广高铁，打造高铁品牌，方便旅客。

2. 建设智行服务平台

金华站组织人员围绕客运日常服务中旅客问询频次高、需重点解决的问题，认真做好梳理分析、分类统计，结合服务工作实际，提出平台建设方案。几经修改、完善，形成由每日温馨提示、列车正晚点、重点旅客预约、商务座旅客预约、遗失物品查询、余票查询、车站全景地图、找站台找地标、吃住行、留言板、旅游攻略、出行须知十二大服务板块支撑的高铁智行平台体系。旅客安装该平台APP后，如点击"每日温馨提示"可查看对需要重点提醒旅客的内容（如接受二次安检、常旅客会员服务等提示）等；操作重点旅客预约、商务座旅客预约可实现一对一服务预约；点击"找站台找地标"可以引导旅客有序乘车。总之，可根据旅客自身需求实现自主查询、预约服务。

3. 落实平台维护

第一，创建信息发布维护流程。金华市政府层面由"8890"便民服务中心发布、维护不同的信息公告。对"吃住行""旅游攻略"等版块信息统一收集、统一维护、统一发布，提高运维效率。对于"列车正晚点""余票查询"等信息则是全面整合"12306"客服内部信息系统，搭建覆盖所有客运车站、列车的运营信息集成共享平台。方便旅客实时查询，确保信息传递的即时性和准确性。其余板块则由金华车务段指定部门专人发布，维护不同的信息公告。

第二，建立服务需求受理流程。针对客服平台设置的重点旅客预约、失物招领等需求类服务版块，逐项落实责任岗位、责任人，细化制定配套的受理响应流程，明确办理的时间节点和质量标准。金华站同步对相关需求受理情况进行跟踪监控，加强过程管理，提高线下服务质量，确保旅客的服务需求快速高效办理。

第三，建立投诉建议处理流程。对智行平台留言板上收集的投诉建议，相关岗位及时办理和答复旅客，确保旅客反映问题件件有落实、事事有回应。为了更加全面地了解旅客意见，金华站还建立旅客服务回访机制，定期对留言旅客进行回访。

（三）全面升级铁路线上线下服务管理

1. 推出特色线上服务

第一，建立每日温馨提示服务。在"每日温馨提示"板块中设置"公告栏"，对需要重点提醒旅客的内容（比如接受二次安检、常旅客会员服务等提示）进行重点提醒，为旅客的出行提供便利。旅客通过平台适时掌握车站各类公告信息、列车出行注意事项，让出行变得更加顺畅。金华站营销员负责收集每日重点提示信息，内容包括：每日增开列车信息（包括列车时刻表）、每日停运列车信息、上车人员较多列车（上车人数超 300 人）、互联网未取票人数信息。8890 高铁智行平台管理领导小组成员每日对上述内容进行浏览，确认信息准确无误。

第二，实行"一对一"重点旅客及商务座旅客的预约服务。为重点旅客、高端客户提供"点对点、一对一"的服务，增加志愿者力量有效缓解高峰时段人员不足的问题。建立流程：在发车前或到站前 4 小时以上将身份信息、车次及所需要的帮助录入 APP。金华站服务台客运员每日定时从系统中接收信息并做好登记，如有疑问及时与旅客做好沟通。对预约成功的旅客，由二楼服务台客运员在发车前 1 小时，与预约旅客取得电话联系，确认服务时间及地点。一楼服务台客运员负责安排 8890 志愿者完成人员接洽、上车服务。定期统计重点旅客服务人数，对服务过程中产生的问题及时提出建议和修改方案。

第三，实行"一对一"完成遗失物品的查找服务。旅客查找遗失物品更加方便、快捷。建立流程：旅客或工作人员拾得旅客遗失物品、车上移交的物品需上交二楼服务台客运员，由服务台统一登记、保管；旅客提供遗失物品品名、件数、特征、遗失时间、地点等信息，由二楼服务台客运员自行录入APP；服务台客运员负责将遗失物品（身份证、银行卡除外）的图片、遗失时间、地点等信息录入APP；旅客来认领时，由一楼或二楼服务台接待，根据旅客提供遗失物品品名、件数、特征、遗失时间、地点等信息及本人身份信息后领取，由二楼服务台办理交接登记销号。

第四，全方位展示车站全景地图信息。通过车站全景地图，共享资源，提供车站基础数据，使旅客可以方便地找到金华高铁站任何便民设施。比如随着二胎政策的开放，旅客对哺乳室需求迫切，在金华站的全景地图中就可以快速地找到哺乳室在候车室的位置。还有旅客询问比较多的充电处、站内自售机、站外停车场等所有站内外设施，都能在地图上一一呈现，方便旅客查找。在 APP 中还可以查询到当日车次所停靠的站台、地标信息等，即便市民坐在家里也能轻松查询车站实时信息及列车客流、加开、停运、晚点等信息，足不出户便能做好出行安排，真正做到方便旅客出行。

第五，提供吃、住、行导航。交通换乘、住宿、购物虽然不是铁路客运的一部分，但也是旅客出行中的重要环节。依托 8890 资源整合，提供社会延伸服务，便于旅客了解周边吃住行等信息，合理掌握出行时机，吸引旅游客流，更好地带动地方经济的发展。

第六，信息沟通更加畅通。建立与旅客的有效的沟通渠道，定期收集旅客对车站的意见建议，最大限度地满足旅客出行需求。开通留言板，定期收集旅客对车站的意见建议，减少中间环节。联通公交、宾馆、餐饮、旅游等各部门的信息数据，初步形成"互联网＋高铁服务"的供给侧服务机制。

2. 提升铁路线下服务管理

线上服务的引入，需要线下服务做保障，线上服务的开展，也倒逼线下服务不断改进，实现线上线下良好互动、无缝对接，促进服务全面升级。为更好地配合线上服务，金华站在原有候车室内"知音服务台"的基础上专门在进站口区域实名制验证和安检口外设置"8890 雷锋服务台"，对接线上服务。

一是提供旅客咨询及在线上预约过的重点和商务座旅客的进站服务。线上预约过的重点旅客一到进站口就可以到"8890 雷锋服务台"出示预约信息，专门等候的志愿者会在实名制验证完车票后直接坐直达电梯送重点旅客进入候车室，有专门的候车区域以及进站通道直接到站台送上车。

二是方便遗失物品查找。线上公布的遗失物品，旅客来寻找时无须进站，直接在"8890雷锋服务台"就可以完成遗失物品的交接，方便、快捷。

三是方便志愿者的联系。志愿者来参加金华站的志愿活动"8890雷锋服务站"是对外主要联络站。负责接待志愿者以及合理安排志愿者到各个岗位。

四是加强车票导购工作。每天安排两名志愿者，参与车票导购工作，引导、帮助旅客自助售票，增强旅客自主售票意识和能力，提高金华站自助售票率，避免售票高峰旅客排长队现象，大大减少人工售票容易引发的旅客投诉。

（四）全媒体传播高铁智行平台

1. 依托8890公共服务平台传播

8890公共服务平台在金华本身就是一块"金字招牌"，已家喻户晓。平台试运行后，充分利用8890"金字招牌"，依托8890平台原有广大用户群，通过醒目的提示，通过88900公共服务平台广泛传播，促进8890公共服务平台和89890高铁智行平台点击率不断刷新。

2. 铁路车站自行传播

金华站通过平台运作细化规范高铁服务标准，并推出8890线上APP和线下高铁雷锋服务站，立足自身打造特色高铁服务品牌。8890高铁智行平台上线之初，金华站通过在高铁雷锋服务台摆放宣传册，组织青年团员在站前广场发放宣传资料、进社区开展"让8890走进百姓"多种形式，向广大旅客、社区百姓宣传高铁智行平台，现场帮助下载、安装APP，大力抓好铁路车站层面的宣传推广。高铁班组职工还每日关注重点旅客，及时宣传APP重点旅客预约服务，并通过旅客口口相传，让重点旅客切实感受到平台的实用方便。

3. 现场发布会传播

2017年12月1日，金华市政府在市政大楼举行隆重的金华8890高铁智行服务平台现场发布会。现场发布会上，8890便民中心工作人员对8890的总体情况做简单介绍，金华站工作人员就"高铁智行"版块的具体功能在发布会上做详细介绍。发布会现场，金华电视台、金华市政府网、浙江在线、金华日报等数10家媒体对发布会进行全程报道，并对团队主创进行重点采访。金华日报以大篇幅向市民介绍推广"8890高铁智行"APP，让更多的市民了解高铁智行平台，走进高铁智行平台。

（五）建立铁路服务线上线下综合服务保障机制

1. 建立完善的沟通协调机制

8890和车站组建的8890高铁创新服务团队，每周一次定期组织座谈，就现场出现的问题进行分析，增强后台服务器稳定性，更新信息发布机制、功能扩展，听取用户意见，不断改进。

2. 建立完善的志愿者保障机制

第一，确定志愿者条件。从开始的盲选志愿者，发现志愿者年龄结构老化，文化程度差异大，解决旅客问题时常常心有余而力不足。为此，金华车务段确立对志愿者熟悉客运工作流程、到岗即可上岗的条件要求，在繁忙时段真正能够起到对金华站服务力量的补充和保证。

第二，建立长效合作机制。由8890牵头，金华车务段和浙江师范大学关于志愿者问题建立长效的合作机制，从大学生中招募志愿者，长期服务于车站。大学生志愿者有服务于社会的热忱，能够熟悉车站业务，有较好的沟通能力，在碰到外宾时也能轻松应对。

第三，开展专业化培训。为了给旅客提供更专业的服务，金华车务段指派专人定期前往浙江师范大学开展铁路客运业务知识培训，运用PPT和情景模拟多种形式，生动地为大学生讲解业务知识，能让大学生在最短的时间内掌握业务知识，实现到岗即可上岗。

第四，建立志愿者工作规范要求。车站在日常工作中，保证工作日每天2名大学生志愿者，1名医生志愿者（从各三甲以上医院招募），周末及节假日期间，增加至4名大学生志愿者，1名医生志愿者。并制定工作时间和着装要求，与原单位（学校）建立志愿者长效考评机制。

第五，志愿者做好旅客自助售票宣传引导。志愿者到站为重点旅客提供服务的同时，也积极投身车站的其他工作中，志愿者对金华站自助售票宣传引导工作颇有成效。原售票大厅人工窗口排队较长，志愿者在维持窗口秩序的同时，引导并教授旅客使用自助售票机。截至2018年6月底，金华站自助售票张数达到182.04万张，相比上年同期增长10.8%，并连续3个月获得上海局集团公司自助售票竞赛第一名的好成绩。

3. 建立完善的站前管理综合保障机制

站前广场是铁路车站与城市交通的结合部，是联系铁路与城市交通的纽带，是客流、车流和行包流的集散点，车流、人流、物流高度集中，结合部多，管理难度大。同时作为城市形象的窗口，地方政府对站前广场管理高度重视、大力支持，由金华市政府牵头公安、行政执法、工商、环卫、绿化、公交等多个政府职能部门，会同金华车务段、金华站在站前广场联合办公，通过"8890"平台，共享信息，共同管理，共同整治，形成较为完善的站前管理综合保机制。

4. 建立完善的服务设施改进机制

高铁开通运营以来，金华车务段加强与地方政府密切配合、良好互动。地方政府对铁路建设发展进一步关注关心，对推动铁路建设发展的积极性高涨。2017年春运结束后，金华站南站房实施站改施工，普速列车全部停运，高铁客流压力陡增。金华地方政府得知情况后，高度重视，出资45万元，用于金华站北站房（高铁站房）外的雨棚以及站前广场上的等候棚搭建，为做好客流高峰期旅客候乘组织创造有利条件。出资160万元，为金华、金华南等站添置了双源双视角安检设备5台，用于车站安检查危工作的补强。

三、高铁站与地方政府联动的智行服务升级管理效果

（一）为区域旅客提供了个性化、高品质服务

地方政府与铁路联动的高铁智行服务管理升级，是金华车务段、金华站推进"强基达标、提质增效、优质服务"常态化、打通服务旅客"最后一公里"的重要举措，是金华车务段步入信息化时代，自觉践行"开放、分享、共创"的互联网理念的良好诠释，是金华车务段适应高铁发展形势，推进转型发展和服务管理升级要求，为重点旅客、高端客户提供"点对点、一对一"的服务，打造个性化、差异化高铁服务品牌的创新做法。智行平台的启用，盘活了铁路的信息资源，与旅客建立了"双向交流""双向互动"的新型服务关系，较好地解决了车站原有的服务模式存在的服务不够及时、相对滞后等问题和不足。据统计，通过8890高铁智行服务平台每天预约服务旅客达19人，截至2018年6月底，平台共受理旅客问询7.2万人次，共归还旅客遗失物品价值5000多万元，为重点旅客免费搬运行李4100多件，8890高铁智行平台成为对外服务新窗口、新品牌。

（二）取得明显经济效益和发展成效

8890高铁智行服务平台，让更多旅客享受到了高铁方便、快捷、优质的服务，市民选择高铁出行意愿增强。2017年金华站高铁旅客发送462.7万人，同比增长9.4%，高铁收入6.23亿元，同比增长8%。通过高铁智行平台合作，金华市政府除了无偿提供平台创建费用140万元外，又先后提供资金205万元，用于金华站服务设施改进完善。通过高铁智行平台，建立了完善的志愿者保障机制，每天有志愿者无偿为车站提供服务，特别是在积极引导指导旅客自助售票上发挥了重大作用，金华站自售率2017年较2016年增长了7.9%，大大降低了售票人力成本，提高了劳动效率。高铁智行平台的运作，加强了铁路与市政部门对接、联系，市政部门根据客流情况及时优化公共交通开行方案，提高公共基础

设备设施利用率，减少污染，共建绿色金华。

（三）路内首创与地方政府联动的高铁智行平台管理模式

8890高铁智行服务平台，借助地方公共服务、市场和社会资源优势，争取地方政府资金、团队支持，通过"线下＋线上"双线结合，"铁路网＋互联网"双网融合，实现铁路服务更加智能化、便捷化。并借助志愿者力量，在原有职工储备的情况下，减员增效，为旅客提供优质服务，打造全路首个与地方政府联动的高铁智行平台，得到各级领导的关注和肯定。

（成果创造人：蒋　辉、陈章儿、夏文辉、李达云、蒋　远、陆志华、张　麒、马晓岚、董　爽、马俊红、王平星）

大型供电企业基于共享理念的电网建设管理

国网山西省电力公司太原供电公司

国网山西省电力公司太原供电公司（以下简称太原供电公司）是国家电网公司 31 家大型供电企业之一，担负着太原市六区三县一市 6988 平方公里的供电任务。所辖太原电网位于山西电网中部，是山西电网北电南送、晋电外送的通道，是国家电网公司确定的全国 31 个重点城市电网之一。服务用户约 97.52 万户，其中大工业用户 1717 户、一般工商业用户 63934 户、农业生产用户 8381 户、居民用户 901177 户。截至 2017 年年底，太原电网拥有 35 千伏及以上变电站 171 座，变电容量 24489.55 兆伏安，35 千伏及以上输电线路 404 条、长度 3861.46 公里，10 千伏配电容量 2727.42 兆伏安、配电线路 6479.88 公里。境内现有并网发电厂 24 座，总装机容量 6514.22 兆瓦。

一、大型供电企业基于共享理念的电网建设管理背景

（一）融合城市需要，电网建设呼吁协同推进

近年来，太原市政府开启大规模城市建设改造，近 5 年的道路建设总长度就超过在此之前 30 年的总和，城市面积扩张将近 1/3，电网建设项目落地面临"四难"：审批难、协调难、建设难、电网建设投资落地难。"四难"在一定层面上已成为制约电网发展的瓶颈，迫切需要加强电网与政府城市建设规划的衔接，着力构建政府与电力企业共同主导、协同支持的电网建设组织协调常态机制，推动电网发展规划纳入城市规划的整体布局中，加强项目前期属地协调，探索变电站和电力通道用地有效落实机制，努力优化电网发展的外部环境。

（二）打破横纵壁垒，电网管理需要系统高效

"三集五大"改革以来，太原供电公司贯彻落实国网公司要求，积极优化整合电网核心业务，压缩管理层级，缩短管理链条，企业综合实力、管理水平和运营效率明显提升。但从内部环境上，电网管理工作基础薄弱问题依然存在，职责落地、专业协同、末端融合等方面还存在差距，管理职能分散、多头管理、各部门、单位"自转"，管理资源分散、缺乏集约管理、横向、纵向资源共享程度不足，导致大量重复、封闭、低效工作。在外部环境上，传统上行业间、政企间沟通被动、相互隔离工作模式导致的"壁垒"，在面对不断升级的工作要求时不能做到及时、高效反应。这些传统管理的短板都迫切需要创新管理方法，使得核心资源在企业内部自由流动、整合，提升部门、单位之间的一体化协同运作；使得政企协同并轨，打破长期存在的多行业、跨专业壁垒，保证城市发展规划"一张图"的共同目标，提升电网管理工作的整体性、连续性和高效性。

（三）转变服务理念，优质服务更需共享管理

太原供电公司积极践行"以客户为中心"的服务理念，始终按照高要求服务用户，但实际工作中，由于各方信息的不对称、不共享，导致优质服务诉求的多样化和高标准无法得到满足。一方面，用电客户在用电负荷、电能质量等方面的需求供电企业不能及时掌握，造成面对客户的供电需求配套电力工程设施无法及时到位，影响用户正常供电。另一方面，供电企业的电网接带负荷的能力、电力廊道资源等信息客户不能及时掌握，造成用户不了解实际情况，影响正常用电。

针对以上实际工作中存在的问题，太原供电公司于 2017 年 3 月组织基于共享理念的电网建设管理创新实践。

二、大型供电企业基于共享理念的电网建设管理内涵和主要做法

太原供电公司实施基于共享理念的电网建设管理，充分发挥电力先行作用，以"规划引领"作为电网建设的首要原则，从规划、设计、建设、运维各环节全面考虑政府、企业、用户三者对于城市建设"美"、投资效益"好"、供电可靠性"高"的要求。通过全方位推进资源、信息、人才、技术的共享，打破内、外、纵、横的跨专业壁垒、政企壁垒、企企壁垒，构建出一套内外贯通、横向协同、纵向联动的电网建设管理方法，并通过政企常态沟通、客户及时反馈、流程闭环管理固化成为常态机制，实现企业内部各部门、单位间，企业外部政企间、企企间的资源优势共享、效益共赢，使得企业内部管理流程更顺畅、电网管理运转更高效，促使企业外部实现"多规合一"。主要做法如下。

（一）多方共赢，构建以共享理念为核心的电网建设体系

1．提出共享理念，寻求多方共赢的问题指导思想和基本原则

太原供电公司创新性地提出共享理念，其核心就是让参与的各方都能盘活各自优势资源，变与人"争"利为互为"赠"利，再到与人"增"利。并以此作为开展工作、解决问题的指导思想在全公司推广，要求全体员工发挥担当精神，将工作思路由"等、靠、要"逐渐转变为"担当、作为、奋进"。对内横向打破专业部门界限、纵向争取上级单位支持、健全基层单位管理，实现电力设施设计与建设标准一致、运行与维护高效智能。对外横向推动与市政府各局、委、办的互动沟通，纵向构建与市政府的常态对接机制、深化与各区、县政府的联络互访，实现电网规划与城市发展深度融合、城市景观与电网建设和谐统一。通过内、外、纵、横的共享电网建设管理实施，实现资源、人才、信息、技术的全方位共享，并通过政企信息互通、客户需求反馈、闭环管理提升固化成为常态的共享理念电网管理机制。

2．关键环节梳理，确定共享理念融入电网建设各阶段的目标任务

太原供电公司根据电网建设工作，明确共享理念在各阶段的目标任务。以规划为引领，与城市发展共享，保证规划的合理性；以设计为先导，进行设计标准共享，确保设计方案高效优质；以建设为抓手，开展资源共享，推进电网工程落地实施；以运维为保障，强化信息共享，构建智能运维体系。

3．制定保障措施，确保共享理念生根发芽

对内将现有考评体系进行梳理整合，把共享理念工作要求转变为可衡量、可落实、可比较的考核指标体系，倒逼干部员工主动作为，并建立主要领导对分管领导、分管领导对业务部门、业务部门对专责的三级督导制度，确保共享理念落地执行。对外建立与市政府和区、县政府的两级协调机制，市政府层面充分发挥电力领导小组平台作用，区、县政府层面签署战略合作协议形成合作关系，为共享理念生根发芽创造良好外部条件。

（二）规划引领，推进电网规划与城市规划相融合

1．深入开展电网规划，共享信息平台资源

按照"由远及近，远近结合，适度超前，各电压等级协调发展"的新思路，形成"一张蓝图，两个方案，四个全覆盖"的目标网架规划，实现目标网架规划"四全"，即：规划范围全地域覆盖（太原市全部6988平方公里），规划年限全时域覆盖（近中期2018－2035年，展望至远景饱和年），电压等级全口径覆盖（10～500千伏），专业界面全层级覆盖（公司各专业及政府相关部门全部参与此次规划）。

在饱和年空间负荷预测的基础上，构建区域远景目标网架方案；在近期负荷预测的基础上，制定近期可落地过渡方案；有序指导电网建设，避免目标网架的建设过程中"大拆大建"。规划成果报送市政府审查通过后，纳入太原市"五规合一"信息平台实现与相关部门共享，实现一张蓝图绘到底的目标。

2．电网深度融入城市规划，共享城市规划资源

太原供电公司从"资源共享"的角度出发，提出将电网规划和城市空间规划深度融合的理念。建立内联国网经研院、规划院，外接太原市规划院、咨询单位的合作关系，共享各自规划成果，实现信息互

通，形成两个规划间的常态沟通机制，并定期互相探讨。共同就规划的指导思想、目标、技术方法等方面问题进行探讨协商。在规划编制、修编、审查等各个环节通力合作，从变电站站址用地、线路走廊、电网布局等各个方面共同采取相应的技术手段和管理措施，保证两个规划有效衔接，确保后续电网建设工程有据可依。

3. 服务重点工作，共享电网规划成果

采取"三级联动"的对接机制。一是协调内部关系，太原供电公司各部门共同研究决策所有内部管理问题，服务道路建设。在尽量调拨内部资源的基础上，积极将面临的困难及解决问题的措施和建议汇报上级单位和市政府，经过近半年的沟通协调，促成各方达成共识，明确太原市市政道桥工程配套电缆管沟的投资界面及管理职责，共同推进电网建设，共享城市、电网发展成果。二是主动对接上级单位，积极汇报当前形势、存在困难及市政府工作动态，争取上级单位的支持。三是主动服务太原市政府、推动县区政府，针对企业在投资、立项等方面的困难，协助市政府组织规划局、住建委共同调研、商讨解决城市建设与电网发展协同推进的思路与措施。

(三) 设计先行，实现电网建设各阶段的纵向共享衔接

1. 设计方案无缝衔接，提升人才共享意识

提升设计人员规划意识。加强规划专业在工程可研、设计评审工作中的引领地位和牵头力度，打通规划研究和工程设计的衔接和融合，成立系统组，统筹培养规划、设计中心的电力系统规划设计人才，促进规划成果对设计工作的指导作用，提升设计标准化成果对规划工作的支撑作用，在工程设计环节实现将电网规划的意图通过落实到工程建设中去。

强化设计人员对项目前期工作的支撑。设计部门积极配合公司项目前期办公室开展项目前期工作，实现设计人员在工程前期阶段的介入。在项目前期阶段办理相关支持性文件时，设计人员深度参与公司规划部门与政府相关管理部门的深度沟通交流，强化对规划成果的理解和掌握，并能在工程设计实践中充分落实规划意图。

强化设计人员参与建设、运维环节的反馈闭环管理。成立"道路入地迁改工程"和"电网新建工程"两个专项工程设计中心，设专人对接相关业主单位，积极开展项目施工建设过程中的工代服务，认真反思施工、监理和运维单位提出的反馈意见。

加强人才交流，开展对口专业部门"上挂下派"人才培养机制实践，规划部门专工下派到设计部门交流学习，掌握设计专业基础知识，设计人员上挂规划部门培养锻炼，开拓对企业电网网架规划和发展的视野。

2. 市政单位通力协作，形成管理共享通道

积极对接市政道路建设业主单位，与其他公用事业单位（供水、供热、供气、通信等）通力配合，认真总结架空线入地迁改工程建设经验，形成关于道桥工程配套建设电缆管沟"三统一"的共享管理原则。

统一标准。全市范围电网站址及通道设计的技术标准的统一，太原市所有市政电缆管沟的设计原则及建设规模由市规划院审核，市规划局审批后执行，确保变电站站址、进出线通道按最终规模一次性建成；设计深度可保证新建管沟与原有管沟、未来通道、现有电源点、规划电源点之间的互联互通。

统一设计。市政工程涉及电缆管沟由市政业主单位委托太原供电公司按照"动态前瞻二十年，可研提前五年，初设提前三年，施设提前一年"的思路统一设计，并提出规划变电站、开关站、箱变、环网柜站址及路径落地方案，为太原供电公司争取电网建设项目创造条件。

统一审查。电缆管沟设计成果由市规划局牵头组织太原供电公司、市规划院、市市政院、业主单位、管线单位审查，并出具正式评审意见。正式评审意见出具由多家单位参与协作，实现电缆管沟设计与市政其他公用事业单位管综设计的有效配合，简化各部门间的沟通成本，确保实现各类资源的优化配

置和融通共享。

3. 专业管理统一规范，构建标准共享体系

强化地下电缆管沟标准化设计。大规模城市道路改造建设涉及电缆管沟建设是一项复杂、庞大的系统工程，目前国网公司尚无电缆管沟、箱变、环网柜基础的典设，如果按照传统设计方式耗时、耗力且设备标准不一，不利于后续生产运维。太原供电公司按照"技术合理、经济合算、运行方便、适用性强"的原则，编制一套典型设计图纸，统一电缆隧道的尺寸标准、电缆排管的管径、壁厚、箱变尺寸、环网柜尺寸等关键性指标，简化后续设备招标、安装程序，提高质效，该典设的应用在全国范围内属于领先位置。

持续提升设计质量。建立设计质量量化评价标准，内容涵盖设计质量管理体系、设计文件深度规定、设计专业配合等内容，细化对设计标准体系的执行流程。以电网工程项目推进为主线，对工程设计的全流程进行梳理，着力推进工程可研对规划的落实程度、工程设计各阶段间的衔接、融合工作。

引入工程进度时间管理理念，强化设计进度和响应管理。为保证公司重点工程项目的实施进度，在设计策划的基础上，创新开展设计进度时间管理，并与工程招标、工程施工进度管理进行融合推进，确保设计成品文件的及时提交，缩短工程项目建设周期。

（四）建设推进，实现用户政府企业全方位共享提升

1. 与用户共享，加快电网工程建设

针对电网工程，太原供电公司借鉴质量管理体系探索出一条"有计划、有执行、有监督、有总结"的重点工程闭环管理体系，成立专项工程管理组织机构，积极响应城市大规模建设需求，精心编制安全、技术、组织、环境保护措施及施工方案，将具体工作责任和工作分解、量化到各部分、各级管理人员、施工作业人员，强化对施工过程及工程质量的有效管理，构建现场施工管控平台，确保施工质量。

针对比亚迪、富士康等高产能用户及政府急推的项目等特殊用户需求，需要在较短的时间内投产并保障电源供应，太原供电公司借鉴BOT管理模式，并针对电网工程进行优化改进，形成与用户共享投资的工程建设模式，既减少企业直接投资带来的各种风险，也大大缩短工程建设周期，采购模式更加灵活，建设方式更加多样，能更好地满足各类用户的需求。

2. 与政府共享，确保管沟建设落地

太原供电公司以城市发展为导向，全面落实电网建设与城市经济社会发展建设的有机衔接，坚持电网规划与市政规划同步、管沟建设与市政道路建设同步，优化城市电网，持续提升电网建设的可操作性和可持续性。积极适应经济发展新常态，加强与政府的沟通，结合开发区拓展、城中村改造、道桥建设等重点城建工程，借势发展电网，强化供电保障。针对管沟建设项目落地难的问题，太原供电公司通过积极与市政府沟通，将管沟建设与城市道路建设一同实施，由政府出资建成后无偿移交太原供电公司运维，同时，太原供电公司积极配合道路沿线架空线路的迁改及入地工程。

3. 企业内部共享，全面保障项目实施

为保障项目实施，太原供电公司一是加强规划与建设部门的共享，结合以往基建项目出现的问题，力争项目前期阶段予以规避，对正在开展的项目提出优化建议，降低建设过程中可能出现的社会风险。二是加强前期与设计单位的共享，尽快取得规划、用地、水保的原则性意见，深度参与项目可研编制。三是加强建设与营销、运检部门的共享，建立与营销、运检常态信息互通机制，提高需求响应能力。

为提高内部运转效率，太原供电公司参照业主项目部管理模式，由各部门兼任并调拨新入职员工组建13个项目部，后期随着工作推进，又成立配网建设管理办公室，专门对接市政部门，推进市政道路涉及太原供电公司的各项工作。业主项目部、配网建设管理办公室的成立，是太原供电公司优化服务方式的创新之举，实现企业内部资源的共享。

（五）高效运维，构建智能化共享信息管理体系

1. 地下资源排查实现信息共享

随着地下管线建设的迅猛发展，地下管线管理难题亦越来越凸显，各权属单位管理各自所属管线，信息没有实现共享，导致各种管线单独的维护抢修作业均十分困难。且现有地下管线之间"打架"问题严重，在工程建设和地下管线铺设施工中经常出现挖断管线，造成停水、停气、停热、停电和通信中断，甚至人员伤亡的事故，因此，做好地下管线普查并通过建立信息系统实现信息共享的意义重大。

太原供电公司安排专人配合市测绘院的工作人员在道路上逐一打开电缆井盖，利用仪器仔细观察、测量管线，确保测绘数据真实可靠。配合市政部门开展地下管线普查工作，不仅是摸清"家底"，掌握基本数据，更是为城市建设和管理提供一张清晰的"地下地图"，通过普查和信息系统的共享极大提升各类地下管线的管理能力，将频繁发生的地下管线事故由事后处理变为事前维护和管理。为使管线普查的成果高度共享，应用到管线规划、建设、施工和管理的各个环节，由市规划局建立的统一数据标准、统一管线信息的系统平台，系统平台将最终实现实时录入更新、动态管理，为各类改造和维护工程提供资料和决策支持。

2. 推进地下三维管控共享系统应用推进

在地下管线普查系统基础上，为加强内部管控，提升管理水平，太原供电公司结合电力管线的特性，探索开发"多元能源地下三维管控系统"。该系统利用GPS卫星定位技术和三维电力设备模型展示技术，将地下管线数据进行可视化处理，搭建二维图形、三维模型，集成状态检测、在线监测等数据，能够实时、直观地了解电缆网各类信息，辅助运维人员进行业务管理和决策，为电缆管线日常运维、故障抢修提供数据支撑、评价依据。

太原供电公司已建成地下电缆在线监测系统并且可实现与地下三维管控系统的信息共享。该系统具备电缆隧道环境温湿度监测、井沟积水水位监测、隧道可燃与有毒气体监测、隧道火灾预警监测等功能，实现对关键设备的在线状态监测，提高监控效率。

3. 固化共享的设备运维机制

打破传统观念，将共享理念引入到电力设施的保护和运维管理中，将私自开挖引起的电力设施损坏以及由此带来的安全风险和停电造成的不便广而告之，使广大城乡居民以共享的眼光看待问题，充分认识到保护电力设施就是保护自己生命财产安全，努力营造"保护电力设施人人有责"的良好氛围。

为保障轨道交通、城市道路建设等重点大建设项目按时推进，太原供电公司转变传统工作模式，构建与施工方的"工作伙伴"关系，积极开展"实时对话"，第一时间掌握施工进度、施工范围以及施工内容；在保证电力设施安全及建设进度需求的前提下，不断优化施工方案，确保地下高压电缆不受外力破坏，全力实现电网安全与重点建设提速的"共赢"目标。

为保证地下电力管线高效、专业的运维，太原供电公司各部门共享资源，共同提升运维效率。一方面，利用配电自动化等信息系统，提升发现故障的能力、减少故障造成的影响。另一方面加强日常巡，积极利用红外测温、超高频局放等国内先进的带电检测技术，确保实时掌握线路运行状态。

（六）融合借力，构建电网建设管理共享的常态机制

1. 构建政企联动信息共享的桥梁

太原供电公司在市经信委的领导下，依托太原市电力建设领导小组搭建起公司与市、县、乡各级政府，职能部门间沟通的桥梁，了解各级政府工作动态、用电需求，听取其对于太原供电公司工作的建议及要求，提出太原供电公司在电网建设过程中存在的问题及需协调解决事宜等。

定期对接市政府，将服务重点项目的供电工程纳入市政府重点工程同步推进，由市政府督促有关部门加大对电网工程项目的支持力度，提高办事效率。主要领导定期走访各区县政府，签署战略合作协

议，太原供电公司负责争取电网项目资金完成"机井通电""村村通动力电""煤改电""光伏扶贫"等建设任务。各区县政府负责落实农村电网工程的优惠政策，依照相关规定减免相关费用。政企间信息的共享和有效的沟通，极大的推动电网建设工作。

2. 健全客户反馈共享的常态机制

太原供电公司定期开展"问需求、送服务、促发展"的大型走访活动，通过走访美锦钢铁、狮头水泥、东铝铝业等用电量持续增长企业，了解其经营状况、生产任务及用电需求以及对于公司的意见与建议。

为确保共享理念得到用户的认可，太原供电公司领导班子每人都安排走访发电企业、用电大客户的任务。按照重点项目、重要客户、居民用户等细分客户群体，分别成立调研组，坚持问卷调查和座谈交流相结合，精心做好走访记录，接受客户满意度评价，全力兑现"你用电，我用心"服务承诺。通过走访强化与电力客户的沟通联系，进一步提升优质服务能力和水平，推动太原电网安全平稳健康发展。

3. 加强共享改进提升的闭环管理

太原供电公司将政府重点工程的推进情况纳入公司级年度重点工作，要求各部门认真梳理任务、全力推进落实，按月明确工作任务，实行动态管理。

将用户反馈问题的解决情况纳入总经理督办事项，根据走访情况，切实解决用户在用电、服务等方面的问题，要求各单位根据用户需求严格落实工作责任制，明确责任清单，建立问责追责机制，切实加强跟踪督办，运用会议督办、抽查督办等方式检查落实情况，真正做到让用户放心、使用户满意。

打破部门间壁垒，将太原供电公司内部资源共享情况作为对各部门工作评价重点。各部门间日常工作涉及基础台账、基础数据要一致，各类工作方案、思路要充分沟通，遇到的问题要协同解决。对于因内部协调而影响工程进度滞后、质量不高、落实不好的要对相关部门负责人约谈问责，严肃工作纪律，狠抓责任落实，从严从实保证各项任务顺利完成。

三、大型供电企业基于共享理念的电网建设管理效果

（一）解决发展难题，推进政企协作共建电网

太原供电公司通过该成果的实践，成功解决了电力管沟建设的问题，新建的 220 千伏铜厂、迎西、汾东，110 千伏玉门河、奥林、大村、赵庄二电源以及在建 110 千伏西温庄、大学园共 10 项工程所需电缆管沟均由太原市政府投资建设，建设过程中的问题由市政府统一协调，同时市政府还建成了 220 千伏解放、东流、南社，110 千伏南屯、柏杨树等变电站的进出站电缆管沟，彻底解决了城市发展配套电网基建项目面临的审批难、协调难、建设难和投资不足的问题。

（二）提升内部管理，电网发展取得巨大成绩

利用太原市大规模城市道路建设机会，各专业间通力合作，共同完成太原市市区内大量架空线路的缆化，缆化后太原市 A 类供区范围内电缆化水平由 2013 年 49% 提升至 2017 年的 57%，联络率由 71% 提升至 82%，供电可靠性由 99.966% 提升至 99.978%，打破了公司内部的纵横壁垒，让全市人民共享电网建设成果。

（三）实现服务升级，用户满意度和售电量稳步提升

随着服务理念转变，高质量完成了晋西车轴、富士康、比亚迪等重点工程的供电任务；完善了网架结构，满足不同用户个性化的用电需求；按照"先接入后改造"的原则，实现接入受限用户的接入送电；连续 3 年售电量增幅超过 7%。客户满意率由 98.85% 提升至 99.66%，得到了太原市政府和各用电客户的高度评价。

（成果创造人：郭铭群、武登峰、闫晓丁、张建昌、董瑞彪、李国华、阴昌华、郭学英、白宝成、刘海龙、张　洁、贾晶晶）

邮政企业基于大数据分析的客户服务提升

中国邮政集团公司山东省分公司

中国邮政集团公司山东省分公司（以下简称山东邮政）是中国邮政集团公司的全资分公司，现已发展成为经营邮政基础性业务、金融业务、速递物流业务和电子商务业务的大型现代服务业集团。山东邮政下辖17个市分公司、112个县（市、区）分公司，营业场所2882处，邮政便民服务站8.1万个。山东邮政从业人员3.4万人，共有二级中心局5个，普通邮路总长度7.8万公里，农村通邮率达到100%。2017年，山东邮政收入103.86亿元，完成集团公司预算的104.87%。全年实现经营利润5.5亿元，同比增长53%。在保障公民基本通信权利，忠实履行普遍服务和特殊服务任务，深入服务民生、服务"三农"，促进国民经济和社会文化发展等方面发挥着重要作用。

一、邮政企业基于大数据分析的客户服务提升背景

（一）顺应时代发展新趋势，传统行业转型发展的需要

移动互联网改变了人们的生活方式。截至2017年6月，中国网民规模达7.51亿人，手机网民规模达7.24亿人，移动支付用户规模5.02亿人。商务交易类应用持续高速增长，网络购物、网上外卖和在线旅行预订用户规模分别增长10.2%、41.6%和11.5%。时代不再传统，移动社交逐渐成为营销的标配。用户偏好逐步向品质、智能、新品类消费转移，线上线下融合向数据、技术、场景等领域深入扩展，分享经济的浪潮也开始融入营销领域。邮政传统的函件、报刊、集邮等业务受到极大的冲击，习惯"坐等客来"、擅长"产品+营销员"的传统营销模式已无法让邮政企业适应时代和客户的需求，一场重构营销模式的"头脑风暴"呼之欲出。顺应时代发展趋势，在移动互联网时代重塑新的业务和服务模式，山东邮政基于大数据分析的客户服务提升工作势在必行。

（二）充分利用大数据手段，满足细分客户新需求的需要

市场需求的转变和科技创新打破了现实与虚拟间的界线，政策调整对邮政行业影响未全部消化，市场环境变化对加快邮政行业业务结构调整和经营模式转型提出了更高要求。客户是企业发展的基础，山东邮政拥有物流、金融、电商等丰富的客户资源，在当前市场竞争日趋激烈及消费主权时代，消费者拥有更多的选择权与话语权，这也就导致企业获客不易，而维系客户更加艰难。充分利用大数据手段，详细分析多种细分客户的需求，提升客户服务价值，更好地提升企业生产经营效果，实现企业效率与效益的同步提高具有重要的现实意义。

（三）聚焦客户价值管理，重塑邮政新品牌形象的需要

百年邮政的整体品牌知名度是毋庸置疑的。但是大众对邮政具体产品和服务的认知程度参差不齐，以老年人为主的群体更加看重和信任邮政品牌，年轻人对邮政业务认知不充分，还停留在传统的传递速度慢、业务种类少的层面上。在充分发挥邮政传统资源优势的基础上，积极开辟线上新天地是营销的最佳渠道。积极利用新型经济形态，提升运营质量和管理效益，加快专业之间各类客户的整合分析、融合复用，敏锐捕捉并迭代挖掘价值客户，提升客户价值，强化对经营全过程的精益化管理，加强投资管控，抓好经营诊断，推动业务进一步提升，实现企业平衡发展、协调发展、和谐发展。邮政要想不被时代抛弃，积极拥抱互联网，紧握未来的主流消费群体，就必须学会利用轻社交平台创新品牌管理。

为此，从2017年开始，山东邮政开始实施基于大数据分析的客户服务提升。

二、邮政企业基于大数据分析的客户服务提升内涵和主要做法

山东邮政积极探索大数据助推企业经营、管理的有效途径，创新建立山东邮政客户动态感知体系，建立"线上＋线下"客户价值动态全景视图，通过建立"用数据说话、用数据决策、用数据管理、用数据创新"的数据驱动机制，促进数据流与物流、资金流的融合。强化资源整合和协同发展，做强寄递业，创新金融业，服务农村电商，促进传统邮政业务转型，满足客户新时代下高效、快捷、综合、多变的需求。主要做法如下。

（一）运用大数据提升客户服务的总体框架

1. 运用大数据提升客户服务的总体思路

加快山东邮政大数据建设应用和产业化布局，明确大数据在企业经营管理中的战略地位，打破数据孤岛，以数据资源整合共享为基础，从决策支持、产品创新、交叉营销、流程优化、服务支撑、风险管控等6大方向，完善全渗透、全覆盖、专业联动、上下贯通、内外打通的综合数据服务体系。以"互联网＋"和大数据为两大"引擎"，以"平台＋工具＋大数据＋活动"为抓手，利用大数据分析客户生命周期，跟踪用户行为和消费偏好，实现敏捷的客户价值感知，实现用户价值链逆转，推动客户、产品、邮政物流价值重构，实现客户服务提升。

2. 构建综合数据服务体系

山东邮政加强顶层设计和统筹规划，坚持效益、质量和创新"三个导向"，按照"实施五个转变，落实五个重点，强化五项保障"的总体思路，实现从静态名址数据向动态客户数据转变、从单维客户数据向多维客户数据转变、从数据基础支撑向全面渗透转变、从数据封闭应用向数据共享服务转变、从单向线下推送向线上双向互动转变的五个转变，落实数据助推金融领先、驱动寄递跨越、引领邮务创新、支撑平台崛起、服务电商落地的五个重点，强化人才队伍、管理体系、考核机制、系统建设和安全管理的五项保障，打造有效支撑综合营销和决策优化的数据综合服务体系。

（二）建设山东邮政客户服务提升管理平台

1. 加强大数据平台建设

按照大数据管理标准规范体系，山东邮政搭建基于Cloudera5.0以上开源版Hadoop平台的大数据系统，建立省、市、县、支局、营销员5级应用，实现与线上"三微平台"信息互通，线上线下业务无缝连接，资源共享，深度挖掘，客户复用，促进全业务发展，为全网提供决策支持、产品创新、交叉营销、服务支撑、风险管控以及流程优化等支撑服务。对内，实现基于8大专业数据共享的邮政大数据信息可视化管理应用平台，对外，打造一个基于大数据应用的邮政新媒体平台，推动邮政业务发展步入大数据应用时代。

2. 建设邮政数据资产地图

一是建立山东邮政数据资产目录，实施主数据管控，元数据管理，数据生命周期运营。二是建立并实施数据架构规划、设计和运营管理。包括企业数据架构，数据的存储、分布及生命周期管理，数据运维和模型运营等。三是制定并实施数据资产运营甘特图，严格遵守数据制度体系，确保数据资产运营效果。四是明确数据资产申请应用反馈的闭环流程，提升流转效率。五是强化数据资产安全管控。构建山东邮政数据安全防控体系。数据资产标准化管理和全程跟踪，有利于提升数据安全，有效配置企业资源，辅助生产流程优化，经营降本增效和管理效能提升。

3. 丰富客户标签，助力客户价值结构化

利用大数据精准匹配和基于数据分析的组合模式，定位邮政线上、线下客户营销的新增长点。一是实行客户标签管理。通过各项属性建立标签库，支持标签库管理，更准确、凝练地体现客户特征及行为偏好。借助推文互动，活动参与跟踪等，设置基础标签、外源标签、业务标签、预测标签、兴趣标签、

潜在行为标签等233种标签，分析粉丝的年龄、地域、兴趣爱好、活跃度、忠诚度，标注客户标签，丰富客户属性。二是加强客户行为分析。整合客户用邮历史数据，挖掘用邮规律和个人特征。线上客户通过对微商城的所有订单进行分析，为产品组织、推文撰写、营销策略制定、线上服务等提供依据。

4. 完善客户画像，驱动客户感知立体化

山东邮政制定标签规则，包括客户类型、所属行业、年消费水平、用邮频次、用邮种类和贡献度、用户兴趣爱好、潜在需求等，通过标签快速读出个人属性其中的信息，通过平台实现标签提取、聚合分析。采用封闭性的分类方式，将客户分为高价值客户、中价值客户、低价值客户三类，按产品生命周期分为投入期、成长期、成熟期、衰退期，所有的子分类构成类目空间的全部集合，形成立体的客户画像。按照业务细分、客户细分等原则，设置客户贡献度分析指数，建立客户群体特征分析模型（贡献度模型，RFMA模型，区域热度，客户生命周期），全方位认识山东邮政的客户价值，形成"山东邮政综合客户"及"标准快递""快递包裹""代理金融"单专业/业务的全景分析与潜在客户挖掘4个数据分析成果，用于支撑后期的客户行为分析、客户洞察、个性化推荐和精准营销。

5. 打造数据分析产品智库

山东邮政转变数据分析挖掘思路，立足于实用性，优化和迭代数据模型，完善分析算法，不断给数据赋能，打造需求型、时效型，预见型三合一的智库，做好企业经营管控的"分析师""评估师"和"预警师"。管理产品生命周期，去获得新用户、维护老客户，唤醒沉睡客户，为数字化营销赋予深度智能。一是建立数据分析规范化流程。数据分析项目包括课题立项、数据提取、课题开展、成果提交归档四大环节。建立全流程管控机制，做好各环节相关材料的归档留存，形成高效的运作模式。二是强化数据分析项目落地。以客户为中心，紧扣各业务发展的战略重点、难点和痛点，结合关键性的营销活动，充分发挥数据分析前置引领作用，将数据分析成果切实转化为生产力，不断提升客户服务，优化客户感受。

6. 强化大数据安全管理

以保障数据安全为核心，综合考虑服务器安全加固、平台易用性、系统扩展性等问题，结合现有核心数据存储及应用实际，全面构建山东邮政数据安全防控体系，建立安全管理制度和数据管存及应用流程制度，对企业业务数据及敏感文件进行智能动态加解密，对文件进行动态跟踪和透明加/解密处理，提高企业数据安全管控能力。确保企业各类数据和保密文件非法流转到公司外，不能使用；确保企业各类数据和保密文件在企业授权部门内部可以安全共享、正常应用，不影响正常工作及业务办理；严格管理和控制内部以及外部文件，在对外合作时确保企业各类数据和保密文件不被二次扩散；建立企业数据安全技术体系等。

（三）数据共享，为客户创造一揽子打包服务

1. 落地客户地图，推进基层最广泛的数据综合服务

2017年，山东邮政定期分析挖掘各专业生产、营销数据超2亿条，相关数据产品和营销成果通过"山东邮政数据共享综合服务平台"逐级下发到市、县分公司和支局开展客户追踪与维护；借助分层、可视化报表，分别满足管理与营销人员需求，切实为3000多个遍布城乡的基层网点，2万多个支局人员提供实实在在的、方便易用的数据工具，帮助基层人员第一时间了解客户动态需求。在各营销活动中，按照客户使用邮政服务和产品种类，制定不同客户维护策略，为单一业务客户提供多专业、多维度服务，比如可以为某一客户提供金融资产管理、报刊订阅、节假日礼品需求、车险、人身保险、集邮、寄递、代缴交通罚款等一揽子打包服务。通过客户、产品、营销、渠道资源复用，形成专业联动的滚动式推进，形成山东邮政独具特色的大数据内部变现和产品复合化。

2. 智"库"应用，共享交换打造营销新业态

深入贯彻数据驱动营销，按照"数据＋产品＋方案"的思路，推行数据共享，跨界融合，省－市－县－支局四级联动，满足客户一站式综合需要。一是整合资源，综合推介，实现专业间协同发展，跨专业数据驱动营销进展迅速。2017年报刊试读活动选择非邮务、报刊、代缴费、网购、异业联盟及线上等六大客群，为客户提供"金融＋报刊"的综合服务。二是因地制宜，自主营销，市分公司自主性数据驱动营销项目大力开展。2017年全省形成数据驱动营销的常态化运作模式，其中自主性项目实现收入1.8亿元。聊城市分公司在全市范围开展"邮金联动，融合发展"走千访万活动，针对网购高频客户3次以上、报刊、高价值代缴费等单一业务客户，成功协助43.2%的客户开办金融绿卡，办理存取款和保险业务，实现金融资产提升1.68亿元；同时为其中的农村客户提供优选农肥产品2939.8吨，获得客户一致好评。

（四）线上线下互通，打造"互联网＋"新零售生态圈

1. "三微平台"持续发力，线下客户快速引流

搭建山东邮政的微信公众号、微商城和微博"三微平台"。将互动话题与粉丝活跃度相结合、微商城促销与造包结合，粉丝群体年轻化，微信互动年龄主要集中在25岁到47岁，其中26岁到38岁是微信互动参与的主要力量，"80后"和"90后"占比超过48%。山东邮政微信公众号粉丝数已突破190万，遍布全国31个省及港澳台地区，推文总阅读量达到1227万，每期首篇推文阅读量平均在9万次以上，共收留言超过15万条，消息超过20万条，处理咨询超12万条。山东邮政微博发布信息1470条，主持话题72个，其中千万以上阅读量的有19个，并且作为全国唯一一个邮票类微博号受邀参加微博最高级别峰会"V影响力峰会"。

2. 智慧支付，强化"互联网＋"邮政服务升级

山东邮政于2017年4月1日在邮政营业网点全面开通电子支付服务，提供微信、支付宝、银联卡三种电子支付方式，为客户提供超越营业网点地域范围的社区、品鉴会、展销活动的服务，快速、实时、便捷，提升山东邮政综合服务水平。同时与山东邮政微信平台互通互联，不断吸引办理业务客户参与优质线上体验，快速吸引线下客户线上引流，促进互联网时代背景下传统企业品牌形象的升级。截至2018年2月底，电子支付客单金额161元/笔，日均交易笔数1962笔。

（五）服务"三农"，深入履行邮政社会责任

1. 电商助农，打造商城爆款

山东邮政坚持以"让山东优质的农产品不再难卖"为服务使命，依托便民服务站、"三农"服务站、村邮站等线下渠道收集发布农产品信息，结合邮乐网、微商城、买卖惠线上平台加强宣传及推广，打造多款商城爆款产品，为客户提供主动客服服务，解决微商城下单支付、发货物流跟踪、客户售后等问题反馈。从辣椒酱到黄桃罐头，2017年全年上线助农产品1557种，累计销售25.77万件，销售额达1316.1万元。

2. 推进贫困村助农扶贫站点建设，推广"一镇一品"项目

山东邮政加大与各级扶贫部门的对接力度，强化合作，在山东省贫困地区贫困村，特别是菏泽、临沂、聊城、滨州等重点贫困地区，开展精准扶贫脱贫帮扶工作，在贫困村加快建设邮政便民服务站和电商服务站"一社两站"配套建设，建立"农户种植＋合作社组织＋邮政服务"的实施体系。对贫困村数量超过100个的县市，助农扶贫点建设比例达到30%以上，其他贫困村建站比达到20%。打造"一镇一品"，重点运作章丘大葱、栖霞/沂源苹果、黄河口大闸蟹等一批省内知名农产品，开展贫困村农产品"一村一品"项目开发，依托邮政鸿雁合作社和买卖惠农村电商服务平台实施精准帮扶工作，提升农产品附加值。

3. 开展跨省扶贫助农产品项目合作运营

山东邮政实施走出去战略，与广西邮政合作南方水果项目，与吉林邮政合作线上木耳项目，与新疆邮政合作哈密瓜项目，以满足生鲜农特客户需求为中心，发挥邮政渠道、品牌、客户资源优势，通过产前统一组织，促进集约化、规模化管理，通过邮政线上线下的工业品下乡平台，有效保障高质量、低残留的农业生产资料供应，将农业生产要素连接，源头把控农产品质量安全。通过邮政微商城和邮政网点，以"线上+线下"的众筹预售、团购客户开发为抓手，提供涵盖分销、寄递、金融的全面服务，推动跨省农特产品运作，将绿色健康源产地农特产品第一时间回馈省内客户。

（六）服务中小企业，跨界运营重构体验新模式

1. 关注政府，充分发挥国企担当

深化与山东省文化厅合作，从政府需求角度出发，主动提出将文化惠民活动"线上与线下相结合、日常抢券用券与打造爆点主题活动相结合"的思路，创新打造出"文惠季主题U+店展区"，吸引邮政企业外的文化商家的入驻和拓展，深入推进"文化惠民+报刊收订""文化惠民+贺卡送福""文化惠民+新邮预订"等重点文传项目。线上线下相结合，开展形式多样的营销活动。线下渠道，学习借鉴泰安、淄博等市分公司经验，将文化惠民季活动与集藏品鉴会活动等会议营销相融合；线上渠道，积极发挥"两微一社"对文化惠民项目的宣传和引流作用，促进项目发展。

2017年8月以来，合作发放山东省文化惠民消费券4564万元，受到山东省文化厅的高度肯定，其中山东邮政累计实现交易订单18.85万笔，共计注册云商2.06万户。

2. 异业联盟，提升客户黏性

山东邮政组织开展"福至新春惊喜多，多重好礼惠客户"异业联盟活动，与涵盖衣食住行娱等多个行业的商家或中小企业，开展跨界合作。搭建线上专属平台，线下宣传及扫码，线上推文及抽奖，线下提供优质服务，为客户提供基于LBS定位的优惠信息推送服务，使客户足不出户了解身边的优惠信息，为联盟商家带来新的客户流。山东邮政与山东电信开展"邮电联盟"，电信公司通过在山东邮政微信平台推出专属电话卡回馈活动，粉丝线上登记，线下实物寄递到家，实现足不出户开卡；两天的时间线上累计为山东电信公司发放电信卡1431张，相当于县电信公司半月的发卡量；同时为电信公司提供快递服务，实现标快寄递1431件。

3. 为民办税，不断提高社会知名度

山东邮政在全省邮政营业网点购置专用设备，建立邮政、税务信息交换专网，为部分个体工商户和无税务登记的单位和个人提供缴纳税款、代开发票服务。邮政系统发挥"网点多、服务优、管理规范"的优势，国地税部门扩展便民办税新渠道，方便纳税人就近选择邮政网点代办，有效缓解税务机关有限的纳税服务资源与纳税人日益增长的办税需求之间的矛盾，大力提升办税服务水平。2017年山东邮政为税务部门累计代征税款5.08亿元，代开发票56.68万份，服务客户33万人。同时，为税务客户提供综合性一站式服务，58.39%的税务客户认可并办理邮政的金融服务，金融总资产达到43.43亿元；实现报刊流转额16.04万元，分销业务1026.97万元，集邮业务296.56万元，简易险保额8.67万元。

（七）优化服务过程，提升服务速度

1. 优化农产品全链条服务模式

通过数据分析，分析农产品进城产品、产量、聚集分布时间和销售量，以及对应的车辆和投递线路，分析农村对快消产品、电器家居产品需求，以邮政合作的社会合作社等中间机构为载体，搭建规模化供销平台，逐步解决组织化程度低的问题；通过众筹、预售方式，搭建B2B、B2C、O2O的农村电商平台，推进农产品进城，助力农村供给侧改革，逐步解决农产品上行渠道不畅的问题；搭建邮政一体化流通平台，打造"邮鲜送""极速鲜""全城达""明天见"等快递品牌，逐步解决物流环节薄弱的问题。

2. 敏捷导航助推物流新发展

山东邮政设立多处仓储落地配，E邮柜，分析物品入仓流转、寄递各环节时限，剖析高峰期邮件特征，提供邮件高峰期车辆调度、人员安排的影响，对不同产品销售额、邮件量、快递总量建立残差修正灰色预测模型预测，作为业务综合增长因子。通过历史市场份额预测2017年"双11"市场份额，作为邮政份额增长因子；引入线路增长偏差修正，修正线路的增长率，最终预测出山东发外省邮件量、外省发山东邮件量和省内市分公司互寄邮件量。按日分析数量、区域、机构分布等，预测"双11"进口包裹的形势，据此合理调配网运运能，提前做好应急预案，避免投递邮件积压，提高服务质量。2017年"双11"期间，山东邮政共收寄邮件465.7万件，同比增长62.3%，收入2538万元，同比增长44.3%，其中共发外省408.4万件，省内互寄57.3万件，进口邮件621.2万件。

3. 优化线网布局，"寄递+"服务多方共赢

为优化物流线路，提升网络布局，2017年组织邮政速递竞品的线路分析，分析物流各节点、时限、与社会快递公司进行网络组织对标分析，分析对发车频次及发车线路进行设计，提高运输效率。其中速递极速鲜业务山东大樱桃专题分析，通过对山东邮政历年大樱桃订单数据进行分析，以保证时限和质量为前提，按照优化线路，冷链配送，第一时间让全国客户品尝新鲜樱桃。日照邮政以樱桃为媒，政府搭台、邮政唱戏、公益服务、专业联动，实现政府满意、农民受益，20天时间共计众筹1518单，为农户创收10多万元，提供函件招商服务24万元，农肥预售200吨。大樱桃项目在山东邮政微商城累计销量2.7万件，销售额达173.4万元；通过冷链发运樱桃215趟，其中烟台发出190趟，较上年同期增加52趟，路向遍布全国。

三、邮政企业基于大数据分析的客户服务提升效果

（一）经济效益显著提升

2017年，山东邮政共计开展数据驱动营销项目708个，包括省级联动项目41个，地市自主性项目667个，服务客户1593.8万人，形成收入4.37亿元，拉动金融总量增长365.3亿元。通过45个源项目的复制推广衍生出400个落地项目，拉动收入3.4亿元。山东邮政微信商城订单数共75.85万单，较2016年增加70万单，全年日均订单量2078单；销售额1.36亿元，较2016年增加1.1亿元。山东邮政2017年业务收入同比增长11.81%，高于全国邮政平均增幅1.55个百分点；收入规模突破百亿，规模保持全国邮政第4位；实现劳动生产率29.7万元，增幅13.75%，绝对值排名全国邮政前列。

（二）客户满意度大幅提升

2017年，山东邮政线上营销共完成销售额2.2亿元，较2016年增加1.6亿元，全省邮政微信矩阵粉丝量328万个，充分利用互联网全覆盖的特点，打破地域界限，实现跨界销售和服务。山东邮政微博粉丝数已有17万人，通过服务质量线上快速响应机制的建立，使得邮政更加透明、快速、直接的与用户沟通，很大程度上提升用户对邮政服务的满意度。截至2018年2月底，累计电子支付笔数64.75万笔，累计交易金额突破1亿元。山东邮政多次获得"全国用户满意企业"。

（三）社会效益持续提升

2017年，山东邮政与山东省文化厅签署战略合作协议，大力推进文化惠民工程，助推山东文化产业改革，新旧动能转换，创新性打造"文惠季主题U+店展区"，推出更加亲民、便民、利民的服务活动，协助政府补贴客户1128.94万元，实现销售额6210.84万元。积极助力乡村文化振兴，全面开展农村书屋、公益捐赠等集团采购项目。2016年和2017年，山东邮政农资年销售规模达12.5亿元，销售农肥66万吨，推广新型高效农资规模达1.73亿元。分别与国家税务总局山东省税务局、山东省盐业集团有限公司、中国石化集团公司山东省分公司等5家战略合作客户，大客户用邮收入达到10.7亿元。

广泛推进异业联盟,跨界寻找合作伙伴,通过与 9072 家邮政行业外企业或商家联盟,为客户提供"邮政+"服务,累计发券 11.05 万张,客户黏性不断增强。山东邮政深入推广大数据应用、为政府提供服务、为大客户提升产能的做法多次在各类报刊、电视媒体进行报道,2017 年共接待 25 个省邮政企业来访、调研、学习,得到政府相关部门和社会各界的肯定,起到良好的示范效应。

(成果创造人:王志奇、林令才、刘凌辰、董黎明、
宋 钰、郭 娟、宫 伟、张亚飞)

建筑施工企业面向区域市场营销的目标管理

中铁三局集团有限公司

中铁三局集团有限公司（以下简称中铁三局）成立于1952年，是世界"双五百强"企业——中国中铁股份有限公司的全资子公司。注册资本49亿元，现有正式员工2.6万余人，专业技术和管理人员1.6万余人，一、二级建造师等注册专业人员1476人，下辖7个区域指挥部，22个子分公司，各类机械设备5501台（套），机械设备净值18.97亿元。中铁三局是全国首批工程总承包建筑企业，目前拥有"四特四甲"施工设计资质以及水利等一级资质在内的各类资质91项，主要从事交通基础设施工程建设施工，经营范围涵盖国内外土木工程施工、机械租赁、地方和专用铁路运营与管理、投资及BT项目建设、房地产开发、建筑工程勘测设计咨询服务等。建局60多年来，中铁三局先后承建620余项国家重点工程和国外工程，年完成营业额500亿元，完成营销额1000亿元以上。

一、建筑施工企业面向区域市场营销的目标管理背景

（一）适应建筑市场经营模式多元化发展趋势的需要

随着国内建筑市场投资模式多元化发展和建筑施工企业数量不断增加，行业竞争更加趋于激烈。建筑企业，尤其是行业跨度大、管理模式多样的大型建筑企业旧的经营模式在竞争中已难以为继。同时国家政策性引导以及新型承包模式的出现，使国内建筑施工企业经营模式呈现多样化发展趋势，主要的经营模式有EPC、BOT、BT、DB、PMC、PPP等，而单纯的施工招投标项目越来越少，这就需要建筑企业调整组织管理模式、经营方式、思维方式，创建一个能适应当代建筑市场，承揽大型项目的营销组织结构，通过合理的营销模式取得建筑市场份额。

（二）贯彻落实区域经营理念提高市场竞争力的需要

中国中铁股份有限公司于2016年提出全面实施区域经营的营销理念，要求股份公司负责市场营销的协调，二级公司负责区域市场的开发和经营，三级公司以施工为主，配合区域市场维护工作。要求所有二级公司根据企业自身状况，在全国划分7~8个区域市场，组建区域经营机构，负责该区域的所有经营工作，统筹该区域所有资源，开发区域市场，完成营销任务。中铁三局积极响应股份公司要求，在全国组建7个区域指挥部，以区域经营作为营销的基本模式，在集团公司统一组织领导下，由区域指挥部统筹调度经营要素，各办事处协调联动、子（分）公司密切配合，形成有机高效的区域经营管理体系。

（三）提升区域经营管理效能实现企业营销目标的需要

区域经营作为中国中铁股份有限公司推行的新型营销模式，还没有形成一种有效的管理方法来解决区域内经营机构设置分散，经营理念不统一，异地经营管理不同步，经营信息沟通不顺畅等管理问题。而采取面向区域市场营销的目标管理这种管理模式，能够以集团公司经营目标为导向，层层传递压力，引导区域营销行为，确保营销目标实现。

二、建筑施工企业面向区域市场营销的目标管理内涵和主要做法

中铁三局以"知行文化"及区域文化为引领，做好区域市场划分，完善区域经营布局；建立目标锁链管理体系，加强目标管控；实施科学营销技术，推动区域营销工作；并采用"互联网+"技术，建立市场营销管控平台；同时确立目标考核和激励机制，推动区域经营工作有效实施。通过采取目标管理，理顺区域经营的组织管理架构，调动了所有经营人员的工作积极性和主动性，使"经营城市"工作得到

深入的开展，营销额逐年递增，中标项目质量显著提升，取得显著的经营效果。主要做法如下。

（一）确立区域市场组织架构，创建积极团队文化

1. 确立适应区域市场的组织架构

中铁三局在全国设立7个区域指挥部，作为集团公司的区域经营实施机构，每个区域指挥部分管3~5个省份，每个省会城市设立省会办事处，作为省会经营中心；同时，在资源及市场较好的城市设立阿米巴，作为该城市的经营单元，在指挥部和办事处协助下独立自主、主动完成经营任务，实现全员经营。省会办事处统筹省内各个城市的资源，将阿米巴作为经营末端，做好城市经营的布局，并创建扁平化区域组织，提升营销工作效率。

以华东区域指挥部为例，华东区域指挥部分管上海、江苏、浙江、安徽、江西四省一市的经营工作。为实现区域内所有的城市覆盖，达到经营无死角，做到组织内各级之间随时沟通信息，跟踪项目进展情况，达到既定的经营目标，指挥部重新对组织结构进行分析定位，并以指挥部"赢"文化为引领，建立新型的扁平化垂直营销组织结构。

华东区域指挥部将整个区域内的经营机构划分为二级管理，压缩管理层级，以任务为导向，实行指挥部—办事处（阿米巴）二级管理。指挥部为整个区域内的经营总部，负责制定经营目标，分解落实到各办事处，并在实施过程中监督、考核，推进组织按照目标运行；各办事处负责执行指挥部下达的经营目标，并将目标进一步分解，落实到相关阿米巴，并帮助阿米巴实现经营目标；每个阿米巴作为组织的末端，积极发挥自己的能动性，以办事处、指挥部为依托，根据自己负责城市的特点制定自己的行动方案，实行自主经营。指挥部除负责组织区域内的重大项目营销以外，充分发挥区域指导和引领作用，调动区域内办事处、子分公司的各种资源，达到共同经营的目的。并根据集团公司经营管理办法进行监督和实施相应的奖罚。各层级各司其职又互相协作监督，共同实现经营目标。

为避免区域内工作出现因为人员调整而无法接续现象，在区域指挥部重要岗位实现AB角覆盖制度。A角对某项工作主要负责，B角主动熟悉并协助做好工作，当A角出差或其他原因不能承担完成该项工作时，由B角接替完成工作，并切实负起责任，反之亦然。

第一，区域指挥部主要领导AB角。两位区域指挥部领导担任AB角色，B角在A角不在岗时进行补位，行使A角在指挥部管理的所有权限。第二，区域指挥部各部门AB角。区域指挥部主要部门除财务部外，全部做到AB角制度，既部长和副部长互为AB角，避免出现工作空缺现象。第三，办事处AB角。目前各办事处配置多数为三人，即办事处主任（副主任）一名、经营人员两名，在客户拜访时要求两人随行，每个客户资源要求不少于一人掌握。第四，阿米巴AB角。目前阿米巴只设置一名经营人员，为实现AB角制度，要求阿米巴所在省份的中心办事处主任作为阿米巴的B角，在联络点经营人员请假情况下作为B角补位开展相关经营工作。

2. 创建适合区域经营的团队文化

中铁三局各区域指挥部践行和延伸集团公司"知行"文化体系，形成具有自身特点和区域经营要素的企业文化。例如，华东指挥部提出"赢"理念，变"营销"为"赢销"，具体包括："赢愿景"——营销不止眼前的苟且，还有诗和远方的田野；赢价值——善念笃行、从来利他；赢战略——聚焦客户的痛点、痒点和兴奋点，偏执城市经营，以做大局原理统筹布局，策划为源，深耕细作，久久为功，做熟做透区域市场。制作《华东赢道》理念识别手册、《营销教养》行为规范手册；开设华东小讲堂，举办咖啡畅谈会议，编唱《营销匠之歌》；开展专题性课题培训，创建教导型组织等多种途径，对"赢"理念进行系统宣贯，使之逐步深入人心，并成为统领经营活动的行动指南。

（二）完善区域市场布局，做好"经营城市"工作

随着每个城市综合发展、施工企业综合能力逐步提高，所涉及建筑行业与城市发展日益密切。以城

市为基础，认识城市、了解城市、熟悉城市、掌控城市，在每一个城市扎根立足，变项目经营为城市经营，更显得非常重要。

为此，中铁三局决定以城市为着力点，推进市场营销工作的开展，制定经营城市的基本思路：以客户为本、从人出发、引领资源、为我所用，最终实现经营城市的目的。各区域指挥部以重点项目为抓手，将项目经营和城市经营相结合，改变过去单独经营项目的思路，以点带面，通过对重点项目和核心客户的经营，逐步延伸到与城市相关的所有有效资源的经营，达到项目经营和城市经营的良性互动、滚动发展。

1. 细分城市类别，做好城市开发定位

按照不同的划分方法，城市可以划分为多种类别，从建筑企业经营城市的角度出发，可以将城市划分为四个类别，即核心城市、中心城市、重点城市、机会城市。

核心城市，指在一个区域内或者一个城市群中处于引领地位的城市，如京津冀的北京市、华东的上海市、西南的成都市、西北的西安市等，都可以称为核心城市。核心城市在一个区域内或者城市群内聚集更多的城市资源，对周边城市有较大的辐射和影响带动作用。通过对核心城市的经营，可以辐射影响周边若干个省份和城市。

中心城市，一般为省会城市、计划单列市、基建市场规模较大城市。这些城市在本省内聚集一定的城市资源，一般拥有独特的资源，如省会城市拥有全省的政治经济资源，一些沿海开放城市拥有很好的交通资源和经济资源。中心城市对省内相关城市有一定的辐射影响作用，通过对中心城市的经营开发，能够占领更多的城市建设市场，同时带动与之相关联的城市经营。

重点城市，即在省域范围内，城市人口规模、经济体量、城市基建份额均排在前列，且建筑企业在该城市具有一定的公共资源及经营基础，具备经营拓展后劲的城市。

机会城市，指基建市场份额相对较大，但缺乏前期的经营基础及公共资源的城市，城市建设市场无法直接突破，只能参与具体项目经营，通过项目经营突破带动城市资源的建立。机会城市一般存在被动经营的情况，但是通过项目牵引，机会城市可以转变为重点城市。

以华东区域指挥部为例，按照区域特点，结合目前开展的经营工作深度，将区域内所有的50个地级市以上城市进行城市类别的划分，做到中心城市经营完全覆盖、重点城市经营重点覆盖、机会城市经营陆续覆盖。

2. 运用"1＋X＋Y"法则，进行城市经营布局

区域指挥部按照股份公司、集团公司关于实施区域经营的要求，对区域内的城市进行分类，并采用"1＋X＋Y"法则进行城市布局。即以办事处为中心，选取1~2个有经营基础的重点城市和2~3个机会城市，集中有限的经营力量，以点带面，实施经营城市活动。以华东区域指挥部为例。

"1"为中心城市，华东区域共设置中心城市5个，分别是各办事处所在城市，既杭州市、南京市、合肥市、南昌市、宁波市。其中四个城市为省会城市，一个为沿海开放城市、计划单列市。

"X"为重点城市，华东区域分管江苏省、浙江省、安徽省、江西省四个省份的经营工作，根据每个省的经营基础及城市经济情况、基建市场规模。共确定14个城市为近期重点城市。

"Y"为机会城市，根据区域布局，选取参与项目较多的9个城市作为机会城市。

城市布局1＋X＋Y法则，有效地解决了区域市场城市的布局及经营城市工作如何开展的问题，通过城市布局1＋X＋Y法则，明确了经营城市的目标，分类及着力点，有效地推动经营城市工作向纵深发展。

3. 识别城市资源，做好资源合理分类

经营城市的前提是认识城市、了解城市、熟悉城市、掌控城市。根据经营需要，中铁三局将经营城

市所需要的资源分为三类：主控资源、主体资源、主撑资源。通过对城市资源有针对性的分类，使后期客户开发工作有的放矢，避免经营的盲目性。

主控资源，指能够控制整座城市的运行，对经营城市起到至关重要作用的政府部门和单位，如市政府、政府主要部门、政府监督机构（质监局、安监局）等。

主体资源，指真正意义上的甲方（业主），即在铁路、城轨、公路、市政、房建与水利六大板块的建设实施主体单位。铁路方面包括各建设公司、合资公司、代建公司、多经公司、投资中心等；城轨方面包括轨道公司、地铁公司、城建公司、运维公司等；公路方面包括省市交通投资公司、高速集团、公路局等；市政方面包括建设投资公司、城市开发投资公司、旅游投资公司等；房建方面包括建设投资公司、城市开发投资公司、旅游投资公司、地产开发公司等；水利方面包括水利投资公司、水利开发公司等。

主撑资源，指虽然不直接作用于项目经营，但对于经营城市、维护客户关系能起到至关重要的作用。如宣传域（广电公司、网络公司）、教育域（教育局、重点大学、中学、小学）、医疗域（医院、疗养院）、出行域（机场、车站）、住宿域（酒店、饭店）、文体域（体育馆、文化中心）、设计域（规划院、综合设计院、公路设计院、市政设计院）等资源。

4. 开发客户资源，拓展客户经营网络

第一，对客户资源进行分类，按客户的价值分为核心客户、重要客户、一般客户和休眠客户。第二，按每个客户的内部层级分为决策层、影响层、执行层和操作层。第三，把客户人际关系分为血缘、地缘、学缘和人缘四种。以此为依据，做到主次分明、轻重缓急有序，使各种资源得到充分挖掘，并为我所用。

（三）建立目标锁链管理体系，加强目标管控

首先，各办事处在区域指挥部的统筹协调、调度指挥下，强调发挥自身的能动作用，重视与相关子分公司建立良好的协同联动关系，进而形成区域经营的整体合力。其次，把目标和支撑目标的关键成果作为关注焦点进行目标管控。通过目标建立、分解落实，形成目标管理锁链。最后，采取任务清单模式将目标转化为任务，并逐级落实到办事处、阿米巴，实现全员参与经营，并在规定的时间内将目标任务清单落实到位，以季度目标的实现，保证全年目标的实现。

1. 制定分解目标

指挥部作为区域经营的中枢，根据集团公司下达的经营计划，制定具有挑战性的年度目标，形成4～5个焦点目标，并把目标分解到各个办事处，形成目标锁链。与此同时，把年度目标进一步细化到季度目标，季度目标必须与全体员工进行交底并达成共识，目的是实现全员参与经营。

区域指挥部进行目标分解，明确营销额、经营城市、客户拜访、项目推进四个子目标。其中，经营城市、客户拜访、项目推进三个目标是最终实现营销额的保障。营销额分解为焦点成果即重点项目，由若干个重点项目组成总营销额；经营城市则由开发城市资源成果来实现，分为开发新的城市资源和既有资源的维护加深两个方面；客户拜访成果则从原有客户拜访和客户升级两个方面体现；项目推进成果则体现在新增加项目信息量和实现项目转化升级提升两个方面。

2. 明确成果焦点

为了更有效地确保目标的实现，从指挥部到办事处，每个层级同样要设定4～5个焦点成果（如果过多则不利于聚焦）作为支撑，并在规定的时间内将焦点成果落实到位，以季度目标保证全年目标的实现。

3. 建立任务清单

把目标和成果的焦点转化成工作任务清单，把会议精神和文件要求，以及领导临时交办的输出任务

形成会议决议任务清单、文件精神落实清单、临时指派任务清单，并对清单落实过程实施督办和复命式的目标管理，使整个组织体系以任务清单为牵引，各司其职、互相配合，高效运作，确保目标管理落实到位。

每个办事处根据自己的成果焦点，形成季度任务清单。任务清单按照成果焦点的四个方面，即营销额、城市资源开发、客户维护管理、项目信息管理。任务清单包括每条任务的具体子任务清单以及相应的完成时限，明确具体实施人（阿米巴）及相关资源配置，包括经费、协助单位等。

（四）采用"互联网＋"技术，建立市场营销管控平台

1. 应用"指上掌控任务管理系统"

"指上掌控任务管理系统"作为区域指挥部的"云工作"平台，将指挥部所有工作融入相关任务栏，指挥部所有人员将工作成果随时输入该平台，便于所有参与任务的人员随时掌握任务进展情况，出现需要解决的问题能及时与对应的负责人进行沟通，进行协同工作，提高沟通与工作效率。

在"指上掌控任务管理系统"中根据营销工作需要，设置9大管理模板，即企业资质业绩信息，包括企业的资质、证书、获奖、业绩等的相关记录；经营城市资源，将区域经营城市的资源进行分类列出；客户管理信息，按照各办事处进行列出；跟踪项目信息，按照办事处分解列出主要跟踪项目信息；OKR任务分解，按照办事处将各季度的OKR分解列出；客户拜访记录，主要记录各办事处的客户拜访行动；重点项目跟踪线路，将所有重点项目涉及的资料、信息、进展情况等按时间进行记录；开标最后1MM，按省份分解，并按时间记录所有投标项目；中标项目信息，分省按照时间记录已中标的项目信息。对于9大管理模块，相应任务负责人进行信息的及时变动更新，做到随时监督任务进展，及时发现问题，指导各办事处进一步开展工作。

2. 开发"码上有数知识管控系统"

"码上有数知识管控系统"即利用移动通信工具，借助APP平台，实现客户信息和项目信息的随时查询，使营销和管理无时无处不在，提高了管理效能。

（五）采用先进的营销手段，促进区域营销工作

1. 科学明晰区域市场营销策略

"经营城市"不是一蹴而就，要对城市进行整体分析，树立"做大局"的理念，充分展示企业的产品、优势、文化和品牌，最终达到营销目的。

中铁三局按照股份公司立体经营的要求，融入内外部战略合作者产业链，努力为城市和客户提供更完整的整体解决方案，真正实践互为主体、资源共通、合纵连横、牵引陪伴、协同发力、协助赋能、市场共拓的共生营销、立体经营方略。步步为营，各个击破，稳扎稳打，做实公共关系。在传统基本的产品营销、关系营销的基础上，根据不同的客户和场景融入技术营销、思想营销、文化营销、战略营销，打好组合拳，多维传递表达企业的产品、优势、文化，品牌，让市场认知企业的价值所在。

2. 科学收集筛选分析市场信息

借鉴营销信息漏斗模型和项目运作前途测量1435做局模型，开展项目信息收集、分析。营销信息漏斗模型主要用于项目前期信息搜集，通过营销信息漏斗模型，规范指挥部项目信息搜集行为，按照项目信息等级分类法则，预测跟踪项目的中标概率，在此基础上明确跟踪项目的数量。项目运作前途测量1435做局模型，是对跟踪项目是否中标的定性定量分析模型。

3. 科学识别运用城市有效资源

城市资源技术主要有2项，一项为城市布局1＋X＋Y法则，一项为城市资源管理魔方。

城市布局1＋X＋Y法则在城市分类基础上，通过对城市进行详细的统计分析，根据每个城市的熟悉程度、基建总量、资源情况进行统计分类，明确每个办事处负责一个中心城市和2～3个机会城市及

2~3个，明确重点，有的放矢，将有限的经营资源用于重点城市开发，从而带动整个城市经营工作。

城市资源管理魔方按照 ABC 分类法，将城市内所有的资源按照相关规则进行分类，采用魔方的表现形式，让指挥部所有参与经营的营销人员熟知需要经营的所有资源要素，通过有针对性的开发，掌握每个城市的建筑市场特点，摸清建筑市场规律，从而拿到更多的高质量、高收益的工程项目，获得更多的建筑市场份额。

4. 科学开发维护提升客户资源

采用多种客户资源开发与维护手段，如客户资源立体金字塔模型、客情管理九宫图、下楼式营销、客户经理制度等。例如，通过客情管理九宫图，梳理客户客情管理的各方面，包括实地拜访、电话问候、商务活动、情景客情、复命表现、专业客情、个性客情等，从而精准客情维护，满足客户需要。

（六）完善考核和激励机制，推进目标管理落地

区域指挥部制定完善的考核和激励机制，推动区域经营工作，经营管理体采用周提示、月评价、季复盘三种形式对整个组织的运行和经营进行监督考核，其中重点为季度复盘工作。

1. 目标管理周提示

每周工作结束前，办事处组织各阿米巴召开周会议，总结本周任务清单推进情况，找出存在的问题，提出解决方案。需要上级帮助协调解决的问题形成周报，区域指挥部职能部门对任务清单推进情况进行查阅，对存在的问题做必要的工作提示。

2. 目标管理月评价

每月末，由区域指挥部职能部门派出检查督导小组到各办事处面对面地进行工作督导，主要是对本月工作进行总结，了解各办事处工作状态，执行过程中存在的问题，并根据任务清单执行情况调整下月任务，形成月度评价工作报告，让所有员工知晓每个阿米巴工作的情况及在整个区域指挥部所处的位置，形成赛马机制。

3. 目标管理季复盘

每季度末，指挥部所有员工回到指挥部，召开季度会议。首先，由各阿米巴进行总结和自评，自评内容包括工作情况、成长情况、存在的问题、解决问题的思路。其次，由各办事处进行反馈，各办事处对本季度任务清单执行情况、调整情况、存在的问题进行反馈总结。最后，布置安排下季度工作，各办事处列出自己的任务清单，形成下季度任务。

根据季度指标设计办事处季度评价表，从营销额完成情况，经营城市能力、客户拜访次数和层级以及项目推进程度四大方面进行考评。根据评价条件的重要程度设置权重，便于各办事处抓住重点，对症下药。季度结束后各办事处将考评信息汇总，得出综合评分进行排名，指挥部根据结果给予相应奖惩。

三、建筑施工企业面向区域市场营销的目标管理效果

（一）区域市场的项目中标数量和质量大幅提升

经营指标得到大幅提升。区域指挥部成立以来，各区域平均经营成果已从最初 2012 年年度营销额约 43 亿元发展到 2017 年的 108 亿元，营销规模增长了近 3 倍，指标完成率由 54％发展为 109％。

区域经营过程中，营销范围逐渐扩大，从原来的仅限于铁路、公路方面，到如今涵盖铁路、公路、市政、房建、城轨、其他等领域，占据建筑行业市场的主要份额。同时，核心客户的数量和重点项目的数量得到了大幅度的提升，经营城市工作也扎实推进，新开发了 42 个重点城市，取得了项目的突破。在经营过程中，未中标、废标项目逐年减少，中标率得到大幅提升，由 2016 年前中标率 1％~5％提升至 2017 年的 12％。所中标项目的效益与质量也逐年提升，中标上亿元项目比例增加，根据集团公司对整体中标项目的测算，平均毛利润率由 6.5％上升到 12％。

（二）企业区域市场快速发展、经营效果提高显著

成果实施以来，中铁三局各区域指挥部的工作效率、经营工作得到有效提升，城市资源得到充分开发，在全国多个城市打开了经营大门，客户数量和质量明显提升。通过客户的拓宽，市场也得到拓宽，从原来只注重铁路等路内项目，拓宽到全建筑行业市场，特别是路外市场取得了明显突破。2016年和2017年两年度，路外市场营销额由2015年前的占全年百分率34％上升到58％、66％。总营销额2017年突破1000亿元，达到1080亿元。企业营销得到大幅提升。特别是全国的省会城市及重点地级市均设立了经营机构，经营城市工作得到有效提升。

（三）区域市场目标管理成果经验获得认可推广

中铁三局以面向区域市场营销的目标管理，通过两年多的有效运行，得到了很好的运用，取得了显著的实施效果。中国中铁股份有限公司在了解这套管理体系以及取得的成绩后，对此表示了充分的肯定与鼓励，进行了宣传与推广，邀请中铁三局在股份公司召开的经营工作推进会上做经验介绍。其他各二级子公司纷纷到中铁三局学习此套管理成果，面向区域市场营销的目标管理成果在全股份公司得到推广。

（成果创造人：李建光、李新远、朱振宁、任克平、仲崇辉、蔺敬跃、宋海文）

以服务"低碳奥运、绿色奥运"为目标的城市智能电网规划与建设管理

国网冀北电力有限公司张家口供电公司

国网冀北电力有限公司张家口供电公司（以下简称张家口公司）下设11个本部职能部门、7个业务支撑和实施机构、13个直供直管的县供电分公司、14个市县集体企业，供电面积3.7万平方公里，服务全市170余万电力客户，拥有35千伏及以上变电站200余座，形成了北部风电送端电网、中部和南部双环网构成220千伏骨干网架，110千伏电网覆盖所有区县，35千伏、10千伏电网分层分区可靠供电的网架结构。随着京津冀协同发展加快推进、张家口可再生能源示范区发展规划获批及北京、张家口联合举办2022年冬奥会等重大发展机遇，张家口公司以服务"低碳奥运、绿色奥运"为目标，开展城市智能电网规划与建设管理。

一、以服务"低碳奥运、绿色奥运"为目标的城市智能电网规划与建设管理背景

（一）落实京津冀协同发展重大国家战略的需要

张家口市是我国华北地区风能和太阳能资源最丰富的地区之一，风能资源可开发量达4000万千瓦以上，太阳能发电可开发量达3000万千瓦以上，地区丰富的可再生能源和电力供应为推进能源绿色可持续发展奠定了坚实基础。当前，京津冀地区化石能源电力高达90%以上，环境与发展的矛盾日益凸显，这就要求张家口公司加快建设城市智能电网，打造低碳城市，提高为京津冀其他地区稳定输出清洁绿色能源的能力。

（二）打造"精彩非凡卓越"冬奥树立品牌形象的需要

2015年7月，北京与张家口联合成功申办2022年冬奥会，在申办过程中提出了"低碳冬奥"的承诺，坚强智能电网、绿色清洁能源是"低碳冬奥"的主要特征，庄重承诺奥运专区电力消费100%来自可再生能源。张家口公司结合新能源消纳、绿色用能、智能电网建设的发展，准确把握智能与清洁特征，谋划奥运电网保障举措，打造"低碳冬奥"专区，通过奥运向全世界展示清洁能源发展的典型模式，全面展示中国电力先进技术、先进设备及解决方案，着力打造国家电网公司创新发展的"新名片"。

（三）构建可再生能源综合应用典型模式的需求

张家口风光资源丰富，兼具"特高压电网＋清洁能源＋智能电网"等全要素，2015年7月，国务院批复张家口可再生能源综合应用创新示范区规划，2016年，张家口地区被国家电网公司确定为首个全球能源互联网创新示范区。根据规划2020年和2030年，张家口市可再生能源总量将达到2000万千瓦和5000万千瓦。截至2016年年底，张家口共有风电装机805万千瓦，并网784万千瓦；光伏发电装机并网300万千瓦；生物质发电装机并网2.5万千瓦，但与之对应的是张家口电网最大负荷仅为185万千瓦，造成弃风率、弃光率较高。张家口公司在电网建设过程，充分对接张家口丰富风光资源和北京天津这两个负荷中心的电力需求，打造可再生能源综合应用的"样板间"。

二、以服务"低碳奥运、绿色奥运"为目标的城市智能电网规划与建设管理内涵和主要做法

张家口公司按照服务"绿色奥运、低碳奥运"的理念，贯彻节俭办奥运的思想，明确"绿色、低碳、可靠、智能、经济"的城市智能电网建设目标，以加强组织机构、人才建设、科技项目为保障，开展网格化规划打造坚强可靠电网；强化新技术"研用合一"实现推动清洁能源消纳、绿色用能、低碳用能；实施"三步走"路径，加强项目建设全过程管控，确保电网建设准时完成；加强全过程审计和全景式监测，降低建设风险；开展电网建设项目、新技术应用、管理绩效的立体评价，提升建设质效，实现

"电网规划－新技术应用－项目建设－过程监督－全程评价"的全过程闭环管理，形成以"绿色、低碳、可靠、智能、经济"为特征城市智能电网建设模式，服务于"绿色奥运、低碳奥运"的举办。

（一）突出"低碳绿色"，确定建设目标

张家口公司根据《河北省张家口市可再生能源示范区发展规划》，落实2022年冬奥会"绿色奥运、低碳奥运"的承办理念，确定"绿色、低碳、可靠、智能、经济"的电网建设目标。

张家口公司分析"奥运专区建设""张家口市可再生能源示范区"等重点任务建设需求和任务，将"绿色、低碳、可靠、智能、经济"总体目标及相关指标分解到各个业务环节，开展"全维度"创新管理，协同内外部资源，依托"全专业"参与，将奥运专区电网建设的要求融入电网规划和电网建设全过程，内外部紧密协同，构建电网项目规划、前期、可研、核准、建设、审计、监测、评价全过程管理流程，构建"规研建督评"全过程闭环管理模式。

（二）实施网格化规划，建设坚强可靠电网

1. 加强内外部协同，提升规划能力

一是主动作为，对接政府"三规"。积极与规划、国土、住建、发改等相关部门沟通、协商，实现电网规划与全市总体规划、土地规划和城乡建设规划有机衔接，联合政府共同发布电网规划，将规划变电站、线路路由纳入地区控制性详细规划，将开闭站、配电室纳入地块修建性详细规划，为办理规划许可、用地预审、项目核准、开工建设等手续打下坚实基础。二是构建规划智库，提供决策支持。构建由中国电力设计总院、国网经研院、国网能源研究院、中国电科院、清华大学、华北电力大学、中电联和电力规划服务企业共计35家科研机构、高校、行业协会和企业，汇聚279名规划专家，为张家口公司电网规划提供热点分析、政策解读、数据调研、规划评审服务，提供决策支持。三是开展规划专项研究。联合研究机构和高等院校，开展电网规划专项研究，并将研究的技术成果融入低碳冬奥专区电网规划。2014年开始，张家口公司针对清洁能源消纳、智能电网等领域共开展11项专项研究，研究成果在冬奥会电网规划中得到广泛应用。

2. 应用大数据技术，建设坚强主网

张家口公司考虑城市未来的用电需求、冬奥专区电网供电质量和供电可靠性要求，科学谋划电网结构，最终确定建设"1＋2＋5＋N"低碳冬奥专区电力主网规划和配电网规划。准确的负荷密度测算是电网规划的基础和前提，张家口公司根据11类用地性质，细分为9种用户类别，选取典型样本118个，收集每个样本2010－2016年实时电量数据，总数据量超过300万条，计算出该样本负荷密度，综合同一类用电性质样本，确定负荷指标的取值区间。在此基础上，对样本用户2017年数据开展负荷实测，进一步核实负荷指标区间的准确性，确定11类用地性质的9类用户的负荷预测指标。

为保障奥运专区高可靠供电，张家口公司构建"1＋2＋5＋N"的低碳冬奥专区电网规划，奥运专区采用不同通道、多方向的500千伏供电网络，220千伏区域之间形成有效区域联络，确保在一回通道断开或一个区域全部失电情况下，冬奥专区仍有可靠电力供应。"1"即新建解放500千伏变电站，与张南及万全500千伏站为冬奥专区形成三个的500千伏电源支撑点。"2"即新建古杨树和红旗营2座220千伏变电站，形成220千伏加强型双环网结构，合环运行，分区联络，保证电网安全可靠。"5"即新建崇礼北、太子城、黄土嘴、云顶110千伏变电站和改造崇礼110千伏变电站，形成110千伏双链式供电网络，作为中心城区和奥运赛区的主供电源。"N"即建设5个10千伏双环网和7个10千伏单环网，5个双环网直接供出奥运相关场馆和非竞技场馆负荷，7个单环网供出崇礼中心城区负荷，保障供电高可靠性。

3. 开展网格化规划，满足差异需求

张家口公司遵循"做实、做细、做深"的理念，按照"自下而上"的方式，对不同用地性质、供电性质、开发深度地块的实行归类，将全市划分为119个网格，以此为基础开展负荷预测和目标网架的设计。

一是实施规划"1+1"机制，摸清家底。由规划人员配合网格客户经理组成的工作组合，采取"培训、走访、绘图"三步法，培训客户经理使用规划用电需求调研APP和GIS定位仪器，走访、调查、登记网格基本情况和配电设备情况，绘制低压电网现状图，对杆塔变压器、配电箱等关键设备和特殊设备进行拍照，最终完成网格区域"一表一图"，即网格区域登记人口、用电户数、人均收入、年用电量等用电基本情况表和变压器、用电户数、低压线路长度等信息的电网现状主图，摸清配电网的基础数据，精确到户，为网格化规划决策提供坚实的信息基础。

二是收集信息，奠定规划基础。张家口公司收集网格区域用电基本情况表和电网现状主图，整理城市规划、市政计划、配网运维、用户报装四维度信息。融合四方面信息，梳理配电网"四类规划信息"，分别形成路网图、用户报装图、配网网架图、排管信息图，形成城市配网规划制图的基础。

三是满足差异需求，分区开展规划。张家口公司区分奥运赛区与崇礼城区的功能定位，奥运赛区主要承担2022年冬奥会期间雪上项目比赛及配套服务，可分为竞赛场馆、非竞赛场馆及周边配套地场。崇礼城区在冬奥会赛事期间，承担志愿者服务中心、观众居住及生活服务、医疗服务、景观广场等功能，在冬奥会赛事结束后，承担旅游及滑雪产品贸易零售、酒店及餐饮服务区等功能。张家口公司进行10千伏配电网规划时，根据区域定位不同，根据分区功能采取不同的电网结构，如在崇礼城区核心区域的东部及西部规划电缆型双环网，其他区域规划单环网。

4. 设计针对性方案，确保可靠供电

张家口公司针对奥运场馆零故障、零闪动的供电要求，在规划中有针对性地编制技术方案。一是确保充足备用电源。奥运专区10千伏线路均采用电缆式花瓣型双环网，采用综合管廊及电缆隧道附设方式，每条环网室母线同时有两回10千伏电源供电，并增加一回10千伏电源及一台发电车作为备用，以确保有足够备用电源。二是确保故障快速切除。奥运专区采用先进的智能分布式自动化终端及集中控制相结合的方式，10千伏线路及母线均采用差动保护，保证负荷的秒级切换。三是按功能区分供电。奥运专区的负荷性质不同将对供电可靠性、故障处理、自动化水平、保电措施的要求差产生差异，张家口公司配合场馆建设设计部门进行精细区分，准确定位。

（三）加强新技术引领，打造绿色用能示范

1. 细分六个环节，确定新科技研究主题

张家口公司加大科技创新研究力度，实施新技术研究与示范工程建设"建研合一"模式，以实现奥运专区2022年100%清洁能源供电的目标。围绕张家口地区大规模清洁能源外送和举办"绿色冬奥、低碳冬奥"的两个目标，从"源""网""荷"三个方面开展大规模储能、柔直电网、清洁供暖、微电网等关键技术研究，细分为发电、输电、变电、配电、用电及调度六个环节，确定新技术研究主题为大规模可再生能源并网消纳和可再生能源利用。清洁能源并网方向重点解决高比例大规模清洁能源如何"并得上"和"送得出"的难题，清洁能源利用方向重点解决清洁能源如何"用得上"和"用得好"的问题，确保实现冬奥专区100%清洁能源供电。

2. 开展深度研究，确定新技术发展方向

张家口公司按照发电、输电、变电、配电、用电及调度六个环节，分析当前的技术瓶颈，确定新技术发展、研究及应用方向。一是在发电、输电及调度方向，目前尚无面向大规模可再生能源送出的柔性直流和交流混联电网的系统构建及调度运行经验。二是在变电及配电方向，现有交直流配/微电网技术尚不足以满足可再生能源100%电力供应的高可靠供电系统的建设要求。三是在用电方向，对融合可再生能源发电的电动汽车充电网络尚无产业化、实用化应用。

3. 开展精细研发，确定示范工程研究课题

一是加强重点项目申请。张家口公司确定"智能电网技术与装备"4项课题，申请国家重点专项科技计划，覆盖"智能电网技术与装备"国家重点专项研发计划指南的7项研究内容和5类考核指标，推动技术创新、装备创新、运行控制创新，提高张家口电网智能化运营水平。二是打造科技研发基地。在国网冀北电力的领导下，与科研院所合作，张家口公司组织"产学研用"多领域专家团队，开展清洁能源消纳、需求自动响应、分布式光伏、商业储能、虚拟电厂等数十项新兴技术领域的研究，打造"张家口低碳奥运示范工程"，使其成为国网公司"双创"基地建设12项重点项目之一。三是积极制定技术标准。2017年张家口公司配合冀北公司虚拟电厂《用例》国际标准立项在国际电工协会（IEC）获批。

（四）强化全过程管控，实施精准建设

1. 明确"三步走"实施路径，节点有效衔接

张家口公司主动对接2022年奥组委，构建常态联系机制，及时掌握场馆建设、准备工作的总体计划，结合测试赛和正式比赛的供电时序，制定冬奥配套电网建设项目群，明确"三步走"的建设路径。确定在2019年年底前完成全部涉奥电力配套工程建设。

2. 加快项目前期核准，保证准时开工

一是建立电网建设联席会议机制。协调政府相关部门参加，汇报项目进展情况及近期存在困难，需协调解决的问题等，实施现场开会、现场办公，直接解决变电站站址、输电线路路径、环境保护等问题。二是打造电网规划建设政策研究室。整合张家口公司专家与智库力量，构建电网规划政策研究室，强化新政策、新法规的研究，提前介入，提出合理、合规的应对措施，强化与地方政府规划、国土、住建、发改等有关部门的政策沟通交流，加强对政策解读的一致性，保证项目依法合规核准。特别是在清洁能源领域，其规划、建设、入网政策变化较快。2017年，张家口公司共研读国家、地方清洁能源政策31份，出台相关应对19项管理措施。三是实施属地化办理机制。充分发挥张家口公司所属县公司属地协调优势，利用其熟悉地理、客户、政府相关部门的优势，提高规划勘察、前期征地、文件办理效率。张家口公司自2015年开始共取得各类协议350余份，编制专题报告30余项，按期完成所有冬奥工程项目前期工作。

3. 实施项目群管理，确保按时完工

一是成立项目管理中心。张家口公司成立项目管理中心，将分散在发展部、建设部、运检部、营销部、安质部、经研院和各县公司的电网建设管理职能集中，管理工作涵盖配电网工程前期、工程建设、物资管理、工程决算、工程评价全过程，形成了各专业集中、协同、高效的办公模式，打造专业化项目管理组织。二是推行成套化采购，工厂化预装。结合不同项目类型，开展设备成套化采购，采用现代化工厂管理模式，通过整合资源，实施电网工程组件预装加工和整体产品配送，工程现场仅需简单组装，大幅缩减建设安装时间。三是强化项目群整体推进。按照项目群开展进度、质量、安全、造价管理，实施整体管控，强化资源调配和进度统一，最终实现整体最优。

（五）加强全过程监督，控制建设风险

1. 实施全过程审计，实施全程监督

张家口公司提出建立"全程跟踪、全时跟进、全面服务"的三全审计服务模式，以审计手段服务和促进工程质量和资金使用效益双提升。一是严把审计质量全过程。规范工程审计的程序和范围，以信息系统在线审计和已有资料审查为突破，以现场审计为重点，将工程质量、进度从审计视角完整重塑、再现，严抓基本建设程序这根主线，全力促进投资审计成效。二是计划管理全时跟进。从项目立项审批、建设实施，验收运行等全过程环节入手，改变"重造价审计、轻管理审计"的现象，在审计项目全覆盖的基础上优化审计资源配置，全面推进工程和投资审计工作迈上新台阶。三是监督服务全方位。主动跟

进项目建设管理，坚持审计工作监督和服务并重，突破事后审计局限，全程服务项目建设。

2. 实施全景数据监测，加强风险实时管控

张家口公司建设具备计划进度监测功能的大数据平台，实现互联多维的全面监测与立体直观的全景展示紧密结合，从而全面提升电网建设的效率、质量，提高施工进度风险管控水平。

一是精准监测，完成建设工程全流程管控。确定可研批复、项目核准、初设批复、工程开工、建设施工、工程投产、工程结算和竣工决算"八个环节"，开展计划完成时间与实际完成时间比对，判断是否延期，掌握项目进度情况，追溯项目异动原因，分析关键影响因素，提出项目管控建议。

二是实现全方位、多角度、立体化的电网建设项目建设监测展示。两视角展示，即有时间进度监测和管控指标监测两种切换界面，可以直观展示当前奥运配套电网建设进度和相应的安全、质量、资金相关指标。两主线展示，即电网基建项目从时间维度和空间维度展示电网建设项目的情况。三阶段展示：采用创建三维地理信息系统（GIS）模型对电网建设项目计划中、已开工和已投产的工程进行空间位置的标识，灰色为计划中工程、蓝色为已开工在建的工程、橙色为已投产工程。

三是精准告警，实现全方位运营风险预警展示。集成基建信息平台的计划数据和进度数据、相应指标，对当前接入的电网基建明细数据进行监测，确定预警规则，设立指标阈值，当进度或指标出现异动时指实施自动预警和告警，计划正常状态为绿灯不闪烁，预警状态为黄灯闪烁，告警状态为红灯闪烁，及时采取风险控制措施来消除风险。

（六）开展立体评价，提高电网建设质效

1. 开展工程后评价，提高建设实效

张家口公司打造电网单项工程后评价工作机制，构建涵盖前期工作过程后评价、生产运行评价和经济效益评价3个方面的电网单项工程后评价体系、评价模型与方法，通过对单项工程的指标化客观、科学评价，反映项目建设的各类问题，推动电网建设持续改进。

2. 评价新技术应用贡献度，推动新技术应用

一是形成指标评价框架。综合考虑核心价值、主要特征、关键技术三个维度指标框架，准确反映新技术在智能电网中应用成效贡献度需要从运行结果、业务能力、技术能力三个维度进行对比分析。二是确定具体指标。张家口公司运用分析法、综合法、交叉法、指标属性分组法等多种方法，从安全性、可靠性、经济性、清洁化等多个维度设置具体评价指标，涵盖能源利用效率、电网可靠性、新能源消纳率、导则执行率等表征电网运行水平指标。三是开展评价。构建以电力新技术对冬奥智能电网建设成效贡献度为主的评价体系，通过新技术应用前后的效果对比，计算出新技术应用对智能电网效率的提升程度，从而选择适宜的新技术在项目中加以推广应用。

在冬奥专区建设过程中，经过新技术应用成效贡献度分析，在"发—输—配—用"四个方面都确定重点推广应用新技术。一是推动发电清洁替代。冬奥专区能源供应体系全部为集中式风力发电、光伏发电、分布式电源、储能系统等清洁能源。二是建设超特高压输电网络。冬奥专区输电网络新技术主要为1000千伏张北特高压工程和±500千伏柔性直流输电工程。三是打造高度融合配置的配电网。冬奥专区配电网络应用交直流混合配电网、专区直流配电网、柔性变电站、并网型微电网等先进新技术，展现不同技术在各个冬奥应用场景中高度融合配置。四是确保多元化用能体系协调稳定运行。冬奥专区用能体系体现为需求侧管理模式、电力定制化服务、智能家居、智能小区、车联网、充电汽车、清洁供暖等新型应用场景。

3. 优化绩效考核体系，推动协同作业

张家口公司围绕着举办"绿色奥运、低碳奥运"的目标，设置各部门、各单位的绩效考核指标，纳入企业负责人绩效考核和县公司对标体系，层层分解，落实责任，推动各部门、各单位协同作业，确保

高质量、高标准完成奥运专区电网建设任务。

（七）构建保障体系，提供人才支撑

1. 构建组织保障，确保责任落实

建立以公司领导为组长，各专业部门、各支撑机构、各区县分公司主要负责人为成员的冬奥专区电网建设和可再生能源示范区建设领导小组，明确管理职责，全公司各部门、各层级共同参与、协同配合，高效推进以冬奥专区电网建设。

2. 培养高水平人才，提高队伍素质

一是组织轮岗锻炼。借助参与奥运专区建设的机遇，着眼培养全球视野的复合型人才，在张家口公司本部、业务支撑机构、县公司之间实行交叉轮岗制度，定期组织开展轮岗锻炼和A（B）岗替换，拓展知识结构，丰富工作经验，提高实践能力，为打造适应公司改革发展需要的优秀青年人才。二是推进人才帮扶。为支撑张家口公司低碳冬奥等重点工程项目顺利实施，从冀北公司、国网经研院等单位选派电网规划、新能源、电能替代、信息通信等方面管理和专业技术人员开展跨单位人才帮扶工作，发扬"传帮带"作用，助推低碳奥运专区建设。

三、以服务"低碳奥运、绿色奥运"为目标的城市智能电网规划与建设管理效果

（一）提供了可再生能源示范区城市智能电网样板间

张家口地区是国家规划的千万千瓦级新能源基地，新能源装机容量2017年已达到1058万千瓦，按照规划，2020年可再生能源装机将达到2000万千瓦。届时，冀北电网新能源装机将与全网负荷相当。张家口公司以举办低碳绿色奥运为目标开展城市智能电网建设管理，张北风光储输示范工程和风电检测中心已经建成投运，成功地提高京津冀地区的清洁能源消纳比例，解决发展与环境的矛盾，打造支撑"绿色冬奥、低碳冬奥"的奥运专区电网，并将全球能源互联网三大要素全部融入冬奥专区电网规划建设中，形成了全球能源互联网的"样板间"，形成可推广、可复制的电网发展典型示范。

（二）全力支持绿色冬奥，展现良好品牌形象

张家口公司积极与北京冬奥组委、张家口市及崇礼区政府相关部门积极协作，及时掌握冬奥电力需求，主动谋划电力配套项目，公司上下全力支撑冬奥电力专区建设，树立了张家口公司良好服务形象，为张家口公司建设"一强三优"现代公司打下坚实的基础。2016年5月，推动国网冀北电力有限公司与张家口市人民政府在张家口市签署《共同推进全球能源互联网创新示范区建设、服务"绿色奥运"战略合作协议》，共同打造可再生能源的"国家名片"。式

（三）夯实管理基础，推动提质增效

一方面，培养出公司一批专业业务骨干，积累了丰富的工作经验，将在2022年北京冬奥会的电网建设、运行、保障和应急抢修等工作中发挥核心作用，并为全球能源互联网张家口创新示范区建设提供了坚实的人才储备和技术储备。另一方面，强化电网建设的经济性评价，张家口公司经营业绩不断提升，创造了可观的经济效益，通过精准投资和加快建设速度，及时供电，2017年增加直接或间接经济收益575万元。

（成果创造人：田　博、郑　林、周玉超、李永东、林　晋、李国武、周　毅、刘德坤、武剑飞、张　婧、周　鑫、张　涛）

供电营业厅"智能+体验+营销"服务体系的构建与实施

国网湖北省电力有限公司

国网湖北省电力有限公司（以下简称国网湖北电力）是国家电网有限公司（以下简称国家电网）的全资子公司，负责湖北省全境的电力供应，以电网建设、管理和运营为核心业务，是三峡外送的起点、西电东送的通道、南北互供的枢纽、全国联网的中心，拥有31家直属单位、81个直供直管县级供电企业，截至2017年年底，总资产达到1180亿元，员工47504万人，拥有110千伏及以上公用变电容量14173万千伏安、输变电线路48093公里，用电客户达到2400万户，湖北全社会用电量1869亿千瓦时，其中国网湖北电力售电量为1508亿千瓦时，同比增长6.14%，营业总收入达到909亿元。近年来，国网湖北电力获得"全国民生服务人气大奖""全国电力行业企业文化建设示范单位"等多项殊荣。

一、供电营业厅"智能+体验+营销"服务体系的构建与实施背景

（一）提升服务能力，满足优化营商环境的新要求

营商环境是一个国家和地区核心竞争力，优化营商环境已成为各国政府提高国家竞争力、提升生产力的重要手段。为了切实落实国家优化营商环境的要求，提高客户服务便利性、降低客户用电时间和成本，必须构建反应敏捷、响应快速、执行有力的新型供电服务模式。营业厅作为电力服务的"最后一公里"，由单一的"业务办理+缴费服务"向"智能+体验+营销"的服务模式转型，实现办电更便捷、用电更智慧、服务更贴心，满足多元化的服务需求，切实提升营商环境，是国网湖北电力理应承担的责任和使命。

（二）锐意改革创新，适应互联网时代电力营销新环境

2016年，国网湖北电力顺应时代潮流，加快智能电力营销体系的建设步伐，全面推广支付宝、掌上电力、微信缴费。截至2016年，智能电管家推广用户突破1300万户，营销业务办理和缴费加速由线下向线上方式转变，线下实体营业厅没有得到相应的配套建设，临柜业务量直线下降，面临着业务萎缩、客流量不足、功能发挥不足、资源利用率不高、客户体验不佳等问题。如何应用互联网技术推动实体供电营业厅实施转型升级、功能重组、业务重塑、流程重构，建立基于客户感知、满足客户消费心理诉求的全新服务体系，推动线上线下渠道协同发展，是国网湖北电力面临的重大挑战。

（三）挖掘客户需求，抢抓综合能源业务发展新机遇

当前，电力体制改革和能源革命已进入全面深化期，售电侧改革步入深水区，大量社会化的售电主体进入售电领域，配售电业务领域将面临前所未有的竞争局面。面对愈加严峻的电力营销形势，为了提高市场竞争力，适应电力体制改革和未来监管要求，国家电网明确新时代下"建设具有卓越竞争力的世界一流能源互联网企业"的战略目标，确定了由单一的电力提供商向综合能源服务商转变的工作思路。供电营业厅是客户体验供电服务产品的直接渠道，是挖掘客户需求、创造价值的重要阵地，传统实体营业厅硬件设施、服务方式、服务能力、服务产品已不能适应新时代客户的要求，无法充分挖掘客户在综合能源服务、电能替代和节能服务的需求，不能更好地为客户提供增值服务，这些问题都将削弱国网湖北电力的市场竞争力。因此，国网湖北电力亟须在新时代下通过实体营业厅洞察客户需求，调整服务策略、转变服务模式，以更优质和更专业的服务赢得客户和市场。

基于以上背景，国网湖北电力自2016年以来，在供电营业厅构建并实施"智能+体验+营销"服务体系。

二、供电营业厅"智能+体验+营销"服务体系的构建与实施内涵和主要做法

国网湖北电力以落实国家电网新时代下"建设具有卓越竞争力的世界一流能源互联网企业"的发展战略为引领,以客户为中心,市场为导向,对营业厅分层分级明确差异化定位,优化营业厅整体布局,奠定智能化、体验化服务硬件基础;应用互联网技术,以营业厅为入口,提供线上线下一体化服务;应用互联网思维,实施报装线上"超市化"和"共享电工",为用户提供定制的个性化增值服务;对接产业链企业,打造战略联盟,为客户提供综合能源服务,提升客户长期用能效率;通过营业厅运营平台实时监测业务信息、设备状态、服务指标,持续提升服务水平。国网湖北电力在供电营业厅构建并实施"智能+体验+营销"服务体系,以营业厅"前端"升级改造和"线上线下一体化电力服务平台"撬动"后台"营销管理的全面变革,畅通服务"最后一公里",使营业厅成为互联网时代下电力服务全面提升的重要载体,将其打造为形象展示的窗口、电力营销的前台、客户服务的支点、市场拓展的阵地和价值创造的中心,如图1所示。

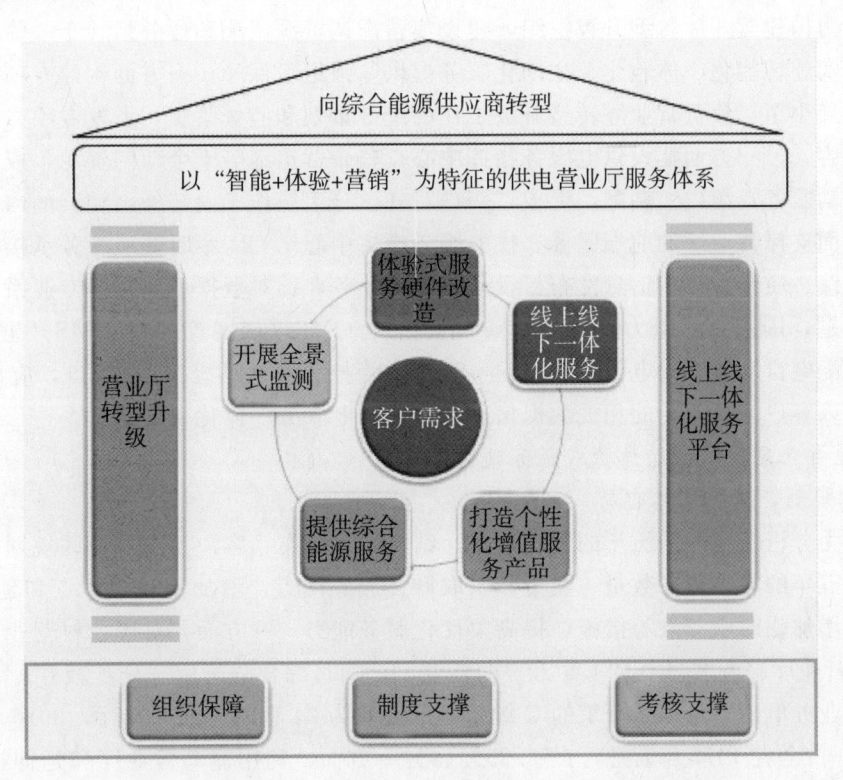

图1 供电营业厅"智能+体验+营销"服务体系示意图

(一)以需求驱动服务,明确工作思路

1. 开展客户调查,精准分析客户需求

国网湖北电力针对不同类型的客户,开展线上和线下需求搜集和分析,深入了解客户现实和潜在的用能需求,着重分析客户在实体营业厅网点布局、服务形式、互动方式、沟通渠道、个性产品等方面的预期。应用聚类分析法对调研问卷进行量化分析,精准研判客户需求。一是服务便捷化的需求。53%企事业客户期望提供发票邮寄或电子发票服务,95%的企事业单位客户期望精简报装环节、缩短时间,实现线上申请、一键完成。60%低压客户期望实现发票自助打印,75%低压客户期望线上办理过户。二是新型业务的需求。75%的受访客户期望提供产权后故障处理延伸服务,100%的企事业单位客户期望供电企业提供能效服务,76%的客户期望了解分布式电源、储能技术的相关知识。三是服务快速响应的需

求。38%的客户期望提供24小时电力服务，100%企事业客户期望拥有点对点的客服专员。

2. 问题引领发展，明确总体工作思路

通过分析调研结果，传统供电营业厅存在服务被动、信息分散、响应滞后、产品陈旧等问题，具体表现在硬件、软件、产品和管理四个方面。一是硬件不匹配，二是平台不匹配，三是产品不匹配，四是管理不匹配。国网湖北电力以问题为导向，从硬件、平台、产品、管理四个维度来实施转型升级，构建以"智能＋体验＋营销"为特征的服务体系。硬件上实施营业厅整体规划优化，开展单个营业厅空间布局和硬件的智能化改造，打造体验化服务的硬件基础。平台上构建O2O线上线下一体化电力服务平台，应用"互联网＋"和移动平台实现智能化服务。产品上打造个性化和定制化的电力服务新产品和综合能源服务，由被动"坐商"向主动"行商"转变；管理上构建流程、资源、指标的全景可视化监测平台，以实时评价持续提升智能化服务能力。

3. 强化内部协同，构建坚强组织保障

国网湖北电力构建营业厅转型升级组织，建设集营配调资源调配和业务运转于一体的供电服务指挥平台，为营业厅实施智能化、体验化、主动化服务提供坚强组织保障。一方面构建专项组织。国网湖北电力成立专项领导小组，负责营业厅转型升级工作的统筹策划和监督落实，下发专项方案，明确营业厅转型升级工作内容。另一方面建设供电服务指挥中心。整合营销部等十个部门资源，成立独立的供电服务指挥中心，推动服务资源线上调配，形成"一口对外、分工协作、内转外不转"的内部协同服务运转机制，从后台全面支撑营业厅的前端服务。供电服务指挥中心7×24小时开展业务承接、业务研判、工单派发、过程跟踪、质量审核、信息发布、设备监测等业务，针对数据分散在各专业系统中、服务信息流不够顺畅的问题，国网湖北电力打通SG186（营销）、OMS（调度管理）、PMS（生产管理）、EMS（调度自动化）、配电自动化、用电信息采集、生产实时管控等九大系统17个接口，应用大数据分析技术，充分融合"以客户为中心"的相关数据信息，建设供电服务一体化工作平台。

（二）明确差异化定位，打造体验式服务硬件基础

1. 开展总体规划，优化总体布局

国网湖北电力分析营业厅的历年的运营数据，结合地理分布、客户需求、地区规划，将营业厅的服务能力适配未来五年的客户服务数量、类型，采取撤并服务网点，增加流动服务点和延伸柜台等措施，减少无效网点，增加临时服务点等措施，提高柔性化服务能力。一方面，对于乡村营业厅营业户数小于0.5万户，城市营业厅服务客户不足1.5万户的营业厅，通过综合分析后，分步裁并；将全年坐收电费少于0.8万笔，业务申请不足0.2万笔的C级营业厅改造为24小时自助交费厅，2016年开始共裁并C级营业厅35个，占全省1077年营业厅的3.25%。另一方面，利用流动营业厅和延伸柜台服务提升柔性化服务能力，满足时间和空间上波动性的需求。

2. 分层分级管理，明确差异化定位

国网湖北电力对全省营业厅实施分层分级管理，根据地区特点、用户特点、营业厅面积，因地制宜，精准定位A、B、C、D四级营业厅的功能和服务特色，为不同客户提供差异化的服务。

第一，打造品质最高的全功能旗舰厅，建设市场拓展基地。A级营业厅为14地市分别有一个，定位为全功能旗舰厅，是每个地区市场拓展的前沿基地、服务文化的展示基地、高端人才的培训基地、营销业务的创新基地，要求功能最全、品质最高、服务最优。A级营业厅面积在500~800平方米，打破传统条块式的空间布局，结合线上引流和全业务场景进行客户动线设计，对每个功能区域配置互动体验式设备，通过"客户经理＋产品经理＋专家顾问"为企业用户提供基础用电服务、个性化的用电规划、高附加值外延增值服务。

第二，打造效率最高的精品服务厅，建设区域销售中心。B级营业厅为每个县（含县级市）一个，

定位为区域销售中心和精品服务基地，提供全方位的销售服务，是服务品牌推广的基地。B级营业厅面积在200~300平方米，充分考虑区域内用电客户群的特点，重点提供企业用电服务、宣传展示、互动体验、新型业务，根据客户需求兼顾开展代理业务。

第三，打造策略最活的智能轻型厅，提供自动柔性服务。C级营业厅数量占总量的90%左右，国网湖北电力根据服务区域的客户群需求，柔性化配置硬件、软件、人员，以满足布局灵活、形式多样、特点突出的要求。配备自助服务终端和可视化客户经理服务终端，实现业务办理高度自动化、智能化，发挥营业厅的"入口"作用，逐步将传统的报装和缴费业务导入线上处理，着力挖掘本地区客户群适配的个性化的电力营销新业务、新市场。

第四，打造响应最快的自助迷你厅，提供快速响应服务。D级营业厅定位以响应最快、效率最高、以客户自助办理为主，实现按需延伸、智能运营、办理便捷。此类营业厅安装多功能自助终端、可视化服务柜台，提供24小时全天候服务。

3. 制定建设标准，定制化配置硬件

一是开设引导待办区，实行客户引流。引导代办区设排号机引导、分流待办客户，利用客户等候区设置客户交互体验操作区，开展客户线上引流，提升客户体验。

二是拓展业务办理区，推进柜台综合服务。业务办理区由单一业务受理向综合业务办理转变，兼顾业务受理、缴费充值、渠道推广、电能替代、充电桩、分布式电源等服务内容。业务受理人员通过智能座席，以开放式布局与客户交互，应用信息平台、平板电脑、扫描仪、二维码、高拍仪等智能设备，一站式提供各项服务，实时查询信息，实现业务人员与后台专家团队在线互动，确保客户需求"一站式响应、一键式办理"。

三是强化自助服务区，简化业务办理流程。增设自助缴费机、电子填单台、发票打印机等自助设备，实现居民新装、增容、更名过户、缴费、发票打印等业务自助办理。在C级厅、部分D级厅建设可视化互动台，客户可以通过语音和视频方式与远程智能座席互动交流，答疑解惑，提升客户体验。

四是丰富体验区和展示区，推介新型产品。在体验区和展示区采用实物、电子屏、全息投影、效能对比台、沙盘、VR、灯箱、文字等多种方式展示电能替代、节能减排、智能家居、电力金融等新型服务和产品，推介综合能源业务。

五是开展典型设计，持续优化升级方案。国网湖北电力分析客户在营业厅的动线历史数据，结合每个营销服务触点，开展路径设计，细化销体验区和服务触点设计，根据不同区域功能、空间大小，完成营业厅改造升级设计典型方案。后期通过对运营期间客户服务评价指数的跟踪，分析布局和设施对运营效率的影响，持续完善营业厅典型设计方案，确保实体营业厅升级改造的统一、科学、合理。

（三）应用互联网技术，实施线上线下一体化服务

1. 强化入口作用，推动自助线上服务

国网湖北电力运用"入口＋平台"的思维，强化实体营业厅的服务"入口"作用，找准O2O一体化营销系统服务"平台"定位，推动用户转向线上交互，提高服务效率，提升客户体验。一方面开展线下服务引流。在营业厅通过二维码指引、现场专员介绍、交互设备嵌入等方式推动客户在线上办理业务，营销服务人员在开展抄表、催费、故障抢修、用电检查等业务时，主动引导客户使用掌上电力、电e宝、微信公众号等线上服务渠道。另一方面推动线上客户转化。在各类线上交互渠道，如掌上电力APP、电e宝、95598服务网站、湖北电力微信公众号等各类APP中设置二维码进行服务导入，推动客户自发体验其他线上服务项目。

2. 实行工单电子化，提升服务响应速度

国网湖北电力开发营销业务全流程电子作业管理应用平台，在电子免填单、现场移动作业、远程电

子签批、电子工单可视化四个方面实现线上处理，实施电子化记录和无纸化流转，提高业务办理效率。客户可以通过移动终端及时了解工单执行情况，进行催办，与业务人员开展交互，提升服务的响应速度。作业人员通过移动终端接收工单，不受时间和地域限制，及时流转相关业务。管理人员实时监控、预警和督办工单，系统自动推送迟滞工单，实现工单"全程透明、过程受控"，全面提升服务的响应速度。

3. 开展大数据分析，解决服务痛点问题

国网湖北电力针对服务工单采取大数据分析技术，开发"数据库、主题库、图表库、分析模型"，针对工单的效率、质量、客户满意度进行全方位的分析，从时间、客户群体、服务类型、供电单位等多维度分析，穿透14个地市公司、123个县公司、1077个营业厅，分析各类受理工单数量、指标排名、存在的各类型问题、掌握业务不同环节的处理效率，及时发现滞留业务和薄弱环节，针对多次出现的服务的难点、痛点问题，推动服务流程持续改进。供电服务指挥中心应用分析结果建立客户服务"限时提示"机制，实施"日预警、周通报、月评价、月考核"，特别是完善重大服务事件紧急处置机制，按照分级分类方式，及时向供电营业厅发送客户服务异常信息，定时预警催办，防止重特大服务事件的发生或升级。

（四）应用互联网思维，打造个性化增值服务产品

1. 实施报装"超市化"，提升接电用户体验

湖北电力为破解供电企业"垄断"经营和"三指定"的社会舆论，解决业扩报装"耗时长""造价高""报装难"问题，以市场需求为导向，首创"报装超市"新模式。统一业扩配套电网工程、居配工程建设标准，落实典型设计和标准物料要求，将设计、施工、供货、监理、运维服务等作为报装超市的"商品"，在APP上开架陈列，为用户提供一个便捷、开放、透明、自主的公共平台。

2. 推出"共享电工"，打造延伸服务品牌

国网湖北电力以"便捷、安全、专业、高效、特色、公益"理念引领，创新打造"共享电工"服务平台，满足客户对专变维护、表后维修延伸服务的需求。一是审查资质，确保安全。国网湖北电力负责审查电工资质，具备资质的电工均可登记入驻，为客户提供专变代维、表后维修、智能用电等增值、超值的用电售后服务，客户有服务需求可根据电工的服务评价和信用等级自主选择，也可发布需求让电工进行抢单。二是开拓业务，延伸服务。通过规范化管理和专业化运作，整合零散的电力维修市场资源，打造质量过硬、价格透明、服务优质的电力维修平台，对专变用户、电力设备制造商、物业公司、充电桩业主、光伏电站等需求方提供产权侧以外快速、高效、经济、安全的电力服务。三是建立档案，追踪管理。通过共享电工服务工单，为专变用户建立维修档案，为大客户用电环境提供免费"体验"服务，结合用电检查工作，登记线路状况和潜在故障问题，及时发现客户用电安全隐患，降低用户内部损耗，增加服务的价值。

（五）提供综合能源服务，提升客户长期用电效能

1. 构建战略联盟，发挥窗口示范作用

国网湖北电力打造综合能源产业链联盟，与相关节能服务公司、电动汽车服务公司、电子商务公司、金融公司签订合作协议，在营业厅开展能效服务、渠道推广、电能替代、充电桩、分布式电源、金融服务等综合能源服务，为客户提供多渠道、全方位、宽领域的服务体验。一是加强现场宣传和体验。与优秀的电气（器）设备生产商、综合能源服务商、电力安装及服务提供商形成合作关系，客户通过营业厅现场体验，现场或线上下单，供应商提供全环节、全流程的线下服务，形成电力服务与增值服务业务间的协同推动效应，从而强化用户交互的场景化，推动用户快速了解综合能源服务。二是探索"互联网+家电"服务。开展"买电器，送电费"活动，引领家电行业入驻营业厅，利用线下营业厅展示区或

"国网商城"展示智能家居,将安全、绿色、高效、清洁用能习惯推广到城乡居民。三是创新综合服务模式。国网湖北电力与综合能源设备厂商合作为客户提供合同能源管理服务,客户无须初始投资,待项目实施完毕产生效益后,与设备供应商共同分享节能效益,分享期满后,无偿获得设备所有权。

2. 聚焦客户需求,量身定制专业服务

营业厅发挥服务前端的作用,在客户用电报装时提前介入客户用能规划,开展潜力综合能源项目的收集与跟进。一是深入调研需求,形成潜力项目库。结合营业厅所在地区能源消费现状、能源政策与价格、客户多元用能需求等,深入开展市场调研,按照"一地一策、重点突出"的原则,分析服务辖区能源消费发展趋势,形成调研分析报告。国网湖北电力利用营业厅服务网络,针对全省119个省级以上园区、120家重点工业企业用户、22个交通枢纽、80家商业综合体、71家医院、72所大型学校等进行逐户排查,摸清客户能源消耗量、用能结构、用能价格等,筛选确定目标客户的重点项目,形成潜力项目库。二是持续跟踪,提供专业服务。国网湖北电力为重点潜在客户提供免费能效评测服务和综合用能方案,为客户用电做"健康体检",变"管理对象"为"服务客户",量身定制用电工程、能源综合利用、设备代维等"一揽子"用电解决方案,降低客户整体用能成本。

(六)开展全景式监测,持续提升智能化服务能力

1. 开展全景监测,提升服务效率

通过营业厅运营信息平台实时监测营业厅服务人员状态,进行全过程数据采集和调配,监测排队等候数量、客户等待时长、业务办理密度,灵活调整不同区域的服务人员数量,调度空闲人员,满足不同时段、不同业务量的响应需求。一是通过对引导员在厅内的活跃性监测,分析员工的服务主动性,采取适当管理措施,提升员工的整体表现。二是通过业务办理时长、客户对话监测,了解营业人员业务熟练程度,针对性开展专业化训练,提升员工技能水平,提高服务效率。三是通过营业人员服务效率、业务工作量、客户消费习惯、客户流量等多个客户服务指标监测,综合分析营业厅的服务质量和运营效果,适时进行排班调度、科学配置资源,实现营业厅现场服务人员智能化管控。

2. 开展设备管控,确保可靠应用

通过营业厅运营平台实时接入营业厅硬件设备(如自助服务终端、移动受理终端),对设备运行频率、时长、健康状态、使用效率进行实时监测和分析,了解设备利用率和客户使用习惯。结合数据分析结果,适时调整设备分布、改进功能、增减数量,及时开展维修和检修,确保设备安全可靠。

3. 动态分析数据,持续优化服务

国网湖北电力持续将前端业务流、设备状态、客户动线等运营信息(数据)汇总到数据平台,利用海量数据进行分析客户体验和满意度,提升营业厅前端服务能力。一是服务策略优化。应用运营数据开展客户体验满意度细项分析,如业务办理效率、排队等候情况、营业员咨询解答准确度、设备使用便捷性、设备故障情况等,量化分析营业厅整体服务品质,便于管理人员全面掌握整体运作情况,有针对性地优化服务品种、空间布局、人员配置、设备配置。二是完善作业标准。根据数据分析结果,持续优化《营业厅运营管理标准》《营业厅客户服务规范手册》《营业厅员工工作规范》等制度标准,实现服务标准化、管理规范化。三是量化开展评价考核。依托营业厅运营平台,从"指标完成""工作综合效率""营销业绩""问题解决"四个维度开展运营质效评估;从营业人员工作纪律、服务规范率、应答准确率、业务办理效率、业务量等八项指标进行员工绩效评估,开展考核,找出管理弱项,开展持续改进。

三、供电营业厅"智能+体验+营销"服务体系的构建与实施效果

(一)面向市场,转型发展能力显著增强

国网湖北电力以"互联网+"技术为基础,推动供电营业厅硬件、平台、产品、管理智能化升级,促使营业厅由"单一业务办理"向"智能+体验+营销"转变,显著增加服务价值和客户黏性。通过与产业链相关公司建立合作经营关系,在营业厅为客户提供电能替代、能效服务、电动汽车充换电等新型业务,推动国网湖北电力向综合能源服务商转变。试点营业厅通过与家电大型卖场、知名品牌合作,大力开展"买电器送电费"等特色活动,销售各类电器1.8万台,售电量平均增幅达到10.96%,超过国网公司平均电量增幅3.24个百分点。截至2017年年底,共推广电能替代项目5567个,实现替代电量28.75亿千瓦时,完成节能项目19个,节电量1.30亿千瓦时,综合能源服务活动得到了湖北省内主流媒体高度赞誉,湖北省政府相关领导和部门给予了高度评价,取得了良好的经济效益和社会效益。

(二)提质增效,经营管理能力持续提升

国网湖北电力通过对营业厅实施分级管理、因地制宜,通过线上线下一体化运行合理利用服务资源,减少了窗口与人员配备,解决了场地限制、结构性缺员矛盾、人力资源利用率不高等问题,降低了网点建设成本,优化了客户服务体验,运管能力大幅提升,与当前互联网时代发展要求和电力体制改革下的市场竞争格局逐步适应。截至2017年年底,试点营业厅受理窗口缩减至3个,柜台办理人员平均减少1人,营业厅综合运营效率提升32.3%。线上业务快速发展,电子渠道用户达774.74万户,智能电管家1938.39万户,每月为国网湖北电力提供近24亿元现金流。2016年,"契合线上线下服务的智能电管家"服务品牌项目荣获国家互联网信息工作办公室颁发的"全国民生服务人气大奖"。

(三)服务民生,客户满意度不断提高

国网湖北电力通过营业厅级深度挖掘了客户服务需求,提高了服务能力,提升了客户满意度。试点单位客户往返次数大幅下降,"互联网+"线上业务办理率达到95%以上,基本实现了一般业务"临柜一次"、简单业务"足不出户",业务办理时间平均缩短20%以上,高压报装项目平均接电时间缩短19.8%,营业投诉总量同比下降23.87%,其中营业厅服务投诉率下降53%,客户满意度持续提升。

(成果创造人:傅景伟、王永会、张运贵、禹文静、李东升、宋 艳、刘 帆、彭 涛)

供电企业以保障营商环境为目标的优质电力服务体系构建与实施

国网福建省电力有限公司厦门供电公司

国网福建省电力有限公司厦门供电公司（以下简称国网厦门供电公司）是国家电网公司辖区内唯一身处特区的大型供电企业，承担着厦门市六个行政区的供电任务，营业面积1699平方公里，服务客户数超过140万户。2017年，公司完成售电量238.7亿千瓦时，综合线损率3%，全市供电可靠率99.987%，综合电压合格率99.999%。在国家电网有限公司31家大型供电企业业绩对标中排名第4，获评业绩标杆单位。先后荣获"全国文明单位""全国'安康杯'竞赛优胜企业""全国供电可靠性金牌A级企业""全国实施用户满意工程先进单位""全国实施卓越绩效先进企业""福建省委省政府厦门会晤筹备和服务保障工作先进集体"等荣誉称号。

一、供电企业以保障营商环境为目标的优质电力服务体系构建与实施背景

（一）打造优质电力营商环境的需要

营商环境是一个国家和地区的重要软实力，也是核心竞争力所在。要进一步优化营商环境，改善投资和市场环境，加快对外开放步伐，降低市场运行成本，营造稳定公平透明、可预期的营商环境。"获得电力"指标作为营商环境评价的重要内容，是政府关注焦点和监管重点。2018年福建省"两会"要求加快打造一流营商环境，推动福建高质量发展。国家电网有限公司把提升电力营商环境作为重中之重，要求各级电网企业坚持"人民电业为人民"，持续简化客户用电报装手续，努力降低客户用电成本，不断提升供电可靠性，规范供电服务行为，透明用电信息，让电力客户快用电、用好电。

（二）保障电力优质服务的需要

厦门特殊的地理位置和经济特征要求供电企业必须具备国际视野，将进一步提升电力优质服务能力作为高效坚强智能电网和助力社会经济高质量发展的重要支撑。目前，公司服务模式、服务流程、服务渠道、标准制度及服务团队建设还不够完善；营配融合不够深入，营销、配电业务开展和机构设置按纵向专业化条线管理模式分设管理，拉大了城区营配机构与属地客户服务距离，营配业务无法同频共振；优质服务评价、营销服务规范、智能用电、计量资产全寿命周期管理等指标排名相对靠后，业扩报装、抄表催费、配网抢修专业服务客户的满意度水平需进一步提升。

（三）提升服务管理能力的需要

服务管理能力是提升优质服务水平的基础。当前，公司服务管理能力仍存在短板，供电可靠性、办电成本、手续、时长、转供电清理等方面与客户期望仍有差距；服务行为类不规范问题尚未得到有效解决；业务执行尚存在诸多风险，安全风险意识、安全管理责任落实不到位，城市附加费支付电费手续不规范问题整改推进缓慢，反窃电工作有待提升；新型业务市场竞争能力不足，综合能源服务缺乏核心技术及市场敏锐度，电能替代拓展新领域技术成熟度不足，市场化售电业务人员配置缺乏；队伍及作风建设需进一步加强，面对新型业务的快速发展，营销队伍在服务理念、业务技能和工作作风等方面还表现出诸多不适应。

二、供电企业以保障营商环境为目标的优质电力服务体系构建与实施内涵和主要做法

国网厦门供电公司以保障营商环境为目标，全面树立以客户为中心的发展思想，构建并实施"e（易）用电"电力优质服务体系。坚持客户为中心，将客户需求贯穿于公司各项工作，为客户提供更加便民的电力服务，实现"始于客户需求、终于客户满意"；坚持问题导向，抓住客户服务痛点、热点，

精准发力,为客户提供更加高效的电力服务,全力补齐营销服务短板;坚持因地制宜,综合考虑地域差异、市场竞争以及企业成本效益等因素,明确服务边界,优化服务标准,为客户提供给更加优质的服务,实现企业与客户的共同发展;坚持绿色发展,打造以电为转换中心,冷、热、电、交通等多种用能需求灵活供应,具有鲜明特区特色的厦门城市能源互联网,为客户提供更加环保的电力服务;坚持创新引领,根据客户、市场需求变化,不断优化服务体系,推进服务机制创新、模式创新,确保服务能力在行业领先。主要做法如下。

(一)确立高效运转的"e(易)用电"优质服务组织体系

1. 成立专项工作领导小组和工作小组

组建"建立现代供电服务体系 打造一流营商环境"领导小组和工作小组,按照优化营商环境的要求,对公司服务体系构建和实施工作做出总体部署,决策工作推进过程中的重大问题,统筹安排相关资源。领导小组下设办公室,作为领导小组办事机构,贯彻落实领导小组的决策部署,按照部门职责推进各项具体工作,对重大问题提出解决意见后报领导小组决策。

2. 建设高效协同的供电服务指挥平台

整合营配调资源,构建多源数据融合、数据深度挖掘的供电服务支撑系统;强化跨专业横向协同,实施"一口对外"的客户服务流程线和"垂直支撑"的专业化管理线两条主线,集成业务职能,增强响应能力,实现诉求统一受理、需求快速响应、过程实时管控、质量考核监督,变被动服务为主动服务。

3. 建设前端坚强的"全能型"服务团队

推进营配深度融合,建设政企客户经理、台区(片区)经理、营业厅"电管家"等前端服务团队,建立客户经理分级管理制度。完善服务新标准,构建全专业全流程服务评价机制,实施城区低压网格化,加快建设"全能型"供电所,实施园区供电服务、城区低压网格化、农村全能型供电所前端服务"三个强化",实现服务"一次到位"。

4. 建设支撑有力的专业服务机构

成立业扩联合服务中心,发挥其在业扩报装工作中的主体作用,实现业扩流程在业扩中心内转外不转。发挥业务支撑机构作用,加强自贸区供电服务中心、电动汽车服务中心、能源服务分公司、供电服务公司等机构建设,在服务创新引领、综合能源服务、电动汽车服务、用电报装服务、配售电市场竞争等领域创新突破、有力保障。

(二)建立"e(易)用电"一站式现代优质服务新机制

1. 提供便民的办电手续

一是推行无障碍接电。创新"互联网+用电报装服务"便民渠道,主动对接政府统一获取施工单位资料,开展客户档案资料电子化工作,建立客户办电电子证照库和用户资料有效期核验制度,充分利用客户资料信息,客户办理后续业务时,就原有资料进行补充和确认,实现客户资料免重复提交,大幅简化受理环节数量和系统流程,提高供电审批效率。二是构建"最多跑一趟"机制。运用"大云物移智"技术,推行办电"两个一"(一码办电、一证启动)服务,推动全业务线上办理,通过大数据共享,实现居民和企业客户19项常规业务"一趟不用跑",8项业务"最多跑一趟"。依托政府"多规合一"平台,做好服务前置,实现注册企业用电申请"零资料"受理;推广应用"掌上电力"及"快车道"系统,深化应用14种"掌上电力"办电业务。三是压减办电环节。取消普通客户设计审查和中间检查环节,推行标准化图纸,统一竣工检验标准,合并现场勘查与供电方案答复环节、外部工程施工与竣工检验环节、合同签订与装表接电环节高压客户4个环节、低压客户2个环节完成办电,符合条件的分别压减至为3个和1个环节,时间分别压降至70天和7天。

2. 持续降低用能成本

通过优化出资界面,强化对工业园区电力公用设施的建设,减少企业建设范围和费用。一是出资完善供电设施。有供电企业出资建设各类工业园区、开发区配套的 35 千伏及以上变电站等公用供配电设施,完成企业新装接入的公共电网新建、改造,投资电能替代项目、电动汽车充换电设施土地红线外的供配电设施,将 10 千伏公网建设到客户红线附近,原则上对客户无条件放开接入、就近接入,客户先接后改,尽最大努力满足有用电需求的客户实时接入电网。二是降低电力客户用电成本。严格落实国家对大工业、一般工商业电价调整,支持电厂与企业的电力直接交易,不断降低企业用电成本。落实电价调整政策,三次下调大工业、一般工商业电价,推进临时接电费的清退工作,开展转供电清查治理行动,对具备一户一表改造条件的,尽快实现直供到户。三是提高电费透明度。严格执行公开透明的公示制度,所有营业厅均上墙电价标准、收费标准、监管电话和服务热线,接受客户和第三方监管。不断提升客户获取用电信息便捷度,推广微信公众号、营业厅、95598 网站(电话)、手机 APP、短信平台等多渠道查询电费信息、收费标准、电力政策、业务进程等信息。

3. 提高电力供应可靠性

一是加强主干网架电源支撑。优化 220 千伏及以上变电站布局,完善 500 千伏、220 千伏主干电网,全面构建以特高压为支撑、各级电网协调发展的海西坚强电网。二是加快建设一流现代网配网。全面开展标准化网架梳理,编制全市供电区域的目标网架规划,建成目标网架建设需求和运行仿真分析系统。超前布局园区配套电网,主动对接政府及市场需求,适度超前启动重要园区布点以及配套电网建设。三是优化主配网停电计划平衡。加强业扩工程计划跟踪,统筹安排配网改造、检修、市政、业扩、表箱改造等停电计划,严格推行停电综合检修,做到"一停多用"。四是实施低压抢修运维"一体化"作业。推动不停电作业跨越式发展,加快不停电作业基地建设,建成自贸区零计划停电先行区。

4. 优化线上线下业务办理

一是提供高效便捷的"互联网+"服务。推广应用"网上国网"统一服务平台,实现交费、办电、能源服务等业务"一网通办"。加快实体营业厅智能化转型升级,通过智能机器人服务、"一码办电"、线上办电体验区、微信预约办理等新举措建设智能型、市场型、体验型供电营业厅,提升电力获取、使用的便捷度与满意度,改善客户体验。二是提供贴心便民服务。优化办电流程,丰富交费渠道,推广停电信息主动告知、用能分析建议等特色服务。应用智慧能源服务平台,保障分布式电源、电动汽车、储能等新型用能设备的高效接入。推行电费发票及账单电子化,全面实现线上办电、线上交费、线上签署供用电合同等服务。三是及时传递客户用电信息。将现代信息通信技术与客户服务深度融合,通过网站、热线、营业厅、短信、微信公众号、掌上电力、电 E 宝等渠道开展电价政策宣传和客户自身用电信息查询;定期更新客户用电信息;及时反馈、答复客户提出的疑问。

5. 提供环保节能的综合能源服务

依托城市能源互联网建设,以提供整体解决方案为方向,拓展客户设备代维、能源托管、租赁服务、共享电工、低压能效管理等专业化服务,为客户提供"一站式"整体解决方案。一是建设示范项目。二是深挖电能替代潜力。构建 B2B、B2C 团队,前端拓展电能替代业务,建立完善市场化激励措施,对经认定的电能替代项目,以"分表计量、集中打包"方式参与市场交易,切实降低客户用电成本。三是打造"电池-汽车-桩-网"完整产业链。主导属地充电设施专项规划的及时修编完善,同步建立充电设施项目储备库,加强专业化运维队伍的建设。

(三)建成"e(易)用电"优质服务智能保障平台

运用"大云物移"技术、新一代智能装备、智能电表的非计量功能,整合电网拓扑、在线视频等 15 个业务系统的信息数据,实现供电路径实时在线监控和故障预警,改"被动"抢修为"预防式"主动电力保障。一是"全景"在线监控电力设施。完善变电站、重要输电通道视频监控系统和客户内部供电设施用电信息、视频监控装置，整合输、变、配等电网数据、状态、资源、故障及客户设备负荷、视频等信息，实现重要设备运行环境和客户末端供用电设施的实时监测，做到实数、实景、实效、实时"四实合一"。二是"全局"实现指挥中心统一调度。搭建省市一体指挥中心和前线指挥部高清视频会议系统，实现省市一体指挥中心、各前线指挥部间实时沟通。三是"全域"协同联动队伍。融会贯通各业务系统信息，做到营配调信息互联互通，应用"互联网+现场作业"技术，实时交互各专业、各层级的视频、图像、语音等多媒体信息，实现各专业全链条、全领域协同联动。利用 3G 单兵装备，将供电保障现场、输电走廊环境、用电抢修现场等画面实时回传至指挥中心，确保指挥人员对现场情况的实时掌握。四是开展故障主动抢修。充分利用智能保障平台配网重过载、低电压、三相不平衡、瞬时接地等各类管控、预警信息，强化设备运行状态监测，扎实开展设备运维，及时发现并处理设备缺陷。五是加快电网故障复电。应用智能保障平台，推进"全研判、全遥控"智能化配网调度体系建设，实现 10 千伏公网馈线 FA 全覆盖、10kV 故障主动研判全覆盖、配网改造实时在线异动全覆盖，配电网自动化监测和故障恢复能力有效提升。

（四）建立"e（易）用电"优质服务质量评价机制

1. 建立外部评价指标体系

为了让客户更好感知服务质量，进行有效的评价，从服务接触的角度，遵循指标全面、独立、明确、重要、可行等标准选取响应性、可感知性、可靠性、移情性、安全性、保证性和补救性七个方向，设置电能质量、用电报装、用电检查、电能计量、电费抄核、电话服务、故障抢修、客服管理、服务社会等子方向，采取调查问卷、用户意见卡、上门走访、组织大客户座谈会等方式得到客户、企业等服务主体外部评价指标数据，其中，最主要的方式是发放调查问卷。在调查指标体系基础上，供电企业可以针对不同类型的客户采取不同的调查侧重点，根据客户不同分为居民客户、非居民客户两类调查问卷。为了能够充分体现顾客的意愿，从调查数据实际情况提取相应信息，采用回归法对外部评价指标的权重进行确定，这样能够保证数据不受到主观因素的影响，保证数据的客观真实性。

2. 建立内部评价指标体系

基于服务过程质量和结果质量对供电服务过程进行考虑内部评价的指标体系，以实用、客观、唯一等为标准，以技术水平、经济效益、环境效益、用户参与度四个关键要素为核心，设置业扩报装、抄表收费、停送电、用电检查、电能计量、故障抢修、电话业务、客服管理、供电质量等子方向。采取管理对标、现场调研、"全过程、全流程"体验式管理等方式得到内部评价指标数据。

3. 建立闭环管控考核机制

建设供电服务指挥中心，根据内外部评价结果，聚焦服务行为、频繁停电、故障抢修、业扩报装等客户服务痛点，开展闭环管控，有效解决服务短板，提升客户体验。一是管控服务行为。分层、分级对各部门、各班组、各服务人员进行服务行为晾晒，按照"四不放过"原则升级投诉管控，提高服务规范和服务意识。二是管控频繁停电。严格落实"能带不停、一停多用"原则，对 2 个月内达到 2 次停电的台区进行预警，加强配网设备状态监测和主动检修；依靠大数据分析，建立完善迎峰度夏期间重复故障、重复报修、低电压、重过载三级设备清单，提升配网改造精准度。三是管控抢修服务。以"方案快速调整、故障迅速抢修、客户解释到位、信息及时互联"的指挥原则，提升抢修服务水平；依托城供检修公司、供电服务公司，组建管理统一、技能专业的低压维护及抢修服务队伍，开展延伸服务；以共产党员服务队为实施主体，对残障人士、五保户等社会特殊群体提供用电爱心亲情服务。四是管控业扩报装。将协同环节办理时效、业扩配套工程建设进度、客户满意度评价、电网资源信息公开、业扩容量开放、电网受限整改等纳入各专业考核体系。将集体企业承揽的客户工程纳入审计监察范围，重点对是否存在"三指定"违规承接工程、工程造价是否显著偏高、是否按合同履约等方面的合法性和规范性开展常态审计。

（五）完善"e（易）用电"优质服务技术保障体系

1. 建立健全服务风险管控体系

第一，管控安全生产风险。生产安全管控重点在作业操作途中、用电检查或者高危用电客户用电过程中出现的人身伤害，设备损害等方面的风险。一是建章建制，各类现场有据可依。二是实施安全培训，提升员工安全意识。三是专业引领开展风险辨识工作。四是加强配网生产计划的刚性管理。五是全面落实安全生产责任制。

第二，管控经营安全风险。经营风险具有客观性，它存在企业经营过程中的各个环节，不以人的意志为转移，任何一个细微的环节变动都会引起整个企业的经营活动发生波动并且产生不利的影响。一是应用智能电表采集系统保障电量安全。二是多措并举保障电费、账务安全。三是有效监督经营风险，建立健全稽查监控体系。

第三，管控服务安全风险。客户对于电力优质服务的期望值在不断增长，为电力营销业务的服务过程带来了众多潜在的要求，成为保持和提高公司社会形象主要的环节。一是引导员工树立专业管理理念。二是制定专业管理的目标。三是建立优质服务 PDCA 闭环管理。

第四，管控数据安全风险。大数据在优质服务中的应用越来越普遍，如果服务系统遭遇瘫痪，进而无法正常顺利开展电力服务的各项业务，如果重要的数据和信息丢失，整个电力营销业务会产生崩溃的严重后果。一是在管理上提高系统数据安全性。二是加强操作人员技能培训。三是在技术上提高数据存储安全性。

2. 建立健全应急处置体系

第一，严格落实电力设施安保维稳措施。一是加强安全保卫。构筑政企、警企联动的安保反恐防线，落实反恐重要目标"三防"措施，重点变电站升级安防系统，加装、配齐反恐设施和装备，启用身份认证识别，实行 24 小时"双岗"值班。建立政企、警企安防联动机制，将危及电力安全的违章建筑列入"两违"治理，签订变电站联防联动协议。开展电气火灾综合治理，建立微型消防站，组织重要客户电气线路消防检测。二是加强网络信息安全。组织学习网络安全法，制定宣贯信息反违章安全手册。开展变电站纵向加密，标准化配置服务器、网络设备和专用安全防护设备。组织开展信息安全隐患排查，堵塞安全漏洞，整改安全隐患。制定专项应急预案和现场处置方案，开展红蓝队攻防演练。三是构建保密管理新机制。严格履行保密管理主体责任，组建保密项目组，项目化开展保密管理工作。明确保密工作领导机构，强化保密监督，指导督促公司各部门、各单位规范开展保密工作，落实防范措施。推动各部门、各单位围绕公司中心工作，主动提出涉密文件、涉密会议、涉密人员管理保障需求，确保保密责任落实到基层、到班组。

第二，预置可靠的应急处置力量。一是提升抗台防汛能力。将"三个阶段、四条战线"的抗台抢险模式植入应急保障管理，重建"莫兰蒂"台风灾后电网，提升沿海重要线路防风等级，完成变电站防汛改造、低洼站房防涝加固和输电线路防风偏改造。编制《防抗台风作业指导书》，明确防抗台风期间的作业步骤及标准，为快速准确处置提供保障和依据。二是预置应急资源。提前落实应急抢修梯队和应急物资储备，预置冲锋舟、水陆两栖车等大型应急装备。建立基于物联网的应急物资保障体系，建设应急抢修物资仓储点。委托社会化交通运输公司作为运输保障"第三梯队"，确保应急用车需求。三是快速配送应急物资。按照"先近后远、先利库后采购"的原则建立高速物资调配机制。主要设备厂商技术人员入驻重大活动前线指挥部及时响应。建立以综合物资仓库为中心，辐射保电临时仓储点的物资储备网络。投运基于物联网的重大活动应急物资保障系统，实现全天候物资需求申报、在线即时办理领料手续、实时查询全范围应急库存，提升应急需求响应速度。四是组织应急演练。全面评估电源、电网和客户的风险隐患，按照最不利影响制定事故处理应急预案，按照"实战运转、实操校验"原则，组织全要素综合演练和专项演练。

（六）动态优化"e（易）用电"优质服务长效机制

以全面提升营商环境获取电力指标为目标，制定提升电力营商环境行动方案，总结提炼优质服务"三改、五减、两提升"，10个方面24条具体措施。同时，对行动方案加强沟通宣传、统筹协调，建立信息周报报送机制，强化评价考核建立指标评价体系和监督考核机制，并结合工作实际动态改进，确保公司2018—2020年，厦门市"获得电力"营商环境便利度排位始终在国网系统处于先进行列，高于厦门市整体排位，在2018年下半年国家推出的中国营商环境评价体系获得电力指标在全国大中城市居前5名水平。

三、供电企业以保障营商环境为目标的优质电力服务体系构建与实施效果

（一）电力优质服务管理能力大幅提升

国网厦门供电公司电力服务各项指标明显提升，2018年上半年在国家电网公司大型供电企业同业对标中综合得分率96.2%，排名前列；省内同业对标综合评价和业绩考核排名第1。蝉联全国安康杯竞赛优胜单位。供电能力方面，圆满完成金砖厦门会晤保电工作，成功抵御超强台风"莫兰蒂"，2017年，厦门供电可靠率达99.979%户均配电容量提升至4.89千伏安，10千伏故障平均修复时长较2016年压降36%；营销服务方面，2018年上半年售电量116亿千瓦时，比2017年上半年同比增长12.5%。10千伏、400伏平均办电时长分别压降至64天、5.9天；32家小微企业平均办电时长仅4.8天；电力改革方面，促成各方达成共识，相对控股翔安火炬园、参股海沧信息园区配售电公司；126家客户参与电力市场化交易，释放改革红利1亿元；绿色环保方面，建成全省规模最大的滨湖充电站，马厝充电站单桩日利用小时数和日均充电量均居全国第一；累计投运充电站39座、充电桩747台，形成核心区1.7公里充电圈。

（二）客户满意度大幅提升

客户回访满意率明显提升，从2017年的99.38%，提升到2018年上半年的99.52%，其中，业扩回访满意率达99.9%，较2017年同期提升1.6个百分点；客户诉求平均响应时长从2017年上半年的54.56小时，下降到2018年上半年的48.35小时；客户服务工作差错数量持续减少，从2017年上半年的142件，下降到2018年上半年的71件，同比下降100%；国家电网公司所属单位首家实现停电信息报送到户，主动推送停电短信，客户停电咨询量从2017年上半年的3542单，大幅减少到2018年上半年的1275单；客户报修催办率持续下降，从2017年上半年的3.46%，下降到2018年上半年的2.12%。

（三）服务地方发展，构建优质电力营商环境

认真履行国企政治责任和社会责任，全力支持地方经济社会发展，着力打造安全、稳定、可靠的厦门智能电网和城市一流配电网，为厦门经济特区建设发展和"五大发展"示范市建设提供了坚强有力的电力保障。厦门市自2015年起委托厦门大学对厦门市营商环境指标进行测算。2017年，厦门市营商便利度位列40名，其中"获取电力"指标位列28名（相当于意大利水平），比2016年提升17位，比2015年提升87位。2018年4月，厦门大学公布2017年"获取电力"指标，厦门保持排名第28位，分数有所提升，助理厦门打造国际一流营商环境。

（成果创造人：周敬东、许志永、刘海沧、林　蔚、黄景崖、童　刚、沈晓秋、孔瑞忠、张　颖、张卓生、戴贤哲、陈晓晖）

供电企业基于"互联共享"的综合能源服务管理

国网山西省电力公司晋中供电公司

国网山西省电力公司晋中供电公司（以下简称晋中供电公司）是国网山西省电力公司直属大型一类供电企业，担负着山西电网南北联网和晋中11个县（市、区）的供电任务，服务用户121万户。晋中电网位于山西电网中部，东与阳泉电网、西与吕梁电网、南与临汾电网、北与太原电网相连接，是山西南北联网的咽喉要塞。截至2017年底，拥有35千伏及以上变电站126座/9990.55兆伏安（220千伏站15座/4830兆伏安，110千伏站45座/4032兆伏安，35千伏站66座/1128.55兆伏安），35千伏及以上输电线路296条/4154.727公里（220千伏线路52条/1420.657公里，110千伏线路108条/1421.328公里，35千伏线路136条/1312.742公里）。近年来，先后荣获"全国精神文明建设先进单位""全国用户满意企业""全国文明单位"等荣誉称号，连续3年被列入晋中市行风免评单位行列。

一、供电企业基于"互联共享"的综合能源服务管理背景

（一）贯彻绿色发展理念，服务能源清洁转型与地方经济发展的需要

党的十八届五中全会明确把"绿色发展"作为新发展理念，标志着我国经济社会发展进入了更加注重生态文明建设的新阶段，推动构建清洁低碳、安全高效的现代能源体系成为能源转型的必然途径。电网两端分别连接能源供给侧与消费侧，是能源资源输送配置和转换利用的基础平台，处于能源体系的中心环节。随着能源体制变革、技术发展、系统形态升级，能源服务形态日益呈现出新的特点。以电网为核心，打破传统单一化的能源服务模式，实施能够有效满足多元化、个性化的能源生产与消费的综合能源服务新模式，探索一条绿色、低碳、生态、智慧的能源经济发展道路，以点带面推动山西绿色经济转型，具有十分重要的意义。

（二）探索开展综合能源服务，培育企业新的效益增长点的需要

随着新一轮能源技术革命蓬勃兴起，互联网理念加速向能源领域渗透，客户需求更加多元化，能源服务需求呈现出技术创新加速、新型商业模式不断涌现、更加注重系统集成融合等新的特点。面向新形势，《国家电网公司"十三五"节能业务发展规划》提出将综合能源服务业务打造成公司新的业务增长点。充分发挥电网企业资源、管理、技术等方面优势，以解决客户需求为导向，通过能源品种组合或系统集成、能源技术或商业模式创新等方式，为用户热、电、水、光的综合能源需求搭建平台，提供面向终端的能源集成或创新一揽子解决方案，推动能源系统中分散化的用户、差异化的能源、多元化的商业主体紧密联系，持续提升客户收益与满足感，已成为供电企业新形势下推动供电服务管理转型升级、提升企业效率效益的重要抓手。

（三）适应电力体制改革新形势，持续提升客户服务水平的需要

当前，以市场化为方向的新一轮电力改革进入攻坚阶段，特别是随着增量配电与售电侧放开，发电集团、电力工程、电气设备制造、综合能源供应商等越来越多的多元化市场主体进入电力市场，市场竞争日益激烈。面对改革发展新形势，供电企业客户服务响应速度慢、服务流程不顺畅，精准服务能力不强等短板逐渐显现，改革意识和市场意识有待强化。

二、供电企业基于"互联共享"的综合能源服务管理内涵和主要做法

晋中供电公司按照"平台化发展、市场化运作与差异化服务"的基本思路，建设综合能源服务大数据平台，推动供电企业、用户、设备之间能源信息深度融合与互联共享。在此基础上，深入挖掘客户用

能信息，提供个性化精准服务；延伸拓展服务范围，为客户提供节能解决方案；优化服务保障体系，提供多元化增值服务；构建资源共享机制，推动能源服务"共享共赢"。经过帮助用户开展能效分析、用电成本分析、节能效益分析等一系列的探索实践，开拓了综合能源服务市场，显著提升了客户服务水平，培育了新的利润增长点，促进了电网企业与客户互利共赢。主要做法如下。

（一）明确综合能源服务管理指导思想与目标

晋中供电公司针对供电服务现状和外部环境的变化，转变服务理念和决策思维，深入多方调研，科学规划目标任务。

明确综合能源服务管理实施目标方向。着眼于更好地满足客户需求，拓展市场空间，充分挖掘电网服务资源利用效率，晋中供电公司先后组织多次内外部企业调研，包括浙江、江苏、上海电力公司等兄弟单位，深入借鉴经验，提出综合能源服务管理实施目标是面向能源系统终端，以解决客户需求为导向，通过能源品种组合或系统集成、能源技术或商业模式创新等方式，持续提升客户收益与满意度。其中，能源是基础，即提供产品和服务的重要载体；服务是载体，即有效满足客户需求，提升满意度的关键；综合是方式，即坚持综合化发展，推动"能源共享＋客户服务"，引领更高品质、更高效率、更低成本的持续创新。

提出"互联共享"的综合能源服务管理基本原则。结合综合能源服务管理实施整体方向，晋中供电公司经过反复论证，明确"平台化、市场化与差异化"的三项基本原则。"平台化"，依托电网优势延伸价值链条，建立大数据综合管控平台，促进内外部资源整合，推动综合能源信息互联共享。"市场化"，加快建立以客户为中心的现代服务体系，将客户多元化、高品质用电需求作为工作的出发点和落脚点，以市场化运作方式积极参与市场竞争，实现对客户需求的快速、高效响应。"差异化"，综合考虑业务契合度、客户黏性、盈利能力等因素，因地制宜针对不同类型客户提供专业运维、用能监控、差异化服务。

（二）建设大数据平台，推动综合能源信息互联共享

晋中供电公司加快建设基于智能园区配电网的"大数据综合能源服务平台"，推动能源信息互联共享，创新服务响应方式与服务监控手段，实现综合能源服务信息动态更新、服务状态在线监测、客户需求快速响应以及各项业务资源统筹调配。

创新整合信息系统，实现多领域大数据的集成融合。综合应用大数据、云计算等现代信息技术，集约整合数据资源。面向企业内部，将现有营销 SG186 系统、稽查系统、用电信息采集系统、PMS、ERP 等系统进行整合，打通各系统通道，开放数据源采集和数据接口，统一接入数据池进行信息归集，实现跨专业信息互通。面向企业客户，通过走访用户，筛选出山西源泰重工液压等 450 个重要用户，分布在 760 个配电工段。在用户侧安装 1100 个电能信息监测点，通过数据服务器将数据传送到大数据综合服务平台，在平台实现能源信息融合共享，解决数据"归集、融合、分享、应用"难题。

深化业务融合，实现跨部门关键数据资源共享。严格把控数据质量，建立标准化数据导入模板、操作规范、数据更新频度及信息校验反馈，作为大数据分析的基础。利用集成融合的大数据综合服务平台，依托"数据共享"功能，智能提取各系统关键环节节点信息，主动推送至各个相关部门，实现多方信息对称和数据共享。

建设可视化辅助系统，实现用电设施在线监控。完善视频监控系统和客户供电设施用电信息、视频监控装置，按照园区企业分布和输配电一次系统实现电能的可视化，实现园区内企业的总体用能监控。监视界面显示整个电力监控系统的网络图，动态刷新园区内企业用电的实时运行参数，监控系统的画面根据现场实际状况进行实时更新，做到实数、实景、实效、实时合一。

通过建立以上功能模块，收集、分析各个平台、设备以及用户信息，构建大型的数据管控平台，实

现对海量数据的高效管理，提供便于分析的干净数据或可视化数据，为设备运行以及平台、设备、用户间的深度融合与紧密互动提供强大的数据支撑，进一步为深入挖掘用户用能行为特征、提供能效评估等综合能源服务业务顺利开展奠定坚实基础。

（三）挖掘客户用能信息，提供个性化精准服务

晋中供电公司从实施客户画像管理着手，基于市场细分针对不同客户开展精准营销，充分挖掘客户服务大数据价值，提供精准化、个性化服务。

建立客户标签库，描绘"客户肖像"。晋中供电公司利用公司内部客服、营销、生产等海量数据，以及外部其他数据，对客户个人信息、用电信息、消费信息、渠道信息、客户信用及行为轨迹进行挖掘分析，采用打标签的方式建立多维度、立体化的客户画像，实现个体与群体服务需求精准分析，为个性化精准服务提供决策支持。

基于客户画像挖掘数据价值，提供个性化服务。依托大数据分析，进一步开展电费风险、客户信用、渠道偏好、用电行为分析预测。例如，构建电费风险评估模型，开展客户信用评价和电费风险防范分析。结合用户历史缴费情况以及外部行业景气情况进行提前预测，识别高风险客户，进一步制定风险防控执行方案以及跟踪举措，实现大客户欠费风险"一户一策"和低压客户欠费风险"一类一策"。对于不同类型的耗能行业，如金属冶炼、材料加工等，针对不同行业的负荷曲线分别进行聚类，明确定位不同行业中进行电能替代的高潜力客户，进一步实施全过程互动服务，制定个性化的服务策略。

（四）延伸拓展服务范围，为客户提供节能解决方案

深化客户用能全景分析，开展节能能效评估。在大数据分析的基础上，对用户用能进行全景分析，提供节能评估和能效分析。通过掌握用户生产中能源消耗的种类和数量，分析用户的能耗水平及其生产用能效率，评价用户能源利用的合理性、节能措施的可行性、工艺技术的先进性，以及是否符合国家和行业的节能设计标准与规范。例如，通过对园区内企业的总体用能、实时运行参数进行监控，开展企业尖峰、谷、平电力及电量消耗的统计及分析，在此基础上，科学开展用电成本分析管理，指导用户进行合理的负荷特性优化功能及用电效率分析。

提供节能诊断，指导客户进行节能技术改造。通过客观分析客户企业在能源生产、利用与消费等过程的利用效率，评估用户合理利用能源和节能方案的可靠性，并根据促进技术进步的原则提出改进意见，设计个性化的节能解决方案，推动用户优化用电模式，进行管理节能与技术节能，实现节能降耗增效，达到合理利用能源和节约能源的目的。

（五）优化服务保障体系，提供多元化增值服务

细分服务需求，建立差异化的客户服务模式。在开展综合能源服务时，考虑主体众多，不同用户利益诉求不同，其参与互动的目标也有所差异。在实践中，晋中供电公司依据服务的不同特征，将服务模式分为标准化用户服务模式和VIP用户服务模式。通过对用户的资产信息、用能信息和用户信息等资源进行深度挖掘，可以根据分析用户的供用能特性，细分客户群体和类别，设计综合能源套餐、单项能源套餐、应急能源套餐、电动汽车充电服务等基础综合能源套餐，为客户提供广泛、全面的能源套餐，积极与客户签订长期能源供应合同，满足客户不同的基础用能需求，提供便捷的全方位以供电为基础的综合能源服务，粘连客户。

通过大数据分析，推行"管家式"服务。对不同用户进行分类分析，确定用户的用电习惯和产品特性，针对不同性质的用户定期推送电价信息、组成、峰谷时段，分析用户用电时序图，指导用户合理错峰用电，开展用户消费行为研究，针对不同行业、不同习惯的用户提出针对性的能效管理策略，提升客户满意度。深挖数据价值，为用户提供节能改造策略，进一步减少二氧化碳排放、缓解空气污染问题，为用户降耗增效。

对配网故障进行准确定位,提供高效抢修服务。发挥大数据作用,快速发现、预警设备隐患点、故障点,开展报修趋势智能预警,自动提示针对性抢修预案。创新开展故障报修的初级、中级、严重三级预警,各级预警基于跨业务、跨系统的关联数据,利用大数据挖掘技术实现。每类预警均事先制定好针对性、标准化的抢修预案,预警信息产生后利用数据可视化、移动互联网等信息化手段,在抢修业务受理之前及时推送给指挥人员和抢修运维人员,提前启动抢修预案,实现从被动接单安排抢修到主动预警安排抢修,从而保证故障快速隔离和抢修快速恢复,充分发挥配网自动化在故障隔离和恢复中的作用,及时恢复非故障配网区域,减少停电用户数量和影响范围,优化配置抢修队伍、备品备件、工器具等抢修资源,快速响应,极大提高故障抢修效率。在实践中,建立用户配电网"健康档案",对故障高发用户制定预防性维护计划,为配电抢修人员提前发现配电线路故障或设备紧急缺陷提供依据,在客户感知停电之前,主动开展故障抢修和缺陷消除工作,减少客户报修和投诉数量,缩短设备故障停电时间、提升设备运营效率。

(六)构建资源共享机制,推动能源服务"共享共赢"

搭建客户之间能源联系,推动园区余热回收供暖。针对山西高耗能企业在生产过程中采用电生产产品后能源转化为热能,没有得到很好利用的情况,利用大数据分析平台,建立园区范围内的企业之间的能源联系,引导政府开展园区余热回收供暖,将园区规划建设,电网建设,供热管道建设同步实施,推动一些企业将自身的工业余热供周边企业供暖。通过将园区所有的电能、供热等数据全面整合,进而撬动更大的综合能源市场。

创新推动园区客户之间设备租赁,促进存量设备资源流动。以园区电网基础设施资源建设为试点,借助互联网"融合、共享、开放"的特点,通过园区能源信息数据服务云平台、电力用户用电信息采集系统对用户设备数据进行分析,深挖数据价值,绘制园区用户"电能地图",建立扁平、高效的资源配置和获取机制,推动闲置设备共享利用,让设备资源充分发挥应用价值,实现设备功能延伸。在推进企业共建设备共享合作模式,促进电网企业盘活资源和提高效益。

搭建供电运维交流平台,促进园区企业之间人力资源共享。园区大型企业用户内部,往往都有自己的供电运维人员,并且经验丰富,但在大部分时段存在人员闲置的情况。晋中供电公司利用大数据分析,从推动人力资源作用价值最大化的视角出发,搭建供电运维交流平台,利用平台收取部分服务费用,促进用户间供电运维人员的共享,推动园区企业从"传统层级型"向"平台共治型"的组织运行模式转型。这种新模式下,实现人力资源共享,发挥人力资源优化配置作用,使单核心企业变成集群式组织,可以促进企业盘活人力资源,有效地整合专业资源、降低运营成本、增强风险防控能力、提高运作效率和提供优质的服务,同时进一步增进各个企业的合作伙伴关系,建设开放、高效、可持续的企业新生态圈。

建立需求响应机制,统筹整合调配资源。着眼于提高用户互动水平,建立电力需求响应平台,对提高电网安全可靠、缓解电力供需矛盾、促进节能减排以及环保等都有着重要的作用。当某地用电负荷接近电网承载极限时,晋中供电公司组织用户在某一时间段内共同削减负荷,使负荷下降到电网可承受的范围之内,从而避免了以建设新电源或引入外地电的方式应对负荷高峰。通过实施需求响应,可以移峰填谷,降低高峰时段的电力需求,提升电网运行的稳定性和效率;可以优化发电厂的运行方式,增强电网消纳更多间歇性分布式能源的能力;可以提高电网与电力用户的互动水平,引导用户主动改变用电方式,从而作为供应侧调峰备用资源的替代资源,在保障系统运行可靠性的前提下,提高系统运行经济性,降低系统排放水平,共同促进源网荷储高效协同。经过将近一年的需求侧响应机制的运行,在用户中得到了很好的正面反馈。

三、供电企业基于"互联共享"的综合能源服务管理效果

（一）开拓了综合能源服务市场，培育了增长新动能

通过实施基于"互联共享"的综合能源服务管理，晋中供电公司效率效益显著提高。2017年完成固定资产投资9.15亿元，其中电网投资7.95亿元。完成售电量162.09亿千瓦时，同比增长22.23%，增幅排名全省第一、绝对值跃升至全省第三；综合线损率4.21%，比计划降低0.79个百分点；平均电价508.66元/千千瓦时，同比降低27.76元/千千瓦时；电费回收100%；市场占有率97.67%，同比提高0.27个百分点；内部利润7.13亿元，超省公司考核指标4079.64万元；资产总额57.64亿元，同比增长6.99%；全口径劳动生产率33.48万元/人/年，比计划多完成0.17万元/人/年。

（二）大力促进服务增值，显著提升了客户服务水平

实施"互联共享"的综合能源服务管理以来，晋中供电公司面向客户的各项指标均显著向好，充分发挥了供电企业的公共服务职能，树立了负责任央企良好形象。一方面，客户的获得感、满足感大幅提升。有效满足了客户多元化、高品质用电服务需求，实现便捷高效零距离客户沟通，提升了客户满意度。另一方面，基于"互联共享"的综合能源服务管理模式可复制性、拓展性强，在操作层面能够落地实施，为其他供电企业提供了很好的经验借鉴，具有良好的示范推广应用价值。晋中供电公司2017年优质服务实现"零投诉"，95598回访客户满意度100%，行风测评公共服务行业居第一名，为优化电力营商环境做出突出贡献，得到地方主流媒体宣传报道，赢得社会各界充分肯定。

（三）企业发展能力不断增强，推动了能源转型与地方经济发展

借助综合能源服务的推广，带动了周边及地方区域经济的发展。多个高科技项目已计划落户，预计项目总投资6.2亿元，项目全部建成投产后年产值约21.8亿元，年纳税约3.88亿元，带动就业10000余人。直接带动山西省房地产、电力、机械制造、铝业等25个相关行业，对产业结构转型升级发挥了重要作用。

同时，取得了良好的生态环保效益与社会效益。以晋中榆次供电公司所辖工业园区为例，推动园区节能效益整体提升，形成华北地区最大面积规模的综合能源技术集中供暖项目，实现节省标准煤消耗量9367.2吨/年、降低CO_2排放量1373347.8吨/年、SO_2排放量702.6吨/年、粉尘颗粒物排放量103.03吨/年、氮氧化物351.3吨/年。在示范基础上，放大项目集中供暖服务规模达≥90万平方米，有效推动了电能替代的实施。

（成果创造人：刘宏新、安彦斌、张　涛、任　远、刘爱忠、翟利民、郭贺宏、张永明、史　添、段尚祥、郭聪莉、武　琛）

供电企业以客户为中心的"超市化"服务管理

国网河北省电力有限公司石家庄供电分公司

国网河北省电力有限公司石家庄供电分公司（以下简称石家庄供电公司）是国家电网公司大型供电企业之一，担负着河北省会石家庄 8 个区、14 个县（市）的供电任务，服务人口 1050 万，电力客户 450 万户。石家庄电网共有 500 千伏变电站 5 座，变电容量 925 万千伏安；220 千伏变电站 42 座，容量 1602 万千伏安；110 千伏变电站 158 座，容量 1468.85 万千伏安；35 千伏变电站 208 座，容量 387.87 万千伏安。2018 年，迎峰度夏期间全网最大负荷达到 801.2 万千瓦，同比增长 7.23%。近年来，石家庄供电公司先后获得"全国五一劳动奖状""全国文明单位""中央企业先进集体""全国安康杯竞赛优胜单位"等荣誉，连续 28 年保持"河北省文明单位"称号。

一、供电企业以客户为中心的"超市化"服务管理背景

（一）满足客户用电诉求的需要

随着京津冀协同发展不断提速，非首都功能疏解、京津高端产业逐步落地石家庄，石家庄供电公司面临着来自政府、电力客户越来越高的供电服务要求。2016 年和 2017 年石家庄地区全社会用电量分别为 452.19 亿千瓦时和 468.1 亿千瓦时，分别同比上涨 2.05% 和 3.52%。第三产业成为拉动用电量的新兴增长点和主要动力，石家庄地区产业结构转型成效明显，客户用电需求日益增加，石家庄供电公司面临的电力供应保障的压力也越来越大。同时，随着经济高速发展，电力客户对电力服务质量的需求开始向自主性、互动性、个性化、多样化等方向发展，如何提升供电服务水平、提高客户满意度已成为电网企业的广泛课题。据统计，石家庄地区 2016 年、2017 年共新增各类电力服务诉求 132 项，其中与"超市化"服务相关 89 项。由于长期以来供电企业未能充分从客户视角挖掘用户需求，影响服务措施的有效性，传统的服务水平、营销模式已经不能很好地满足客户不断变化的用电诉求，客户对于类似超市化采购的更自由、更高效、更优质的供电服务需求变得更加迫切，供电企业实施以客户为中心的"超市化"服务管理势在必行。

（二）破解企业发展瓶颈的需要

以传统售电为主营业务的供电企业，正面临日益复杂的经营环境和亟待解决的发展瓶颈。一是行业竞争日趋激烈。国家出台《电力中长期交易基本规则》《能源发展"十三五"规划》和 14 个配套专项规划等一系列电改配套政策和措施，准许社会投资主体参与增量配电业务，河北省和石家庄市也相继出台能源和电力发展"十三五"规划，进一步细化推进能源革命战略的任务。传统电网企业的经营模式、服务手段已不具备较强的竞争优势，建立以客户为中心、市场为导向、服务为根本的"超市化"服务管理模式迫在眉睫。

二是囿于传统服务惯性。石家庄供电公司多年来由于服务反馈渠道少、覆盖面窄，导致客户需求信息获取不足、问题处理效率低下、供电服务针对性低、用户特定需求难以满足，极大影响客户的服务体验和企业的可持续发展。

三是经营压力有增无减。河北省、石家庄市产业结构调整和大气污染治理行动深入实施，使得大部分高耗能产业限产关停，新兴产业短期内还无法聚集规模效益，石家庄供电公司在电量增长、电费回收等方面经营压力骤增，迫切需要以服务管理模式的转型升级开拓市场，通过"超市化"服务管理打造电量"增长点"，实现效益稳步提升。

（三）实现内部管理升级的需要

伴随国有企业改革发展的节奏提速，供电企业的传统管理模式已无法完全适应客户不断增长的供电服务要求。一是管理基础依然薄弱。各专业、各层级管理部门在职责落地、协同配合等方面还存在不足。以 2016 年为例，石家庄供电公司督办项目 988 项，完成 901 项，剩余 87 项未完成。二是内生动力不够充沛。受传统思维习惯和管理方式影响，企业员工在行为习惯、能力素质和工作态度等方面还存在不足，执行能力层层衰减、服务能力渐渐不足的现象始终存在，公司战略在传递中不同程度地出现衰减、失真、走样，员工在职业规划上没有充分与公司发展战略步调一致，以现有的队伍活力推动企业发展节奏较慢、效率不高。

二、供电企业以客户为中心的"超市化"服务管理内涵和主要做法

石家庄供电公司以客户为中心、以服务为导向，以加强电网服务建设、保障改善民生、保持社会和谐稳定为出发点，开展"超市化"服务管理，通过整合营销业务，丰富"超市化"服务内容，向客户提供"专属式"服务导购、"套餐式"服务订制、"售后式"服务延伸，为客户提供涵盖营业服务、业扩施工、运维保障等全流程服务，通过在营业厅宣传推广"超市化"产品、业扩报装开辟专属绿色通道、设计施工"一条龙"服务、开展网格化"电保姆"保电抢修等手段，为客户提供全方面服务保障，将精准、便捷、自由、多样的服务理念融入服务管理，努力提升客户的获得感和满意度，实现管理水平、经济效益和服务质量的全面提升。主要做法如下。

（一）明确目标任务，建立"超市化"服务管理组织体系

石家庄供电公司建立以客户为中心、以服务为导向的"超市化"服务管理模式，通过创建组织体系、创立服务机制、优化资源配置、提高服务质效，努力实现客户服务管理模式由传统固化到灵活多样、由被动接受到主动服务、由条块分割向协同统一的"超市化"服务管理的根本转变，做到"让客户满意、让企业受益"，切实做好服务客户"最后一百米"的工作。

一是成立一把手工程，设立"超市化"服务管理领导小组。领导小组由公司总经理任组长、领导班子其他成员任副组长，各专业部门负责人为成员，全面把控"超市化"服务管理工作的总体方向和进度，组织编写"以客户为中心的'超市化'服务管理"企业专项发展规划及工作行动计划，统筹决策重大事项，定期听取工作开展情况汇报，解决工作过程中跨部门、跨专业出现的问题和困难。

二是推进一体化办公，设立"超市化"服务管理专项办公室。专项办公室以公司党委办公室为核心部门，主要整合上报需求问题、业务信息，提出决策建议，并监督决策落实情况；其他业务部门提供数据、专业和决策响应等方面的支撑。专项办公室在各部门之间建立常态化沟通机制，在实施过程中推动"超市化"管理服务工作切实落地，形成整体发动、全面参与的工作局面。

（二）整合营销业务，丰富"超市化"服务内容

石家庄供电公司通过向电力客户开展"专属型"服务导购、提供"套餐式"服务订制及完善"售后式"服务延伸，大力推广"先接入、后改造"的建设理念，实现局部受限负荷全部放开，负荷接入"零受限"，提高业扩报装效率，提升服务效率。石家庄供电公司依托"超市化"服务管理不断完善客户服务体系，针对不同客户的不同需求，在全国范围内率先提出"构建全天候高效服务网络"的工作模式。以城市网格化管理理念为导向，在园区试点推广"契约式"合作模式、"点餐式"定制业务和"打包式"业扩配套工程项目管理，简化客户办电流程环节，建立"服务有网、网中有格、格中明责、责外延伸"的服务新模式，实现抢修距离更短、作业半径更小、服务客户更精，营造良好营商环境，为客户创造"超市化"的自由"电力购物环境"。根据石家庄地区客户的电力需求，快速提供包括负荷预测、规划设计、电源接入等业扩办电方案，同时积极推广电能替代、光伏并网、节能降耗等综合能源解决方案，及时满足客户用电需求。

(三) 优化营销模式，提升"超市化"服务质量

1. 突出主动服务，开展"专属式"服务导购

石家庄供电公司将涉电业务从17个属地县公司全部上收至市公司本部统一管理，建立"'超市化'服务业扩全流程实时管控平台"，推进信息公开与线上办理，主动对接客户，及时传导、快速响应客户用电需求，制定灵活多样的服务形式，为客户提供"专属式"的服务导购。

一是针对石家庄地区新增的重大投资项目、大型园区等优质潜在客户，加强与政府、园区沟通对接，设立园区客户经理，实施"一园一策"的专项服务政策，先后制定专项策略108个。

二是针对重点客户，主动对接、分析掌握客户的用电需求，开展"契约式"业务合作，石家庄地区用户可以通过与石家庄供电公司签订《国网石家庄供电公司业扩契约》，在办电业务各流程环节行使"超市化"绿色通道权力，平均节约时间18个工作日；实施"打包式"项目管理，客户可以通过《业扩项目委托》，将从报装至投产的全流程业务工作委托给自选公司，实现足不出户送电到家；开展"一站式"办电承揽，莅临营业厅的客户可以在市区所有网点办理用电业务，各网点根据客户需要提供全流程各项服务。

三是针对普通居民用户，以营销服务信息化为基础，以"电管家"社区网格化服务为手段，在石家庄地区形成包含社区管理人员、社区经理和社区居民的"三位一体"电力社区服务共建体系。

四是针对特殊时段、重点项目、急难工程，采取特事特办，为用户业扩报装接电开辟"'超市化'服务专属通道"，采取增加设备巡检频率、定制特色服务套餐等措施，客户经理、设备主人共同到场抢修、协同联动消缺，进一步充实力量，缩短服务、抢修时长。

石家庄供电公司通过开展"专属式"服务导购，打破专业壁垒，实现"超市化"服务管理末端融合，由园区客户经理组织各专业部门"现场联合办公"，实时跟踪项目进度、及时催办业务环节，实现业扩配套工程与客户工程"双同步"，确保项目流程高效运转，切实提高综合服务水平。

2. 突出差异服务，实施"套餐式"服务订制

石家庄供电公司紧紧抓住国家电网公司10千伏及以下业扩权限下放的有利契机，解放思想，大胆探索，依托集体企业、供电服务公司等实体，根据客户用电需求推行集设计、施工、代维为一体的"超市化套餐式"工程服务。

一是对典型行业、园区市场用电需求进行调研分析，建立契合重点区域用电需求，涵盖业扩报装、故障报修、能效评估、用能咨询、工程改造等方面的"标准服务套餐"，目前已提供18种标准套餐，为客户提供实惠、便利的打包服务。

二是针对有特殊用电需求的客户，主动了解客户的用电特性，根据客户用电行为习惯、资金预算、现场环境等因素，以标准套餐为基础，在规划、设计、选型等6方面给予客户个性化调整、DIY组合，最大化地减少资源浪费，为客户提供方案、施工、售后等"定制服务套餐"。

三是积极拓展用户诊断、项目管理等非电领域增值业务空间，通过分析企业终端用能数据，精准推送线下增值服务，形成面向企业用能信息的"增值服务套餐"，现已形成涵盖智能用电、电能替代、电动汽车充电等7大领域57项增值服务套餐。

3. 突出全程服务，做好"售后式"服务延伸

完善"开拓市场+优质售后"的全方位"超市化"服务管理模式，强化客户工程竣工后运维、抢修等服务管理末端，以"五维服务"抢占市场，实现客户和企业的"双赢"局面，将优质服务贯穿市场开拓的始终。

一维是创建快速响应的"3+2"（三个标准业务班组、两个应急处理班组）服务组织。对客户信息进行综合梳理，科学设定52个低压网格，在每个网格建立"3+2"组织体系，建立"集中式管理、专

业化运作、全天候服务"的售后服务组织模式。

二维是建立设备主人制，为重点设备、易故障设备配置专属设备主人，负责配电设备、计量设施的日常运维消缺，全方位掌握设备运行情况，定期巡视维护，出现故障第一时间到岗到位。严格落实"首到负责制"，客户经理沟通联动，协同开展抢修服务，快速消除常见故障，提高供电质量，提升客户满意度。

三维是推进专业协同。出台《国网石家庄供电公司专业协同管理办法》，通过对配电自动化、用电信息采集、95598客户报修、抢修资源等信息的整合，自动进行故障智能研判、精准定位和最优抢修派工，实现"一次报修、一张工单、一支队伍、一次到场、一次修复"的快速响应，有效提升抢修质效。

四维是推动实体营业厅向"无人值守"自助办理模式转型。率先提出全天候"线上线下一体化"服务模式，科学引导园区客户应用"掌上电力"等线上服务渠道，变"客户跑腿"为"信息跑路"，打造"服务体验型""复合售后型"的智能营业厅。

五维是充分发挥党员的先锋模范作用。实施"党建＋服务"的管理模式，先后开展党建进现场、党建快抢修等38项活动，将党建与工建深度内嵌、有机融合，使党建成为聚合客户与供电企业的思想纽带和桥梁，凝聚起推动企业发展的强大合力。

（四）完善内部管理，保障"超市化"服务落地

石家庄供电公司坚持"以客户为中心，以服务为导向"，以工作质效提升为主线，围绕目标实施、数据应用、社会监督、过程管控四方面，加强协同管理，强化全过程闭环管控，充分依托大数据分析应用，推动"超市化"服务管理工作效率大幅提升，确保目标有效落地。

1. 推动业务协同管理

"超市化"服务以客户为主线，建立对外适应市场和客户需求、对内符合信息化时代发展和管理提升要求的"超市化"服务管理协同运作模式，组织相关部门对照各专业266项标准业务流程，对跨专业、跨层级、需要协同的重点工作业务进行全面梳理，逐专业编制《"超市化"服务管理工作手册》，逐项明确业务部门职责界面、管理流程、制度标准，有效打通横向协同障碍，破除专业间的壁垒，形成职责明晰、流程规范、运转高效的协同工作格局。

2. 整合数据末端应用

一是建立企业级"超市化"服务数据中心，促进数据跨专业融合、共享、应用。将信息化管理的理念和措施嵌入到服务工作全流程中，充分整合用电信息采集、营配调、95598、PMS等各类系统数据，融合海量视频、图像、设备状态、检修作业、调度信息等多源数据，依托数据融合技术，打通各专业平台与数据中心接口通道，实现数据"多源输入、统一加工、协同应用"。

二是推动数据在管理末端应用。搭建基于"'超市化'服务人员行为管控、工作质量评价"的管理辅助决策管控系统，将PMS、SG186、业扩全流程实时管控、生产现场标准化作业管理、电缆管网信息化智能管理、输电线路智能监控、线损精益化管控等信息系统中有关"超市化"服务业务的数据进行整合，逐步将各专业管理任务融入派工、绩效中，最终形成"超市化"服务人员行为管理、工作计划管理、派工管理、值班管理、员工能力画像、绩效考核管理、工作质量评价、系统支撑功能管理等8个方面的自动化、智能化系统。

3. 促进客户监督服务

石家庄供电公司统一印制《"超市化"服务管理工作手册》和《"超市化"服务指南》，在营业厅、业扩部门等"超市化"服务窗口放置，方便客户对供电企业"超市化"服务环境的监督。公布监督举报电话，设专人专责受理客户诉求和举报，听取意见和建议，分别在业务受理、施工送电和后期维护等环节展开回访，检查各环节实际完成实效、"三公"（公开、公平、公正）、"三不指定"（不指定设计、不

指定施工队伍、不指定设备材料采购）及收费等情况，调查客户满意度，开展"超市化"服务工作质量评价。运营监（测）控中心通过信息平台、跟踪调查用户，对照"超市化"信息系统数据，核实服务部门反映的用户情况是否属实，用电问题处理是否有效、及时等，实时监控"超市化"服务部门对客户用电需求问题解决过程。扩充社会兼职调查员队伍，开展"超市化"服务第三方审计和第三方满意度调查。

4. 实施服务闭环管理

构建"超市化"服务管理全过程督察体系。一是针对服务流程中易出现问题的环节出台一系列制度条令，包括《"超市化"服务十条禁令》《业扩服务工作十不准》等，对因企业人员产生的问题"零容忍""不随性"，用"家法"约束关键岗位人员的行为操守。二是将各项重点任务目标纳入督察督办管理，将任务全过程管控和重点环节管控相结合，由"超市化"服务管理办公室督办部门根据时间计划向承办部门发出《督办通知单》，明确督办时间、督办依据、督办事项等要素，承办部门接到通知单3个工作日内，制订工作计划，明确责任人、时间节点和措施，建立以"督查立项、督查通知、检查催办、定期反馈、情况通报"五个环节为核心的监督流程，依托企业级任务管理信息系统，综合运用专项督察、跟踪督察、联合督察、现场督察等手段，实现对工作执行情况、客户满意度情况的全过程管控和全方位评估。

（五）提升队伍活力，增强"超市化"服务内力

完善考核评价体系激发全员干事创业活力，丰富人才队伍培养机制加快人力资本积累，依托企业文化建设引导员工与企业发展目标同向，全面增强"超市化"服务管理的内在动力。

1. 全方位多角度入手，完善绩效考评体系

发挥绩效的杠杆作用，建立薪酬分级兑现机制，在工资总额中"减少一成不变的部分，扩大灵活浮动的部分"。

首先，成立由分管绩效工作的公司主管领导担任组长的考核领导小组，成员为人资部、财务部、监察部、审计部、办公室、党建部负责人。主要负责审核考核细则，研究决定考核款的收缴及使用。

其次，明确各部门的主要职责。人资部负责组织开展考核，下达考核通知单，建立分类台账，依据专业部门考核意见编制考核奖励方案并下达。财务部负责考核款的收支入账核算。监察部、审计部、办公室、党建部分别从各自专业管理范畴对考核款的收支进行监督。

再次，明确考核流程。由专业管理部门提出考核意见，经绩效评价会审议通过，并下达考核通知单至被考核部门或个人，经公司批评教育，制定改进措施，提交书面检查至人资部备案，被考核单位或个人将考核款交至归口管理部门（营销部、安质部），归口管理部门收齐考核款，将考核通知单和考核款一并交公司财务部入账集中管理。每月25日前，财务部将考核款收缴情况反馈人资部，人资部不定期对考核涉及事项进行监督检查。建立"考核提报、审议、下达、落实、绩效沟通辅导及专业监督检查"全过程闭环考核流程，确保考核有效落实。

最后，明确考核内容。一是实施员工"二维考核"。以国家电网有限公司绩效考核体系为基础，针对"超市化"服务工作当中常见的接触类投诉、违规违章等事项实施"二维考核"，建立直接责任人惩处机制，对直接责任人进行"点对点"罚款，推动压力和责任向管理末端传导，激励广大员工由"完成任务型"向"主动担当型"转变。二是实施党员干部问责考核。针对"超市化"服务工作的关键指标和重点工作任务，建立党员干部与工作绩效挂钩的考核问责机制，采取降薪级考核、降岗级考核、岗位问责等三种手段，真正把压力和责任向党员干部传导，保障公司"超市化"服务管理目标实现。三是实施部门整体绩效考核。根据"超市化"服务工作的内容、责任和权限制定量化指标，按照"工作综合完成情况＝数据属实率×30％＋客户满意率×30％＋处理及时率×30％＋售后回访率×10％"的公式计算，

得分计入年度绩效，考评结果直接纳入相关部门对标评价。

2. 针对服务管理需求，开展六新专项培养

为配合"超市化"服务管理需求，石家庄供电公司针对不同层级的员工开展全方位"六新"培养。

一是明确以公司为主导、各部门协同开展员工培养新职责。印发《"超市化"服务工作员工培养方案》，由公司党委组织部牵头，将员工培养责任明确到各部门、单位，针对员工业务能力、综合素质培养制定细化实施细则。

二是组织员工学习掌握"'超市化'服务信息新系统"。对员工开展集中培训，要求普通员工了解该系统运行模式，具备解读相关数据的能力；对直接接触信息系统的员工，必须熟练掌握操作技能和数据分析能力。

三是培养一线员工服务新能力。对一线服务人员进行系统培训，培训内容包括基本服务要求、服务行为规范、现场用户问题需求收集、用户问题需求现场处置与反馈、现场应急服务、特殊时段服务等，先后开设课程36门，授课8期共计9760个课时。同时，设计以阶段式培养为主线的员工培养机制，每季度根据一线服务人员的实际状况，结合当前阶段用户集中的需求重点，进行针对性、改进性培训，同时夯实服务人员的服务意识。

四是针对应急处理与快速响应采取培训新模式。结合"超市化"服务数据中心收集和分析的相关资料，开展3D演示、现场应急模拟等6类专项培训，开展快速响应演练，提升员工应急处理能力。

五是定期召开"超市化"服务工作典型经验和先进事迹学习的新交流。每个月最后一周的周一对本月员工工作进行评价、选取典型，周五开展"'超市化'工作经验交流会"，先后组织3000余人次学习交流，发挥典型榜样的引领指导作用。

六是拓展干部员工成长新渠道。石家庄供电公司综合员工表现、业绩结果、学历职称等因素形成员工能力积分，实施《国网石家庄供电公司"蓄水池"工程》，建立以能力积分为依据的员工选拔、使用、评价、培养管理体系，通过职员职级改革、提高专业领军人才职级待遇等措施，鼓励员工岗位成才。

三、供电企业以客户为中心的"超市化"服务管理效果

（一）服务质量显著优化

依托"超市化"服务管理，石家庄供电公司主动服务京津冀协同发展大局，高质量完成优化营商环境、压减业扩接电时间、降低客户投诉等营销服务重点工程，由"客户找"转为"找客户"。一是提升办电效率。实现了一次告知、手续最简、流程最优，10千伏业扩项目平均接电时间同比下降16.87%。二是顺畅协同服务。深化了数据信息系统集成应用，实现了协同运作、流程融合、信息共享和"一口对外"，高、低压客户接电环节分别压减为4项和3项。三是优化营商环境。延伸和拓展了供电服务内容，提高了服务的针对性、有效性。两年期间共收集问题6907条，共办结6863，办结率99.36%，办结回复6698条，回复率97.60%，客户投诉同比下降8.7%，报修话务量同比下降31.2%，城市用户平均停电时间同比减少0.37小时/户，降幅位列国家电网公司"大供"首位，配网故障平均修复时长由627.68分钟同比下降到297.17分钟，下降52.66%，供电服务能力不断提高，客户用电体验显著提升。

（二）管理水平不断提升

借助实施"超市化"服务管理，石家庄供电公司有效提高了部门间的协同配合能力，两年以来累计编制服务业务协同工作手册59项，消除流程断点37项，内部专业层级协同更加顺畅，缩短了跨专业、跨部门问题的处理时间，提升了服务管理的目的性和针对性，促进企业管理效率全面提升。深化应用了企业基础信息资源，使得孤立分散的各业务系统实现了数据交换共享，有效发挥了数据价值，为公司重要决策决断提供了依据和支撑。重点任务目标的管控能力显著增强，督办事项完成率达到97%，年度重点任务完成率99%。人才队伍结构不断优化，具备工程师及以上职称人员占总人数80%。电网建设

能力和服务管理水平显著提升，标准工艺应用率达到100%，110千伏及以上优质工程率100%。

（三）经营效益大幅提高

通过实施"超市化"服务管理，石家庄供电公司在"抢市场、增电量、提质效"等方面取得显著成效。2017年，石家庄供电公司全年累计完成售电量400.51亿千瓦时，增长7.71%，成为全国第9个年售电量突破400亿"大关"的大型供电企业。全年累计新增接电容量530.3万千伏安，营业收入207.26亿元，分别较"超市化"服务管理实施前增长了35.04%和9.85%。

（成果创造人：周爱国、任建勇、侯志辉、陈香宇、董江涛、张国兴、睢　鹏、张　郁、陈　阳、崔　萌、薛　海、郝层层）

供电企业基于"强前端+大后台"的现代服务体系建设

国网江西省电力有限公司九江供电分公司

国网江西省电力有限公司九江供电分公司（以下简称国网九江供电公司）是国家电网有限公司三级单位，受国网江西省电力有限公司委托代管12家县级供电分公司。主要负责电力供应和技术服务，供电面积1.9万平方公里，服务客户数量206万户，供电人口约500万。九江电网以500千伏为电源支撑、220千伏为骨干网架，境内现有35千伏及以上变电站165座，主变容量1140万千伏安。境内电源丰富，火电、水电、风电、光伏、天然气、生物质发电种类齐全，其中火电装机容量3360兆瓦，水电装机容量800兆瓦，新能源装机容量1317兆瓦，新能源装机容量及占比居全省前列。国网九江供电公司2017年售电量131.35亿千瓦时、其中工业用电量约占75%，主营业务收入72.36亿元，资产总额60.74亿元，全口径用工5009人，其中市公司1075人、县公司3934人，全口径劳动生产率69.09万元/人·年。曾先后获得过"全国文明单位""中央企业先进集体""国家电网有限公司先进集体"等重要荣誉，以及全国五一劳动奖状、江西省五一劳动奖状。

一、供电企业基于"强前端+大后台"的现代服务体系建设背景

（一）广大用电客户对优质服务能力和水平提出新要求

随着人民美好生活需要的日益增长，广大群众对电力供应的依赖性越来越大，对供电质量和供电可靠性的要求越来越高，对便捷用电和智慧生活体验的愿望越来越强，用电客户更加注重服务品质、服务感知、服务体验，对供电服务水平提出新期待。不同对象的侧重点也不尽相同，除了居民客户对服务便捷性、互动性提出新要求外，政企客户对服务响应速度、主动性、精准性以及价值创造能力提出更多诉求；客户的法律意识、维权意识不断增强，对服务信息、服务过程的公开透明度也提出更高要求。电网企业需要从保障经济发展和满足民生需要出发，持续提高供电能力和供电可靠性，加快解决供电服务不平衡不充分的问题，加快推进城乡供电服务均等化，提升服务便捷性，提供可靠、便捷、高效、智慧的新型供电服务。

（二）电力市场化改革对供电服务市场拓展提出新要求

新一轮电力体制改革方案，让电网企业盈利模式发生了质的变化，电网企业由原来统购统销的"电力贸易商"转变为面向市场的"电力物流商"。随着电力市场化改革深入推进，相关配套政策密集出台，市场化售电业务全面开放，增量配电市场加快引入社会资本，"多买方－多卖方"市场格局逐步形成，供电服务对象日趋多元化，电网企业的市场化服务流程和竞争策略亟待优化完善。随着市场化交易规模不断扩大，竞争型电力市场逐渐形成，对于电网企业而言，电价处于持续压降趋势、电量增长存在不确定性、经营面临巨大压力。电网企业想要在开放的电力市场中占有更多的份额，就必须通过提升用电服务水平来增强客户黏度，提高市场竞争力，必须构建市场开拓新格局，加快推进现有服务组织架构、服务体制机制向市场化转型。

（三）国家电网新时代发展战略对供电服务转型升级提出新要求

当前，能源与互联网技术紧密耦合，数字经济、共享经济与能源服务产业深度融合，国家电网有限公司明确提出"建设具有卓越竞争力的世界一流能源互联网企业"的新时代战略目标。国网九江供电公司电能替代、电动汽车等各项新型业务快速推进，用电信息采集全覆盖、营销信息化全业务应用、互联网＋电子服务渠道快速发展，原有管理幅度过大与管理人员配置效率效果不佳、服务前端业务分工过细

与响应客户需求时效性不高等问题凸显，迫切需要通过科学变革服务构架、积极创新服务方式，加快推进从单一供电服务向综合能源服务、智慧能源服务转型，打造以客户为中心的现代服务体系，构建以市场为导向的现代服务强前端，进一步提高体系运转效能，不断提升服务品质。

二、供电企业基于"强前端+大后台"的现代服务体系建设内涵和主要做法

自2016年以来，国网九江供电公司结合不断变化的新形势、新需求，围绕提升供电服务水平，提升市场竞争能力，积极开展了一系列的探索与实践，并作为国家电网有限公司"全能型"乡镇供电所建设、供电服务指挥中心建设、市县公司业务集约融合、现代服务体系建设等重点业务试点项目单位，着力打造适应新形势和更加贴近客户需要的现代服务体系。主要做法如下。

（一）围绕客户和市场确立建设目标

国网九江供电公司坚持"人民电业为人民"的企业宗旨，明确"以客户为中心、以市场为导向"的原则，聚焦服务人民美好生活、服务经济社会发展、服务能源转型的新要求，突出"八度服务"目标，即报装接电更有速度、市场开拓更有力度、重点服务更有精度、普遍服务更有温度、综合能源更有广度、服务指挥更有深度、队伍保障更有裕度、品牌形象更有美誉度，实现客户办电"只进一个门、只找一个人"，"简单业务一次都不跑、复杂业务最多跑一次"，推进线上线下一体化，努力实现"网上办""一次办"，提高城乡供电服务均等化水平，增强市场化竞争能力，持续改善客户体验，为客户创造更大价值。

（二）整合前端与后台确立建设思路

国网九江供电公司通过全面感知和分析客户需求，在细分客户市场的基础上，针对不同类型客户群体设立营配深度融合的专属服务机构和渠道，整合前端服务资源，强化前端服务能力，做实做优五类服务"强前端"，为客户提供高效、便捷、贴心的"一站式"服务；通过优化内部各专业工作流程、组建协同指挥机构、建立综合保障体系，强力支撑前端服务，做精做细一个指挥"大后台"。通过提升服务理念、完善服务组织体系、优化业务流程、强化平台支撑、健全监督保障机制，构建一个从体系上涵盖各专业、各层级、各环节，从运转上高效协同、有机统一，从成效上反应快速、功能完善、办事便捷的"强前端+大后台"现代服务体系。

（三）抓住重点环节变革组织架构

国网九江供电公司针对服务前端营销与配电专业交叉管理、横向协同不畅的瓶颈问题，着力推进前端服务营配专业深度融合。在现有业务体系下，将市县公司营销、配电专业职能管理和业务实施机构进行整合重组，服务前端按照"城区融合低压、园区融合高低压、乡镇因地制宜"的原则，促进营配业务同频共振，快速响应客户需求，有效对接服务属地政府，着力提升客户诉求响应速度和服务水平，形成覆盖全客户、全市场、全区域、全渠道的服务强前端。围绕前端服务提升和市场拓展的需要，优化电网规划、建设、运行、检修及电力物资供应等各专业管理，强化全业务支撑、全方位协同、全流程贯通，打造服务资源统筹协调的后台、数据信息共享的后台。

1. 推进营销专业"管办分离、放管结合"

分设营销部与客户服务中心，调整职责界面，下放工作权限，缩短服务链条，提高工作效率；营销部专注于职能管理和服务策划推广等业务，提高专业管理的精细度和前瞻性，做强专业管理平台。客户服务中心作为地市公司二级机构，突出服务和市场导向，负责地市公司直供区所有客户、地区110千伏及以上客户日常营销服务、电能替代和综合能源服务等市场化业务，对政企客户服务分中心、城区网格化服务站、"三型一化"营业厅等服务前端进行日常管理。

2. 细分客户市场，因地制宜设置五类"强前端"

在全渠道感知客户需求的基础上，对客户需求和客户群进行细分归类，依据不同的用电性质和规模

分为政企客户、小微客户；依据不同的用电区域分为城区、园区、乡镇客户；依据不同的沟通渠道，分为线上、线下客户。在认真分析客户需求和客户群归类的基础上，结合客户用电需求性质、规模和用电区域多种因素，国网九江供电公司着力构建五类前端服务机构。

一是组建政企客户服务分中心。将原客户项目联合服务中心升级为政企客户联合服务分中心（按虚拟机构实体化运作），主要负责人由客户服务中心负责人兼任，其他3名负责人由运检、调控、发策部门中层管理人员兼任，内设政企客户服务室、市场及综合能源服务室。主要负责集约直供区10千伏及以上客户、九江地区220千伏客户新装增容、用电变更、抄表收费、用电检查及电能替代和综合能源服务等全业务链服务工作。

二是组建园区综合服务机构。在12个省级及以上重点园区设立园区供电所，其他市、县级园区依据规模和发展空间、市场化程度选设供电所或服务站，全面负责园区内35千伏及以下配电网规划建设、运维抢修（大型检修和抢修由运检部组织专业化队伍负责）、营销服务全部业务，开展节能降损、设备租赁、代维以及抢修延伸服务。

三是深化"全能型"乡镇供电所建设。将营业班、配电班、综合班、客户服务班四类班组整合为的内勤和外勤两类平行班组，内勤班实行"综合柜员制"，外勤班组推行"台区经理制"，建立内、外勤工作协同机制，确保各项业务响应处置及时。加大资金和项目投入，推行台区客户经理单兵作业车、专用工作手机、计量周转柜、移动作业终端、工器（机）具、仪器仪表等标准化配置。

四是组建城区低压网格化服务站。根据人口分布密度，市、县城区设立20个供电服务站，每个网格化服务站服务客户约5万户，服务站内设客户服务一班、客户服务二班等平行班组，全面负责低压用电业务，打造"一刻钟服务响应圈"。

五是加快营业厅向"三型一化"转型。借助互联网＋新技术，构建智能型、综合型、服务型、线上线下一体化（"三型一化"）的营业厅，增加自助智能互动服务区，提供电能替代新技术服务体验区、搭建综合能源服务展示区，依托"掌上电力""电e宝"等网上国网平台，指导客户在手机上进行业扩报装、缴费、故障报修等全业务，推进营业厅从传统业务型向智能体验型升级，提高办电服务效率。

3. 构建以供电服务指挥中心为核心的"大后台"

融合调控配网运行、运检配电监测、营销服务监督相关管理职能，将调控中心的配调班、运检部的配网抢修指挥班、营销部的95598远程工作站三个班组整体划转，集约市县远程接派单业务，建设集营配调资源调动和业务运转于一体的供电服务指挥中心智能大后台，快速响应客户诉求，集中调配服务资源。主要负责汇集95598供电服务热线、12398能源监管热线、政府热线、电网运行、总值班、电e宝、互联网等内外部渠道信息，快速准确获取客户报装接电、用电咨询、意见建议等多元化需求。对信息进行统一归集、分类、处置、督办，实现需求快速感知、问题快速响应、资源快速调配，并主动找准服务的热点、难点，为精准、高效服务提供科学决策依据。

充分发挥供电服务指挥中心在服务全业务链中的核心作用，整合规划、建设、物资、调控、运维、营销等专业资源，构建完整的后台体系，打破专业壁垒，固化纵横向服务协同联动，确保公司内部生产经营活动围绕客户需求高效运转，为服务前端信息共享、快速响应、资源调配提供强有力的支撑。

搭建智能化的市县供电服务一体化指挥平台，通过数据贯通和信息共享，开展客户诉求汇集与督办、配网运营协同指挥、供电服务质量监督与管控业务，实现指挥平台与前端服务现场双向互动，提升技术保障支撑。一是应用GIS与互联网技术，分层管控电网资源、服务资源及客户需求。根据不同的客户需求，及人员、车辆等服务资源空闲状态，实现自动、科学派单，将服务工单派给对口的服务机构，服务机构负责主动与客户联系解决客户需求问题。二是运用大数据分析技术，建立准确的客户用电拓扑图，通过多渠道发布计划停电等服务信息，实现与客户的服务互动，使抢修、缴费、报装等服务过程逐步变得透明化、可视化。三是推进抢修APP和营销作业终端数据融合，实现对配网运营、服务资源、现场服务等关键任务节点的现场信息交互与穿透式管控，全面提升服务水平。四是建设新一代配电自动化系统，通过改造现有的开关设备，利用光纤通信和自动化技术，5秒钟实现故障区域自动隔离，自动恢复供电，打造核心智能区域。

（四）紧贴客户需要优化服务流程

1. 优化客户办电流程

着力提升客户"获得电力"服务水平，按照属地化管理原则，合理优化客户办电流程。一是按不同电压等级将业扩配套项目审批权限下放至市、县公司，减少审批环节。优化专业部门业扩管理职责界面，明确业扩流程各环节责任主体和完成时限，由发展部提前介入参与供电方案制定，在营销部答复用户供电方案的同时，同步启动业扩配套项目前期工作，即刻联系设计单位开展前期工作，没有时间差，提升业扩配套项目整体响应速度。二是取消普通客户设计审查和中间检查，合并现场勘查与供电方案答复环节、外部工程施工与竣工检验环节、合同签订与装表接电环节。通过优化流程、合并办电环节，高压客户流程从12个环节压减为"业务受理、供电方案答复、外部工程实施、装表接电"4个环节，居民无工程24小时接电，大大提高了服务质效。三是推行可视化报装，在现场勘查前，通过GIS地理信息图，为客户直观展现报装地址周围的电网结构和资源情况，并可根据不同的电源接入点和地形地貌等外部条件形成多个供电方案，供客户选择，从而共同参与供电方案制定，提高客户感知度。

2. 优化故障抢修流程

发挥供电服务指挥中心的纽带作用，统一处理国家电网有限公司客户服务中心下派的客户故障报修工单。一是实施抢修指挥全环节管控，从抢修质量、抢修效率、客户满意等维度开展评价，负责配网故障研判和工单合并，统一调配抢修队伍（抢修类工单直接派发至相应抢修班组），全天候响应和快速组织配网故障抢修，监督抢修工作质量，实现一支队伍、一次到达现场解决问题。二是实施营配低压抢修业务融合，低压表计故障由抢修人员先行换表复电，并与客户确认所换故障表示数，计量人员事后进行加封及电费追补等后续工作。三是开展主动抢修，监测配电网运行状况，实时掌握配电线路、台区停电信息，调配抢修力量快速组织现场抢修；主动研判定位故障设备，动态发布故障范围与抢修进度，提升沟通时效；主动监控停电计划执行，优化停电检修安排，从源头管控频繁停电，准确定位服务短板、设备缺陷和管理薄弱点。

3. 优化库存物资采购流程

针对业扩、大修、技改等项目物资供应时效要求高的情况，加强物资供应管理，提前介入并全程跟踪项目建设。方案初设审查后同步进行物资计划匹配。按项目属性，分类制定不同供应策略，分派专人对接，提供最佳方案，并与项目管理部门信息共享，掌握工程进度，及时供应物资设备。组织统计分析工程物资需求规律，编制物资供应服务指导意见，协同建设部门科学调整项目时间节点。灵活运用竞争性谈判、授权采购等方式提升采购供应效率，确保物资分时分段、精准供应，实现项目建设与物资供应无缝对接。

（五）建立健全体系运行保障机制

1. 完善配电网支撑和服务投入保障机制

构建客户需求池，动态更新发布客户用电受限清单，严格建设周期和处理时限，形成以供电服务指挥中心为核心，发展、运检、营销等多部门协同的全过程管控体系，全面支撑客户用电需求。加大城区配网和农网投资力度。加大资金倾斜力度，加快配网升级改造，完善网架结构和智能化水平，保障电动汽车充换电设施无障碍接入，提高分布式电源及多元化负荷消纳的能力。针对有电能替代潜力和新增用户区域，提前做好配电网规划和建设。建立持续稳定的服务投入保障机制。适应市场竞争形势，加大基层站所、营业窗口基础设施投入力度，建立持续稳定的营销服务资金投入机制，加大市县、县县帮扶工作力度，逐步消除服务资源不均衡现象。

2. 健全服务指挥中枢运作机制

发挥供电指挥中心平台杠杆作用，实现线上线下无缝对接、全环节实施预警、服务资源及时调配，全面提升客户需求响应速度。一是建立"三级催督办机制"，对95598工单分层级三级催督办，提高业务处理效率。二是完善"服务质量监督检查机制"，以班组学习等方式常态开展服务质量检查，结合明察暗访等专项行动多方位监督检查，提升服务监管水平。三是深化"投诉事件分级调查及约谈机制"，按"四不放过"原则分层级开展现场调查，加强重复停电、业扩超时限、服务态度、服务规范、投诉升级及典型投诉服务等重点事件管控。四是健全"服务考核机制"，设置各专业部门和县公司年度管控指标，纳入供电服务绩效和企业负责人业绩指标。五是建立"痛点追踪机制"，开展好各渠道客户诉求专题分析，找准服务的热点、难点，对服务风险提前预警，追踪痛点问题闭环整治。

3. 健全全业务链高效协同机制

梳理客户重点关注的业扩报装、故障抢修、投诉举报、停送电管理等业务，细化关键业务流程，明确各服务环节交付标准和考核标准，纳入绩效评价体系。发挥供电服务指挥中心统筹协调作用，整合调配规划、建设、运检、调控、营销、财务、物资等服务资源，快速高效满足客户用电需求。强化前端后台客户诉求快速传导，主动收集客户用电需求，主动感知电网停电事件、低电压异常运行工况，按职责界面在线及时传导至后台建设、运维等部门，实现前端与后台的信息快速对接、流程快速推进、诉求快速响应。

4. 构建全专业全流程服务监督评价机制

落实"管专业必须管服务"的要求，以分层级签订服务责任状形式，落实各专业各层级的服务责任制。一是强化供电服务指挥中心考核权，建立供电服务指挥中心归口管理的服务协同绩效评价体系，将服务指标纳入企业负责人业绩考核及同业对标体系，将报装接电和服务事件纳入"红线"指标，形成分级管理、各负其责、层层落实、齐抓共管的服务长效机制。二是设置供电服务评价体系，围绕"获得电力"四大指标（流程、时间、成本、供电可靠性及价格透明度），从客户诉求响应、供电可靠性、客户服务体验等维度建立供电服务全流程评价体系，提升精准评价服务水平。三是强化服务过程管控，建立由客户投诉发生数、95598工单处理质量、运维及主动工单应用质量、供电服务安全违章等指标组成的月度评价体系。四是建立服务督察督办机制，常态开展营销在线稽查，定期开展业扩收费、计量异常、电价执行及营销基础数据等全方位的现场督察和督办。依托监察协同监督体系，常态开展供电服务明察暗访，充分利用营销稽查监控职能，消除服务短板。

5. 配套强化人才激励和培养机制

一是实施"满天星人才"培养计划，拓展员工成长成才渠道，建立科学、精准、及时的业绩导向和激励机制，引导主动参与"点餐式""配送式"业务技能培训，加快实现人员"一专多能"，积极适应新的岗位需求。二是以适应市场竞争和新兴业务发展需要为目标，调整优化一线岗位定员和岗级设置，引进补充市场化业务急需综合能源服务等技术人才，因地制宜调整大学生招聘政策，乡镇供电所适当招录电力职业院校毕业生。三是创新绩效管理，推进"管理人员能上能下、员工能进能出、收入能增能减"三项制度改革落地，加大薪酬分配向市场和服务一线员工倾斜力度，建立目标任务制和工时积分制相结合的绩效管理体系，建立模块化、菜单式积分库，细化前端考核层级、日志台账、民主公开以及绩效沟通，实现绩效管理过程痕迹化、评价透明化、辅导人性化。深化绩效考核结果应用，实现考核结果与评先评优挂钩。

三、供电企业基于"强前端+大后台"的现代服务体系建设效果

(一)通过调整客户服务模式,营商环境得到明显改善

五类"强前端"特别是组建政企客户联合服务中心和工业园区供电所,通过机构职责整合,业务流程串行改并行,服务方式高效便捷、公开透明,服务项目多元化、标准化,大幅压减办电业务流程,高压、低压动力、低压居民客户办电环节分别压减至4、3、2个环节;推行"互联网+"线上办电服务,实现客户"简单业务一次都不跑、复杂业务最多跑一次";10千伏、400伏非居民用电平均接电时间分别压至50和18个工作日以内,35千伏及以上业扩项目平均接电时间压缩15%以上,营商环境得到持续改善。组建市县城区网格化服务站和全能型乡镇供电所,通过全业务融合和属地网格化服务,大大提高了现场服务时效。通过建设供电服务指挥中枢机构,全渠道汇集客户需求,主动开展电能质量监测、精准安排电网改造项目,科学统筹安排检修时段;供电可靠率达99.99%,公变出口电压合格率达99.999%以上,实现了"停电少、电压稳"。打破专业壁垒,用心服务理念明显提升,2017年投诉总量下降35.24%,连续三年蝉联国网江西省电力有限公司优质服务竞赛第一名,客户用电满意度提升至99.85%,受到政府和客户的广泛赞誉。

(二)通过优化生产经营管理,经济效益得到明显提高

通过深入推进"降成本、优环境"和多轮次"降电价",大幅释放改革红利,通过精准执行降电价政策、延伸投资界面等措施,全年减少客户用电成本4.8亿元。建成市县城区"一刻钟供电服务响应圈",城区抢修效率提升40%以上,每年挽回故障停电电量3000万千瓦时以上,实现了"抢修快、多供电"。优化业务流程,增强了停电检修工作的计划性和协调性,大大减少了重复停电的次数,缩短了停电时间,全年减少停运时长2000小时以上,为企业挽回停电损失526.4万元。国网九江供电公司2017年完成售电量131.35亿千瓦时,同比增长8.75%;实现综合线损率5.5%,较年度计划低0.07个百分点。

(三)通过转变现代服务理念,管理水平得到明显提升

现代服务体系有效解决了分工过细、效率不高、后台部门对前端客户服务支撑不足的矛盾,全业务链树立"大服务"意识,建立了"规划服务基建、基建服务生产、生产服务营销、营销服务客户、机关服务基层"的内部服务机制,形成分级管理、各负其责、层层落实、齐抓共管的长效机制,实现了业务统一管理,专业资源更加融合,响应效率更加快速,横向服务协同联动,企业内部资源得到了充分利用,专业管理水平更加精益化,提升了企业整体经营水平。2017年,国网九江供电公司同业对标、企业负责人业绩考核在国网江西省电力有限公司双双夺冠,荣获年度管理综合标杆;县公司同业对标综合成绩位居国网江西省电力有限公司第二,5家县公司进入A区段,4家县公司获分区标杆,企业发展水平明显提升。

(成果创造人:曹世强、王　健、熊志明、皮海斌、孙目元、樊友杰、王钦兵、陈朝明、邵平珍、谢慕林、陶　飞、雷　震)

地市供电公司适应配售电改革的服务管理提升

国网河北省电力有限公司沧州供电分公司

国网河北省电力有限公司沧州供电分公司（以下简称国网沧州公司）是国网河北省电力有限公司直属的国家大型一类企业，担负着沧州地区五区、四市、十县的供电任务，供电面积1.43万平方公里，供电区域人口774万，境内有35千伏及以上变电站314座，35千伏及以上线路8850公里。2017年国网沧州公司完成售电量266亿千瓦时，同比增长11.9%，增速河北省排名位列第二。近年来，国网沧州公司先后获得"全国文明单位""全国'六五'法制宣传先进单位""全国'安康杯'竞赛优胜单位"等荣誉称号。

一、地市供电公司适应配售电改革的服务管理提升背景

（一）主动融入电力体制改革，转变传统管理机制的需要

2015年3月，中共中央、国务院联合发布《中共中央国务院关于进一步深化电力体制改革的若干意见》（中发〔2015〕9号），明确深化电力体制改革的总体思路、基本原则，制定包括"输配电业务投资多元化"和"培育售电市场"在内的一批近期重点任务。"输配电业务投资多元化"旨在鼓励社会资本投资输配电产业，充分发挥民营资本在逐利过程中体现出来的主观能动性，提升配电环节的投资与运行效率，同时激励存量资产的效益提升。"培育售电市场"目的在于通过多途径培育市场主体，允许各类售电主体进入售电市场，从事售电业务，形成"多买多卖、势均力敌"的市场格局。

国网沧州公司作为国家大型一类企业要更好地履行社会责任，特别是在环渤海经济发展和京津冀一体化推进过程中不断满足客户、企业用电需求，最根本的工作是转变管理思维，理顺管理机制，才能当好服务经济发展的电力先行官。因此国网沧州公司必须把握当前配售电侧改革之初的相对缓冲期，加快管理机制的转型，一是在电网规划建设方面实现由企业主导到政府主导的转变，适应电网不再由电力公司统一规划建设的局面；二是在市场营销方面实现由垄断到竞争的转变，适应配售电市场上面临的多元主体竞争的局面。

（二）践行国网优质服务要求，拓展新型服务模式的需要

国家电网公司作为关系国家能源安全和国计民生的国有重点骨干企业，是服务保障民生的重要力量。近年来，国网沧州公司在加快各级电网建设、畅通服务"最后一公里"、助力脱贫攻坚等方面成效显著，但以客户为中心的理念尚未真正落地，服务质量距离人民群众对美好生活新期待还有差距。面向新时代，必须坚持以客户为中心，抓重点、补短板，提供优质高效的新型供电服务，更好服务人民美好生活需要。

在全面满足客户用能需求上，国网沧州公司任重道远。一是社会普遍服务水平有待提高，目前沧州市户均配变容量不足1.7千伏安每户，需要进一步推进配电网改造升级，提升供电能力，满足再电气化的需要。二是电网精益化运维管理水平有待提升，目前沧州电网缺乏配网设备状态主动监测预警措施，需要通过配电自动化的建设实现故障快速研判和准确定位，提升抢修效率。三是客户体验有待提升，企业办电流程尚需进一步优化简化，互联网线上办电渠道还需要进一步推广和完善。面向新时代，坚持以客户为中心进一步提升优质服务水平，才能更好服务人民美好生活需要，才能跟上市场节奏，满足客户新需求，适应发展新环境。

（三）适应电力配售市场竞争，提高供电服务能力的需要

在增量配电业务方面，2016年，国家发展改革委、国家能源局印发了《关于规范开展增量配电业务改革试点的通知》，确定了第一批105个试点项目，允许社会资本在试点区域内投资电网，打破了长期以来电网企业"独步江湖"的格局。沧州临港经济技术开发区增量试点位列首批试点项目，地方政府、发电企业、地方电力企业、节能服务公司和设备厂商等各方资本对临港增量配电业务展现出浓厚的兴趣。沧东经济技术开发区、渤海新区科创产业园、渤海新区盐田等多个区域也陆续成为各方关注的焦点，有可能被列入下批增量配电业务试点项目。同时在售电市场方面，截至2016年8月，沧州市已经成立了26家售电公司，正在积极布局售电市场业务，通过"化零为整"的方式，作为广大用户的购电代表，直接与发电企业议价。

为应对沧州本地即将到来的增量配电业务和售电市场方面的激烈竞争，国网沧州公司一方面需要尽快弥补自身短板，加速解决沧州电网局部区域供电能力紧张、建设周期与负荷需求不匹配、营销服务市场化意识不足等方面的问题，维护好既有客户并拓展新增客户，才能为企业持续发展打下坚实基础。另一方面是发挥现有优势，积极探索以混合所有制模式参与到临港增量配电业务中，依托混合所有制中各类要素活力，实现国企的创新驱动、提质增效。

2016年8月，国网沧州公司准备计划实施一系列服务管理提升措施，以适应配售电改革带来的变化。

二、地市供电公司适应配售电改革的服务管理提升内涵和主要做法

在配售电市场改革的背景下，国网沧州公司既要履行保底供电的职责，又要保持较好的电网发展能力和企业经济效益，确定"电网发展与服务提升并重"为主导思想的发展策略。国网沧州公司在满足负荷需求方面，发挥规划引领作用，加速解决供电能力不足的问题，并持续巩固市场份额；在改善客户服务体验方面，利用配电自动化、大数据分析等新手段提升运行维护的水平，开展"五心服务"提升服务质量；在增量配电市场方面加强与竞争对手的合作，积极探索混合所有制改革，科学介入增量配电试点项目；同时创新人力资源管理，加大培养复合型管理人才的力度，做好供电所基层队伍的建设，优化绩效管理机制，从而推进电网建设从"需求引导型投资"到"市场占有型投资"的转变，提升了国网沧州公司专业的服务能力和良好的品牌形象。主要做法如下。

（一）紧盯改革方向，制定服务提升总体策略

1. 学习调研电力体制改革方向

为深入了解电改精神，发展部牵头，营销部配合，开展一系列研究电改政策的工作，一是及时跟踪电改最新政策，收集与电改相关动态，涵盖国家政策文件、官方政策解读、其他省市相关政策、国网公司工作部署等。二是建立市、县两级单位电改精神研讨机制，每季度邀请电力规划设计总院、华北电力大学等机构专家开展电改专题讲座，剖析电改、增量市场改革顶层设计，发展部、营销部全员参加，共同研讨未来面临的形势。三是践行"请进来、走出去"的学习模式，及时掌控增量动态，调研唐山曹妃甸、安徽宁国、江西抚州崇仁工业园、福建宁德工业园等增量试点区域改革开展情况，了解各试点区域相关主体的思路和具体动向，预判沧州增量配电试点改革方向，争取提前做好周密安排。

2. 开展企业自身优劣势分析

增量配电业务放开后，电网企业将面临来自国有发电企业、地方电力公司、经济技术开发区、分布式能源和微电网业主、供水供热供气等公共服务行业、民间资本等方面的潜在竞争主体，其中国有发电企业、地方电力公司、经济技术开发区业主具有较强的实力。通过SWOT分析方法，全面分析国网沧州公司在面对增量配电市场放开时的优劣势。与主要竞争对手相比，电网企业在人才、资金、产业、技术、客户等方面具有先发和累积优势，但在项目建设灵活性、市场服务意识、人员激励机制等方面则存

在一定劣势。以此为基础，制定供电服务提升策略，进一步提升自身优势，弥补短板。

3. 制定供电服务提升策略

为适应新的变化形势，国网沧州公司积极作为、主动适应市场化改革趋势，对内加强管理水平，对外提升服务质量，按照"电网发展与服务提升并重"的策略，重点做好以下方面工作。

一是发挥规划建设的引领作用和先发优势，不断提升电网供电能力，满足负荷的发展需求。通过提高配电网规划建设管理水平，充分利用国家加大农村电网改造升级投资的有利时机，持续加大资金投入，加强配电网规划和建设，进一步优化主网、强化配网、升级农网。同时建立精准投资体系，加速解决局部区域供电能力不足的问题，准确判断增量配电市场的发展趋势并提前布局优质供电区。

二是不断提升服务质量和服务意识，实现用户从"有电用"到"用好电"的转变。首先在提升运维水平方面，通过配电自动化、大数据分析等手段保证高质量的电能供应；其次在拓展服务内涵方面，建立全新电力营销体系，充分发挥供电企业长期积累的技术优势，为用户提供个性化、差异化的增值服务，以优质服务维护既有客户，拓展增量客户。

三是加强与地方政府和企业间的合作和分享意识，积极参与增量配电试点改革工作，探索混合所有制改革。在参与过程中积极与相关方沟通，发挥专业优势，促进改革顺利开展、增量存量协调发展，降低投资风险。

四是发挥人力资源优势，加快人才队伍转型，创新管理手段激发队伍活力。通过开展"挂职交流锻炼"工作、"全能型供电所"建设，针对电改新形势提升员工预判问题、解决问题的能力，打造一支复合型人才队伍。同时完善新形势下的绩效考核制度，形成有效的激励与约束机制。

（二）完善组织体系，构建全员服务格局

1. 完善组织机构

成立"国网沧州公司供电服务工作小组"，由国网沧州公司党政一把手为组长，副经理任副组长，成员由办公室、发展部、营销部、运检部、建设部、财务部、物资中心、各县公司主要负责同志组成，明确"电网发展与服务提升并重"的工作理念，遵循"定期汇报、信息通畅、协调一致、闭环管控"的工作原则。工作小组开展关于体制、机制、流程、队伍等重大问题研究，统一组织开展外部市场信息沟通和内控机制建设，总体负责存量电网优质服务提升方案和增量电网发展建设方案，落实供电服务管理体系建设与运转过程中的各项措施与任务。

2. 建立工作机制

为保障工作小组正常运转，建立"外部常态沟通机制、内部定期例会机制、内部信息传递机制、内部绩效考核机制"等4项机制。

一是"外部常态沟通机制"。构建四个联系，即国网沧州公司副总经理以上领导定期联系重点服务区域地方政府，发展部定点定时联系发改、规划和国土等部门，营销部定点定时联系存量和新增大客户，办公室定点定时联系市政府办公室、秘书科，并向政府部门派出挂职人员，各部门及时掌握市场发展趋势。

二是"内部定期例会机制"。定期召开例会通报市场动态，研究服务提升策略，确定各项重大问题解决方案，落实重要市场需求的解决途径、资金计划、完成时间。

三是"内部信息传递机制"。在规定时限内各单位将收集到的外部市场信息汇总至工作小组，工作小组针对每一项市场需求制订解决方案，相关部门审核反馈意见，确定的各项方案以会议纪要形式下发，实行销号管理和闭环管控，工作小组对执行情况进行督导监控。

四是"内部绩效考核机制"。制订卓越绩效评价工作方案，严肃工作纪律、严格工作考核，对于在工作中出现的重大失误，不仅要进行经济考核，还要给予纪律处分或组织处理。

(三) 加强规划引领，满足负荷增长需求

1. 提高电网规划水平，提升供电能力

一是加快规划滚动调整，开辟电网建设绿色通道。电网企业的电网建设实施的是年度计划管理方式，工程历时较长，而社会资本投资建设机制较为灵活机动，这些原因会使得电网企业失去部分项目投资建设的有利时机，不论是电网企业还是用电企业都会产生较大的经济损失。因此，除在每年4月份例行开展年度规划滚动修编外，国网沧州公司还重点针对规划修编后夏季高峰负荷期间暴露出来的重过载问题、突发业扩项目等新问题建立"问题库"，对纳入"问题库"的项目利用"应急资金"开辟绿色通道并予以解决。

二是开展重点区域电力设施布局规划，做好工程前期准备。新电改明确政府有关部门负责统一的电网规划管理工作，电网企业不再是唯一的规划主体，而是电网规划的参与者，电网公司由过去的甲方转变为乙方，这一变化对电网企业的规划管理工作影响较大。为提前做好开发区内工程的前期准备，与总体规划、控制性详细规划无缝对接，提升规划项目的落地率，做好变电站站址、高中压电力廊道、重要电力设施的用地预留。通过电力设施布局规划向政府、用户传达电网企业的重视态度及服务意识，交互电网后续发展动态。

2. 建立增量配电发展趋势评估方法，优化服务策略

增量配电区域一般具备以下两个基本特征：一是既有电网相对薄弱，便于增量供电区域的边界划分；二是工商业用电占比较大，社会资本效益明显。城区电网建设相对成熟，农村地区居民及农业用电占比大，不满足以上两点特征，而工业园区尤其是新兴的园区在这两点上契合度较高。因此，有必要对现有区域内的所有优质工业园开展增量配电发展趋势的评估，对热点区域给予重点关注，满足新增负荷供电需求并提前做好以混合所有制模式参与增量配电业务的准备。

结合相关增量业务放开政策解读及沧州临港经济技术开发区增量试点区域实际情况，结合其他增量试点区域的特征特点，率先确定增量配电区域评估方法。设定现状电网成熟度、工业用地占比、负荷发展潜力、用户集中程度、电源便利性、既有电力设施产权、可靠性要求敏感度共计7个方面的指标。结合各工业园区的现状及发展情况，确定增量配电区域发展评估表。以上7方面因素中，若满足5~7项即为高可能性区域，满足3~4项即为较高可能性域，满足1~2项即为一般可能性区域，针对不同的可能性，需采用相应的重视程度及供电服务策略。

针对增量配电业务发展高可能性园区予以特别重视，如沧县沧东经济开发区、任丘经济开发区，摸清园区发展趋势，提前规划变电站建设时间，按照"路通电通"的原则开展10千伏配电网建设，在投资额度上给予适当倾斜，加强与政府、用户的沟通，签订园区供电框架协议，推进专属客户经理服务模式。

针对增量配电业务发展一般可能性园区，例如，沧州经济开发区、泊头经济开发区，加速推进电网建设项目实施，快速提升供电能力，加强与政府、用户的沟通，及时了解开发区规划调整和企业入驻情况，调整规划项目，签订园区供电框架协议，提升供电服务质量，提升电网公司品牌形象。

针对增量配电业务发展低可能性园区，例如，东光经济开发区、海兴经济开发区等，关注园区发展态势，按部就班推进规划项目的落地，提升供电能力及可靠性，提高供电服务质量，加强用户黏度。

3. 精准评价投资项目，提高投资决策水平

近几年"美丽村""贫困村""机井通电""煤改电"等国家政策性电力工程占用了大量投资额度，在投资收益不断下滑的同时，用于网架调整和优质供电区的投资额度也持续吃紧。在资金有限的情况下，引入考虑市场贡献程的项目评级机制，评估非政策类基建项目对提升市场影响力的贡献度，并予以分值量化。贡献度大、得分高的项目，在项目入库、评审、批复等方面予以优先考虑，对影响特别大的

项目，开辟"应急项目"的绿色通道，推进项目实施进程。

（四）树立市场意识，解决服务客户短板

1. 推进电网升级，提高运维水平

一是推进配电自动化，提升电网智能水平，逐步实现配电网可观、可测、可控。针对沧州市中心城区、开发区，国网沧州公司推行智能高效的三遥馈线自动化，通过一次设备的改造升级、配电终端的合理配置、光纤通信的应用，实现故障点快速定位、故障段快速隔离、非故障段快速恢复供电；针对农村地区，国网沧州公司推行经济实用的电压时间型重合器配电自动化，提升农村地区供电可靠性。

二是开展大数据分析，挖掘专业优势潜力。充分利用电网公司生产、营销、运检、调度等各专业现有信息化系统，积极开展电力大数据的分析及应用。首先，利用大数据提高电力需求预测准确性，从而更加合理安排企业的生产检修计划，减少对用户的影响。其次，对梳理出的缺陷、故障问题进行聚类、回归分析，找出影响电网运行的关键问题并集中力量予以解决。

2. 推进"五心"服务，拓展服务内涵

一是用户报装省心。对用电业务办理推行"简化流程、提前介入"的措施。"简化流程"即取消部分业务流程，加强内部各专业协同，缩短用户办理时间，同时开通"同城异地"受理用电申请业务，用户可选择最近供电营业厅提交申请，并可利用网上营业厅、掌上 APP 等用电申请受理服务；"提前介入"即对于省级以及上工业园区内所有用电客户，创建绿色办电通道，在各工业园区设置供电服务点，派驻专属客户经理，开展驻园入企"一站式"便捷服务，实现园区配电网建设与园区用电保障无缝对接，业务办理时间较其他用户缩短一半。

二是用户互动舒心。主动适应售电侧改革和"互联网＋"技术发展新形势，以客户和市场为中心，以标准化、数字化、智能化、互动化为手段，构建全渠道运营体系。推行"线上全天候受理，线下一站式服务"模式，适应售电市场放开，加快客户接电。基于"掌上电力"手机 APP、95598 网站开通客户线上办理业扩申请、进度查询、自助缴费、监督评价等服务；设立电子座席，负责线上受理、业务咨询、跟踪协调；实现各类工单无纸化和档案信息电子化线上流转，有效减少客户往返，快速响应客户需求；优化线下服务模式，低压业扩实行查勘、装表"一岗制"，高压业扩客户经理利用移动作业终端，现场开展收资及业务操作，线上线下客户互动有机结合，有效减少客户往返，快速响应客户需求。

三是用户用电放心。电网建设方面，国网沧州公司集中精力和力量，通过变电站增点扩容，缓解城区部分区域供电紧张局面，实现农村地区一乡一站的供电格局，不断满足各类用户用电需求；电网安全方面，通过强化电网本质安全建设，梳理高中低压各层级电网中存在的设备缺陷、运维隐患并予以解决；电网运维方面，全方面推行高科技运维手段，加强精益化管理，加强信息化、自动化手段，试点馈线自动化，探索配电网可观、可测、可控。

四是用户停电安心。首先，高度重视客户故障报修及投诉，强化响应速度，对用户报修、投诉等问题第一时间予以解决；不断分析、总结客户反馈的问题，对共性问题进行总结提炼，从源头上减少用户报修及投诉。其次，构建快速复电指挥模式，建立覆盖全市的低压抢修驻点，并通过互联网技术加强抢修全过程监控，实现城区抢修不超过 45 分钟，郊区抢修不超过 90 分钟，边远地区抢修不超过 120 分钟。最后，变被动抢修向超前抢修的转变，除了接受 95598 工单外，打通调度管理、生产管理、用电采集等系统，实现营配调数据融合，开启主动抢修模式，抢修人员快速到位，远程工作站及时发布停电信息，调度及时转移负荷，营销及时联系大客户及物业，抢在用户保修前，将问题消除。

五是用户直购电称心。国网沧州公司在保障电力供需平衡、保障社会用电秩序的前提下，释放电改红利，降低客户用电成本，积极开展大用户直购电交易，发挥电网公司在发电厂和用户之间的纽带作用，为企业讲解政策、解析风险。2017 年上半年，沧州市共有 55 个用户参与大用户直接交易，大用户直接交易电量达17.54亿千瓦时，为客户节约购电成本接近5000万元。

（五）促进多方合作，推进增量配电业务

1. 搭建服务政府平台，积极争取政府支持

对外积极沟通市、县、开发区三级政府，发挥电网企业现有优势，争取不同层级政府在增量配电混合所有制公司组建和增量试点项目投标工作中给予重点考虑和支持。在开发区管委会层面，国网沧州公司调研园区近期招商引资和重点项目建设情况，与18个省级开发区政府签订供电服务框架协议，编制开发区电力专项规划并制订近期过渡方案。在区县层面，宣贯电网规划及供电服务理念，在环保、节能减排、扶贫等领域深化与各相关政府部门的专业分工合作，推进实际问题解决，规范有序开展大用户直购电。在地市层面，一是针对增量试点项目积极与地方发改委等主管单位沟通，探讨部分投资方提出方案的政策合规性，维护电力体制改革初衷，分析试点方案优劣并进行风险收益测算；二是在电网建设方面，推动河北省电力有限公司与沧州市政府签订《关于共同推进沧州坚强智能电网建设战略合作协议》，营造良好合作氛围。

2. 搭建试点项目协调平台，统一建设思路

临港增量配电试点面临着多元投资主体利益需要协调的重大问题，当地政府、电网公司、民营社会资本各方在经济效益、规划建设方面诉求各不相同，需要做好各方投资主体的利益协调。

在经济效益方面，传统电网规划建设主要以满足安全可靠运行和负荷发展为需要，但为保证增量试点项目的营收平衡和可持续性发展，需要在前期规划建设中做好经济效益分析。国网沧州公司针对临港增量试点项目，开展短期空间负荷预测，建立独立电网企业投资效益分析模型，根据负荷预测结果利用投资效益分析模型对各投资主体提出的多个建设方案进行比较，分别测算混合所有制公司的投资收益，并对销售电价进行敏感性分析，通过科学计算定量确定最优建设方案。

规划建设方面，国网沧州公司发挥专业优势，配合政府开展临港开发区电力设施布局规划，协调国网沧州公司、增量配电混合所有制公司、华润热电、其他大用户等多方主体廊道申请诉求，对220千伏至10千伏共计4个电压等级线路走廊进行详细的电力设施布局规划，协调电网建设项目在空间和时间上的冲突。

3. 搭建电网企业内部协同平台，推进试点进度

临港增量配电试点在起步阶段临着两方面的困难：一是起步阶段的混合所有制公司难以胜任专业性强的电网建设和独立运营工作，人员队伍、工作经验都存在短板；二是混合所有制公司管理模式和商业模式尚无成功经验可循。国网沧州公司作为临港试点项目的属地管理单位，按照"输血为先，造血为要"的总体思路加速推进临港增量试点项目，发挥在人才、技术和管理优势，全面负责解决国家能源局对配售电市场准入方面的硬性资质要求，加速试点区域内的电网规划建设，满足混合所有制公司办理电力业务许可办证的必要条件。

（六）激发队伍活力，提供坚强支撑保障

1. 开展"挂职交流锻炼"工作，培养复合型管理人才

2017年，选拔思想政治素质好、敬业精神强、业务能力优秀的25名市县公司骨干力量进行挂职交流锻炼，打破专业壁垒并强化了市县纵向交流力度，旨在培养员工的综合能力，打造一支懂政策、懂生产、懂市场的复合型管理人才队伍。

2. 打造"全能型"供电所，做好基层人才队伍建设

推动乡镇供电所营业厅服务由传统业务型向体验型转变，着力打造智能化、体验型营业厅，积极推广"互联网＋"线上服务。加快供电所的转型和建设，成为强化基层电网企业综合服务能力建设，实现营销服务转型的重要保障措施。构建快速响应的服务前端，建设业务协同运行、人员一专多能、服务一

次到位的"全能型"乡镇供电所，以营配调贯通和现代信息技术应用为依托，进行营配业务末端融合，优化班组设置，培养复合型员工，做好基层人才队伍建设。

3. 开展基于"存量"和"增量"的二维卓越绩效管理

根据《国家电网公司卓越绩效评价工作导则》中"电网坚强、资产优良、服务优质"相关要求，考虑其在存量市场、增量市场不同责任和作用，紧密结合各部门、各相关人员的岗位职责，明确量化二维目标。特别针对"增量"目标，制定具体举措、时间节点和评价标准，逐一落实指标责任部门和岗位。

三、地市供电公司适应配售电改革的服务管理提升效果

（一）适应市场竞争机制，服务水平提高

为适应配售电市场的竞争趋势，国网沧州公司通过以"电网发展与服务提升并重"为主导思想的管理实践，在电网建设工作中实现了从原有"需求引导型投资"到"市场占有型投资"的转变，2016年和2017年两年共计梳理102条市场新动向、23处负荷新热点、259项电网新问题，利用"应急资金"全部解决；客户服务内容和服务深度方面都得以拓展，客户服务满意度持续提升，2017年客户投诉同比降低6.2%，客户满意率达到99.8%。2018年，华北能源监管局在沧州开展了"获得电力"优质服务检查工作，国网沧州公司优质服务工作得到督察组高度评价。

（二）推动企业稳步发展，经济效益明显

存量市场方面，在2016年和2017年两年的时间里，国网沧州公司电网建设项目提前投运实现增供电量2.4亿千瓦时，超额完成电能替代项目实现增供电量0.9亿千瓦时。按上网标杆电价0.42元/千瓦时、到户平均电价0.63元/千瓦时核算，扣除实施费用，直接经济效益达6730万元。增量市场方面，国网沧州公司成功入股临港增量配电试点项目，混合所有制改革工作取得初步成果。

（三）助力区域经济发展，社会价值凸显

2017年，国网沧州公司与沧州市18个省级开发区政府签订了供电服务框架协议，破解了电网建设过程中遗留的若干难题，推动2座220千伏变电站、8座110千伏变电站的建设进程，保障了区域经济发展的用电需求。

2018年，河北省电力有限公司与沧州市政府签订《关于共同推进沧州坚强智能电网建设战略合作协议》，根据协议，双方将共同推进沧州坚强智能电网建设，在常态化的合作机制下，沧州电网的建设发展环境将更为宽松，沧州的经济发展也将得到有力保障。

（成果创造人：赵立刚、朱爱民、赵　玮、王正平、
崔增坤、高建为、郑　旺、路　成）

组织变革与管理提升

基于管理视图分析法的管理体系变革

中国环境保护集团有限公司

中国环境保护集团有限公司（以下简称中国环保）是中国节能环保集团有限公司（以下简称中国节能）的全资子公司。1985年，由国家生态环境部（原国家环保总局）发起设立，聚焦城镇废物综合治理、危险废物治理、农业生态修复和污染场地修复四大业务组合，是中国节能旗下专业从事地上生态环境综合治理的平台公司。截至2017年年底，公司投资、建设、运营项目近百个，固废日处理能力8万余吨，年供绿色电力达70亿度，产业规模稳居国内同行业领先地位。

一、基于管理视图分析法的管理体系变革背景

（一）满足中国环保业务发展的需要

从2012年开始，中国环保聚焦于固废处理领域业务。当时固废领域的市场竞争已经十分激烈，而中国环保在市场竞争中并不占优，处理规模等指标均处于第二梯队，是行业的追赶者。2013年，中国环保提出加速追赶行业龙头的战略目标。中国环保深刻认识到要想在激烈的竞争环境下和日益成熟的竞争态势下实现弯道超车，在大力加强市场方面的突破力度的同时，也必须进行管理变革创新，向管理要效益，而当时的中国环保在内部管理上仍有很多无法完全匹配和支撑业务发展的地方。一是组织效率问题。随着业务的发展，并行项目数量变为了5~7个，甚至更多，管理的运营项目数量达到十几个，每一位员工都有大量的事务要处理，配合和协作的矛盾就日益显现，需要一套有效的机制保证衔接顺畅。二是风险控制问题。业务量的激增和人手相对不足的矛盾引发的另一个问题就是由于关键环节管控的不到位导致的组织风险被放大。固废处理行业具有投资规模大、项目周期长的特点，各环节风险控制是否到位直接决定了项目的成败，投资风险、管理风险、安全风险等一系列风险都会随着精力的不足而显现。三是管理深度问题。公司在大举规模化扩张的同时，如何增加资金周转速度、降低财务成本已成为业内企业必须关注的核心问题，这就要求通过专业化分工不断地降低建设成本、缩短建设周期，这就要求中国环保在运营上精益求精，提升运营水平，降低运营成本，才能在激烈的竞争环境中求得生存。因此，构建一套既能协调一致，又能保持灵活多变、快速响应的管理体系就成为中国环保管理变革的核心命题。

（二）破解企业管理普遍难题的需要

中国环保总结过往的变革，发现有些问题总是无法有效解决，概括起来主要有两个方面，一是部门间的工作衔接和相互配合问题无法有效解决，推诿、扯皮、效率低下，风险漏洞现象时有发生。二是总部与下属企业责权划分很难清晰界定，"一抓就死、一放就乱"的现象仍然存在。中国环保总结认为造成上述问题的主要原因在于没有建立完整的、系统的管理数据系统，从而无法实现管理数据有序、高效的流动，无法实现管理数据对管理活动的有效推动，也就无法形成横向协调、纵向贯通的一体化管理体系。因此，中国环保需要建立一套能够对管理数据进行完整性、系统性、精细化挖掘的管理方法。

（三）构建大数据时代企业管理体系的需要

随着互联网大数据应用的蓬勃发展，数据时代的到来对企业数据整合和应用能力提出了挑战。面对不断激增的数据量，能否将各个方面产生的数据信息加以系统化整理并使这些数据互相连通，进而让数据成为决策依据，已经成为企业的核心竞争能力。对于中国环保来说，一是项目周期长、复杂度高的，

对数据的前后一致性和衔接性有更加迫切的需求。二是项目复制性和业务量激增,对有效利用海量数据指导管理实践有更加迫切的需求。如何通过项目海量运行数据的汇总、统计、分析形成对运行控制优化提升的指导意见,指导一线员工运行操作,是摆在中国环保面前亟待解决的命题。

二、基于管理视图分析法的管理体系变革内涵和主要做法

中国环保以公司战略为指引、以市场化为方向、以行业领先为目标,创新应用"管理视图分析法",通过逐级分解管理事项并明确每一事项的责权划分、资源配置、风险控制、过程管理、工作结果等管理数据,形成系统化、一体化的管理数据系统,进而推进组织体系和管理体系的重构,构建"系统构架、动态调整、因时而变、因势而变"的管理长效机制,从而提升市场竞争能力。主要做法如下。

(一)明确管理体系变革的思路和原则

经过反复的调研、分析和研讨及多轮的深入论证,中国环保明确了本次管理体系变革的目标、思路和原则,即以"构建一套既能协调一致,实现横向协调、纵向贯通,又能保持灵活多变、快速响应的管理体系"为改革目标,以"系统化思维、结构化方法"为变革思路,以"系统架构、着眼发展、底层切入、循序推进"为变革原则。

中国环保认为要想实现上述变革目标,就必须改变以往按照并行方式构建管理体系,导致一线员工面对各种管理要求而无所适从的思维方式,将所有的管理数据融会贯通,进而形成一整套手册指导一线。要实现上述变革目标,重点需要解决4个方面的问题,一是如何实现纵向贯通;二是如何实现横向协调;三是如何与其他基于外部要求建立的体系既融为一体,又相对独立;四是如何保证整个管理体系能够因时因势动态调整。

(二)构建以事项为核心的方法工具

1. 构建思路

企业开展的每项管理活动,通常包括工作内容、职责权限、资源配置、风险控制、过程管理、工作结果(工作文档)六项基本管理数据。针对每一项管理活动,都需要明确6个基本问题,即一是做什么事情;二是谁决策、谁执行、谁监督;三是配置什么资源;四是控制什么风险;五是如何做这些事情;六是形成什么结果。工作内容(管理事项)基于其在一定时期内的相对稳定性,无疑是六项基本管理数据中的核心数据。以管理事项为索引,将符合外部纷繁复杂的管理要求和企业自身管理特点的其他管理数据与管理事项进行一一对应,就可以形成企业横向协调、纵向贯通的一体化的管理体系。按照上述思路,中国节能创新性地提出"管理视图分析法"的工具方法。管理视图分析法是一种基于系统思维,通过综合运用既有的多种管理方法和工具,将组织的理想状态与现实状态相结合,宏观、中观与微观相结合,以管理视图作为分析的核心,对组织开展的所有管理活动进行全面、系统、动态地梳理、优化和重构,从而持续提升组织绩效的管理体系构建方法。运用管理视图分析法,可以有效地对企业管理数据进行全面的、系统的挖掘、分析,并在此基础上不断精细化。

2. 方法模型

管理视图分析法的标准模型由6个区域构成,即Ⅰ区(管理事项区)、Ⅱ区(责权分配区)、Ⅲ区(资源配置区)、Ⅳ区(风险控制区)、Ⅴ区(过程管理区)和Ⅵ区(文档明细区),如表1所示。

表 1 管理视图分析法的标准模型

管理事项	责权分配					资源配置			风险控制			过程管理			文档明细		
	上级组织	本级组织			下级组织	人力资源	财务资源	物料设备	风险描述	控制手段	风控目标	输入条件	过程要求	输出结果	表单	流程	制度
	……	决策层	经营层	主责部门	相关部门	……											
一级事项																	
二级事项																	
三级事项																	
……																	
Ⅰ区 （管理事项区）	Ⅱ区 （责权分配区）					Ⅲ区 （资源配置区）			Ⅳ区 （风险控制区）			Ⅴ区 （过程管理区）			Ⅵ区 （文档明细区）		

在 6 个区域中，Ⅰ区是管理事项区，是结构模型的核心区域，通过综合运用多种管理方法和工具，对组织管理活动进行逐级分解，形成一级事项、二级事项、三级事项、四级事项等管理事项的全集。Ⅱ区是责权分配区，针对每一事项，明确跨级组织间和本级组织内合理分配责权。Ⅲ区是资源配置区，针对每一事项，明确人、财、物、信息等资源。Ⅳ区是风险控制区，针对每一事项，明确风险内容、发生概率、控制目标、控制手段等。Ⅴ区是过程管理区，针对每一事项，明确过程管理或操作标准。Ⅵ区是文档明细区，针对每一事项，将上述过程中形成的制度、流程、表单、样本等进行对应归档。这样，通过以Ⅰ区为核心，针对每一事项，将Ⅱ区至Ⅵ区的各项要求有机地衔接在一起，形成相互协调、统一的有机整体。同时，Ⅰ区（管理事项区）还可以与其他区域进行组合，构成组织中常见的各种管理体系。其中，Ⅰ区＋Ⅱ区可以构成授权体系；Ⅰ区＋Ⅲ区可以构成预算体系；Ⅰ区＋Ⅳ区可以构成风控体系；Ⅰ区＋Ⅴ区可以构成标准体系；Ⅰ区＋Ⅵ区可以构成文档体系。这样，既可以将不同管理体系的要求有机地衔接在一起，又能够保证不同管理体系在组织内具有相对的独立性。此外，管理视图分析法的结构模型具有较强的可扩展性。企业可以根据自身情况，对结构模型进行简化或扩展，以满足组织多样化的管理需求。

3. 应用方法

管理视图分析法的应用方法可以概括为"六区七步法"，即绘制管理蓝图、形成管理视图、优化责权分配、优化资源配置、强化风险控制、细化过程管理、规范文件文档 7 个步骤（见表 2）。通过绘制理想状态下的管理蓝图，与组织现状进行比对后形成现实状态下的管理视图；在此基础上，针对管理视图中的每一事项，细化与之一一对应的责权分配安排、资源配置安排、风险控制安排、过程管理安排、文档管理安排，从而实现 6 个基本要素的相互协调和统一。

表2 管理视图分析法的应用方法

管理事项	责权分配					资源配置			风险控制			过程管理			文档明细		
^	上级组织	本级组织			下级组织	人力资源	财务资源	物料设备	风险描述	控制手段	风控目标	输入条件	过程要求	输出结果	表单	流程	制度
^	^	……	决策层	经营层	主责部门	相关部门	……	^	^	^	^	^	^	^	^	^	^	^	^
绘制管理蓝图 ↓																	
形成管理视图 ←	优化责权分配 ←					优化资源配置 ←			强化风险控制 ←			细化过程管理 ←			规范文件文档 ←		
Ⅰ区（管理事项区）	Ⅱ区（责权分配区）					Ⅲ区（资源配置区）			Ⅳ区（风险控制区）			Ⅴ区（过程管理区）			Ⅵ区（文档明细区）		

（三）分解管理事项，构建管理视图

按照管理视图分析的方法，中国环保的管理体系变革工作是从分解管理事项开始的。

1. 绘制管理蓝图

绘制管理蓝图，不应仅基于组织的现状，更应运用对标管理的思想，借鉴标杆组织的先进经验，形成基于本企业但又高于本企业现状的管理事项全集。在分解管理事项时，应遵循 MECE 原则，做到同一层级的管理事项"相互独立、完全穷尽"，即所有一级事项的集合构成组织管理活动的整体，某个一级事项分解的二级事项的集合构成该一级事项的整体，某个二级事项分解的三级事项的集合构成该二级事项的整体；以此类推，直至所有事项无法再分解为止。

中国环保的管理活动按照价值链分析法，可分解为公司治理、战略管理、预算管理、经营管理、市场开发、投资管理、采购管理、基建管理、运维管理、技术研发、HSE 管理、人力资源管理、财务资金管理、行政后勤管理、信息化管理、品牌管理、风险管理、审计管理、党群管理、纪检监察、企业文化等 21 项一级事项。在此基础上，分解二级、三级及以下级别管理事项，以人力资源管理为例，该一级事项可以按照通行的模块化思路分解为人力资源规划、组织管理、招聘管理、培训管理、薪酬管理、绩效管理、员工关系管理、干部管理等二级事项，招聘管理又可以按照流程化的思想分解为招聘计划、招聘方案、招聘实施、人才录用、效果评估等三级事项，每一个三级事项还可以进一步细分。中国环保在 2014 年利用半年左右时间，通过不断对标先进企业经验，共分解一级事项 21 项、二级事项 358 项、三级及以下事项 1682 项。

2. 形成管理视图

在企业的管理模式、管理资源、管理能力、管理文化等约束条件下，将管理蓝图中的每一事项与企业管理现状进行逐一比对和筛选，形成与企业相适宜的管理事项的全集，称为管理视图。管理视图是开展后续步骤的核心，所有后续步骤都围绕着管理视图展开。管理视图与管理蓝图的区别在于管理蓝图是组织开展管理活动的理想状态，管理视图是组织在短期内能够达到的现实状态。通过比对管理视图与管理蓝图的差别，从中找出组织开展了哪些事项，尚未开展哪些事项，哪些事项存在缺失、疏漏、交叉，哪些事项可以改进和优化。在此基础上，将这些问题作为企业今后改进和优化的重点，推动企业逐步从管理视图所体现的现实状态向管理蓝图所描述的理想状态过渡，从而持续提升组织绩效。经过对比中国环保在2014年的事项覆盖率，即已经开展的事项占管理蓝图中全部事项的比例，大约为76%，未覆盖事项重点集中在三级及以下级别事项中，说明中国环保的管理精细化程度仍有待提升。

无论是管理视图，还是管理蓝图，不是一成不变的，而是动态调整的。对于管理视图，通过与管理蓝图的不断比对，始终处于改进和优化之中。对于管理蓝图，需要根据企业所处环境、标杆组织实践等情况的变化，进行动态调整，确保企业参考、借鉴的管理蓝图始终保持着先进性。例如，2016年起，中国环保开始进军环保产业园开发业务和危废业务，带来中国环保管理范围的变化，体现在管理蓝图上，就需要在一级事项"市场开发"下新增部分针对上述业务的管理事项，带来管理事项的增加。而经过不断的管理体系变革，截至2017年，中国环保的事项覆盖率已经提升至接近94%，除少部分事项仍待进一步提升管理精细化程度外，剩余事项均属于根据企业资源和策略暂时不计划开展的工作。

（四）优化责权分配，变革组织体系

根据确定的管理视图，结合组织的机构设置、管理模式、管理文化等情况，按照职责与权限相匹配的原则，对组织开展每项管理事项所涉及的责权分配进行梳理和优化，得到与每一事项一一对应且相互适宜的责权分配安排。

1. 明确组织定位

中国环保认真分析了公司所处的外部环境对组织模式的要求，明确了总部和下属公司的组织定位，即总部必须由"投资型"向"投资+管理"型转变，必须实现"投-建-运"全业务链的深度管理，构建"投资项目-建设项目-运营项目"的项目生产线，实现"总部负责生产和管理项目，项目公司负责运营项目"的组织定位，进而明确了"效率优先、风险可控"的组织构建原则和"强总部、精项目"的管控格局。基于总部职能定位，中国环保构建了9部5中心的组织架构，并明确了各一级事项的主责部门。

2. 优化责权分配

在明确了上下级组织的职能划分和总部各一级事项职能划分的基础上，中国环保开始逐个事项明确责权，即"谁发起、谁审核、谁审批"。中国环保的责权分配考虑4个方面的问题，一是作为中国节能的二级公司，责权如何满足上级单位对自身的管控要求；二是对各下属公司如何管控；三是需要满足哪些外部的要求；四是内部程序如何流转。以项目投资阶段的可行性研究工作为例，可行性研究是项目投资阶段最重要的工作之一，直接决定了项目全生命周期的成败，因此上述4个方面都要参与其中。下级单位（筹备组）需要在现场为总部提供数据素材支撑，总部投资部门负责对接设计院编制可研报告，由于决定了项目全生命周期成败，因此建设部门、运维部门要对可研报告进行审核，同时，由于可研报告决定了项目总投资，不但中国环保的分管领导、主要领导、总经理办公会都要审核，上级单位和地方政府都要对可研报告进行最终审批，最后，可研报告是项目后评价的重要依据，考核部门需要留存备案。上述所有的责权分配（程序）用文字表述十分的复杂，但是使用按照系统化思维和结构化方法构建的管理视图工具，就形成了一条数据记录（见表3），使跨级组织间实现纵向贯通、同级部门间实现横向协调。

表3　优化责权分配

管理事项	责权分配									
	外部机构		上级单位	总部						下属单位
	地方政府	设计院		办公会	主要领导	分管领导	投资部门	建设部门	运维部门	考核部门	筹备组
市场投资										
……										
可行性研究	07审批	01编制	07审批	06审核	05审核	04审核	02审核	03会签	03会签	08备案	01配合
……										

基于管理视图，对每项管理事项所涉及的责权分配情况进行逐一梳理，并汇总起来，就构成了中国环保的责权表，不但能够清晰、准确、全面地反映和评价本级组织内部，以及与上下层级组织之间责权分配的系统性、一致性和合理性，而且能够推动组织建立更加系统、合理、高效的授权管理体系。同时，当外部要求等因素发生变化需要调整责权的时候，只需要找到对应的事项进行对应调整即可，快捷方便。

（五）优化资源配置，强化风险控制

1. 优化资源配置

根据确定的管理视图，结合企业的机构设置、管理模式、可配置资源等情况，按照合理、适度、高效的配置原则，对企业开展每项管理事项所需的人员、资金、物资、信息等资源进行梳理和优化，得到与每一事项一一对应且相互适宜的资源配置安排。以可行性研究工作为例。2016年度，中国环保确定的年度市场目标是新增12个项目，这也就意味着要做12份可研报告，平均每月1份，而平均每份可研报告编制和审批时间平均在2~3个月。据此，中国环保在可研这项工作上的资源配置就可以计算得出在人员方面，需要2人专门从事可研工作，采取上下级关系；资金方面，往年平均花费为29.8万元/项目，则2016年的资金预算为357.6万元；可研报告编制审批过程不涉及物资等。

基于管理视图，对组织开展每项管理事项所需的资源配置情况进行逐一梳理，不但能够清晰、准确、全面地反映和评价组织资源配置的系统性、一致性和合理性，而且能够推动组织建立更加系统、合理、高效的资源配置管理体系；在此基础上，与组织的年度目标、年度计划相结合，能够建立起与年度所开展每一事项一一对应的全面预算管理体系，大幅提升全面预算与经营计划的协调程度，大幅提升全面预算的准确程度。

2. 强化风险控制

中国环保的风险控制，不但包含投资、管理活动中存在的管理风险、经营风险的控制，更重要的是包括工程施工和设备运行检修工作的安全环保隐患控制。根据确定的管理视图，结合组织的机构设置、管理模式、对风险的偏好等情况，按照合理、适度的风险控制原则，对组织开展每项管理事项时可能存在的风险进行梳理，明晰不同风险的类型、发生概率、控制目标、控制手段，得到与每一事项一一对应且相互适宜的风险控制安排，是排查隐患、防患于未然的有效措施。以设备运行工作的安全管理为例。中国环保按照垃圾焚烧发电厂的工艺流程梳理出从垃圾进场到废弃物排放的全过程管理事项（或操作事项），逐个动作的排查安全隐患、评估风险等级、制定控制措施。

（六）细化过程管理，规范文档体系

通过管理视图分析的方法，针对每一个事项明确其管理标准或者操作标准的思路，为中国环保解决这一问题提供了很好的解决方案。中国环保首先针对各事项明确了需要建立哪些标准，形成中国环保管理标准和操作标准清单。在具体的标准编制层面，投资、建设、人力资源、财务资金等职能事项标准更多地体现为管理标准，即要说清楚各管理事项对应的编制或审核标准，如投资标准、设计标准、质量管理标准、招聘标准、报销标准等。对于运维、安全等业务事项来说，标准则体现为操作标准，即标准作业流程（SOP），按照端到端、流程化的思路，明确规范每一个动作的操作规范，并配以图示甚至视频，直接指导新人快速上手操作，如垃圾倒料操作规范、燃烧调整操作标准等。

最后，将上述过程中形成的所有文档规范，包括但不限于制度、手册、规范、标准、流程、表单、样本等，仍然按照以事项为索引的结构化方式沉淀下来，就可以形成中国环保的文档管理体系，而"事项＋文档规范区"的格式，就像是中国环保文档库的索引目录，方便使用者快速查找、利用和更新，避免了文档找不到、更新不完整的常见问题。

（七）通过信息化固化管理体系

在改革成果基本成型后，中国环保也开始了信息化固化的工作，而信息化系统的构建过程，也运用了管理视图分析法的管理思想，实现了将改革成果贯穿于信息化系统中。在信息化系统中，中国环保将管理活动（管理事项）放置于系统的核心位置，并围绕管理活动逐一构建活动的角色（责权分配）、输入输出（过程管理）、风控指标（风险控制）和标准、制度、表单（文档明细）等，将管理视图分析法的核心思想和上述变革的全部成果集成在了以事项为核心的信息系统中，保障改革成果不折不扣的落地执行。按照管理视图分析的方法建设的信息系统的一个核心突破，就是在系统中通过系统化思维实现了数据的横向、纵向关联，让信息系统不再只是流程合规的信息化保障，而成了一套可以支撑公司决策的系统。

项目管控平台是这一突破的典型体现。"项目"是中国环保业务的核心，只要中国环保的每一个项目按照预期的目标（主要包括开发控制目标、进度控制目标、投资控制目标等）有序推进，对过程中发现的问题及时纠偏、防患于未然，整个公司的业绩目标就可以做到心中有数。但由于项目投资建设周期持续2~3年时间，加之各项目的过程控制主要依赖请示、定期报告等"就事论事"的方式，各监管部门尤其是领导很难了解公司每一个项目的全面信息，问题的暴露也往往是压到最后才会显现，对项目的管控力度会大打折扣。为此，中国环保在信息系统中上线了项目管控平台，通过对项目投资、建设两个环节的事项分解和管理要素的关联，实现了所有数据的纵向、横向动态关联。项目管控系统最终建立并形成项目管理数据视图，将项目管控系统中所有与项目相关的数据信息进行集中全局化展示，并可实现按不同类别、不同时间等各类要素分类查询。

（八）完善管理体系变革的保障措施

首先，中国环保成立了由公司董事长牵头、各级领导参与的工作领导小组和由各部门、各下属单位主要负责人、骨干员工、管理专业人员和信息化专业人员等各方面人员组成的联合项目组。在两层组织保障下，这项变革工程一方面切切实实地成了"一把手工程"，各级领导深度参与其中，随时关注、指导工作的开展；另一方面，又通过各方面、各专业领域人员通力协作，保证所有工作的出发点是系统化的、全局性的。

其次，中国环保自2014年起每年在预算中单独制定用于本次变革工作的专项经费，保证各项研讨、培训、宣贯等工作的顺利开展，据不完全统计，截至目前，中国环保投入本次变革工作的直接经费近千万元。

再次，新的方法、新的组织、新的流程、新的工具，可以说，变革后一切都需要重新适应，如何让大家理解方法、适应工具，推动成果的落地成了本次变革的关键所在。为此，中国环保组织了大量的研讨会、宣贯会，并创新性的采用了集"讲、学、练、赛"于一体的训练营和集中攻关的方式开展相关工

作，并且大多数的培训都是在变革的过程中开展的，几乎所有成果，都有每一位员工的贡献，这就在一定程度上保证了成果推出之际，就是落地之时的效果。4年多来，中国环保针对本次系统性管理体系变革工作，共计开展大中型培训近20次，小型研讨培训则数不胜数，培训覆盖超过1000人次。

最后，除了要保证基层员工对变革方法、工具和成果的理解，也同样要保证各级领导对工作开展的思路、方法和进展情况的了解与掌控，因此，在过程中，项目组与领导小组间一直保持着良性的沟通机制，4年多来，中国环保召开中大型专题会议、汇报会议等合计近50次，仅公司主要领导出席的会议就占到一半以上。频繁的沟通、汇报、宣贯、研讨，保证了本次变革工作自上而下的思路一致，保证了自下而上的信息通畅，在思路和信息层面也做到了"横向协调，纵向贯通"。

三、基于管理视图分析法的管理体系变革效果

（一）助推企业取得了跨越式发展

通过几年来的不懈努力，中国环保通过不断变革和完善内部管理机制，实现了公司超常规的快速发展，到2017年，公司无论从处理规模还是经营业绩，都已经处在行业领跑者的位置上。5年来，在市场竞争日益激烈的外部环境下，公司实现固废处理规模增长6倍，危废处置规模增长10倍。2016年、2017年连续两年规模增长位居行业第一，奠定了行业龙头的地位。公司新增专利数量空前提升，合计申请专利数量296项，其中发明专利59项，分别是2013年之前的4倍和6.5倍，实现了平均吨垃圾发电量400度/吨的好成绩，是行业内当之无愧的运营能力排头兵。

（二）效益效率显著提升

通过对基建管理的事项梳理和管理体系构建，中国环保调整了原有以各项目公司为主的基建管理模式，在初步设计等关键环节采取了集约化管理的方式。在新的模式下，项目公司需求总人数大幅降低，降低了中国环保人力资源压力，仅2016年，就减少人员需求接近70人，减少直接人工成本近200万元。2017年，中国环保同时开工建设的项目数量众多，在标准手册的指导下，各项目公司不断提升运行水平。2017年中国环保全部18家已投运电厂平均连续运行小时数达到8065小时，较2014年提高16%；年上网电量达到22.2亿度，较2014年提高5.63亿度，带来直接经济效益3.66亿元。

（成果创造人：郑朝晖、梁　磊、李喜联、肖　兰、符晓彤、关　欣）

智能家居企业"双创"服务管理

合肥荣事达电子电器集团有限公司

合肥荣事达电子电器集团有限公司(以下简称荣事达集团)成立于2004年4月,是经原荣事达集团改制而成的民营企业,是集智能家居全系列产品及智能全屋系统研发、生产、销售为一体的国家高新技术企业,注册资金1亿元,用工总量1.2万人,总部位于享有"中国家电之都"美誉的安徽合肥,分别在安徽合肥、广东中山、浙江台州等地建有生产基地,拥有创业创新企业和团队160余个,产学研合作基地3个,柔性生产基地3个,全国营销网点5万余个。企业拥有"荣事达""品冠""品冠之家""健洗宝""乐库"五大品牌,产品远销欧美、东南亚等海外市场。2017年,荣事达智能家居产品产量1223万件,同比增长18.85%;工业总产值达55.78亿元,同比增长20.45%;主营业务收入创收53.05亿元,同比增长20.62%;实现利润17552万元,保持20%的增长。荣事达集团陆续获得国务院"双创"示范基地、制造业"双创"平台试点示范项目、国家工业旅游示范基地,以及"国家专业化众创空间""国家知识产权优势企业""制造业与互联网融合发展试点示范企业""国家制造业服务平台"等荣誉。

一、智能家居企业"双创"服务管理背景

(一)落实"大众创业,万众创新"政策的客观要求

2015年年初,"创客"首次被写入国家政府工作报告,政府工作报告13次提到"创业",明确表示要在经济新常态下推进"大众创业、万众创新"。2015年6月11日,国务院正式发布了《关于大力推进大众创业万众创新若干政策措施的意见》,国家及地方政府纷纷出台相关政策和措施鼓励大众创业、万众创新。北京、上海、深圳等一线城市领跑众创建设,创客空间纷纷涌现,代表性创咖发展势头迅猛,成功投资并取得众多优质孵化项目。"大众创业,万众创新"成为制造业转型升级的新动能。荣事达集团作为老牌家电企业,根据自身条件开展创业创新活动,旨在落实制造业转型升级战略,激发新动能、增添新活力,为"大众创业,万众创新"贡献自己的一分力量。

(二)适应智能家居行业快速发展的需要

2013年2月,工信部发布物联网"十二五"发展规划,把智能家居列入9个重点领域应用示范工程。同年9月,工信部、发改委等15个部委联合发布了《物联网发展专项行动计划》,"推动智能家居应用"被列为重点任务,在大中城市选择20个重点社区,开展超过1万个家庭的智能家居试点应用和推广。按照智能家居产品所覆盖的智能建材、智能能源、智能家电三大领域,同时结合与智能化相关的互联网硬件及单品市场,预计至2025年年末,智能家居在家装中的比重将会提升70%左右,新建住房将拉动产业1万亿元;随着城乡一体化建设、美好乡村建设及"互联网+住房创新"等国家重大战略举措的积极推进作用,全国智能家居市场规模将超过5万亿元。国家产业政策的扶持及智能家居巨大的市场前景,为荣事达智能家居产业发展带来无限的机遇与可能。

(三)实现企业转型升级的需要

荣事达作为传统家电企业,在六十余年的发展中,历经一系列波折,品牌知名度与市场占有率均有所下降。而荣事达集团作为国企改制民营企业,随着我国家电产业的发展,不仅面临着越发激烈的市场竞争,更存在着内部机制与观念转型的迫切问题。近年来,荣事达集团不断整合资源优势,提升企业创新能力,但是随着互联网技术的发展,传统家电产品已经无法满足市场需求,并逐渐向智能化方向发

展,荣事达家电产品创新速度呈现出滞后的现象,多领域合作与线上线下一体化销售渠道缺乏。荣事达集团围绕智能家居开展"双创"服务管理,通过事业部制实现内部管理扁平化,通过吸引外部创客加入,不断提升企业创新能力,推动企业从单纯的家电制造企业转型升级为智能家居"双创"企业。

二、智能家居企业"双创"服务管理内涵和主要做法

荣事达集团坚持开放共享原则,于2016年正式开始智能家居"双创"服务管理,在开放九大资源要素、完善"三位一体"保障机制的前提下,围绕智能家居产品生态系统建设智能家居产品创业项目库,并以此精选创业项目,采取分阶段个性化服务,多措并举,保障创业"零死亡率",实现企业自身发展的同时,推动更高层次创业创新。主要做法如下。

(一)依据企业发展战略,明确"双创"服务管理思路

在"大众创业,万众创新"背景下,为提升企业创新能力与市场竞争力,荣事达集团不断探索新路径,将企业发展定位于智能家居创业创新,围绕智能家居进行产业转型升级,通过"双创"推动智能家居项目产业化。根据企业发展定位,荣事达集团明确"双创"管理思路:以荣事达品牌为建设方向,打造智能家居"双创"第一品牌;以技术创新为基础,将家电、建材和新能源进行智能化升级,打造荣事达智能家居全屋系统;以"三位一体"创新管理为切入点,形成以荣事达企业为中心、内外创客为支持的庞大的智能家居创业创新队伍。

1. 制定双创发展目标,落实"双创"发展战略

荣事达的"双创"是在原有的家电基础上,研发、生产智能家居单品,建设智能家居全价值链双创平台,结合智能家居"智能硬件—智能系统—智能平台"产业价值链,围绕"研发—设计—制造—销售—服务"等具体环节,将双创孵化成功的企业与项目进行系统性、规范性的产业布局,打造中国·合肥智能家居产业园。其中,一期基础区建设总规划用地约800亩,总建筑面积约10万平方米,包含双创大厦、双创实验中心等。以"双创"为核心,通过智能家居产业园建设形成聚集效应,吸引国内外产业链上下游企业、团队、高尖端人才、资金流入,提高区域产业化水平,从而助力区域向国家级经济开发区提升。短期内,将解决智能家居关键技术难题十项,整合投资400个创业项目,打造一个国家级科技企业孵化器,成为创新与创业相结合的企业聚集地。

2. 成立双创工作小组,完善双创管理队伍

荣事达集团成立专门工作小组进行双创管理工作,从战略上保障双创管理的思想与措施落地。由长丰县政府牵头成立专门的双创工作小组,保障双创政策落实到位;由高校教授、科研院所专家和企业技术带头人组成的专家委员会作为"双创"管理决策机构,主要负责订立"双创"发展方向和目标、确定阶段性任务,加强对双创基地建设和产业发展的指导和调度,从战略上指导"双创"发展;由企业针对"双创"服务管理运行组建完善的专业服务团队,其中,创业辅导师8人,孵化器从业人员10人,质量从业人员6人;同时,引进一批海内外经验丰富、富于创新的优秀技术人才和管理人才,逐步形成一批涵盖本科、硕士、博士各学历层次、梯队合理的人才管理队伍。

3. 组建双创管理机构,保障内部协调运营

荣事达集团根据"双创"管理工作的需要,组建完善的双创管理机构,设8大管理部门:由综合办公室负责双创相关日常事务、管理、内外部协调、财务等工作;培训企划部为中小企业和社会创业团队提供专业培训和长期发展计划,培养专业人才;专业咨询室进行分析比较,为中小企业和创业团队提供对应的专业服务;投资发展部提供市场和营销指导,负责对外科学技术的合作、引进及开展产学研合作;设计研发部负责新产品的技术开发、技术创新,对新项目的产品和技术进行指导和把关;试验检测部负责项目产品试验与检验、性能测试;品质管理部负责项目产业化后产品质量管理与产品认证管理,确保品牌优势;网络运营部负责双创网络整体建设和运营,管理双创网络平台,总结、反馈云数据库信

息，为其他部分工作提供现实依据。通过明确各部门工作任务和职责，保障内部协调运营，确保双创管理工作落实到位。

（二）发挥企业优势，面向创客开放九大要素

荣事达集团对于创客的投入不同于一般的风投公司，不仅提供资金支持，还投入其他资源要素。荣事达集团充分发挥企业自身优势，将自身发展沉淀的资金、技术、制造、市场、品牌、管理、人才、信息和文化九大要素资产对创业创新团队开放，通过资源要素补足，为创业创新者保驾护航。

1. 成立"三品"基金

为解决企业融资过程中担保难和抵押难等问题，荣事达集团成立以"品牌、品质、品类"为关键词的"三品创业基金"，每年投资一亿元，用来扶持每年100个智能领域项目的孵化和加速。此部分基金主要用于项目初创时的投资，保证项目团队批量入驻，为轻资产、科技型中小企业和项目提供融资支持，解决其融资难问题。一方面，荣事达集团根据项目资金融资需求，以控股或参股的形式，在创业合作初期确定股权分成，先期导入资金；另一方面，创业创新团队在实际发展中，可向荣事达集团提出资金支持计划，以项目计划方案及年度发展考核任务作为依据，进行项目融资。

2. 打造技术研发平台

荣事达集团以企业中央研究院为主导，以产学研为纽带，通过引进国内外智能家居领域的高端智力资源，重点打造与中科大及中科院合作的智能家居关键技术创新产学研平台，与深圳清华大学研究院合作的智能家居产业化创新产学研平台，与合肥学院合作的智能家居中德工业设计产学研平台；通过一系列自主创新，建立安徽省企业技术中心、安徽省企业工程研究中心等，不断开发新技术、研发新产品，将智能家居领域关键技术及产品形成完善的、先进的技术库、产品库，为创客团队源源不断地提供技术保障和产品保障。

3. 制造体系支持

荣事达集团为创业者建立专门的产品制造体系，构建智能制造中心，打造智能家电、智能建材、智能能源三大柔性制造平台，构建大型3D数字化打印中心，为智能家居单品在通用化、模块化、共性化方面的统筹制造提供保障，为创客团队在概念创新方面的落地与验证奠定坚实的基础，将创业者的技术或者想法快速、系统地转化为产品。

4. 畅通市场渠道

荣事达集团旗下产品近5000项，拥有50000多个销售网点，O2O全网营销系统覆盖全国市场，产品远销欧美、中东等32个国家和地区，采取线上线下相结合的方式，为创客团队的产品营销广开渠道，全力保障智能家居全屋系统中每一个创业企业产品的销售网络畅通。

5. 提供品牌助力

荣事达集团收购有潜力的新兴行业品牌、传统行业品牌、中华老字号等，作为集团的品牌资产储备，根据新项目的行业和特征进行相关品牌匹配和授权，弥补创客团队品牌缺口，免去新项目打造品牌、推广品牌的阵痛期，使项目在运作初期就具有相当的品牌影响力，以品牌打通创业产品市场困局，让品牌助推创业创新。

6. 导入管理要素

荣事达集团在长期的生产经营活动中，逐渐形成特有的"新和商""零缺陷""红地毯服务"等先进的管理理念。在"双创"服务管理过程中，荣事达集团针对创业团队缺乏管理理念和管理体系的状况，一方面导入荣事达先进的管理理念；另一方面，完善服务监督管理，建立起全媒体呼叫中心及监督评价机制，及时、迅速、有效地反映客户的需求、投诉等信息，通过客户反馈，了解工作人员工作能力、服务态度等，保证为各个创业团队提供高质量的服务，从而保障双创科学有效进行。

7. 输送人才资源

荣事达集团创新人才机制，树立"以人为本"的思想，铸就人才战略高地，为智能家居产业培养和输送人才，不断壮大创业创新人才队伍。建立人才培养机制，通过设立人才培养基金等方式支持研发人员开展研究工作，通过客座研究员、博士后流动站等人才培养和交流机制，为我国智能家居产业培养和输送高端人才，成为行业人才培育中心。营造良好的人才引进环境，鼓励以岗位聘用、项目聘用和任务聘用等灵活的方式引进高层次人才和智力。持续研究以产权、技术等作为资本参股和分配的方法，完善相关政策措施，鼓励有自主知识产权和优质科技项目的高端人才创办智能家居企业。建设荣事达双创大学，面向企业内外创客开放双创课程，全面辅导创业创新人才的成长。

8. 完善信息化服务

大力实施"工业云"及大数据建设，通过建设"基于产品研发及营销的大数据溯源系统"，为智能家居产业提供一些具有共性的产品数据及用户数据，为产品优化及营销升级提供准确的依据；同时，在原有企业 ERP 系统上进行优化升级和补充，建设基于 CAD、CAE 系统的数字化产品开发系统、基于柠檬豆 SaaS 系统的 SCM 供应链管理系统为一体的工业互联网平台，为三大柔性制造平台提供更为高效的信息化系统保障，为创客提供智能制造、个性化定制、全生命周期管理等信息化服务。

9. 引导创客文化

"创新驱动，产业报国"是荣事达集团的企业精神，"党建引领双创，双创驱动发展"是常抓不懈的工作方法。通过定期召开各类党工团妇活动，实现对创客团队的全面覆盖；通过及时召开工作分享会、思想交流会、业务沟通会、成长报告会等各种会议，时刻引领创客的思想成长，以实现对创客世界观、价值观、人生观的重塑，打破创客团队"小富即安"的狭隘思想，引导创客团队向做大做强的远大目标迈进；以价值驱动为导向，塑造一批具有品质、品德、品味的三品创客，培养一批受人尊敬的企业家。

（三）建立"三位一体"保障机制，与创客实现共创共享

为协同创客团队发展，更充分发挥荣事达集团要素资源优势，荣事达集团建立"三位一体"，即"双创中心＋事业部＋合伙人"的保障机制，创业者通过进入双创中心，成为荣事达创业合伙人，以事业部运营。通过股权制与事业部制相结合，创客变股东，激发全员创业创新活力。

1. 建立双创中心

双创中心是开放式的创业创新平台，集科研、学术交流、成果展示、智能全屋体验生活、灵感空间和实验室于一体，为创客提供办公、培训、会议、学习交流与生活等全方位服务。中心探索建立专业咨询、人才培训、检验检测、投融资等双创服务体系，提供创业所需的品牌、技术、制造、资金、市场、信息、人才、管理、文化九大要素，构建开放、共享、协作的双创综合服务平台。

2. 实行事业部制

事业部制不同于以往单纯的项目制，而是独立运营、独立核算的主体，拥有自己的管理团队、主营产品、财务体系。事业部又服从荣事达集团的整体流程管控，由双创小组定期进行评估考核及问题诊断，通过九大资源定位，补足创业资源短板，达到"缺什么，补什么"的效果。事业部制独特的经营形式，也为创业团队孵化期满后独立成立公司提供了可靠的经验。

3. 实行合伙人制

合伙人制视创客团队为利益共同体，利益共享、风险共担、合作共赢，建立全员普惠的分享机制。对内将企业劳动成果分享给优秀员工，采取员工入股形式分享股份，成为企业的主人、股东，实现共同发展、共同富裕；利用双创灵活的机制，不仅优秀员工可以参与双创，优秀小组、优秀团队都可参与，让员工真正享受到双创福利。以股权制确定合伙制，根据合伙人的一技之长，荣事达集团采取控股或者参股的形式，更多从创业者需要出发，对于荣事达集团资金投资比例较大、项目团队能力较弱的事业部

采取控股形式，而对于技术实力强、事业部架构体系完善的项目团队，根据双创意向采取参股形式。

（四）依据项目库，精选智能家居创业项目

荣事达集团的双创平台，一方面做好产业产品的顶层设计，另一方面广开创客之源，支撑顶层设计，通过建设智能家居创业项目库，优选创客项目，紧密围绕智能家居产业发展。

1. 围绕智能家居全屋系统，建设创业项目库

目前，荣事达集团智能家居依照生活场景及使用功能的划分，分别推出十大产品生态圈和十大功能生态圈，即荣事达智能家居全屋系统。十大产品生态圈即"社交客厅""懒人厨房""健康卧室""聪明阳台""超级卫生间""智慧书房""智爱餐厅""智尚衣帽间""智能车库""智美花园"。对应十大产品生态圈，企业开发十大功能生态圈，即智慧安防系统、智慧看护系统、智慧空气系统、智慧用水系统、智慧影音系统、智慧控制系统、智慧照明系统、智慧新能源系统、智慧美食系统、智慧健康系统。

2. 优选创客，优选项目

荣事达集团对创客项目并非来者不拒，而是以智能家居全屋系统为中心，明确产品规划，建立基于全球视野的最新智能家居产品创业项目440个，在此基础上甄别和筛选创新创业项目，保障创业项目的一致性与专业性。企业根据智能产品库目录，吸收项目进入"双创中心"进行创意推进和加速新品产业化、市场化。荣事达集团深度面向内外部创业者开放，培育和招募认同荣事达价值观、认同荣事达企业文化的创业合伙人，具有相应的产品研发经验、从事该项目的产品制造企业，或是具有营销专长、管理专长的行业职业经理人，或是具有销售渠道的地区经销商等。

3. 加强创业项目对接和管理

荣事达集团为更好地加强项目对接和管理，完善创业项目的全过程管理机制，定期开展项目路演，保障优质创业项目充分与"双创"对接。加强引导和建设，建立项目评价与筛选机制，对有明确投资意向、准备入驻和落户的项目，进行项目要素评估，制定项目长期培育、孵化方案。荣事达集团专门成立孵化项目一对一帮扶小组，指定到人，对新项目贴身服务，每周每月定期面对面沟通，对项目进展情况及时上传下达，从思想上和行动上及时纠偏，对项目资源需求随时在集团层面予以调度，满足项目从起步到发展的所需。按季度定期召开事业部间的沟通会，项目集群负责人相互交流分享实战经验，取长补短，实现共同进步。

（五）精准定位，提供分阶段个性化服务

荣事达集团坚持结合自身要素资源，针对创业项目特点，精准定位，采取个性化服务，分阶段补足资源短板。荣事达集团将创业项目分为创客期、创业期和成长期三个阶段，针对不同阶段需求导入相应的要素资源。

1. 创客期

创客期重点导入硬件、初始资金、人力等基础要素。荣事达智能锁事业部成立于2016年8月，其项目带头人属于智能锁技术人才，名下有近10余项智能锁相关专利，在该项目进行创业时，由于缺少办公场地、缺乏资金导入、更无项目团队人员支撑，遇到很大的问题与困难。在经过项目审核筛选进入荣事达双创中心后，荣事达集团以51%的比例进行项目控股，先期导入孵化资金200万元作为启动经费，划定办公场地，并配套物业、水电、网络、办公设备、会议室等，调配集团财务、法务、行政、技术部门人员配合辅导创业团队前期工作，积极安排人力资源部门配合招聘人才，短短半个月就组建完成一支完善的创业项目团队。目前，智能锁事业部已独立注册成立公司，公司最新研发的智能锁防胁迫技术和NB-IOT物联网智能锁技术都处于行业领先水平，销售收入也实现大幅度增长。

2. 创业期

创业期注重规范管理、完善品牌与制造体系，保障资金链稳定。处于行业培育阶段的智能空气能项

目成立于 2015 年，进入创业孵化期后，空气能市场销量不断增加，荣事达集团根据其发展需要，制定专门的质量管理体系，严格把控产品质量；完善制造体系建设，投资 3000 万元建设智能工厂；加强技术研发，建设零下 33℃超低温实验室以及焓差实验室，以保证设备能在复杂工况下正常运转，取得了一系列的技术突破。随着北方"煤改电"项目的推行，空气能成为招投标热门产品。荣事达集团充分利用自身的品牌优势、资质能力及企业资本金保障，为空气能参与招投标提供保障。鉴于项目工程投资资本大、工期长，荣事达集团在前期为空气能项目提供资金支持，保障资金链周转稳定。荣事达空气能也相继中标北京顺义煤改电项目、河北石家庄煤改电项目、山西晋城煤改电项目、北京李桥镇煤改电项目、山西中石化煤改电项目、河北涿州煤改电项目，并荣获"2018 年度空气能行业领军品牌"。

3. 成长期

成长期弥补技术短板、导入大型资本和营销渠道。荣事达智能家居控制系统事业部，经过前期孵化，步入成长期，目前已成立独立公司。智能家居控制系统以研发为主，需要实现各个智能单品端口兼容，研发费用成为企业的一大重要支出。荣事达集团一方面对接科研院所，开展产学研合作，提高技术开发效率；另一方面，通过技术购买、基金支持等方式，为智控系统事业部提供不断的资金支持；同时，导入荣事达全方位营销系统，提升智控系统市场占有率，增加销售收入。

荣事达集团这种围绕创业者痛点推行的个性化服务，全过程分阶段精准扶持，能够优化各种要素的高效配置，更好地推动创业团队成长。

（六）多措并举，推进创客项目的持续发展

荣事达集团在创业创新项目保障上，建有完善的容错机制，通过不断的资金保障、评估考核，对项目进行兜底，从而保障创业项目"零死亡率"。

1. 构建完善的容错机制

荣事达集团通过项目评估、集团兜底，构建完善的容错机制，保障双创"零死亡率"。荣事达集团的"双创"建立以"财务、品质、市场"为要素的评估体系，对创业创新项目进行投资前评估，保障项目的市场前景；同时，针对双创团队，对创业创新项目团队人员综合素质进行评估，针对不足的方面展开培训。在具体运营中，集团对双创项目进行兜底，对于一次孵化失败的项目，由荣事达集团一力承担，保证项目能够实现最基本的运营，规避创业项目的"死亡"风险，同时对项目团队进行培训或配备新的项目团队进行二次培育，从而形成完整的培育、孵化及再培育的可循环过程，保障每个创业项目的最终成功。

2. 完善资金保障体系

探索建设便捷贷款渠道。双创中心依托荣事达集团的合作银行，为智能家居创业创新团队提供便捷的贷款渠道。荣事达集团积极拓宽融资服务的广度和深度，大力开展与科技银行等区域性中小金融机构、小额贷款公司、融资租赁公司等的合作，合理引导社会资本投入；探索适合智能家居产业发展的贷款模式，寻求多元化的满足中小企业融资需求的信贷产品。联合各金融机构积极开展股权质押、票据质押、知识产权质押融资等，通过对高成长性企业给予信用贷款等多种贷款形式，不断优化科技型中小企业的融资环境。

优化多渠道直接融资环境。荣事达集团积极与各个投资机构合作，构建多层次股权融资体系，充分发挥股权融资在成长型及创新型企业的筛选和培育方面的功能，构建完整的股权投资链条，大力发展风险投资和私募股权基金效应，打造以"双创"为载体的股权投资聚集地。

3. 建立健全评估考核机制

荣事达集团针对创客团队及创业企业管理，保障创业创新项目的顺利推进，建立起品质、市场和财务三大评估体系：一是品质评估体系。荣事达集团负责提供一套标准的品质评估体系，在源头上为产品质量把关，实现对品质全过程全方位的质量监测。二是市场评估体系。建立一套可评估的市场推广管理与评估体系，实现产品策略、销售策略、推广策略的有效配合与协调，保证市场预算的有效利用。三是财务评估体系。根据我国智能家居行业环境、国家有关法律法规及荣事达集团的实际情况，建立起可以内部控制、动态调整并持续改进的财务评估指标体系，并覆盖企业管理、业务拓展等层面，对企业及创业创新团队经营活动进行财务动态管理。

同时，荣事达集团研究建立双创发展责任监督考核机制，加强对规划实施工作的跟踪分析和监督，建立产业发展评估指标体系，开展产业发展年度规划和中期评价等工作，根据评价结果对规划进行调整修订。制定出台基地运行考核管理方法，建立目标责任考核机制，由工作小组牵头组织实施考核工作，并将考核结果纳入各部门年度绩效考核体系，从而真正落实三大评估体系在"双创"服务管理中的作用，推进创客项目可持续发展。

三、智能家居企业"双创"服务管理效果

（一）"双创"运营体制得到完善，企业管理水平显著提升

随着"双创"工作的推进，荣事达集团"双创"运营体制逐步完善。在战略上，明确了"双创"发展方向，由大型制造企业转变为面向全社会的行业创业创新平台，培养企业与企业家的平台；在组织模式上，创建了双创管理工作组，搭建了双创管理机构，分工明确、职责清晰，有效地为创业创新企业和团队提供服务；建立起有效的网络服务平台，通过线上线下服务，实现了创业创新企业和团队更为便捷、高效的管理；在文化制度上，出台了"双创"孵化管理手册、汇编了"双创"管理制度、建设了企业文化制度等；在人力资源上，成立专门的双创大学，开展创业创新课程培训，不断提升创业团队的整体能力水平。通过"双创"运营体制建设，荣事达集团的管理水平不断提升，管理架构实现了扁平化，服务效率提高，在2017年的年度创客服务满意度问卷调查中，综合满意度达到98%。

（二）综合效益大幅增长，"双创"经济效益初现

通过一系列创新举措的实施，荣事达集团双创工作成绩显著，创业创新项目不断孵化。截至2018年11月底，基地入驻小微企业、创业团队共160余家，其中新注册成立的企业60家，直接带动从业人数2000余人。"双创"新项目产生显著的经济效益，2017年荣事达集团实现智能家居领域产品销售收入10亿元，利润逾1亿元，上缴国家税款近0.5亿元，解决了1258人的就业，销售收入实现每年50%左右的增长。

（三）社会效益明显，大企业"双创"典型影响广泛

本着开放共享、共创共赢的原则，荣事达集团"双创中心"通过开放自身创业创新空间，引进高校、科研院所、大型企业尤其是龙头骨干型制造企业的基础数据、科研成果、品牌、检验检测、高端制造等上下游资源，打造了智能家居创业创新高地，获得了社会各界的认可，被树立为全国双创典范。与此同时，荣事达集团的"双创"也先后得到了新华社、中央电视台等新闻媒体的广泛关注。在2016年国家工业和信息化部作为指导单位的大企业"双创"现场交流会上，合肥荣事达电子电器集团有限公司作为大企业"双创"典型案例，向与会企业和专家推介。同时，荣事达智能家居全价值链双创中心入选工信部发布的《小型微型企业创业示范基地案例集》，成为全国示范案例。2017年荣事达集团成为国务院批准的第二批全国双创示范基地，是全国28家企业示范基地之一、安徽省唯一一家企业示范基地。

（成果创造人：潘保春、陈　勇、姚其林、杨德平、龚志岚、杨　波、张时飞、徐淑娟、王晓玉、梁前菊、陈　蕾）

化工企业基于扭亏脱困的管理变革

沧州大化集团有限责任公司

沧州大化集团有限责任公司（以下简称沧州大化）的前身是我国首批全套引进装置建设的13家大化肥企业之一——河北省沧州化肥厂，始建于1974年，1977年建成投产，1996年6月由工厂制改为公司制，2000年3月沧州大化股份有限公司成功上市，2006年10月与中国化工集团联合重组。沧州大化下属5个子分公司，注册资本金8.18亿元，截至2017年年底，固定资产23.21亿元，拥有员工1888人，实现营业收入44.21亿元，利润17.41亿元，上缴税金7.25亿元，是沧州市第一利税大户。

沧州大化是全国最大的甲苯二异氰酸酯（以下简称TDI）生产企业之一，跻身世界四大生产商行列，是国内异氰酸酯产业领军企业，在国内外TDI、化肥行业拥有良好的声誉。拥有年产15万吨TDI、16万吨离子膜烧碱、13.5万吨硝酸、1.2万吨合成革的生产能力。沧州大化是全省化工行业排头兵企业，先后荣获"全国五一劳动奖状"，以及"全国质量效益型企业""中国优秀企业""聚氨酯行业领军企业""河北省六星级最具成长性和最具影响力企业""河北省百家优势企业"等荣誉称号。

一、化工企业基于扭亏脱困的管理变革背景

（一）应对市场严重冲击，跳出主导产品跌入低谷的需要

近年来，全球经济复苏乏力，国内经济下行压力陡增，我国经济发展进入新常态，出现经济增长动力与经济下行压力并存的复杂情况，实体经济受到巨大冲击。沧州大化主导产品市场跌入历史最低谷，TDI板块方面，下游客户需求极度萎缩，市场价格一路下滑，从2013—2015年，TDI市场价格从24000元/吨下跌至11500元/吨左右，尽管各TDI厂家连续释放检修信息，拉升产品价格，但是市场内需求较差，现货充足，加之贸易商砸盘因素，使得企业挺价乏力，结果持续走低，几乎跌破万元；化肥板块方面，天然气价格持续走高，而尿素市场严重过剩，价格持续走低，2015年市场价格跌至高峰期一半，每吨1100元左右，成本价格严重倒挂，同时因中石油输气管线重新铺设停车待气234天，导致尿素板块近乎瘫痪。由于市场持续下滑，沧州大化两大主导产品销售收入不足20亿元，不足2013年的50%，企业陷入绝境。

（二）减轻企业包袱，寻求生存与发展机会的需要

企业办社会职能负担沉重。由于种种原因，沧州大化在剥离大化中学、停办大化技校时，幼儿园却保留在企业，虽然自负盈亏，但是教职工工资及幼儿园投入每年近百万元；大化宾馆由企业经营，每年亏损近20万元；沧州大化第一生活区、第二生活区、第三生活区、大化北区四个生活区由三产公司具体负责管理，三产公司仅职工就有86人，生活区每年投入1200万元左右，"三供一业"分离移交过程中，投入超过5000万元，给企业带来了沉重负担。

三级企业亟待清理。黄骅氯碱公司工艺技术落后、设备陈旧、装置规模大、产能小、成本高，每年亏损2000余万元，加之安全距离不够等原因被迫停产；新星工贸公司、联星工贸公司是依托化肥装置建立的小型企业，随着化肥装置的停产而被迫停工。

机构臃肿冗员严重。变革前沧州大化拥有员工5129人，每年工资总额超过3亿元。在激烈的市场竞争下，国有企业长期积累的弊病不断显露，未建立以市场为中心的体制机制，集团及各二级公司机构重叠，工作效率低下，部分装置停产以后，人浮于事的现象更加突出。

(三) 扭转企业严重亏损, 濒临破产重组局面, 实现扭亏脱困的需要

2014 年企业亏损 3.6 亿元, 2015 年随着主导产品市场全部跌入谷底, 沧州大化亏损加大, 经营性债务居高不下, 应付账款超过 4 亿元, 2015 年年末银行贷款高达 19.48 亿元, 其中一年内到期贷款高达 8.43 亿元, 但自有货币资金不足 2.71 亿元, 资金链随时面临断裂风险; 硝酸装置、双氧水装置、三聚氰胺装置已经全部处于闲置状态, 多年未得到处置, 占压了大量资金。由于连续两年亏损, 沧州大化上市公司被 ST, 两大股东开始寻求企业重组, 沧州大化濒临破产, 命悬一线。沧州大化被国务院认定为特困企业, 并要求三年内实现扭亏脱困。

基于上述情况, 沧州大化自 2015 年 4 月开始实施基于扭亏脱困的管理变革。

二、化工企业基于扭亏脱困的管理变革内涵和主要做法

为了摆脱产品不能适应市场、企业包袱沉重、亏损严重、濒临破产重组的困境, 实现国务院国资委三年扭亏脱困的目标, 沧州大化实施国有企业改革, 关停亏损企业和装置、剥离办社会职能; 实施组织机构变革和流程再造, 建立扁平高效管理体系, 简机构、减冗员、提效率; 加强技术创新, 降消耗、提质量、节能减排, 提升企业核心竞争力; 创新营销模式, 对市场进行准确研判, 精准施策, 实现企业效益最大化。通过管理变革, 沧州大化提前两年完成国务院国资委三年实现扭亏脱困的目标, 为企业可持续发展奠定了坚实的基础。主要做法如下。

(一) 明确企业扭亏脱困的总体思路、目标和措施

面对异常严峻的局面, 2015 年下半年, 沧州大化新一届领导班子对企业存在的症结问题进行认真的分析, 并以问题为导向确定扭亏脱困的思路、目标和具体措施。

沧州大化认识到, 企业陷入发展绝境, 恶劣的市场环境只是外因, 企业自身体制机制僵化, 主导产品市场竞争力差才是主因。因此确定"实施企业改革, 彻底甩掉包袱; 强化技术创新, 提升核心竞争力; 建立现代化营销模式, 最大程度提高企业效益"的总体思路, 并确定 2016 年实现扭亏脱困的目标。

为确保扭亏脱困目标的实现, 沧州大化制定五项主要措施。一是治理亏损业务、剥离非主业, 妥善安置人员。下决心关停亏损装置和企业, 盘活闲置资产, 堵住企业"出血点", 增加企业现金流确保资金链安全; 彻底剥离企业办社会职能, 甩掉沉重包袱; 兼顾企业和职工利益, 依法依规妥善安置富余人员。二是扁平化管理, 激发组织活力与效率。彻底改变机构臃肿、管理效率低下的局面, 建立扁平高效管理体系; 实施薪酬变革, 激发员工潜能和工作激情; 以智能化工厂建设为载体, 大幅提升员工工作效率。三是加强技术创新, 提高企业核心竞争力。首先, 为技术创新提供组织保障和资金保障, 利用有限的资金为技术创新"开绿灯", 同时建立技术序列, 为技术人员搭建建功立业的平台。其次, 瞄准症结, 集中力量攻克瓶颈, 全力提质降耗; 推进新产品研发, 打造超额利润; 实施"节水、节电、节能、减排"技术攻关, 降低装置物耗能耗。四是实施生产管理变革, 降低不变价成本。构建以装置为核心的内部生产服务体系, 并明确生产装置主要目标是安全稳定生产, 控制"不变价成本"。五是实施营销管理变革, 提高企业盈利能力。准确研判国内国际两个市场, 精准施策; 实施精细化销售, 最大程度提高落袋利润; 拓展电商营销, 扩大企业品牌影响力; 推进第三方实验室 CMA 和 CNAS 双认证认可, 提高企业及产品影响力, 并进一步调整产品结构, 为企业新的发展布局。

(二) 治理亏损业务、剥离非主业, 妥善安置人员

1. 关停亏损装置和企业, 盘活闲置资产

关停亏损企业, 实现企业市场化, 改变只生不死的计划体制。沧州化肥厂曾是沧州市乃至河北省支柱产业, 在全国氮肥企业中也享有极高声誉。但由于近年国内化肥产能严重过剩, 天然气价格不断上涨, 尿素产品成本价格严重倒挂, 每月亏损 2300 万元以上, 成为企业最大的出血点。化肥装置是沧州大化赖以成名的"名片"和"标签", 企业职工对其感情极其深厚, 关停势必会产生极大震动, 决策压

力巨大。通过对天然气市场和尿素产品进行市场研判,沧州大化认为尿素成本在竞争中处于明显劣势的现状短期内得不到消除,且尿素产能严重过剩,经过慎重研讨和思考,决定断臂求生,2016年3月果断关停。

同时,由于大幅亏损,黄骅氯碱公司、新星工贸公司、联星工贸公司给企业带来沉重的负担,沧州大化下决心实施注销或破产清算。

盘活闲置资产。为确保资产处置收益最大化,沧州大化专门成立闲置资产处置领导小组,制订闲置资产处置方案,对资产处置的每一个阶段都制订详细的工作计划,并与股东、政府机构及律师事务所保持密切沟通,确保处置依法合规。并先后对双氧水、三聚氰胺、硝酸硝铵、废酸回收等停产闲置多年的资产进行处置。同时,对原企业幼儿园、宾馆、仓库、生活区闲置房屋等房屋、设施进行盘活,通过竞标出租,为企业增加收益。

2. **剥离办社会职能,切实降低企业体制性成本**

解决幼儿园问题。由于历史情节,幼儿园教职工不愿意脱离沧州大化,尽管执行自负盈亏,但仍给企业带来沉重负担。对此,在讲清利害关系的同时,沧州大化对教职工采取不同的安置方式,由他们自己进行选择,最终圆满解决这一难题。沧州大化与沧州市新华建投投资集团和运河建投投资集团签订"三供一业"分离移交合同,将"三供一业"彻底进行剥离。同时,结合大化宾馆的特殊性,对大化宾馆进行整体出租。

3. **妥善安置富余人员**

沧州大化2015—2017年安置职工3290人,在人员安置过程中投入超过2亿元,由于方案制订得当、处置依法合规,整个安置过程基本平稳。

依法合规。沧州大化认识到,企业出现巨大亏损,面临破产边缘时,职工不可避免地出现这样那样的想法,有的职工想离开企业,有的职工想留在企业。因此,沧州大化专门成立富余人员安置领导小组,依照《劳动合同法》相关条款进行人员安置和给予经济补偿,同时与政府相关部门和律师进行密切沟通,确保全过程依法合规。

敢于担当。顺境逆境看胸襟,大事难事看担当。由于涉及职工的切身利益,人员安置过程中职工不可避免地会提出问题甚至苛刻要求。处置过程中,沧州大化领导及相关人员细心、耐心,用专业知识向职工进行解释,遇事敢于担当,多次化解职工的不稳定情绪。

多措并举。经过缜密讨论,沧州大化采取6种方式减少冗员。一是整合车间、合岗并岗,对岗位富余人员进行分流;二是关停亏损企业,对人员进行分流或协商解除劳动合同;三是取消内退政策,与不符合人员协商解除劳动合同;四是加大对员工岗位胜任能力考核,与不胜任职工解除劳动合同;五是梳理、解决历史遗留的问题、难题,对中止劳动合同人员、医疗期满人员、工伤人员、不正常出勤人员依法依纪协商解除劳动合同;六是辅助性、简单劳动岗位外包。

优先招录。困境之下,一些技术人才离开了企业,但并非企业弃之不顾,而是被迫减员自救。沧州大化度过危机后,上马新项目,进而调整产品结构调整扩大生产规模,需要再招录新的职工,沧州大化首先想到的是那些离开企业的技术人才及他们的子女,郑重承诺:沧州大化在发展过程中优先录取离开企业的技术人才,同等条件下优先录取老职工子女,以解决他们的后顾之忧。

(三)推进组织变革,激发企业活力与效率

1. **建立扁平高效管理体系**

沧州大化原有各层级管理部门共有46个,从集团公司、集团专业管理部门、二级公司、二级公司专业管理部门、车间、车间技术员(工段长)、基层班组共七级,集团公司管理部门、二级公司管理部门职责交叉重叠多,人浮于事现象严重、多头指挥现象频出,效率低下。为彻底解决这一弊病,沧州大化从层级设置、部门设置等方面进行建厂以来最大力度的变革，建立适应于市场的扁平高效管理体系。

减少管理层级，实施流程再造。沧州大化在公司范围内取消副职，各部门正职直接对总经理负责，同时执行双轨管理制，总经理对部门正职、助理、处长同时进行垂直管理。各层级管理部门（包括二级公司，下同）缩减至25个，减少21个，降低46%。管理人员缩减至195人，减少161人，降低45%。管理层级由7级压缩为集团、二级公司、装置3级；管理流程由181个缩减至82个，减少54%，降低管理成本，提高管理效率，实现扁平高效管理。

激活两条生命线。紧紧把握安全生产和市场营销两条生命线，执行分级管理、充分授权，建立"二级公司总经理、装置经理、值班经理"三级安全生产管理模式，成立生产调度中心和应急指挥中心，确保安全生产事项及突发事件得到及时准确处置；成立商务中心，下设市场处、销售处、运营处，建立以客户为中心的全新营销模式。采取市场化运作，确保组织结构能够随市场快速反应，增强横向协作，提高运作效率。

打造发展引擎。成立技术中心、研发中心和规划发展部。分别负责技术创新、产品应用和研发、产业规划与新项目建设。在降低生产成本，提高装置运行质量和产品质量，产品应用研究和新产品开发，建设新项目实现企业产品结构调整等方面破瓶颈、克难关，全面提高自主创新能力，增强企业发展后劲。

2. 实施薪酬管理变革，完善绩效管理体系

实施薪酬变革，激发潜能。管理变革前，沧州大化一直执行"岗位＋技能"工资制，"干好干坏一个样"的矛盾非常突出，对调动骨干人才的工作积极性形成严重制约，沧州大化深深地认识到，如果不进行有效的薪酬变革，将会造成相当一部分关键人才流失。经过深入调研和多轮次宣讲，在充分征求职工意见的基础上，沧州大化以宽带薪酬模式取代实行23年的岗位技能工资制度，以岗位重要性为基础、以个人素质和能力为参照、以工作表现为主要指标，重新确定干部职工的薪酬标准，大幅度拉开薪酬差距，实现价值与薪酬的有效匹配。

完善绩效管理体系，推行全员干事档案管理。为确保薪酬变革最大程度调动员工工作积极性，促进企业整体目标顺利完成，沧州大化执行以目标为导向的绩效管理。根据企业三年发展战略和总体目标，按自上而下、层层分解的原则，逐级提炼出各单位关键绩效指标及工作计划，结合沧州大化当期重点工作和重点项目，确定各层级的绩效考核书，并根据绩效目标完成情况实施奖惩。主要绩效目标是不变价成本，根据不变价成本的完成情况兑现二级单位（部门）薪酬，二级单位（部门）则根据装置不变价成本完成情况进行兑现，依此类推。

同时，2016年沧州大化开始推行全员干事档案管理，每个月干部职工将本人工作业绩及不足形成个人干事档案。其中员工干事档案由人力资源部审核，干部干事档案由党委组织部审核，并进行薪酬兑现。2017年根据企业效益水平沧州大化提出打造周边"薪酬高地"的目标，并依据个人贡献大小再次对薪酬进行变革，成为企业快速发展的助推器。

3. 建设智能工厂，提高生产效率

为使装置操作人员操作更加简便、降低操作难度和复杂程度，信息技术专业部门开展攻关，根据生产实际情况，进一步整合、优化各类现场控制软硬件，实现技术模块化应用，从而使操作更加简捷。同时，围绕装置需求实施智能化、信息化项目，将大数据、云计算等技术融入智慧工厂平台建设当中，推动企业生产方式转变。实现生产经营集成管控，减轻操作工烦琐的汇报环节；建立计划、调度和装置操作的一体化闭环、敏捷管理体系，提升管理效率；通过生产大数据运用，降低操作工巡检和异常处理的工作强度及复杂程度。另外，建立报警信息化管理和智能化巡检系统，装置职工巡检路线、内容、存在问题、设备状态等情况，直接通过信息和视频进行远程输送，确保在第一时间分析和消除问题隐患。在

生产出现报警后,系统会自动分析报警级别,将报警信息随即发送至所有相关人员的手机,被通知人员立即采取处置措施,确保工艺、设备问题得到及时有效处置。

(四)加强技术创新,塑造企业核心竞争力

沧州大化深深地认识到自主核心技术进步对企业发展的重要性,必须通过深度实施技术改造、全力进行新产品开发、提高信息化水平等一系列"组合拳",优化装置运行质量、降低生产成本,进而形成以集团公司为主体,工程技术序列人员为支撑,市场为导向,产学研市相结合的创新管理体系,大幅提升企业核心竞争力。

1. 为技术创新提供强有力的组织和资金保障

为确保所有技术创新项目落地,沧州大化成立以总经理为组长的技术委员会,并由技术中心和研发中心逐项落实,由监事部对完成项目组织进行审计验收,确保各项目执行落地。同时,在企业极其困难时期,沧州大化为技术创新"开绿灯",2015—2017年先后投入3.63亿元,进行技术创新及产品研发,约占营业收入的4%,将有限的资金用在了"刀刃"上,取得丰硕成果。

2. 借脑借力,为技术人才搭建广阔的建功平台

沧州大化高度重视人才培养和人才队伍建设,在科技创新管理体系中专门设立工程技术岗位序列,设立首席工程师、主任工程师、副主任工程师等专职技术岗位,让"专业技术人才去干专业的事儿",同时,对技术序列岗位凭能力、看业绩、比贡献进行动态管理,每年评聘一次,目前聘任副主任工程师6名、工程师24名,使他们静下心来谋划技术改造、俯下身子带领基层职工优化装置运行,充分展示自身才华。

沧州大化研发中心被河北省认定为自建A级研发机构,在充分利用自有技术研发的基础上,先后建立"企校联合""企企联合"、企业和专家相联合等多种模式,千方百计扩大技术创新的渠道,主动采取"买青苗""借外脑""建平台"的方式,因地制宜建立起内外结合的技术来源新机制,立足化工产业,突出技术先进性、经济性和市场性的要求,建立实验室TDI精馏平台、产品应用测试平台等。中南大学、天津科技大学、河北科技大学先后在沧州大化建立联合工作站,技术人员拥有更加广阔的建功平台。

3. 瞄准症结,集中力量攻克瓶颈,全力提质降耗

沧州大化甲苯二异氰酸酯工艺复杂,核心关键设备均几乎全部是进口设备,有一部分核心技术还没掌握,对装置安稳"长、满、优"运行造成了严重制约,比如产品收率、产品质量及装置安全稳定运行等,竞争劣势明显。为此,积极组织针对性科技攻关,突破技术工艺瓶颈。

针对产品收率低的问题,沧州大化成立提高收率攻关小组,以跨公司甚至外聘技术人员的组织形式组建技术攻关团队,经过团队技术人员夜以继日的攻关,沧州大化TDI装置收率提高约3%,TDI产品年增产4000余吨。项目实施后,装置副产危险废弃物大幅减少,节约清运及处理费用100余万元,对企业实现绿色发展起到良好示范作用。

通过与行业巨头进行产品质量对标,沧州大化技术人员找准影响海绵发泡质量差异的关键因素,以优化配方来改善海绵质量,积极探索精馏提纯并提供工艺改造措施。经过120多个日日夜夜的攻关,攻克TDI各指标对发泡质量的影响因素,摸清水解氯、酸度等指标对泡绵质量的影响程度,以及在不同的环境温度、湿度及气压的条件下发泡时间的差异。经过多次试验,瓶颈因素均成功消除,通过客户使用反馈并验证,TDI产品质量指标已经达到国际先进水平,迈入世界高端行列。

针对制约装置安全稳定运行的技术问题,2015年以来沧州大化实施光气压缩机故障解决、P7726出口沉降槽项目、TDI焦油浓缩系统改造、降低氢化反应催化剂消耗、废钯触媒过滤器改造更新、锅炉改造等多个攻关课题,有效解决制约装置"安、稳、长、满、优"运行的瓶颈问题。例如,光气压缩

机叶轮问题是制约沧州大化 TDI 有限责任公司长周期运行的主要瓶颈问题。该公司技术攻关团队对光化系统及压缩机设备进行深入的研究，成功解决叶轮频繁损坏问题，实现长周期运行，从原来运行 2～3 个月提高到一年以上，对降低维修费用、减少停车次数起到关键性作用，直接经济效益超过 200 万元。

4. 推进新产品研发，获取超额利润，形成多元增效新格局

2015—2017 年沧州大化沿着新产品开发、产品应用研发这两条主线，从技术上寻求突破口，从市场上搜集调研信息，寻找适合市场发展需求并与企业产业链相关的新产品、新技术，努力研发新产品和向产品链高端延伸，从而形成差异化竞争优势。例如，针对 TDI 产品易黄变、质量低的问题，沧州大化科技人员进行攻关，历经上千次技术实验，成功研发"提高产品质量添加配法"，生产出涂料级 TDI，打破聚氨酯高端领域外企独占的局面，用户反映良好。由沧州大化自主研发的改性异氰酸酯 DR300 产品和改性异氰酸酯 DR100 产品，经过专业认证和用户实验，各项指标达到要求，已经成为市场畅销产品，在《2018 年河北省工业新产品新技术开发指导计划》中，被列为新产品新技术，填补国内该领域技术空白。针对市场车用尿素需求情况，在反复论证的基础上，采用修旧利废的方式进行装置改造、升级，生产出车用尿素并取得"铁狮"牌商标使用权，投放市场后反映良好，销售市场不断扩大。加之液氯、TDA、硝酸、MTD 等产品的销售，使沧州大化形成化肥和聚氨酯多元化产品销售的格局。

5. 实施"节水、节电、节能、减排"技术攻关，降低装置物耗能耗

沧州大化高度重视"节水、节电、节能、减排"工作。2015 年以来，沧州大化先后实施聚海公司黄水浓缩及有机物回收、循环水风机节能改造、空压机最小电流设定值变更等 30 余项节水、节电、节能、减排技术改造项目，取得企业效益和社会责任的双丰收。例如，硝化装置产生的废酸中含有的 DNT 在废酸浓缩后会随黄水外排至废水处理公司。为进一步降低生产成本，沧州大化实施 9 万吨硝化黄水浓缩及有机物回收项目，每年可节约费用 400 余万元。

沧州大化在 2015—2017 年间，集中技术力量实施较大以上技术创新项目 40 项，已获得专利 16 项，成为永久性自主知识产权，而且均在有效期内。目前进入实质审查的专利 5 项，2018 年再次申请专利 2 项。

（五）实施生产管理变革，降低不变价成本

1. 以装置为核心，构建内部生产服务体系

沧州大化按照化工生产 24 小时连续运转的装置特点，实施生产系统组织架构调整，撤销车间、设立装置层级，专注于生产，其他职能全部剥离。搭建"总经理→装置经理→值班经理"三级生产管理架构，使日常生产指挥更加便捷，值班经理全权负责当班生产和人员管理，生产管理效率和应急处置能力大为增强。同时，以装置为核心，围绕装置建立维修、质检、技术、研发、安全、环保等全方位服务圈。

2. 严格控制"不变价成本"

"不变价成本"是沧州大化自创的一个概念，就是可控成本。主要是由于原料、流程固定且连续化生产的化工企业，原材料无法选择，原材料市场波动无法回避。因此，沧州大化在成本核算时将不可控的市场影响因素固化，使可控成本更加直观，更加便于查找内部问题，目的是在可比口径下、通过加强管理降低生产成本。控制不变价成本最重要的有两点：一是工艺稳定、设备可控；二是通过持续的技术改造和应用研发，不断提质、降耗、扩产。因此，沧州大化把不变价成本作为装置的关键考核指标，所有单位与之关联，把原来内部松散的各专业系统紧密地联系在一起，围绕如何降低不变价成本这一目标共同发力，确保装置实现安稳长满优运行。

（六）实施营销管理变革，提高企业盈利能力

1. 准确研判国内国际两个市场，精准施策

为准确获得准确市场信息，沧州大化通过与 PUDAILY、美国科尔尼咨询公司、国内主要进出口公司建立信息互换机制，及时掌握美国、韩国及欧盟、东南亚和南美等地同行业和市场动态；在国内主要市场以直接用户和地区经销商为主，建立合作关系，实时了解下游行业的生产经营动向。通过以上措施，及时捕捉国际、国内 TDI 企业状况及需求等市场敏感信息，运用现代数理统计技术，建立市场预测模型，实现准确的分析研判。基于此，及时合理调整价格。同时和国际市场进行对比，确定产品出口时机，不断盘活国际国内两个市场。仅 2016 年出口 TDI 产品近 2 万吨，实现利润近 6000 万元。

2. 实施精细化销售，最大程度提高落袋利润

实施销售订单管理，根据订单系统形成自我迭代的销售订单大数据库，综合运用现代计算机技术，研发基于大数据的数据分析系统，实现客户优劣分析的智能化。严格按照分析结果，执行"一单一谈""一单一核算"的精细化销售模式，严格执行订单落袋利润率排序审批制度，提升精细化销售水平，落袋利润达到历史最好水平。

3. 拓展电商营销，扩大企业品牌影响力

基于销售订单大数据库，实现销售的大数据驱动，同时大力推进"增长黑客"活动，唤醒现有休眠客户潜力，挖掘非活跃客户价值；拓展产品销售渠道，打造覆盖聚氨酯上下游产品的一站式购物自营商务平台。2017 年 9 月顺利实现线上现货交易，当年电商销售额达到 15 亿元，成为企业重要的销售渠道，企业品牌影响力不断扩大。

4. 实施集中采购，最大程度节约采购成本

建立科学规范的采购管理机制和内控管理机制，采购处内部做到采办分离，对供应商选择、价格确定、采购执行和资金支付等核心功能进行专业化分工及合理制衡，确保采购过程合规。开展采购归口管理，充分发挥集团采购、专家采购的优势作用，大幅降低采购成本及生产成本，有效整合采购资源，共享优质供应商，实现统采统分的集中采购，同时通过抓住有利时机进行采购，两年节约采购成本近 1.5 亿元。

5. 推进第三方实验室 CMA 和 CNAS 双认证认可，提高企业及产品影响力

CMA 即计量认证，通过认证从事检测检验工作，并允许其在检验报告上使用 CMA 标记，有 CMA 标记的检验报告可用于产品质量评价、成果及司法鉴定，具有法律效力。CNAS 国家实验室认可，表明实验室具备检测或校准的技术能力，获得鉴定互认协议的 40 多个国家与地区实验室认可机构的承认，有利于消除非关税贸易技术壁垒，提高知名度和经济效益。

2017 年 11 月，沧州大化顺利完成第三方实验室 CMA 和 CNAS 双认证认可，成为具备 TDI 检测 CMA＋CNAS 双证的实验室，具备计量认证资质和国际上通行的检测能力，提高沧州大化及 TDI 产品影响力，同时简化出口程序，缩短出口时间，提高出口运营效率。

6. 进一步调整产品结构，为企业新的发展布局

化肥产品退出市场后，沧州大化仅有 TDI 一种主导产品。面对激烈的市场竞争局面，尤其是大型 TDI 装置的迅速上马，企业面临着较大的生存危机。为摆脱困境，按照国家供给侧改革的相关政策，沧州大化充分利用自身优势，建立以光气化项目为核心的产品结构调整及发展规划。在充分利用循环经济和公用工程优势的基础上开工建设年产 20 万吨 PC 项目、30 万吨级 TDI 项目和 40 万吨 MDI 项目等。

三、化工企业基于扭亏脱困的管理变革效果

（一）企业实现扭亏脱困，摆脱了破产重组的命运

由于企业活力得到最大程度的发挥，2016 年沧州大化实现了扭亏为盈，当年实现盈利 4.21 亿元。

2017年，沧州大化实现利润17.41亿元，较2015年增加25.62亿元，经济增加值（EVA）增加21.45亿元，息税折旧摊销前利润（EBITDA）增加24.59亿元，资产负债率下降38.63%，劳动生产率提高102%，均创历史最好水平。沧州大化通过实施以扭亏脱困为目标的全面管理变革，实现了产量、质量、收率的大幅提升和人工成本的大幅下降，强化了对市场的把控能力，年创造效益超过5亿元。

（二）为企业实现可持续发展奠定了坚实基础

2016年以来，TDI产品产量连创新高，其中2018年超过17.5万吨，创装置产能新纪录，原料、原材料消耗水平大幅下降，2017年吨TDI产品不变价成本比2015年下降712元，创历史最好水平；同时，由于质量大幅提升，产品畅销东北、华北、华东、华南、西南等广大区域，并远销南美、北非、东南亚、南亚。2016年产品通过欧盟化学品监管体系（REACH）认证，成为具有全球化销售能力的世界知名品牌。

随着企业人员安置、淘汰过剩产能及不良资产处置、剥离办社会职能工作的完成和技术创新研发项目成果逐步显现，沧州大化实现了轻装上阵，并呈现出了良好的发展态势，沧州大化年产20万吨PC项目、30万吨级TDI和40万吨MDI项目将陆续上马，为企业实现健康良性和可持续发展奠定了良好的基础。

（三）国企改革示范效应明显

2016—2017年，沧州大化未出现任何环保事件，两年共实现利税29.26亿元，成为沧州市第一利税大户，为当地社会经济和社会发展做出了积极的贡献。先后荣获"全国安康杯竞赛优胜单位""全国石油和化学工业环境保护先进单位""全国石油和化工企业品牌培育示范企业""沧州市安全生产先进单位"等荣誉称号。

沧州大化生产指标报警率降低50%，关键质量指标水解氯<0.003%，原材料利用率≥95%，企业运营成本降低20%，劳动生产率提高20%，万元产值综合能耗降低6%，整体运行指标达到国内领先、国际先进水平，并且成为实施流程型智能制造建设的化工企业。2017年沧州大化获首批"河北省制造业与互联网融合发展示范企业"荣誉称号，是国家工信部两化融合管理体系贯标试点企业，成为河北省第一梯队26家"互联网＋"智能制造示范企业。

受全国塑料标准化技术委员会委托，由沧州大化主导制订的4个关于甲苯二异氰酸酯（TDI）的国家技术标准正式实施，填补了国内此类标准的空白，推动了国内TDI行业产品规范发展，奠定了沧州大化在国内TDI行业的领军地位。

（成果创造人：谢华生、于 伟、郭新超、赵红星、张素巧、孙洪玉、王卫华）

钢铁企业基于事业合伙人制的全员共创共享管理

南京钢铁股份有限公司

南京钢铁股份有限公司（以下简称南钢）始建于1958年，是国家特大型、江苏省重点钢铁企业、国家级高新技术企业，总资产466亿元，职工10717人，具备年产1000万吨钢的生产能力。2017年，南钢效益突破36亿元，主要利润指标在同等规模上市钢企中排名第一，被评为钢铁行业"竞争力极强"（最高等级A+）企业。南钢产品涵盖中厚板（卷）、棒、线、带、异型钢五大类，先后开发出管线钢、高强钢、耐蚀钢等46项省级高新技术产品，其中风塔用钢、石油储罐用钢、LNG超低温9%Ni钢、NM500耐磨钢等被列入国家重点新产品计划。南钢重点聚焦国防、高铁、海工、新能源、石油石化、工程机械等领域产品研发，在军民融合领域实现多项突破，是国内目前仅有的两家军工四证齐全的钢铁企业之一。先后参与开采"可燃冰""蓝鲸一号"、第三代核电全球首堆示范工程"华龙一号"、全耐候免涂装藏木大桥等大国重器代表工程钢材供应。先后荣获"全国文明单位""亚洲质量奖""全国质量奖""全国用户满意企业""中国最佳诚信企业""十大卓越品牌钢铁企业"等重要荣誉。

一、钢铁企业基于事业合伙人制的全员共创共享管理背景

（一）响应国家政策号召，探索企业全员共创共享新途径的需要

党的十八大提出"实现发展成果由人民共享，必须深化收入分配制度改革"的要求，从提高劳动者收入水平、共享发展成果等视角，为收入分配改革赋予了新的时代内涵。同时，"大众创业、万众创新"的号召写入2015年政府工作报告，意味着"双创"已经列入国家发展的战略规划。南钢作为国内较早实现混合所有制改革的企业，决心紧紧围绕"发展成果由人民共享"和"以人民为中心的发展思想"，以"双创"赋能员工创新创业舞台，以增强企业活力、提升企业效率和员工幸福指数为中心，率先在业内实行全体员工共创共担共享，推动企业转型发展，促进企业经营发展成果惠及全体员工。

（二）应对行业经营困局，提高凝聚力共谋发展的需要

2008年金融危机以来，钢铁产能面临过剩，同质化竞争加剧，钢铁企业处于微利或亏损状态。2011—2015年，整个行业吨钢销售利润率持续走低，"高产能、高库存、低价格、低利润"，不少钢铁企业陆续停产减产甚至破产，人才流失和复合型人才缺失严重。实现基于事业合伙人制的全员共创共享管理，能够有效应对这些困局，让每一个员工都可以积极地参与到整个公司的经营当中，共创企业发展、共担经营风险、共享经营成果。

（三）激发企业活力，实现高质量发展的需要

南钢在"十三五"期间，提出以实现南钢高质量转型发展为目标，打造适合南钢的"双主业"发展之路，依托钢铁，向其上下游和相关产业链延伸，发展多元新产业。基于事业合伙人制的全员共创共享应运而生。通过挖掘全员的内生动力，突破传统经营理念，积极推进全员参与企业经营，实现经营合伙、责任共担、效益共享，建设自我驱动、自我赋能的敏捷组织，让全体员工和企业成为"命运共同体、事业共同体、利益共同体"。基于事业合伙人制的全员共创共享以全新的管理模式和机制体制创新，能够激发组织活力和创造力，促进南钢的全面发展、持续发展。

二、钢铁企业基于事业合伙人制的全员共创共享管理内涵和主要做法

南钢面对行业经营困局，突破传统经营理念，适应传统生产型制造向服务型制造的转型要求，以"十三五"发展战略为指引，通过改革事业部制、量化授权、设立独立核算体系等，打造高效运作的扁

平化管理层级；通过全员效益分成、全员创新激励、员工持股、期权激励、完善中长期激励和经营成果惠及全员等合伙人激励机制，形成"价值创造—价值评价—价值分配"的公平价值衡量体系，确保收益与价值贡献挂钩，激发全员主动参与企业经营，形成群策群力、共同经营、共同创业、共担风险、共负盈亏的全员共创共享经营新局面，推动公司业绩和个人收益的共同增长，全面提升南钢的竞争力，实现南钢高质量、可持续发展。主要做法如下。

（一）做好顶层设计，明确事业合伙人制的推进思路

1. 推进事业合伙人制，建立员企关系新范式

适应知识经济时代的发展要求，凝聚有战略共识、共同理念、共同价值观、共同追求的南钢全体员工，真正激发知识、资本、技能、人力的创造力，设立内在动力机制，即南钢事业合伙人制，坚持效益分成制度，探索试行期权、股权等多种激励模式，让广大员工成为南钢的事业合伙人，形成共同经营、共担风险、共享成果的良性机制。这个机制为员工的创新创业提供相应的平台，赋能员工成长、助推员工成才，同时赋予其对等的责权利，充分释放员工能量，打造"人人都是经营者"，培养具有企业家精神的经营型人才，建设员工和企业的利益共同体、事业共同体、命运共同体。

2. 合理划分合伙层级，保证价值衡量公正

以"集中决策、分散经营、全员共创、效益共享"为经营理念，建立客观公正的价值衡量体系，形成价值创造、价值评价、价值分配的有机循环，建立不同的合伙层级（见图1），发挥每个合伙人的能力和优势，全面激发全体员工的积极性和创造力。

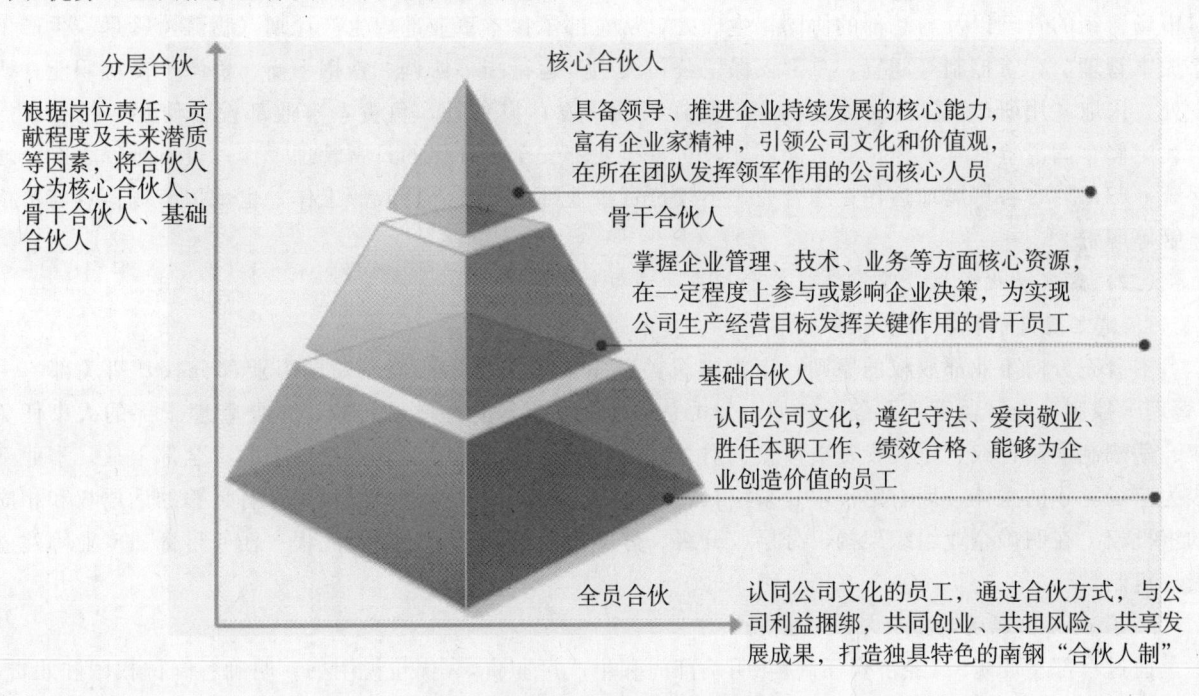

分层合伙
根据岗位责任、贡献程度及未来潜质等因素，将合伙人分为核心合伙人、骨干合伙人、基础合伙人

核心合伙人
具备领导、推进企业持续发展的核心能力，富有企业家精神，引领公司文化和价值观，在所在团队发挥领军作用的公司核心人员

骨干合伙人
掌握企业管理、技术、业务等方面核心资源，在一定程度上参与或影响企业决策，为实现公司生产经营目标发挥关键作用的骨干员工

基础合伙人
认同公司文化，遵纪守法、爱岗敬业、胜任本职工作、绩效合格、能够为企业创造价值的员工

全员合伙
认同公司文化的员工，通过合伙方式，与公司利益捆绑，共同创业、共担风险、共享发展成果，打造独具特色的南钢"合伙人制"

图1　南钢事业合伙人的分层结构

3. 成立推进小组，扎实推进全员共创共享

为扎实推进以事业合伙人制为目标的全员共创共享管理创新工作，由董事长担任领导小组组长，总裁担任副组长，并组建相应组织架构。战略运营部作为该项目的牵头单位，人力资源部、证券部、企业文化部、财务部、公司办公室及四大事业部和新产业等部门组成综合组、经营组、文化组、保障组等，各部门一把手作为该模式推进的负责人，确保落地。

4. 倡导共创共享共担文化，实现幸福经营

倡导"创新创业、共同经营、风险共担"的合伙人文化，"以创业者为本""以价值创造为荣"，丰富南钢文化基因。一是聚合思维，大家围绕一个共同目标聚合，遵守共同的规则，各自管理，共同发展和分享利益；二是跨界思维，不拘泥于产业分工；三是共享思维，企业是为员工搭建创新创业的平台，大家是合伙人，资源共享，利益共享，责任共担。

（二）改革组织机构，推进全员共创共享的高效运营

1. 推进事业部制改革，促进扁平化管理

以"提升市场竞争力、提升盈利能力、提升运作效率、简政放权、兼顾当前效益和未来发展"为原则，2015年年初正式实施事业部制改革。根据经营特点、价值链分析，以"产销研"为基石，划小经营单元；充分放权，让事业部成为真正的"模拟法人"经营主体。采取大部制与小机关结合的组织模式，通过事业部制组织优化，最终形成13个职能部门、4个事业部、3个机构的组织架构。原来的23个生产厂根据生产工艺流程分别划到四大事业部，推进生产厂"车间化"，集中精力提质创效。事业部制改革后，"用研产销"一体化运行，与市场结合更紧，反应速度更加敏捷。

2. 优化事业部内部组织，促进高效运营

根据生产工艺流程，事业部下设生产厂，作为直接的生产经营单位，原生产厂的职能全部上收，生产厂不再直接对接公司，更大程度给生产厂减负，使其将精力集中在内部；根据工序特点，设立车间，车间根据工序节点细分为班组。同时，事业部内部成立相关职能处室，具体职责分工为：营销处，负责对市场营销的管理以及与总部的协同；生产处，从总部承接本事业部内生产计划（物流）管理、生产工序成本管理、存货控制等职责，总部仅保留公司级生产运行指挥协调、铁钢平衡、资源平衡等职能；研发处，采取"用研产销"为一体化模式，实施精准研发；设备处，负责本事业部设备使用、维护、点检、定修、润滑等日常工作；安全能环处，负责事业部安全、环保的日常管理工作；设备维修、安全环保统一归口后，各厂属地运作；综合处，不仅负责事业部内人事、行政等工作，也承担市场信息与价格监管等职责。

（三）落实量化授权，赋予经营单元相应的责权利

1. 建立授权机制，充分向事业部放权

本着充分向事业部放权的原则，南钢将机关部室能够下沉的职能不断向事业部分权，机关部室由"管理＋控制"向"监管＋服务"转型。公司总部主要掌握公司战略制订权、主要管理干部的人事任免权、薪酬制度制订权、重大投资决策权、对外筹资和资本运营权等，其他权力和职责全部下放。事业部成为市场竞争的主体，拥有定价权、采购权、资金权、用人权、奖金分配权等，有足够的话语权和相应的审批权。在明确企业组织架构，分层、分级、分职授权的基础上，结合流程、任务目标、专业等建立授权机制。

2. 优化岗位职责，为有效授权护航

通过《部室职责》《经济责任制》，明确部门和生产厂职责，《岗位说明书》明确各岗位权限和职责，并依据分工在ERP流程中配置信息和业务处理权限，确保职责、权限配置合理。例如，南钢营销处处长的职责明确，负责整个事业部销售工作；负责事业部产品的市场调研、市场开发、订单承接、用户管理等各项工作；负责营销处驻外部门的管理工作，防范风险，力求销售效益最大化；负责事业部产、销协调，协助合同兑现工作；协助事业部产品开发推进工作，职责范围内绩效指标完成情况并与整个事业部效益挂钩。

3. 明确共享原则，确保共创实行共享

"谁创造谁分享"，让能者多劳、多劳者多得。经营单元创造效益大，分享的效益多，进而促进经营

单元内部员工分享成果多。而在组织内部，主要以"员工对企业的贡献"为考核标准，员工可以通过提出创新发明、生产工艺优化、设备技术改造、品种提质、工序降本、增产增益等方式来获得奖励。

（四）细化核算体系，及时反映经营单元经营成果

1. 构建独立核算体系，公平经营考核

南钢赋予每个经营单元相应的权力及对应的经营指标，同时，制定有针对性的、科学合理的公平考核机制。经营单元的经营指标以年度全面预算为目标，前一年10月就下达下一年的总预算，包括品种、产量、成本、主要费用、项目立项等15大条，各个事业部进行层层分解。通过公开透明的测算、平衡、计划、分解和讨论，对经营目标制订的程序进行有效管理与合理控制。

建立统一的精益核算体系，按照组织受益或者受损情况，将费用或补偿进行分摊或者分配，使核算结果更具公平性和准确性，进而实现经营单元的独立核算。南钢主体生产工序相关成本中心共101个，独立核算工序共有25个，同步实现ERP线上核算。

2. 建立成本数据地图，及时获取工序成本

南钢的数据源均通过公司级计量称采集并自动上抛ERP系统，系统进行数据筛选、存储、分析及传送。南钢主体生产工序绘有数据源地图，涵盖工艺流程、计量器具配备、数据流向。主体16个生产工序数据源428个，其中154个是公司级计量秤，全部是对外或公司内厂级结算数据源，274个生产厂管理的二级计量秤，是成本核算涉及的数据源。数据采集与抛账流程简述如下。

原燃料进厂：计量由公司级计量秤（铁运轨道衡、皮带秤、汽车磅）计量，数据信息由南钢远程计量平台自动采集、自动上抛ERP系统。检化验信息由南钢质量检验信息平台采集、自动上抛ERP系统。

生产环节：由MES各模块采集工序数据源消耗数据；厂级结算用各工序产品产出量，由公司级计量秤自动采集；MES投入、产出数据信息自动上抛ERP成本中心。

成品销售：南钢远程计量平台自动采集计量信息，南钢质量检验信息平台采集成品质量检化验、质量判定信息；成品销售数据信息抛ERP财务系统。

3. 打造日清日结系统，快速反应经营状况

建立日清日结系统，大力推进一日关账，以"事业部、厂以及车间和班组"为三级核算单元，以指标层层分解，责任落实到人为保证措施，通过南钢的ERP、MES、EMS等系统，建立生产经营的信息采集、存储、分析、管理等系统功能，推进生产经营数据可视化及报表化。成本日清日结体系及分析系统实现生产主体各工序成本一日关账，快速核算当日或一段期间的产品制造成本，分析产品成本费用发生趋势，及时有效地反馈费用、消耗数据，及时掌握当前实际生产成本状况，发现并解决问题，为快速应对市场竞争变化提供及时准确成本信息，指导生产、采购，提升公司成本控制能力。

（五）建立健全激励机制，激发经营组织活力

1. 创新共享机制，实行全员效益分成

2016年以前，南钢高、中层实行年薪制考核，员工除基本工资外，实行月度奖金、绩效工资、年终奖等与考核指标挂钩的经济责任制考核模式。为激发全体员工的积极性，南钢根据全员合伙理念，从2016年起，构建效益分成体系，让全体员工共享企业发展成果，在行业内首创。根据钢铁主业实现的效益，公司钢铁主业全体员工按组织和个人绩效及贡献，按分档累进不同比例提奖，让全体员工共享企业发展成果。2017年，普通员工效益分成为人均一万余元，中高层按照效益贡献进行划分，员工的全年收入普遍提高了29个百分点。

2. 完善创新机制，实行全员创新激励

南钢每年在日常责任制考核之外再拿出2000万元奖金推动全员创新。第一，设置创新课题及项目

推进创新与激励。公司层面,设置公司级重大创新课题;事业部及部门层面,设置重点科技成果及创新课题;基层员工层面,开展员工微创新、创效(含合理化建议等)。第二,推行SBU项目制,对产品研发及市场推广开展考核与激励。第三,对公司生产经营的重大创新创效(如财务投资创利等)给予激励。重大创新项目和总裁签责任状,奖励额度为20万元~100万元,重点创新项目和主要分管公司领导签责任状,奖励额度为5万元~20万元,其他由事业部内部签订。此外,鼓励职工微创新,公司和事业部匹配同等比例奖励。

3. 丰富利益共享机制,实行员工持股

为完善激励制度,丰富员工薪酬体系,南钢根据《关于上市公司实施员工持股计划试点的指导意见》等相关法律、法规,于2015年实施员工持股计划,员工低于市场价认购南钢股票,员工共计持股8632万股,持股存续期为4年,前3年为锁定期,后1年为减持期。

南钢及子公司(全资及控股)的全体员工均可参与员工持股计划,获得以市价的一定折扣投资公司股票的机会,实现员工个人利益与公司利益的一致性,员工有望受益于南钢股份未来发展。

4. 健全长效激励机制,实行期权激励

为充分调动核心管理、技术(业务)骨干的积极性,建立、健全公司长效激励机制,将股东利益、公司利益和核心团队个人利益结合在一起,有利于公司吸引和留住优秀人才。南钢股份2017年实施期权激励计划,向包括公司任职的董事、中高层管理人员、核心技术(业务)骨干等40人授予股票期权(属于长期激励范畴),一次授予分三年实施。对此,公司层面业绩考核要求为本计划授予的股票期权,在行权期的3个会计年度中,分年度进行业绩考核并行权,以达到业绩考核目标作为激励对象的行权条件;个人层面绩效考核要求为根据公司制定的《南京钢铁股份有限公司2017年股票期权激励计划实施考核管理办法》,对激励对象每个考核年度的综合考评结果进行评分,确定行权比例。

(六)实施改善机制,确保共创共享再提升

1. 深化标准规范,实现良性循环

在2017年成立全员共创共享委员会,在事业合伙人等级评定标准上构建9大维度评定标准,即价值观、岗位胜任能力、工作年限、历史绩效、可替代性、未来期望等,确定核心合伙人、骨干合伙人、基础合伙人等级。事业合伙人动态考核标准主要以"贡献"为准绳,从工作业绩、职业素养和领导力素质三个方面进行考核,结合《中层管理人员绩效评价管理办法》《基层管理人员绩效评价管理办法》《一般员工绩效评价管理办法》等,对合伙人进行动态管理,每年依据绩效管理的红黄绿灯机制,维持核心合伙人、骨干合伙人一定的吸纳、退出比例,促进合伙人机制的良性循环。

2. 构建协调机制,实现高效协同

在"集中决策、分散经营"这一核心原则下,发挥好协同机制:采购协同,通过联合采购、招标采购,为各单位统一采购资源,降低成本;产线协同,从销售接单到下单,各产线分工协作,实现产品最优化生产和最快交付;检修协同,实现多支队伍的检修协同,从单纯的人员支撑向技术和人员同步支撑转变,提升检修水平;质量协同,建立"一贯制"质量管理体系,实现质量的稳定可控;物流协同,不同产品以及船运、陆运之间协调运输,持续降本。

3. 培育卓越人才,实现智慧经营

打造认识、实践、创新三合一的人才队伍体系,选拔懂合作、有资源、有能力、能够形成团队的事业合伙人,打造优秀、完备、具有企业家精神的人才梯队,以此推进南钢在新时代下的高质量发展。搭建公平、公正、公开竞争的舞台,用绩效考评作为对员工工作状态的感知手段,建立"相马赛马"的人才选拔机制。在组织内部开展轮岗、轮换挂职、挂职、调动等,选拔有能力的人才带领经营组织继续再创佳绩。

三、钢铁企业基于事业合伙人制的全员共创共享管理效果

(一) 共创共享凝聚价值共识，管理成效大幅提升

南钢基于事业合伙人的全员共创共享管理，激发了员工爱岗敬业、吃苦耐劳、刻苦钻研、精益求精的工作热情，员工从为公司干到为自己干，从被动执行到主动经营，形成"人人都是经营者"的创新局面。

新产品及技术硕果累累，2017年，南钢参与的8个创新项目列入"十三五"国家重点研发计划；新产品研发周期比原来缩短30%，开发新钢种17个，新产品通过鉴定3个、9个替代进口、6个填补空白。热轧板带钢新一代控轧控冷技术及应用获国家科技进步二等奖；9Ni钢领域专利获得中国知识产权领域最高奖——中国专利奖；主持制定"复兴号"高铁用弹簧钢盘条国家标准等。

全员创新领域，2017年在降低生产成本、优化品种结构、改进生产工艺、提高工作效率等方面，工序阿米巴深挖降本，实现效益1.70亿元；总结出86项成效显著并具有推广价值的职工先进操作法，全年创造效益2.96亿元；基层创新项目全年创造效益1.21亿元，其中QC小组全年开展306个，青年创新创效项目全年完成254个，基层微创新项目全年开展308个。2017年员工的满意率和信心度创近几年来新高，分别为98.26%和98.58%。

与此同时，员工收入稳步提升。根据各上市钢企年报，2017年南钢平均员工薪酬为20.5万元，较上年增长了29.34%，在行业排名第二。

(二) 全员共创提升经营水平，经济效益显著提升

南钢创上市以来最好业绩，主要经济指标大幅提升，在21家可比上市公司中指标排名显著进步，利润总额、销售毛利率等主要指标在同等规模上市钢企中排名第一。在全国钢铁企业可比的114项重点指标中，南钢指标破历史纪录的有46项，与2017年同期比，排名进步的有84项，4项指标排名第一，12项指标排名前三，30项指标排名前五。2017年南钢集团实际利润为44.14亿元，创造了建厂以来最高水平。

(三) 全员共创提升品牌价值，社会影响持续提升

在103家钢铁企业竞争力评级中，南钢被评为最高等级"A+级竞争力极强"企业，在中国钢铁企业品牌排行中被评为"十大卓越品牌钢铁企业"，成为名副其实的行业领军者。高端产品被广泛应用于开采"可燃冰"的"蓝鲸一号"、第三代核电全球首堆示范工程"华龙一号"、港珠澳大桥、中国首艘国内设计建造的重型自航绞吸船"天鲲号"、全球第一的1600吨汽车起重机、世界第一66米水泥泵车、国内巨型水电站金沙江白鹤滩水电站、世界等级最高的特高压直流输变电工程、"复兴号"高速铁路弹条等大国重器。客户满意度由2014年平均82.95提高到2017年平均91.26。

(成果创造人：黄一新、祝瑞荣、钱顺江、常建华、楚觉非、王 芳、王道美、郑 斌、杨 辉、马征宇、许葛彬、邓中涛)

特大型钢铁企业集团提升子公司经营绩效的"嵌入式支撑"项目管理

中国宝武钢铁集团有限公司

中国宝武钢铁集团有限公司（简称中国宝武）由原宝钢集团有限公司和武汉钢铁（集团）公司于2016年12月1日联合重组而成。注册资本527.9亿元，资产规模7395亿元，产能规模7000万吨，位居中国第一、全球第二，是国有资本投资公司试点企业。2017年，中国宝武取得了中国钢铁行业最佳经营业绩，实现营业总收入4004.8亿元，利润总额142.7亿元，位列《财富》世界500强第162位。中国宝武钢铁板块下属子公司包括宝钢股份、八一钢铁、韶关钢铁、鄂城钢铁、宝钢特钢、宝钢不锈、宁波宝新、宝钢德盛等。

宝钢集团新疆八一钢铁有限公司（以下简称八钢）前身为新疆八一钢铁集团有限责任公司，始建于1951年9月，2007年4月进入宝钢集团，成为宝钢集团控股子公司，是新疆装备水平最高、整体实力最强的钢铁企业，为新疆的经济建设和社会发展做出了重要贡献。中国宝武集团广东韶关钢铁有限公司（以下简称韶钢）前身是广东省韶关钢铁集团有限公司，始建于1966年8月22日。2011年8月22日，宝钢集团和广东省国资委签订股权划转协议，宝钢集团持股51%，广东恒健投资控股有限公司持股49%。2012年4月18日，宝钢集团广东韶关钢铁集团有限公司挂牌成立。

一、特大型钢铁企业集团提升子公司经营绩效的"嵌入式支撑"项目管理背景

（一）应对钢铁业寒冬、解决子公司经营困难的需要

2014年至2015年年初，受经济下行压力影响，钢材市场需求萎缩加剧，钢铁产能严重过剩，价格大战处处弥漫，行业面临前所未有的经营困难。2010年以来，国务院先后印发了《关于进一步加强淘汰落后产能工作的通知》《关于化解产能严重过剩矛盾的指导意见》《关于钢铁行业化解过剩产能实现脱困发展的意见》。《关于钢铁行业化解过剩产能实现脱困发展的意见》提出了在近年来淘汰落后钢铁产能的基础上，从2016年开始，用5年时间再压减粗钢产能1亿~1.5亿吨的工作目标。

中国宝武钢铁板块主要子公司之一的八一钢铁所处的新疆产能利用率仅为33%，远低于全国平均水平，产能严重过剩，成为全国钢铁产能过剩的重灾区。疆内钢材市场呈现恶性竞争局面，各钢厂竞相压价，钢材价格"跌跌不休"，产线陆续被迫关停。八一钢铁在2014年全年亏损26.6亿元，失去了自身的造血功能，旗下八一股份亏损20亿元，面临退市、破产风险，资产负债率已超过90%，冬储资金占用巨大，资产负债率达到历史新高，原燃料在制品库存高企。另一个主要子公司韶关钢铁由于区域竞争激烈，自2008年金融危机以来，遭遇连年亏损，公司负债率、成本居高不下，苦苦挣扎在生死存亡边缘。2014年，韶关钢铁亏损12.4亿元，资产负债率81.22%，全年平均存货占用资金30亿元，面临资金链断裂的风险，靠自身很难扭转局面。八一钢铁、韶关钢铁（以下简称两钢）到了生死攸关的关头。八一钢铁和韶关钢铁是有着悠久的历史文化和底蕴的钢铁企业，承担着当地巨大经济贡献和工业产值，是解决就业和社会稳定的重要的基础。还有很多其他子公司也会在钢铁行业周期中遇到类似的问题。因此，中国宝武作为我国钢铁行业的龙头企业，有责任有义务执行国家政策要求，在钢铁行业寒冬中率先探索扭亏增盈和提质增效的有效路径。

（二）宝钢股份的先进管理基因能够为解决困难提供有力支撑

宝钢股份是中国宝武钢铁版块的旗舰公司，在全球上市钢铁企业中粗钢产量排名第二、汽车板产量

排名第三、取向电工钢产量排名第一，是全球碳钢品种最为齐全的钢铁企业之一。拥有上海宝山、南京梅山、湛江东山、武汉青山等主要制造基地，具有强大的现代化钢铁企业的管理和经营能力，拥有"多基地管理、成本变革、技术领先、服务先行、智慧制造和城市钢厂"核心能力。宝钢股份的工厂管理与传统的管理相比有明显的优越性，在钢铁行业严峻的形势下，被支撑企业可以通过宝钢工厂管理移植提升现场基础管理水平和产品制造能力。

二、特大型钢铁企业集团提升子公司经营绩效的"嵌入式支撑"项目管理内涵和主要做法

中国宝武从2015年开始将嵌入式项目支撑八一钢铁、韶关钢铁的扭亏增盈工作，作为当年一号工程推进。通过建立"总部指挥、前台嵌入、后台支撑、资源协同、项目运作"的嵌入式支撑机制，开展顶层设计，瞄准子公司经营的"止血点"和内力提升，按照现场能力提升、市场竞争力提升和管理能力提升的"三提升"路径开展工作，最终实现八一钢铁、韶关钢铁等子公司的"止血、造血"，使得子公司经营业绩持续改善，管理能力不断提升，运行效率持续优化。主要做法如下。

（一）明确总体思路，建机制派队伍

1. 总部指挥，分层对接

中国宝武建立了嵌入式支撑的项目架构：集团公司领导担任项目领导小组组长，宝钢股份公司领导和集团总部相关职能部门长担任项目领导小组副组长，协调资源调配，并指定集团的钢铁业发展中心作为项目团队的总协调单位，负责协调和推进支撑项目，从组织保障和业务流程方面建立了无缝支撑对接架构。

与此同时，被支撑方建立与之匹配、相对应的对接架构：被支撑公司总经理担任对接项目领导小组组长；建立公司级领导的项目总协调机构，指定牵头部门，协同各项目单位配合支撑工作；被支撑方项目负责人由对接业务部门的部门长担任，协调资源协同，支撑项目方案的制订、实施和推进。

2. 建立总代表制与双总监工作机制

按照科学的项目管理流程和机制对嵌入式支撑项目进行跟踪、管理和服务，嵌入式支撑总代表由集团总经理批准任命，负责分解、落实项目任务到具体牵头部门和配合部门，协调专项工作后台运行，进行项目跟踪和汇报，对协同工作任务承担相应责任。

为了加强协同、共担共责、强化落实，协同支撑项目采用双总监制架构。钢铁主业协同支撑项目和多元项目均有两个总监负责，协同支撑团队的项目总监和被支撑方对应责任单位的项目总监共同按照项目化运作模式开展工作。协同支撑团队项目总监，负责组织开展项目需求收集、调研立项、任务分解、执行、检查、跟踪、成员绩效评价，负责组织项目组、带领子项目负责人按项目进度和预定目标有序开展工作，控制项目进度，协调所需资源，编制汇报材料，完成结题总结等，负责配合落实协同支撑团队布置的具体事项。被支撑方责任单位项目总监，负责组织项目的过程推进，检查各项目实施进度，协调资源配置，协调解决项目障碍，并对项目开展情况进行检查推进、指导协调，并定期（周、月、季）汇报协同支撑项目进展情况。双总监定期进行沟通，针对项目中关键环节协商推进、共同负责，对项目难点和困难，协商解决。对于需要上一级领导协商的，由现场总监向总代表汇报请示，被支撑方项目总监向责任单位上级领导汇报请示，上层沟通协商解决。

3. 落实被支撑方主体责任

被支撑方要承担经营主体责任，对应的是经营单元所具有责、权、利的匹配和均衡。而协同支撑方是非经营主体，则以一种帮助、非替代的原则进行具体项目支撑，以嵌入、协同方式为主，并承担具体项目的协同任务。

（二）聚焦内力提升，"三上三下"筛选项目

1. 需求导向，职能协调

嵌入式支撑项目第一次选择是由项目单位根据经营情况提出协同支撑项目需求，集团钢铁业发展中心、财务部对两钢的需求项目的必要性、可行性进行确认，经审核认为确需立项的需求，初步确定项目范围、项目目标等，上报集团公司审批。

2. 重新审视，领导把关

集团公司领导针对申报项目进行审核，如果项目痛点不足，未能瞄准关键和未来能力提升方向则必须重来。集团公司领导亲自推进，重新选择项目，亲自审定派驻的总监人员。明确必须根据两钢的战略定位和存在的问题，有效策划项目目标和方案，组织资源进行支撑。项目选择依据从点到线、从线到面的思路，覆盖从工艺到产品、从现场管理到体系能力、从操作技能到产品研发能力、从生产制造到市场营销等点线面全过程。

3. 任务导向，动态调整

从2015年3月7日之后的一个月内，嵌入式支撑团队是以支撑的总任务为目标，重新审视目标与项目之间的支持关系。支撑团队通过初步确定了现场制造能力调研诊断的构架和需求，并在集团下属宝钢股份、宝钢不锈等公司的大力支持下，开展了制造能力提升的系统诊断工作。分别对炼铁、炼钢、轧钢、设备、能环、制造系统，重点围绕人力资源、技术质量、工艺操作、成本改善、专业管理、基础管理、效能监察等方面开展了诊断工作，并形成专业诊断报告。新增和补充的项目主要聚焦于现场和市场，具有针对短板、实现"快赢"、能为当期经营创造"真金白银"，建立敏捷的经营管控体系的效果。确定了八钢、韶钢共22个支撑项目，按照现场制造能力提升、优化管理体系、提升营销能力和人力资源优化等项目群的进行项目推进。

（三）建立嵌入式项目工作机制，推进管理提升

1. 嵌入式支撑的对接机制

嵌入式支撑机制在集团层面和被支撑方层面形成了三层对接工作机制。集团支撑架构和被支撑方对接架构，如图1所示。

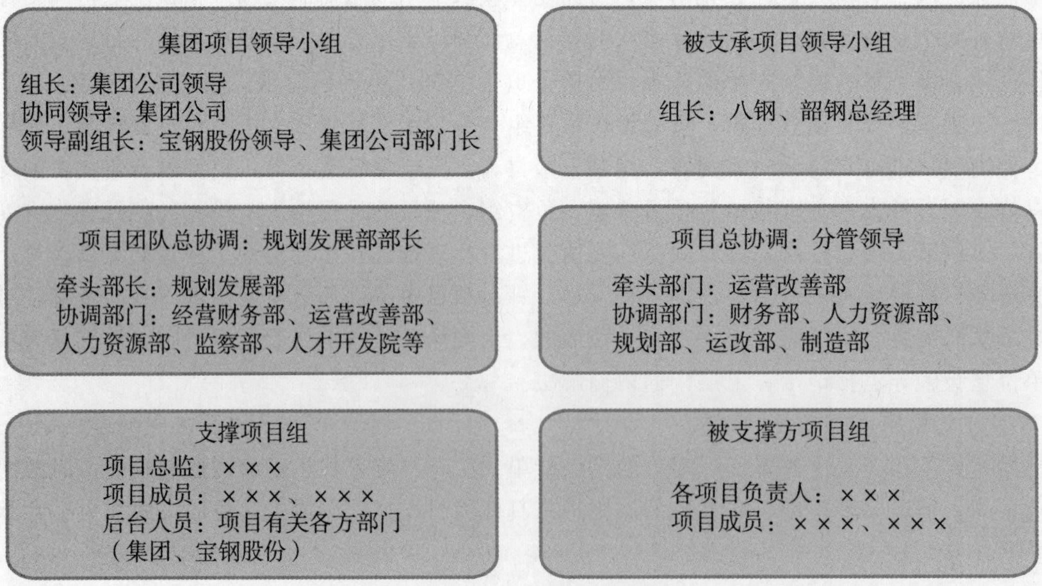

集团项目领导小组 组长：集团公司领导 协同领导：集团公司 领导副组长：宝钢股份领导、集团公司部门长	被支承项目领导小组 组长：八钢、韶钢总经理
项目团队总协调：规划发展部部长 牵头部长：规划发展部 协调部门：经营财务部、运营改善部、人力资源部、监察部、人才开发院等	项目总协调：分管领导 牵头部门：运营改善部 协调部门：财务部、人力资源部、规划部、运改部、制造部
支撑项目组 项目总监：××× 项目成员：×××、××× 后台人员：项目有关各方部门 （集团、宝钢股份）	被支撑方项目组 各项目负责人：××× 项目成员：×××、×××

图1 嵌入式支撑集团支撑架构

在集团项目工作团队层面，指定项目实施负责单位和项目总监。授权总监召集项目团队成员，负责制订项目的具体目标和计划方案。首先，在集团公司领导担任项目领导小组组长的基础上，还配置了项目协同领导，使支撑项目推进协同性更强。其次，宝钢股份作为集团内钢铁制造的龙头企业，在支撑韶钢产品转型升级方面具有独特的优势，承担着韶钢普碳产品的转型升级工作，宝钢股份公司领导担任项目领导小组副组长，可以有效协调宝钢股份的资源。再次，集团总部有支撑项目的各部门部门长，也担任项目领导小组副组长，协调资源调配；在集团层面，指定钢铁业发展中心作为项目团队的总协调单位，负责协调和推进支撑项目，包括周报（后期双周报）、月报和季度评价、年度评价工作。

被支撑方同时建立相应的，由公司领导组成的领导小组和由部门负责人担任项目组长、业务骨干组成对接项目团队成员的三级项目管理体制。首先，八钢、韶钢的总经理担任韶钢对接项目领导小组组长，协同集团和协调公司资源配合支撑项目顺利推进，建立公司级领导的项目总协调机构，由运营改善部作为牵头部门，协同各项目单位配合支撑工作。其次，各支撑项目八钢、韶钢方负责人由对接业务部门的部门长担任，协调资源协同支撑项目方案的制订、实施和推进；各业务模块负责人都是支撑项目的责任人员，承担项目的责任和具体工作，负责业务模块的梳理、优化和业务链上的界面和接口。该架构从上到下都有一把手和业务模块负责人负责，保证了支撑项目的有效推进。

嵌入式是具体协同支撑的工作方式，是有效融合的方法。项目团队由常驻的前台人员在项目周期内长期驻扎现场，集团项目总监在被支撑方业务所在对口部门挂职（通常挂副职），被支撑方总监就是对口部门的正职。项目总监和大部分的支撑人员都以常驻的方式，嵌入到八钢、韶钢对应业务部门和生产单元，参与到八钢、韶钢的日常生产、业务管理和科研等工作之中，支持支撑项目的顺利实施。部分支撑现场操作岗位的支撑人员，跟随八钢、韶钢实行翻班作业。产品研发支撑人员和管理支撑人员，在新产品开发和新产品试生产期间，也在生产现场跟踪、指导韶钢生产技术人员和生产操作人员，严格按照产品设计规范或技术联络单的进行操作和控制，及时处置现场发生的意外状况。通过具体的项目和挂职岗位职责，集团项目总监与被支撑方进行有效的合作和融合，从而尽快地开展相关业务。对支撑方也比较容易接受和协同。

2. 嵌入式项目的推进机制

设立现场项目管理办公室（PMO），作为集团公司协同支撑团队的前方归口管理部门，与现场总代表合署办公，下设副主任一名，可由常驻人员兼任，协助现场总代表开展项目管理工作，具体负责组织编制、修订项目团队管理的制度，包括团队例会制度、报告制度、作息与考勤管理、请假休假与探亲假管理，行为规范等，并按照集团相关要求开展团队建设；负责常驻人员的生活、工作、安全、纪律的协调和服务；负责对支撑项目工作执行过程的跟踪、推进和评估，并汇报各项目执行情况；负责结合现场工作实际，以任务为导向，提出新增支撑项目的建议。协同支撑项目推进工作机制主要有月度检查、季度推进、半年评估、年度总结评价等。

支撑项目现场总代表负责支撑项目和支撑人员与集团职能部门、韶钢之间的沟通与协调。同时，还配备了1位现场副总代表，便于开展支撑项目的现场推进工作。在项目开展过程中，通过周报、月报的形式，把支撑工作开展过程中取得的成绩、遇到的困难等及时向集团主管部门和韶钢支撑协调部门汇报，并获得相关支持。集团公司主管部门审核后报公司领导并发协同支撑项目牵头单位。

3. 嵌入式项目的运作管理

一是建立双总监定期沟通机制。集团和被支撑方的双总监定期进行沟通，针对项目中关键环节协商推进、共同负责，对项目难点和困难，协商解决。对于需要上一级领导协商的，集团层面由现场总监向总代表汇报请示，被支撑方项目总监向责任单位上级领导汇报请示，上层沟通协商解决。

二是嵌入式项目项目运作管理。协同支撑八钢、韶钢过程中，会产生许多短期支撑项目和阶段支撑项目，为了更好地完成项目，把控项目进度和效果，工作团队建立了短期支撑项目四张表管理工具。项目内容、项目计划甘特图、短支评估表、支撑验收评估表、支撑建议实施验收表。

三是后台资源支撑与调动。协同支撑工作需要前后台之间的协作，尤其是在前台专家无法独立完成时，需要后台的协同时，由集团的项目总监启动后台资源支撑机制。通过非正式沟通后，通过正式的公文系统发函邀请后台专家来前台作短期支撑。

4. 管理流程和效果固化

嵌入式项目按照项目需求调研与诊断、项目启动与运营、项目变更管理、项目结题评审、效益核算/跟踪和文档管理的流程进行管理。所有的支撑项目最后都要进行成果固化，结合培训开展，分四个环节：形成标准、培训项目成员、标准现场固化、标准内容验证。以项目成果交付内容为基础，对参与项目人员提出培训要求，长期的内容要求进入三级规程，形成标准化的文件、制度、规程；短期的内容形成技术通知单，形成标准化的要求。

5. 建立同向驱动的双向考核机制

为了有力地推进子公司经营能力提升，客观公正地开展协同支撑项目团队成员年度绩效评价工作，中国宝武根据《外派八一钢铁、韶关钢铁项目协同支撑人员专项政策实施细则（试行）》的规定，制定了绩效评价工作制度。项目评价比重：自评10%，项目实施单位30%，项目牵头单位30%；现场总代表30%。同时，建立了被评价人的反馈机制。一是集团人力资源部将绩效评价结果反馈给项目实施单位，项目实施单位按照绩效管理关系进行绩效评价结果反馈。二是向被评价人派出单位反馈，集团人力资源部将综合评价结果反馈给被评价人派出单位，被评价人派出单位进行绩效结果应用。

（四）开展工艺生产制造能力提升项目，夯实现场基础

现场基础能力是钢铁产品生产的根本问题。针对被支撑方的业务现状，嵌入式支撑团队从工艺和产品两个维度开展"矩阵式"业务梳理。横向以工艺流程为主线，围绕现场制造能力提升的关键问题，以问题导向开始梳理现场基础能力，涉及炼铁、炼钢、轧钢、设备、能环和制造版块。纵向则以市场需求为导向，结合存在制造能力短板，开展产品能力现状梳理，聚焦"短板"，抓住"关键"，进行热轧、冷轧、中厚板、棒线四条成品产线的梳理。

八钢协同项目团队设备组进驻八钢以后，以集团设备诊断团队的诊断报告为基础，结合设备支撑组再深入调研结果，以1750热轧设备功能精度恢复为切入点，通过设备隐患梳理天天读日日清、配合系统策划实施年修等措施，对立辊AWC短行程控制、热卷箱、层流辊道、轧线润滑等功能恢复，对粗轧机牌坊、精轧机辊系、卷取机间隙、油液清洁度等精度恢复，1750热轧的设备功能精度得到全面恢复，设备及生产状态得到全面提升。1750热轧厂设备故障时间由153小时/月降低到8小时/月，废钢率由2.8块/万吨减少到0.5块/万吨，单炉日产量由5000吨提高到7000吨。同时，以"八钢设备功能精度分层分级管理"项目为抓手，将1750热轧的支撑经验和成果向八钢公司全面推广移植，采取了现场设备功能精度管理项目清单重新梳理、设备功能精度分层分级管理、现场设备功能精度实际状态摸底及恢复三步法，设备功能精度基本得到全面恢复，设备状态大幅提升。设备故障时间由96.69小时/月降低到38.4小时/月，设备故障率由2.18小时/万吨降低到1.17小时/万吨，故障损失率由14.74元/吨减少到6.77元/吨。

以点检制、定修制完善及备件管理流程优化等为基础，建立了《设备功能、精度管理办法》等规章制度、《部控A层级管控设备点检润滑、功能精度项目检查周报》等跟踪报表，完善了设备功能精度管理体系；总结创造出了一套适合八钢的"八大准备、九个步骤"年修组织模式与规范，完善了检修管理体系；推进备件管理优化、备件修复信息化，完善了八钢备件管理体系。

(五) 开展市场开拓和产销研项目, 提升市场竞争力

针对被支撑方的市场压力和竞争力减弱的状态, 协同支撑团队通过宏观层面外接国家战略, 微观层面内练基本功两个层面来梳理八钢产品市场、提高市场应对能力。在研究开拓西部及中亚市场的业务梳理过程中, 项目团队以"两个依托、两个难点、三个结合"来推进市场应对能力提升。项目团队重点对新疆市场、用户、主要行业用钢等进行了细致周密的调研工作, 了解并掌握新疆钢材市场需求及发展趋势。走访西北各省的用户及市场, 在宝钢国际配合下完成疆外市场的调研工作。经过对中亚及巴基斯坦的走访调研、分析, 根据关税、运输费用、技术标准、经营环境等分析, 了解中亚及巴基斯坦钢铁行业的情况。对新疆区域内的钢铁企业情况收集, 分析竞争势态并提出整合建议。经过对大量数据信息的分析整理, 形成了新疆内外市场调研、新疆内行业整合、海外市场调研等内容较为充实丰富的多份调研分析报告。基础数据信息收集分析23篇, 多维度的市场调研分析报告12篇, 中巴经济走廊建设与钢铁机遇等参谋报告8份, 新疆区域涵盖火电、风电、制桶业、门业等15个行业的用钢需求分析报告。对前期各类数据分析、市场调研、参谋报告、行业报告的再次整合、分析, 编制完成子项目报告: 新疆及西北市场报告、中亚及巴基斯坦市场报告、新疆内钢铁行业整合路径和策略研究建议报告、"一带一路"倡议及其八钢发展机会研究报告。

项目团队针对韶钢棒线厂的经营现状在详细深入调研的基础上, 成立了"韶钢产品市场拓展组", 制订详细的市场开拓计划。首先, 梳理客户需求, 大力开发新产品和规格拓展。利用韶钢特殊的地理位置和客户群, 大力开发高等级工业线材。其次, 积极参与产品推介活动, 赢得客户的信任和订单。根据市场需求, 新品牌号由原来15个增加到31个, 开发进度由原来的全年缩短为半年。再次, 规范走访流程, 准确把握客户需求, 提升客户增值服务。据工业线材的客户特点, 制定了"一户一表", 详细规定了客户需求的信息内容, 为进一步的客户开发、客户维持和客户价值分析等工作打好"数据基础"。同时, 建立了客户信息管理和使用共享机制, 使客户信息在营销、制造、研发体系内充分共享, 拓展客户服务的内容。最后, 借助集团销售平台, 进一步拓展产品销售市场利。用宝钢国际的销售平台, 在可供产品销售上互通有无, 并在客户信息方面达成一定的共享。同时, 在重大工程和项目上投标方面, 由宝钢国际主导, 根据集团内各公司和韶钢的产品目录清单, 尝试联合投标共享市场份额。由于宝钢国际的客户产品质量要求高, 通过这种联合销售的模式, 不仅提升了韶钢产品的质量, 而且进一步开拓了韶钢产品的销售市场。从支撑之后的前两个月的销售实绩看, 环比1~2月的平均销售水平, 提高了约70%。其中, 工业线材的新开拓用户分别达到16家和11家。

(六) 推动成本管控和库存优化项目, 提升管理效率

针对被支撑方对成本管理、成本意识的系统性思维不够, 引起库存长期居高不下, 存在较高的存货风险和资金占用风险。再加上信息化系统不健全, 缺少系统规划, 造成了信息化系统效率不高, 对公司决策支持不够。项目团队以信息化为抓手, 以成本管控系统为载体, 结合"成本精细化、管控日常化、管理透明化、业务价值化"管理理念, 提升管理效率。

1. 成本精细化管控

首先, 提高日常成本分析效率。在融入八钢日常成本管理业务过程中, 一方面, 推进日常成本分析模式的优化, 提高成本分析效率; 另一方面, 以策划专题分析为途径, 鼓励和发动成本管理人员深入揭示成本管控的薄弱点和关键点, 推动成本管理水平和成本管理人员素质的不断提高。

其次, 优化八钢成本标准管理体系。贯彻支撑工作原则, 在梳理与诊断八钢现状的基础上, 把成本标准的梳理和制订优化八钢成本标准管理体系放在突出的位置。从而引导八钢制造部、能环部及设备管理专业管理部门等全面介入各类技术经济指标成本标准的制订与修订, 全面承担相关管理职能, 从而真正推动八钢将成本标准的修订主体由财务部门向职能部门与业务部门转移, 真正做到成本管控中心

下移。

最后，通过部署信息系统，固化管理成果。

2. 库存优化

项目团队协助八钢建立库存可视化系统在项目系统建设同时，开展八钢存货业务改善。

第一，存货梳理，摸清家底。结合存货可视化项目的需要，按上线时间节点，对原料、在制品、产成品数据进行清盘库。结合产成品存货清盘库，完成八钢产销系统内产成品存货库存无效数据清理工作；结合在制品存货清盘库，完善了冷轧厂与物流运输公司的存货业务交接点；结合原料存货清盘库，推进原料存货账实差异核对调整。

第二，代码统一，促进存货基础管理。八钢原料物料代码体系在计量系统代码与PSCS系统物料代码不一致，造成数据不一致。推进计量系统物料代码统一，推进料场、料条和货位号名称进行统一规范。

第三，流程诊断，优化存货管理流程。运营改善部牵头进行原料管理流程诊断，采用走访、现场调研、现场核查等方式，在采购中心、制造管理部、炼铁分公司、能源中心、物流运输分公司、佳域工贸公司、经营财务部七家单位进行了原料管理相关业务流程的诊断并形成原料管理流程诊断报告。优化厂内原燃料流程梳理，完成优化料场管理流程方案，规范原料管理，降低物流环节成本费用。

第四，完善存货管理制度，建立存货对账机制。明确经营财务部负责存货账账相符，存货实绩管理部门负责存货账实相符的管理职责，完善八钢存货管理制度。

第五，制定存货管控目标，推进存货改善，为适合当前经济新形态，面对钢铁行业所处的严峻复杂环境，八钢领导高度重视存货管控工作，经过八钢各级管理部门的努力，坚持以销定产，完善低负荷经济运行条件下低库存运行模式，加快八钢存货周转，提升了资金运营效率，改善了八钢现金流。

（七）全方位提供支撑保障，确保政策执行落地

1. 政策支持

首先，建立集团公司层面的政策协调机制，集团公司领导担任支撑工作的领导小组组长，同时安排协同领导和副组长，集团公司规划部部长担任总协调部门和总协调员。其次，各相关部门和支撑方把手的认识必须统一到集团大局层面，在嵌入式支撑上工作中必须认真对待，全力支撑。

2. 工作机制支持

首先，建立了支撑团队和被支撑方的协作机制，支撑团队以集团为主，被支撑方给予全面的协助，但被支撑方是责任主体。其次，形成了全集团范围选拔组建支撑团队的选拔机制，各单位选拔主要骨干和力量进行支撑。最后，是建立支撑团队后台保障机制，两年长期派驻对派驻人员及其家庭要求太多，集团在相关政策上给予了相关考量。

3. 资源立体支持

首先，集团公司领导把扭亏增赢工作作为集团公司当时的头等大事来抓，几乎每月都来两钢进行具体工作部署指导。其次，是前台努力、后台给力，各支撑单位没有推诿、主动克服困难，全方位立体支撑。集团范围的协同单位有宝钢股份、人才开发院、宝信、宝钢不锈、研究院、宝钢工程、宝钢特钢等单位。它们有本单位自己的考核指标，还要承担对其他单元的支撑，如宝钢股份不仅要支撑八钢、韶钢，还要重点关注湛江建设。

三、特大型钢铁企业集团提升子公司经营绩效的"嵌入式支撑"项目管理效果

（一）两钢经营绩效显著改善，内生动力提升

2016年，八钢铁水降本、新产品开发及设备故障下降等取得明显成效；积极推进经济运行，为八钢经营业绩改善和后续发展提供了有力保障，同比减亏25.4亿元；韶钢产品转型升级有重大突破，工

业材和冷镦钢销量创历史新高，宝特韶关基地年产量超过 60 万吨，与上海基地实现互供料 20 万吨；韶钢盈利 5330 万元，成功实现两年扭亏增盈的目标。2017 年集团公司坚持精准支撑，八一钢铁成功扭亏，实现经营利润 10 亿元；韶关钢铁实现经营利润 30 亿元，再创新高。

（二）两钢员工面貌发生显著变化

中国宝武在八一钢铁、韶关钢铁采用派驻方式的嵌入式支撑项目管理，确实解决了八钢、韶钢企业经营问题，确实提升了八钢、韶钢体系能力，如员工、装备等，更重要的是让八钢、韶钢干部员工看到了信心，信心比黄金都重要。在 2016 年的员工发展指数调查中显示，韶钢 2016 年度敬业度比 2015 年提升了 11 个百分点，为集团内提升最快的单元之一，八钢同比提升了 4 个百分点。

（三）探索形成嵌入式项目支撑能力

2017 年中国宝武在两钢支撑经验的基础上，对宝钢德盛以需求为导向，开展精准嵌入式支撑工作，围绕运营管理能力提升和经营绩效改善工作，实施 5 个支撑项目。重点是完善宝钢德盛营销体系及自主运行能力提升、含镍铬铁水综合利用研究、建立经营决策、存货可视化系统，推进精细化管理、现场制造能力提升及人力资源管理优化。2018 年，嵌入式支撑工作在中国宝武下属的鄂钢公司经营改善和宝钢股份的聚焦整合中进行了经验应用。尤其是被支撑的八钢和韶钢已经形成了相关能力，在宝钢德盛和鄂钢的支撑中，韶钢和八钢已经成为进行嵌入式支撑的主力。

（成果创造人：陈德荣、张锦刚、李世平、肖国栋、朱建春、刘建荣、林金嘉、封　峰、李　林、梁　军、金志杰）

石油销售企业"点环源"管控体系的构建与实施

中国石油天然气股份有限公司吉林销售分公司

中国石油天然气股份有限公司吉林销售分公司（以下简称吉林销售公司）隶属于中国石油天然气集团有限公司，是吉林省内规模最大、最为专业的油品供应商和综合服务商。主要从事成品油、车用燃气、润滑油批发零售业务，以及便利店、汽车服务等非油业务。公司机关设14个处室，下辖9个市州分公司、49个经营处、3个直属公司、4个合资公司。员工总数8229人。在运营加油站985座，其中全资型900座。运营油库12座，库容39.69万立方米。网点份额44%，市场份额76%，经营机构和营销网络遍布吉林全省，每天为近30万人次提供高品质的油品、天然气和便利店服务。公司年销售成品油近400万吨，年销售非油商品超5亿元，年销售收入超210亿元。

一、石油销售企业"点环源"管控体系的构建与实施背景

（一）成品油销售企业应对激烈市场竞争的迫切需要

当前，成品油销售企业发展所面临的市场环境正在发生深刻的、全面的、革命性的变化，资源严重供大于求，产销矛盾十分突出，主要表现为汽油需求大幅下降，新能源汽车和高铁等新的交通方式替代传统汽油燃油车的速度正在加快；辽宁和山东地炼资源大量涌入，市场价格竞争激烈，运行组织非常困难；市场呈现主体多元、资源多样、价格多变、供大于求，吉林省内30余家规模性的社会单位，年外采地炼资源150多万吨，严重冲击省内市场；竞争更加激烈和残酷，企业盈利面临巨大困难。成品油销售行业微利化时代已经到来，企业发展面临严峻考验。创建一套符合企业实际、科学合理的管控体系，进一步激发企业内部活力，是摆在成品油销售企业面前一项十分重要而紧迫的任务。

（二）贯彻国资委、中国石油高质量发展目标的客观要求

按照国资委的要求，中国石油作为中央企业，要切实担负起保障国家能源安全的重任，实现高质量的发展。中国石油天然气集团有限公司提出要坚持质量第一、效益优先，推动质量变革、效率变革、动力变革，实现业务发展高质量、发展动力高质量、发展基础高质量、运营水平高质量，建设具有全球竞争力的世界一流企业。成品油销售企业承担着整个石油产业链顺畅运行尤其是实现市场价值转换的重任，是实现石油产业价值的最终保障，意义重大，责任重大，一旦这个环节滞后，将会对油田、炼厂、运输等整个体系的运行造成严重影响。所以要按照国资委及集团公司的有关要求，建立起与高质量发展相匹配的管控体系作为保障，推动成品油销售企业在未来的发展中不断转型升级，为实现整个石油产业体系的顺利运行打好基础。

（三）有效解决企业管理中执行难、考核难、落实难等现实问题的实际需要

当前，很多企业在管理过程中，都不缺乏制度、不缺乏流程、不缺乏要求，但是都面临着执行难、考核难、落实难的"三难"问题。如何解决好考核的问题、执行的问题、动力的问题，这是摆在每个企业面前的一道永恒课题。特别是作为老牌国有企业，吉林销售公司经历了由计划经济到市场经济的转型过程，与市场经济不相符的旧思想、旧观念与旧行为习惯依然存在，员工年龄结构大，思想意识中"等、靠、要"的思想难以转变，缺乏责任、缺乏压力、缺乏竞争，工作不落实、执行不到位现象大量存在。

基于以上背景，吉林销售公司自2017年开始结合成品油销售企业的实际，着力构建"点环源"管控体系，在实践中收到明显效果。

二、石油销售企业"点环源"管控体系的构建与实施内涵和主要做法

吉林销售公司"点""环""源"分别对应着管理中的目标、流程和关键节点。通过明确"点环源"管控体系的基本架构，系统分析和梳理各层面和各环节的"点""环""源"，做好"点环源"管控体系的前期宣贯和组织领导，明确操作推进的具体方法，结合实际在营销管理、安全管理、工程检维修领域、降本增效、绩效考核等关键领域推进"点环源"管控体系的实践应用，将企业管理所有的点、线、面紧密贯穿起来，使企业的各项目标层层分解、层层细化、落地生根，做到责任精准落实到人、精准考核到人、精准奖罚到人，使企业管理中的每一项目标都分解落实到人，每一个具体流程都可以管控，每一个操作环节都可以追溯，有效解决企业经营管理中的执行难、考核难、落实难的"三难"问题。主要做法如下。

（一）建立"点环源"管控体系的基本架构

"点环源"管控体系以吉林销售公司使命和愿景为"总源头"，依据目标管理理论设立目标"源"；依据流程管理理论确定实现"源"的途径和方法——环；依据过程控制理论和KPI等管理工具加强对各环节、各岗位"点"的管控，进而做到"点点可控""环环相扣"，最终实现目标"源"。"点环源"管控体系的基本架构就是通过对"点"的控制和"环"的执行，最终保障目标"源"实现的管理方法。"点"构成了"环"，"环"的运行过程中或结果体现在"点"上；"源"要实现就对"点"和"环"提出要求，以此确保"源"的实现。反之，要实现"源"还需要在"点"和"环"的执行过程中进行不断地管控。

为了明确"点环源"管控体系的思路和方向，确保体系的有效运转，必须要采取切实可行的措施和方法，层层落实，步步推进，突出实效。首先，要识别和梳理出"点""环""源"三个方面各自的属性和站位，明确哪些是"点"，哪些是"环"，哪些是"源"，并且理顺三者之间的逻辑关系，避免受众出现混淆。其次，要通过系统的运行来进一步规范和要求，指出体系运行的宣贯措施、思想基础和组织保障等内容，对"点环源"管控体系的各个要素进行再明确。同时，确定科学有效的操作方法，在实际工作中的关键领域和重点方向进行推进，辅以"6+1"大监督管理，将管控体系对市场营销、安全管理、工程检维修等领域的作用放大到最大。

（二）系统识别和梳理"点""环""源"

1. 识别和梳理"点"

"点"具体来讲就是关键控制点。对应着每一个具体岗位、每一项具体职责。通过抓"点"，把责任落实到岗位、落实到人头，解决责任落实的问题。吉林销售公司目前是省公司、地市公司、县级经营处、加油站（油库）的四级管理架构。四级架构里面，每一级都对应着不同的关键控制点。目前，在吉林销售公司四级管理架构中，按照不同的控制级别，梳理一级、二级、三级、四级关键控制点共669个。

每一个关键控制点还可以再细分，由大的关键控制点细分为具体的小点，螺旋式下降，最终每一个关键控制点都落实到了具体的岗位、具体的人头，形成事事有人管、人人都管事的局面。以油库为例，油品发付是油库日常管理中的一个关键控制点，在具体的操作中，确保油品平稳发付这个关键控制点，又分为了6个具体的控制小点，每个小点都落实到具体的岗位、具体的责任人，并且在操作过程中有监督、有确认。

2. 识别和梳理"环"

"环"具体来讲就是环节、制度和流程。目标设定以后，通过"环"的管控，使企业管理的每一个过程、每一个环节都能够做到"步步确认"。进而通过"步步确认"，精准的"考核到人""奖罚到人"。

"环"与"点"之间没有明确的界限，两者是相互依托、同生共进的关系。"环"是由许多的"点"

构成的，这些"点"蕴含在"环"当中。一个"环"要很好地执行，必须要确保构成"环"的"点"能够得到很好的管控，不出现任何的纰漏和差错。这些"点"又不是孤立存在的，众多的"点"构成一个整体，这个整体就是"环"。

通过识别和梳理"环"，使管控制度、工作流程边界清晰、职能明确，建立良好的企业运行流程秩序。特别是使隐形流程显性化，使流程运行线路清晰合理，各岗位职责明确，部门与部门、岗位与岗位、活动与活动之间的接口衔接清晰。吉林销售公司每个层面、每项工作、每个岗位、每名员工根据目标不同，都对应着不同的"环"，通过"环"都能够一目了然显示整个工作流程，体现岗位与职责之间的关系，对每个过程都实行步步确认和全程管控。

3. 识别和梳理"源"

"源"就是企业愿景和目标。"源"可以分为企业的"总源"，以及在"总源头"之下各种具体的目标，也就是各种分源、具体源。

吉林销售公司的"总源"就是成就企业、福祉员工，把吉林销售公司建设成为受人尊重、令人羡慕、充满活力、创新创效的一流销售企业；在确定企业"总源"的基础上，按其职能采取纵横双向分解方式确定"八大分源"，即安全环保、精准营销、网络建设、降本增效、合规运营、和谐稳定、班子建设、队伍建设；机关部门、市州公司、经营处、加油站（油库）及每名员工具体的工作目标，是具体源。

4. 把握"点""环""源"要素之间的关系传导

"点""环""源"三者之间在不同管理层面是可以转换的。"点""环""源"在不同的管理层面有着不同的界定概念，随着界面交接和管理层面的传递会发生转换，需要因地制宜，因时制宜，因事制宜，采取不同的管控方式，在掌握"点环源"管控体系的基本思想基础之上灵活运用。

吉林销售公司的"源"随着管理层级向下的执行，会实现向"环"和"点"的转变，但是这种转变不是唯一的，以"管理层"为基础，"环"和"点"也可以转换为"源"和"环"。在吉林销售公司中，安全环保、精准营销等"八大分源"属于公司级的"源"，要实现这"八大分源"需要相应的部门一些"环"的执行来实现，但这些"环"又是下一级的"源"，这就是"环"与"源"的转换；接下来"环"的顺利执行，还需要对一些关键控制"点"进行重点管控，要做好"点"的管控，还需要单位设置"重要环"来保障这个"点"不出差错，这就是"点"与"环"的转换。最后，还要将这些"环"进一步分解为多个关键控制"点"，最终落实到岗位和人。

以吉林销售公司"安全生产"这个分源为例，它最重要的"环"是"重大危险源管理"，这个"环"对于执行层面来讲就是部门的"源"，重大危险源安全可控就是部门的目标；以"合规管理"这个分源为例，它最重要的"环"是集团公司和省公司制定的各项规章制度，这个"环"对于执行层面来讲就是要遵守的工作准则和目标"源"；以"网络建设"这个分源为例，它既是公司八大分源之一，也是实现扩销增效这个更高级别"源"的"环"，网点建设尤其是优质网点的建设能在很大程度上提升公司纯枪水平，同时这个"环"又是保障公司实现市场战略扩张的"关键控制点"和"关键创效点"。所以说，"点""环""源"之间的逻辑关系具有联动性，可以相互转换，甚至通过转换能够实现更大程度的正面效果。

（三）加强"点环源"管控体系的全员宣贯及组织保障

1. 加强推进"点环源"管控体系的全员宣贯

为了做好全员宣贯，确保管控体系推进到位，各项措施落实到位，激励作用发挥到位，吉林销售公司成立宣贯领导小组，以公司总经理、党委书记为组长，分管领导为副组长，以各部门各单位负责人为组员，为管控体系的全员宣贯落实做好组织保障。组织编写"点环源"管控体系内容和说明的宣传手册，对"点环源"管控体系进行系统和详细的说明，并且发放到基层一线员工手中，让员工学习有资料,学习有方向。成立"点环源"管控体系宣贯指导小组,深入到库站一线进行讲解和指导,帮助员工转变旧有观念,引导员工树立以"点环源"管控考核为"重心"的思想理念。同时,为了让员工更深入的理解和认识"点环源"管控体系,公司还在门户网站、企业宣传橱窗、内部报刊等宣传载体上,开设"点环源"管控体系宣传专题,注重挖掘和发现基层的先进典型,加大宣传引导力度,发挥好以点带面的示范作用。

2. 明确推进"点环源"管控体系的思想基础

"点环源"管控体系的思想基础在于责任落实到每一个具体的"点",才能够保障"环"的顺畅实施,进而推进"源"的目标实现。为了强化"点"的责任落实,吉林销售公司提出"属地化管理"的理念,具体的要求就是"谁的属地谁负责、谁的领域谁负责、谁的区域谁负责、谁的岗位谁负责",为"点环源"管控体系的推进实施奠定思想基础。

3. 加强"点环源"管控体系的组织保障

吉林销售公司成立以总经理为领导小组组长,公司其他副职领导为副组长,成员包括公司各职能部门负责人及下属单位的负责人。领导小组组长的主要职责包括负责"点环源"管控体系推行工作的组织领导,全面安排部署相关工作;审核并发布公司"点环源"管控体系实施方案;报告"点环源"管控体系推行情况;听取各部门、各单位推进工作情况的汇报等。

(四)确定"点环源"管控体系的具体操作方法

1. 落实责任,具体到每名员工和每个岗位

就是把"点""环"和"源"落实到每个岗位、每个人,形成事事有人管、人人都管事、有岗必有责、失职必追责的闭环管理。具体就是把落实责任与"属地化管理"结合起来,"谁的属地谁负责、谁的领域谁负责,谁的区域谁负责,谁的岗位谁负责"。以加油站接卸油品为例,保证油品安全接卸是"源",这个"源"要靠制度流程和站经理、计量员和加油员全员的安全操作来实现,具体"点"要落实到站经理、计量员、加油员这三个岗位。规范油品安全接卸的《加油站接卸油操作规程》是油品接卸的过程管控举措,是油品安全接卸的"环",这个"环"要落实到位,就要确保落实到站经理和计量员这两个"点"。卸油操作又具体的分为车辆进站引导、油品静置、油品确认、消防器材摆放等具体的小"点",这些点要落实到具体的每一名员工,最终保证责任落实到具体员工和具体岗位。

2. 步步确认,具体到每个环节和每个步骤

就是通过对每一个"环"、每一个"关键控制点"的管控,实行"步步确认"。在吉林销售公司,不管是领导还是普通员工,不管是管理岗位还是操作岗位,每一步操作都要进行确认。这样能够保证各项工作过程受控、风险可控、责任可追溯、管理无死角、考核无盲区。以加油站卸油操作为例,计量员和站经理要对照卸油操作规程进行步步确认,按照卸油操作卡的内容进行准确操作,汽油卸油操作一共15步,柴油卸油操作一共13步,每操作一步都要由计量员和站经理共同确认,油品是否相符,管线是否对接,安全措施是否到位等。确认后在操作卡上打钩,然后进行下一步操作,步步确认,步步进行,卸油结束后两人共同签字负责。步步确认是对落实责任的再确认。

3. 考核到人、奖罚到人,具体到每一个操作和每一个加减分数

"考核到人""奖罚到人"的前提是"落实责任",确保责任落实到岗位、落实到人头。再一步一步按程序推进,实现对责任人的考核,即"考核到人",最后是"奖罚到人"。通过"考核到人""奖罚到人",将每一项考核与奖惩,都公平、公开、公正地直接兑现到人头,与绩效挂钩,保证责任不缺失、环节不失控、点位无死角,做到贡献大的多收入,贡献小的少收入;干活多的多收入,干活少的少收入;绩效高的多收入,绩效低的少收入,调动和激发起员工干事创业的工作热情,最终实现员工由被动管理向自我管理的转变。以加油站员工的月度"点环源"考核为例,除了汽柴油纯枪吨值和专项奖励

外，还有一项现场服务考核，站经理每天对所管理的员工进行考核打分，没有礼貌用语要扣2分，没有安全提示要扣5分，员工积极开口营销可以加5分，销售出自有商品可以加10分等，每一分都对应着加油员自己这个月的绩效工资，扣分多，绩效工资就少，加分多，绩效工资就多，都是真金白银、公开透明、眼见为实的，考核到人，奖惩到人。

（五）在关键业务领域推进"点环源"管控体系的实施

1. 推进"点环源"管控体系在营销管理中的应用，实现全员营销

吉林销售公司运用"点环源"管控体系，开展"万人肩上扛指标、千名干部齐包保、百站营销出奇招、十大杰出逞英豪"的"万千百十"大营销活动，从领导班子到一线员工，从机关干部到基层一线，形成"千斤重担众人挑、人人肩上有指标"的局面。

这其中"点环源"管控体系最直接的体现是"万人肩上扛指标"，把吉林销售公司全年成品油、非油、润滑油、天然气、效益等指标这些"源"，具体细化到每一名员工这个"点"。每名员工都"扛"起一定量的油品、非油、润滑油、加油卡等目标任务，指标落实到人，通过《吉林销售公司"万千百十"大营销活动方案》这个"环"来保障实施。

通过把"点环源"管控体系应用到营销活动中，实行"万千百十"大营销，改变机关单纯管理职能，由管理向管理与销售并重，实现全员营销。2018年1～9月，吉林销售公司两级机关已销售油品1.8万吨，非油收入达700余万元，发挥了很好带动作用。

2. 推进"点环源"管控体系在安全管理中的应用，实现安全管理全程可控

吉林销售公司运用"点环源"管控体系，系统查找安全管理环节的"点""环""源"，把安全管理的目标"源"细化为不同的安全风险"控制点"，将所有安全风险"控制点"的责任落到全员，做到每个岗位都对应着自身的安全风险控制"点"，通过人手一卡、人手一书、人手一合同"三个一"让每个岗位"点""环""源"明晰。

3. 推进"点环源"管控体系在工程检维修领域的应用，做到笔笔有踪、件件在卷，责任可以追溯

运用"点环源"管控体系，通过加强对"环"运行过程和"点"的管控，使安全操作过程做到"步步确认"，实现可追溯、可考核，最终达到譬如每上一个阀门、每拧一个螺丝、每加一根电线，谁购进的、谁安装的、谁验收的、谁管理的，都进行了确认，笔笔有踪、件件在卷，责任都可以追溯。以加油站加油机检维修为例，每一个步骤都做到步步确认，部件谁采购的、故障谁检修的、部件谁安装的、最终谁验收的，都可控、可追溯。

4. 推进"点环源"管控体系在降本增效中的应用，做到精益管理

通过"点环源"管控体系，目标与责任都细化到"点"，考核、奖罚直接到人，事事都有人抓、有人管。以吉林销售公司员工餐厅日常菜品采购为例，对每一种菜品的日常采购，都做到了精细、精准有效管控。吉林销售公司各项降本增效工作都细化到"点"，落实到人，都对应具体的"环"和"源"，从方方面面都体现着精益管理的标准。

5. 推进"点环源"管控体系在绩效考核中的应用，实现精准激励

以吉林销售公司营销方面的绩效考核为例，通过"万千百十"大营销等有效的载体和手段，把整体销售目标"源"分解到了岗位"点"，"落实到人"；按照配套的奖惩方案等制度流程"环"，做到对员工每一天的工作量、贡献值都"步步确认"；按照"步步确认"的结果，每天能够实现"考核到人""奖罚到人"。这样的考核、奖罚结果能够体现公平公开公正公道，解决一些老的国有企业中考核不精准、分配平均主义等问题，真正让该高的升上去、该低的降下来，符合国资委、集团公司深化国有企业薪酬分配改革的总体趋势。同时，员工每一天从每一种商品中都能够算清楚回挂的绩效奖金，有力调动了员工工作积极性。

（六）"6+1"监督推动"点环源"管控体系优化完善

1. 整合各方面的监督资源，通过对"点""环""源"的管控，实现对整个生产经营过程的全过程管理

通过"6+1"监督管理，全面整合企业监督资源，改变原有独立、分散、各自为政的监督格局，最终形成联合监督与专业监督相结合，内部监督与外部监督相结合，企业监督与员工自我监督相结合的"大监督"格局，对企业管理的所有点、线、面，以及全员、全过程的经营形成立体、全方位的监督，有力提升企业经营管理水平，有效防控经营风险。

2. 实现对企业管理关键要素的全覆盖，促进企业发展质量与效益的快速提升

通过建立"6+1"监督管理格局，发挥各方面的监督力量，及时发现并找出"关键控制点"存在的问题，抓住主要矛盾，抓住重中之重，实现对"关键控制点"的优化和提升。比如围绕"降本增效"这个"关键控制点"，通过监督优化"点、环、源"，在油品损耗、物流优化、人工成本、资产轻量化、信息化提效几个方面下功夫，对整个管控流程进行优化完善，促进企业经营效益、经营质量的大幅度提高。

三、石油销售企业"点环源"管控体系的构建与实施效果

（一）形成了一套独特的管理及评价体系

"点环源"管控体系是企业精细化管理的顶层设计与具体实践。"点环源"管控体系汲取了目标管理、流程管理、价值管理、绩效管理等理论和方法的精华，建立了一套独特的理论体系，使企业运行全过程都能够有据可查、有章可循，使企业运行过程中的"点"有控制、"环"能顺畅、"源"可实现，责任落实使每个人都有了责任心，考核到人、奖罚到人有效调动了员工工作的积极性，解决了企业经营管理过程中考核不精准、执行不到位等难题，成为企业适应新常态、应对新挑战，全面提高管理水平和创新创效能力的制胜法宝，推动了企业精细化管理向更高境界精益管理来迈进，促进了企业质量效益向更高水平精益管理来提升。

（二）促进了企业经营效益的显著提高

吉林销售公司通过推进"点环源"管控体系，企业经营效益有了明显提升。2017年吉林销售公司汽柴油销售总量374.8万吨，同比增长0.42%。直批销售77.3万吨，同比增长10.65%。非油收入5.6亿元，非油利润6000万元，同比分别增长86%和42%。实现利润5537万元，超预算进度537万元，公司利润超额完成集团公司下达计划目标。2018年上半年，销售成品油185.32万吨，完成计划比居区内销售企业第4位，实现了销量"时间过半、任务过半"的目标；非油收入完成计划比居销售板块第1位，单月销售额突破亿元大关，创历史新高。

（三）具有较强的社会贡献度及推广示范效应

通过推行这套办法，从"点"到"环"、再到"源"，企业目标层层分解、细化，落地生根，通过精准考核到人、精准奖罚到人，能够有效解决目前国有企业经营管理体制机制中存在的诸多深层次矛盾与问题，解决影响制约企业内在发展的活力动力问题，特别是解决了执行难、考核难、落实难的"三难"问题，推动企业机制更加完善，管理更加有效，服务更加高效，社会影响逐渐增大。"点环源"管控体系还被国内许多经济学家所认同，并在具体实践中见到明显成效，具有很强的推广应用价值，适用于不同类型的企业。目前，运用"点环源"管控体系实施的"万千百十"大营销、绩效考核、安全管理等方法得到了集团公司、销售公司的肯定，并组织相关单位到吉林销售公司进行考察学习，一些先进的管理经验已经逐步在中国石油销售系统组织推行。

（成果创造人：徐金良、夏　春、林喜东、王金海、陆文波、
王　勇、赵彤坤、张　鑫、徐　洋、孙少平）

军民股权融合型企业管理体系的构建与实施

西北工业集团有限公司

西安华山钨制品有限公司（以下简称钨制品公司）成立于 2007 年 9 月 24 日，是由西安北方华山机电有限公司、崇义章源钨业股份有限公司和西安华山精密机械有限公司共同出资组建的军民结合型有限责任公司。钨制品公司注册资本 1.4886 亿元，其中，西安北方华山机电有限公司占股份 51%，崇义章源钨业股份公司占股份 48%，西安华山精密机械有限公司占股份 1%。公司现有员工 224 人，其中技术人员 22 人；科研生产设备设施 292 台套，具有国内先进水平。拥有专利 10 项；占地面积 3.5 万平方米。钨制品公司经营范围主要是钨制品、钼制品及其他稀有金属合金制品的制造、销售、技术研究、技术开发。钨制品公司生产的主要产品为高比重钨合金制品，分军、民品两大类。军品产品主要配套于兵器行业；民品主要为各种规格的钨合金棒材、管材、异形件及钨合金球、陀螺转子等，主要应用于军事工业、航空航天、机械制造、医疗屏蔽、石油配重和体育用品等领域。钨制品公司是中国钨业协会会员单位，先后通过了 GB/T19001、GJB9001B 军、民品质量体系认证，是陕西省高新技术企业。2017 年度，钨制品公司实现收入 2 亿多万元，利润总额超 5000 万元，年度纳税总额 700 多万元。

钨制品公司是西北工业集团有限公司在成员单位之一的西安北方华山机电有限公司（以下简称华山公司）成立的军民股权融合型子公司——钨制品公司，通过经营管理体系的构建与实施，在军民融合上进行深耕，达到军民融合和资源利用与共赢。

一、军民股权融合型企业管理体系的构建与实施背景

（一）是抓住政策机遇、落实国家军民融合战略部署的需要

国家、军队和地方出台的相关政策文件，为企业进行更深更广的融合提供了法律依据和政策引导。2007 年后相继颁布《国防科技工业社会投资领域指导目录》《国防科技工业社会投资项目核准和备案管理暂行办法》《国民经济和社会发展"十二五"规划纲要》《关于鼓励和引导民间资本进入国防科技工业领域的实施意见》等，明确了推进军民融合式发展的战略目标、重点领域、主要任务和战略举措。军方相继出台《关于加强竞争性装备采购工作的意见》和《关于加快吸纳优势民营企业进入武器装备科研和维修领域的措施意见》等政策规定，为民参军申请承制资格提供了便利。陕西省出台了《关于鼓励和引导民间投资健康发展的若干意见》《中共陕西省委军民融合发展委员会 2018 年工作要点》等，进一步推进军民融合战略向更深、更广发展。该项目的实施，正是企业抓住政策机遇、落实相关政策、法规，落实国家军民融合战略部署，让政策产生实效需要。

（二）落实兵工集团要求、探索军民融合有效路径的需要

2007 年，在企业组建项目论证期间，国防科工委、发改委、国资委联合出台了《关于推进军工企业股份制改造的指导意见》，项目合作三方充分利用文件政策，在民营资本参与军品生产企业上实现突破，在军工行业首家实现真正的军民合作。该项目是军工企业在军民发展平台创建、体制机制设计、产品结构与市场结构重新布局的重大攻关项目，是涉及企业长期稳定发展的关键项目，同时也是兵器系统首家尝试民营资本介入军工生产开发的首例军民兼容的合资合作项目。该项目在经过两年的商务和技术洽谈，首开军民结合先河，形成军工行业首家具有多方优势的军民结合企业，是兵工集团探索军民融合有效路径，实现军民融合与协调发展的需要。

（三）探索军民融合企业发展经验的需要

在三方优势都非常明显的情况下，新组建企业存在的股东相互约束问题、人员身份及薪酬问题、关联交易问题、生产管理理念问题、市场意识不同等问题，在日常经营中凸现出来。该项目的实施，就是建立军民资源互动、生产要素互通、运营能力互补的共同发展平台，改变长期以军品产品支撑企业运行的局面，并在过程中解决新组建企业存在的诸多问题，理顺军民股权融合型企业管理流程，构架创新管理体系，在深度融合中实现真正的军民股权融合、资源共享，高效经营，最终实现军民协同发展。

二、军民股权融合型企业管理体系的构建与实施内涵和主要做法

钨制品公司利用股东现有各种军民资源优势，通过军品和民用产品技术的共享，军品市场和民用市场的相互渗透，军品资源和民品资源的相互利用，军工管理和民营管理的优势组合，军工体制和民营体制的对接和融合，探索形成了一套相应的军民股权融合型企业管理体系，实现企业向质量效益型方向稳健发展。主要做法如下。

（一）构建军民股权融合的企业治理体系

为满足军民融合组织结构和运行的要求，围绕加强市场意识，坚持"规范管理、科学管理、继承与发展"的原则，系统策划、设计组织机构和管理制度体系，建立健全制度建设工作体制机制，科学制定管理制度和业务流程，形成系统有效的军民融合制度管控体系。一是成立军民融合型组织机构，为企业的有效运营提供组织保障。二是在对原重组各单位制度体系和业务流程进行提炼优化的基础上，进行系统设计和创新重塑，厘清管理层级，梳理管理流程。编制下发了《公司章程》《贯彻落实"三重一大"决策制度实施办法》等制度，为董事会规范运作提供了制度保障，确保了董事会科学决策和依法行权。对经营管理、科研技术、质量安全等业务进行体系化管理，形成了战略管理、科研技术、生产经营、人力资源、资本运营、财务管理、企业文化等管理制度。

同时，建立健全制度建设动态管理和持续改进机制。通过持续纠偏和市场理念的植入，使军民融合的运行得到持续改善，增强了制度建设动态管理能力，使制度建设形成了良好的"内循环"——持续改进机制。例如，企业在继承和借鉴中创新，修订市场开发与销售的激励政策，包括技术开发、产品开发激励政策等，在"融合"和"互促"中改进，并逐步在实施中固化更利于企业发展的方法，不断将融军于民、军民互促的管理体系在日常经营中进行验证。

（二）充分发挥股东各方优势，提升企业产品竞争力

1. 依托军工技术开发系列民品

企业充分利用军品的技术沉淀及多年的生产经验，通过不断的自主创新，先后成功开发出四大合金系列产品、两大纯钨等系列民用产品；同时，又在民品的高性能产品开发应用中把相关成果运用于军品新产品开发，并取得满意效果。结合民品研发技术的应用情况，按照军品工艺参数和技术要求，比照工艺管理的有效性，进行借鉴性的改进和完善，取得一定效果。例如，某产品断裂问题；针对产品性质和工艺特点，借鉴设计制造并投入使用了自动生产设备，解决了工艺技术问题。这是企业首次将自动化应用于实际生产，具有示范和引领作用。

企业以提高材料利用率、降低产品成本为目标，在民营股东的技术支持下，完成了某产品工艺技术改进项目，使部分产品材料利用率由原来的69%提高到80%。利用仪表控温替代原有的红外温控，改变了沿用30年的控温方式，为工艺稳定优化打好了坚实的基础。将高温快速活化工艺推广应用于民品生产，不仅使生产效率提高1倍以上，而且减少了生产变形，节约了原材料，稳定了产品质量。

2. 依托民营股东优势提升军品质量

产及深加工、贸易为一体，拥有自钨矿开采、冶炼、制粉到钨制品生产加工等完整的业务链，以及市场营销体系和自营进出口权和钨品出口供货资格，是江西省的大型高新技术上市公司。与中南大学、

北京有色金属研究总院等多所高校和科研院所广泛合作，既有充足的钨矿资源，又有钨矿冶炼、钨粉制备等关联业务，钨粉的制备能力和科研开发能力突出。在高温钨材方面，尤其是在钨电极及坩埚的生产上优势明显。企业把民营股东作为原材料的优先供应商，稳定的钨粉供应渠道和原材料质量，使得军品产品质量更加稳定，也大大减少了试验、模具制造等方面的频次及费用。

（三）构建宜军宜民的生产管理体系

1. 开展各类资质认证，争取政策支持

一是按照国家对科研生产许可和承制资格等管理规定和要求，体系化开展许可资质、承制资格、质量体系认证、安全、环保认证、保密体系等认证工作，确保企业具备各项资质和条件，为承担各项军品科研生产任务提供资格保障。二是积极争取地方政策和支持，获得高新技术企业资格，确保更好地承担民品经营管理工作，也争取到了国家的相关免检税政策。

2. 建立"军民共用"的"机动"生产线

钨制品公司利用国家投资的4232万元，新增设备157台套，并通过技术更新和改造，扩大产品生产规模，形成"军民共用"的"机动"生产线，既能实现钨合金制品市场所需的产能，又能根据军品任务需要，将民品生产设备设施等资源调配给军品，保证军品的按期交付。企业的一些设备是集军民任务于一身的两用设施。

3. 统筹安排军民品生产

系统利用各项生产资源，把军品任务和民品订单统筹策划，解决好军品生产配套进度和民品产品市场需要，使生产环节成为连接和拉动生产管理的纽带。例如，某年针对军品任务同比增幅较大，民品订单较多的情况，充分利用好生产资源，以军线补民线的瓶颈工序，以民线扩军线的能力和节奏，确保了军品生产任务按节点完成，民品机加完成产量同比增长4.6%，机加外委费用同比降低28.2%。

（四）共享军民市场资源

一是在民资源为军用方面，把民营股东的客户和市场信息共享到企业，企业对这些客户和市场信息进行梳理和分类，借鉴民营股东的《营销管理办法》，制定相应的营销策略，增强了客户的关联度和信誉度。二是在军资源为民用方面，企业充分利用军品技术优势，优化了民品产品品种和质量，提升供应保障能力，如2015年受经济大环境影响，国内外钨行业市场需求低迷，价格持续下滑，行业竞争日益加剧。面对严峻的市场形势，企业进行客观分析，及时制定营销策略，以两个"确保"为目标，确保老客户不丢失、重点产品市场份额不下滑，通过利用军品的技术优势，加强新产品开发，提高产品附加值和性价比，扩大市场规模。全年新开发客户20家，成功取得加速管屏蔽全套产品生产权。A100、医疗屏蔽体、高性能产品订单数量同比都有明显增幅，市场规模稳中有升，市场份额继续保持，如某年通过军民市场资源的互动和协同推进，民品实现销售收入10160万元，同比增长18.97%。其中，外贸收入1014万元，同比增长62%。开发国外新客户31家，实现销售收入约300万元；新开发国内客户37家，实现销售收入约200万元。三是在军民营销人员融合性开展业务方面，民营股东与企业市场营销人员密切联系，对市场信息进行动态沟通和协同利用，带动国内外市场及新开发产品的销售和占位稳中有升。

（五）构建军民人才互通互用机制

一是在人员身份上，企业对聘用的人员按照合同工身份进行管理，解决人员能进能出的问题。并对聘用人员提供军品身份及相关福利待遇，为企业积淀和留住人才提供了相应支撑。二是在用人机制方面，由具有明显市场运作优势的民营企业委派总经理和销售副总，结合经营管理和绩效考核评价情况，对总经理等进行动态调整。企业坚持人才强企战略，开展"三项"制度改革，按照"双向选择、竞聘上岗"原则，采取市场化的用人机制，实行全员竞聘，对军民兼容的重要技术人员从外部高薪聘请等。建立了科技、技能三级带头人队伍体系，人才队伍建设梯队已经形成。三是在岗位设置上，除了一线生产人员，包括经理层在内的其他人员均是军民互用，综合管理人员、财务管理人员、质量检验人员、党政工会、技术市场人员，全部是一人双责制，既管军品又管民品。开展岗位考核评价工作，确保岗适其人，人适其岗，使岗位设置与企业经营发展的需要更加吻合，使岗位设置与员工的智慧和才能更加匹配。四是在薪酬体系方面，对工资体系进行改革，加大绩效工资的比例，实行以激励为主的薪酬体系，员工得实惠企业增效益，十年来员工收入水平稳步提高，员工工作积极性和工作动力得到充分激发。

三、军民股权融合型企业管理体系的构建与实施效果

通过该项目的实施，企业走出了一条股权合作的军民融合发展新道路，建立了企业发展中军民资源互动、互通和互补的管理体系，使企业的运行更加稳健，经营质量更加突出，获得了良好的经济与社会效益，推动了军民融合管理体系向纵深推进。

（一）探索了一条通过军民股权合作的军民融合发展新路

该项目的实施，最大限度地利用了国防科工委等三部委联合出台《关于推进军工企业股份制改造的指导意见》文件政策，在民营资本参与军品生产方面有一定突破性，对军工行业和其他领域的创新经营有积极影响。该项目是企业在军民发展平台创建、体制机制设计、产品结构与市场结构重新布局的重大攻关项目，同时也是兵器系统首家尝试民营资本介入军工生产开发的首例军民兼容的合资合作项目。利用军工生产资源、体系管理、设备能力和技术优势等资源，吸纳具有原材料、技术、市场等优势资源的民营资本，形成军工行业首家具有多方优势的军民融合型企业。

（二）达到了军民资源互动、互通和互补，实现了企业良好发展

该成果实施后，构建了军民融合的管理体系，健全了管理体制，包括法人治理结构的运行规则、质量管理、技术创新、市场销售、人力资源管理、薪酬激励等相关制度，并在经营工作中不断改进和完善，聚合军民优势资源，形成了军品生产和民品经营相互融合、互促共进的体系化平台，公司既有顺畅经营的单行道，又有互促融合的快车道，达到了互动、互通和互补，实现了企业良好发展。企业研发和技术水平得到不断积淀和储备，产品专利不断增加。自主研发的钨合金挤压成型和注射成型工艺等多个项目成功用于实际生产。钨合金高性能产品已达到国内领先地位，钨镍铜产品综合性能已达国际领先水平。产品结构由原来的钨镍铁合金和钨镍铜合金，发展到钨镍铁钼合金、钨镍铁钴合金、钨铜合金、纯钨等产品，涉及医疗屏蔽、机械制造、风力发电、军工、航天和船舶等领域，产品谱系得到进一步拓宽。在企业组建的10年时间，共实现利润15750万元，共分给股东红利11950万元，共上缴利税5260万元。截至2018年3月底，企业总资产21818万元，净资产21053万元，可分配利润3923万元。企业盈利能力和发展水平不断提升，质量效益得到稳定、持续、发展。客户由40多家发展到今天的150多家；国外客户由5家发展到今天的30多家，遍布美国及东南亚、中东、欧盟、非洲等十多个国家和地区，年销售额达到20000万元以上。企业良好的发展给了股东更坚定的投资信心，三方股东于2015年对企业追加投资，将注册资本由成立时的1.2亿元增加到1.4886亿元，为公司注入更强大的发展血液。

（三）发挥了示范作用，项目成果得到进一步推广应用

该项目的实施对军品股东资本运作项目和所属各子公司日常经营产生较大的示范效应。例如，某企业借鉴该项目成果，制定了法人治理结构运行相关规范，解决了有多家民营企业身份股东和所委派董事原因造成的决策难问题；2012年收购某企业股权时，借鉴该项目运作经验，在合作初期就签订技术、市场等股东资源利用协议，为项目的双长运行打下坚实基础。在内部推广该项目经验的同时，周边兄弟单位及军工企业的有关单位，在军品资源利用和军民合作的日常经营管理上多次现场学习，并给予高度评价，为企业发展获得了良好的知名度和美誉度。

（成果创造人：王　英、许国嵩、黄演忠、郑　军、王　伟、刘　翩、
戴军让、赵振川、丁红英、闫　宁、王雅晴、侯　田）

大型能源化工集团基于转换经营机制的混合所有制改革

中国平煤神马能源化工集团有限责任公司

中国平煤神马能源化工集团有限责任公司（以下简称中国平煤神马集团）由原平煤集团和神马集团两家中国500强企业联合重组而成，是河南省营业收入、资产总额"双千亿"企业之一。平煤集团是新中国自行勘探设计开发建设的第一个特大型煤炭基地，神马集团是改革开放后首批国家工业化重点项目。目前，中国平煤神马集团已经发展成为以煤炭、化工、新能源新材料为核心产业，跨区域、跨行业、跨国经营的国有特大型能源化工集团。现有员工20万人，拥有平煤股份、神马股份、易成新能3家上市公司，2家新三板挂牌企业，1家财务公司，2个国家级技术中心和1个国家级重点实验室，在美国、日本设有两家子公司，产品销往五大洲30多个国家和地区，与国内外40多家世界500强企业建立了战略合作关系。主要产品煤炭产能4500万吨，焦炭、尼龙66工业丝和帘子布产能世界第一，尼龙66盐、工程塑料产能亚洲第一，糖精钠、超高功率石墨电极、电镀金刚线产能全国第一。企业先后荣获"全国五一劳动奖状"、全国最高管理奖"金马奖"。2017年，企业实现营业收入1273亿元，利税60亿元，资产总额1613亿元，位居"2017中国企业500强"第131位。

一、大型能源化工集团基于转换经营机制的混合所有制改革背景

（一）深化混合所有制改革是企业转换经营机制的关键举措

企业竞争有产业问题、技术问题、管理问题，但最终体现的还是体制机制优势。中国平煤神马集团成立于2008年12月，由原平煤集团和神马集团重组而成，从20世纪80年代开始，中国平煤神马集团就一直推进用工制度、人事制度、分配制度三项制度改革，逐步解决"铁工资、铁饭碗、铁交椅"问题，但至今仍然没有完全到位，虽然有的"老三铁"砸了，但是"职工能进不能出、工资能涨不能降、干部能上不能下"的"新三铁"又存在了。中国平煤神马集团迫切需要通过深化混合所有制改革，以企业制度优势的提升，带动企业发展优势的增强，通过完善现代企业制度，优化管控流程，以及一系列的劳动、人事、分配制度改革，转换经营机制，真正把企业推向市场，使企业逐步成为自主经营、自负盈亏、自我发展、自我约束的市场主体，使各种所有制经济取长补短、相互促进、共同发展，共同构建市场机制有效率、微观主体有动力、宏观调控有力度的新机制。

（二）深化混合所有制改革是壮大企业实力，提高企业核心竞争力的必然要求

2008—2015年，受全球金融危机的冲击，中国平煤神马集团生产经营遇到了前所未有的困难，企业在产业结构、创新发展上的问题也逐渐显现。能源化工行业现阶段主要处于产能过剩行业，产业结构单一，企业产品层次总体偏低，多处于产业链前端和价值链的低端，缺乏核心竞争力，已成为集团改革发展滞后的障碍。主要表现在：一是发展后劲不足。虽然煤炭企业在"黄金十年"期间获得了较好的发展，但与全国平均水平相比，劳动生产率较低，冗员多，包袱重，没有任何成本优势、市场优势，竞争力不强。二是转型动力不足，管理制度固化、技术老化、竞争退化严重，目前经营困难，维持基本生产已经是捉襟见肘，几乎没有资源和力量再来加大研发投入、布局新兴产业发展，转型困难。三是创新能力不强，主动适应市场变化能力不强，自主创新能力弱。对此，中国平煤神马集团把"改革则活、不改则死"作为自身发展的核心理念，把发展混合所有制经济，作为摆脱经营困境的根本之策、推进结构调整的必由之路、加快转型发展的关键之举，主动与扭亏增盈结合起来，与产业转型升级结合起来，与激发企业内生动力结合起来，建立完善市场化选聘职业经理人制度，更好发挥企业家作用，不断发展壮大

经济实力，提高核心竞争能力。

（三）深化混合所有制改革是构建企业和职工利益共同体的必由之路

员工是企业发展的基础，企业是员工发挥的舞台。中国平煤神马集团要想企业得到发展，既要把员工作为人力资源进行管理，更要把员工作为人才资产进行经营，使企业发展壮大与员工自身发展相协调，构建起血肉相连、共生共荣、我中有你、你中有我的企业生态，打造员工与企业命运共同体。中国平煤神马集团积极推进员工持股试点工作，对于符合混合所有制改革员工持股条件的企业，管理层和骨干员工必须出资入股，明确要求人才资本和技术要素贡献占比较高的高新技术企业、科技服务型企业的管理层和骨干员工持股，最终实现集团与员工共建、共享企业的发展。

基于上述背景，中国平煤神马集团于 2016 年开始实施基于转换经营机制的混合所有制改革。

二、大型能源化工集团基于转换经营机制的混合所有制改革内涵和主要做法

中国平煤神马集团紧紧围绕打造具有全球竞争力的新型能源化工集团的战略目标，以"四个转变"战略构想为引领，以坚强有力的党的领导为组织保障，通过顶层设计，确立混合所有制改革的方向和原则，以产品结构、产业结构、产权结构优化升级为主线，以改制上市、资本证券化、引进民营战略投资、员工持股为主要路径，以做强主业、做活辅业为主攻方向，推动产品从底端迈向高端，产业从单一发展到多元，产权从一股独大到绝对控股、相对控股，再到宜控则控、宜参则参，推动企业实现高质量发展，最终形成有效制衡的法人治理结构和灵活高效的市场化经营机制，构建企业与职工的命运利益共同体。主要做法如下。

（一）以转换经营机制为根本目标，确立混合所有制改革的方向和原则

中国平煤神马集团明确混合所有制改革的思想是以转换经营机制为抓手，以做强主业、做活副业为主攻方向，以整体上市、合资新建、员工持股为改革路径，通过国有资本与非公有资本交叉持股，相互融合，分层推进，宜混则混、宜控则控、宜参则参、宜退则退，加速推进中国平煤神马集团完善现代企业制度，提高资本配置和运行效率，主动适应和引领经济发展新常态，促进集团经营机制转换，最终实现各种所有制资本取长补短、相互促进、共同发展。

确定混合所有制改革的原则：一是坚持党对混合所有制改革的领导。发挥党组织政治核心作用，把党的领导贯穿到改革全过程，为集团改革发展提供政治保证、组织保证和人才支撑。二是坚持产权制度改革贯穿始终。这是改革的主线。改革不触及产权，就不是真改革。要突出问题导向，把产权制度改革作为改革管理的出发点和落脚点，作为检验改革成果的标准。三是分类改革分块搞活。这是集团混合所有制改革的现实选择。涉及煤炭、焦化、尼龙、盐化、新能源新材料等多个行业，子分公司历史沿革不同，情况千差万别，不可能一刀切、齐步走，必须因地制宜，一企一策针对性地破解国企改革的体制机制矛盾。四是完善机制、优化结构、突出主业、提高效率。混合所有制改革的最终目的是要转换经营机制，激发内在活力，提高运营效率效益，混合所有制改革始终按照不同业务单元进行分类指导，完善机制、优化结构、突出主业、提高效率。

（二）以优化产业、产权结构为突破口，创新混合所有制改革的路径

1. 做强做优三大核心产业，推进整体上市和资产证券化，激活存量资产

上市公司是最好的混合所有制形式。平煤神马集团混合所有制改革的第一选择是上市，最大的资产也在上市公司。现有平煤股份、神马股份、易成新能 3 家上市企业和 5 家新三板挂牌企业，资产规模占全集团的 60%，扔有大量的存量资产没有充分利用。依托 3 家上市公司平台，有计划、有步骤地加快煤焦、化工、新能源新材料三大核心产业整体上市，主动创造条件在主板上市，推动新三板挂牌，加速推进资产证券化、资本市场化进程，煤炭产业证券化率已达到 73.4%，新能源新材料产业达到 91.1%，尼龙产业达到 40%。平煤股份使用首发募集资金 7.5 亿元收购了天通电力、供水总厂、一矿洗煤厂等 9

家煤炭相关企业股权;其他相关优质煤炭、焦化资产,正在加紧重组整合,加快主营业务上市步伐。神马股份装入工程塑料、帘子布发展等公司,随着产业发展布局的变化,尼龙化工、尼龙科技等上下游产业资产将持续装入神马股份,实现尼龙产业整体上市。易成新能作为集团向新能源新材料等高端产业转型的主要平台,出资收购平煤隆基、平煤国能锂电等4家企业股权,做优产业链条,促进上下游有效对接。新三板挂牌方面,优选出16家科技含量高、市场成长性好、竞争能力强的中小型企业,作为混合所有制改革的"试验田"和产业发展的"生力军",分批有序推进新三板挂牌工作。天工科技、天成环保、矿益胶管、华威塑胶、硅烷科技5家企业实现挂牌上市,引入民营资本9100万元,获得政府奖励资金600万元。后续还要启动开封碳素A+H上市程序,推进硅烷科技上市,完成中平自动化、河南电气新三板挂牌前期工作。

2. 引入民营资本,合资组建发展混合所有制企业,提升增量资产

中国平煤神马集团发展混合所有制,根据"四个转变"战略思想,以产业、项目、市场或产品为基础,走出去和引进来,与国内外有实力、优秀的民营企业进行资本合作、共谋发展。通过国有资本与优秀民营资本的嫁接,企业的管控能力、融资能力、品牌效力与民营企业机制活、效率高、执行力强有机结合起来,形成推动集团整体经济发展的巨大合力。焦化产业抓住环保升级、"关小上大"的机遇,先后与4家民营企业合资合作,使焦炭产能从120万吨迅速提升到700万吨,加上平武焦化、平鄂焦化,焦炭总产能达到1600万吨,位居全国第一。在煤焦行业经济发展受到巨大困难的时候,混合所有制高效、灵活的机制优势得到充分发挥,焦化产业始终保持盈利,并在以民营经济为主体的全国焦化行业中保持了较强的竞争优势。以首山化工为代表,公司资产总额10年增长14倍,累计实现利润10亿元,全部收回投资。易成新能成立于1992年,是一个仅有200多人的集体小厂,经过与民营企业合作,依靠高效的市场化经营机制,实现裂变式发展,易成新能以"蛇吞象"的方式重组新大新材,在创业板成功上市,注册资本由不足1000万元增到5亿元,增长49倍,收入由1400万元增长到63亿元,增长449倍,使新能源新材料成为集团三大核心产业之一。装备集团前身是一家依附于煤矿的机修厂,长期经营困难。通过与民营企业合资合作、新三板上市等途径,发展成为拥有13家混合所有制子公司的企业集团,其中2家与民营上市公司合作,3家在新三板挂牌。装备集团年营业收入超过百亿元,规模和竞争力在全国煤炭行业排名第三。集团优化产权结构,对联合盐化、石龙水泥、神马大酒店等企业产权转让,盘活增量资产,对京宝焦化、朝川焦化、京宝新奥、硅烷科技等企业增资扩股,重组洁石焦化、天瑞焦化等焦化企业;引入中粮集团、中能建等央企入股联合盐化、中平信息等集团全资子公司,持续推进股权多元化,壮大增量资产,增强企业实力,实现产业和产权结构的优化调整,深入推进混合所有制改革。

3. 推进员工持股,构建职工与企业命运共同体

中国平煤神马集团按照高质量发展理念,不断提升混合所有制改革的层次和质量,形成竞争新优势。以高新技术、生态环保和战略性新兴产业等为重点领域,以市场选择为前提,与资本为纽带,对发展潜力大、成长性好的非国有企业进行投资。以首山化工公司为依托,与上海交大及专利技术持有人合资合作,组建河南硅烷科技公司,建成高纯硅烷生产线,一举打破美日韩等国技术垄断,填补国内空白,产业链延伸到太阳能、电子材料等领域,助力"中国芯"制造迈上世界领先水平。2016年12月,河南省国资委将河南硅烷科技公司列为全省首批9家员工持股试点企业。中国平煤神马集团以此为契机,敢为人先,先行先试,推进员工持股工作。明确实施员工持股的根本目的就是建立健全公司长期激励机制,吸引和留住人才,有效绑定公司股东利益、公司利益与员工利益,构建资本所有者和劳动者利益共同体;科学界定员工持股的人员范围,将关键岗位工作的科研人员、经营管理人员和业务骨干,列入员工持股范围;合理确定员工持股比例,员工持股总数合计300万元,占注册资本的2.91%,员工

持股比例不高于总股本的30%,单一员工持股比例不得高于总股本的1%。实施员工持股后国有股东持股比例不低于总股本的34%,仍然保持其控制力、影响力。健全定价机制,通过市场发现和合理确定资产价格,发挥审计机构和专业中介机构的作用,公开透明,严格监管,防止利益输送和暗箱操作。

员工持股将核心员工与企业结成利益共同体,职工的长期利益与企业的长远发展紧密结合在一起,激发企业动力和活力,实现企业与职工共同发展。中国平煤神马集团以硅烷科技员工持股范例为基础,边试点、边总结、边完善,边推广,以点带面稳步推进员工持股改革,今后集团新上项目、新设企业一律按照混合所有制企业模式运行,并通过员工出资购股、奖励股权和技术折股等形式推进员工持股工作,使员工与企业结成"命运共同体",共享共建共同发展。

(三)以机制创新为手段,完善混合所有制改革的法人治理结构

1. 完善法人治理结构,夯实混合所有制制度基础

中国平煤神马集团在进行混合所有制改革的同时,严格按照公司法同步建立规范的新公司治理机构,中国平煤神马集团作为大股东,不再干预所属企业的日常经营活动,维护企业的市场主体地位。为避免国有股东一股独大,在公司控制形态上不再追求绝对控股,尽可能采取相对控股的组织形式,有利于发挥公司治理的作用,也更有效地促进股东利益最大化和公司利益最大化。在法人治理结构上,坚持以资本为纽带完善混合所有制企业的企业管理模式,避免把董事会和经理层混为一谈,切实做好通过董事会、监事会对以总经理为首的经理层的监督职责,依法履行股东权利,解决股东干预企业经营、决策层与经营层不分的问题。为此,中国平煤神马集团按照"三管三放开"原则,构建"一完善、四建立"管理体制。"三管三放开"即管章程,放开日常性管控;管董事、监事,放开经理层任命;管重大决策,放开日常性生产经营。在制度设计上,构建"一完善,四建立"管控体制,即完善章程,全面开展"一完善、四建立"活动。"一完善"是修订完善公司章程,明确将党建工作和市场化选聘职业经理人内容写入公司章程;"四建立"是建立母子公司分权管控、职业经理人市场化选聘、任期制和契约化管理、考核和薪酬管理等四项制度。确保混合所有制企业真正做到"两确保、两防止",即确保股东利益最大化、确保公司利益最大化,防止出现股东过度干预、防止经营者内部人控制问题,真正构建一批可复制、可推广的混合所有制规范化运行的标杆企业。

2. 明确集团职能定位,构建母子公司管控新体系

转变集团总部职能,集团总部负责战略的制定和方向的把控,明确集团的发展目标和发展路径,厘清集团总部与所属子公司权责边界,构建集团母子公司管控新体系,严格按照企业章程行使职权,依规则运行,按程序管理,将集团过去管理的人事任免权、劳动用工权、招标采购权、业绩考核权、薪酬发放权全部下放,推动权属企业成为独立行权实体。组织对集团机关职能部门下放权力清单、权力清单进行全面梳理,共梳理管理职能177项,下放管理权限46项,明确部门管理权限131项。

3. 推进三项制度改革,完善市场化选聘职业经理人机制

重视规范混合所有制企业劳动用工、薪酬管理和企业领导人员任用权。制定政策,明确混合所有制企业人员能进能出,录用和解聘员工由用工单位自主确定,形成用工按需求、岗位靠竞争的市场化用工机制。收入能升能降,建立以岗位工资为基础的绩效工资制度,全面实行工效挂钩,业绩升、薪酬升,业绩降、薪酬降。干部的能上能下,党委按照程序委任党群干部,推荐董事长人选,经理层选聘权全部下放,实行市场化选聘,突破体制内选拔经理层的模式,以贡献来对职业经理人进行考核,以市场薪酬激励经理层,促进其按照市场规则追求利润最大化,真正变身份管理为岗位管理。共有16家单位聘任28名经理层人员,按聘约、岗位进行管理,薪酬按市场规律办,与企业效益和个人业绩挂钩。

(四)以产业结构调整为主攻方向,助推混合所有制经济转型发展

中国平煤神马集团始终围绕产业结构调整这一工作主线,不断发展壮大,逐步改变单一煤炭产业格

局，构建要素资源更加集中、产业领域更加高端、发展路径更加清晰的产业新体系，非煤产业收入比重占到全集团 2/3 以上。主要围绕以下三个工作思路进行：一是煤炭产业做"减法"，着力打造国内最具竞争力的煤焦化生产基地。二是化工产业做"加法"，加快建设产品高端、国际一流的化工产业基地。三是新能源新材料产业做"乘法"，构建创新引领、行业一流、最具活力的新能源新材料产业基地。

在煤炭方面，顺应供给侧结构性改革的大势，坚决关闭退出重组小煤矿，做好减法。在 2010 年前后，平煤神马集团根据需要兼并重组 131 家地方小煤矿。截至 2017 年年底，坚定不移淘汰落后产能，关闭退出重组小煤矿 115 家，退出产能 1911 万吨。仅 2016－2017 年，永久性关闭矿井 32 对，退出产能 854 万吨，近 3 万名职工转岗分流得到妥善安置。

在化工方面，发挥炼焦煤种优势，通过与民营企业合资整合平顶山周边焦化资源，推进焦化产业提档升级，做好加法。焦炭产能从 100 万吨，迅速发展到 1600 万吨，位居全国第一位。同福建恒申、北京三联虹普签约合作，投资 6.3 亿元建设年产 10 万吨锦纶 6 民用丝项目，投资 8.8 亿元投资建设年产 20 万吨环己酮项目。同平顶山市政府、三鼎控股集团等共同签署投资合同协议，总投资 200 亿元建设年产 60 万吨"己内酰胺—聚合—锦纶产业一体化项目"，建成投产新增就业 5000 人，实现年利税约 20 亿元，年产值达 400 亿元以上。

在新能源新材料方面，国企改革的发展重心放在提高发展质量，做好乘法。围绕打造光伏全产业链和高端储能产业，集中上马一批支撑能力强、市场前景好的优势项目，与北京国能合作、投资 50 亿元建设 10 吉瓦时锂电池项目，全球规模最大的平煤隆基 4 吉瓦太阳能电池片项目一期投产，1.4 万吨负极材料项目建成，3000 吨高纯度硅烷项目完工，光伏电站装机规模达到 200 兆瓦。为加快结构调整和转型升级，集团下属联合盐化公司与台盐公司、河南慧之福公司合资合作，共同成立混合所有制企业——河南天健日化公司，发展盐化下游精细日化产品。在合作中不再控股，联合盐化、台盐公司、慧之福公司的股权比例分别为 35%、15%、50%。

（五）以党的领导为组织保障，强化混合所有制改革党建工作

1. 实现党的工作全覆盖

中国平煤神马集团始终把建立党的组织、开展党的工作，作为推进混合所有制改革的必要前提。集团党委对机构不健全、人员配置不足的基层党组织及时进行健全完善，实现党的工作全覆盖。推进混合所有制改革以来，新建 6 个基层党委，督促 6 家二级单位健全基层党组织，并指导国际贸易公司成立驻外党支部，将日本公司 2 名党员纳入管理，彻底消灭党建空白点，真正做到有党员的地方就有党组织，就有健全的组织生活和党组织作用的充分发挥。

2. 强化干部队伍建设

根据新时代新要求，不断健全完善"三推一考"、市场化选聘等干部选拔办法，优化干部成长路径，拓宽选人用人视野，把企业改革发展需要的好干部精心培养起来、及时发现出来、合理使用起来，尤其是大胆培养选拔在基层扎实历练、在"吃劲"岗位和艰苦单位经受磨炼、业绩突出的干部。2017 年，对出资人到位的混合所有制企业，全面下放经理层选聘权，有 5 家单位聘任 7 名人员，破格提拔 7 名业绩突出干部。

3. 全面加强基层组织建设

围绕健全完善标准、责任、督查和考核四大体系，构建方向更清晰、职责更明确、落实更到位、评价更科学的"四位一体"党建工作运行机制，推动全面从严治党向纵深发展、向基层延伸。首先，标准体系，扎实推进基层党组织标准化、党内政治生活标准化、支部阵地标准化建设，让基层党组织成为宣传集团党委决策部署、团结动员职工群众、推动改革发展稳定的坚强战斗堡垒。其次，责任体系，严格落实全面从严治党主体责任，建立健全集团党委、基层党委、基层党支部三级党建工作责任体系，尤其

是各基层党委要明确功能定位,形成各司其职、齐抓共管的党建工作格局。再次,督查体系,确保各项决策部署不折不扣落到实处。最后,考核体系,完善《基层服务型党组织建设考评办法》,丰富考核内容,创新方式方法,确保日常考核与年终考核相辅相成、无缝对接。

三、大型能源化工集团基于转换经营机制的混合所有制改革效果

（一）进一步转换了企业经营机制

构建了规范有序、运转高效的母子公司体制,按照市场化原则,加大对充分参与市场竞争的产业放权力度,总部管理职能177项,下放管理权限46项,明确部门管理权限131项。2017年,集团减少企业法人总数106家,清理四级以下企业77家,将管理层级压缩到三级以内。完善了基层经营者市场化选聘和薪酬考核分配机制,对经营业绩好、贡献大的实行高薪酬、高激励,对经营业绩差、工作无起色的实行降薪、降级直至解聘。2016年以来,共有16家基层单位市场化选聘28名经理层人员,按聘约、岗位进行管理,薪酬按市场规律办,与企业效益和个人业绩挂钩。"干部能上不能下、员工能进不能出、收入能增不能减"的"新三铁"彻底打破,职工分流安置工作取得实质性成果和根本性成效,内部市场交易机制初步形成,企业的市场主体地位得到了确立,运行质量进一步提高,效益和整体素质得到提高,国际竞争力明显增强。

（二）促进了公司法人治理结构的完善

建立了党委会、股东会、董事会、监事会和经理层"四会一层"议事规则和议事程序,"三重一大"事项严格按规则和程序决策,确保了集团决策更加科学化、民主化、规范化,构建形成了权责清晰、管理科学、运转协调、有效制衡的公司法人治理结构。全面落实了从严治党战略部署,把加强党的领导和完善公司治理统一起来,明确国有企业党组织在法人治理结构中的法定地位,发挥党组织的领导核心和政治核心作用,保证党组织把方向、管大局、保落实,党组织在公司治理中的法定地位更加巩固,政治核心作用充分发挥,党建经验在全省和全煤行业推广,荣获"全国先进基层党组织"等荣誉称号。

（三）增强了企业的经济实力和竞争力

盈利是企业存在的基本依据,也是检验改革成效的主要标准。通过深化国企改革,集团高质量发展取得良好开局,提前一年完成3年改革攻坚任务目标,实现了扭亏为盈的重大转折,其中2016年一举扭转效益持续下滑的不利局面;2017年成功走出了低谷,重新步入了良性发展轨道,全年实现营业收入1273亿元,同比增长22%;利税60亿元,同比增长了500%,提前一年实现整体盈利;2016年,2017年两轮关闭煤矿32对,退出产能852万吨,成功安置了关闭退出矿井职工29415人;具有全球竞争力的产业体系基本形成,煤焦、化工、新能源新材料三大核心产业优势更加突出,转型发展取得重大阶段性成果,为企业可持续发展奠定坚实基础。

（成果创造人：梁铁山、万善福、陈金伟、张建五、曾国民、孙鹏飞、高志强、易天娇、杨红深、艾护民、曹德彧、毕军贤）

以实现企业可持续发展为目标的集团管理能力提升

北京汽车集团有限公司

北京汽车集团有限公司(以下简称北汽集团)成立于1958年,是北京市属国有企业。作为中国汽车行业的骨干企业,北汽集团建立涵盖整车(含乘用车、商用车、新能源汽车)及零部件研发、制造、汽车服务贸易,综合出行服务,金融与投资等业务的完整产业链,实现向通用航空等产业的战略延伸。截至2017年,资产总额达6077亿元,累计产销量超过2400万辆,北汽集团拥有员工12.7万人,在30多个国家和地区建立整车及KD工厂,市场遍布全球80余个国家和地区。北汽集团旗下拥有北京汽车、昌河汽车、北汽新能源、北汽福田、北京现代、北京奔驰、北京通航、北汽研究总院等知名企业与研发机构。

一、以实现企业可持续发展为目标的集团管理能力提升背景

(一)行业竞争加剧,发展自主品牌的需要

中国加入WTO后,加快中国汽车工业融入全球化的步伐,诸多中外合资汽车公司纷纷成立,为国内汽车行业建立良好的市场环境,同时也提高国内汽车行业竞争态势。2007年,中国已经成为全球第三大汽车制造国、世界第二大汽车市场,汽车市场进入起步发展阶段,发展空间较大,随之带来竞争环境也越来越激烈。北汽分别在2002年和韩国现代汽车合资成立北京现代公司,在2004年和德国戴姆勒成立北京奔驰公司。以北京现代和北京奔驰两家合资公司的汽车产品构成北汽轿车发展的主力,但北汽自主品牌轿车和合资品牌相比在产品研发、产品性能、产品质量等方面还有较大差距。面对汽车行业的激烈竞争形势,北汽需提高企业管理能力、经营管理水平,加强自主品牌能力建设,特别是对战略制定、管控模式、研发技术、质量管理、成本控制、精益生产等相关能力提出更高要求。

(二)整合产业资源,支持企业战略的需要

北汽的前身是北汽控股公司,是在北京汽车制造厂、北京内燃机厂、北京齿轮厂、北京第二汽车制造厂等众多各自独立的汽车和零部件企业松散联合的基础上发展而来,子公司较母公司发展时间还长,"先有儿子、后有老子"的情况造成产权分散的问题、母公司对下属重要子公司管控能力较弱、控制力不足。2007年,外资汽车企业刚刚进入中国市场,整个汽车行业处于起始阶段。当时的北汽面临生存的困境,一没资源、二没产品、三没技术,各个子公司规模较小,其中零部件公司、服务贸易公司基本都是非盈利状态,没有形成发展合力,自主创新能力非常薄弱。北汽为应对当时市场环境,需要强有力的提升整体管理能力,提升核心竞争能力、提高整体运营效率。

(三)改变员工思维,改进企业文化的需要

中国汽车行业市场化发展的初期阶段,存在很多不确定性,当时的北汽内部资源没有进行有效整合,部分员工对以市场为导向、以客户为中心的思想意识不足,不能完全适应企业市场化的变化。公司企业文化的核心价值观还处于萌芽状态,没有完整的企业文化体系。在此情况下,迫切需要改变员工老旧思想,持续改进原有企业文化,完善适应市场环境的管理标准,加强管理创新意识和主动性,加强调动员工工作主观能动性,提高工作效率、管理效率。

综合以上背景,从2007年开始,北汽集团决定调整战略发展思路,走集团化发展道路,整合集团内外部资源,提升整体管理能力,促进企业可持续发展。

二、以实现企业可持续发展为目标的集团管理能力提升内涵和主要做法

为能够适应汽车行业市场环境变化，北汽集团提出"坚持集团化发展道路，实现跨越式发展"为战略方针，明确"实力北汽、规模北汽、世界北汽、和谐北汽"的指导思想，通过"夯实基础管理体系奠定发展基础、学习先进经验提升自主管理水平、整合新能源优势资源促进能力提升、加强文化建设凝聚发展能力"等一系列管理手段打造北汽集团核心竞争能力。主要做法如下。

（一）明确指导思想，健全组织机构

2007年，北汽集团以战略眼光及时抓住中国汽车市场发展的良好时机，提出坚守不移地"走集团化道路，实现跨越式发展，把北京汽车工业建设成为首都经济高端产业重要支柱和现代制造业支柱产业"的宏伟战略目标。明确以"实力北汽、规模北汽、世界北汽、和谐北汽"为指导思想，对北汽内部管理体制进行改革创新。

为落实集团化战略发展要求，持续提升管理能力，实现跨越式发展，北汽控股公司于2010年正式更名为北京汽车集团有限公司。在集团公司董事会基础上建立集团产品委员会、国际化战略委员会、新能源汽车工作领导小组等组织机构。同时，北汽集团成立"管理创新工作委员会"，集团公司总经理任主任，分管副总经理任副主任，有计划、有步骤地开展管理创新相关工作，提高北汽创新管理意识，总结推广企业管理现代化成功经验，提升公司整体管理创新水平。

为进一步持续开展管理创新相关工作，通过"四个相结合"的原则指导相关工件：一是管理创新与公司战略相结合，管理创新内容聚焦集团公司战略发展要求，规避无效创新；二是管理创新与经营实践相结合，以业绩为导向，把管理能力提升与经营工作结果牢牢绑定，助推提质增效，促进目标达成；三是管理创新与考核激励相结合，充分发挥考核激励的导向性作用，保障管理创新高质量、高标准的发展；四是管理创新与企业文化相结合，通过宣传管理创新的重要性，建立全员参与管理创新的文化氛围，提高整体管理能力。

（二）整顿基础管理体系，提高集团化管理能力

1. 坚持走集团化发展道路，解决由小到大的发展问题

北汽集团为保证战略目标的落地实施，促进稳定可持续发展，制定集团化发展的"三四五"战略思路，即生产三类产品（轿车、越野车和商用车）；实现四个目标（增加战略、运营、资本控制力，实现集团化；增强研发、配套、制造、服务整合，实现产业化；增强管理体制、经营机制、运营手段的创新，实现现代化；增强对外开放合作中的自主发展，实现国际化）；构建五大平台（整车、零部件、研发、服务贸易和改革调整）。通过三步完成：第一步，对公司的资产结构和法人治理结构进行重大变革，着力增加北汽集团的资源掌控能力，通过一系列股权的划转资本运作实现控股公司对下属公司的全面掌控，为集团化发展奠定基础。第二步，通过内外部资源的有效整合，构建起零部件、服务贸易等业务平台，建立起完整的产业格局。第三步，搭建改革调整平台，成立资产管理公司，彻底解决企业历史遗留问题，为北汽快速发展轻装上阵。

经过这一系列大刀阔斧的改革，北汽集团逐步走出"散、小、乱"的困扰，资源由分散到集聚，开始成为高效的决策中心和有力的运营中心，二级企业从32家整合为14家，整体优势得到有效发挥，形成集团化"战略引领、结构调整、执行坚决、创新驱动"新的发展模式。

2. 建立差异化管控模式，提升集团化管理水平

2012年，北汽集团为进一步落实集团化发展战略方针要求，根据汽车产业内外部环境变化情况，对管控模式、总部定位、管控事项、管控权限、组织结构和机构职责等都做进一步明确和优化，建立北汽集团现代化企业管理体系，提升企业运营效率，降低企业运作风险。

北汽集团通过实施集团化战略，加强集团管控，逐步确立"以战略为主的复合型管控模式"，明确

集团公司"战略决策与投资管理中心、业务发展与资源协同中心、企业文化与社会责任中心"的总部定位,在加强战略管理、统筹关键资源、深化经营协同、推动卓越运营等方面取得明显进展,集团管控能力得到显著增强。

在核心干部管理方面,北汽集团已建立完整的集团派出人员管理机制,下属企业总经理、副总经理、董事等重要干部由集团公司任命和派出,下属企业的财务、法务部门骨干也由集团派出并进行垂直管理,使集团化战略得到有力的组织和人才保证。

精细化管理标准体系建设方面,重点完善公司治理、投资管理、财务管理、生产经营管理、研发管理、工程管理、风险与内控管理、合规管理等主要业务领域的管理标准,实现管理标准对一二级业务的全面覆盖。

3. 提出战略转型的构想,实现集团由大变强的发展

北汽集团深入研究国家发展形势,于 2014 年提出由"生产制造型企业向制造服务型和创新型企业"转型的战略方针,以服务业比重的提升,突破制造业利润的天花板,以商业模式的创新,突破汽车行业现有发展路径的束缚,大胆提出实施具体路径。第一,打造开放式研发体系,实现智能化、车联网技术的突破;第二,打造信息化制造体系,实现轻资产模式的突破;第三,引入互联网营销模式,实现对传统销售方式的突破;第四,重点发展生产性服务业,实现制造服务转型的突破;第五,加快发展新能源汽车、通航等产业,实现战略新兴产业的实质性突破;第六,加快全产业链的国际化步伐,实现海外经营的突破;第七,继续做好结构调整,实现产业升级的突破。北汽集团战略转型的提出和实施,开拓汽车主业以外的其他服务型、创新型业务的发展空间,通过突破汽车前沿技术、实现轻资产商业模式、借助互联网思维、新增新兴产业等一系列有效措施提高服务型、创新型业务的比重,解决北汽发展如何由大变强的路径问题。

(三)学习吸收先进经验,提升自主品牌发展能力

北汽与韩国现代汽车成立合资公司后,推出的汽车产品受到国内用户的高度认可,占有较高市场份额,北京现代合资公司发展迅猛,成为年产过百万辆,产值过千亿的国内乘用车企业。为再一步扩大市场份额,稳固发展态势,北汽集团在北京三座汽车工厂的基础上,于 2015 年在沧州、重庆增加投资建设两大工厂,将五大工厂形成合力,以 165 万辆总产能布局中华南北,覆盖全国,加强全国营销的支撑点,加快产品物流供应,形成全国生产、销售一盘棋的格局,为应对市场环境的变化、行业产品竞争提供有力保障。另外,北汽集团自主品牌对标韩国现代汽车管理经验,加强学习在现代汽车产品研发、零部件供应、成本控制等方面的成熟管理经验,融合韩国产品设计理念,加强冲压、焊装、涂装、总装的生产工艺的沟通,加强提升自主品牌管理水平。

北汽集团和德国戴姆勒集团深化合作的"北戴合"项目正式实施,通过交叉持股的方式,北汽股份将持有的北京奔驰 50% 的股权提高一个百分点,实现 51% 股比并表,极大地增强中方的话语权,与此同时双方又合资成立北京奔驰销售服务公司,实现国产奔驰与进口奔驰的渠道统一。北京奔驰建立起全球面积最大、综合性最强的梅赛德斯—奔驰乘用车北京生产制造基地,拥有戴姆勒公司首个德国本土以外的梅赛德斯—奔驰乘用车发动机制造工厂、戴姆勒合资公司里最大的研发中心,并成为戴姆勒全球唯一同时拥有前驱车平台、后驱车平台和动力系统平台的豪华汽车合资企业。同时,戴姆勒还向北汽股份无偿转让 E-class V212 平台相关技术,对北汽股份的自主品牌发展给予积极支持。

2009 年,北汽集团成功收购瑞典萨博整套知识产权,提升自主创新能力,推进自主品牌建设,打造企业核心竞争力。为消化吸收萨博技术,北汽集团于 2010 年正式成立北京汽车股份有限公司,成为北汽打造自主品牌乘用车的业务平台。同时,收购萨博技术使北汽自主品牌乘用车研发周期一下子缩短 4~5 年,成为国内汽车企业收购海外先进整车成套技术和动力总成技术的第一个成功案例。2013 年北

汽集团推出在萨博知识产权基础上开发的第一款绅宝产品——中高级轿车C70,一炮打响,在同类型产品销售排行榜名列第一。北汽股份自主品牌从无到有,仅用三年的时间达就到20万辆的规模。北汽集团通过这一海外收购,培育自己的创新团队,积累经验,在自主品牌乘用车体系上缩短和其他企业的差距。

中国汽车产业经过大规模的合资合作与发展,已经成为世界汽车生产大国,但产业大而不强的问题仍是存在的。北汽为填补自主品牌发展短板、提高自主品牌汽车品质,成立北京汽车研究总院,建立以市场为导向的技术创新机制和以产品为导向的企业运营机制。研究总院下设轿车、越野车、商用车、新能源车4个研究院和动力总成、核心零部件2个技术中心,形成以北京为中心,以美国、日本等若干个专业研发分支为依托,以多个技术战略合作单位为外延的开放式研发体系。研究总院下属的北汽股份汽车研究院和北汽福田工程研究院均为国家级企业技术中心,是国内唯一一家拥有两个国家级企业技术中心的汽车集团,在北汽研发基地,还建有国家汽车轻量化重点实验室和国内一流的试制中心。

(四)整合新能源优势资源,助推管理能力提升

北汽新能源通过资源整合,创建独立公司打造新能源全价值链运营体系。以用户为中心建立五大中心定位,提高新能源业务的整体管理水平,进行全国性生产布局,提高行业地位,加强合资合作机会,扩展技术来源及发展空间,融入互联网思维加强销售渠道扩展、服务保障能力,对体制机制大胆创新,提升市场化竞争能力。

2014年,北汽整合内外部资源,联合京能集团等国有企业,共同投资成立国内第一家新能源汽车股份制企业,大力开展新能源汽车研发及推广工作,坚持纯电驱动技术路线,坚持绿色、低碳发展,为北京治理大气污染、改善出行环境做出贡献,迅速将已有的技术、产品、产能的储备转化为满足市场需求的产品与销量。

在未来发展理念方面,北汽新能源以用户为中心,连接研发、生产、销售、服务主要价值链环节,立足供给侧、需求侧双端发展,全心打造互动中心、体验中心、服务中心、制造中心、创新中心五大中心定位,围绕用户教育引导、参与创造、智能制造、需求满足、使用反馈五个维度进行创新研发,打造分享经济为核心理念的全价值链运营体系,提升管理能力和业务水平。

在全国生产制造布局方面,在北京大兴采育的乘用车和沙河的商用车两大新能源汽车研发制造基地,建立起包括动力电池、电机、电控三大技术在内的完整产业链,开发出包括纯电动车、微客和纯电动卡车、纯电动及混合动力、LNG客车等在内的新能源产品,形成覆盖乘用车、卡车、客车领域10个平台18个产品系列40余款新能源汽车车型,示范运行的数量与规模在国内汽车企业中处于领先地位。随着市场对产品的逐步认可,又通过投资建设北汽新能源青岛分公司、常州子公司扩大生产能力,实现跨区域的全国布局。

在全球合资合作方面,北汽新能源在发展过程中主动扩宽全球视野,加强技术合作、合资,增加技术来源、扩展发展空间。北汽新能源与普莱德、韩国SK公司合资成立两家电池公司,与德国西门子、大洋电机分别合资成立专业化电机生产企业,与加拿大麦格纳斯太尔公司正式签署战略合作协议,共同致力于全新一代智能纯电动汽车的开发。着力研发高端纯电动汽车,通过优质资源整合,获得世界最领先的纯电动汽车技术,领跑国内新能源汽车市场。

在企业经营管理方面,引入互联网思维,和京东、第一电动等电商公司合作开展网络销售渠道,通过与庞大等实体店合作建立新能源汽车专营店,与富士康合资设立租赁公司,扩大卖车与租赁的双重渠道,实现线上、线下相结合,形成一条完整的销售链,推出智惠管理服务承诺,不断加快自有充电设施网络建设,解决客户的后顾之忧,自主开发监控服务系统,确保北汽新能源所售、运行车辆进行实时监控和服务。

在体制机制改革方面，北汽新能源是北京市首批国有企业员工持股试点单位，最大程度上激发企业的发展潜力，保障新能源全价值链战略成功落地。2014年，北汽新能源提前谋划，在体制机制进行大胆创新，提出调整优化股权结构的思路，2016年，进行A轮融资，从供应链、市场运营、研发、资本领域引入共计22家投资者，在行业内率先完成股份制改革、首个实现混合所有体制。2017年，公司实行B轮融资，再次募集资本，进一步提升市场化程度，首批国有控股中大型企业的员工持股，实现体制机制上的"分享化"，加快产业布局与转型升级的整体进程。

（五）开展管理创新工作，助力企业持续健康发展

北汽集团以持续开展管理创新工作为抓手，助推管理能力的提升。在工作开展过程中，不断积累管理经验、对标学习先进创新经验，加强管理创新工作的"事前、事中、事后"的全流程管理，逐渐调整、完善工作管理流程，在开展管理创新相关工作的过程中，通过对标学习、调研总结、摸索经验，不断完善工作机制，形成较为成熟的成果立项、跟踪评估、总结归纳、组织申报、成果评审、定期考核、表彰奖励、宣传推广的闭环管理模式。

为提高管理创新工作的计划性，保障管理创新的效率和质量，北汽集团立项的管理创新是否是公司发展重点领域，分别为重点立项、一般立项，并对其进行差异化管理。通过集团公司与下属单位层层开展管理创新活动提高创新管理质量，实现"层层把关、层层筛选、层层审批"的管理模式，提高管理创新水平、创新意识，调动管理创新工作参与的主观能动性。

为提高北汽集团创新学习能力，决定以战略转型为契机、战略研讨会为背景，组织以"新长征，一往无前"为主题的"北汽集团转型创新在路上"宣传推广活动，将集团公司提出战略转型以来各大业务板块取得的优秀管理创新经验、科技创新、优秀项目和取得的发展成绩进行展示，展示内容以"战略布局、职能创新、业务转型、未来发展"四个部分进行分别描绘。通过展示集团公司转型过程中先进的、具有代表性的创新经验及创新成果，在集团公司范围内学习、借鉴优秀的创新思路、管理措施，使全体职工加深认识，坚定信心，以全新的发展理念，深刻把握发展趋势，坚持制造服务型和创新型企业转型方向不动摇，推动北汽集团持续健康发展。

（六）加强文化建设，增强企业凝聚力

北汽在集团化战略发展中持续提升核心竞争能力，企业发展的文化力逐渐凸显，北汽文化的核心要素日益明显。北汽适时总结提炼适合自身发展的企业文化，通过全员参与并积极行动，培养各个企业、全体员工共同的价值观念。

北汽愿景是"致力人文·崇尚科技·引领绿色"。以"致力人文"作为永恒追求的目标，凸显人文关怀，提升人文涵养，增强人文素质，实现北汽发展与公众和社会的和谐。以"崇尚科技"作为提升品质的途径，融合国际国内先进科技成果，掌控核心技术，提升产品品质和集团核心竞争力。以"引领绿色"作为持续发展的方向，以绿色环保的生产方式，奉献节能减排的优质产品，实现汽车产业与生态环境和谐发展，引领发展新能源汽车产业潮流。

北汽使命是"实业兴国，产业强市，创业富民"。"实业兴国"，是指北京汽车以民族伟大复兴为己任，坚定走新型工业化道路，推进自主创新，提升制造能力，打造民族品牌，为推动国家经济发展、社会进步做出贡献。"产业强市"，是指北京汽车以建设世界城市为己任，发挥汽车工业产业链长、关联度高、拉动效应明显的优势，把发展首都经济作为北京汽车的经济责任、政治责任、社会责任和历史责任，为首都全面建设小康社会做出贡献。"创业富民"，是指北京汽车以普惠民生为己任，坚持"以人为本"，满足人民物质文化需要，实现企业价值与人的价值、社会价值共同发展，为提高人们的物质和精神生活水平做出贡献。

北汽精神是"奋力拼搏、团结协作、知难而进、志在必得"，它是北汽文化的灵魂，是全体员工的

一致信念和共同追求的价值目标。是对北京汽车历史文化的继承和发展、创新和超越，集中展现北京汽车人开拓进取、上下同欲、负重奋进、超越自我的时代精神风貌。

广大干部职工在北汽文化的引领下，形成坚实的思想基础、统一的步调、规范的行为和不竭的精神动力。

三、以实现企业可持续发展为目标的集团管理能力提升效果

（一）不断提高管理水平，提升核心竞争能力

通过整合内外部优势资源，大刀阔斧地对企业内部管理体制进行改革，消除"散、小、乱"的局面，总部定位进一步明确、管控模式进一步优化、基础管理体系进一步健全，品牌管理能力、合资合作能力、自主品牌研发能力、新能源资源整合能力等核心竞争能力大幅提升。

2016年，董事长徐和谊获得中国企业管理界最高奖项"袁宝华企业管理金奖"。北汽集团获得"全国企业管理现代化创新成果奖"，包括2017年一等奖1项，2016年一等奖1项、2013年二等奖1项。同时，获得"中国汽车工业科学技术奖"，包括2017年2个奖项，2016年2个奖项，2015年3个奖项。在专利申报方面，北汽集团申报规模与质量大幅提高，2017年专利申请5052件，授权3430件，专利申请累计数量超过2.2万件，专利授权量超过1.6万件。

（二）成功实现战略目标，稳步提升行业地位

北汽集团通过自强不息、砥砺成长的十年稳步发展，其规模、效益得到大幅提升，行业位置稳步提升，提前完成战略目标：整车销量由2007年的69万辆增长至2017年的251万辆，增长3.6倍，营业收入由2007年的642亿元，增长至2017年的4703亿元，增长7.3倍。北汽集团位列2018年《财富》世界500强第124位，在全国500强位列第31位，旗下北汽新能源纯电动汽车销量连续5年位居全国第一，"北京"牌越野车在国内自主品牌高端越野车具有较高的市场占有率，北京奔驰获得中国豪华汽车品牌年度销量冠军。

（三）有效增强企业凝聚力，加速可持续发展步伐

北汽人在"行有道、达天下"最高价值引领下，在"奋力拼搏、团结协作、知难而进、志在必得"的企业精神带动下，肩负使命、勇挑重担、励精图治、产业报国，通过战略转型，摸准市场脉搏，找准发展方向，在发展中提高集团资源整合能力，创建优秀企业文化等手段增强企业凝聚力，通过全员开展管理创新工作，改变北汽的精神面貌、创造创新机会、提高创新意识、固化创新成果，各级领导干部管理意识、制度意识、创新意识、执行能力显著增强，提高劳动效率、管理效率，驱动提升企业整体管理能力，为北汽可持续发展提供源动力。

（成果创造人：张夕勇、陈　江、刘　义、杨　钧、张　容、
　　　　　　　彭　进、姜建辉、褚　壮、黄　洋、李　凯）

建筑装饰设计企业以激发内部活力为导向的自主经营体系构建

湖北羿天建筑装饰设计有限公司

湖北羿天建筑装饰设计有限公司（简称羿天设计），有建筑装饰工程和幕墙工程设计双甲资质。专业从事轨道交通、商业地产、医疗健康、酒店办公等大型公建室内、幕墙、园林景观、导向标识、软装设计、BIM设计。为客户提供方案设计、施工图绘制、装饰工程预算、机电二次深化设计、现场监理等综合服务。自1995年成立至今，已在国内20多省、市、自治区完成了5000余个项目设计，作品斩获全国建筑工程装饰奖、亚太杯金银奖等近百项国际级、省部级奖项，已发展成为近500人有全国市场竞争力的中型设计院。

一、建筑装饰设计企业以激发内部活力为导向的自主经营体系构建背景

（一）企业应对外部环境变化的需要

2015年，全国建筑及其装饰工程项目招投标率同比下降30%～40%，工程量同比减少30%～50%。2.3%的全国建筑业增速、6.8%的全国装饰行业增速都是近25年最低，建筑装饰行业上市公司首次出现多家负增长；2015年全国建筑装饰行业企业总数约为13.5万家左右，比2014年减少了约0.5万家，下降幅度约为3.67%。行业内以大型新建公共建筑装修装饰工程为目标的企业，业务量2015年一般降幅都在20%以上，如高档写字楼、宾馆饭店等。同时，在建筑及建筑装饰业整体产能过剩的社会背景下，建设单位特别是开发商恶意压低低价、拖欠款项等行为更为普遍，行业冬天从2015年开始便已经到来，倒逼企业必须眼睛向内，着力提升内部经营管理能力。

（二）企业提高竞争力的需要

2015年以前，公司以楼堂馆所为业务主力，受外地竞争压力小，议价能力强、方案修改量小、回款稳定，利润有保障。然而，随着国家政策出现重大变化，设计市场的大趋势已经从不充分的市场竞争逐渐进入了激烈的完全市场竞争，企业被迫面对传统市场萎缩、新生市场发展不足、中标门槛越来越高、完全市场竞争的状态。意味着要从大同小异的楼堂馆所快速转向轨交、医疗、商业地产等多元化产品线，要以较低价格根据不同产品特征提供更加个性化、快速反应的服务。同时，要面对大量的反复修改，直接导致工作量增加，人工成本上升，再加上漫长的回款周期，企业生存环境异常严峻。因为整体行业低迷，一线城市市场饱和，沿海知名的同类竞争品牌比如金螳螂、杰恩设计等纷纷进入华中抢占市场，竞争日益白热化。宏观经济和市场环境均出现重大变化，企业变革势在必行。

（三）激发内部员工活力的需要

羿天设计作为纯建筑装饰设计企业，其产品是定制化的设计方案与咨询服务，全部依靠设计师及团队的活力与创造力，知识工作者具有高度的流动性，企业只能要求员工提供考核绩效，而不能硬性要求员工忠诚。知识密集型公司要生存必须拥有"领导改变的能力"和创新的能力，能有效利用资源，提高生产力、创造价值。员工是最重要的产出资源，知识型企业经营的好坏，取决于如何吸引、维持和激励知识型员工。2015年以前，企业内部未实现理念与战略规划的全员共通，员工难以与企业形成统一的理念。部门之间各自为政，架构归属不明确，责权划分不清晰，符合市场特点以及员工需求的业绩评价和激励体系尚未完全建立，内部活力激发不够。羿天设计原来计划经济时代权力向上集中的组织架构已无法适应竞争，而人力设计成本增加、人均产值下降、利润空间降低等问题，对企业持续发展能力发起了更高的挑战，必须进行组织重构及体系完善。

二、建筑装饰设计企业以激发内部活力为导向的自主经营体系构建内涵和主要做法

羿天设计引进阿里巴巴经营模式,将企业组织细分,构建从心出发的企业哲学体系和价值观,通过经营会计报表体系的建立达成算盘活用,并以"客户为中心"为基础,根据外部市场变化,及时调整战略定位,重组企业组织架构,满足员工自我实现需求,将全员变成主动思考、创新的"经营者",从而提升企业创造力和活力。主要做法如下。

(一)明确以内部活力激发为导向的改革目标和工作思路

1. 设定"自主经营体系构建"改革时间表

第一阶段战略规划周期(2015—2017年):以企业转型升级为目标,传递市场压力,推进改革,主要通过"理念＋算盘"模式构建,公司转型达成业绩逆势上扬。2015年7月,启动阿米巴自主经营管理模式,全力打造自主经营实学落地,重塑完成羿天企业哲学体系;建立符合建筑装饰设计行业特色的企业内部交易核算管理体系;通过PDCA经营分析报告会、羿天幸福工作室、人心工程、赛马平台、业绩评价激励等管理工具,培养激励具有企业特色的经营管理意识人才,完成企业转型升级,实现经济效益、社会效益大幅提升。

第二阶段战略规划周期(2018—2020年):以向平台型企业进化为目标,激发活力,推进创造力。在第一阶段成果基础上,进一步优化升级,实现制度化管理优化提高利润。一阶段目标已达成,二阶段改革按期正顺利推进当中。

2. 确定理念基础,建立规范的运作系统

落实自主经营体系的基础——"理念＋算盘",明确领导改革的目的和思路。首先,建立了羿天哲学体系,明确了企业经营理念,推行经营会计报表核算。其次,2017年"羿天大法"定稿并通过IT系统将改革成果固化下来,确定了以"法治"来保障改革的目的与思路不偏离。羿天设计自主经营体系包含了企业处理内外矛盾关系的基本法则、明确的使命和企业核心价值观、基本经营政策与管理规则,即为企业管理的"道",并由此构建了羿天设计自主经营18个体系。

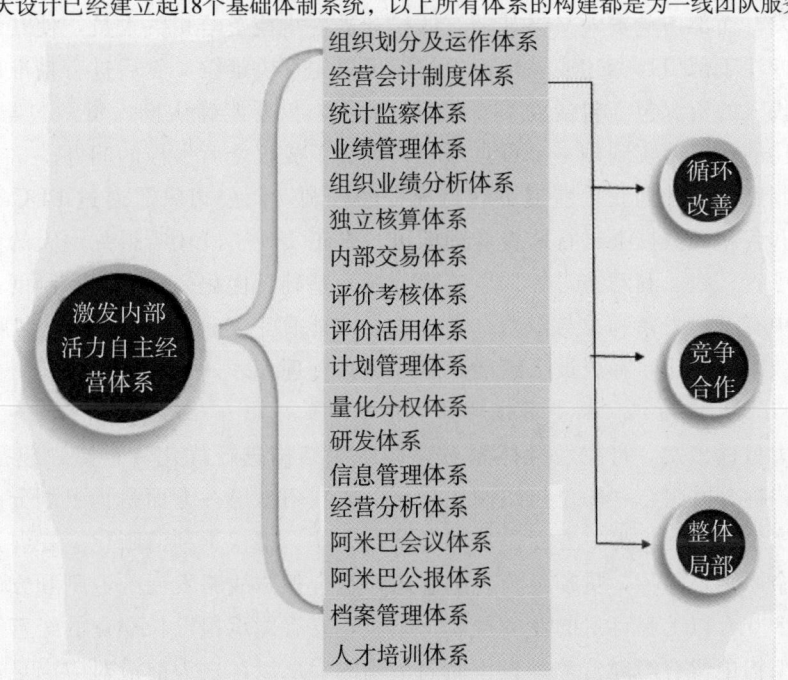

羿天设计已经建立起18个基础体制系统,以上所有体系的构建都是为一线团队服务的

图1 羿天设计自主经营体系18个体系示意图

（二）坚守经营理念，明确市场化、品牌化发展定位

羿天设计围绕着企业使命，结合行业和企业现实情况分析，首先，明确了重点发展业务以及前景、潜力业务的培育、多渠道开发措施等重要问题，并由此对业务结构做出迅速调整。从原有的楼堂馆所迅速转向高度市场化竞争的商业地产、轨道交通、医疗健康、酒店办公等板块，以开发及维护一线地产开发商、与境内外顶级建筑设计公司建立战略合作两条线并行展开，将每年的整体经营目标下达到各大事业板块及所属巴以制订各自年度经营计划，并及时调整组织架构及人财物配置，快速适应市场变化。清晰的市场化定位要求企业要充分尊重市场法则，不断创新提升设计能力与服务水平，不断打造出精品工程。其次，明确了企业品牌定位，企业愿景是"2025年成长为中国最值得信赖的建筑装饰设计品牌，最终实现永续经营"，由此，明确了要从华中最大设计企业成长为全国性品牌，明确了不以明星设计师为主的个人品牌形象拉动，而是定位为纯建筑装饰设计的产业型设计公司，从大、专、全转向高、精、尖转型，以全面、周密、社会化的组织品牌形象，以全体员工凝聚起来的专业加可信的核心竞争力展现在世人面前，最终获得实现百年企业愿景的强大动力。

（三）推动组织管理体制变革，搭建自主经营组织架构

1. 从集权到分权，量化分权体系体现自主经营特色

自主经营体系任何决策都要与经营理念、经营方针一致、实现权利与责任的高度统一。它是依托、运用经营会计报表实现的"量化分权"，在于削减不必要的成本、资源暴露清晰，形成肌肉可伸缩型结构。量化分权模式通过拟定计划，让权利拥有者了解在计划执行过程中应赋予下属何种权利，并通过过程监控，监督权利使用的情况，从而保障了授权的充分和权利运用的规范性。羿天设计通过量化分权制度建立与《分权管理手册》的制定，实现了权责分明、有章可循，践行有责才有权、权力可收亦可放的原则，规定了《分权管理手册》须在遵循经营原点、"羿天十条"经营原则及公司规章制度的前提下执行。

在量化分权体系下将整体战略分解成若干当年需完成的目标下达到各部门，同时将本该公司持有的经营权制度性的授予给各部门负责人，使其拥有完整的决策权、实施权、人事任免权、工资发放权，实现权力责任同时下发，而部门负责人又将其拥有的权利进一步授予给相关人员，使其各司其职，从而使负责人将更多精力专注于部门目标达成。组织授权，可以先下决策权，然后进行精准的投产比核定，根据产出反推出可以投入的资源包（包括成本、费用）大小，只要能确认投入资源包与产出之间的关系，就可以把这种投产比的核定落实到每一个重点项目，解决了放权之后失控的问题。这一系列量化好的分权模式，让各巴在年度经营计划获批前提下获得充分的权利，而公司只需通过PDCA经营会计报表分析会，从任务达成和各相关数据上进行监督管理即可，真正实现了"让听得见炮火的人做决定"。

量化分权实现了责、权、利动态对等，以流程分权为基础，优化公司流程和制度，给予员工更大的过程决策空间，手中有了权力，利益与经营结果挂钩，才能真正实现"自驱动"，彻底化解分权中的风险，促进费用使用效率最大化，释放员工潜能，培养经营管理人才。

2. 从正三角到倒三角，组织架构变革体现自主经营特征

从激发员工活力目标出发，自主经营体系对整体组织结构进行优化和再造，包括整体组织形态进择、层级优化、部门拆分并组合、职位与编制优化等。成立阿米巴一方面是为了划分小组织展开独立核算，看清楚企业真实经营状况，另一方面是培养经营性人才，把权责利清晰化。在羿天设计一个阿米巴的存续必须遵循三个原则，第一，贯彻经营者的意志，符合整体战略发展的原则和方向；第二，要针对市场潜量需求达成800万以上签订量的业务规模；第三，要有能承担巴长职责的经营管理人才。

倒三角的组织架构中所有的经营都是直接面向市场的，从以客户为前沿对应满足客户需求的自主经营主体，再到为一线经营主体提供资源支持的矩阵团队，最后再到提供资源、发现机会的管理者。它解

决了传统的正三角金字塔组织决策效率低下、权责不清、部门墙高耸、无法传递市场压力、难以培养经营人才等痛点。阿米巴组织的生、分、弃、合实现了统一战略主题下，不同经营单位自主经营，自负盈亏的模式，能够最大限度地激活小单元组织体的生命力。每个阿米巴单元有明确的收入来源，能完成独立业务，贯彻公司整体目标和方针，数据上移、权力下移、责任下移、独立核算，最终形成以项目和人为主的平台型组织架构，打造了高效率、高执行、高凝聚力的团队。

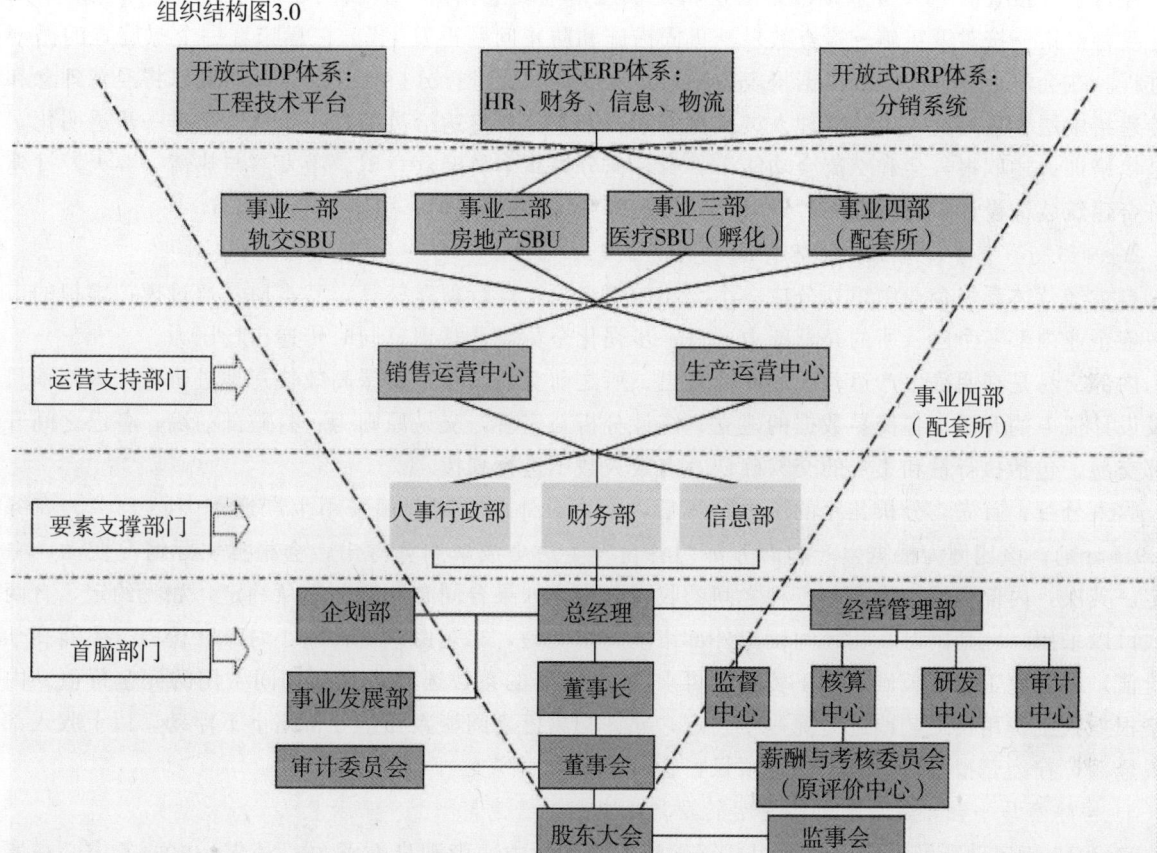

图2 羿天设计自主经营体系组织架构3.0版本

（四）加快转换经营机制，完善活力激发环境

1. 经营会计报表，让团队和个人都有经营意识

作为"理念＋算盘"的两大支柱基础之一，羿天设计在2015年改革初期就首先构建了经营会计报表体系，它运用的是第一手数据，根据行业特色进行了企业个性化定制，是财务数据与业务数据相互结合的报表，分为五部分：收入、变动费用、固定费用、投入资源（人员、设备等）、利润，具有简单易懂，直达经营目的的特点，向经营者百分之百反映经营的实际状态，为正确及时决策提供可靠保障。

经营会计报表的推动与普及让每个团队及其员工都看能懂财务报表、时时关心经营数据，并理解管理可以出效益。使用经营会计报表前，设计师们总是羡慕办公面积大的核算单元，即使并非必需，2015年推行改革后交通所因为业务增加扩编了人员，公司为该所单独租赁了办公场所，该所所长学习了经营会计报表后明白新增租赁费划拨将全由自己承担，租了几个月后主动要求搬回原办公场所以节省成本。同时，如要让每个员工都关心经营就必须要展示人月劳动生产率，该指标是收入减直接的变动费用后的人均月边际利润，由于变动费用不含员工工资，工资包含在边际利润中，这就意味着在某个核算单元的这一指标晒出后，该核算单元的每一成员都可以用自己拿到手的工资与这一指标比对。同理当所有核算单元的这一指标晒出后，会有排名，排名靠前的核算单元和员工会产生自豪感，也就让员工更有动力主动关注经营成果。目前运行的经营会计报表已经做到了组织业绩分析与业绩评判工作分摊到每个基层单位，通过每个季度各个巴、所的 PDCA 业绩经营分析会来传递经营会计报表中的数据，切实做到把经营会计和公司经营状况紧密结合起来。

经营会计报表的 PDCA 业绩改善的逻辑是从经营报表上找出"表面问题→分析问题产生的原因→制定改善对策→按对策实施→检查效果→巩固措施和防止问题再发生"，它意味着一个螺旋式的循环改善过程。在会议中每个巴长会根据报表数据对季度经营状况进行分析与总结，高层可以将经营理念和方法传递给中层管理人员，中层管理人员又把方案、未来计划传达给员工，让企业管理进一步透明化，可谓是集培训、述职报告会和交流会功能于一身，充分提高全员经营意识、激发参与热情。羿天设计建立的符合建筑装饰设计企业特点的"经营会计报表体系"，开创先河，引领同行业之首。

2. 内部交易完善，局部与整体打造竞争合作健康机制

自主经营体系将企业组织划分成一个个小的阿米巴，进行独立核算，其本质是通过模拟虚拟的市场来锻炼企业内部各个巴、所的经营能力，进一步强化全员经营意识，同时传递市场压力。

内部交易是在明确生产运营中心内部各巴、所之前交易过程，确保高效快速地进行生产内部项目承接及设计任务的开展，各交易数据的建立、统计分析与完善，交易原则为：打破部门墙，各巴之间开展内部交易，包括执行量和工资的交易确认，有效人数不进行划拨。

收入分配：首先，分析几年的历史数据后，公司对外部合同金额采用生产运营中心71%、商务中心29%分割；该比例为根据生产和商务部门各自发生历史成本测算得出，会根据实际情况变动，一年一定。其次，内部交易中生产各工种之间的收入分配，如果合同有约定，遵从约定，如无约定，有两种方式可以采用。一是由巴长相互间模拟外部市场自由交易，二是由该工种的小时工时价值（不能高于市场价值）乘公允工作时长确定人工费用，再乘以 4~5 倍的系数还原成包含期间费用的完全价值。内部价格根据人工费用及工艺改进情况一年一定，允许交易巴之间谈判在指导价格上下浮动。以上收入都是含税金额，在经营报表里设置了税金项目，让其作为费用列支。

3. 构建赛马平台，适应市场高效运转及员工自主经营意愿

自 2016 年启动赛马平台，其活用真正做到了激发活力，带动良性竞争：首先，由商务中心在赛马平台公开内部招标，注明项目类型、题材、体量、金额、成果提交时间等关键信息，项目负责人根据自身产能情况选择是否应标。多人应标的情况下由商务负责人和生产运营总监根据项目负责人过往项目执行情况，从能力、态度、结果多方面综合评分选出一位中标。仅一人应标则由应标人中标，无人应标则由生产运营中心协调出一位项目负责人。中标后，商务和生产部门对项目收入按比例划分，项目负责人所在的所为主营业务所，主营业务所在生产内部与各专业之间展开内部交易。内部交易流程分为三个步骤：通过交易定价标准，确定交易总额；生产运营执行对交易确认表进行台账登记；月度按执行比例进行结算。

4. 信息平台整合管理体系，内外连接运转高效

经过近 2 年的努力，羿天设计根据行业及企业特点进行了 IT 系统自主开发，以人为单位、以单项目为单位进行大小组织核算，同时能进行客户需求的个性化满足，数据上移更加及时准确，拥有不同权限的人可以定时看到对应的运营数据并进行分析，可用于生产项目管控、财务费用审批、工资核算、合同回款的实时监控，真正做到了销售、生产、工资核算、财务数据分析一条龙，整合起了自主经营体系下的所有管理体系。

首先，合同签订前，公司会根据生产预计投入人力、物力测算毛利，符合公司发展和利润目标的才

能签订，避免了商务部门追求签订量、不计成本，而设计人员疲于设计，却无法获得相应回报的问题。签单后，商务人员在系统中立项，将交货日期、交货进度、质量要求、设计要求等信息一一录入，将任务交给下一个生产设计环节，项目管控的理念是任务、设计师双向选择，实时动态反映作业状况和设计师的忙闲程度及其是否愿意接单。生产管理环节：将项目作为最小的阿米巴单元，利用信息平台将项目管理"三控（进度、质量、成本控制）三管（合同、资料、安全管理）一协调（项目协调）"进行全面植入，提升管理效率。

IT系统的项目进度控制通过《项目立项策划》流程明确项目责任人及项目组成员，各专业工作时间、工作数量，明确内部专业间交易关系（产值分拨、项目积分），设计了一系列动态化报表，包含了《项目计划总控表》《多项目甘特图》《单项目甘特图》《部门忙闲状态报表》等，直观明了，可视性强。IT系统项目质量管理通过《品质管控流程》监督记录项目过程质量控制的问题点，为品质评价、品质改善提供依据；为人才培训提供案例资料；为人员评级、评优提供最真实有效的数据支撑。上述报表不仅能反映出部门的忙闲程度，也可以反应单个技术人员的工作状况及工作意愿。例如，某技术人员自我感觉工作不饱满，他可在未来工作状态上标识愿意增加任务；相反，如果觉得近期状态不佳，即使忙闲程度表显示其工作不饱满，他依旧可以标识不愿意接任务。任务分配与员工意愿表达通过IT项目管理软件完美结合，员工得到了被尊重的满足感，避免了被动干活，难于激发创作热情的现象。

通过IT系统构建，企业实现了经营状况和信息系统的全面对接，将"理念与制度""定性和定量"做到了完美结合，人的管理、任务分配、过程监控、实时核算通过IT主力模块结合实践不断循环改善。

（五）进一步健全激励机制，激发员工活力及创造力

1. 向奋斗者倾斜，做到公平、透明、公开

秉承"向奋斗者倾斜、多劳多得、结果导向"的经营原则，企业相继建立了二元制考评机制、股权激励制度、研发创新制度，设计师人员评级制度等一系列激励机制，为奋斗者营造一个公平的氛围，通过透明的薪酬制度和公开的贡献评定，让员工获得合理的回报。只要员工与公司理念一致，通过努力实现绩效贡献大于成本的成果，羿天设计都将其视为宝贵财富。羿天设计仅2017年一年增加人力成本支出增长15.2%，多投入资金绝对值达500万元左右。2018年又进一步完善了羿天设计各序列职业晋升及职业转化通道，行政序列宽带薪酬、回款激励制度及重新修订了股权激励方案。通过继续强化激励机制，羿天设计充分激活了员工的主动性和创造力，将每一个员工的潜力充分挖掘，更好地为企业创造价值，同时也收获了更高的薪酬待遇。

2. 对管理层及核心人才展开股权激励，构建企业与员工共赢局面

羿天设计通过建立股权激励制度，与管理层与核心人才建立起核心利益共同体，起到稳定人才、业绩激励、约束短视行为、激发积极性的作用，最终实现企业与员工双赢。该股权激励模式以公开、透明为原则，采用虚拟股票期权持有制度，持有人只享有经营结果分红权及公司承诺的回购权，无表决权，并非拥有真实股票也不能出售股票。股权激励和分红分配，必须向有贡献的核心人才和经营管理层倾斜，该制度还明确了股票持有由虚转实的规则，在公司发展好的前提下持股人持有的股价价值会不断提升，公司还会定期对股票进行回购，让股东获利更多，与此同时建立进入、退出机制予以约束，以起到核心团队活力激发与长期稳定的双重作用。

3. 创新人才培养，强化团队建设及凝聚力，提升企业竞争力

通过三年多改革培养，巴长从单纯的技术或者营销人才转变成为有真正有经营意识的综合性人才。以完成客户的需求为导向，自动搭建团队，实施管理职能，并能积极主动完成公司的分解目标，从品控、回款、经营意识、研发意识、人才培养等多方面得以快速提升，这批认同公司理念的带头人已经成

长为公司的骨干力量。

关于研发激励，每年年底公司会对当年研发成果进行验收评审，根据研发课题等级（国家级、省级、市级、公司级）给予对应的奖金与研发积分奖励。研发积分将作为晋升条件及年度优秀员工等的评选条件之一；个人研发积分可以逐年累计，每月会按个人研发积分的多少来发放研发津贴，个人积分累计到50分开始发放津贴。专利奖励也将给予提报人奖金和研发积分的奖励，同时专利证书上发明人一栏会加入提报人名字，对技术人员评职称将形成非常有利的条件。

（六）建设羿天哲学文化体系，实行二元制绩效考核

1. 营造上下同欲、幸福共享的发展氛围

羿天设计对内哲学文化表现在：公平、公开、透明；以客户为中心；坚强的意志力；向奋斗者倾斜；持续改进，创新不止。对外哲学文化表现在：自由、平等、开放。在哲学文化体系基础上羿天设计构建了贡献与收入匹配的薪酬考核评价体系。这一套系统的核心和关键在于在理念中形成共识，通过算盘的量化对应薪酬的差异，使员工从理念上接受了"向奋斗者倾斜""以客户为中心、客观评价员工贡献"，同时，以"公平、公正、透明"的原则，并将所有的经营结果和考评结果都予以公示，透明化的经营才能真正做到上下同欲、自主经营、循环改善、活力激发、幸福共享，最终实现体系自我净化与修复。

2. 建立二元制绩效考核体系

二元制强调的是"理念与效益""能力与绩效""过程与结果""长期发展与短期激励"等兼顾的二元关系。羿天设计对于团队组织评价采取了"理念＋算盘"的考核机制，其中业绩考核占到60%，哲学评价考核占到40%，避开了纯绩效带来的弊端，可以修正分权带来的一些管理上的问题。哲学评价部分包括了理念宣导机制执行、发现与解决问题、人才培养、成本控制、工作热情、哲学积分等多个考评项目。同时，针对不同事业战略发展单元的发展阶段，如对在孵化阶段的和已进入成熟期的也会采取不同的考核标准。

3. 全方位关怀员工

一是建立哲学积分。对于有积极意义的行为，通过积分，形成记录，并给予员工肯定和奖励。包括哲学积分、研发积分、客户及品质积分、培训积分。哲学积分既作为精神激励进行公示，同时与员工的晋升、考核、激励等方面挂钩，发挥了积极作用。二是成立幸福工作部。羿天设计每年为员工投入资金就达600万元~700万元。员工可享受带薪年休假、节假日福利、多项福利金、研发创新奖等，免费享受年度体检、旅游、下午茶等员工福利，定期举办生日会、羽毛球比赛、年会等丰富团建活动。三是执行员工成长计划。积极开展关键岗位后备干部培养，组织各类考察与深度学习，四大序列的全才与专才培养全面铺开。不进行流水线式标准化生产，而是以打造高品质项目为目标，实现人才自身价值，给所有有才华的人以发展机会。

三、建筑装饰设计企业以激发内部活力为导向的自主经营体系构建效果

（一）构建形成了以激发内部活力为导向的自主经营体系

在"理念＋算盘"模式构建基础上，通过自主经营管理激发产品、技术创新，通过18大管理体系的循环改善、竞争合作，实现企业管理和组织架构的优化升级。通过量化分权，中长期战略计划及年度经营计划分解，做到了计划落实到各事业部、落实到每个巴、每个单元。通过战略目标的共同制定对整个团队进行一次次理念共通，发挥了团队智慧和力量，形成了统一的思想，切实推进了阶段性目标和年度经营计划达成。巴长对经营结果负责任，从单纯技术型人才或营销型人才转变成了真正有经营意识的综合性人才。在量化公平性的基础上，通过经营数据和哲学考评直观展示人才对企业的贡献性和进步性，达成了培养人才和撬动人心的双重目标。通过构建二元制激励考评系统，使得员工物质与精神双丰

收，激发了企业活力，将员工的收入与回款、客户满意度挂钩，组织评价与战略目标挂钩，通过考核组织利润率，传导市场压力。将组织绩效跟个人绩效联系在一起，员工个人收益也与企业整体利益挂钩，全企业上下形成目标、利益共同体。

（二）提高了企业的竞争力

实施自主经营管理创新后，公司的资产总额由2016年的2894万元增加到2017年的4962万元，增幅达71%；收入总额由2016年的8483万元增加到2017年的10248万元，增幅达21%；利润总额随着公司转型升级获得较大提升，2017年比2016年增幅超过100%；全员劳动生产率在2017年较2016年增加29%。目前，轨道交通、商业地产、医疗健康三大事业部并立已经形成，并根据业务拓展情况进行第四个事业部孵化中，逆势上扬的业绩增长推动了羿天设计走出华中，打造全国一流品牌。

（三）打造形成了创新型组织和学习型组织

在行业其他公司裁员减薪情况下，公司从一个300多人的小型区域设计企业发展为近500人有全国竞争力的中型设计院。已申请成功国家高新技术企业，共获得24项专利及参与中国轨道交通装饰设计行业标准编写等多项创新成果。2017年7月成立了BIM研究所，作为华中地区最早将BIM引入建筑装饰设计的公司，致力于打造中国一流建筑装饰设计BIM技术服务商，并具有三项计算机软件著作权、一项实用新型。2018年9月16日，由羿天设计联合主办及承办的"长江主轴·城市远见——2018建筑空间国际设计峰会"在武汉成功举办。峰会邀请了来自全球的国际顶级设计机构，最具实力的地产企业及高校学者参与，吸引了境内外设计师、高校师生以及社会精英近1000人参与。

（成果创造人：王　莉、严　斌、颜　轶、陈　娟、陈沐鑫、李　玲）

国有制药企业激发活力的内部市场化管理

株洲千金药业股份有限公司

株洲千金药业股份有限公司（以下简称千金药业）是一家以药品制造为主体的医药集团公司，经营范围涵盖中成药、化学药、中药衍生品（养生保健）的研制、生产和销售，医药批发及零售，中药材种植和加工，文化娱乐等领域。千金药业现有12家成员单位，员工约7000人，总资产33.1亿元。2017年，千金药业实现销售规模37.52亿元，实现利税5.86亿元。千金药业2004年在上海证券交易所上市（股票代码600479），系中国制药百强企业、中国主板上市公司价值百强企业、国家技术创新示范企业、农业产业化国家重点龙头企业。"千金"品牌连续十余年保持妇科口服类中成药强势品牌的地位。

一、国有制药企业激发活力的内部市场化管理背景

（一）应对行业竞争加剧的需要

随着国家的政策调控和市场开放，国内制药企业目前正面临越来越严峻的挑战。一方面，中国医药行业改革步伐明显加快，医保体系改革、分级诊疗系统的建立、新的《药品管理法》及《药品注册管理办法》等政策法规相继出台，制药企业人工成本、原材料成本、营销成本等不断上升，政府采购的药品市场价格却持续走低，企业利润越来越薄；另一方面，随着医药产业的发展成熟和国家医药行业政策放开，不仅大量功能相似的新药上市，造成竞争，而且在国家相关政策红利的吸引下，国外药企也纷纷加速在中国的产业布局，争夺国内市场。面对国内外的双层压力，如何激发员工活力，满足消费者需求，提高企业竞争力，成为千金药业首先需要解决的问题。

（二）提高内部管理效率的需要

千金药业是一家有着50多年历史的国有企业，公司经营稳健，多年保持稳定增长状态。但随着经营规模扩大，企业利润增长乏力，公司管理上存在的问题逐渐凸显。在经营上，追求经营规模，不计成本投入，公司发展遇到瓶颈；在激励机制上，缺乏合理薪酬模式设计，核心员工离职率提高；内部管理上，长期的稳定发展导致内部压力缺失，对市场变化不敏感，"大企业病"日增。如何有效应对来自市场和股东各方的压力，建立一套行之有效的经营模式，激发员工的主动性、积极性，已迫在眉睫。

（三）实现企业发展战略目标的需要

市场瞬息万变，企业生存如逆水行舟，不进则退。千金药业基于SWOT分析，确定"跳出妇科，主攻女性健康；跳出药业，深耕中药衍生"的发展战略，为了实现这一战略目标，必须调动全体员工的积极性与活力，有效传递经营压力，集众智、汇众力，共谋发展、共享成果。

二、国有制药企业激发活力的内部市场化管理内涵和主要做法

千金药业深入营销一线、生产一线及各子公司调研，结合外部市场环境、同行业的先进经验以及公司的经营实际，提出并推行"千金经营法式"，即"运用市场方式，建立内部市场"，以战略为引领支撑跨越发展，以业务为发端推动价值创造，以结果为导向构建长效机制，以考核和薪酬为手段激发经营活力，通过强化价值创造和价值引领，把市场意识和效益意识贯穿到企业运营的各个环节，按照市场方式制定评价标准、引导资源合理配置、侧重考核效益贡献，以此实现企业内部各经营主体的"三自一求"（自主经营、自负盈亏、自我发展和追求利润），挖掘内部潜能，彻底转变员工的传统观念，激发企业活力与内生动力，摆脱经营困境，实现自我发展。主要做法如下。

（一）细分经营单元，充分授权

1. 改变组织体制，促进执行机构向经营主体转变

营销和生产两大系统对千金药业生产经营有举足轻重的作用，同时又具备独立核算的基础。为此，千金药业首先调整营销系统、生产系统定位，将这些部门由执行机构转变成独立经营主体，成为享有自身利益、相应职权，能够自主经营、自负盈亏的组织，千金药业和销区、生产系统之间的关系由原来纯粹的管理关系变成了交换关系、业务指导关系。各个省级销区买什么产品，购买多少产品，完全自主。营销系统是生产系统的客户，生产系统根据客户的订单自主组织生产，千金药业不再下达任务。

在营销系统，每一个销区都作为独立的经营单元，费用控制、费用投入、产出优化等都由销区自己做主。各省区的市场、人员、终端结构和特点有差异，省区自己分析、决策更接地气。例如，实施千金经营法式之前，营销的费用是按照年初预算支出的，通常会出现费用使用最大化，到年底往往被突击花掉的情况。现在销区变成了经营主体，节约的都是自己的，不用提醒，销区自觉控制费用投入。每场促销开始前，销区都先测算达到多少销售目标才能盈亏平衡，评估能否达成，再决定是否开展。

在生产系统，车间自主做出购买设备决策等以提高生产率。例如，2017年河西制剂车间自主投资50万元更新了一批设备。自动化程度的提高，实现了减员增效，该车间因此减员6人，省下不少人工成本。

2. 细分内部经营单元，增强团队的经营主体意识

在将营销系统、生产系统由任务执行者变成独立的经营主体的基础上，继而又将营销系统的省级销区直至某些市级销区，生产系统的车间直至某些班组视为经营单元，使之同样享有独立的自身利益。每个经营主体（单元）都变身为一个目标一致、利益攸关的紧密团队，原来"要大家干"的状态一下子就转换成"大家要干"。

例如，千金药业综合车间同样的团队，过去工资固定，大家按部就班干。现在按绩效拿收入，员工的动力激发起来了，个个都积极开动脑筋，充满了干劲。千金药业生产的补血益母颗粒，原来是靠手工包装，容易出现说明书漏包的问题。针对这一问题车间组织攻关，安装机械手，极大地提高了生产效率。

3. 推行虚拟股权，调动员工的创业热情

实行虚拟股权制度，持续增强员工动力和活力。例如，2018年4月17日，千金大药房与旗下的98家直营店负责人，签署持有虚拟股权协议，覆盖店员690人。千金大药房由此成为千金药业内部第一家实施虚拟股权方案的子公司，此项改革措施全面推行后，员工不需要出资，都可以成为"老板"。所谓的"虚拟股权"，是指门店虚拟的股份权益，持有者虽然没有门店法定意义上的所有权、表决权、转让权和继承权，但拥有所在门店的模拟利润（即团金）分红权。签署协议后，员工即可获得所在门店的模拟股权，并于每年年底得到相应的利润分红。实施虚拟股权，更多地保障了员工利益，有利于吸引和留住人才，激励员工持续创造价值，实现千金药业和门店的长期稳健发展。

（二）完善相关制度规范，明确利益共享机制

1. 制定《营销规则》，明确利润才是销区的主要经营目标

各销区自主经营，自我约束，自负盈亏，追求利润。为此，制订《营销规则》，加强对销区经营行为的引导。《营销规则》规定，销区利益是指销区通过出售产品而获得的销区收入减去销区非薪酬类费用后的剩余，用于支付销区人员薪酬体系中由销区承担的部分。销区人员的收入与销区利益密切相关，员工薪酬体系中的大部分奖金都来自销区利益。这样，销区的经营目标就由销量转向了利润，人人都有利润意识，只有为千金药业创造了利润，员工才会有高的收入。比如，新产品往往利润较高但推广困难。过去销区追求的是销量，对销售新产品不愿意花大力气，也不愿意投入资源和成本来开拓市场，现

在产品卖多卖少不是最重要的，有多少利润才是与销售人员的薪酬息息相关的，这样销售人员自然就对销售利润较高的新产品更有动力。同时，销售人员也愿意主动节约成本，比如过去销售人员在外出差都是按住宿标准的上限消费，现在成本费用计入销区利益，与自己的收入有关，自然能省就省。例如，贵州销区六盘水市的一位营销员为了当天往返以节约住宿费，凌晨5点就起床赶早班火车。据统计，2017年，该员工的费用率同比下降了17%，业绩提升很明显，收入大幅增加。

2. 颁布《生产规则》，增强生产部门的经营意识

为保障生产高效运行，生产系统制定并完善《生产规则》。《生产规则》明确规定：生产车间利益是车间员工共享的薪酬总额，是生产车间模拟利润减去按分摊比率应承担的直接关联单元（含生产设备部、动力维修班、动力锅炉班、仓库装卸班）薪酬性成本的剩余，用于支付生产员工薪酬体系中由生产车间承担的部分。同时，《生产规则》还涵盖生产组织管理、生产员工管理、能源分配使用管理、外揽产品加工管理等方面，紧扣销售发货计划、销售订单、物资供应、质量控制、设备保障、及时生产等生产组织工作流程。

生产车间制订生产计划，主动与销售部门进行沟通，保证生产计划的准确性和合理性，产品出现断货肯定影响利益，如果库存太多，不仅影响自己资金结算的及时结算，千金药业还要收取资金占用费，车间利益减少，工人的收入就会减少。采购部与生产系统捆绑考核，主动多询价、多比价，追求优质低价增加车间的利益。生产设备部过去许多维修、后勤保障工作都是委托给第三方公司去处理，如今为了节省成本，尽量自己修理，省成本就是增收益。

3. 出台《子公司考核规则》，将利润作为重要考核指标

为激励集团各子公司高管团队努力提升经营管理水平，保障集团和股东的利益，出台《子公司考核规则》，对各子公司实行年度考核。年度考核主要是对经营指标进行考核，经营指标分基准指标及扣分指标，考核基本分为100分。基准指标主要考核净利润增长（完成）率、主营业务收入增长（完成）率、经营性现金流量净额增长率、净资产收益率等指标；扣分指标主要考核应收账款控制率、存货周转率、研发费用占营业收入比率等指标。经营指标考核根据子公司分类进行确定。但是，考核的重点还是净利润增长率，在千金药业内部，无论是工业类企业，还是其他类企业，该项考核的权重都是60%。子公司年度考核结果作为高管薪酬、业绩评价及高管任免的依据。

（三）科学制定交易价格，规范内部市场交易

1. 梳理内部市场，鼓励内部交易

建立内部产品市场、人力资源市场和资金市场，鼓励内部各个经营单元在各个市场中，共享资源，寻找商机，商谈合作，互做生意，促进资源的合理配置和流动。企业内部每个经营单元与上下游之间均通过"市场交换"获取原材料、商品：千金药业向生产系统购买产品，营销系统向千金药业购买产品，河东制剂车间、河西制剂车间向综合车间购买半成品和服务。如此一来，将企业内部上下工序之间的关系，由行政关系、服务与被服务之间的关系，转变为等价交换的经济往来关系。与之配套，针对营销系统和生产系统，分别制订《营销规则》和《生产规则》，将相关的责任、权利和义务以契约形式确认下来，确保责权匹配，利益共享。

2. 科学制定内部市场交易价格，平衡各经营主体的利益关系

科学合理的内部价格是企业内部各市场主体间结算的依据，也是量化责任的依据。定价是否合理，会影响各经营主体的工作积极性，影响内部市场化管理的正常运行。为此，千金药业本着"自愿、平等、竞争、互利"的原则，收集大量基础数据，并通过大数据建模推算，在统筹考虑公司年度利润目标的实现与销区激励的基础上，根据每盒产品的生产成本、分摊的管理与广告费用、公司应收取的利润、应交的税金和其他费用等，确定产品、半成品的基本结算价格（统一定价）。此外，结算价根据发货数

量上下浮动，进行动态计算。销售越多，结算价越低，从而激励销区扩大销售规模。

考虑到下属各公司情况不同，对母公司实行招标价全国统一；对子公司实行结算价分类分档。但是，对于盈利能力较弱的二线产品，从远期效益出发，增加相应的投入，在价格上予以区别对待，目的是发挥价格引导作用，鼓励其做大规模，占领市场。同时，为了提高资金使用效率，坚持集中管理、分户核算的原则，建立完善企业内部资金结算制度。

对于部分销区想吃老本，不敢投入的现象，设计针对性的解决方案。第一，与销区的产品结算价格是阶梯定价，量价挂钩。结算价格以上一年度销售实物盒数作为主要依据，如果省区不做有效投入保证实物盒数的增长，销区的可用费用就会下降。第二，每一个板块的每一个产品都设置费用上限和下限，销区负责人必须心中有数，并牢固掌握费用边际原理。

同时，为了防止子公司和销区的短期行为，兼顾即时收益和远期利益。对于子公司具有远期收益的项目，因为会影响当期利润，在政策和年度考核中给予扶持。对于销区，开发的新市场、新终端，同样会影响年度利益，在费用设计上给予配套补贴。

3. 迅速响应外部市场变化，提升企业市场竞争力

千金经营法式通过内部市场化建设，将企业纵向的价值创造过程和横向的业务职能分工进行协调统一，实现公司、营销系统、生产系统之间（包括生产班组之间）的市场化利益链接，使外部市场的变化和价格波动能实时传递到公司生产部门和管理部门，生产部门可以快速响应，及时调整生产计划，改变价格策略，满足市场需求，避免积压风险。在内部结算模式下，产品和服务的质量不仅决定终端市场的价格，同时，终端市场的价格也反过来影响生产车间的内部市场价格，产品质量和次品率会直接影响车间利益，车间从管理层到工人对产品品质都更加重视，质量第一的意识深入人心，千金产品和服务的质量稳步上升。

（四）改革考核与薪酬体系，加大奖惩激励力度

1. 建立以利润为核心的绩效考评体系

改变以往经营管理模式评价指标分散、导向模糊的局面，强调价值跟踪评价，建立以价值贡献为导向、价值目标和业务目标"双驱动"的管理目标绩效评价考核机制，明确评价标准。在考核指标体系中，增加模拟利润、内外部收入等经营效益指标。

2. 改革薪酬结构确保员工收入与价值贡献挂钩

明确员工薪资结构由职金（基本薪酬）、绩金（绩效薪酬）、团金（团队不能量化到个人的薪酬）三部分组成。"三金"占比不同，其中团金占比高，由团队成员利益共享，盈亏共担。团队每一个人（包括团队负责人，如省区经理、车间主任）的团金都与员工平均团金直接挂钩（员工个人团金＝所在团队团金的人均基数×个人团金系数），团队负责人的团金系数是员工的倍数，一般员工的团金由于职衔系数的不同而略有差别。两者团金同向同比增减，做到"利益捆绑，厚薄一致"。对于省区经理，除职金外，其主要的薪酬来源于销区实现利润的提成。同时，各子公司高管的绩效年薪也完全取决于利润总额，员工的薪酬水平也直接与利润总额挂钩。因此，千金经营法式推行后，销区的薪酬与销售规模的大小并不一定是正比例关系，而是与利润尤其是利润增量的多少成正比，从省区经理到业务代表都慎重考虑经营活动中应该投入多少费用，应该产生多少销量和利润，统筹兼顾公司、团队、个人三者的利益，做到上下同心，开源节流做大利润增量，保障三者利益。

针对团队收益分配的具体操作，牢固把握好三点：一是首先保证千金药业利润的增长，公司利益不可侵蚀；二是员工的薪酬总额取决于团队业绩，下不保底，但是上要封顶，其增幅不能超过公司利润的增幅；三是中层和一般员工的薪酬既体现差异，但又不宜差距过大。

以河南销区为例，经营法式实施之前，员工没有经营意识，同时也没有利润概念，也感受不到自身

与公司利益共享；千金经营法式实施后，产品销售的越多，销区的净利润越高，员工分享的利益也水涨船高，因而从省区经理到一线代表，都清醒地认识到销区的价值是销区对公司利润的贡献比例，员工的价值是个人对销区利润的贡献比例。因此，员工与企业形成更加紧密的命运共同体，积极投身企业的生产经营活动，多做出贡献，共同享受企业发展的成果，与团队共同进步，与企业共同成长。

3. 优化资源配置，形成优胜劣汰的内部竞争机制

将经营目标逐级分解到省、市、县三级市场的同时，考核激励逐级落实到位，按月追踪价值目标实现情况，按季度测算价值目标完成度，定期对各销区、各板块进行考核排名通报。对于排名靠前的三个销区，允许"点菜"吃，享受优质资源，对于排名最后的三个销区，省区负责人要免职。而针对盲目投入，不对终端、产品、人员、费用等进行优化，导致效益滑坡甚至亏损的销区，千金药业的解决方案是：让经营不善，陷入亏损的销区破产，当费用不够支撑省区运营时优先保证市场费用，当费用不够支撑省区全员工资时，优先保证基层代表工资。千金药业帮助省区分析经营上的问题，指导销区做好优化，但不会有任何额外的照顾，从而形成责任逐级分解、压力层层传递、奖惩个个兑现的约束激励机制，促进基层增强活力、提高效率、追求效益。

（五）文化凝聚人心，保障内部市场稳步开展

为保障"千金经营法式"的推行，公司党委发挥党建引领作用，在全集团发起以"学习经营法式、助力二次创业"为主题的系列活动。三年来，党委委员作为"法式"的传播者，到基层各支部宣讲共计50余次，通过全方位的宣传教育引导，解决员工的思想顾虑，使广大员工认识到推行"千金经营法式"不仅是惠及企业，更多的是惠及最广大的一线员工，使员工真正成为改革的坚决支持者和忠实践行者。

为解决"千金经营法式"探索推行中遇到的实际问题，公司经营管理团队，深入生产和销售一线，倾听来自员工最真实的声音，一个数据一个数据地测算，一次次对系统进行优化，对于核心的原则问题，不管有多大的困难都决定不动摇，对于确实设计不合理的细节，勇敢承认失误并及时进行修正。

"千金经营法式"的实施也会要触动一些员工的利益，同时部分员工收入增加也会引起其他人的心理不平衡。为此，大力开展企业文化建设，本着尊重员工、满足员工、成就员工的宗旨，激励先进、鼓励后进，最终共同成长。为解决好企业经营管理中追求利润最大化与制药企业以治病救人为天职的矛盾关系，千金药业发挥强大的文化引导作用，教育广大员工首先摆正经营和发展的理念，"君子爱财、取之有道"，企业追求利润时绝对不得以损害病患或客户利益为前提，否则就完全背离了千金药业实施"千金经营法式"谋求企业健康发展，基业长青的初心。

三、国有制药企业激发活力的内部市场化管理效果

（一）激发了企业活力，推动了企业稳步发展

在经营法式的指导下，各经营单元摒弃了规模至上的观念，借助内部市场，优化了资源的投入和产品的结构，员工专注于降本增效和创新升级。以千金药业综合车间为例，成果实施后，通过采用"多能班"等灵活的生产组织方式，合理安排集中生产，人员减少20余人，节约人工成本几十万元；通过全员节约挖潜，节约原辅料成本及维修费用近100万元。在各经营单元的共同努力下，在规模增长不大的前提下，千金药业2016年销售规模收入增长17.09%，净利润同比增长96.25%；2017年销售收入同比增长11.09%，净利润同比增长42.28%；2018年上半年，受大环境影响销售收入同比减少1.56%，净利润依然增长49.09%。

（二）增加了员工归属感与认同，共享企业发展成果

千金药业通过开源节流做利润增量来保障公司、团队、个人三者利益，极大地促进员工队伍的团结，达到凝心聚力的效果。各级经营单元按贡献拿收入，团队负责人的收入取决于员工的平均收入，员工个人的团金（年终奖）又与团队其他成员的团金紧密挂钩，形成了既相互比拼业绩，又相互帮助成长

的氛围，团队意识大大增强，共享的理念得到彰显。同时，也有利于防止员工之间的薪酬差异过大，体现了社会主义核心价值观对公平的要求。目前，千金员工调查问卷的结果显示：80.7%的员工对企业的认同感"有增加"，95%的员工认为公司"人际关系和谐"，82.4%的员工甜蜜指数"有增长"，75.2%的员工在工作中的成就感"有增加"。

（三）获得了社会认可

实施千金经营法式以来，仅总部生产系统，来源于员工的"小改小革"类创新实践就达212项，累计创造价值600万元，形成了以人才为核心，以薪酬为切口，以规章为载体，坚持服从经营、适应人性、体现公正的氛围。

近年来，"千金经营法式"影响力与日俱增，多家权威媒体都对其进行了长篇报道，受到了业内专家的肯定。

（成果创造人：江端预、蹇　顺、谢爱维、刘建武、陈智勇、李　广、马向前、谭素娥、赵旭明、朱　溧）

化工企业适应市场需求的全面变革管理

山东鲁北企业集团总公司

  山东鲁北企业集团总公司（以下简称鲁北集团）位于山东省最北部、渤海湾西南岸。鲁北集团创建于1977年，历经41年的拼搏，从一个只有8名员工、40万元试验经费的小厂，发展成为拥有年产100万吨氧化铝联产50万吨化学品铝、25万吨钛白粉、100万吨复合肥、30万吨磷铵、40万吨硫酸、60万吨水泥、100万吨原盐、3000吨溴素、20万千瓦发电联产600t/h供热规模的国有控股大型企业集团，经营范围横跨化工、轻工、建材等12个行业。旗下独立法人企业30余家，其中控股上市公司鲁北化工是我国磷复肥行业首家上市公司。截至2017年年底资产总额79.20亿元，员工3371人；2017年度实现营业收入103.16亿元，利润总额7.55亿元，利税9.06亿元。

一、化工企业适应市场需求的全面变革管理背景

（一）解决产品滞销生产装置不能高负荷运行的需要

  2013年，受宏观经济形势影响，传统化工产品市场持续低迷，鲁北集团部分产业受影响较大。当时氧化铝产能全部为冶金型产品，过分依赖下游电解铝企业，受电解铝产能过剩、能耗高影响，氧化铝销售不畅，装置开车率不足70%；年均销价2530元/吨，同比降幅3.07%，成本价格倒挂。钛白粉装置产能仅为6万吨，而且只生产通用型一种产品，年均销价13215元/吨，同比降幅24.14%，市场竞争处于劣势。化肥装置只生产57%磷铵和45%硫酸钾复合肥两种产品，市场上缓控释肥、水溶肥及各种专用肥的出现，对鲁北集团化肥产业造成极大冲击，品种单一问题凸显，销售市场缩减，产能利用率不足50%。为摆脱困境，鲁北集团必须紧紧按照市场需求，加快实施科技创新，调整产品结构。

（二）深化循环经济试点的需要

  鲁北集团在废物协同处理和资源综合利用方面做了大量工作，实现了磷铵—硫酸—水泥联产和海水深度梯级利用。2005年10月，国家发改委、原国家环保总局、科学技术部、财政部、商务部、国家统计局等六部委批准，将鲁北集团列入首批全国循环经济试点单位。但随着企业规模扩张和新项目的投运，资源综合利用的新问题和废物处理的新矛盾日渐突出。硫酸法钛白粉生产工艺具有原料来源充足、工艺成熟、操作简单、产品品种齐全等优点，也存在流程长、操作复杂、"三废"排放多等缺陷，尤其是废酸、废水、废渣排放量大。对钛白废水主流处理采用石灰或电石渣中和，费用高，副产大量钛石膏难利用，堆存占地，污染环境，浪费硫资源，成为困扰钛白粉行业发展的重大瓶颈问题。这些问题如果得不到治理，就会对环境造成极大影响，而且影响鲁北集团的生存发展，亟待解决。

（三）解决企业发展资金紧张问题的需要

  鲁北集团延伸产业链、产品转型、节能降耗，新工艺、新技术研发，都需大量资金投入，而市场持续疲软、经济效益下滑使运营资金十分紧张；同时，作为国有企业，在成长过程中长期形成的产权结构单一、激励机制不灵活的管理体制，鲁北集团健康运营面临巨大挑战。2013年政府工作报告提出"增强各类所有制经济活力，坚持和完善基本经济制度，优化国有经济布局和结构，加快发展混合所有制经济，建立健全现代企业制度和公司法人治理结构"。2013年11月，中国共产党十八届三中全会通过了《中共中央关于全面深化改革若干重大问题的决定》，提出"积极发展混合所有制经济"。这给企业深化改革提供了重要的政策导向，为鲁北集团突破发展樊篱带来前所未有的机遇。

  基于上述情况，从2014年开始，鲁北集团实施适应市场需求的全面变革管理。

二、化工企业适应市场需求的全面变革管理内涵和主要做法

鲁北集团紧紧围绕适应市场需求的基本目标，分析总结经验教训和内外部影响，进一步明确战略规划；实施自主科技创新，延伸、调整产业链，优化产品结构；依托自身科研团队，深化循环经济建设，自主研发废弃物协同处理技术，提高资源综合利用程度；通过引进战略投资者，推进国有企业混合所有制改革，优化资本结构，构建灵活的现代化企业管理机制；充分发挥投资各方优势，弥补企业发展短板，在融资渠道、管理体系、制度建设、营销模式、人才培养等方面优化提升，为战略规划的实施提供根本保障。通过实施全面变革管理，鲁北集团步入了良性发展的运行轨道。主要做法如下。

（一）明确战略目标，规划变革方向

2014年，鲁北集团通过深入细致的研究，制定近五年的发展规划。具体内容为：以适应市场需求为目标，以储备的科技项目为载体，以与高等院校、科研院所开展产学研合作及自有科研团队为支撑，以科技创新、机制创新、管理创新为切入点，以"稳定化肥及磷化工，创新推广石膏制酸，做大做强钛产业，转型升级铝产业，匹配氯碱化工，拓展新型盐化工和清洁煤化工，做好海水深度利用，配套发展锂电池新材料和再生新能源，探索发展新兴产业，组成'技术创新纵向延伸，循环经济横向连接'的产业集群"为发展方向，按照"产业延伸、循环经济"的理念来调整、规划、布局，上下游产品间能够实现有效衔接，资源综合利用率达到最高，同时集团现有硫酸亚铁、工业磷酸、硫酸等低附加值产品同步实现跨界转型升级。在"磷铵—硫酸—水泥"联产、海水深度梯级综合利用等循环经济产业链的基础上，建成"六个基地"和"一个中心"，分别是大型钛产业基地、高端化学品铝产业基地、锂电池新材料基地、海洋科技产业基地、风光渔互补新能源基地、新型煤化工基地和含硫废弃物协同处置示范与推广中心。

（二）科技创新，按市场需求优化产品结构

1. 实现由冶金铝向化学品铝的转型，提升铝产品附加值

为破解氧化铝行业产能过剩、依赖电解铝发展受限的难题，鲁北集团成立以分管技术的副总经理任所长的化学品铝及阻燃剂研究所，主要负责化学品铝、沸石和无机、磷系、氮系、氢氧化铝、氢氧化镁、溴等系列阻燃剂技术的研究与开发。陆续探索开发出高温氧化铝、烘干氢氧化铝、4A沸石等系列化学品铝产品，历经近4年的时间，规模由小到大。目前已建成年产30万吨煅烧α-氧化铝、6万吨烘干——磨细氢氧化铝等生产装置，达到运行良好，鲁北高端化学品铝产业基地的雏形已基本形成。转型项目产品线布局合理，高低端有机搭配，应用范围覆盖工业陶瓷、造纸、塑料、合成橡胶、炼油化工等多个领域。

2. 研发多系列钛白产品，满足下游客户对专用型粉的需求

为满足杭州腾瑞、义乌昶旭、宁波成达等下游客户对专用型钛白粉的需求，提高产品竞争力和市场占有率，鲁北集团抽调专业技术人员，成立钛产业新产品研发小组，在保证通用型产品R6618产品质量达到国内一线品牌标准的同时，研究开发专用型产品。2017年5月，研发并量产应用于塑料和色母粒上的专用型钛白粉R6658，销往江苏、上海、广州等地和巴基斯坦，市场反馈良好；2017年6月，将一台煅烧窑改烧铝盐产品，后处理一条线单独生产硅铝包膜产品，并包覆无机分散剂，该产品可应用于造纸及水性涂料，初步定型为R6638，通过国际钛白粉生产龙头企业杜邦同类产品对比检测，产品白度等指标接近国际领先水平，目前该产品已实现量产并成功打入造纸市场；在R6638的基础上，研发小组继续试验，研究高端装饰纸专用钛白粉，销售价格比普通造纸型产品高出10%左右。

3. 延伸石膏制酸联产水泥产业链，开发高附加值产品

针对磷铵副产磷石膏制硫酸联产水泥装置存在的突出问题，鲁北集团与高等院校、科研院所、高新技术企业开展多种形式的产学研合作，进行工艺优化和项目开发。与清华大学开展"鲁北PSC产业链

绿色发展分析"技术合作，对石膏制酸产业链发展过程的绿色度进行评价分析，提出绿色发展建议；与中国科学院过程工程研究所、北京中富瑞科环保科技有限公司开展"高浓度有机废酸高值高效利用产业化技术开发与示范"项目合作，建设中试实验装置，被列入2017年山东省第四批技术创新项目。同时，抽调实践经验丰富的技术人员成立课题组，经过反复试验、攻关，自主研发"盐酸分解磷矿萃取工业磷酸"新技术。通过延伸产业链，开发生产出缓控释肥和玉米、小麦、花卉、蔬菜专用肥及不同含量的掺混肥等新产品，可满足不同客户的需求。

4. 产学研用相结合，培育锂电材料等新兴产业

近两年，与锦江集团、宁德时代、万向控股、四川大学和中南大学合作，做大锂电系列新材料产业。2018年投入48亿元确保年产2万吨电池级碳酸锂、3万吨/年磷酸铁锂碳正极材料联产3万吨/年磷酸铁、20万吨锂精矿、10万吨海水淡化一期、40万吨高效净水剂、鲁北化工废酸利用及日处理能力为2.5万吨的污水处理厂项目建成投产，同时6万吨氯化法钛白一期项目进入安装阶段，10万吨/年金红石型钛白粉等量搬迁入园及综合技改项目、鲁北海洋科技产业基地项目、含氟高分子材料项目和高盐废水制离子膜烧碱项目获批开工；与锦江集团等合作的系列电池项目和垃圾发电余热利用项目、与无棣洁能公司合作的天然气——蒸汽联合循环分布式电站项目落地开工。未来5年，产业规模达到500亿元，其中钛业150亿元，锂电产业200亿元。

（三）调整产业链结构，深化循环经济建设

鲁北集团拥有山东省企业技术中心和院士工作站、山东鲁北化工建材设计院等研发平台，近几年又批复建立全国石油和化工行业石膏化学分解综合利用工程研究中心、全国循环经济技术中心、石油和化工环境保护废石膏——废硫酸协同处理工程中心、锂电材料研究院、钛产业研究所、化学品铝及阻燃剂研究所、海洋产业研究所等科研机构，在生态产业、循环经济、固液废弃物协同处理和资源综合利用等方面倾注大量心血，在完善除尘、脱硫、脱硝、污水处理站、污水管网等环保设施建设的同时，还取得多项"中国首创"技术成果并实现产业化，使企业获得技术和效益的双飞跃。

1. 研发化学分解法新工艺，实现工业废石膏协同处理

鲁北集团依托现有磷石膏制酸装置，开展工业副产石膏化学分解法综合利用工程技术研发，创新性地开发工业废石膏化学分解法制硫酸和水泥新技术，将钛石膏与磷石膏、脱硫石膏等工业石膏混配，消除钛石膏中铁、钛含量高对煅烧过程结圈的影响，在国际上首次实现多种工业废石膏协同处理生产装置的规模化稳定运行，荣获2016年山东省科技进步一等奖。目前，鲁北集团的磷石膏、钛石膏、脱硫石膏已全部综合利用。

2. 开发废硫酸——石膏联合制酸技术，实现资源化利用

鲁北集团与中国海洋大学青岛润景环保科技有限公司开展技术合作，利用现有磷石膏制硫酸和水泥装置提出技术改造方案，研发石膏制硫酸分解系统协同处理有机废酸技术。该技术与石膏制硫酸联产水泥装置耦合，废硫酸从多点喷入回转窑，在高温下裂解为二氧化硫气体，废硫酸中的有机物充分燃烧，产生的热量被充分利用，为解决有机废酸分解纯化与资源化利用难题提供了新的途径。目前，鲁北为周围炼化企业年处理烷基化废硫酸12万吨，每吨收取处理费用500元，比其自己处理节省约700元。

3. 大力推行清洁生产，实现钛白废酸高效高值利用

鲁北集团经与山东大学洽谈合作，成立"产、学、研"联合攻关组，山东大学负责理论和实验室研究，鲁北集团负责工业试验攻关。经过一年的试验和运行，研发出预处理—浓硫酸混配—冷却—熟化—固液分离等工艺环节组成的磷酸络合脱钛和硫酸浓差结晶除铁新技术，净化得到的酸用来萃取湿法磷酸，磷酸生产磷酸盐，副产磷钛石膏用来制硫酸和水泥，从而达到钛白废酸的高效高值利用。目前，鲁北钛白粉副产的废硫酸已全部综合利用，年处理量达40万吨。

4. 深入研究赤泥利用技术，破解铝业可持续发展难题

针对氧化铝赤泥综合利用难题，鲁北集团对赤泥进行提取铁粉的小试试验，但提取工艺研发不成熟，还需进行中试对工艺优化。经过提取铁矿粉后的赤泥仍剩余70%~80%的尾矿，污染环境问题仍没有得到根治，技术人员通过考察调研、查阅资料、咨询专家发现，用提铁尾矿制取陶粒可实现赤泥的全部资源化利用。于是成立专门研发小组，试验开发物理分选提铁并回转窑煅烧制备陶粒技术，该项目被列入国家发改委中央预算内专项投资项目。

另外，鲁北集团与中国地质大学、济南大学技术合作，引进战略合作伙伴建设1.2亿块/年赤泥制新型建材砖项目。随着国家墙改禁令的实施，该项目已成为综合利用赤泥废渣，替代黏土砖、保护耕地的首选项目。

（四）优化投融资结构，为企业发展注入新动力

1. 推进混合所有制改革，优化资本结构

鲁北集团于2016年3月29日启动筹划混合所有制改革事项，采用增资扩股方式通过公开征集程序引入战略投资者——杭州锦江集团有限公司。2016年7月，杭州锦江集团增资6.04亿元持有鲁北集团44.45%的股份，完成鲁北集团的混合所有制改革，进一步优化产权结构和国有资本配置，推进股东结构多元化、产权结构分散化，健全完善法人治理结构，壮大企业资本实力，提升内在活力。按照与杭州锦江集团达成的总体合作框架协议，根据各自优势，将鲁北集团产业布局优化调整为：磷铵——硫酸——水泥联产及海水一水多用产业链稳定发展、钛产业板块做大做强、铝产业板块提档升级，并强强联合进军锂电池新材料和再生新能源领域。

2016年11月，杭州锦江集团对鲁北集团下属子公司山东金海钛业资源科技有限公司进行增资扩股，增资3.51亿元，持有金海钛业34%的股份，2017年4月完成增资工作。

2. 充分发挥投资各方优势，弥补企业发展短板

杭州锦江集团是中国500强企业、中国百强民营企业，已形成中国领先的有色金属、化工、环保能源产业，管理机制和管理模式先进灵活，在有色金属板块掌握了行业领先的氧化铝生产专业技术，并拥有一批经验丰富的管理团队，有成功的大型氧化铝生产企业托管经验。为充分发挥双方优势，2016年9月，委托杭州锦江集团对鲁北集团的铝业生产装置进行托管，组织生产、营销、管理专家团队进行标本兼治的整改。

一是精简机构、减员增效、竞聘上岗。以职责清晰、管理顺畅为目标，对管理部门、生产车间进行整合重组；本着开放、竞争、择优原则，通过公开竞聘和综合考评，选拔78名工作经验丰富、专业技能过硬的优秀人才到管理岗位。管理人员比原来减少了21.79%，全部充实到生产一线。

二是注重人才培养，走出去学习经验，引进来整合提高。先后选送中层干部及以上人员去同行业标杆企业和杭州锦江集团旗下氧化铝厂学习60余人次，单次学习时间最长的达两个月，通过学习先进的管理模式和工艺技术，对照自身实际找差距、定方案。专门抽调8名外出学习人员成立管理提升办公室，负责整改方案的落实，积极推行先进管理经验，优化工艺流程，改进控制缺陷。杭州锦江集团先后组织两批20余人次技术服务团队，到鲁北集团开展问题专项梳理、排查、治理工作，提出操作方式、流程优化、制度完善、设备维护等多方面建议共80余项，实施后取得明显成效。

三是全面开展"四清四化"活动。"四清"即清理问题、清理制度、清理流程、清理人员，"四化"即复杂问题简单化、简单问题标准化、标准问题制度化、制度问题要量化，加强制度执行力，纠正违规行为，提升管理效率。

四是践行专业化理念，设备管理市场化运作。引进河南聚匠公司，专门负责装置的检修运维管理，根据任务制定工时和费用标准，工作效率显著提高，检维修费用大大降低。

3. 成立产业基金，搭建高效融资平台

鲁北集团与杭州锦江集团、杭州金投、恒杰实业共同发起，以有限合伙的形式设立新材料新能源产业基金，基金总额10.01亿元，存续期5年，主要用于投资新材料、新能源领域的优质项目。鲁北集团参与投资产业基金，使公司的业务范围进一步拓展，提高资金运营效率，拓宽盈利渠道。而且开辟更直接、更高效的融资平台，搭建起产业资本与金融资本融会贯通，助力优势企业发展的彩桥，对企业转型、技改乃至今后的可持续发展提供强大的资本保障。

（五）改革管理体制，优化基础保障

1. 健全法人治理结构，提高决策运营效率

杭州锦江集团增资混改完成后，鲁北集团按照现代企业制度，修订《公司章程》，完善股东会、董事会、监事会、经理层，达到所有权与经营权相分离，形成有效的决策运营制衡机制，经营管理环境更加规范、透明、公平。本着"简洁高效、职能清晰、责任均衡、运作规范"的原则。一是完善考核机制，加强审计监督。建立以董事会领导下的集团核心决策体系，以资产运营部为核心的财务成本效益体系，以各分公司产供销一条龙为主线的生产经营体系，以企业管理部为核心的绩效考核体系和以内部审计部为核心的审计监督体系，使部门间能够相互配合、互相监督，达到管控结合、科学治企。二是完善制度流程，强化责任落实。结合各分公司特点，本着制度编制先进性、全面性、适宜性、导向性、预防性的原则，梳理、修订、完善各类规章制度，研究下发产供销、工程建设、项目技改等工作流程文件。三是深入推进信息化建设，提高管理效率。充分利用OA自动办公系统和ERP系统，与企业管理制度体系达到深度融合。

2. 坚持市场导向，促进营销创新

鲁北集团及时掌握市场信息、把握市场脉搏、做好市场定位、调整营销策略。化肥、氧化铝系列产品通过转型升级，开发适销产品，拓宽销售渠道；水泥产品抢抓国家加快基础设施建设的良好机遇，重点拓展河北沧州核电、黄骅港、滨州港、滨州高速公路等周边重点工程；钛白粉产品在做好国内市场的同时，积极开拓国外市场。

在各级政府部门的大力支持下，鲁北集团自2014年开始通过互联网和参加展会等方式拓展国际业务，先后参加中东涂料展等国内外大型展会20余次，外贸出口量连续翻番增长，受到滨州市相关部门的表扬和财政嘉奖。2015年钛白粉出口2200吨；2016年达到8000吨，出口额近亿元；2017年出口近2.3万吨，出口额3.25亿元；目前，鲁北集团产品已进入美国、韩国、印度、巴基斯坦，以及中东、非洲等50多个国家和地区，出口量和出口交货值仍保持同比翻倍增长的良好势头。

3. 践行人才强企战略，增强竞争活力

针对企业地处偏僻，工作、生活环境较差，从外部引进人才困难的实际情况，与山东大学、齐鲁工业大学等省内10余所高校达成支援共建协议，充分利用高校资源，融合企业自身优势，高起点、高标准建设鲁北技工学校。学校的申报、筹建工作于2016年10月启动，经相关部门批复后，教学楼改造、教学设施配套及校园建设于2017年上半年完成，2017年夏季第一批招生200人，三年后在校生达1000人。鲁北技工学校依托山东鲁北高新技术开发区及鲁北集团各实体企业的专业技术人才资源，全面实施双元制及学徒制教学，后续实行"3+2"培养模式，以为园区内各企业培养全面的实用型、技能型人才为使命，实现学校教学与岗位实训充分融合，从而满足园区日益增长的人才需求。同时，依托鲁北技工学校，鲁北集团获批无棣县化工专项公共实训中心，成立学校附属的职教中心，同步承担园区内各企业在职员工的学历提升、技能提升、安全知识培训、劳动法规普及、管理技巧培训等，强化在职员工的综合素质培养，为企业的规范运营、安全生产、科学管理打造有力的人才队伍保障。

三、化工企业适应市场需求的全面变革管理效果

（一）产品结构更加适应市场需求，生产装置达到满负荷运行

通过实施全面变革管理，鲁北集团产品结构得到优化，能够满足不同客户群体的需求。产品的多样化，为销售工作打下基础，销量大幅增加，各主要产品产量逐步提高，实现了装置满负荷开车。2017年，氧化铝（含转型后化学品铝折氧化铝）产量达到109.36万吨，比2013年增加了59.95%；钛白粉产量达到15.37万吨，比2013年增加了426.37%；各类化肥产量达到75.34万吨，比2013年增加了62.48%。

转型后化学品铝系列产品产能自2015年逐步提高，当前实际产能已达到全部氧化铝装置产能的50%，可以根据各产品市场销价和利润空间灵活调整生产品种，企业抵御市场风险能力得到极大提升。2017年化学品铝产品产量达到37.87万吨，占全部铝产品比例达到34.63%。

（二）资源综合利用程度进一步提高，污染得到有效治理

通过自主研发的石膏制硫酸联产水泥、工业废石膏化学分解法协同处理、废硫酸—石膏联合生产硫酸成套工艺、钛白废酸高值利用、赤泥综合利用等关键技术，将固废再利用和生产有机结合，有效降低了原料成本和废物处置成本。大气污染控制方面，有效解决了二氧化硫、氮氧化物、烟尘、粉尘、酸性废气的治理问题；水污染控制方面，通过控制废水产生、处理后回用、完善污水处理系统，实现了废水、COD的减排。2015年5月，鲁北集团顺利通过了国家发改委、原环境保护部、科学技术部、工业和信息化部、财政部、商务部、国家统计局七部委的国家循环经济示范试点单位验收；2016年12月，被山东省人民政府授予"山东省资源综合利用先进单位"；2017年5月，"工业副产石膏化学分解法综合利用工程技术"获山东省科学技术进步一等奖；2017年11月，鲁北集团"工业副产石膏化学分解法综合利用工程技术"，在中国首届节能环保创新应用大赛颁奖仪式暨2017中国（徐州）绿色发展高峰论坛，荣获节能环保创新应用大赛银奖。

（三）混合所有制运行良好，企业发展充满活力

鲁北集团与杭州锦江集团成功完成增资扩股混合所有制改革以来，缓解了资金紧张的局面，财务状况得以明显的质变，融资环境进一步改善，确保了转型升级和优势产业扩能的进程。在企业运营管理上，两家公司深度融合、优势互补，高起点谋划新发展，企业不仅摆脱了困境，获得较好的经济效益，而且充满活力。鲁北集团2017年度实现营业收入103.16亿元、利润7.55亿元、利税9.06亿元，比2013年分别增长了57.42%、70.81%和73.90%。

（成果创造人：吕天宝、陈树常、翟洪轩、袁金亮、
付希禄、鲍树涛、付长强、王同永、张占儒）

重塑内生动力的港口企业管理变革

日照港集团有限公司

日照港集团有限公司（简称日照港）成立于 2003 年 5 月，现有 26 个二级直属单位，总资产超过 560 亿元，净资产 200 亿元，固定员工 9000 余人。日照港 1986 年建成开港开放，总体规划了 274 个泊位、已建成 59 个泊位，设计年通过能力超过 3.5 亿吨，主要从事港口铁矿石、原油、煤炭、粮食、木材等大宗散货和集装箱货物的装卸、仓储、运输、流通加工、保税等服务，以及物流贸易、建筑制造、金融服务等与港口业务相关的延伸产业，是国家重点发展的沿海主要港口、"一带一路"的重要枢纽、吞吐量规模居全国沿海港口第 9 位，是全国最大的铁矿石、木片、大豆进口口岸、第三大原油进口口岸，铁矿石、木片、大豆、原油年进口量分别约占全国总进口量的 1/8、1/2、1/8、1/9。日照港位居中国服务企业 500 强第 210 位，山东省服务业 30 强企业第 10 位。

一、重塑内生动力的港口企业管理变革背景

（一）贯彻落实省委省政府"推进新旧动能转换"改革要求，加快推动港口转型升级的需要

2017 年 1 月，国务院办公厅印发《关于创新管理优化服务培育壮大经济发展新动能加快新旧动能接续转换的意见》，提出以新技术新产业新业态新模式为核心，以知识、技术、信息、数据等新生产要素培育经济发展新动能，强调利用新技术、新业态改造提升传统产业，推动降本增效和创新发展。山东省作为国家确定的首个新旧动能转换综合试验区，省委省政府组织制定了《关于推进新旧动能转换重大工程的实施意见》，对深化重点领域改革、实施创新驱动战略，激发新旧动能转换活力，加速衍生新环节、新活动，增加新产品、新服务、新供给，催生释放新动能等提出明确要求。面对新时代人民群众日益增长的美好生活需要和省委省政府"推进新旧动能转换"改革要求，加快推进港口转型升级，重塑内生发展动力，充分发挥港口基础设施在经济发展中的基础性、先导性支撑保障作用，持续改进和提升服务水平，更好地激发市场活力具有十分重要的意义。

（二）应对航运经济新形势和港口行业重大挑战，增强港口可持续发展能力的需要

港口是国家重要基础设施和综合交通运输体系的重要枢纽。近年来，受国际金融危机影响，全球经济复苏乏力，贸易摩擦等进一步加剧了世界经济发展的不确定性；同时，我国经济发展进入转变发展方式、优化经济结构、转换增长动力的新常态，宏观经济下行压力增大，港口行业发展也进入了"换挡期"，外部经济形势变化带来航运贸易需求疲软、航运经济持续低迷，给港口企业发展带来严峻挑战。面对航运经济新形势，港口企业要求生存、谋发展，必须不断增强改革意识和创新意识，向管理要效益，向创新要效益，依靠转换增长动能来提升核心竞争力。加快实施重塑内生动力的管理变革，推动港口企业创新发展，调整优化发展结构、夯实发展基础，不断拓展港口功能，增强港口发展后劲，实现持续健康发展具有很强的紧迫性。

（三）推动港口高质量发展，提升港口企业效率效益的需要

在实施以重塑内生动力为目标的管理变革之前，日照港对企业经营管理现状进行了全面梳理，有待完善之处主要体现在：一是以往被高速增长掩盖的管理粗放、机构设置臃肿、机制不灵活、业务程序冗杂问题突出，管理效能有待提升；二是集团化运营特点不突出、综合竞争能力不强、运营成本高、盈利能力差，市场应变能力和服务水平有待提升；三是风险防控能力有待增强，内控体系建设和内部管理基础有待夯实；四是人财物资源配置有待完善，薪酬分配存在"大锅饭"，干事创业激励导向需要进一步

增强；物资采购成本高，"跑冒滴漏"现象尚未完全杜绝；干部选拔任用机制有待完善，一些重要岗位人员缺乏轮岗交流锻炼。这些短板和不足已成为制约日照港高质量发展的阻力和障碍。因此，着眼解决企业内部管理问题，通过加快实施管理变革，全面推进港口质量变革、效率变革、动力变革，进而释放新的发展活力，促进港口效率效益持续提升，具有十分迫切的需求。

二、重塑内生动力的港口企业管理变革内涵和主要做法

日照港紧紧围绕加快推动港口新旧动能转换这一目标，以提升服务质量、提高效率效益为导向，按照"深化改革、创新驱动、强化管理、提质增效"的总体要求，通过成立高效组织机构，深入推进机关机构、人事制度、薪酬分配制度、物资供应体制、劳务体制等一系列内部改革，创新利用新技术、新业态改造传统动能，建立港口主业与物流、金融、贸易、信息等业务的一体化集成服务体系以及加快推动财务与业务系统融合，健全完善内部控制体系等一系列举措，有效提升港口核心竞争力、资源优化配置能力和风险防控能力，全面激发企业发展活力。主要做法如下。

（一）科学制定管理变革指导思想、基本原则和总体目标

1. 指导思想

日照港以加快推动港口新旧动能转换为目标，以深化内部改革与实施创新驱动为两大引擎，以四大措施为抓手，即"强基"，通过深化内部改革降低运行成本、激发内部活力；"健体"，大力实施业务财务融合，提升优化资源配置能力；"整合"，利用新技术、新业态，创新整合内外部资源建立集成服务体系，提升核心竞争力；"防控"，实施内控体系建设，构建符合企业发展的风险管控模式，在激烈的市场竞争中，转换经营机制，加强企业管理，推动港口持续健康发展。

2. 基本原则

坚持"集团化、精益化、集约化、标准化"，从有利于提升港口市场竞争力、有利于增强港口发展活力、有利于提升港口资源优化配置能力的视角出发，坚持问题导向，深化改革攻坚，加强企业管理，提高企业效率效益；坚持创新导向，应用推广新技术新业态新模式，提升对客户和市场的快速反应能力，推动港口转型升级。

3. 总体目标

一是建立"权责明晰、控制有力、运转高效、服务完善"的组织机构，提供坚强组织保障。二是构建"导向明确、业绩挂钩、规范合理、公平公正"的薪酬分配体系，搭建能上能下的选人用人机制和统一的招标采购管理体系，构建规范有序的劳务外包管理机制。三是打造港口集疏运系统便捷高效、物流服务功能完善、综合物流成本低的集货物流、资金流、信息流为一体的现代港口物流中心。四是实现监控和调度资金，强化资金管控，保障资金安全；建设主数据库平台，实现基础信息统一共享。五是加强依法合规经营，大幅提升各管理层级的精益管理水平。

（二）成立高效组织机构，提供坚强组织保障

2017年1月，日照港成立了推动管理变革领导小组，下设深化改革领导小组、港口业务集成服务领导小组、财务与业务融合系统攻坚领导小组、内控体系建设攻坚领导小组及相关工作机构，全面推动管理变革。其中，日照港改革工作领导小组，由党委书记、董事长任组长，主要负责推进机关、机构、人事制度、薪酬分配制度、物资供应体制、劳务体制等六项改革；港口业务集成服务领导小组，主要负责推进港口业务集成服务研究，根据日照市《关于加快发展以港口物流业为重点的生产性服务业的意见》，顶层设计日照港深入推进港口业务集成服务指导意见，推进集成服务的深度与广度；财务与业务融合系统攻坚领导小组及推进办公室，主要负责对集团财务与业务系统融合的顶层设计，制定《财务与业务融合规划》，协调推进系统融合进程，分步骤实现系统的自动集成和数据交互共享，实时反映生产经营情况，强化风险管控和提升管理水平，实现快速科学决策；内控体系建设攻坚领导小组及推进办公

室，由总经理任组长，主要负责制订内部控制体系建设工作实施方案，领导、部署和推进内部控制体系建设项目，根据日照港总部职能定位，按照"系统设计、自上而下、分步实施、外部辅导"的工作思路，构建符合自身特点的新管控模式和内部控制体系。

（三）深入推进内部改革，全面激发港口发展活力

大力实施机关机构改革。 一是实施总部与二级单位机关改革。总部机关层面，在保持现有机构设置"职能制"总体框架基础上，将13个总部部门调整为10个部门，部室职责进一步优化；取消总部机关和股份公司机关"科"级建制，加快推动由"级别管理"向"岗位管理"转变；大幅精简编制定员，全面实行竞聘上岗。二级单位机关层面，按照"成熟一个，推进一个"原则，稳步压缩二级单位机关部门。二是全面优化各层级机构设置。按照一般单位3~5个部门、大单位不超过7个部门的要求，实施各单位机构改革，实现二级单位管理层级由四级压缩为三级。按照"管理专业化、撤并亏损单位、优化业务结构"的原则，撤销市场营销分公司，撤销宣教中心，撤销物资公司，撤销日照港劳务管理中心，撤销工程质量监督站、石臼港区重点项目部；整合碧波大酒店、物业公司和碧波茶业公司，整合港机公司、港达船厂、钢结构公司、大地公司的港机修造、船舶修造、钢结构、板材加工等资源，成立日照港贸易有限公司。在整合内部资源基础上，进一步吸引其他央企优质资源，与中远海运物流有限公司合资组建成立日照港中远海运物流有限公司，整合双方现有物流资源，打造港口供应链综合物流服务平台。

深入实施人事制度改革。 一是改革中层管理人员选拔任用机制。按照"品行好、群众认可、能干事、敢担当"的选人用人标准，优化组织选拔和竞争上岗程序。二是持续完善人才培养使用机制。立足日照港实际，着力培育经营管理、业务技术和一线操作人员三支队伍，打造港口持续发展的中坚力量。三是建立完善的公司内部人力资源市场。各单位用人一律实行内部市场化招聘。根据各单位实际需求和队伍状况，实施关键、重点岗位人员轮岗制度，提供管理骨干和单位中层管理人员交流任职学习平台，促进人力资源在全公司范围内有序流动。

大力实施薪酬分配改革。 一是坚持薪酬分配向基层一线倾斜，提高夜班费和班组长补贴，建立向一线、"苦累脏险"岗位和高技能岗位倾斜的良好导向。二是设立新的薪酬体系。建立经营管理、专业技术、操作技能三个岗位序列和晋升通道，全面实施宽带薪酬、一岗多薪，优秀专业技术岗位、操作技能岗位人员收入可以达到相应管理人员收入水平，部分优秀单位中层管理人员的收入水平达到日照港中层管理人员的水平，经营业绩突出的日照港中层管理人员收入水平可达到日照港高层管理人员的收入水平，打通"天花板"。三是充分发挥各单位薪酬分配主动权。鼓励各单位大胆行使分配权，开展岗位绩效管理标杆培育，打破收入分配的"大锅饭"，合理调整各类人员的薪酬结构，形成能增能减的绩效奖金分配体系。

推进物资采购改革。 一是建立统一的招标采购管理体系。成立招标采购中心，专门负责日照港招投标、物资采购、仓储、配送及废旧物资处理。推进招标采购工作集约化、专业化、标准化、信息化管理。二是重要物资全部实行厂家直购。大宗物资全部实施公开招标和战略合作，提升厂家准入门槛，坚持质量第一，在行业知名企业中优中选优，从源头确保物资质量。统筹下属各单位需求，形成规模化采购，"以量换价""优质优价"，与合作方实现双赢。三是加强采购风险控制。通过全网询比价、全过程公开、供应商管理、结算控制等措施，降低采购风险。四是实施智能化采购。大力推进扁平化和自动化采购，采购计划分解、询价、开标、定标全部由计算机系统自动完成。

实施劳务用工体制改革。 着眼解决业务外包种类多、业务金额大、违规外包、分包现象突出、劳务用工成本过高等问题，日照港重新组建了"日照海港装卸有限公司"，由其负责对日照港装卸公司外包业务实行劳务总承包，整合港口劳动力资源，统一组织开展相关劳务承发包业务，形成流程规范、界面清楚、权责明晰的劳务用工体制。推进港内装卸劳务总承包，统一承包全港装卸、短倒、道路清扫、流

动机械润滑保养等业务,降低外包费用。

（四）创新建立集成服务体系,提升核心竞争力

积极探索"生产+"服务模式。港口装卸公司、大宗商品交易中心、物流公司、贸易公司四方联动,推动客户间开展铁矿石进口、物流运输、产成品销售等业务合作。装卸公司负责在港口的货物装卸,大宗商品交易中心提供交易平台开展融资业务,贸易公司负责代理开证,物流公司负责全程物流运输服务,形成为客户提供供应链金融和物流运输一体化集成服务优势,同时进一步降低客户整体操作成本。

推广应用"物流+"服务模式。一是推出"物流+装卸"模式,即物流公司、装卸公司共同为客户研究、制订最佳的货物疏港方案,在物流环节为客户降低总物流成本,吸引客户在港开展业务。二是推出"物流+贸易+船代"模式,即物流公司与贸易公司形成业务联动机制,及时互通业务信息,充分利用港口资金优势,承揽业务。贸易公司开展相关业务时,物流公司及时跟进,为客户提供船货代业务,延长服务链条。三是推出"物流+贸易+金融+船货代理"模式,即客户通过在大宗商品交易中心平台融资开展相关业务,由装卸公司负责接卸,物流公司负责货代并负责汽运发运。四是推出"集装箱+"服务模式。集装箱公司联合装卸公司将部分适箱货物装箱,通过汽运发往内陆目的地,完成拆箱后,再装入需返回的货物返港上船,实现了集装箱的重去重回的"散改集"和"散加集"。

积极打造"金融+"服务模式。积极推广"财务公司－大商中心－港口－客户"四方融资业务模式、供应链金融服务模式,在确保资金安全的前提下有效带动港口装卸主业发展。大商中心联合银行、金融机构、财务公司、贸易公司等资金供方,大力开展港区动产质押融资监管业务,为客户量身打造集成化的质押融资解决方案,提升港口金融服务能力和质量,解决港内客户融资需求。在装卸业务方面,根据装卸单位资金需求,及时提供贷款、委托贷款、代开信用证、代开银行承兑汇票等业务,满足装卸主业资金需求；在实体贸易方面,通过贷款、委托贷款、代开信用证等方式向贸易公司提供资金支持；在现代物流方面,通过为物流公司等单位提供贷款、委托贷款等资金支持,协助日照港统筹港内倒运业务,逐步做大、做强港外实体物流。同时,通过向国际物流园、保税物流中心等单位提供金融服务,加快日照港保税物流、物流仓储、监管、配送等业务发展,增加港口供应链服务新内涵。

创新探索"信息+"服务模式。信息中心舟道网将船舶、汽运、火车集疏港需求进行服务集成,为港口商务、调度、库场及现场作业计划提供依据。舟道网将海关进出口货物放行信息、海事VTS信息、AIS信息、GIS地理信息（陆图、海图结合）进行接入和集成,为港口生产指挥、安全生产管理提供保障；为海关、检验检疫提供的监管平台个性化服务,将查验单位的放行信息、港口及其他监管场所的货物库存信息、进出信息、监控平台进行服务集成,提升了关检单位的监管能力。通过"无车承运人"项目,为货主、车辆、司机、代理人、港口提供一体化的物流服务,提供运输计划、车辆配备、运输过程监管（GPS）、运抵确认及结算等服务,舟道网注册用户5.9万个,日均用户访问量超50万次,日均7000车以上。

（五）深入实施财务与业务系统融合,优化资源配置能力

深入研究论证,提出业财融合原则与整体思路。经过反复研究论证,日照港提出"集成优化、互通互控、开放共享、稳定高效"的业财融合原则和"分块推动、分层推进、同步实施"的整体思路。首先,推动财务系统与装卸单位生产业务系统融合,再进行财务系统与其他业务板块系统的融合；其次,先实现财务系统与业务系统的融合,再推进财务系统与其他系统融合。在此基础上,同步推进基础信息、业务流程梳理与相关技术的设计研发工作。

积极有序推进,确保财务系统与业务系统全面融合。一是完成财务系统升级切换,实现港口装卸单位生产业务系统与财务系统的融合。二是设计中间平台系统,实现财务与业务系统对接融合。三是建立

和运行资金预算、费用预算、财务预算的预算管理体系,进一步优化财务系统和其他业务系统的融合,提高财务风险管控能力,实现财务智能分析。

建立统一数据管理平台,提升决策支撑效率。依托主数据管理平台,通过系统间的对接融合,逐步消除信息孤岛,凸显融合特色。持续推进财务系统与资产管理系统的深度扩展融合;研究推行实物资产二维码管理;研究探索"固定资产分布图"功能,在确保账卡物一致的基础上,实现"一物一卡一条码一地图"。明确了管理看板的设计思路和内容架构,将结合领导层需求和各单位意见进一步完善看板内容,形成集团层级和各单位层级两套管理看板,最终开发形成一个准确、便捷、直观的决策支持平台,让领导层能够及时掌握生产经营关键信息,决策更高效、便捷。

(六)健全完善内部控制体系,提升风险防控能力

调研梳理主要风险点,开展内控诊断。组织专家组完成了《内部控制与风险管理诊断报告》,提出了13项主要风险和43项内控缺陷,涵盖了战略层面和具体制度操作层面的内容。进一步系统梳理日照港组织机构常规授权,对日照港组织机构间的主要业务常规授权进行全面梳理、列示,在与日照港领导多次沟通交流、征求意见基础上,完成《组织机构常规授权指引》,明确了70余项业务工作流程,为内控体系的建设奠定坚实基础。

完善内控制度框架体系,构建长效管控机制。按照"纵向分类、横向分级、不重不漏、规范简洁"原则,对日照港下发的378项制度进行汇总分析,对每项制度提出具体修订处置意见,并根据《企业内部控制基本规范》及配套指引等相关要求,对日照港制度体系进行设计、分类,参考同类企业经验进行分级,完成日照港《制度体系设计与对标情况表》,梳理形成24个一级循环共196项制度,取消整合、修订与当前管理要求不匹配制度119项,新增制度35项,避免管控体系出现"两张皮"现象,确保日照港制度体系系统、科学、严谨、完整,构建起管控长效机制。

层层分解落实岗位职责,推动内控体系固化运行。编制日照港《内部控制手册》和《内部控制评价手册》。涵盖日照港重要业务模块和流程,明确24个一级循环、85个二级循环风险管理流程和风险管理岗位,实现"全岗位覆盖、全链条贯通、全过程管控",使得日照港管控、重要业务操作授权明确、责权匹配、运转高效,主要风险可控、能控、在控。

三、重塑内生动力的港口企业管理变革效果

(一)提升了企业管理水平,核心竞争力显著增强

日照港通过实施重塑内生动力的管理变革,用改革创新的办法有效解决了一些长期制约港口发展的难题,进一步降低了运行成本、有力增强了企业可持续发展能力。通过推进财务业务融合,打破了内部信息孤岛,实现数据共享,提高协同效率,加强了日照港财务管控,规范了业务流程,防范风险;延伸了财务视角,传导财务价值管理理念,进一步优化资源配置。通过集成服务,增强了客户黏性。2017年开发新客户230家、新货源1900万吨;刷新各项作业纪录136项;船舶在港停时压缩2.9小时;在泊效率达到1110吨/小时,同比提升17%;主要生产泊位利用率达到70%,提升2个百分点;大宗商品交易中心实现成交量1.7亿吨、成交额2700亿元。劳务用工人数与2016年年底相比减少30.5%,海港装卸公司签订劳动合同已达6800人。通过实施内控体系建设,累计优化业务工作流程84项,梳理制度209项,涵盖日照港主要业务模块和工作流程,强化了风险管控能力。

(二)激发了港口发展活力,经济效益大幅提升

日照港通过实施管理变革,进一步激发了全港广大干部员工干事创业、拼搏奉献的事业心和责任感,有力助推了日照港实现跨越发展。2017年日照港完成货物吞吐量3.6亿吨,同比增长9%以上,其中,集装箱322万标箱,同比增长22.7%;铁矿石1.34亿吨,同比增长7%;原油4854万吨,同比增长7%;煤炭2994万吨,同比增长15%;木片1458万吨,同比增长6%;大豆1046万吨,同比增长

5%；钢材 912 万吨，同比增长 13%；焦炭 654 万吨，同比增长 60%。经济效益大幅度提升，2017 年实现利税 13.5 亿元，同比增长 101%；实现利润 10.1 亿元，同比增长 354%，是历史上年度最好水平的 1.5 倍。2017 年管理费用同比减少 1 亿元，下降 18%，港口主业单位变动成本同比减少 0.25 元/吨，港口主业外付劳务费同比下降 18%，2017 年日照港节约物资采购成本 4100 万元，物资采购成本同比下降 20%，设备委外修理费同比下降 22.2%。2018 年上半年累计实现利税 9.06 亿元，同比增长 50.1%；实现利润 7.16 亿元，同比增长 63.9%。

（三）塑造了良好的企业形象，获得社会各界高度评价

随着港口推动企业新旧动能转换的管理变革模式得到企业内外的广泛认可，日照港的社会影响力、美誉度和客户满意度显著提升，塑造了良好的企业品牌形象。一方面，有力带动了城市经济发展，2017 年日照市实现地区生产总值同比增长 9.2%，规模以上工业增加值同比增长 10.3%，进出口总值同比增长 11.3%，增幅跃居全省前列，跑出了"日照加速度"。吸引了中远海运物流有限公司等大型央企与日照港开展合作，扩宽了企业发展空间。另一方面，管理变革工作得到上级领导部门高度肯定。日照市委在十三届二次全会报告中指出，"日照港初步实现了凤凰涅槃、浴火重生"。

（成果创造人：蔡中堂、刘国田、王永刚、高　健、李兵华、石汝欣、徐振和、姜子旦、吕佐武、孟仔敏、张　强、焦文钰）

钢铁企业激发生产单元活力的市场化机制的构建

鞍钢股份有限公司大型厂

鞍钢股份有限公司大型厂（以下简称鞍钢股份大型厂），重建于1953年，是国家恢复建设时期著名的"鞍钢三大工程"之一，是中国生产钢轨、方圆钢、工角槽钢、球扁钢和螺纹钢等型材的重要骨干企业。大型厂下辖轨梁线、连轧线、大型线、中型线和小型线等五条生产线。作为独立生产单元的大型厂小型线是鞍钢集团20个重点创效技改项目之一，为年产100万吨的全连续式热轧钢筋生产线。2014年开工建设，同年8月28日热负荷试车成功。主要生产热轧带肋钢筋、圆钢系列、预应力混凝土用螺纹钢筋等系列产品。2016年8月"鞍钢"牌螺纹钢在上海期货交易所注册成功。产品销往全国各地，国标HRB400E螺纹钢成功在盘锦辽东湾新湖大桥、新京沈线高铁、田湾核电站等重点工程应用。产品还通过英标、韩标等认证，2017年8月成功出口文莱，获得用户的认可。

一、钢铁企业激发生产单元活力的市场化机制的构建背景

（一）解决新产线应对市场竞争能力不足的迫切需求

小型线投产以来，由于市场化的体制机制不完善，市场压力不能有效传递，内生活力动力不足，产线效益低，一度出现亏损局面。表现在：一是新产线不适应旧机制，生产组织不能充分适应外部市场需求。螺纹钢是市场高度竞争的产品，螺纹钢的价格与市场供求关系紧密关联，价格波动频繁，要求生产企业按照市场规律组织生产运行。小型线旧有的管理模式和生产组织相对僵化，管理链条长，市场响应慢，不能根据市场价格变化灵活组织生产。二是新产线内生活力不足，相对同行业领先对手存在多方面的竞争劣势。经与酒钢、津西、石横特钢、沙钢、三钢和北钢等同行业对标分析，小型线无论从管理上还是技术上均存在一定差距，集中体现在成本竞争力低、团队竞争气氛不够和技术水平不足等方面。

（二）解决人力资源不足制约产线产能释放的现实需求

小型线投产以来，受关键操作岗位人才短缺、技术能力不足等因素影响，产能始终得不到有效释放。表现在：一是人力资源在数量和质量上均存在严重不足。随着人力资源优化和自然减员，关键岗位在岗人数不足的现象逐步显现；鞍钢螺纹钢已经停产近10年，技术力量断层十分严重，导致螺纹钢轧制技能低下，致使产能得不到充分释放。二是对相关方的管理模式严重制约整体能动性。小型线现有相关方劳务人员150余人，约为全民制职工的3倍，传统上身份界限泾渭分明，很难逾越，全民制职工和劳务工在工资、福利待遇等方面存在较大差异，造成相关方人员工作能动性严重不足。

（三）落实鞍钢集团公司推进企业体制机制改革的需求

鞍钢集团进一步明确要将市场化改革推向深入，打造更多"微型"市场主体，建立完善责权利相统一的运营机制，充分激活每个"微型"市场主体活力，提高全要素运行质量和效益。一是深化生产经营组织体制改革。重新构架企业生产经营组织体系，将传统的生产工序关系转化为市场关系，构建"市场压力传递有效、微观主体有活力、集团管控有度"的生产经营组织管理体制；进一步完善运营评价体系，以准确的市场化区分度评价衡量各企业运营状况，推动各级市场主体及时有针对性地完善市场化激励约束机制。二是深化市场化运营机制改革。全面落实企业市场主体地位，推动各级企业从"内部生产型"向"市场经营型"转变，确立更多的"微型"市场主体；全面推进契约化经营，以契约化经营目标

为底线，设置差异化考核指标，充分发挥有效激励与刚性约束作用，推动经营机制市场化变革。三是全面推进三项制度改革。深化干部人事制度改革，完善干部竞争机制，实现能上能下；深化薪酬分配制度改革，完善差异化、精准化薪酬分配办法，实现能多能少；深化劳动用工制度改革，优化人力资源配置，实现能进能出。

二、钢铁企业激发生产单元活力的市场化机制的构建内涵和主要做法

鞍钢股份有限公司大型厂以组织变革为先导，通过构建适应扁平化和区域化的产线生产组织、市场化的产线运营指标体系、责权利相统一的产线自主经营体系，完善配套政策措施，采取模拟自主经营体的模式激发小型线生产单元活力。主要做法如下。

（一）构建产线扁平化、区域化生产组织

鞍钢股份大型厂摒弃传统管理思维，对标国内行业先进生产组织和管理模式，通过实施管理体制调整、建立独立核算体系，打破小型线内部原有生产组织模式，构建了全新的工序间生产组织关系。通过学习对标山东石横特钢、沙钢、福建三明钢铁、酒泉钢铁、新抚钢等同行先进生产组织模式，结合自身实际，按照"扁平化、短流程、高效率"原则，对管理体制进行优化调整。

一是实施扁平化垂直管理。小型线取消生产、吊装、设备等作业区层级，技术人员下层到班组，适当增加管理层人员，实施业务有分工、管理有合作，实现分厂直接管理班组。二是实施横向整合、区域化管理。小型线整合了生产辅助作业、吊车功能性包保作业、机械设备检修维护、电气设备检修维护等保包协力业务，通过对现有相关方综合实力评价，将相关方队伍由3家调整为1家；建立区域负责管理模式，变加热、轧钢、精整、成品、机械、电气等专业管理为横向区域管理。三是打破工种壁垒、推行一专多能。小型线实行"操检合一"，合并操作岗位和检修岗位部分职责；推行大工种作业，调整取消电气焊、弱电维护、质量检查等独立工种。四是优化作业班制。小型线调整职工作业班制，改"四三"制为"四二"制，减少交接班次数。

（二）构建产线市场化运营指标体系

科学确定市场主体经营指标，有效反映经营效益和运营质量，是推动产线生产组织市场化运营的关键。鞍钢股份大型厂针对小型线发展瓶颈与经营短板，从层层分解指标、科学量化指标两个维度，综合考虑产线定位、对标同行先进水平等因素，设计小型线市场化运营指标体系。

1. 分解经营指标，有效传递市场压力

鞍钢股份针对小型线"产能不能有效释放，产线效益低"的瓶颈问题，从"效益、效率、风险、成长"四个维度建立指标体系，确立了大型厂小型线利润、劳动生产率、产量、坯料库存量、产成品库存（成品库）、调品指数等6项经营指标（见图1），与大型厂经营班子签订了小型线契约化经营业绩责任书。大型厂结合小型线不具有销售职能的实际，调整"利润"和"调品指数"两项指标（其中"利润"替换为"成本"，"调品指数"由大型厂承担），突出产量提升、轧制成本控制，确定了小型线成本、产量、劳动生产率、坯料库存量、产成品库存5项经营指标，与小型线经营班子签订了契约化经营业绩责任书。小型线围绕产线经营指标，细化完善《小型线绩效管理实施细则》，将指标分解落实到岗位，并将"产量"作为岗位绩效的核心指标，按实际月产量确定岗位绩效薪酬，充分体现岗位价值创造能力。

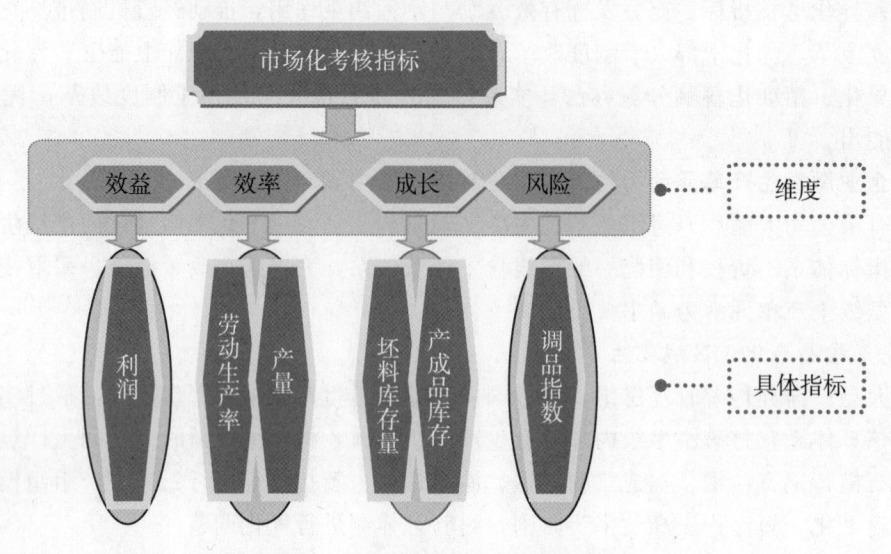

图1 小型线市场化考核指标框架

坚持"市场压力层层传递、指标层层分解、责任层层落实",压实从大型厂到小型线、岗位市场化经营指标。一是聚焦发展瓶颈与经营短板,鞍钢股份对大型厂下达小型线的经营指标;二是结合产线定位和实际,大型厂进一步明确小型线经营指标;三是体现岗位价值创造能力,小型线将经营指标分解落实到岗位,例如,产量直接与各岗位吨钢工资含量挂钩、废品量直接与轧钢岗位明确考核金额。

2. 科学量化经营指标,有效反映经营效益和运营质量

鞍钢股份大型厂科学量化小型线市场化经营指标。一是突出发展瓶颈与经营短板,确定指标权重;二是结合自身实际,对标行业先进,分档确定指标值。在确定指标权重方面,进一步突出小型线产量不能有效释放瓶颈问题,将产量指标权重设为80%,其余4项指标权重合计20%。在分档确定指标值方面,考虑产线实际、对标行业先进,按底线值、目标值、挑战值三挡指标设计。如成本指标,结合小型线2016年实际成本,对标山东石横特钢、沙钢、福建三明钢铁等同行先进水平,确定底线值180元/吨、目标值150元/吨、挑战值120元/吨。

(三)构建产线责权利相统一的自主经营体系

坚持责权利相统一,落实生产经营组织市场主体地位,是推动产线生产组织市场化运营的核心。鞍钢股份大型厂通过落实产线经营自主权,建立完善强有力的激励约束机制,有力推动了小型线的市场化运营发展。

1. 落实经营自主权,促进生产组织真正成为市场主体

按照鞍山钢铁内部逐级授权体系,大型厂在鞍钢股份授予的权限内,充分考虑小型线市场化经营管理需要,授予小型线人事用工权、薪酬分配权、机构设置权、采购计划权等自主经营权。在人事用工权上,小型线正职选聘经营班子副职,拥有独立自主用工权,可按照市场化模式决定产线用工。在薪酬分配权上,小型线按市场化原则,自行确定各岗位薪酬水平。在机构设置权上,小型线根据市场化运营需要,自行决定生产组织设置和岗位、班制调整。在采购计划权上,小型线根据生产需要提出采购计划,大型厂完全按小型线采购计划实施采购。

2. 建立独立核算体系,清晰市场主体责任边界

遵循市场化原则,结合小型线实际,建立内部相对独立的核算体系,为落实市场化经营指标责任奠定基础。一是从原材料需求端、中间工序、产品输出端,划清核算边界。大型厂负责小型线钢坯采购、

产品销售，承担采购成本、销售成本和利润指标；小型线仅承担中间工序成本，主要包括轧辊消耗、能源消耗、钢坯原料损失、制造费用（设备备件采购、维修、人工成本等）四项成本。二是按上工序产品参照市场价格水平向下工序结算，对外销售产品完全按市场价格，确定核算价格。小型线生产所需钢坯，按照鞍钢股份确定的"成材厂坯料价格以普碳钢坯市场价格为基础，并考虑品种成本差和生产工艺路线的工序累计当量加工成本（满负荷状态或行业先进）"原则，由大型厂与炼钢总厂进行结算。小型线产品销售，由大型厂销售部门利用鞍钢股份销售平台自主开展，销售价格完全按市场价格。小型线中间工序成本，对标山东石横特钢、沙钢等同行先进水平确定。

3. 建立强有力的激励约束机制，激发活力动力

坚持"岗位靠竞争，收入靠贡献"，深化"三项制度"改革。一是创新选人用人机制（见图2）。打破干部、工人、劳务身份界限，按照市场化、"双向选择"原则，开展全员重新竞聘上岗，社会化引进关键岗位技能人才，带动了生产技术指标的大幅提升，小型线综合成材率由改革前的96.05%提高到99.32%。通过创新选人用人机制，实现了员工能进能出，使每名员工认识到岗位是稀缺资源，取得了"要我干"到"我要干"的积极效果，解决了"人员冗余"和"效率低下"问题。二是创新薪酬分配机制。打破原有分配机制，参照市场标准确定各岗位薪酬水平，同班不同岗位薪酬水平差距达到300%；相关方劳务人员与全民制职工实施一体化考核，充分激发了劳务人员工作的积极性和主动性；员工薪酬与产量直接挂钩，如轧钢岗位在完成6万吨/月产量的基础上，超产部分按照0.35元/吨钢标准，核增岗位薪酬。通过建立完善精准、强有力的薪酬激励机制，实现了收入能多能少，激发了企业内生活力，解决了"干与不干一个样、干多干少一个样、干好干坏一个样"的动力不足问题。

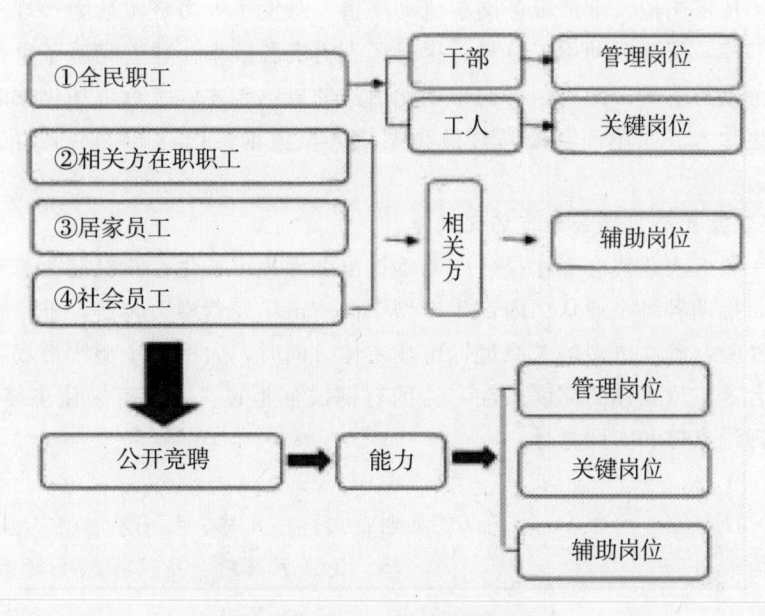

图2 小型线人力资源配置变化

（四）充分利用鞍钢股份有限公司的多样化支持

完善配套政策措施，做好支撑服务，是推进产线市场化运营的重要保障。适应小型线市场化改革需要，鞍钢股份有限公司、大型厂全力做好相关配套政策支持。一是物资供应保障方面，鞍钢股份产品制造部、炼钢总厂全力做好小型线坯料供应；鞍钢股份设备保障部、设备资材采购中心为小型线设备备件采购开辟"绿色"快捷通道，保障生产所需设备备件及时供应。二是人力资源保障方面，鞍钢股份人力资源部负责将分属不同部门管理的辅助生产协力费用、机电设备包保费用统一归口管理，保障了小型线

业务整合、劳务人员与全民制职工实施一体化管理等改革工作的顺利实施；大型厂对小型线落聘人员进行转岗安置，解决了员工退出渠道问题，保障了小型线用工制度改革的实施。三是销售资源保障方面，在鞍钢股份市场营销中心的支持下，大型厂组建了小型线销售团队，成立了市场化经营办公室和监察评价办公室，充分利用股份公司销售平台和政策开展销售工作，简化了审批流程。四是为更好地推进市场化改革，小型线结合运营实践，提出了在采购管理、人力资源、物流管理、销售管理等方面的进一步政策需求。例如，采购管理方面，建议5000元以下常耗备件、应急备件可自行市场采购，进一步提高采购效率；物流管理方面，给予仓库自主选择权，以更好满足生产、销售实际需要。

三、钢铁企业激发生产单元活力的市场化机制的构建效果

（一）小型线经营业绩明显改善

鞍钢股份大型厂小型线通过市场化体制机制变革，建立了责权利相统一的运营机制，切实落实了生产经营主体市场地位，增强了全员市场竞争意识，激发了内生活力动力，精简优化岗位人员36%，设备事故处理时间缩短了30%、作业效率由60.3%提高到74%。2017年取得了单月产量从5.5万吨到8.6万吨（11月份达产并实现超产0.3万吨）、成材率指标达到设计成材率（99%）、月平均利润较变革前提高了30%的历史性突破性成绩，工序吨钢成本大幅度降低（最低已达到101元/吨），同行业内具有领先优势，实现了企业增效、员工增收的"双赢"目标；2018年，随着市场化改革的稳步推进，除4~7月份公司限产外，8月份产量规模已超过10万吨，改革后累计盈利已达1.5亿元。

（二）盘活人力资源，激发企业活力

打破了原有行政化、身份化的管理模式，按照市场化原则，突出能力、业绩导向，创新选人用人机制，畅通管理岗位、技术岗位、生产服务岗位流动渠道，激发了人力资源活力；规范了成熟人才引进流程，严格劳务用工管理，压缩劳动用工总量，提升了人力资源效率。建立完善了重精准、强激励、硬约束、严考核的绩效考核与薪酬分配机制，对市场化引进的成熟人才，实行市场化薪酬，实现收入能多能少，激发了企业内生动力。改革前，最高月份小型线人员流动性已达30%；改革后，人员相对稳定，收入实现了翻一番。

（三）有效落实了集团公司部署的市场化改革

鞍钢集团公司一届五次职代会工作报告中明确提出，深化市场化运营机制改革要以全面落实企业市场主体地位为重点，推动各级企业从"内部生产型"向"市场经营型"转变，推广鞍钢股份大型厂小型线市场化经营管理经验，确立更多的"微型"市场主体。同时，大型厂小型线市场化改革也受到辽宁电视台、鞍山广播电台等主流媒体的高度关注，为国有钢铁企业的"微观市场化主体"——"生产单元"市场化经营，提供理论支撑和实践指导。

（成果创造人：王义栋、杜　斌、孙　强、李元华、王庆军、
杜　民、尹燕鹏、张卫锋、王家策、卞宝泰、刘　虹）

特大型钢铁企业集团基于战略管控的
成员企业差异化管理体系建设

鞍钢集团有限公司

2010年，经国务院同意、国务院国资委批准，鞍山钢铁集团公司与攀钢集团有限公司联合重组，成立鞍钢集团公司，并于2017年12月，改制为鞍钢集团有限公司（以下简称鞍钢集团）。具有年生产钢3900万吨、铁精矿4000万吨的综合生产能力，综合实物产能7900万吨。可生产碳钢、不锈钢、特钢3000多个牌号，60000多个规格高技术含量、高附加值的钢铁、钒钛精品，其中铁路用钢、海洋工程和造船用钢、桥梁用钢、汽车用钢、军工产品、钒钛产品、能源用钢等系列战略产品在国内领先。鞍钢位列2017年中国500最具价值品牌第55位，品牌价值增至570.55亿元，比上年增值123.37亿元，在钢铁企业中排名首位。

一、特大型钢铁企业集团基于战略管控的成员企业差异化管理体系建设背景

（一）适应企业多元化、跨区域、国际化经营的现实需要

在鞍攀重组以后，鞍钢集团形成了相关产业多元化、多种股权结构并存、生产基地跨区域、经营国际化的发展格局。从产业类型上看，集团所属企业分属钢铁、资源、工程、信息、贸易、金融等24个不同行业领域，行业发展规律和产业特征差异很大；从股权结构上看，集团所属各级法人企业和分支机构合计503家，其中全资334家（含非法人分支机构）、控股35家、参股134家；从国际国内布局上看，在东北、西南、华南等区域拥有钢铁精品生产基地，在东北、西南、以及澳大利亚等区域拥有铁精矿生产基地，在中国香港，以及韩国、日本、澳大利亚、意大利、西班牙等国家和地区拥有钢铁钒钛产品的贸易公司和加工配送公司，产品销售全球70多个国家和地区。面对全新的发展格局，以往单一的管钢铁、工厂式管理模式，已经不适应企业转型发展的需要，迫切要求鞍钢集团进一步清晰集团总部战略管控的功能定位，聚焦多元产业集团的差异化特征，构建完善子企业差异化管理体系，推动集团管控变革。

（二）解决企业内部非市场化痼疾、激发活力动力的迫切需要

"总部相对集权，子企业直面市场但很难自主决策"是很多老国有企业管理体制面临的问题，作为东北老工业基地的央企代表，鞍钢集团也存在企业外部市场化、内部非市场化，市场压力不能有效传递，体制不优、机制不活、动力不足的问题。尤其是鞍攀联合重组以后，原有相对集权的操作型管控模式，更加不适应企业发展需要和市场经济发展新要求，迫切要求鞍钢集团将市场化改革作为新一轮深化改革的出发点和落脚点，全面落实、充分尊重各级各类企业市场主体地位，逐级压实生产经营主体责任，坚持责权利相统一，全面升级完善各司其职、各负其责、协调运转、有效制衡的公司治理体系和经营管控体系，促进各级企业与市场经济更加深度地融合，实现资本能进能退、企业能生能死，各级企业真正自生、自立、自灭于市场。

（三）提升企业国有资本运营与监管能力的变革需要

党的十八大以来，以《关于深化国有企业改革的指导意见》为统领、以若干文件为配套的国企改革"1+N"政策体系，形成了梯次展开、纵深推进、全面落地的国企改革新局面。对照国务院国资委关于深化"放管服"改革、切实由"管企业"向"管资本"转变的变革要求，在进行全面深入探索与实践的基础上，鞍钢集团要进一步构建与市场经济规律相适应的管控模式，按照市场化原则协调配置资源，对

重大事项集中统一决策、对重要资源统一配置、对战略性业务统一协同、对生产经营充分授权、对重大风险系统监控，不断提升国有资本运营与监管能力。

二、特大型钢铁企业集团基于战略管控的成员企业差异化管理体系建设内涵和主要做法

鞍钢集团按照"简化、瘦身、放权、搞活"的改革思维，突出多元产业差异化管理特征，坚持集团战略管控的基本功能定位，坚持集团成员企业差异化管理，以建设战略管控型集团总部为前提，对各级成员企业以企业分类为基础，以差异化分类授权为核心，以分类精准考核为关键，以放权与监管同步到位为保障，"自上而下"规范体系建设，"自下而上"推动体制机制创新，推动了各级企业分类改革、分类考核、分类授权、分类监管，实现了分类发展，促进了集团整体管控能力与运行效率有效提升。主要做法如下。

（一）明确功能定位，构建战略管控型集团总部

1. 功能定位

基于集团总部"战略管理、投资与资本运营、财务管理、人力资源、考核评价、协调与共享服务"六大功能定位，以及"适度集权、合理分权、系统监控"的战略管控模式，鞍钢集团构建战略管控型集团总部，明确集团总部部门对专业职能领域内制订管理制度、规范、标准的全面性负总责，对专业职能领域内的内控体系建设和风险管理负总责，对指导监督子企业承接落实各项工作、规范执行制度规则负总责，对子企业工作过程、效果的监督与评价负总责。同时，既做充实完善、细化分解的"加法"，也做归并切分、剥离撤销的"减法"，集团总部的功能由集"运动员""裁判员"于一身，转变为"服务、监管、指导、协调"，截至2017年年末，集团总部机关部门从20个减少为16个，编制定员从467人核减为218人。

2. 总部职能调整

一是确保体系完整。结合业务实际和管理需要，充实细化了集团对外合资合作与兼并重组项目的财务状况调查、财务风险辨识等财务尽职调查职能，改组改制、并购上市、产权转让、破产重组等重大事项的法律保障职能，低效、无效企业竞争力评价、建立退出机制职能等。二是清晰责任界面。实行职能归并，统一境内与海外品牌推广、内控体系建设与风险管理等职能的归口管理，实现"同一口进、同一口出"；坚持流程导向，合理切分投资管理、股权处置等管理职能的界面，明确责任部门，落实责任主体，保证职能体系高效运行。三是上移管理重心。充分发挥集团总部"服务、监管、指导、协调"功能作用，剥离集团总部人力资源管理、财务管理的执行性、事务性职能，组建人力资源共享中心、财务共享中心，作为集团对成员企业实施有效监督并提供共享服务的平台，提升总部机关管理效率。四是落实简政放权。下放国际贸易管理职能，落实国贸公司主体责任，为集团海外事业发展提供支撑；下放国外智力和海内外人才引进职能，支持引进高层次人才；下放子企业信息化系统的建设、运维等职能，高效推进信息化项目实施；下放科研立项、科研物资仪器设备采购、科技成果处置等科研项目管理职能，促进科技成果转化。五是突出执行监管。在各部门专业领域中突出强调对子企业的监管检查职能，加强执行监管，促进依法合规运营；梳理优化纪检监察职能，建立集团内部巡视工作以及企业内部监督机构协调工作机制；设立审计中心，构建集团审计部总体策划和专业管理、审计中心集中实施、子企业有效协作的审计管理体系。

3. 强化工作考核评价

在优化职能、清晰定位的基础上，综合采取阶段性量化、实时性量化、目标性量化等方法，确定集团总部可量化、可评价的工作目标，精准实施考核激励。一是以业绩为导向，以价值创造为核心，强化"对上、对外、对内"引领发展、综合协调联络、管理指导服务功能，切实发挥总部部门对集团战略目标的支撑作用；二是围绕部门职责履行、重点工作落实、部门间沟通协作、对子企业指导服务监管等重

点，按照阶段性、实时性、目标性要求，量化考核标准；三是突出重点项目推进和引导激励，对业务部门和党群部门分别设置重点攻关项目和引领保证项目，业务部门以实施产业结构调整战略及实现年度生产经营目标的项目为主，促进效益目标实现。党群部门突出发挥党组织的领导核心和政治核心作用，保证党和国家方针政策、重大部署的贯彻执行。

（二）建立健全现代企业制度，为分类管控奠定制度基础

鞍钢集团把握公司制改制是前提、董事会建设是关键、科学有效决策机制是重点，加快建立完善各级企业法人治理结构。在此基础上，根据多元产业的股权结构和业务结构，建立成员企业分类体系，实施分类管控。

1. 推进公司制改制

鞍钢集团采取总体设计、分步实施的方式，推动完成集团及所属各级企业公司制改制，实现各级企业产权清晰，为建立现代企业制度奠定了体制基础。2017年12月，鞍钢集团改制为鞍钢集团有限公司。

2. 推进董事会建设

一是贯彻落实《关于进一步完善国有企业法人治理结构的指导意见》（国办发〔2017〕36号）精神，规范集团董事会运作，全部二级子企业及所属70家重要单元企业设立董事会；优化子企业董事会构成，形成了外部董事占多数的"3＋X"（"3"指董事长、党委书记，总经理，职工董事；"X"指外部董事）董事会结构制度安排。二是集团成立专职董（监）事办公室，建立专职董监事队伍，按照"3＋1＋1"任职模式（专职董监事分别担任3家二级子企业专职董事、1家二级子企业专职监事、1家三级单元企业外部独立董事），加强专职董监事配置，保障集团战略的有效落地，促进企业把握正确的发展方向，提升单元企业决策效率与能力。三是完善董监事履职绩效与企业经营业绩挂钩机制；建立既关注当期履职业绩，又体现对企业发展贡献的中长期激励机制；建立派出董监事履职评价机制及与其履职相适应的责任追究机制，通过利益连带，实现与企业同呼吸共命运。充分发挥外部董事"决策上的专家、沟通上的桥梁、经营上的老师"的功能和监事的独立性、制衡性和纠正功能，强化各级企业党组织的凝聚力和感召力、董事会的决策力和控制力、经营层的执行力和创新力、监事会的监督力和检查力。

3. 规范法人治理运行规则

充分发挥党组织的领导核心作用，切实落实和维护董事会职权，保障经营层经营自主权，落实各治理主体权责，厘清出资人与子企业、董事会与经理层的决策权限，建立各治理主体之间的工作关系与业务流程；督导子企业完善《公司章程》《董事会议事规则》《总经理议事规则》等基本制度，督导子企业规范所属企业法人治理结构运作，确保各治理机构规范履职，按《章程》《议事规则》对生产经营事项履行法定程序；建立完善"三重一大"决策制度和重大事项风险评估与合规审查机制，明确了"三重一大"事项的权责界面及决策规则，加强对重大事项决策前的风险评估与合规审查。

（三）科学分类成员企业，建立差异化管控体系

1. 实施成员企业分类

鞍钢集团以股权结构和产业关联度两个维度为主导，结合地域分布、功能定位、业务结构，对成员企业实施分类：一是按照股权结构并结合地域分布，将集团成员企业分为全资、控股、参股和境外公司四类。二是按照产业关联度并结合功能定位与业务结构，对全资、控股公司进一步细分为核心业务公司、专业化公司和服务型公司三类。核心业务公司是指最具竞争优势，居于产业链核心地位，在资产规模和经营收入、利润贡献占主导地位，经营集团主营业务的企业。包括鞍山钢铁集团有限公司、攀钢集团有限公司、鞍钢集团矿业有限公司、鞍钢联众（广州）不锈钢有限公司等。专业化公司是指居于核心

业务产业链延伸、工序服务环节，专注于某一行业或领域，具有突出的专业人才和技术优势，以及广阔的发展市场，致力于专业化经营、产业化发展的企业。包括鞍钢集团工程技术发展有限公司、鞍钢集团众元产业发展有限公司、鞍钢集团信息产业有限公司、鞍钢集团国际经济贸易有限公司、鞍钢集团资本控股有限公司等。服务型公司是指服务于集团成员企业发展和生产经营的企业或内部管理机构，根据其功能，进一步细分为经营性服务型公司和费用性服务型公司。包括鞍钢招标有限公司、鞍钢集团人力资源服务中心、鞍钢集团财务共享服务中心、鞍钢集团审计中心等。

对参股公司划分为产业类投资和股权投资两类；对境外公司划分为产业类和贸易类两类。其中，对集团参股公司和海外公司，主要通过集团派出董事、监事，在公司法人治理结构中发挥作用，体现出资人意志，保证所有者权益；对集团所属全资、控股的三类公司重点实施分类管控、分类考核，实现分类发展。

2. 实施分类管控

综合考虑功能、体制、层次、地域和产业成熟度等因素，科学匹配管控要素，构建完善产业链、价值链有效协同，符合行业特点、适应企业不同发展阶段的差异化管理模式。

首先，核心业务公司实施战略协调型管控。核心业务公司肩负服务国家战略、提高区域钢铁产业集中度、优化产业布局的重任。在集团总体战略执行、产业发展规划、规范法人治理结构建设及抗风险能力上具备成熟的自主决策及运营能力和管理经验，作为独立的业务单元和利润中心，经营活动享有较高的自主权。一是在战略控制上，子企业分解执行集团制定的总体发展战略规划，集团总部通过实施过程监控、结果评价，实现对子企业的有效监管，保证战略落地。二是在财务控制上，集团总部通过全面预算、筹融资和资金集中管理，对子企业财务活动实施监管。三是在人力资源控制上，子企业承接执行集团总部人力资源管理制度及劳动用工、薪酬管理政策。四是在运营控制上，集团总部负责宏观计划管理、运营协调及规范关联交易，子企业在集团宏观调控下实施生产运营管理。五是在考核控制上，以营业收入、利润、经济增加值、成本等作为核心指标建立绩效指标体系，关注营收规模和价值创造能力。六是在信息控制上，关注数据的统计、分析和信息共享。

其次，专业化公司按照与核心主业的产业关联度和市场结构划分，由战略协调型管控逐步向战略财务型管控过渡。按照先做活后做强、追求资本价值最大化的发展理念，在符合集团整体战略规划基础上，由子企业自行管理与生产经营相关的业务事项。对于与核心主业产业关联度较高、主要依托内部市场的企业，继续采取战略协调型管控模式，管控要素匹配参照核心业务公司执行；对于与核心主业产业关联度较低、外部市场占比较大的企业，逐步由战略协调型管控向战略财务型管控模式转变。一是在战略控制上，子企业按照集团明确的发展方向、战略定位及规划目标，自行制定业务发展战略、业务竞争策略和经营计划。二是在财务控制上，集团总部通过全面预算、会计管理和财务审计等，对子企业财务活动实施监管，子企业自行决策筹融资、担保等业务事项。三是在人力资源控制上，子企业在集团人力资源管理政策框架内，除董事、监事、总经理选拔任用以外，自主开展人力资源管理工作。四是在运营控制上，由子企业自行管理与生产经营相关的业务事项。五是在考核控制上，结合子企业产业发展实际，根据行业特点设置差异化、个性化指标，关注专业化、产业化发展能力。六是在信息控制上，针对战略规划、财务、人力资源管理等信息实施监督。

最后，服务型公司实施战略操作型管控。服务型公司既包括集团对成员企业实施有效监督的平台，也包括为成员企业提供服务的直属机构，由集团总部对其业务运营进行直接的、深度的管理控制，指导推动服务型企业完善监督、服务功能，提高监督、服务水平和效率，逐步提升自主创效能力。

（四）循序渐进，建立完善成员企业差异化授权体系

鞍钢集团将授权经营体制改革作为落实企业市场主体地位，激发企业活力动力的发力点与突破口，

从2014—2017年，分两个阶段，进行了四轮简政放权，建立并持续优化完善了子企业差异化授权体系。

1. 差异化授权体系建立过程

第一阶段：2014年，鞍钢集团打破传统的产线思维模式，冲破利益藩篱，革命性地实施简政放权，结合子企业功能、体制、地域和管理成熟度等因素，对需集团总部审批的子企业经营管理201项核心业务事项下放权力，对其中的96项保留集团总部审批权，初步构建了母子公司授权体系；2015年，鞍钢集团实施第二轮简政放权，集团审批事项减少至67项，进一步下放了权力，但对照全面落实各级企业市场主体地位的要求，授权力度还不充分，没有实现"应放尽放"；与成员企业所属行业的发展规律和产业特点联系还不十分紧密，差异化特征还不十分突出，没有做到"因业因企施策""一企一策"分类授权，成员企业的活力、动力还有很大的释放空间。2014—2015年授权体系示例如表1所示。

表1 2014—2015年授权体系示例

企业类别 业务事项	核心业务 公司A	核心业务 公司B	专业化公司C	专业化公司D	经营型 服务公司E	费用型 服务公司F
长期股权投资项目	备案 10000万元以下	备案 5000万元以下	备案 5000万元以下	备案 3000万元以下	审批	审批
实物资产处置 （单项资产原值）	备案 10000万元以下	备案 10000万元以下	备案 3000万元以下	审批	审批	审批
土地处置 （单项面积）	备案 1万平方米以下	审批	审批	审批	审批	审批
金融资产投资与处置	禁止开展	禁止开展	禁止开展	备案 （限额以下）	禁止开展	禁止开展
……	……	……	……	……	……	……

第二阶段：在前两轮简政放权的基础上，基于成员企业分类体系，紧密结合行业发展规律和产业特点，2016—2017年鞍钢集团启动实施了第三、四轮简政放权。对比前两轮授权，第二阶段的授权突出体现了"应放尽放"和"差异化"特征。其中，"应放尽放"体现在集团管理事项进一步精简、限制条件进一步放宽、授权额度进一步放大；"差异化"体现为两点，一是对于不同类型企业，同一业务事项的决策权限不同、授权额度不同，二是对于同一类型企业，同一业务事项的决策权限不同、授权额度不同。2016—2017年差异化授权体系示例如表2所示。

表2 2016—2017年差异化授权体系示例

企业类别 业务事项	核心业务 公司A	核心业务 公司B	专业化公司C	专业化公司D	经营型 服务公司E	费用型 服务公司F
长期股权投资项目	备案 10000万元以下	备案 5000万元以下	备案 5000万元以下	备案 3000万元以下	备案 1000万元以下	审批
实物资产处置 （单项资产原值）	备案 10000万元以下	备案 10000万元以下	备案 3000万元以下	备案 3000万元以下	备案 2000万元以下	备案 100万元以下

续表

企业类别 业务事项	核心业务公司A	核心业务公司B	专业化公司C	专业化公司D	经营型服务公司E	费用型服务公司F
土地处置（单项面积）	备案 5万平方米以下	备案 3万平方米以下	备案 5000平方米以下	审批	审批	审批
金融资产投资与处置	禁止开展	禁止开展	禁止开展	备案 （限额以下）	禁止开展	禁止开展
……	……	……	……	……	……	……

经过前后四轮简政放权，集团201项核心业务事项取消33项、下放118项，集团对子企业审批事项最多的为50项、最少的仅保留42项，将人、财、物、产、供、销等市场化经营决策权归位于各级市场主体，切实落实了各级企业法人经营自主权。鞍钢集团子企业差异化授权体系建设完善过程如表3所示。

表3 鞍钢集团子企业差异化授权体系建设完善过程

阶段	年份	建设完善背景	授权原则	业务事项总数	审批
一	2014	贯彻落实《中共中央关于全面深化改革若干重大问题的决定》中提出的"完善国有资产管理体制，以管资本为主加强国有资产监管，改革国有资本授权经营体制"的精神	1. 坚持"负面清单"式管控原则 2. 坚持战略发展、资源共享和重大风险防控原则	201	96
	2015	完善集团管控体系，改革管理架构，构建差异化管控体系和加大简政放权力度，推进市场化改革	1. 坚持依法合格原则 2. 坚持授权有度、旅行有序、监管有效、评价准确、信息完备原则	205	67
二	2016	适应企业战略结构调整，破除制约企业发展的体质机制障碍，按"简化、瘦身、放权、搞活"的改革思维，突出多元化企业集团差异化管控特征，实施差异化授权	1. 坚持"应放尽放"原则 2. 坚持"一企一策"原则，突出差异化	182 69	最多 最少 59
	2017	以《国务院国资委以管资本为主推进职能转变方案》为指引，以维护企业市场主体地位与落实生产经营主体责任为目标，综合考虑管理成熟度和业务实际，进一步加大授权力度	1. 取消部分监管事项，减少对企业的直接审批管理，加强事前、事后备案的监督指导 2. 平移下放部分事项，将原先集团延伸到单元企业的管理事项对位于子企业	168 50	最多 最少 42

2. 差异化授权体系建设方式

一是坚持"应放尽放"。取消"生产经营计划""用工管理制度"等方面共33项管理事项，由子企业依法自主决策，集团重点加强事前规范指导、事中过程监督和事后考核评价管理；将延伸到子企业所属企业的管理事项，原则上归位于子企业，共下放118项管理权限。战略规划管理。集团批准子企业中长期发展战略和规划纲要，子企业中长期发展战略和规划由其自行制定并决策。股权流转及产权登记。将子企业所属企业间采取非公开方式处置股权的权限下放给子企业；将国资委授予央企的国有产权变动管理权限平移下放给子企业，授权子企业对本企业内部国有产权转让、无偿划转等业务事项自行决策；将各级企业资产及产权交易价格低于评估值90%的权限，下放给子企业自行决策。融资担保。下放融资、担保管理权限，将董事会授予总经理的20亿元以下长期融资权限平移下放给子企业；将注册发行短期融资券、超短期融资券等短期债券、生产经营性短期融资权限下放给子企业；将子企业内部担保以及子企业之间担保事项下放给子企业。利润分配。将二级全资子企业、三级及以下各级企业利润分配及弥补亏损方案权限下放给子企业；关联交易。下放关联交易管理事项审批范围，集团仅对与上市公司有关的重大关联交易事项实施审批，其余关联交易事项由子企业自行决策。人力资源管理。在集团总体原则和标准框架下，下放正常用工、大学生和社会成熟人才引进权限，充分授予子企业用工自主权；将子企业薪酬福利调整方案下放给子企业自行决策。机构编制管理。子企业内部成员企业合并、撤销改革方案审批权限全面下放给子企业。采购管理。下放"重要、大宗、通用的物料集中采购目录"审批权限，由子企业自行制定后报集团备案。

二是突出差异化特征。综合考虑功能定位、产业特点、企业发展所处的不同阶段、布局结构、管理成熟度、自我约束力等因素，围绕投资、融资、资产处置、人力资源管理等市场化经营决策事项，实施差异化分类授权。投资管理方面。在投资额度上体现差异化。基于行业特点和产业发展实际，同时考虑投资管理体系完善程度、风险防控体系健全程度等因素，设计投资管理权限额度。一般的，核心业务公司投资权限相对较大，专业化公司相对较小，但将逐步对物流、电商、节能环保、循环经济、新材料等新兴产业予以倾斜，服务型公司投资限额极小或不予授权。金融业务投资方面。在业务许可、权限额度上体现差异化。考虑金融业务的高风险性，充分评估各企业金融业务运营能力，除金融业务专业化公司可开展金融资产投资业务并授予一定投资额度权限外，仅允许少数有一定人才积累和金融业务运作经验、金融风险防控体系较为成熟的企业开展金融业务，但不授予投资额度权限，需在集团紧密监控下运营。融资管理方面。对于资本规模较大、融资经验丰富的核心业务公司注册发行中期票据，实施备案管理，对其他企业实施审批管理。资产处置方面。根据企业行业特点，结合企业的资产规模以及拥有的实物资产、土地和矿权现状，同时考虑企业的管理成熟度和自我约束力，在资产处置的权限额度上体现差异化。核心业务公司实物资产、土地等资产处置额度相对较大，专业化公司及服务型公司额度相对较小，甚至不予授权。机构编制管理方面。对战略性新兴产业、以外部市场为主的专业化公司充分下放机构编制管理权，在劳动生产率达到行业先进水平、管理和技术岗位编制比例结构符合集团规定的前提下，对其不涉及副处级及以上领导职数增加的组织机构及编制设置方案，实施备案管理，对其他企业实施审批管理。人力资源管理方面。对战略性新兴产业、以外部市场为主的专业化公司充分下放自主用工权及薪酬分配权，其根据人员结构、效率指标等因素，结合市场环境、行业标准，自主决定人员引进、薪酬分配制度；其他企业按集团相关规定履行审批程序。

在建立鞍钢集团总部与子企业差异化授权体系基础上，推进建立子企业对单元企业的分类授权，健全集团内部逐级授权体系，完善决策、审批流程，确保企业接住管好授权事项，提升各级企业运营效率和经营活力。

（五）完善保障体系建设，为成员企业分类管理提供有效支撑

在简政放权的同时，鞍钢集团将有效监管作为权力正确运行的根本保证，充分发挥绩效考核的激励导向作用和规章制度对于管理体系的支撑作用，进一步完善监督体系、绩效考核体系和规章制度体系建设。

1. 完善监督体系建设

鞍钢集团坚持"放手"但不"甩手",避免"一放就乱、一乱就收、一收就死",将权力与责任同步下放,放权与监管同步落实,坚持"高效、简洁、务实、管用"原则,严把事前、事中、事后监督关口,持续深化监督体系建设。在集团公司党委的统一领导下,整合资源、信息共享、职能互补、整体联动,构建监督委员会组织领导和总体协调,出资人监督、业务监督、专责监督"三个体系"有效监督,招标采购、财务共享、人力资源服务、审计、对外投资监管"五大平台"强力支撑的"1+3+5"大监督体系。

一是进一步发挥出资人监督作用。按照现代企业制度要求,加强规范公司治理体系建设。董事会、监事会通过决策、监督执行、效果评价、纠正偏差等多种方式,聚焦重点业务、关键环节及可能存在的问题和风险点,发挥预防预警功能。

二是强化专责监督作用。有效整合纪检监察监督、巡视监督、审计监督、干部监督、民主监督、法律监督等监督力量,按照党章和其他党内法规、各领域工作制度体系,聚焦全面从严治党和权力规范运行,有效发现违规违纪行为,强化责任追究,形成有效震慑。

三全面发挥业务监督作用。深入贯彻"监督就是管理"理念,切实履行监督主体的职责,按照"专业负责、差异管控、逐级监督、严肃考核"的原则,采取事前、事中、事后监督等方式,综合利用在线决策支持系统等各种信息流以及报表制度、备案制度等检查、评价手段,在各自职能领域内,对子企业经营管理行为实施审核、检查、评价与考核,强化监督问责,把"让规则制定者监督、让监督者负责"落到实处。

四是充分发挥"五大平台"监督作用。健全完善招标采购、财务共享、人力资源服务、审计、对外投资监管"五大平台",借助信息系统的刚性约束和大数据分析优势,固化业务流程,强化过程监督,有效发现问题并及时反馈,用规范提升管理,用管理强化规范,形成对监督工作的有力支撑。

2. 实施分类考核评价

鞍钢集团紧密围绕落实集团发展战略、三类企业功能定位以及补齐发展短板三个方面,突出"重精准、强激励、硬约束、严考核",差异化设置基本指标、发展质量指标和专项指标三类指标,实施分类考核评价。

对核心业务公司,一是关注提升盈利创效能力,将营业收入、利润、经济增加值、成本等纳入基本指标,全面承接分解国务院国资委对鞍钢集团的考核任务,促进国有资本保值增值。二是关注高质量发展,将流动资产周转率、存货周转率、劳动生产率、科技创效、研发投入、环保排放等纳入发展质量指标,用挑战性指标值激发企业提质增效积极性,实现更具竞争力的绿色协调高质量发展。三是关注制约企业发展的短板瓶颈以及重大风险防控,将资产负债率、费用控制、困难企业治理等纳入专项指标,通过"严考核"促进企业采取有效措施去杠杆、减负债,严控资金债务风险。

对专业化公司,关注业务发展能力,促进专业化公司做强做优做大。一是对工程技术、生产服务、生活服务类等专业化公司,将创效项目兑现率纳入基本指标,将利用外部投资、外部市场比例等纳入发展质量指标,促进企业加强对外开放合作,吸引行业优质资源,优化自身股权结构,提高产业核心竞争力。二是对贸易类专业化公司,将产品出口量、外部市场比例纳入基本指标,推动企业聚焦外部广阔市场,突出挖掘经营创效潜力。三是对金融类专业化公司,将自营资产管理规模、创新金融业务品种纳入基本指标,将金融创新项目数量、基金管理业务拓展等纳入发展质量指标,促进金融产业有效支持实体产业发展,鼓励金融产业做强做大,培育金融产业自身竞争优势。

对服务型公司,关注履行职能任务,提高服务质量、效率,节约成本费用及拓展创效能力等方面进行指标设计,推动其在全面提升内部服务质量的同时,以行业领先水平为标准配置资源,积极拓展外部市场创效,逐步达到收支平衡。

3. 完善规章制度体系建设

鞍钢集团按照"简化瘦身、务实管用、规范高效、监督到位"原则，以核心管理制度为主体、以专业管理制度为补充、以子企业管理制度为支撑，建设横向到边、纵向到底，规范、精干、高效的规章制度体系，在集团总部和子企业层面协同推进规章制度"立、改、废"工作，集团公司级规章制度减少至182项，其中，继续使用123项，修制订59项，压缩16.7%，有效固化了差异化管理模式和体制机制创新成果。

三、特大型钢铁企业集团基于战略管控的成员企业差异化管理体系建设效果

（一）探索出一条特大型企业集团管控模式变革的有效途径

通过战略管控模式下子企业差异化管理体系建设，构建成员企业分类体系和差异化授权体系，落实了各级法人职权；完善法人治理结构和治理决策机制，提升了企业治理能力；加强监督体系建设、落实监督职责，促进了企业规范运营，实现了集团管理体系的变革创新，形成了科学高效、可复制、可推广的管控模式。以战略管控模式下差异化管理体系为支撑，鞍钢集团重点优化调整自身产业结构，提出构建"631"产业发展格局，推动产业集聚和转型升级，制定了稳步发展钢铁产业、优先发展非钢产业、协调发展资源产业的产业结构调整思路，加快由钢铁"一柱擎天"向多元产业支撑发展转变，开展资源业务重组整合，增强了企业应对市场变化的"弹性"，提高了抵御市场风险的能力，优化了国有资本布局结构，推动了鞍钢集团转型升级发展。

（二）释放了改革红利，在企业增效的同时促进区域经济转型升级发展

通过战略管控模式下子企业差异化管理体系建设，有力推动了供给侧结构性改革的深入和企业转型升级发展，鞍钢集团整体管控能力、运营效率和经营效益显著提升。2017年，鞍钢集团发生了历史性变化，一举结束连续5年亏损历史，实现扭亏为盈，集团所属二级子企业均实现盈利，全集团实现利润15亿元，消化解决历史遗留问题50亿元，同比增利110亿元，位列央企效益增量前列，超额完成奋斗目标。全年实现营业收入1860亿元，同比增长33.79%，鞍山钢铁和攀钢钢材综合价格高于行业平均水平分，在区域内拥有品种价格的绝对主导权。鞍钢集团作为东北、西南区域的具有重要地位和影响力的龙头企业，依托雄厚的资源优势、技术优势、产品优势，在自身创造价值的同时，也带动了产业链上下游相关行业的发展，牵动了区域经济的发展。

（三）发挥改革引领、示范作用，为服务国家重大战略举措提供坚强的支撑保障

通过战略管控模式下子企业差异化管理体系建设，鞍钢集团进一步放大改革效应。建设了"海洋工程用金属材料及其应用"和"钒钛资源综合利用"两个国家重点实验室，为首艘国产航母提供了70%的专用钢材、港珠澳大桥钢材供货量最大的钢企、高速钢轨市场占有率超过70%、独家供货全球最先进的超深水钻井平台"蓝鲸1号"、核心产品在"一带一路"沿线30多个国家和地区"安家落户"，为新时代国防建设、国家海洋战略、国家资源战略、振兴东北战略、西部大开发战略、"一带一路"建设等国家重大战略举措提供了坚强的支撑和保障，鞍钢集团的改革成效得到了国务院国资委以及兄弟企业的充分肯定。2018年，国务院国资委全面深化改革领导小组办公室连续发布三期国企改革简报，在全国国资系统内部系统地宣传推广鞍钢集团改革的成功经验。

（成果创造人：唐复平、姚　林、白静瀑、计　岩、董雁鸣、梁　军、刘卫民、王永刚、毛希文、崔　健、巴　祎、林　超）

高速公路企业依法维护路产路权协同管理

北京市首都公路发展集团有限公司安畅高速公路管理分公司

北京市首都公路发展集团有限公司（以下简称首发集团）是北京市国有大型企业，资产总额超过1900亿元。安畅高速公路管理分公司（以下简称安畅分公司）是首发集团于2004年组建的分公司，主要职能是负责高速公路路产管理和资产管理。目前，安畅分公司管理高速公路900余公里，包括京哈高速、京台高速、京港澳高速、京昆高速、京藏高速、京新高速、通燕高速、京开高速、京承高速、机场北线、京平高速、京津高速、机场第二高速、五环路和六环路等，管理桥下空间1691座、面积约750万平方米；管理高速公路征地建设后遗留的闲置土地12宗，面积470亩（1亩≈666平方米）。安畅分公司关于高速公路路产与资产合并运营管理的企业化运作机制在国内尚属首例，经过十多年的发展，安畅分公司已建立起一套完整的依法管路护路新体系。

一、高速公路企业依法维护路产路权协同管理背景

（一）推进法治国企建设的需要

特别是党的十八大以来，按照党中央关于全面依法治国的战略部署和国务院关于全面推进法治央企建设的意见，国有企业围绕依法治理、依法经营、依法管理，立足问题导向，加强制度创新，以促进依法经营管理为重点，纷纷制定了法治国企建设方案。高速公路作为公益性基础设施，高速公路经营管理企业大多为国有独资公司或国有控股公司，推进依法治企是大势所趋，且迫在眉睫。

（二）适应公路管理体制改革的需要

截至2017年年底，我国高速公路通车里程已逾13万公里，由各省市约100个公路企业、高速公路管理局或公路管理局（处）负责运营管理。各省份机构设置、管理模式各不相同，职责交叉明显，人员编制不清，政府负担较重，运营经费紧张，管理效率不高。为解决此问题，从2010年起，国家有关部门开始推动公路管理体制改革工作，尤其是近年来推行综合执法改革工作，对公路管理体制影响深远。但由于各省市高速公路管理模式差异较大，管理主体数量较多，尚未形成统一的管理模式，亟须建立一套规范高效的高速公路法治管理范本，供各省市参考借鉴。近年来，中办、国办《关于开展承担行政职能事业单位改革试点的指导意见》和中编办、交通运输部《关于地方交通运输行业承担行政职能事业单位改革试点有关问题的意见》中都提出，通过改革，做到行政职能由行政机构承担，执法职能由综合行政执法机构承担，公益服务职能由事业单位承担，市场经营业务由企业承担。公路管理机构不仅承担行政执法职能，对于造成路产损坏的案件还需承担民事赔偿责任，这种承担双重职能的属性，在综合执法改革的大背景下，显得不太协调，因此推动高速公路企业尽快承担起依法管护高速公路的职责显得尤为重要。

（三）解决高速公路建设用地遗留问题的需要

高速公路因其里程长、涉及国土面积广、管理部门多等客观事实，导致建设用地手续审批和不动产权证办理存在较大困难。以省级高速公路为例，一个高速公路项目获批需要交通运输部行业审查意见、环境影响评价报告批复、节能评估、社会稳定风险评估等十几项审批手续，横向上涉及交通、国土、环境等多个政府部门，纵向上又涉及国家、省、市、县四个层级。以上原因造成高速公路建成后，普遍缺少完整规范的建设用地规划许可证、地籍调查表等资料，建成后的高速公路无法办理不动产权属证明。

因缺乏相关产权证明，导致高速公路企业在经营过程中受到种种制约和束缚。高速公路桥梁与道路

相连，高速公路经营管理企业毋庸置疑拥有直接管理权；但高速公路桥梁垂直投影下方场地空间（简称桥下空间）管理权、高速公路建设遗留用地如何开发利用等，这些高速公路运营管理中遇到的实际问题，都需要依法解决。

二、高速公路企业依法维护路产路权协同管理内涵和主要做法

安畅分公司按照"明确分工、快速反应、高效处置、维护畅通"的原则，借鉴先进技术和管理经验，与国土、路政、交通等相关单位建立政企协作的依法治企管理新模式：由安畅分公司负责办理高速公路建设用地产权证明、开展高速公路日常路产巡视及路产案件民事赔偿、协助路政部门开展涉路行政许可和批后监管等任务。安畅分公司依托信息化手段，加强高速公路建设用地地籍资料收集整理，建立路产指挥平台，启动网格化巡查模式，保护道路设施完整完好，道路资源使用合法，开启依法管护高速公路的崭新局面，为社会公众提供了更加安全畅通的通行服务。主要做法如下。

（一）理顺政府企业职责，构建高速公路企业化运作新模式

安畅分公司负责北京市境内大部分高速公路的路产、资产管理，主要从事高速公路建设用地管理、路产巡查和监管、路损赔补偿和道路资源经营管理，按照北京市财政局批复的标准收取路产赔补偿费，用于设施修复经费使用。企业内部设置法律事务部门、路产管理部门和资产管理部门，负责根据相关法律法规，依法收取路产赔补偿费、追缴未结案件、办理不动产权证书和开发高速公路可利用资源等工作。

高速公路企业化路产管理模式在全国交通运输行业具有开创性，也具有可行性。安畅分公司执行高速公路路产管理模式，是在全国范围内首次提出企业化路产管理，将路政执法与路产巡查分离，在实施过程中，可充分发挥企业灵活的特点，不再受人员编制、资金等方面限制，可保障充分的人员、经费、设备投入，提高路产巡查的准确性、快速性。路产设施赔补偿不再作为执法部门行政事业型收费，而是由企业通过民事手段进行解决，不仅可以大大提高设施修复的效率，也可减少管理费用的支出，做到专款专用，能够更好地保护设施安全。路产管理模式的建立，是安畅分公司结合北京市高速公路特点进行管理创新的开创之举。

（二）发挥企业优势作用，提升路产路权保护能力

1. 依法处理路损赔补偿案件

根据相关法律规定，侵害他人财产的，应当依法赔偿，财产损失金额按照损失发生时的市场价格计算。侵权行为人有相应责任保险的，受害人可以请求保险人直接赔偿损失。2014年4月8日，一辆重型货车行驶至京开高速公路北京市大兴区路段时，因发生交通事故造成车辆起火，导致大量钢护栏等路产设施被撞损和烧毁。经安畅分公司路产巡查人员现场勘察，此次事故和火灾共造成路产损失29.6万余元。重型货车所属运输公司及车辆保险公司认为路产损坏赔补偿金额较大，拒绝支付赔补偿费。安畅分公司依据《中华人民共和国侵权责任法》《中华人民共和国保险法》等相关法律法规，向法院提起诉讼，要求车辆保险公司在承保范围内依法赔偿路产损失，保险不足理赔部分损失由运输公司承担。法院经审理后认为，安畅分公司的诉讼请求符合法律规定，于法有据、证据充足，因此判决安畅分公司胜诉。最终，29.6万余元路产损失获得全额赔偿。

2. 协助路政部门办理行政许可手续和相关监管

2011年11月11日，一辆装载超宽风力发电机定子设备的超限车辆，在未办理行政许可手续的前提下行驶到北京市六环路，被正在执行巡查任务的安畅分公司路产人员发现并制止行驶，随后立即通知路政部门到现场实施行政处罚。为了保证道路桥梁安全，安畅分公司路产人员对该超限车辆采取监管措施，直至其办理完毕《北京市超限运输车辆通行证》后方予放行。超限运输公司认为安畅分公司无权制止其通行高速公路的行为，遂将安畅分公司起诉至法院。本案发生后，引起国内媒体普遍关注。超限运

输公司一审败诉，二审维持原判，最终诉至北京市高级人民法院。本案历时五年，最终由北京市高级人民法院做出终局性判决，高院认为，首发集团作为京藏高速的经营管理主体，负有管理和维护的职责；首发集团作为北京市治理车辆超限超载工作成员单位，根据北京市关于治理超限超载的相关工作安排，有责任阻截超限超载车辆通行其所管理的高速公路，限制违法进入高速公路的超限超载车辆通行，因此安畅分公司阻截运输公司违法超限车辆并限制其通行高速公路的行为并无不当。首发集团作为高速公路经营管理企业，其在阻截、限制运输公司违法超限车辆进入高速公路过程中确实支出了一部分成本，其要求运输公司支付看护费用，也属合理。最终北京市高院驳回了超限运输公司的全部诉讼请求，认可首发集团和安畅分公司在配合政府部门治超工作中的法律地位，支持北京市路政、交管和路产等部门联合治超的模式，保障了北京市高速公路及桥梁安全。

高速公路企业化路产管理模式具有较强的可推广性。当前，我国经营性高速公路占全部高速公路的50%左右，其他政府还贷公路也陆续划转为经营性高速公路，由企业进行运营管理，是未来高速公路建设的发展方向，首发集团管辖的高速公路属性也属于经营性高速公路，与大多数省份一致。在路产管理方面，安畅分公司探索出的企业化路产管理模式的成功实施，证明在经营性高速公路上企业化路产管理模式并无法律障碍，其完整的法律体系、成熟的法治理念，已经得了司法认可，具有大量典案例判决支撑。因此，安畅分公司的这种管理模式，在其他经营性高速公路上也均可实现，具有较强的推广性。

（三）借助信息系统，依法维护国有资产

1. 建立完备的地理地物信息系统

随着《物权法》的出台，因物权的归属、内容发生争议的，利害关系人可以请求确认权利。近年来，安畅分公司在管理高速公路沿线建设用地资源过程中，更加注重完善不动产登记所需资料，便于开发利用土地资源，为国有资产保值增值创造新的经济增长点。安畅分公司密切关注各类先进的信息化技术手段，并将之应用于日常管理中。自2017年开始，安畅分公司引入GIS地理地物和NETDA地籍档案管理系统，通过信息化手段，详细记录管辖土地资产的全生命周期内动态信息。GIS是解决空间问题的工具、方法和技术，具有空间数据的获取、存储、显示、编辑、处理、分析、输出和应用等功能，对于解决高速公路建设时期的历史遗留问题，有极其重要的作用。

高速公路土地资产管理的生命周期，从高速公路征地建设时期开始，直至当前时间节点。安畅分公司通过梳理高速公路地籍文字、图表、磁带、磁盘等不同时期的历史记录，包括《不动产勘测定界报告》《高速公路征地图》《拆迁征地补偿协议》和《规划用地批准书》等，利用GIS地理地物信息系统，绘制土地资产平面图，详细掌握土地资产界址和面积等具体信息，为依法维权奠定基础。

掌握土地资产的历史变化和现实状况，对更好维护国有资产权益至关重要。2013年12月，安畅分公司将京藏高速市界处康庄路段的建设遗留用地转让给第三方，双方签订了转让合同，合同约定由第三方在地块上建设进京检查站，加强首都安全地区安全管控，并向安畅分公司支付土地转让费527万元。但是由于京藏高速建设时间较早，建设时期的手续缺失，导致该地块未能及时办理不动产权证。第三方以此为借口，使用该土地长达四年之久却仍未交纳转让费。此前，安畅分公司虽然多次与第三方交涉，但由于没有充足的产权证据，始终无法推进合同款项履行。2017年，安畅分公司引入了GIS地理地物信息系统后，陆续完成了各条高速公路建设用地平面图的绘制工作，遂将第三方起诉至法院。安畅分公司当庭出示利用GIS地理地物信息系统绘制的土地资产平面图和相关地籍资料，显示了对高速公路建设用地的合法权益，法院最终认可了本宗地权属和邻宗地界址，判决第三方支付安畅分公司土地转让费527万元，土地转让费在合同签订四年后得以成功追回。

首发集团自1999年9月成立以来，一直积极推进高速公路建设用地权证的办理工作。2017年，通过建立GIS地理地物和NETDA地籍档案管理系统，最终于2017年12月成功办理了20年来首个高速公路建设遗留用地——朝阳区花虎沟10号院的《不动产权证书》，实现了高速公路建设用地不动产权证"零"的突破。

2. 依法审批桥下空间，开发利用创造收益

在桥下空间管理上，安畅分公司按照"统一管理标准、明确管理责任、建立管理机制、提升管理效能"的工作原则，采取"分级管理"方式，将所管辖的1691座桥下空间划分为三个等级，实现桥区信息全面准确、管理规范安全，发现及时、防控措施到位的管理目标。具体分级标准如下。

一级桥下空间属于高风险区域，主要指已经占用、使用，存在排水设施、桥梁盖板脱落、可能造成人员生命及财产安全等隐患的桥下空间，路产人员每月巡查监管不少于1次；二级桥下空间属于中度风险区域，主要指紧邻村庄、公路等容易发生侵占、倾倒废弃物等行为的桥下空间，路产人员每半年巡查监管不少于1次；三级桥下空间属于低风险区域，主要指跨线（河）桥、涵洞、桥下净空小于2米和暂无利用价值的桥下空间，路产人员每年巡查监管不少于1次。目前，安畅分公司对外出租利用桥下空间78座，占可利用桥下空间资源的41%，取得了可观的经济收益。

2003年，为解决中央党校社区居民公交出行问题，安畅分公司按照北京市交通委员会协调会精神，将五环路红山桥下空间提供给某公交公司用于停放公交车辆。上述举措虽然解决广大市民的出行难题，但关于红山桥下空间占用管理费标准事宜，由于协调会未明确计算费用标准，双方始终未能达成一致。2016年，安畅分公司以合同违约为由，依法提起诉讼。法院经审理后认为：安畅分公司对红山桥下空间享有管理权，双方签订的桥下空间占用管理合同合法有效，公交公司实际使用桥下空间，应当支付占用管理费。最终法院判决公交公司向安畅分公司支付近两年桥下空间占用管理费85万余元。

（四）网格化巡查保证质量，公众责任险服务社会

1. 加强基础管理，保证服务质量

根据《北京市收费公路运营监督管理办法》规定，高速公路企业路产巡查频率每天不少于3次。安畅分公司充分发挥自身规模化、专业化优势，由350名路产巡查人员采取四班两运转的倒班作业模式，将管辖的900公里高速公路划分为24个网格单元，按照每车40~50公里巡视半径，时速60公里/小时的频率，每24小时内对所辖高速公路巡查至少4次，重要政治活动或赛事期间每24小时巡查至少6次，汛期针对13个重要防汛点位执行专人值守机制。

此外，结合北京市高速公路道路监控全覆盖的实际情况，安畅分公司于2014年建立路产指挥中心，建立路产管理信息系统，对所有高速公路采取实时滚动视频监控，发现道路遗撒等安全隐患，利用GPS定位就近指挥调度最近巡查车辆前往处置，充分保证高速公路运营管理及时高效。传统人工巡视和现代化视频巡视互相配合的方式，不仅提升了高速公路管控水平，更提高了各类路产案件和突发事件的应急处置效率，为社会公众提供了更加安全畅通的道路通行环境。

2015年10月14日，肖某驾车行至北京市六环路时，与道路上遗落的木板相撞，致使车辆受损。北京市通州交通支队出具交通事故认定书，认定肖某负事故全部责任。肖某车辆损失约4万元由其保险公司理赔后，保险公司通过代位求偿权向法院起诉，认为安畅分公司在道路维护过程中存在瑕疵导致交通事故，应当承担赔偿责任。本案在审理过程中，安畅分公司出示路产人员巡查记录和监控人员视频巡检记录。法院经审理后判决：安畅分公司严格遵守《公路法》和《北京市公路条例》相关规定，并按照《公路养护技术规范》的具体要求，对六环路进行了4次巡查，巡查记录按月装订成册归档完整，真实性予以认可，未有证据显示巡视过程中存在疏忽，且路产巡查"及时"并不等于"随时"，以上证据能够证明安畅分公司对事故的发生无过错，属于免责范围。因此法院驳回了保险公司的全部诉讼请求。

2. 创新引入公众责任险，维护和谐稳定管理环境

安畅分公司在依法管理路产、资产的同时，更加注重履行社会责任，更好服务社会公众。为了解决

道路遗撒事故导致车辆损失较大、车辆自身商业保险不足理赔的案件，或因道路设施老化脱落造成的车辆损坏等小概率案件，自2014年开始，首发集团率先在高速公路运营领域引入公众责任险，通过与保险公司按年度签订《公路公众责任险保险协议》，为高速公路承保。高速公路公众责任险的主要内容是：高速公路企业在高速公路范围内从事经营、维修保养等业务时，因意外事故造成第三者人身伤亡或财产损失，由保险公司依法承担赔偿责任。具体做法如下。

安畅分公司路产指挥中心接到公路责任纠纷案件投诉后，第一时间转至督查管理部，由督查管理部负责核实情况并判定管辖路段责任路产大队。路产大队及时与投诉人取得联系，并向投诉人收集现场照片、交通事故认定书、维修凭证等证据材料后，递交保险公司核查定损。安畅分公司根据定损金额先行支付赔偿款，保证当事人快速获得赔偿，并按月向保险公司申请集中理赔。2014年至2017年期间，安畅分公司累计办理公众责任险理赔案件296件，每年支付的合同保险费与实际理赔款大抵相当，没有造成额外的经济负担；但是，通过公众责任险快速有效化解了数百起矛盾纠纷，不仅降低了诉讼风险，还赢得了良好的社会声誉。

三、高速公路企业依法维护路产路权协同管理效果

（一）圆满完成各个时期重要保障任务

2017年，安畅分公司出动巡视车4.2万余次，路产巡视里程达到338万公里，巡视频率超过97%，全年共发现并处理路产案件2400余件，结案率达到98%，所有损坏的路产设施均在第一时间进行修复。为过往车辆提供简易维修等服务2300余次，为中俄蒙国际货运等重要勤务车辆提供服务保障270余次，劝离占道停车1.2万余次，清理路面遗撒物1.1万余次。落实北京市大排查、大清理、大整治工作要求，拆除违法非公路标志639面，拆除桥下空间违法建筑1.02万平方米。配合交管部门开展"一控两防"货车专项整治行动，北京市境内12条省际高速公路交警日均处理罚单减少600笔。2017年，在安畅分公司路产队伍的守护下，北京高速公路范围内未发生一起重大特事故，圆满完成了"一带一路"高峰论坛和党的十九大等重要保障任务。

（二）路损赔补偿收入连年持续增长

近年来，安畅分公司随着管辖高速公路里程的不断增加，路损赔补偿案件数量同比增加，其中通过诉讼途径追缴未结路损赔补偿案件数量呈上升趋势，路损赔补偿收入增长明显。仅2014年至2017年期间，安畅分公司通过诉讼途径累计追回路损赔补偿案件80余件，涉及赔偿款800余万元，占路损赔补偿费总额的5%左右，有效保证了设施修复资金，确保了路产设施修复的及时性和完整性。

（三）公路设施完好率处于国内领先水平

在每五年一度的"全国干线公路养护管理大检查"工作中，北京市路产管理模式经受住了考验，历经三次全国干线公路养护管理大检查，始终保持前位，在直辖市中排在前两位，得到了交通运输部的认可。除高标准完成首发集团全部收费还贷路的路产、资产管理工作外，安畅分公司还承接了京平高速政府还贷路的路产管理，顺利中标京承高速企业还贷路的委托管理，先后接待了黑龙江、重庆、天津、河北等地区交通运输主管部门的咨询与学习，得到了行业内相关省份的认可与高度赞扬。

（成果创造人：褚文洁、马连发、王建春、罗幸存、蔡凤龙、闫卫坡、王　涛、翟瑞林、王　强、杨一晨、邸　超）

大型建筑企业以高质量发展为目标的管理提升

中交第四公路工程局有限公司

中交第四公路工程局有限公司(以下简称四公局)隶属于中国交通建设股份有限公司(以下简称中国交建),是一家公路、铁路、隧道、市政、房建、轨道交通、内河码头施工等主业,海外、投资、房地产、工程设计、试验检测、物业管理等多板块协同发展的国有综合性大型建筑企业,注册资本金15.5亿元,下辖20个子分公司(事业部)、1个综合甲级试验室及多个项目公司,在建项目260余个,业务遍及全国31个省市自治区和亚、非、拉等10多个国家地区。

一、大型建筑企业以高质量发展为目标的管理提升背景

(一)适应新时代、落实中国交建战略的根本要求

党的十九大报告中指出,我国经济已由高速增长转向高质量发展阶段,发展仍是解决我国所有问题的关键。中国交建作为国有资本试点企业,正处在由大到强的历史关口,发展不平衡不充分问题比较突出,唯有切实提高发展质量,方能补齐短板,为全面建设世界一流企业增添动力。四公局紧扣时代发展脉搏,贯彻落实中国交建战略,通过开展"发展质效年活动"、2018-2020年"项目质量效益活动",汇聚形成干事创业、推动高质量发展的强大合力,推动高速增长向高质量发展转型,将高质量发展作为当前和今后一个时期的根本要求,以实现"量质"双升、高质量发展。

(二)突破自身瓶颈、实现高质量发展的需要

四公局正处于全面建成中国交建一流企业的关键期、攻坚期,企业发展动力由"新常态提速增量强管理"向"新时代提质增效强质效"转变。随着企业发展,资源配置不平衡、不充分的短板越发突显,速度、规模与质量、效益之间的矛盾依然存在,一些盲目做大、与资源不匹配的发展理念,一些质量不佳、效率不高、效益不优的现实问题,制约着四公局"全面一流目标"的实现。只有打破发展的天花板和瓶颈,通过再改革、再创新,才能创造新业绩、实现新发展。

(三)提升项目盈利能力、实现提质增效的需要

随着建筑企业施工规模的扩大,出现了"两金"占用逐年上升的趋势,严重影响了企业正常的生产经营。在新常态下,面对经济下行压力,国家基建投资增速放缓,市场竞争日趋激烈的情况下,中交扭转"两金"占用过高,资金沉淀过多,有息负债逐年增加,资产负债率快速上升的局面,实现了财务状况的根本好转。随着工程的陆续完工,四公局所属项目亏损状况逐步凸现,亏损项目逐渐增多,数额日益增大。为此,四公局必须强化亏损治理方案,降低亏损项目数量和亏损额度,实现整体盈利。

二、大型建筑企业以高质量发展为目标的管理提升内涵和主要做法

四公局面对高质量发展的新使命,从深化改革,优化资源配置;精准开发,从源头提升质效;狠抓工程质量,匠心铸造四公局品牌;多维度管理,推进两金压降;严控亏损项目治理,实现止亏减亏扭亏;重视经济活动分析,提高项目盈利能力6个方面巩固、提升基础管理水平和企业发展质效,实现企业发展升级。主要做法如下。

(一)深化改革,优化资源配置

四公局为抓住国企改革新机遇,成立全面深化改革领导小组及专项工作小组,对全面深化改革工作进行了顶层设计,四公局以改革促发展,优化资源配置,坚决打好国有企业提质增效攻坚战。

1. 加强适应性组织建设

一是设立财务核算管理中心,搭建信息共享平台,构建跨系统数据共享体系,促进全局财务业务协同发展,对各单位会计核算提供服务并履行监督和管控职能。财务核算管理中心下设5个组:费用资产核算处、债权债务核算处、总账报表档案处、资金结算管理处、运营维护审核处。通过财务核算管理中心的建设来强化公司管理的管控力度;打造面向公司全业务链条、统筹协同、创造价值为目标的财务管理模式;提升决策支撑、价值创造、风险管控的财务管理服务水平。

二是增设信息管理中心BIM处,负责全局BIM平台规划建设,技术应用培训、交流、推广及BIM人才梯队搭建,进一步推动精细化管理,增强核心竞争力,切实提高施工建设阶段的方案优化、进度控制、结构分析和施工安全管理,利用BIM技术及时发现技术问题及提高项目管理能力。

三是设立税务保险策划部。整体发展管理分为三个阶段:一年内完成起步阶段,主要工作是成立部门,招募人员,梳理目前的税务保险规章制度,厘清和规范目前企业的日常税务保险工作,提升管理水平,合理降低企业税赋和保费支出;二年内完成发展阶段,主要工作是确定部门内部机构设置,制定一整套税务工作规范程序,税务筹划流程,税务过程监督管理流程,税务策划落实的考核程序,制定一整套的保险工作流程,大幅度提高全局的统保工作面,明显减低企业税赋和保费水平,提高出险赔偿率;两年后进入成熟阶段,税务保险策划部门作用效果明显,制定每年的节税预算和保费率控制预算。把税务保险策划部门建设成一个税收保险管理效益合法提升,税务保险人才成熟稳定、税务保险理论体系完备,税务保险实务高水平运营的组织机构,为企业效益提升提供重要支撑。

2. 优化市场布局

四公局发布了《关于优化国内区域市场布局的通知》,对全国重点区域市场进行谋划布局,加密城市布点,深耕细作省会城市和优质地级市。区域市场开发组织按照"区域管理总部+区域总部+省域分部+城市办事处"设置管理架构;印发了《区域市场开发管理指导意见》,明确了各级区域机构管理职责,以规范区域管理,深层次、全方位开拓地方项目,做大市场增量。

通过优化市场布局,有助于整合全局优势资源及市场信息,发挥各子、分公司灵活的市场触角作用,深入城市特别是一些重点、盲点城市,加大拓展力度;有助于加强与省(市)政府、投资平台高端对接,以主动策划、战略合作等形式推动大项目落地;有助于强化与中国交建各区域总部、平台公司密切联系,联合产业链互补企业,开发优质项目;有助于做好资源平台搭建和共享,为市场开发提供服务和支撑,逐步提升区域管理优势;有助于跟踪城市市场,最终形成"区域管理总部布局省域市场,各单位深耕地级市市场,实现全国范围内优质区域全面开花"的大好局面。

3. 推动子分公司外迁

四公局成立外迁工作领导小组,召开在京子分公司外迁工作动员会,发布外迁指导意见,与拟选地方政府进行了深入洽谈磋商,争取更多政策优惠,推动在京单位利用地方政府招商引资机遇,外迁到发展空间更大、发展机遇更多的区域,优化市场布局。领导小组负责筹划在京企业外迁总体方案,秉承"统一规划、分头实施、成熟一个迁出一个"的原则,参与、指导外迁单位与地方政府谈判,审核外迁具体实施方案,争取企业利益最大化。

通过子分公司外迁,有助于疏解北京非首都功能,为提升发展水平腾出空间。有助于享受地方相应性政策,如保障项目用地,优先保证央企重大投资项目等配套条件,为央企投资项目提供包括信贷、债券、信托、基金、保险等多种综合工具相融合的一揽子金融服务等,为央企接收毕业生在就业手续办理、人事代理、户口落户等方面提供便捷服务等,为企业迁入及后续发展提供了良好环境。有助于优化市场布局,扩宽发展空间,融入地方发展,为企业发展注入活力。有助于降低企业运营成本压力,为员工创造美好生活,实现长远发展。

4. 推动法人单位"压减"和"三供一业"移交

四公局成立"压减"工作领导小组，负责部署、指导、推动、督促工作的开展，统筹协调工作开展过程中的重大问题。一是统筹规划，清理无效、低效资产，减"存量"。四公局将在保持传统市场份额的前提下，通过"转产、转商、转场"，实现新旧动能转换，推进企业产业升级。即从传统的公路、市政、房建转到轨道交通、地下管廊、棚户区改造、绿色智能建筑、超高层建筑、公用设施建造等新兴业务；从传统的施工招投标，转为投资、资本导入、战略框架、一揽子协议等，成为地方经济社会发展的责任分担者、区域经济发展的深度参与者和政府购买服务的优先提供者。

二是加快存量整合，优化资源配置。四公局按照供给侧改革要求，着力增强四公局专业化产品和服务供给能力，优化与之相适应的专业组织结构，推进下属公司的专业化管理、差异化发展、集约化经营。抓住海绵城市、城市管廊等新机遇，发挥品牌优势，整合四公局新兴业务资源，提高新兴业务投资、建设、运营的供给能力。加强专业化整合重组与差异化发展的规划引导，完善专业分工与区域分工相结合的业务布局，打破资源重复配置和条块分割的体制机制障碍。

三是落实分工责任，建立考核机制。计划"压减"的机构分别确定责任人，深入分析，细化"压减"工作计划，签署责任书，各责任人定期反馈工作进展，"压减"工作小组对其进行考评，量化分值，与责任人年度绩效挂钩，切实增强责任人的责任感、紧迫感。同时，"压减"工作小组将过程中遇到的障碍困难进行月度汇总分析，报送领导小组决策，确保"压减"工作信息通畅，不拖延、不虚报、不悬空，使"压减"工作目标按期完成。

（二）狠抓工程质量，匠心铸造四公局品牌

质量是企业发展之本，是生命之源，四公局经过十余年的发展，赢得了口碑，社会知名度、美誉度都有了较大提升，与长期持续贯彻落实"质量第一，效益优先"的管理理念密不可分。

1. 夯实基础管理，牢筑产品根基

四公局必须紧紧围绕优化管理模式、细化管理措施、强化质量监督等方面加强质量管理能力建设，夯实基础管理，牢筑产品根基，以适应新时代提升产品质量需求。一是"优化"管理模式。健全质量管理体系，落实全员质量责任，以制度统领全局质量管理。"质量是生产出来的，不是检测出来的"，质量管理必须全员参与，各司其职、主动预控。二是"细化"管理措施。在严格执行方案编审、技术交底、样板引路、技术员旁站、技术培训等制度基础上，进一步做细质量检查、质量分析、整改反馈、质量验收等管理措施，实现产品质量优质。三是"强化"质量监督。强化过程质量监督控制，守住"产品质量"的最后一公里，切忌在管理上"沙滩流水不到边"，发现的问题要彻底整改，通过强化过程管控，减少质量通病、杜绝质量事故。

2. 严守底线思维，兑现合同承诺

合格工程是工程质量管理的底线，守住质量底线是企业生存的根本，也是兑现合同承诺的基础。四公局作为大型施工企业，不但要守住质量底线、确保工程质量稳定受控，还要提升企业质量管理能力、履行企业社会责任。一是满足规范要求。标准和规范的质量要求是工程施工基本要求，全体技术质量管理人员要学习、掌握、运用标准和技术规范，确保产品质量满足标准和规范要求。二是落实质量确认卡。质量管理要从工序抓、从班组抓，分部分项工程质量确认卡制度是加强班组质量管理的有效制度，需切实开展落实。三是避免质量投诉。充分重视监理、业主、行业主管部门的通知、指令、通报等文件，正视其中的质量隐患与问题，举一反三、认真整改闭合，规避质量问题、事故引起的投诉。

3. 坚持科技创新，提升发展质效

一是明确创新方向。根据集团总体规划部署，结合四公局特色，面向施工技术前沿，开展前瞻性技术研究，开发有望成为今后的主流技术、提升企业产品质量的项目，如基于BIM的建筑工业化体系培育、海绵城市建设施工技术指导、大跨度桥梁结构施工工艺优化分析、超高层结构施工技术等。二是创新服务生产。创新要源于基层生产，服务基层生产。紧密结合项目特点，将技术创新植根于生产现场。质量管控、技术创新服务于产品质量、服务于产品效益。三是创新要走向集成。推行"工序标准化、施工机械化、监控信息化"管理，降低施工过程中的产品质量的人为影响；充分利用混凝土信息监控、BIM 技术应用等信息化工具，提升管理效率，保证质量受控。四是创新要不拒微小。要重视微创新和"五小发明"，正所谓"泰山不拒细壤，故能成其高；江海不择细流，故能就其深"。五是创新要培育基础。技术创新、质量创优不再是少数人的专业，而是多数人的机会，要培育全员创新、质量创优意识。让职工在创造优质产品的过程中，更好地实现精神追求和自身价值。

4. 打造品质工程，践行"工程质量百年承诺"

打造品质工程是交通运输部贯彻落实五大发展理念和建设"四个交通"的重要载体，是深化交通运输基础设施供给侧结构性改革的重要举措，是四公局工程质量和安全水平全面提升的有效途径，是推进工程管理和技术创新升级的不竭动力，也是践行"工程质量百年承诺"的社会责任。一是策划先行。加强技术、质量策划，树立全员品牌意识，弘扬工匠精神，从微创新着手、抓好工艺细节。二是标准化引领。通过施工工艺标准化建设，严格工艺管理，明确施工工艺流程、操作要点和工艺标准，规范质量检验与控制，推进工艺标准化、规范化、精细化，提高实体工程质量。三是项目示范。培育品质工程示范项目，提升品牌影响力。由品质工程示范点逐步扩展为全面推行。四是品牌建设。深入践行四公局品牌战略，以提高工程质量为目的，争创各级优质工程、品质工程，深入践行四公局"工程质量百年承诺"，发扬"工匠精神"，倾心铸造四公局品牌。

（三）多维度管理，推进"两金"压降

四公局近年来发展质效快速提升，主要经济指标屡创新高，为确保质量和效率，降低企业带息负债风险，保证企业各项指标均衡发展，四公局多维度管理，推进"两金"压降。

第一，发类永续债。积极组织开展发类永续债的工作。2017 年 8 月四公局被大公国际评级为 AA+，为发债奠定了基础，等待合适的窗口期即可发行。同时，四公局积极探索例如并表基金等其他股权融资方式。

第二，以制度为保障，实现全面管控。以制度建设为抓手，制定了《应收账款管理办法》，狠抓财务事前、日常、事后管理，形成对"两金"全面管控。通过制定应收账款催收制度，开展"两金"压降奖罚工作，加大计量结算管理力度，有效降低已完工未结算，降低"两金"，收回欠款偿还负债。通过摸排业主财务及信用状况、履约能力，工程项目的资金到位情况实现事前管控；通过设立台账，明确每一笔应收账款责任人，做到及时清收，定期与债务人进行对账工作，通过书面文件或催收函、询证函等方式进行确认清收，做好日常管控。通过设立清收机构，清收责任落实到具体人员或具体清收小组，妥善运用法律维护合法权益实现事后管控。

第三，有的放矢，对在建项目和完工项目两向管理，控制两金占用。

一是明确责任，减少资金占用。四公局要求对每一项应收账款制定切实可行的催收措施。对于完工项目应收款项，争取以银行保函来换取各项保留金，会同局财务部与银行开展应收账款保理业务。对在建项目，及时了解业主资金情况，针对具体原因采取相应收账措施，必要时减少垫付资金，直至超过 3 个月的账款全部收回。二是加大计量支付管理力度，有效降低已完工未结算。针对项目的实际情况，按照一个项目一个方案，不同项目不同指标的原则管理，要求所有项目签订年度计量责任书，确保各阶段已完工未结算占比满足考核指标要求。对计量支付滞后的项目，实行领导班子分片管理，及时协调解决项目存在的问题，确保项目资金回流及时，已完工未结算指标受控。

第四，清理内部账务。清理内部欠款，杜绝随意挂账现象，使得资产和负债规模齐降，在减少账面应收账款的同时,达到降低资产负债率的目的。

第五,提高资金集中率,提升资金使用效率。以加强资金集中管理、加快资金周转,降低资金成本为目标充分利用财务公司平台,增加自动归集签约银行,扩大资金集中范围,优化专项资金、境外资金等特殊资金的集中管理方式,全面提高资金集中率。在加强资金集中的基础上,筹集资金偿还银行贷款,降低负债规模。

第六,控制垫资项目规模,积极探索垫资项目"出表"融资方案。四公局将坚持"优中选优"的项目开发理念,通过建立严格的项目立项制度,真正选择一批优质的垫资施工项目实施,不盲目的扩张,不搞"傻瓜式"的垫资。同时,通过"出表"保理的手段在不增加四公局负债的基础上解决项目资金,并积极探索如直租、回租、融资代建等项目模式。

第七,落实分工责任,确保取得实效。四公局历来高度重视"两金压控"工作,为此成立了由局董事长任组长、总会计师任常务副组长的专项工作领导小组,负责具体工作部署、安排。四公局降杠杆减负债专项工作领导小组在开展工作中要着重推进重点任务,明确工作要求,细化工作流程,明确责任分工。各部门、各单位要依据重点工作要求,分解工作责任,层层落实,形成齐抓共管,成效突出的局面。四公局进一步细化责任,狠抓落实。以重点任务为导向,降负债去杠杆为目标,集中力量逐个突破;抓好各项措施的执行,从严管理,不走过场,务求实效,真正借助降杠杆减负债工作提升企业的抗风险能力,转化为核心竞争力和全面建设成为中国交建一流企业的基因。

第八,对症下药、清理完工项目。为解决由于协作队伍结算与业主计量、变更批复挂钩,无法办理最终清算的问题,四公局对症下药,清理完工项目。一是通过与劳务队伍谈判方式,将业主计量、变更批复挂钩结算方式的合同转化为合理单价合同,签订补充协议后办理清算,锁定确定部分项目最终总成本;二是对特殊项目,根据业主计量情况,与劳务队伍就双方已确定部分办理清算,锁定暂定项目总成本。通过以上措施,四公局通过定期分析"两金"构成,及时掌握"两金"压控动态,统筹安排"两金"压控重点,重视过程管控,"两金"工作成效显著,2018年上半年的两金占比32.66%,与集团考核指标38.00%相比,降低了5.34个百分点。与上年同期对比,降低了4.08个百分点。

(四)严控亏损项目治理,实现止亏减亏扭亏

四公局定期梳理亏损情况,从业务层面进行深入分析所有亏损单户的性质和亏损原因,制定有针对性、有效治亏措施,科学施策,分类治亏。针对亏损金额较大、连续亏损、亏损压控工作不力的单位,加大检查督导力度,推动治亏工作落实。

一是局属各单位成立亏损项目专项治理工作小组,编制工作职责和阶段计划。建立亏损项目动态跟踪台账,逐个分析亏损原因,并结合年度减亏目标和项目实际,制定减亏措施,公司和亏损项目在定期的经济活动分析中将亏损治理作为专题进行重点分析。二是对各单位下达减亏目标,并将减亏结果纳入局对各单位年度绩效考核中,具体规则在下达减亏目标时公布;各单位与亏损项目签订年度减亏目标责任书,约定年度减亏责任与奖罚细则。三是严格控制新增亏损项目,对"盈转亏"项目主要经营责任人在年度绩效考核时(如有绩效奖励或特别奖励)给予系数处罚,系数视情节取值0~0.8,同时建议降级使用或调整岗位。四是重视投标项目质量,少投低价标,不投亏损标,对于标后预算即亏损的项目,对于公司主要负责人和开发工作负责人给予严肃问责和处罚。严禁采用转移项目成本等手段实现虚假扭亏,否则给予直接责任人严厉处罚。

(五)重视经济活动分析,提高项目盈利能力

提高经济活动分析的准确性,要强化项目全过程经营管控意识,提升管理效率,注重过程控制,增强盈利能力,拓展项目利润空间,努力将产值利润率保持在3.6%以上,为领导决策提供科学依据。

一是在现有经济活动分析体系基础上,制定更加科学、合理的经分费用科目分类规则,确保经分核

算结果真实，执行与预算对比准确，为项目生产经营和管理决策提供数据支撑。二是适当简化经济活动分析的数据量，突出重点，捕捉短板，使经分成为监控项目经营质量和风险的有效工具。三是采用信息化手段，不断增强业务的线上处理能力，降低人工操作量的同时提高数据的准确性和系统性，为项目经营决策提供更加高效和快捷的指导。四是提高各单位的标后预算编制能力，建立统一机制确保各单位成本预算处于同一水平，进一步提高执行效果对比分析的准确度。五是组织专业力量编制成本控制指导手册，根据不同成本费用科目的特点和属性，制定针对性的降本增效措施，最大限度地为项目经营管理提供解决思路和办法。

三、大型建筑企业以高质量发展为目标的管理提升效果

（一）经济效益显著

一是三大指标大幅攀升。2017年实现利润9.13亿元，同比增长29.55%，为中国交建考核指标6.4亿元的143%；完成营业收入253.68亿元，同比增长25.26%，为中国交建考核指标193亿元的131%；新签合同额660亿元，同比增长62.92%，为中国交建考核指标400亿元的165%，继续保持强劲发展势头。二是经营质效优中有升。产值利润率达到3.6%，净资产收益率23.78%，实现EVA 6.67亿元，实现经营性现金流6.26亿元，资产负债率下降至84.18%，资金集中度80%，多项指标位居中国交建施工板块前列。

（二）改革创新成效显著

一是市场布局持续优化。进城步伐加快，市政、房建等城市业务贡献率接近50%，累计中标项目78个，合同额348亿元。产业结构升级，四公局经过十余年发展实现了从单一的房建施工到公路、市政、房建、铁路等主业突出，海外、投资、房地产、工程设计、试验检测、物业管理、园林绿化等多板块协调发展的综合性大型建筑企业的转变，具备了"投资－设计－建设－运营"一体化的施工总承包能力。区域市场拓展良好，西南、东北、海西三大区域贡献排名前三，累计中标项目71个，合同额478亿元；吉林、陕西、贵州、广西等成熟区域市场也日渐稳固。

二是结构调整成效显著。公路、市政、房建等传统业务持续巩固，占比超过80%，成为改革发展稳定器。累计中标项目126个，合同额583亿元。其中，公路板块中标项目55个，新签合同额347.8亿元；房建板块中标项目46个，新签合同额165.6亿元；市政板块新中标项目25个，新签合同额69.7亿元。设计、检测、绿化、物业等辅助产业展现良好发展势头，成为主营业务的有效补充。新兴业务发展实现较大突破，地下综合管廊、海绵城市、轨道交通等新兴业态快速增长，累计中标合同额113亿元，占比超过15%，成为企业发展新动力。其中，中标海绵城市项目14.6亿元，在中国交建内部建立先发优势；中标地下综合管廊项目80.8亿元，成为中国交建管廊业务领军企业。

三是技术创新收获颇丰。全年累计获得发明专利14项，新型专利28项；获得省部级科技进步奖2项；获得省部级工法9项，开发企业级工法17项；牵头编制中国交建城市地下综合管廊施工技术标准；共6项科研成果通过科技鉴定，其中六公司湖北清江大桥技术创新成果《跨缆吊机带梁行走吊装悬索桥加劲梁关键技术与研究》达到国际领先水平，两项成果达到国内领先水平。

（成果创造人：赵　云、蔡　彬、毛昌锋、彭　华、张丽芬、曹雪燕、姚　熙、孙　星、姜尚辰）

电网企业价值驱动要素的管理体系构建

国网辽宁省电力有限公司

国网辽宁省电力有限公司（以下简称国网辽宁电力）成立于1999年，是国家电网有限公司的全资子公司，以建设运营辽宁电网为核心业务，供电营业区域14.75万平方公里，供电服务人口超过4216万人。截至2017年年底，国网辽宁电力资产总额930.43亿元，拥有66千伏及以上输电线路51829.27公里、变电站1763座、变电容量18594.69万千伏安。2017年，完成售电量1711.81亿千瓦时，实现电力主营业务收入938.5亿元、其他业务收入21.3亿元，实现利润15.23亿元，500千伏利州变工程荣获中国建设工程最高奖项"鲁班奖"，公司先后获得"全国五一劳动奖状""全国文明单位"等多项荣誉。

一、电网企业价值驱动要素的管理体系构建背景

（一）转变经营发展理念，推动企业高质量发展的需要

当前，我国经济已由高速增长阶段转向高质量发展阶段，正处在转变发展方式、优化经济结构、转换增长动力的攻坚期，宏观经济下行压力增大，钢铁、化工、水泥等重工业企业经营利润下降，对用电需求产生较大影响，给供电企业发展带来严峻挑战。面对经济发展新常态，党中央、国务院强调要坚持质量第一、效益优先，推动经济发展质量变革、效率变革和动力变革，同时对国有企业提高发展质量、提升经济效益提出明确要求。要求国有企业围绕提质增效转型升级，通过瘦身健体、苦练内功，努力向深化改革要效益，向结构调整要效益，向管理改善要效益，打好打赢提质增效攻坚战。供电企业作为关系国计民生的国有骨干企业，贯彻落实国资委关于做好瘦身健体、提质增效工作的部署，着力推动高质量发展，从发展总量、质量、存量上寻求突破，实现国有资产保值增值，是国网辽宁电力的使命与职责所在。适应宏观经济形势变化，转变经营发展理念，创新价值分析手段，通过实施价值驱动要素的管理体系构建，提供准确的价值分析、效益评价，促进投资质量和效益持续提升，着力避免低效投资和重复投资，具有十分重要的意义。

（二）适应电力改革新形势，提升企业核心竞争力的需要

2016年9月，国网辽宁电力成为第二批14个省级电网输配电价改革试点单位之一。随着新一轮电力改革持续深入，电网企业的盈利模式由购售价差转变为收取政府核定并进行监管的过网费，经营业绩由主要依赖电量增长转变为基于有效资产核定准许收入的模式。当前，国网辽宁电力在大规模电网投资、刚性成本逐年增加的前提下保持持续稳定的经营效益增长面临较大的压力，迫切需要把有限的资金投入到具有效率效益的项目中。因此，遵循价值管理理念，从价值创造视角出发，以促进电网主业和其他业务投入产出效益为导向，借助财务分析工具，深入挖掘影响企业效益的关键核心要素，及时提供智能化预警分析和科学的投资决策支撑，进一步优化投资策略，合理安排投资项目，对更好地解决电网企业发展中面临的不平衡不充分难题，具有十分迫切的需求。

（三）强化精益管理，提高企业资源配置效率的需要

在构建价值驱动要素的管理体系之前，国网辽宁电力对经营管理现状进行全面梳理，有待完善之处主要体现在：一是电力体制改革后企业利润核算方式发生改变，对电网监管类业务以及非监管类业务亟建立差异化管控方式，根据业务分类对供电公司、支撑机构及子公司等进行价值驱动要素分析，以辅助公司合理考核各单位、各层级的经营水平、资源占用和投资效果；二是现有投资评价与业务目标的关联

度不清晰，需要基于业务动因建立分析指标，区分有效资产与非有效资产成本占用情况，通过监控经营策略、经营方式与盈利模式、现金流量的变化，促使企业合理调配资源，保障企业价值最大化；三是以提升经营业绩为导向的绩效考核机制不完善，考核标准模糊，需要根据各单位经营范围及业务特征，对相似规模属性的供电公司或分子公司进行分组对比分析，综合考虑内外部环境对业务驱动因素的影响，从而积极促进各项经营指标的完成和重点工作的开展；四是重结果、轻过程，不能及时发现投资实现过程中存在的短板、差距、问题，并及时干预、引导。亟须强化过程管控，加强对业务事中控制能力与财务预见性，结合历史业务指标的趋势变动情况，实现业务执行及时预警，实现效益动态监控。

为解决上述问题，国网辽宁电力自2016年开始构建并实施价值驱动要素的管理体系。

二、电网企业价值驱动要素的管理体系构建内涵和主要做法

国网辽宁电力以价值创造为导向，以规范化、精益化为主线，以价值驱动关键要素分析识别为抓手，以大数据信息化工具为有力支撑，通过建立跨部门高效协同、坚强有力的组织体系，构建关键驱动要素分析识别框架，科学开展指标选取与关键因素识别；利用大数据分析评价综合管控平台，开展全方位分析评价，科学优化投资决策；进一步建立动态优化机制，实现一体化运作闭环管控。通过打造一套完善的"企业综合效益指标－财务指标－价值驱动因素－业务指标"的企业价值链条与全过程管控体系，实现从全局最优的视角优化发展投资策略，管控穿透力大幅提升，投资结构不断优化，企业效率效益与价值创造能力持续提升。主要做法如下。

（一）明确设计思路与组织保障

1. 设立界面清晰的组织机构

国网辽宁电力在年度重点工作安排中，将价值驱动要素的管理体系构建工作定为全公司"一把手"工程。为确保工作组织有序、执行到位，成立以公司董事长和总经理担任组长、其他领导班子成员担任副组长、总会计师担任常务副组长的专项领导小组，负责制定价值驱动要素的管理体系工作方案，研究解决工作推进过程中的重大问题。领导小组下设项目办公室，负责贯彻领导小组各项工作部署，协调工作中存在的问题，做好价值驱动分析与业绩考核目标的有序衔接，对重大问题提出解决意见后报领导小组决策。

2. 构建跨部门高效协同合作机制

价值驱动要素的管理体系的建立是一个自上而下、统筹兼顾、权责明确的协同工作，协同高效是关键要素分析评价体系有效建成的前提保障。为扎实有序开展评价体系建设，国网辽宁电力建立工作协同运作模式，明确职责分工，采用工作宣贯会、协调推进会议、专业指导培训会议等多层次交流、系统方式，以实现分类评价管理机制的优化，解决专业化管理模式下协调难、反应慢、效率低等问题。

3. 建立价值驱动关键要素分析框架

国网辽宁电力以财务报表为基础，以资本成本为基准，深入企业生产经营的不同层级和不同环节，将经济增加值的构成要素从财务指标向管理和操作层面逐级分解，通过指标之间寻找对应的逻辑关系，绘制出要素全、可计量、易识别的价值树，揭示价值形成的途径。进一步运用科学的分析方法，从纷繁复杂的价值树指标中识别出反应灵敏、影响重大的关键价值驱动因素。

4. 深入调研借鉴，明确实施步骤

先后组织多次内外部兄弟单位调研，广泛吸收先进理念与建设经验，明确基于驱动性、协同性、可控性、时效性、适应性等基本原则，实施EVA价值驱动分析的实施步骤。一是建立分析框架。二是选取指标及驱动因素。三是构建分析模型。四是深化应用与价值提升。利用关键要素分析模型，形成经营预测、绩效评价、趋势分析、执行监控、差异预警等为一体的预测分析体系，实现业务功能的落地应用，并在实践中持续改进功能，实现价值循环提升。

(二) 构建关键驱动要素分析识别框架

国网辽宁电力通过将 EVA 的计算公式分解，建立 EVA 价值树，分析影响公司价值创造的各要素。在实践中遇到以下难点问题：一是收入与成本明细不匹配。其他主营业务由于在财务科目设置初期并没有完全考虑到行业特点，导致收入和成本不匹配，如培训公司培训收入为其他业务收入，成本确计入主营业务成本计入输配电成本。二是输配电成本界定有待明晰。在新一轮电改前，电网企业辅助性业务单位等资产部分能够计入输配电成本，可以通过购售电价差进行一定的补偿。电改后，电网企业分离出来的辅助性业务单位、多种经营企业及"三产"资产，如宾馆、招待所、办事处、医疗单位等固定资产不在可计提收益的固定资产范围，即这部分资产无法纳入有效资产范围，不能通过准许收益获得相应投资回报。

国网辽宁电力结合新一轮电力改革新要求，将网省公司下属各分子公司分为专业服务类、支撑业务类及子公司，并将业务划分为输配电、售电、医疗、培训、酒店及子公司业务，进一步对 EVA 价值树进行延伸拓展，将价值要素进一步分解归类至各个业务条线。

科学开展指标选取与驱动因素识别。为在理论上有科学依据、在实践上切实可行，国网辽宁电力在指标选取与驱动因素识别时遵循四项基本原则，一是目的性与系统性相结合的原则，二是全面性与精简性相结合的原则，三是完整性与导向性相结合的原则，四是科学性与可操作性相结合的原则。在具体指标来源上，为全面、客观、科学地评价公司经营效益，重点结合国家电网公司和国网辽宁电力"十三五"发展规划、政策法规及输配电价核算办法等文件，同时借鉴其他网省公司效率效益分析评价模型经验，建立指标与驱动因素备选库。

按照财务指标—构成分解—驱动因素—综合评价的顺序层层深入，识别关键要素。一是精准定位财务指标，基于财务关注重点建立指标体系框架，将与经济增加值树形结构高度相关、占比较大的财务指标，作为重点分析对象，如省级输配电成本拆解为折旧费、修理费、材料费、职工薪酬、其他、公共成本分摊。二是递进开展构成分解，将财务指标基于构成因素继续向下分解，如核定输配电价基于电压等级分为大工业一般工商业及其他，折旧基于资产类型向下分解等。三是追踪传递驱动因素，建立财务指标与前端业务指标的关联，实现财务指标考核责任的分解与传递。例如，识别影响售电量的驱动因素为业扩新增容量这一关键要素。四是明确综合评价指标，基于业务效益及文件标准建立业务评价指标，一方面，有利于效益评价更加清晰直观；另一方面，有利于实现业务风险预警。例如，输配电成本—修理费，通过设定指标监管新增部分不高于监管周期新增固定资产原值的 1.5% 进行核定。

兼顾下辖不同类型企业经营性质和业务特点，区分输配电业务、售电业务及三产、子公司各类收入与成本，综合考核资本运营质量、效率和效益，以经济增加值为主，统筹考虑资产全寿命周期与有效资产管理，国网辽宁电力科学建立企业效益关键驱动要素分析识别框架，为实现资产全寿命周期成本的准确评价、业务部门归口管理业务的能力评价以及各业务线利润考核奠定坚实基础。

(三) 搭建数据分析评价综合管控平台

1. 结合业务需求，搭建数据集成基础平台

分析现有财务分析平台中各模型业务需求、设计逻辑与开发程序，了解系统运行状况，数据传输接口是否畅通，用户使用频率，权限等，并选取历史财务数据与系统数据进行核对，校验各项指标计算逻辑是否与功能设计相符，是否符合当前业务需求。充分利用已有硬件网络资源，以虚拟化、分布式存储等手段实现对数据库、数据信息的有效整合。采用埃森哲公司特有的 HANA 内存技术，构建以数据源层、数据抽取及复制层、数据集市层及报表展示层为主体的系统技术架构；建立与数据中心、财务管控等多系统的数据传输和集成应用平台，能够高效进行信息处理和分析，为系统运行提供技术保障。

2. 利用可视化展示技术，辅助决策分析制定

利用IT系统，自动生成在数据库的基础上生成图形演示，从而让管理者更加直观、高效地掌握企业信息，实现管理的透明化提升决策的效率，并能够使信息得到更有效的传达。国网辽宁电力基于财务数据，通过可视化展示进行全方位多角度的数据数据分析，有助于决策者能够更加直观、全方位的了解掌握各个条线企业效益关键要素的动态变化，有力增强企业决策分析能力。

3. 创建EVA价值树分析评价模块

基于专业服务、支撑业务、子公司三条业务线，根据各业务特点分别建立EVA价值驱动分析评价模块，科学展示国网辽宁电力总体EVA值及EVA价值树各节点实际与后续因驱动因素变动调整的测算值。进一步将目前的效益绩效逐层分解至各财务绩效指标（经营利润率、投入资本周转率），再按驱动因素分解到业务指标，监测投入产出的达成情况，并通过其驱动因素进行贡献度及敏感度分析以确定主要影响因素。对于影响投入产出的主要指标，可通过进一步下钻分析从而确定本因，制定改进分析。具体包括：专业服务类分析评价、支撑业务类分析评价、子公司类分析评价。

4. 创建驱动因素对标监控模块

为地市供电公司、教培、医院、酒店等分子公司的效率效益指标提供对标功能，将效益效率指标逐层分解为具体财务指标，并向下分解至业务指标，针对公司行业特点及业务特征对业务指标组合分析，监控效益效率指标落后的动因同时，对比同组企业数据挖掘更有针对性的解决方案，从宏观和具体两个角度把握各单位经营状况。

5. 创建效率效益预测分析模块

基于指标的历史数据变化趋势预测每月公司经营指标变化，模拟当月和当年的经济增加值、利润总额、资产总额及各项构成指标的预算与预测值的差异，动态监控企业效益，缩短预测预警周期，强化对公司经营效益的过程控制。

（四）开展全方位分析评价，科学优化投资决策

1. 深入开展价值驱动主题分析

一是深入开展指标影响（What—if）分析。指标影响分析通过构建价值驱动关键指标与EVA之间的关键业务链，模拟指标变动情况，以此考察指标变化对EVA的影响效果。例如，当售电量发生变化时，会同时影响售电收入和购电量，从主营业务收入和主营业务成本两条线影响EVA的变动；随着投资完成率的不断增加，平均在建工程也会随之增加；调整在建工程转资率将平均在建工程转化为固定资产，从资本成本这条线上影响EVA变动。

二是深入开展驱动因素敏感度分析。驱动因素优选先对影响EVA的关键驱动因素计算敏感度并排名，敏感度的数值代表因素每变动1%，会给EVA带来同值百分比的变化。对变动难度进行排序，根据敏感度数值和变动难度排名构建敏感/可控性矩阵，对驱动因素进行性质分类。在实践中，提取影响公司EVA变动的关键因素，通过专家打分法设置指标变动难度，并计算出每个指标的敏感度，展示各指标的敏感度与可控性，通过划分四个象限，引导企业重点关注高敏感度、高可控性指标。

三是深入实施指标溯源分析。对于EVA价值驱动指标体系内需要重点关注的指标，追究其溯源单独分析；对指标执行差异进行更深层次的分析和提供切实依据。针对损益类指标的分析侧重于收入成本类指标结构和趋势变动对EVA的影响；对购售电分析量差价差影响及主要驱动因素，对折旧费、检维修费等成本费用做占收比同比分析及结构分析；对固定资产的分析主要侧重于在新增、运行和报废阶段的效率效益评价。

2. 深入开展企业效益中长期预测主题分析

构建中长期预测分析模型，以公司经济增加值和利润总额为预测目标，加强业务事中控制能力与财

务预见性，基于历史业务指标的趋势变动情况，结合业务部门发布的时点驱动因素指标数据，预测驱动因素对业务指标的影响，并与年度利润预算对比形成当月及当年业务执行预警分析，预测公司经济附加值、利润总额及经济附加值结构树下关键指标预算完成进度，缩短并强化过程管控周期，实现效益动态监控，确保企业完成经营目标。

以 EVA 价值驱动模型财务指标、驱动因素及综合评价指标为预测模型备选指标，基于重要性原则，在不影响 EVA 架构完整性的前提下，选取涵盖主营业务收入净额、利润总额、售电收入、净资产收益率等在内的 44 个预测指标。其中，通过财务关联关系可计算的指标 16 个，需要单独预测的指标 26 个，采取时间序列模型开展指标预测。

进一步收集 44 项预测指标 2012－2017 年间 72 个月的财务报表数据，采用 ARIMA（自回归积分滑动平均模型）进行中长期预测。通过对比上一年度年末预测值与实际值的差异，完成模型验证，经验证 26 项参与时间序列预测的指标，金额占比 99% 的指标预测偏差率在 5% 以内，为科学指导投资决策、优化投资结构提供决策支撑。

（五）深化绩效监测与对标管理，发挥激励引导作用

1. 深入开展指标执行监测预警分析

按照 EVA 价值驱动体系，对企业生产经营重要指标进行月度监测。例如，进度条满条表示全年预算，对利润类经营成果指标，将年度预算折算成月度进度，并与当前实际累计值进行对比，绿色表示当前累计数超出预算水平，红色表示未达成预算指标，起到警示作用。通过观察各项因素实际进度完成情况，对超预算项目，可通过后续指标溯源分析追究溯源，查找原因。

2. 深入开展网省对标与地市公司对标

一是进行网省公司对标分析。为了找出和行业标杆企业之间的差距，网省对标分析对网省的价值创造能力进行横向对标。国网辽宁电力选取福建、江苏、浙江三家在国网系统内较为先进及具有代表性的省公司开展对标分析，分别按 EVA 率及 EVA 率的分解要素（净经营利润率及投入资本周转率）进行对标分析，再逐步分析影响公司投入产出价值创造能力的具体问题。以某月份国网辽宁电力对标情况为例，通过分析发现：国网辽宁电力总体投入产出效益（EVA 率）在对标网省中排名第二，其中运营能力排名靠前，盈利能力排在对标网省中末位，是影响公司 EVA 的主要原因。通过溯源分析，可以发现具体由如下业务因素导致。一方面是资产折旧费，公司固定资产综合折旧率高于所有对标单位；另一方面是人员效率，相比营业收入水平，国网辽宁电力在职员工数量相对较多，人均创收约为对标单位平均水平的一半；而人均成本控制较好。

二是深入开展下辖地市公司对标分析。为评价各地市单位在投入产出价值创造方面的绩效，优化国网辽宁电力对各地市单位的资源配置，基于地市对标纵向供电公司价值创造能力进行定位，从地市单位的盈利能力及运营能力两方面开展分析，挖掘发现造成各地市 EVA 指标落后的症结。通过 EVA 率和收入增长率的对比分析，全面掌握各地市单位经营状况目前在全省所处的位置。

结合企业实际开展对标管理，一方面，通过与国内领先电力企业对标，博采众家所长，持续改进和完善管理模式；另一方面，通过开展内部单位之间对标，深化对关键绩效和核心业务的横向比较和综合评价，发挥正向激励引导作用，形成改进管理、提升绩效的压力和动力，更好地推动绩效目标实现。

（六）建立动态优化机制，实施一体化运作闭环管控

1. 推动关键要素动态优化

常态化进行关键要素分析评价"回头看"，通过"回头看"评价实现目标的各种资源使用情况；评价所溯源追踪的关键要素在推动和促进企业提质增效中发挥作用情况。通过对实际绩效与最优值的差别比较，查找绩效差距，定期总结思考，制定提升对策。

2. 跟踪调整各级指标确保一致性

对各级指标的一致性进行定期检查，重点对影响企业效益关键指标里程碑偏离的因素进行识别和纠正，保证各级指标在推动公司整体绩效目标落地的一致性，并动态优化指标体系。

3. 动态开展风险管控

分析潜在风险对企业目标实现和整体效益的影响，及时梳理发现企业经营过程中存在的风险点和异常点，以异动和问题为导向，加强风险管控，切实做到"过程监控、动态分析、在线协同、实时纠偏"，进一步推动流程再造。

4. 形成一体化运作闭环管控机制

针对重要经营指标进度情况进行动态跟踪，及时筛查、分析指标异动，对于监测发现影响目标实现的异动，及时开展跨部门协同工作，核查并闭环整改，形成"监测分析－指标预警－异动筛查－协同督办－结果反馈"一体化运作的闭环管控机制，满足企业决策层对核心资源与重要指标的实时掌控，以及对各业务流程的过程监督、专业高效协同等要求，加强公司绩效目标任务全过程管控，有力推进各项指标的有序完成，实现由结果管理向过程管理的转变。同时，根据目标调整、指标变化等对大数据分析评价综合管控平台实施动态优化，实时调整各项指标关键点和关注度，以及预警阈值等。

三、电网企业价值驱动要素的管理体系构建效果

（一）建立业务价值链，为企业管理决策提供有效支撑

通过实施价值驱动要素的精准管理，建立了"综合效益指标－财务指标－价值驱动因素－业务指标"的企业价值链，对影响公司价值创造的财务及业务指标进行综合分析，深层评估和追溯根源，纵向拓展财务分析能力，实现了业务价值链的闭环管控。基于价值的短期、中期、长期预测及分析体系，自动出具量化分析报表，追溯业务动因，切实解决了财务分析的管理难点，能够充分发挥财务价值引领作用，为管理决策和运营提升提供了有效支撑。通过对国网辽宁电力业务动因进行量化分析，追溯投资效益相关因素，交叉定位管理问题，制定相应改进措施，准确定位重点关注对象，做出相应决策部署。以EVA作为价值管理的导向指标，综合考虑产出和投入的平衡，将投资规划与企业战略制定，运营计划及年度预算等紧密联系，为投资规划提供依据，引导企业合理安排投资规模，实现了投资规划由业务主导向价值引领的转变。

（二）管控穿透力大幅提升，企业效率效益显著提高

通过流程优化激活非有效资产的资产价值，差异化设立专业服务单位的经营效益评价指标，合理考核各单位业绩，引导各单位投资，并提出改进意见。从优化资本配置结构视角出发，对于主业范围内的业务，结合发展战略、协同效应、价值创造、能力匹配等因素，综合经济增加值创造水平，动态优化价值链管理，突出重点、做强做优。针对不具备竞争优势的主业，推动实现及时调整，有序退出。对超出主业范围、价值创造能力低的业务，加快推动从主营业务中剥离。

通过强化全流程、各环节、各层级精益化管理，努力挖潜增效、开拓市场、提高效益、防范风险，对人财物核心资源管控力度持续加大，电网投入产出水平显著提高，有力促进了公司改善经营效益和提升可持续发展的能力。2017年国网辽宁电力完成售电量1711.8亿千瓦时，同比增长5.5%；营业收入958.7亿元，同比增长4.0%；实现利润15.2亿元，同比增加306万元；资产总额930.5亿元；资产负债率55.3%；全员劳动生产率72.1万元/人·年；固定资产投资126.1亿元。

（三）初步形成了基于价值驱动的企业运营模式，具有良好推广价值

国网辽宁电力将企业价值最大化作为电网企业经营目标，以电网有效资产为基础，对输配电收入、成本和价格进行全方位分析，进一步规范了辅助分析核心指标数据体系，实现企业主营业务核心数据集成化、多粒度的数据展现与分析。提供了多维成果展示和灵活分析功能，通过实时掌握各项指标动态，

发现执行差异，深层评估和追溯根源，为企业管理和运营提升提供分析平台，从而实现智能化预警和分析，能够模拟经营决策对于企业目标的影响以辅助年度目标管理决策，辅助识别与防范风险。运用成本收益估值技术，量化评估经济效益年均节约 960 万元，投资回报率提高 0.6 个百分点。在开发设计方面，充分考虑省公司面临新一轮电力改革要求等实际情况，通过价值、财务、业务联动的指标分析预测，从价值管理的角度辅助企业合理考核省公司下辖各单位、各层级的经营水平、资源占用和投资绩效，有效破解企业发展难题，提升价值创造能力，具有较强的实用性，适应领域广泛，在其他电网企业具有良好的推广应用价值。

（成果创造人：石玉东、范士新、唐屹峰、肖一飞、胡因、刘中彦、巴明强、陈娇茵、李恒宇、尹明植、桑文奇）

基于瘦身健体提质增效目标的企业转型升级

河钢集团有限公司

河钢集团有限公司（以下简称河钢）是排名世界第三、我国第二的特大型钢铁材料制造和综合服务商。截至2017年年底，总资产3756亿元。河钢以钢铁制造为主业，横跨矿山资源、装备制造、现代物流、金融服务、能源化工等相关多元产业，拥有一级子分公司30余家。其中，境内外钢铁子公司13家（含境外4家），优质产能合计5000万吨（含境外产能500万吨），产品覆盖除无缝钢管以外的所有品种，产业和服务网络遍布全球110多个国家和地区。河钢是世界钢铁协会执委会成员、中国钢铁工业协会会长单位。近年来，河钢先后荣获"世界钢铁工业可持续发展奖""中欧企业合作大奖"。2017年蝉联中国钢铁企业"竞争力极强"的A＋最高评级，排名中国钢铁企业卓越品牌第2位。连续九年跻身世界500强，2017年位居221位（世界钢铁企业第四，我国钢铁企业第二）。2017年，河钢产铁4235万吨、粗钢4571万吨，铁产量同比降低7.28%，钢产量同比降低1.34%。全年实现营业收入3065亿元，利税总额187亿，品种钢比例达到65%，创历史最好水平。

一、基于瘦身健体提质增效目标的企业转型升级背景

（一）深化供给侧结构性改革的需要

2015年以来，我国经济进入了一个新阶段，主要经济指标之间的联动性出现背离，经济增长持续下行与CPI持续低位运行，居民收入有所增加而企业利润率下降，消费上升而投资下降等。钢铁、煤炭、水泥、玻璃、石油、石化、铁矿石、有色金属等几大行业，亏损面加大，产业的利润下降幅度最大，产能过剩很严重。作为河北省最大的钢铁生产企业，河钢集团也不例外，生产经营陷入了艰难困境。大部分品种不盈利，企业整体效益低下。现有装备中有一部分还属于落后装备，使用年限长，能耗高，环保设施不达标，自动化程度低。企业急需以壮士断腕的决心关停部分落后设备，停止这些低效率供给，改善供给侧环境、优化供给侧机制，通过改革供给制度，大力激发微观经济主体活力，增强企业长期稳定发展的新动力。

（二）提高企业综合市场竞争力的需要

近几年，河钢集团以市场化改革为主线，坚持走品种质量效益型发展道路，围绕技术进步和管理创新为两大核心任务，聚焦"市场"和"产品"两个关键，持续激发企业内部动力与活力。以新发展理念引领思维方式和经营思路的不断转变，加快构建无缝对接用户的体制机制，赢得了转型发展先机，企业综合实力和品牌影响力得到大幅提升。但是产业结构问题依然突出，表现在低附加值、高消耗产业还占有一定比重，而高附加值产业、绿色低碳产业、具有国际竞争力产业的比重不高。为此，集团需要加快推进包括管理体制、科研体制等体制改革，促进高技术含量、高附加值产业、绿色低碳产业的发展。需要通过社会保障体制改革等分离企业办社会职能。通过压缩管理层级，减少法人层级和法人单位，剥离辅业、突出主业，解决产业链条过长、分布布局过广的问题，瘦臃肿之身。瞄准提高国有资本运营效率和企业经营效率这个目标，加快处置非主业的低效、无效资产力度，瘦低效之身。加快剥离企业办社会和解决历史遗留问题，减少企业的负担，使集团能轻装上阵，公平、公正的参与市场竞争，瘦超负之身，最终达到提高集团综合竞争力的目的。

（三）提高管理效率增强集团市场快速反应能力的需要

随着企业的发展，河钢集团作为体量庞大的大型国企，由于业务板块多、纵向管理链条长，管理层

级过多，从集团总部到研发生产一线之间有的多达 4~5 级。过多的层级设置导致信息传递缓慢，市场触觉迟钝，拉大了外部市场到内部产线之间的距离，降低了企业对市场的反应速度。同时，企业内部还存在与市场脱节、低效率的生产组织运行方式，产销研用不协调，严重割裂了企业与市场尤其是终端用户之间的紧密联系，导致企业对市场的响应速度和资源配置效率低下。坚持管理提升，大力压缩管理层级，精简机构人员；坚持瘦身健体，深入推进降本增效，加快剥离企业办社会和解决历史遗留问题，实现提质增效是着力提高企业运行质量和效益的必由之路，而且迫在眉睫。

二、基于瘦身健体提质增效目标的企业转型升级内涵和主要做法

河钢集团牢固把握供给侧结构性改革这条工作主线，以"三去一降一补"为抓手，通过去产能、调结构、补短板、强弱项，优化产业布局，升级产品档次，提高全要素生产率，培育形成新动能。通过苦练内功，瘦身健体，提质增效，优化国有资本布局结构，做强做优主业，压缩管理层级，剥离办社会职能，使企业的布局结构明显的优化，产品档次提档升级，运行效率显著提升，产业迈向价值链中高端，集团核心竞争力明显增强。主要做法如下。

（一）加强顶层设计，确立瘦身健体提质增效的基本原则

坚持优化布局，推进供给侧结构性改革。把化解钢铁过剩产能作为重中之重，将去产能与转型升级有效结合起来，提高供给体系质量和效率，既做好减法调存量、又做好加法优增量，实现经济布局结构的优化。

坚持创新驱动，培育发展新动能。把创新作为发展的第一动力，积极推进产学研用合作，加快推动科技创新、商业模式创新、品牌创新、管理创新，以创新赢得新一轮发展优势，实现经济增长动能转换。

坚持管理提升，实现提质增效。持续开展对标行动，深入推进降本增效，大力压缩管理层级，精简机构人员，加快剥离企业办社会和解决历史遗留问题，切实减轻企业负担，着力提高企业运行质量和效益。

（二）深化供给侧结构性改革，多措并举积极推进"三去一降一补"

1. 坚定不移"去产能"，倒逼企业提质增效

河钢始终强化作为大型国有企业的责任与担当，以"生态优先、绿色发展"的理念主动压减产能，把"去产能"当作适应钢铁产品个性化、品质化需求，抓住实现产品和用户结构升级的重大机遇，加快推进供给侧结构性改革，通过适度压减产能逐步退出普通产品的"低端循环"和"价格战"，进入产品高端化和客户高端化的"高端循环"。河钢在"十二五"期间，压减炼铁产能 560 万吨、炼钢产能 684 万吨。在 2016 年超额完成压减炼铁产能 156 万吨、炼钢产能 166 万吨目标任务的基础上，2017 年河钢集团增强落实压减产能任务的责任感、使命感和主动性，督促涉及产能压减单位明确时间节点，落实主体责任，高标准完成 2017 年再行压减炼铁产能 104 万吨、炼钢产能 336 万吨目标任务，其中河钢承钢 1 座 450 立方米高炉已于 2017 年 5 月关停，河钢宣钢 1 座 120t 转炉已于 2017 年 5 月关停，1 座 450 立方米高炉、2 座 120t 转炉于 2017 年 9 月关停，提前完成省委省政府下达的压减产能任务。涉及职工 8299 人，全部得到妥善安置，没有一人被推向社会。高端产品持续增量，河钢已经成为我国最大的家电用钢、核电用钢、海洋工程用钢和第二大汽车用钢制造企业，集团已逐步退出普通产品的"低端循环"。

2. 积极稳妥"去杠杆"，降低企业融资风险

河钢着力推进发展方式转变，通过压减贷款规模、加强资金管控，构建低资金保障下的生产运营模式，实现了企业发展由"单纯追求规模效益"向"追求质量效益"转变。通过内部网络银行和结算中心搭建管控平台，坚持"量入为出、以收定支"原则，实施流量管控，建立集团一体化资金集中管控体

系。为进一步推动供给侧结构性改革,提高社会资源配置能力,与长城资产公司携手打造"长城河钢产业发展基金",成为我国钢铁行业首支产业转型主题基金,将发挥引导和促进产业转型升级、结构调整的重要作用。2017年集团融资总额同比实现硬碰硬压减30亿元。

3. 想方设法"去库存",提高企业运营效率

严格执行以销定产、不来款不发货的经营原则,提高直供比例降低库存。2017年共计取消三方纯垫资和市场流通客户1355户,其中普材取消660户,品种钢取消695户。客户结构和产品档次明显改善和提升,直供比例显著增加。改变营销模式和生产组织模式,改大规模、大批量、批发式生产营销模式为定制化、小批量、直销式生产营销模式,进一步优化生产节奏及物流秩序,减少在制品等待时间,最大程度地降低各类产成品库存。同时,强化重点战略资源掌控,充分利用"两个市场",动态调整采购策略,灵活把握采购窗口,全力降低采购成本。矿石等原材料、各类备品备件等生产辅料通过优化生产组织,提高效率,基本实现零库存保供生产,取得了良好经济效益。

4. 多措并举"降成本",提高吨钢利润水平

河钢唐钢、河钢邯钢加快品种结构调整步伐,持续向产业链中高端挺进,对接市场、服务客户的能力实现新跨越,合计实现盈利超过40亿元。河钢宣钢推行低成本和精品战略,面对产能大幅压减、生产经营秩序被严重打乱的情况下,快速反应、科学调度,生产组织工作面对现实、提前谋划、快速反应、适时优化,想方设法确保生产组织实现高效运行。通过精准管控各道工序变化和节奏,提升精益生产和准时化生产水平,确保了稳定顺行。三座转炉日产增加1000t/d以上,达到1.7万吨以上,实现了以前四座转炉的在线生产水平,在产能压减的情况下效益显著增长。河钢采购强化供应链战略管理,加强采购端结构优化,实施库存动态管控,全年吨物料采购成本比中钢协平均采购成本低45.4元。河钢国际增强资源掌控和整合配置能力,发挥港口库存集中管理优势,进口矿吨矿采购成本低于普氏指数1.05美元。剔除市场因素,河钢集团2017年吨钢综合售价同口径提高163元,集团生铁成本同口径降低35元/吨。

5. 精准加力"补短板",增强企业竞争实力

针对京津冀环保治理,结合城市钢厂发展实际,主动实施清洁生产,大力支持低投入、高产出,低消耗、少排放、可持续的绿色企业,促进经济效益与生态效益相统一、企业发展与环境保护相协调,以更小的消耗和排放来实现同样或者更大的产出价值。2017年河钢践行生态优先、绿色发展理念,建立健全重污染天气应急响应机制,提升污染治理信息化监测水平,投资近30亿元实施了26个重点节能减排和污染治理项目,推广应用了一大批节能减排新工艺、新技术。吨钢综合能耗同比下降3%。吨钢耗新水同比降低1.6%。吨钢二氧化硫和颗粒物排放量同比分别下降7%和4.5%。各钢铁子公司主要排放指标优于国家钢铁企业清洁生产一级标准。

(三)全面瘦身健体构建精干高效的扁平化组织管理体系,激发和释放企业活力

一是实现产线单元市场化,使产线成为直面市场、聚焦产品的价值创造中心,成为资源配置、运营管理、经营决策的中心;二是实现组织结构扁平化,改革子公司领导体制,"去中间层"与"去行政化"相结合,实现关键人才、关键待遇向产线倾斜配置,形成以市场单元为重心的管理体制,提高响应市场速度、资源配置效率。通过变革,各子公司机关管理职能部门和人员减少20%以上,产线的产销研一体化实力明显增强,产线在岗人员与管理服务平台人员之比达到了20∶1;三是实现公共服务平台化,转换职能部门角色,优化整合、集中管理公共资源,搭建支撑市场单元高效运行的"货架式"公共服务平台。

截至2017年年底,河钢集团下属综合型钢铁子公司已组建成立了16个产销研一体化的独立市场单元(产品事业部),产线专属性强的生产、技术、营销资源全部下沉配置到事业部,同时明确了由子公

司副总经理担任产品事业部总经理的领导体制，实现了"两个扁平化"（产线单元与市场用户之间的扁平化，各子公司与产线单元之间的扁平化），专业化钢铁子公司围绕实现一级管理，积极推进"去中间层"和二级单位"去行政化"，减少了管理层级，提高了管理效率。

（四）聚集全球技术创新要素，构建全球技术研发平台和协同创新体系

河钢拥有 2 个国家级技术中心、4 个国家级实验室、3 个院士工作站、3 个博士后工作站；有省管以上专家 25 人，省突出贡献专家 21 人。在优化技术创新体系、充分发挥现有技术团队力量的基础上，加大资源整合配置力度，加快打造"全球技术研发平台"，加速由技术"跟跑"向创新"领跑"转变。目前，与东北大学联合共建"河钢—东大产业技术研究院"；与中科院、昆士兰大学、西门子、海尔等国内外先进企业、科研机构深度合作，建立了 23 个战略合作平台；加强与韩国浦项等世界顶级企业的全球战略合作，建立战略联盟。近年来，河钢有三个项目获国家科技进步奖；承担了 15 个国家重大课题专项，在钢铁行业居第二位。

2017 年以来，河钢完善全球技术研发平台建设，与昆士兰大学共建可持续钢铁创新中心，启动"新型高强汽车钢深加工新技术的应用"等 4 个项目研究。发挥河钢东大产业技术研究院技术支撑作用，确立 33 项产品升级和前沿技术关键课题，共同参与承担国家重大课题研究。深化与下游用钢行业战略用户合作，与海尔、上重共建联合研发中心，为用户提供个性化产品解决方案。巩固深化与中科院的战略合作，共同研发的世界首条亚熔盐法清洁提钒生产线投入运营。积极参与承担行业标准制定，牵头起草的《氮化钒铁》已经实施，现正在起草 5 项新的行业标准。2017 年，河钢 9 个项目入选了国家重点研发计划"重点基础材料技术提升与产业化"等重点专项，积极引领钢铁及相关行业技术创新。

（五）以用户需求为导向创新营销模式，以客户结构高端化推动品种结构提升

河钢突出"产品""市场"两大关键词，一方面持续推进产线全面对标，不断挖掘现有装备潜能；一方面"走进市场、对接用户"，全面建立以两级客户服务中心为平台的营销服务体系，持续推进河钢产业链条和服务网络向终端用户延伸，实现由普钢营销模式向特钢营销模式的转型。

跨行业借鉴西门子、海尔等企业成熟的营销模式，建立用户导向型的营销服务模式和需求驱动型的商业模式，全面推行大客户经理制，构建以"产线—产品—客户—客户经理"为线条的品种开发路径及市场对接方式，通过大客户经理制一对一、点对点的营销模式，实现了像"卖家电"一样卖钢材。深化与下游企业的协同创新，共建 8 个"创新研发中心"，加快推进 EVI 先期介入。嵌入下游高端用钢企业的制造工序链条，与北汽集团、国能汽车等高端客户开展全面深度战略合作，实现与高端客户的无缝对接，培育一批极具黏度的战略客户集群。

集团品种钢比例由 2014 年的 29% 提高到 2017 年的 65%。高端产品产量达到 1657 万吨，创历史最好水平。河钢成为国内第一大家电板供应商、第二大汽车钢供应商；家电板实现了国内品牌的"全覆盖"；汽车用钢实现了"整车造"，高强汽车钢已经进入高端市场；集团核电用钢、海洋工程用钢、宽厚板、高强钢筋成为国内第一品牌。

（六）全面提升产业链创效水平，加快培育战略性新兴产业

河钢拥有庞大的产业链条，围绕生产工序和资源供应，打造若干独立创效单元，整合集团内部协同发展优势，先后组建河钢能源、河钢化工、河钢新材、河钢售电、河钢碳资产管理等公司，加快构建专业化、市场化的独立创效平台。2017 年，集团各专业公司合计创效 20 多亿元。

把握京津冀协同发展、雄安新区规划建设等重大战略机遇，引入社会资本和专业团队，加快向新兴市场和五大城市群进行产业布局，寻求新产业、新业态、新领域发展商机，实现由传统产业"跟随者"向新兴产业"引领者"转变。

与中信集团携手打造能源环保及医疗产业；推进与美国哈斯科、法国威立雅、韩国浦项、德国西门

子等世界跨国知名公司的战略合作，寻求前沿产业发展机遇；在天津自贸区成立了河钢融资租赁、河钢商业保理公司，壮大了金融产业板块；整合信息产业资源，组建惠唐物联科技公司，布局智慧城市产业发展。

按照河钢《非钢产业发展规划》，到"十三五"末，将实现主业在岗职工5万人，人均吨钢1000吨以上，劳效达到国际一流水平；非钢板块彻底与钢铁主业分离，5万职工稳定就业并全部消纳人工成本（每年为主业消化近70亿元人工费用），非钢产业收入贡献率达到20%，利润贡献率达到35%。

（七）加快"走出去"步伐，推动河钢向全球价值链中高端迈进

近几年，河钢先后控股收购南非大型矿业集团PMC公司、全球最大钢铁营销和服务平台——瑞士德高、河钢塞尔维亚公司、美国特钢公司、开普敦冷轧公司、马其顿中板公司、澳大利亚威拉拉铁矿，形成了"四钢、两矿、一平台"的海外实体企业格局。目前，运营海外资产70亿美元，海外公司70余家，投资涉及30多个国家地区，成为我国钢铁行业国际化发展的领军企业。2017年，集团海外板块实现利润近20亿元人民币，成为集团重要的效益增长级。

特别是河钢以收购塞尔维亚斯梅代雷沃钢厂的实际行动，积极响应国家"一带一路"倡议，在国内外引起强烈反响，提升了我国钢铁企业的国际形象。河钢塞钢不仅代表河钢，还代表河北、代表中国，要把河钢塞钢打造成"一带一路"建设的标志性工程。河钢举全集团之力，输入管理、技术，整合配置全球资源支持塞钢发展，不到一年时间就扭转了长期亏损局面，实现稳定盈利。2017年河钢塞钢实现利润2亿元。

（八）加快剥离国有企业办社会职能和解决历史遗留问题，保障企业轻装上阵

1. 积极推进职工家属区"三供一业"分离移交工作

按照省国资委2017年"三供一业"分离移交工作计划，结合各地市及各子公司实际，加强督导、加快推进职工家属区"三供一业"分离移交工作。对有分离移交任务的八家子公司逐一进行调研督导，与属地政府及国资委就"三供一业"分离移交具体事宜进行了充分交流，达成了共识。并对子公司提出了加快推进进度、加大工作力度的具体要求。各子公司都与属地政府加强了沟通联系，建立了工作对接机构和机制。同时抓紧筹集资金，各单位按照分担比例抓紧筹集相应资金，进入专用账户统一管理，保证"三供一业"分离移交工作的顺利实施。2017年安排河钢唐钢、河钢邯钢、河钢宣钢、河钢承钢、河钢舞钢、河钢衡板、河钢宣工共7家单位实施"三供一业"移交推进工作。共涉及95个居民小区，约82860户居民。其中，供水涉及57411户，供电涉及35642户，供热涉及42980户，物业涉及67038户。均与属地政府签订了移交协议，筹集了15亿元资金，管理职能及资产移交按照进度安排稳步推进。"三供一业"分离移交后河钢每年可减少相关支出1.7亿元。

2. 深入开展国有企业办教育医疗机构深化改革

河钢集团按照国务院国资委《关于国有企业办教育医疗机构深化改革的指导意见》文件精神，结合省国资委统一部署及集团改革发展实际，站在进一步减轻国有企业负担和发展成本，集中资源做精做强主业的高度，稳步推进教育医疗机构深化改革工作。

深化教育机构改革方面：河钢集团各子公司主办的普通中小学已全部移交地方管理。各子公司主办的7家职业院校由于与企业主业发展密切相关、产教融合，予以保留，下一步重点进行资源优化整合，积极探索集中运营、专业化管理。4家幼儿教育机构进行市场化运营改革，积极探索多元主体办学。

深化医疗机构改革方面：河钢集团现有河钢邯钢职工医院、舞钢公司总医院等10家医院。按照指导意见要求，河钢集团按照以下几种方式推进改革。一是规范推进重组改制。积极引入专业化、有实力的社会资本，按市场化原则，有序规范参与国有企业办医疗机构重组改制，优先改制为非营利性医疗机构。目前河钢集团下属唐钢医院、宣钢医院已经与中信集团北京弘慈医疗投资管理有限公司开展合资合

作，分别成立了中信（唐山）医院有限公司、宣化钢铁公司职工医院有限公司。其中，北京弘慈控股70%。新公司运营以来，医院的就诊量、经营效益有明显提升。河钢舞钢公司总医院也在积极跟进，按照唐钢医院模式与北京弘慈医疗投资管理有限公司开展合资合作。二是鼓励移交地方管理或进行资源整合。鼓励将与地方政府协商一致且地方同意接收的企业办非营利性医疗机构移交地方管理，按照政府办医疗机构相关规定管理。也可通过资源整合的方式进一步深化医疗机构改革。

三、基于瘦身健体提质增效目标的企业转型升级效果

（一）综合实力显著增强

河钢以瘦身健体提质增效为目标，积极适应钢铁产品个性化、品质化需求，加快推进产品和用户结构升级，逐步退出普通产品的"低端循环"和"价格战"，进入产品高端化和客户高端化的"高端循环"。坚定不移地走品种质量高端路线，依靠创新资源整合和品种结构调整实现企业跨越式发展，发展模式由规模化、同质化向定制化、个性化发展模式转变，钢铁主业竞争实力不断增强，企业整体盈利能力显著提升。企业通过转型升级，实现了华丽转身。2017年在铁、钢产量分别同比降低7.28%、1.34%的情况下，全年实现营业收入3065亿元，同比增长5.4%，实现利润100亿元以上，创历史最好水平。河钢获中国钢铁企业"竞争力极强"的A＋最高评级，排名中国钢铁企业卓越品牌第2位。

（二）产业布局科学合理

与国家经济发展同向同行，市场触角延伸到经济活力最强、最具发展潜力的发达地区，构建全球全产业链布局，在"一带一路"沿线国家和区域、在新兴市场和发达地区特别是欧洲等高端装备制造及核心技术密集区域进行战略布局，实现国际化发展的新突破。河钢先后控股收购南非大型矿业集团PMC公司、全球最大钢铁营销和服务平台—瑞士德高、河钢塞尔维亚公司、美国特钢公司、开普敦冷轧公司、马其顿中板公司、澳大利亚威拉拉铁矿，形成了"四钢、两矿、一平台"的海外实体企业格局。其中，境外钢铁子公司4家，产能合计500万吨。目前，运营海外资产70亿美元，海外公司70余家，投资涉及30多个国家地区。2017年，集团海外板块实现利润近20亿元人民币，成为集团重要的效益增长级。河钢被全球化智库（CCG）认定为"2017年中国企业全球化50强""2017年'一带一路'十大先锋企业"，是唯一上榜的钢铁企业。河钢成为我国国际化程度最高的制造企业之一。

（三）产品结构提档升级

2017年，河钢生产高端产品1657万吨，高端比达到38%。生产特色战略产品28万吨，同比提升87%。宽厚板产品处于行业引领地位。舞钢牌宽厚板是中国名牌产品，产品覆盖16大系列、300多个品种，其中40多个品种填补国内空白，80多个品种替代进口。国内唯一完全自主生产的调质海洋平台用钢，产品规格为全球之最；180毫米厚F级海工钢通过6家船级社认证，实现国内最高级别海工用钢规格范围率先突破；核安全壳用钢板成功应用于我国第三代核安全技术工程项目；锻轧结合生产的49吨级大单重钢板，成功替代进口并刷新国内单张钢板重量记录。家电用钢达到国内一流水平。可稳定供应商品级及冲压级产品，用于制造冰箱面板和侧板、洗衣机围板、热水器外壳、空调后背板等产品全领域。产品实现了海尔、美的、格力、奥克斯等国内高端品牌全覆盖。汽车用钢整体进入行业第二梯队。具备高端汽车用钢生产制造水平，已经实现汽车用钢"整车造"。特殊钢棒材产品国内处于行业前列，高铁扣件弹簧钢占有60%国内市场份额，在全国铁路弹条市场占有率第一。

（成果创造人：迟桂友、李毅仁、谢文华、鲍彦丽、王宇辉、
赵休龙、安　晖、郭建双、郭永军、刘丽娟、田　茵）

石油企业基于多体系融合的综合管理体系构建与实施

中国石油天然气股份有限公司西北销售分公司

中国石油天然气股份有限公司西北销售分公司（以下简称西北销售）是一家有着72年历史的成品油销售企业，主要负责中国石油西部地区14家直属炼化企业成品油资源的产销衔接、收购、调运和结算；负责中西部地区21个省（区、市）成品油销售企业，以及铁道、民航、兵团等9家专项用户所需资源的均衡稳定供应、物流调运组织、质量计量监督和结算；负责物流区域内沿江、沿成品油管道具有集散和储备功能、需跨省调拨油品大型油库的建设和管理。目前管理运营油库12座，总库容252万方；拥有铁路专用线近20千米，自备罐车近6500辆，用工总量2100余人。2017年配置成品油4929万吨，实现销售收入2796亿元。

一、石油企业基于多体系融合的综合管理体系构建与实施背景

（一）实施体系融合是解决管理规范不一、多头分散管理的现实需要

多体系并存极易造成管理规范的不唯一、不统一。2015年年底，西北销售除224项规章制度外，各管理体系还并存有多个规范性文件。在作业层面，所属15家二级单位均各有1本操作规程、操作工作手册、HSE风险汇编、应急预案及相应标准规范、两书一表、记录表单等。这些规范性文件导致同一管理事项有多个体系进行规制，各体系管理规定又相互衔接不够，较为零散，集约性不强，造成管理交叉、重复甚至矛盾等现象比较突出，使员工学习执行时无所适从，对制度规范望而生畏，敬而远之。同时，由于各体系分别由不同的专业部门管理，各部门管理手段方法不一，管理力度不均衡，导致各体系运行机制存在较大差异。此外，各体系均有自身的审核监督机制，审核标准、方式与频次均不相同，致使审核检查较多且有重复交叉，给正常生产经营工作带来一定的影响。

（二）实施体系融合是强化风险管控、提升管理效率的迫切需要

西北销售多体系并存期间，各体系虽均致力于本领域内的风险防范与控制，但由于每个体系的建立背景、管理理念、管理目标不同，对风险的管理方式方法各异，管理标准与要求粗细不一，使得各体系在风险管控水平方面存在较大差异，效果参差不齐。从管理效率方面来看，多体系并存，各体系均立足本专业角度管理运行，管理交叉重复现象严重，甚至相互掣肘，造成了管理资源的极大浪费，加之部分体系文件科学性、集约性不强，流程烦琐冗长，质量不高，在执行中增加了管理环节，降低了管理效率。同时，各体系信息化程度不均衡，系统建设不完善，功能相对单一，流程的信息化管控能力弱，不能做到风险步步提醒、操作步步确认，难以满足实际管控工作的需要，通过信息化手段强化经营风险管控、提升管理效率的目标还未完全实现。

（三）实施体系融合是适应企业管理趋势、提升综合管控能力的潜在需要

管理体系融合是大势所趋。近年来，ISO9001等国际管理标准广泛采用诸如领导作用、PDCA方法、过程方法等管理原则，标准的结构和基本要求趋于一致，标准的制定也考虑不同管理体系之间的融合。随着企业规模的扩大、管理层级的增多，多体系并存带来的弊端和问题日益显现，反映出企业管理模式多元、不集约、管理基础不扎实，从而导致在公司整体层面上难以形成管控合力，制约了企业管理水平的进一步提升。因此，无论是从企业发展规律，还是从企业自身发展来看，推进管理体系融合，建立统一的管理体系，制定统一的管理标准，在同一平台上实现对管理的整合和优化，更加有效地配置和利用资源，持续增强综合管控能力，是企业必须要做，而且要尽早和扎实做好的事。

基于此，从 2016 年开始，西北销售认真探索研究，对多体系进行融合统一、优化提升，建设综合管理体系，实现管理规范的唯一和管理机制的统一。

二、石油企业基于多体系融合的综合管理体系构建与实施内涵和主要做法

西北销售充分运用流程管理和风险管理的方法，根据"按需设事、因事定制、嵌制入流、制流一体、规范标准、表单承载、数字管理、网络运行、量化评价、综合控制"的管理要求，对原有较为零散不够协调的 HSE、质量、内控、法律风险防控、安全生产标准化、惩防、规章制度 7 大管理体系进行优化融合，建设形成统一、开放的综合管理体系。新的融合体系以一套文件为载体，以一种运行机制为保障，以一个信息平台为支撑，实施 PDCA 闭环管理，使体系各项制度规范在管理和操作层面得以全面落地和有效运行，实现全部经营管理业务的全方位、全过程管控，既满足原有各管理体系外部审核认证要求，也满足西北销售管理升级和高质量发展的现实需要。主要做法如下。

（一）成立工作机构，确定综合管理体系融合思路

1. 确定融合思路

2016 年年初，西北销售成立综合管理体系融合建设项目组，经深入分析、广泛调研、集中讨论，形成综合管理体系融合建设总体思路，即紧紧围绕"风险管控"和"效率提升"两大目标，以业务能力分析为切入点，以要素对照为方法，以业务流程优化和风险识别嵌入为主线，以一套文件为载体，以统一运行机制为保障，以一个信息平台为支撑，建设"上下贯通、全面覆盖"的综合管理体系。

2. 明晰建设路径

西北销售按照融合建设思路，研究确定体系建设路径，分搭建体系框架、编制体系文件、建立运行机制、开发信息平台 4 个阶段，详细制订并认真落实项目推进计划，有序开展体系融合建设和运行工作。

（二）开展要素对照，搭建综合管理体系框架

1. 开展业务能力分析

西北销售基于价值链分析，组织各专业部门从公司职能和战略目标出发，逐层分解业务活动，全面梳理一级、二级、三级及末级业务能力架构，通过分析业务范围、业务目标、部门职责、管控模式等，共梳理出 16 个业务领域的 37 个一级能力，159 个二级能力，407 个三级及末级能力，形成各专业领域相互衔接匹配、逻辑关系清晰合理的业务能力全景，明晰西北销售业务和管理边界，为体系框架设计奠定基础。

2. 搭建体系总体框架

西北销售按照"合并同类要素、保留个性要素"的原则，通过全面分析原有各体系的要素内涵，找出各体系共同的要求、重复交叉的内容、相互差异的部分，将各体系的要素进行全面对照、融合，形成《体系要素融合清单》，建立综合管理体系的 11 个基本要素，并与原各体系要素进行一一对应。

在综合管理体系 11 个基本要素中，"领导与承诺"是体系建立与实施的前提条件；"企业文化与党的建设"是体系建立与实施的内外部环境；"方针与目标"是体系建立与实施的总体原则和努力方向；"战略规划与计划"是体系建立与实施的输入；"组织与权责"是体系的组织保障；"信息、文件与沟通"是体系建立与实施的基础；"流程与风险""运行与控制"是体系建立与实施的关键；"资源"是体系实施的保障；"监视、测量和分析""审核和管理评审"是推进体系持续改进的动力。该 11 个基本要素相互关联、共同作用，构成综合管理体系总体框架，创造性地将企业文化和党的建设等内容融入体系中，确保体系要素对西北销售业务的全覆盖，满足内部管理提升和外部原有各管理体系审核认证的需要。

（三）明确文件架构，编制综合管理体系文件

1. 明确体系文件架构

西北销售分析原规范性文件类型的利弊，从适用面上考虑，以 ISO 系文件架构为主，兼顾 COSO

系管理内容,明确综合管理体系采用管理手册、程序文件和作业文件"三位一体"的文件架构,其中管理手册是纲领性文件,统领整个管理体系,用以描述体系总体框架、公司整体业务活动内容及要求;程序文件是管理手册在经营管理层面的明细化,是规范各项经营管理业务活动的具体内容、要求、流程及风险的管理类文件;作业文件是管理手册在现场操作层面的明细化,是明确现场一线生产作业内容、要求和程序的技术操作类文件,包括操作规程、应急预案和标准规范三部分内容。这种层次分明、相互承接的文件架构形式既全面体现体系要素内涵,又承接上级管理要求,也与公司原制度、标准、流程相适应。

2. 形成文件融合清单

西北销售紧扣体系并存带来的"文件种类多、质量不高"等问题,将原规章制度、内控流程、程序文件等多种类的规范性文件与公司业务能力逐一对应分析,找出文件之间交叉重复、前后不一及规定缺漏的具体事项,提出合并、删除、补充、完善和优化建议,形成了《体系文件融合清单》,为体系文件融合确定具体明确的任务。

3. 统一文件模板

西北销售依据国家标准、行业标准,编制程序文件、操作规程模板及编写说明,统一文件格式。在程序文件模板上,按照 GB1.1《标准化工作导则 第一部分:标准的结构和编写》要求,明确程序文件由封面、管控信息、目次、正文(分为范围、规范性引用文件、术语和定义、职责、流程与风险、管理内容、记录表单、附录)组成,附录包括流程图、风险控制文档、表单、资料性文档等。在操作规程模板上,以 Q/SY1789-2015《中国石油销售企业成品油库操作规程编写规范》为依据,明确操作规程由封面、审批表、版本更新记录、前言、目次、正文(分为概述、操作程序、设备操作规程、事故处理、操作规定、HSE 规定、引用文件、附录)组成,附录包括业务流程图、工艺图、油库布局、设备清单、理化指标、工作职责及安全环保职责、记录表单等。

4. 起草体系文件

一是管理手册。按照《体系要素融合清单》,将质量、HSE、内控、法律风险防控、安全生产标准化、惩防等体系的 23 个一级要素融合为 11 个、69 个二级要素融合为 49 个,编制《综合管理体系管理手册》,阐明西北销售发展方针与目标、组织与权责、信息与沟通、资源与支持、流程与风险、运行与控制、审核与评审及业务职能活动的总体纲要,明确相关业务的管理要求,并将企业文化与党建等要素内容纳入管理手册,覆盖西北销售全部业务活动和各类内部外监管要求。

二是程序文件。按照"流程全覆盖、风险全识别"的要求,对照《体系文件融合清单》,从系统性、合规性、适用性、协同性四个维度,对原各体系文件和规章制度进行评价、修订,重点从流程和风险两个方面对具体业务活动进行梳理分析。流程方面,对于已建立的业务流程重新进行评估、优化,对于未建立的业务流程进行设计、新增;风险方面,对业务活动中的风险进行充分识别、分析和评价,制定应对措施,并嵌入到流程具体环节,将原 224 项规章制度、20 项质量管理程序等规范性文件优化整合为新体系的 138 项程序文件,同步取消各基层单位 228 项制度,涵盖西北销售全部业务活动,418 个流程、1068 个管理类风险和 742 张记录表单全部纳入程序文件之中,实现制度流程化、流程表单化、风险全嵌入。

三是作业文件。在操作规程上,按照"共性+个性"思路,结合工艺特点,以全面、可操作为出发点,组织各基层单位将原操作手册、HSE 作业指导书等文件合并简化为 1 套作业文件(包括 14 套操作规程、15 套应急预案、587 项标准规范),在原作业内容基础上增加消防、锅炉、污水处理、监控系统、应急缓冲池等操作内容,在操作步骤前嵌入风险提示,并将现场作业活动中的重要风险和操作步骤予以抽提,简化为 997 张操作卡和应急处置卡,为实际业务的开展提供工作指南。

5. 审核体系文件

体系文件起草完成后，西北销售组织各专业领域专家和基层管理、操作骨干人员共同组成审核小组，对体系文件进行会审。审核小组分批次对 86 项重要的、流程跨部门的程序文件，从内容完整性、职责明晰性、流程操作性、风险可控性、文件衔接性等方面进行集中会审和修订完善，保证程序文件的协同性、规范性和完整性。同时，审核小组对 15 家基层单位的作业文件分区域进行会审，对操作规程的全面性、符合性、可行性、操作性等方面进行审核、修订，有效保证和提高体系文件质量。

（四）确立运行机制，推动综合管理体系实施

在开展体系文件编制的同时，西北销售启动体系运行机制的规划、设计工作，着手构建融合后新体系运行机制。2016 年 12 月组织召开综合管理体系发布暨动员会，由西北销售公司总经理在全公司范围内进行发布，自 2017 年 1 月 1 日起开始运行。运行过程中，西北销售不断磨合完善，最终确立统一管理机构、统一文件管理、统一审核监督、统一管理评审的"四个统一"体系运行机制。

1. 统一管理机构

按照"统一管理、归口负责"原则，西北销售整合原有 HSE、质量、内控、规章制度等体系管理委员会，成立综合管理体系管理委员会，由公司总经理担任主任，其他领导班子成员担任副主任，机关各专业部门负责人为成员，负责综合管理体系的统一管理工作。委员会下设体系办公室，由分管体系工作的副总经理担任主任，成员包括各部门负责人，具体负责体系的日常管理工作，将原来的"分散管理"变为"综合管理"，实现体系统一管理与专业管理的有机结合。同时，所属的 15 家二级单位也均相应的成立体系管理委员会，设立体系办公室，明确机构组成及职责分工，统一负责本单位综合管理体系的管理和推进工作。体系两级管理机构的设立，在组织层面为西北销售综合管理体系的顺畅管理和有效运行奠定了坚实基础。

2. 统一文件管理

按照"统一归口、专业分工"的原则，西北销售将综合管理体系文件管理职能全部划归体系办公室归口实施，变原来的"多头管理"为"集中管理"，体系办公室负责体系文件制修订计划的组织、审核及发布，并全部在信息平台中进行，把住文件"出入口"，减少流转次数，提高工作效率。各部门负责专业领域程序文件的制修订具体工作；各单位负责操作规程（含操作卡和应急处置卡）、应急预案的制修订具体工作，实现分工明确、密切配合。同时，狠抓体系文件学习宣贯，体系办公室采用现场、视频等方式，分层面组织开展体系文件专业培训。

3. 统一审核监督

按照"统一管理、分级负责"的原则，西北销售统筹部署体系审核监督工作，强化体系运行监控。体系管理委员会和办公室建立健全综合管理体系审核监督工作机制，每年均制定审核方案，明确审核标准、人员、实施及问题整改要求，严格组织开展。在审核标准上，西北销售组织制定涵盖各业务领域的 1650 项量化审核标准，每项均赋予不同的权重，便于进行准确客观的评价，并将其作为西北销售内部各级审核的依据。在审核队伍上，注重审核人员专业培养，体系运行以来已相继开展三期审核员专项培训，参训人员涵盖各专业领域，培训内容包括了体系、流程、风险管理的思想、方法以及体系审核标准与技巧等，并进行了考试取证，有效提高了内审员专业能力，为下步体系审核工作的有效开展奠定了坚实的人力资源基础。在审核实施上，按照审核方案，西北销售综合管理体系两级管理机构有序安排、组织开展内部审核，迎接外部审核。

4. 统一管理评审

西北销售取消原 HSE、质量、内控、规章制度等管理体系各自为政的评价改进方式，由综合管理体系办公室每年年底组织各专业部门、各单位对管理范围内的综合管理体系运行情况进行认真总结，全

面查找体系建设与运行中的薄弱环节，识别完善改进的需求，形成公司管理评审报告，提交体系管理委员会集体研究，最终做出评审结论。同时，体系办公室根据体系管理委员会的最终评审结论，督促相关部门和单位对薄弱环节进行改进和提升，实现体系闭环管理，进一步提升体系管理的适用性、充分性和有效性，确保能够持续不断地满足相关方的期望和要求，达到持续提升、不断完善的目的。

（五）开发信息平台，助推综合管理体系落地

西北销售全面整合原各体系分散的信息系统功能，统筹开发建设统一的综合管理体系信息平台，根据建设特点和难易程度，确定"三步走"的体系信息平台建设计划，即第一步开发体系管理功能，实现体系运行机制闭环管理信息化；第二步开发作业现场管控功能，实现操作层面各项作业规范有效执行落地；第三步开发经营管理全流程管控功能，实现管理层面各项管理规范有效执行落地。为此，西北销售委托外部专业单位，分"明确需求、制订方案、建设开发、上线测试、正式运行、改进完善"6个阶段，自2016年7月起，有序开发综合管理体系信息平台。

1. 开发体系管理功能

西北销售以文件库、风险库、缺陷库等数据库为基础，开发建设包括文件管理、学习使用、体系审核、管理评审等主要子功能，满足体系管理的基本需要。在文件管理功能上，将体系文件"立改废"流程固化到信息平台，强化体系文件审核和发布，确保体系文件一个出口，实现体系文件的规范管理。在审核监督功能上，开发审核标准维护、审核方案与审核计划编制、审核问题录入、问题整改、跟踪验证等功能，实现体系审核的流程化管理，确保体系的闭环管理。同时，开发APP功能，通过手机APP实现了移动办公，便于员工随时随地查询使用和办理相关业务，有效提高工作效率。

2. 开发作业现场管控功能

一是操作卡使用与管理功能。基层班组长通过信息平台下达任务工单，员工作业时通过手持终端与现场设备上的RFID射频识别建立联系，实现操作位置信息关联记录和操作步骤提示，完成操作卡步步确认。二是实时巡检功能。通过手持终端实时规划巡检路线，提醒巡检内容，引导员工完成日常设备巡检工作，并有效记录巡检中的问题。三是作业许可现场办理功能。对于油库现场特殊作业，申请人、审批人均通过手持终端在现场办理、确认、审批作业票，进行施工监督。新的作业现场管控模式确保了油库现场作业有标准、风险有提醒、操作有确认、应急有指引、记录有表单，既有效防范作业风险，也真实反映油库各项作业状况。

3. 开发经营管理全流程管控功能

西北销售通过梳理，区分业务流程信息化程度的不同，按照"不重复建设，数据共享"的思路，在体系信息平台上开发完善"协同办公"功能，实现对全部经营管理流程的信息化管控。一是对于已有的业务信息系统，相关业务继续在该业务系统中运行，但将其与体系平台在后台建立关联，实现数据推送，使各业务系统中流程执行状态等关键信息在体系平台中进行展示、监控。二是对于没有信息系统管控的业务流程，通过协同办公功能的建设，实现在线定制流程，在线开展业务，解决该部分流程执行力低、易走捷径等问题，进一步规范公司各项经营管理活动。三是对于在平台中运行或展示的流程，通过与后台体系风险数据库的关联，实现在有风险点的流程环节自动实时提示风险，提醒员工予以防范，规范员工行为，从而达到消减风险的目的。同时，该平台可以从流程执行效率和任务量等多维度进行分析，便于查找流程冗余环节，为流程优化简化提供数据支持，提高管理效率。

三、石油企业基于多体系融合的综合管理体系构建与实施效果

（一）建立了唯一统一的管理规范，风险防控有效落实

西北销售综合管理体系的建设与运行，使得公司上下只需管理和运行一套唯一有效的管理体系，程序文件数量精简率71.5%，操作规程精简率55.4%，记录表单精简率16%，文件数量大幅减少，流程

环节更加优化，运行机制更加统一，运行质量更加提升，实现了"体系一体化、管理制度化、制度流程化、流程表单化、表单信息化"的管理目标，极大地便利了广大干部员工的学习、培训和执行，彻底消除了原多体系并存产生的内耗和资源浪费，有效提升了管理效率和管理质量。

综合管理体系运行近两年来，西北销售未发生一起质量、安全环保、违法违规事件，中国石油天然气集团有限公司组织的测试和外部第三方审核发现的问题逐年减少，2017年、2018年分别较2016年降低9.1%和18.2%，西北销售各类风险得到有效管控，稳健发展的基础进一步牢固。

（二）强化了管理基础和管控手段，经济效益大幅提升

综合管理体系正式运行后，按照"四统一"体系运行机制，西北销售现在只专注于综合管理体系一个体系的管理工作，原各体系归口部门不再单独开展体系文件修订工作，基层各二级单位不再自行制定规章制度等规范性文件，节省了大量的人力物力财力，有效提升了西北销售的综合管控能力，内部管理更加规范，风险防控更加有效，企业运营更加高效，高质量发展的基础和能力进一步增强，管理效益、经济效益逐步凸显。2017年西北销售配置成品油4929万吨，同比增加15.6%，销售收入2796亿元，同比增加665亿元，账面利润4.1亿元，实现自2014年以来首次扭亏为盈。2018年预计将实现利润5.3亿元，同比增加29%。

（三）形成了较为系统成熟的经验做法，示范推广效应显著

当前，中国石油天然气集团有限公司上下正大力推行管理体系融合工作，西北销售综合管理体系无论是在建设理念方法上、还是在实际运行效果上均具有一定的典型性、示范性和推广价值，对企业基础管理的规范促进作用明显，经验做法得到了集团公司总部的充分认可和肯定。自2017年以来，西北销售已先后16次在集团公司层面和所属14家试点单位之间进行了体系融合建设经验交流介绍，该成果也先后被评为集团公司和全国石油石化企业管理现代化创新优秀成果奖。

（成果创造人：刘守德、赵振学、谢建林、康必勇、孙永风、
石建军、张双荣、陶明川、蔺　一、杨永新、高　铎）

供电企业战略导向的目标任务管理

国网甘肃省电力公司

国网甘肃省电力公司（以下简称国网甘肃电力）是国家电网公司的全资子公司，公司本部设22个部门，下属14个市（州）供电公司（含92个县区公司）、8个业务支撑单位、1个电力交易机构和1个水电厂。截至2017年6月底，资产621.68亿元，员工4.76万人。甘肃电网位于西北电网中心，与新疆、青海、宁夏、陕西联网运行，是西北电网功率交换枢纽，承担疆电外送、青海水电外送和河西走廊清洁能源外送等重要任务。

一、供电企业战略导向的目标任务管理背景

（一）贯彻落实提质增效要求，强化精益管理的需要

作为关系国计民生的国有重点骨干企业，贯彻落实国资委关于做好瘦身健体、提质增效工作的部署，强化精益规范管理，着力从发展总量、质量、存量上寻求突破，实现国有资产保值增值，是国网甘肃电力的使命与职责所在。通过实施构建战略导向的目标任务管理体系，在扩大"总量"、提升"质量"、优化"存量"上狠下功夫，构建精益管理的常态和长效工作机制，搭建质量和效益持续提升的平台，深化管理体制机制创新，不断拓展精益管理的广度、深度和精度具有十分重要的意义。

（二）推动企业战略落地实施，提高战略执行力的需要

国网甘肃电力对经营管理现状进行了全面梳理，有待完善之处主要体现在：一是目标任务设计整体性有待提升，重点任务指标体系设计不够合理，各类经营指标未能得到有效管控；二是各部门由于自身站位的局限性和信息不对称，更注重专业任务、岗位业绩，追求局部最优，容易造成业务条块分割，部门之间横向协同有待加强，公司管理的整体统筹性有待提升；三是重结果、轻过程，不能及时发现目标实现过程中存在的短板、差距、问题，并及时干预、引导，过程监督管控有待增强；四是考核评估机制不完善，量化考核标准与实际工作的相关性较弱，难以有效促进公司经营指标的完成和重点工作的开展。为解决上述问题，进一步强化目标过程管控及考核评价，对提升战略管控力与执行力、促进战略有效落地具有十分迫切的需求。

（三）加快管理转型升级，提升企业效率效益的需要

在经济发展进入新常态，宏观经济下行压力增大的情况下，当前及今后一段时期，甘肃地区用电负荷发展缓慢，国网甘肃电力售电量增速低，而基层基础建设投入刚性增长，企业经济效益与发展能力都将受到较大影响。面对不利形势，供电企业要求生存、谋发展，实现公司目标，必须创新管理，向管理要效益，靠管理提升效率效益。因此，迫切需要构建战略导向的目标任务管理体系，不断完善制度与规范流程、提高精准管控水平，有效节约管理成本，优化资源配置，促进企业不断提高效率效益和发展质量，激发各层级活力，推动公司持续健康发展。

二、供电企业战略导向的目标任务管理内涵和主要做法

国网甘肃电力遵循"科学制定并分解目标、全过程闭环管控、强化考核激励引导、动态循环提升"的指导思想，坚持以目标任务管理统揽全局，科学制定战略导向的目标任务一张表，建立界面清晰的目标任务管理组织体系，并层层分解落实各项目标任务；强化目标任务实施过程管控，完善考核体系发挥激励引导，确保目标任务精准落地；建立动态优化机制，促进循环改进不断提升。在公司上下形成了以目标任务为导向，上下联动、专业协同配合的良好氛围，有力推动战略目标落地实施，管控穿透力大幅

提升，企业效率效益显著提高。主要做法如下。

（一）确立目标任务管理体系总体思路与基本原则

明确目标任务管理体系实施目的。国网甘肃电力经过系统梳理、深入调研，明确需要从解决以下突出问题着手，创新实施目标任务管理。一是解决管控模式问题。传统的战略管控、目标管控对业务管理的深度和精度不够，难以满足集团化管理、一体化发展的要求。二是解决资源配置问题。在管理变革、加速发展的过程中，新的管理要求与常规生产经营活动之间，存在资源竞争和优化分配问题。三是解决工作执行问题。在企业运营过程中，难免产生管理意图传递偏差、执行力层层衰减的问题。四是解决考核评价问题。技术密集型企业和行政管理工作难以量化，是普遍存在的绩效考核难题。

形成目标任务管理整体框架设计。国网甘肃电力充分吸收借鉴精益管理全过程全方位管控理念，结合自我发展实际，按照"科学制定并分解目标、全过程跟踪管控、强化考核激励引导、动态优化循环提升"的思路，以"112"为核心，即"企业战略目标实现"为主线，"目标任务表"为创新载体，监督与考核为实施保障，通过构建以年度目标任务为核心，以重点工作、问题库问题和重要会议议定事项为主要内容，覆盖全面、责任清晰、任务明确的目标任务管控体系，形成公司统一的一张目标任务表，并结合新增重点工作不断补充完善，加大督办和考核力度，实现全过程闭环管控，确保完成质量和时效，确保各项工作落实到位。

（二）科学制定战略导向的目标任务表

以战略目标为引领，科学设置目标任务。国网甘肃电力通过构建公司战略地图，对战略目标的多维度、多层面拆解与描述，将战略目标转化为具体可操作的任务，实现战略目标与管理的衔接。通过引入平衡计分卡等分析工具，将抽象的企业战略目标转化为具体的企业目标任务，制定任务计划的编制原则、评估方法及核心指标，合理优化任务安排和资源配置，保障任务计划与长期目标、发展规划紧密衔接，根据任务来源、周期、重要程度，建立以年度、季度、月度和周为单位，覆盖各层级、各专业的目标任务计划网络。

坚持问题导向，梳理形成公司问题库。国网甘肃电力建立省市县三级问题库，作为需要着力解决的目标任务。省公司问题库重点着眼解决各部门、各单位无法解决的问题，主要集中在各部门、各单位久拖不决的历史遗留问题、公司系统存在的共性问题以及影响公司改革发展的突出问题。市公司问题库重点着眼解决县公司和下属单位需要协调解决的问题。

将战略目标与实际问题相结合，形成公司统一的目标任务"一张表"。在编制原则上，按照"全面覆盖、突出重点、动态调整、统一管控、月度考核"的原则，将公司层面的各类重点工作和指标纳入统一的"一张表"进行管控，确保全面实现年度各项目标任务。通过加强闭环管理和考核激励，提高公司整体工作的质量效率。在设计思路上，加强年度各类重点指标和重点工作任务的统筹管理，将公司层面所有重点指标和工作任务分别纳入一张表，分为重点指标表和重点工作任务表。

遵循"SMART"原则，进一步细化形成目标任务量化指标。国网甘肃电力研究提出目标任务管控体系的建设方案，编制《公司2016年重点指标清单（模板）》和《公司2016年重点工作任务清单（模板）》，组织各部门编制2016年重点指标和重点工作任务初稿。针对清单编制过程中存在的问题，组织各部门对清单进行修订，报分管领导审定后，汇总形成公司年度重点指标和重点工作任务清单，对重点任务和指标清单进行现场集中审核。

在具体指标方面，各部门结合专业管理实际，对企业负责人业绩考核、同业对标以及有关综合计划、预算指标进行了细化分解，共形成重点指标230项。在任务方面，各部门结合专业管理实际，形成重点工作任务741项。

（三）建立目标任务执行体系

1. 建立界面清晰的目标任务管理组织体系

一是建立界面清晰的组织机构。强化机构建设，成立目标任务管理领导小组，由公司党委书记、董事长任组长，党委副书记、纪委书记任副组长，成员由领导班子其他成员、副总师、本部各部门和基层单位主要负责人组成。成立目标任务管理工作小组，工作办公室设在公司办公室和运营监控中心，主任由办公室主任担任，副主任由运营监控中心主任担任，成员由办公室、人力资源部和运营监控中心相关专责组成。

二是确定层级分明的工作职责。目标任务管理领导小组是公司目标任务管理工作的领导和决策机构，负责审定公司各项管理制度，统筹安排公司目标任务管理工作。目标任务管理工作小组负责起草和完善公司各项目标任务管理制度方案，负责组织公司目标任务分解及各专业考核方案的初审、会审，及各专业目标任务的实时监控与评价；归口管理主业系统、农电系统、集体企业系统的目标任务管理工作；督促指导各单位开展并落实相关管理工作，及时就有关目标任务管理的重大事项向领导小组汇报；具体统筹协调各部门、各单位目标管理存在的问题和改进措施。

2. 层层分解目标任务，确保各项工作有序推进

一是开展任务分解方法导入实施。按照"目标→任务→工作→活动"，明确工作的具体项目、具体措施，并细化完成时限，责任落实到人。工作分解结构以可交付成果为导向，对项目要素进行分组，归纳和定义了项目的整个工作范围，每下降一层代表对项目工作的更详细定义。

二是明确重点指标、工作任务与问题库、二十四节气表及专项工作之间的区别，实施分类差异化管控，统筹推进各项工作。重点指标和重点工作任务，原则上针对本部各部门编制，是公司推进整体工作的统揽和主线，是目标任务"一张表"的主要组成部分，工作推进难度较大、系统性要求较高。在实施中，由具体责任部门牵头、多个部门（单位）协同配合、全力推进。问题库及问题清单，原则上针对基层各单位编制，是推动公司重大疑难问题的有效管控平台，是目标任务"一张表"的重要组成部分和补充。纳入问题库的问题，侧重于解决历史遗留、体制机制、对外协调等方面的问题，一般是积弊已久，仅靠该单位或者公司单个部门无法解决的问题。在实施中，由目标任务管理领导小组汇集全公司之力统筹推进。二十四节气表年历，原则上针对本部各部门编制，是各部门承担的公司常规性、例行等规律性重点工作，是目标任务"一张表"的重要补充。在实施中，由各责任部门自行实施完成目标。

三是探索实施重点任务项目化管控，推动重点指标和重点工作任务与"五位一体"有机结合。将项目管控分解为立项、计划、审核、实施、验收、评价等节点，严格按工作流程定期开展反馈、催办、督察、通报，提升了重点任务督办管控的精益化水平。将工作任务细化分解到"五位一体"各要素，将流程、职责、制度、标准、考核等全部匹配到位，减少随意性和人为干预，增强执行力。职责、流程匹配符合"三集五大"机构和岗位职责要求并确保工作任务落实到位，制度、标准匹配符合国网公司通用制度要求且现行有效。

（四）强化目标任务实施过程管控

1. 开展过程管控机制建设

流程机制建设。实施网格化管理，根据管理层级、专业分布、内部分工等原则，将目标管理工作体系划分成若干网格状的单元，并对每一网格实施动态、全方位管理，通过网格化管理严格落实工作职责。规范目标管理的工作流程，严格按照"三重一大"决策程序科学制定目标，严格按照目标任务网格管理的要求明确各工作环节和要求，建立科学的管理流程。

定期通报。每月统计分析指标任务完成情况，对照上月计划进行评价分析，并将指标任务完成情况在月度会上通报，在协同办公系统公示。

巡察督察。对于重大事项，不定期进行巡察监督和督察督办，开展专项巡察和"不担当不作为"专项治理，真正掌握工作完成实际情况和存在的问题，加大对工作推进的领导和协调，确保工作真正落实到位。

动态纠偏。针对以往管理中任务执行偏差影响工作完成情况的问题，创新实施了动态纠偏，一方面每季度发起主动纠偏，另一方面接受各部门提供的纠偏需求开展被动纠偏，通过主动纠偏与被动纠偏相结合，近几年首次实现了任务按期完成率100%。

2. 依托督察督办，实现目标任务全过程监督

公司现有督办方式主要有3种：公司协同办公系统的督察督办模块，可以实现对重点工作的分项按周闭环管控；对年度重点工作任务等重要事项进行分解，按月对工作办理结果进行统计、分析、通报和督办；常规督办，牵头管理部门通过工作任务联系单或灵活的方式，定期对有关工作任务进行总结、梳理和督促。

3. 依托运营监测，深化综合计划与预算监控

以主营业务为重点，开展过程进度监测，推动运营目标实现。通过对计划预算、重点工作的监测分析，发现重要指标完成的均衡性、偏差性、匹配性问题，以及重点业务执行的及时性、准确性问题，实时掌控公司运营状况，推动业务部门及时纠偏，提升整体管控力，确保公司运营稳健有序。

以关键流程为重点，开展业务协同监测，促进运营效率提高。开展跨专业、跨部门的端到端流程效率监测与评价，重点关注项目全过程、物资供应链、购售电等主要流程的关键衔接点，及时发现各业务条线之间影响效率的协同问题，通过反馈改进机制推进问题解决，提升专业间横向协同水平，保障主营业务顺畅、高效运转。

以核心指标为重点，开展综合绩效监测，促进经营效益提升。重点开展EVA等核心业绩指标、同业对标指标的监测与分析，促进公司绩效提升。关注核心资源状况，开展人财物等核心资源监测分析，实时监控员工进出、资金收支、物资调配等情况，从企业价值链着手分析评估投入产出效益，查找在资源优化配置方面的提效空间，进一步提高资源利用水平，提升公司经营效益。

以趋势研判为重点，开展数据挖掘分析，支撑公司决策。基于公司运营产生的海量数据，运用"大数据"挖掘技术，加强运营数据的分析利用。开展跨专业企业级分析，捕捉公司运营中的规律性、趋势性信息，系统分析运营规律和趋势，预警公司整体运营风险，为公司决策提供支撑。

（五）完善考核评估体系发挥激励引导，确保目标任务精准落地

1. 抓好四个重点环节考核

重点考核全员年度绩效合约。年初，组织本部全员与各级绩效经理人签订年度绩效合约。首先，由部门负责人与其绩效经理人签订年度绩效合约，部门负责人绩效合约即部门绩效合约，将公司关键绩效指标和重点工作任务分解到各部门。再由部门负责人与部门员工分层次签订年度绩效合约，将部门承担的公司关键绩效指标和重点工作任务分解到每一名员工。

重点考核月度工作的计划性。每月初各部门紧紧围绕公司年度重点工作任务和公司阶段性重点工作，从公司和部门两个层面提出部门月度重点工作任务计划。明确完成的预期效果、时间节点和责任人，并与其绩效经理人进行充分沟通，经绩效经理人签字确认后实施。为提高工作计划的有效性，对各部门超计划工作太多、将日常工作列入重点工作计划和对同一项重点工作进行拆分拼凑数量的情况进行考核，督促各部门围绕中心，统筹全面，提高工作计划的科学性。

重点考核月度工作成效。月末各部门对重点工作计划完成情况进行自评，客观描述工作成效和存在问题，提交其绩效经理人进行评价。绩效经理人根据每项工作完成的质量和效率，分别给予A、B、C、D、E等级评价，并对A、B、C、D、E等级赋予对应的分值或系数。按照各等级对应分值或系数确定

月度重点工作基本得分。对重点工作任务评价等级赋予分值或系数,实现了对重点工作的科学量化评价。

考核员工对重点工作任务的落实。部门将月度重点工作任务分解到员工,月度开始前,由被考核人与其绩效经理人进行沟通,明确本月度关键绩效指标和重点工作任务计划的具体内容、评价标准和分项分值。月末被考核人对自身完成的重点工作任务进行补充,并自评打分,由绩效经理人从效率和效果等方面进行评价打分。

2. 突出三个体现

突出体现工作数量差别。各单位结合各自实际,对各部门上报完成公司层面和部门层面月度重点工作分别确定基准数和封顶数。对超过基准项数的工作的基本得分按照基准项数进行折算,并给予不同系数的加分激励,突出工作量的差异化考核。

突出体现亮点工作激励。各单位结合各自实际,每月由各考核责任部门分别提出一定数量的加分事项建议,由各单位本部绩效考核领导小组会议确定一定数量工作作为加分事项。每一事项主要牵头部门和其他关联部门按照开展此项工作的业务关联度高低、承担任务轻重、责任贡献度大小,分层确定关联部门,并依据紧密程度分比例给予加分。

突出体现围绕中心和重中之重。为引导全员始终围绕公司全年中心任务开展工作。各单位对各部门月度完成的与其年度、年中会议确定的,以及"二十四节气"表中安排的公司重点工作紧密关联的工作、上级单位安排的临时性重点工作,根据绩效经理人的评价等级,给予重复考核。

3. 强化两项基本考核

强化基础管理考核。为引导部门和员工强化执行,提高服务意识、协同配合意识和大局意识。国网甘肃电力将日常基础工作的质量、效率和协同配合、工作态度、文明办公等日常管理工作纳入月度考核。为了加强各类指标和专业基础管理工作,对关键业绩指标、同业对标指标和各专业基础管理工作考核,由牵头部门制定具体考核办法,将考核结果纳入月度绩效考核,确保绩效考核体系与各专业考核办法有效衔接。

强化员工行为评价考核。为促进全员加强学习、创新工作,转变作风,营造良好的工作氛围。在年度和月度考核中,根据员工日常表现,由绩效经理人对员工的劳动纪律、工作态度、工作能力、创新精神进行综合评价。

4. 用好"一个结果"

一是将绩效考核结果与员工绩效薪金紧密挂钩。各单位逐步增加员工绩效薪金占员工薪酬收入总额的比例,根据员工绩效考核得分分档,将员工绩效考核结果划分为A、B、C、D四个等级,同一层级A级员工与D级员工绩效薪金最大差距控制在2倍左右,实现物质激励最大化。二是将考核结果与员工升迁竞聘、人才选拔、干部考核挂钩。规定员工连续三年绩效考核结果为A级的,优先进行职务升迁和人才选拔,并给予一次性经济奖励;员工上年度绩效考核结果为A级或近三年累计绩效等级积分达到5分及以上,方可推荐参加上级单位人才选拔;年度绩效考核结果为D级,直接取消专家人才称号,并不得晋升高一级职位激励引导实现员工自我矫正。将重点任务落实情况作为干部考核的基本依据,落实公司重点任务不力的,取消提拔任用资格。三是将考核结果与员工评优评先挂钩。规定员工年度绩效考核结果为B级以下的,取消评先资格,激励员工争先创优。四是将考核结果与员工职称评定挂钩。规定员工近三年绩效等级积分达到4.5分及以上且上年度绩效考核结果为A级、B级的,方可参加上一等级职称评定,实现员工技能等级合理分布。五是将考核结果与员工教育培训挂钩。规定员工连续3年绩效考核等级为A级的,优先安排岗位锻炼;年度绩效考核结果为A级,优先安排参加发展性、提高性培训;本年度绩效考核结果为D级,必须脱产参加所在岗位要求的技能、业务等基本知识培训，实现员工差异化发展。

（六）建立动态优化机制，促进循环改进不断提升

一是推动目标动态优化。常态化进行目标进展"回头看"，通过"回头看"评价实现目标的各种资源使用情况；评价目标实现是否还存在弹性空间；评价所实现的目标在推动和促进企业可持续发展中作用发挥情况。通过对绩效与目标的差别进行评审，查找绩效差距，定期总结思考，制定提升对策，实现从目标评价到目标更新的过程，并将已完成的目标成果，作为新的目标管理的开始。

二是跟踪调整各级指标确保一致性。由目标任务管理工作小组负责对各级指标的一致性进行定期检查，重点对影响关键目标指标里程碑偏离的因素进行识别和纠正，保证各级目标指标在推动公司整体目标落地的一致性，并动态优化指标体系。

三是动态开展风险管控。分析潜在风险对企业目标实现和整体效益的影响，及时梳理发现企业经营过程中存在的风险点和异常点，以异动和问题为导向，加强风险管控，切实做到"过程监控、动态分析、在线协同、实时纠偏"，进一步推动流程再造

四是优化提升一体化闭环管控机制。针对公司企业负责人指标、同业对标指标、重要经营指标目标进度情况进行动态跟踪，及时筛查、分析指标异动，对于监测发现影响目标实现的异动，由目标任务管理工作小组组织各专业管理部门及时开展协同工作，核查并闭环整改，形成"监测分析－指标预警－异动筛查－协同督办－结果反馈"一体化运作的闭环管控机制。满足了公司决策层对公司核心资源与重要指标的实时掌控，以及对公司各业务流程的过程监督、专业高效协同等要求，切实做到"过程监控、动态分析、在线协同、实时纠偏"，实现由单纯结果管理向过程管理的转变。

三、供电企业战略导向的目标任务管理效果

（一）有力推动战略目标落地，战略执行力显著增强

全面建成战略导向的目标任务管控体系，对战略目标进行多维度、多层面拆解，将战略目标转化为具体可操作的任务。公司系统各单位全面建立了目标任务清单，共计形成清单指标任务7079项、销号率超过99%。2016年，重点指标清单共发布各类指标248项，具体为：业绩考核细化指标81项，同业对标细化指标59项。有效解决了传统管理模式下各类资源沉淀在不同层面，利用率低等问题，实现了在有限资源总控下，根据公司战略规划统筹配置和使用各类资源。依托任务监督体系对战略执行情况进行跟踪分析和评估，确保战略目标执行不偏移。

（二）管控穿透力不断提升，企业管理水平显著提高

一是管理系统性显著提升。建立了科学有效的全过程闭环管控体系，促进了企业战略目标以目标任务为载体进行有效传递，减少了管理意图层级衰减，各级的执行力显著增强。强化对任务本身以及管理体系的诊断评价，优化资源配置，减少过程波动与非增值性活动，有效预防和规避了各类风险，确保企业运营的系统性和连续性。二是工作协同性显著增强。有效保障了任务之间相互关联、相互配合、紧密衔接，有效延伸了"五大"业务流程体系，改变了以往工作分割、追求各自利益最大的管理模式，努力实现整体效益最大化，既消除了部门间的业务壁垒，又大幅增强了管理层和专业间的协同能力。三是考核机制更加科学完善。通过对重点任务的目标、责任要素分解，建立公司、部门、岗位三个层级的关键业绩指标库，实现绩效考核指标"逐级分解、层级联动"的动态管理，增强了任务管理的导向性和约束性、绩效考核的科学性和权威性，促进公司从生产导向型向效益导向型转变。

（三）企业综合实力大幅增强，效率效益显著提升

通过加强对增收节支等重点工作任务和指标的有效管控，推动公司经营效益提升各项工作措施全面落地，效率效益大幅提升。2016年全年贡献利润6亿元，节约资金投入8.59亿元，有效压减2017年投资4亿元。强化县公司和市（州）客户服务中心主要经营指标对标考核，县公司收入同比增加7.64

亿元。加大营销收入管理，营业普查增收6496.45万元。压降采购成本，集中招标节约资金3.63亿元，退役物资再利用节约资金1.03亿元。全年新增客户36.52万户、容量827.19万千伏安。推广电能替代项目2339个，替代电量58.72亿千瓦时。接收用户资产净值2.91亿元。陈欠电费回收6722.2万元，当年电费回收率100％。提前疏导143万千瓦超洁净排放机组容量电价；有力保障了一批市政重点项目建设，彰显了供电企业良好的社会形象。

(成果创造人：叶　军、王德波、陟　晶、刘　淳、李玉鹏、苏华堂、姚振兴、刘亚平、周建宏、冉　亮、李雪红、曹永胜)

偏远电厂推进一流企业建设的文化管理

贵州北盘江电力股份有限公司光照发电厂

贵州北盘江电力股份有限公司光照发电厂（以下简称光照发电厂）成立于2007年11月，所经营管理的光照水电站是国家第二批"西电东送"项目，是贵州黔源电力股份有限公司（以下简称黔源公司）控股开发的北盘江干流茅口以下的"龙头"电站，总投资66.17亿元，2008年四台机组全部投产发电。2013年来，光照发电厂先后荣获"贵州省五一劳动奖"、国家优质工程金质奖、全国大型水电厂（站）劳动竞赛连续三年优胜单位、全国模范职工之家和全国第八届保护"母亲河"绿色贡献奖等一系列荣誉。

一、偏远电厂推进一流企业建设的文化管理背景

（一）激发员工工作积极性的需要

光照发电厂地处贵州黔西南偏远深山，远离城市，生活枯燥，造成部分员工思想不稳定，易产生破窗效应，给稳定职工队伍带来不利影响。光照发电厂作为黔源电力发展龙头，是各项重要工作的试点，工作标准高，对员工工作能力、积极性、责任心都提出较高要求，需要从文化的角度加强对员工思想引导，丰富员工业余文化生活，提供精神需要，激发内在活力，激发员工扎根基层、干事创业的激情和热情，让干部职工心往一处想、劲往一处使，推动企业实现又好又快发展。

（二）适应电厂运行管理的需要

光照发电厂在建设之初，糅合电站所处地域文化、社会背景、行业特征等，形成了初步的环保、精品、一流、奉献、奋斗等文化基因，这些基因对电厂长远发展有重要影响。创业拼搏历程中积淀了许多优秀的精神文化，但这些精神文化毕竟带有建设期间重质量、抢工期、赶进度的工程管理特色。随着电站的建成投产，企业在运行管理中面对电力市场发电安全、成本、竞价上网等新的竞争，对企业管理、企业文化提出新的要求。开展企业文化建设，传承原有优秀文化要素，探索创新与时俱进的企业文化，是实现企业高效运营的重要手段。

（三）实现企业愿景的需要

光照发电厂作为黔源电力唯一一座百万千瓦级大型水电厂，是黔源电力的窗口，承担对外展示公司形象和对内引领发展的重任。因此，光照发电厂树立"创水电一流、树华电标杆、建黔源核心"的企业愿景，制定了"一个中心 两个基地"的战略目标。为实现该目标，2013年以来，光照发电厂以企业文化建设为抓手，通过提炼核心价值，引领企业发展战略，确立安全生产、经营管理等理念，规范企业行为，不断改进企业经营管理，提升企业核心竞争力，汇聚凝聚力和创造力，实现企业愿景。

二、偏远电厂推进一流企业建设的文化管理内涵和主要做法

光照发电厂以"创水电一流、树华电标杆、建黔源核心"为目标，以《光照源》企业文化读本为载体和工具，加强领导，完善企业文化建设组织机构，明确企业文化建设思路，通过发动员工全员参与，提炼形成企业核心价值观理念体系，通过多种方式传播文化精神，企业文化成功落地，融入生产经营管理活动和绿色电站建设，形成具有光照发电厂地域特色、企业特色、时代特色、全体员工接受和认可的，对企业发展产生动力的特色文化。主要做法如下。

（一）加强组织领导建设，明确文化总体思路

1. 完善机构设置

2013年，光照发电厂明确以厂长、党委书记为组长，副厂长为副组长，电厂各部门负责人为成员

的企业文化建设领导小组，负责企业文化建设工作的决策、领导、监督与评价。设立企业文化建设办公室，负责组织、推进企业文化建设各项具体工作。各部门负责人、各班组长为部门、班组企业文化建设负责人，专兼职企业文化管理人员，与企业文化建设办公室对接。完善的组织机构，为企业文化建设提供了坚实的组织保障。

2. 明确企业文化建设的总体思路和原则

光照发电厂企业文化建设的总体思路是在继承建设期优秀文化传承的基础上，广泛征集员工意见建议，秉承上级文化纲领，探索提炼企业发展所需要的文化要素，完善企业文化理念体系，加强软硬件建设，搭建企业文化落地载体，将企业文化渗透到企业生产管理的各个方面。建立考核评价机制，推进企业文化建设制度化、常态化。明确企业文化建设的四条原则，即坚持党政统一领导和各方分工负责的原则；坚持继承基建期间的文化积累和敢于创新、与时俱进的原则；坚持文化落地同生产经营有机融合的原则；坚持顶层设计规划和基层分布扎实推进的原则。确立企业文化建设的主要任务，即完善和导入形象识别系统建设；提高企业社会形象，对上级公司负责；以文化规范员工行为，提高员工素质；构建企业价值观念，培育、弘扬企业精神；优化企业管理模式，实现管理水平的整体提高。

（二）提炼企业核心价值，设计企业文化体系

光照发电厂在员工中开展"光照发电厂企业使命、企业精神"价值观大讨论，经过认真研究、反复讨论，最终形成光照发电厂企业文化价值观体系，其中企业使命是提供清洁能源、创造更大价值；企业愿景是创水电一流、树华电标杆、建黔源核心；企业精神是团结敬业、自我超越；发展理念是科技、生态、和谐、创新；经营理念是管理精细化、效益最大化；廉政理念是廉洁做人、严谨做事；安全理念是安全第一、预防为主、安全是企业的生命线。

在此基础上，光照发电厂企业文化建设领导小组广泛调查研究，组建企业文化建设课题小组，吸引员工进行文化建设探讨，汇集广大员工智慧，挖掘企业所在地域特点、文化渊源、企业产品服务等内涵，构建以光为"媒"，以光为"缘"、独具地域历史、行业特点、产品特性的"光缘"文化。光可分赤、橙、黄、绿、青、蓝、紫七色，从颜色象征意义上，可分别代表光照发电厂所倡导践行的诚信、廉洁、成本、安全、学习、创新、责任等理念。基于此，以企业文化建设的物质层、行为层、制度层、精神层等主要内容为根据，建设"七元一体"文化体系，即一座科技环保电站（光照园）、一个历史地缘使命（光照缘）、一个人本精神理念（光照员）、一本文化管理读本（《光照源》）、一套安全闭环机制（光照圆）、一种风清气正氛围（光照苑）、一个共同愿景目标（光照愿）。

（三）编撰企业文化读本，开展丰富多彩的文化宣贯

1. 攀登精神新高地，编撰企业文化读本"光照源"

光照发电厂编撰企业文化建设体系与应用读本《光照源》。《光照源》是"光缘"文化传播的媒介，是"光缘"文化落地的工具，是员工学习成长的教材，是"管理精细化、效益最大化"的讲堂。光照发电厂将企业文化读本分发至每位员工手中，并组织有效的专题讲座、学习讨论、心得交流等活动，使企业文化理念在全厂范围内落地开花，得到员工的认同和信仰。

同时，注重通过丰富鲜活的形式加强对员工的教育，使企业文化由抽象变具体，为广大员工所接受、认知和认同，在员工头脑中引起共鸣、形成共识，并在实际工作中内化为自觉行动，凝聚成推动跨越式发展的巨大动力。一是加强宣传途径和平台的建设。规范企业视觉识别系统，制作横式、竖式、中式企业标志，分别用在不同场合，建立起员工对企业的认同感和归宿感，树立企业形象。开设企业文化宣传栏，及时宣传企业文化指导思想及重要工作开展情况；在营地、厂区悬挂、印制企业文化标牌，宣传企业文化理念要素，员工随时可见、可感，营造浓厚的企业文化建设、宣传氛围，使员工了解掌握企业文化要素。二是举办丰富多样的活动推动宣贯。举办企业文化主题活动，寓教于乐，丰富员工业余文

化生活，全面展示光照发电厂的使命、愿景、核心价值观等核心理念。通过政工工作例会及党支部书记、工会、团委的企业文化落地工作经验交流会、知识抢答赛、演讲赛、辩论赛、文艺演出等活动，让员工在参与活动的过程中感受企业文化，体验企业文化精神，获得深层次的、实际的、精神上的文化体验，从而从内心认同企业文化，引导员工行为逐步符合文化要求。三是加强对先进模范人物的宣传。通过举办先进人物报告会、先进师徒结对子、先进员工铺路子等活动，引导激励员工在学习先进模范人物的过程中逐步将"团结敬业、自我超越"的精神内化为自己的价值理念，在推进企业创一流、树标杆的过程中自觉践行企业精神。四是组织实施针对性强的培训活动。开展企业文化员培训、班组长培训、新进员工培训，加深全体员工对光缘文化的理解，人均企业文化培训时间超过30小时/年。

2. 科学谋划企业发展，明确共同愿景目标"光照愿"

以"提供清洁能源、创造更大价值"追求长远发展为立足点，以高标准、高视点、高目标为己任，致力于实现"创水电一流 树华电标杆"的企业愿景。为实现该目标，光照发电厂以行业及上级单位开展的具有影响力的评先评优工作为切入点，开展以创建华电集团五星级企业、全国电力安全生产标准化一级企业，国家优质工程金质奖、全国模范职工之家、4A级国家标准化企业建设等为内容的"创水电一流、树华电标杆、建黔源核心"企业文化建设工作。

3. 汇聚员工智慧，丰富企业文化内涵，构建"光照苑"

企业文化建设需要员工积极主动参与。光照发电厂搭建研讨企业文化建设发展的"光照苑"平台。平台内开放思维，将企业文化建设交流与企业管理、企业发展、战略目标，以及员工思想、生产工作行为等相结合，鼓励员工积极参与企业文化建设工作，在日常具体工作中发掘闪光点，结合企业实际，集思广益、广开言路，提炼先进的文化基因，不断丰富企业文化内容。"光照苑"内百花盛开，思维活跃，员工无论何时、何地，都可以对企业文化建设提出意见或者建议，讨论交流，在参与中完善自我、提升自我，形成全员参与、与时俱进推进企业文化建设的氛围，以先进的企业文化激励人、鼓舞人，产生源源不竭的动力，营造"廉洁做人 严谨做事"的氛围，促进企业又好又快发展。

（四）践行绿色发展理念，建设绿色电站

1. 设置鱼类增殖放流站

为减轻光照水电站建设及运行对水生生物的影响，有效保护北盘江干流珍稀及特有鱼类，保持北盘江流域的生态平衡，黔源公司投资1853万元，在光照水电站统一建设占地面积达68462.6平方米的光照、董箐、马马崖水电站工程鱼类增殖放流站，作为三个水电站永久附属配套设施。北盘江鱼类增殖放流站自投运以来，已成功进行17次增殖放流活动，累计共向北盘江光照、董箐和马马崖电站库区投放长臀鮠、光照刺鲃、白甲鱼、花鱼骨等珍稀及特有保护鱼苗超过200万尾，切实履行了维护北盘江鱼类生态平衡的社会责任。

2. 实行进水口分层取水

黔源公司投资6800万元在光照水电站修建分层取水设施，光照水电站成为国内率先实施叠梁门分层取水方式的大型水电工程。在叠梁门分层取水方案的实施过程中，光照水电站成功解决过栅流速、有害漩涡、流态等复杂技术难题，成功采用叠梁门方式实施分层取水，解决下泄低温水影响生态的问题，开创了我国大中型水电工程通过工程措施解决下泄水流温度调控难题的先河。

3. 移栽珍稀古树

为保存库区淹没线以下的珍稀植物，有效保护库区珍稀植物和生态环境，光照水电站投入专门力量落实移栽要求，选择有大树移栽经验的单位将珍稀古树移栽到电站营地及厂区。共移栽百年以上黄葛树、青香木等28株，国家二级保护的珍稀濒危植物毛红椿14株，以及一批草本药材天门冬和淫羊藿等。移栽后的古树和珍稀濒危植物现已适应新的生长环境，成为职工营地一道独特的风景线。

4. 生态环境用水下泄

为进一步研究主汛期外日运行停机时对坝下游的影响和生态环境用水需求，制订运行期水库运用生态环境用水下泄调度方案，增加水库下泄生态用水流量，避免坝下河段脱水，黔源公司积极与南方电网进行协调，通过发电机组带基荷的方式保证下游生态流量。即光照发电厂在非汛期时段，采用机组带基荷90000千瓦（发电流量62/s）以上的方式运行，满足光照电站下游河段生态流量26/s的要求。

5. 打造安全文明环境

光照发电厂推广质量、环境、职业健康安全"三标一体化"建设工作，对厂内后勤、办公、生产等区域的环境因素、危险源进行识别和控制，建立职业健康安全管理方案，有效预防和降低职业健康安全领域的风险，维护员工职业健康安全并确保电厂安全可靠运行；推行9s现场管理理念，生产及办公现场井井有条，环境整洁、优雅、安全、高效，实现"人""机""环境"的和谐统一；推行定置管理，规定办公区域需摆放的物品、摆放的位置、摆放的标准，并实施检查考核，打造整洁舒适的工作环境。

6. 打造温馨和谐的环境

光照发电厂建立职工书屋，工会、团青活动室等学习交流平台，为大家提供学习讨论、业余交流的场所；完善运动健身设施，满足员工不同的娱乐生活需要；及时对生活区道路、公寓进行翻修，为员工提供舒适的居住环境；制定后勤物业管理专项提升实施方案、员工餐厅文明就餐规定、后勤服务管理（食堂）提升措施，提升食堂饭菜质量，创造良好的就餐环境；增加调整交通车行驶路线，便利员工出行，在硬件环境方面真正让员工以厂为家，增强员工归属感。打造绿色生态环境，做好进水口叠梁门分层取水设施的运行维护、取水库表层水发电，减小蓄水发电对北盘江鱼类生产生活环境的影响；运行管理好大型鱼类增殖放流站，培育北盘江流域鱼苗，每年做好北盘江流域的放流工作，保持水生物多样性及生态平衡；维护管养好移植营地的珍稀古树，同时每年植树节组织员工植树，使厂区内林木茂盛，鲜花盛开，将电厂建设成为当地一道亮丽的风景。

（五）凝聚命运共同体，打造一流队伍

1. 增强命运共同体共识，凝练情感纽带"光照缘"

首先，"光照缘"是光与企业和员工的命运之缘。光是电的直接表现形式，光照发电厂是水电企业，每位员工都是"光"的创造者，依托在企业组织中，把自己的聪明才智融入这个特殊产品中，奉献给社会。产品、企业、员工三者的特性形成光照发电厂命运共同体。其次，"光照缘"是企业和地域之缘。古时曾有圣人为此地题诗"冰雾山乡风光好，光照人间不夜天"，电厂所在地地名"光照"来自古时圣人的诗词，不仅有悠久的文化底蕴，而且机缘巧合中似乎早有安排要在此地兴建电站，发出万丈光芒照亮大地。员工有幸在这具有悠久历史和文化底蕴的环境中生活工作学习，是一种缘分和机遇，由此激发勇担历史使命、建设美好家园、发展企业的热情。再次，"光照缘"是文化之缘。以光为缘，把"电＝光"的特性和企业的价值观念有机寓意为一体，赋予"光＝电"更加深邃的文化内涵。这铸就了"提供清洁能源创造更大价值"的企业使命。

2. 视员工为最宝贵财富，锻造一流队伍"光照缘"

光照发电厂秉承以人为本，和谐共赢的原则，视员工为企业最宝贵的财富、企业发展的动力，致力于锻造一流的干部员工队伍。坚持以人为本，为员工提供舒适的工作环境和良好的发展前景，最大限度地满足职工需求。以事业为纽带，以理解尊重为激励，提升企业的凝聚力。构建和谐企业，充分调动员工提高自身能力和激发主观能动性，实行竞聘激励机制，达到竞争出人才。锤炼"团结敬业，自我超越"的企业精神。将学习与工作紧密结合，全面锻造一流的员工队伍，不断为企业和公司培养、输送优秀人才，为企业的发展奠定坚实基础。

（六）推进企业安全发展，确保员工健康安全

光照发电厂把安全生产作为企业发展的根本，提倡"安全第一，预防为主，以人为本"，保障安全生产的硬件建设投入，建立和完善安全生产标准化体系，有效促进本质安全型企业建设，全面落实安全生产责任制，让职工在生产生活中互递安全，多一份责任心，增一份安全感，达到互相监督、互相帮助、共同安全的目标，形成安全计划、执行、检查、考核的防护墙。

在关心职工职业健康方面，光照发电厂于2013年首次通过"三标一体化"认证，每年均组织全体职工进行健康体检，并安排部分特殊工种员工进行专项体检；对生产岗位的职工足额发放安全防护用品、劳动保护用品。强化人文关怀，重视心理帮扶。由于地理位置偏远，不断加强对异地情侣、夫妻和单身职工的身心健康关怀，通过心理援助、心理咨询、心理健康讲座等形式，探索职工心理疏导的方式方法，积极开展职工心理健康教育。

（七）建立企业文化考核机制和测评体系，促进持续改进

1. 建立文化建设考评机制

光照发电厂编制《光照发电厂企业文化建设指导书》，制定企业文化建设工作流程及任务，使文化建设工作形成标准化、规范化的工作体系；把企业文化建设的考核纳入绩效考核体系中，企业文化建设工作纳入企业党政负责人绩效考核和各部门年度绩效目标责任书，与负责人、部门绩效挂钩；对企业文化建设办公室、各部门的企业文化建设工作进行月度考评，按照月度考评管理办法进行相应奖惩，并对存在的问题下发项目整改书限期整改，形成整改结果报告，使文化建设方面的工作职责具备可考核性和可操作性；将企业文化建设工作纳入党委会和厂长办公会议事议程，加强监督指导；每年组织两次企业文化闭卷考试，考试成绩作为各部门年度绩效考核的依据之一。通过动态考核和综合评估相结合的方式，将企业文化建设工作与各级管理人员的工作绩效挂钩，促进管理人员率先实践并倡导企业文化。

2. 建立企业文化测评体系

光照发电厂建立起由企业文化建设工作评价（占比30%）、企业文化建设状况评价（占比30%）和企业文化建设效果评价（占比40%）三部分构成的《企业文化建设评价体系》，在企业文化建设领导小组的监督下，组织人员定期对企业文化建设工作进行自查评。自查评工作中严格按照各部分评价指标、分值、计分方法和评价方法打分，实行定量评价和定价评价相结合的评价方式，对可通过查阅资料了解的内容，如组织保障、工作指导与载体支撑、考核评价与激励措施、制度文化、行为文化、物质文化等占比68%的可以量化打分的指标，直接进行评价打分；对不能直接量化打分的指标，如企业凝聚力、企业执行力等占比32%的项目，通过问卷调查进行一、二、三、四等级的定价评价，再将定性评价结果转化为相应的量化分值，力求最大限度客观、公正的反映企业文化建设情况。通过测评体系的建立运转，形成了企业文化建设工作自我提升的PDCA循环体系。

三、偏远电厂推进一流企业建设的文化管理效果

（一）建立了具有特色的企业文化体系

通过多年的持续建设，光照发电厂形成了以使命、愿景和核心价值观为核心的文化体系，全体员工形成了统一的价值观，深刻理解员工与企业是利益共同体、事业共同体和命运共同体的相互关系。统一的企业使命使全体员工不断地在价值链各个环节追求卓越，持续创新，成为企业从优秀走向卓越的内在驱动力。清晰的企业愿景目标，体现了全体光照人立志成为水电一流企业的理想和抱负。企业文化读本《光照源》全面阐述了企业的文化精神、理念、愿景、实践做法，在行业内产生了较大影响。

（二）提高了企业经营管理水平

光照发电厂通过开展多种多样的企业文化主题教育活动，全体员工在企业使命、企业愿景、企业精神、核心价值、经营理念等基本要素上达成共识，以担负起提供清洁能源、创造更大价值的企业使命为

荣，工作中充分发挥团结敬业、自我超越的精神，坚定地向着"创水电一流、树华电标杆、建黔源核心"的企业愿景前行，企业文化理念体系被员工高度认知、认可，确保了企业人际关系的和谐、稳定和健康发展，从而提高员工的团队意识，员工为企业这个梦想共同体而奋斗，将自身价值的实现与企业发展前景相结合，努力寻求两者的结合点，在企业发展中同步实现个人价值，企业的凝聚力、战斗力不断增强。电厂自2008年投产发电，截至2017年12月31日，四台机组实现长周期安全生产记录3435天，累计发电超200亿千瓦·时，实现经营总产值约合48亿元，缴纳税收超8亿元。

（三）获得了各方面的广泛认可

光照发电厂通过开展以"创水电一流、树华电标杆、建黔源核心"为目标的企业文化建设，实现了凡事有章可循、凡事有人负责、凡事有人监督、凡事考核落实的管理目标，规范了安全生产行为，为设备安全、员工人身安全打下坚实基础；生产生活环境安全文明、整洁优雅，员工精神状态良好、工作责任心强烈，为企业做出贡献的动力和决心不断提升，企业管理迈进了标准化、人文化阶段。2013年至2017年，电厂先后荣获"贵州省文明单位""贵州省质量诚信企业""贵州省民主管理示范单位""贵州省电力科普教育基地"和"全国大型水电厂（站）劳动竞赛连续三年优胜单位"等称号，取得全国第八届保护"母亲河"绿色贡献奖，多次获"中国华电集团公司五星级发电企业"和"安全生产先进单位"称号，并通过4A级标准化良好行为企业确认，成为黔源公司系统率先通过确认的电厂。

（成果创造人：冯顺田、莫　非、王泽洲、卢　斌、陈　帅、谌洪江、
龙恩胜、范希勇、阮清德、冉雨欣、张加磊、张龙维）

军工研究所"蜂巢式"经营体的构建与实施

上海航天控制技术研究所

上海航天控制技术研究所（简称控制所）隶属中国航天科技集团公司第八研究院，是国防科研事业单位，位于上海闵行航天城，占地面积192.7亩（1亩≈666平方米），资产总额53.7亿元。主要承担战术武器、航天运输器、空间飞行器的制导、导航与控制系统和核心单机的研制、生产和试验任务，是研产一体的航天控制专业所。依托系统研发与单机研制的综合优势，控制所的飞行控制、光电探测与制导、惯性测量与导航、伺服驱动与控制等技术均达到国内先进水平。控制所设有6个事业部、2个研发中心、1个信息中心和3大加工平台等科研生产部门，拥有从业人员近2000人，已建成以国家级、省部级专家领衔的多专业、多领域的人才队伍。立足军品、做大民品，控制所已成功进入智能传感器、智能控制装备、智能无人系统三大产业领域，拥有1个全资和1个参股民品公司，获得了显著的经济效益和良好的市场声誉。2017年实现营业收入30.41亿元、利润总额3.90亿元。先后荣获国家科学技术进步奖、国家技术发明奖、"上海市五一劳动奖状"等奖项，获得"上海市高新技术企业""上海市和集团公司文明单位"等称号。

一、军工研究所"蜂巢式"经营体的构建与实施背景

（一）顺应国有企业全面深化改革和军民融合发展战略的总体要求

党的十八届三中全会对全面深化国有企业改革、推动军民融合深度发展等进行了总体部署，提出了新思路、新任务、新举措，新一轮国企改革的大幕由此徐徐拉开。集团公司和八院迅速部署，确立了专业所"型号产品研制中心、产业孵化中心、军民融合中心"的定位，明确专业所是技术、产品、产业发展的责任主体，并扎实推进专业所小产业集团建设。面对党和国家的决定要求、集团公司和八院的部署安排，控制所亟须探索和实践军民深度融合发展新模式，将"三个中心"的定位落实落地，通过向改革要动力、以改革增活力，从而发挥军工科研生产的聚集效应和溢出效应，更好地履行"强军富国"的双重使命。

（二）应对科研生产任务急剧增长和市场竞争日益激烈的必然选择

近年来，航天科研生产的任务性质从科研试验任务为主向应用服务为主转变，应用规模从少量型号独立应用向小批量组网应用转变，应用领域从满足特定领域少量需求向满足广泛领域的大量需求转变。这些变化致使科研生产任务量急剧增长，对研究所的科研生产能力提出了更高要求。尽管军工行业处于发展的战略机遇期，但纵向军品业务毕竟有"天花板"，并且随着新军事变革的迅速加快、国防科技工业竞争的加剧、国内商业航天的兴起以及全军竞争性装备采购、"民企参军"等管理改革的不断推进，军品业务竞争形势日益激烈。在新的形势下，控制所作为八院最大的专业所，面临着"保成功、保交付、保发展"的严峻挑战，迫切需要转变发展理念，直接面向市场、深入市场，建立适应市场激烈竞争的经营管理体系；构建以自身优势专业为核心的军工产业链，大力提升科研生产能力和产业发展能力，才能确保研究所在军民深度融合大潮中实现持续发展。

（三）提高科研生产效率解决研究所发展问题的迫切需要

进入新的发展阶段，控制所原有发展模式中的各类问题矛盾日渐凸显：一是科研生产的效率效益不高。在传统强型号条线管理模式下，科研生产力量的分布呈现出"小、散、弱"的特点，资源配置不科学，专业优势不明显；研制和生产衔接不畅，能力提升缓慢。亟须通过集聚资源、推动产业化发展来突破科研生产的能力瓶颈。二是经营管理机制跟不上发展需求。在职能制管理机制下，经济责任的传递与落实不到位，科研生产一线部门大多只关心任务完成，市场意识和成本理念不足，技术与经济严重脱

节；自主经营意识和发展危机感普遍不强，亟须改革经营管理机制。三是可持续发展的动力不足。传统上，研究所高度依赖任务计划分配体制，其技术创新、市场开拓主要围绕纵向军品任务展开，技术创新以回应任务需求为导向，市场开拓以争取任务为导向，两者相互独立，难以形成合力。亟须强化两者的联动协同，形成合力。

二、军工研究所"蜂巢式"经营体的构建与实施内涵和主要做法

控制所积极面对新时期的外部挑战和内部发展矛盾，主动贯彻军民融合、深化改革部署，从战略规划、组织体系、权责体系、运营体系、产业经营五大方面入手，实施改革创新，系统构建"蜂巢式"经营体，推动产业化发展。其中，战略规划确保了各经营单元的战略目标一致性、组织体系和权责体系的重构实现了去强中心化管控、运营体系构建实现了自主化经营、产业化经营强化了各经营单元间的产业协同性、创新与市场联动推动了"蜂巢"织的自我衍生和持续发展。控制所通过构建"蜂巢式"经营体，形成"集中决策、分散经营"的经营模式，落实落地产业化经营，有效承接了"强军富国"的双重使命，探索出一条军工研究所在新时期的发展之路（见图1）。

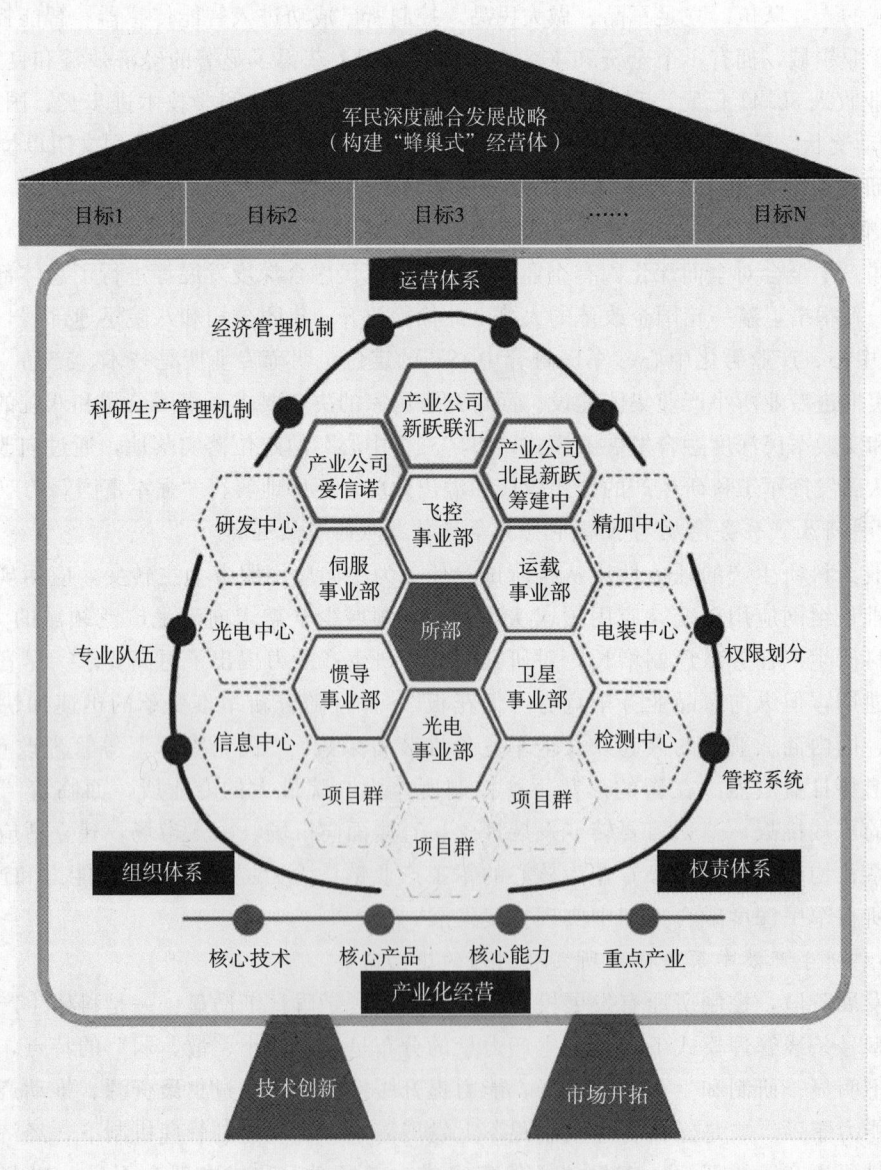

图1 "蜂巢式"经营体构建内涵示意图

（一）基于产业化发展理念，绘制军民融合的"蜂巢式"经营体发展蓝图

1. 多方研讨，统一思想

控制所党委在全所范围内组织开展以"转型发展"为主题的大讨论，随着讨论、调研的深入，广大干部职工在思想上经历了冲击、转变和提升，深刻认识到：唯有实施改革转型，转变发展方式，深化军民融合，才能从根本上破解发展难题，实现在新时期、新形势下的科学持续发展。这为改革转型的深入推进奠定良好的思想基础，营造了舆论环境。

2. 成立深化改革和规划编制的工作机构

控制所于2014年成立全面深化改革工作领导小组和工作小组。其中，全面深化改革领导小组负责研究确定全面深化改革的总体思路及方案，审议确定改革调整的重大举措及工作方案，并统筹协调各项改革工作中的重大问题。与此同时，控制所组织成立"十三五"规划工作领导小组与工作小组，推进规划编制工作，从而确保深化改革工作与"十三五"规划的协调统一。

3. 确立产业化发展理念，制定战略规划并明确实施途径

控制所运用SWOT战略决策分析框架，研判内外部发展形势和环境变化，深入分析和对接国家军民融合发展战略和国企改革要求，筛选战略要素，最终确定"产业化经营发展"的战略选择。经充分研究论证，控制所形成军民深度融合的战略规划，明确以改革转型为抓手、构建"蜂巢式"经营体的战略推进实施框架，指导后续工作开展。"蜂巢式"经营体，是指由众多具有分工合作关系的"自主经营单元"，基于战略目标一致性和利益趋同性而构成的经营实体。就控制所的具体实践而言，"自主经营单元"包括了产业公司以及实现自主经营、自负盈亏、独立核算的（准）事业部等。"蜂巢式"经营体的特点为：去"强中心化"管控、次级单位具有自治的特征、次级单位之间彼此高度连接、可自我衍生实现持续发展等。

（二）瞄准产业资源集聚重构组织机构，建立"蜂巢式"经营体组织体系

1. 实施"事业部制"改革，围绕产业组建多个经营单元

一是围绕业务群重新组建事业部。控制所对照规划目标，统筹所内科研生产业务并划分为一个个"业务群"；围绕业务群通过"研产结合"和"专业整合"，将原有"散""小""孤"的研究室和车间重组整合为6个"军民融合事业部"，配备相应的人员、场地、设备等资源。在事业部内，按"专业技术"整合资源，打破原有按型号（项目）的配置模式，下设研究室和制造中心等二级部门，优化资源配置，促进专业发展。研究室承担新产品开发、共用技术开发职责，完成产品研制及生产相关实验；制造车间承担产品排产及生产线管理的职责，并负责对产品的工艺进行管理，提高可制造性。

二是以"集约化"理念设置公用平台（中心）。以集约化管理思路，围绕精密加工、电子装联和检测试验等公用性的制造试验类业务，整合所内资源设置了3个平台部门，推动相关制造试验业务的产业化发展，并为各事业部提供支撑。鉴于技术创新工作的特性（投入大且效益显现需要时间）与事业部"利润中心"定位不同，分宇航、战术领域设2个研发中心，采取灵活的"项目组、课题组"组织方式，适应并促进技术创新工作发展。增设1个信息中心，专职负责所内信息化建设。所有的公用平台（中心）部门均下设综合管理处，职责与事业部的综合管理处一致，从而使其成为"准事业部"。

通过"事业部制"改革，控制所搭建起"6个事业部＋3个中心＋3个制造试验平台"的科研生产组织架构，优化了人、财、物等各方面资源的配置。其中，6个事业部是利润中心；3个中心和3个制造试验中心属"准事业部"，是成本中心。结合事业部内综合管理处职责设置，同步调整科研生产管理、质量管理等职能部门的内部机构和职责，实现协调一致。从而确立由"所部""（准）事业部"连同已有"产业公司"构成的"蜂巢式"经营体组织体系。

2. 开展"队伍分类建设"专项工作，以专业队伍支撑产业化发展

围绕专业产品组建专职队伍。将产品队伍从原来的型号队伍中分离，建设专业产品队伍，与型号队伍并行开展工作，促进产品"定型一代、研发一代"、推陈出新的有序发展目标。健全产品队伍的岗位体系，建立"有体制、有职责、有考核"全面完善的"产品设计队伍"和"产品保证队伍"，两者相对分离，使产品设计师有更多的精力投入到新品开发，更加适应市场化发展的需求。与此同时，创新设立"产品首席"，赋予带头人技术与市场双重责任，强化效益观念。

构建科学合理的专业队伍体系。控制所以专业技术岗位设置为基础，通过"所部聘任组建"和"部门按岗位配置组建"两种方式，将科技人员组建为型号项目队伍、专业工程师队伍、产品设计队伍、产品保证队伍、工艺队伍、技术基础与保障队伍、创新研发队伍等共7支队伍，并明确各类队伍定位和职责，全面满足科研生产任务的产业化发展需求。

（三）按效率优先原则重设权责分配，建立"蜂巢式"经营体权责体系

1. 以效率提升为目标，结合实际调整权限划分

一是研究确定所部核心管理事项内容。控制所从战略规划、财金管控（包括投融资管理）、人事管理以及经营协调等方面细化核心管理内容。以现有"10大模块、45类"的制度体系为基础，通过事业部调研、部门征集为辅助手段，梳理并评审确定出控制所的核心管理事项内容。

二是研究确定管理权限划分。权限划分即以实现"所部集权控制下的分权运营模式"为目标明确集权和分权的划分，并与具体管理内容相对应，制定每一个事项的权责体系表。控制所按审批权、监控权、考核权、提案权和执行权5层级进行权限划分。

在设计中，为激发事业部经营活力，赋予事业部自主经营所必需的权力，控制所逐步将原本集中管理的一般合同签订权、资金平衡权、供方选择权、市场承接权、职工考核权等经营权适度有序下放；同时，由所部职能部门制定相关标准和制度，监督其规范运行。

三是实现权与责的匹配。将权力分配表与部门职责、岗位职责匹配，制定权责体系表，并纳入核心业务的流程图中；同步调整信息化管理流程，对相关优化调整予以固化，确保核心业务流程精简、权责清晰。联动完善和规范制度体系，建立"所级－部门级"两级制度体系，确保管理要求的落实延伸和风险防控。

2. 以管放结合为手段，设计事业部制管控系统

一是建立（准）事业部制管控系统。事业部制管控系统主要涉及战略决策、业务管理、财务监控及辅助支持四大方面，其本质上是执行PDCA的循环系统，包括计划、执行、监控、完善的过程。将这种思想体现在控制所事业部管控系统的设计中，可从以下三个层面来理解。

第一，战略决策（Plan）层面，主要是从决策层面解决事业部"做什么"的问题。所部进行全面统筹、集中决策，事业部可以建议提案。第二，由业务管理（Do）方面和财务监控（Check）方面构成，主要是从执行层面解决事业部"怎么做"的问题。所部在综合制定管理制度或规则的基础上实施"简政放权"，事业部在遵守所部管理要求的前提下，根据部门实际自行制定管理要求，自主决策实施。第三，由包括所部对事业部经营状况的业绩评价以及事业部高管人员的激励内容的辅助支持方面（Action）构成，主要是从支持层面解决事业部"改进和提高"的问题。

二是优化对产业公司的管控。所部对全资的新跃联汇公司进行战略管控，主要履行战略制定、融资集中、投资决策和监督服务等职能；财金管控方面，所部对产业公司（含参股公司）下达经济指标，进行财务结算，对经营能力进行评估监管。

（四）围绕市场化运作变革管理机制，建立"蜂巢式"经营体运营体系

1. 以"两个融合"转变科研生产管理机制，促进业务规范高效运行

推动责任令组与事业部的"条块融合"。改革后，控制所将科研生产的综合管理、项目管理分离。项目管理职能下沉到事业部，事业部有效聚集、充分调配内部专业资源，实现项目管理在部门内的相对闭环，以缩短项目管理链条、提升资源利用效能；综合管理职能仍保留在科研生产部，主要开展科研生产计划编制总体协调、过程协调与监督、计划跟踪与考核，促进型号任务的完成；跨部门组建的责任令组代表整个型号项目，对整个项目的技术、资源、进度、质量等统筹管理。通过各方的协同联动形成一种新的矩阵式管理模式，促进责任令组与事业部在科研生产中"条、块"管理融合，最大限度地推动资源共享及专业能力提升，保障科研生产任务完成。

推动科研生产业务与资金管理的"业财融合"。改革后，控制所在策划评估的基础上，将所部的经济发展目标全面分解到各事业部，落实各事业部的经济主体责任并与考核挂钩。将资金按比例序时拨付给各事业部，供各部门业务工作的支配使用；同时，将财务人员委派至各事业部深入开展相关工作，提升各部门的资金管理能力，促进"业财融合"。

2. 以"内部结算"转变经济管理机制，推动内部运营市场化

为客观地对各事业部的工作效率、工作成果进行精细衡量，评价各事业部、各业务对研究所的贡献大小，以指导所部决策、支撑绩效考核，控制所着手建设"内部结算体系"，全面实行所内交易"合同制"，推动各事业部的"公司化、市场化"运营。主要做法如下。

一是健全所内外价格管理体系。由科研生产部负责全所价格的归口管理，组织开展军品报审价、军品协作配套产品和所内协作产品的定价、调价及外协加工产品的定价、核价工作。建成了报审价、成本、内部结算、外协外包等"四个价格库"，为所内外各类价格的协调统一和事业部间"合理结算"奠定基础。

二是建立内部结算框架。遵循任务与资金"同策划，同执行"的基本原则，构建包含"一体化科研生产、收入结余、全面预算与资金集中管理、成本控制、绩效评价"的内部结算体系。建立包含"两个账户、三张表格、内部合同、内部银行、物流中心"五大方面的内部结算中心，实现计划任务与资金结算一体化。其中，两个账户分别为"绩效账户"和"资金账户"；三张表格分别为"经营绩效表""现金流量表"和"债权债务表"。

三是经试点运行后全面推广。为推进内部结算体系的正常运行，控制所先以研产一体的"光电探测与制导系统事业部"为试点，开展全额核算，改进不足、积累经验。之后，全面推广内部结算体系，将各（准）事业部当成"虚拟小产业公司"开展经济结算，搭建起相互间的经济关系。

内部结算体系的建立与运行，量化各事业部的经济贡献，使得控制所可对各事业部的经营状况进行实时监控和精确评估，为经营决策和部门量化考评提供了数据支撑；优化责任传递通道，经营发展理念深入人心，使资源统筹和成本管控的主动性和积极性显著增强，开发市场的意识与能力不断提升，企业发展活力得到激发；同时，部门管理者主动以"经营者"的姿态全面思考业务发展，在确保完成责任令任务的前提下"主动管家、主动算账、主动跑市场"，逐渐成长为"技术＋管理"复合型人才。

3. 围绕"以标定效、以绩定酬"转变考核激励机制，激发经营活力

实行以目标为导向的绩效考核管理。全面推行"任务管理""综合管理"及"收入结余"的"2＋1"经营考核模式。年初，通过与事业部签订《年度目标责任书》，明确任务、收入和经营管理等方面的绩效指标，引导事业部向公司化运营方向发展；同时，依据部门业务类型的不同，结合历史数据对各部门设置不同的绩效考核指标值，并针对性地设置个性化考核指标，促进专项提升。定期量化考核并足额兑现事业部经济运营绩效，强化事业部的任务与经济责任，充分发挥了绩效考核的"指挥棒"作用，确保

了研究所整体工作任务的完成。

实行基于绩效贡献的两级薪酬管理。在所部绩效分解为部门目标责任的基础上，将薪酬包核发至各部门，由各部门自行组织发放，从而进一步提升部门自主性和薪酬分配科学性。所部出台员工绩效考核分配机制的指导性文件，作为各部门薪酬分配的基本遵循，引导薪酬增量向科研生产一线骨干倾斜，确保科研生产一线骨干人均增量高于其他人员人均增量，确保相同层级的科技人员收入高于管理人员。同时，实施干部年薪制考核，将薪酬与部门绩效强相关，有效调动中层人员的积极性。

4. 逐步建立"三层级"监督管理机制，防范自主经营模式下的风险

自主经营激发了发展活力，但也带来相应的经营管理风险。为有效确保各事业部的经营管理活动合法合规，控制所创新建立"责任监督、职能监管、业务监控"的三层级监督管理机制。由纪检监察部进行责任监督，监督检查各职能归口管理部门是否对事业部相应业务管理进行指导与监管；职能归口管理部门进行职能监管，根据实际工作的关注点制定监管评价的具体要求，综合形成对各事业部的监管评价结果；各事业部内部设立监控组，对相关业务进行部门内部的监控。控制所通过建立三层级监督管理机制，不断提高事业部经营管理水平，确保在自主经营模式下，各级人员认真履责、各司其职，能够正确使用权力，降低各类风险发生的概率。

（五）围绕"三核一重"开展产业化经营，推动军民品产业做优做大

1. 开展"三核一重"的再梳理、再聚焦，优化设计发展主线

一是开展"核心技术、核心产品向国内外先进水平对标"专项工作。首先梳理技术树，厘清技术体系和产品体系，对核心技术和产品进行全面识别。在此基础上，围绕技术、产品两个方面，在功能、指标、生产能力、市场占有率、测试验证条件、创新平台建设、专家人才等多个维度与国际、国内同行进行对比，分析优势和不足，找到发展的原点与方向。其次，结合实际制定发展策略，为核心技术和核心产品发展制定详细的"路线图"和"施工图"。

二是开展核心能力短板梳理和专项提升工作。优化核心能力配置体系，形成"25个实验室、12个试验室、24个生产单元"的核心能力布局。围绕型号亟须和建设世界一流的目标，系统梳理能力短板清单，明确提升方向。策划实施"光电能力提升"和"智慧研究所建设"等专项工程，建成反作用飞轮等多条产品生产线，大幅提升产品产能，满足军民品产业化发展需求。

三是归核聚焦核心产业。围绕核心技术、核心产品和核心能力，对相关产业业务进一步归核聚焦。军品领域，明确了航天器飞控、光电、惯性、伺服、精密加工试验等产业方向，编制产业发展规划，制定具体发展路径。民品领域，研究确立向"智能传感器、智能控制装备、智能无人系统"三大产业板块进军的工作方向，并针对各产业板块拟定重点发展项目，制定具体工作目标和工作措施。

2. 多举措推动"专业化、大协作"产业化经营

一是大力推进"军转军"，促进军品产业做大。为解决纵向军品任务"天花板"、任务不均衡等问题，控制所主动"走出去"向兵器、船舶等横向军品领域进行"军转军"配套，实现军工科研生产富裕能力的对外输出。二是积极推进"民参军"，支撑军品产业做强。坚持大协作、开放式的产业发展理念，在紧抓核心业务、增强核心能力的基础上，立足社会化分工协作，将相关社会优势企业纳入军品科研生产配套体系，并将部分产品、部组件、工序外协，充分利用社会优势资源提升军品科研生产效能，促进军品产业做强。三是利用股权投资和业务注入等手段，推动民用产业做优做大。改变以往仅靠"自我生长"的产业发展模式，积极运用股权投资等手段，提升价值创造。四是促进科技成果产业化转化，培育新的经济增长点。在上海市支持下，控制所成功组建"上海惯性工程技术研究中心"和"上海伺服系统工程技术研究中心"，着力解决科技成果从实验室走向市场应用的关键问题，加快科技成果的转移、辐射和扩散，力争成为上海市战略性新兴产业技术创新体系的重要单元。

3. 强化"技术创新+市场开拓"双引擎的联动协同，增强产业持续发展动力

一是推动技术创新转向"用户需求+技术发展"双线并重。坚持"用户需求牵引+技术进步推动"两轮驱动的创新发展思路，采取"专业技术发展规划"和"用户需求规划"两本规划同步编制，每年同步修订，互为参考和约束的办法，充分体现市场的导向作用。采取根据用户需求、技术特点进行分层分类发展的管理思路：密切关注技术发展前沿趋势，以产学研合作方式委托高等院校有选择地进行基础、前沿技术跟踪；对科研生产瓶颈和技术发展路线上的关键技术大力投入，集中攻关，急用户所急，尽快形成产品和供货能力；在技术发展方向不明朗、用户需求不明确的方向上，积极开展对用户需求的"预先研究"，参与用户发展规划的制定过程，逐步形成和明确自身的技术发展途径。

二是推动市场开拓升级为"依托技术优势为用户创造价值"。一方面，采取"技术优势∩市场机会"的市场开拓策略，坚持依托专业技术优势推进军民融合项目孵化。所内设立"星空梦想基金"，支持技术人员结合岗位实际进行军民融合的创新创意探索，培训相关的"想法或点子"；设立"军民融合产业孵化基金"，推动优势技术和产品向市场的转化，以拓展新市场。定期对项目进行技术、市场评估，坚决执行"优胜劣汰"，逐步实现对培育项目的归核聚焦。现已成功研制船舶减摇陀螺、骨骼服机器人等多款孵化产品。另一方面，在市场开拓中高度注重用户的价值诉求。积极了解分析用户的当前需求和潜在价值需求，积极向用户推介新技术、新产品，并协助用户设计系统解决方案，从而将核心技术和产品融入用户价值链中，实现新的效益增长。

三是以产业持续发展为目标的创新团队循环和"蜂巢"组织单元衍生。为发挥技术创新和市场开拓对产业发展的促进作用，控制所利用所内研发中心的"孵化器"作用，围绕用户重大需求对相关研发项目进行聚类分析，设立14个"项目群"；同时，基于"项目群"组建专项创新团队。当"项目群"孵化出雏形后，以团队带项目的方式，从研发中心向外转移。在各事业部主业务范围以外的新业务，则单独成立新的部门，从而实现"蜂巢"组织的衍生增长，推动新产业的发展。

三、军工研究所"蜂巢式"经营体的构建与实施效果

（一）探索形成了军工研究所"蜂巢式"经营体发展模式

控制所通过构建"蜂巢式"经营体推动产业化发展，逐步构建起一套适应新时期发展需求的产业化发展模式，有效承载了军工研究所"强军富国"的使命，为后续深度的企业化、市场化发展奠定了坚实基础。"蜂巢式"经营体发展模式的构建过程，是"建立国有企业现代企业制度"的有效实践，对于其他同类军工研究所在新时期深化改革、落实军民融合发展，具有一定的借鉴参考价值。

（二）极大激发了自主经营活力，经济效益显著提升

通过构建"蜂巢式"经营体，控制所深入推进管理变革，构建了一套内部市场化的运作机制，实现责、权、利的对等匹配，落实了各"自主经营单元"的任务与经济主体责任，自主经营意识、市场意识深入人心。自主决策经营，有效激发了全员干事创业的积极性和主动性，人员效能得到大幅提升，培养了一批"技术+经营"的复合型人才。2017年年底的人员总量相比成果基年（2013年年底）下降了13.30%，但全员劳动生产率从30.56万元/人增长至59.13万元/人，增幅93.49%。自构建"蜂巢式"经营体以来，控制所发展质量持续向好，经济指标增长迅速。2017年的销售（营业）收入达30.41亿元、利润总额3.90亿元，较成果基年（2013年）分别增长了89.34%和187.72%；军民融合业务收入从2013年的3.0亿元增长到2017的7.05亿元，增幅135%，总收入占比23.18%，打开了军民融合发展新局面。

（三）形成了军民品产业化发展格局，保成功、保交付、保发展能力大幅增强

通过构建"蜂巢式"经营体推动产业化发展，控制所实现了从"型号任务完成型"向"产业经营型"的转型升级，军民品产业化发展格局逐步成形，保成功、保交付、保发展的能力大幅增强。战术武

器便携弹、飞控产品、导引头和制导舱的批生产能力大幅提升；宇航控制系统、惯性导航产品、执行机构等呈系列化研制、批量化生产的发展态势。2014—2017年，控制所的科研生产任务量大幅增长，所有任务均圆满完成；产品质量日趋稳定，质量问题发生率为历史同期最低。全资产业公司—新跃联汇公司主营的汽车传感器2017年产量突破千万大关，达1300万套，国内市场占有率达30%，呈快速发展态势。新跃联汇公司2017年实现销售收入5亿元、利润3026.97万元，双创历史新高。

（成果创造人：刘付成、沈　洁、贾成龙、王洪波、杨勤利、刘　颖、杨　春、张一帆、吴云飞、罗　洁、李小燕、郎　勇）

航天院所以"做强总体部"为目标的管理体系建设

上海宇航系统工程研究所

上海宇航系统工程研究所(以下简称总体部)隶属于中国航天科技集团有限公司(以下简航天科技集团)上海航天技术研究院(以下简称八院),是我国运载火箭总体设计单位之一,也是上海航天基地载人航天工程、探月工程等国家重大专项工程的抓总研制单位,业务涵盖"箭、船、星、器"多个领域,是以航天运输系统总体、空间科学系统总体和空间结构机构产品为三大主业的综合性宇航工程研究所。单位总占地面积约142.2亩(1亩≈666平方米),现有正式员工920余人,硕博占比超过75%,先后有2人入选国家"千人计划"专家,18人享受国务院政府特殊津贴。"十二五"以来,总体部先后取得国家级和省部级科技成果奖项50余项,其中国家科技进步特等奖2项;先后荣获"载人航天工程突出贡献集体""探月工程嫦娥三号任务突出贡献单位""长征五号运载火箭首次飞行任务突出贡献单位"等荣誉。

一、航天院所以"做强总体部"为目标的管理体系建设背景

(一)是做强总体部、提升总体牵引能力的内在需求

航天科技集团下发全面深化改革指导意见,重点推动现有管理模式的转型。八院围绕航天科技集团的发展战略,把握机遇顺势而为,提早谋划促进产业化、市场化发展措施,调整优化体制机制,建立完善适应产业化特点的管理模式。总体部经过30多年的发展,从单一的运载火箭研制逐步形成"箭、星、船、器"多领域多项目的新格局,科研生产任务规模持续扩大,建立了较为完备的科研生产管理体系。但随着任务的增加和市场形势的变化,总体部原有科研生产管理体制机制方面的矛盾逐步显现,新时代,必须瞄准国际一流综合性宇航系统工程研究所的目标,重新梳理明确总体部的战略定位和发展重点,推进全面深化改革,强化总体部在项目全生命周期管理中的核心地位,加强领域战略规划研究和专业技术引领,提升项目实施管理和产品保证管理能力,提高存量业务的质量、效率和效益,以系统集成创新做大增量,发挥总体部引领发展的能力。

(二)是主动应对"高密度发射、高强度研制"的重要举措

总体部作为国内两家运载火箭总体单位之一,年度火箭发射总量占国内发射总任务40%以上,承担了我国90%以上的太阳同步及返回式卫星发射任务。"十三五"面临"高密度发射、高强度研制"的严峻形势,运载火箭预计发射总量将突破100发,接近"十二五"发射总量的3倍,每年还要完成30~40发的滚动研制;多星发射、低温动力、固体捆绑等关键技术攻关任务繁重,垂直起降重复使用、下一代重型运载火箭、海上发射等领域任务争取压力巨大。空间科学领域全面参与探月二、三期工程,正在开展空间站实验舱Ⅱ总体研制任务,需要攻克和掌握了以大型复杂航天器总体设计、轨道运输器总体设计、分布式综合电子、先进结构承载等为代表的一批核心关键技术,每年承担约15个飞行器的并行研制任务;后续重点围绕平台运管、支持能力扩展、空间应用三个方面拓展空间站领域发展,正积极争取月面机器人、月面飞跃器等无人探月任务和低温推进飞行器、月球轨道空间站、着陆上升器等载人探月任务。"高密度发射、高强度研制"已经成为总体部发展的新常态,对多型号、多类型产品协同推进和管控能力提出了更高的要求。作为总体部,必须主动思考、主动作为,充分发挥组织保成功作用,提升技术创新和管理创新意识,强化战略管控和资源统筹能力。以"三个中心"体系建设主动应对高密度发射、高强度研制带来压力和挑战。

(三) 是实现总体部"高效益经营"的重要抓手

近年来，国内外商业航天蓬勃发展，已经成为世界航天经济的核心主导地位。涌现出以太空探索技术公司、蓝源公司、轨道科学为代表的一批商业航天公司，推出了以猎鹰火箭、新谢帕德等为代表的全新商业产品与服务，以"低成本、高效率、高可靠"产品满足客户需求，展现出强大的创新力、竞争力和生命力。随着国家军民融合战略的深入推进，以及军事装备竞争性采购制度的发布和实施，武器装备采购模式发生重大转变，竞争性采购成为新常态，"民参军"趋势不可逆转，涌现出以航天科技长征火箭、航天科工火箭、长光卫星为代表的体制内转型航天企业，同时诞生了星际荣耀、零壹科技、蓝箭公司、九天微星等一批新兴的私营航天公司，已成为航天企业强有力的竞争对手。在传统的市场配置和管控模式下，产品价格较高，现役运载火箭性价比和竞争力不强，业务增长缓慢，经济规模和质量提升难度较大，科研组织效率、资源利用率和技术转化能力均有待提升。必须持续深化转型，以战略规划为牵引，强化经营管理，优化科研生产责权体系，建立面向市场、高效协同的创新管理体系，最大限度发挥资源效能，全面提升总体部经营管理效率和效益。

二、航天院所以"做强总体部"为目标的管理体系建设内涵和主要做法

总体部积极适应新时代航天强国和世界一流企业建设使命与要求，主动思考，主动作为，以做强技术发展牵引能力、科研生产管理统筹能力、系统级产品保证抓总管理能力为目标，提出总体部"领域技术发展中心、项目实施中心、系统级产品保证中心"新定位，实施以"三个中心"为核心的管理体系建设，持续推动企业组织体制、运行机制和管理方式的改革转型，强化总体部在领域战略规划、市场开发和创新驱动等方面的核心主体地位。同时，通过加强能力基础和机制保障，为企业管理体系建设提供有力支撑。着力改善自身效率效益，提升市场竞争力和发展动力，推进总体部管理模式由单纯技术管理向技术全领域、项目全要素、产保全过程管理的转型，确保了科研任务的高质量完成和企业管理体系的高效率运行。主要做法如下。

(一) 明确新时代航天总体部"三个中心"战略定位

总体部明确了新时代的战略定位，提出以"领域技术发展中心、项目实施中心、系统级产品保证中心"为核心的"三个中心"管理体系建设重点。总体部"三个中心"定位既层次分明，又相辅相成，"三个中心"管理体系建设为航天院所实现"做强总体部"目标提供了有效途径和理论基础，有力支撑了总体部在航天领域的核心地位。

1. 明确领域技术发展中心定位及建设重点

改变原来由院层面牵头开展领域技术发展规划、论证和推进实施的模式，明确总体部是领域技术发展的直接责任主体，负责领域战略规划研究和体系论证、重大系统级研发项目技术抓总与项目实施，牵引专业所技术发展、领域战略合作和系统协同创新。围绕最新发展趋势和前沿领域，重点加强战略谋划、市场需求分析和大系统综合论证。将系统设计延伸到体系规划，加强新领域、跨领域和系统级项目的探索研究与孵化，强化总体部创新驱动和技术牵引能力。

2. 明确项目实施中心定位及建设重点

改变原来由院层面牵头组织项目实施的模式，明确总体部是型号项目研制的直接责任主体，负责全院领域型号研制与领域发展的技术抓总与项目实施，开展项目研制的顶层策划、产品交付、大型试验及售后服务等全过程管理。重点加强型号项目实施管理，建立健全总体部负责科研生产实施的组织体制和管理机制，调整优化组织机构设置，实现院所项目一体化管理，强化对型号项目研制全过程的抓总管理能力。

3. 明确系统级产品保证中心定位及建设重点

改变原来由院层面负责产品质量保证的管理模式，明确总体部是保障系统级型号项目（产品）研制生产质量并取得成功的直接责任主体，负责型号产品保证体系建设及全生命周期系统级产品保证管理，负责建立健全领域产品保证体制机制，开展型号项目系统级产品保证工作策划并组织全面实施。重点加强技术状态控制和产品保证规范建设，强化系统级产品保证管理能力。

（二）建立系统谋划、总体牵引的技术发展管理体系

1. 制定"两图"，重点攻关，加强领域拓展与技术储备

深化对标、明确目标，制定技术发展"路线图"和"施工图"。按照自主型、联合型、依托型结合的发展思路，针对专业、工程技术方向及主要技术三个层级梳理明确了核心专业技术体系，组织开展专业技术发展规划专项论证，形成"专业技术目录"，涉及13个专业（7个核心专业），23个工程技术方向。

强化关键技术攻关，提升核心专业竞争力。依据路线图施工图，重点推进体系仿真、快速发射、先进动力、燃料补加、碎片移除、在轨组装、空间操控、再入返回控制、复合材料贮箱等关键技术攻关，提升核心专业竞争力，支撑重大项目落地。

加大重大背景型号论证，拓展领域发展。围绕新一代载人运载火箭、可重复使用运载火箭、新一代上面级、低成本运载、低温推进飞行器、核动力飞行器等重大背景型号任务，精准配置研究队伍，创新技术方案，快速突破关键技术，取得竞标主动权。

布局前沿技术研究，强化核心技术储备。瞄准航天强国战略和军队新质作战能力需求，超前部署人工智能、人机共融、薄膜航天器系统、仿生机器人、纳米复合材料等前沿技术应用研究，为颠覆性装备储备核心技术。

2. 优化管控，落实职责，全面提升创新效率效益

对标创新体系新要求，重新构建组织架构。研发主管领导兼任科技委主任，研究室设置分管研发领导，加强研究室技术创新队伍建设，落实研究室作为部门承研项目、专业建设的责任主体。

优化管理流程，强化研发归口管理职能。研究发展处负责开展技术创新体系、预先研究、专业建设、知识产权等工作的管理，强化创新归口管理。项目部负责推进重大背景项目，提升管控有效性和后续项目转化。

紧贴市场需求，强化市场开拓。强化所部与北京研发中心的协调联动机制，充分发挥北京研发中心市场开拓"桥头堡"作用，建立面向市场建立快速响应平台和机制，提升市场开拓和新项目、新领域孵化能力，牵引总体领域发展。

充分授权，优化流程，做实课题组长负责制。通过竞聘，选拔优秀人才担任课题组长、项目经理，鼓励年轻技术骨干承担背景型号等重大课题。充分授权，课题组长全权支配课题执行预算内经费使用，赋予课题组长成员考核权、薪酬奖励分配权、协作单位选择权等。

3. 明确定位，优化组织，切实发挥科技委战略引领作用

明确职责定位，根据领域特点设置科技委专业组。根据科技委谋发展、筑基础、促成功、扩影响的职能定位，研究成立了航天运输系统总体、载人航天与探月总体等（3＋9＋1）13个专业技术组；专业组成员70%为高层次科技人员，30%为青年技术骨干。

强化组织管理，激发战略引领作用。设立科技委专职主任、副主任，聘任国内外行业知名专家为专业组特别顾问，科技委办公室和研究发展处合署办公；赋予科技委专业组确定自主研发项目、职称评审、成果审定、创新评比等方面的决策权；设置专业组专项运行经费和专项奖励。

4. 加大投入，精准激励，增强创新源动力

加大自主研发经费投入和技术创新保障条件建设。根据经营情况，逐年增加自主研发经费投入，2017年增幅达50%，其中基础前沿投入超过总投入的20%。根据路线图和施工图，自筹经费重点建设体系设计与仿真平台、核心技术试验平台、专业技术研发平台等创新保障平台，提前投入装备体系论证系统、空间智能操控技术试验条件、在轨组装技术地面验证条件等重点建设项目。

建立目标导向的创新发展专项奖励机制。从薪酬激励、荣誉激励和环境激励等方面对研发人员进行激励。创新项目根据总经费，实行区间分段累加激励，最高激励达项目合同总金额的10%，对院所两级自主研发项目进行专项激励。

全面落实科技成果奖励与转化收益共享机制。分层分级落实科技成果奖励，2017年奖励总额达200万元；技术成果转化成功，研发团队受益比例不低于50%；成果转让成功，核心骨干人员受益不低于20%。

（三）建立责权统一、协同高效的项目实施管理体系

1. 加强融合，强化院所一体化运行管理

强化院所一体化的型号项目管理机制。在总体部设置总体领域型号项目办，建立健全总体部科研生产实施的组织体制和管理机制。先后成立航天运输领域、空间科学领域9个总体型号项目办，实现"院一所"两级项目管理的一体化。统筹院所两级管理资源，将项目核心团队调入项目办，统一负责全院航天运输领域、空间科学领域型号项目全过程的抓总管理。针对型号项目特点和风险，明确型号项目研制生产各个环节的控制点，加强型号项目产品保证体系的建设与执行力度，形成闭环的管理机制，提高型号项目的管理水平与能力。

构建部办一体化的项目管理组织模式。进一步加强项目群综合管理和项目间统筹，将总体部项目综合管理平台与型号项目办融合，组建科研项目部，使型号项目办与总体部组织机构融为一体。科研项目部是总体部"保成功、保交付、保增长"的核心主体和领域项目实施的"指挥部、经营部、市场部"，与所内各职能部门形成强矩阵式项目管理组织模式，强化总体部对型号研制全过程的抓总能力。

提升项目与技术一体化管理的抓总能力。项目管理重心前移，加强型号项目顶层策划，以研制流程、计划流程、产品保证流程为抓手，推进型号全周期工作策划、年度工作策划方案以及产品保证工作策划。成立所技术状态委员会，发挥总体部对型号技术流程更改、产品选用、分工定点方案建议等方面的审查把控作用，推进总体部管理模式由单纯技术管理向技术、质量、计划、市场、经费等全要素管理的转型。

2. 系统整合，强化专业建设和职能管理主体责任

整合专业资源，提升发展能力。按照"总体室、产品室、专业室"明确各研究室定位，优化各研究室专业设置。按照"独立性、系统性、专业性、完整性"要求，重新梳理核心专业和工程技术方向；按照专业发展规划，设立航天运输系统总体技术、载人航天与探月总体技术、飞行器机构技术等13个专业技术组。

优化部门职能，落实归口职责。强化创新驱动归口管理，提升所部与北京研发中心高效联动，建立高效的"院部－总体部－专业所"协同管理与高效论证机制，通过重大背景型号论证、关键技术攻关等工作，牵引领域技术发展，进一步落实总体部技术发展中心主体责任。落实质量管理职责，明确质量部门与科研项目部在质量管理和产品保证管理方面的职能界面，形成"共性平台负责、个性领域负责"的质量管控模式，进一步落实总体部系统级产品保证主体责任。

3. 优化管控手段，提升项目全周期策划、全要素管理能力

全面推进流程信息化建设。以责权对等、强化责任落实为原则，"管理流程化，流程电子化"的思路，以提高流程的审批效率为目标，对全所294个流程的必要性、合理性、科学性进行全面分析，通过取消、重排、合并等优化方法，减少冗余与不增值环节，共减少管理流程40余项。

建立项目全要素管理系统。基于项目全周期策划和计划实施，建立了项目全要素管理系统，与财务管理系统、合同管理系统、质量管理系统、档案管理系统、物资管理系统实现一体化集成。确保计划与执行关联，实现了项目信息及时可见、沟通协作高效顺畅、风险预警及时准确，有效提升了项目管理的规范化和精细化水平。

（四）建立层次分明、融合规范的产品保证管理体系

1. 构建"5维3层"矩阵式产品保证组织架构

构建以所级、领域、型号、产品、专业等5个维度和总体部、专业所、外协承制方等3个层次组成的"5维3层"矩阵式产品保证组织体系，形成横向到边、纵向到底的产品保证组织管理架构。统筹型号资源，建立型号项目技术流程、计划流程和产品保证流程高效融合的管理责任矩阵。依托型号领域可靠性中心、空间环境试验中心、元器件可靠性中心、理化分析中心、软件测评中心等专业机构实施型号产品通用质量特性保证、元器件保证、原材料保证和软件保证工作。

2. 组建"专职＋兼职"模式产品保证队伍

组建型号产品全覆盖的系统级、产品级的"科技委专业分组＋领域共性专业专职＋型号个性产品兼职＋关键重要外包产品专职"模式的产品保证队伍。充分利用所科技委专家资源开展重大技术项目和产品保证项目审查把关；组建型号领域平台产品保证队伍开展领域共性技术研究、制定领域顶层标准规范；型号设计师兼职实施型号个性分系统、单机级产品保证；关键外包产品设置专职产品保证工程师，加强外包过程控制。加强领域级、型号分系统级和产品级产品保证队伍的建设和能力培养，确保产品保证工作在型号研制工作予以实施。

3. 建立"A＋B＋X"产品保证标准规范体系

以风险的识别与控制为核心，从所级制度、三大领域通用要求到若干类产品通用要求，自顶向下建立一套逐层细化、系统性强、针对性强的"A＋B＋X"模式产品保证标准规范体系，确保产品保证工作在所级、领域、部门规范、有序组织开展。"A"是所级航天型号产品保证的制度要求；"B"是各领域型号通用产品保证要求和各要素工作要求；"X"是同类分系统、单机产品保证通用要求和产品全过程检查表格化要求。

4. 健全"逐级监督、闭环管理"工作机制

产品在研制过程中规范实施产品保证工作，自上而下逐级传递产品保证要求，自下而上传递产品保证信息和产品数据包，形成逐级监督、闭环管理的工作机制。型号制定系统级产品保证大纲和分系统产品保证要求；分系统承研单位/部门根据型号大纲、分系统产品保证标准规范制定、实施分系统产品保证细则、工作计划等，并提出单机、外包产品保证要求；单机、外包承研单位/部门制定、实施本级产品保证实施细则和工作计划。型号对分系统、分系统对单机、外包产品开展监督检查时使用标准表单，确保检查内容完整、产品保证工作项目闭环。

（五）强化总体部管理体系建设的能力基础和机制保障

1. 夯实体系效能型核心能力建设

构建网络化、数字化、智能化总体核心能力体系。在"一所三区"的科研生产布局下，以"体系化、精准化、先进性"为原则，以数据资源和硬件资源的高效利用为目标，按照相应的接口规范，通过办公网、仿真网、测试网和试验网，将现有存量资源和新增资源联成整体，实现应用系统、生产、测

试、试验设备互联互通,充分发挥体系效能,支撑体系论证与仿真推演、数字化研发、总体核心技术和专业共性技术仿真试验验证和远程支持,构建总体部核心能力体系。

加强"四个统筹",夯实"五大能力"。加强近期与长远、任务与技术发展、基础与信息化能力提升、空间布局与流程优化等四方面统筹,建成体系论证与仿真推演、数字化研发、总体核心技术仿真试验验证、专业共性技术仿真试验验证、远程支持等五大能力,弥补体系论证、数字化研发、关键技术验证及仿真试验等核心能力的不足,形成体系效能型核心能力建设典型示范。

2. 优化目标导向型绩效管理机制

建立全面覆盖的年度目标管理机制。围绕总体规划,坚持"高质量保证成功、高效率完成任务、高效益推动航天强国和一流企业建设"为主线;突出技术和管理"两大创新",提升科研生产管理、经营管理和创新与市场开拓等"三项能力",按照原则,建立横向到边、纵向到底的年度总体目标。包括经营体目标、专项目标等类别,其中,经营体目标以院科研生产总体目标为指引进行分解,覆盖各领域、各型号、各产品部门和子公司等经营体,侧重科研生产任务和财务指标;专项目标以院年度创新和竞标目标为指引进行分解,覆盖各专项责任组,侧重技术发展和市场开拓。通过院所目标的协同管理,使总体部年度战略目标覆盖到各经营体。

建立分级分层、重点突出的总体部组织绩效评估与考核机制。按照分级分层原则优化院所组织绩效考核体系,院层面按照领域经营总体情况对总体部进行考核,同时,总体部对外参与院层面对各专业厂所、各型号的考核,加大总体部在全院领域考核中的话语权;以平衡计分卡考核方法为基础,总体部对内建立以战略目标为导向的差异化考核,形成"1+2+1"组织绩效管理体系。构建以"财务指标和客户指标"为主的领域经营业绩考核、优化以"创新和成长指标"为主导的创新发展和强化基础专项激励、完善以"内部业务重点指标"为核心的职能绩效考核。重点解决考核体系不够优化、考核重点不够突出、考核指标不够量化、考核结果应用不够有效等问题。

三、航天院所以"做强总体部"为目标的管理体系建设效果

(一) 院所一体化项目管理运行高效,组织保成功能力显著提升

通过构建院所一体的项目实施管理和产品保证体系,总体部在项目全要素和产品全过程管理方面的核心地位进一步凸显,项目和技术融合管理方面的优势进一步发挥,项目实施的管理效率进一步提高,资源统筹能力得到显著加强,形成了基于风险识别、过程方法的产品保证工作体系。"项目实施中心"和"系统级产品保证中心"的主体作用充分体现。2015年以来,确保了35发运载火箭发射任务的圆满成功,其中长征二号丁运载火箭在40天内完成4发发射、长征四号丙运载火箭在10天内完成2发发射,运载火箭批量滚动研制能力由每年10发提升至每年30发。高密度发射、高强度研制条件下的组织保成功能力显著提升。

(二) 企业效率和效益明显提高,经营管理能力持续加强

总体部组织管理更加扁平,管理流程进一步优化,内部沟通协调、信息共享效率提升,以目标为导向的绩效考核体系基本建立,为高密度发射、高强度研制、高效益经营打下良好基础。通过持续的流程简化和优化,各部门能够将更多资源投入到主营业务发展中,经营管理的理念进一步加强,经费资源管控进一步优化,确保科研经费"争得来、留得住、用得好"。2017年企业各项经济指标均创历史新高,其中实现营业收入27亿元,实现利润近1.8亿元,同比增长均超过15%,全员劳动生产率同比增长超过20%,经济规模稳步提高,经济效益快速增长。

(三) 市场开拓成效显著,技术发展牵引能力明显提升

通过系统级、前沿性核心专业技术发展,总体部在项目论证和背景型号研发等技术发展方面的能力得到进一步提升。围绕用户的需求开展市场开拓,推动新技术在航天的转化应用,孵化体

系级、系统级及前沿新技术项目。通过低温推进剂贮存、平台与多臂协调控制等关键技术突破，牵引带动了一批背景型号立项。2017年，新一代中型运载火箭、在轨服务与维护等领域重点项目成功获得立项，末子级应用系统等一批前沿项目获得用户立项支持，批复项目数量和经费均创历史新高。同时，建成以网络化、数字化、智能化为支撑的核心能力体系，形成体系效能型军工核心能力建设模式的示范效应。进一步夯实我国"进入空间、利用空间和服务空间"能力，有力支撑航天强国建设。

（成果创造人：何文松、李广诚、史敏辉、郭家骅、林剑锋、李江道、王治易、赖东方、倪　波、唐　杰）

以提升边远地区电力服务能力为目标的"全能型"供电所建设

国网新疆电力有限公司乌鲁木齐供电公司

国网新疆电力有限公司乌鲁木齐供电公司（以下简称乌鲁木齐供电公司）是国网新疆电力有限公司的骨干企业、国家电网有限公司31家大型供电企业之一，担负着乌鲁木齐市（七区一县、三个国家级开发区）、五家渠市及新疆生产建设兵团第六、第十二师的电网建设运营和供电服务任务，供电面积2万平方公里，服务电力客户133万户。现有全民职工1956人（含集体企业），其中少数民族职工367人，占职工总数18.76%。管辖35千伏及以上变电站87座、变电容量18429.8兆伏安、线路3663.9千米。2017年，售电量200.01亿千瓦时，营业收入85.82亿元，资产总额59.85亿元，综合实力水平位列国家电网有限公司中西部第一、大型供电企业第九。

一、以提升边远地区电力服务能力为目标的"全能型"供电所建设背景

（一）贯彻落实国家重大战略部署的重要举措

党的十九大报告提出"让贫困人口和贫困地区同全国一道进入全面小康社会是我们党的庄严承诺。"伴随边远贫困地区建设步伐不断加快，边远地区电网基础薄弱与经济快速发展用电需求大幅增长之间不平衡的矛盾凸显。作为服务国计民生的先行军，供电企业需要着力解决好边远地区电网服务中的突出矛盾和问题，保障可靠电力供应，加快"全能型"供电所建设，提升电力普遍服务能力，优化边远地区营商环境，促进边远地区经济发展，担负起新时代赋予供电企业的新使命。

（二）满足新时代边远地区经济社会发展的必由之路

中国特色社会主义进入新时代，我国社会主要矛盾已经转化为人民日益增长的美好生活需要和不平衡不充分的发展之间的矛盾。基层供电所作为电网企业营销业务执行的最小单元，承担着服务边远地区的重要职责，是直面市场、服务边远地区客户的最前端，关乎农民增收、农业增长和农村稳定大局。如何适应边远地区经济社会快速发展和营销现代化建设，深化推进供给侧结构性改革，需要探索形成面向客户的基层服务机构设置和运作模式，构建反应敏捷、响应快速、执行有力的新型服务机制，提供高品质供电服务，打造具有更高服务水平载体的"全能型"供电所势在必行。

（三）推广边远地区电力普遍服务的重要途径

电力普遍服务是指由国家制定政策，由电力经营企业具体实施，确保所有用户都能以可承受的价格，获得可靠的、便捷的、持续的基本电力服务。管辖范围广、边郊范围多和城乡居民分布广泛是新疆地区的主要特点，在推广电力普遍服务时，面临服务范围过大、服务人员有限、客户接受程度较低、自然条件恶劣等问题。因此，乌鲁木齐供电公司依托"全能型"乡镇供电所的建设管理，着力构建供电服务新体系，提升电力普遍服务能力，服务边远地区经济社会发展。

二、以提升边远地区电力服务能力为目标的"全能型"供电所建设内涵和主要做法

乌鲁木齐供电公司面对推广电力普遍服务存在的问题与挑战，结合电力企业自身特点和优势，以"服务前端重塑、业务末端融合"为核心，以营配业务协同运行为重点，以信息化系统应用为支撑，以综合型服务推广为手段，强化用电客户信息数据集成，全面分析边远地区客户诉求，重塑公司供电所服务体系，通过转变作业方式、整合服务资源、创新管理模式，打造具有边疆地区特色的"全能型"供电所，持续提升电力普遍服务的可获得性、便捷性、可靠性，全面提升边远地区电力普遍服务能力。主要做法如下。

（一）确立总体思路，指明发展方向

乌鲁木齐供电公司结合乡村边远地区客户居住分散的实际情况，综合考虑满足客户快速供电、可靠供电、便捷用电等用电服务需求，进一步确立"因地制宜、一次到位、高效运营"的建设思路，多路径打造"全能型"供电所。

一是因地制宜。根据新疆地区发展特色和乌鲁木齐供电公司"全能型"供电所建设现状，综合考虑区划、服务半径、客户规模等因素，因地制宜优化基层供电所布局和设置，完善组织架构和优化人员配置，实施差异化管控，提升边远地区供电服务保障能力。

二是一次到位。建立健全以客户需求为导向的内部沟通协调机制，大力推行"综合柜员制""台区经理制"，实现"一口对外"和"一站式"服务，构建快速响应的服务前端，实现需求响应一次到位、业务执行一次到位、服务保障一次到位，为客户提供便捷的用电服务。

三是高效运营。优化供电所队伍结构，推行集农村低压配电运维、设备管理、台区营销管理和客户服务于一体的台区经理制，打造全能型队伍；打通全业务流程脉络，强化业务流程协同和管理协同，融合线上线下业务，及时发现解决问题，有效提高供电服务效率。

（二）明确工作重点，设计实施路径

一是提升电力普遍服务的可获得性。转变作业方式，着力加快接电速度，丰富用能方式，保障所有客户均能获得电力优质服务的基本权利。二是提升电力普遍服务的便捷性。整合服务资源，前移客户服务端口，实行一站式服务，创新多元化电力缴费方式，全面提高服务效率，加强服务体验，确保边远地区客户的便捷用电。三是提升电力普遍服务的可靠性。创新建立"管家式"设备管理模式，有效利用供电服务指挥平台，及时发现供配电设施安全隐患，确保供电网络安全运行，改善边远地区客户供电质量。四是强化提升电力普遍服务的管理机制。优化组织机构，培养人才队伍，完善制度规范，建立激励考核机制，全面落实提升边远地区电力普遍服务能力举措。

（三）建立领导体系，推动有序开展

乌鲁木齐供电公司成立"全能型"供电所建设领导小组，对"全能型"供电所建设管理进行统一管理，形成"主要领导亲自抓，分管领导直接抓，责任单位具体抓，专责人员深入抓"的全员推进、齐抓共管、共同谋划协同的工作格局。"全能型"供电所建设管理组织机构分为决策层和执行层。

一是决策层。由总经理、党委书记任组长，成员包括相关业务部门、支撑单位等主要负责人9人，全面负责研究、推进"全能型"供电所创建工作，审定"全能型"供电所实施方案与实施计划，统筹研究解决工作中的重大问题和跨部门协调的问题，监督工作进展等职责，为"全能型"供电所建设管理提供组织保障。

二是执行层。由担负全能型供电所建设相关部门负责人、县供电公司分管领导、供电所所长等15人组成，负责落实和执行领导小组的决策部署，组织实施方案编制、宣贯培训、部署实施、督导检查、总结评估、成效考核等各项工作，统筹协调开展专项工作，确保"全能型"供电所建设工作有序、平稳推进。

（四）健全制度体系，确保有效落地

乌鲁木齐供电公司结合业务开展实际，统一组织梳理供电所《"全能型"供电所台区经理管理细则》《"全能型"供电所对标管理办法》等规章制度26项，重构主要作业流程28个，编制6类现场作业指导手册，规范日常业务表单记录模板19项，为"全能型"供电所建设管理提供制度保障。同时，建立投诉风险典型案例库，开展综合柜员月度评价，建设以来供电所营业窗口实现零投诉，客户满意度提升至100%。

（五）转变作业方式，提升可获得性

1. 简化环节，优化办电流程

坚持以客户为中心的服务理念，构建涵盖规划、建设、运维、营销等各专业、贯穿业扩全环节的标准化现代服务体系，业扩流程逐步实现"内转外不转"，持续提升客户体验。一是推行企业和客户角色互换体验服务机制，站在客户视角，逐步压减流程环节，全面取消普通客户设计审查和中间检查环节，合并现场勘查与供电方案答复、外部工程施工与竣工检验、合同签订与装表接电等环节7个。二是针对高压客户，由8个环节压减为"申请受理、供电方案答复、竣工检验、装表接电"4个环节，压减率50%；针对低压客户由6个环节压减为"申请受理、竣工检验、装表接电"3个环节，压减率50%。

2. 精简资料，实行"一证受理"

受理时向客户提供业务办理告知书，告知客户需提交的资料清单、业务办理流程、收费项目及标准、监督电话等信息。对于申请资料暂不齐全的客户，在收到其用电主体资格证明并签署"承诺书"后，正式受理用电申请并启动后续流程，现场勘查时收资。已有客户资料或资质证件尚在有效期内，则无须客户再次提供。推行低压客户"免填单"服务，业务办理人员了解客户申请信息打印后交由客户签字确认。

3. 压缩时限，提升办电效率

一是高压客户实行"联合勘查、一次办结"，精简供电方案审批流程。10千伏单电源、双电源供电方案答复时间分别由15个工作日、30个工作日压缩至14个工作日、29个工作日；0.4千伏客户供电方案答复时间由5个工作日压缩至2个工作日。二是压减重要客户设计审查和中间检查时限，重要客户设计审查及中间检查办理时限分别由10个工作日、3个工作日压减至5个工作日、2个工作日。三是统一验收标准，制定《业扩报装标准化作业验收卡》，简化竣工检验内容，优化客户报验资料，普通客户实行设计、竣工资料合并报验，一次性提交。四是实行跨专业联合验收、一次性告知，杜绝验收人员分批次前往客户现场、杜绝验收意见和问题整改多次反复。

4. 推行线上办电，拓展办电渠道

一是统筹网络实体渠道资源，推进线上线下无缝对接，实施"一网通办""一厅通办""马上就办"等服务机制。二是前移办电服务窗口，改变传统被动坐商模式，大力推行线上办电服务渠道，推广"掌上电力"手机APP、95598互动网站应用，研发应用基于微信公众号的营业厅智能排队系统，实行客户微信预约。三是创新研制发票自助打印终端，在营业厅自助办理，减少客户往返次数，提升客户办电感知。四是推行营业厅电管家全覆盖，每个营业厅配备至少一名"电管家"，对于有特殊需求的客户群体，提供办电预约上门服务，逐步实现企业简单业务"一次都不跑"、复杂业务"最多跑一次"。

5. 建立绿色通道，服务重要项目

推行"菜单式"服务，园区、民生、维稳等重要项目实行业扩报装"绿色通道"，形成快速办电典型流程。对重要项目开辟"绿色通道"，建立绿色通道制度，制定下发业扩工程绿色通道传递单。委派重要项目专属客户经理，"一对一"服务客户用电需求，协调解决存在的用电问题。全面推广带电作业，带电接火、送电计划安排合二为一，加快接电速度。

6. 优化用能服务，降低用电成本

主动向边远地区符合条件的用电客户提供市场化交易及用能建议，免费协助客户上平台参与直接交易，不断降低企业用能成本。一是推进新能源替代燃煤自备电厂发电，通过自备电厂压减自发自用电量，以消纳达坂城地区的新能源，达到多赢效果。二是主动协助客户争取低电价政策，开创电采暖"四方协议"运作模式，降低供暖企业用能成本，增发风电厂清洁电量，实现政府、供电企业、供暖企业、风电厂四方共赢的良好局面。三是依托综合能源服务公司，以电能托管为抓手，多维度改进客户综合能

源利用，不断提高客户水电气暖等能源综合能源利用率，持续降低客户生产用能成本。

7. 丰富用能方式，提高客户满意度

乌鲁木齐供电公司为丰富边远地区产业用能方式，积极推广清洁能源。一是开展电动汽车充换电设施建设与服务，坚持自用充电设施为主、公共充电设施为辅的原则，优先建立公交、市政等公共服务领域结合其专用停车场所合建的充换电设施。二是持续优化边远地区电动汽车充电设施网络布局，建成全新疆首座光充一体化电动汽车充电站，在4个供电所建成分散式交流充电设施，以实体形式向客户推广清洁能源。三是开发光伏发电等分布式电源，发展离网型分布式电源，解决无电少电地区居民基本用电问题，为光伏报装用户提供便捷服务。四是建立光伏发电用户电话回访机制，确保光伏用户按时得到光伏发电补贴款项。同步开展分布式电源及微电网运维及代维，满足各族客户用电需求。

（六）整合服务资源，提升便捷性

1. 延伸供电服务关口

乌鲁木齐供电公司通过全面推行"台区经理制"，有效将客户服务关口前移至客户需求原始出发点，全面推进供电所末端营配业务融合，推动基层供电所向服务型、管理型的"全能型"供电所转变。一是实施分区网格管理。将供电所台区划分为若干网格片区，每个片区配备一名集农村低压配电运维、设备管理、台区营销管理和客户服务于一体的台区经理，由台区经理组人员担任。考虑安全作业因素，将管理区域相邻、业务技能互补的两名或多名台区经理组成一个供电服务小组，形成"1+1""1+N"多元化台区经理网格服务模式。通过供电服务网格化管理、组团式服务，逐步实现人员互为支撑、目标清晰明确、工作协同推进、服务一次到位的目标。二是严格执行台区经理"首问负责制""首到责任制"。客户服务响应和抢修工单的派发、处置，按照"就近响应、协同跟进、现场对接、共同处置"原则组织实施，将管理末端转变为服务前端。同时，扩大台区经理二维码知晓度，利用监督服务电话、客户端APP等多渠道开展台区经理服务评价，建立服务质量监督体系，切实发挥台区经理在基层供电服务中牵头、协调、沟通、联系的纽带作用，积极推进供电业务末端融合。三是推广应用台区经理现场移动作业终端，优化现场工作模式、提高工作效率，实现客户服务、低压配网运维日常业务的智能化管理、可视化监控和信息化调度。

2. 实行一站式受理

乌鲁木齐供电公司通过拓展营业厅受理和直接办理业务范围，针对所有基层供电所营业厅实行"全业务"受理服务模式，全面受理高、低压新装、增容、业务变更、报修、交费、咨询等各类传统业务和新型业务。一是在全市各供电所全面实施集业务咨询、受理、收费为一职的"综合柜员制"，推行智能座席，压缩柜台座席数量，整合服务资源，打造"全能型"服务窗口。二是推行一证受理、业务办理、电费交纳、信息查询等自助式业务，提升营业厅智能化水平，提高服务效率。三是建立营业厅、供电所、职能部门三级协同响应机制，把首问负责制具体转化为"三帮"服务机制（帮解决、帮协调、帮了解），一站式响应客户需求，同步梳理日常工作关键环节问题，汇总编制形成服务手册和典型案例库。四是积极推广"互联网+"线上服务，在供电所营业厅设立线上服务体验区，让客户利用手持终端"掌上电力"APP上体验办电申请，由台区经理现场受理办电申请，引导客户在24小时服务区自助办理业务、缴纳电费。

3. 推动多元化电力缴费

为了解决边远地区客户居住分散、电力缴费不便的难题，乌鲁木齐供电公司通过搭建"线上+线下"平台的方式，开展多方联动提升边远地区电力服务能力，提升客户缴费便捷性，塑造全新服务体验。一是利用线上智能平台。通过走进社区、走进学校、走进企业、走进农户"四走进"的方式，全方位推广线上智能平台，同时开展电子缴费"3个百分百"专项行动（电表箱100%张贴二维码、营业厅办电客户100%推介、村庄社区100%专题宣传),电子缴费率由35%大幅提高到90.86%;同时,针对乌鲁木齐边远地区游牧民,自主研发"购电宝"手机自助缴费终端,便于游牧民插入电卡缴费。二是打造"村村有网点"。开展多方联动,在各地联合村委会、商超、小商店、银行建立缴费网点,通过金融机构自助终端、金融机构柜台代收、非金融机构柜台代收、非金融机构的自助终端、代收机构无线POS、建行等缴费方式,多途径全方位解决农村地区客户缴费难问题。此外,通过构建"缴轻松联盟",加强第三方代缴机构培训,提升第三方代缴机构服务水平。三是缩短电力缴费距离。通过穿墙式自助终端、大堂式自助终端、壁挂式自助终端、手持POS、流动服务车上门服务等多种缴费方式,有效缩短客户缴费距离,客户缴费便捷顺畅。

(七)创新管理模式,提升可靠性

1. 推行"管家式"设备管理模式

为有效维护边远地区供电设备安全,保障居民可靠供电,乌鲁木齐供电公司针对供电台区内设备,推行"台区经理+设备主人制"深度融合的"管家式"设备管理模式,通过设备主人与配网线路和设备"结对子"的方式,根植设备主人(台区经理)"我的设备、我负责"工作理念,动态掌握自管设备用电负荷、存在缺陷隐患等信息,结合日常业务定期对重过载变压器、低电压线路进行巡查,及时消除设备(线路)缺陷。2017年供电设备的巡视效率提高42%,缺陷发现率提高64%。

2. 实施"千里眼"主动抢修

乌鲁木齐供电公司依托供电服务指挥平台作为设备监测的"千里眼",开展主动抢修,达到配网故障主动研判和区间定位。研发台区客户经理移动作业系统,每个台区客户经理均配备移动服务终端、安装移动作业APP,移动终端可实时进行营销、配网抢修业务办理和数据查询,利用即时消息、语音、视频等方式,实现台区客户经理与综合业务监控平台的业务协同、调派一体,逐步实现智能化管理、可视化监控和信息化调度。2017年,乌鲁木齐供电公司异常台区处理时间缩短29%、95598报修工单数量降低46%。

3. 推行"点对点"优先服务

一是针对农村"互联网+农业"电子商务快速发展的形势,实行辖区电商服务档案及联系机制,把电商纳入优先保障范畴,通过一对一、点对点的单点帮扶服务方式,提供节能技术咨询、用电技术指导、用电故障排查维修服务。二是针对新装、迁移、增容、线路改道等用电业务的电商用户,采取开通绿色通道、简化报装流程、现场办公等形式,缩短施工时间,以最快的速度供电,提升服务效率。三是定期组织人员上门走访,了解企业用电需求,开展电费电价咨询、安全用电宣传,向电商讲解安全用电知识,指导优化用电方案,进一步提升电商的安全用电意识,全力确保电商用上安全电、放心电。

(八)强化三大保障,支撑高效运作

为有效落实提升实边远地区电力普遍服务可获得性、便捷性、可靠性的相关举措,乌鲁木齐供电公司通过构建以客户为导向的高效现代服务体系,优化供电所机构及岗位设置,提升人才队伍素质,完善激励机制等措施,提升供电服务保障能力,以满足反应迅速、服务便捷的工作需求,让客户切身体验"零距离"服务。

1. 调整机构设置,强化组织保障

首先,优化机构设置。打破专业壁垒,明确业务服务界面,将原先注重专业分工人员设置调整为综合分析组、台区经理组两个小组,采用虚拟机构实体化运作模式,内外勤组营配业务合一、互为支撑监督。一是明确综合分析组的综合管理、所务管理等综合性职责,高效开展营业厅业务咨询与受理、工作派工、两库一室(表库、备品备件库、工器具室)管理、供用电合同管理、系统监控和分析等内勤工作。二是台区经理组主要负责营业抄核收、线路设备运维、电力设备法规的宣传落实、供电服务及社会安全用电的管理，配合验收供电服务区域内新投运工程，开展设施设备、客户信息管理和维护工作，实施电网建设、运维等属地化协调工作，配合做好供电服务区域内的电能替代、充换电等新型业务及"互联网＋营销服务"管理。三是综合业务分析员与台区经理构成业务闭环的两个关键，综合业务分析员为业务指挥与分析的中枢大脑，有效指挥台区经理现场作业；台区经理作为台区客户服务的第一责任人，也是供电企业与客户的链接纽带，是客户服务具体工作的执行者。

其次，补强人员力量。统一规范供电所岗位设置，管理层设置"两长一员"（所长、副所长、安全员），下设综合分析组、台区经理组，各设组长1人，综合分析组设置综合柜员，理顺管理链条，强化纵向管控能力。

为全面提升供电所对边远地区电力普遍服务的人员支撑，乌鲁木齐供电公司选择有经验、有管理能力的优秀青工担当供电所副所长。同时，充分考虑地域因素，按照满编建制挑选优秀的派遣员工对空缺岗位进行人员补充，2017年乌鲁木齐供电公司供电所人员同比增加42.18%，中坚力量得到大幅提升。

2. 培养"一专多能"人才，强化技能保障

首先，开展全方位技能培训。针对台区经理业务水平参差不齐，业务技能和沟通技巧还停留在较低层面的现状。一是开展掌上业务受理、PMS2.0系统、营销业务应用系统、用电信息采集系统、农电综合管理系统、光伏发电业务受理流程、光伏发电相关优惠政策培训、光伏发电维护技术培训。二是开展电动汽车充电操作流程、交直流充电桩维护使用，电能替代相关政策、智能家居知识、节能电器性能与使用等"理论＋实操"培训。培训内容涉及业务技能、服务理念等、并涵盖礼仪、沟通能力、心理学等多方面，促使业务人员由"杂家"向"专家"转变。

其次，实行全员化岗位轮训。为适应服务一次到位，乌鲁木齐供电公司以营配知识贯通为重点，开展台区经理全员岗位轮训，利用"网络大学"，建立业务培训库和各类专业培训库。培训库包含各类电力规程、规范、细则等，对供电所各类形式的业务培训、安全生产等考试由系统直接提取，对于专项考试，由农电综合管控人员利用农电综合系统业务培训平台推送，并组织实施。通过全员岗位轮训进一步优化员工理论知识和业务技能结构，达到人员"一专多能"的目标。

最后，定制全业务工作手册。针对供电所员工年龄、文化结构特点以及复合型岗位业务要求，全面梳理明确台区客户经理职责，编制《乡镇供电所台区客户经理工作手册》，并制作配套视频教学片、应知应会题库，以清晰、易懂的形式帮助供电所员工熟悉"干什么、怎么干、干成什么样"，解决员工业务不熟也能一次办理的问题，推进台区经理向一专多能化发展。台区经理人手一册，随身携带这本"宝典"，台区经理们可以随时查阅相关规章制度、工作规范、新型业务知识，便于及时将服务活动记录在册，高效快捷完成现场服务、设备管理、营销管理等各项工作。

三、以提升边远地区电力服务能力为目标的"全能型"供电所建设效果

（一）边远地区电力普遍服务能力明显提升

通过过简化供电所管理流程和管理关系，强化专业之间、班组之间、岗位之间协调融合，在供电服务前端消除了专业间壁垒、服务响应慢、诉求处理不及时等问题，乌鲁木齐供电公司有效提升边远地区的电力普遍服务能力。乌鲁木齐供电公司2017年乡村供电可靠率达到99.9166%，同比提升0.0365百分点，采集覆盖率达到100%，低电压率1.52%，平均故障处理时长减少27分钟，急修到场时间减少13分钟，到场及时率达到100%。

（二）边远地区客户用电满意度大幅提高

通过推进"全能型"供电所建设，优化供电服务管理，塑造全新供电服务体验。2017年乌鲁木齐供电公司服务类投诉同比下降67.15%，供电所实现"零投诉"了；服务规范率与工单处理规范率均达

到100%,同比提升1.2个百分点;客户回访满意率达到100%,同比提升3.4个百分点;边远地区"村村有网点"覆盖率达100%,客户平均缴费时间减少19分钟,极大地方便了边远地区客户电力缴费。

(三)服务边远地区经济社会发展能力显著增强

通过实施以提升边远地区电力普遍服务能力为目标的"全能型"供电所建设管理,全面提升边远地区电力普及率,促进边远地区经济发展,有力支撑乌鲁木齐市水西沟"冰雪特色小镇"、安宁渠"记忆休闲小镇"、达坂城"王洛宾情意小镇"建设。2017年,乌鲁木齐农林牧渔业总产值59.77亿元,比上年增长3.5%;农村居民人均可支配收入10180元,比上年增长8%。边远地区实现售电量达到35.68亿千瓦时,比上年增长3.99%。

(成果创造人:向红伟、贾　涛、郭良松、郭　瑞、周　宜、崔用江、
张　远、郭学善、张笑海、刘　沙、于海明、蔚　凡)

铁路企业改革转型期法律事务管理体系构建与实施

中国铁路南宁局集团有限公司

中国铁路南宁局集团有限公司（以下简称南宁局集团公司）是中国铁路总公司（以下简称铁路总公司）下属18个铁路局集团公司之一，前身为柳州铁路局，成立于1953年1月1日，2007年11月16日更名为南宁铁路局，2017年11月19日公司制改革后，正式挂牌成立"中国铁路南宁局集团有限公司"。下设运输单位44个、全资子公司10个，现有员工6.6万人，资产总计2862.5亿元，配属机车810台、客车1696辆、动车119组，日运用货车3万辆左右，营运总里程5804公里，其中高铁里程1859公里。2017年，南宁局集团公司发送旅客10286万人、货物10020万吨，运输总收入超过230亿元。

一、铁路企业改革转型期法律事务管理体系构建与实施背景

（一）应对铁路司法体制改革的迫切需要

铁路司法体制改革前，铁路检法队伍为铁路企业提供了较为充分专业的法律服务保障，铁路企业某种程度上享有独特的司法保障。2012年，全国17个铁路运输中级法院和58个基层法院、17个铁路运输检察分院和59个基层检察院与铁路系统脱钩，移交属地管理，铁路司法系统整体纳入国家司法管理体系，南宁局集团公司所属的铁路法院、铁路运输检察院相应移交广西法检系统管理，"企业办司法"成为历史，铁路企业原有的行政许可、行政执法、行政处罚等可以用来自主维权的条件不再存在，原有的法律案件内部协调机制失效。南宁局集团公司6万多人职工队伍一度仅有3名专职法律人员，专兼职法律人员约占职工总数0.5‰，远低于广西的1.6‰（律师）、全国的1.98‰（律师）标准，维护企业合法权益、提供全面法律保障的能力经受考验，迫切要求构建一套系统完备的法律事务管理体系来保障。

（二）适应铁路市场化企业化改革的必然要求

近几年，铁路行业经历了前所未有的大变革。2013年，铁路实施政企分开，原铁道部被撤销，原铁道部行政职能划入交通运输部，原铁道部企业职能由新成立的铁路总公司承担。2014年，铁路货物快运业务推向市场，铁路企业大力推进资产经营开发。2016年，国家发改委放开高铁动车票价，由铁路总公司根据市场运行自行定价。2017年，铁路总公司所属18个铁路局全部完成公司制改革，大力推进运输供给侧改革。铁路企业逐渐从政企不分、大而全的传统运输生产型企业向独立的运输经营市场主体转变。在改革改制过程中，必然要消除长期政企不分、行政指令化管理影响，扭转"铁老大"观念，解决干部职工法治意识不强问题，用法律的力量防范国有资产流失，保障各层级权益。必然要建立公司治理决策制度、规范管理制度、市场化保障机制，推进依法决策、依法经营、依法管理、依法办事。

（三）保障高铁安全生产运营的现实课题

我国现行两部主要涉及铁路安全管理的法律《铁路法》和《铁路安全管理条例》分别颁布于1995年和2013年，均是在大规模高铁建设运营前制定的，对有关高铁安全的内容基本没有涉及。由于国家立法和老百姓的法治观念滞后于高铁发展，铁路沿线各类危及高铁运输安全的隐患、问题频发且复杂多变，依法保障高铁安全面临前所未有的压力。近几年，南宁局集团公司高铁从无到有，仅广西境内高铁里程就达1751公里，运营里程位居各省区直辖市前列，高铁动车开行比例达81%，居全国之首。但是，由于广西沿海沿边和山区铁路的独特区位，高铁沿线安全形势极为严峻，涉及高铁和铁路安全的违法犯罪案件、涉路矛盾多发，反恐防暴压力突出。这些涉及高铁安全的问题和隐患，亟须通过不断优化外部法治环境，努力争取外部力量支持来解决。

二、铁路企业改革转型期法律事务管理体系构建与实施内涵和主要做法

南宁局集团公司以全面依法治国基本方略为指导，坚持问题导向、系统思维，建立和完善法律事务管理组织保障、风险防控、队伍保障、依法维权、信息化手段、外部支持等制度和机制，推动法律事务管理职能全面转变，形成铁路企业法治建设新格局，全面适应铁路企业改革转型期法治化市场化要求。主要做法如下。

（一）推动"三个"转变，构建法律事务管理组织体系

1. 由单一管理向分层管理转变，明晰法律事务管理职能

改变原来南宁局集团公司企法部门单一负责制的组织架构，落实企业主要负责人推进法治建设第一责任人职责，在集团公司本级和下属单位，分层成立由主要负责人担任组长、分管领导任副组长、相关部门负责人参与的依法治企领导小组，全面领导法律事务管理工作，统筹推进依法治理、依法经营、依法管理，将法治体系、法治能力、法治文化建设落实到各系统、各部门、各岗位、各环节，用法治思维和法治方式深化改革、推动发展、防控风险、化解矛盾、维护稳定。在重要法律风险问题和重大法律案件管理上，实行分层负责、上下联动，形成企业主要负责人亲自抓、分管领导牵头组织、法律部门协调、相关部门分工负责、涉案单位和部门具体承办的联合处置工作格局。

2. 由分散管理向集中管理转变，完善法律管理机构设置

将分散在宣传、党校、职教、企法部门的法律管理资源进行整合，将原宣传部门普法教育职能移交企法部门，由企法部门归口管理全公司法律事务。组建两级法律事务管理机构，在全路率先实行基层单位专设专职法律岗、全资子公司设置法务部的改革试点，将全公司专职法律岗位总编制由3个扩编至72个，其中集团公司本级在原单一法律机构上增设法律事务部、合同管理部、案件管理部，人员由7人扩编至12人；法律需求较大的7家全资子公司设置法律事务部，内设3个专职法律岗；其他全资子公司、36个运输站段设置1个专职法律岗。通过健全法律机构法律岗，集中落实法律纠纷案件处理、重要决策论证、合同管理、授权委托管理、重要文件审查、商标管理等法律事务管理职责。

3. 由部门负责向全员参与、全员责任转变，强化全员法治意识

把法律事务管理工作纳入企业负责人经营业绩考核体系，在全路率先建立新提拔领导人员考法制度和领导干部出庭应诉制度，实行领导干部任前考廉考法，要求各单位各部门负责人参加承办案件庭审并撰写庭审体会，推动各级领导干部落实法律事务管理领导责任。在法治宣教上，把法治教育列入各级党委理论中心组必学内容，把法律讲座纳入领导干部各类培训班必修课程；定期对客货运输、物资采购、经营开发、信访接待等关键岗位进行专门法律培训，坚持法律人员每两年进行一次全面培训；落实"七·五"普法宣教规划，开设"企法讲堂"、举办"我与宪法"微视频征集、"青春与法同行"青工法治知识竞赛，加强法律知识"应知应会"教育，推动全员自觉遵法、守法、用法，不断增强领导干部职工依法决策、依法经营、依法办事的风险意识。

（二）实施法律风险分类管理，建立法律事务管理防控机制

引进涵盖风险分析、风险控制、风险评估的ACE分析法，对法律风险进行识别、分析、分类，界定风险级别，明确法律风险问题清单，综合运用政策、法律、财务、税收、管理、资本运营等各种手段，对各流程和方案进行综合风险评估和诊断，制订全方位解决方案和应对措施，形成防范机制。

1. 建立合同管理风险防控机制

明确12项风险问题清单，包括：在合同订立上，合同主体资格审查不严；合同条款不完善；补签、倒签合同甚至不签书面合同；重要重大合同没有加盖骑缝章；混淆决策权限和合同签订权限，超越权限

签订合同，采用化整为零规避合同审查；合同联签流于形式等。在合同履行上，订立补充协议修改原协议中主要条款，未按规定履行联签、审批程序；未付款先开发票或超约定支付预付款；铁路工程项目违法转包、违规分包；不及时验收，发现问题不及时主张权利；合同救济措施不力，债权未及时依法确认，导致丧失胜诉权；合同台账资料保管不善，证据缺失。

制定5项应对措施，包括：在制度建设上，出台以全面实施依法治企规划为总纲的"1+15"法律制度体系；实施合同归口管理制度、合同审批制度、合同联签制度、授权委托制度、合同专用章管理制度、合同纠纷处理制度、合同档案及统计制度、合同动态化管理制度、合同监督检查制度、教育培训制度10个合同管理制度；推广应用60个示范合同文本。在合同签订和履行上，严格合同分级联签审查和履行相关决策程序，对运输单位100万元以上、全资子公司500万元以上、工程指挥部5000万元以上合同，一律实行业务部门和法律部门双重审查把关，对超出管理权限范围的提交上级决策批准。在合同纠纷处理上，严格落实协商、调解、诉讼程序，属于对方当事人违约的，及时收集相关证据，追究对方违约责任。

2. 建立公司治理风险防控机制

明确4项风险问题清单，包括公司治理结构不合理；股东权力、党委会、董事会、总经理办公会权责不够清晰；公司治理主体之间没有形成有效制衡；"三会"会议组织不规范。制定3项应对措施，包括全面梳理规范2300多项制度，建立以章程为总纲的分层级、分系统、分类别制度体系；先后出台11个公司治理文件，明确127项决策"三重一大"事项清单（党委会31项、董事会30项、总经理办公会18项，党委会前置清单48项），27项治理主体成员权责（党委书记8项、董事长8项、总经理11项），36项向铁路总公司请示报批事项清单；严格履行会议程序，规范"三会"会议组织。

3. 建立重大经营决策风险防控机制

明确3项风险问题清单，包括集体决策不到位，决策项目论证不充分，应当进行法律风险评估而不评估。制定3项应对措施，包括建立重要文件合法审查制度，明确所有重要文件在出台之前必须由法律部门进行合法性审查，对不合法、不合规的文件一律不通过审查，未通过审查的文件一律不印发；对直接涉及职工切身利益的制度或者重大事项，依法依规履行民主决策程序；实行重要决策法律论证制度，树立"决策先问法，违法不决策"的风险防范意识，对重要工程、重大资产经营开发、改制上市、兼并重组、产权转让、租赁承包、对外投资、资产处置、股权转让、重大法律纠纷案件等风险性决策事项，在提交党委会、董事会、总经理办公会决策前一律进行法律论证，未经法律论证的议题和事项一律不上会、不决策。

4. 建立安全管理风险防控机制

明确4项风险问题清单，包括高铁动车、普速客车责任事故引发的纠纷，旅客运输引发纠纷，货物运输引发的纠纷，路外相撞事故引发的纠纷。制定4项应对措施，包括加强安全生产法治意识教育；推进内部安全生产责任制建设，明确领导班子、总调度长、安全总监、总法律顾问、副总工程师和40个机关部门、82个基层单位安全生产职责；完善工效挂钩和经营业绩、安全绩效等23项考核考核，严格对铁路交通事故和铁路安全考核；推动外部环境治安综合治理，推动广西铁路立法工作。

5. 建立招投标风险防控机制

明确6项风险问题清单，包括依法必须进行招标的项目不招标；物资采购制度不完善，招标采购评标专家和评标专家库管理制度建设滞后；招投标程序存在缺陷；招标合同条款不完善；铁路行业特种物资招标违反有关规定；违法转包等。制定3项应对措施，包括按规定对铁路建设工程甲控物资公开招标；完善物资采购管理和招投标评审、决策制度，2000万元以下、500万元以上的购买大宗服务方案由总经理办公会决策、2000万元以上的购买大宗服务方案由董事会决策；完善招投标合同范本。

6. 建立劳动用工风险防控机制

明确6项风险问题清单，包括：劳动合同签订存在"重形式、轻实质"；劳动合同用语和劳动合同解除手续不规范；职工超劳特别是机车乘务员超劳，法定节假日加班费计算不规范，非全日制用工超时工作、超时支付报酬等；涉及职工切身利益的规章制度未依法履行民主程序，制度公示不规范等；对职工提前退休审批不规范，容易引发群体性上访和诉讼事件；业务外包管理不规范，引发群体性劳动争议纠纷等。

制定4项应对措施，包括：关注可能形成事实劳动关系的做法；依法缴纳社会保险；严格按规范程序签订劳动合同、解除与员工的劳动关系；制定及实施劳动用工、工资分配、奖惩办法，按规定履行民主程序和公示告知。

7. 建立资金风险防控机制

明确7项风险问题清单，包括资金管理内控制度不健全，存在资金安全隐患；违规使用资金，违规进行借款担保、大额资金支付不联签、重大资金事项规避集体决策；违规审批或审核所属单位账户，违规开立、使用账户；资金监督、管理或决策失误，造成重大资金损失；违反铁路内部结算规定，对单位大额资金支付等重要动态瞒报、漏报；经济合同或法律文书条款失当或审查不严，造成经济损失或经济纠纷；资产经营开发、商贸经营不规范形成债权等。制定4项应对措施，包括建全重大财务管理、资金管理制度，建立防范担保风险机制，严格履行"三重一大"决策制度，严格落实专项审计制度。

8. 建立土地管理风险防控机制

明确4项风险问题清单，包括铁路用地被违法侵占，合作开发导致土地流失，铁路用地被无偿收回，征地拆迁引发纠纷等。制定4项应对措施，包括依法设置铁路线路安全保护区，加强铁路空置地保护和利用，积极依法办理铁路用地确权领证工作，制定和实施土地综合开发管理办法和用地规划。

9. 建立知识产权风险防控机制

明确4项风险问题清单，包括知识产权意识不强，不注意专利技术审查，造成生产的产品侵犯他人专利权；制度不健全；管理经验不足，造成侵权；不重视商标注册，被他人抢注。制定5项应对措施，包括增强商标保护意识，使铁路企业的商标得到注册保护；动态监控商标；防止商标被抢注；注重专利权的取得和保护；重视商业秘密的保护。

10. 建立环境保护风险防控机制

明确2项风险问题清单，包括穿越城市的铁路线路造成噪声扰民引发纠纷；铁路沿线环境污染引发的纠纷。制定2项应对措施，包括环保治理预算费用专款专用；建立环保风险评估机制，做好事前预防。

（三）实行"弯道超车"战略，强化法律事务管理队伍保障

制定和实施法律人才队伍建设规划，按照"懂铁路、精法律"的建设思路，以构建一支总法律顾问为引领、铁路律师为骨干、专兼职法律顾问为基础的专业化法律队伍为目标，以超常规举措选才育才用才，全面提升法律服务保障水平，促进法律风险有效防范。

1. 创新选人方式，多渠道扩充法律人才

在完善法律机构设置的基础上，突破招聘应届毕业生实行内部培养的传统引才育才模式，在全路率先从法院、检察院、律师事务所、大型企业等社会机构成批地招聘高层次、成熟的法律队伍，全公司专职法律人员由2012年3人增至43人，实现法律人才数量、素质大跨越。建立法律人才库，鼓励法律人员通过考取法律资格等方式提高持证上岗比例，全公司具有法律职业资格人员35人，其中取得A证和律师证执业资格22人，铁路公司律师13人。加强内部调剂，对已具备法律职业资格但不在法律岗位的人员调整到专兼职法律岗，将储备人员优先调配至法务需求量大的全资子公司。另外，从知名律所聘请

17名律师，辅助企业法律事务管理。

2. 改进用人机制，多方式培养法律人才

建立总法律顾问制度，设置总法律顾问职位，协助分管总经理负责依法办企、依法治企等法律事务风险管理工作。畅通法律人才培养交流渠道，把法律人员培训纳入企业年度培训计划，将法律人才培养纳入全路"百千万人才"工程、"宁铁优秀人才"计划，大力培养法律专业人才。实行多向交流锻炼机制，致力培养"全科法务"，定期抽调下级单位法律人员到集团公司法律机构学习培训，逐步建立"上挂、下挂、外挂"挂职锻炼机制；与铁路运输法院建立交流机制，定期派出法律人员到法院学习办案。确立"以项目锻炼人才、以项目成就人才"的工作思路，安排法律人员参与公司制改革、混合所有制改革、企业重组整合、产权流转、资产经营、对外担保、物资采购、招标投标、知识产权等项目管理，大力培养既懂经营又懂法律实务的专业人才。

3. 实施有效激励，多举措发挥人才作用

明确法律顾问专业技术职称适用经济序列，给予适当待遇；每两年对法律顾问工作进行考评，考核成绩作为对法律顾问的考察、晋升依据。建立法律顾问激励机制，对于在避免或挽回企业重大经济损失、促进企业依法经营、实现国有资产保值增值等方面做出突出贡献的法律人员，按规定给予表彰奖励；对勤勉尽责、业绩突出的优秀法律顾问，在绩效考评、评优评先、干部选拔等方面予以倾斜，优先推荐和选拔进入人才工程培养体系。突出铁路律师在重大决策论证、企业改制重组、诉讼纠纷处理等工作中的作用，在参与铁路行业普遍性重大问题、重大诉讼处理中的参谋作用，逐步实现待遇倾斜。加强对外聘律师的考核，考核合格的予以续聘留用。

（四）改进法律纠纷处置方式，推进重点风险领域依法维权

改变过去习惯调停、和解、协商、被动应诉为主的法律纠纷案件处置思路和方式，化被动维权为主动维权，全面排查线索，确定维权目标，细化维权方案，综合运用诉讼仲裁、协商谈判、行政措施等手段，推进铁路依法主动维权工作常态化、制度化，切实维护铁路企业合法权益。

1. 推进重点风险债权司法维权

及时提起诉讼，启动司法维权，推动涉铁案件"快立快审快结快执行"；实行案件分类管理，对有明确证据证明涉及合同诈骗的，由债权单位向公安部门报案，通过刑事案件途径追查诈骗人员责任，追回经济损失。建立内部维权机制，成立追债小组，明确阶段维权任务，指派法律顾问进驻债权单位现场指导办理，全程盯控司法维权进展，推动500万元以上重点风险债权案件全部进入诉讼程序，13件债权结案胜诉；制定债权催收制度，规范债权追偿方式、追偿时限、追偿责任人及职责，落实债权形成失职责任追究和债权追偿失职责任追究，对40名在职的风险债权主要责任人实行停职清欠。

2. 推动危及行车安全案件维权

出台和实施对危及行车安全违法犯罪行为提出经济赔偿的实施办法，对线路摆障、石击列车、拆盗铁路器材、上路肇事、破坏铁路设施等危及行车安全违法犯罪行为，依法提出铁路机车车辆、线路、桥隧、通信、信号、供电、信息、安全、给水等设备设施的损失费，破损设备设施修复费，铁路运输企业承运的行包、货物的损失费，案件中死亡和受伤人员的处理、处置、医治等费用（不含人身保险赔偿费用）、被撞机动车、非机动车、牲畜等财产物资造成的报废或修复费，行车中断损失费，事故应急处置和救援费等7项经济损失索赔。2017年针对鹏博士电信传媒公司在铁路沿线不当安装互联网宽带导致铁路接触网短路接地跳闸，组织开展首例对路外单位损坏铁路设备主动维权并获得胜诉。

3. 加强对知识产权的保护

南宁局集团公司将知识产权的管理和保护纳入运输生产、经营开发、资产管理各个环节和企业发展战略。在科技创新活动中，将大量技术、网络系统纳入知识产权保护库，列入技术保密范畴。注重对自

有商标的管理和维护，实施分级管理，建立商标保护名册，92个注册商标均得到有效维护，所属企业申请注册的商标广泛使用于生产的商品、提供的服务、企业广告宣传等方面，针对"宁铁商务""宁铁商旅""宁铁旅游"等7个注册商标被驳回和被路外单位抢注的情况，依法申请撤销和重新申请，得到国家商标局受理。

（五）加强法律信息网络建设，提升法律事务管理服务效果

2016年3月至2017年3月，用一年时间研发了供全公司各级单位、各级法律人员使用的南宁铁路法律管理信息系统。信息系统直接展示全公司各类合同进展情况、案件处理全过程，以及法律法规、政策制度、业务资料等信息，为铁路局法律事务合同管理、案件管理提供有效支持。

1. 网络化办公，解决合规审查效率不高问题

南宁局集团公司每年约签订2万份合同，多年来一直采用纸质办公、手工作业的模式，容易留下法律隐患。南宁铁路法律管理信息系统针对这些问题，专设合同管理板块，覆盖合同起草、合同送审、合同审查、合同履行、合同完结、合同建档、合同统计、合同查询、合同范本等环节和内容，实现合同管理全过程实时办公、实时监控及在线查询、统计、办理和展示审查意见，大幅提高合同审查和管理效率。

2. 标准化作业，提高法律纠纷案件管理质量

南宁铁路法律管理信息系统专设法律纠纷案件板块，统一管理案件处理通知单、一般法律纠纷案件日报表、重大法律纠纷案件报告表、案件处理结果情况报告表、案件相关证据、法律纠纷案件结案报告表、案件统计表，实现从案件批转到结案的全过程监控、标准化操作，及时发现问题、提供法律及业务指导，有效维护集团公司合法权益、减少损失。

3. 智能化提醒，促进法律事务实现闭环管理

专门针对有时限要求、容易印发法律事务管理的环节，设置智能化提醒，避免工作遗漏，形成闭环管理。在合同管理方面，对货到验收、价款支付等有时限要求的合同设置提醒，促进各单位及时履行合同义务。在法律纠纷案件管理方面，对有明确"开庭时间""举证截止时间"的案件进行提醒，提示案件承办单位按时提交证据给裁判机构并出庭应诉；对已结案、进入执行程序的案件进行提醒，提示案件承办单位在法定期限内申请执行或履行裁判文书所确定的各项义务。

（六）坚持路地合作共建，完善法律事务管理外部支持保障

本着共建、共享的原则，南宁局集团公司着力优化外部法治环境治理，积极寻求外部支持。2014年以来，路地调处化解涉路矛盾超过2000起，消除路外安全隐患3000余处，为铁路安全运营提供可靠保障。

1. 构建铁路政法共建机制，路地共推平安铁路建设

在与地方政府建立定期协调机制、与广西区政府建立月度问题协调机制、与铁路沿线地级市政府建立每年问题协调机制的基础上，建立由南宁局集团公司、铁路公安局、铁路运输法院、铁路运输检察院等系统参与的铁路政法共建工作机制，坚持每年至少组织召开一次铁路政法共建联席会议，举办一次南宁局集团公司和铁路公检法机关的两级领导班子培训班和研讨班，专门研究解决铁路涉法问题，集中会商、协调政法共建事项。协调铁路检法机关在管内的桂林、玉林、金城江、百色、钦州等铁路基层站段设立司法服务站，大力开展送法进企、法律咨询、庭审教育活动，借助国家司法力量推动铁路法治建设，维护铁路治安综合治理工作。

2. 推进地方铁路安全立法，强化铁路安全法律保障

在充分调查研究、认真分析铁路外部安全环境、借鉴其他省份铁路安全立法经验、提出广西铁路安全立法草案的基础上，主动向广西壮族自治区党委、政府有关部门汇报沟通，由集团公司主要领导以广

西区人大代表的身份，牵头其他12名人大代表向广西壮族自治区人大会议提交立法案。

3. 构建群防群治工作网络，争取社会公众支持理解

采取深入村屯学校走访宣传、利用铁路沿线墙体广告、发放普法宣传资料、在动车和车站播放宣传片等手段，积极向社会各界群众宣传《铁路法》《铁路安全管理条例》等铁路法律法规，增强铁路沿线群众维护铁路安全的责任意识和安全意识。在铁路沿线广泛建立路地协作的"联打、联治、联防、联控、联动、联宣"的"六联"工作机制，协调地方政府成立护路联防领导小组，明确路地护路联防责任，同时动员更多社会力量参与护路，聘请近1000名靠近铁路的群众组成高铁志愿者护路队伍，形成"辅警专职护路、职工守责护路、护路岗定点护路、志愿者协防护路、群众自觉主动护路"的群防群治局面。

三、铁路企业改革转型期法律事务管理体系构建与实施效果

（一）实现了南宁局集团公司法治建设"五大"目标

在队伍建设方面，法律人才队伍规模和质量实现"弯道超车"，进入全路先进行列，人才队伍建设的经验做法得到铁路总公司肯定并在全路推广；有效引导全员法治观念转变，从根本上解决了干部职工的法律风险意识问题，全员法律素质普遍提升，干部职工法治意识明显增强，领导班子依法决策、领导干部依法管理和关键岗位人员依法办事能力大幅提升，干部职工100%接受法治宣传教育，近三年基本没有发生内部职工劳动争议，职工队伍和谐稳定，2018年南宁局集团公司被广西壮族自治区推荐为"全国模范劳动关系和谐企业"。在制度建设方面，建立了层级分明、类别齐全的制度体系和风险控制机制，使经营管理各项工作有法可依、有章可循，公司治理有效运作，实现对企业内部管理的有效管控。在行为规范方面，牢固树立契约意识和法律风险防范意识，实现重大决策法律论证率100%、合同审查率100%、重要文件合法性审查率100%。在依法维权方面，重点领域法律风险能够有效防控，违法违纪行为得到有效预防和及时查处，2013年至2017年南宁局集团公司发生法律纠纷案件480余件，诉讼标的超过3.6亿元，避免和挽回经济损失1.2多亿元，近80%债权案件协调执行，部分债权通过以物抵债、现金冻结等方式得以收回。在环境改善方面，外部法治环境不断优化，铁路法律法规得到广泛深入宣传和遵守，与立法、执法、司法机关形成畅通的沟通机制，广西铁路安全立法已纳入广西壮族自治区人大"十三五"规划和2019年立法项目计划。

（二）提升了南宁局集团公司企业形象和社会地位

2017年年底，南宁局集团公司动车组通达全国28个省市、广西14个地市中的12市，日均开行动车组216.5对，高峰期每天近50万人乘坐火车出行，为广大人民群众温馨便捷出行提供了极大的便利。2017年，在动车组走行公里增长36%、动车组旅客发送量增长29%的情况下，高铁事故下降50%、高铁设备故障下降26%，经受住了90多次强降雨、20多次台风和1000多次水害的考验，实现高铁安全运营4周年、连续8年实现防洪安全年，沿线干部群众法治意识大幅提高，路外人员伤亡数量较2013年减少近1倍，为广大人民群众出行提供了可靠的安全保障。

（成果创造人：康　维、鲁义元、李　军、李燕萍、刘玉宽、伍美胜、廖甲合、黄　羽、杨山虎、温凯丰、覃素君、谭掌嗣）

编辑说明

一、本书是根据第二十五届全国企业管理现代化创新成果创造单位报送的资料编辑而成的。由于篇幅限制,我们在编辑过程中对各成果材料进行了相应压缩,特别是申报材料中的大量截图、图表不符合排版要求,故均删除。如需详细成果材料,可与编辑部联系。

二、全国企业管理现代化创新成果审定委员会文件《关于发布和推广第二十五届全国企业管理现代化创新成果的通知》中成果按等级列出名单,本书收录时未再分等级排序。另外,成果正文后的创造人名单根据企业要求略有调整。

三、为了便于阅读,本书编排时按成果主要内容涉及的企业管理类别分成10篇,包括:自主创新与研发管理、财务管理与产融结合、国际化经营与品牌建设、人力资源与绩效管理、精益生产与质量管理、智能制造与数字化转型、社会责任与绿色发展、战略管理与转型升级、市场营销与服务管理、组织变革与管理提升。

四、本书由中国企业联合会管理现代化工作委员会组织编辑。参加编辑组织工作的有程多生、张文彬、周蕊、常杉、张倩、杜巧男等同志。

五、由于时间仓促,加之编辑水平有限,难免有疏漏和不当之处,欢迎读者指正。

编辑部
二〇一九年三月